[内部资料　注意保管]

ALMANAC OF ICBC 2022

中国工商银行年鉴

中国工商银行年鉴编辑委员会 ◎ 编

中国金融出版社

责任编辑：张翠华
责任校对：潘　洁
责任印制：程　颖

图书在版编目（CIP）数据

中国工商银行年鉴.2022/中国工商银行年鉴编辑委员会编.—北京：中国金融出版社，2022.11
ISBN 978-7-5220-1801-0

Ⅰ.①中…　Ⅱ.①中…　Ⅲ.①工商银行—中国—2022—年鉴　Ⅳ.①F832.33-54

中国版本图书馆CIP数据核字（2022）第194912号

中国工商银行年鉴.2022
ZHONGGUO GONGSHANG YINHANG NIANJIAN.2022
出版
发行　中国金融出版社
社址　北京市丰台区益泽路2号
市场开发部　(010)66024766，63805472，63439533（传真）
网上书店　www.cfph.cn
(010)66024766，63372837（传真）
读者服务部　(010)66070833，62568380
邮编　100071
经销　新华书店
印刷　河北松源印刷有限公司
尺寸　205毫米×280毫米
印张　41.25
插页　12
字数　1544千
版次　2022年11月第1版
印次　2022年11月第1次印刷
定价　285.00元
ISBN 978-7-5220-1801-0

董事长　陈四清

董事长致辞

2021年是中国共产党成立100周年，在党和国家历史上具有里程碑意义。本行坚持以习近平新时代中国特色社会主义思想为指导，认真贯彻落实党中央、国务院决策部署，坚持稳中求进工作总基调，坚持“48字”工作思路，立足新发展阶段，贯彻新发展理念，主动服务和融入新发展格局，统筹疫情防控、金融保障与经营发展，在助力经济高质量发展的基础上，奋力推动自身高质量发展，在建党100周年之际交出一份成色十足的工行答卷。

坚持心怀“国之大者”，全力服务高质量发展。认真对标新发展格局和“十四五”开局要求，落实宏观政策导向，推动投融资质量、规模、节奏、价格实现高水平协调。持续深化重点领域和薄弱环节金融服务，制造业、科创、绿色等领域信贷规模保持市场领先，普惠贷款增幅靠前。助力共同富裕迈出新步伐，设立服务乡村振兴专门机构，推出“兴农通”品牌，对中小微企业和困难行业的纾困帮扶效果显著。加强全球服务协同，积极助推高水平对外开放和共建“一带一路”高质量发展。坚决做好疫情防控、能源保供、防汛抗洪等金融保障，有力展现大行担当。

坚持树牢底线思维，全力推动高质量风控。坚持未雨绸缪、见微知著、亡羊补牢、举一反三，健全全面风险管理体系，助力维护经济金融稳定大局。注重“一盘棋”谋划、“一本账”管理，完善全链条的风险识别、预警和处置机制，统筹抓好传统和新兴、表内和表外、境内和境外、线上和线下等各类风险防控。强化全口径信用风险管理，加大资产质量攻坚力度，持续提升风险资产经营能力，不良贷款率、逾期贷款率同步改善。密切关注金融市场波动，坚持稳健交易策略，严格控制风险敞口，实现市场风险水平总体平稳。

坚持增强改革担当，全力实施高质量攻坚。聚焦完善治理体系、提升治理能力，深入推进党的领导与公司治理有机融合。推动“扬长、补短、固本、强基”布局扎实落地，第一个人金融银行、外汇业务首选银行、重点区域竞争力提升、城乡联动发展等战略实施不断取得新突破。加快全行数字化转型，智慧银行生态建设工程（ECOS）获评人民银行金融科技发展特等奖，数据管理能力获得工信部最高评级。全力服务进博会、广交会、服贸会和消博会，发起成立中欧企业联盟，推动“一带一路”银行间常态化合作机制（BRBR）向纵深发展。主动参与绿色金融国际治理，成功发出《气候友好银行北京倡议》。

本行全力推动新发展规划开局起势，各重点战略、重点任务实施蹄疾步稳、成效初彰，全年主要经营指标表现出色，“强、优、大”的工行特征更加明显。

“强”的基础进一步筑牢。资本实力进一步增强，资本充足率超过18%，位居全球大型银行前列。拨备余额突破6 000亿元，拨备覆盖率七年来首次回升至200%以上。连续九年位居《福布斯》全球企业2 000强和英国《银行家》全球银行1 000强榜首。

“优”的质态进一步提升。经营效率持续改善，资产回报率（ROA）、资本回报率（ROE）分别达到1.02%和12.15%。经过精细管理、内部挖潜，净利息收益率（NIM）变动同业较优。成本收入比为23.97%，保持全球大型银行较低水平。

“大”的优势进一步巩固。资产规模超过35万亿元，营业收入突破9 400亿元，净利润超过3 500亿元，同业领先优势继续夯实，资产、资本、存款、贷款保持全球第一，市值和分红总额为国内同业第一。

我谨代表董事会，衷心感谢社会各界对中国工商银行的关心帮助，衷心感谢监事会的有效监督、管理层和全体干部员工的付出与贡献。基于良好的业绩，本行董事会建议派发2021年普通股股息每10股2.933元人民币，将提交股东大会审议。

经过一年的实践，本行深化了对做好金融工作的认识。要始终坚持党建引领，牢牢把握金融工作正确方向，坚持以人民为中心，落实好金融服务实体经济的天职；始终树牢正确的业绩观，坚定不移走质量第一、效率优先、创新引领的内涵式发展道路，着力做强、做优、做大；始终坚持底线思维，主动防范化解风险，推动实现高质量发展和高水平安全的动态平衡；始终做到担当作为，注重通过改革破解发展难题，坚定不移走中国特色金融发展之路。

当前，世纪疫情和百年变局相互交织，全球政治经济格局加速演化，地缘政治冲突导致连锁反应，对全球金融、能源、交通、供应链稳定等造成冲击，外部环境更趋复杂严峻，全球银行经营面临新挑战。中国经济长期向好的基本面不会改变，具有强大的韧性和活力。随着新发展格局加快构建、各项宏观政策全面落地，中国经济稳健增长和高质量发展的动能正在全面激活，国内银行业发展面临良好环境。

2022年，本行将坚持以习近平新时代中国特色社会主义思想为指导，坚持稳中求进工作总基调，落实好稳字当头要求，助力实现宏观经济“稳”的目标；进一步提升对实体经济的服务质效，助力高质量发展取得更多“进”的成效；以中央巡视反馈问题整改为带动，推动各项改革措施落地见效，切实做好“改”的答卷，以建设中国特色世界一流现代金融企业的实际行动和优异成绩，迎接党的二十大胜利召开！

董事长：张四清

二〇二二年三月三十日

行　长　廖　林

行长致辞

2021年，面对复杂严峻的外部环境，本行认真贯彻党中央、国务院决策部署，坚持“48字”工作思路，立足新发展阶段，完整、准确、全面贯彻新发展理念，积极服务和融入新发展格局，统筹疫情防控和金融工作，全力落实“三项任务”，取得了稳中有进、进中提质的优异业绩，新规划实施起势见效，高质量发展迈出坚实步伐。

全年集团实现营业收入9 428亿元，比上年增长6.8%；拨备前利润6 275亿元，比上年增长5.5%；净利润3 502亿元，比上年增长10.2%。平均总资产回报率、加权平均净资产收益率均高于上年；资本充足率18.02%。不良贷款率1.42%，较上年末下降0.16个百分点。拨备覆盖率逐季提高至205.84%。这些指标充分体现了价值创造、市场地位、风险管控、资本约束的统筹平衡，彰显了本行的高质量发展质态和强劲发展韧性。

这种韧性，源自于我们坚守金融初心使命，持续提升服务实体经济质效。本行围绕跨周期和逆周期调节部署，落实“六稳”“六保”要求，统筹安排投融资的总量、节奏和结构，不断提升金融服务的适应性、竞争力、普惠性，更好地满足实体经济和人民群众多样化的金融需求。境内人民币贷款新增2.12万亿元，同比多增2 433亿元，增量创同期新高；债券投资净增7 632亿元，余额继续保持同业第一。投向实体经济重点领域和薄弱环节资金精准直达。投向制造业贷款增加3 197亿元，其中中长期贷款增加2 427亿元。优化科创金融服务模式，国家重点支持的高新技术领域贷款余额突破万亿元。积极推动绿色低碳转型，绿色贷款增长34.4%，总量突破2.4万亿元。大力发展数字普惠和供应链金融，推动小微贷款增量扩面；推出工银“兴农通”品牌，拓展金融支持乡村振兴的广度和深度，普惠贷款全年增长超过50%。

这种韧性，源自于我们坚决筑牢风控底线，持续增强防范化解风险能力。本行坚持统筹发展和安全，遵循“管住人、看住钱、扎牢制度防火墙”要求，从“主动防、智能控、全面管”集成发力，打造全面风险管理体系“升级版”。强化制度执行，授信审批新规在境内机构全面落地。深入开展资产质量攻坚，系统排查和治理重点领域、重点客户风险，加大不良贷款清收处置力度。逾期率、逾期额、剪刀差持续下降。超额完成理财存量压降任务。严密防范市场风险，抓实气候风险、模型风险等新型风险管控。全面提升内控案防有效性。强化客户投诉治理，取得阶段性明显成效。

这种韧性，源自于我们坚定深化转型创新，持续激发经营活力增长动力。本行对标“十四五”规划，启动实施新规划，扎实推进“扬长、补短、固本、强基”四大布局，深化实施个人金融、外汇业务、重点区域、城乡联动战略，积极培育和塑造高质量发展新优势。有序推进资产管理、私人银行、银行卡等业务经营转型，全面提升服务能级。数字化转型提速提效，科技与业务融合程度不断加深。聚焦民生保障领域，大力打造智慧政务、智慧社保、智慧教育等服务场景。政务、产业、消费（GBC）协同动能进一步增强，资金承接、客户织网补网等基础性工作成效逐步显现。个人客户总量突破7亿户，对公客户达969万户，大中小微客户协调的客户生态体系不断完善，高质量发展基础得到夯实。

2022年将召开党的二十大，是党和国家事业发展进程中十分重要的一年。本行将深入贯彻党中央、国务院决策部署，坚持稳中求进工作总基调，按照“48字”工作思路，在广大股东和社会各界的信任支持下，突出主责主业，加强守正创新，聚焦“行动、落实、推进”，持续实施“扬长、补短、固本、强基”四大布局，推动新规划中期突破，加快具有中国特色的世界一流现代金融企业建设，走好中国特色金融发展之路，以服务新发展格局、推进高质量发展的实际行动，迎接党的二十大胜利召开。

行长：

二〇二二年三月三十日

监事长　黄良波

2021年1月15日，首届“工银卓越奖章”颁奖典礼在北京举行。党委书记、董事长陈四清出席颁奖典礼并讲话，总行党委、高管层成员出席。

2021年3月10日，工商银行党史学习教育动员大会在北京举行。党委书记、董事长陈四清出席会议并讲话，党委副书记廖林主持会议。总行党委、高管层成员参加。

2021年3月23日，陈四清董事长出席中国现代金融学会2021年学术年会，并为工银亚洲东南亚研究中心和工银澳门葡语系国家研究中心揭牌。廖林行长主持会议，张文武副行长出席。

2021年4月29日，工商银行在北京举办中欧企业联盟成立大会。陈四清董事长出席并致辞，廖林行长、张文武副行长、徐守本副行长、张伟武党委委员出席大会。

2021年6月22日，工商银行召开脱贫攻坚表彰暨服务乡村振兴推进会，发布金融支持乡村振兴行动方案，推出工银“兴农通”统一品牌。党委书记、董事长陈四清出席并讲话。总行党委、高管层成员出席。

2021年6月25日，工商银行召开庆祝中国共产党成立100周年座谈会暨“两优一先”表彰大会。党委书记、董事长陈四清，党委副书记、行长廖林出席会议并讲话，党委副书记黄良波主持会议。总行党委、高管层成员参加会议。

2021年9月30日，工商银行第二届职工代表大会第一次会议在北京召开。党委书记、董事长陈四清出席并讲话。总行党委、高管层成员参加。

2021年10月11日，中央第十五巡视组巡视中国工商银行股份有限公司党委工作动员会议在北京召开。中央第十五巡视组副组长及有关同志、中央巡视办有关同志、工商银行领导班子成员出席会议。

2021年10月26日，党委书记、董事长陈四清主持召开服务制造业高质量发展座谈会。党委副书记、行长廖林，派驻纪检监察组组长、党委委员王林，党委委员、副行长徐守本出席。中央第十五巡视组相关成员列席。

2021年11月24日，党委书记、董事长陈四清主持召开党委理论中心组学习，围绕党的十九届六中全会精神开展专题学习研讨。总行党委、高管层成员参加。

2021年3月26日，总行在北京通过全球电话会议方式，举办2020年度业绩发布会。廖林行长、王景武副行长、张文武副行长、徐守本副行长、宋建华高级业务总监出席发布会。

2021年4月21日，党委副书记、行长廖林赴海南分行调研。

2021年10月20日，由工商银行承办的金融街论坛年会“金融创新助力制造强国”平行论坛在北京举行。廖林行长出席并致辞。

2021年8月27日，党委副书记、监事长黄良波主持召开中国工商银行股份有限公司监事会会议。

2021年9月8日，党委副书记、监事长黄良波到定点帮扶县四川省凉山彝族自治州金阳调研。其间，走访了工商银行支持建设的大卷希望小学。

2021年12月21日，党委副书记、监事长黄良波出席全国总工会与工商银行共建户外劳动者服务站点·工行驿站授牌仪式。

2021年5月8日，党委委员、派驻纪检监察组组长王林出席二级分行党委书记、纪委书记“两个强化”专题培训班开班仪式。

2021年11月17日，郑国雨副行长以《传承红色基因 践行人民金融 推动第一个人金融银行战略落地见效》为题，为2021年个人金融业务中高级管理人员培训班学员授课。

2021年9月26日，王景武副行长出席可持续发展论坛2021，并作“以绿色金融推动绿色发展”的主题发言。

2021年7月27日至29日，张文武副行长赴重庆督导信贷资产质量“123”攻坚战。其间，到长安汽车全球研发中心调研。

2021年7月11日，徐守本副行长出席2021年生态文明贵阳国际论坛绿色金融主题论坛。

2021年11月5日，张伟武副行长出席第四届虹桥国际经济论坛绿色金融助力可持续发展分论坛。

2021年8月19日，王百荣高级业务总监主持召开国际金融市场形势研判。

2021年6月7日，官学清董事会秘书主持召开股东年会筹备会和派息工作会。

2021年3月2日，熊燕高级业务总监主持召开专题会议，研究推动全行GBC工作。

2021年4月21日，宋建华高级业务总监主持召开个人金融业务全员营销工作会议。

2021年，全行隆重举行系列纪念活动，庆祝中国共产党成立100周年。图为辽宁分行举办“永远跟党走”庆祝中国共产党成立100周年主题活动暨“两优一先”表彰大会。

2021年，全行认真贯彻落实党中央、国务院关于支持制造业高质量发展决策部署，接续开展“制造业金融服务深化年”活动，打造“制造业金融领军强行”。

2021年，全行落实“六稳”“六保”要求，深入开展“工银普惠行”“千名专家进小微”等活动，提升小微金融服务水平。图为苏州分行普惠金融先锋队前往苏州市南环桥批发市场，开展普惠政策宣传和商户需求调研。

2021年，全行深入推进第一个人金融银行战略落地，积极建设“人民满意银行”。图为南京分行创新开发的移动金融服务车开进南京大学校园，为广大师生提供金融服务。

2021年，全行把握资本市场对外开放机遇，加快打造外汇业务首选银行。10月19日，“跨境理财通”业务落地首日，广东分行大湾区内辖属9家机构全部开办相关业务。

2021年，全行启动实施城乡联动发展战略，助力全面推进乡村振兴。图为甘肃分行组织员工走进草原深处，为广大农牧民提供金融服务。

2021年，全行积极把握数字人民币研发试点带来的机遇，加快应用推广。10月13日，工商银行与中国移动合作开发的数字人民币SIM PAY产品正式发布。

2021年，全行积极应对极端天气带来的挑战，全力做好防汛救灾与金融服务保障工作。图为郑州“7·20”特大暴雨过后，河南分行干部员工奋力排水，保障大楼安全。

北京分行支持建设的冬奥会场馆——国家跳台滑雪中心“雪如意”。

山西分行积极支持太原西北二环建设。

山东分行对标"一县一品"，支持农村特色产业发展。

湖北分行搭建数字金融平台，支持信创企业研发生产。

广东分行支持建设的惠州平海发电厂。

广西分行支持建设的那平江污水处理厂。

四川分行支持建设的天府机场。

厦门分行大力支持自由贸易试验区建设。

目　录

第一部分　党建工作与公司治理

党史学习教育 …… 3
配合中央巡视 …… 4
党建工作 …… 6
领导班子建设 …… 7
纪检监察工作 …… 8
巡视巡察工作 …… 11
党风廉政建设 …… 12
宣传思想文化 …… 13
工会工作 …… 15
共青团工作 …… 16
公司治理机制建设 …… 18
投资者关系管理 …… 20
子公司公司治理及股权投资管理 …… 20
履行社会责任 …… 22
品牌建设 …… 23
人力资源管理 …… 24
离退休人员服务和管理 …… 26
教育培训 …… 27
金融理论研究与学术交流 …… 29

第二部分　服务新发展格局与推进高质量发展

服务新发展格局 …… 35
新发展规划实施 …… 36
第一个人金融银行战略 …… 38
外汇业务首选银行战略 …… 39
重点区域竞争力提升战略 …… 40
城乡联动发展战略 …… 41
基础性工作 …… 44
服务重大活动 …… 44
全面深化改革 …… 47
组织机构优化调整 …… 47
金融科技 …… 48
e－ICBC 4.0 生态银行 …… 52
智慧运营体系建设 …… 54
网点转型和服务创新 …… 56
公司金融 …… 57
普惠金融 …… 59
机构金融业务 …… 61
负债业务 …… 63
信贷业务 …… 64
中间业务 …… 65
结算与现金管理业务 …… 66
信用卡业务 …… 68
金融市场业务 …… 70
资管业务 …… 73
资产托管业务 …… 75
票据业务 …… 76
私人银行业务 …… 78
投行业务 …… 79
贵金属业务 …… 81
专项融资业务 …… 82
养老金业务 …… 84

第三部分　风险管理

全面风险管理 …… 89
信用风险管理 …… 91
内部审计 …… 92
内控合规建设 …… 94
反洗钱工作 …… 96
声誉风险管理 …… 97
消费者权益保护 …… 98
财务会计管理 …… 99
资产负债管理 …… 102
授信审批 …… 104
运行管理 …… 106
法律事务 …… 107
授权管理 …… 108
管理信息 …… 108
安全保卫 …… 110
基础管理 …… 111

第四部分　境内分行成就

北京分行 …… 115
天津分行 …… 116
河北分行 …… 118
山西分行 …… 120
内蒙古分行 …… 123
辽宁分行 …… 125
吉林分行 …… 126

黑龙江分行…… 128
上海分行…… 129
江苏分行…… 130
浙江分行…… 131
安徽分行…… 133
福建分行…… 135
江西分行…… 136
山东分行…… 138
河南分行…… 139
湖北分行…… 141
湖南分行…… 143
广东分行…… 145
深圳分行…… 147
广西分行…… 149
海南分行…… 151
重庆分行…… 152
四川分行…… 153
云南分行…… 155
贵州分行…… 157
陕西分行…… 159
甘肃分行…… 160
青海分行…… 162
宁夏分行…… 164
新疆分行…… 165
西藏分行…… 166
大连分行…… 167
青岛分行…… 169
宁波分行…… 171
厦门分行…… 172
苏州分行…… 174
广州分行…… 175
杭州分行…… 177
成都分行…… 179
南京分行…… 181
武汉分行…… 182
雄安分行…… 185

第五部分　境外机构与子公司经营

境外机构拓展与业务发展情况…… 189
中国—中东欧金融控股有限公司…… 190
与标准银行的战略合作…… 191
跨境人民币业务…… 192
国际结算单证业务…… 193
工银亚洲（含香港分行）…… 195
工银澳门…… 196
新加坡分行…… 198
东京分行…… 200
首尔分行…… 201
工银泰国…… 203
工银印尼…… 204
河内分行…… 206
金边分行…… 207
万象分行…… 209
仰光分行…… 210
工银马来西亚…… 211
马尼拉分行…… 212
卡拉奇分行…… 214
孟买分行…… 216
工银阿拉木图…… 217
迪拜国际金融中心分行…… 218
多哈分行…… 219
阿布扎比分行…… 221
科威特分行…… 222
利雅得分行…… 223
工银土耳其…… 225
悉尼分行…… 226
工银新西兰…… 228
工银欧洲…… 230
巴黎分行…… 232
阿姆斯特丹分行…… 234
布鲁塞尔分行…… 235
米兰分行…… 237
马德里分行…… 238
华沙分行…… 240
工银标准…… 242
工银伦敦（伦敦分行）…… 243
法兰克福分行…… 244
工银莫斯科…… 246
布拉格分行…… 247
苏黎世分行…… 248
工银奥地利…… 250
纽约分行…… 252
工银美国…… 253
工银金融…… 254
工银加拿大…… 256
工银墨西哥…… 258
工银阿根廷…… 259
工银巴西…… 261
工银秘鲁…… 263
巴拿马分行…… 264
非洲代表处…… 266
蒙古代表处…… 268
希腊代表处…… 269
工银瑞信…… 270
工银租赁…… 272
工银国际…… 273
工银安盛…… 275
工银投资…… 276
工银科技…… 277

工银理财 ………… 279

浙江平湖和重庆璧山工银村镇银行 ………… 281

第六部分　重要文献

在中国工商银行 2021 年工作会议上的讲话 ………… 陈四清　287

知责于心　担责于身　履责于行
——在党组织书记抓基层党建工作述职评议会议上的讲话 ………… 陈四清　294

在总行应对新型冠状病毒感染肺炎疫情工作领导小组第十三次会议上的讲话 ………… 陈四清　295

在党委巡视工作领导小组会上的讲话 ………… 陈四清　296

在全行劳模工匠事迹报告会上的讲话 ………… 陈四清　297

在中国工商银行 2021 年全面从严治党暨纪检监察工作会议上的讲话 ………… 陈四清　298

在 2021 年内部审计工作会议上的讲话 ………… 陈四清　304

在中国工商银行党史学习教育动员大会上的讲话 ………… 陈四清　306

奋力开创工商银行高质量发展新局面
——在分行行长座谈会上的讲话 ………… 陈四清　309

谱写高质量党建引领高质量发展新篇章　以优异成绩庆祝建党 100 周年
——在 2021 年全行党建工作会议上的讲话 ………… 陈四清　314

在党委巡视工作领导小组会上的讲话 ………… 陈四清　318

在中国工商银行巡视巡察工作暨党委 2021 年第二批次巡视工作动员会议上的讲话 ………… 陈四清　320

传承红色基因　擦亮金字招牌　奋进建设世界一流现代金融企业新征程
——在庆祝中国共产党成立 100 周年座谈会暨“两优一先”表彰大会上的讲话 ………… 陈四清　323

坚持以高质量党建引领高质量发展　稳步探索工商银行创新发展之路
——在中国工商银行 2021 年年中工作会议上的讲话 ………… 陈四清　327

深化纪检监察体制改革　推动“两个责任”层层落实
——在全面从严治党座谈会上的讲话 ………… 陈四清　332

在党委巡视工作领导小组会上的讲话 ………… 陈四清　335

在贯彻落实习近平总书记“7・9”重要讲话精神交流座谈会上的讲话 ………… 陈四清　337

在国际化经营管理情况汇报会上的讲话 ………… 陈四清　339

在党委 2021 年第三批次巡视工作动员会上的讲话 ………… 陈四清　340

在 2021 年总行机关党建工作座谈会上的讲话 ………… 陈四清　342

在中国工商银行全面从严治党从严治行警示教育大会上的讲话 ………… 陈四清　344

在中国工商银行出席党的二十大代表选举工作部署暨培训会议上的讲话 ………… 陈四清　347

在党建工作联系点调研时的讲话 ………… 陈四清　350

加快推进审批新规全面落地　以高质量风控支持高质量发展
——在授信审批专职委员和审查处长座谈会上的讲话 ………… 廖　林　352

在 2021 年代发业务推动会上的讲话 ………… 廖　林　354

在 2021 年财务会计资产负债管理工作会议上的讲话 ………… 廖　林　356

增强适应性　提升执行力　以高质量内控合规服务高质量发展
——在全行内控合规重点工作推进会上的讲话 ………… 廖　林　359

推进高质量全面风险管理　提升风险管理价值创造能力
——在 2021 年信贷与全面风险管理工作会议上的讲话 ………… 廖　林　362

以奋进者姿态推进高质量发展
——在分行行长座谈会上的讲话 ………… 廖　林　365

坚定信心　奋发进取　全面深化第一个人金融银行战略
——在2021年全行个人金融业务工作会议上的讲话 …… 廖　林 369

在全行资金承接工作推动会上的讲话 …… 廖　林 371

以奋进者的精气神探索创新发展之路
——在中国工商银行2021年年中工作会议上的报告 …… 廖　林 373

在2021年全行案防工作会议上的讲话 …… 廖　林 377

在全行个人金融板块旺季营销工作会议上的讲话 …… 廖　林 379

在2021年决算工作会议上的讲话 …… 廖　林 381

在2021年第5次总行直属机关党委全委会上的讲话 …… 黄良波 384

在总行机关工会第五届会员代表大会第一次会议上的讲话 …… 黄良波 385

在2021年第6次总行直属机关党委全委会上的讲话 …… 黄良波 388

在全行疫情防控专题会议上的讲话 …… 黄良波 389

在总行应对新型冠状病毒感染肺炎疫情工作领导小组第十三次会议上的讲话 …… 杨国中 391

监督保障执行　促进完善发展　以高质量纪检监察工作为工商银行落实“十四五”规划开好局、起好步提供坚强保障
——在中国工商银行2021年全面从严治党暨纪检监察工作会议上的工作报告 …… 王　林 392

在总行党委2021年第一批次巡视工作动员部署会上的讲话 …… 王　林 400

在2021年第一期监督工作联席会议上的讲话 …… 王　林 403

在中国工商银行巡视巡察工作暨党委2021年第二批次巡视工作动员会议上的讲话 …… 王　林 405

在认真学习领会习近平总书记“七一”重要讲话精神　做好新形势下巡视监督工作座谈交流会上的讲话 …… 王　林 406

在全面从严治党座谈会上的讲话 …… 王　林 412

在党委2021年第三批次巡视工作动员会上的讲话 …… 王　林 414

在运行管理分管行长座谈会上的讲话 …… 郑国雨 415

在全行个人金融板块旺季营销工作会议上的讲话 …… 郑国雨 419

在全行退役优待证工作部署动员会上的讲话 …… 郑国雨 420

客户至上　服务实体　全力打造公司客户服务新格局
——在中国工商银行2021年公司结现投行工作会议上的讲话 …… 王景武 422

加强全面风险管理　提升信贷资产质量　以高质量风控助力高质量发展
——在2021年信贷与全面风险管理工作会议上的讲话 …… 王景武 428

在2021年总行反洗钱领导小组会议上的讲话 …… 王景武 433

强化意识　压实责任　守住底线　为全行高质量发展提供坚实安全保障
——在全行安全保卫重点工作专题视频会议上的讲话 …… 王景武 435

在总行派驻信贷风险官座谈会上的讲话 …… 王景武 437

在2021年全行宣传思想文化　教育培训团青工作暨机关党建会上的讲话 …… 王景武 438

在建党100周年庆祝活动期间安全稳定专题工作会议上的讲话 …… 王景武 441

凝心聚力　积极作为　全力打赢监管转办投诉治理百日攻坚
——在转诉压降百日攻坚专题推进会上的讲话 …… 王景武 443

在部分分行投融资规划会议上的讲话 …… 王景武 445
提高政治站位　压实主体责任　不断深化子公司全面风险管理体系建设
——在2021年综合化子公司风险管理专题会上的讲话 …… 王景武 446
在防控电信网络新型违法犯罪工作小组会议上的讲话 …… 王景武 448
在中国工商银行运行管理和安全保卫工作会议上的讲话 …… 张文武 450
在支行网点疫情防控工作专题会议上的讲话 …… 张文武 455
科技驱动　价值创造　强化全行高质量发展的金融科技力量
——在2021年金融科技工作会议上的讲话 …… 张文武 457
在线上线下金融服务工作会议上的讲话 …… 张文武 462
在全行品牌建设与舆论宣传工作座谈会上的讲话 …… 张文武 468
在保障“七一”期间业务连续性与安全生产专题会议上的讲话 …… 张文武 471
在相关机构职能优化调整动员会议上的讲话 …… 张文武 473
在全行疫情防控专题会议上的讲话 …… 张文武 475
扬帆起航正当时　不忘初心再出发　全面打造资产管理、私人银行、工银理财、工银国际高质量发展新格局
——在2021年资产管理、私人银行、工银理财、工银国际工作会议上的讲话 …… 徐守本 476
奋勇争先　打造标杆　全力推动普惠金融业务高质量发展
——在中国工商银行2021年普惠金融工作会议上的讲话 …… 徐守本 483
在公司板块岁末年初旺季业务营销工作推动会上的讲话 …… 徐守本 488
在总行外汇合规管理领导小组2021年第一次会议上的讲话 …… 张伟武 492
在境外机构廉洁从业专题会议上的讲话 …… 张伟武 495
在总行外汇合规管理领导小组2021年第二次专题工作会上的讲话 …… 张伟武 499
在国际化联席会议2021年第四次会议暨境外机构经营分析及疫情防控工作会议上的讲话 …… 张伟武 500
深化统筹合作　有效防范风险　积极探索集团贵金属业务转型发展思路
——在集团统筹联动发展贵金属业务第三次联席会议上的讲话 …… 王百荣 503
在部分重点境外机构经营分析工作会议暨国际化联席会议2021年第1次会议上的讲话 …… 官学清 506
深化境内外汇业务首选银行战略实施　扎实推进境外机构高质量发展　全面服务新发展格局和高水平对外开放
——在2021年全行国际化工作会议上的讲话 …… 官学清 508
在全行离退休人员服务工作会议上的讲话 …… 官学清 514
有效防控风险　高效服务发展
——在2021年集中采购工作视频座谈会上的讲话 …… 官学清 518
风劲潮涌　奋楫笃行　奋力夺取高质量发展新胜利
——在2021年机构托管养老金业务工作会议上的讲话 …… 熊　燕 520
在全行机构金融业务推动会上的讲话 …… 熊　燕 528
勇于担当　加强协同　努力推动企业年金营销工作实现新跨越
——在企业年金营销工作推动视频会上的讲话 …… 熊　燕 530
在全行退役优待证工作部署动员会上的讲话 …… 熊　燕 533
提高全面风险管控能力和水平　推动资产托管业务高质量发展
——在加强资产托管业务全面风险管控专题会上的讲话 …… 熊　燕 534

在全行储蓄存款工作推动会上的讲话
…………………………………………… 宋建华 536
坚持高质量发展　推动第一个人金融银行战略全面深化
——在2021年全行个人金融业务工作会议上的讲话
…………………………………………… 宋建华 544
在2021年全行个金业务年中工作会议上的讲话
…………………………………………… 宋建华 549
在全行个人金融板块旺季营销工作会议上的讲话
…………………………………………… 宋建华 554

第七部分　大事记

1月 ………………………………………………… 559
2月 ………………………………………………… 561
3月 ………………………………………………… 563
4月 ………………………………………………… 567
5月 ………………………………………………… 569
6月 ………………………………………………… 572
7月 ………………………………………………… 575
8月 ………………………………………………… 578
9月 ………………………………………………… 582
10月 ………………………………………………… 585
11月 ………………………………………………… 587
12月 ………………………………………………… 590

第八部分　附　　录

2021年中国工商银行党委成员、董事、监事及高管人员名录………………………… 597
总行机构名录……………………………………… 597
总行直属机构名录………………………………… 599
各一级分行、直属分行名录……………………… 600
各内审分局名录…………………………………… 603
各省会城市分行名录……………………………… 603
各二级分行机构名录……………………………… 605
境内控股及独资子公司名录……………………… 630
境外机构名录……………………………………… 630
中国工商银行员工情况表………………………… 637
中国工商银行系统机构设置情况表……………… 640
2021年总行级重点城市行综合竞争能力评价结果…………………………………………… 642
2021年国际评级及获得的主要奖项 ……………… 644
2021年重要评比或评奖活动结果 ………………… 651

第一部分

党建工作与公司治理

责任编辑：张海明

党史学习教育

2021年，工商银行认真贯彻党中央决策部署，在中管金融企业党史学习教育第二指导组的有力指导下，按照“学史明理、学史增信、学史崇德、学史力行”总要求，坚持“党建引领、从严治理”工作思路，结合工商银行职责使命与工作实际，推动全行深入扎实开展党史学习教育，突出金融特色、突出学用结合、突出惠民利民、突出担当作为，实现了“学党史、悟思想、办实事、开新局”的目标。

一、提高政治站位，推动中央精神一贯到底

把开展党史学习教育作为一项贯穿全年的重大政治任务，加强组织领导，精心谋划安排，确保任务落实到位。以谋全局为着眼，成立党史学习教育领导小组，落实第一责任，制定工作规则，下设领导小组办公室，指导全行各级党委建立相应的领导机构和工作机构，做到应建尽建。以求实效为导向，对标党中央部署要求，制订党史学习教育实施方案和党史学习教育工作安排，组建10个总行巡回指导组，对99家总行部门和一级机构进行全面督导，推动各级机构责任到位、措施到位、效果到位。以做表率为标尺，定期组织召开领导小组会议，听取汇报、研究情况、解决问题、提出要求，强力推进党史学习教育持续开展。总行党委成员带头赴多地开展调研指导，通过召开座谈会、实地走访、与员工面对面交流等方式，不断校准工作方向，提升工作质效。

二、创新方式方法，推动党史学习教育走深走实

紧跟中央部署，以全面学习百年党史为重点，认真学习习近平总书记在党史学习教育动员大会上的重要讲话、“七一”重要讲话和关于党史学习教育的系列重要讲话精神，深入学习领会党的十九届六中全会精神，用好《论中国共产党历史》《中华人民共和国简史》等指定书目，持续推动读原著、学原文、悟原理。坚持“带头学”与“联动学”相结合，开展集体研学、领导领学、典型带学、党员互学、潜心自学，发挥党员示范效应。搭建联学联建平台，将党委专题学习扩大至基层，并与政府、高校、企业等机构开展联学，提升学习质效。坚持“全面学”与“重点学”相结合，在全面覆盖的基础上，坚持分类指导，面向处级以上党员领导干部策划实施专题培训项目，为青年员工增设主题团课、微课堂、红色活动等，对离退休老同志开展送学上门、调研座谈等，面向广大干部群众开展“四史”宣传教育、党史专题全员阅读活动，举办党史学习教育暨红色精神系列直播培训，累计参训12.3万人次。坚持“创新机制”与“创新形式”相结合，建立专班运作、工作督导、专题领学等机制，开设线上“党史学习专区”，推出党史学习直播课堂、微视频展等，实现处处能学、时时可学。

三、用好红色资源，推动红色精神入脑入心

将学习党史与学习红色金融史结合起来，坚持在传承和挖掘上下功夫，通过打造一批精品栏目、挖掘一批红色金融故事、培养一批红色讲习员、推出一批红色金融产品、出品一批优质培训课程、举办一批红色文化活动等“六个一”系列活动，深入革命遗址、历史展馆等地开展红色教育，用好行内文物建筑、历史档案，编写红色金融故事集，组建“红色讲习员”队伍，讲好红色金融故事，组织“红色金融足迹”直播活动，参与人数超过45万人次，发布韶山故居、沂蒙精神、遵义会议等红色金融主题存单，深入打造具有工行特色的红色金融文化品牌。结合“永远跟党走”“党旗在基层一线高高飘扬”和“四史”宣传教育活动安排，开展“党史知识竞赛”“向党说句心里话”征文、“我们的一天”微视频展播、“唱支山歌给党听”“没有共产党就没有新中国”快闪等特色活动。代表金融系统参加“全国党史知识竞赛”总决赛并荣获优秀组织奖。

四、践行担当作为，推动民生实事办好办实

围绕“我为群众办实事”实践活动，查实情、谋实策、办实事，建立并动态完善重点项目清单，重点围绕贯彻新发展理念、巩固拓展脱贫攻坚成果、满足人民群众需求、为基层减负赋能四方面，行党委及总行机关、各一级机构党委制定近1 200项重点项目，切实让人民群众和服务对象看到新变化、收获新价值。聚焦贯彻新发展理念，围绕重点领域和薄弱环节，加大对实体经济的支持力度，开展“万家小微成长计划”支持小微企业，科创金融“十百千万”专项行动，全面推进

绿色金融发展。聚焦巩固脱贫攻坚成果，助力乡村振兴，开展“启航工程”“烛光计划”等项目，全力支持定点帮扶县市巩固拓展脱贫成果，深化科技赋能，推出“工银兴农贷”，开展“兴农撮合”等活动服务乡村振兴。聚焦满足人民群众需求，开展“客户体验痛点治理百日攻坚行动”“服务提升十大行动”等活动，深入推进“工银光明行”，全力支持疫情防控和防汛抗洪救灾，保障各项金融服务畅通。聚焦为基层减负赋能，着力发挥基层党组织和党员作用，推动机构本部完善管理机制，优化政策制度，简化办事流程，推动经营机构优化产品服务，履行社会责任，推动党支部攻坚克难，党员干部发挥模范带头作用，服务身边人身边事。

五、坚持自我革命，高标准开好专题组织生活会

坚持将召开专题组织生活会作为“学党史、悟思想、办实事、开新局”的一项重要政治任务，高标准组织全行2万多个党支部召开专题组织生活会，全行近9 000名处级及以上党员领导干部均按照规定参加了所在党支部组织生活会。会前学习突出“深”，坚持集体学习和个人自学相结合，引导广大党员学深悟透党史学习教育重点学习内容，打牢思想基础。谈心谈话突出“真”，组织各基层党支部聚焦主题，广泛开展谈心谈话，诚恳听取党员意见建议，有针对性地做好党员思想政治工作。检视剖析突出“质”，各级党支部和广大党员对照中央要求的重点方面，联系思想和工作实际，认真盘点和检视问题。召开会议突出“严”，紧密联系思想和工作实际，盘点检视存在的问题，严肃认真开展批评和自我批评，做到“见人、见事、见思想”。整改措施突出“实”，针对查摆出来的问题，切实把支部整改与党员自身整改结合起来，以实招硬招确保整改实际成效。督促指导突出“全”，坚持全覆盖、全流程指导，组织列席指导、巡听旁听等方式，全面加强督促指导。

六、壮大声势影响，推动宣传宣讲扎实开展

突出思想引领，深入开展党史学习教育宣讲工作，打造全媒体宣传矩阵，用“多声部”唱响党史学习教育“大合唱”。突出“领学、领讲”，党委班子成员带头开展宣讲，党员领导干部、基层党组织书记通过集中宣讲、座谈会、党日活动等多种形式深入基层开展宣讲，邀请中央党史学习教育宣讲团成员，面向各级党员领导干部开展专题辅导，邀请劳模、“两优一先”“感动工行”等先进典型开展宣讲，邀请老战士、老模范、老党员分享亲身经历，开展2200余场宣讲活动，参学超10万人次。突出“互讲、互评”，鼓励员工“自发学”“主动讲”，以大家讲、情景剧、网络直播等形式为身边人讲述党史故事，把党史学习“微课堂”融入员工日常工作生活中。突出“全时、全域”，积极依托行内外媒体开展宣传，编发《党史学习教育简报》170期，编发宣传稿件8 000余篇，累计阅读量超200万人次，多篇稿件被《人民日报》、新华社、《中央党史学习教育简报》、党史学习教育官网刊载，央视《新闻联播》《朝闻天下》等栏目进行了报道，汇聚正能量，振奋精气神。

（总行党委宣传部）

配合中央巡视

根据中央统一部署，中央第十五巡视组于2021年10月8日进驻工商银行开展现场巡视。巡视期间，行党委坚决服从巡视安排，主动配合监督检查，全面如实反映情况，第一时间抓好整改，全力保障巡视工作顺利开展。

一、提高政治站位，扎实做好迎接巡视各项准备

行党委高度重视中央对工商银行的巡视工作，在巡视组进驻之前，多次召开专题会议，重温习近平总书记在国有企业党的建设工作会议、全国金融工作会议、中央财经委会议上的重要讲话精神以及关于巡视工作的重要论述，认真学习赵乐际同志在十九届中央第八轮巡视工作动员会上的讲话精神，学习巡视工作条例、廉洁自律准则、纪律处分条例等党内规章。成立以党委书记为组长的配合巡视工作领导小组，以党委副书记、监事长为组长的联络组，并在联络组下设综合协调组、驻地组、文件材料组、服务保障组、信访协调组、线索核查组和整改协调组等7个小组，分别制定工作规则，分工做好配合工作。研究制订迎接和配合中央巡视工作方案，形成51项具体任务清单、责任清单，有序推进各项准备工作。根据巡视组要求，行党委系统总结、认真起草《党委工作汇报》《选人用人情况专项报告》《巡视工作情况专项报告》《中央巡视反馈意见整改落实情

况专项报告》《工商银行基本情况》等报告材料，全面如实反映“四个落实”情况，深入细致查摆问题，为巡视组全面了解工商银行打好基础。

二、细化保障措施，为巡视工作创造良好环境

（一）加强后勤保障。做好巡视组驻地酒店考察遴选与沟通协调，制订驻地服务保障方案，细致做好房间服务、车辆保障、用餐安排、安全保卫、技术支持、通讯服务等各项服务保障工作，做到不越位、不缺位，为中央巡视工作顺利开展提供了有力支持。

（二）抓好疫情防控。将疫情防控作为重大任务、重大责任贯穿配合巡视工作全流程、各环节，坚持人、地、物同防，密切跟进疫情防控形势，持续做好驻地人员健康监测，督促驻地宾馆认真做好场所和物品消杀，累计为巡视组成员进行核酸检测283人次，协助联系接种疫苗加强针25人次，坚决守住疫情防控的安全防线。

（三）保障驻地安全。协调辖区派出所加强驻地安保力量，安排驻地安保人员24小时值守，全力保障驻地安全和正常办公秩序。积极协调争取北京市信访联席办、公安部门工作支持，做好在北京滞留上访人员集中分流、劝返接回等工作。

三、强化政治担当，全力支持配合巡视组开展工作

联络组及各小组高效运转，主动衔接，积极协调，全力配合做好会议召开、个别谈话、资料调阅、下沉调研、信访核查等工作，为巡视工作顺利开展提供有力保障。

（一）保障各项会议顺利召开。按照中央巡视工作要求，组织召开见面沟通会、巡视动员会、党委汇报会、选人用人专项汇报会、派驻纪检监察专项汇报会等。坚持每周向巡视组报告党委会及行内重要会议的召开计划，重要会议及时邀请巡视组参加。巡视期间，巡视组先后派员列席了工行第54次党委（扩大）会、两场服务制造业高质量发展座谈会、党的十九届六中全会精神宣讲报告会、全面从严治党从严治行警示教育大会等多个重要会议。

（二）积极配合巡视组日常工作。加强与巡视组日常沟通，及时响应，全面落实巡视组关于个别谈话、下沉了解、资料调阅等各项要求，确保巡视各项工作顺利推进。

（三）配合好专项检查工作。根据中央巡视工作统一部署，中组部选人用人第十五检查组于10月13日至11月18日，对工行选人用人工作开展了专项检查，巡视工作第八检查组于10月25日至11月7日对工行巡视工作开展了专项检查。检查期间，行党委高度重视，陈四清书记向选人用人检查组做了专项汇报，黄良波副书记陪同选人用人检查组赴分行进行下沉调研，王林组长代表党委向巡视工作检查组做了专项汇报。党委组织部、党委巡视办及联络组各小组积极配合专项检查组开展工作，顺利完成个别谈话、资料调阅、下沉调研等各项工作，得到检查组相关领导的积极评价。

（四）畅通信访渠道。严格按照巡视要求摆放联系信箱，通过行内行外渠道公布信访联系电话和邮政信箱，保障巡视期间信访渠道畅通。统筹做好巡视期间来访接待和疏导劝返工作，维护正常信访秩序。针对巡视组移交的信访事项，压实主体责任，逐件督查督办并限期办结。

四、坚持边巡边改，确保巡视工作取得实效

针对巡视组重点关注的事项，认真研究、严格对照、抓紧推动，凡是能够当下整改的立即行动，做到发现问题与主动整改同步推进，巡视监督与整改工作同步见效。

（一）进一步提升服务实体经济高质量发展的精准性和适配性。先后召开两场服务制造业高质量发展座谈会，要求全行进一步提高政治站位，增强做好制造业金融工作的使命感，坚决把思想和行动统一到党中央关于制造业发展的决策部署上来，切实把服务制造业发展摆在更加突出的位置，采取更加有力的措施，推动全行制造业金融工作更好更快发展。印发《关于加强金融支持制造强国战略工作的意见》，以支持制造业高质量发展的实际行动，开创全行服务制造强国建设的新局面。

（二）进一步加大客户投诉治理力度。召开客户投诉治理工作座谈会，分析全行客户投诉治理工作情况及存在的问题，研究改进提升举措，要求全行坚持以人民为中心的发展思想，坚守人民金融底色，推动“我为群众办实事”实践活动落地见效，着力解决人民群众“急难愁盼”问题，以更优质的服务和更优良的作风，推动客户投诉治理工作迈上新台阶，进一步发挥金融力量提升人民群众的获得感、幸福感和安全感。

（三）进一步加强金融风险防控。召开党委（扩大）会议，专题听取集团全面风险管理情况报告，研究加强风险防控的举措。要求全行进一步深化对金融风险长期性、复杂性、隐蔽性的认识，提升对新型风险的预见预判能力，丰富实质性风险的识别手段，加强境外合规管理体系建设，加大重点领域风险管控力度，妥善处置化解重点大户信贷风险，持续推进全面风险管理体系落地，坚决守住风险底线，持续打好防范化解金融风险攻坚战。

（四）进一步加强总行机关党建。召开2021年第二次总行机关党建工作座谈会，学习贯彻党的十九届六中全会精神，听取部分总行部室党组织全面从严治党工作情况，研究谋划机关党建重点工作，把“全面从严”

要求融入党建、融入业务、融入队伍建设，走好第一方阵，以机关带系统，引领全行不断开创从严管党治行新局面。

（五）进一步履行全面从严治党“两个责任”。召开全面从严治党从严治行警示教育大会，通报并深入剖析2021年以来全行查处的典型案件，组织观看全面从严治党专题片和警示教育片，做实以案促改、以案促治，教育引导各级领导干部不断加强思想淬炼和党性锤炼，持续锻造忠诚、干净、担当的政治品格，坚决筑牢拒腐防变的思想防线。要求全行坚决把思想和行动统一到党中央关于党风廉政建设和反腐败斗争的决策部署上来，压紧、压实管党和治党的政治责任，深化纪检监察体制改革，进一步把全面从严治党向纵深推进。

（总行党委巡视办）

党建工作

2021年是党和国家历史上具有里程碑意义的一年。工商银行党委坚持以习近平新时代中国特色社会主义思想为指导，全面贯彻党的十九大和十九届历次全会精神，认真落实新时代党的建设总要求，团结带领全行各级党组织和广大党员弘扬伟大建党精神，隆重庆祝中国共产党成立100周年，扎实开展党史学习教育，落实党的建设“质量提升年”各项要求，高质量服务实体经济，全力配合中央巡视，党的建设和经营发展都取得了新的成效。

一、把政治建设摆在首位

坚持以党的政治建设为统领，把政治能力作为第一位的能力，深刻领会“两个确立”的决定性意义，更加坚定地做到“两个维护”的政治自觉、思想自觉和行动自觉。

（一）旗帜鲜明讲政治。将“两个维护”作为最高政治原则和根本政治规矩，巩固深化“不忘初心、牢记使命”主题教育成果，自觉把党的政治建设各项要求落实到经营管理和具体业务中。健全推动习近平总书记重要指示批示精神和党中央决策部署贯彻落实的机制，形成研究部署、狠抓落实、跟踪督办、请示报告的工作闭环，确保思想上政治上行动上同以习近平同志为核心的党中央保持高度一致。召开全行党建工作会，部署推动各级党组织落实党的建设“质量提升年”部署要求，以高质量党建引领高质量发展。按照党中央要求，研究启动出席党的二十大代表选举工作。

（二）坚持“第一议题”机制。总行党委会议及时传达学习习近平总书记重要讲话、中央重要会议及重要文件精神，班子成员充分研讨，努力吃透中央精神、把准工作方向，推动将党的主张和重大决策转化为全行战略、规章制度和具体工作。系统梳理习近平总书记重要指示批示精神，动态更新工作台账和任务清单，逐条跟踪督办，定期开展“回头看”，并向党中央及时报告，确保不折不扣落地见效。

（三）充分发挥党委领导作用。持续加强党的全面领导，严格执行党委工作规则和“三重一大”决策制度，推动党中央决策部署贯彻落实。制定党委工作要点，对全面从严治党作出部署安排。落实党中央关于在完善公司治理中加强党的领导的新要求，修订完善公司章程，推动境内子公司全部实现“党建入章”，把党委领导作用体现在公司治理的全过程和各方面。

（四）开展庆祝建党100周年系列活动。开展全行“两优一先”评选表彰工作，隆重召开庆祝中国共产党成立100周年座谈会暨“两优一先”表彰大会，颁发“光荣在党50年”纪念章。按照党中央部署，做好“七一勋章”初步建议人选提名和全国“两优一先”推荐工作。开展“永远跟党走”群众性主题宣传教育活动和“唱支山歌给党听”系列文艺活动，营造浓厚氛围。

二、强化创新理论武装

坚持把学习贯彻习近平新时代中国特色社会主义思想作为首要任务，以党史学习教育为主要载体，高质量推进创新理论武装。

（一）坚持在学懂弄通做实上下功夫。坚持读原著学原文悟原理，深学细悟习近平新时代中国特色社会主义思想。认真落实党委理论学习中心组学习制度，通过专题研讨、专家辅导、主题联学、上下联学等多种方式深入开展理论学习，全行一级机构党委开展中心组学习800余次。完成党的十九届五中全会精神专题轮训，广泛开展党的十九届六中全会精神学习宣讲，引导全行深刻认识党的第三个历史决议的重大意义，忠诚拥护“两个确立”。以“强化政治意识、强化企业治理能力”为主题，对二级分行党委书记、纪委书记开展全覆盖培训。发挥党校理论学习和党性教育主阵地作用，全年累计开展线上线下培训5 840期，培训学员58.5万人次。

（二）扎实开展党史学习教育。把党史学习教育作为贯穿全年的重要政治任务，统筹抓好学习培训、宣讲宣传、实践活动等重点工作，引导全行学史明理、学史增信、学史崇德、学史力行。全行各级党组织及时学习习近平总书记在党史学习教育动员大会、庆祝中国共产党成立100周年大会等会议上发表的系列重要讲话精神和党的十九届六中全会精神，开展多种形式交流研讨，各级党组织负责人讲授专题党课，凝聚全行奋进新征程的强大力量。召开党史学习教育专题组织生活会，全行处级以上党员领导干部均按规定深入所在党组织，带头谈体会、查不足、促整改。扎实开展“我为群众办实事”实践活动，聚焦群众“急难愁盼”问题，形成总行党委办实事重点项目40项，各一级机构党委重点项目近1 200项，基层党组织项目清单3.26万项，切实解决基层和客户最关心、最直接、最现实的利益问题。创新宣传方式，成立总行党史宣讲团，开设红色精神系列直播课堂，累计12.3万人次参训，推动学习教育走深走实。

（三）抓牢意识形态工作主动权。严格落实意识形态工作责任制，总行党委专题研究意识形态工作，召开意识形态工作座谈会。强化考核约束，将落实意识形态工作责任制情况纳入党组织书记抓基层党建工作述职评议考核、领导班子考核、管理人员政治素质考察及宣传思想工作考核体系，进一步压实工作责任。加强检查指导和宣传教育，严抓行内出版物、公众号等阵地建设和管理，做到守土有责、守土负责、守土尽责。旗帜鲜明加强正面宣传，结合党史学习教育、庆祝建党100周年系列活动，积极开展爱党、爱国、爱社会主义、爱行宣传教育，抓好员工思想政治工作和群众性精神文明创建，努力营造良好的思想舆论环境。

三、着力健全组织体系

深入贯彻新时代党的组织路线，树立大抓基层、大抓基础的鲜明导向，健全上下贯通、执行有力的组织体系。

（一）推进党的组织全面覆盖、党员队伍巩固强化。以提升组织力为重点，健全基层党组织体系，深化党支部标准化、规范化建设，强化党员总量管理，组织开展专项检查，推进党的组织和党的工作全面覆盖。全行基层党组织从2.3万个增加到2.8万个，境外机构党组织增至55个，党员数量从19.1万人提升至19.5万人，网点主要负责人党员占比突破90%。开展党组织书记抓基层党建工作述职评议考核，举办基层党支部书记示范班和专职党务工作者培训班，切实提升党务队伍履职能力。

（二）充分发挥基层党组织战斗堡垒作用。开展“党旗在基层一线高高飘扬”“党课开讲啦”等活动，研究制定加强新时代全行党员教育管理意见，完成2019—2023年党员教育培训工作规划中期评估，激发基层党建活力，推动党建与业务相融共促。实施总行机关党建质量提升三年行动计划，召开两次机关党建工作座谈会，贯彻落实《关于加强中央和国家机关部门机关纪委建设的意见》，积极创建讲政治、守纪律、负责任、有效率的模范机关。开展“两优一先”“工银卓越奖章”等表彰活动，颁发“光荣在党50年”纪念章，建立“至诚致远30年”慰问制度，组织召开青年员工、离退休干部等不同层面座谈会，增强全行凝聚力、向心力。深入开展党建工作调研，全行30余万名干部员工参与，为进一步提高党建工作质量提供参考。

（三）完善全行党校体系，提高党校办学水平。完善党校架构，优化党校运行管理机制，实现一级分行党校设置全覆盖。研究制定党校办学质量评估办法，开展分行党校教学工作专项检查督导，夯实办学基础。开展党校案例课程评选，确定工行党校名师名课79门，加大优质资源共享力度。坚持开放办学，启动境内优质高校培训资源集中采购，提升党校培训的时代性和实效性。

（总行党委组织部）

领导班子建设

一、统筹推进班子和干部队伍建设

一是加强领导班子建设顶层设计和统筹规划。制定印发《2021—2023年全行领导班子建设规划》，针对当前干部队伍建设存在的突出问题，进一步明确未来三年全行各级领导班子建设的目标任务和路径举措。二是加强干部队伍综合分析研判。强化对各机构领导班子和重点条线干部队伍的研判，做到手里有底数、眼里有人选、配备有考虑、推进有计划。研究形成分行领导班子画像，对未来五年分行行长退出情况进行盘点测算。三是加大班子优化力度。将政治标准放在首位，突出实战经历、实干导向，强化重基层、重实践导向，确保选准用好干部、选优配强班子。突出配备重点，加大经营发展、市场竞争关键领域和重点区域的干部配备力度，在战略要地打造干部人才高地。加强分行纪委书记选配，开展信贷干部交流任职，启动境外机构信贷副职招聘。四是稳妥推进干部交流转岗。严格依据监管要求和行内规定，开展任期交流、到龄转任干部的岗位调整，所有超任期干部均已调整完毕。加大关键岗位干部的轮换和交流力度，新选拔纪委书记和分管信贷副职全部为交流任职。五是完善干部考核评价。组织实施任期考核，强化对干部任期履职情况的综合分析和全面评价，加大考核结果与干部调整的挂钩力度，畅通干部退出通道。组织开展年度考核，强化高质量发展导向，优化年度考核 KPI 指标分配机制，充分发挥考核指挥棒作用。

二、深化干部制度体系建设与机制探索

着眼“最后一公里”，谋划“最初一公里”，丰富完善制度体系，发挥制度执行力和生命力。一是加强分类管理。针对干部队伍建设，研究起草管理人员政治素质考察评价办法、管理人员考核工作规定，制定印发关于规范一级（直属）分行领导班子专业化分工、完善总行管理干部试用期管理、加强网点负责人队伍建设等一系列制度办法。针对业务类人员，制定印发进一步加强转任干部管理的意见、专家层级干部履职管理办法等文件。针对干部梯队建设，制定印发总行选派干部赴集团外挂职管理、一级（直属）分行行长助理考核管理等制度办法。二是加强研究驱动。组织开展“新时期加强中管金融企业领导班子建设”课题研究，形成关于总行部门与分行领导班子建设情况的分析报告、总行处级干部队伍分析报告，为管理实践提供决策参考。深入研究干部成长规律，探索按照“广基础、深专业、宽发展”的“工”字形路线图，打造环环相扣的干部培养链、供应链，提升干部培养工作科学化、系统化水平。

三、强化年轻干部培养使用

一是持续加大优秀年轻干部使用力度。在统筹用好各年龄段干部的同时，持续加大“75 后”“80 后”优秀年轻干部选拔力度，纵深推进全行干部梯队建设，持续提高年轻干部占比。集中选拔一批优秀的“80 后”干部担任一级（直属）分行助理，创新开展总行本部“85 后”副处长专项选聘，积极开辟优秀年轻干部成长的“快车道”。二是推进年轻干部交流锻炼。组织开展总行第十二批基层任职项目，首次组建博士服务团，同时安排年轻干部赴网点担任负责人。积极选派干部赴中央和国家机关、地方政府以及驻外使领馆挂职，支援锦州银行、西部地区及雄安新区建设，让干部在经营一线、艰苦环境、吃劲岗位摔打历练。三是加强年轻干部专业能力培养。启动“信贷菁英”“零售菁英”培养项目，创新引入“导师制”“战训结合”等模式，以导师传承经验技术，以实战促进能力转化，加快培养储备一批具有“全局视野、创新思维、精通专业”的零售、信贷干部人才。加强境外机构专业条线队伍建设，严格执行关键部门主管任前审批，保证干部专业履职能力。

四、从严管理监督干部

一是顺利完成规范领导干部配偶、子女及其配偶经商办企业行为工作。二是深入开展选人用人专项检查。印发进一步加强对二级分行管理人员选拔聘用工作监督检查和责任追究的意见，指导督促分行把各项监督制度落到实处。完成全行“一报告两评议”工作，严格执行领导干部个人有关事项报告制度，巩固深化专项整治工作成效。三是有序推进干部人事档案专项审核全覆盖。建立“一报一表”督办机制，创新专项审核检查方式，完成对总行直管的 62 家一级机构专项审核工作检查，会同相关机构研究解决各类典型问题 100 余项。工商银行严督实导开展干部人事档案专项审核的经验做法，在中组部《组工信息》上刊发。

（总行党委组织部）

纪检监察工作

2021 年，驻行纪检监察组在中央纪委国家监委坚强领导和行党委大力支持下，带领全行各级纪检机构，以习近平新时代中国特色社会主义思想为指导，认真学习贯彻党的十九大和十九届历次全会精神，全面落实十九届中央纪委五次全会各项部署，坚持系统施治、标本兼治的工作理念，按照“改革强监督、两责同发力、反腐促整改、一体防风险”的工作思路，以确保党中央决策部署有效落实为首要任务，充分发挥监督保障执行、促进完善发展作用，为助推全行实现高质量发展，落实“十四五”规划开好局、起好步提供坚强保障。

一、学深悟透习近平新时代中国特色社会主义思想，在党史学习教育中强化理论武装、砥砺初心使命

（一）坚持用习近平新时代中国特色社会主义思想武装头脑、指导实践。2021年，驻行纪检监察组召开58次组长办公会、组务会，运用“首要议题”、双周学堂、专题辅导等机制，传达学习习近平总书记重要讲话精神，重点抓好十九届五中、六中全会精神贯通领会，深刻领悟“两个确立”的决定性意义。践行“四边”工作法，开展11项重点课题调研，及时将调研成果运用到工作实践中。

（二）把党史学习教育作为贯穿全年的重大政治任务。精心组织庆祝建党100周年和党史学习教育系列活动，贯通学习“四史”及纪检监察史，通过专题党课、学习交流会等多种方式，引导全行纪检监察干部深刻把握党的百年奋斗重大成就和历史经验，做到学史明理、学史增信、学史崇德、学史力行。组织召开专题组织生活会，查找差距、抓好整改，把学习教育成果转化为自我改造、履职尽责的实际行动。

（三）扎实推进“我为群众办实事”实践活动。开展群众“急难愁盼”问题线索梳理，对15件处置时间较长、处理不够到位的涉及侵害群众利益的问题线索，督办完成并整改到位，对4名责任人立案审查。2021年，全行共查处违规分配员工绩效、服务客户不当引发投诉等问题9件，批评教育帮助和处理11人；向全行通报7起漠视侵害群众利益典型问题，坚决整治群众身边的腐败和不正之风。

二、践行“两个维护”政治责任，做细做实政治监督

（一）聚焦习近平总书记重要指示批示精神和党中央决策部署落实情况跟进监督。2021年，驻行纪检监察组累计参加65次党委会、42次执委会进行会议监督，推动党委中心组专题学习习近平总书记关于全面从严治党、加强境外腐败治理等重要论述，研究提出落实措施。对24家境外机构贯彻落实共建“一带一路”倡议、服务中资企业“走出去”情况开展专项监督。赴广东、内蒙古、四川等分行开展服务乡村振兴情况调研督导和专项监督，推动做好巩固拓展脱贫攻坚成果同乡村振兴有效衔接。督促及时落实国有金融机构聚焦主业、压缩层级等相关要求，认真自查整改扶优限劣等方面存在的问题。持续抓好常态化疫情防控监督，全行针对落实防控责任不到位等问题，严肃处理22名责任人。

（二）主动将政治监督融入落实“十四五”规划大局中。围绕贯彻落实党中央金融工作决策部署开展2次专项检查，对照服务制造强国、加大对小微企业支持力度、支持科技创新、助力绿色发展、服务乡村振兴等重点任务，指出制造业贷款投放区域间不平衡、信贷资金违规流入房地产领域等31个问题，向行党委提出25条意见建议，推动将新发展规划与“十四五”规划要求紧密衔接。

（三）加强对“一把手”和领导班子监督。深入贯彻《中共中央关于加强对“一把手”和领导班子监督的意见》，出台驻行纪检监察组40条落实措施。与行党委定期沟通会商，通报全系统全面从严治党、党风廉政建设和反腐败情况，共同研判分析全行政治生态。联合举办全面从严治党座谈会，听取10家一级机构“一把手”汇报，协助行党委对7名“一把手”开展提醒谈话，及时纠偏。向行党委班子成员提出40余条监督建议，与37家一级（直属）分行“一把手”开展政治监督谈话，对6家子公司“一把手”进行集体谈话，推动落实“一岗双责”。各级纪委对同级班子成员开展提醒谈话、谈心谈话5 087人次，收到报备的监督信息2 817条。

三、持续深化金融反腐，做实以案促改、以案促治

（一）坚决查处各种风险背后的腐败问题。对河南分行副行长张有赋、广东分行原副行长陆锦文、湖南分行原行长张恪理等8名总行党委管理干部立案审查调查，提级查办资管领域李超、易重彬、杨平、荀剑、张辉等案件，指导分行纪委查办案件。在京外设立2处集中办公地，组建专项工作组，专责办理重大案件和重要问题线索深度初核。2021年，全行共立案578件，对29人采取强制措施；给予党政纪处分661人，其中各级机构“一把手”50人。在高压震慑和政策感召下，20名干部主动投案、交代问题。

（二）一体推进惩治腐败和防控金融风险。积极参与中央纪委国家监委“金融反腐与处置金融风险统筹衔接”课题调研，在惩治金融腐败的同时，精准研判可能面临的风险隐患，加强追赃挽损控险。严肃追责问责，肃清重大违纪违法案件不良影响。对上海分行原行长顾国明违规插手干预信贷投放过程中，不抵制、不报告、消极应付的上海分行原副行长等19名相关人员严肃问责。指导河南分行党委认真开好张有赋案专题民主生活会，精准处理相关涉案人员84人。

（三）做实以案促改、以案促治。印发《关于运用典型违纪违法案例做实以案促改工作的办法》，推进以案促改常态化。针对案件暴露出的问题，印发12份纪律检查建议书和监督提示函，督促制定《管理人员违规插手干预重大事项记录办法》等。推动召开深化全面从严治党专题会议，行党委、高管层成员结合严重违纪违法案件深刻剖析反思。拍摄并组织观看深化金融反腐专题片、全面从严治党宣传片以及卢健案警示片，征订《金融案鉴》读本19万册，编发警示录8万册，全

行各级机构召开警示教育大会等 1 100 余场。

四、锲而不舍落实中央八项规定精神，持续纠“四风”树新风

（一）深入整治形式主义、官僚主义。坚持透过业务看政治，透过经营看作风，召集 7 家分行纪委书记调研座谈，深入剖析分行党委班子在履职担当等方面的问题。深入上海等 8 家分行调研监督，对 4 282 名员工进行线上问卷调查，查找形式主义、官僚主义易发多发环节。2021 年，全行共查处工作弄虚作假、敷衍应付客户投诉等形式主义、官僚主义问题 31 个，批评教育帮助和处理 51 人，其中给予党政纪处分 21 人。

（二）坚决防止享乐主义、奢靡之风反弹回潮。严肃查处违规接受可能影响公正执行公务的旅游、高消费娱乐健身活动安排，违规公款吃喝等典型问题。把监督节约粮食作为重要任务，坚决制止餐饮浪费。针对违规操办婚丧问题、推进移风易俗工作发送提示函。2021 年，全行共查处享乐主义、奢靡之风问题 37 个，批评教育帮助和处理 67 人，其中给予党政纪处分 54 人。

（三）纠树并举涵养新风正气。健全节前提醒提示、通报曝光，节中监督检查、节后督促整改等工作机制。督促及时修订境内交流干部住房和交通管理办法、差旅费管理办法等制度。规范领导干部配偶、子女及其配偶经商办企业行为，教育引导党员领导干部自觉反对特权、严格家教家风，推动形成务实清廉的新风正气。

五、深化政治巡视巡察，充分发挥巡视综合监督作用

（一）认真做好迎接和配合中央巡视工作。将上一轮中央巡视问题整改纳入政治监督中，推动江西鹰潭分行原行长余某案件查办、工银安盛党建入章等重点难点问题整改到位。积极配合中央巡视，及时准确提供各类监督报告和专项分析；成立 21 个核查组，对巡视组移交的问题线索优先核查。中央巡视期间，会同行党委召开全行警示教育大会，严肃通报 13 起典型案例。

（二）协助行党委抓好内部巡视。突出政治属性和监督重点，对 8 家分行、3 家子公司开展常规巡视，并对总行有关部门开展延伸巡视，发现问题××个，领导干部问题线索×件。各一级（直属）分行共巡察党组织××个，发现问题××个，领导干部问题线索×件。开展联合评估审核和巡视反馈，列席指导专题民主生活会，严格督导被巡视单位落实整改。针对客户投诉等涉及经营管理体制和工作机制的深层次问题，注重推动从总行层面开展重点治理。

六、加大监督执纪执法力度，不断增强日常监督效能

（一）严格做好问题线索处置。2021 年，全行共收到信访举报×件，实际受理检举控告×件。驻行纪检监察组通过召开问题线索专题会议，总结运用“六判”等线索研判标准，提高线索分办处置的精准性和科学性。全年运用“四种形态”批评教育帮助和处理 2 332 人次，其中，第一种形态 1 618 人次，占比 69.4%；第二种形态 522 人次，占比 22.4%；第三种形态 112 人次，占比 4.8%；第四种形态 80 人次，占比 3.4%。

（二）做深做实日常监督。严把选人用人政治关、廉洁关，2021 年，各级纪检监察机构共提出“暂缓提拔使用”等否定性意见 295 人次。加强信贷领域监督，推动相关业务部门汲取案件教训，完善制度机制，做到廉洁审贷。对总行部室开展上门监督调研，对 15 家一级机构党委民主生活会开展重点督导。制定境外机构廉洁专员履职指引和年度履职清单，与 31 名境外机构负责人开展任前廉政谈话，推动加强外派干部因私出国（境）证照管理。对境内综合化子公司和境外机构开展集中采购监督检查，针对供应商评审流于形式等问题，处理 15 名责任人，并推动完善制度。

（三）推动各类监督贯通融合。用好监督联席会议等机制，推动派驻监督与工行党内监督、治理层监督、业务监督有效贯通。2021 年，各级纪检监察机构收到内部巡视、内审、内控等移交各类问题线索和业务风险信息×条。发挥与审计监督合力，对某省分行副行长张某严重违纪违法问题，运用第三种形态处理。依托与监管机构的三方沟通机制加强监督，督促从严从快处理专项融资部经营违规等监管关注问题。

（四）严格把好案件审理质量关。2021 年，总行召开党纪政务处分审理委员会会议 18 次，审理审核各类案件 61 件。规范提级管辖和报批报备流程，对 71 名处级领导干部违纪处分意见进行审核批复。配合中央纪委国家监委开展法律适用问题相关调研。确定审理联系点，编发《模拟案卷》，推动各级纪检机构全面提升办案和审理质量。严格执行党员权利保障条例，指导分行纪委稳妥处理申诉案件。进一步严肃规范处分决定宣布和执行，实现受处分人员回访教育全覆盖。

七、从严从实加强自我监督约束，打造高素质专业化纪检监察队伍

（一）抓实组织建设和能力提升。健全完善纪检干部选拔考核评价和激励保障机制，全年累计调整 16 家一级机构纪委书记，专职化覆盖面持续扩大。从严加强对一级机构纪委办公室正副职的审核把关，全年累计批复任免职 49 人次。深入开展全员培训，连续 8 周组织开展全行专兼职纪检干部“春训”，举办信访举报、案件监督管理与监督检查业务及境外机构廉洁从业培训班。强化实战练兵、推动双向交流，选派 8 人次借调中央纪委国家监委机关工作或参加中央巡视，抽调工行 50 余名干部以干代训。开展专业资格认证体系建设，

探索建设师资库和教材库等。

（二）持续深化派驻改革。认真落实中央纪委国家监委将工商银行纳入深化纪检监察体制改革重点联系单位的工作要求，会同行党委研究制订深化纪检监察体制改革实施方案，提出38项具体改革举措。突出制度建设主线，出台措施文书使用、涉案款管理等制度11项，累计制定59项，不断提升工作规范化水平。严格请示报告，向中央纪委国家监委请示报告107次；修订一级机构纪委重要情况报告办法，优化完善两个“月报告”机制。积极推进检举举报平台垂管版、派驻版的应用部署工作，提升纪检监察工作信息化水平。

（三）自觉接受最严格的约束和监督。贯彻落实《关于加强新时代纪检监察干部监督工作的意见》精神，印发纪委书记正面履职规范与负面约束清单、纪检监察干部监督办法，对新任职纪委书记开展集体谈话，对履职不到位的纪委书记进行约谈提醒，对上海等6家分行纪委书记进行履职检查评价。2021年，全行共收到纪检监察干部问题线索或反映情况×件次，给予组织处理12人次，党政纪处分16人次。公开表彰“工银成就奖（纪检业务）”获奖集体和个人，推动形成干事创业、争先创优的良好氛围。

（驻行纪检监察组）

巡视巡察工作

2021年，全行坚持以习近平新时代中国特色社会主义思想为指导，全面贯彻习近平总书记关于巡视工作重要论述和党中央关于巡视工作的新部署、新要求，不断推动巡视工作高质量发展。

一、立足“两个维护”，强化主体责任，不断加强巡视工作组织领导

坚持以党委会、中心组学习、专题会议等方式及时跟进学习习近平总书记关于巡视工作重要论述，认真贯彻巡视工作指导意见，全面落实全国巡视工作会议、中央单位巡视工作调研座谈会和中管金融企业巡视工作现场会精神，准确把握新时代赋予的责任、使命和要求。以履行好巡视工作主体责任作为践行“两个维护”的具体行动，切实增强做好巡视工作的思想自觉、政治自觉、行动自觉。全年共召开15次党委会和3次巡视工作领导小组会议研究部署巡视工作，分级联动实施，推动解决全行性、普遍性问题。党委书记坚持亲自部署、亲自协调、亲自督办，审定巡视单位建议名单和工作方案，认真听取巡视工作汇报，见人见事直指问题，对整改工作提出明确要求。同时，派驻纪检监察组积极协助和监督行党委做好巡视工作，推动巡视主体责任和监督责任贯通互动、一体落实。2021年6月，中央巡视办在工行召开中管金融企业巡视工作现场会，陈四清书记介绍了“坚持主体责任和监督责任一体落实 促进工商银行巡视工作高质量发展”的做法。工行报送的《关于构建中管金融企业巡视巡察上下联动新格局》等4篇经验做法文章，在《中国纪检监察》《巡视巡察参考》和中央纪委国家监委网站、旗帜网等权威媒体刊登或转载。

二、聚焦“四个落实”，细化监督重点，跟进服务保障“国之大者”更加精准

始终坚守政治巡视定位，紧扣“四个落实”，围绕贯彻党的十九大和十九届历次全会精神和“十四五”重大部署，围绕金融工作“三项任务”和中国特色社会主义银行职责定位。突出对贯彻落实党中央关于金融服务实体经济重大政策情况的监督，深入检查贯彻“三新一高”要求，统筹疫情防控与支持“六稳”“六保”，特别是加强对落实党中央关于支持乡村振兴、制造业、民营企业、小微企业、绿色金融等决策部署情况的监督，推动全行坚决做到对“国之大者”心中有数、手中有策、工作有效。突出对贯彻落实党中央关于一体推进惩治金融腐败和防控金融风险重要部署情况的监督，盯紧重点领域和薄弱环节，以强有力的巡视监督，推动完善制度、加强管理、堵塞漏洞。针对巡视发现问题，加大问责力度，既发挥好巡视利剑在党风廉政建设和反腐败斗争中的威力，又发挥好巡视密切联系人民群众、发现和推动解决人民群众反映强烈的突出问题的效力。

三、对照“五个着力”，加强上下联动，高质量推进内部巡视全覆盖见行见效

认真贯彻巡视工作条例，积极探索创新，持续完善“交叉巡察在前、总行巡视在后”工作方式，抢抓疫情平稳窗口期，完成对8家分行、3家子公司的常规巡视，对业务规模最大的省会城市行广州分行开展提级巡视，在2020年开展总行部室“回头看”基础上对重点部门开展延伸巡视。巡视期间同步开展选人用人、巡察工作、纪委书记履职情况专项检查。进一步推动巡视向

纵深发展、向基层延伸，各一级（直属）分行共巡察党组织331个。同时，强化巡视巡察上下联动机制的顶层设计和系统指导，部署开展巡视巡察质量提升活动，印发《关于加强巡视巡察上下联动的实施意见》《巡视巡察工作考核评价办法》，建立上下联动指导、督导联系机制，强化巡察工作调研指导、现场检查和考核督导，持续优化以巡视带动巡察、以巡察助力巡视的工作格局。

四、深化“以巡促治”，转化巡视成果，推动监督整改治理更加贯通

行党委认真贯彻《关于加强巡视整改和成果运用的意见》，坚持高站位、高标准、高质量推动整改。一方面，坚决扛起中央巡视整改主体责任，进一步梳理中央上一轮巡视反馈37个问题整改情况，根据新形势、新任务、新要求，不断检视和完善整改。将中央巡视反馈问题整改与主题教育检视问题、内外部审计问题、监管通报问题整改联系起来，总结形成“五张清单”“五本台账”，压实各方责任，推动一体整改、集成整改。将中央巡视整改发现问题作为工行内部巡视监督重点，并将典型问题整改问责情况通报全行，持续推动整改工作走深走实。中央巡视组对工行整改工作给予了充分肯定，整改落实情况专项报告一次通过审核。另一方面，认真履行内部巡视整改组织领导责任，推动全行扎实做好巡视“后半篇文章”，建立党委巡视机构（巡视办、巡视组）与党委组织部、驻行纪检监察组整改情况联合评估审核机制，严格督导被巡视单位落实整改。注重从总行层面推动解决涉及经营管理体制和工作机制的深层次问题，相继组织开展多个领域专项治理，持续对违反中央八项规定精神和“四风”问题开展重点治理，贯彻以人民为中心的发展思想，结合党史学习教育“我为群众办实事”实践活动，推动解决员工反映突出问题和客户投诉问题，不断推动监督、整改、治理的有机贯通。

五、着眼“同题共答”，深化政治认识，全力配合中央巡视工作

行党委把迎接和配合十九届中央第八轮巡视作为重大政治任务，坚持从政治上认识和把握，进一步提高政治判断力、政治领悟力、政治执行力，以对党的金融事业高度负责的政治责任感，主动配合监督检查，全面如实反映情况。扎实做好迎接巡视各项准备工作，精心组织、统筹协调，主动衔接、互相补位，统筹做好情况汇报、提供资料、个别谈话、走访调研、信访舆情等工作，积极畅通中央巡视组同广大干部群众的沟通渠道，为巡视工作顺利开展提供有力保障。坚持即知即改，对行党委自身检视问题和中央巡视组关注问题立即研究整改措施，提出下一步改进思路，坚决做到与中央巡视组同频共振、同题共答，全力保障巡视工作顺利开展。中央巡视期间，中央巡视办还开展了内部巡视专项检查，检查组认为工行党委高度重视巡视工作，坚持问题导向，围绕监督重点，在推动党中央重大决策部署落实落地上，发挥了巡视政治监督和震慑作用；对于工行创新采取“交叉巡察在前、总行巡视在后”的工作模式、健全组办一体化机制等给予了充分肯定。

（总行党委巡视办）

党风廉政建设

2021年，全行坚持以习近平新时代中国特色社会主义思想为指导，深刻领会“两个确立”的决定性意义，增强“四个意识”、坚定“四个自信”、做到“两个维护”，坚持“48字”工作思路，弘扬伟大建党精神，推动全面从严治党从严治行、党风廉政建设进一步走深走实，为把握新发展阶段、贯彻新发展理念、服务新发展格局、推动高质量发展提供了坚强政治保证。

一、坚决践行责任担当，主体责任进一步延伸压实

（一）强化党委责任落实。行党委自觉扛起全面从严治党主体责任，突出政治建设，加强自身建设，尽心竭力抓班子、带队伍、正风气，不断增强管党治党的责任感、使命感。党委书记认真履行第一责任人职责，督促班子成员严格履责，加强对下级“一把手”的监督，确保“关键少数”正确用权、廉洁用权。班子成员、高管层成员认真履行“一岗双责”，把全面从严治党要求融入分管工作，做到工作职责管到哪里，党风廉政建设的职责就延伸到哪里。

（二）强化全行责任传导。召开2021年全面从严治党暨纪检监察工作会议、全行党建工作会议、境外机构廉洁从业专题会议等一系列会议，全面部署、持续推动全面从严治党工作。开展全面从严治党主体责任及党风廉政建设工作调研检查，进一步推动主体责任向基层

延伸压实。

（三）强化党内制度执行。按照系统完备、科学规范、运行有效的要求，扎紧扎实全面从严治党制度笼子，全年制定修订全面从严治党相关制度共40余项。严格落实党内法规执行责任制，依托日常督查、专项检查、巡视巡察等方式，强化对党内法规制定与执行的监督，使制度真正成为带电的“高压线”。及时做好党内规范性文件报备工作，加强审核把关，做到有件必备。

二、坚持不懈纠治“四风”，作风建设成果进一步巩固

（一）深化整治形式主义、官僚主义顽瘴痼疾。严格落实精文减会要求，采取“多会合一”“议题合并”等方式办会，推进全行绿色会议建设，全行会议下降24%。统筹年度检查计划，合理控制检查总量和频次。研究制定解决形式主义问题为基层减负的措施及分工方案，进一步为基层减负赋能。聚焦改善客户体验，开展“客户体验痛点问题百日攻坚行动”“服务提升十大行动”，通报7起漠视和侵害群众利益典型问题，教育引导全行更加坚定地践行以人民为中心的发展思想。全年查处形式主义、官僚主义问题31起，批评教育帮助和处理51人。

（二）坚决防止享乐奢靡之风反弹回潮。坚持厉行勤俭节约办行，修订履职待遇、公务用车、业务招待等制度，坚决制止餐饮浪费行为，做到精打细算、节支增效。牢固树立过紧日子思想，强化财务资源投入管理，严控行政办公类财务开支，严格执行楼堂馆所禁令要求。开展各级负责人办公用房检查“回头看”，督促整改落实。全年查处享乐主义、奢靡之风问题37起，批评教育帮助和处理67人。

（三）纠树并举涵养新风正气。召开全行全面从严治党从严治行警示教育大会，点名通报作风方面典型问题，给党员干部拧紧螺丝、上紧发条。健全节前廉洁提醒提示和通报曝光、节中监督检查、节后督促整改工作机制，加强节假日期间廉洁自律。规范领导干部配偶、子女及其配偶经商办企业行为，教育引导党员领导干部自觉反对特权、严格家教家风，推动形成务实清廉的新风正气。

三、强化监督执纪，正向效应进一步彰显

（一）增强监督治理效能。加强与派驻组的沟通会商，每半年召开沟通会商专题会议，深入分析信访举报、监督检查、审查调查等情况，充分沟通全面从严治党、党风廉政建设和反腐败斗争形势，共同研判全行政治生态。会同派驻纪检监察组召开全面从严治党座谈会，听取10家分支机构汇报，推动“两个责任”贯通协同、层层落实。认真贯彻《中共中央关于加强对“一把手”和领导班子监督的意见》，制定《管理人员违规插手干预重大事项记录办法》并开展试点，支持派驻组对一级机构“一把手”开展政治监督谈话，督促“关键少数”切实履行全面从严治党主体责任。

（二）强化巡视政治监督作用。把接受中央巡视作为提高站位、深化认识、推动改革、改进工作的有力促进，全力支持配合巡视组开展工作。认真履行党委主体责任，召开14次党委会议和巡视工作领导小组会议研究部署巡视工作。持续完善“交叉巡察在前、总行巡视在后”的工作方式，对8家分行、3家子公司开展三批次巡视，扎实做好“后半篇文章”，推动以巡促改、以巡促建、以巡促治，不断提升监督治理效能。开展巡视、巡察质量提升活动，完善上下联动机制，推动全行巡视、巡察工作高质量发展。

（三）坚持“三不”一体推进。坚决查处各种风险背后的腐败问题，协助驻行纪检监察组对张有赋、陆锦文、张恪理等8名总行党委管理干部立案审查调查，增强“不敢腐”的震慑。印发《关于加强廉洁风险防控工作的意见》《运用典型违纪违法案件做实以案促改工作办法（试行）》等制度，针对违纪违法案件制订整改方案，做实以案促改、以案促治，扎牢“不能腐”的笼子。开展《金融案鉴》专题警示教育，拍摄全面从严治党专题片及警示片，各级机构召开警示教育大会等1 100余场，引导全行以案为鉴、警钟长鸣，巩固“不想腐”的自觉。

（总行党委办公室）

宣传思想文化

2021年，宣传思想文化条线深入学习宣传贯彻习近平新时代中国特色社会主义思想和党的十九大及历次全会精神，落实行党委有关要求，持续抓好全员理论武装和意识形态工作，统筹推动精神文明建设、企业文化建设工作，为推动全行高质量发展提供坚强思想保证和文化支撑。

一、加强政治学习，深化理论武装

定方案，围绕学习宣传贯彻党的十九届六中全会精神、党史学习教育，按照中央要求第一时间制订学习宣传方案，服务好党委理论学习中心组学习，制定全年学习重点安排，统筹抓好全行学习、宣传、宣讲各项工作。抓学习，推动各级班子突出政治学习，强化集中研讨，服务行党委中心组学习33次，其中集中学习研讨17次；推动各一级机构党委开展中心组学习820余次，其中集中学习研讨480余次。促宣讲，同步开展专家辅导与研讨交流，邀请知名专家开展专题辅导，创新“三级联学”形式，推动党的创新理论深入基层，总行党委成员和境内一级机构党委班子开展党的十九届五中、六中全会精神、党史学习教育专题宣讲3 000余场，覆盖辖内干部员工20.4万人，推进学习贯彻走深走实。

二、夯实意识形态基础，强化精神文明建设

强化统筹管理，围绕落实《中国共产党宣传工作条例》和《党委（党组）意识形态工作责任制实施办法》两个“细则”，强化检查指导和宣传教育，提高各级机构抓好意识形态工作的能力。加强阵地建设，服务总行党委专题研究意识形态工作，组织召开意识形态工作座谈会，研究新时期加强和改进意识形态工作的思路举措，进一步夯实各部门、各机构意识形态工作职责，强化对行内出版物、公众号等阵地的建设管理和正面引导，推动意识形态工作落细、落实。抓实文明创建，修订印发《文明单位创建管理办法（2021年版）》，开展“新时代文明大讲堂”，宣传展示“全国文明单位”干部员工办实事、做好事的风采，组织第十一届总行级文明单位评选工作，开展“向党说句心里话”微征集、青年党史知识竞赛、“唱支山歌给党听”文艺展播等建党100周年系列宣传活动，诠释家国情怀，凝聚奋进力量。深化思政工作，组织“2020—2021年全国金融系统思想政治工作优秀单位”推选，6家单位获评该荣誉称号，组织全行开展思政课题研究，24篇报告荣获“2021年全国金融系统思想政治工作和文化建设优秀调研成果”，94篇优秀成果收录至“中国金融业党的建设与思想文化建设调研成果库”，连续10年获评优秀组织奖。

三、积极开展正面宣传，树立工行正面形象

加强网上阵地建设，开设“党史学习教育”“学习贯彻党的十九届六中全会精神”网讯专栏，在“学习强国”订阅号上设立专栏、专区，拓宽学习宣传渠道，进一步筑牢广大干部员工思想根基，促进各机构、各部门经验共享，提升工作质效。聚焦坚持党建引领、服务国家大局、推动经营发展、参与社会服务，开展“我们的一天”微视频展映，在“学习强国”订阅号上发布短视频33条，充分发挥移动传播优势，讲好工行人办实事、解难题、开新局的奋斗故事。抓实行内、行外宣传，在各平台编发各类宣传稿件8 000余篇，推出《党史学习教育简报》170期，央视《新闻联播》《朝闻天下》《人民日报》、新华网、《中央党史学习教育简报》、“学习强国”学习平台等权威媒体平台进行专题报道，相关经验做法在银保监会新闻发布会、人民日报社主办论坛上交流，进一步扩大对外影响力和社会美誉度。

四、推动集团价值观传导，凝聚高质量发展动力

围绕落实“48字”工作思路，编撰《企业文化建设白皮书》（2020年版），制作“城乡联动发展战略解读”“新三年规划解读”等系列战略解读微课，增强文化认同，凝聚发展共识。开展红色金融文化主题活动，以重温党的十八大以来习近平总书记的红色足迹为主线，充分运用全国各地红色资源，完成8站直播活动，覆盖40家机构，参与员工达45万人次，引导全行通过学习党史、红色金融史，传承红色基因，赓续精神血脉。联合人民出版社编撰出版《红色印鉴——中国工商银行红色金融故事集》《奋进新征程——工银文化荟获奖故事集》，讲好工行故事，展现大行担当，凝聚起全行踔厉奋发、和衷共济的精神力量。

五、传导廉洁合规理念，推进全面从严治党从严治行

大力推进廉洁文化建设，推进开展《金融案鉴》专题警示教育活动，征订《金融案鉴》19万册，印发《工行派驻改革以来查处违纪违法案件警示录》8万册，制作《深化金融反腐专题片》《全面从严治党从严治行专题片》《资产管理业务领域警示片》，分层分类开展全行专题警示教育活动，引导广大党员以案为鉴、自警自省。开展“价值创造年”合规文化主题活动，推动合规标兵巡讲工作，促进合规文化理念传导落地。

六、加强境外机构文化建设，推进文化交流融合

深化“文化工行·中国书架”项目，与中宣部五洲传播出版社签署战略合作协议，丰富境外机构书架内容，配送文化书籍约2万册，覆盖49个国家（地区）的426家境外机构，并将项目延伸到境内46家外籍客户多、外汇业务量大的试点机构，惠及更多员工和客户。面向境外机构，依托系统内网、直播课堂推出“ONE ICBC，ONE FAMILY”企业文化宣传片，以文化为纽带促进交流融合。

（总行党委宣传部）

工会工作

2021年，全行工会条线深入学习贯彻习近平新时代中国特色社会主义思想和党的十九届历次全会精神，推进工会工作取得新成效，为推动全行高质量发展凝聚广大员工奋进力量，以优异成绩向党的百年华诞献礼。

一、强化工会组织党的建设

坚持强化理论武装，扎实开展党史学习教育和党的十九届五中、六中全会精神专题学习，全年共组织集中学习研讨40余次，使工会全体党员干部不断增强“四个意识”、坚定“四个自信”、做到“两个维护”。坚持党建工作与业务工作同部署、同推进、同考核，在年度工会工作目标管理考核中，加大对党建工作考核力度并设置3项党风廉政一票否决项，有力推动各单位工会加强党建工作。持续推进总行工会党支部标准化、规范化建设，全年召开支委会14次、党员大会9次、党小组会28次、青年理论学习小组学习交流7次，开展主题党日活动2次、与基层行联学共建活动2次，班子成员讲授专题党课4次，邀请全国劳模讲授党课1次，认真开好民主生活会和组织生活会。深入贯彻落实全面从严治党要求，开展党规党纪专题学习和警示教育7次，组织签订党风廉政建设责任书，制定廉洁谈话实施办法和廉洁风险防控清单，持续推进“不敢腐、不能腐、不想腐”机制建设。

二、深化以职代会为基本形式的企业民主管理

组织成立全行第二届职工代表大会，成立筹备领导小组和工作机构，修订4项职代会制度，选举300名职工代表，征集代表提案181件并分类整理提出处理意见。2021年9月30日，召开全行第二届职工代表大会第一次会议。审议通过《2021年上半年全行经营管理工作情况报告》《全行第二届职工代表大会第一次会议代表提案征集情况报告》《2021年上半年全行财务工作情况报告》《全行第二届职工代表大会第一次会议决议》等文件。3名职工代表在全行二届一次职代会上提出的“设立客户经理关爱日”提案，荣获全国厂务公开协调小组办公室2021年度“聚合力　促发展”全国优秀职工代表提案表彰。

三、大力弘扬劳模工匠精神

深入贯彻落实习近平总书记在全国劳动模范和先进工作者表彰大会上的重要讲话精神，大力弘扬劳模工匠精神，引导广大员工当好主人翁、建功新时代，召开全行劳模工匠事迹报告会，万余名干部员工通过现场和视频参会。会后大力开展“劳动创造幸福”主题宣传活动，进一步在全行掀起学习劳模工匠精神热潮。修订总行级五一奖评选管理办法，评选表彰总行级五一劳动奖状13个、奖章50个、工银先锋号13个。经总行和各地方有关部门推荐，全行30个基层单位、60名先进个人荣获全国级和金融系统五一劳动奖状、五一劳动奖章、巾帼文明岗、巾帼建功标兵等荣誉称号。举办15项劳动技能竞赛，促进提升员工的业务素质能力，进一步激发员工的创新、创造潜能。

四、加强对员工的关心关爱

认真落实“我为群众办实事”实践活动相关要求，为员工做好事、办实事、解难事，把行党委的关心关怀传达给广大员工。一是加大对困难员工的帮扶力度。进一步推动完善总行、一级机构和二级机构三级救助体系，共划拨救助资金9 607.5万元，按照困难程度分3万元、2万元、1万元、5 000元四档救助标准，救助帮扶困难员工9 744人。二是开展“工会进万家”走访慰问活动。对全行987名全国劳动模范、五一劳动奖章、优秀党务工作者及享受全国劳模待遇、全国金融五一劳动奖章获得者进行慰问。各单位工会结合开展党史学习教育、庆祝建党100周年、宣传贯彻“十四五”规划和工商银行新三年发展规划，深入基层走访慰问，共安排资金1 068万元，慰问困难员工、劳模、一线员工等2 500余人，达到慰问一人、温暖一户、鼓舞一片的良好效果。三是开展“冬送温暖、夏送清凉”活动。元旦春节期间，总行工会慰问困难员工、网点员工和定点帮扶挂职干部共987人，慰问金额269万元。组织各级工会开展为一线员工“送清凉”活动，累计发放防暑物资5 690余万元。四是关心关爱女员工。“三八”节期间，对350名单亲困难女员工子女就学等进行重点帮扶，在全行共建61个女职工关爱室，评选表彰53个全行“最美家庭”。五是推动开展全员健身工作。积极贯彻国务院《全民健身计划（2021—2025年）》，印发《关于深入开展全员健身工作的意见》，推动全行加强员工健身场地和设备保障，广泛开展全员健身活动，促进员工身心健康。举办了全行第五届员工乒乓球大赛，

共50家机构、194名选手参赛。

五、积极开展庆祝建党100周年群众性文化艺术活动

各级工会围绕庆祝建党100周年主题，广泛开展丰富多彩的群众性文化艺术活动，引导广大员工通过书画摄影、歌舞表演、经典诵读等方式，表达对党、对祖国的热爱和祝福，更加自觉、坚定地听党话、跟党走。一是开展员工书法美术摄影作品征集评选活动。全行广大书法美术摄影爱好者围绕庆祝建党100周年、总行党委“48字”工作思路和“不忘初心、牢记使命”等主题，创作书法、美术（剪纸）、摄影作品2 027件。二是开展员工优秀文艺作品征集评选活动。经各单位筛选上报，共评出歌唱、舞蹈、曲艺、小品类一等奖各3个、二等奖各6个、三等奖各11个（小品类三等奖8个）及优秀组织奖15个。三是开展女员工“巾帼心向党 诵读经典传书香”活动。组织女员工研读“四史”和红色诗词、散文等经典著作，录制音、视频诵读作品，总行在各单位择优推荐的基础上评选出获奖作品76个，在网讯、工银研修中心网络平台、总行办公楼Led屏等进行宣传展示。

六、助力履行社会责任，服务乡村振兴

深入贯彻新发展理念，组织引导广大员工践行社会主义核心价值观，践行大行社会责任担当。采取“现场+在线直播”形式，在北京、成都、深圳三地同步举行全国总工会与工行共建“户外劳动者服务站点·工行驿站”授牌仪式。积极助力乡村振兴，组织推动各级工会采购帮扶县农副产品6 102.03万元，慰问乡村振兴干部606人，发放慰问金82.84万元，开展乡村振兴公益捐助活动889次、613.36万元。各级工会组织员工开展送金融知识进乡村、“一本书、一支笔、一个书包”捐赠等公益活动2.2万余场，累计233万余人次参加活动。

七、加强工会财务管理和经审监督

认真贯彻落实习近平总书记有关厉行节约、反对浪费的重要指示批示精神，依法合规使用管理工会经费，加大经费资源向基层倾斜力度，重点向经营较困难的48个二级分行及扁平化管理支行拨付经费补助共595万元。坚持重大支出集体审议，全年召开总行工会财务审查小组会议16次。制定印发工会采购实施办法，进一步规范工会采购行为。开展新工会会计制度专题培训和贯彻实施准备工作，确保新旧制度平稳过渡、有序衔接。印发《中国工商银行工会经费审查委员会议事规则》，全年召开4次总行工会经费审查委员会会议，对工会经费年度预算、决算以及经审工作安排等事项进行审查审议。克服新冠肺炎疫情影响，采取非现场审计和现场审计相结合的模式，圆满完成年度“下审一级”工作，共对13家单位工会进行审计。对2020年接受审计的15家单位开展审计回访，整改落实率达98.51%。组织开展全行工会优秀审计项目评选，共通报表彰39个优秀审计项目，从中择优推荐的3个审计项目获得“2021年度全国金融系统工会优秀审计项目”。总行工会经审会在全国金融系统工会经审工作规范化建设考核评比中荣获特等奖。

（总行工会工作委员会）

共青团工作

2021年，团委牢牢把握“当好党的助手和后备军”这一政治使命，以服务全行转型发展和青年全面发展为工作落脚点，扎实开展青年思想政治学习教育，持续加强团的基层组织建设，积极联系服务青年，广泛组织青年投身岗位建功、践行社会责任，以优异的工作成绩为建党100周年献礼，迎接共青团成立100周年。

一、实施青春导航行动，实现思想引领能力的新提升

（一）持续推进全行青年大学习行动。以全行各级团组织和青年学习小组为依托，引导团员青年深入学习习近平新时代中国特色社会主义思想、党的十九届六中全会精神，通过理论学习、实践锻炼、交流研讨、专题研究等形式，加强广大团员青年的理论武装，提升团员青年政治素养。

（二）开展“学党史、强信念、跟党走”学习教育活动。积极引导团员青年通过专题学习、知识竞赛、红色观影、组织生活会、主题团日等方式开展学习教育活动。总行牵头开展了百年党史“青年学”、党建团建“青年说”、红色金融“青年传”、未来银行“青年建”系列活动。在总行大楼举办“没有共产党就没有新中国”快闪活动，制作视频短片通过工行官微和“学习

强国”等渠道发布。

（三）举办纪念五四主题活动。举办“百年初心路 奋进工行情”全行五四青年座谈会，由团员青年、青年志愿者、团组织负责人、“大行菁英”、青年岗位明星等6名青年代表发言，用生动、感人的青年身边故事表达青春同心、永跟党走的决心。全行各级团组织通过座谈会、演讲比赛、脱口秀等形式相继举办了五四青年主题活动。

（四）召开学习“七一”重要讲话精神座谈会。组织召开全行青年学习习近平总书记“七一”重要讲话精神座谈会，遴选来自不同机构层级、业务条线、岗位类别的青年员工代表，聚焦学习成果，表达“请党放心　强国有我”的信心决心。

二、实施青年建功行动，实现服务中心工作的新提升

（一）开展“工银普惠行”青年先锋行动第四季活动。全行共有万余名团员青年组成1 441支普惠青年先锋队以柔性团队形式开展“三联动、三走进”活动，营销客户1.22万户，申请贷款194.9亿元。

（二）深化青年文明号创建活动。对全行往届全国青年文明号进行全面梳理，评选2019—2020年度全行级青年文明号，通过青年文明号创建和评选活动，进一步引导青年弘扬职业文明，激励青年在本职岗位发光发热、建功立业。

（三）持续推进“星火研修中心”建设。打造了一支少儿财商青年讲师团队，开发了一套少儿财商教育视频课程，开展了一次澳门培正中学财商夏令营。在全行范围内广泛开展金融知识进校园、小小银行家体验等活动，服务学生4.7万人，受到媒体宣传报道近300次。

（四）组织青年志愿者服务进博会。连续三年组织优秀青年志愿者服务中国国际进口博览会，2021年以“全面合作伙伴”的身份，共组织350余名志愿者热情服务工行举办的绿色金融论坛、中欧企业家大会和600平方米展厅三场大型配套活动，在国际舞台上再次打响工商银行的卓越品牌。

（五）举办“中华有福”华服短视频大赛。联合贵金属业务部开展“中华有福”华服短视频大赛。征集作品百余件，活动页面访问量达87万人次，总投票数达30万人次。在全行范围内打造一支贵金属产品体验官队伍，促进了贵金属业务的发展。

三、实施青春赋能行动，实现联系服务青年的新提升

（一）服务青年交友需求，开展丰富多彩联谊活动。连续两年举办集体婚礼，打造了“工囍团缘”婚恋品牌。今年开展了音乐主题联谊活动“爱乐之旅”，60多名来自金融系统和央企的单身青年参加了活动。联动在北京机构，开展不同形式交友联谊活动10余场，服务青年1 300余人，得到了行内外青年一致好评。

（二）服务青年成长需求，开展“‘团’聚星辰计划”。通过组织开展一次规范新颖的团课等“十个一”活动，让新入行团员青年了解团、关注团、参与团，从源头着手强化共青团对青年的思想引领，帮助新员工尽快融入工行大家庭，增强新入行员工对工商银行团组织的认同感、归属感和获得感。

（三）服务青年成才需求，开展评优评先活动。开展“大行菁英”、青年岗位明星、优秀共青团干部、优秀共青团员、五四红旗团组织、青年五四奖章、优秀青年志愿者个人、项目、集体等评选。其中11个集体和个人获得全国级荣誉表彰，629个集体和个人获得全行级荣誉表彰，有效激励了广大青年岗位建功。

四、实施青年志愿行动，实现凝聚社会力量的新提升

（一）开展“爱目行动”第七季“看见公益　爱目同行”活动。联合中国儿童少年基金会、北京儿童医院集团等单位为北京、青海、西藏的2万名儿童进行了视力筛查，为2 000名儿童提供了免费配镜，为59名儿童完成了手术治疗。工行捐出200万元专项公益基金，组织900人/天青年志愿者参与志愿服务，得到央广网、青海省电视台等媒体的详细报道，受到社会广泛关注。

（二）开展“爱心助学‘工’益有你”第五季活动。在“99公益日”联合中国青少年发展基金会，发动4.1万余人次参与捐款，共筹集善款72.4万余元，其中包含工行配捐20万元以及2020年项目所获金奖奖金1万元。该项目于2021年荣获第十三届中国青年志愿者优秀项目奖。

（三）开展“美丽中国　青春工行在行动”第四季活动。在世界环境日期间，以“保护三江源”为主题，通过组织青年志愿者开展拾荒慢跑、环保宣讲、公益募捐等形式参与环保实践。全行8 000余名青年志愿者参与活动，5 000余人参与捐款，共筹善款9万余元。人民网、中国新闻网等多家媒体对活动进行了广泛报道。

（四）开展“蓝信封”书信陪伴志愿公益项目。旨在通过手写书信与留守儿童建立联系，成为他们的倾听者和陪伴者。累计6 819封手写信在工行青年志愿者和湖南、广西等地的乡村孩子们心间传递。

（五）启动“科学盒子”志愿公益项目。围绕国家乡村振兴战略，联合中国青少年发展基金会，在四川通江、南江启动持续性公益活动“科学盒子”项目。工行捐款40万元，为孩子们提供科学实验教具，带领学生们体验科学的乐趣与魅力。

五、推动全面从严治团，实现全行团建水平的新提升

（一）夯实基层组织建设。全面了解基层组织整体情况，严格落实上级团组织各项工作要求，及时高效地做好“智慧团建”系统中的同步记录、数据维护等工作，稳步推进“智慧团建”建设，开展团组织“对标定级”等工作。

（二）推进各项团务工作有序开展。严格落实“三会两制一课”制度；开展基层团委书记述职评议考核、分支机构共青团工作量化考评；举办团干部培训班，选派团干部参加上级团组织的培训班，不断提高团干部的工作能力；持续加强团费的收缴管理工作。

（三）加强团的宣传阵地建设。持续做精做强网讯“青春在线”专栏、《才智青年》杂志、“青春进行时”微信公众平台等。2021 年“青春进行时”微信公众号发送 310 篇推文，阅读量总计超过 50.5 万人次，关注人数达到 4.1 万余人。《中国共青团》杂志 16 版专刊报道了工行共青团和青年工作。

（系统团委）

公司治理机制建设

2021 年，工商银行健全现代公司治理架构、机制和文化，完善“党委全面领导、董事会战略决策、监事会依法监督、管理层负责经营”的公司治理格局。对标国家“十四五”规划和二〇三五年远景目标，统筹推进金融“三项任务”落地。聚焦服务制造强国、科技自立自强、乡村振兴、普惠金融、碳达峰、碳中和等重点任务，统筹编制战略发展规划，提升金融服务的适应性、竞争力和普惠性。

一、董事会合规高效运作，支持全行健康可持续发展

（一）推进党的领导与公司治理有机融合，提升公司治理质效。坚持党的领导与公司治理有机融合与一体化推进，不断完善治理体系、提升治理能力，持续优化公司治理制度、架构和机制，持续推进全面从严治党向纵深发展。根据中央国企党建工作新要求、最新法律法规，结合治理实践研究修订《公司章程》并取得实质性进展，在可比同业中率先提交党委会和董事会研究讨论。《公司章程》修订方案进一步提升党的领导与公司治理有机融合制度化水平，新增了党的领导与公司治理有机融合与一体化推进条款，完善了党委作用和职责条款表述，修订了党委前置审议程序要求，反映了国家最新要求及本行治理实践。

（二）合理调整董事会成员组成，优化公司治理架构。积极构建具有国际视野的独立多元、科学决策的董事会，进一步发挥董事会各专门委员会的辅助决策职能。严格遵照相关法律法规，认真评估董事会及专门委员会的组织架构与人员构成，依照公司治理程序，合规有序推进董事换届，新聘、续聘部分董事。调整部分董事会专门委员会委员，积极开展独立董事遴选工作，多渠道扩充独立董事储备人选，独立董事人才库入库人选超过 100 人，为有序、高效、精准遴选独董打下坚实基础。

（三）发挥战略引领职能，董事会科学决策能力不断提升。董事会坚持金融为实体经济服务，对标国家“十四五”规划，认真落实国家经济金融政策，积极服务新发展格局，着眼碳达峰、碳中和目标，加强绿色金融体系建设，建立 ESG 和气候风险治理架构，持续提升金融服务普惠性，做好巩固脱贫攻坚成果、服务乡村振兴、防汛抗洪、抗击疫情等工作，有力彰显大行担当。董事会持续加强与管理层之间的沟通交流，及时、有效掌握监管动态和全行经营管理情况，不断提升履职效能。2021 年，共召开 13 次董事会会议，审议通过《关于〈中国工商银行 2021—2023 年发展战略规划〉的议案》等 78 项议案，听取 30 项汇报。董事会各专门委员会充分发挥决策支持职能，共召开 38 次专门委员会会议，研究 126 项议题。

（四）加强信息披露管理，提升集团透明度。严格遵守信息披露有关监管规定，持续完善集团信息传导机制，积极履行信息披露义务。在做好强制性信息披露的基础上，积极推进自愿性信息披露，持续拓展信息披露的广度和深度，主动对公司战略管理、绿色金融、普惠金融、品牌价值等境内外投资者和资本市场重点关注事项进行披露。连续 15 年实现信息披露零差错，在上海证券交易所上市公司信息披露工作年度考评中获评“优秀”。

（五）维护股东合法权益，打造良好市场形象。严格依照监管规定和公司治理基本制度，通过加强信息披露管理、完善股东大会运作体系、坚持稳定的现金分红机制等多种措施，充分保障沪港两地投资者的合法权益，切实维护全体股东尤其是中小投资者权利。2021 年共召开 3 次

股东大会，审议20项议案，听取3项汇报。会议的召集、召开、通知、公告、提案、表决等均严格遵守相关程序。2021年，为近70万A股、H股股东派发股息948.04亿元人民币，为境内优先股“工行优1”股东派发股息20.61亿元人民币，为境内优先股“工行优2”股东派发股息29.40亿元人民币，为境外欧元优先股股东派发股息0.4亿欧元，为境外美元优先股股东派发股息1.153亿美元，继续保持了较高的分红金额和分红比例，在资本市场上赢得了良好口碑。

（六）参与金融治理顶层设计，为深化金融改革贡献“工行方案”。全面深度参与《银行保险机构公司治理准则》等多项重要治理规则的研究制定工作，多项建议被监管机构采纳。有效发挥中上协董秘委协调支持工作团队职能，承办“新《证券法》实施一周年座谈会暨第三届董秘委第二次工作会议”，提交多份研究报告和政策建议，助力上市公司高质量发展。针对董事会文化建设、危机治理等热点问题开展前瞻性课题研究，其中《国有大型银行董事会职业规范与价值准则研究》荣获“第十五届全国现代金融优秀论文优秀奖”，《公司治理与防范化解重大危机》荣获总行改革发展重点课题三等奖。

二、监事会深入开展监督，促进全行依法合规经营

2021年，监事会根据有关法律法规、监管要求和公司章程规定，认真履行监督职责，扎实做好履职尽责、财务活动、风险管理和内部控制等方面监督工作，切实发挥监事会在公司治理中的重要作用，促进本行依法合规经营和稳健发展。

（一）监事会履职情况。2021年，监事会共召开9次会议，审议2020年度监事会工作报告、履职评价报告等20项议案，听取经营情况、发展战略规划和集团反洗钱工作情况等9项汇报，审阅2021年各季度监督情况、监事会相关调研等43项报告。客观公正地发表意见，恰当行使表决权。监事会成员勤勉忠实地履行职责，参加3次股东大会，列席9次董事会及36次专门委员会会议，投入足够的时间和精力参与监督工作专题调研，注重加强专业学习和实践总结，进一步提高履职能力。外部监事在行内工作时间超过15个工作日，符合有关规定。

（二）履职监督情况。监督董事会和高级管理层及其成员遵守法律法规及公司章程，以及执行股东大会、董事会决议和监管意见等情况，重点关注董事会和高级管理层执行国家经济金融政策及监管要求、服务国家重大战略、应对新冠肺炎疫情、推动落实“六稳”“六保”要求、防范化解金融风险等情况。开展履职评价工作，访谈董事会和高级管理层成员、总行有关部室总经理，听取意见和建议，结合日常履职监督情况，形成对董事会、高级管理层及其成员履职评价意见，促进依法合规履职尽责。做好战略执行情况和信息披露制度执行情况评估工作，对发展战略的科学性、合理性和有效性，以及信息披露的真实性、准确性和完整性进行评估，分别形成有关评估意见。

（三）财务监督情况。监督财务活动和重要财务事项决策及执行情况，重点关注全行重大会计核算事项、预期信用损失、财务审批事项和有关会计核算情况。认真审核定期报告、年度财务决算和利润分配方案，了解外部审计工作情况，监督和评价外部审计工作质量。聚焦财务资源配置、财务管理机制运行，持续加强监督。开展拨备资源管理和使用、科创金融业务发展、存款与理财业务协同发展等专题调研，分析研究拨备资源管理、科创金融服务模式、金融资产发展理念等情况，提出相关工作建议，进一步提升拨备资源管理水平，促进科创金融业务高质量发展，推进存款和理财业务协同发展。

（四）风险监督情况。监督本行风险管理体制机制健全性和有效性，重点关注风险管理战略、风险偏好的制定与传导、风险管理政策和程序的完善和执行情况，监督资本管理、并表管理、压力测试管理及监管指标情况，跟踪信用风险、市场风险、流动性风险等主要风险变化。开展延本延息贷款风险管控、合作机构管理及风险管控等专题调研，分析研究延本延息贷款政策制度执行、风险管控措施落实和资产质量管控，以及投融资类合作机构准入、遴选、监测、后评价、动态调整等情况，提出相关工作建议，进一步加强延本延息贷款风险管控，切实加强合作机构管理及风险管控。

（五）内部控制监督情况。监督本行内部控制体系有效性、内部控制职责履行和依法合规经营情况，重点关注内部控制机制运行、制度建设、监管意见落实、检查问题整改、重大风险事件管理和经营损失责任追究等。做实、做细重点机构和业务领域监督工作，持续关注案防管理、反洗钱、信息科技等方面内部控制情况，有效提升集团内部控制合规管理水平。开展个人金融业务大数据应用、违规行为和风险事件问责、客户投诉管理情况等专项调研，分析研究个人金融业务领域大数据应用管理体系建设、违规行为和风险事件问责体系构建、工行客户投诉管理机制等情况，提出相关工作建议，推动大数据在各金领域的深度应用，持续加强违规问责工作机制建设，提高工行投诉管理和客户服务。

（总行董事会办公室、监事会办公室）

投资者关系管理

2021年，受疫情反复、经济下行压力加大等多重因素叠加影响，银行板块表现弱于大市、估值处于历史低位。面对复杂的外部形势，工行投资者关系管理始终坚持“全面、主动、协同、精准、有效”原则，坚持高质量讲好工行故事，努力提升市值管理科学化水平，维护市值稳定和境内同业领先优势。

一、成功举办四次定期业绩说明会

通过定期业绩发布，积极展示工商银行高质量发展的最新成效，全年累计吸引全球近万人次参会，进一步坚定投资者长期信心。特别是资本市场高度关注的年度业绩说明会，首次采用“现场+全球电话+公告征集问题+视频直播”的全新形式召开，得到了监管部门、资本市场和股价表现的积极正面反馈。

二、开展主动精准投关

通过境内+境外、线上+线下，以一对一、一对多形式与1 100余位全球投资者进行业绩路演，以市场化、国际化、专业化语言回应逾700个问题，稳定和增强基石投资者信心。强化精准投关工作：一是与欧美机构投资者、气候变化投资者团体等开展多场绿色金融专题沟通，ESG工作情况和应对气候风险实践成效获得境外投资者高度认可。二是精准穿透开展股东大会会前投关，一对一沟通社保基金、中国人寿、中国平安、贝莱德、淡马锡等重要股东，确保重要议案高票通过。三是前瞻制定危机管理预案，快速响应突发事件。最大限度降低对工行股价的负面影响，有效缓释对市值的冲击。

三、做实、做细日常投关

一是通过上证e互动、投资者热线、投关邮箱、网络接待日等线上渠道及时准确答复400余次互动咨询，切实保障中小投资者合法权益。二是主动披露普惠金融、重点战略成效、财富管理赋能等资本市场关切问题，有效回应投资者关注热点。三是积极研究报送市场走势和行业动态，为提升公司治理和经营管理提出可行建议。

截至2021年12月31日，工行市值2 454亿美元，保持境内同业第一。年度业绩说明会荣获中国上市公司协会颁发的“最佳实践案例”奖，并作为唯一受邀的金融企业分享经验做法。此外，荣获《证券时报》“中国上市公司投资者关系最佳董事会奖”、全景网“中小投资者关系互动奖”。

（总行战略管理与投资者关系部）

子公司公司治理及股权投资管理

一、子公司公司治理机制建设情况

按照“对标银保监会和当地监管要求、对标市场最佳实践、对标集团管理要求”的原则，工商银行不断完善子公司治理架构，进一步提升子公司公司治理水平。

（一）有效推进子公司党建与公司治理有机融合。不断加强党的领导，积极稳妥推进子公司党的领导与公司治理有机融合。落实财政部《关于印发〈中央金融企业将党建工作要求写入公司章程修改指引〉的通知》要求截至2021年底，完成境内综合化子公司党建入章全覆盖，持续推动完善党委工作规则和“三重一大”议事决策等制度，把党委会研究讨论明确作为董事会、管理层决策重大问题的前置程序，充分发挥党委在公司战略经营等重大决策中的把方向、管大局、保落实作用，初步形成以党的建设、公司治理和股权管理为核心的集团子公司治理模式。

（二）完善子公司公司治理顶层设计。落实银保监会《银行保险机构公司治理准则》要求，在参照法律法规、监管要求、国际国内先进经验的基础上，于

2021年6月印发实施《境内控股机构公司治理指引》，明确集团子公司公司治理的基本准则，加强子公司公司治理能力建设，引导子公司在遵守监管规定的基础上，按照指引要求不断完善公司治理架构，优化治理运行机制，切实维护股东权益。持续优化党委会与股东会、董事会、监事会、高级管理层各司其职、各负其责、协调运转、有效制衡的公司治理机制。

（三）进一步完善子公司管理制度基础。认真落实金融工作“三项任务”要求，聚焦主业、提质增效，不断完善功能齐全、协同顺畅、竞争有力的综合服务体系。2021年6月，印发实施《境内综合化子公司管理规定》，明确了“牵头统筹、条线主抓”的集团管控机制，进一步明确综合化发展服务集团战略等基本原则，推动业务渠道协同与一体化经营管理，打造促发展、强管控、优保障的综合化发展“一盘棋”，为客户提供跨境、跨业、跨市场的一站式综合化金融服务。

二、战略并购和战略性股权投资管理情况

（一）加强子公司股权管理。2021年，根据监管要求，全面自查各类战略性控参股投资情况，实现境内境外、控股非控股、并购申设机构全覆盖排查，推动各级子机构对标落实聚焦主业、压缩层级的各项工作要求，并持续优化集团战略性股权管理系统功能，提升股权管理效率。优化子公司核心经营指标月度报告机制，有效把握发展趋势，及时发现苗头性问题。优化境内综合化子公司重大事项跟踪报告机制，审查子公司董事会、股东会议案200余项，强化对重大事项的实质性风险把控。深化集团综合化协同，推动解决子公司发展重大诉求，有效提升集团联动和一体化经营能力。

（二）稳健推进战略性股权投资取得新成效。围绕国家重大战略，稳妥审慎开展战略并购、战略性股权投资和委托持股处置，持续提升服务实体经济、防范化解金融风险的能力。持续推进国家绿色发展基金、国家融资担保基金出资工作，通过工银投资以20亿元人民币财务投资入股中国华融。服务国家第三支柱养老战略，通过工银理财出资10亿元人民币参与设立国民养老保险股份有限公司。与东亚银行就工银美国股权合作签订补充协议，延长期权有效期5年，稳妥应对中美复杂环境下美国机构的重大股权事项。

（三）支援锦州银行。坚持市场化、法治化原则，充分发挥战略投资者作用，多措并举、扎实稳妥做好锦州银行稳定工作，助力守住不发生系统性风险底线。全方位、高标准开展支援锦州银行工作，将优秀的商业银行经营文化、理念导入锦州银行，为锦州银行改革化险作出积极贡献。锦州银行2019年8月以来在复杂、严峻的形势下保持总体稳定局面，公司治理和管理能力得到提升，流动性紧张局面有所缓解，新增贷款质量较好，部分经营指标呈现边际改善。推动工银投资与存保公司签署投资损失分担协议，确保工行股权投资安全。

（四）持续巩固工银标准脱困振兴成效。持续推进工银标准脱困振兴取得积极成效，认真落实行党委“运作好、利用好、发展好”工银标准平台、“提升跨业经营管理能力、提升风险管控能力”要求，通过召开多次推进会议、定期督导、协调推动等方式，强化集团协同联动，助力工银标准实现盈利约1亿美元，顺利实现脱困振兴目标。经过两年半的不懈努力，工银标准已成功收回费城能源火灾事件业务中断险赔款净额约2.3亿美元，金额覆盖项目全部成本及损失。

（五）积极支持世福资本新阶段稳健发展。2021年，组织召开世福资本现场董事会及多次推动发展专题会，认真落实“三个符合”“两个审慎”的战略发展要求，明确条线责任，持续推动总裁接续、股东谈判、中东欧基金二期筹备、项目审批等工作。

（六）强化附属机构增资管理。积极加强监管沟通，推动完成工银投资增资150亿元人民币、工银国际增资9亿元人民币项目，支持附属机构稳妥增强资本实力，服务集团战略发展。夯实境外机构资本基础、优化资本结构，防控汇率风险，完成集团首个LAC条款AT1工银亚洲10亿美元AT1和工银墨西哥3 000万美元、工银巴西首期5 000万美元的AT1定向总行发行；稳妥完成工银投资150亿元人民币、工银国际9亿元人民币增资项目落地。

（七）委托持股管理情况。科学处置委托中国华融持有的历史政策性债转股，保障国有金融资产保值增值，截至2021年末累计减持中航沈飞3 174.76万股股票，累计回收21.65亿元人民币，剩余3 689.05万股，剩余市值约25亿元人民币，加上历史累计现金分红，较初始债转股金额增值20.15亿元人民币；公开挂牌转让沈飞企管5.85%股权回收3 418.52万元人民币。

（总行战略管理与投资者关系部）

履行社会责任

2021 年，工商银行积极履行社会责任，赢得社会各界广泛认可，先后荣获《南方周末》“年度杰出责任企业”和“年度杰出责任报告”、中国网财经“年度 ESG 品牌影响力企业”、新浪财经“年度可持续发展奖”、联合国企业中国网络“实现可持续发展目标 2021 企业最佳实践”等多个奖项。

一、践行“两山”理论，促进绿色低碳发展

工商银行始终坚持以绿色金融促进实体经济发展，进一步明确了“建设国际领先的绿色银行、成为具有良好国际声誉的绿色银行”的目标；逐年专门安排绿色贷款专项规模，制订绿色贷款年度投放计划；不断提高绿色金融绩效考核权重，加大绿色金融 FTP 优惠政策倾斜；加强环境（气候）与社会风险评估，业内首创环境风险智能化管理系统；将气候风险纳入全面风险管理体系，开展气候风险压力测试；加强全口径资产绿色分类管理，全面实施信贷与非信贷资产的绿色分类，境内分行环境友好和环保合格类贷款余额占比已达 99.3%。

经多年积累蓄力，工商银行绿色金融取得积极成效。2021 年末，绿色信贷投放余额 24 806.21 亿元，较年初增加 6 349.02 亿元，绿色信贷支持项目折合节约标准煤近 5 000 万吨，减排二氧化碳当量近亿吨；年内主承销各类绿色债券 67 只，募集资金 1 401.30 亿元，累计发行绿色债券 6 只，金额合计 130.6 亿美元；通过绿色租赁、绿色投资、绿色基金、绿色理财等金融服务，积极引导客户绿色发展，工银租赁绿色租赁业务规模已占境内融资租赁业务比例约 40%。

作为绿色金融领域的开拓者与探索者，工商银行不断强化绿色金融前瞻研究与对外合作，推动气候相关财务信息披露工作组（TCFD）、《生物多样性公约》等标准的落地实施和全球绿色共识的深化发展；扎实开展自身低碳运营，加强供应链管理和绿色采购，初步建成自身运营碳管理信息统计与分析系统，形成绿色办公、节能降耗、碳排放管理的数字化长效机制。

二、践行大行担当，履行社会责任

坚决落实“六稳”“六保”，积极服务实体经济转型升级。实施“三新一高”公司信贷新布局，加快传统制造业转型升级和新兴制造业动能培育，重点支持绿色低碳、节能环保的新基础产业，助力医疗、教育、文化、旅游、养老、体育等新服务业的建设与发展，着力开拓“专精特新”高技术客群，成为国内首家公司贷款余额突破 10 万亿元、制造业贷款余额突破 2 万亿元的商业银行；强化小微、普惠与乡村振兴金融服务，促进共同富裕和城乡联动发展，持续提升金融服务的适应性、竞争力、普惠性，普惠贷款余额近 1.1 万亿元，增速达 52.5%，向 160 多万户小微企业主动授信 1.3 万亿元；涉农贷款余额近 2.7 万亿元，较年初增加 4 000 多亿元。

坚持“人民至上”，建设人民满意银行。业内首创“客户回声”和“员工心声”“双声”系统，不断创新产品服务、优化业务流程、改善客户体验，全行 110 家网点荣获中国银行业营业网点文明规范服务示范单位，客户满意度不断提升；加强客户信息安全与隐私保护，年度拦截电信诈骗风险交易超过 4.78 万笔；开展“客户体验痛点治理百日攻坚”，是人民银行受理的 18 家全国性商业银行投诉排名中唯一一家“每百网点投诉量”和“每千亿资产投诉量”均处于前五低位的国有商业银行；提升金融适老化服务能力，推出融 e 行手机银行幸福生活版 2.0，提升老年客群专属服务水平，有效降低老年客户获取金融服务的门槛。

三、践行新发展理念，夯实治理体系

工商银行将创新、协调、绿色、开放、共享理念全面纳入战略体系安排，不断优化治理架构、提升治理能力，夯实可持续发展基础。坚持“党建引领，从严治理”，完善“党委全面领导，董事会战略决策，监事会依法监督，管理层负责经营”的治理格局；高质量开展信息披露，连续 8 年在上海证券交易所上市公司信息披露工作年度考评中获评“优秀”；坚持通过业绩说明会、上证 e 互动、路演等方式与投资者持续沟通，回应股东关切；优化 ESG 治理架构，将可持续发展要求融入公司三年战略规划；董事会持续高质量审议 ESG 治理议题，督导管理层强化 ESG 管理取得务实成效。

构建起以“全面建设具有全球竞争力的世界一流现代金融企业，成为基业长青的银行”为愿景的战略管理体系。坚持“48 字”工作思路，运用“三比三看三提高”工作方法，深入实施“扬长、补短、固本、

强基”四大布局，巩固传统优势、拓展增长空间；第一个人金融银行、外汇业务首选银行、重点区域竞争力提升、城乡联动等战略重点推进成效显著；持续构建“管住人、管住钱、管好防线、管好底线”的“9+X”全面风险管理体系，前瞻、精准、动态防控风险；建立“上下、左右、内外”的立体式人才交流培养体系，打造面向未来的专业化、国际化、复合型人才队伍；全面推进金融科技发展规划和数字化转型总体方案实施，提升数字化供给和生态化链接能力，强化数据资产治理和数据安全管控，打造共赢发展的数字共同体；持续优化激励约束机制，强化价值创造、战略支持、差异化管理和成本收益匹配导向，引导构建可持续发展能力。

（总行战略管理与投资者关系部）

品牌建设

2021年，站在“两个一百年”的历史交汇点，全行坚持“48字”工作思路，推动全面建设世界一流现代金融企业迈出新步伐。集团品牌连续6年蝉联Brand Finance“全球最具价值银行品牌”，品牌价值高达751亿美元。第六次荣登“中国最具价值银行品牌”。连续9年位居英国《银行家》全球银行1 000强、美国《福布斯》全球企业2 000强以及美国《财富》500强商业银行榜单榜首。

一、高标引领，战略为基

对标党和国家重大决策部署，聚焦服务实体经济和人民美好生活中心工作，以经营战略为依托，深入构筑品牌体系和生态，形成了“高标展位、战略引领、客户视角、赋能业务”的品牌建设新模式。发布工银“兴农通”战略品牌，全力支持乡村振兴，多维服务“三农”。推出全球金融服务战略品牌——“工银全球行”，助力高水平对外开放。发布“工银光明行”集团公益品牌，持续提升金融服务公益事业、造福一方百姓的能力和水平。塑造一批深受市场认可的拳头产品和优秀子品牌。打造“老年专属”服务品牌——“工银爱相伴”，适老服务再升级。充分运用金融科技优势，业内率先推出“云工行”非接触服务品牌，持续加大智能高效的线上线下一体化服务供给。着力打造手机银行7.0、工银普惠行、工行驿站、工银e钱包、环球撮合荟、工银科创等30余个重点子品牌，服务品质、业务触达能力和市场竞争水平进一步增强。紧扣时代主题和全行改革发展主脉络，围绕近40个重大主题开展全行性品牌策划和宣传活动，创作了200余套优秀作品、30部精品视频，品牌建设高质量发展再上新台阶。

二、大行站位，时代气象

坚守贯彻中央决策部署排头兵、服务实体经济领头雁站位，接续开展“学党史　践使命”“乡村振兴　工行助力”“服务高质量发展”等主题宣传，中央媒体刊发原发报道4 000余篇，不断巩固工商银行金融主力军形象。深入构建新媒体矩阵，在建党100周年、宣传贯彻六中全会精神、抗击疫情汛情等重要时段，快速推出“向党说句心里话”“学习六中全会感想”“迎风雪　战疫情”等专题，第一时间传递工行声音，振奋员工士气，奏响工行强音，展现时代精神气象，保持金融业第一大订阅号地位。坚持党报、行报、家报“三个定位”，《工行通讯》高质量出版报纸50期，编辑制作报道近2 000篇，撰写评论、综述、采访等原创内容近百篇，同步发布电子书版、融e联版、网讯版、渠道管理平台版、境外机构版，开设往期行报调阅电子图书馆。创新推出《振叶以寻根　观澜而索源》《红心永向党　葳蕤业长青》等党建引领发展大型综述，坚持连载“追寻红色金融足迹”“我为群众办实事”“党史学习教育进行时”等专栏，特别是“七一”期间，策划推出建党100周年特刊，浓墨重彩展示了新时代工行人热烈庆祝党的生日、凝聚力量不断奋进的昂扬风貌，积极发挥统一思想、坚定意志、协调行动、凝聚战斗力的堡垒作用。

三、守正出新，大行情怀

工商银行始终以客户为中心，坚守人民金融底色，以全行协同一体的大宣传格局，彰显品牌的价值引导力、创新推动力和精神凝聚力。以“真人真事传递真心真情”，生动塑造了“95588”客服、工行驿站、云网点客户经理、大学生客群等人物和服务形象，拍摄了一批体现工行人敬业奉献、砥砺奋进的宣传片、纪录片、短视频。宣传片《这一天》总播放量近100万次，获得2万余条点赞、2万余次转发，展现了工商银行建设人民满意银行的情怀与担当。持续加强与客户的高频沟通，全年围绕30余个重要节日节气、重大活动等时点，描绘多彩画卷、传递工行祝福。策划“百年绽放”“ICBC时光走廊”“品牌牛”等主题展览，生动表达奋斗、和顺、美好、诚信、耕耘、匠心等传播主基调，大力弘扬社会主义核心价值观。充分运用外部合作平台，与央视、《人民日报》等权威平台联手开展“百年初心”“《中国国宝大会》品牌冠名合作”“东京奥运会品牌宣传”“奔向好日子”“工行绿守护”等高光传播，利用进博会、服贸会及各类展会等开展借势传播，生动、立体地讲好工行故事。

（总行办公室）

人力资源管理

2021年，全行人力资源条线突出政治站位，突出系统思维，突出研究驱动，紧紧围绕“服务大局、改革创新、强化管理、凝聚人心”的工作目标，推动人力资源各项工作在传承中创新、在改革中提质，为全行高质量发展提供坚实的组织保障和人才支持。

一、落实新时代人才强国战略，强化高质量发展人才支撑

（一）科学谋划人才工作。深入贯彻中央人才工作会议精神，印发落实中央人才工作会议精神的意见，在全行范围内加快传导新时代人才工作要求，把会议精神转化为推动全行人才工作高质量发展的生动实践。加强顶层设计与战略研判，结合中央人才工作会议精神、集团新三年发展规划要求，筹划召开全行人才工作会议。启动“十四五”时期人才规划编制工作，统筹加强各类人才队伍建设，持续巩固提升人才大行、人才强行优势，开创全行人才工作新局面。

（二）深入推进人员结构优化。一是巩固人员规划工作成果。全面总结2018—2020三年人员规划成效，集团平均年龄逐年下降，客户经理、新兴业务、科技等重点专业队伍力量进一步充实，人员结构持续优化，员工队伍更具活力。编制2021年集团用工计划，按照效益与效率导向，继续加大重点战略区域、重点业务条线的人力资源投入。二是加大人才引进力度。落实“稳就业”政策要求，积极推进校园招聘，年度招聘规模同业领先，获得相关媒体“2021年雇主品牌影响力典范”等多个奖项。与清华、人大、北航、北邮等重点高校沟通合作，深入推进产学研融合，签订一揽子人才合作协议，探索“定制化”培养引进人才思路。组织开展海外人才招聘，以市场化方式从国际金融机构引进包括花旗银行人工智能全球负责人在内的一批高端人才。设立总行本部“种子计划”，实施海外英才跟踪培养。启动“工银星辰·兴农助梦”乡村振兴专项招聘，加强社会招聘人才引进，2021年累计社会化引才近4 500人。扎实做好退役士兵接收安置，坚定履行国有大行支持就业社会责任。三是系统优化网点人力资源配置。广泛开展调研论证，研究出台《网点竞争力提升人力资源政策实施要点》，加快推进试点工作。探索“网点支行化、支行轻型化、二级分行集约化”的管理架构优化路径，树立基层党建一面大旗，建强网点负责人一支队伍，精减中后台人员占用，加大网点人员、薪酬、晋升资源倾斜，增强网点人才活力吸引力，为提升网点综合竞争力提供组织保障。同步修订印发新一版营业网点及网点员工绩效考核指引，进一步精简网点各类员工考核指标数量，为基层员工减负赋能。

（三）抓好重点专业队伍建设。一是贯彻第一个人金融银行战略部署，研究制定加强零售队伍建设的指导意见，全力打造包括客户营销、投研投顾、数字经营等各类人才在内的零售条线专业队伍。二是深化“科技驱动、价值创造”的工作思路，开展金融科技背景下人力资源配置研究，加强科技人才投入与创新团队建设，完善科技与业务深度融合的人才交流培养机制。深入开展专题调研，形成加强金融科技人才队伍建设的意见，制订金融科技业务伙伴（FTBP）队伍建设工作方案，印发校园招聘科技菁英人才培养方案。三是落实“国际视野、全球经营”思路，先后组织卡拉奇分行、新加坡分行、工银欧洲等11家境外机构外派员工公开招聘，更新补充外派回国人才库、外语人才库及专业条线外派后备人才库，有力夯实国际化人才基础。

（四）切实加强员工日常管理。一是规范员工管理制度。修订关键岗位人员岗位轮换和强制休假管理办法，细化关键岗位轮岗范围及要求。修订员工行为守则，组织各专业部门制定从业人员行为细则，强化员工职业规范和行为准则。二是提升总行本部人力资源服务能力。成立人力资源事务服务站，打造科学、高效、有温度的人力资源事务交付中心。建立总行员工能力素质通用标签库，实现数字化精准画像。研究制订总行本部人才效能提升方案，聚焦价值创造、精细管理，做好人才市场、人员盘点、人员落户、HR咨询等工作，进一步释放总行本部员工活力。积极发挥总部龙头作用，带

动各级本部提升员工服务能力。三是强化荣誉表彰激励。建立“至诚致远30年”慰问制度，启动第二届“工银卓越奖章”评选，精心筹备颁奖仪式，增强员工归属感、认同感，营造干事创业、奋勇争先的良好氛围。

二、围绕服务高质量发展要求，提升集团资源配置效能

（一）全面优化薪酬管理体系。一是科学规划集团2021年度工资总额配置机制。按照“强化效益贡献、突出发展要求、支持重点战略、均衡板块分布、倾斜基层一线、调控收入差距”思路，优化工资总额配置，通过加大当期业绩挂钩激励力度、加强同业对标、引入EVA指标等方式，将增量资源优先投入到产出效率高、贡献大的业务板块和机构，提高工资费用使用效能，用好、用足薪酬资源。二是全面完善负责人薪酬管理体系。根据全行重点战略，坚持“强化集团一体化管理、突出高质量发展要求”原则，优化总行高管业绩考核方案，完善集团各类机构负责人薪酬激励制度。研究制定境内分行高质量发展指标监测体系，强化高质量发展与战略导向，引导各机构树立“工资增长靠业绩”的配置理念。将干部选拔、薪酬激励、岗位调整与高质量发展指标紧密挂钩，形成“能者上、优者奖、庸者下、劣者汰”的正向氛围。三是健全重点领域专项奖励体系。围绕集团战略领域和重点板块，探索建立“第一个人金融银行”战略、对公业务重点激励机制，2021年额外投入12亿元工资费用，定向配置到增收增效、获客提质等重点业务领域，助推重点业务实现突破，促进战略性、基础性、源头性业务发展。研究设立绩优网点负责人、个人及对公客户经理专属奖励，加大薪酬激励向基层一线倾斜力度，实现人均薪酬10万元以下分行“清零”，更好地吸纳和保留基层优秀人才。

（二）积极完善员工福利保障。一是优化集团非工资性人力费用配置。在合理控制总量基础上做好精细管理、挖潜增效，保持全行员工福利保障水平稳定均衡增长。二是强化员工补充养老保障。加强员工企业年金管理，做好年金投资策略研究和投管人监测督导，修订年金投资监督事项，完善年金业务管理制度，中长期投资收益水平在可比同业中保持第一。三是加强基层员工关爱。升级全行员工重大疾病保险项目，提高重症赔付金额，增加覆盖病种数量，提升员工福利保障线上化、智能化服务水平。四是完善外派员工福利保障。密切关注境外疫情，印发关于做好疫情期间外派员工关心关爱的通知，强化外派员工职业发展、薪酬福利、回国休假和家属慰问等措施。向境内外机构额外划拨7 400余万元工资费用，用于发放疫情及灾害期间基层一线员工临时性工作津贴和生活补助。开展心理健康服务集中采购，组织外派员工心理健康测评。

三、着眼打造模范部门过硬队伍，推进部门自身建设

（一）着力强化专业能力建设。一是抓实系统管理。研究制定加强分行组织人事部门负责人队伍建设的意见，从严管理、选优配强分行组工队伍。举办全行组织部长培训班、各类专题培训，确保行党委选人和用人导向、队伍建设要求、资源配置重点一贯到底。落实组织人事工作要点，开展人力资源专业考核，加强对境内外组织人事部门的战略传导、精准指导，突出“比”的意识，上下联动推进重点改革创新工作。二是抓好分类管理。契合新形势下国际化、综合化发展需要，完善境外机构、综合化子公司组织人事队伍管理措施。丰富境外HR小课堂形式，加强境外机构和综合化子公司人力资源主管培训，开展境外机构组织人事工作检查，提高相关机构组织人事工作规范水平。三是抓深专业研究。创刊《组工研究》，全年编发18期，紧密结合业务发展前沿需求，深入研究理论实践问题，提升组织工作创新水平，为行领导提供决策参考。创刊《工行组工通讯》，全年编发18期，加强条线政策传导、经验萃取和能力建设。

（二）积极探索人力资源数字化转型。一是开展人力资源数字化转型调研。班子成员带队走访同业及跨业头部公司，学习数字化管理实践先进经验，加深银政、银校各方合作，着眼数字化背景下组织架构与人才队伍管理创新，从人力资源角度探索工行数字化转型赋能发展之路。撰写《央企数字化转型发展实践研究》报告，为人力资源数字化转型工作提供参考。二是启动智慧组织人事体系建设。适应数字经济发展趋势，编制“数智HR”建设规划，从智慧党建、智慧干部人才管理、数字化员工发展、数字化人力资源运营和智慧部门五大方面，系统推进人力资源数字化转型工作，构建智慧组织人事体系。三是探索建立数据全生命周期管理体系。建设人力资源大数据平台，强化数据治理和服务应用，按季度编发人力资源风险监测报告，提升精准施治、风险控制和前瞻预测能力。推动劳动合同电子化，实现全流程的系统化、线上化、自动化管理。

（总行人力资源部）

离退休人员服务和管理

2021 年，工商银行认真贯彻落实习近平总书记关于老干部工作重要指示精神，围绕中心、服务大局，用心用情、真抓实干，推动离退休人员工作取得新进展。

一、召开全行离退休人员服务工作会议

为贯彻落实全国老干部局长会议精神，推动离退休人员工作高质量发展，总行于 4 月中旬，采取现场和视频相结合方式，召开了全行离退休人员服务工作会议。要求各级行党委和离退休人员工作部门充分认识和准确把握新时代新阶段对离退休人员服务工作的新要求，认真贯彻落实“48 字”工作思路，用好“三比三看三提高”工作方法，立足职责、用心用情、真抓实干，全面做好离退休人员服务的各项工作，以优异成绩庆祝建党 100 周年。

二、深入开展“我看建党 100 周年新成就”主题活动

按照中组部统一部署，组织全行离退休人员工作部门和广大老同志积极开展“我看建党 100 周年新成就”主题系列活动，为庆祝党的百年华诞营造了浓厚氛围。一是专题座谈，听取心声。通过专题座谈，广泛听取不同类别、不同层级、不同年龄跨度老同志对中国共产党成立 100 周年取得伟大成就的心声。二是搭建平台，营造氛围。分别在部门网讯和“工行离退休之家”微信公众号平台开设专栏，集中展示各行开展“我看”活动的典型做法和广大老同志歌颂党、歌颂祖国的文艺作品等，营造浓厚的庆祝氛围。三是诗书画影，歌颂党恩。利用“工行离退休之家”微信公众号的传播优势，在全行大力开展了“翰墨歌盛世　光影颂党恩”离退休人员书画摄影作品网上展评活动。共展出老同志作品 234 幅。活动页面访问量共达 388.1 万人次，累计获得投票 363.9 万票，极大地扩大了离退休人员工作的影响力。

三、切实加强离退休人员“三项建设”

一是落实学习制度，引导践行新思想。把学习贯彻习近平新时代中国特色社会主义思想作为首要政治任务，针对疫情防控形势，充分运用公众号、微信群等信息化手段建立网上学习机制，引导离退休人员尤其是党员自觉加强政治学习和思想建设，切实增强“四个意识”，坚定“四个自信”，做到“两个维护”，始终同以习近平同志为核心的党中央保持高度一致。二是抓好组织建设，增强组织活力。按照有利于活动、有利于管理、有利于发挥作用的原则，灵活设置党组织，确保离退休党员均纳入党支部、党小组进行管理。组织召开总行本部退休第一、第二党支部全体党员线上会议，采取线上投票方式，圆满完成了支部换届选举。三是注重树典推优，发挥表率作用。“七一”前夕，组织全行通过多种形式圆满完成了“光荣在党 50 年”纪念章颁发工作。扎实做好“至诚致远 30 年”纪念章颁发工作。在离退休党员中开展优秀共产党员、优秀党务工作者评选表彰活动，让广大老同志学有榜样、比有标杆，努力营造见贤思齐、争当先进的良好氛围。

四、坚持用心、用情服务好老同志

一是抓好走访慰问不放松。坚持落实走访慰问制度，将节日慰问与日常走访相结合，把党组织的温暖、行领导的关怀及时送到老同志身边。及时看望总行本部离休干部、退休行级领导、患病住院、生活困难的老同志，并创新采取线上形式为年满 70 周岁和 80 周岁的老同志举办了集体祝寿会。2021 年，总行本部累计走访和电话慰问老同志千余人次，并妥善处理了 9 位去世老同志的丧事。二是抓好老同志各项活动不放松。总行本部举办线上春节联欢会、元宵节灯谜会、庆“三八”美食制作分享、“光辉征程　百年献礼”迎“七一”文艺演出、“八一有我”等庆祝纪念活动。各分行根据疫情防控要求，通过线上或线下方式，大力开展丰富多彩的文化、文艺活动，传递凝聚了老同志的正能量，丰富了他们的晚年生活。三是抓好精准化管理不放松。对全行离退休人员党组织和学习活动阵地建设情况，特困、重度失能、失独、空巢、独居老同志情况，各单位为离退休人员统一购买补充医疗保险情况以及异地居住（养老）老同志情况等认真进行了调查摸底和统计分析，切实做到了底数清、情况明，为进一步提高全行离退休人员服务管理工作的精准化水平打下良好基础。

五、积极推进离退休人员工作信息化建设

离退休人员服务管理平台项目一期于 2021 年末在总行本部投产。一是通过对接多个行内自研平台，构建覆盖总行本部所有离退休老同志的一体化信息平台。涵

盖党建园地、资讯、通知公告、老年课堂、活动报名、物品发放、知识答题等多个功能模块，有效提高了服务管理的便捷性和科学化水平。二是通过搭建集中统一、全面共享的离退休老同志数据仓库，实现了信息数据的互联互通。三是通过引入语音播报、大号字体展示、智能发送生日祝福短信、常用和服务电话直接拨号等人性化功能，极大改善了老同志的“触网”体验。四是通过利用量化和实时智能分析、自动提醒服务等数据挖掘手段，使服务管理工作更加智能精准，老同志有关情况一屏掌控、个性化精准关爱一触即达，有力推动了离退休人员工作提质增效。

六、持续加强队伍建设

一是组织开展“工银成就奖”评选活动。为充分展现新时代工行离退休人员工作者的精神风貌，建设政治过硬、业务过硬、作风过硬的离退休人员工作队伍，总行结合全国老干部工作“双先”评选表彰活动，在全行开展了工银成就奖（离退休人员工作）评选活动。在离退休人员服务管理专业评选出5个“工银成就集体奖”和20名“工银成就个人奖”。其中，陕西分行先进个人被中组部、人社部评选为“全国先进老干部工作者”。二是搞好调查研究。在做好疫情防控工作前提下，先后到四川和广西分行进行调研，采取座谈等方式，广泛征求了工作人员和老同志对离退休人员工作的意见建议。针对新时代离退休人员党建工作面临的新任务、新要求，组织完成了“以信息化建设推动离退休人员党建工作创新发展研究”课题项目，为创新开展新形势下的离退休人员党建工作提供了有益参考。三是加强信息宣传。切实办好用好“工行离退休之家”微信公众号，全年共发布信息1 345篇，向全行和社会较好宣传了工行离退休人员工作。积极组织编写“中国工商银行老领导谈成就话初心”等宣传稿件在《旗帜网》《中国老年报》《现代商业银行》等媒体刊登。在《中国老年报》举办的全国涉老工作部门庆祝建党100周年暨党史学习教育宣传工作评选活动中，荣获优秀奖。四是抓好党建工作。通过不间断开展多种形式的警示教育，切实筑牢员工思想防线。

（总行离退休人员服务与管理部）

教育培训

2021年，全行积极应对新冠肺炎疫情带来的严峻挑战，统筹运用网络、视频、直播和现场面授等线上线下培训方式，围绕全行改革发展和人才队伍建设需要，推进分层分类培训，优化培训体制机制，构建更加开放、更具活力、更有实效的教育培训工作新格局，助力全行高质量发展。

一、高质量开展党校培训，为提升干部队伍政治素养和管理能力提供有力支持

圆满完成专题轮训与重点班次，按照分层分类全覆盖、线上线下相结合的方式，开展党的十九届五中、六中全会精神及党史学习教育专题轮训，实施领导干部进修班，二级分行党委书记、纪委书记“两个强化”，二级分行负责人党校班，一级支行行长党校班等重点班次培训。完善全行党校布局，加强系统指导与上下协同，健全工作机制，印发《党校办学质量评估办法》，拓建一级机构党校达41家，实现一级（直属）分行党校全覆盖。优化党校办学机制，开展党校案例课程评选，与中央党校、全国组干学院及境内知名高校等深化合作办学。2021年，统筹全行党校实施各级党员干部线上线下培训共5 840期、58.5万人次。

二、推进分层分类培训，为服务全行战略落地和改革发展提供智力支持

服务全行经营战略，按照分层次、板块化、实战化运作模式，实施“第一个人金融银行”“境内外汇业务首选银行”“重点区域竞争力提升”“城乡联动发展”等重点项目，启动全行网点负责人跨省轮训项目，深化“磐石计划”运营主管、“琢玉计划”客服经理培训项目，促进战略落地；服务人才队伍建设，围绕重点业务和关键群体，深入推进信贷经营、金融科技、融智小微、ESG等专题培训，扎实开展高管英语、MINI MBA、领导力训练营、新员工等各类常规培训，应需组织新业务、新产品、新流程业务培训，广泛开展“全员阅读”活动，助力员工履职适岗；服务国家战略和全行业务发展，围绕金融服务乡村振兴部署，打造“工银兴农培训”品牌项目，推进“定点帮扶四县市基层干部”“金阳脱贫帮扶实用技能”等系列培训，开展工信部“促进大中小企业融通发展”金融科技专题、社保部“中国社会保障改革发展”专题、川赣两省地方干部金融专题、民企高管金融研修等培训。2021年，全行共举办各类线上线下培训约3.6万期、560万人次。

三、完善培训体制机制，为满足员工多元化培训需求提供丰富资源供给

深化完善全行教育培训体系，按照国家统一要求，将“工银大学”更名为“工银研修中心”，着力提升全行培训整体合力和运行效率；持续推进制度建设，聚焦提高教育经费的使用效率，完善教育培训经费管理、师资队伍建设、外部机构合作等制度办法；加大优质培训资源供给，遴选和培养行内优秀师资，引进行外知名专家、优质课程、重点高校和培训机构，为全行干部员工提供全面、权威、前沿的高水平培训资源；完善专业资格认证机制，启动专业资格考试认证机制改革，持续优化认证模式、考试组织方式和继续教育机制，将面向基层员工的14类考试整合为3大通用类考试，为基层减负赋能；创新培训产品开发，采用问答式、轻量化、锦囊化等形式，开发《网点竞争力提升知识读本》《网点竞争力提升案例精选》等教材，全年共完成各类专业资格认证教材和业务产品手册252本、案例1 193篇、课件8 537门。

四、长春金融研修学院工作情况

（一）扎实开展党史学习教育，筑牢思想根基。把党史学习教育作为一项重要政治任务，从思想上、组织上、行动上扎实推进，紧紧围绕学懂、弄通、做实党的创新理论，开展主题突出、特色鲜明、形式多样的各项活动。依托红色金融馆进行现场教学，不断提升体验感和学习效果，开展沉浸式、研讨式、贯通式党史学习教育；以中国共产党百年历史为基本时间线索，开展“学百年党史讲光辉历程”主题宣讲活动；组织开展党史现场知识竞赛、线上答题挑战赛，把竞赛过程转化为学习过程、受教育过程，以赛促学、以学促行；把“我为群众办实事”实践活动作为推动党史学习教育的落脚点，内容涵盖智慧校园、基础建设、教育培训、校园美化、员工健康等方面，精准对接发展所需、员工所盼、学员所想，进一步提升培训学员和教职员工的获得感、幸福感、满意度。

（二）持续提升党的建设质量，夯实发展基础。聚焦习近平新时代中国特色社会主义思想，深入学习贯彻党的十九届五中、六中全会精神，全年组织党委理论中心组集中学习16次、专题研讨10次。坚持全面从严，紧紧抓住主体责任这个“牛鼻子”，抓好“关键少数”，发挥表率作用。认真落实意识形态工作责任制，加强对《现代商业银行》杂志、“工银长院”公众号等媒介平台审核把关力度，持续强化舆论阵地建设。组建红色系列课程柔性团队，加大党建类课程研发力度，开发红色金融史、红色教育史、红色宣传史、红色经济史、红色纪检监察史系列党建课程，在各级各类培训班讲授推广，已为31家一级分行、10个总行部室、3家外部单位讲授专题课程140学时。

（三）推进线上线下深度融合，助力战略传导。承办网络培训项目35期，开发实施51期，参训学员30 680人次，覆盖境内所有机构。线下培训着力打造精品班、示范班，全年承办现场培训班33期，严格落实疫情防控各项措施，强化培训学员、教职员工、第三方人员防控管理，做好应急预案，切实保障学员教工健康安全。围绕第一个人金融银行战略，开发实施“重点客群需求分析工作坊”“高频活动场景目标客群分析工作坊”。围绕外汇业务首选银行战略，打造“个人外汇业务培训”“外汇业务经营管理战略落地”。围绕重点区域竞争力提升战略，深度开发重点县域支行“三比三看三提高”工作坊。围绕城乡联动发展战略，邀请高校名师、企业专家、学院讲师在普惠金融等培训班中宣讲脱贫攻坚成果、乡村振兴政策，现代商业银行杂志社策划扶贫专题，以典型案例充分展现全行脱贫攻坚工作创新方法和成效。全年开发与编校各类教材36部，制作课件1 318个、微课1 183门，开发研究型案例212篇，为全行员工创制优质的线上线下学习资源。

（四）发挥培训研发专业优势，加速转型赋能。立足于推动教育培训向服务型、赋能型转变，从创新研发机制入手，推进项目招募共创，组建项目开发、学习资源开发、在线学习运营、数据分析及建模团队，实施线上增知营、专项特训营、绩能提升营、经验淬炼营、人才成长营运行模式，先后为云南、辽宁、陕西等6家一级分行提供存款竞争力提升、重点产品推广、高潜人才梯队培养等咨询服务，为四川达州、福建平潭等11家二级分行传导绩效分析技术。围绕各层级员工成长规律和培养周期，以“梳理工作职能—搭建胜任力框架—完善胜任力模型—构建培训体系”为顶层逻辑，以“文献阅读—电话访谈—问卷调查”为调研方式，以“任务目标可视化—学习场景游戏化—成果反馈动态化—积分奖励仪式化”为运行模式，打通线上和线下的学习场景通道，系统打造涵盖管理岗位、专业岗位、基层员工等不同群体的分层分类培养体系，在“点燃+”中层管理者、网点负责人、运营主管等培训项目中推广实施，促进全行员工专业素养提升。

（五）加强智慧校园建设，完善基础设施。主动适应数字化教育培训趋势，完善智慧校园建设机制，建设智慧教室，充分运用移动互联、云平台、人工智能技术，打造多重交互学习场景，为学员提供顾问、教练和管家等角色服务，提升智慧化教学体验。

（六）健全完善制度治理体系，加强员工培养。倡导全员学习、全员研究、全员授课，培养新时代“π型”人才，系统提升项目经理综合能力，着力打造新时代内训师、在线学习运营师、数据分析师。

五、杭州金融研修学院工作情况

（一）党建工作质量不断提升。坚持用习近平新时代中国特色社会主义思想武装头脑、指导实践，巩固和深化“不忘初心、牢记使命”主题教育成果，全面开展习近平总书记系列重要讲话精神学习培训。开展“共绘蓝图”“共唱红歌”“共庆百年”等活动，掀起庆祝建党100周年的热潮。创新“党史+教学”“党史+课堂”“党史+共建”“党史+文艺”等形式，举办专题培训4期。

（二）培训业务发展不断突破。积极应对新冠肺炎疫情给培训工作带来的新挑战，落实“停训不停学”要求，做强线上培训项目开发和实施，做好直播培训和直播间建设，打造“线上杭院”培训专区，推出“听培训”系列产品，开展定制化线下培训和点对点送教上门，做精线下培训产品开发，统筹推进线上线下培训联动、研发实施一体化。全年共举办线下培训51期/2 799人次；网络培训项目122个/222期，直播培训159场，累计培训163.95万人次；承办在线考试524个，服务考生63万人次，分别完成全年计划的262%和315%；新开发培训项目26个，实施培训项目53个；开发各类课件1 587个、新课程14门，分别完成全年计划的159%和140%；编审教材31本，完成课题研究16项，开发案例35个，院内教师授课566.5课时。

围绕总行重点战略，积极提供培训赋能和咨询服务。实施第一个人金融银行战略“板块+”、分行个金管理人员等培训项目，开展战略管理、全量客户营销维护等培训。实施外汇业务首选银行系列培训项目，协助总行实施高级管理人员线上培训。实施网点竞争力提升系列、网点负责人素质能力提升等培训项目，分层分类赋能管理人员和专业人才。

加强党校杭州分校建设，落实总行党校培训任务，实施学习贯彻党的十九届五中全会精神培训，二级分行党委书记、纪委书记“两个强化”轮训，全行基层党支部书记和党务干部培训等项目，研发“红色领导力”培训项目，开发“红色课程、红色案例、红色沙盘”等培训产品。实施新加坡分行“新叶芳零”零售竞争力提升培训项目，为境内多家分行定制个性化管理人员培训和业务培训，提供资格考试服务支持，承担各类知识竞赛和员工招（竞）聘考试工作，满足各级机构的多样化需求。开展廉洁文化教育基地建设，开发“1+N”系列培训产品。

（三）内部管理基础不断夯实。智慧学院建设取得新进展。坚持数字化、智能化办院理念，紧扣“双满意”，突出“场景化”，推出新版“杭院通”智慧服务平台。实施数字化教学系统升级改造项目，深化教学与信息技术双向赋能。加快智慧教室和智能会议室建设，促进教学手段创新和教学效果提升。引进RPA技术手段，优化专业资格考试流程管理，提高工作质效；完善培训管理流程，提高服务学员能力，促进培训效能提升。编制智慧学院建设新三年发展规划，明确未来建设方向。

校园和谐氛围进一步浓郁。树立正确舆论导向，把牢关键时点，加强对出版物、公众号的声誉风险管理，牢牢掌握意识形态领域主导权。深化精神文明建设和思想政治工作，推荐申报总行级精神文明建设先进单位，开展典型宣传，组织“红色金融文化”“文明先‘锋’在行动”等主题活动，唱响主旋律、弘扬正能量。

实现全年安全平稳无事故。严格落实总行党委和地方政府疫情防控工作部署，压实工作责任，完善管控机制，严格人员管理，细化防控措施，做好宣传教育，实现疫情零发生。牢固树立安全发展理念，推动建立“大安全”工作格局，抓实“五大领域”安全生产工作，加强信息安全管理，做细保密、密码工作，全年未发生重大安全事故。

（总行企业文化部、长春金融研修学院、
杭州金融研修学院）

金融理论研究与学术交流

2021年，全行金融理论研究工作成效显著，在贯彻落实党中央决策部署，服务实体经济发展，推进全行深化改革，优化经营发展中的智力支持作用更加凸显。全行学术交流活跃，研究交流机制不断完善，在高层次学术活动中不断发出工行声音，贡献工行智慧，彰显工行责任。

一、围绕中央重大决策、全行中心工作和改革发展重大问题，组织推动43项重大课题研究，全面服务全行战略决策

一是加强党建引领与队伍建设，完善公司治理机制开展研究。相关课题研究内容包括：以高质量机关党建

推动国有金融企业高质量发展研究、数字化转型背景下的人力资源配置优化研究、稳健有效的公司治理与商业银行高质量发展研究等。

二是围绕工行落实中央重大决策部署，就全行战略谋划开展研究。相关课题研究包括：碳中和背景下工商银行绿色低碳转型研究、商业银行高质量发展路径下营业收入提升策略研究、资本约束下的商业银行价值创造研究、新时期大型商业银行负债高质量发展研究、关于商业银行大资管板块服务共同富裕的路径与策略研究等。

三是围绕工行改革发展总体要求和重点战略的总体思路，就关键业务领域和产品服务的改革创新开展研究。相关课题研究内容包括：工商银行数据要素生态体系建设研究与实践、全面推进乡村振兴的创新服务模式研究、商业银行信贷审批体系改革与创新研究、GBC机制创新——对公保险“团单团做”模式研究、资管生态圈视角下 ESG 评价体系在托管领域的应用研究、财富管理机构核心竞争力锻造研究、面向客户全旅程陪伴的全渠道服务体系研究、商业银行参与 REITs 投融资业务发展及建议等。

四是围绕新形势下银行深化全面风险管理，提升风控效率与技术，促进业务稳健发展等开展研究。相关课题研究内容包括：气候风险压力测试体系构建与方法探索、风险中性与商业银行交易业务策略研究、人口老龄化对商业银行的影响和应对策略等。

五是着眼于数字化银行建设与金融科技的研发应用方面开展研究。相关课题研究内容包括：基于数据驱动的银行业务模式研究、基于财务与交易数据的三型客户需求挖掘模型研究、商业银行科技与业务深度融合路径研究暨战略能力库的建设与应用、结算金融数字化转型研究、关于推进内部审计数字化转型的研究、数字化时代下商业银行新型电信网络诈骗防控机制研究等。

二、全面深化研究体系改革，提升研究实际应用效果和决策支持水平

（一）集团统筹研究机制不断完善。完善集团研究体系系列管理办法，对研究产品、研究人员、研讨与会商机制、期刊统筹等领域进行全面规范。成立工银亚洲东南亚研究中心、工银澳门葡语系研究中心；组建长三角、粤港澳、成渝三个区域柔性研究团队，就区域市场竞争力、金融服务乡村振兴、区域产业协同发展和集群建设等主题完成系列研究成果。持续完善总行策略分析会机制，围绕科创企业金融服务、数字人民币时代商业银行场景建设与业务机会等主题开展分析研讨。

（二）完善快速响应与深度分析相结合的研究支持决策机制。就中央重要会议、国家部委重要政策、重要经济金融数据和国内外重大事件，全年完成各类研究成果近 700 份。其中，决策参考、热点追踪等各类深度研究报告 300 多篇，研究快报、周报 300 多份；向监管机构和中央部委提交重点课题及各类研究材料 60 余份。开展社科基金等多项重点课题研究。

（三）全面推进绿色金融研究与交流。围绕提升工行 ESG 评级、加快推进全行碳中和、推动绿色金改试验区工作、央行碳减排支持工具、联合国气候变化大会（COP26）等重点议题，组织开展深入研究，提出政策建议。统筹促进形成绿色研究与绿色发展相结合的良好协同机制，完成绿色债券、绿色基金、绿色理财、绿色租赁、绿色指数、碳排放交易产品、碳市场、绿色网金平台等系列研究成果。开发 ESG 指数，并经证监会批准工银瑞信发行全市场首只 ESG 主题 ETF 基金。履行人民银行指导的 GIP（“一带一路”绿色投资原则）第一工作组牵头机构职责，开发“一带一路”项目环境风险分析工具，实现对建筑、交通、工业、电力四大类项目的碳排放、污染物、水、生物多样性风险的测算。

三、持续扩大“两刊”影响力

（一）《现代金融导刊》升级发展。

一是精心策划选题，围绕普惠金融、绿色金融、数字金融、养老金融、制造业金融等主题推出多个重要专题，不断夯实“实务研究”定位。一批名家为《现代金融导刊》撰文。

二是认真做好主题宣传，围绕“工商银行服务脱贫攻坚”和“庆祝中国共产党成立 100 周年”，推出两期主题增刊。开设“乡村振兴 · 兴农探索”专栏，为金融服务乡村振兴提供决策支持和方案参考。优选稿件、夯实作者库建设，培育、打造“工银研究”“热点聚焦”“业务探讨”“金融创新”等品牌栏目，不断提升期刊影响力。成功承办中国金融学会绿色金融专业委员会“绿色金融实务研究”主题征文活动，为推动金融助力我国经济社会绿色低碳转型发挥期刊传播平台作用。

三是“现代金融导刊”微信公众号、“工银金融评论”微信公众号影响力不断提升，实现纸媒与新媒体传播渠道的更好融合，拓展了期刊品牌影响力。

（二）《金融论坛》学术影响力不断提升。再次入选 CSSCI 来源期刊（2021—2022），在国内所有人文社科期刊评选中均被评选为核心期刊。2021 年《金融论坛》复合影响因子 4.842，再创历史新高。“金融论坛”微信公众号影响力稳步上升。一批名家为《金融论坛》撰稿。

成功举办《金融论坛》优秀论文和优秀审稿专家评选活动。评选出被引次数高、匿名审稿评价高的 10 篇优秀论文；在近 400 位审稿专家评选出 15 位优秀审稿专家。

四、打造智库传播平台，提升研究品牌软实力

（一）举办全球系统重要性金融机构会议，高水平

参与全球金融治理。会同北京市政府，联合举办2021全球系统重要性金融机构会议。北京市政府主要领导、一行两会监管机构负责人、中国气候变化事务特使，以及国内外17家全球系统重要性金融机构线上线下参会，全面打造高水准、高权威、高质量、高层级的境内外金融机构交流磋商平台。会议以“促进气候友好，推进绿色金融与可持续发展”为主题，发布《气候友好银行北京倡议》，为引领推动气候友好型全球金融治理体系建设作出积极贡献。央视新闻联播、央视早间新闻、北京新闻，新华社、人民网、《金融时报》、《新京报》、《中国证券报》等多家媒体报道，会议倡议入选2021年银行业十件大事。

（二）发挥学会重要作用。一是推进学会党组织建设。2021年5月，经总行直属机关党委批准，成立中国现代金融学会党支部，扎实推进党建与学会工作融合发展。二是高质量举办学术年会。2021年3月下旬，邀请包括中国工程院院士、社科院学部委员、教育部长江学者、央行货币政策委员等国内经济金融领域8位权威专家学者，围绕“后疫情时代经济金融格局演变趋势”和“金融科技创新变革与普惠金融发展”等进行主题演讲，《金融时报》、新浪财经等多家媒体对会议进行报道，获得良好的社会反响。三是重点社团工作再创佳绩。学会申报的两项2021年国家社科基金主题学术活动全部获准立项，再次成为唯一获得两项资助的商业银行主办的学术社团，凸显中国工商银行的品牌影响力和学会的学术研究能力。2021年，经全国社科工作领导小组批准，学会获得国家社科基金优秀社科学术社团奖励性补助，继续保持同业领先地位。四是积极参加社团评估。2021年4月中旬提交评估申请，6月下旬接受全国性学术社团评估组现场考察。12月末，被民政部评定为AAAA级全国性社会团体。五是克服疫情影响，以通讯形式召开理事会及常务理事会会议，完善学会内部治理和领导班子建设。及时完成登记备案。六是组织团体会员扎实开展159项重点课题研究。七是联合团体会员开展“金融反欺诈科普行”高校行系列活动，开展“助力乡村振兴”送金融知识下乡活动；组织开展爱心志愿服务活动，向孤儿院捐赠生活物资；组织团体会员开展金融科普宣传及为民服务活动。践行社会责任，传播金融知识。八是开展学会工作考核，举办秘书长培训班等，推动全行学会工作的开展。

（三）打造高素质、专业化、全能型博士后工作站。一是顺利完成对6位2019级博士后研究人员的培养和考察，全部留用为总行正式员工。二是聚焦全行中心工作和重点战略，组织博士后团队发挥专业特色、学术特长，形成多篇高质量研究工作报告获得行内外广泛赞誉。三是在站博士后全年在国内外知名期刊公开发表文章28篇，参加各类学术会议（提交会议论文、发表演讲）十余人次。四是顺利完成9位2021级博士后进站工作，基本实现国内一流高校和科研机构全覆盖，持续提升博士后工作站影响力。五是组织内部专题讲座近10次，邀请国内众多知名学者与行内专家共同组成专家评审委员会，参与在站博士后研究指导。六是多次组织博士后参加中国银保监会学术研讨会。

（四）稳步推进行史编修。推进《图说中国工商银行史》编撰工作。加强行史、行风宣传，深化落实党史学习教育活动要求，在总行、分行通过多种方式组织开展行史和红色金融史宣传教育等活动。

（总行现代金融研究院）

第二部分

服务新发展格局与推进高质量发展

责任编辑：项大宇

服务新发展格局

2021 年，全行认真贯彻落实党中央、国务院决策部署，按照总行党委“48 字”工作思路要求，立足新发展阶段，贯彻新发展理念，助力构建新发展格局，全面落实“六稳”“六保”任务，充分发挥服务实体经济国有大行“头雁”效应，集团资产规模稳健增长，资产质量稳中向好，投融资结构持续优化。截至 2021 年末，集团各项贷款余额 20.67 万亿元，较年初增长 2.04 万亿元，同比多增 1 916 亿元，增量创历史新高。累计新投放贷款 4.6 万亿元，新增人民币债券投资超 2 万亿元。其中境内分行公司客户贷款余额较年初增长 1.17 万亿元，增幅 11.94%。

一、扎实做好“六稳”“六保”工作，积极推动落实各项纾困惠企政策

根据疫情发展和监管要求有序安排中小企业延本延息相关工作，及时做好配套政策衔接，科学制定存量风险贷款融资安排。截至 2021 年末，通过调整结息周期、展期等方式累计为 22.1 万户市场主体办理延期还本付息贷款 2.7 万亿元，有效发挥大行头雁作用。对嘉兴、佛山等 9 家长三角、粤港澳大湾区分行实施信用风险人格化授权，加大对优质普惠、民营客群的支持力度。年末普惠贷款余额 1.1 万亿元，增速 52.51%，民营企业贷款余额 3.4 万亿元，增速 7%，全面满足监管要求。

二、强化战略引导，前瞻做好投融资规划布局

一是将服务实体经济与经营目标有机结合，制订综合经营计划，从业务发展、风险控制和资本管理等多方面明确任务目标，服务供给侧结构性改革，助力需求侧管理。及时将各项经营指标分解下达至各经营机构，督促、引导各经营机构统筹做好经营发展工作。

二是充分发挥考评指挥棒作用，加大对制造业、战略性新兴产业、绿色金融、普惠金融等领域服务情况考核力度，不断完善绩效考评办法。在已经设置增量、占比、拓户、资产质量等考核指标基础上，增设“服务乡村振兴”“制造业信用贷款增速”“民营贷款增量占比”等考核指标，提升绿色金融考核权重，并对普惠贷款、扶贫贷款不良率设置一定容忍度。

三是制定集团发展战略规划和集团投融资业务发展三年规划，坚持“国家所需、金融所能、工行所长”，对标国家“十四五”规划，认真贯彻落实党中央各项决策部署，明确要求加大对制造业、绿色、普惠、民营等重点领域投放。系统推动分行因地制宜做好区域投融资规划，明确区域结构策略，推动全行运用战略思维、周期思维和流量思维，前瞻性做好投融资业务资产选择和投放布局，并首次实现 36 家一级（直属）分行规划制定全覆盖。

三、加大重点领域和薄弱环节支持力度，落实国家政策导向

一是开展“制造业金融服务深化年”活动，突出支持制造业高质量发展。坚决贯彻落实党中央、国务院关于坚定不移支持制造强国建设的统一部署，积极融入“三新一高”公司信贷布局，明确制造业贷款重要引擎地位。在绩效激励、考核评价、信贷规模、授信政策、审批权限等方面完善相关政策。加强银证合作，与工信部签署《“双循环”新格局下支持制造业高质量发展战略合作协议》，实现优质客户批量拓展。继续加大制造业贷款尤其是中长期贷款投放力度，多次召开专题会议，通过制定指导意见、推动协同发展、做好风险防控等措施全力推动服务制造业高质量发展取得新成效。2021 年末，全行制造业贷款余额 2.16 万亿元，较年初增加 3 197 亿元，增速 17.33%，超公司贷款平均增速 5 个百分点，是唯一余额突破 2 万亿元的银行；制造业公司贷款余额 1.85 万亿元，较年初增加 2 013 亿元，增速 12.22%；中长期贷款余额 9 157 亿元，较年初增加 2 427亿元，增速 36.1%，信用贷款余额 8 345 亿元，较年初增加 1 500 亿元，增速 22%。制造业贷款、公司贷款、中长期贷款、信用贷款余额及增量均位居四行首位。

二是积极服务国家“双碳”目标，全行绿色金融工作再上新台阶。全行深入贯彻党中央、国务院关于生态文明建设及碳达峰、碳中和的决策部署，积极践行“绿水青山就是金山银山”的发展理念，从发展规划、政策制度、管理流程、业务创新、自身表现等各个方面，全面推进绿色金融发展，不断完善绿色金融体系，统筹推进投融资绿色低碳转型、产品创新与风险管理，积极服务国家“双碳”目标，树立负责任的大行典范，引领了国内同业绿色金融发展，在“十四五”开局之年交出了一张亮眼的“绿色成绩单”。2021 年工商银行

绿色贷款余额稳居同业首位，增量领跑同业，银保监会口径、人民银行口径绿色贷款余额双双突破2万亿元，绿色债券发行、承销及投资等绿色投融资各主要指标持续保持市场领先地位。在银保监会年度绿色银行评价中获得“优秀”等次，得分位居全行业第一，此外还获得国际金融论坛（IFF）颁发的2021全球绿色金融奖、新华社瞭望智库颁发的“十四五”开局金融行业“实践绿色金融”示范案例奖等多个绿色金融奖项。

三是坚持“数字普惠”发展道路，切实加强普惠金融供给。2021年，普惠金融条线在有效落实风险合规管理的基础上，坚持“数字普惠”发展道路、强化渠道触达能力建设、协同推动服务效能提升、精准助力重点领域发展、全面优化综合价值贡献，银保监普惠口径贷款余额突破万亿元大关，较年初增加3 784.5亿元，增幅52.5%，是各项贷款增速的4.2倍。普惠贷款结构全面优化，减费让利成效和综合服务水平进一步巩固。

四是深入推动第一个人金融银行战略，积极支持实体发展和人民群众合理的消费需求。强化品牌体系建设，围绕生产加工企业主、零售及服务类经营者、商品交易市场经营者、网商客户、创业者、新型农业经营主体六类目标客群开展“房抵助融”“商友助业”“网商助贷”“创业助梦”等专项营销活动，推出“长易贷”“房易贷”“瓯易贷”“商户贷”等营销品牌。创新优化个金条线普惠贷款产品政策与系统功能，持续推动产品的线上化、场景化、数字化、智能化。加强全流程实质风险及合规风险控制。严格落实“五真实”原则，将风险防控措施融入贷款调查、面签、抵押、放款等各个环节，加强对关键岗位换手操作的监督和管理，强化全流程实质风险防控。截至2021年末，全行小口径个人贷款余额7.09万亿元，较年初增加8 098亿元。个金（个贷）条线普惠贷款余额3 644.90亿元，较年初增长1 121.47亿元，占全行个人普惠贷款增量的57%，完成全年增量任务的103.84%。

五是深入推进乡村振兴金融服务。印发《关于投融资支持乡村振兴的意见》，从完善信贷准入、优化业务授权、完善农业特色押品管理、支持产品创新、保持帮扶政策稳定等方面给予配套政策支持。2021年末，农业产业贷款、农业基础设施贷款分别较年初增长11.3%、20.4%，增速均为四行第一。为农业龙头企业牵头承销发行乡村振兴债15只，募集资金196亿元，承销额、投资额均为同业第一。

四、持续让利实体经济，进一步降低企业综合融资成本

持续完善贷款LPR定价授权体系。积极落实货币政策导向，加大对实体经济重点领域贷款定价精准支持力度。2021年，全行新发放公司贷款平均利率4.09%，较上年下降约15个基点，实现在较低利率水平上对实体经济的持续让利。2021年，累计向实体经济让利434.7亿元。积极主动承担第三方收费，多措并举，助力企业降低成本。2021年，共主动替企业承担第三方机构收取的抵押登记费、评估费、保险费等各项费用近7亿元。

（总行信贷与投资管理部）

新发展规划实施

工商银行围绕国家“十四五”规划和2035年远景目标，经过多轮科学论证、征求意见、系统完善，编制印发集团战略规划。2021年，集团战略规划开局起势，各重点战略、重点任务实施蹄疾步稳、成效初彰，主要经营指标表现出色。

一、构建战略管理框架

坚持行党委“48字”工作思路，以行发文形式印发集团新发展规划，建立直通全员、全机构的规划宣讲学习机制，加深全行对战略的认同和理解，完善规划战略落地与评估机制，推动集团战略切实转变为发展动能。

（一）全面完成“扬长、补短、固本、强基”战略布局。对标“十四五”规划和2035年远景目标，完成新规划编制、审议和印发工作，将中央精神和国家远景目标贯穿工商银行经营发展各领域和各环节，使新规划与国家“十四五”规划同频共振。围绕“协同联动”，建立健全集团战略规划体系，形成包括集团规划、专项规划与分行（子公司）规划的完整体系架构。确保全集团战略目标一致、战略导向协同，切实将中央要求、总行党委决策部署贯彻全行，形成发展最大公约数。

（二）全面推进新规划宣讲。采用全行工作会、党课、党校座谈、基层调研等形式，面向总行部室负责人、各一级（直属）分行行长、党校学员和总分行员工宣讲规划，全面系统地开展宣讲和培训60余场，覆盖总行部室、一级（直属）分行、专业条线，充分凝

聚44万员工发展共识，进一步加深全行对战略的认同和理解，推动战略知行合一。在全行范围组织开展新规划知识竞赛，推动全体员工系统学习战略内涵和内容，有效凝聚战略向心力，提振工行员工战略自信。开设“新规划·新征程”网讯专栏，宣传展示各级机构新规划落地实施的决策部署，分享先进经验及工作案例。

（三）全面推动新规划落地实施。建立规划分解落实机制，压实责任，强化督导，保证战略落地实施。集团层面，将战略目标和措施分解到各部室和各子公司，按任务明确到部门，分解到处室，将责任落实到人，压实主体责任。分行层面，各分行制定战略期内分年度财务目标和业务目标。通过战略任务分解落实，强化战略贯穿力。建立战略通报、督导和会诊机制，强化战略约束力，编制新规划白皮书，按季监测、通报规划执行情况和重点战略执行情况，全面、立体、客观反映新规划落地实施情况，确保总行党委战略部署“落地生根、开花结果”。建立战略落地新机制，组织分行开展GBC模式复制推广案例编纂。

（四）压实战略风险管理。全面健全战略风险管控体系，有效开展战略风险识别、评估和压力测试，实时监测、分析战略风险情况，推动战略风险管理与实际经营的衔接。一是定期进行战略风险监测，按季度向风险管理委员会报送战略风险管理报告、战略风险偏好执行情况报告，向行党委、董事会、监事会报告战略风险监测情况。二是开展外部环境监测，深入研究疫情影响、环境和同业监测、国内外政策调整、行业技术变革，形成专题报告。定期跟踪国内外同业战略动态，针对美日欧大行、国有大型银行、股份制银行和互联网金融公司，全年扩展同业动态研究，形成同业分析专题报告。

二、全行战略规划开局良好

（一）“强”的基础进一步筑牢。资本充足率18.02%，较年初提高1.14个百分点；一级资本充足率14.94%，较上年末提高0.66个百分点，均排名四行第一，满足监管要求。不良贷款率1.42%，较年初下降0.16个百分点，剪刀差为-385亿元，连续7个季度为负。拨备余额突破6 000亿元，拨备覆盖率205.84%，较年初提高25.16个百分点，时隔7年重返200%以上，满足监管要求。

（二）“优”的质态进一步提升。资产回报率（ROA）1.02%，较上年增加0.02个百分点。资本回报率（ROE）12.15%，较上年增加0.20个百分点。净利息收益率（NIM）2.11%，变动同业较优。成本收入比23.97%，保持全球大型银行较低水平。

（三）“大”的优势进一步巩固。资产、资本、存款、贷款保持全球第一，市值和分红总额为国内同业第一。总资产35.2万亿元，较年初增加1.8万亿元，增幅5.5%。各项贷款20.7万亿元，较年初增加2.0万亿元，增幅11.0%。各项存款28.9万亿元，较年初增加1.4万亿元，增幅5.2%。全行实现营业收入9 427亿元，同比增长6.8%；实现净利润3 502亿元，同比增长10.2%，均排名四行第一。

三、重点战略布局有序推进

（一）扬长上，重点巩固机构、公司、结算、交易等业务优势。结算金融方面，人民币对公结算业务中间业务收入113亿元，居同业首位。机构金融方面，客户增长创5年新高，机构和同业存款保持可比同业第一，竞争优势明显。公司金融方面，公司客户数及存贷款均保持可比同业第一，其中人民币贷款在商业银行中率先突破10万亿元，资产质量稳中向好。交易金融方面，金融市场业务净利润突破千亿元，投行顾问咨询业务收入保持国内同业第一，大资管业务规模27万亿元，增幅11.24%。

（二）补短上，重点推进四大战略实施。第一个人金融银行战略方面，个人金融资产总量（AUM）保持领先（近17万亿元），个人客户总量突破7亿户，个人手机银行客户总量达4.69亿户，手机银行月活用户数（MAU）首家破亿，个人贷款余额近8万亿元，代发客户超过1亿户，代发资金突破5万亿元。外汇业务首选银行战略方面，推出“工银全球行”金融服务品牌，境内外汇存款日均余额比上年增长35%，集团跨境人民币业务量突破8.5万亿元。成功取得债券通“南向通”、大湾区“跨境理财通”首批试点银行资格，发挥大行领先作用，服务金融市场双向开放。重点区域竞争力提升战略方面，京津冀、长三角、粤港澳大湾区、中部和成渝五大重点区域存款、贷款总余额保持同业绝对优势。城乡联动发展战略方面，创新乡村振兴服务体系，推出工银“兴农通”品牌，强化信贷资源支持，涉农贷款余额2.66万亿元。

（三）固本上，重点夯实金融科技、金融创新。金融科技方面，践行科技自立自强，强化科技创新和机制改革“双轮驱动”，以科技强行赋能“数字工行（D-ICBC）”建设。2021年，智慧银行生态系统ECOS被中国人民银行评选为金融科技发展奖唯一特等奖；新增和累计专利授权数均居国内银行业首位。金融创新方面，制造业、战略性新兴产业、绿色等重点领域信贷规模、增量均领跑同业。其中，投向制造业的贷款余额突破2万亿元，净增3 197亿元；战略性新兴产业贷款余额突破1万亿元；绿色贷款余额2.48万亿元，比年初增长6 349亿元，增量创历史新高。

（四）强基上，重点提升全面风险管理能力、GBC联动效能、网点和人才队伍竞争力。全面风险管理方面，坚持“四管齐下”（管住人、管住钱、管好防线、管好底线），按照“主动防、智能控、全面管”路径，将投融资合作、中间业务次生风险、气候风险、模型风险等纳入全面风险管理体系，“9+X”风险总体可控。GBC联动和渠道协同方面，推动GBC工作、资金承接、织网补网、代发业务、投融资合作机构管理、网点竞争力提升六大工作扎实推进。GBC重点场景建设成效显著，实现G端拓户1.2万户、增存1 200亿元；B端拓户29万户、增存2 900亿元；C端获客活客5 200万人、代发资金1.7万亿元。

（总行深化改革领导小组办公室）

第一个人金融银行战略

2021年，全行将战略推进融入国家发展大局和服务人民需要，始终坚守“人民金融”底色，持续推进线上化、数字化、智慧化经营转型，培育良好的个人客户服务生态，有力促进了存、贷、中收等核心指标的扩容提质，为建设人民满意银行作出更大贡献。

一、主要经营指标稳中有进

（一）客户量质取得同进步。总量上，全量个人客户突破7亿户，增量保持同业领先。质量上，金融资产5万元以上客户达4 800多万户，增量创历史新高。同业可比口径私银客户19.95万户，资产规模2.32万亿元，保持四行双第一。可比口径信用卡客户1.09亿户，同业领先优势进一步扩大。个人手机银行客户规模4.69亿户，月均活跃客户1.17亿户，保持四行双第一。

（二）重点业务实现新进位。个人金融资产持续扩容，总量达到16.96万亿元，保持同业领先。其中，人民币储蓄存款余额突破12万亿元。量价协调能力进一步增强，账面付息率1.83%，实现四行排名进位。个人贷款余额7.79万亿元，新增8 256亿元，其中，小口径个人贷款（不含卡透支）余额时隔6年重回同业第一，按揭贷款连续5年保持新增同业第一。

（三）个贷不良呈现双下降。个人贷款（不含卡透支）不良额、不良率实现双降，还原处置后个贷（不含卡透支）不良率位列四行第一。信用卡专业贷款不良额、不良率双降，表内外清收加快推进，圆满完成攻坚目标。

（四）效益贡献站上新台阶。个金板块营业贡献在全行占比54.59%，同比提高6.34个百分点。个金板块中收同比增加36.58亿元，增幅6.00%，在全行中收内占比达47.73%，同比提升1.74个百分点。

二、战略深化举措持续推进

（一）强化顶层设计，坚守“人民金融”。围绕金融“为民、利民、惠民、安民”，不断丰富“人民金融”内涵，打造人民满意的个人金融银行。坚持“金融为民”，做好全量客户经营，推动金融服务下沉，县域客户在全行个人客户净增中占比达到55.59%。坚持“金融利民”，大力发展财富金融业务，扩大财富管理客户群体，管理个人金融资产较年初增长9 722亿元，代理基金、非保本理财、代理国债、第三方存管、个人实物贵金属等业务保持同业领先。坚持“金融惠民”，个人普惠贷款新增1 947亿元，增幅47%。加快社保卡一卡通建设，社保卡增量市场占比近半。坚持“金融安民”，聚焦重点领域开展投诉治理百日攻坚，加强消保专职团队建设，确保金融消费者八大基本权益得到有效保障。

（二）做好客户经营，优化客户生态。对外围绕客户“花钱、赚钱、借钱、管钱”需求，整合各类产品和服务，在为客户创造价值中实现银行价值；对内围绕获客、活客、黏客，做大客户规模、做优客户结构，提升客户活跃度。

1. 抓好获客。探索多样化获客路径，持续做大全量客户基本盘。批量获客方面，依托GBC联动优势，扎实推进代发业务，建立完善“拓维管”一体化机制，全年代发资金5.06万亿元，同比增加5 738亿元，增幅12.79%，完成战略突破性任务目标。引流获客方面，深化推进开放银行体系建设，成功发布“工银e钱包”服务品牌，全年电子账户新增949万户。网点获客方面，发挥网点营销的主阵地作用，全年网点新拓个人客户2 400万户（含批量获客）。

2. 抓好活客。盘活存量客户，挖掘潜在资金来源。一是升级完善“智慧大脑”决策中枢。发挥智慧大脑统筹营销服务策略的作用，进一步实现对接手机银行等线上渠道，提升客户触达能力，2021年通过智慧大脑累计实现存款、基金、理财、保险、贵金属等产品销售5 250亿元，超过去年同期的4倍。二是以客户分群经营为主要落脚点。推动存款、贷款、中收等各项业务向客群化经营转型，聚焦长辈、宝爸宝妈、县域、军人等八大重点客群，推进服务专区和专属品牌建设，创新完善客群专属产品服务，提升客群价值和服务体验。三是推进全量客户分层服务体系建设。完成新一代星级标准切换，推出“工银星礼遇”增值权益品牌。面向私银客户创新发展家族信托顾问咨询业务，累计受托规模80亿元。启动长尾客户提级工程，2021年单边提级2 418万户，同比多提级131万户。四是完善线上线下渠道建设。推出个人手机银行7.0版本，打造千万级、500万级MAU场景。抓好线上线下一体化运营服务场景应用，2021年客户订单量超2 700万笔。

3. 抓好黏客。积极推进极智体验系统升级和应用推广，有效提升客户服务体验，提高客户活跃度。推出“双声”系统，汇集9个渠道、打通行内10余个系统平台、构建数十个管理视图，初步建立起全渠道、全客户、全产品体验监测体系。

（三）强化创新赋能，优化业务管理。储蓄存款方面，持续优化产品结构，有序压降存量活创产品和保本理财，深化利率审批和额度管理系统推广，提升分层定价能力，主动负债余额较年初下降6 247亿元。个人贷款方面，适应房地产贷款集中度管理下的市场变化趋势，调整优化按揭规模分配机制，个人住房贷款平均发放利率5.46%。个金中收方面，加强基础结算产品渗透和费用管理，借记卡在用发卡量突破10亿张，净增发卡量排名同业第一。启动开放式财富社区建设，推动储蓄存款与AUM协同发展，年内实现基金、保险、理财收入222.93亿元，同比增幅13.10%。三方支付（借贷记卡）收入166.70亿元，同比增长17.95%，成为全行贡献最大的单一产品。信用卡方面，推动发卡、收单双向突破，加强商户业务定价管理，提升综合效益贡献，全年累计收单交易额3.58万亿元，同比增幅16.42%；收单回佣收入33.98亿元，同比增幅24.42%。

（四）严防经营风险，打好质量攻坚战。一是加强资产质量管控。个贷领域加快“七彩池”智能风险管理落地应用，构建全面风险监测体系，加强重点领域风险防控。信用卡领域从控劣变、强清收双向发力，坚决打好资产质量攻坚战，实现攻坚目标。二是完善全面风险防控管理体系。建设以全量账户为监控对象，覆盖线上线下全量交易，贯穿事前、事中、事后全流程的风控系统，实现账户风险“识别—核查—管控”闭环管理。

（五）加强能力建设，提升发展动能。一是推进强总部建设。总行层面组建数字化运营、投研投顾、创新赋能等业务团队，增强总部统筹决策和支持能力。二是加强腰部能力建设。分行层面加强个金板块专业人才培养和储备，启动“零售菁英计划”培养项目准备工作，有效提升分支行个金管理人员的战略领悟力和执行力。三是加强营销队伍建设。推动个人客户经理增配、客服经理转岗等相关工作。强化团队文化及荣誉体系建设，成功举办第三届个人客户经理日、第六届私人银行专业服务技能比赛等活动，组织开展全行TOP 3 000个人客户经理等荣誉评选。

（六）深化统筹协调，完善体制机制。一是强化统筹决策，建立完善个金业务推进委员会议事机制，分阶段部署营销活动，提高统筹协调和决策效率。二是推进整合创新，推动个金板块系统整合与打通工作。探索建立个金板块营销费用统筹机制。依托智慧大脑，完善线上线下一体化营销服务机制。三是加大资源投入，加强营销和宣传费用投入，不断丰富个人客户权益回馈手段，建立面向基层的工资费用重点业务激励方案。四是加强协同联动，进一步推进GBC三端联动，深化与集团内子公司业务协同。建立和推广全员营销体系，全行员工覆盖率达到99.76%，促成交易75.22万笔，金额42.51亿元。

（总行个人金融业务部）

外汇业务首选银行战略

一、2021年外汇存款、贷款、客户、基础产品等指标情况

2021年全行外汇存款日均余额1 655亿美元，较年初增加428亿美元，增幅35%。外汇贷款时点余额506亿美元，外汇贷款不良率为2.75%，较年初下降0.8个百分点。汇兑领域保持竞争性增长，市场占比持续攀升。境内分行国际结算量实现2.65万亿美元，同比提升38%，代客涉外收付款市场占比同比提升0.9个百分点。跨境人民币结算量突破5万亿元，同比提升27%，四行占比同比提升2.1个百分点。代客结售汇业务量6 074亿美元，同比提升34%，市场占比同比提升0.4个百分点。外汇客户基础不断夯实，公司外汇客户25.39万户，机构及同业外汇客户856户，全球现金管理客户9 615户，私人银行外汇客户3.89万户，分别增长11%、7%、9%、11%。外汇业务中收实现113亿元，四行排名第一，四行占比较去年末提升逾1个百分点。重大项目专班在补齐资质短

板、把握政策先机、打破同业垄断等方面取得可喜成绩，成功入选人民银行境内美元支付清算“一主一备”机制中唯一备份行，成功获得沪深股通“北向通”香港端资金结算备份行资格，成功取得债券通“南向通”资格、大湾区“跨境理财通”试点银行资格，成功从同业挖转头部券商依托工行开展债券通“北向通”代理结算业务，成功营销农夫山泉股东选择工行作为H股全流通服务银行。

二、“工银全球行”全球金融服务品牌建设情况

在第四届进博会上，工商银行发布“工银全球行”全球金融服务品牌，并获得中国银行保险“品牌影响力典范”大奖。“工银全球行”品牌统领外汇金融产品体系，聚焦“客户首选”，传播价值之选、稳健之选、长远之选三大品牌特征，打造留学、商旅、“走出去”“引进来”、全球贸易、投资风控六大服务场景，构建外汇业务首选银行战略品牌生态。工银全球行·走出去，提供本外币、全方位金融服务，满足企业各类“走出去”金融需求，助力中资企业开拓海外市场，深度参与“一带一路”建设及国际产能合作；工银全球行·引进来，提供本外币跨境金融服务，包含支付结算、投融资、顾问咨询等，助力外资企业、外资同业、跨国公司共享中国经济成长机会；工银全球行·贸易，提供全方位进出口结算融资服务、跨境人民币服务、环球交易撮合服务等，助力进出口企业全球营商；工银全球行·投资风控，适应客户多元化投资理财需求不断扩大的趋势，提供丰富多元的投资理财产品及全球资产配置金融服务；工银全球行·留学，提供缴纳学费、资信证明、外币兑换、购物消费等一条龙服务，助力留学客群安心便利；工银全球行·商旅，提供信用卡全球服务、一站式个人跨境金融等综合化服务，助力个人客户跨境出行、商旅消费方便高效。

（总行国际业务部）

重点区域竞争力提升战略

工商银行坚持金融工作的政治性、人民性，全面贯彻“三新一高”要求，落实国家区域经济布局，坚决走中国特色金融发展之路，以高质量金融供给服务国家区域高质量发展，推进重点区域竞争力提升。

一、高层推动，深化战略部署

一是高效部署战略落地。行党委多次对战略深化落地进行部署，先后召开重点区域协同发展座谈会，对强化协同联动作出指示。

二是全面推进战略合作。总行先后与海关总署、国家能源局、工信部等国家部委，北京、上海、湖南等省市政府，中投公司系统、国家电力投资集团等重点企业或机构签署战略合作协议，丰富服务国家重点区域发展合作布局。

三是推进机制有序完善。重点区域联系行领导、高管指导各区域牵头部门及联席会议委员部门，畅通联席会议流程，建立总分行常态化沟通机制，协调解决经营诉求。

二、深化内涵，丰富战略体系

一是落实国家最新部署，深化战略执行。就长江经济带高质量发展、横琴粤澳深度合作区建设、前海深港现代服务业合作区建设、浦东新区打造社会主义现代化建设引领区、海南自由贸易港建设、浙江共同富裕示范区建设等，分别出台专项方案。

二是落实总行党委部署，制定专项意见。根据京津冀协同发展座谈会精神，制定专项工作意见，试行区域协同考核分润机制，对雄安分行实施资源专项配置。明确加强在沪机构协同联动专项意见，完善常态化工作机制。

三是结合区域发展特色，优化配套政策。在重点区域稳步拓展城市更新业务准入范围。针对京津冀开办首都功能提升业务、长三角制造业项目审批授权、大湾区“琴澳通”创新、中部特色产业发展、成渝城市基建等方面，实施差异化政策支持。

三、赋能减负，加强战略推进

一是加大资源倾斜支持。重点区域贷款增量占全行增量的74.45%，固定资产预算占全行75%，公司结构性存款、公司大额存单规模、债券融资额度占全行75%、84%和88%，近七成布局优化网点投向重点区域，新增人员投向对重点区域倾斜。

二是加大业务发展支持。有序承接中国船舶、中国电子等异地搬迁央企，中国稀土、中国物流等新建央企成功拓户。重点区域普惠贷款增幅52.6%，年内投资地方债余额逾2.56万亿元。率先落地跨境投资理财、

QFLP、QDLP 等业务。

三是研究赋能重点区域发展。定期监测竞争力情况，做实数字化穿透管理。制定资金承接目标客户清单，赋能分行精准营销。建立重点区域研究分析柔性团队，总分联动开展前瞻研究。

四、联动落实，深化金融服务

京津冀地区：聚焦非首都功能疏解，做实协同联动。全面梳理区域非首都功能疏解重点项目，雄安分行成功开立中化集团总部级结算账户，成功拓展中国华能、国家管网、三峡集团等央企雄安新设子公司基本账户。创新设计雄安新区发展贷款，上线雄安工程建设资金管理区块链平台。为天津市 7 个区县搭建区域智慧医疗平台，平均单月服务 10 万人次。

长三角地区：聚焦一体化金融服务，加强业务创新。高质量完成进博会系列活动。建立区域重大项目储备库，加大新一代信息技术、生物、高端装备制造、新材料等战略性新兴产业，及专精特新、拟上市公司、跨国公司等优质客户项目储备。联动做实吉利等客户跨区域一体化金融服务。积极推进上海三大中心职能建设，开展中资走出去、外资跨国公司"跨境 + 离岸"场景营销，自贸板块金融市场营业贡献突破 1 亿元。有序推进合资理财公司设立。

粤港澳大湾区：聚焦跨境金融创新，推进境内外联动。广东、深圳分行落地 FT 账户，发挥业务授权优势，与港澳机构在跨境理财通、全口径跨境融资、跨境银团、跨境资金池、债券投资等领域深化业务合作。港澳机构联动境内分行，落地跨境人民币、首批债券通"南向通"、跨境支付网络建设等业务。在广东横琴、工银亚洲、工银澳门三地同步挂牌"企业家加油站"，搭建企业家跨境服务平台。举办服务横琴粤澳深度合作区建设发布会，推出"工银琴澳通"品牌。

中部地区：聚焦产业转型升级，做优配套金融服务。支持智能工厂、工业互联网、绿色节能改造等区域传统产业转型升级，做好融资服务，对区域重点外贸外资客户给予资金价格倾斜支持。积极拓展汽车分期直客业务，年内中部地区分行合计直客业务交易额为去年 10 倍。实现湖南、江西地区"教培云"资金监管合作基本全覆盖。支持武汉碳达峰基金设立，签署合作框架协议。发行首单革命老区发展超短期融资债券。

成渝地区：聚焦民生金融领域，深化战略合作。开立四川省异地就医汇总清算账户和重庆结算账户。重庆分行推动智慧医疗 GBC 场景建设，通过卫健委批量式营销拓展 76 户卫生医疗单位账户。实现四川全省"教培云"资金监管业务全覆盖，与成都市总工会联合推出"工银 e 钱包 + 智慧工会项目"，C 端拓户超 28 万户。为西昆公司专属研发铁路资金监管系统，完成渝昆高铁、巫云开高速项目审批，打造川藏铁路项目工程资金、务工人员工资监管系统。

五、战略执行成效显著

一是服务实体经济量质提升。截至 2021 年末，五大重点区域各项贷款较年初增量超 1.5 万亿元，增量四行第一，绿色信贷、先进制造业贷款、现代服务业等贷款余额均实现快速增长。80 家重点城市行各项贷款增量 1.25 万亿元，增量四行第一，增速为 13.16%。

二是市场地位整体领先。五大重点区域合计各项存款突破 20 万亿元，各项贷款余额超过 13.7 万亿元，存贷款余额四行占比较第二名 C 行分别高 5.83 个和 2.17 个百分点，保持领先优势。80 家重点城市行合计各项存款、各项贷款保持四行第一，余额四行占比均超过 29%。

（总行深化改革领导小组办公室）

城乡联动发展战略

2021 年，全行以国家乡村振兴战略为引领，积极贯彻党中央、国务院相关工作要求，坚持党委"48 字"工作思路，立足新发展阶段，坚持"国家所需、金融所能、工行所长"，实施城乡联动发展战略，高水平、高起点布局金融服务乡村振兴。战略启动实施以来，通过突出以城带乡、城乡互补，不断加大金融支持乡村振兴力度，实现良好开局。

一、科学谋划，制定城乡联动发展战略

在 2021 年全行工作会议上，行党委对实施城乡联动发展战略进行系统部署。2021 年行领导主持召开党委会 3 次、执委会 5 次、推委会 2 次、专题会 3 次，研究服务乡村振兴工作。2021 年 5 月，党委（扩大）会议审议通过《关于实施城乡联动发展战略　服务乡村

振兴的意见》，明确发挥工商银行城市客群、对公业务、金融科技等基础优势，制定实施城乡联动发展战略，融合推进公司金融、机构金融、个人金融服务从城市到乡村的全面覆盖延伸，构建“城市＋乡村”“对公＋个人”“实体＋数字”“线上＋线下”一体化联动发展的战略新布局，全面做好乡村振兴金融服务。2021年6月，工商银行乡村振兴办公室正式组建成立，并制订城乡联动发展战略落地执行工作方案，进一步明确了城乡联动战略的实施路径、具体措施、工作机制等。

二、立足实际，构建“1＋6”乡村振兴金融服务新架构

工商银行已初步形成以城乡联动发展战略为统领，以乡村振兴组织管理体系、基础制度体系、新型触达体系、全量产品体系、分类推进机制和统一服务品牌六大基础建设为支撑的“1＋6”乡村振兴金融服务基本架构。

（一）组织管理体系。

一是组建专业条线。在总行成立由行领导挂帅的“金融服务乡村振兴工作领导小组”“金融服务乡村振兴工作推进委员会”，设立“乡村振兴办公室”。在38家分行（含广州、苏州）成立乡村振兴工作领导小组和乡村振兴办公室。在286家二级分行成立乡村振兴办公室/团队。

二是构建考评体系。通过总行部门战略落实考核、分行经营绩效考核、乡村振兴金融服务条线评价等，构建“横向＋纵向”协同的金融服务乡村振兴考评体系，形成全行服务乡村振兴的良好氛围。

三是加强资源保障。单列涉农贷款和普惠型涉农贷款专项增长计划、配套专项信贷规模，制定专属FTP优惠政策，加大对涉农业务的支持力度。

四是强化系统管理。投产“乡村振兴统计监测系统”，构建乡村振兴金融服务自动化报表体系，开展乡村振兴领域标识管理和数据治理，提升涉农业务精细化管理水平。

（二）基础制度体系。从战略落地、信贷政策、风险管理、综合服务、考核评价、资源配置、脱贫攻坚7个方面，印发45项制度文件，构建全行乡村振兴金融服务基础制度体系。

1项战略规划，印发《关于实施城乡联动发展战略服务乡村振兴的意见》，明确实施城乡联动发展服务乡村振兴的战略布局。23项管理办法，印发《关于投融资支持乡村振兴的意见》等，明确重点信贷投向，配套政策支持等方面内容。

21项实施细则，印发《关于金融支持巩固拓展脱贫攻坚成果　全面推进乡村振兴的实施意见》等，贯彻落实监管相关要求，持续推动集团城乡联动发展战略落地。

（三）新型触达体系。

线下渠道方面，持续优化县域网点，推进农村普惠金融服务点和工银使者队伍建设，构建以农村普惠金融服务点为前沿触点、以县域网点为中枢连接、以集约中心为后台支撑的乡村金融服务渠道布局体系。贵州、河北、浙江、广西等19家分行开展服务点探索与建设，建成挂牌服务点73家。

线上渠道方面，12月28日在华为等应用市场正式推出工银“兴农通”APP，构建涵盖民生、普惠、政务及服务点等四类“金融＋泛金融＋非金融”线上服务，通过“全行建、全行办”的模式，GBC各条线协同开展线上适农化服务场景创新，共同“打造农村客户易于操作、乐于使用的新农具、新超市、新平台”。

（四）全量产品体系。根据政策导向和同业实践，形成涵盖贷款、存款、结算、理财、银行卡等95项产品和服务，包含“六大赋能主线”（乡村产业、乡村建设、普惠金融、农户服务、GBC联动和科技赋能）的工银“兴农通”产品和服务体系。针对非传统优势或竞争激烈领域的产品，创新薄弱领域产品，提高产品竞争力。按照“总行搭建平台、分行主动创新、分类梯次推进、重点优先突破”的原则，构建全行乡村金融领域产品创新的长效机制。

（五）分类推进机制。以“10＋X”方式分类梯次推进城乡联动战略落地，将一级（直属）分行分为示范行（10家）、重点行（12家）和特色行三类，推动形成全行积极服务、示范重点带动、打造区域特色的金融支持乡村振兴良好局面。

通过总结分行金融服务乡村振兴的做法经验，形成了GBC联动金融服务模式、农业产业链数字化金融服务模式、集群化特色农业金融服务模式、合作拓展金融服务模式、渠道共建金融服务模式、整村授信金融服务模式、涉农新型抵质押金融服务模式、科技赋能智慧农业金融服务模式、综合金融服务模式等九大金融服务乡村振兴示范模式。

（六）统一服务品牌。

品牌建设方面，成功举办“脱贫攻坚表彰暨服务乡村振兴推进会”，发布中国工商银行金融支持乡村振兴行动方案，围绕国家乡村振兴战略总要求，推出工商银行金融支持乡村振兴15条行动举措。发布工商银行乡村金融服务统一品牌“工银‘兴农通’”，及品牌对外宣传口号“工银兴农通　奔向好日子”，从基础设施、队伍建设、融资融商、融智服务、宣传推广等方面展现工商银行做法成效。

品牌宣传方面，工商银行服务乡村振兴相关成果经人民银行、乡村振兴局等部门以专刊形式上报中办、国办。在新华社、《人民日报》、央视、《经济日报》、工商银行官微等多渠道持续开展“乡村振兴　工行行动”主题宣传。启动“工银兴农培训”项目，围绕“乡村

干部”“乡村产业发展带头人”“工银使者”三个专题开展系统性培训。开展“助力乡村振兴　唱好联建四重唱”主题活动，把定点帮扶“责任田”打造成为党建助力乡村振兴的“示范田”。开展金融知识普及，将消费者宣教与乡村振兴有机融合，深入开展“3·15”“普及金融知识　守住‘钱袋子’”和“普及金融知识万里行”等集中宣教活动，培育乡村客户理性健康的金融消费行为。

三、纵深推进，开创乡村振兴金融服务新局面

（一）信贷供给持续增强，巩固拓展脱贫成果。

一是在信贷供给方面，截至2021年末，工商银行涉农贷款余额26 613亿元，较年初增加4 041亿元，增速18%，余额、增量、增速均位列四行第二；普惠型涉农贷款余额2 427亿元，较年初增加905亿元，贷款增速59%，较各项贷款平均增速高47.55个百分点，监管指标全面超额完成。牵头承销发行乡村振兴债16只，共计196亿元，实现央企首单、民企首单、文旅央企首单、交通领域首单。资产质量实现双降，涉农贷款不良率1.87%，较年初下降0.68个百分点；普惠型涉农贷款不良率1.35%，较年初下降0.5个百分点。

二是在巩固拓展脱贫攻坚成果方面，截至2021年末，脱贫地区各项贷款余额7 820.39亿元，较年初增加1 016.60亿元，余额和增量均位列四行第二；国家乡村振兴重点帮扶县各项贷款余额1 037.72亿元，较年初增加160.94亿元，增速18.36%，较全行各项贷款平均增速（12.29%）高6.07个百分点，余额和增量均位列四行第二。工商银行巩固拓展脱贫攻坚成果同乡村振兴有效衔接工作成效获得中央及监管部门高度肯定，金融（定点）扶贫工作领导小组办公室的牵头处室（普惠金融事业部市场规划处）和湖北省分行来凤县委办公室驻来凤县翔凤镇檀木湾村帮扶工作队两个单位获“全国脱贫攻坚先进集体”表彰。

（二）科技赋能创新发展，金融服务质效提升。

一是科技赋能同业领先。持续加大新技术运用，积极探索运用大数据、人工智能、区块链、卫星遥感等新技术赋能金融服务乡村振兴。不断加强科技合作，组织10家分行参与人行金融科技赋能乡村振兴示范工程，入围创新项目32个，入选数量同业领先。

二是乡村覆盖不断提升。截至2021年末，全行县域网点达6 205个，较年初净增81个。网点已覆盖县域1 791个，新增覆盖15个县域、县域覆盖率达85.8%。个人手机银行县域版覆盖超过1 500个县。

三是联动拓户成效良好。搭建面向县乡村，集政务、财务、村务、党务、金融服务五位于一体，同业首创、GBC联动、批量获客的“数字乡村”综合服务平台。截至2021年末，该平台已覆盖全国31个省、770个县、10万多个村集体，带动新开对公账户突破2万户，荣获农业农村部“2021年数字农业农村新技术新产品新模式优秀案例”，为大型商业银行唯一获奖的优秀项目。推出县域幸福“1+4”系列专属服务，有效提升县域获客、黏客能力，截至2021年末，县域个人客户达3.05亿户、较年初净增1 301万户；福农卡发卡4 056万张、较年初净增205万张。

（三）深化银政银企合作，打造特色乡村服务。

一是外部合作方面，工商银行与农业农村部、国家乡村振兴局签署三方战略合作协议，与商务部等11家政府机构和电信、顺丰等7家龙头企业建立金融服务乡村振兴互助合作关系。同业首家与农业农村部新农直报系统直连对接、参与“新型农业经营主体信贷直通车”活动。联合农业农村部开展“服务千村　陪伴万户”融智活动，为新型农业经营主体提供涵盖党建、农业技术、财务管理、金融知识等方面融智服务。与全国工商联共同推进“万企兴万村”行动，为将社会资本引入县域、乡村提供配套金融服务。

二是特色服务方面，工商银行创新推出涉农普惠贷款——工银兴农贷，为农户、家庭农场、农民专业合作社、涉农小微企业等新型农业经营主体提供涉农融资服务。推出工银兴农通信用卡，面向县域乡村目标客群，提供满足日常消费和涉农生产经营需求的用卡服务，带动县域消费和分期业务增长。独家与农业农村部合作开展“兴农撮合”活动，为117个国家现代农业产业园、74个优势特色产业集群、455个农业产业强镇及其中的8万多个新型农业经营主体提供全流程、智能化撮合服务，获评《香港商报》“2021年度金融服务乡村振兴示范案例”。

（总行乡村振兴办公室）

基础性工作

2021 年，全行认真贯彻总行党委“48 字”工作思路，落实执委会具体工作安排，扎实推动资金承接、网点竞争力提升、代发业务、织网补网、城乡联动推进乡村振兴、投融资合作机构管理、境内分行反洗钱等基础性工作落地实施。

整体看，2021 年基础性工作实现良好开局，取得了阶段性成果。资金承接方面，累计向分行发送目标客户 12.31 万户，资金承接率 50.41%，较 2021 年 3 月末提高 11.45 个百分点；行外目标客户拓户率 13.22%。管信部、公司部、机构部、结现部、科技部组建柔性团队，持续做好资金承接目标客户的筛选和营销活动的部署、监测与评估，在资金流动分析系统发布“资金承接数据服务”锦囊，为基层营销提供精准的大数据支持。网点竞争力提升方面，网点核心业务综合增长率 8.17%，网点日均储蓄存款 7.50 亿元，增幅 8.79%，网点日均对公存款 7.83 亿元，增幅 4.56%。运管部制定印发了相关指导意见，完成战略解码，确定了 25 项重点任务。建立健全网点竞争力提升领导小组运行机制，推进网点重点问题解决。代发业务方面，全行累计代发工资额 5.06 万亿元，同比增加 5 738 亿元，增幅 12.79%。个金部印发《关于加快推动代发业务高质量发展的意见》，协同相关部门组织重点行业的专项营销行动，代发客户线上服务专区全面对客，初步形成“工银薪管家”B 端代发拓展服务平台方案。织网补网方面，公司客户较年初净增 91.2 万户，同比多增 39.6 万户，其中日均金融资产 1 万元以上公司客户净增 40 万户，同比多增 3.9 万户。公司部印发《关于推进织网补网工作　提升客户拓展维护能力的意见》，制定了织网补网工作评价体系，设计分行织网补网工作诊断书。城乡联动推进乡村振兴方面，全行涉农贷款余额 2.66 万亿元，较年初增加 4 041 亿元。乡村振兴办积极推动乡村金融优化、打造工行特色服务，形成了以城乡联动发展战略为统领，以乡村振兴组织管理体系、基础制度体系、新型触达体系、全量产品体系、分类推进机制和统一服务品牌等六大基础建设为支撑的架构，实现良好开局。投融资合作机构管理方面，合作机构集体审议覆盖率提升至 57%，完成保险、基金、阳光私募、私募股权、融资担保等的准入及限额集体审议。风险部印发《关于推进投融资业务合作机构管理有关事项的通知》，按季开展合作机构风险报告。境内分行反洗钱方面，内控部对总行个金部、结现部、国际部及北京、广东等 6 家分行反洗钱客户尽职调查工作开展情况进行调研，完成了反洗钱数字化尽调提升方案。

（总行办公室）

服务重大活动

一、发挥三大展会“获客、活客、黏客”作用，构建“展会服务金融生态圈”，打造工行服务品牌

一是升级成为进博会“全面合作伙伴”，全球招商成果丰硕。2020 年，工行举办 7 场境外“云招展”活动，860 余家企业和组展机构代表参加，成功推动了安哥拉、卢森堡、秘鲁等 10 国企业参展，填补了上述国家未现场参展第四届进博会的空白，获得进博局的高度肯定；在北京、上海等地举办 6 场境内交流对接活动，140 余家采购商参与。配套活动丰富务实。承办虹桥论坛“绿色金融助力可持续发展”分论坛，发布碳中和主题 BRBR 绿色债券，《“一带一路”绿色金融（投资）指数研究报告（2021）》和《BRBR 绿色金融实践案例（框架）》两份报告，中债—工行绿色债券指数，及工行与上海清算所、广州碳排放权交易所三方跨境合作备忘录等绿色金融系列成果，立体呈现工行绿色金融成绩及 BRBR 绿色合作成果，积极参与和引领国际金融治理。主办中欧企业家大会，在中欧企业联盟支持下发布《架设中欧绿色之桥——中欧企业碳达峰碳中和实践研

究报告》摘要，与路易达孚、思爱普、诺基亚、新协航集团等签署多项合作协议，逐步形成高层次客户营销平台。创新营销服务场景。在食品和农产品展区创新搭建海外客户委托参展专区，18 家境内外机构邀请 22 个国家和地区的 50 家企业入驻，展出商品 260 余种；举办 40 余场“环球撮合荟”现场磋商，达成合作成果 10 余项，意向签约金额约 2 000 万美元；组织 17 场直播活动、6 场品牌推介会、3 场新品发布会、2 场签约仪式，现场意向签约金额超过 1.2 亿元；开立数字人民币个人钱包 3 500 户，新增肯尼亚先令等 10 个即期结售汇币种、新加坡元等 6 个远期结售汇差额交割币种，有效服务参展企业外汇业务需求。

二是作为广交会金融服务商、全球招商招展合作伙伴和 2021 年“广交会双循环促进活动”独家金融支持机构。充分发挥数字化金融服务优势，精准对接广交会客商的金融需求，助力国内国际双循环。第 129 届广交会期间累计为近 3 500 家广交会客商提供线上授信 70 多亿元，为超千家参展粤商发放融资约 45 亿元，办理跨境汇款等跨境结算服务金额达 117 亿元。第 130 届广交会期间发布“工银 e 关通”服务，在广交会官网设立“工行服务专区”，为客户提供广交会专属贷款等十大板块二十多项产品和服务，并发挥境内外一体化经营优势开展招商推介活动，线上线下参会人数超过 23 万人次。

三是精准服务服贸会，搭建全球化沟通桥梁。2021 年服贸会期间，在金融服务专题展区设置展台，以“智享工银 慧聚服贸”为主题，全面展示工行以金融科技推动金融变革的最新成果；同时依托服贸会平台，举办“服务贸易合作成果发布会”；发布“贸金 e 信”服务方案、“两区”建设跨境金融服务通品牌、工银 e 支付境外服务、“环球撮合荟”跨境撮合平台 2.0 版本 4 项创新产品，与客户签署跨境人民币、全球现金管理、“企保通”等 5 项业务合作协议，创设“工银融汇通”和“两区”专属服务品牌，首发“两区”金融服务“十项措施”。通过进一步完善服务贸易金融服务体系，全方位满足境内外客户存贷、汇兑、资金管理等业务需求。

二、倡导成立中欧企业联盟，主动服务中欧经贸关系，全面推动内部建设和对外合作

一是成功召开中欧企业联盟成立大会。2021 年 4 月，商务部国际贸易谈判代表，中欧企业界 200 余名代表现场参会，央视、《经济日报》等十余家主流媒体广泛报道此次大会。中欧企业联盟创始成员企业共 52 家，其中世界 500 强企业 29 家。

二是稳步拓展成员规模。中欧企业联盟成立后，获得社会广泛关注。截至 2021 年末，成员规模已拓展至 78 家，其中世界 500 强企业 36 家。随着成员规模不断扩大，联盟基础得到不断夯实，社会影响力不断提升。

三是不断完善内部建设。召开两次全体成员大会、两次理事会会议，通过了《章程》《议事规则》和官方标识，成立了可持续发展、数字科技、资源基建、医疗健康、机械装备、现代服务业、汽车制造、金融合作八个工作组，选举产生了联盟主席及副主席单位、理事会主席及副主席、工作组组长单位等，机制体制不断健全完善。

四是深入开展系列活动。举办“走进部委”“走进地方”“走进企业”和“能力建设讲坛”系列品牌活动，积极向商务部、发改委、生态环境部等部委建言献策，深化与天津等省市政府合作，结合双碳等经贸热点议题开展专家讲座和经验分享，增进中欧企业联盟成员间的相互了解，拓展合作机遇；积极支持进博会和中欧企业家大会；组织开展各类行业聚焦的小组活动。通过开展系列活动，推动联盟建言献策，形成品牌效应，拓展了合作伙伴网络，提升了国际影响力。

五是精心编纂调研报告。《中欧企业碳达峰碳中和实践研究报告》紧扣中欧绿色合作热点话题，以联盟企业为基础，深入分析中欧企业双碳实践特点、成果及典型案例，提出中欧双碳合作建议和联盟“绿色之桥”行动计划。摘要在第四届进博会上发布，央视等主流媒体进行了专题报道。《国际疫情防控对中欧商务人员往来的影响》专题报告，聚焦中欧人员往来受限问题，客观反映了企业诉求和呼声，获得商务部等部委重视，全文上报国务院稳外贸稳外资专班办公室，相关信息报送获中办采纳。

三、稳步推进“一带一路”银行间常态化合作机制（BRBR）建设，加强经验交流与能力建设，形成多项务实成果

一是稳步推进机制拓员工作。截至 2021 年末，BRBR 机制成员及观察员数量达 151 家，覆盖 68 个国家或地区，较年初增加了 40 家机构，其中全球系统重要性银行（G - SIBs）20 家，占 G - SIBs 总数的三分之二。

二是完善内部机制建设。成立绿色金融工作组，并在工作组成员建言献策基础上，于 2021 年下半年在绿色金融领域开展系列研修班、BRBR 绿色案例征集、BRBR 绿色奖项评选等多项活动。同时，加快推进金融科技工作组及投融资工作组建设。

三是倡导经验交流与能力建设。绿色金融、金融科技等重点领域开展常态化、多层次交流培训活动。依托第四届中国国际进口博览会、迪拜世界博览会等国家级或国际展会平台，分别配套举办国际虹桥经济论坛“绿色金融助力可持续发展”分论坛、“科技赋能绿色金融”主题论坛。主办 BRBR 绿色金融研讨会，人民银

行、绿金委、国际金融协会等机构嘉宾出席绿色金融研讨会并发言，近40家成员机构代表参会。主办BRBR金融科技论坛，29家BRBR成员银行约410人出席。推出BRBR绿色金融系列研修班，分别以“绿色债券发行”“绿色信贷”“碳金融”为主题举办3期，来自50余个国家和地区的近千人次线下线上参加。

四是推动机制成员务实合作。在BRBR成员机构承销支持下，工行先后发行100亿元人民币和等值32.3亿美元等2笔BRBR绿色债券，均获得境内外双认证，为绿色“一带一路”建设贡献金融力量。在第四届进博会期间发布《“一带一路”绿色金融（投资）指数研究报告（2021）》《BRBR绿色金融实践案例（框架）》两份报告。在第二届中非经贸博览会期间发布《BRBR推动非洲高质量发展倡议》。

五是主动参与可持续发展国际治理。2021年，BRBR秘书处加入“一带一路”绿色投资原则（GIP）指导委员会，在机制内倡导和推广绿色金融理念。一方面，协助在机制内推广GIP，积极推动中国规则标准“走出去”；另一方面，积极参与GIP年会等活动介绍工行绿色国际合作方面实践，并协调BRBR成员参与GIP东南亚地区绿色金融能力建设项目GFLP授课。工行凭借自身绿色实践及积极倡导GIP的努力与贡献荣获GIP“2021年度最佳能力建设奖”。

四、积极参与金砖国家工商论坛系列活动，凝聚金砖五国工商界力量，助推金砖合作可持续发展

认真履行工行作为金砖国家工商理事会理事单位及中方金融服务工作组组长单位职责，积极参与金砖国家工商论坛系列活动，出席金砖国家工商论坛全体会议，参展金砖国家虚拟贸易展览会，展示工行形象，发出工行声音。

2021年8月31日，金砖国家工商理事会通过视频方式召开中方理事会2021年第一次会议及理事会年度会议。张伟武副行长视频出席相关会议并审议《金砖国家工商理事会2021年度报告》。积极参与金砖工商论坛“金融促进可持续发展”专题研讨，分享中资银行业在可持续金融领域的实践与探索，介绍我国监管促进可持续金融相关举措及我国碳市场发展前景催发的碳金融市场，并就加强金砖框架内的可持续金融合作提出建议。出席金砖国家工商论坛全体会议。会议围绕“加强金砖国家商业，促进可持续增长和发展”主题，由轮值主席国印度工商理事会主席主持，邀请新开发银行行长致辞、五国理事会主席分别介绍各国工商业发展近况及展望。中方介绍了中国工商界推动实现双碳目标的有益实践，包括工行不断加大对绿色产业、客户和项目支持力度的金融实践，并就金砖五国工商界如何在共同促进金砖五国绿色可持续发展等提出建议。积极参加首次金砖国家虚拟贸易展览会（BRICS Trade Fair 2021），协助金砖国家工商业克服疫情影响，促进业务交流。工行设立线上虚拟展台，向金砖国家客商推介金融产品服务，通过文字、音频、视频等方式与参展企业交流，洽谈解决方案。

此外，工行作为中方金融服务工作组组长单位，组织中方组员单位参加了11场视频会议，就可持续金融等六个议题展开积极讨论；成功推动中国太平洋保险、中国人保、上海环境能源交易所加入中方金融组。

五、广泛参与国际多边机制交流合作，积极参与国际金融治理，发出中方声音，贡献“工行智慧”

一是世界经济论坛（WEF）。陈四清董事长受邀出席李克强总理与全球企业家特别对话会、“达沃斯议程”对话会。二是博鳌亚洲论坛。廖林行长受邀出席2021年年会开幕式、中外企业对话会，我行专家在“金融支持碳中和圆桌会”发言。三是跨国公司领导人青岛峰会。张伟武副行长受邀参加峰会开幕式、商务部闭门会、跨国公司恳谈会及主题晚宴交流会，并在以“融入RCEP大市场 促进区域经济合作”为主题的商务部闭门会上发表主旨演讲。四是亚信金融峰会。张文武副行长受邀出席并在“主题演讲一：共建亚洲区域经济发展新格局”环节发言。五是国际金融协会（IIF）。加强日常沟通交流，推动开展人员交流项目。六是亚太经济合作组织（APEC）和B20。工银新西兰和米兰分行参与APEC和B20相关会议，拟写参会报告。

（总行国际业务部）

全面深化改革

2021年，工商银行以新规划推进实施为抓手，统筹谋划全年重点深改项目及重点工作事项，坚持改革图强，进行攻坚突围，对制约集团发展的部门墙、机构壁、层级板和数据井进行强力攻坚。

一、明确重点深改项目

印发《2021年全行重点深改项目方案》，明确深化第一个人金融银行战略、探索城乡联动发展战略、提升网点竞争力、全面为一线和基层减负赋能、做优GBC联动、强化集团总部能力建设6项重点深改项目及其攻坚任务目标，着力解决体制机制难点问题。通过细项指标，强化目标导向，加大资源、信息等支持力度，加快推进生态修复，努力形成大中小协同、活跃度高、黏性强的多元客户生态，努力推动改革从过去应对挑战为主，转变为主动谋划、把握机遇为主。

二、建立战略督办机制

明确到处室、到人的责任机制，推进重点深改项目做深、做实、做具体。按季开展跟踪评价工作，监测报告结果第一时间提交总行党委，反馈部门。对进度滞后的深改项目进行研究分析，查摆原因，明确整改时间。

三、重点深改项目成效显著

各项目牵头与配合部门贯彻总行党委“48字”工作思路，运用“三比三看三提高”工作方法，紧密协作、高效联动，扎实推进改革落地见效。6项深改项目全部符合预期，为经营发展提供强大动力。

第一个人金融银行战略方面，主要业务市场排名取得新突破，行内贡献站上新台阶，客户规模实现新拓展，个贷不良呈现双下降。城乡联动发展战略方面，构建乡村振兴金融服务新架构，打造工银“兴农通”服务新品牌，重点城市行服务优势巩固，重点县域支行形成发展新引领。提升网点竞争力方面，网点统筹协调机制、资源保障机制、竞争力评价机制进一步完善，网点价值创造能力持续增强。全面为一线和基层减负赋能方面，强化流程减负和营销减负，推动科技赋能和管理赋能，线上线下一体化运营能力进一步增强。做优GBC联动方面，深化重点场景建设，推进生态化营销，场景运维和考核评价机制进一步完善。强化集团总部能力建设方面，集团战略精准向下传导，子公司治理体系进一步完善，母子公司一体化协同发展实现新突破，服务实体经济能力进一步增强。

（总行深化改革领导小组办公室）

组织机构优化调整

2021年，全行围绕服务国家战略和契合数字化转型两方面，按照精简高效、价值创造原则，开展组织机构优化工作，稳中有进推动组织优化与重点战略同频共振。

一、优化总行组织机构

为贯彻乡村振兴战略，完善区域协同、城乡联动经营机制，2021年总行成立乡村振兴办公室，与普惠金融事业部合署办公。乡村振兴办公室定位为统筹协调全行金融服务乡村振兴的综合业务部门，主要承担金融服务乡村振兴的政策研究和传导落地、产品创新和品牌建设、系统推动和协同营销等职能。2021年7月，各一级（直属）分行相继成立了乡村振兴办公室，与分行普惠金融事业部或承担普惠金融业务职能的部室合署办公。

2021年，根据经营管理需要，撤销总行渠道管理部。调整运行管理部和网络金融部职能分工，明确运行管理部负责线下网点的统筹管理，承接渠道管理部的网点布局优化、装修标准设计、网点运营支持、网点服务管理、自助智能机具功能及业务流程建设等职能；明确网络金融部定位为渠道平台部门，统筹线上渠道平台管理，承接全渠道规划协同、服务统筹和体验监测等职能，强化线上客户运营，推进线上向线下引流。相应撤销渠道管理部，整合远程银行中心和运营支持中心、创新研发中心和用户发展中心，组建新的远程银行中心和平台金融发展中心。2021 年 8 月，各一级（直属）分行相继撤销了本部及辖内分支机构的渠道管理部门，并调整了相关部门职能分工。

二、激发分支行效能

一是开展二级分行本部机构优化工作，精简部门数量，优化部门职能，提升管理效能。山西等 14 家分行成立风险管理部，夯实分行全面风险管理职能。二是调整一级支行设置。全面推进城区一级支行优化调整，完善管理体制，全年共调整 70 家城区支行，其中降格 65 家、升格 5 家。完善县域支行新设和升格审批机制，持续支持县域机构建设，全年共调整 37 家县域一级支行，其中新设 2 家、升格 29 家、降格 6 家。

三、提升组织机构活力

坚持“服务重点战略、加强协同联动、提升组织效能”目标，关注新形势、新任务、新问题，关注战略发展需要、业务经营痛点，做好条块分工、部门职能、业务流程的调整优化，建立板块化的部门协作机制，促进金融服务能力和市场竞争力提升。

（总行人力资源部）

金融科技

2021 年，全行坚持“科技驱动、价值创造”，坚持客户导向、基层导向、问题导向、结果导向，高标准编制金融科技发展规划，加快推动数字化转型。全面完成金融科技三年规划 36 项任务的首年工作目标，规划整体进度达到 50%。

一、坚持战略引领发展，加强顶层设计

一是发布《金融科技发展规划（2021—2023 年）》，为做好新三年金融科技工作指明方向，多次召开与业务领域对接赋能的行领导专题会，与相关业务部门共同研讨实施方案，通过高层推动促进融合创新升级。二是深入推进数字化转型发展，坚持创新发展回归金融本源的内在要求，从守正创新的视角去把握当前银行业数字化转型方向，成立了金融科技与数字化发展委员会，发布了《数字化转型工作方案》，从公司治理层面强化对数字化转型的组织推动，持续推动提升服务实体经济的效率和质量。三是系统谋划体制机制改革工作，贯彻中央关于科技体制机制改革、科技人才队伍建设决策部署，围绕行党委对金融科技发展的新要求、三年规划中科技体制改革的新部署，聚焦优化组织职能、完善创新机制、巩固领先优势、夯实人才队伍等方面，研究提出深化金融科技体制机制改革工作思路，力争在体制机制改革“硬骨头”上取得新突破。

二、坚持科技自立自强，夯实科技创新领先优势

（一）稳步推进自主可控转型工程。

一是围绕“卡脖子”重点领域强化技术攻关并取得多点突破。服务器方面完成云平台对主流国产芯片的兼容适配，同业率先实现“一云多芯”架构部署。高标准完成报送人民银行转型试点任务，办公系统全部实现基于自主可控技术平台的单轨运行。操作系统方面联合麒麟、统信创新研发了服务器和桌面操作系统集约化管控平台，实现了国产操作系统环境下设备资源的一体式服务管理。

二是稳妥有序推进主机应用下移工作。在建成开放平台借记卡系统的基础上，进一步完成下移主机应用架构转型加固梳理。稳步推进主机承载业务向开放平台切流工作，实现全行 10 亿级个人借记卡查询业务以开放平台为准提供服务。持续推进开放平台银行核心系统建设，完成收单业务下移，基本完成开放平台信用卡（发卡）系统建设，平台系统已具备承接主机个人业务的能力，在人民银行金融科技发展奖评审中获得专家组的高度评价。

三是构建自主可控技术平台。打造同业规模最大的信创云平台，入云节点数超过 11 万，其中容器超过 6.9 万，入云规模及平台能力同业领先。夯实分布式框架体系支撑能力，体系性提升分布式技术大容量、高可用、账务一致性、业务稳定性、7×24 的运维能力，稳步支撑主机下移工作；业内首创节点级服务注册模型，处理性能提升 5 倍；业内首创异构注册中心并行工作机制；正式发布全息监控 3.0，运维工具链完备性显著提升；推进分布式技术体系产品化输出，重点服务中航信、农发行、锦州银行等客户。加速推进国产密码应用工作，基本完成核心账户、综合前置、网上银行等应用

系统主要功能的国密改造工作，进度保持同业相对领先。

（二）深化新技术研究应用。

一是不断强化前瞻性研究，加强技术储备。完善创新研究机制，加强金融科技研究院组织机制建设，结合全行业务发展战略和业界新技术发展趋势，有针对性地制定新技术研究应用管理策略，探索金融科技应用前沿突破。深化产学研用联合创新，与清华、中科院、合肥国家实验室、百度等头部企业和科研院校开展合作，聚焦量子科技、卫星遥感、金融信创、可信存储等前沿科技，融合创新取得开创性成果，2021 年联合华控清交在同业中率先发布《隐私计算推动金融业数据生态建设白皮书》；联合兴唐公司申报的区块链可证明安全隐私保护技术研究国家十四五课题通过国家科技部初选审核；新增 6 个项目（共计 12 个）入选今年监管沙箱，数量同业领先；完成“基于物联网的物品溯源认证管理与供应链金融”项目出箱工作，成为我国首批完成监管沙箱全流程试点的项目。

二是巩固重点技术领域领先优势。基于 ABCDI 和 5G，滚动开展迭代提升和赋能应用。平台建设方面，区块链平台首批通过工信部五项测评，并入选福布斯 2021 全球区块链 50 强榜单；在同业中率先建成企业级 RPA 技术平台，并首家通过工信部 RPA 技术领域权威测评；建成同业技术领先的端边云协同体系，基于端边云架构的物联网创新项目获《亚洲银行家》最佳物联网项目。应用赋能方面，区块链重点拓展跨境贸易金融服务、专项资金管理、供应链融资等场景，探索碳普惠场景和多方安全计算融合应用，链上累计交易金额突破 3 000 亿元；应用卫星遥感影像智能识别能力助力普惠贷后管理场景创新，应用隐私计算技术创新小微企业贷后风险监控；在同业中率先建成以北斗为唯一信号源的国产智能 POS 终端监控体系防控金融风险；运用边缘计算和视频语义分析技术实现催收外包人员异常行为智能检测。

三是保持技术标准和专利引领。技术标准引领方面，大力开展金融标准供给工作，工行牵头行业标准建设数量行业第一；深度参与人民银行、国家标准化管理委员会的金融标准行业活动；精心遴选优秀项目参加金融科技发展奖评选，ECOS 工程项目获得特等奖，另有 2 个二等奖和 1 个三等奖，整体获奖情况继续同业领先。在专利引领方面，截至 12 月 31 日，工行获得授权专利 527 件，较上年全年授权总量增长 172%，授权专利总量超过千件，达到 1 328 件，专利公开 2 726 件，专利授权、累计授权、公开数量三项指标均为同业第一。

（三）强化科技基础设施建设上新台阶。

一是推进数据中心建设。推进数据中心新园区规划及选址，顺利完成数据中心嘉定园区二期建设项目；数据中心外高桥园区改扩建项目通过节能审查批复，取得重大突破；启动实施三中心过渡期机房资源规划工作，确保新中心投产前的有序供给。推动全行采用模块化机房和一体化机柜形式进行机房建设改造，并推动完成约 94% 的二级分行机房优化转型。

二是持续打造稳定可靠的高性能网络基础设施。全面推动数据中心 SDN 网络建设，规模应用软件化网络服务组件，提升网络资源敏捷弹性供给能；深入推进 IPv6 规模部署，完成全行广域骨干网 SRv6（基于 IPv6 的分段路由技术）改造，实现广域骨干网全面支持 IPv6，成为国内首家在广域骨干网完成 SRv6 部署的大型金融机构；完成数据中心互联网交换核心、证书卸载资源池建设；实施总分行一系列核心网络设备置换升级及应急演练；全面完成应用人机密码分离改造投产工作，夯实提高信息安全防护水平。

三、统筹发展和安全，安全运营创历年最好水平

2021 年，全行信息系统运行继续保持安全稳定态势，境内工作日日均交易量 6.63 亿笔，同比增长 12.8%，日峰值交易量 8.68 亿笔（2 月 9 日），同比增长 14.1%，圆满完成春节、全国“两会”、建党 100 周年、国庆、“双十一”、党的十九届六中全会等重要时点的信息系统安全保障工作。

（一）生产运维转型成效显著，有力保障安全生产运营。

一是强化技术支撑能力，基于分布式体系框架、新一代云平台建设重保资源域，完成快捷支付、聚合支付、个人结算、信用卡链路应用容器迁移；实现手机银行、网银、快捷支付、金融市场等重点对客业务线高可用的架构部署优化。

二是完善业务运营监控体系，88 个重点应用监控效率由分钟级提升至秒级，并实现核心指标运行情况动态展示；240 个平台应用的全链路应用和设备一体化纳入全息监控；投产基于业务拓扑的交易链路深度分析功能，夯实态势感知和把控能力；建成巡检机器人，完成 15 项核心指标的自动化巡检守护。

三是提高应急处置能力。同业首次成功开展云平台系统万节点以上的大规模整体应急切换演练，有效验证工行高可用架构优势；186 个应用部署一键式园区切换工具，应急视角从单一应用“点”扩展到全链路业务“线”。

四是加强性能容量规划管理，自建资源管理和评估系统，加强资源统筹规划；建立企业级自主可控的线上全链路压测平台，在冬奥纪念币生产压测中应用效果良好。

五是加强变更风险管控，变更自动化率达到 63%，较去年增长 7%；开展变更风险防御能力建设，通过自动备份、前后置校验、一键式触发回退等手段强化事中控制水平。

六是优化持续交付能力，完善自动化流水线，建立较为完善的灰度环境监控、自动技术验证、验收准出、

后评估等体系。

（二）全集团信息安全防御能力取得新提升。

一是贯彻国家网络安全各项要求落到实处。开展与国家关键基础设施安全保护条例的对标，完善安全保护措施；根据网络安全审查办法，制定工行网络安全审查管理手册；推动落实网络安全等级保护制度2.0，完成所有安全等级保护备案系统外部测评，均取得最高等级“优”。

二是全集团一体化防御体系和运营体系建设上新台阶。完成全集团安全防护体系规范化建设方案2.0，并在境内机构和港澳地区机构落地推广；完成全行一体化智能信息安全管理分中心建设，实现一级（直属）分行对辖内二级分行的自动化、可视化管理，全集团安全问题数同比下降近80%。

三是加强“以攻促防、攻防相长”的核心能力建设。年度信息安全演练取得最高等级的优异成绩，并作为金融业唯一代表参加攻防沙盘推演；初步建成金融攻防靶场和以攻促防的安全运作模式，积极参加国家专项演练、“红帽杯”、首届“长城杯”攻防大赛获得同业第一的优异成绩。

四是强化安全重点任务的实施。积极推进人民银行金融业网络安全态势感知与信息共享平台二期建设，并获得人行“金融网络安全态势感知平台2021年度特殊贡献单位”称号。作为国家信息安全漏洞共享平台（CNVD）技术组的首家金融机构成员，本年已累计自主挖掘9个0day漏洞并获得证书。

（三）多措并举做好常态化疫情防控下的科技支持工作。

一是快速研发系统支持，进一步优化捐赠系统，紧急开发防汛捐款证书系统，仅用1天成功实现投产上线。推出工行e集采统一门户，已有34家机构425个项目开展了线上谈判，在疫情防控常态化下，有效增强谈判工作规范性。

二是推进后台业务上收集约运营。应对汛情突发，迅速制定河南、江苏、湖北分行业务紧急承接预案，切实承担重要业务压舱石；构建“2+2+2”多节点备份机制，通过同城场地备份、总行双中心异地互备、总行中心和北京、上海分行中心热备三级保障，成功应对重大疫情汛情等极端考验，确保集约运营业务连续运作。

三是不断夯实办公软硬件基础环境，对内持续做好常态化技术支持，切实保障各类科技办公设备供给不受疫情波动、芯片短缺影响，加强与供应商沟通，全年累计安装配发办公设备及耗材余万件，推动耗材管理系统上线和自助领取服务，着力强化总行本部视频会议保障及运行管理。

四、强化科技赋能，聚焦重点战略打造市场精品

2021年，全行金融科技条线紧紧围绕服务实体经济、防控金融风险、深化金融改革等国家战略需要，以ECOS工程创新成果为基础，从模式创新、产品创新、生态开放创新三个维度深化科技赋能，聚焦经营主战场，推进“十百千精品工程”落地。

（一）推动模式创新。

一是服务模式。同业率先推出“云工行”非接触金融服务品牌体系，全面提供智能贴心、便捷高效的线上线下一体化对客服务。实现客户“屏对屏”在线业务办理，重点完成手机银行借记卡密码重置、借记卡解除挂失等远程审核业务的全行推广，对网点复杂业务的替代率可达近7%；创新“工小智”智能交流服务，通过语音多轮交互模式上线客户“查询明细”“查询积分”等117个高频客户服务场景与“信用卡催收”“银企对账”等259个总分行外呼办理和营销场景，以智能技术实现坐席减负增效，在中银协组织的首届智能客服大赛中综合成绩位列行业首位。升级全新个人手机银行7.0，业界首发“工银助手”鸿蒙应用，推出手机银行普惠专版和英文版，同业率先月活破1亿，活跃客户数量持续保持同业第一。

二是营销模式。持续打磨“智慧大脑”，升级“智慧大脑”总分共建共享模式，实现近7亿个人客户新星级体系的数据切换和分层服务；提升模型精准度和扩大对接渠道，推出客户经理营销投资管家，将智慧大脑与工银e服务、工小智、云工作室等渠道对接，为全量个人客户提供1 000万余种智能服务方案，提升营销价值。实现企业级客户关联关系的全方位探查，支持GBC联动探查全链条潜力客户，促进客户资金在系统内循环。

三是管理模式。基于业内率先构建的企业级数据中台，开展数据融合创新，同业首家实现全集团、境内外数据全入湖，沉淀近4 000个客户特征、2.3万个共享指标，为100+个业务系统提供1 000+企业级数据服务，覆盖客户营销、产品创新、风险防控、运营管理等领域。搭建风险数据共享服务平台，形成风险名单库、事件库及特征库，提供监测、分析、识别等智能服务，广泛应用于零售、普惠、数字人民币等业务风控流程。打造“双声”系统，将客户、员工声音直通管理层，促进服务意见的广泛收集、全景展现和统筹管理，月均处理意见12万条，为经营决策和业务创新提供有力指引。升级集团智慧运营大后台，完成36家分行24大类集中处理支付结算业务的集中上收，释放后台人员1 684人，集约运营能力大幅提升。

（二）加强产品创新。

一是打造对公精品，升级智慧托管平台，从日常营运、内部管理、投资服务、数据中台、客户服务等方面全面提升系统智慧化一体化服务能力。推出“公司智存通”特色存款产品，业务量超过400亿元；实现工银e缴费、银企互联支持数字人民币，与国网电商平台完

成业界首笔对公数字人民币支付；投产对公理财代理销售平台，顺利开展存量产品迁移。

二是赋能跨境金融，支持跨境人民币业务发展，建立债券通“南向通”业务体系，保障工行在交易首日作为“南向通”首批试点机构参与交易；跨境金融服务全面升级，持续完善“工银全球付”、全球发薪、海外黄金投资托管服务，提升国际影响力。推进智慧贸金创新，同业首家作为认证节点加入外汇局跨境金融区块链平台，同业首批完成人民银行电证福费廷系统上线，同业首创实现信用证产品嵌入海关单一窗口平台。

三是创新普惠金融，加快完善普惠产品服务体系，实现全行普惠贷款余额破万亿元。加快渠道及平台建设，创新推出“个人手机银行专属版 + 微信小程序 + 企业手机银行专区”三位一体“工行普惠”线上渠道品牌。升级打造跨境撮合平台 2.0 版本，累计达成贸易及投资合作意向 400 余项。产品体系建设，创新推出国担基金特色担保贷款“国担快贷”、南方电网“赫兹 e 贷”、“政务 e 贷”等特色融资产品，升级打造针对企业厂房等新型押品的“e 企快贷”产品，推进供应链政采贷首笔业务落地。

四是赋能乡村振兴，产品渠道创新，创新推出工银“兴农通”APP，打造全新乡村服务线上渠道；建立背包式智能终端外拓营销的“流动服务站”；推出工行服务“三农”的普惠融资统一产品“兴农贷”，支持灵活挂接总分行特色涉农融资产品；上线抵押贷款支持林权和农村土地承包经营权系统功能，丰富产品品类满足广大农户需求，年内实现全行涉农贷款 2.6 万亿元。平台建设，创新构建兴农撮合平台、乡村振兴统计监测平台及数字乡村综合服务平台三大服务平台，助力行内外乡村金融数字化转型。

（三）突破生态合作创新。

一是打造“1 + N”智慧政务产品体系，持续深化与地方政府合作，建设“一网通办”政务服务平台，将“我的宁夏”打造成行业标杆，同时重点发力 N 个垂直政务领域，同业首创推出教培资金监管平台，创新研发智慧政法综合服务平台、智慧医疗开放平台，全面赋能政务服务。

二是拓展数据合作生态，工银科技及上海分行成为上海数据交易所首批签约数商，达成上数所首单交易，以及首单基于数据资产凭证的融资；全面推进政务数据融合，在 29 家分行落地 300 多个政务合作场景，与北京市经济和信息化局合作创新，基于社保纳税信息研发推出“普惠大数据信用贷款”产品。

三是建设智慧产业生态，打造聚链、聚融平台，对接大型企业供应链场景提供上下游采购、销售管理等标准化服务，累计上线 548 户核心企业，服务上下游企业 20 余万户；升级聚富通，面向政务、产业、消费、乡村等场景的 150 余个平台客户，提供个性化的一揽子金融服务；全年新推出供应链云、出行云和工程监管云 3 款 SaaS 产品，累计 SaaS 产品达到 19 项，推广租户 5.5 万家，较年初增长 2.2 万户；API 服务合作方超过 1.69 万户，较年初增加 6 300 户。

四是加强集团企业金融输出，围绕中航信、南水北调集团等大型集团数字化转型和智能化发展需要，提供 IT 咨询、分布式技术支持等一揽子工行特色解决方案，提升大型集团金融服务能力。

五、深挖改革红利，加快科技治理体制机制变革

坚持以改革创新为根本动力，对标市场最高标准、最好水平，持续强化组织架构顶层设计，推动科技基因渗透，凸显机制创新亮点，向改革要动力，进一步激发全行金融科技新活力。

（一）优化组织布局。坚持“一部、三中心、一公司、一研究院、分行科技”整体布局，推动金融科技组织职能优化转型，扩大金融科技生态圈，畅通科技创新内循环。

一是持续增强面向一线的研发供给。聚焦业务和分行数字化转型进一步加强研发人员投入，总行产品赋能团队达到 162 人、分行服务支持团队达到 275 人，较去年分别增长 49%、20%。积极推动科技服务下基层，分批次安排总行科技中心技术人员深入网点、支行一线锻炼实习，以科技手段帮助基层解决实际问题。第一批 68 人已于年内到位。

二是加快推进分行金融科技机构职能向创新研发和营销支持转型。分行科技队伍结构持续优化，一级分行本部创新研发人员占比达到 44.8%，比 2020 年底提升 4 个百分点，分行数字化转型的自驱力进一步增强。打造转型示范分行、增强对全行的引领带动作用。总结提炼并下发分行优秀转型案例，撬动全行转型工作，形成以广东、北京、上海、四川、湖南等分行成为转型“头雁”，湖北、深圳、天津等 10 余家分行积极推进的雁阵格局。

三是优化工银科技组织布局，成立工银科技北京子公司，进一步优化工银科技的组织架构布局，把握机遇深化工行与北京市政府合作、拓展北京地区业务，为北京金融监管局打造了首个省级预付费资金监管平台，中标农发行信贷系统建设项目，为北京农商行、北京银行等客户提供科技咨询服务，联合北京大学等高校积极探索“银校企”联合创新模式，提高公司在京知名度和人才吸引力，同时积极探索设立合资子公司。

（二）创新攻关“揭榜挂帅”。2021 年选取 12 个敏捷响应项目和 4 个攻坚克难“揭榜挂帅”试点项目，组建副处级以上业务和科技骨干人员挂帅的项目团队，明确了各项目的市场和业务目标，以快速响应市场需

求，做精做优产品，着力解决技术难题。16 个团队已立项研发的项目 29 个，累计投产 200 余次。根据“揭榜挂帅”工作机制的整体安排，研究制订“揭榜挂帅”评价方案。

（三）强化人才队伍建设。

一是加大金融科技人才投入。加大金融科技专项人才招聘力度，人员总量继续保持同业领先。进一步优化人员结构，人员增量向创新研发倾斜，总行新进人员80%分布在软件开发中心和工银科技，分行新进人员绝大部分分布在创新研发岗位。

二是加强金融科技人才培养。印发《境内机构校园招聘科技菁英人才培养方案》，进一步抓实分行新入职科技菁英的培养和使用。

三是深化科技业务融合。十余家分行班子中配备了科技背景的干部，累计有 26 家分行金融科技部向分行业务输送 89 名中级管理人员，超过 300 名总分行科技人员到分行业务交流或任职。

四是完善激励机制。进一步持续完善有利于人才竞相成长各展其能的激励机制，加大对科技一线的薪酬倾斜，持续开展骨干人才选拔和激励，优化以价值贡献为导向的绩效评价体系，着力研究揭榜挂帅、专利、国家及省部级荣誉等激励的覆盖情况和精准激励情况。

（四）推动研发机制变革。

一是运用 DevOps 理念推进研发运营一体化转型，发布工行 DevOps 能力成熟度评估标准和指南，启动 DevOps 敏捷教练培训工作。

二是运用需求整合管理体系和流程工具推进同质化需求及功能的有效整合，将 578 个创新项目计划整合为 403 个，整合率 30%。

三是持续推进差异化研发模式。围绕 112 项重点业务组建了 115 个柔性团队，全年团队共提交需求近 2 000次，需求项平均研发周期 37 天，同比效率进一步提升。

四是进一步优化项目立项流程，取消“需求变更”，按项目管理，整合立项与需求流程，立项后直接进入研发。

五是完善客户体验体制机制建设，修订《用户体验管理实施细则》，建立重点产品体验保障工作机制，完善用户体验闭环管理机制。

六是组织细化产品管理评价标准。根据“有进有退、应退尽退”的原则，细化低效产品退出的评价标准和管理规定。

七是深化业务架构管理工作。对标业务部门新三年规划，推进重点业务领域架构回顾和前瞻规划解码工作，修订完善《架构资产管理办法》。

（五）加强金融科技管理。在科技宣传方面持续发力，完善科技经费管理和合规管理，更好地支撑创新发展需要。

一是正面宣传影响力领先同业。加大在头部媒体、主流杂志、高层论坛的新媒体传播影响力，围绕数字工行、云工行、乡村振兴、智慧政务、隐私计算等刊发相关原创报道 150 余篇，取得良好社会反响。

二是加强科技资金管理。强化科技资金制度管理，完成《科技资金管理实施细则》和《科技资金管理工作手册》的修订和发布；制订分行科技资金计划指导方案。提升科技采购管理水平，2021 年集中采购计划 52 项，全部如期提交采购需求；金融科技部招标项目数量占比超过 50%，较上年提升 14 个百分点；单一来源项目数量占比约 10%，与上年基本持平。

三是加强科技合规管理。持续优化科技制度，涵盖 2 个规定、10 个办法、35 个细则，提高制度的适用性、有效性、前瞻性；完善科技考核管理，发布实施《2021 年版科技专业考核方案》；深化科技检查评估，开展了运维管理、信息安全管理、研发管理等专题评估和专题调研；积极配合监管和内外部审计，完成银保监会信息科技监管评级、国家审计署年度审计等 5 项监管配合工作。

（总行金融科技部）

e－ICBC 4.0 生态银行

2021 年，全行落实“科技驱动、价值创造”工作思路要求，推动 e－ICBC4.0 规划实现良好开局。全年荣获《环球金融》“中国最佳零售、对公数字银行”、《财资》“最佳手机银行项目奖”、亚太客户中心协会联盟（CC－APAC）铂金奖等 24 个重磅奖项。

一、智慧平台升级：自有平台与开放平台“一体两翼”平台布局基本形成

（一）自有平台的定位布局进一步明晰。全面推进“最好手机银行”建设。创新推出个人手机银行 7.0 新版，采用领先的“智慧大脑＋旅程引擎”等技术，以

"人+数字化"力量实现财富陪伴、云端陪伴、专属陪伴、账单陪伴、权益陪伴"五大智能陪伴"，为4.6亿客户打造全方位互动、全旅程陪伴的手机银行。打造幸福生活版2.0、美好家园版2.0、小微普惠版1.0和英文版等专属版本，提升老年、县域、小微、跨境等重点客群专属服务，通过打造千人千面的个性化服务体系，满足客户多元化金融需求。落实工信部要求，完成手机银行、门户网站适老化及无障碍改造，首批成为获得"信息无障碍"标识的金融应用。推出个人手机银行"工银薪管家"代发工资专区，打造"薪金通、薪金溢、薪金惠、薪金享、薪金贷"以及专属理财、专属权益、专属活动的"三专五薪"服务，服务代发业务高质量发展。建立个人手机银行体验提升专班机制，围绕提升手机银行高频交易体验、解决分行开展营销活动中的难点、平衡监管要求与客户易用性需求三个方面，总分行协同推动产品建设与优化。截至2021年末，个人手机银行客户规模达4.69亿户，总量、增量均为四行第一；易观监测月活数据在业界率先破亿；交易金额增量四行第一；线上理财、基金、保险交易金额在全渠道占比保持高位，有力地支持了"第一个人金融银行"战略。法人手机银行4.0全新推出，创新普惠金融、外汇、办公助手、远程授权、安全、服务六大功能。法人网上银行和手机银行客户规模和活跃度均为四行双第一；法人网上银行交易金额四行第一。境外线上金融服务质量和水平加快提升，围绕移动金融、对公服务、跨境场景等重要方面，助推外汇业务首选银行战略实施，服务国内国际"双循环"，境外个人、对公网络金融客户渗透率分别达到74.4%和79.6%。远程银行中心深化智能服务与价值转型。电话人工接听率、一次性问题解决率，均位列四行第一；个人远维客户规模超千万户。融e联加快转型，深化与手机银行融合发展。

（二）开放银行的发展活力进一步增强。聚富通全力攻坚平台经济市场，作为业界首家得到监管许可的平台金融产品，累计对接服务政务、产业、消费、涉农等各类型平台客户200余家，服务C端客户近2 000万户，成为GBC联动的重要抓手和重点场景。微信公众号完成整合，整合后"客户服务"关注粉丝数6 743万户，企业级微信号服务功能105项，微信生态资源更为集中。全行已有19家分行注册认证企业微信，北京、浙江等15家分行在企业微信原生功能的基础上，开发了一系列定制化应用。API开放平台对外开放2 000余个应用接口，工行云上线发布20余款云产品。

二、渠道智慧协同：推出"云工行"品牌，线上线下一体的全渠道协同能力进一步增强

（一）全渠道服务一体化深入推进。全行1万余家网点全面上线"云网点"，全年累计访问次数超5亿。2万余名个人客户经理入驻"云工作室"，全年产品成交金额近220亿元；对公客户经理云工作室已在广东、北京等18家分行推广。百余名客服坐席在线提供"云客服"，实现"屏对屏"业务办理，在线借记卡密码重置、解除挂失服务已在全国推广，在线修改客户预留手机号在北京、上海等6个地区试点对客，手机银行转账汇款同屏辅导对北京地区高星级老年客户开展试点服务。

（二）全渠道交易一体化加快推广。网点免卡免证服务已涵盖自助设备140项服务，基本实现对网点高频业务场景的全面覆盖；手机银行扫码融入网点取号、进度提醒、现场办理、服务评价等重点环节。"线上下单、线下配送/办理"服务模式已涵盖资信证明开立、历史明细打印、贷款明细查询、线上申领/更换U盾等数十个服务场景，重点场景网点替代率超过90%。

（三）全渠道管理一体化起步。"双声"系统对客发布，致力于倾听客户回声、基层心声，汇集9个渠道、打通行内10余个系统平台、构建数十个管理视图，初步建立起覆盖全渠道、全客户、全产品的体验监测体系。网点支持服务平台实现远程银行对网点服务的支持响应，已覆盖全行网点，调研解决率在95%以上。新一代知识库知识体量达5.5万条，赋能全行知识共享共用。

三、线上运营提升：线上运营与风控数字化、智能化水平不断提升

（一）初步建成客户线上运营平台。能够结合客户生命周期、资产状况与交易偏好，灵活开展登录抽奖、交易有礼等营销活动，并引入积分、立减金、保险等权益，实现从目标客户筛选、营销活动和权益配置到客户触达转化的全流程运营。全年总分行依托运营平台开展营销活动触达人次近24亿次。

（二）构建客户线上运营体系，初步实现了以活客为主的基础运营和产品销售为主的精准营销。全年手机银行精准促活、防流失活动覆盖客户超1亿户；工行柜面新注册客户当月首登率超过70%；带动理财、存款、基金产品直接销售数百亿元，成为数字信用卡申请的第一大渠道；"知客"智能营销实践日益成熟，全年累计对逾9 000万人次精准推荐信息；视频等新媒体运营能力显著增强。

（三）网络金融风险管理日趋智能化、精准化。持续强化网络金融业务全面风险管理，不断完善网络金融制度体系，发布新版《中国工商银行电子银行章程》《网络金融业务管理规定》；切实强化外部欺诈风险防控，持续建设网络金融交易事中风险监控系统，动态优化完善风控规则、模型和干预措施，全年成功拦截欺诈交易笔数、金额同比分别提高近1倍；持续加强反洗钱、客户信息保护等合规管理，强化洗钱高风险客户控

制和高风险业务治理，加强客户信息保护监测与控制；认真做好内外部监管检查及问题整改，做好中央巡视、银保监会现场检查、人民银行执法检查及内外部审计等配合工作，建立问题台账持续深化整改成果；统筹开展风险外呼，远程银行中心配合总行相关部门做好个贷催收、老年大额资金转移提醒、信用卡风险监控等风险类外呼业务，赋能全行防范化解风险。

四、场景生态合作：突出聚合与开放，数字生态合作稳步扎实推进

（一）GBC三端全面进军乡村市场。工银“兴农通”APP正式上线，创新“多重身份、一个APP”服务模式，推出村务、撮合、贷款、办卡、缴费等20余项功能，涵盖在线农培、快递物流、数字人民币粮款等涉农服务场景，塑造了工行服务乡村振兴的新型线上渠道与平台。手机银行县域版2.0全新升级，推出支付专区、惠农缴费、福农卡特色楼层以及小微金融专区、智能申请等创新服务，下沉运营权限实现“千县千面”运营。聚富通上线“农民之家”等19家涉农平台、年交易额超亿元。新设兴农通“95588”/“4006695588”客户服务专线。

（二）全面探索数字经济服务新模式。智慧政务领域，聚富通成功营销上线北京通、赣服通、闽政通等省级和省会城市综合政务平台70余个。智慧民生领域，教育云“银校通”拓展学校2.53万所，带动新增个人客户突破百万；商医云上线20余家综合医院；人力云正式上线，其中贵州“劳保通”项目实现API本地特色输出，代发人数超7万。智慧普惠领域，推出个人手机银行小微普惠专版、法人手机银行普惠专区，完成信用类、抵押类、链条类三大普惠场景的全产品、全渠道部署，提升申请、审批、签约、提款、支付、还款的全流程线上化程度。

五、极致体验产品：在重点领域创新了一批数字化、智能化“精品”

（一）打造GB端与C端充分聚合的产品服务。推出手机银行“工银薪管家”代发专区。C端为代发客户提供“三专五薪”专属服务；B端以融e联企业号为基础，为总分行各类用户提供多角色、差异化、灵活化的维护方式，满足代发企业客户差异化运营需求。启动手机银行财富开放社区建设。对外引入基金公司等合作机构，提供产品、内容和客户投教陪伴服务；对内衔接我行基金、保险、理财等相关业务信息系统，提供智慧运营、智慧风控能力，为客户提供“售前—售中—售后”全旅程服务，构建开放融合的财富管理生态圈。

（二）大数据产品年度账单成为“网红”爆款。2021年年度账单基于客户线上行为、线下足迹、收入、支出、资产、理财、融资等多维数据，以国潮风和解锁个人专属吉祥物的表现形式，引发互联网传播热点。

（三）智能化产品“工小智”赋能智能服务与经营。“工小智”智能服务入口已拓展至96个，覆盖“呼入+呼出”“语音+文字”“线上+线下”“行内+行外”，智能语音和文本识别准确率均超97%，处于同业较高水平。在中国银行业协会举办的首届智能服务机器人大赛中，“工小智”一举斩获智能语音类机器人第一名、智能文本类机器人第二名，综合成绩同业最好。

（总行网络金融部）

智慧运营体系建设

佛山、成都两大集约运营中心克服疫情困难，扎实做好境内外业务集中上收、业务流程智能化改造和连续运作能力建设等工作，改革成效逐步释放。稳步实施境内外业务集约运营。圆满完成全行支付结算等标准业务和18家分行账户外汇等复杂业务从省分行向总行集中，业务处理效率提升70%，释放分行2 000余人；成功实施马来西亚、新加坡、澳门等6家亚太机构汇款、票据和账户业务跨境集约运营，切实提升境外机构运营支持保障能力。深入应用机器学习等智能技术。56%的凭证信息实现自动化处理、80%的线上落地业务实现直通化运营，2021年节省外包费用2 994万元，技术换人、费用节约成效显著。全面增强集约运营业务连续性管理。全新构建“2+2+2”多节点三级备份机制，实现同城双场地互备、异地双中心互备、总分行中心互备；总行集约中心在疫情汛情期间紧急承接陕西、伦敦等机构关键业务，切实保障金融服务连续稳定。

一、线上线下一体化运营模式持续深化

深入应用线上线下一体化运营模式。持续深化线上便捷受理、集约高效处理、服务快捷交付的运营服务模式建设，2021年完成信用卡申请、换卡等总行场景拓展应用，以及社保卡等分行特色场景改造试点，累计完

成实物、信息、现金、账户、外汇五大领域30余类场景的推广应用，客户使用新模式办理业务超2 700万笔，重点场景替代率超90%，有力支持产品营销和获客黏客。深化网点“无介质”服务模式建设，实现转账汇款、活期存折存取款等14项柜面和140项自助设备高频业务无介质服务，支持客户通过手机银行扫码、人脸识别等方式办理业务，2021年业务量达1 700余万笔，充分满足客户便利化金融服务需求。现金业务数字化转型扎实推进。依托现金循环处理设备（TCR），对网点现金钱箱管理架构和任务驱动型现金处理流程创新实施重构，在北京、浙江等7家分行成功试点，初步实现网点现金实物由“人管”向“机控”管理转变，网点现金运营效能提升50%、客户服务效率提升40%。金库智能化建设稳步推进，应用现代物流管理技术和企业级架构建模方法，完成网点领缴、ATM装卸钞等场景的智能化改造，以“移动互联、任务驱动、过程管理”为特征的新型作业模式初步建立，在广东、北京分行等6座现金营运中心试点应用，实现实物流转信息化交接、账务自动化处理和风险系统化控制。对公数字化运营服务体系初步构建。推出函证E信、OFD云回单绿色生态服务品牌，构建全链条自动化、数字化的开放共享服务流程，函证E信签约会计师事务所800余家，云回单在52家单位成功上线，推进银行端、企业端绿色低碳转型和可持续发展；推出“工银账户通”企业账户服务品牌，以便利小微企业开办经营为核心，推出供应链“1+1”、对公外汇账户“三个一次”便捷开户、无纸化电子签约开户、电子营业执照开户等一系列特色开户服务模式，开辟对公客户源头拓展场景化、差异化通道，2021年为167万小微企业客户办理开户。大力支持绿色财税改革，创新代理地方财政集中支付运营模式，实现系统自动化处理，手工业务量大幅压降97.8%；积极响应国税总局“便民办税春风行动”，推广客户跨省异地缴税电子化流程；推出对公客户线上10年期超长历史明细查询功能，加快增值税发票电子化进程，满足客户高效便捷服务需求。

二、集团业务连续性管理水平不断提升

统筹做好集团业务连续性管理提升。针对各分行、境外机构、综合化子公司等机构业务连续性管理现状，分别制订专项提升方案，持续优化完善业务连续性管理体系，督导集团各机构全面贯彻落实管理要求。加强重点机构业务连续性应急能力建设。组织制定《总行集约运营中心业务应急预案》，明确总行集约运营中心应对人员、场地、系统等重大灾难的应急处置流程。加强应急电力保障能力建设。针对“拉闸限电”突发情况，对全行电力中断应急保障措施进行全面摸底排查，全面做好电力中断应急资源准备和演练实施。全面实施各类应急演练。组织实施全行营业网点业务等重点应急演练，首次将集约中心与分行联动场景、现金中心灾难场景纳入演练范围。

三、“融安e核”运营风险智能管控体系建设成效明显

对公智能风控体系全面建成。投产25类智能模型，实现对公账户开立、变更、使用全生命周期运营风险的有效监控，涉赌涉诈、空壳公司开户、出租出借账户等风险得到充分揭示，2021年识别管控6.2万高风险对公账户。个人智能风控体系建设取得实质性进展。投产4类涉诈智能模型，电信诈骗涉案个人账户识别率达到64%，2021年识别管控3.3万高风险个人账户，有效助力全行打击利用个人账户实施电信诈骗等违法行为。实施客服经理维度模型重构。投产19类客服经理模型，有效监控定期存款支取、重要空白凭证销号、客户信息查询等关键环节异常操作。智能风控运行和管理机制全面建成。健全涵盖管理办法、操作规程、模型指引在内的智能风控制度体系，有效构建责任清晰、分工合理的协同管理机制，风控中心建设和履职管理进一步强化，有效保障智能风控体系优质高效运行。

四、“融安e核”运营风险智能管控体系建设成效明显

运营领域科技赋能成效显著。运营领域智能技术应用不断深入。综合运用计算机视觉、自然语言处理、智能语音等技术，驱动业务运营流程再造和运营模式变革，2021年新增凭证碎片智能识别、跨行收报智能处理等10个智能化改造场景，场景总数达到37个。模型能力不断提升，碎片处理模型持续扩大，已覆盖凭证与字段种类，碎片录入智能技术替代率由2020年末的41%提升至56%；跨行支付落地收报智能模型实现业务自动入账、自动退汇等智能处理，员工手工操作量下降65%。2021年累计完成2.5亿笔人工智能业务处理，有效提升服务效率，释放人力资源效能。数字人民币研发试点工作稳步推进。有序推进数字人民币业务试点，在北京、深圳等地开展数字人民币消费券试点活动20余次，试点分行在财政支付、医疗医保、交通出行等领域落地场景超118万个。加强系统建设流程管理，上线柜面渠道数字人民币兑换纪念币、自助渠道钱包开立升级、数字人民币线上线下缴税等功能，强化钱包开立与支付等重点业务环节的合规检查和风险排查。

（总行运行管理部）

网点转型和服务创新

2021 年，客户服务工作坚持传承与创新并举，以深入开展“我为群众办实事”实践活动为主线，以服务统筹和条块协同为依托，大力推进客户体验痛点治理，积极做好客户体验监测体系建设，不断提升客户满意度，全力打造“人民满意银行”。第三方机构调查显示，2021 年全行个人客户满意度为 86.79%，居行业前列。

一、坚持党建与服务相融互促，扎实推进“我为群众办实事”实践活动

经过长期持续推动，工行客户服务与党建工作相互融合，形成了以党建促客户服务，以客户服务检验党建成果的良性互动机制。2021 年，为深入落实行党委关于党史学习教育的决策部署，坚持为民服务办实事、解难题，6 月在全行开展“我为群众办实事服务提升十大行动”，办公室、个金、银行卡、运管、法律、安保、普惠等部门和各分行履行主体责任，通过减费让利、延本延息贷款、协商还款、无介质和无接触服务、适老化渠道改造、工行驿站、金融教育宣传、反电信诈骗、工银光明行、特事特办、万家小微成长计划等政策和措施，扎实推进“惠民、便民、爱民、利民、益民、安民、助民、亲民、乐民、富民”十大行动，切实解决人民群众“急难愁盼”问题。十大行动实现了多路推进、多点开花，工作成效持续扩大。

二、坚持治标与治本兼用，推动全行服务工作走深走实

2021 年 7 月 29 日，总行印发《关于调整运行管理部和网络金融部职能并撤销渠道管理部的通知》，将全行客户服务管理职能调整至网络金融部与运行管理部，职能调整以来，全行客户服务工作遵循“当下改”与“长久立”的思路，抓重要领域、关键环节，客户服务改进的步伐不断加快。2021 年 6 月在全行组织开展了“客户体验痛点治理百日攻坚行动”，总行多部门合力推动全行压降监管转办投诉，重点强化信用卡汽车分期、息费争议、个人住房贷款等 8 类客户投诉的源头治理，提高远程银行中心一次问题解决率，全行密切协同、合力攻坚。百日攻坚取得了阶段性成效，监管转办投诉量同业排名呈下降态势，8 类客户体验痛点投诉增速环比下降显著，远程银行中心一次问题解决率保持在 92% 以上，取得较好治理成效。

三、坚持科技与业务融合，加快客户服务管理数字化转型

落实“善于问计于基层，问计于员工，问计于客户，更好地为基层、员工、客户排忧解难”的工作要求，基于客户和员工的声音数据，在打通工行 10 余个系统平台，汇集 9 个工行客户、员工意见建议搜集反馈渠道的基础上，搭建了以广泛搜集、直通传递、全景展现、统筹管理为主要特点的“双声”系统，作为连接银行与客户、联通管理行与基层的纽带桥梁。2021 年 12 月 27 日，总行召开“双声”系统上线发布会。依托“双声”系统构建针对客户和员工声音的监测、分析和通报机制，对客户和员工关注的问题进行跟踪反馈。2021 年形成 20 余期“双声”半月报，累计关注提示热点问题 40 余个，促进了相关问题的解决，为优化流程、产品创新、改善体验提供了重要支持。

四、坚持行内与行外互补，完善客户体验监测评价体系

为全面、客观地了解客户对工行的服务评价，自 2012 年起，引入第三方独立机构对工行及同业个人客户满意度开展监测评价，推动客户服务改进提升。2021 年开展两期监测，主要围绕渠道、产品、客户关系维护三大模块，聚焦网络银行、远程银行、网点、自助设备、投资理财、银行卡、个人信贷、常规业务、问题解决、日常运维等 10 个主要维度，调查了解不同客户群体的行为习惯、体验评价等内容，并且依托工行自研的全渠道评价系统，建立了及时反馈和专项调查相结合的客户满意度监测体系，更为精准、明确地锁定体验问题。

（总行运行管理部）

公司金融

2021年，公司金融专业坚持总行党委“48字”工作思路，用好“三比三看三提高”工作方法，深化“扬长、补短、固本、强基”四大布局，积极应对外部严峻挑战及同业激烈竞争，公司板块贡献度、市场竞争力、客户满意度持续提升，连续第12年荣获《环球金融》“最佳公司银行”奖项。

一、2021年公司金融经营情况概览

板块贡献方面。全行本币公司贷款利息收入达4 243亿元，较2020年增长384亿元。全行公司类客户中收超870亿元，其中公司6项重点中收132.8亿元，再创历史新高，稳居四行第一，银团安排收入39.5亿元，同比增长6.7亿元，在6项产品中占比突破30%。客户方面。全行公司客户总数达871.4万户，净增91万户，是2020年的1.8倍，总量增量保持四行第一；其中中型企业有贷户2.49万户，较年初增加2 604户；日均金融资产5万元以上公司客户197.2万户，净增21.2万户。公司贷款方面。本币公司贷款余额在全球商业银行中率先突破10万亿元大关，达10.63万亿元，净增1.19万亿元，制造业、战略性新兴产业、民营、绿色等重点领域贷款余额、增量同业领先。公司存款方面。本币公司存款时点余额5.3万亿元，保持四行第一，2020—2021年合计净增9 908亿元，超以往六年增量之和，平均每年增量4 954亿元，也为以往历年最高。付息率保持同业及行内各条线最低。全年实现考核口径日均公司存款5.9万亿元，较2020年日均净增6 575亿元，为近十年最高。债券承销方面。主承销公司债券5 737亿元，超疫情前最高水平，蝉联四行第一，领先第二名635亿元。落地首批碳中和债、乡村振兴债、可持续挂钩债、高成长债、革命老区振兴发展债、能源保供债，实现创新品种“全覆盖”。

二、2021年重点工作综述

（一）坚持优投优贷，在服务实体中展现担当。

一是下好公司信贷布局的“先手棋”。贯彻新发展理念，创新实施服务新制造、新服务、新基础产业及高技术客群的公司信贷新布局，制定营销指导意见，实现良好开局，服务实体经济适应性得到进一步提升。统筹公司信贷增量、节奏和结构。增量上锚定领先，节奏上抢先抓早、结构上布局优化，牢固树立战略区域、战略客户、战略行业重点客户同业占比不下降的“底线思维”，积极应对同业竞争胶着态势，及时调整打法策略。统筹优质项目储备和转化。围绕国家战略布局和“十四五”规划重点领域，加强三新一高领域新项目拓展，牢牢把握清洁能源、铁路骨干网络、轨道交通、大型炼化、城市更新等领域优质项目业务机遇，及时清理无效储备，提升项目储备的可靠性、有效性。统筹利率定价时效性和竞争力。加大优质制造业、新动能、清洁能源等领域及国铁等重点客户定价灵活度，加强名单应用情况监测分析，提升名单管理线上化、智能化水平，及时响应基层一线需求。

二是打好服务国家战略的“主动仗”。制造业方面，落实“制造强国”战略部署，深入开展“制造业金融服务深化年”活动，与工业和信息化部签署战略合作协议，印发《关于加强金融支持制造强国战略工作的指导意见》及10个细分子行业配套意见，强化产品创新，加大资源保障，提升制造业中长期贷款、信用贷款占比，领先优势进一步扩大。制造业贷款余额2.16万亿元，在同业中唯一一家突破2万亿元，净增3 197亿元，为2019年全年增量的3倍；中长期制造业贷款余额9 157亿元，净增2 427亿元，增速36%；信用贷款余额8 345亿元，净增1 500亿元，增速22%，高于各项贷款增速，工行制造业贷款、制造业公司贷款、中长期制造业贷款、信用贷款余额增量均位居同业首位。战略性新兴产业方面，落实“科技强国”战略部署，围绕做大总量、作出特色，完善体制机制，深化银政合作，初步形成以“科创+战略性新兴产业”双轮驱动的高技术客群营销服务格局。与科学技术部签署战略合作协议，推进“十百千万”专项行动；完成山东、武汉和苏州科创中心揭牌，成都、厦门和杭州科创中心组建，增设10家总行级和70家分行级新市场特色支行，完成“工银科创金融”品牌方案设计。开展“重大科技创新项目专项金融服务”和“121科技专项贷款”活动，助力“卡脖子”领域关键核心技术攻关。工行在国家重点支持的高技术领域贷款余额10 305亿元、净增831亿元；战略性新兴产业贷款余额10 088亿元，较2020年翻了一番多，净增6 049亿元，余额、增量均四行第一。投放“121”专项贷款金额162亿元，同业第一。民企服务方面，坚持“不唯所有制、不唯大小、不唯行业、只唯优劣”原则，聚焦主营业务突

出、管理规范的民营企业，开展“民营企业合作伙伴服务提升工程”，持续提升“八融”服务质效，助力民营经济发展，民营企业贷款余额3.39万亿元，净增1 885亿元。绿色金融方面，践行“绿水青山就是金山银山”理念，落实碳达峰、碳中和战略决策部署，印发《关于加强绿色产业金融服务的意见》《关于加强贷款定价精细化管理　支持绿色贷款发展的通知》，加大绿色低碳清洁能源定价支持，加强碳减排支持工具、煤炭高效清洁利用专项再贷款等创新政策工具应用，举办“2021年生态文明贵阳国际论坛”。严控“两高”项目融资，按照“有保有压”原则，择优支持钢铁、煤炭等去产能领域重点企业。工行绿色贷款余额（银保监口径）2.48万亿元，四行第一，净增6 335亿元，为历史同期最高，增幅34%。工行承销绿色债券597亿元，居四行第一。能源保供方面，在同业中率先开展“保电专项行动”，与国家能源局、国电投签署战略合作协议，加大能源保供支持力度。自2021年9月至年末，累计为煤电油气等能源重点领域提供资金支持2 967亿元，位居同业前列；主动对接银行间市场交易商协会，提出能源保供债创新产品思路，承销市场首单能源保供债券及ABS，全年累计承销各类保供债券453亿元，位居同业第一。疫情防控方面，发放疫苗支持贷款31.2亿元，同业第一。为国航、川航等航空公司发放优惠利率民航应急贷款275亿元，四行第一。重大项目方面，聚焦“十四五”时期国家综合立体交通网布局、新型城镇化功能提升、现代能源体系、国家水网建设等，全力抢占重大项目高地，筑牢公司信贷“压舱石”。先后成功营销中俄元首见证开工的核能领域最大合作项目——中核集团辽宁徐大堡二期、国投雅砻江卡拉水电站、国铁集团本级350亿元银团贷款等一批重大项目。

三是打好全量融资服务的“组合拳”。做大做强债券融资，坚定实施“债券精品大行”策略，印发《关于做好2021年度公司客户债券承销业务的意见》和《境内分行公司客户债券承销业务营销工作评价方案（2021年版）》，加强工作推动和基层调研，深化理财、养老金等行内投资渠道协同，提升债券专员团队履职能力。做特做优资产交易，印发《关于加强“工融”金融资产交易产品营销推动工作的通知》《理财直接融资工具业务管理办法》，积极探索非标融资产品创新，通过理财资金为公司客户提供非标代理投资432亿元。“工融”信贷资产流转金额近50亿元，实现收入7 600万元。

（二）坚持“增存提位”，在攻坚克难中积厚成势。积极对标同业，在2020年高基数基础上，全力克服全社会M1增速低迷及激烈的同业竞争，狠抓短期攻坚与长期固本，推动公司存款增量逐季向好，稳定性持续增强。全行公司存款站稳5万亿元大关，体现了“稳”“进”“质”三大特征。“稳”体现在总量上，坚持抢先抓早，积极开展“春天行动”，召开全行公司存款工作会议及四次公司存款座谈会，统一全行思想。聚焦“大钱”“大户”“大行”，加强组织推动，用好主动负债产品开展竞新引存，细化日常监测与重要时点督导，人民币公司存款时点余额始终稳居总量同业第一位置。“进”体现在增量上，考核口径公司存款日均余额增量为近十年以来最好水平。抓实境内外汇首选银行战略，外币公司存款增量创历史新高。“质”体现在管理上，用足用好偏离度资源，强化偏离度管理要求向下传导，确保始终符合偏离度监管要求。抓实成本控制，全行公司存款付息率1.29%，始终保持同业及行内各条线最优；抓实基础管理，实施存款线上化预测，建立存款预测偏差与资源配置挂钩制度；抓实闭环管理，建立公司贷款规模与公司贷款管理能力挂钩的分配机制，信贷资金使用效率不断提高。

（三）坚持增客强基，在夯基固本中锻造能力。深入推进公司客户拓展维护“织网补网”行动，印发《关于提升客户拓展维护能力　推进织网补网工作的指导意见》，建立三型客户织网补网评价体系，制作织网补网诊断书，推进体系化、生态化、数字化、专业化营销。

织网补网方面。织的方面突出“密”。聚焦央企、地方国企、跨国企业、上市公司四类优质客群，印发营销指导意见，制订央企“头雁行动”主题营销活动方案，开展央企基本户攻坚，成功营销中国电气装备集团、中国稀土集团等一批新设或搬迁央企本部及重点子公司基本户，数量均位居同业第一。启动上市公司营销拓展“领航行动”，全市场非金融上市公司在工行开户率达93%。加大减负赋能力度，稳步推进公司客户智享营销管理系统建设，开展流贷智能化尽调模板试点。深耕场景建设，聚焦房地产交易、民生消费、建工、医药等重点场景，筛选全行61项重点项目，研发推广“建筑监管云”“工程建设资金监管平台”等产品，全年实现B端拓户超8万户。补的方面突出“全”。迭代优化链式营销系统，印发《加强优质中型企业目标客户营销的通知》，大力拓展中型企业客群，筛选综合实力较强、财务状况良好、行业地位领先、无信贷融资的优质中型客户，精准拓展中型企业客群，构建大中小协调的全量客户体系。

营销体系方面。坚持以客户为中心，紧扣“生态”这一关键词，聚焦客群多样性和生态联动，研究制订公司客户营销服务生态体系改革方案。强化“分田到户”和“煲汤式”融合。按紧密型、松散型、空白型分类施策，推进体系化、生态化、数字化、专业化营销。

基础性工程方面。抓好资金承接、GBC场景建设、网点竞争力提升等基础工作，加大受托支付和裸贷治理力度，提高资金外流向内流、资金“流量”向存款“留量”的转化效率。全行目标公司客户行内资金承接率达49.06%。

（四）坚持联动协同，在战略突破中发挥优势。发挥长板优势，带动总行战略实施。重点区域竞争力提升方面，与湖南、福建、广西、上海签署战略合作协议，印发《关于加强金融支持　助力建设新时代中国特色社会主义新疆的通知》和《关于金融支持新疆生产建设兵团高质量发展的意见》，召开粤港澳大湾区联席会议。京津冀、长三角、粤港澳、中部、成渝等重点区域公司贷款余额、增量全行占比分别达71%、74%。第一个人金融银行方面，对广东建工集团等8 289户“三个一”公司贷款大户代发工资合作情况开展“五个对标”分析，印发《公司和个人客户跨境联动服务方案》《关于GBC联动共拓人力资源服务客群代发工资业务的通知》，实现349家人力资源服务客户代发工资从“0”到“1”的突破。全年公司客户累计代发工资3.16万亿元，同比增长2 510亿元，增幅8.6%。境内外汇业务首选银行方面，加强跨境联动营销，印发《关于联动营销中资企业港股IPO及中概股回归业务的指导意见》。全行境内外汇一般现汇贷款余额256亿美元、净增25亿美元，四行第一。外币公司存款净增20.6亿美元。城乡联动发展方面，印发《关于做好2021年农业产业发展金融支持的通知》，聚焦重点县域，完善农业现代化重大项目和农业龙头企业金融服务，助力巩固脱贫攻坚成果与乡村振兴有效衔接。全行公司客户涉农贷款余额2.44万亿元，净增3 193亿元，增幅15%。其中，全国百强县公司贷款净增883亿元，160个乡村振兴重点帮扶县公司贷款净增102亿元，定点帮扶四县市公司贷款净增8亿元，保持同业领先。

（五）坚持“科技赋能”，在创新驱动中推进转型。加快推动公司客户服务数字化、智慧化转型，高标准制订公司金融数字化转型方案，抓好落地实施，完善金融服务生态闭环，实现更高效快捷地触达客户，努力在新一轮竞争中抢占制高点。

一是夯实数字管理基础。在“对公客户营销管理系统”基础上，匠心打造“拥抱未来　智享金融”的“对公智享营销管理系统”。升级系统智能应用架构，基本实现“一眼触达”，解决基层网点数据资源缺乏难题。针对全量客户和重点客群，实施分层分类系统管理。投产“对公智享”移动专版，与e办公整合使用，提升数据随身能力。建设“对公数据资产中心”，支持定制化指标分析，升级“公司金融智慧快报”，领衔建设对公云工作室，优化公司客户贡献模型。

二是创新“工银聚融”品牌。以国有企业、行业龙头、产业平台为目标客户，积极响应央企司库建设需求，提前布局，全力抢占市场，创新对客数字化场景平台合作服务模式，支持客户搭建线上业务平台等数字化工程。“工银聚融”成为“揭榜挂帅”项目之一。

（总行公司金融业务部）

普惠金融

2021年，普惠金融条线认真贯彻落实党中央、国务院及监管部门各项要求，按照总行党委“做真、做实、做好、做活、做持久”等系列发展部署，坚持“数字普惠”发展道路，以创新转型为驱动，推进普惠金融可持续高质量发展。

一、普惠金融服务迈上新台阶

一是普惠贷款再创新高，银保监普惠口径普惠贷款余额10 990亿元，突破万亿元大关，较年初增加3 784亿元，增速52.5%，增量、增速均四行第二。普惠贷款户数79.47万户，增速34.56%、四行第一。

二是贷款投向全面优化，线上普惠贷款余额8 600亿元，较年初增加3 546亿元，余额和增量分别占普惠贷款的78%和94%。五大重点区域普惠贷款余额8 833亿元、增量3 044亿元，分别占全行的80.38%和80.45%。首贷、续贷、信用贷等结构性指标均超额完成监管要求，其中小微企业信用贷款、制造业贷款占比分别较年初提升2.03个和1.47个百分点。

三是减费让利成效巩固，2021年新发放普惠贷款平均利率4.10%，较上年下降18个基点；考虑费用减免因素，综合融资成本下降60个基点，实现较低利率水平上的持续让利。

四是风险管理不断加强，依托金融科技手段提升效率与精度，普惠贷款不良率0.84%、逾期率0.86%，分别较年初下降29个和30个基点。

五是综合服务能力持续提升，持续深入开展“工银普惠行”“千名专家进小微”“万家小微成长计划”系列活动，上线“环球撮合荟”平台2.0版本，组织开展“专精特新·春风行动”主题营销活动等，最新年度监管评价获“一级”最高评级。

二、高质量推进普惠金融供给优化

（一）科技赋能，发力数字普惠产品体系。把数字化转型作为转型创新总抓手，促进科技与业务深度融合，重点产品竞争力逐步显现。

经营快贷方面，推广非接触服务模式，对小额分散业务采取“模型初筛＋人工校验”的集中远程视频面审，进一步提升业务办理效率及客户体验。加强与海关总署、南方电网等外部机构合作，加快跨境、电力等全国性场景迭代优化，在税务、结算等重点场景引入国家融资担保基金等增信措施，严控业务风险，更好满足细分市场信用贷款需求，覆盖包括“首贷户”在内的更广泛小微企业。截至2021年末，经营快贷已为164余万户授信1.34万亿元，业务余额2 159亿元，较年初增长1 044亿元。

网贷通方面，e抵快贷推进全流程线上化改造，成为工行首个对房地产押品实现数字化存续期管理的产品，其中9家分行通过押品系统重估功能，实现了对15万件押品的系统复估，押品盯市次数近100万次，节约人力逾20万工时，节省评估费用逾1 500万元。创新推出e企快贷，以厂房、商用房等非标准押品抵押，形成e抵快贷＋e企快贷，“个人＋法人”的普惠线上抵押产品体系，更好地支持持有工业厂房的制造业小微企业融资需求，已开放230个城市分行业务办理权限，余额突破121亿元，有贷户近3 019户。截至2021年末，网贷通业务余额6 860亿元，较年初增加2 341亿元。

数字供应链方面，打造集产品宣传、客户注册、业务办理、在线答疑等功能于一体的统一服务门户——供应链金融服务平台，实现全流程自动审批，进一步提升引流服务及风控能力。工银e信平台实现代发工资功能，成为供应链三方平台“联易融”的唯一清分合作方。不断完善账户体系，丰富数据交互方式，为中石油、国电投、华为、中核、比亚迪等客户提供专属金融服务，不断提升现代农业、制造业、建筑安装等板块产业链场景化服务能力，为产业链上下游小微企业提供整体资金支持方案。截至2021年末，数字供应链业务余额1 600亿元，较年初增加836亿元；其中普惠口径511亿元，较年初增加319亿元。

同时，围绕小微企业用款周期特征，做好资金接续支持。优化续贷业务办理方式，增加线上邀约模式，综合运用续贷、展期、再融资、宽限期、还款计划调整等方式做好资金接续服务。自延期还本付息政策实施以来，累计为23.38万户普惠型小微企业办理延期还本3 390亿元、为10.47万户普惠型小微企业办理延期付息15.5亿元（涉及贷款金额704亿元）。

（二）完善渠道，强化客户触达能力。发挥标准化产品优势，持续拓展线上渠道，整合线下营销力量，进一步提高获客能力，提升客户体验。线上，优化网上银行、手机银行普惠金融专版专区，为小微客户提供全方位“一站式”普惠金融服务，创新推出“工行普惠”微信小程序，为普惠客户提供开放、轻量级的专属服务平台。线下，完善小微专营模式，持续提升网点普惠金融服务效能，全行已验收达标“标杆网点”565家、“旗舰网点”216家；76%（11 956家）网点实现普惠业务落地，较年初提升5个百分点，63%（9 957家）网点成功开展普惠贷款营销，较年初提升21个百分点，34%（5 293家）网点发起普惠业务流程，较年初提升20个百分点。

（三）内外联动，提升普惠服务效能。对内主动对接全行重点战略和GBC工作，对外加强与政府部门、担保机构、优质平台资源对接，构建跨渠道、跨部门、多层次、立体化服务体系。

内部联动方面，深化GBC联动、助力织网补网。普惠型法人、个人有贷户增量分别占全行法人、个人有贷户增量的106%和87%，普惠贷款联动公司、个人代发工资客户超816万户，较年初增加180万户，占全行增量的19%。落实“第一个人金融银行”战略，个人普惠贷款业务余额4 779亿元，有贷户37万户，推出“私银尊享贷”，累计为私人银行客户提供贷款20余亿元；助力“外汇业务首选银行”战略，“跨境贷”业务为近17万户进出口小微企业主动授信2 600亿元，以融资为抓手协同外汇存款、国际结算等业务发展；推进重点区域竞争力提升战略，深化同五大战略地区上汽、华为、正康粮油等优质供应链企业，中国电子等供应链平台合作，搭建中交物资平台，助力地方优势产业发展。五大重点区域贷款余额、增量在全行的占比均超过70%；协同城乡联动发展战略，围绕农产品种植、养殖、加工、贸易等融资场景，创新打造经营快贷区域特色融资方案近百个，落地涉农数字供应链1 227条，较年初增加653条。

外部联动方面，加强与国家发改委、国家公共信用信息中心合作，积极做好“信易贷”名单企业的对接工作，目前已完成8批共13 372户名单企业对接工作，推荐客户信用贷款融资余额达5.36亿元。推进国担“信易贷”试点工作，创新“制造快贷”“科创快贷”，精准“滴灌”名单内的先进制造业和科创型小微企业。深化与国担基金合作，拓宽融资担保方式，推出“国担快贷”专属产品，贷款余额267亿元，服务客户数超1.1万户，有效控制风险。作为首家银行与国担“全国政府性融资担保数字化平台”实现对接，“国担快贷”担保环节实现全线上办理。

（四）精准滴灌，助力经济高质量发展。支持制造业发展，加大电力快贷、园区e贷、e企快贷、工银e信等针对性产品推广力度，围绕制造业细分板块和重点客群，制订行业专属供应链融资方案，重点支持“卡脖子”关键核心技术的攻关突破，组织开展“专精特新·春风行动”主题营销活动，荣获工信部“专精特新中小企业专属服务提供单位”称号。截至2021年末，全行普惠制造业贷款余额2 791亿元，较年初增加828

亿元，增速42.15%。服务科创企业，积极推广“科创贷”，引导分行强化银政合作，以交易流水、订单数据、专利数量等数据为基础，持续创新特色场景融资产品支持优质企业发展。截至2021年末，已推出18个科创类融资产品，累计为近千家科技型小微企业发放贷款55亿元。已建立科技类企业供应链300余条，占全行数字供应链比例15%，贷款余额136亿元，重点支持信息技术、新能源、智慧装备等科技发展成效显现。助力绿色金融，依托数字供应链融资切入光伏发电、轨道交通、新能源车、污染治理等重点领域，为上下游小微企业提供精准支持，推动绿色产业发展。截至2021年末，数字供应链融资业务中绿色贷款余额166亿元，服务产业链共计162条。

（五）多点开花，提升普惠综合价值贡献。累计开展“工银普惠行”营销推介活动9万多场，“三联动，三走进”活动8万多场，“进企送智”服务活动4万多场。持续做好跨境撮合服务，截至2021年末，“环球撮合荟”平台已吸引近5万客户入驻平台，举办100余场跨境撮合活动，6 000余家境内外企业通过平台实现在线或现场洽谈，累计达成跨境合作意向近3 000项，合作金额上百亿元，合作意向达成比例近80%。普惠青年先锋系列活动人员队伍再创新高，全行11 158名青年员工组成1 441支普惠青年先锋队，覆盖34家一级分行、275家二级分行、1 526家一级支行。网点营销获客挑战赛、“集中活动日”、先锋讲堂线上宣讲活动同步开展，通过“码上赢”成功营销客户1.22万户，申请贷款金额194.9亿元。

三、全面强化风险合规管理

（一）强化信用风险管理。加强延期还本付息贷款跟踪监测和预测分析，建立延期还本付息客户台账，逐月对延期贷款质量变化进行监测分析，引导分行合理设置延期还本付息贷款到期时间，提前做好处置预案。完善存续期管理模式，推进《小微信贷业务存续期管理办法（试行）》的落地实施，构建“1＋N”普惠贷款信用风险监测预警体系，实现对行外交叉违约、过度融资、关联企业交叉违约、经营下滑、涉诉涉案、客户欺诈以及重点产品、重点场景核心风控要点等实质风险点的有效覆盖。加强不良贷款清收处置，积极推动个人经营贷款批量转让和资产证券化，首期两批次个人经营快贷不良贷款批量转让在上半年顺利完成，首期“抵押＋信用”普惠个人经营不良贷款证券化于12月完成发行。

（二）落实落细合规风险管控。建立普惠领域合规监测体系，针对违规收费、转嫁成本、借贷搭售、存贷挂钩、以贷引存等问题，建立监测预警模型，及时下发分行核实整改。

（总行普惠金融事业部）

机构金融业务

2021年，机构金融条线坚持总行党委“48字”工作思路，持续巩固市场领先优势，扎实服务国家重点领域改革，取得了稳中有进的经营发展成绩。

一、主要经营指标取得新突破

面对前所未有的复杂经营环境和高频政策性划拨带来的严峻挑战，全行机构金融条线迎难而上、奋勇向前，市场优势持续稳固，客户基础不断夯实，重点指标较好完成，为全行高质量发展作出了积极贡献。

（一）领先地位继续保持。机构存款余额67 465亿元，四行占比35.39%，保持四行第一，领先第二名8.2个百分点。同业存款余额20 509亿元，四行占比32.19%，排名四行第一，继续保持“规模最大、结构最优、成本最低”市场优势。

（二）客户基础不断夯实。全量机构客户54.8万户，较年初净增4.8万户，增量创近五年新高。日均金融资产1万元以上机构客户31.5万户，较年初净增1.8万户。GBC工作带动B端拓户29万户，带动C端获客活客5 200万人；有效填补客户断点5.3万户，新增存款1 990亿元，资金回行率40.6%，闭环管理成效显著。

（三）营业利润稳居“第一梯队”。2021年机构金融业务实现营业利润845亿元，在各条线中排名第三，为全行推进“扬长补短固本强基”战略布局作出贡献。

（四）代发、中收均实现同比正增长。全行机构代发客户12万户，较年初净增1.5万户。代发规模1.9万亿元，同比增加3 226亿元，增幅超20%。机构条线全口径中收29.5亿元，同比增加1.2亿元。

二、传统优势领域取得新进展

一是财政领域把牢源头活水。全面服务2 300家财政部门、13万家预算单位，财政资金支付规模6.6万亿元，同比多增1万亿元，覆盖客户数、代理业务量均位居同业首位。服务延伸B、C端客群，直接承接财政源头资金约2.7万亿元。“工银e政务”综合服务平台落地6.6万家预算单位，地方非税电子化新增上线行政区划240个，服务国家改革冲锋在前。二是社保改革营销捷报频传。积极参与基本养老保险全国统筹改革顶层设计，与人社部签署《养老保险全国统筹信息化建设项目合作框架协议》，获得独家合作银行资格；在32个省市中（含新疆建设兵团），已有29个分行完成项目预算审查批复，系统建设全面铺开。“工银e社保”实现全国省区全覆盖，代理资金规模1 944亿元，居同业首位，“社银一体化网点”在26个省市区建成2 312家。与国家医保局签署总对总协议，持续加大各省市医保清算资格竞争力度，在已开展投标的17个省区中，中标13个，位居同业第一。借助医保移动支付清算合作，带动拓展医院、卫生院等医疗机构6 823家，定点药店等商户4.2万家，分别较年初新增3 764家和1万家。

三、潜力领域挖掘取得新突破

在巩固夯实财政、社保“两个千亿”传统市场基础上，加快挖掘“十个百亿”潜力市场增长点。政法领域以金融服务司法系统案款管理改革为切入点，与公安、检察院、法院、纪检监察、金融局等客户实现全领域合作，在64家政法机构完成智慧政法平台试点应用，管理案款资金规模约85亿元。医疗领域推出“工银云医”品牌，与25个省、77个市县卫健委、1 140家医院合作开展智慧医疗场景合作，实现各类医疗机构增长3 359家，创历年最好水平。获得国家卫健委信息中心第16届中国卫生信息技术应用交流大会数字医疗健康创新服务优秀案例，入选工信部“2021年数字供应链金融创新成果”。教育领域全面落实中央“双减”要求，构建“教培云”“安心学”“智慧高校”“智慧职教”等云平台，与全国31个省、179个地市的938家教育部门，1 700余所高校，2.8万家培训机构及3.6万所中小学幼建立深度合作关系，带动教育客户增长1.3万户、存款增加126亿元，存款连续三年稳居四行第一。预付费领域抢先打造“安心付”预付费监管平台，覆盖体育健身、餐饮娱乐、美容美发等各大预付行业。“北京预付费资金监管平台”业内唯一获工信部2021可信区块链峰会高价值案例，并入选“国家区块链创新应用试点”项目。国土领域联合公司、个金部门开展GBC联动营销，新增房地产企业按揭项目合作超20项，累计实现17家分行5 000亿元保证金沉淀。住建领域打造“智慧住建”，带动房管住建机构客户新增1 214户，扭转2019年以来客户持续下降的不利态势，新增存款178亿元，创历史最好水平。科研领域创新研发“e科研”平台，推进各级科技主管部门、科研单位、科技城、科研院所的综合服务，带动科研领域存款增长123亿元，客户增长316家；实现合肥国家实验室、张江国家实验室等15个重点实验室合作落地。

四、服务实体经济打造新模式

一是创新打造金融联合体。与7家中投公司直管企业签署战略合作协议，践行体系化营销新模式。二是有效助力补充资本。营销同业客户认购工行三期境内外永续债、两期二级资本债，银行、保险、证券客户合计认购永续债1 025亿元、占比73%，二级资本债885亿元、占比98%，为支持信贷投放实现总量及增量同业第一、支持实体经济作出贡献。三是全面服务多层次资本市场建设。首家向北京证券交易所递交合作框架协议和金融服务方案，成功拿下基本户。推动全国股转公司、北京证券交易所与工行独家签署三方战略合作协议，共同支持创新型中小企业发展。四是不断深化基础设施创新合作。首批成功参与上清所大宗商品现货清算业务，签约客户及清算金额均位居市场首位；成功争揽广州期货交易所在工行独家开立资本金账户；首批获得大商所标准仓单线上融资业务资格并开办同业首单。五是积极服务小微企业。加大票据经纪服务供给，累计签约服务的企业客户超5 700户，小微企业占比86%，稳居市场第一，成交票据金额累计达100亿元。六是加速推进数字货币合作。协同数字人民币团队完成财政支付、医疗医保等22个GBC场景并全部落地，获得媒体广泛报道。以第一名成绩中标7家北京市属医院冬奥数字人民币清算行资格；为22家北京市属医院客户开通数字人民币账户；与68家同业机构签订数字人民币框架协议。

五、服务全行战略作出新贡献

一是赋能第一个人金融银行战略。代发工资获客。机构条线代发个人客户数4 701万人，增幅12%，代发单位12万户，增幅14%。综合服务活客。全面提升官兵服务，累计销售军人专属理财超130亿元，产品规模远超同业各行之和，有效提升军队服务黏性。第三方存管账户总量突破7 000万户大关，稳居同业第一，有力夯实个人客户基础。

二是助力打造外汇业务首选银行。关键资格取得突破。成功获得境内外币支付系统美元代理结算唯一备份银行资格。外汇存款屡创新高。2021年末外汇同业存款时点余额426亿美元，时点增量53亿美元，增幅14%；日均增量153亿美元，增幅51%。日均增量四行第一，时点和日均规模均创历史同期最好水平。客户营销多点开花。拓展CIPS间参行63户，较年初增加41家，增幅186%。深化外资券商合作，独家落地大和证券、摩根大通基本户。走访中国结算，积极申请H股全流通结算银行资格。联动头部券商，成功营销农夫山泉H股全流通减持合作银行，实现业务首单破冰。成功从他行挖转中信建投代理债券通“北向通”结算银行资格，完成CIPS账户开立和协议签署。

三是落实重点区域竞争力提升战略。推动建章立制。认真履行长三角、中部地区牵头职责，与区域内10家分行建立常态化联系机制，动态梳理区域发展政策，定期分析全面经营情况，协调解决难点问题，指导开展旺季营销。牵头会诊把脉。推动召开中部地区分行第二次联席会议，梳理分行诉求50余项，联合9个部室共同为分行会诊开方，助力重点区域竞争力和客户服务再提升。

四是助力城乡联动发展战略。发挥金融科技优势。业内率先推出“数字乡村”综合服务平台，与全国31个省级、259个地市，与770家区县级农业农村部门达成信息化合作，其中30个区县实现“全辖覆盖”，带动“三农”场景客户增长1.22万户，增幅81%，机构存款增长105亿元，较年初实现翻番。《人民日报》、新华社等专题报道，平台获评农业农村部“2021数字农业农村新技术新产品新模式优秀项目”、《金融电子化》杂志社“2021科技赋能金融业务发展突出贡献奖”。汇聚金融机构合力。联合证券公司组织“银证携手助力乡村振兴”活动，改善定点帮扶地区民生。联合大商所、重点期货公司、保险公司在总行定点帮扶四县市开展“养殖业利润损失保险+订单农业”综合保险项目，推动期货风险管理子公司融资试点落地。

六、强化风险防控守牢“第一道防线”

一是优化客户授信及限额管理。规范和细化尽职调查工作要求，进一步优化报送流程；完成235家同业客户年度风险限额方案报送，及时满足各级机构限额需求。二是加强表外合作机构管理。修订《标准化业务合作机构管理细则》，首次启动准入和限额集体审议机制，优化限额核定模型，并将银行理财子公司纳入合作机构管理。强化标准化、非标合作机构准入及限额核定，核减风险客户合作限额，有效防范输入性风险。三是建立风险联防联控机制。重点关注资管、代销、投行、国际化子公司重点领域风险，分析负面舆情客户30家，前中后台联合采取管控措施。四是加强重点领域管理。完成2021年重点业务领域及“监管红线”自评估工作，推动条线加强对反洗钱、代理财政、代理保险等重点业务自查自纠力度，强化业务合规管理，提升员工合规意识。五是圆满配合完成巡视及各类监管检查。高效对接中央巡视、六部委整治重大信息虚假问题专项行动、银保监会风险管理及内控有效性现场检查、人民银行综合执法检查、理财与代销内部审计等检查，顺利配合完成各项工作，持续加强一体化整改。

（总行机构金融业务部）

负债业务

2021年，全行认真贯彻落实宏观经济政策要求，主动应对错综复杂的国际国内经济金融形势，多条线联动配合，精耕细作，共同发力，不断巩固负债业务改革发展的政策基础、产品基础和客户基础，推进负债管理再上新台阶，实现资金来源总量稳健增长，结构不断优化。2021年末，境内人民币各项存款（含同业）余额262 778亿元，比年初增加13 548亿元。其中储蓄存款余额121 545亿元，比年初增加8 493亿元；公司存款余额53 258亿元，比年初增加2 380亿元；机构存款余额67 465亿元，比年初增加1 699亿元；同业存款余额20 510亿元，比年初增加976亿元。

一、个人负债业务创新发展情况

（一）储蓄存款发展情况。2021年，将“合规经营、量价协调、稳定增长、GBC联动和打牢客户基础”作为推动储蓄存款高质量发展的行动指引，深入推进第一个人金融银行战略落地。围绕客户“花钱、借钱、赚钱、管钱”的需求，以新客户拓展和存量客户提质增效为双引擎，夯实日均存款基础，加强储蓄存款精细化管理，推动储蓄存款高质量发展。

1. 人民币储蓄存款迈上12万亿元新台阶。全行人民币储蓄存款余额达到12.15万亿元，在全行一般性存款中占比突破50%，较年初增加8 493亿元。储蓄存款日均余额11.67万亿元，较年初增加9 343亿元，占全行一般性存款增量的71.24%。

2. 储蓄存款结构进一步优化。全行主动负债（保本理财、结构性存款、大额存单和创新产品）余额较年初下降4 781亿元，在全部储蓄存款的占比较年初下降5.13个百分点。其中，活创产品、保本理财已全面清零，结构性存款较年初下降3 321亿元。

3. 储蓄存款付息率实现进位提升。储蓄存款付息率1.83%，同业排名第二位。从变化趋势上看，储蓄存款付息率较年初上涨2个基点，C行、A行分别较年初上涨10个和9个基点，付息管理优于可比同业。

4. 储蓄存款营业贡献创历史新高。全行储蓄存款营业贡献 1 346 亿元，占大零售营业贡献的 44. 95%，同比增加 151. 42 亿元。其中，定期储蓄实现营业贡献 292 亿元，活期储蓄存款实现营业贡献 1 060 亿元，同比增加 160. 92 亿元。

（二）产品创新情况。2021 年，在第一个人金融银行战略引领下，坚持“存款 +”产品创新思路，围绕短期流动资金，聚焦商友和代发等重点客群，创新推出了“存款 + 转存”的智存通系列专属存款产品。智存通系列产品是为目标客户提供的通知存款自动转存服务，实现了个人客户资金自动滚存通知存款，按金额实现分层定价，兼顾资金流动性和收益性，受到个人客户广泛欢迎。截至 2021 年末，智存通产品余额达到 329 亿元，有效发挥资金争揽作用，进一步提升代发和商友客户资金留存率，推动日均储蓄存款稳步增长。

二、公司负债业务创新发展情况

2021 年末，全行本币公司存款余额 53 258 亿元，较年初增加 2 380 亿元，公司存款余额排名四行第一。全行本币日均公司存款余额 50 381 亿元，较上年日均增加 5 451 亿元。全行本币公司存款平均付息率 1. 29%，为各条线最低，实现量价协调发展。

一是扎实开展客户拓展织网补网工程。强化顶层设计，总行层面成立织网补网工作小组，建立定期会商机制。印发《关于推进织网补网工作　提升客户拓展维护能力的意见》《关于开展 2021 年度公司客户织网补网工作的通知》等文件，推动“四梁八柱”不断完善。坚持问题导向，建立织网补网评价体系和分行织网补网诊断书，指出分行长短板优劣势，推动分行有的放矢提升。开通织网补网网讯专栏做到经验共享和业务宣传造势。

二是打通资金流转链条，实现 GBC 场景深耕。印发《关于进一步做好公司客户资金承接工作的通知》，明确资金承接的工作目标。将“行内公司客户资金承接率”“行外公司客户拓户率”纳入考核体系，强化对分行的考核引导。建立横向问题反馈机制、纵向联系人机制、定期通报机制、分层营销机制，打好“组合拳”。印发《关于做好 2021 年重点城市土地集中招拍挂全行 GBC 联动营销工作的通知》等多项制度措施，有力提升重点场景的获客活客作用。

三是明确目标提早布局，精准施策稳步发展。抓住旺季营销“春天行动”的契机，组织召开直达一级支行的公司存款推动会议，以及一系列公司存款座谈会，将全行思想统一到总行党委决策部署上来。积极落实偏离度管理要求，确保偏离度合规。做好关键时点存款预测工作，实现存款预测线上化，增强存款预测严肃性和便捷性。充分发挥公司存款优惠利率、大额存单、结构性存款等主动负债产品在市场竞争中的杠杆撬动作用。

四是深化数据分析，加强科技赋能。按季形成全行公司存款与客户结构情况的通报，从地区、行业、客户等不同维度持续监测通报公司存款情况，包括公司存款总体情况、重点存款产品情况、信贷资金管理情况、资金流转情况、公司客户拓展情况五大方面，为全行业务发展提供数据支撑、参照体系、决策依据。实现 GBC 资金闭环系统数据与法人客户营销管理系统联动共享，投产重点场景指标报表，赋能分行开展组织推动工作。

三、机构负债业务创新发展情况

一是面对前所未有的复杂经营环境和高频政策性划拨带来的严峻挑战时，机构条线因变而变，稳住经营发展的基本盘，全年实现负债业务营业贡献 854 亿元。为降低政策性划拨带来的巨大影响，机构条线通过主动调整增长重心，进一步深挖政府板块增长潜力，重点打造十大“百亿”增长领域，为存款可持续增长提供强力支撑。机构存款在重大不利因素冲击下实现好于同期的业绩，年末时点增量 1 699 亿元，同比多增 1 226 亿元，较年内最低点提升 6 255 亿元。

二是面对同业竞争愈发激烈的环境下，市场绝对领先优势持续巩固。年末机构存款余额四行占比 35. 4%，排名四行第一，领先第二名 8. 2 个百分点，其中大政府和保险板块稳存增存效果显著，增量均为四行第一；同业存款余额四行占比 32. 2%，排名四行第一，继续保持全市场“规模最大、成本最低”的比较优势。

（总行资产负债管理部）

信贷业务

2021 年，全行认真贯彻落实党中央、国务院决策部署，坚持总行党委“48 字”工作思路，紧扣“三新一高”的要求，继续加大对实体经济支持力度，信贷总量稳健增长。截至 2021 年末，集团各项贷款余额 20. 67 万亿元，比 2020 年末增加 2. 04 万亿元。其中，境内分行各项贷款余额 19. 24 万亿元，比 2020 年末增加2.11万亿元，全年贷款增量创历史新高。

一是加强服务实体经济顶层设计，前瞻做好投融资规划布局。印发近年来首个集团层面投融资业务中长期规划，明确总量和结构策略，推动全行运用战略思维、周期思维和流量思维，前瞻性做好投融资业务资产选择和投放布局。系统推动分行因地制宜做好区域投融资规划。总分行、前中后台部门先后开展三轮评审，对各分行规划反复论证。编发工作动态，指导分行摸清投融资"家底"，科学合理制定结构调整目标和进退策略，并首次实现36家一级（直属）分行规划制定全覆盖。

二是落实差异化信贷政策，加大重点领域支持力度。突出"绿色低碳"导向，持续完善绿色金融政策体系，明确绿色金融发展规划，加强投融资绿色分类管理，制订"双碳"工作方案，做好能源保供政策引导；持续完善制造业政策管理，聚焦战略性新兴产业、新兴制造业和传统产业转型升级，支持制造业高质量发展，建立制造业行业周期模型，完善先进制造业客户标准和工作机制，提高风险防控前瞻性和主动性。截至2021年末，全行绿色贷款余额突破2.8万亿元，绿色贷款规模及增量均位列可比同业第一；制造业贷款余额2.2万亿元，民营企业贷款余额3.3万亿元，普惠贷款余额突破1万亿元，全面满足监管要求。

三是实施四大布局，深入贯彻落实集团重大发展战略。加快推动第一个人金融银行战略全面落地，完善个人客户"三道口、七彩池"智能风控体系建设，加大个金条线核销资源倾斜力度，与前台部门和基层行共享多维度零售业务风险监测信息；2021年末个人贷款不良率0.38%，较年初下降0.04个百分点。深入贯彻外汇业务首选银行战略，完善国际贸易融资业务信贷政策，加快推进业务流程优化；持续优化系统功能，配合人民银行电证福费廷子系统上线，推动国内证福费廷业务电子化；结合双优业务范围调整，完善配套授权与系统安排，为"走出去"企业提供信贷支持。系统推进重点区域竞争力提升战略，加大重点战略区域政策支持力度，研究制定首都功能提升融资产品，修订新疆区域信贷政策；统筹兼顾人民银行重点关注的10个经济困难省份信贷投放，促进区域协调发展。纵深落实城乡联动发展战略，加强涉农信贷业务的投融资政策引导，印发投融资支持乡村振兴专项政策，从完善信贷准入、优化业务授权、完善农业特色押品管理、支持产品创新、完善涉农信贷业务尽职免责规定等方面给予政策支持，引导全行持续加大对乡村振兴重点领域的信贷资金支持力度。

四是完善政策制度和系统配套支持。优化授权管理，加大重点领域授权支持力度，提高京津冀、长三角、粤港澳、成渝、深圳先行示范区、雄安新区等重点区域和普惠、个贷、银行卡等重点业务的授权。完善信贷制度框架和产品体系，修订项目营运、设备购置、法人账户透支等办法，更新担保管理制度，配套授信审批新规信贷管理要点；加强表外业务制度动态管理，规范非标回表工作，扎牢制度"防火墙"。持续推动风控体系智能化建设，增强GCMS易用性、友好性，提升信息采集自动化水平，丰富外部数据信息；加快推进"融安e防"迭代升级，投产新一代押品管理系统和全景舆情监测功能，切实为基层减负赋能。

（总行信贷与投资管理部）

中间业务

2021年，全行积极落实总行党委"48字"工作思路，突出强化"比"的思想，以"三比三看三提高"为抓手，围绕重点战略落地，努力克服疫情等不利因素影响，推动中间业务收入稳定增长。2021年，实现手佣净收入1 330.24亿元，增长1.38%，其中：境内分行中收1 358.35亿元，同比增长2.36%，收入总量继续保持四行第一。22类产品中，债券承销及代销（收入62.40亿元，增长20.79%）、第三方支付（166.70亿元，增长17.95%）、资产托管（85.45亿元，增长16.82%）、代销基金（78.24亿元，增长13.36%）、银团安排承销与管理（43.25亿元，增长9.36%）、人民币对公结算（113.38亿元，增长8.28%）等产品收入增长较好；36家分行中，深圳（收入84.92亿元，增长8.67%）、北京（127.45亿元，增长3.46%）、湖南（28.16亿元，增长17.52%）和湖北（32.04亿元，增长14.96%）等分行增长较好。2021年，全行统筹中间业务组织和减费让利，落实各项收费减免政策让利434.66亿元，主动为企业承担第三方机构收取的抵押登记费、评估费、保险费等各项费用6.98亿元。

一、中间业务组织推动情况

一是统筹集团中收目标，传导经营压力。按照"坚守中收总量同业第一底线、加快结构转型"的思路，结合集团总体财务安排和同业情况，兼顾目标可实现性，做好分产品、分部门、境内分行、境外及控股机构全年及季度中收目标的科学核定和下达，充分传导经营压力。二是积极挖掘中收增长点。加强与头部机构合作，提升产品遴选能力，提供丰富优质的基金、保险和理财产品，做大财富管理产品池，吸引和汇集客户资金，同时通过投行板块寻找优质资产，通过资管板块高效组织资产，对客户资金形成有效对接，通过行司间、总分行间、部门间有效联动，打通财富管理价值循环链，形成资金供给、管理、融通相互作用的生态圈，带动基金、保险、资管、托管、投行等大财富管理板块收入持续增长。理顺私银核算及考核机制，确定“分别从产品维和客户维体现私银客户中收贡献，但同一维度内不双算”的优化基本原则和思路，调动私银条线销售保险、基金的积极性。三是加大沟通协调力度与频率，推动目标落实。落实执委会要求。研究第三方支付、信用卡、资管、投行、托管、基金、保险等产品增收措施，落实第30次执委会“加快提升手佣收入竞争力，确保实现季末总量领先、全年正增长”的要求。沟通增收措施。召开中间业务增收视频座谈会，围绕实现全年中收目标和提升市场占比，与公司金融业务部、投资银行部、个人金融业务部、银行卡业务部、资产托管部、网络金融部6个部门，以及浙江、江苏等12家分行沟通具体推动措施。做好季末中收督导，强化缺口管理。通过视频、现场等方式于每季度逐一与各经营单元沟通目标预计实现情况、面临的困难、措施及建议等，引导各经营单元紧盯竞争力提升，努力完成中收目标。季末按日预测中收情况，及时汇报缺口情况，并提出管理相关建议。四是加强中间业务收入监测、分析和通报，为管理层提供决策支持。总结全行中间业务增收特点、存在问题和同业压力，提出“提升个人板块中收竞争力，扩大对公和资管板块领先优势”的具体措施建议。加强同业对标分析，按月撰写《手续费及佣金收入简报》，监测分析分产品、分部门、分机构中收同业竞争力变化，并及时报行领导，同时提供同业数据，支持各增收单元查找差距，找准增收方向。按季做好重点战略板块涉及中收目标的执行情况跟踪，结合存在问题提出管理建议。加强其他非息收入监测分析，从产品、机构维度分析其他非息收入变化原因及需关注的问题。

二、中间业务规范管理情况

一是严格落实监管出台的减费让利政策。按照四部委《关于降低小微企业和个体工商户支付手续费的通知》和两协会《关于降低自动取款机（ATM）跨行取现手续费的倡议书》《关于降低小微企业和个体工商户支付手续费的倡议书》要求，在与同业沟通的基础上，如期落实ATM跨行取现服务收费标准的政策调整、系统改造和价格公示工作。根据党委扩大会议精神，按照严格落实监管要求、与主要可比同业减费策略保持一致、充分平衡工行财务承受能力与市场反应的原则，在与同业持续沟通的基础上，制订工行降低小微企业和个体工商户支付手续费方案，做好《服务价目表》调整和公示工作，推动相关部门如期完成收费系统改造、参数调整，退费机制建立以及客户标识维护和动态管理，向人民银行、支付清算协会报送相关工作数据和材料。二是持续强化收费合规管理。按照“内控合规管理建设年”工作要求，牵头组织总行相关部门开展中间业务收费自查，印发《关于开展2021年“内控合规管理建设年”中间业务收费自查的通知》，提示各部门从制度建设、系统建设、合同文本协议规范等方面做好自查，按时反馈自查报告。持续跟踪《服务价目表》实施情况，及时解答各级机构对收费项目和收费政策的问询。

（总行财务会计部）

结算与现金管理业务

2021年，全行坚决贯彻行党委决策部署，坚持“48字”工作思路，运用“三比三看三提高”工作方法，实施“扬长、补短、固本、强基”战略布局，发挥结算金融长板优势，深入推进结现专业数字化转型发展。围绕拓户、增存、创收等核心工作，深耕全量客户服务，结算金融互联特点进一步突出，同业领先优势进一步扩大，品牌影响力进一步增强，全行经营贡献度进一步提升，为实现高质量发展、服务实体经济起到支撑作用。

一、结算金融同业领先优势显著扩大

2021年，全行新开对公结算账户195万户，存量正常账户达948万户，人民币对公结算板块中间业务收入（100%分润科目）实现111.57亿元，同比增长8.21%，占全行中收总量的8.21%，同比提升0.44个百分点，核心指标同业对标均居首位。跨境资金池、工银全球付、API 银企互联等结算金融产品市场份额快速扩大，完成全球现金管理系统与 15 个国家/地区本地清算系统直联，实现海外付款的同城化体验，逐步形成工行在“一带一路”沿线国家对公结算市场的领先优势。

二、以结算金融互联助力全行高质量发展

（一）坚持量质并重，拓户增存取得新成效。

一是量质并举做好账户拓展。坚持“抓源头、抓线上、抓批量”的思路，加强各类典型场景业态客群拓展。强化政银合作，通过“企业通”服务在登记注册等企业设立环节介入工行开户服务，推进 GBC 联动综合服务。强化平台拓户，积极推动工行预约开户接口对外输出，实现外部引流获客。强化精准营销，科技赋能数据挖掘分析，实施针对性营销挖转。2021 年新开对公结算账户同比增长 15.69%。全行日均金融资产 1 万元以上公司客户较上年末累计净增 40.38 万户，增幅 10.71%。

二是全面助力稳存增存。创新打造“公司智存通”存款产品，已有上海、四川、浙江等 24 家分行通过公司智存通业务争揽百余重点客户公司存款。发挥结构性存款、大额存单等产品对重点客户维护和公司存款增存的积极作用。公司结构性存款与大额存单合计支持公司存款时点和日均增量的 51.08% 和 38.99%。推动公司主动负债量价协调发展，在撬动存款规模增长的同时，积极管控降低主动负债成本，助力公司存款高质量发展。

（二）践行价值创造，中收创收实现新突破。

一是落实降费让利，展现大行担当。坚持高标站位，将“降费让利”作为政治任务来抓，落实牵头责任，做好行内组织推动及落地管理。

二是树立“比”的意识，开展同业对标。拓宽收入来源，在新开户环节加强基础产品渗透，促进重点产品中收快速增长。防止跑冒滴漏，完善重点创收产品自动收费功能，确保应收尽收。强化分析测算，按月对标可比同业进行数据分析，持续补齐短板扩大领先优势。2021 年，结现专业全口径收入实现 137.94 亿元，同比增长 3.43%，重点收入科目全面领先同业。

（三）深耕全量客户，“织网补网”取得新进展。

一是发挥结算金融长板优势争揽大型客户。凝心聚力推动现金管理发展和央企司库建设，结合政策导向闻令而动、统筹规划、走访客户，有效促进全行服务央企司库管理体系建设能力提升。截至 2021 年末，工行现金管理客户数超 160 万户，同比增长 18%，具有深度合作关系的现金管理核心客群总数 11.87 万户，同比增长 21%，客户基础不断夯实。以对公投资理财服务促进客户价值循环，发挥法人理财、对公基金等投资理财类产品的客户“引流器”作用，使客户资金和资产在工行系统内循环。截至 2021 年末，法人新规理财日均规模 3 078.25 亿元，同比增长 13.05%；法人理财客户 88.90 万户，同比增长 43.39%；对公基金销量 166.25 亿元，同比增长 18.72%。

二是打造一批数字化产品服务中型客户。通过工银聚平台服务深耕供应链客群，2021 年新上线 152 家链式客户，同比增长 23%；实现结算金额 6.2 万亿元，同比增长 114%。平台新增签约客户数 51 万户，日均存款较年初增加 1 082 亿元。“工银聚”渠道表内外融资总额 32 亿元。通过工银 e 企付嵌入各类交易平台、供应链核心企业平台，为交易方提供便捷高效线上支付结算服务。截至 2021 年末，工银 e 企付上线合作平台 228 户，新增合作客户 132 户。通过财资管理云嵌入企业经营过程，抓好资金承接，完善资金循环生态，提高资金外流向内流、“流量”向存款“留量”的转化效率，实现银企共赢。

三是批量拓展和服务支持小微客户。发挥小微金融服务平台优势，提升小微企业服务覆盖面与服务水平。截至 2021 年末，小微平台交易客户总数 368.14 万户。深耕对公服务支持工作。坚定不移组织中小客户远程维护，外呼营销重点法人理财产品“添利宝”共计 13 万户，累计营销金额 1 100 亿元。坚持不懈开展账户提质、不动户唤醒，全行激活不动户 67.77 万户。

（四）强化支持协同，服务全行战略构建新优势。

一是助力打造第一个人金融银行。一方面，以工银 e 缴费为抓手促进 GBC 三端协同发展，全年实现缴费金额 7 130 亿元，累计服务个人客户 1.44 亿户，通过构建工行缴费生态赋能对公、个人客户流量双提升。另一方面，将代发工资纳入结算惠享服务方案，与拓户营销深度融合，2021 年带动代发客户新增超 20 万户。

二是助力打造外汇业务首选银行。实施全球响应，将工行全球现金管理服务区域延伸至全球 80 余个国家和地区，跨境资金池、工银全球付、全球发薪等核心产品交易量快速增长，服务内容及覆盖范均居同业前列。强化业务推广，利用世博会、进博会、广交会、服贸会等契机打响工商银行结算金融互联品牌，多次组织品牌发布、主题演讲、客户签约等具有影响力的重大活动，业界认可度与客户传唱度持续提升。密切银企合作，通过全球现金管理服务为切入点，服务 64 家“走出去”央企，占全部“走出去”央企比例的 77%；世界 500 强公司客户覆盖 149 户，占比 30%，与“头部”优质客户互利合作日趋紧密。工行全球现金管理荣获《亚洲银行家》“亚太区最佳国际现金管理银行”和《财资中国》“最佳场景解决方案奖”。

三是助力重点区域竞争力提升战略。推进北京“两区”建设，落地本外币一体化资金池试点首发。推进粤港澳大湾区建设，业内首次在广州和横琴落地 FT 全功能资金池业务，实现上海、深圳和广东三地业务突破。推进长三角一体化建设，为工行重要战略客户提供

上海自贸区政策下跨境资金池创新服务。2021 年，长三角地区新增跨境资金池 30 个，结算量同比增幅超 50%。

四是助力城乡联动发展战略。首创“农村集体智能开户服务”，借助便携式智能终端提供上门服务，全面提升涉农非企业主体账户服务体验。围绕农业产业化龙头企业开展链式营销，支持优质企业储备粮涉农收购项目，惠及下游客户 5 000 余户，帮助企业回笼货款 400 余亿元。依托“采购云”平台助力农业企业经营转型，累计为涉农项目发放采购款 10.5 亿元。

三、践行固本强基，培育结算金融可持续发展动能

（一）多措并举增强网点对公服务能力。组织管理上，持续优化网点对公智慧营销管理平台，科学推动网点综合化建设、网点人员转型，做好标杆网点建设。推动引导上，发挥优秀网点示范引领作用，依据网点对公资源禀赋做大做强对公基础业务，有效促进重点指标提升。截至 2021 年末，工行开办对公业务网点达到 14 628家，同比净增 376 家，综合化率 92.78%。

（二）重点攻坚提升专业数据分析水平。

一是健全数据分析模型，开发上线对公账户拓展、六大产品线管理、对公存款、法人理财、工银 e 企付六大类共 80 款数据分析产品，为总分行结现专业人员提供线上、灵活、高效的数据分析服务。

二是系统化做好资金承接，持续提升对公资金监控平台智能性和易用性，实现他行目标客户自动挖掘、自动分配、营销督导的全流程管理。研发分析模型实现客户流失预警，赋能分行稳存拓户，促进资金在工行系统内循环。

（三）扎实推进产品营销经理队伍建设。全行产品营销经理队伍稳定在 3 000 人左右。获客黏客方面，开发六大场景营销合作方案、客户需求调查表等营销工具，成为场景营销获客利器。系统建设方面，不断优化结现工作台功能，探索基于 e 办公的移动平台系统支持方案。人员管理方面，在全行范围内开展结现营销人员在线调查，摸底队伍状况，制订团队科学转型方案。

（四）笃行不怠构建全生命周期风险管理体系。

一是加强尽职调查和账户风险管理。全年完成 480 余万笔账户尽职调查，工行对公涉案账户数量保持四行最低水平。

二是推动全行单位客户反洗钱工作，印发全行《单位客户身份识别管理办法》，牵头组织对 200 余万受益人信息进行更新治理。

（五）转型务实明确结算金融数字创新发展方向。在发扬传统支付结算服务优势基础上，积极践行新发展理念，推进结算金融数字化转型，构建“一体两翼、双轮驱动”的数字结算金融体系，推动结算金融由产品营销向做好全量对公客户结算金融服务和小微无贷公司客户关系管理转变，持续发挥结算金融互联在全行战略中扬长扬优重要作用。

（总行结算与现金管理部）

信用卡业务

2021 年，银行卡条线贯彻落实总行党委“48 字”工作思路，运用“三比三看三提高”工作方法，坚持“扬长、补短、固本、强基”布局，以质量攻坚带动突破发展，成功扭转经营局面，取得了优于同期、好于预期的经营业绩，为下一阶段高质量发展奠定良好基础。

一、信用卡业务经营成效

（一）效益贡献全面好转。一是营业利润扭负为正。将营业利润扭负为正作为全年首要任务，遏制上半年持续下滑趋势，在扭负为正的基础上，提升价值创造，全年银行卡专业营业利润 27 亿元，同比增加 71.4 亿元；营业贡献 88.6 亿元，同比增加 75.9 亿元，增幅 600.5%。二是克服“费改息”影响，实现中收平稳增长。全年实现信用卡中收（全口径）160 亿元，由上半年同比负 11 亿元，逐步提升至同比增 4.2 亿元，可比口径增 15.9 亿元，增幅 11.1%；其中消费回佣、收单回佣、分期合作方收入分别达 73.5 亿元、34 亿元、5.7 亿元，同比增幅 6.3%、24.4%、153.6%。

（二）业务质量大幅改善。一是资产质量明显提升。质量攻坚取得突破效果，顺利完成资产质量管控目标，年末银行卡专业不良额 148.48 亿元、不良率控制在 1.85% 以内（1.848%），分别较年初下降 0.49 亿元、0.08 个百分点，实现双降；拨备覆盖率 190.7%，较年初提升 30.4 个百分点；全年累计劣变 193.9 亿元，同比下降41%；表内清收 81.4 亿元，第四季度 27.6 亿元，较前三季度平均提升 53.5%；表外清收回款 58.9 亿元，同比翻一番，其中账销案存清收 14 亿元，同比增幅 41%，受托资产清收 44.9 亿元，同比增幅

129.1%，均创历史最好水平。全年风险成本同比下降79.2亿元，降幅33.1%。二是服务质量提质进位。

（三）业务指标稳中有进。一是年末信用卡客户数10 644万户，继续保持同业第一，净增客户191万户，同比增幅1.8%；商户总量达685万户，较年初净增141万户，增幅25.9%，保持同业第一。二是全年信用卡消费额25 602亿元，其中纯消费额21 101亿元，同比增幅4.8%，纯消费额占比82.4%，较上年末提升4.4个百分点，逐步回归消费本源；收单交易额35 795亿元，同比增幅16.4%。三是年末银行卡专业贷款余额8 032亿元，较年初净增315亿元，其中信用卡贷款余额6 963亿元，较年初净增158亿元，融e借余额1 070亿元，较年初净增157亿元。

二、信用卡业务工作举措

（一）明方向，确立思路引领新阶段。坚持问题导向，迅速形成新的思路和举措，多渠道强化传导、凝聚共识，狠抓改革落地。一是确立新时期发展思路。召开系列专题会议剖析问题、研究策略，明确了“业务回归本源、经营回归务实、人员回归专业”的工作思路，“贷款为标、消费为本，标本兼治、长短结合”的发展策略，以及“消费首选、转型模式，立足客户、夯实基础，质量攻坚、锻造核心，精细管理、提升贡献，优化机制、创新发展”的发展举措，成为信用卡业务新时期高质量发展的行动指南。二是统一思想、统一行动。总行层面，制定20项重点攻关项目，明确牵头部室及责任人，定期督办、专题推动，取得阶段性进展；分行层面，通过召开信用卡业务工作会议、个金业务工作会议、打造全新网讯子站点等方式向全行信用卡条线传导新思路、新举措；对14家重点分行督导调研，传导新思路的同时逐一研究解决分行难点，通过有效传导推动思路举措深植落地。

（二）强质量，合力攻坚打赢新战役。从控劣变、强清收双向发力，通过厘清思路、加强传导，密集部署、强力推动，精细管理、穿透督导，强化保障、充分支持，打好资产质量攻坚战，首次实现表内清收额“跑赢”劣变额。贷后管理体系不断完善：理念上从追逐核销资源向全面深化贷后综合治理体系和提升创效能力转变；手段上从单一委外催收向委外、诉讼、扣收、交叉违约和行长挂帅等多元化催收转变，总行直接督办至二级分行，切实提升催收成效；推进上从本专业局限向借助全行资源跨专业联动转变，信用卡和个贷交叉违约客户联动清收取得新突破，9－12月交叉违约清收2亿元，清收率超过9%；创新上从人海战术向科技赋能转变，上线一键扣收等新功能，9－12月扣收回款4.39亿元，月均增幅15%。

（三）促转型，回归本源建立新动能。

1. 修复生态、突破获客。一是推动目标客户由行外转向行内，加快形成行内优客营销的良性循环。针对中高资产、代发工资、私人银行、企业年金、房贷等行内优质客群，筛选6 285万户纳入预审批，并按照“客群、渠道”四象限匹配风控策略，同时支持分行针对属地优客实施“差异化”授权和“跑道化”经营。全年中高资产、代发工资预审批客户通过率分别达83%、67%。二是以代发工资项目为突破口开展批量获客。运用“预审批＋集体营销”“增量＋存量”的策略渗透代发工资客群，在代发单位新户上门营销、存量客户上门维护时同步开展信用卡营销获客，实现“一次营销，多点见效”。全年代发客群信用卡新客渗透161.8万户，同比增长23.3%，新客贡献29.0%，较年初提升8.8个百分点。三是优化营销工具。创新推出“面签码”营销新工具，还原真实营销场景和渠道，并实现业绩还原、流程同步，提升营销效率。通过以上举措，全年行内优客渗透信用卡新客326.4万户，同比增幅10.7%，新客贡献度58.4%，同比提升12.3个百分点。

2. 精准促活、提升消费。一是创新实施客户五级分类和分层运营。通过大数据技术将存量信用卡客户分为高贡献、贡献、预警、睡眠、流失五类客群。针对后三类客群，将促销策略由广泛B端向精准C端转变，同时打通智慧大脑、PBMS、客户看板等十大触达渠道，提升客户触达率及响应率，推动后三类客群向高贡献、贡献类客户迁移。年末高贡献、贡献客户较年初增加127万户。二是加大绑卡推动力度。通过网点闭环营销和外呼短信营销推动客户绑卡，全年绑卡消费额5 128亿元，同比增幅54%。三是积极解决用卡受阻问题。9月起梳理15类用卡受阻场景，提出29项优化措施，其中受阻后短信引导等6项措施已落地实施，截至11月末受阻笔数、金额同比分别减少10%、15.4%，带动消费额增加43.4亿元。

3. 直客转型、做大分期。一是打造总对总贴息新增长点。全年中收分期交易额614亿元，同比增幅86.6%。汽车分期方面，大力拓展全国销量TOP30汽车主机厂商和TOP15新能源车品牌，成功与一汽大众、R汽车等9大品牌达成总对总贴息合作；加快推进已合作品牌业务落地，与上汽R汽车全部门店签约合作，全国合作汽车经销商渗透率近10%，较年初提升4个百分点。家装分期方面，全行推广广东分行行内优质按揭客户营销模式、北京分行家装公司场景端获客引流的先进经验，分别已有13家分行、10家分行落地。商户分期方面，聚焦手机数码、家居家电等五大行业及头部商户，打造苹果、小米等标杆项目。二是做好业务发展基础保障。降本上，落地直客分期佣金支出按月摊销，缓解首年成本压力；调整分行考评口径，佣金支出不计入成本；推动直客分期资金价格降低20个基点；增收上，落实合作方服务费一次性入账；实施总对总贴息牵头行中收分润；优化分期价格，全年新发放业务年化收益率8.41%，同比提升86个基点；系统上，支持汽车厂商先开票后贴息及全国统一开票。三是推进间客分期“软着陆、快转型”。在平稳化解风险的基础上，精选优质合作机构推动间客转直客新模式，实现自主风控、阳光收费、属地化经营等关键转变。19家开展间客业务的分行中9家分行已试点，旺季营销以来放款突破2亿元，实现中收2 000万元。

4. 业绩下沉、激活动能。一是落实业绩展示。在PBMS系统、MOVA系统、网点通、运营管理评价平台等渠道新增14项指标业绩展示至网点及员工。二是推动考核激励。将信用卡新增客户数等核心指标纳入网点及网点员工考核指标库；在专业评价中设立“重大机制落实”扣分项，推动分行建立信用卡计价奖励机制，提升基层营销内生动力。

（四）建体系，顶层设计筑牢新根基。一是基于客户视角，设计3D生态化客户服务体系和信用卡产品体系及进阶式权益体系。二是立足业务实际，设计全流程风控体系、基础业务规则优化方案，并启动数字化业务系统建设。

三、工银信用卡中心（国际）业务发展情况

（一）业务发展总体情况。截至2021年末，境外银行卡发卡量达377.1万张，其中信用卡176万张，借记卡（含预付卡）超200万张；全年消费额265.8亿元人民币，同比增长19.53%；年末收单商户1.2万户，全年收单交易额285.7亿元人民币，同比增长46.77%；信用卡资产业务余额62.3亿元人民币，较同期增加8.3亿元人民币；逾期90天以上不良率1.94%。2021年，工银亚洲信用卡业务全年中间业务收入首次突破1亿港元；工银澳门保持本地市场第一的领先地位；工银阿根廷不断扩大本地市场占有率，境外银行卡业务的效益贡献度持续提升。

（二）经营管理主要措施和成效。

1. 夯实客户基础，推进业务高质量发展。抓好重点客群拓展，加强私私、公私联动，发行私人银行信用卡、数字借记卡等核心产品。做好存量客户激活，夯实消费基础，加强GBC联动，紧抓港澳地区政府派发电子消费券契机，与知名商户合作开展消费回赠优惠活动。加强线上渠道平台建设，强化数字金融输出能力。

2. 创新科技赋能，提高业务价值贡献度。优化移动支付产品功能，加快线上化发展，推出H5短信分期，落地境外“融e借”纯线上信用贷款产品，实现收单端在线支付安全认证升级；持续推进境外商户服务平台优化及应用推广。

3. 强化场景建设，增强业务市场竞争力。推动重点收单项目落地，促进粤港澳大湾区内跨境支付的互联互通。加强分期付款场景化建设，深耕汽车、医疗等领域商户分期业务。深化资产业务交叉营销，推广境外“一卡一贷”项目，提高资产业务在优质客群的渗透。

4. 完善风控机制，提升精细化管理水平。持续提升风险管控能力，实现系统自动化检查和审批，以及精准授信和额度动态管理。推进智慧运营平台搭建，升级电话银行服务系统，完善客户投诉处理机制，全面提升服务品质。

（银行卡业务部）

金融市场业务

2021年，金融市场业务条线认真贯彻落实总行党委决策部署，以“48字”工作思路为指引，科学运用“三比三看三提高”工作方法，统筹常态化疫情防控与经营发展，积极做好抗击疫情金融保障工作，发挥专业优势持续服务新发展格局，不断加强产品线组织推动与创新工作，推动集团金融市场业务高质量发展。

一、经营业绩稳步提升，资产质量保持优良

一是总行金融市场部净利润历史首次突破1 000亿元大关。努力克服债券市场收益率下行、资金成本同比上升等不利影响，2021年实现部门净利润1 045.13亿元，同比增加104.65亿元、增长11.1%。二是产品线中收总量、增量四行双第一。实现产品线中间业务收入130.65亿元，同比增加8.04亿元、增长6.6%。三是条线营业利润在全行中名列前茅。实现金融市场条线营业利润1 450.89亿元，同比增加125.92亿元、增长9.5%。四是资产规模稳步增长的同时保持资产质量优良。金融市场业务日均资产规模8.17万亿元，同比增加0.46万亿元、增长5.9%。在全市场债券违约规模再创新高的不利环境下，金融市场业务新增不良率、操作风险损失率两项指标均继续保持为零。

二、抗疫彰显表率作用，积极发挥专业优势

一是债券投资市场排名第一。2021 年境内市场新增人民币债券投资 2.2 万亿元，其中新增地方债投资超 1 万亿元、市场占比 13.6%（含新增专项债投资 6 176.1亿元、市场占比 13%）。截至 2021 年末，境内人民币债券投资余额7.4 万亿元、同比增长 10.2%，其中，地方债余额 4.6 万亿元、同比增长 14.3%（含专项债余额 2.43 万亿元、同比增长 22%），上述新增投资规模与余额均保持同业第一。二是承销发行稳居市场首位。2021 年累计主承销非金融企业债券、金融债、地方债等各类债券 2 673 只、规模合计 1.81 万亿元，连续十五年保持全市场第一；全面推广柜台地方债销售，助力拓宽地方政府融资渠道，工行分销额度均提前售罄、实现四行占比 33.2%，31 个省市地区柜台地方债分销规模位居同业第一。三是疫情期间加强货币市场融出力度。努力发挥好国有大行市场稳定器与政策传导枢纽作用，在保障全行备付率合理安全的基础上做好货币政策传导工作，支持货币市场平稳运行，2021 年全年本外币融出资金规模合计超 44 万亿元，其中对中小机构融出规模占全部融出规模的比例超过 45.7%，在风险可控的前提下保障对中小金融机构流动性支持力度。四是有效满足特殊时期客户交易避险需求。2021 年汇率、利率、商品等代客交易量合计 8.6 万亿元、同比增长 10.4%，银行间市场人民币对外汇及外币之间做市保持市场第一，是唯一一家囊括本币市场历届债券最佳做市类奖项、连续十年获评银行间外汇市场综合最佳做市机构的金融机构；代客人民币利率互换业务量突破千亿元，达1 012 亿元、同比增长4 倍，高效满足实体企业避险需求；积极开展外汇交易绿色通道服务支持企业抗疫和复工复产，大力推广电子交易渠道提高业务办理便捷性，2021 年全年累计办理代客结售汇超 300 万笔、合计超 4 万亿元；为疫情防控相关企业办理大宗商品套保交易 3 647 笔、合计 323.3 亿元，有效满足了疫情防控企业在特殊时期的货币兑换与套期保值服务需求。

三、服务新发展格局持续发力，业务竞争优势不断巩固

一是认真践行绿色金融发展理念，为绿色发展提供有力资金支持。认真践行绿色金融发展理念，持续加大绿色金融资金支持力度，2021 年全年新增投资绿色债券超 650 亿元，其中新增投资非金融企业绿色债券超 340 亿元、同比增长 56 倍，绿色债券投资余额超 1 200 亿元、同比增长 39%；积极助力新发展领域拓宽直接融资渠道，承销绿色债券、可持续发展债券和乡村振兴债等各类 ESG 债券共计 813.57 亿元，市场排名第一。二是交易业务全面发力，精准对接新发展领域交易需求。持续加大绿色债券做市报价力度，双边报价只数达 46 只、保持市场第一，并保持报价价差市场最优水平，彰显工行在做市报价领域的综合优势；与境外机构投资者达成各类交易 2.53 万亿元、同比增长 21%，带来跨境人民币结算量 3.52 万亿元、同比增长 90.72%，助力金融领域对外开放和双循环发展格局加速构建。三是融资业务充分发挥大行市场稳定作用，有效助力央行货币政策传导。配合做好央行货币政策传导，协助维护银行间货币市场平稳运行，充分发挥了资金市场“压舱石”的重要地位。

四、全行重点战略抓好落实，交易金融业务扬长扬优

一是全面巩固重点区域投资规模第一优势，重点地区债券投资承销业务规模市场领先。进一步发挥金融市场业务在支持重点区域竞争力提升方面的作用，2021 年全年在京津冀、长三角、大湾区、中部地区、成渝地区等五大重点区域新增投资债券近 9 000 亿元，其中新增投资地方债超 5 500 亿元、市场排名第一；新增投资上述区域金融机构债券 2 161.4 亿元、在新增金融债券投资中占比近 99%，助力重点区域金融机构支持实体经济；承销上述区域各类信用债合计 7 593.45 亿元，为重点区域企业提供有力资金支持。二是落实城乡联动发展战略，全力服务乡村振兴。新增投资乡村振兴相关债券约 460 亿元，其中新增乡村振兴企业债投资近 60 亿元，新增农发行政策性金融债超 400 亿元，有力支持乡村产业发展、城乡交通一体化建设、农民稳收增收等重点领域；新增投资募集资金用于发放“三农”县域普惠型小微企业贷款的商业银行债券 10 亿元，助力相关领域信贷投放；完成 16 只乡村振兴债承销发行，为发行人募集资金 196 亿元，其中工行主承销 123.70 亿元、保持市场第一。三是全力助推外汇业务首选银行战略落地，结售汇与外汇买卖中收四行第一。持续丰富结售汇交易币种、优化线上交易功能、开展专项培训、宣传风险中性理念，代客结售汇业务量同比增长 34%，代客外汇买卖及衍生品业务量同比增长 13.41%，结售汇与外汇买卖中收总量、增量保持四行第一。四是配合推进第一个人金融银行战略实施，积极联动做好业务推广与客户服务。开展全行性个人交易产品营销，充分运用信息增值服务资源做好客户服务，多渠道多形式开展点差优惠等营销活动，至 2021 年末金融市场个人客户数累计 3 092.88 万户，在部分产品线面临调整的情况下逆势增长 3.7%。

五、创新工作亮点频现，经营发展效能提升

一是产品创新不断取得新突破，市场首家或首批落地各类交易。与中央结算公司联合发布业内首只基于市

场最新标准并可跟踪复制的“中债—工行绿色债券指数”，为境内外投资者了解、投资中国绿色债券市场提供便捷渠道及参照依据；成功完成100亿元绿色金融债券发行，是四大行境内发行的首只绿色金融债券，并成功完成全国首单绿色汽车分期资产支持证券发行，在柜台市场成功组织发售国开行“黄河流域生态保护和高质量发展”等专题绿色金融债以及农发行国内首单用于森林碳汇的碳中和债券；新增肯尼亚先令等10个即期以及新加坡元等6个远期差额交割币种结售汇业务，保持开办币种数同业最多；包揽银行间外汇市场所有非美币种对人民币的询价点击成交首笔交易，达成全国首笔新台币差额交割、首笔第三方担保中小外贸企业远期结售汇，市场创新引领作用获外汇局高度肯定；完成银行间外汇市场首笔人民币外汇货币掉期主经纪交易、首笔挂钩人民币回购利率的人民币外汇货币掉期、首笔挂钩TONA的日元外币利率掉期；在挂钩FDR001、FDR007利率期权业务上线首日达成市场首批交易合计8亿元，市场占比22.8%，是四大行中唯一参与交易的机构；市场首批开展以境内外币同业存单为押品的外币回购、以中债托管债券为抵押品的外币回购。二是积极参与跨境业务创新，助力金融市场双向开放。首批完成自有资金参与“南向通”投资交易，首日交易覆盖债券品种最全、交易币种最多，也是全市场交易对手最广泛的境内投资者；同时成功办理首批“南向通”项下代客结售汇业务，及时为投资者提供货币兑换及套期保值等服务；积极牵头工银亚洲、工银国际参与财政部2021年离岸国债发行工作，各期中标量在中资银行中位居前列。三是系统建设有序推进，数字金融市场建设创造新价值。积极把握数字经济发展新趋势，率先提出数字金融市场系统建设规划，创新前沿技术应用研究和落地机制，2021年全年上线192个项目或优化需求，数据驱动业务发展能力不断增强，数字时代交易竞争力进一步强化。其中，金融市场业务量化交易系统建设荣获人民银行金融科技发展奖，是近五年内工行金融市场业务系统建设第三次获此奖项，金融市场代客交易系统获得全行“创新工行”团体奖。

六、条线管理谋新求实，全球布局提质增效

一是努力强化交易金融聚能，不断加强产品线组织推动与系统建设。对标工行“十四五”时期发展战略规划目标任务，立足“扬长、补短、固本、强基”战略布局，做好全行交易业务扬长扬优思路研究，稳步推动金融市场业务领域工作落实；在统筹制定金融市场工作要点与营销方案的同时，坚持做好分行产品线差异化指导，制定印发境内分行金融市场业务“一行一策”、优化升级“三比三看”分析表，为分行提升市场竞争力提供有力抓手；优化提升“全球架构、集约整合、统一管理、风险管控”的金融市场业务系统体系，金融市场交易管理平台在全部境内一级分行、自贸区分行和54家境外机构推广，集中交易系统已全面覆盖集团所有机构，为全行金融市场业务稳健发展提供重要支撑。二是持续优化金融市场业务全球布局，助力巩固工银标准脱困振兴成效。持续开展全球布局执行情况调研，总结工作经验、查找存在问题、提出优化措施并逐项推动落实，有力促进集团交易集约化水平稳步提升，2021年全年集中交易规模9 873.91亿美元、同比增长36.21%；努力克服市场波动较大、商品业务调整等变化，在市场化原则下全力支持工银标准脱困振兴，2021年全年为其带来联动收入3 416.91万美元，帮助其完成净利润9 860万美元、首次实现连续两年近亿美元盈利。

七、风险防控严守底线，常态防疫保障运行

一是全面夯实风险防控基础，新增不良率与操作风险损失率保持为零。严把债券投资与承销的准入关口、持续加强风险预判与交易存续期管理，及时处置和化解债券违约风险；合理摆布交易敞口、确保控制在限额以内，并完成银行账户自持RMBS次级档会计重分类，在有效压降风险敞口、增强经营稳定性的同时，助力缓解资本压力；制度完善落实常抓不懈，风控系统建设扎实推进，持续强化系统硬控制，筑牢风险管控防火墙，并做好常态化员工警示教育、风险排查整治等工作，不断提高员工合规意识与责任意识，2021年全年金融市场业务新增不良率、操作风险损失率继续保持为零。二是多措并举扎实做好业务系统连续性管理，确保业务平稳运行。常态化开展信息安全教育和系统参数检查，持续提升安全生产水平；坚持系统运行按日监测，针对重要时点实施专业系统“重保”机制，持续加强总行同城备份、业务系统应急处置等管理，高效响应支持境外机构金融市场业务系统应急，为全行金融市场业务连续运营提供坚实保障。

（总行金融市场部）

资管业务

一、超额完成全年理财存量整改任务目标

严格落实银保监会关于加快化解存量风险、加速推进整改压降的要求，理财存量资产规模从年初的2.05万亿元压降到6 049亿元，超额完成过渡期7 384亿元的整改任务，剔除高流动性资产后资产规模控制在5 680亿元以内。

（一）优先压降委托投资业务，去通道、去嵌套、去杠杆取得积极成效。在推动理财存量整改过程中，优先赎回委外业务或基金投资4 365亿元。其中，2021年赎回委外业务约3 615亿元，工行理财存量标准化投资委外规模已从2018年4月资管新规发布时约9 900亿元压降至不超过200亿元，助推金融业影子银行和交叉金融风险化解。

（二）优质标债资产优先供给工银理财，全力支持工银理财发展。为严格落实监管部门关于理财公司与母行风险隔离的要求，2021年末开展与工银理财的产品移行，按照市场化法治化原则与工银理财开展资产交易，严格按照市值开展交易。2021年累计完成新产品承接资产交易1 672亿元，兼顾了存量整改、合规经营、支持子公司发展等多重目标。

（三）稳慎推进非标资产回表，加强回表过程合规管理。按照监管部门“能回尽回”的要求，认真破解回表难点，2021年累计完成非标资产回表1 388亿元。回表前，审慎确定回表明细和方式，确保回表资产符合回表政策要求；回表中，加强操作风险管理，确保按照表内信贷有关规定严格风险分类；回表后，足额计提资本和拨备，严格按照信贷管理要求加强存续期管理。

（四）抢抓流动性宽松窗口期，逢高市场化出售标债资产。加强市场研判、积极把握时间窗口，加大市场化处置力度，2021年累计市场化出售标准化资产1 677亿元，除债券票息收入外，还额外实现资本利得收益约21亿元。处置过程中，从严规范市场化处置流程，加强交易价格管理，严防操作风险，严格遵守公开交易场所有关规定，加强中台风险管理。此外，在年内个别时点市场发生剧烈波动时稳妥控制市场化交易节奏，主动维护金融市场稳定。

2021年，通过回售、清收、到期等方式收回理财投资5 311亿元，保障理财投资资金安全。其中，针对46个市场化股权项目、逾2 000个子项目逐一建档立卡、全面梳理现状，通过约谈、发函、邮件等形式，分别向项目推荐分行、管理人逐一传达最新监管要求，明确要求项目管理人制订项目退出计划，确保在保障收益前提下加速退出，按周跟踪全量市场化股权项目退出进展和资金回收情况，2021年累计收回资金68.56亿元。

二、私银存量风险化解主体工作基本完成

（一）私银存量理财产品总体兑付缺口已由负转正。受托以来，通过加强市场研判、合规决策、化解存量风险、防范增量风险和推进新规产品承接等工作，依法合规推进私人银行存量风险化解任务。截至2021年末，受托后资产端实现收益370.74亿元。

（二）私银存量理财产品和资产规模已大幅压降。受托管理以来，通过动态平衡私银存量理财业务资产负债结构，坚定不移地推进私银存量业务“缩表”工作。产品方面，截至2021年12月31日，私银存量理财剩余存续产品仅13只，规模合计200亿元，较受托时点下降6 664亿元，降幅97%，通过对存量高成本刚兑产品的压降，实现了节省支出、防止缺口进一步扩大的目标。同时，私人银行客户购买工银理财产品已超过7 400亿元（含私人银行客户购买个金理财产品），承接率超100%，较好承接了存量理财产品的压降资金。资产方面，截至2021年12月31日，私银存量资产剩余228亿元，较受托时点下降7 474亿元，降幅97%，在压降过程中实现所有大类资产均正收益，受托期间实现投资收益率6.48%（年化），超出同期同业理财水平。

（三）合作机构费用谈判与追偿目标已基本达成。易方达基金（含易方达资产）、嘉实基金（含嘉实资本）、鹏华基金、南方基金（含南方资本）、银华基金（含银华资本）已全部完成业绩谈判和费用追讨工作，广发基金（含瑞元资本）补偿方案已基本履行，剩余合作机构谈判工作仍在继续推进中，合计追讨补偿费用到账5.88亿元，超额完成3.1亿元的计划追讨目标。

三、全面加强存量业务风险监测与处置

（一）加强风险监测精细化管理。一是对全量资产进行全面风险穿透排查，梳理分资产类别详细的风潜关清单，明确风险资产不同维度下的计量方式。二是初步拟订了《存量理财业务投资资产风险分类管理办法》，首次规范了全量表外业务资产风险分类标准和流程，为

风险监测和处置工作奠定了制度基础。三是加强存量理财资产的风险监测工作，针对底层债券进行逐日舆情监测，针对资本市场风险项目底层股票进行逐日监测。

（二）加大风险资产处置力度。为确保完成理财存量整改任务目标、顺利终止和兑付存量理财产品、最大限度节约行内财务资源，认真研究制订风险资产处置化解方案，压实分行责任，加大督导力度，全力推动风险资产处置。经主动化解和回表处置后，总分行全年累计化解风险资产 326.92 亿元，其中，非标风险资产处置化解 116.32 亿元，资本市场风险项目处置化解 75.67 亿元，风险债券处置化解 92.5 亿元，结构化债券处置化解 31.08 亿元，市场化股权项目处置化解 11.35 亿元。

（三）研究推进预计负债使用事宜。一是制定并印发了《理财存量风险资产预计负债使用管理规程》，明确了预计负债使用的发起、申请、审查、审批、计提、账务处理、资产压降、责任评议与认定等管理流程。二是全面梳理了预计负债使用清单，确定了首批申请使用预计负债项目清单，涉及江西分行、上海分行共 8 笔区域理财项目，组织两家分行按照制度要求推进相关工作。

四、着力提升存量合作机构管理水平

（一）全面加强合作机构日常管理。严格落实总行党委巡视“回头看”、机构审计等内外部检查整改要求，加强合作机构日常监测及付费管理，加快压降合作机构业务规模，取得了积极成效。一是截至 2021 年 12 月 31 日，合作机构业务规模 4 299 亿元，较年初下降 4 882亿元、降幅 53%，合作机构数量压缩 38 家。二是穿透梳理全部 193 家存量合作机构信息，强化高费率项目排查和压降，加强合作机构规模与数量跟踪、限额监测、费率与费用统计、后评价管理等存续期管理工作。三是全面梳理风险资产情况，对拟使用预计负债的风险项目，逐笔梳理投资明细、风险成因、风险现状、各环节责任人等信息，督导和配合业务推荐部门，寻求通过协商、仲裁、诉讼等方式，要求责任相关方履行约定义务，推动风险资产依法合规处置和责任认定工作。

（二）针对性开展重点机构谈判。针对全量市场化股权项目下沉一级管理，多次约谈、督导管理人逐项目落实退出方案、加速清收处置，努力实现理财资金本金和收益安全退出。一是 2021 年下半年，与中金资本正式会谈四次，向中金资本强调了资管新规和银保监会的相关政策，要求中金资本在努力保障启融基金稳定和投资收益的前提下，加速推动启融基金退出；对认缴未实缴的子基金、拟出资未出资的直投项目、已实缴未投资的子基金不再出资，并加快平准部分资产减持节奏，将收回资金尽快向工行进行分配；督促启融基金严格按照相关协议约定开展投资工作，平准部分要真正起到流动性管理的作用，不能再开展股权投资。二是与工银国际多次召开视频、电话会议，敦促工银国际落实行领导在融通平台风险管控专题研究会上部署的整改工作措施要求、督导原融通团队尽快制定细化的市场化股权项目压降退出方案，要求工银国际对融通平台限期整改事宜提前预案，确保不因融通平台整改影响相关股权项目后续退出。三是推动金晟母基金股权投资未投金额赎回、减资、第三方估值机构变更、母基金管理人更换等工作；有计划地约谈子基金管理人，对其管理成效持续评价，督导其切实履行投后管理职责。

五、持续夯实合规管理基础

（一）加强制度建设。制定和更新制度 32 个，覆盖合作机构管理、私募股权投资、底层穿透管理等关键环节。一是合作机构管理方面，修订并印发《委托管理型市场化私募股权基金合作机构管理办法（试行）》《委托管理型市场化私募股权基金遴选审核委员会管理规程（试行）》，建立起合作机构准入跨部门集体审议机制，制定评审小组工作规则。二是实施穿透管理方面，印发《资产管理部底层资产穿透管理规程（2021 年版）》，健全委托投资业务每日穿透监测机制，密切关注底层资产质量，及时掌握合作机构投资情况，强化跟踪督导、防范异常行为。三是规范关联交易方面，印发《资产管理业务关联交易管理规程（2021 年版）》，细化部内操作环节，做好关联交易的管理、认定及报送工作。

（二）加强人员管理。一是严格履职回避，组织新入职员工进行《亲属回避申报》、签署《业务回避申报及防止利益冲突承诺》。二是规范交易人员行为，印发《理财业务投资管理人员实施细则》，明确交易人员购买自己管理产品的限制性措施。三是严格执行关键敏感岗位轮岗和强制休假，进一步完善轮岗管理及台账管理机制。四是加强员工离职管理，明确先审计、再离职，对离职员工在岗期间工作履职等情况进行客观评价，对审计发现问题提出整改要求。五是强化干部员工“八小时”以外监督，定期组织员工异常行为排查和违规持股、经商办企业专项排查，推动实现案防关口前移。

（三）加强档案管理。完成 2019 年 7 月以来全量档案的登记归档，核对梳理全部 1 684 卷在库档案，印发《资管档案管理规程》，进一步规范档案基础管理工作。

（总行资产管理部）

资产托管业务

2021年，全行坚持党委“48字”工作思路，聚焦客户需求，加快经营转型，深化资产托管业务“全行办、重点办、集中办”战略，构建“营销、服务、营运”相对分离的业务体系，各项业务指标全方位增长，创历史最佳业绩，稳固市场领先优势。截至2021年末，全行托管业务（含资管营运外包业务）规模达到22.06万亿元人民币，同比增加2.43万亿元，四行占比34.10%，继续领跑市场。其中保险资产托管规模5.89万亿元，公募基金托管规模3.67万亿元，养老金托管规模2.32万亿元，资管产品营运外包业务规模2.51万亿元，均稳居同业首位。

一、优化托管业务经营体制机制，业绩持续领跑市场

不断完善经营体制机制，建立“总行统一管理、全行开展营销、授权集中营运、联动客户服务”的“营销、服务、营运”相对分离的业务体系和配套机制；完善全行产品与服务体系，梳理覆盖8大类、34小类托管产品；加强重点托管分部建设，在北京、上海、广州、深圳、浙江、重庆分行打造6家总行级营运中心；贯彻“全程陪伴、全面覆盖、全心守护”的客户服务理念，增强服务意识与服务能力，推动资产托管业务高质量发展。

二、托管业务对全行的综合经营贡献持续提升

2021年，工行托管业务总收入达到171.13亿元，占全行净利润比重保持在5%左右，同比增加29.21亿元。托管手续费收入达到85.45亿元，同比增加12.30亿元，四行占比34.44%。托管存款日均余额7 549.03亿元，同比增加1 462.75亿元，各项指标持续领跑市场。工行托管业务收入保持稳定增长，持续发挥着对中间业务收入和利润的重要拉动作用，在全行经营转型中的战略地位不断得到加强。2021年末，工行托管带动存款日均沉淀余额达7 549.03亿元，同比增加1 462.75亿元，平均付息率为0.89%，带来净息差收入85.67亿元，同比增加16.91亿元。

三、创新引领市场，多项业务取得突破性进展

（一）紧跟资本市场变革，提升创新产品服务能力。

一是坚持服务实体经济发展。工行坚持服务实体经济，持续推进托管业务创新。2021年，工行积极参与公募REITs行业规范研究和制定，并成功托管国内首批公募REITs中募集规模最大的平安广州交投广河高速公路封闭式基础设施证券投资基金，助力降低实体经济杠杆，推动基础设施投融资市场化。积极发挥在产业升级与结构合理化、高新技术开发和区域经济平衡协调发展中的作用。2021年，工行成功托管国家绿色发展基金、国投（广东）科技成果转化创业投资基金等大型政府引导产业基金，为国家战略性新兴产业发展提供服务支持。

二是服务多层次养老保障体系建设。工行具有基本养老保险基金、全国社会保障基金以及企业（职业）年金基金等养老金业务领域的全牌照托管资格。养老金托管客户范围涵盖政府机关、企事业单位、法人受托机构、投资管理人等各类养老金客户。截至2021年末，工行养老金托管规模突破2.32万亿元，托管养老金类产品包括全国社保基金、基本养老保险基金、年金和各类养老金产品等，其中企业年金、职业年金市场占比位居行业首位，并在行业标准制定、科技系统开发、专业人才培养等方面持续走在国内前列。2021年，工行不仅托管行业首批港股通养老金产品，还成为行业首批试点养老理财产品托管人，实现各类养老金托管的全覆盖。

三是服务多层次资本市场建设。2021年工行新增托管公募基金141只，累计托管1 288只，包括首批北交所投资主题创新公募基金、首批双创50指数ETF等创新产品。北京证券交易所的设立，形成了与沪深交易所、区域性股权市场错位发展和互联互通的格局，完善了我国多层次资本市场结构，工行托管首批北交所主题创新公募基金，服务于科技与创新资本融合，助力培育经济发展新动能。此外，工行加强ESG领域探索与研究，成功托管行业首单碳中和绿色资产支持商业票据，以高效、专业、创新的金融服务助力我国绿色金融体系建设。

（二）把握资本市场对外开放机遇，建设国际一流托管银行。

2021 年，面对严峻复杂的国际疫情和世界经济形势，工行紧抓资本市场高水平对外开放机遇，主动变革转型，不断推进全球托管业务经营转型，进一步提升全球托管服务水平，在境外主权机构合作中取得突破，成功拓展并落地一批有国际影响力的多边金融组织、央行、主权投资基金等机构，有力支持了高质量外资境内投资。工行持续推进“跨境投资首选托管银行”品牌建设，取得首批香港与内地债券市场互联互通南向合作托管银行试点资格。

2021 年 11 月 15 日，北京证券交易所正式开市，工行借助全球托管业务领域的先发优势，积极服务国家债券市场双向开放新格局，通过整合业务资源，先客户一步主动进行托管系统开发及业务优化，成为全市场首批参与北交所 QFII 产品的托管行，实现全面支持托管产品参与新三板市场及北交所交易，充分展示了丰富的跨境托管服务经验和成熟的创新营运能力。

（三）坚持科技赋能，智慧托管银行建设全面推进。2019 年初，工行以打造“智慧托管银行”为目标，在业内率先启动“工银智慧托管系统”建设，开启国内托管系统 2.0 时代。2021 年，工行按照科技赋能引领、资源高效配置、前中后台协同、注重风险合规的原则优化托管系统研发组织模式，提升研发工作质效。完善智慧营运平台各项功能，全面应用 RPA、语义识别等新技术，提升营运自动化率至 95% 以上。投产智慧管理平台，逐步推出产品、分行、经营指标等维度的管理视图，以精准管理和高效决策促进业务发展。在智慧客服平台投产托管手机银行，提供移动端托管服务，全面提升客户体验。在智慧投资服务平台投产绩效分析、债券违约预警和基金通三大模块，进一步丰富“云端”托管增值服务体系。

（四）圆满完成 2021 年度年终决算及新金融工具会计准则切换，保持平稳营运。年终决算是准确核算工行资产托管业务经营情况、全面反映托管组合财务状况和经营成果的重要工作，是全年业务的“收官战”，更是必须打赢的“攻坚战”。与往年相比，2021 年全行资产组合数量多、估值核算要求高、净值披露时效紧，尤其是恰逢新金融工具会计准则 I9 切换，年终决算工作面临前所未有的挑战。年终决算期间，全行托管条线按照既定计划，圆满完成全行托管组合的年终决算及 I9 切换工作。

截至 2021 年末，全行托管组合数量达 13 393 只，处理投资指令 1 336.67 万份，完成银行间结算 77.76 万笔；调拨资金 1 036.41 万笔，金额 164.53 万亿元；完成全行范围 7 038 个组合（其中分行 5 099 个）的一、二级资金结算。全行承接资产管理产品营运外包业务客户数量 85 家，外包组合数量达 3 216 个，其中外包估值核算组合 3 172 个，外包份额登记组合 1 807 个。全行托管增值服务签约托管客户 90 家，开通托管组合 1 637个，累计交易流量 2 023.18 亿元。

四、加强全面风险管理，确保业务连续性营运

2021 年，工行加强资产托管业务全面风险管理，将托管业务纳入全行全面风险管理体系，印发《关于加强资产托管业务全面风险管理的通知》，加强准入管理，严格执行监管法规，规范业务营运，管控债券回购融资等新型风险。在业内率先启动托管业务异地灾备演练，分别实现应急情况下总行承接分行托管资产、分行间互相承接托管资产的营运切换。2021 年 7 月郑州市突降暴雨导致河南分行托管业务面临无法正常营运的风险，总行立即启动异地灾备应急预案，及时承接河南分行托管全部投资组合的估值核算以及账务核对工作，实现了极端情况下托管业务平稳营运。经过研究、演练、实践，在全行托管条线建立了“居家处理 + 异地切换”的应急体系，应急方案领先国内同业、比肩国际先进托管行，确保多种场景下托管业务连续营运。

（总行资产托管部）

票据业务

2021 年，票据营业条线紧扣总行党委“48 字”工作思路，主动应对规模紧、资金少、利差小等经营困难，服从大局，克难奋进，夯实基础，精准施策，扎实推动全行票据业务稳健发展，取得了不易的经营成果。在 2021 年日均资金余额缩减 58%、平均持票利差收窄 58 个基点、票据条线日均贴现规模大幅波动且逆市场操作的严峻经营形势下，全行仍实现账面票据业务营业贡献 47.42 亿元、条线营业利润 42.01 亿元。实现贴现量17 082亿元，同比增长 16%。年末全行票据不良资产为 0.35 亿元，较年初减少 11.48 亿元；不良率仅为万

分之0.57，较年初下降0.194个百分点；票据逾期率保持为零，较年初下降0.002个百分点。

一、以贴现“主力行”服务实体，业务量迈上了新台阶

针对复杂的形势变化与市场波动，积极发挥票据业务优势与特点，以“即贴即出”灵活施策，加快票据周转，加大贴现业务办理，向企业注入金融活水，有力地支持了实体经济发展。在票据日均余额同比减少14%的情况下，全行累计实现贴现业务量17 082亿元，同比增加2 333亿元，增幅16%。工行贴现量再攀历史新高，稳居同业机构之首，在全市场占比约11.4%，较年初增加0.4个百分点。引导分行加强小微企业营销，用足用好优惠利率政策，办理小微企业贴现量4 749亿元，同比增加451亿元，增幅10%。工行贴现、再贴现业务量与余额均在五大行保持领先地位，充分体现了工行票据业务支持小微企业、服务实体经济的大行担当。同时，提高政治站位，认真落实“十四五”规划和“制造强国”战略部署，加强组织推动，突出考核激励，加大资源倾斜，强化纪委督导，做大做强制造业票据贴现业务，在年末3个月内办理制造业贴现量2 284亿元，有力促进了余额与占比快速提升，一举扭转9月末较年初下降的被动局面。截至2021年末，全行制造业票据贴现余额达2 351亿元，比年初增加885亿元，增幅60%，在全行制造业贷款增量占比28%，有效发挥了票据业务对制造业贷款增长的支持作用，为全行实现“制造业贷款余额、增量同业第一”的目标作出了积极贡献。

二、以票据“交易商”提质增效，量价实现了新提升

在服务全行信贷调控大局的基础上，加强沟通协调联动，灵活实施经营策略，把握经营节奏摆布，以有限的票据规模资源支持贴现业务发展。通过FVTPL（以价值计量且其变动计入当期损益）业务模式的直转联动和FVOCI（以公允价值计量且变动计入其他综合收益）流量业务等方式，加快票据流转，满足客户需求，提升了工行贴现业务竞争力。2021年累计为340户集团客户办理1 137亿元FVTPL模式业务，既维护了客户关系又增加了投资收益。同时，针对年初由于规模调控原因造成盈利大幅下降的不利局面，准确研判经营形势，在下半年重点推进量价协调，制定了提质增效经营策略，通过实施强化分层定价、优化授权管理、扩增交易收入、提升库存收益等举措，密切关注同业市场动态，跟踪评估策略落地效果，持续跟进优化相关措施，提升了交易运作能力和交易获利水平。在保持贴现量市场领先的同时，工行平均贴现利率在五大行中排名较上半年提升了三位。全行贴现周转率4.43次，同比增加1.15次，增幅35%。尽管全年利率下行、票据规模波动，但票据产品线系统外转卖交易收入逆势增长，2021年实现投资收益9.46亿元，同比增加1.31亿元，增幅16%，平均转卖利差13个基点。在资金政策大幅收紧的背景下，回购业务依然保持中长期余额全市场领先地位，资金运作效率显著提升，2021年实现买返资金使用率93%，同比增加17个百分点；平均利差72个基点，同比增加12个基点，进一步凸显了票据“交易商”作用。

三、以产品“设计师”加快创新，转型取得了新突破

紧跟政策趋势，成功落地全国首单票交所供应链票据银票转贴现业务；推出“工银i绿贴”服务绿色金融发展，启动“工于制成”票据创新支持制造业项目；服务实体经济，研发“月享贴”“周末随心贴”“工银e贴自助式协议付息”“付款票据通plus”等普惠性自主创新产品；拓展经营渠道，实施“票据业务场景化平台化项目”，与国新集团“企票通”等多家平台完成系统对接，与国家电网“电e票”平台开展银企合作，在严控风险的前提下，拓宽了获客渠道，打开了工银票据与实体经济产业龙头强强联手的新局面。2021年投产落地创新产品累计贡献贴现量超过500亿元，新增绿色贴现客户210户。同时，积极推进经营转型，成功投产“票据购”平台，大力开展营销推广，拓展线上获客渠道，注册用户机构数达853户，累计与153家中小机构对接业务，办理了145亿元转贴现交易；实现付款票据通业务90亿元，同比增加13亿元，增幅16%。相关创新项目入选中国支付清算协会《2021年度创新案例汇编》，成为五大行唯一入选单位，体现了工银票据的创新实力。

四、以风险“把门人”筑牢底线，条线提升了新质态

密切关注票据市场形势变化与风险动态，进一步健全条线风险管理体系，制订印发《深化票据融资业务风险管理三道防线建设实施方案》，加快推进与总行相关风险系统全面对接应用，及时调整财务公司和中小银行准入名单方案、转卖释放授信的贴现承兑行白名单，扩增了e贴承兑行白名单，切实把好客户准入关。完成全行票据融资业务账户序号改造和再贴现赎回系统直驱资金划付改造，实现BMS首次主动调用人民银行跨行大额支付系统进行对外资金清算的重大突破。深入推进内控合规管理建设年活动，开展了票据融资业务专项检查，并优化升级监测模型，稳步推进监测系统建设，强化监督监测的分析应用，进一步提高业务监督检查水平。积极配合银保监会风险管理及合规有效性检查，加强监管协调，做好沟通解释，全力争取理解支持。密切

跟进、及时应对电票纠纷进展情况，做好了应诉相关准备，努力化解风险隐患，并加强与相关分行的指导与对接，收回冀中能源财票全部垫款2.80亿元和新华联财票垫款形成的不良票据1.62亿元，现金受偿及核销处置9.86亿元，进一步优化条线票据资产质量。

（总行票据营业部）

私人银行业务

2021年，私人银行条线落实总行党委“48字”工作思路，加强顶层设计、优化考核方案、提升综合贡献，助力第一个人金融银行战略落地实施，在维护好风险化解取得实质性进展的宝贵成果的基础上，实现转型发展有效突破，经营形势企稳向好，高质量发展新格局初步确立，同业地位持续稳固。

一、坚持“比”的思想，同业领先优势持续巩固

在外部竞争激烈、内部改革转型的复杂背景下，私人银行部主动顺应财富管理市场的买方市场趋势，把握私银客户多样化需求，从单一产品营销向综合化服务转变，构建“个人—家业—企业—社会责任”多场景共建的私银客户综合化服务生态，推进市场竞争力不断提升。努力克服商户盈和存量私银理财产品主动终止的困难，精准承接客户到期资金，稳固客户资产。截至2021年末，全行同业口径私银客户达19.95万户，客户资产规模达2.32万亿元，较年初分别增加1.76万户和1 442亿元，增量分别排名四行第二和第四位，客户增量较第三季度同业排名情况实现进位。

二、坚持全产品配置，集团贡献大幅提升

推动私银客户全集团产品配置，运用“君子智投”综合化资产配置模型，经营导向逐步从私银专属产品维中收向私银客户维全集团综合贡献转变。一是夯实理财产品“基本盘”。联动工银理财，着力提升私银产品专属性，总结提炼产品稳健优势话术，强化分行宣导和精准营销。截至2021年末，私银新规理财规模超4 500亿元，较年初增长89%，当年增量占子公司全部增量的24%。二是做优遴选产品“特色盘”。初步建立涵盖三大产品线、四大类型的遴选产品体系，持续完善以选得优、销得好、管得住为核心抓手和目标的产品遴选机制，年末私银遴选产品规模超280亿元，较6月初恢复遴选产品供应之时实现翻倍增长。三是做强公募基金和保险产品“联动盘”。建立常态化基金营销推动机制，开展系列讲座课程，在全行总结推广优秀案例。截至2021年末，私银客户持有公募基金规模超1 600亿元，较年初增幅15%，当年增量占全行增量的34%；持有保险规模超2 100亿元，较年初增幅26%，当年增量占全行增量的53%。2021年全年私银业务考核口径中收共达成16.04亿元，任务目标完成率达105%；客户综合贡献达128亿元，同比增长51%，目标完成率达142%。

三、坚持树立发展信心，经营质态不断优化

完善顶层设计、强化基层赋能，全力打造家企欣荣、财富向善的综合化服务亮点，擦亮工银私人银行服务品牌，树立全行私人银行条线业务发展信心。一是明方向。进一步落实《私人银行业务改革方案》，制定并印发《关于私人银行业务高质量发展的实施意见》，举旗定向，全面开启私人银行业务高质量发展新征程。二是定模式。充分利用私银业务公私一体化特征，重点聚焦企业家客群，将家企服务作为业务发展突破口和营销服务主渠道，以企业家加油站为主服务载体，以家族信托为主服务抓手，全力推进五大服务升级。三是立标杆。总结重点分行落实高质量发展的有益做法，编撰印发6期《私银转型动态》，围绕高层营销高端、家族信托业务推动、君子智投应用等业务发展核心问题，树立发展标杆，交流发展经验，激励先进、鞭策后进。四是强推动。围绕私银业务高质量发展主题，面向各一级分行私银中心、全行财顾、投顾，开展10余场系列专题讲座，凝聚全行转型发展共识，赋能基层从卖方产品营销向买方客户服务思维转变。建立总分行对口联系机制，为36家分行提供“一表三图”分析，2021年组织私银e小时约46场、e投资约22期、e路行近20次，做好分行培训支持工作，强化定向监测、帮扶和督导，助力找准发展路径、解决实际问题。

四、坚持创新驱动，转型发展成效凸显

一是建章立制有效输出。强化顶层设计创新，将《关于私人银行业务高质量发展的实施意见》分解为十大专题70个细项，按专题推进、按细项落实，共召开专题研讨会7场，在完善客户服务体系、企业家客群联动营销、总行级客户综合服务、遴选产品体系建

设、销售适当性管理等方面形成5项子方案，强化高质量发展工作思路和能力。二是着力构建企业家客群服务生态。2021年内实现近百家分行“企业家加油站”挂牌，作为推进基层综合化网点竞争力提升的重要抓手。顺应国家政策趋势，联合国内知名高校发布《工银企业家财富健康指数报告》，有效提升工银私银企业家服务专业度和品牌影响力。三是着力打造家族客户综合化服务平台。大力发展家族信托顾问咨询业务，已成功落地保险金信托、资金信托、股权信托等家族财富全图谱管理服务，私银客户家族信托业务累计达成418单，累计受托规模达80.06亿元。积极对接中慈联、民政部、中华慈善总会，搭建“君子伙伴慈善信托”平台，成立业内首只永续集合型慈善信托，以金融力量促进共同富裕，服务国家高质量发展。

五、坚持完善机制，发展瓶颈逐步突破

适应私人银行从产品部门向客户服务部门转型的发展方向，强化集团联动，不断完善业务发展体制机制，推进实现集团利益最大化。一是完善私银业务考核机制。多次开展同业及重点分行调研，召开专题协调会，在充分研究论证可行性的基础上，推进私银中收考核机制优化，更加全面地反映私银客户对全集团的价值贡献，有效提振私银条线士气，激发私银条线发展动能。二是完善个人客户提级输送机制。持续开展高端客户联动拓展营销活动，增加同业排名考核指标，建立定期对全行联合通报机制，2021年12月旺季营销开展以来，协调个金部提供600亿元私银客户提级专属大额存单支持，发挥个人金融板块经营合力，共同做大业务规模总量。三是探索构建公私联动拓客机制。在分行试点建立公私联动的柔性团队，强化公私联动营销机制建设。12月“高层营销高端”集中走访活动开展以来，新增时点资产600万元以上客户2 950户，新增资产640.2亿元。四是初步建立行司联动机制。协同工银安盛，建立“业务共研”“客户共拓”“队伍共建”和“服务互补”的“三共一补”合作机制；协同工银理财建立产品分类协调机制，促进理财产品竞争力提升；协同工银瑞信建立定期沟通交互机制，丰富资金型家族信托投资策略，满足客户多元化财富传承需求。五是完善专业队伍培育机制。本部层面，积极开展处级干部和高级经理公开竞聘、总分行轮岗交流、青年创新团队建设等工作，激励干部担当作为，激发员工活力，凝聚转型发展共识，形成“千斤重担众人挑”的新局面。分行层面，发布《财富顾问专业管理工作规程（2021年版）》《私人银行投资顾问专业管理工作规程（2021年版）》，强化条线队伍重点工作指引和规范管理。建立近30人内训师队伍，推进分层分级进阶式培训，举办第六届技能比赛，发挥促业绩、聚人心、传经验、树榜样的作用，提高队伍凝聚力和专业性。

六、坚持风控强基，风险化解取得实质性进展

一是完善全面风险管理体系建设。全面融入集团风险管理体系，积极顺应业务转型需要，形成“一会三小组”机制，印发《关于推进全面风险管理三道防线建设方案实施的通知》《私人银行部2021—2023年内部控制体系建设规划》，全力夯实私人银行业务风险防控第一道防线。二是落实落细私银业务风险管理重点工作。制定《私人银行遴选业务限额管理操作规程（2021年版）》《私人银行遴选产品评价操作规程（2021年版）》《私人银行业务销售适当性管理体系构建方案》，完成存量非标债权风险项目资产的整体回表，重点做好销售适当性管理、合作机构准入、消费者权益保护和反洗钱治理等工作。

（总行私人银行部）

投行业务

2021年，投行条线落实总行党委“48字”工作思路，综合运用“三比三看三提高”工作方法，围绕产品创新和客户服务两个重点，突出服务国家战略、深化商投联动、夯实服务保障，取得了稳中有进的经营成果。

一、提高政治站位，服务国家战略全局

（一）服务实体经济高质量发展。坚决贯彻落实“六稳”“六保”相关工作要求，境内外累计运作并购项目390笔，新增贷款规模1 460亿元，同比增长超15%。其中制造业并购贷款发放额同比增长21.81%，在全行并购贷款发放额中的占比提升了9.41个百分点；上市公司并购融资占比同比增加4.66个百分点，资本市场并购业务覆盖率进一步提升。累计运作非标项目289个，实现投资876亿元；推动企业降杠杆和市场化债转股项目86个、同比增幅110%，融资余额增加225亿元、同比增幅17%。

（二）深入推进绿色投行。持续推进国家绿色发展基金经营运作，支持设立武汉碳达峰基金，为绿色产业提供综合化金融服务，提高金融支持实体产业绿色发展的力度，多措并举扶持绿色民营先进制造业，运作了宇通客车、特变电工等绿色投融资项目，助力碳达峰、碳中和。

（三）助力乡村振兴。印发《关于进一步加强投资银行条线助力乡村振兴工作的通知》，运用投行手段巩固拓展脱贫成果同乡村振兴有效衔接，发挥综合化智库服务平台“融智e信”的信息撮合功能，协助分行成功发放首笔乡村振兴并购贷款，配合做好“巴中乡村振兴发展基金”投后管理工作，获得全行脱贫攻坚优秀集体奖、优秀个人奖、金融扶贫优秀案例奖三项表彰。

二、强化创新发展，重点业务稳步推进

2021年，投行条线坚持融入工银集团发展大局，深入推进商投联动和行司联动，做大做强重点业务线，提升投行对集团的综合贡献，取得了好于同业、好于预期的经营业绩。实现投行顾问中收112.49亿元，同业占比保持第一，竞争优势持续稳固，经营贡献不断提升。

（一）境内并购推动重大项目落地。加强产业整合、国企改革、资本市场等重点市场拓展和系统推动，推动一批具有市场影响力的大项目成功落地，运作完成的管网集团并购项目成为近十年来亚洲最大并购项目。深化商投联动，运作完成德龙重组新天钢等重点产业整合项目。贯彻制造强国发展战略，全年制造业并购贷款发放额同比增长106%，制造业并购贷款在全行并购贷款发放额中的占比提升了9.8个百分点。

（二）跨境投行助力高质量发展。立足国内国际“双循环”发展新格局，贯彻落实共建“一带一路”倡议，支持国内制造升级和技术升级，运作完成京投认购北汽集团IGC优先股等一批具有市场影响力的重大项目。持续推动顾问业务发展，深耕医疗、消费、TMT等重点行业，把握区域战略布局相关的业务机会，系统推动亚洲和欧洲等重点区域业务机会。

（三）财务重组推进业务结构优化。深入开展融资再安排业务，关注能源交通、基建物流、公用事业、装备制造、医药服务等实体经济和民生领域，服务优质实体客户稳杠杆、稳增长，全年落地业务87笔，规模541亿元，同比增长16%。稳步开展大型困境企业债务重组顾问业务，服务困境实体客户脱困发展，持续推进川煤集团等重点项目。多方联动探索新业务转型，与工银投资联动推进“债务重组+债转股”合作，与外部券商合作探索盘活工行抵债股权资产。

（四）债务融资致力于转型创新发展。围绕“服务实体经济、赋能企业发展、防控金融风险、提升营业贡献”发展主线，加大标准化债权业务和交易所ABS业务推广。加强产品创新，推进北金所债权融资计划业务批量化发展，稳定业务流量，成功落地项目19笔，发行金额79.5亿元，存续金额69.5亿元。运作主动管理ABS项目33个，发行和中标项目数、总金额数均创历史新高，其中11个项目已完成发行，发行总规模236.43亿元，工行投资规模54.84亿元。运作完成山西同忻煤矿等重点项目。

（五）股权直投抢占业务创新高地。积极推进首批公募REITs项目投资落地，首批共9单项目中，工行参与战略配售7单，参与线下询价1单，合计投资金额2.74亿元，覆盖率在银行同业中居第一位。发挥基金效能服务国家战略，通过互联网投资基金、国家绿色发展基金、先进制造业基金等，孵化、扶持了大批互联网+、航空航天、智能制造等领域高科技企业。强化与工银投资合作，探索债转股基金、纯股权投资试点等债转股业务发展新模式。完善直接投资顾问产品，提升撮合服务质量，夯实直投平台建设。

三、推进联动发展，提升客户服务质效

（一）金融顾问咨询夯实创新产品支柱。加快数字化升级，打造“政企慧”投顾系列和“智誉函安”e系列的两大支柱、七大产品体系，全年新增服务客户2.7万户，同比增长70%。ISP融慧作为业内首款兼顾内部应用和对客服务的智能金融解决方案，为近2 000名客户经理提供专业支持。融安e信推出移动端企业手机银行版，推出不到半年即拓户超过1.2万户。函证e信签约会计师事务所352家，发起函证事项突破1.3万笔。

（二）行司联动和同业合作成效显著。行司联动成效显著，着力强化与各综合化子公司战略协同和功能互补，与工银投资、工银理财、工银安盛、工银瑞信、工银租赁等五家境内综合化子公司实现了良性联动。合作落地项目累计285个，业务流量1 351.22亿元，在债转股、非标代理投资、主动投资ABS、公募RIETs、保险及社保资金撮合顾问、主动管理ABS、融资租赁七大业务领域取得了新突破。围绕“聚星计划”推进同业合作，全年实现同业客户营销320余次，落地项目231个，实现资金投放近1 000亿元。上线“工投汇星”同业信息发布平台，实现工行同业项目融资、同业资金投资、投行项目撮合等信息高效流通。

（三）投行研究致力于投研互动。遵循高质量发展主线做好基础研究，年内完成各类原创报告950篇，共计约480万字，在银行业发展研究优秀成果评选中荣获三等奖和优秀奖。发挥智库服务功能，先后完成《碳达峰与碳中和的产业影响及投资机遇》等重要研究课题，公开出版书籍《住有所居：中国房地产解码》。

（四）工银全球投行能力提升稳步推进。持续推进境外投行精品产品一体化营销。牵头境外机构完成IPO

承销保荐、离岸债券发行承销等项目410余笔、规模近400亿美元，境外REITs业务“顾问+融资+承销+投资”全链条服务能力进一步提升。

四、夯实系统保障，提升转型发展动能

（一）智慧投行建设更加完善。紧密围绕“智慧营销”“智慧运作”“智慧管理”三大板块，高质量推进智慧投行2.0版开发建设，为投行转型发展提供系统支撑。全年提交需求用例83项，投产版本12个，实现总行和近20家分行提出的需求225项，需求项平均实现周期下降为42天，较2020年整体缩短23%。

（二）合规经营管理不断强化。开展非标业务存续期日常管理，全面跟踪非标业务发展情况、风险类项目风险化解情况和潜在风险类项目风险缓释情况。强化集体审议防控业务风险，项目审核委员会全年共计召开会议42次，累计审核79个项目，拟投项目金额约73亿元。协调国家审计署、财政部、国家市场监督管理总局、银保监会等外部检查，组织整理相关业务材料近4 000余份，多项沟通取得重大进展，避免退费金额下降了82%。协助做好人民银行执法检查、反洗钱检查、货币信贷组检查和反洗钱监管执法整改等工作。

（三）队伍建设进一步优化。提升投行队伍专业履职能力，组织各业务条线培训班，加强战略传导、凝聚发展共识；编写投行序列专业教材，依托工银大学开设“培训专区”，满足常态化疫情防控的培训需求。编发投行典型案例简报23期，推动成功案例在分行复制与推广。

（总行投资银行部）

贵金属业务

2021年，贵金属业务线深入贯彻落实总行党委“48字”工作思路，践行“三比三看三提高”工作方法，以奋进者的姿态直面主要业务调整、市场需求不振带来的巨大冲击，围绕“扬长、补短、固本、强基”布局，积极融入全行重点战略，牢牢守住市场领先地位和风险防控底线。

一、以战略引领做实价值贡献

深入推进四大重点战略在贵金属专业条线的落地实施，不断激发业务线经营发展活力，主要经营指标超额完成总行下达的全年任务。2021年，实现贵金属营业利润27.12亿元，实物贵金属中收20.3亿元，完成全年计划。其中实物零售中收10.29亿元，同比增长39.24%，创2013年以来最高纪录；全行净增实物贵金属有效客户120万户，同比多增12.8%。

（一）全方位深化“文化兴金”转型发展。围绕满足消费提质扩容需求，丰富实物产品体系。首度与中国航天合作推出“梦想启航”产品，联合故宫、国子监等文博机构推出系列文化产品，其中“锦绣前程”获得2021北京文博创意设计大赛二等奖，并入选2021北京文化消费品牌榜“十大文化创意产品”；服务“乡村振兴”国家战略，践行ESG理念，在10家分行打造了“天下西江”“红色井冈”等“最美家乡”区域文化产品，有效激发了当地分支机构城乡联动的经营活力。在网点搭建“幸福年味全家福”“5G网点航天”“环球影城”等贵金属特色场景，通过场景共情，助力网点获客、活客、黏客。

（二）全渠道推进业务便利性提升。坚持为民理财的服务理念，行内行外全渠道推进积存金业务以更便利的方式触达更多客户。行内做深做透重点客群营销服务，为军人、少儿、私行签约客户提供专属服务方案；给予福农卡用户积存手续费减免优惠，践行“金融惠民”“金融利民”；上线全员营销系统，借助“智慧大脑”开展精准营销活动；行外拓展互联网头部企业引流渠道，2021年全年成功上线4家外部合作机构。截至2021年12月末，黄金积存（积存金+如意金积存）资产池56.69吨，较年初增加6.17吨，超额完成“境内外汇业务首选银行”战略指标；折外汇存款33.16亿美元，较当年年初增加3.61亿美元，超额完成“第一个人金融银行”战略指标。

二、以转型创新巩固竞争优势

积极顺应发展新趋势，勇立业务创新“潮头”，主要业务效益及规模保持市场首位。截至2021年12月末，实物贵金属中收四行占比47.2%，继续保持总量第一，其中重点区域17家分行合计实物贵金属中收四行占比达到54.7%；实物零售中收四行占比达34.2%，实现总量、增量“双第一”；代理上金所清算额、代理金银总交易额、黄金融货业务规模均排名上金所场内第一。

（一）丰富的租赁品种服务黄金行业高质量发展。围绕绿色低碳发展需求，实现白银、铂金租赁业务在

新能源、新制造行业“破冰”，2021 年向石油化工、炼化回收、电子电器等行业新客户投放白银租赁 125 吨，向化工、玻纤等行业新客户投放铂金租赁 240 公斤。

（二）发挥区域特色优势开拓业务发展新空间。协同深圳分行成功营销中银香港和摩根大通银行等客户，通过上金所国际板黄金免税交割库（深圳）开展黄金保税进口业务，2021 年全年国际板金库规模达到 88 吨，较 2020 年增长超过 8 倍，创造仓储业务中收近 1 600 万元；配合上金所“黄金之路”项目，以工行承建的国际板交割库为支点拓展大湾区创新黄金业务，与深圳翠绿实现首笔金锭加工复出口业务；把握浦东新区打造社会主义现代化建设引领区的政策机遇，贵金属业务部联合上海分行，全力争取国家级大型场内贵金属储备仓库储备库落户上海分行，为更好地服务“国之大者”贡献贵金属价值；积极融入贵金属业务统筹联动发展机制，通过借金、国际板掉期交易、国际板现货交易与 ICE 定价业务平盘交易，2021 年累计支持工银标准增收 519 万美元，完成全年目标（418 万美元）的 124%。

（三）围绕业务转型升级，强化创新组织推动。在业务线组织开展“学党史、促发展、我为贵金献金点”活动，在本部征集到 85 条创新建议，向 26 家分行征集到 136 条建议，逐一分析、评估和反馈，并从中评选出 16 个微创新项目，组建了 16 支共 41 人的跨部室微创新团队，切实保障项目落地。

三、以提质增效夯实业务基础

提升风险防控能力和运营效率，加强业务线专业人才队伍建设，凝心聚力推动贵金属业务高质量发展。一是完善风险管控体系。落实“内控合规管理建设年”工作要求，强化顶层合规建设和分行业务指导；优化合作机构准入标准、审批流程、存续期管理等工作机制；以市场化手段稳妥推进总行专班会议确定的代理业务调整方案落地，有序退出 11 家合作机构；深化贵金属业务消费者保护工作，着重从源头角度加强治理；强化黄金租赁信用风险管控，完善风险监测机制，落实监管要求，投产应用预期信用损失法计提贵金属租赁减值准备功能。截至 2021 年 12 月末，租赁不良率 1.29%，较上年末下降 0.22 个百分点，控制在限额以内；拨备覆盖率 288.54%，较上年末提升 130.98 个百分点。二是提升运营管理效能。打造智慧化物联网平台，实现了 RFID 贴标产品全流程闭环管理，推动实物业务从生产加工、交接清点、仓储保管到分拣配送等环节的智慧化升级转型；打造运营风险监测体系，依托融 e 慧大数据平台部署智能监测模型，逐步实现贵金属业务运行管理由事后处置前移到事中事前预警。三是持续强化业务线专业人才队伍建设。在全行建立 1 000 多人的贵金体验官队伍，通过短视频等新方式让客户感知产品的文化底蕴；举办首届钱币收藏知识大赛，打造员工展现自我、体现价值的专业平台。

（总行贵金属业务部）

专项融资业务

2021 年，专项融资条线认真贯彻总行党委“48 字”工作思路，主动服务国家战略，严格落实金融监管要求，直面复杂严峻局面与积压棘手问题，集中精力攻坚克难，全行专项融资业务取得了来之不易的成绩：本部资产质量反转向好，业务经营提质增效，表现为“四降两升”，即不良额、不良率、逾期资产额、潜在风险资产额“四降”，其中不良额、不良率是近四年来首次“双降”；融资余额、拨备覆盖率“两升”。攻克一批积压难题，实现多项“首创”突破，荣获多个国际重磅奖项。

一、总体经营实现“四降两升”，资产质量攻坚与经营基础巩固取得显著成效

（一）全力以赴攻坚克难，突出抓好资产质量改善。全面对标信贷资产质量“123”攻坚战要求，首次实现不良率、不良额、逾期贷款、潜风贷款“四降”。不良资产率 5.20%，较年初下降 0.17 个百分点，不良资产余额 11.78 亿美元，较年初下降 2.05 亿美元，为近四年来首次下降。潜在风险余额 9.80 亿美元，较年初下降 2.87 亿美元，逾期贷款余额 18.48 亿美元，较年初下降 0.74 亿美元。

（二）一户一策责任到人，清收处置实现近年最好成绩。累计清收处置不良贷款 3.14 亿美元，较 2021 年增加 1.06 亿美元，增幅 50%。美国某出口买贷项目在 92% 贷款本金收回基础上，剩余 2 409.11 万美元本息顺利完成核销，是专融部完整履行总行呆账认定及核销流程的首笔业务。

（三）夯实基础稳中求进，产品线资产规模及拨备

覆盖稳中有升。2021 年末全行专项融资余额 2 925 亿元人民币，较年初增加 178 亿元。全年计提拨备 56 亿元，拨备覆盖率达 168%，较上年增长 72%。“一带一路”新增项目融资牵头率为 100%。

（四）坚持不懈勇毅进取，“工银专融”影响力持续提升。先后获《环球金融》“最佳‘一带一路’银行奖”、《国际项目融资》（PFI）“全球最佳多边交易奖”、《财资》“中国最佳项目融资银行”等重要奖项，南非 Telkom 无线网络等项目先后荣获“最佳社会基础设施项目”等国际奖项，业内影响力持续提升，有效助力集团“外汇业务首选银行”战略。

二、服务国家战略大局，推进共建“一带一路”投融资合作

（一）支持中国能力“走出去”和海外资源“引进来”，服务联通国内国际双循环。保障国家能源资源安全，积极服务中国企业布局全球优质资源，支持亚洲某铅锌矿等项目，保障我国能源资源供应。促进产业链供应链稳链畅通，带动中国优势产能“走出去”，牵头非洲某国新首都中央商务区项目，输出中国建筑和运营标准。累计支持中国通讯企业在全球 18 个国家设备出口和数据通讯网络建设，涉及投资额约 55 亿美元，有效拓展中国技术的海外空间。助力我国先进制造业发展，牵头安排 3 架国产 ARJ21 飞机融资项目，是工行支持国产飞机交付运营首笔贷款。

（二）助力绿色低碳转型与深化互联互通，高质量支持“一带一路”项目合作。推进新能源领域项目储备及转化，与主要发电集团和电力承建商建立绿色“朋友圈”，推动欧洲某光热电站、南美某电动巴士等一系列新能源项目。支持中资企业承建境外大型基础设施，推动中资企业在秘鲁最大港口投资，实现工行与水泥行业龙头首次海外合作。

（三）服务国家经贸外交大局，广泛开展多层次合作。成功举办中非金融合作对话会，80 余家中非企业和机构的 300 多名代表参会，发布 3 项成果、1 项倡议，并与 13 家中非金融机构、企业及商协会签署 10 项合作协议。邀请 21 家欧洲知名企业参加第四届进博会“中欧企业家大会”，安排路易达孚集团全球 CEO 发言并与工行签署合作备忘录。推动第三方市场合作，借助 BRBR、中欧企业家联盟等机制，助力中国企业与英国、法国、德国、日本、西班牙等国客户共同在第三国开展项目合作，配合财政部推动多边开发融资合作中心（MCDF）建设。

（四）贡献工行智慧与经验，服务共建“一带一路”成效获内外部认可。获商务部委托开展课题研究，形成《发挥金融优势支持中非经贸合作高质量发展》《防范化解主权债务风险、创新对外投资合作融资模式》两份研究报告，研提思路举措，探索海外合作新路径。《国际资本流动和主权债务危机研究》《“一带一路”国别风险研究》两项调研报告在第十五届全国现代金融优秀论文与调研报告评选中获奖。

三、强化顶层设计与规划，发挥独特优势赋能集团发展

（一）优化本部发展定位，制定业务发展规划。起草《专项融资业务高质量发展指导意见》，推进专项融资业务管理体系优化。

（二）发挥专业化融资优势，赋能境内外机构综合金融服务。构建总分联动机制，谋划赋能分行工作方案，通过《专融工作动态》搭建信息共享平台，促进沟通交流与联动协同，支持多家境内外机构业务发展。撬动综合业务贡献，通过客户与项目赋能，实现撬动分支机构的存款、贷款、保函、结算等业务量均超百亿元量级。实施重点项目赋能，推进海螺水泥、太钢集团、某西非央行结构化融资等一批代表性项目。支持分行提质量、增效益，从多家分行回购一批风险苗头资产，帮助分行实现拨备回拨 9.27 亿元。

四、整章建制固本强基，健康规范发展迈出新步伐

（一）加速推进制度建设，全面融入总行制度框架。完善制度建设管理机制，制定下发《专项融资部制度管理细则》，规范制度体例与内容、征求意见与报审流程、发布路径与报备流程等，推进制度全周期管理。首次完成存量制度集中清理，梳理规范性文件 110 余项，形成“存、废、立、改”清单。快速落地一批急用先行制度，全年制定下发制度 25 项，涵盖出口买贷、飞机融资、迎检整改、风险排查、业务变更、制度管理、外聘律师、总经理办公会与内控委员会规则等，支持经营管理提质增效。

（二）落实集团“9 + X”管控要求，持续加强风险管控体系建设。建立部内风险排查机制，制定《风险排查工作细则》，定期开展业务风险排查，召开 4 期风险排查会，确定管控措施，严防劣变。摸清风险资产底数，侧重中长期、有计划的资产质量管控，逐户摸排全量项目风险，完成《资产风险排查情况报告》，科学预判未来三年资产质量及拨备管理情况。构建国别分类管理体系，初步搭建重点、适度、谨慎、压降四分类模型，对业务涉及国别进行分级分类管理。

（三）提升专业治贷水平，不断夯实信贷基础管理。严把业务入口关，制定项目准入会规则，抓住源头，严选新增客户，落实落细尽职调查要求，全年召开项目准入会 24 期。严把变更审查关，从实质风险出发，突出对基本面和趋势的研判，严格管控存量业务变更及豁免，强化对风险的主动研判。强化存续期管理，推行专融部牵头、行内机构辅助管理模式，推动与境外机构

签订存续期委托管理协议，发挥属地行作用，落实现场尽调和贷后要求。推进信息系统建设，结合信贷监控和统计分析工作需要，不断优化GCMS、GFPM等系统管理功能。

（四）注重点面结合，夯实内控合规基础管理。加强内控合规机制建设，成立操作风险暨内部控制管理委员会，建立合规联系人机制。深化反洗钱合规管理，制定下发《专项融资部反洗钱管理细则》，组织开展客编清理和客户信息治理，信息完整度提升超40%，定期排查全部存量客户洗钱风险等级。提升外汇合规管理质量，主动夯实外管报送数据质量，总结“准一类风参”外汇合规情况，推进外管涉罚事件责任评议。

（总行专项融资部）

养老金业务

2021年，面对复杂的外部环境和业务转型发展的迫切要求，养老金业务条线坚决贯彻落实总行党委的决策部署和工作要求，以总行党委“48字”工作思路为指引，业务夯基和创新推动并重，年金业务进一步壮大，第三支柱、养老金融加速推动，圆满完成全年经营任务的同时，为后续业务拓展奠定了坚实基础。

一、发展势头良好，同业优势更加凸显

市场占比领先，优势地位更加稳固。2021年末受托年金规模4 070亿元，管理年金个人账户1 198万户，企业年金受托管理、账户管理、基金托管、投资管理规模全市场占比分别为11.02%、41.67%、33.61%、7.42%，账管、托管多年保持全市场第一的领先地位，受托业务继续保持银行业第一，工银瑞信年金投资管理业务保持基金业第一。业务规模快速增长，客户面持续扩大。2021年，受托年金规模较年初增加810亿元、增幅24.85%，其中企业年金增幅15.62%，职业年金增幅35.84%。管理企业年金个人账户较年初增加62万户、增幅5.46%。服务企业客户数达到6.86万户、增幅7.73%，个人客户数达到1 971万户、增幅5.02%。理财业务转型发展，团养业务取得突破。2021年全年销售养老理财2 078亿元、同比增长20.81%。年末新规养老理财存量规模237亿元、较年初增加155亿元。团体养老保障管理业务取得突破，中标客户数36个，资金规模近9亿元。业务收入正增长，结构进一步优化。2021年实现养老金业务收入8.7亿元、同比增幅3.72%，受托和账管收入占比37.92%，较上年末提高11.61个百分点，收入结构进一步优化。

二、夯基固本，持续做大做强年金业务

营销推动机制更加完善。印发《企业年金营销工作机制》，全面督导分行加强营销工作。建立营销部门联席会议制度，组建柔性团队，充分利用行内资源提升营销成功率。深化外部机构合作，与头部养老金公司签署业务合作备忘录，促进业务拓展互利共赢。条线联动不断加强。养老金、公司、机构、个金等条线密切协作，深挖养老金业务联动价值。充分发挥养老金长期资金作用，支持国家重点项目、重点区域建设，助力实体经济发展。针对养老金个人客户拓展综合金融服务，推动第一个人金融银行战略落地。客户服务更加扎实。按照客户服务管理办法分类做好客户服务工作，克服疫情反复的不利局面，总分行多渠道回访各类客户近万次。积极响应客户需求，对重点客户提供业务培训、信用风险筛查、资金与项目撮合等个性化服务，有效提升客户满意度。市场地位更加稳固。2021年在人社部企业年金业务资格延续评审中，工行受托人、账户管理人、托管人三项资格及工银瑞信基金公司的投资管理人资格均顺利延续。蝉联《证券时报》组织评选的“养老金融服务银行天玑奖”，获得《经济观察报》组织评选的“值得托付养老金融机构”奖和《银行家》杂志组织评选的“十佳财富管理创新奖”。

三、践行责任，积极筹备第三支柱业务

密切配合人社部制度建设工作。作为首批银行代表协助人社部完成“人社部—商业银行—中登公司—基金销售机构”全流程验证性测试，召集主要银行建立定期会商机制，在制度框架下协助人社部完善业务运行机制，为完善我国养老保障体系贡献了工行智慧与力量。周密开展业务准备。编写业务开办需要的管理制度、营销方案、内外部协议、营销支持材料、培训资料、宣传物料等。加速推进系统建设，研发多渠道开户功能，实现手机银行服务专区，持续优化与人社部、中国结算公司接口并积极推进与第三方平台对接。深入分析客户需求，做好养老储蓄、养老理财、养老目标基金等产品研发准备。稳步推进理财业务转型。在完成首批

传统养老理财产品关停压降的同时，大力推动净值型养老理财产品开发和销售，年内新发新规净值型理财产品13只，获得市场良好反响，新规产品日均余额迅速增长，理财产品线持续丰富。

四、务实创新，持续推动养老金融发展

全面深入调查研究。对全国老龄委、卫健委、人社部、民政部、住建部等养老政策管理部门、头部保险机构、境内外可比银行、境内外分行、学术团体等进行了广泛调研，深入了解养老金融政策环境和市场发展情况，为谋划养老金融顶层设计打下坚实基础。广泛沟通形成共识。在深入调查研究的基础上，形成了养老金融工作方案，行领导主持召开专题工作会、研讨会等，就养老金融方案多次广泛征求总行各部门、子公司以及多家分行意见建议，相关各单位就加速推动全行养老金融发展达成共识。积极合作推动落地。积极推动与政府部门及外部机构的合作，与国家卫健委老龄司开展联学联建活动，与全国老龄办就《积极应对老龄化战略合作协议》达成一致意见，与多家头部养老机构达成合作意向，共耕养老市场。

五、多措并举，不断夯实业务发展基础

持续强化条线管理。推动完善企业年金营销工作机制，建立分行分类管理制度，实施“下管一级，监控两级”管理模式。完善条线考评方案，加强条线人员管理，常态化开展业务监督检查。举办二级分行座谈会，持续督导分行按周期上报落实情况。不断优化业务运营模式。创新开展受托及账管业务集中运营试点，提高集约化运营水平和效率。重塑受托业务流程，分离中台和后台职能及人员，进一步提升业务抗风险能力。大力推动专业能力提升。受托业务投资管理研究进一步夯实，战略资产配置稳步推进，评价管理体系更加完善，受托直投管理体系更加优化，投资督导更有针对性。账管业务持续推广数字化运营，从制度、流程、业务表单等入手提升业务处理标准化水平。持续加强人员队伍建设。全行成立养老金业务专职部门或中心的分行增至13个，增幅18.18%，专兼职从业人员达437人。构建触手可及的培训体系，通过现场培训、在线培训、交流锻炼、以工代训等多种方式，累计培训超过8 000人次，其中面向二级分行的培训4次，助力打造更高素质、更加开放的养老金专业人才队伍。不断强化科技驱动业务发展。全面推进产品创新、业务运营、渠道服务、风险管控、客户关系管理等各领域的系统优化，扩大数据接口覆盖范围，提升自动化处理水平和处理效率。深度利用数字化技术辅助管理，利用管驾舱项目推动数据统筹利用，全面优化经营报表，通过结构分析、对比分析、趋势分析多角度解析数据，为经营决策提供全面深入参考。

六、从严治理，有效增强风控能力

全面完善风险管理机制。成立养老金业务部业务与风险管理委员会，定期召开专题会议审议重大事项。全面完善制度体系，新增或修订下发养老金业务部部门制度10项，条线业务制度9项。研发养老金综合管理系统风险监测模块，对6类16个风险指标进行监测。大力强化重点环节风险防控。对新产品立项加强风险识别与评估。对工行代销的私募理财产品进行全面合规审查。搭建公开发行债券禁投库和非公开发行债券可投池，对非标项目开展“一事一议”，定期开展信用风险筛查，强化信用风险管理。不断加强内控案防工作。常态化开展员工异常行为排查，借助全球资讯平台、“融安e信”等系统进行智能化排查。按季召开养老金业务内控案防分析会，请内控、风险等部门专业人员参会，共同研判养老金业务风险及应对措施。持续强化条线风险管理。开展风险管理培训，加强分行指导。组织全条线定期开展风险监测。制订监督检查方案，开展常态化业务检查。对全条线开展职业道德教育，全行养老金业务人员合规意识进一步增强。加强业务连续性管理，密切关注新冠肺炎疫情发展变化情况，印发《新冠疫情期间养老金业务应急方案》，组织养老金业务异地代管、部门同城异地办公等应急演练。

（总行养老金业务部）

第三部分

风险管理

责任编辑：宋宏春

全面风险管理

2021年，全行立足高质量发展目标要求，坚持总行党委“48字”工作思路，统筹风险防控与经营发展，遵循“主动防、智能控、全面管”路径，集团风险治理显著提升，市场风险管理平稳有序，国别风险管控效力增强，各类新型风险管理更加有效，风险量化应用持续拓展，在助力重点战略实施的同时，强化风控技术成果输出，服务国家总体安全。

一、落实“主动防”要求，提升风险管理的系统性和前瞻性

落实“未雨绸缪、见微知著、亡羊补牢、举一反三”管理要求，不断完善制度机制、做优监测预警、强化前瞻管控。

（一）制定实施《2021—2023年风险管理规划》。与国家“十四五”规划和本行新战略规划有效衔接，确立了全行未来三年风险管理的总体目标，聚焦交叉性风险、综合化经营、国际化经营等重点课题，制定具体举措，提升风险管理的前瞻性。

（二）推动全面风险管理落地实施。首次以三道防线为专题强化全面风险管理要求，在四大板块一道防线部门明确风险管理负责人和团队共740个，在分行、境外机构、综合化子公司设立83位风险官并开展双线报告，15家境内一级分行增设风险管理部，境内分行风险管理部实现全覆盖，风险管理的重视程度、履职能力和工作质量进一步提升。开展全面风险管理履职监测评价，精简评价指标，提供系统工具，在压实责任的同时为机构减负赋能。

（三）完善风险管理制度体系。修订全面风险管理规定、系统重要性银行、风险及资本充足评估、集中度管理、金融市场业务产品控制、理财业务估值、计量模型管理等相关制度办法，落实最新监管政策和管理要求，履责控险机制和流程更加健全。

（四）提升风险管理委员会运行效率。修订委员会章程，设置常任委员部门和委员部门，简化议事机构，完善运行机制。规范议事机制，明确讨论决策流程和具体要求。加强管理针对性，将风险管理基础性制度规定、全面风险管理落实推进的整体工作安排纳入审议研究范围，加强对境外机构、子公司等重点机构以及普惠金融、线上和新兴业务风险的审议。

（五）加强风险研判，有效提示业务风险。开展人民银行压力测试和ICAAP、RRP、EPS压力测试，强化对风险形势的分析研判。加强全集团投融资风险预警，全年累计发布风险提示47期，首次违约发行人实现提前半年以上预警，前台经提示减退风险资产71亿元。

（六）深化重点领域风险管控。加强限额精细化管理，市场风险VAR较年初进一步下降0.7亿~1.84亿元。审慎核定国别限额和主权客户信用风险限额，严控高/较高风险国家业务，通过嵌入GCMS生产系统提升限额管控效力，保障集团国际化行稳致远。做好交易业务全流程产品控制，优化事前控制、交易监控、损益分析，落实问题闭环管理，启动程序化交易监控，保障金融市场业务安全平稳。深化并表管理，开展总行部门并表管理评估、子公司风险水平与风险管理有效性评估，督促补齐短板。强化非银子公司风险监测报告，基于入湖数据筛查、监测和预警提示风险，更新年度非银子公司偏好及限额方案。加强理财业务风险管控，强化存量理财业务回表管理，加强交易监测，防范操作风险与利益输送，针对工银理财开展风险评估。持续做好风险监控、预警和报告，市场集中度超限证券数减少90%，全年杠杆率稳定在110%左右。

二、完善“智能控”工具，提升风险管控手段的集约性与精确性

完善融安e盾智能风险监控平台，持续推进业务数据与风险信息整合，不断完善统一风险视图、产品估值与计量模型，提升反欺诈拦截精确性。

（一）丰富投融资监控信息来源，改进预警规则和应用效果。进一步扩展集团投融资风险监控平台信息来源，完善预警规则，每日自动识别债市、股市高风险客户，实现便捷高效的跨市场、跨产品的风险自动排查预警。提升突发风险排查效率，高风险发行人预警查询功能实现大批量信息导入与自动筛查，针对风险事件快速反应，精准定位风险敞口。持续优化个人客户智能监控系统，构建复合型计量模型体系，开发14个业务特色模型，通过增加关联企业、押品、现金流等信息，实现对债项、客户、押品等风险的有效识别和量化，针对性满足业务客户筛选、申请审批、风险预警、押品管理等风险管理需要。

（二）升级计量引擎，完善系统管理手段，夯实市场风险管理基础。推进巴塞尔协议Ⅲ市场风险新标准法

实施，加强市场风险系统、模型与数据治理，推进FRTB新标准法系统在境外分行延伸应用；推进实施市场风险计量Ibors替代方案，完成新基准利率改革与锚定市场数据接入和有序切换。自主开发主要金融市场产品估值模型，开展模型迁移，实现产品估值核心技术自主可控。投产市场风险智慧化统一视图，实现场外衍生品初始保证金计量。优化产品控制系统，投产基准价格及价格偏离度弹性控制功能，提升系统控制的有效性和时效性。加强市场风险数据管理和模型持续监控，应对金融市场波动，保证市场管理支持体系有效运行。

（三）完善风险加权资产计量管理体系，做好监管新规实施准备。持续完善计量管理基础，推进相关制度、计量方法和系统改造，推进信用风险内评法、市场风险新标准法、风险加权资产计量引擎建设优化，对照新规修订内容提前部署计量引擎，优化参数设置。强化风险加权资产监测分析，开展可比同业比较分析，推动境内分行加强系统应用和监测分析，提升资本集约发展理念，优化资产和业务结构。

（四）强化反欺诈技术手段升级与应用。拓展知识图谱等智能技术应用，对个人消费和经营贷款资金流向开展系统自动化监测预警，准确率超过70%；对普惠金融贷款审批关键岗位的关联人开展风险识别，防范操作风险。运用机器学习的高维特征和海量数据运算优势，迭代提升反欺诈模型表现，申请反欺诈模型准确率提升20%。投产新一代智能决策引擎，提高迭代学习能力，支持灵活部署业务决策，提高风险响应能力。

（五）完善验证手段，提升模型风险管理能力。对照国际标准加强模型风险管理体系建设，对128个资本计量模型持续开展模型日常监控、优化与验证。实行模型分类管理，开展模型管理情况年度评估。扎实做好资本计量模型管理，完成58项模型投产前后全面验证。

三、细化“全面管”措施，落实不同维度风险管理全覆盖

定期扫描集团风险状况，注重对新兴风险和交叉性风险的识别与分析，将投融资业务合作机构、中间业务次生风险、气候风险等纳入全面风险管理范畴。

（一）风险扫描全覆盖。定期在集团范围开展风险扫描，覆盖四大板块、“9+X”类风险、信贷、投资、表外等各类业务，对商品交易、衍生业务、股权投资、疫情、自然灾害等非经济性因素风险开展专题分析。

（二）加强投融资业务合作机构管理。对代理投资、代理销售、客户引流、担保等四类投融资业务合作机构风险状况进行梳理，做到情况清、底数明。推进合作机构“1+N”政策制度体系建设，制定加强投融资业务合作机构管理的意见，制度修订覆盖率达80%，建立健全跨部门集体审议机制。强化合作机构入口、闸口、出口全流程管理，一二道防线协同完善合作机构准入、存量机构排查和高风险机构压降，退出代理投资类合作机构23家，贵金属引流机构8家，非公募代销机构14家。

（三）加强中间业务次生风险管理。开展托管业务垫款风险排查，梳理通道类业务风险情况，将代销、托管、家族信托、养老金项目推介等业务的次生风险管理纳入全面风险管理体系，强化三道防线配合，加强风险识别、评估、报告和联防联控，以及业务数据的治理、整合与共享。

（四）加强交易人员行为管理。落实个人投资信息申报机制，防范内幕交易、利益输送。健全交易人员行为流程管理，对理财业务建立常态化异常行为核查反馈机制。搭建交易员行为智能监测系统，提升系统化管理水平。

（五）开创性开展气候风险计量与管理。深入研究全球规则与实践，在国内首次建立基于NGFS（央行与监管机构绿色金融网络）情景的高碳排放行业压力测试模板方法论，解决情景设计、压力传导和损失计算三大技术难题。研究碳核算方法论，逐行业制作核算模板，填补国内空白。建立国内同业首个气候风险数据库，支持8大类气候风险数据的收集与整合。参与TCFD等国际组织准则制定，借助国际平台发出中国声音。

（六）提升美国机构风险管理能力。深化美国区域风险整合管理，修订区域风险管理框架，完善政策标准，压实管理责任。做好美国机构监管整改，督导纽约分行制订落实整改方案，推进书面协议整改。投产美国区域学习平台，建立新员工培训教材体系，加强培训统一管理。

四、赋能前台提质增效，支持战略落地

（一）服务乡村振兴战略。加强县域市场研究，构建县域偿债能力评价模型，对我国全部1 861个县域开展评级，结合业务制定三类准入清单。细分县域客户客群，根据客群偏好及风险特征匹配产品投放策略。研究农户评级模型建模方案，支持为农户评级授信。

（二）创新评级模型，支持普惠制造业科创业务发展。立足扩大内需，提升金融供给与风控模型对需求的适配性，构建“1+N”模型框架体系，迭代开发线上小微、科创企业、供应链及GBC评级模型，助力普惠金融重点业务发展。

（三）助力第一个人金融银行战略。反欺诈智能手段在普惠、个金、卡等业务线全流程应用，全年累计自动化拦截信用卡、融e借申请等疑似欺诈业务448万笔，涉及贷款465亿元；拦截个人支付业务欺诈交易29万笔，避免客户损失19亿元，筑牢线上业务发展防火墙。

五、体现大行担当，做好风险技术工具与研究成果输出

（一）与农行开展市场风险管理项目协作。与农行开展市场风险管理系统、产品控制系统等交流与经验分享，设计包含巴塞尔协议Ⅱ、巴塞尔协议Ⅲ市场风险框架、流程、数据、计量、系统开发的整套解决方案，共同提高国有大行监管达标能力。

（二）向同业机构输出风控成果。响应银保监会号召，发挥大行担当，与外汇交易中心下属公司中汇亿达创新合作，向其客群推出 BaselⅢ标准法市场风险解决方案。向同业输出投资品分类穿透方法论、底层资产及交易明细数据加工、分析模型、交易监测和客群分析的方案，助力银行同业提升风险防控水平。

（三）落实帮扶锦州银行任务。协助锦州银行健全全面风险管理体系和政策制度，编制风险管理三年规划，开展内评体系建设，完善评级模型配套基础。

（总行风险管理部）

信用风险管理

2021 年，全行落实统筹发展和安全要求，坚持总行党委“48 字”工作思路，按照“主动防、智能控、全面管”的风险治理路径，有效保障各类风险平稳管控，资产质量不断企稳改善。截至 2021 年末，集团不良贷款余额 2 934 亿元，比年初减少 6 亿元；不良率 1.42%，较年初下降 16 个基点，成功遏制住疫情以来不良率反弹态势，不良率逐季下降。集团逾期贷款余额 2 549亿元，比年初下降 126 亿元；逾期率 1.23%，比年初下降 0.21 个百分点，逾期贷款额、逾期率“双降”；剪刀差为 –385 亿元，连续 7 个季度保持为负，资产质量稳定向好的基础不断夯实。

一、深化全流程管理，加强“三道口、七彩池”智能信贷风险管控

持续深化“三道口、七彩池”智能信贷风险管控系统建设和应用，实现对机构、客户、业务、流程风险管控的全覆盖。一是把好“入口关”，提升资产选择能力。进一步规范放款核准各环节管理，推进“新一代押品统一管理平台”建设，强化抵押登记落实。优化准入模型和风险排查，全年主动拒贷压降、终止流程或暂缓审批境内分行公司及个人客户金额合计 2 359 亿元。二是守牢“闸口关”，夯实“七彩池”资产管理。进一步完善“七彩池”分类标准，提高“七彩池”风险管控前瞻性。加强重点移出池精细化管理，抓好潜在风险融资流量管理，建立法人大户联防联控会诊机制，做实重点法人大户风险管控。强化重点领域风险防控，加强房地产行业限额管理，严守地方政府债务合规底线，强化“两高”行业客户分类管理。三是强化“出口关”，提高风险资产经营管理水平。强化风险资产出口端规范管理。明确风险资产经营处置“两查五关”要求，建立风险资产经营主责任人制，强化监督及回避制衡。深入研究风险资产清收策略，综合运用现金清收、以物抵债、重组转化、市场化债转股等方式加大处置力度，优化处置结构，提升风险资产经营质效。

二、强化统筹推动，夯实信用风险管理基础

夯实信贷管理基础，完善信贷产品制度体系。深入推进境外机构信用风险管控全覆盖，强化“四大板块”统筹管理。进一步加强金融科技应用，引入外部数据资源，加快推动信用风险管理智能化升级。一是持续强化制度管理基础。完善制度管理框架与产品体系，修订授信审批新规配套管理要点、信贷资产质量分类、银团贷款等 20 余项基础制度及产品办法。加强表外制度动态管理，完善非标代理投资制度建设，强化子公司财务性股权投资及 SPV 风险管理，扎牢制度“防火墙”。推进统一投融资风险限额向子公司延伸。制订工银投资、工银理财、工银安盛 3 家子公司限额管理实施方案，有效统一集团风险偏好。二是加强境外机构信用风险管控。强化重点机构风险管控，持续推动美国区域合规整改，年内纽约分行存量监管关注问题全部关闭，定量指标圆满完成。强化境外信贷制度管理，建立境外机构绿色分类管理制度，试行推进境外绿色信贷管理体系建设。推进境外信贷系统功能优化，加强境外机构监控体系建设。2021 年末，境外机构不良贷款 20 亿美元，不良率 0.98%，实现 1% 以内的目标；账销案存资产收回 6 304 万美元，创历史新高。三是加快推动风控体系智能化建设。推进“融安 e 防”迭代升级，做好“融安 e 防”对外输出，推动“农发行新一代信贷管理系统项目”顺利实施。持续提升全球信贷与代理投资管理系统（GCMS）易用性、友好性，推进智能门户建设，加强行外数据信息对接，投产人脸识别等生物增强认证功

能，强化关键环节合规管理。积极探索数字化转型，深化物联网技术应用，拓展RPA技术应用，实现外部负面舆情自动获取，提升监控效率。

三、提升履职能力，压紧压实从严治贷

聚焦条线和队伍建设，统筹推进信贷管理履职能力提升，提高信贷管理条线“专家治贷”水平。一是系统推动信贷管理条线履职能力提升。印发《关于进一步提升分行信贷管理履职能力的意见》，促进提升战略谋划、传导执行、监测预警、价值创造、系统推动和专家治贷等六大方面能力。加大信贷管理培训力度，多种方式开展信用风险防控、法人信贷作业监督等培训，搭建总分行相关信息及优秀实践共享。二是深入践行“专家治贷”与“专业治贷”。聚焦“关键少数”，增强信用风险垂直管理，扩大信贷风险官派驻机构范围，向内蒙古、青岛等6家境内分行派驻信贷风险官。加强信贷核心人才队伍建设，制订工作方案，夯实信贷管理人员基础，推动信贷业务行稳致远。完善信贷人员资质管理，推进从业人员履职档案建设，强化履职行为规范。全行信贷专业资格持证人员16.16万人，其中A类高级资质2.12万人，中级资质4.66万人。三是坚决落实“从严治贷”要求。做好银保监会现场检查及审计署年度跟踪审计配合支持，积极配合人民银行反洗钱评估及检查问题整改，完善反洗钱管理办法，持续强化法人客户反洗钱合规管理。完善责任评议认定工作机制，系统化搭建全行“1+2+N”信用风险评议认定制度体系，首次实现对境外机构、综合化子公司及总行利润中心、个金等业务条线的全覆盖。按照“问全、问严、问准”原则，及时完成涉“两明案”等关注度较高的重大疑难项目问责。聚焦“关键少数”严肃问责，压实风险责任，年内以评促收金额逾亿元。全年完成信用风险事件责任评议认定项目涉及48万户，涉及本金超1 000亿元，问责总管干部48人次。

四、强化执行落实，“123”攻坚战取得积极进展

截至2021年年末，12家一级分行（机构）中有11家实现不良贷款额、不良贷款率双降，5家实现系统内不良率排名进位，4家实现信贷资产质量根本性好转。20家二级分行中有17家实现不良率下降，有12家信贷资产质量显著提升。30个重点风险客户中有28户、342亿元实现有效风险化解，其中13户完成清收处置或重组方案落地实施。

五、优化处置结构，提高风险资产经营管理水平

2021年，累计清收处置不良贷款1 901亿元、使用核销资源1 010亿元，信贷不良资产余额与年初基本持平，不良率降幅创近年新高。主动应对资源趋紧的经营形势，积极推进风险资产经营转型，各项指标实现“五升一降”：一是深化经营理念，降低资源耗用。处置回收率同比提升2.2个百分点，核销资源与处置撬动比达1∶1.88。二是改善经营结构，自主清收（不含呆账核销）占比提升3个百分点。主动介入大额风险资产化解与处置，天物、海航等推进成效显著。三是强化营销意识，批量转让受偿率同比提升10个百分点，实现溢价10亿元，其中转让新规试点实现溢价0.2亿元。四是精筛入池资产，资产证券化发行创近年来溢价新高，合计多收1.7亿元。五是精心组织动员，账销案存收回超100亿元，实现历史性突破，反哺利润超100亿元。主动压降受偿率过低的批量转让资产包规模，同比减少239亿元。批量转让在整体处置规模中的占比从上一年的21.33%下降到11.83%。

（总行信贷与投资管理部）

内部审计

2021年，内部审计条线坚持总行党委“48字”工作思路，以防范化解金融风险为核心，用系统观念和方法谋划内部审计工作，为实现高质量发展提供有效助力。

一、谋实主责专业，有序开展审计监督

面对复杂多变的经济金融形势和日趋严格的境内外监管要求，加强对主要领域、重点机构、关键环节、关键少数的审计监督，集中力量实施了多层次、多形式的审计监督评价，全年共开展境内外审计项目40项，境内外机构主要负责人离任审计35项，审计活动涉及43个总行部门和直属机构，37家境内分行，53家境外机构和7家境内附属机构，保证了合理的审计抽样和适当的审计覆盖。

（一）推动服务实体经济本源。审计中重点关注全行融入国家战略、提高金融供给质量的举措及效果，开

展信贷支持实体经济、房地产贷款等审计，引导各级经营机构提高服务实体经济的适应性、竞争力和普惠性，防范和化解可能出现的风险隐患，推动全行发展路径与政策目标有机统一。重点关注完善金融产品体系、提升金融服务安全性的举措及效果，开展中间业务收入、理财与代销、信用卡和融 e 借业务、消费者权益保护等审计，引导各级经营机构完善金融产品和服务体系，推出更多精准适配的产品和服务，促进供需两端同发展、产业消费双升级。

（二）助力坚守不发生系统性风险底线。审计中重点关注表内外投融资业务、全面风险管理、依法合规经营、案件风险治理等关键领域，以及存量风险化解与增量风险防控，及时揭示经营管理过程中的突出矛盾和风险隐患，促进资产质量稳中向好、各类风险总体可控。重点关注境内外监管要求在本行的对标落实，开展绩效考评、反洗钱、业务连续性、资产质量分类等审计，引导各级机构领会监管政策，对标完善经营管理，整改监管发现问题。重点关注关键少数的权力运行和责任落实，强化经济责任审计，聚焦领导干部守纪、守法、守规和尽责情况，以及权力运行、资金密集、资源富集、资产聚集的重点岗位、重点事项和重点环节，促进管理人员履职尽责，全面从严治党从严治行得到有效落实。

（三）支持深化改革激活创新发展动能。审计中重点关注总行重点战略推进效果，开展代发工资、API 应用管理等审计，对 GBC 战略落地、开放合作共赢的金融生态体系建设情况开展监督评价，揭示新产品、新技术在快速投放和应用的同时，暴露出的风险隐患。重点关注行党委关注关切的业务和管理能效问题，开展固定资产、不良资产清收处置等审计，及时揭示业务发展中的苗头性问题和风险管理中的机制性问题。

（四）服务重点区域和机构经营管理改进和竞争力提升。境内组织实施对 11 家机构全面审计，境外组织开展对资产规模大、集团利润贡献大、经营发展快的港澳与东盟 11 家机构的综合审计，重点关注机构经营发展、竞争能力和风险防控情况，挖掘体制、机制、系统、流程等方面存在的薄弱环节和风险隐患，推动机构贯彻落实战略部署，提高经营效能和区域竞争能力。

（五）加大整改督促力度和提升落实效果。印发《内部审计发现问题整改销账管理办法》，持续推进和督促被审计机构按照整改时限要求落实整改措施，进一步强化联动整改机制，逐项跟进整改进度与措施，强化整改确认环节，以更加严格审慎的尺度标准，推动被审计单位优化完善制度、系统和流程，提升整改深度和效果。

二、坚持服务大局，持续提升监审协调价值

（一）全力配合国家审计和监管检查。配合审计署开展 2021 年重点领域风险防控和重大政策措施落实情况审计。配合银保监会开展风险管理及内控有效性检查，积极回应监管关切。完成银保监会 3 次监管会谈协调，组织开展“内控合规管理建设年”活动的评估验证。

（二）统筹做好金融监管、审计发现问题的集成整改和一体推进。推动落实“党委领导改、执委推动改、总分行双线改”的整改机制，压实总分行的整改主体责任及各类监督力量的督促检查责任。抓实台账闭环管理，坚持“当下改”和“长久立”相统一，推动将整改成果转化为治理效能。

（三）督促配合外部审计履职。协助德勤顺利完成交接轮换并有效履职。加强境外机构外审协调管理，统筹推进境外分行和控股机构审计服务协议签署，加强信息保密及审计质量监督。完成外审履职评价，督促德勤针对性制定落实整改措施，提升服务质量。

三、推动科技创新，加快数字化审计转型

（一）系统推进数字化审计转型。组织开展审计数字化转型专题研究，制订数字化转型方案，提出数字化审计转型目标、框架和途径。重视数字化人才培养，持续优化模型专家团队，实现模型库基础建设和审计项目技术支持。构建“信息化审计”培训教材体系，完成个人信贷、信贷资产质量、财务收支等条线的信息化审计教材编写。

（二）加速升级审计信息系统。搭建新一代审计作业平台，投产信息区、作业区、成果区以及知识管理等模块，实现资料调阅、确认书沟通等在线作业功能。着力强化审计综合数据分析能力，投产客服工单分析功能，实现多个业务领域的影像查询；投产科目余额逐级钻取分析功能，为数据驱动的风险识别提供有力工具；建设信贷大户监测系统二期，显著提升法人客户的全数据监测能力。

（三）持续增强技术创新能力。优化完善审计模型库，不断提高识别风险信息、问题线索的准确率和有效率。推动智慧审计研究成果落地，全年开展知识图谱、自然语言处理、机器学习、图像识别等多项新技术研究，部分新技术成果转化应用于审计项目实践并已产生有效审计发现。

四、强化专业赋能，有效提升审计履职能力

（一）优化审计基础管理。完善项目运作管理机制，印发实施《内部审计项目管理办法》，进一步规范审计管理标准、产品标准、行为标准。强化审计项目统筹，通过“1 + N”的集约型审计新模式，实现“一次进场、多项融合；一项审计、多项产出”。强化审计报告质量，提高审计发现精准度和报告信息浓度，有效满

足治理各方更高层次的审计需求。

（二）强化审计条线管理。强化内审分局服务管理，组织召开分局服务管理专题研讨会和开展分局调研，制定实施年度分局考评办法，搭建信息共享平台，营造“比学赶帮超”的良好氛围。优化境外审计管理机制，根据疫情形势、区域特征、监管要求和机构类型，统筹推动境外机构实施审计计划，加强对美国、欧洲、亚洲等区域重点机构的审计管理。加强对境内综合化子公司的审计指导，召开与工银租赁、工银投资、工银安盛、工银瑞信、工银理财等五家子公司内审工作座谈会，及时传导监管及集团管理要求。

（三）推进研究型组织建设。召开风险管理系列专题研讨会，就有效识别风险、剖析风险成因、研判风险演变趋势、实施风险审计等内容进行深入交流。组织开展优秀审计案例评选暨审计技能比赛，实现以赛促学、以赛促讲、以赛促训。组织参加中国内审协会2021年理论研讨活动，在评选出的193篇获奖论文中，工商银行12篇论文获奖。

（四）加强队伍能力建设。印发《关于进一步加强内审队伍履职能力建设的意见》，明确“以精细管理促进转型发展、以严选增量促进存量提升、以实践锻炼促进成长成才、以培训培养促进素质提高”的工作思路和具体措施。强化实践锻炼培养，建立内审分局与驻地分行横向交流常态化机制，推动分局开展干部交流和短期离岗学习工作。强化专业培训，搭建线上学习平台和培训专区，实现人员、业务、产品的培训全覆盖。

（总行内部审计局）

内控合规建设

2021年，全行统筹强化集团四大板块合规风险防控，系统推进内部控制体系建设，完善更具主动性和立体化的内控合规管理模式。

一、完善内控机制建设

（一）实施“内控新三年规划”，动态完善内控体系。制定《2021—2023年内部控制体系建设规划》，确定三年共73项主要任务，其中2021年落地329项重点措施，有效完善部分重点领域和关键环节的控制，增强内控体系的适应性和保障力。

（二）健全制度统筹管理，筑牢制度防火墙。修订印发《规章制度管理办法》，健全管理机制，高质量开展2021年度制度重检，持续严密制度防火墙；靶向重点员工群体，深化《内控手册》应用，促进制度传导执行和员工内控履职能力提升。

（三）优化内控评价，助推管理提升。修订内部控制评价指标，强化重点战略和重大改革落地导向；积极应对疫情挑战，创新评价方式方法，圆满完成境内分行2021年度评价工作，及时发现并改进部分控制缺陷问题；进一步规范二级分行及以下层级评价工作，提升基层行评价管理导向效能。

（四）强化文化理念引导，倡导合规价值创造。印发《关于推进内控合规价值创造的意见》，在全行组织开展“价值创造年”主题活动，积极营造“合规创造价值”良好氛围；深化第二届“寻找我身边的合规标兵”评选表彰活动，充分发挥“合规标兵”示范带动作用，持续推进合规正向激励机制落地；开展“合规文化大讲堂”等宣传活动，强化依法合规意识，推进合规文化在全行延伸。

二、全面加强操作风险管理

（一）委员会工作高效运行。总行操作风险管理委员会聚焦关键风险，覆盖“4大板块”，围绕操作风险事件责任评议认定等主要工作，统筹制订2021年工作计划。持续创新新冠肺炎疫情防控下会议高效运行方式，通过“常规议题线上传签+专项议题线下审议”形式，对重点问题讨论研究与决策部署。2021年共召开4次非现场会议、2次专题会议，审议、听取汇报、审阅了总行10个业务部门和5家综合化子公司提交的26项议题。

（二）自评估工具质效提升。创新实施“全面评估+专业评估+专项评估”的自评估机制，统筹全行操作风险自评估工作，实施“1+22+N”（“监管红线回头看”全面评估+22项“专业评估”+N项分行专项评估）操作风险与控制自评估计划，进一步前瞻防范风险。聚焦监管处罚，巩固2020年监管红线操作风险自评估成效，2021年对重点风险领域共309个“关键风险点”，开展“监管红线回头看”综合评估；根据重点领域和环节“三年滚动全覆盖”的要求实施全行22个专业评估计划；分行自主开展分行特色业务和触发式自评估工作，涉及财政非税收入、代理缴费、金闪借、房产交易保证金冻结平台、招投标保证金缴存/通回平台等产品和业务，以及大额监管处罚事项。

（三）责任认定机制全面落地。开展全行操作风险责任认定调研，摸清全行项目底数，从“制度、项目、系统、人员”四方面制订过渡期方案、做好新旧体系衔接过渡；重点推进全行大额监管处罚、诉讼案件、涉刑案件等责任认定项目；加快操作风险责任认定系统建设，实现系统投产上线。

三、一体推进案件查防处

（一）案防长效机制不断完善。一是深化认识。年初，总行案件防范工作领导小组召开会议，向党委会、董事会提交案防工作报告，年度案防政策、措施得到批准实施。董事、监事和派驻纪检监察组定期审阅案件情况。年中，召开全行案防工作会议，各级机构召开党委（扩大）会或案防分析会，落地执行。二是压实责任。修订《案件防范工作责任制管理办法》，层层传导压实案防责任。三是警示教育。以“双月一主题”短视频教育、刑法学习、案情通报等多种形式，通过工银研修中心、晨会直通车等不同平台，同步开展案件警示教育。全年发布6期短视频，全行累计210万人次观看学习。

（二）重点领域风险治理持续深化。2019年开始的“四项专项行动、两项强化措施”案防工作于2021年顺利收官。三年来，全行从整章建制、优化系统、组织排查、强化警示、加强培训“五维”推进，着力抑制作案条件，固本强基、标本兼治，总行23个部门累计制定73项任务，总分行完成290项措施，重点领域案件风险管控能力进一步提升。

（三）员工异常行为“两化”管控全面实施。历时两年建成集团员工异常行为网格化智能化排查管控体系，排查办法与手册明确58种异常行为识别标准和履职规范；GIS系统提前半年全覆盖集团境内机构，40.9万名干部员工纳入5.18万个网格单元；VIS系统累计构建86个风险场景模型，46个模型覆盖员工维度14种异常行为，40个模型覆盖业务维度13个专业条线。

（四）案件风险排查处置成效显现。一是自查自纠能力增强。针对业内案件，总行开展信贷审批、汽车分期、票据融资、代理业务等26项专项检查；各分行实施排查项目合计1 659个，排查发现问题整改率96.3%。二是调查问责机制运行有效。实施涉刑案件管理新规、（“9＋X”）＋4风险事件责任认定问责机制，落实案件归口闭环管理。三是案件处置化解风险卓有成效。“一案一策”指导7家重点分行“控钱控人控风险”，最大限度挽回损失。

四、加强境外合规建设

（一）适应强监管趋势，健全完善境外合规管理体系，提升合规风险防范能力。提炼形成境外合规管理体系（OCM），明确境外合规管理的基本遵循、管理重点、管理要求和措施，突出“三色四分五级”管控和“全要素全流程全周期”管理。修订印发《境外机构合规管理办法》，进一步完善境外合规管理的顶层设计和制度基础。对全部境外机构开展监管整改质量控制机制专项检查，指导督促建立监管整改验证机制，强化监管发现整改闭环管理。

（二）满足高监管预期，落实针对性管控措施，推动重点机构合规风险化解。完成2020年度境外合规与反洗钱风险评估，将47家机构按高、中高、中、中低、低风险进行五级划分，在风险评估基础上实施“三色”管理，就各机构重点风险因素及薄弱管控环节制定管控措施。印发实施《2021年境外合规与反洗钱工作任务》，对47家境外机构提出“一行一策”要求185项。督导纽约分行整改攻坚取得实质性突破，督导工银亚洲、工银加拿大做好监管处罚后续整改，对工银欧洲、澳门机构、利雅得分行和工银墨西哥开展合规管理非现场检查。

（三）防范重监管处罚，强化重点领域合规风险管控，提升合规管理支持保障。构建境外机构反洗钱标准体系，从客户、产品、服务阶段三个维度确立境外机构KYC标准，强化境外机构反洗钱质量管控，完善KYC非现场监测机制，完成定期KYC非现场抽检。推进涉敏风险管控框架SCP建设，持续完善涉敏制度“规—法—则”体系建设，初步建立集团涉敏风险评估体系，积极发挥涉敏专班作用，启动“星光计划”，组建集团第一期涉敏核心人才团队。提升境外合规履职保障，编写美国、亚太和中东监管合规手册，持续发布境外合规风险提示，开展第二届境外合规反洗钱云讲堂和机构高管培训，国内同业首家实施监管合规科技提升项目（RegTech），升级境外合规管理系统功能。

（总行内控合规部）

反洗钱工作

2021 年，面对新冠肺炎疫情下复杂多变的国内外形势，全行坚持把反洗钱工作放在维护国家安全和金融稳定的大局上部署推动，纵深推进“反洗钱治理能力提升工程”，扎实开展客户身份识别综合治理等重点工作，统筹加强总行本部及利润中心、境外机构、境内分行、综合化子公司“四大板块”洗钱风险管理，全行反洗钱工作质效进一步提升。

一、集团反洗钱治理体系不断健全

（一）完善反洗钱管理架构。组建反洗钱专业团队，在总分行重点业务条线成立反洗钱专业团队，压实业务条线反洗钱职责。优化考核问责机制，提高境内分行经营绩效考核中反洗钱分值占比，建立反洗钱“红黄牌”监督机制。加强反洗钱监督管理，持续监测洗钱风险偏好执行情况，编写《反洗钱检查手册》，组织开展境内分行反洗钱专项检查。推进“学、训、讲、考、赛”系列活动，出台反洗钱培训管理意见，举办董监高专题培训，推广“反洗钱应知应会系列微课”，全行共35.13万名学员完成培训；组织1.4万名二级分行行领导及部门“一把手”参加反洗钱考试；开展反洗钱案例视频大赛，编发14期《反洗钱专刊》《反洗钱前哨》，4篇文章在人民银行全国反洗钱征文比赛中获奖。

（二）加强集团涉敏风险防控。完善制度体系，印发《集团涉敏风险管理规定》等8项涉敏制度办法，同步上线4项工具书，形成“规—法—则”一体化涉敏管理制度体系。推进风险评估，聘请第三方完成集团涉敏业务管理框架机制评估，有序推动境内外分支机构开展试点评估。优化系统功能，规范涉敏风险管理系统（STORMS）调优及验证标准，扩大名单筛查范围，系统已在全部境内分行、41家境外机构及2家综合化子公司投产使用。加强监督检查，组织开展重点分行涉敏专项检查，定期开展境内外涉敏业务集中处理非现场质量抽检，并持续督促机构落实整改。

（三）提升反洗钱智能化水平。打造反洗钱数字化生态体系，推进反洗钱数据治理工程，加强工银BRAINS系统建设，实现系统在全部境内分行、28家境外机构及26家签约机构投产应用。构建“3+”智能监测分析报送模式，投产智能甄别助手，研发智能监控模型，进一步缓解人工甄别压力，提升可疑报告质效，2021年立案破案数同比上升89%。

（四）强化境内洗钱风险管控。持续推进KYC治理，印发《境内分行反洗钱客户身份识别综合治理方案（2021年版）》，实施KYC（客户身份识别）治理2.0工程，问题账户控制率接近100%，高风险业务规模大幅下降。推进洗钱风险评估管控，投产全新客户洗钱风险分类系统，实现与24个业务系统对接应用，推动各业务部门落实高风险客户管控；更新发布新版产品洗钱风险评估标准，有序开展定期评估；重构机构洗钱风险评估制度及指标体系，首次实现机构评估在子公司落地。

二、境外反洗钱工作开展情况

2021年，境外反洗钱按照“主动防、智能控、全面管”的管理路径，全力推进境外机构KYC标准化建设，主动嵌入业务流程，加大反洗钱非现场监督力度，不断夯实管理基础。

（一）推进境外机构KYC标准化建设。在集团总体框架下，构建基于客户类型、产品特征、服务阶段的境外KYC标准体系，制定差异化管理程序，规范10类客户和63项主要产品的尽调标准，优化境外机构KYC管理方法、流程和要求。

（二）强化业务流程反洗钱管控。加强FOVA主机客编分类管控，对FOVA中标注为“非客户”的客编主体进行交易限制。加强重点业务管控，推进信贷、信用卡等条线业务系统的客户准入刚性控制，开展非客户挂接协议介质的排查与清理，推动反洗钱要求嵌入业务。

（三）提升境外反洗钱非现场监督力度。通过选择重点机构全面检查、依托系统专项排查、定期抽检、组织疫情防控下自查等方式，分阶段、分层次、分重点开展反洗钱非现场检查；持续丰富监测工具，督导境外机构改进薄弱环节。

（四）强化境外反洗钱机制保障。建立境外KYC监管规则库，并按管理要素进行分类梳理；印发《关于加强总行专业部门对境外机构反洗钱条线管理的意见》，压实条线反洗钱管理职责；印发《关于加强境外机构反洗钱核心人员履职管理的意见》，建立反洗钱核心人员全生命周期管理机制。

（总行内控合规部）

声誉风险管理

2021年，工商银行正面传播力排名每月均保持同业第一且大幅领先同业，品牌价值排名保持全球银行第一，舆情管理在监管考核中继续保持领先，总体实现“宣传声势大、舆情管理稳、传播能力升”的工作目标。

一、正面宣传声势大，影响力同业第一

（一）新闻报道数量及层次领跑同业。2021年，新华社、央视、《人民日报》《光明日报》《经济日报》、CHINA DAILY、人民网、新华网等中央媒体刊发有关工行原发报道4 000余篇，同比增长超30%。在《中国银行保险报》发布的“中国银行业月度网络影响力榜单”中，工商银行每月均排名同业第一，月均正面宣传触达超1.5亿人次，大幅领先同业。

（二）高质高效保障全行重要活动宣传。紧紧围绕中心、服务大局，聚焦工行贯彻落实党中央、国务院决策部署及行党委“48字”工作思路和全行重点发展战略，接续策划开展“学党史　践使命”“我为群众办实事”“乡村振兴　工行助力”“助力绿色发展　工行在行动”“服务高质量发展”“工行进博时间”“学习贯彻六中全会精神”等主题宣传，及时有效传播行党委积极贯彻落实中央精神及工行良好工作成效，多角度、多渠道、多形式讲述工行故事，不断巩固工行落实中央精神排头兵、服务实体经济领头雁的良好形象。

（三）党建宣传受到行内外点赞。2021年，央视《新闻联播》将工行作为国有金融企业代表，播出了2篇专题报道，居同业第一。央视《朝闻天下》《金融时报》发布工行第一时间出台措施支持河南防汛救灾的系列报道，充分展示工行将党史学习教育成果转化成为群众办实事的具体实践。“七一”前夕，联合《人民日报》新媒体策划推出“建党100周年创意体验馆”，通过红色金融微视频、历史场景再现等方式，生动呈现工行“红色基因”“人民金融”底色，受到《人民日报》官方微博用户等网友广泛转发、点赞。

（四）赋能业务发展成效显著。2021年举办业绩发布会、银行保险业例行发布会、各类业务发布会20余场，组织记者实地采访20余次，开展宣传200余项。乡村振兴宣传树品牌展形象。央视《晚间新闻》《中国三农报道》、凤凰卫视、第一财经电视、《金融时报》等30多家媒体报道工行举办的“脱贫攻坚表彰暨服务乡村振兴推进会”，协调报道，打出工行“工银兴农通”品牌。组织中央媒体赴北京、天津、贵州等地调研采访工行创新服务乡村振兴案例，提升工行服务乡村振兴金融主力军的形象。《人民日报》《经济日报》对工行服务乡村振兴的新产品、新服务、新品牌进行了专题报道和全面宣传。绿色金融宣传引领同业。2021年通过新闻稿件、视频报道、高层访谈、总经理访谈、媒体进工行等多种方式，新华社、《金融时报》《环球时报》《香港商报》、人民网、新华网等100多家媒体报道工行绿色金融工作，这有效强化了国内绿色金融第一大行、支持低碳转型有力有效、服务“双碳”战略积极主动的良好企业形象。在联合国《生物多样性公约》第十五次缔约方大会（COP15）期间，新华社、新华网、澎湃新闻等推出工行发展绿色金融、保护生物多样性系列新闻视频，《21世纪经济报道》《金融时报》刊发专题图文报道，在国际舞台宣传工行绿色金融故事。进博会宣传展现“国际范”，实现了“同业领先、特色鲜明”的宣传效果，向境内外有效展示了工行国际化大银行形象。新华社、央视、《人民日报》、《金融时报》、CHINA DAILY等重点媒体报道近70篇，处于同业领先水平。《人民日报》等主流媒体刊发整版专题报道10篇，《人民日报》等新闻视频播放量超200万次，领跑同业。央视国际、CHINA DAILY、凤凰卫视、《香港商报》等发布工行新闻，通过工行自身与国际嘉宾共同讲述“工行故事”，增强了国际传播效果。

（五）行报阵地不断巩固。坚持党报、行报、家报定位，全年完成50期出版，编辑制作报道近2 000篇，撰写评论、综述、采访等原创内容近百篇，浓墨重彩报道全行推进党史学习教育、庆祝建党100周年等重要专题。

二、舆情管理专业稳健，声誉风险平稳可控

（一）有效防控重点时段和重大舆情。2021年，全行舆情事件数量持续下降。重大舆情应对上，综合施策，协调稳妥应对了多起重大舆情事件。重点时段防控上，在全国“两会”、“3·15”、“七一”、配合巡视等重要时段，提前部署、实时监测、严密防控，营造了平稳的舆论氛围。

（二）持续提升舆情管理能力。修订印发《声誉风险管理办法（2021年版）》，进一步完善了全集团、全流程声

誉风险管理体系。实行舆情月度通报、每日快报和实时报送“三位一体”报告机制，及时指导各机构防范舆情、改进经营管理，防患于未然。开展每月全行舆情排查和3次专项排查，及时推动重点舆情隐患化解。全年有效处理客户投诉、改进工作200余项，编制境内外媒体监测报告400余期。对有关总行部门和分支机构开展声誉事件问责，让声誉风险真正“长上了牙齿”，有力推动全行增强声誉风险意识、落实履职规范。针对市场热点或工行重点业务多渠道发声，多层次增信释疑，提升工行美誉度。实现声誉风险管理系统PC端功能向手机端延伸，进一步提升舆情管理信息化水平。

（三）舆情管理教育培训实现新突破。召开全行品牌建设与舆论宣传工作座谈会，对舆情管理工作进行安排部署，统一认识、明确任务、压实责任。首次举办总行与在京机构品牌建设与舆论宣传工作培训班，进一步提升相关机构的声誉风险意识和舆情应对能力。多元化开展系统指导培训，通过视频培训、微培训、以战代训等方式，克服疫情影响，保持舆情管理培训不断线。

三、新媒体传播持续升级，保持同业领先

（一）官方微信保持金融业第一大订阅号地位。及时编发行党委重要决策部署和工行重大新闻，成为行内外第一时间了解工行信息的第一权威信息平台。在庆祝建党100周年、宣传贯彻六中全会、抗击疫情汛情等重要时段，快速策划推出“向党说句心里话”“学习六中全会感想”“迎风雪　战疫情”等专题，第一时间传递工行声音，振奋员工士气，展示大行担当形象。新媒体矩阵建设不断取得突破，订阅号、服务号、视频号等内容更加丰富，传播能力持续提升，继续保持同业领先。

（二）创建全行“自媒体大咖沙龙”。在继续发展银行保险机构“小编联盟”、工行“小编联盟”的基础上，以沙龙形式聚拢工行有才艺、有兴趣、正能量的自媒体人才，既发挥其专业能力为提升工行声誉作贡献，又通过培训交流、提供媒体报道平台等为其赋能，实现共赢。

（总行办公室）

消费者权益保护

2021年，全行认真落实法律和监管要求，深入贯彻以人民为中心的发展思想，积极主动履行消保主体责任，防范化解金融消费领域风险，消保管理基础更加扎实，消保治理效能持续提升。

一、持续完善消保治理体系

2021年，董事会、监事会、高管层持续加强对消保工作的指导协调，不断夯实公司治理层面管理根基。董事会层面，审议2020年消保工作情况和2021年工作规划，并提出加强投诉根源治理、强化投诉成因分析等指导意见。监事会层面，持续开展消保工作监督，监测分析全行消保和投诉工作情况，听取消保工作情况汇报，开展消保工作专项调研并向相关部门发送《监督建议函》。高管层层面，召开投诉治理座谈会，分析全行投诉治理工作情况及存在问题，要求全行上下用心用情解决群众“急难愁盼”问题；设立“消费者权益保护工作委员会”，形成董事会规划决策，执行层推动落实的消保治理结构；召开17次消保工作专题会议，推动消保工作融入经营管理各环节。

二、不断优化消保体制机制

认真落实法律法规及监管要求，致力强化消保制度机制建设。完善制度方面，将消保风险纳入全面风险管理体系，完善重点专业和产品消保规章制度，强化重点领域和关键环节治理，持续提升消保工作规范化和精细化水平。提升客户体验方面，推出“工银爱相伴”老年客户服务品牌和工银“兴农通”乡村服务品牌，深化公益惠民服务品牌“工行驿站”，全面提升老年客户、农村居民、户外劳动者等重点群体服务能力和口碑形象。

三、深化投诉问题根源治理

高度重视易引发投诉的产品与服务痛点问题，着力从源头解决。重点问题治理方面，开展“客户体验痛点治理百日攻坚”和“我为群众办实事服务提升十大行动”，银行卡、个人金融等业务条线聚焦8类客户体验痛点和28个转诉重点问题，从建章立制、完善产品、优化流程、改进系统等方面实施根源整治，并通过重点分行现场督导、专班推动业务转型、纳入综合评价体系等形式将各项要求落到实处。投诉风险防控方面，按照“早预防、早发现、早报告、早处理”风险管理原则，加强对客户投诉工单的监测督办和统计分析，将投诉监测中发现的影响消费者体验、侵害消费者权益的问题作为消保审查意见、风险提示的重要依据。2021年，全

行未发生重大投诉舆情，根据第三方客户满意度调查，客户满意度 86.8%，较 2020 年提升 0.4 个百分点。

四、深入开展消费者宣教活动

持续加强资源投入和渠道整合，高效务实开展消费者宣教活动，多措并举提升活动覆盖面、渗透率和实效性，初步形成具有工行特色的宣教品牌。集中式活动开展方面，深入开展“金融知识普及月　金融知识进万家　争做理性投资者　争做金融好网民”“普及金融知识万里行”等宣教活动，深化消费者宣教与经营管理和业务发展融合，推动宣教活动高质量开展。常态化活动开展方面，主动回应消费者关切和社会热点问题，针对性加强非法集资、电信诈骗、校园贷等重点领域和老年人、农村居民、在校大学生等特定群体的宣教，强化案例式、体验式、互动式宣教，帮助消费者便捷了解新法新规和识假防诈技巧，采取更有效措施维护自身合法权益，有效提升宣教活动的精准性和有效性。2021 年，全行累计开展各类宣教活动 18.67 万余次，受教育消费者达 4.47 亿余人次。

五、全面加强员工消保培训

根据消费者权益保护领域相关法律法规和监管政策变化，积极开展分层次、分主题的消保培训，全面提升各级机构和员工消保意识和专业水平。全行培训方面，深入开展消费者权益保护“春训行动”系列培训，聚焦个人金融、信用卡等重点领域和业务营销、个人信息保护等重点内容，强化跨部门、跨机构协同联动，推动消保法律法规、监管政策和总行管理要求更好落地见效。专业培训方面，个人金融、银行卡、网络金融、运行管理、私人银行、贵金属、普惠等专业条线结合业务实际开展消保培训，灵活设置培训内容和培训重点，明确工作要求和服务技巧，不断提升本专业依法合规经营水平。基层培训方面，各分行因地制宜，线上线下相结合，采取晨会夕会、视频培训等多种形式，开展全方位、多角度的消保培训，持续提升各级机构和员工消保意识和服务水平。

（总行法律事务部）

财务会计管理

2021 年，全行紧扣高质量发展主题，准确把握发展形势，灵活制定财务策略，主动赋能业务发展，全力推动集团发展战略落地和经营目标实现，为新规划实现良好开局提供坚实保障。

一、稳中有进，经营质效实现新提升

（一）全盘统筹平衡经营目标。

一是集团盈利格局全面优化。面对严峻复杂的经营环境，坚持稳中求进，用好“三比三看三提高”工作方法，有力推动“四大布局”突破及“强优大”持续彰显。三项主要盈利指标增幅逐季稳步提升，全球最“大”银行地位得以巩固，高质量发展基础持续增“强”，价值创造能力不断“优”化，营业收入突破 8 500亿元大关，拨备覆盖率逐季提升、回升至 200% 以上，ROE、ROA 较上年明显提高，NIM 变动趋势可比同业最优且与自身比近三年来变动最优，成本收入比 26.35% 为可比同业最优，年末存贷比可比同业最低。

二是存款竞争力提升和量价协调发展。精确研判市场形势，传导利差稳定压力。量方面。通过预算工具和绩效考评引导，强化日均存款在经营发展中的基础性地位，有效抑制季末年末冲时点、存款稳定性不足问题，助力全量客户拓展和存款市场竞争力提升。价方面。加强同业对标，在市场收益率持续低位运行的环境下，使用预算、考评及 FTP 等工具，优化定期存款增长结构、严控长期限高加点存款过快增长，稳定付息成本。加强“实质利差”管理，有效管控实质负债成本。

三是加强风险成本管控。优化拨备政策。平衡总分行拨备结构，有效传导风险管控压力，真实反映实质风险。推进风险化解。统筹财务资源安排，加快消化存量风险贷款，做好风险排查和预警分析。有序开展资产回表风险处置。加强劣变管理。强化二阶段贷款分类标准系统刚性控制，严格资产质量分类标准；推动加强单边劣变率管控，提升绩效考评同业位次。资产质量持续优化，拨备基础持续夯实，风险抵御能力不断增强。

（二）全力推动收入可持续增长。一是充分传导增收压力。按照“坚守中收总量同业第一底线、加快结构转型”思路，下达全年及季度收入目标，按季做好缺口管理。二是加大督导协调力度。多渠道与总行部门、多家分行及机构沟通目标进度、面临困难，研讨应对措施，引导各经营单元提升竞争力。三是积极挖掘中收增长点。研究打通财富管理—资产管理—投资银行价值循环链，促活大财富管理板块收入增长。在全行树立优化债券结构、提升价差收入的观念，提高交易性非息收入贡献。研究调整盈利模式、科技项目输出、第三方支付等增收举措。四是加强减费让利管理。制订降低小微企业和个体工商户支付手续费方案，建立减免数据按月报送机制，准确统计本行减费让利情况并及时报送监管部门。

（三）推动境外及控股机构提质增效。

一是努力克服疫情不利影响，夯实境外机构经营基础。适应市场新生态。跟踪研判主要国家宏观政策走势，以做实做优有效资产为目标，强化利差管理，通过优化业务结构缓释外部环境的不利变化。增强风险抵补能力。夯实拨备保有基础，拨备覆盖率保持在200%以上，密切监测大户风险演变，统筹资源有序化解风险。传导资本约束理念。对部分机构开展资本补充事项回报论证、增资后评价，扩大评价结果适应性和约束力。

二是坚持“高价值成长”战略，推进子公司转换增长动能。工银瑞信抓住资管市场发展机遇，对标行业龙头优化产品布局，稳步优化收入结构。工银安盛加强权益类资产估值管理，加速推进期缴产品转型。工银投资在准则要求下合理估值，稳定盈利预期。工银租赁提升资产经营能力，有序化解海工和航空板块风险，夯实资产质量。工银理财在业务快速发展的同时关注风险防控和资产质量。

二、高标定位，战略推进迈出新步伐

（一）完善绩效考核体系，精准传导集团战略。

一是动态优化各维度考评办法。机构“块”方面，境内分行优化普惠金融、制造业和民营企业金融服务、存款偏离度考核；境外机构坚持实施分类差异化考核，加大同业比较和跨境联动考核；综合化子公司完善协同竞争考核，强化风险内控考核。部门“条”方面，横向分解各项战略，适应最新监管要求，优化同业比较考核；聚焦核心指标，指标数量精简至平均7项。

二是探索建立“等级行+KPI”考核体系。“等级行评定”立足于“比总量、比贡献”；“KPI”考核立足于“比增量、比发展”。通过重构考核体系，增强考核的精准性和精细化水平，进一步激发分行经营发展活力。

三是增强辅助管理决策能力。按季发布《一级（直属）分行主要负责人竞争力监测走势图》，强化分行“阵地意识”，压实主要负责人管理责任，努力提升本行市场竞争力。创新建立《管理建议书/提示函》工作机制，“块”的方面，基于分行考核结果、关键核心指标“三比表”、市场竞争力变化“趋势图”，提出针对性管理建议。“条”的方面，结合各条线存款、中收市场竞争力评估情况进行管理提示，引导各条线及时关注竞争力变化，动态完善管理举措。

（二）加大财务资源投入，推动高质量发展。

一是全力保障，持续加大资源投入总量。境内分行全年经营费用671.3亿元，其中营销费用105.35亿元、同口径同比增长11.92%。固定资产预算执行174.2亿元、同比增长4.1%，预算执行率达91.7%。

二是优化投向，精准支持集团战略落地。促进财务资源投入与经营业绩提升的高水平良性循环。扬长上，做好对公客户拓展营销费用支持，为养老保险全国统筹信息化建设等重大项目提供保障。补短与协同上，保障“工银星礼遇”客户权益、信用卡“爱购”促销、个人客户综合积分、三方支付绑卡、旺季营销、数字货币业务推广等投入。新设网点专项营销费用，下沉营销资源，助力网点竞争力提升。固本上，助力IT架构转型，加大金融生态建设项目投入，金融科技执行69.7亿元、执行率99.5%。强基上，五大重点区域投入133亿元、占全行76.3%，GBC合作项目投入19.1亿元、同比增长17.9%。完成网点优化布局、装修改造和县域网点建设年度目标，渠道建设执行71.2亿元、执行率96.3%。

三是挖潜增效，提升资源投入产出效率。节支方面，落实“过紧日子”要求，从严管控运营费用，实施3%运营费用与经营业绩挂钩机制。印发厉行勤俭节约、强化财务资源投入管理的意见，弘扬勤俭办行良好风尚。推进闲置房产盘活处置，严控房屋面积标准、建设标准和车辆更新购置标准。增效方面，组织外部咨询公司和业务部门开展重大财务资源投入后评价，为完善高星级客户权益和POS投入等项目管理提供有益支持。试点投产GBC项目后评价模块，促进后评价自动化、智能化。

四是夯实基础，提升精细化管理水平。做好捐赠资源统筹。及时完成河南洪涝灾害2 000万元捐赠款项拨付，展现大行担当。巩固拓展脱贫攻坚成果，争取追加3 000万元临时授权额度，可用捐赠额度大幅领先同业。合理摆布总分行、境内外捐赠授权，支持定点帮扶，积极履行社会责任。提升财务审批质效。及时组织召开财审小组会和财审会，优化年度财务授权方案。加强固定资产基础管理。推动表外房产系统应用，持续开展权属不全房产治理与在建工程长期挂账清理，组织全口径房产盘点排查。积极推动数据中心和雄安新区金融岛等重大基建项目、后勤体制和培疗机构改革落地。

三、价值创造，业财融合激发新动能

（一）切实提升专业服务效能。一是当好决策参谋。开展国际化和综合化经营同业比较、营业费用投入同业对比、优化债券业务结构、综合化子公司经营等研究分析，有力辅助经营决策。二是夯实业绩计量基础。业绩管理更严谨。加强条线业绩预算管理和监测分析。印发《业绩分成管理办法》，确保业绩分成更加规范高效。网点管理更精细。精简《网点及网点员工考核指引》考核指标。实现银行卡损益通过业绩分成系统自动还原至网点，助推利润单元建设。按季监测通报全行千强网点，引导网点提升竞争力。成本核算更准确。开展参数治理，提高成本归集还原准确性和分摊合理性。荣获“CGMA 全球管理会计 2021 年度中国大奖——最佳管理会计实践”。三是提升会计信息质量。会计核算。做好审计师轮换衔接，按时保质完成信息披露。梳理财务报表审计调整事项，研发科目监测大数据模型。根据业务需要新增并调整会计科目，明确政府补助核算要求，理顺总行与子公司核算关系，对存量理财资产回表提出核算建议。编写第二批《重点难点业务会计核算手册》，加强业务指导。估值和拨备管理。根据监管要求建立预期损失模型董事会审议机制。优化第三层次资产估值核算，节约集团资本。修订公允价值计量制度，做好估值和拨备管理。

（二）做好集团税务筹划支持。一是依法完成合规申报。统筹全行完成企业所得税汇算清缴及纳税申报、BEPS 本地合规申报。二是强化税收成本管理。持续推动小微企业免税，全年免征增值税 26.21 亿元；强化进项抵扣管理，全年进项抵扣率 7.15%；高效完成专票审核及认证 2 138 张，抵扣增值税 2.69 亿元、节约所得税 11.9 亿元；推动债转股损失税前扣除，重组资产损失通过税收筹划实现税前扣除；启动研究开发费用加计扣除工作，深挖税收优惠政策潜力。完成收入上划改革，在北京缴纳增值税及附加同比增 10 余亿元。三是稳妥推进税务检查。针对国家税务总局开展的千户集团风险检查，将总行本部 17 个涉税风险点减少至 3 个，在最低程度内完成自查补缴。

（三）强化财务合规风险防控。一是持续完善财务制度体系。结合市场环境和经营管理新情况，修订中央八项规定及财务基础管理等十余项财务管理办法，强化风险防控。健全境外机构风险防控长效机制，制定财务合规管理对照要点，要求各机构开展自查。进一步明确境外及控股机构固定资产管理要求。二是积极营造遵规守纪氛围。跟踪《服务价目表》实施情况。明示公司贷款年化利率，确保收费合规。把关业务部门税务合规要点，降低涉税风险。扎实做好总行本部账务处理，确保“资金支付零差错”“报表编制零差错”。指导境外机构严格遵守转让定价法规。在网讯平台建立全行税收法规库，全面普及税务常识。三是及时化解财务风险隐患。加强专业自查。组织做好境内分行 2020 年财会合规检查整改和 2021 年财务开支非现场监测检查，开展中间业务收费自查和部分境外机构非现场检查，组织做好整改并在全行加强警示教育。建立固定资产风险问题清单库，采取工单制逐笔跟踪问题整改进度。配合各类检查。做好党委巡视“回头看”、内审和内控等发现问题或线索的核查整改。配合银保监会开展预期损失模型检查。落实财政部会计信息质量专项检查整改要求。组织分行做好财会领域重大信息虚假问题专项整治。

（四）积极推动数字财会建设。一是用户体验更良好。投产差旅费和业务招待费自动记账功能，实现差旅招待等小额高频业务自动入账和支付处理，大幅减轻基层人员手工操作。试点投产工银 e 差旅线上预订酒店功能。投产财务电子档案功能。二是风险管控更有力。投产财务管理综合系统指纹识别认证功能，从源头防范操作风险。应用 RPA（流程自动化机器人）技术提高固定资产非现场监测效率，大幅提高检查效率和效果。通过系统手段加强涉税资金风险防控。推进境外机构 GFMS2.0 建设，完成 10 余项特色系统优化，不断提升境外财务系统的规范化、标准化、智能化水平。三是财务分析更智能。推动管理数据化、数据业务化，持续完善产品价值链分析系统，新增部门分析功能，优化客户分析功能，助力分行挖潜增效。

四、从严从实，集中采购管理取得新成效

（一）健全制度体系，夯实集采管理基础。一是完善制度办法。严格管理流程。修订供应商管理办法，进一步加强“入库”“闸口”“出口”全流程管控。细化履职要求。印发集管会工作规程和主任委员履职要求，切实保障项目审议和决策质量。组织干部员工签订《三零三严》承诺书。完善执行标准。修订采购代码总目和集中采购目录，促进业务运行更加规范。注重一体化管理。加强境外机构及综合化子公司管理制度一致性审查，细化综合化子公司供应商管理。二是优化运行机制。研究进一步规范应急采购、绿色采购、GBC 联动，协调推进“三道防线”建设，优化项目审查审批管理，集中采购全流程全环节闭环管理等工作。

（二）突出实质风险，加强审查审批管理。一是服务集管会履行好决策把关职能。严格落实疫情防控要求的同时，保障集管会审查审批正常运行。做好集管会管理要求执行情况跟踪监测，推动项目顺利实施。对分行集管会主任委员履职开展非现场检查，提高审查把关能力。加强总行集管会委员动态管理，协助外部高级专家更好发挥专业特长。二是持续加强供应商实质风险管控。开展供应商涉诉风险排查整治和后评价，加强涉敏风险管理，增加业务回避、制裁风险承诺要求。加强采购源头管控，严控单一来源项目。总行全年招标项目占比 42.75%，较去年增加 18.23 个百分点，单一来源项目占比 6.45%，较去年减少 1.29 个百分点。三是强化技术支撑。投产供应商实时评价和涉诉风险筛查功能，实现风险自动排查布控。开发远程线上评审功能，对参评人员操作行为全程录音、录像、录屏，加强关键节点主动校验和预警，保障评审谈判的规范性和透明度。

（三）提升采购效率和效益，服务业务发展和战略实施。一是高质高效推动项目实施。加强采购计划管理和执行情况跟踪。完善项目经理制，提高审查、评审谈判及突发情况处置效率。提升协调和对接层级，组织高

水平评审谈判团队，保障重点项目实施。充分做好磋商谈判准备，切实维护本行利益。开展价格监测，合理压降采购成本。二是协同推进 GBC 联动营销。全年向前台营销部门提供 1.4 万余家入围供应商总体信息、三大电信运营商合作及支付金额信息、总行 8 家通用外部研发服务商和 200 余家科技入围供应商信息，为后续扩展金融合作提供支持。三是积极为基层减负赋能。加大融 e 购采购平台使用力度，提升采购结果执行透明度和便捷度。加大信息公开力度，放开项目技服商、发文查看权限，推进全行集采信息共享；推动建立成渝区域专家共享机制；投产评审谈判专家智能外呼场景，解决人力投入高、确认耗时长等业务痛点。

（四）坚持即知即改，着力深化巩固整改成效。全面梳理各类巡视、内外部检查反馈问题，整理形成 2016—2021 年集采问题台账及整改督导工作清单。通过发布重点风险提示函、建立约谈机制、严格采购人员履职管理、加大督导问责力度等举措，统筹推进、一体整改，将问题整改与提升日常业务管理水平相结合，健全集中采购风险管控长效机制。

（总行财务会计部）

资产负债管理

2021 年，全行科学把握贷款总量结构节奏，创新日均存款推动机制，前瞻做好“两率”精准管控，动态优化大类资产布局，统筹资本补充配置优化，有效管控集团流动性利率汇率风险，推动新三年规划开好局、起好步。

一、2021 年资产负债业务总体运行良好

（一）集团资产负债总量稳健增长。2021 年末，集团总资产 35.2 万亿元，比年初增加 18 308 亿元，增幅 5.5%，其中，各项贷款增加 19 729 亿元，增幅 10.9%。集团总负债 31.9 万亿元，比年初增加 14 639 亿元，增幅 4.8%，其中，客户存款增加 13 070 亿元，增幅 5.2%。境外机构资产略有增长，2021 年末，境外机构总资产 5 036 亿美元，比年初增加 145 亿美元，增幅 3%。

（二）贷款总量结构保持同业领先。2021 年末，境内人民币贷款（含拆放）比年初增加 21 154 亿元，同比多增 2 439 亿元，增幅 12.4%，贷款增量排名四行首位。品种结构上，公司类贷款增加 1.19 万亿元，同比多增 167 亿元，个人类贷款增加 8 098 亿元，其中个人住房贷款增加 6 294 亿元，排名四行首位。普惠、制造业、绿色信贷、战略性新兴产业及民营企业贷款增量均实现较快增长，全面达到监管要求。五大重点区域分行是贷款多增主体，贷款增量占比达 74.4%。2021 年末，境内外汇贷款余额 777 亿美元。

（三）存款实现竞争性增长。2021 年末，境内人民币存款（含同业）增加 13 548 亿元，其中一般性存款增加 12 572 亿元，人民币存款和一般性存款余额均保持同业领先优势。储蓄、公司和机构存款分别增加 8 493亿元、2 379 亿元和 1 699 亿元。2021 年末，境内外汇存款余额 1 530 亿美元，比年初增加 67 亿美元，增幅 5%，外币存款增量同业领先。

（四）“两率”对标管理初见成效。2021 年末，人民币存贷利差 2.68%，保持同业领先，较年初降幅四行最小，推动集团 NIM 走势可比同业最优，其中，存款付息率（含同业）1.67%，贷款收益率 4.35%。同时进一步加大对实体经济的支持力度，全年新发放贷款平均利率 4.34%，比年初下降 12 个基点。

（五）资金管理效率优于可比同业。2021 年日均备付率（含现金）0.45%，资金管理效率同业领先。积极应对万亿资金缺口挑战，统筹做好大类资产布局优化，全年债券投资增量排名四行首位。落地境内四行首单人民币 100 亿元绿色债券，成功发行全球多币种等值 32.3 亿美元碳中和主题境外绿色债券，境外绿债规模居境内同业首位，先后获得《财资》《银行家》《国际金融评论》《环球金融》等机构颁发的国际奖项。

（六）资本管理成果斐然。2021 年末集团资本充足率为 18.02%，创历史最高，排名可比同业首位。以行业最优价格完成 1 398 亿元永续债和 900 亿元二级资本债券发行。2 000 亿元境内外二级资本债券发行议案获董事会和股东大会审批通过。集团 RWA 增速低于资产增速，境内分行经济资本增幅为 10.3%，较信贷资产增幅低 2 个百分点。

（七）风险管理指标符合监管要求。流动性风险指标兼顾安全合规和集约高效，各项指标均符合监管及本行管理要求。前瞻主动强化集团银行账簿利率风险管理，2021 年末 NIM 较年初变动 -4 个基点，HRS 指标控制在监管要求区间之内。集团和境外机构外汇敞口限额执行情况良好，境外机构资本投入账面价值较年初增加 18.28 亿美元。认真落实宏观审慎评估政策要求，

MPA 评级在同类型机构中保持领先，央行评级结果持续保持同业最优水平。

二、2021 年资产负债管理工作开展情况

（一）统筹总量结构节奏，提升贷款服务实体经济质效。一是精准高效落实货币政策导向。创新完善信贷规模管理的传导响应机制，全年人民币贷款增量及同比多增额均排名同业首位，贷款投放总量及节奏获得人行高度评价。二是积极助力信贷投放结构精准直达。组合运用专项贷款规模保障、内外部定价优惠和经济资本打折等多种措施，全面落实精准直达的金融政策部署。制造业、绿色、普惠、民营、科创及乡村振兴等重点业务均超额完成年度计划和监管要求。三是服务区域协调发展取得新进展。创新实施六批战略性信贷资源配置，粤港澳、长三角等五大重点区域贷款增量较余额占比高 4.1 个百分点，北京、上海等 15 家重点分行增量占比较余额占比高 5.7 个百分点。四是规模配置价值创造能力明显提升。充分用足“鼓肚子”空间，有效满足重点客户需求。境内人民币贷款余额占生息资产的比重同比提高 2.7 个百分点，促进营收稳定增长和 NIM 走势优于可比同业。五是持续让利实体经济。积极推进 LPR 应用，降低实体经济融资成本，2021 年新发放贷款利率同比降幅四行最大。

（二）优化考核办法，努力推动存款高质量发展。一是组织推动存款高质量发展。加强对存款运行的监测预测和同业对标分析，持续落实按周滚动预测、双周督导推动、按旬日均对齐的工作机制，抓实抓细稳存增存基础性工作。二是完善推动日均存款稳定增长的体制机制。将 FTP 利差与日均存款增量挂钩，激发分行稳存增存动力。优化主动负债发行管理，强化对新客户、新资金的产品配置，提高资源投入产出比。三是持续完善偏离度管理机制。印发《负债质量管理办法》，双线压实偏离度管理责任，强化关键时点协调调度，实现偏离度合规与存款增长的有效平衡。

（三）加强“两率”精准管控，完善定价自我约束机制。一是完善贷款定价策略，引导优投优贷。持续完善“名单制 + 分级分类分层授权 + 快速审批绿色通道”贷款定价授权体系，合理有效发挥优惠利率贷款联合会审机制作用。在坚持让利实体的同时，优化资产结构，开发“融 e 借”智能化贷款定价模型并稳步扩大试点范围，推动新发放贷款利率走势与市场同步。二是全面放权赋能，精准管控付息成本。全面扩大分行存款利率授权，促进存款稳定增长。落实存款利率监管导向，压降活期创新产品，规范结构性存款发行，承办市场利率自律机制年度工作会议，引导同业认真落实新存款利率自律要求，维护市场秩序，促进合规经营。加强对长期限高加点存款的管理，引导优化新增存款期限结构，稳定付息成本。三是前瞻调整内部资金转移价格。贯彻传导宏观调控导向，随 LPR 同步调整贷款 FTP，建立重点领域贷款 FTP 激励机制；精准管控负债成本，两次下调中长期存款 FTP；提升资金运作效率，灵活调整票据贴现、同业存款等市场化业务 FTP，建立完善债券投资、结构性存款等市场化 FTP 定价机制。四是持续推动定价自我约束机制建设。扎实做好存贷款定价同业对标情况通报、计收资金成本和授权动态调整等工作，举办科技赋能内外部定价管理线上培训班。修订《内部资金管理办法（2021 年版）》，持续建设定价自我约束机制。五是精准赋能外汇存贷款定价。坚持分类分层自主定价授权机制，实施重点客户、重点分行特别授权管理。外汇存贷款利差处于同业较优水平。

（四）统筹资金来源运用，保持营运效率集约高效。一是高效传导落实货币政策。做好降准资金、结构性货币政策工具的对接，紧密跟进新货币政策工具创设进程，积极对接碳减排支持工具和煤炭清洁高效利用专项再贷款，完成两项新工具的首批申请和资金衔接。二是审时度势加强资金统筹管理。印发《同业存单业务管理办法（2021 年版）》，前瞻谋划资金管理策略，统筹跨期储备释放与当期资金布局，有效平滑头寸波动。三是提升集团外汇资金运作效率。统筹集团外汇资金配置，持续加大对境外机构支持力度，全年向境外机构融出净增 165 亿美元。四是完善绿色债券管理框架。印发《绿色金融债券募集资金管理办法》，明确绿色债券募集资金运用、项目评估及遴选、信息披露等工作流程，积极助力绿色发展。

（五）强化集约化管理，推进资本补充挖潜。一是有序衔接资本工具发行。借鉴国内外资本管理研究成果，引入超效率 DEA 模型，创新提出“内源性、外源性、平衡性”的集团资本集约化管理思路。二是深入推进资本节约挖潜。深化境内分行、利润中心、境外及控股机构资本限额管理，按照“有保有控”的思路优化经济资本计量标准。做好经济资本在信贷审批、资源配置等领域的应用，在全行范围推广法人贷款辅助会签，提高资本配置使用效率。深入推进资本节约优化，推动资产结构调整，强化对表外资产、保本理财等重点领域的管控。三是精准落实 G - SIBs 管控目标。用好“调方法 + 控增量”组合拳，推进 ABS 投资和债转股业务估值优化，推动工银安盛做好第三层次资产调控工作，组别管理取得较好成效。

（六）强化忧患意识，前瞻管控流动性利率汇率风险。一是稳健审慎推进流动性风险管理。充分发挥集团资金实时监测系统全景平台作用，丰富预警预测功能，优化资金运行时间轴模型。投产跨境支付 CIPS 一体化流动性管控系统，推动集团流动性管理智能化水平再上新台阶。重构集团外汇流动性风险监测体系和应急预案，强化对敏感元素的监测，提高前瞻预警和应急处置能力。建立集团外汇流动性风险分级及储备分层、监测

报告、应急处置等工作机制。针对缅甸发生的紧急事态，加强对仰光分行的指导，确保特殊时期流动性安全。二是主动加强利率风险管理。优化集团全覆盖的利率风险管理机制，做好分类施策与差异化调控。针对全球金融基础设施领域重大变革，统筹推进集团外汇业务系统建设、合同修订、人员培训等工作，集团 LIBOR 转换工作始终处于同业领先地位。三是前瞻识别管控汇率风险。印发《集团汇率风险管理办法（2021 年版）》，加强对汇率风险的前瞻识别和管控。通过主动减持兰特多头、筹集优先股赎回资金、策略性安排港股派息预购汇等举措实现汇兑收益 5.13 亿元人民币。落实重点机构汇率风险月度会商机制，境外机构整体实现资本投入账面价值的保值增值。四是引导境外机构资产负债平稳增长。对境外整体和重点机构按月监测、精准分析和定向指导，引导境外机构把握构建新发展格局所带来的联动新机遇，统筹平衡好资产规模、利差水平、风险成本与资本占用之间的关系，切实提升经营质效。

（总行资产负债管理部）

授信审批

2021 年，全行以扎实推进授信审批新规高质量运行为主线，稳中求进，革新赋能，持续完善信用风险审查审批机制，不断提升资产选择能力和水平，有效发挥授信审批“关键阀”作用，推动授信审批工作迈上新台阶，为全行实现经营目标和高质量发展贡献力量。全年核定法人及机构客户年度授信方案69 503个，核定授信额度 35.26 万亿元；受理审查融资业务 225.28 万笔、金额 22.94 万亿元，完成审批 224.78 万笔、21.31 万亿元，分别占受理笔数和金额的 99.78% 和 92.91%；完成项目评估 4801 个，涉及融资 3.65 万亿元；完成押品评估 63.15 万宗，评定价值 2 万亿元。

一、突出支持制造强国战略，找准服务实体“突破口”

（一）加大投融资支持力度。优先支持优质制造业客户、优质新动能客户做精做专做强，创新成长型先进制造业企业投融资模式，加大对制造业科技创新和技术改造升级的中长期信贷支持。全年审批制造业贷款 13.16 万笔、金额 2.77 万亿元，分别占全行审批业务的 41.06% 和 13.93%。

（二）建立制造业授信审批新规体系。按照“审查下沉、审议上云、专属授信、自动审批”总体思路，充分融合大数据、人工智能等技术，系统优化创新制造业决策机制，助力提升制造业金融服务水平。开辟制造业审批绿色通道，对优质客户实行下放审批权，实施调评合一、评审合一、特别授权等简易流程。

（三）探索主动授信模式。选准新兴制造业赛道，对单项冠军、“专精特新”、小巨人等特定客群实施主动授信，创新风控理念，推进风险评价体系从过去看历史、看资产、重抵押向看未来、重现金流转变，深挖客户合作潜力，助力赢得市场先机。

（四）建强制造业信贷专业队伍。总行新设战略新兴服务评审处，一级分行组建制造业专家团队，加强制造业评估委员库建设。将制造业金融服务情况纳入条线考核评价，制定 10 余个细分行业评审指引，汇编印发数十个制造业审批案例，强化对分支机构的指导帮扶。

二、贯彻落实党委决策部署，聚焦全行战略“主战场”

（一）助力加快第一个人金融银行建设。将“加强 BC 联动”“争取客户在我行代发工资”等条件纳入对公客户信贷审批的重要因素，提升新审批贷款客户代发业务渗透率。优化个人住房贷款自动化审查模型，推动个人房产抵押消费与经营组合贷款业务自动化审批，提升线上个贷业务自动化审批比例。

（二）大力支持外汇业务首选银行战略。制定支持全面打造外汇业务首选银行的工作措施，高效支持外汇信贷业务，优化国际贸易融资信贷政策、进口信用证等管理办法，推动相关业务流程优化以及优质客户业务创新。

（三）深入贯彻区域竞争力提升战略。制定京津冀、中部等重点区域授信审批支持措施。主动对接裕龙岛石化、雄安容东片区、湖北长江沿线高铁等重大投资项目，大力支持京津冀、长江经济带、成渝双城经济圈重大项目建设，召开授信审批条线支持雄安新区建设发展座谈会。

（四）积极推进城乡联动发展战略。系统梳理我国乡村振兴政策和配套金融措施，结合本行城乡联动发展战略提出具体工作措施，指导分行做好风险防控。推动涉农客户风险限额测算模型优化。赴农业部、农牧业龙头企业开展生猪养殖及畜牧业调研。高效支持民营企业国内首笔乡村振兴债业务。

三、推进审批新规高标运行，把好资产选择“关键阀”

（一）提前实现新规在境内分行全面落地。实现授信审批新规在全部境内一级（直属）分行（含“5+1”分行）和在具有信用风险业务授权的科创中心、人格化授权重点城市行全部落地，分别较计划提前4个月和1个月。

（二）稳步扩大新规覆盖范围。制订综合化子公司新规实施方案，全程指导督导工银投资、工银租赁、工银理财等3家综合化子公司落地实施。拟订境外审批中心建设方案，积极探索境外信贷业务集约化管理。

（三）持续完善新规配套制度体系。创新前中台联合作业模式，完善集体审议工作机制，强化审议委员队伍建设，优化审批人管理和审结范围。细化审批人和专职委员履职要求，建立专家对口分行联系机制，制定总行专职委员绩效合约书，加强履职管理。

（四）跟踪督导新规高质量运行。先后组织召开新规督导会、运行情况座谈会，发布8期授信审批新规动态，5次向行领导专题汇报，并1次报党委扩大会、2次报执委会审议通过。开展新规实施以来首次专业检查，有效规范全行授信审批机制运行。

四、革新信用风险决策机制，探索风险防控“新利刃”

（一）首创“云审议”工作机制。对分行权限内的重点行业、新兴领域业务，选派总行专职委员参加境内分行债项审批会，有效统一风险偏好，在三个月内顺利实现“清零破百”（境内分行全覆盖、审议业务超百笔）目标。

（二）创建“云评估”机制。统筹各分行项目贷款评估需求，发挥总行级项目贷款评估委员专业队伍优势，实现评估委员和评估业务的精准匹配。

（三）创建“云会商”机制。对技术门槛高、决策额难度大的单笔投融资业务，构建行内外专家库，异地开展线上沟通、咨询、讨论、征询意见等工作，提供专业意见建议、辅助风险决策。

（四）优化法人客户风险限额管理模式。按照“战略授信、主动授信、均衡授信、协同授信”的总体思路，加大对战略客户和重点领域的限额支持、规范限额报送流程、均衡限额核定节奏、协调跨区域集团客户限额分配和风险管控。

五、深化基层松绑减负赋能，打赢服务发展“主动仗”

（一）强化金融科技赋能。优质法人客户信贷业务自动化审批流程正式落地，依托系统模型完成首笔公司法人客户营运资金贷款自动化审批。构建智能审批辅助决策体系，制定高新技术企业债权类投融资风险限额测算模型，推进工银e办公“e审批”平台建设。

（二）分层分类优化授权。推动基本授权差异化，加大对重点分行、重点业务条线、重点领域基本授权支持，推动优化总行审批人信用风险基本授权方案，优化分行转授权机制安排。推进特别授权灵活化，规范信用风险业务特别授权，明确授权客户类型、业务范围、授权流程。推动限额管理动态化，建立优质客户和特定业务风险限额核定简易流程，授予经营主责任人自主审定年度风险限额及限额调剂权限。

（三）推进审批服务质效提升。在河南汛情和江苏南京等地发生新冠肺炎疫情后，制定相关授信审批政策，帮助分行处置紧急突发情况。加强信用风险业务审查审批时效管理，明确4大类32项业务审查审批时效标准。建立重点领域业务审批绿色通道，审查审批时限在基本标准的基础上缩短30%。

（四）优化评审作业模式。优化内部职能分工，研究制订审查审批环节劳动组合优化方案，实现评审合一作业模式。

六、强化重点领域风险把控，守住资产质量“生命线”

（一）加强重点领域风险管控。严控房地产业务风险，审慎把握高负债房企融资需求。加强债转股等代理投资业务风险研判，完成关于市场化债转股业务分析报告。加强境外融资业务风险把控，开展跨境融资模式及风控要点等研究，审慎把控高风险境外融资业务。开展重大风险事件和负面舆情排查，着力做好融资大户风险把控，建立高碳行业总量管理机制。

（二）加强信贷引导投放。研究印发房地产、新型城镇化、火电、石化等21个行业评审指引，加强重点、敏感、前沿领域专业条线指导，统一全行风险偏好。规范投融资业务评审报告体例，分两批编制集成电路、光伏制造等13个行业项目贷款评审报告模板和5个产品审查报告模板，夯实信贷基础管理。

（三）规范专业条线考核评价。印发《授信审批条线评价办法》，科学设置经营发展、风险管控质量、工作效率等5大类、12小类指标，引导分行树立全局观念，平衡支持发展与风险管控，加强协同联动。

（四）加强项目贷款评估管理。完善评估管理顶层设计，加强制度建设优化；建立全行首个以“借款人偿债能力分析”为核心的信贷分析方法体系；深化支持“云评估”机制在制造业领域的落地执行；构建后疫情时代模块化、互动型信贷分析课程和培训体系，配合做好押品估值工作，持续推进智慧评估工作。

（五）做好贷中监测和专项检查“回头看”。提取分行权限内已审批未提款或部分提款融资业务 2 512 笔、大额授信方案 1 130 余个，向分行发送风险警示函 13 份。对安徽、重庆等 8 家分行开展非现场专项检查，聚焦审查审批关键环节开展风险排查。

七、锤炼过硬授信审批队伍，建强专业审贷“主力军”

（一）启动专职委员“菁英计划”培养项目。实施专职委员“菁英计划”培养方案，通过“导师制”+“集中培训”+“实岗锻炼”+“跟踪培养”模式，建设全行信贷人才培养发现平台、能力认证体系，形成信贷人才储备库。

（二）组建总行级评估委员队伍。从全行项目贷款评估业务骨干中选聘评估委员 63 名，细分为“专家库”和“菁英库”委员分类管理。打破业务和人才在地域上的限制及在行业上的不平衡，逐步发挥两类人才在“云评估”、方法制度传导、行业研究等方面的专业优势，积极赋能分行项目贷款评审。

（三）着力提升授信审批专业能力。采用模拟贷审会方式开展案例互动教学，举办授信审批分管负责人和总经理培训班、一级（直属）分行专职审议委员培训班，完成全行评估资质考试大纲、教材及题库开发，持续开展员工交流轮训。

（总行授信审批部）

运行管理

一、业务运营风险管理持续强化

（一）持续开展涉嫌电信网络新型违法犯罪企业账户风险常态化治理。2021 年完成 469 户通报涉案账户风险排查并实施管控，全行企业涉案账户同业占比降至 5.7%、同比下降 28.8 个百分点，保持四行最低。强化重要领域、重点分行、关键环节风险管控，聚焦重点领域做好运营风险的分析、检查和治理，全行可控风险暴露水平保持在万分之1左右较低水平。强化先进技术手段在风险防控领域应用。持续推广预留印鉴集中管理和复用模式，为集团客户金融服务引流增效。深入推进运行督导体系建设，完成智能语音银企对账全行推广，2021 年完成外拨 500 余万笔，智能化、数字化运营风险管理能力有效释放。

（二）“融安 e 账”内部账务核算管理体系成功构建。部署实施重点科目内部账户全生命周期管控措施，完整构筑严格准入、指令驱动、坏账计提、清理闭环的管理链条，初步构建“融安 e 账”品牌。在代理财政支付、贷款发放归还等 18 类场景落地应用“挂账、销账、账龄、对账”四位一体管理模式，在全行推广审批联动系统，季度 3.85 万亿元业务资金纳入刚性控制，2021 年收回及核销历史非正常垫款 19.18 亿元，资产管理手段进一步完善。

（三）现金业务风险管理有效强化。聚焦监管合规、风险控制和客户服务能力建设，全面开展现金业务基础管理薄弱环节梳理和治理提升，综合利用重点抽查、交叉检查方式，对全行金库现金管理情况进行持续监控和全面排查，确保金库安全运营。

（四）参数统一运营管理能力持续加强。推动参数标签识别管理，建立全行统一的专业参数信息标准，不断强化参数源头管控力度。2021 年累计完成 240 余个项目的参数设计投产和 5 万余条参数维护，重要时期参数支持保障作用更加有效，有力支持全行产品的加速创新和业务平稳运行。

二、集团运营支持能力有效增强

（一）跨境支付清算体系建设持续完善。集团统一清算平台覆盖境内总分行和 50 余家境外机构，完整构建涵盖清算、查询、对账等业务全流程的自主服务格局。组织工银澳门等 8 家获批机构成功投产 CIPS 境外直参行功能，拓展总行所辖 CIPS 间参行数量至 121 家，有力服务人民币国际化国家战略。成功申获境内外币支付系统美元备份代理结算银行资格，实现境内外币支付代理结算银行职能重大提升。集团一体跨境支付运营体系基本建立，完成跨境收款和线上跨境付款业务的全流程建设，逐步将分行特色业务纳入统一运营，实现标准化接入、灵活化配置、规范化运作，业务处理效率和服务水平大幅提升。累计完成全球支付创新服务（SWIFT gpi）在境内及 54 家境外机构的推广，持续优化客户线上自助查询及资金入账状态反馈机制，为客户提供跨境汇款极致体验。国际化清算能力受到市场肯定，荣获《亚洲银行家》颁发的“亚太区最佳人民币清算银行”和“最佳支付产品奖”。

（二）金融市场后台服务支持能力不断强化。金融市场后台运营平台（GMO）圆满完成境外机构推广，业内首批完成上清所外汇双边清算业务和自营资金“南向通”业务结算处理，金融市场业务清结算网络更加健全。顺利完成105只、733亿元非标资产回表入账，研究设计全新代销金融资产核算管理体系，有效支撑全行代销金融资产和客户财富管理业务高质量发展。

（三）境外业务运营体系建设成效显著。全面确立境外运营评价管理制度、指标体系和组织机制，完成境外机构运营质效首次分类评级，境外业务运行精细化管理水平明显增强。构建高效灵活的RPA流程自动化处理模式，在首尔、新加坡等14家机构账户管理、本地清算、监管报送等业务场景落地应用，实现人机协同处理和流程断点续作，持续提升境外运营数字化运作能力。建立境内外互为备份的连续运作机制，为极端情况下集团重要跨境业务和境外机构核心业务连续运营提供保障。

（总行运行管理部）

法律事务

2021年，全行坚持以系统观念、底线思维指导法律事务工作，持续提升专业价值贡献，为实现高质量发展提供了高效支持保障。

一、强化系统观念，法律风险防控成效突出

（一）优化管理流程，前瞻研判有力增强。建立风险信息常态化监测机制，向总行有关部门和分行发送风险提示，涉及规范产品营销、健全信息披露、保障金融消费者权益等重点问题。研析《民法典》《个人信息保护法》《反外国制裁法》等新法新规，组织修订公司信贷、普惠金融、个人金融等业务合同模板，保障全行依法合规经营。敏感时期实行每日风险监测报告，组织全行全面排查诉讼舆情风险，助力维护平稳的舆论环境。

（二）狠抓涉外风险，应对质效稳步提升。坚定维权信念，着力推进跨境风险事件处置。加强境外监管合规风险事件法律支持力度，妥善应对商品交易所自律调查、监管执法行动及行政处罚等重大风险事件。

（三）注重能力建设，防控基础持续巩固。主动适配“一道防线”风险防控需求，持续为业务条线及分行“送训上门”。开展民法典担保制度司法解释、风险资产法律清收、格式合同修订要点等专题法律培训和网络直播；举办50余家境内外机构35万余名员工参加的全行民法典知识竞赛，刊发行报“民法典伴我行”专栏稿件30篇。在集团营造浓郁的学法用法氛围，全行各级机构干部员工法治意识得到提升。

二、聚焦价值创造，诉讼管理更有作为

（一）强化协同联动，法律清收措施运用更加充分。2021年，全行累计运用法律手段收回风险资产（含不良资产、账销案存资产及受托资产）250.84亿元，同比增长5.39%。指导分行充分运用《民法典》及其司法解释、失信惩戒措施等，提升风险资产清收成效。组织个贷及普惠信贷业务违约诉讼情况专题调研，注重复盘总结，提炼共性问题，联动指导分行聚焦风险问题，研究针对性应对防范措施。

（二）坚持底线思维，被诉风险综合处置成效再提升。紧跟打击惩处职业放贷、虚假诉讼、非法集资等立法司法新导向，推动一批涉及民间借贷、违规担保、虚假印章的重大疑难被诉案件取得有利本行的裁判结果。妥善化解敏感被诉风险，平稳处理相关被诉案件未发生败诉判决和声誉风险事件。统筹做好被诉风险前瞻预判、报告监测和经验总结，持续推动相关风险源头化解，有力支持“管住人、管住钱、管好防线、管好底线”措施落实落细。

（三）着力深耕细作，协助执行工作水平保持领先。适应新形势修订《协助执行工作管理办法》《网络查控系统操作规程》《电信网络新型违法犯罪案件冻结资金返还工作实施细则》等制度。持续优化国家监委、公安部等八大网络查控系统，举办协助执行专题培训，提升疫情防控常态化下全行协助执行规范化管理。深度参与《反电信网络诈骗法》《网络犯罪防治法》等立法研究，获人民银行等高度肯定。

三、增强主动服务，法审支持保障更加有力

（一）内外并举支持全行改革发展。高效服务全行重点战略，以“精、准、快”法律服务，支持保障重点领域、重点区域、重大项目业务发展。围绕《个人信息保护法》实施、建立动产和权利担保统一登记、防范和打击逃废金融债务等重大问题，向有关国家部委建言献策，就《公司法》《银行业监督管理法》《期货和衍生品法》等开展深度调研提出立法建议，运用专业能力争取有利于银行业发展的外部法治环境。

（二）持续提升法律咨询审查效能。制定《企业破产重整中银行债权维护法律指引》，促进提升企业破产重整风险化解质效。修订《法律审查办法（2021年版）》，全面优化增强全行法律审查工作。夯实非格式合同签约用印规范性管理，由内容审查拓展至合同填写、签署、归档全流程。开展电子签约系统免法审功能非现场检查，实施系统升级优化。

（总行法律事务部）

授权管理

2021年，全行不断加强授权机制体制建设，持续强化日常动态管理，提升授权规范化与精细化水平，推动授权更好服务于全行重点战略布局与集团全面风险管理落地。

一、扎实做好基本授权，助力全行稳健经营发展

2021年，紧密围绕中心工作任务、经营管理要求和业务发展重点，及时做好年度基本授权编发，在保持授权总体稳定的基础上，进一步推进放权赋能与加强全面风险管理，对信用风险、代理销售、财务科技等业务领域授权进行调整，扩大重点机构、重点条线和重点领域授权，兼顾各机构业务发展需要与风险防控水平，按照“有放有收”原则进一步突出差异化授权。

二、注重授权动态调整，增强授权有效性适应性

落实国家政策导向、支持业务发展，适时对城市更新融资、煤电行业等重点领域以及北京、湖南、青海等分行和个别境内子公司部分信用风险业务授权进行动态调整，新增和调整部分分行信用风险人格化授权，明确工银租赁融资性租赁待租资产处置授权及审批流程。各境内外分行及时完成辖内转授权，各附属机构履行公司治理程序转化落实总行授权要求，全年授权执行情况良好。

三、强化集团授权管理，推动全面风险管理落地

落实财政部要求，全面调研集团境内外附属机构授权管理情况，从集团授权管理体系和制度建设情况、子公司授权管理政策及授权执行等方面，对附属机构授权管理进行全面评估分析，确保符合财政部对国有金融机构子公司授权管理的相关要求。加强集团授权管理经验交流，与人保集团开展专项调研会谈，就集团授权管理模式及相关公司治理问题深入交换经验。强化对子公司授权管理的常态化督导，做好授信审批新规在综合化子公司的授权配套，加强对工银标准等重点境外子公司授权指导。

（总行法律事务部）

管理信息

2021年，全行聚焦“数字银行”建设，扎实推进2021—2023年集团数据治理与智能应用规划，抓基础、建平台、推应用、促融合，在金融行业中首家通过全国数据管理能力成熟度（DCMM）最高级别评定（5级）。

一、数据管理能力建设取得新成效

（一）数据管理工作取得重大突破。服务集团新三年战略发展规划，编制印发《2021—2023年集团数据治理与智能应用规划》，推动40项具体任务实施。组织参加全国数据管理能力成熟度（DCMM）评估，成为金融行业中首家通过DCMM最高级别评定（5级）的企业。

（二）数据中台等大数据平台建设进展顺利。数据中台建成对公、零售、信贷等14个主题域，形成536张主题聚合表，在近50个一线痛点难点场景实现落地。优化客户标签体系，发布个人客户标签和法人客户标签5 615项。基于客户标签的数据服务接入PBMS、CBMS

等总行各专业27个业务系统，接入16家分行21个分行业务系统。投产全行经营情况监测数据大屏首期、二期版本，共展现11个页面、925个重要经营指标。编制印发模型管理办法，模型管理平台模型达2 439个，实现模型成果对接EBM营销和融e慧分析系统。

（三）推进境内外数据治理。编制印发《数据治理工作管理规定》《数据治理工作纠改指引》《数据安全分级分类规范》等制度，加强数据治理与安全管控。启动数据安全管控项目，应用隐私计算技术推动集团信息合规共享。加强境外机构数据治理和统计管理，将数据治理和统计管理有效性纳入境外机构"一行一策"考核体系，投产境外机构数据治理平台，实现对境外分行和控股机构的分类指导和评价全覆盖。

（四）深度参与政务数据合作。与国家信息中心开展重点课题攻关。成为北京国际数据交易联盟初创会员。积极参与深圳、上海大数据交易所筹备工作，工行成为深数所首批数据商，发布首批标准并落地首批交易。

二、深化数据与业务融合，推动数据赋能应用

（一）资金承接工作成效显著。召开全行资金承接工作推动会，制定资金承接目标客户营销工作的意见并推动实施。组建数据驱动精准营销资金承接揭榜挂帅团队，依托EBM系统、资金监测与资金承接系统建设。开展"清单式"精准营销，全年依托EBM、CBMS等系统累计派发12批12.31万户目标客户清单，年末行内资金承接率50.41%，行外拓户6 110户。

（二）推动数据产品场景化应用。围绕客户洞察、风险防控、精准营销等领域，落地应用20项总行级数据分析产品。推进EBM3.0建设，初步实现数据产品线上创建、共享和复用。深化客户贡献模型在基层经营绩效考评、存款精细化管理的应用，客户贡献精准计量项目荣获"亚洲银行家中国最佳数据管理项目"。

（三）加强数据分析师队伍管理。编制印发《集团数据分析师队伍建设和能力提升实施方案（2021—2023年）》，全行数据分析师队伍超过6 500人，覆盖总、分行33个业务条线。实施"数据菁英"实践项目，举办2021年数据分析师技能大赛。

三、坚守统计报送底线，提升统计管理和服务水平

（一）强化统计制度建设。进一步健全覆盖全集团、全业务、全流程的统计制度，完善报表、指标、业务明细三个层次制度建设。制定印发2021年统计制度、单位贷款和委托贷款金融基础数据统计制度、"粤港澳大湾区""长江三角洲"国家战略区域专题统计制度，修订完善报表操作流程手册。

（二）加强统计数据质量管控。丰富和完善统计系统校验关系库，累计部署9 520条基础数据校验规则和3万余条指标校验关系。定期监测会计科目核算、资产质量以及涉农贷款、企业划型、绿色信贷、制造业贷款等领域重点统计标识，开展重点领域基础数据源质量核查和纠改，推动业务部门将监管要求和内控规定嵌入到本专业制度、系统、流程。积极参与EAST 5.0规范的编制和金融基础数据统计制度制定，建立基础数据校验规则库。

（三）顺利完成监管统计报送任务。按时向人民银行、银保监会、统计局报送金融综合统计报表、1104报表等各期监管统计报表。全年向人民银行报送日报约250期，按月、季报送综合统计数据37个批次共580余张报表，报送金融基础数据356张报表、82亿条明细数据；向银保监会报送日报、旬报近400张，按月、季报送1104报表近600张，报送EAST明细表700余张、1.8万项字段；按月向国家审计署报送金融审计数据表近1 000张、近1.6万项字段。持续推进DSIFI统计指标自动化，有序推进风险数据加总和风险报告独立验证。

（四）提升统计信息服务水平。完成旺季营销存款变动趋势分析与同业比较，开展跟踪监测。优化管理层驾驶舱功能，可视化展现过去三年存款等指标的变动趋势，新增"乡村振兴、支持制造业"相关报表展示。基于GSIS建成乡村振兴监测分析平台、信贷监测平台、资产负债监测分析平台，支持重点战略落地。

四、加强征信合规与个人客户信息安全管理，圆满完成个人、企业征信一二代系统数据切换

（一）提升征信数据质量。组织开展征信数据质量管理情况自查，发布《征信数据质量管理办法》。持续推进"遏制侵犯个人信息安全案件专项行动"，19个全行性系统和全部分行特色应用已落实个人客户信息安全管控要求。

（二）同业中首批完成人民银行征信一二代系统切换。顺利完成人民银行个人和企业一二代征信数据采集切换，进一步完善个人征信异议处理系统、个人征信数据管理系统，新建企业征信数据管理系统和异议处理系统。推广通过手机银行、网银、智能机具等自助渠道查询客户信用报告功能。

（三）积极配合人民银行征信工作执法检查。开展征信数据质量管理自查，累计向人民银行检查组提供32批次1 500余份材料，坚持立查立改。

五、提升集团网讯传播成效，投产外部数据管理平台

（一）网讯创新推出"数字人"播报。将数字AI

技术应用于集团网讯，推出“数字人”播报功能，上线“视频频道”，丰富用户视听体验。上线“全行重点战略”“新规划 新征程”“全行 GBC 工作”等重点业务专题专栏及专题飘窗；围绕建党 100 周年主题，开设“党史学习教育”和“红色金融足迹”重要专题，策划推出“建党 100 周年”主题宣传。建立网讯栏目动态监测机制，引入网易易盾内容安全产品。在全集团完成国产化网讯系统切换，实现产品迭代快速化、系统架构体系可控化，将境内综合化子公司网讯子站点纳入统一管理。

（二）深化外部信息集中采购与应用。投产外部数据管理平台一期功能，增强外部信息统一管理及共享能力。优化外购信息采购流程，加强项目成本控制与整合，分期分批完成 2021 年信息采购项目。升级 e 企查产品功能，新增“营销雷达”“发票核验”“手机号核验”“身份核验”等实用功能。

六、高质量做好定期报告编制和评级评优工作

（一）顺利完成全年定期报告和资本充足率信息披露。严格落实监管新增披露要求，在定期报告中增加披露本行积极履行社会责任、支持绿色金融、巩固拓展脱贫攻坚成果、支持乡村振兴等情况。基于同业定期信息披露数据，完成同业业绩快讯、指标比较以及分析报告等同业比较产品 60 余项。

（二）稳步推进评优评级工作。组织开展年度跟踪评级会谈，外部信用评级水平保持稳定。本行荣获银行业协会 2021 年陀螺评价体系全国性商业银行榜单榜首，比 2020 年度排名上升两位。连续九年位列美国《福布斯》“全球企业 2 000 强”、英国《银行家》“全球银行 1 000 强”、美国《财富》500 强全球商业银行榜首；连续五年位列 Brand Finance“全球银行品牌价值 500 强”榜首。

（总行管理信息部）

安全保卫

2021 年，全行以迎接建党 100 周年、维护安全运营为主题主线，紧抓安全生产事故预防和外部案件风险防控，扎实推进各项安全保卫措施落地见效，全年无重大安全责任事故及抢盗案件发生。

一、完成重要时期安全保障任务

紧密围绕迎接建党 100 周年、营造安全环境的重大任务，制订工作方案，召开专题会议，紧抓重点单位，盯紧重要节点，分解细化管控措施，细致开展隐患排查，督导各级机构扛起安全责任，抓紧抓实安全生产、内部管控、信访维稳、系统运行、运营安全、舆情管控、应急值守等各项工作。全力保障总行本部安全稳定，持续开展办公场所消防隐患排查整治，加强园区访客管理，强化办公楼重点部位和制高点管控，制定《总行办公大楼网格化封闭管理应急预案》，提升防疫处突能力。对在京机构进行重点督导，确保总行本部、在京机构在重要时期和重要节点安全稳定。

二、扎实推进安全生产专项整治

逐级签订安全生产责任书，绑定压实主体责任。落实监督考核，把安全生产事故预防纳入分行经营绩效考核。全面开展隐患排查，对境内 1.4 万余家营业网点、1.8 万余个自助银行和 4 700 余处办公场所进行拉网式排查，累计组织检查 10 万余批次，立纠立改问题隐患 2.6 万项。开展涉枪风险专项排查，彻查各类库房 1.2 万余间，保险箱柜 10 万余个，督导相关分行根除历史封存枪弹风险。强化应急发电能源、防疫消杀物品和厨房用电用气等危险源源头管控，通过压降及替代措施减少危险源 186 处。深入开展国家安全、防灾减灾和消防宣传等宣教活动，累计开展宣教培训 2.6 万余场次，参与各类安全事故预防应急演练 10.3 万余人次。

三、积极推进电信网络诈骗风险账户管控压降

印发专项实施方案，建立统筹领导、内外联动和重点督导的工作机制，压实主体责任和管理责任。积极协助国家反诈中心开展资金预警排查 123 批次、涉及账户 101 万余户，反馈相关信息 786 万余条。着力提升涉诈账户智能管控能力，投产电信诈骗智能监测分析平台，完成 4 个涉诈风险银行账户监测管控模型的部署应用。组织开展“打击治理电信网络诈骗、跨境赌博”“反诈拒赌、安全支付”等集中宣教活动，展现大行担当，电诈涉案账户压降取得明显成效，对公涉案账户同业占比降至 5.48%，个人涉案账户占比降至 16.07%。

四、持续强化安防建设

全面贯彻落实国家新修订的《银行安全防范要求》（GA38—2021），印发《安全防范设施建设及管理规范化手册》《自助场所报警装置安装集成和联网接入规范》《营业场所视频监控系统运行检查指引》等操作手册，推动全行提升安防建设能力和管理质效。强化安防设施运维管理，在315家二级分行投产智能运维管理系统，实现前端安防设备及网络故障自动巡检。组织开展自助设备报警系统专项排查，及时纠改各类问题7.9万余处，完成安防改造3.9万余台。组织开展“报警监控联网平台规范年”活动，不断强化提升报警监控中心值守、警情查处和履职监督效能。

五、统筹境外机构安全管理

围绕全行国际化战略发展规划，坚持集团一体化安全管理和“一行一策”分类指导相结合。对境外机构安防建设进行量化评价，完成各类营业和办公场所安防设施建设与运维情况梳理、量化评估和标准建档。持续做好境外机构安全风险提示，投产全球安全风险管理系统，精准推送即时安全风险信息6 598条，编发全球安全风险地图、“一带一路”沿线国家安全风险地图及全球差旅风险提示。指导有关境外机构做好恐袭风险提升、示威事件升级、威胁人身安全等风险事件防范。

六、强化业外案件管控

严格开展案件调查、事件核查、监督整改和责任认定等工作。切实落实监管要求，组织完成历史积案集中清理。对典型案例剖析会诊，加强研究分析，开展专项治理。全年防范抢劫、盗窃、破坏等外部侵害事件30起，处置治安扰序事件6 200余起，未发生造成重大损失的外部侵害案件。

七、加强外部侵害风险防范化解

对全行营业场所开展安全风险评估，指导基层机构强化自我风险识别与控制能力，提升防范抢劫、盗窃等实体场所侵害风险能力。强化监测预警，健全外部侵害风险监测指标体系，按季监测，针对性做好防控。强化智能风控，融安e信新增投产空壳公司探查、风险雷达预警等服务功能，新增对接20个业务系统，为信贷、信用卡等业务提升风险监测预警93.65万次，支持相关机构及部门异常行为风险排查10.86万人次，为23家同业机构新增反欺诈信息服务。全渠道布控监测转账汇款交易，累计拦截风险交易5.23万笔，为客户避免损失10.22亿元。

（总行安全保卫部）

基础管理

一、办公信息化建设成果显著

持续以信息化智能化手段推动办公质效提升，提供安全、便捷、先进的办公服务。实施办公平台自主可控国产化改造，优化系统功能56项，高标准建成智能视频会议室。开展自身运营双碳工作，研发投产碳足迹管理数据统计与分析系统，启动专业服务采购流程。持续推进绿色办公，全行全年举办无纸化会议810次。实施智能监印，开展印章清理和非现场检查，严防涉印风险，全行实物印章数量同比减少137枚，总行全年安全用印9万枚。

二、档案管理再上新台阶

围绕档案工作“四好”“两服务”要求，创新资源利用，加快系统建设，做实基础管理。深挖工行红色档案资源，策划“感受金融之美”文物建筑打卡活动，在行报“档案看工行”栏目发布50期稿件。制定智能档案管理系统建设规划，完成9个项目落地，成为同业唯一完成国家档案局电子发票电子化归档试点验收的银行。实现资质证件档案借阅用印流程“最多跑一次”，审批流程缩短57%。制定修订6项档案制度，常态化推进“双随机一公开”非现场检查，促进档案工作规范化。挖掘档案价值，更好地服务党建中心工作，以丰富档案进一步提升全行干部员工党史学习教育和服务经营发展方面的积极性。高质高效服务中央巡视资料调阅工作，做好巡视期间总行各部门资料调阅保障，启动特殊时期工作机制，明确人员排班A（B）岗和值班表，建立24小时响应机制；加强机要档案出入库管理，确保巡视期间涉密档案借阅安全；在遵守档案管理制度的前提下，最大限度为资料借阅部门提供便利，确保档案资料按时提供。

三、保密管理水平持续加强

持续提高保密密码管理能力，牢牢守住不发生失泄密风险的底线。一是抓好宣传教育。开展“传承红色基因 弘扬保密传统”专题教育活动，加强新员工、提拔干部、外派人员、交流员工、第三方人员等重点群体保密纪律教育，实现保密工作全覆盖、无死角。二是落实管少管精。同业首家完成国家秘密集中解密工作，解密 3 700 余件。集团首次涉密载体“清池子”工作成效显著，共清退涉密载体 2.8 万件、销毁 3.5 万件。三是强化系统控制。完成境内外二级分行及以上机构商密换装，在同业率先采用最新加密技术和国产密码算法进行商密信息加密传输。开发智能监管一体化平台，投产涉密人员智能管理和涉密载体智能跟踪系统，有效降低泄密风险。

（总行办公室）

第四部分

境内分行成就

责任编辑：赵会玉

北京分行

【主要业务指标完成情况】

2021年，北京分行实现本外币拨备前利润655.87亿元、净利润409.7亿元，继续保持系统内和同业第一盈利大行地位。本外币资产总额5.12万亿元，较年初增加177亿元。本外币全部存款余额（含同业定期）5.04万亿元，较年初增加561亿元。本外币各项贷款余额1.17万亿元，较年初增加978亿元。实现中间业务收入127.45亿元，同比多实现4.26亿元，北京四大行排名第一，系统内排名第三。不良贷款额28.62亿元（含银行卡），不良率0.24%，资产质量保持稳定。

【主要工作措施】

一、在深化融合中加强党的领导

全面落实新时代党的建设总要求，深入推动党建“第一责任”和发展“第一要务”有机融合。一是持续强化党建引领作用。始终把党的政治建设摆在首位，深刻把握“两个确立”的决定性意义，不断增强“四个意识”，坚定“四个自信”，做到“两个维护”。认真落实“第一议题”制度，深入学习习近平总书记重要讲话和重要指示批示精神，全面贯彻党的十九届六中全会精神，主动做好意识形态工作，深入开展党史学习教育，精心安排建党100周年活动，扎实推进“我为群众办实事”和“党旗在基层一线高高飘扬”活动，党建引领作用持续凸显。压紧压实全面从严治党责任，持续强化纪委等各类监督，系统推进党风廉政建设，积极配合中央巡视下沉调研，充分发挥巡察利剑作用，完成分行各级党委首轮巡察全覆盖。二是充分发挥党委领导优势。认真履行党委把方向、管大局、保落实职责，对标对表党中央要求，按照总行党委工作安排，推动党建与中心工作融合共进。集中全行资源、智慧和力量，深入开展“旺季营销”“决战年中　创效攻坚”“聚力建场景　构筑护城河”“百日攻坚　年末收官”等专项行动，积极探索分行转型发展“第二曲线”。推动全行各级干部强化“三员意识”，主动沉下去、走出去、动起来，形成奋勇争先的良好氛围，为应对困难挑战创造了积极条件。

二、在多重冲击下稳固市场地位

坚持“重日均、稳时点、求实效”工作理念，主动出击，抢抓龙头源头，深化GBC联动，扎实推动资金承接、客户织网补网等系统工程，加强量价协调，存款业务经营管理水平持续提升。截至年末，人民币全部存款余额4.74万亿元，较年初增加187.3亿元。其中，人民币对公存款余额2.89万亿元；人民币储蓄存款余额1.14万亿元，较年初增加798.92亿元；同业存款余额7 073.16亿元，较年初增加859.08亿元。人民币全部存款日均余额4.66万亿元，比上年全年增加1 122亿元。全年实现G、B两端拓户2 405户，织网补网推动公司客户增加2.9万户。强化源头揽存与末端留存，全年累计代发4 976亿元，同比净增503亿元，代发额、代发客群金融资产和储蓄存款均居系统首位。主动应对资金变动规律，优化定价机制，加强存款付息成本控制，年末人民币全部存款付息率1.64%，存款成本合理可控。

三、在重大任务前展现责任担当

认真贯彻新发展理念，政策传导和服务实体“主力行”地位进一步巩固。年末人民币各项贷款余额达到1.12万亿元，较年初增加1 001亿元。其中，人民币公司贷款和个人贷款分别较年初增加960亿元和113亿元，均排名四行首位。人民币贷款收益率3.9%，保持同业最优。积极支持京津冀协同发展、城市更新和“两区”建设，项目审批数量多、金额大；制造业、战略性新兴产业、科技、涉农贷款全部超额甚至翻倍完成任务，均居同业第一；绿色金融、民营企业、普惠贷款全部超额完成任务；制造业、普惠贷款增速分别是各项贷款增速的2.6倍和4倍；分别为稳链固链、保电保供和疫苗企业提供融资250亿元、1 277亿元和15亿元，有力支持了重点领域和薄弱环节。年内办理非信贷融资近6 000亿元，余额1.54万亿元，均排名同业第一。债券承销量2 640亿元，并购融资余额581亿元，均排名同业系统双第一。

四、在积极应变中打造创新动能

坚持主动求变、积极应变，持续加快转型步伐。“第一个人金融银行”方面，坚持金融为民、客户至上，加快建设人民满意银行。个人金融资产较年初净增1 126亿元，规模1.84万亿元，均排名系统和同业第一。储蓄存款时点、日均余额和增量均排名同业首位。率先建立信用卡业务全行办新机制，信用卡专业考评排名系统首位。私人银行客户和资产总量、增量4项指标稳居四行首位，有14项指标排名系统第一。“第一手机银行”建设全面发力，6项主要指标保持同业第一，5 项指标位列系统首位。“外汇业务首选银行”方面，“全行办外汇”机制深入落实，外汇存、贷、汇、兑、中收等指标均保持同业第一。其中，外汇存款、贷款余额分别达到 376 亿美元、71 亿美元。国际结算量、跨境人民币结算量分别达到 6 700 亿美元、3.55 万亿元，同比分别增长 87% 和 67%。个人结售汇保持四行第一，国际结算收入 4.44 亿元，四行中唯一正增长。同业业务方面，紧抓首都“两区”建设和金融开放扩容机遇，成功营销北交所基本户，拓展中农再、大和证券等 68 家金融机构落地。资产托管规模 5.34 万亿元，稳居系统和同业第一。“大同业”综合贡献营收占比超过 10%，同比提升 1.8 个百分点。此外，强化前瞻思维，做实科技赋能、数据赋能，打造数字厅堂、“北塔”系统等多个自主创新成果。积极推广数字人民币试点。高质高效推进环球影城、冬奥支付环境建设等重点项目。打造智慧食堂、智慧菜场、智慧加油、智慧景区、数字普惠等重点场景，形成可推广、可复制的业务新模式。

五、在严峻考验下坚守安全底线

一是抓实疫情防控。严格落实“四方责任”，紧抓人员、场所、物品等关键领域管理，强化健康监测，织密防控网络，做好员工关爱，抓好应急管理，有效构筑全行免疫屏障、锤炼提升应急能力。二是抓实信用风险防控。紧盯风险大户，强化“一户一议一策”，累计清收处置不良贷款 14 亿元。圆满实现银行卡资产质量攻坚战目标，银行卡不良率 1.42%，9－12 月表外清收回款 5 700 万元，均优于总行目标要求。三是抓实全面风险管理。坚持“主动防、智能控、全面管”，EAST 数据质量治理达历史最好水平。监管转办投诉治理成效显著，第四季度单季降幅 44%。统筹抓好安全生产、舆情管理、保密信访等工作，扎实管控各类风险隐患，全年保持零案件、零风险事件、零监管处罚、零安全责任事故，连续 12 年获外汇局 A 类评价，在国务院大督查、监管检查等各类检查中得到好评。

六、在固本培元中夯实发展基础

一是客户基础更加坚实。新增对公结算账户 6.31 万户，扩大同业领先优势；公司有贷户净增 2 911 户，同比增速超过 50%；与 291 家总部级同业机构合作，市场覆盖率提升至 96%。同业客户账户数近 1.39 万户，较上年增长 25%。个人客户总量 3 334 万户，较年初增加 93 万户。二是渠道服务更趋优化。聚焦“五化转型”，围绕“六大行动”，持续夯实网点竞争力。通过构建减负闭环、研发九大系统、强化线上线下运维等系列措施，积极推动网点减负赋能。加强渠道优化升级，装修改造网点 55 家，挂牌“工行驿站”521 家，升级适老化网点 110 余家。迁建优化 16 家网点，精准投放副中心、自贸区、未来科学城等“两区”重点区位。三是人才保障更为有力。完善常态化公开遴选机制和“两纵两横”实战育人体系，深化年轻干部培养，优化各级班子结构，持续增强干部理论素养与实战技能。提升人力资源配置效能，深化人员结构调整，加强人才培养，做好精准投放。年内销售类、公司信贷、金融科技人员分别净增 652 人、203 人、68 人，销售类人员占比达 30.7%，首次超过客服经理，成为全行人员最多的群体。

（北京分行）

天津分行

【主要业务指标完成情况】

2021 年，天津分行认真落实总行“48 字”工作思路，运用“三比三看三提高”的工作方法，攻坚克难、锐意进取，经营大局保持稳定。截至 2021 年末，实现拨备前利润 62.26 亿元。中间业务收入实现 18.18 亿元。分行本外币各项存款余额 3 501.91 亿元，四行排名第二；本外币各项贷款余额（含信用卡透支）3 742.03亿元，较年初增加 256.54 亿元，总量连续四年在全市金融机构中排名第一。不良贷款余额 104.64 亿元，不良贷款率 2.8%，分别较年初下降 90.37 亿元和 2.8 个百分点，实现“双下降”。

【主要工作措施】

一、坚持党建引领，纵深推进全面从严治党从严治行

深刻把握“两个确立”的决定性意义，坚持用习近平新时代中国特色社会主义思想武装头脑、指导实践、推动工作。深入学习贯彻党的十九届六中全会精神，扎实开展党史学习教育，坚持领导干部带头学、红色经典分享学、初心课堂沉浸学、知识竞赛促自学，开展了“诵读红色经典、聆听信仰力量”“学习十九届六中全会精神、汲取百年党史智慧力量”知识竞赛等一系列主题活动，从党的百年奋斗重大成就和历史经验中

汲取精神营养、激发奋进动力。深入推动“我为群众办实事”实践活动，解决了一批群众和基层“急难愁盼”问题。着力推进基层组织建设，截至12月末，正式党员3人以上机构独立党支部平均覆盖率达100%。纵深推进全面从严治党从严治行，全面落实总行巡视整改工作要求。制定了《关于加强天津分行廉洁风险防控工作的意见》，开展了落实从严治党及党风廉政建设检查。进一步加强了意识形态管理，形成了分析研究意识形态领域情况的工作机制。完善了同级、信贷领域、管理人员选拔聘用工作监督实施方案。开展了“学思镜鉴、警钟长鸣”案例警示教育。有序推进分行党委巡察工作，完成了第一轮次巡察。全面加强队伍建设，认真落实新时代党的组织路线，坚持党管干部、党管人才。健全了干部管理机制，落实干部建议人选初始提名会议和登记制度。健全新提拔中级管理人员备案备查机制。加强人才培养，制定“分行营业网点各岗位人员管理办法”，设计新提任网点负责人“岗前网络培训课程体系”，开展金融科技后备人才培训。举办第七届员工岗位技能竞赛活动，提高了全员凝聚力。

二、立足服务实体，积极服务和融入新发展格局

2021年，天津分行认真落实总行各项决策部署，聚焦“三新一高”重点布局领域，服务新发展格局。聚焦基建领域补短板，积极参加市发改委重点项目融资推动对接会、市金融局“津心融”租赁企业融资对接会等重要活动，重点支持天津市于桥水库TOT等重点项目，全年累计投放基建领域贷款388.68亿元。作为战略合作伙伴参加第五届世界智能大会，围绕“智能相伴　美好与共”主题，多角度展示了工行以金融科技赋能经济社会发展的应用场景，彰显了国内金融业在技术研发实力、自主可控能力、科技治理体系等方面的领先优势。聚焦制造业金融服务深化，抓住天津“制造业立市”良机，重点支持传统制造业升级与先进制造业发展。截至12月末，分行制造业贷款较年初增加65.3亿元，完成全年任务的130.6%。聚焦绿色金融，积极创新碳资产押品管理模式，投放全国首笔“双质押登记”模式碳配额质押贷款。聚焦普惠金融提质扩面，加快数字供应链业务的转化落地，开发优质供应链市场，通过银担直保业务为抓手，在北辰、武清、东丽等重点区域推动与合作担保机构的密切对接。截至12月末，银保监口径、人民银行降准口径普惠贷款分别较年初增加37.38亿元和38.17亿元，完成全年任务的101.03%和103.17%。聚焦个人贷款营销，推进“1+X”合作模式，推动二手房“一站式”服务。个人贷款余额较年初净增67.51亿元，还原资产证券化较年初净增71.91亿元。

三、保持战略定力，持续推动总行重点战略落地

深入落实第一个人金融银行战略，个人客户基础进一步夯实。代发工资工程和社保卡工程持续推进，强化社保卡客户服务，独创微信发卡小程序，并以“社保惠民、工行服务”为主题，深化与市人社部门合作营销场景。截至12月末，社保卡存量规模173.03万张，较年初净增40万张，完成总行任务的114.29%；代发单位10 149户，首次突破万户大关。加强商户拓展，全年商户数新增2.56万户，商户总规模达到6.54万户。做好线上客户拓展，截至2021年末，个人手机银行存量客户达698.92万户，较年初增加70.36万户，个人手机银行客户继续保持存量、增量同业排名“双第一”。深入落实境内外汇业务首选银行战略，积极推进“1+N”外汇业务协同推动机制。截至12月末，国际业务客户净增414户，同比多增40户。国际业务中间业务收入实现35 866.91万元，同比增加2 390.85万元，增长7.14%，位居同业第一。做优重点产品，成功办理辖内首笔自行买入福费廷业务，通过“包买+转卖+跨境转让”等产品叠加组合。做大流转量，截至12月末，累计办理福费廷业务642.65亿元，同比增长89%，系统内排名第一。主动挖掘跨境人民币业务资源，实现了天津分行跨境人民币单笔最大金额及跨境人民币四行占比双突破。截至12月末，跨境人民币累计完成结算量431.83亿元，同比增长185.1亿元，四行增幅排名第一。开展客户“织网补网”工程，推进预约开户API接入天津市“一网通办平台”，自主研发了“对公网格化营销系统”。截至12月末，对公结算账户基本户2.34万户，四行排名第一。聚焦乡村振兴，重点支持天津武清农村生活污水处理工程，成功解决了武清区301个自然村的污水处理和供水节水难题，央视、央广网、新华社等多家官方媒体相继报道，为服务美丽乡村建设贡献了工行智慧和工行力量。

四、深化改革创新，扎实推进科技与业务融合发展

推进业务创新，成功中标天津市医保电子凭证清算银行合作资格。配合公积金中心完成了业务模式优化及核心系统改造，实现了公积金委托划转协议线上签约。在“教培云”“民政验资通”、个人消费贷款信贷资产收益权转让等领域实现突破。推进渠道创新，统筹推动网点竞争力提升工作，创新开发“天津分行到店客户识别营销系统”，实现了营业网点“一点接入、全程响应”。打造高效运营模式，完成了同城票交清算差额核算新模式。加快试点现金流转信息化应用。投产应用了上门智能服务等项目。科技赋能特色业务，研发投产“代发业务提升支持系统”等项目，实现了科技和业务发展同频共振。

五、强化风险管理，进一步增强风险抵御和化解能力

2021年，天津分行坚持“主动防、智能控、全面管”，积极构建“三道口、七彩池”为核心的智能信用风险防控体系，全面风险管理体系建设扎实推进。强化信贷风险管理，推动审批新规高效运行，研发“天津

分行审批智能管理系统”。强化分行“四位一体”监控体系建设，分行一般法人客户风险预警平均准确率100%。全行潜在风险客户实现融资压降13.71亿元。扎实推进贷款存量移位与增量并轨管理，启动深蓝移入池试点，2021年实现存量移位596.69亿元，实现重点移出池客户融资退出47.49亿元。推进“1215”质量攻坚战，有效化解“8·12”爆炸救灾贷款等大户融资风险。潜在风险客户实现融资压降13.71亿元。加快推进不良资产清收处置。全力以赴推进天物集团不良贷款处置进程，努力争取最优处置方案。截至12月末，实现天物集团不良贷款出表94.53亿元。强化内控体系建设，制定了《2021—2023年天津分行内控体系建设规划》。持续推进责任认定委员会和违规问责委员会规范运作。强化反洗钱管理，制定了《天津分行涉敏风险管理实施细则》等制度，实现了风险分类测试投产，提升可疑交易甄别报告、大额交易报告工作质效。健全案防会议管理，落实分支机构“下沉一级”开好案防形势分析会议机制，全面加强内控合规管理效力。积极组织开展内控合规“价值创造年”活动，着力引导分行全体员工知敬畏、存戒惧、守底线，营造“合规全员有责、人人尽责”的良好环境氛围。

（天津分行）

河北分行

【主要业务指标完成情况】

2021年，河北分行围绕服务实体经济、防控金融风险、深化金融改革“三大任务”，切实提高政治站位，在支持疫情防控和经济社会发展中主动扛起国有大行责任，取得了稳中有进、稳中向好、好于预期的经营业绩。年末，人民币各项贷款增加837亿元，同比增长12.28%，增量同业占比近30%。余额7 652亿元，保持同业首位。积极服务地方经济社会发展，承销政府债415亿元，累计达到2 556亿元。存量存贷比79.91%。向重点涉疫企业发放贷款超过200亿元。全力服务国家大事，京津冀协同发展项目贷款累放350亿元，余额突破1 600亿元。本外币全部存款余额9 628.77亿元，增加1 063.54亿元，创历史新高。其中，储蓄存款增加656.07亿元，对公存款增加364.67亿元。缴纳地方各项税款20.7亿元，同比增长15.13%。持续加大对医保、社保改革等政府合作项目的支持力度，累计投入资金超过2亿元。

【主要工作措施】

一、始终坚持党建引领

将党的政治建设摆在首位，深刻把握“两个确立”决定性意义，坚持把“两个维护”作为最高政治原则，用党的创新理论最新成果武装头脑、指导实践、推动工作。河北分行和各二级分行党委组织中心组学习228次。其中集体学习研讨111次，深入学习贯彻党的十九届五中、六中全会精神，扎实开展党史学习教育，从党的百年奋斗历史经验中汲取精神营养、激发奋进动力。深入推动“我为群众办实事”实践活动，解决一批群众和基层“急难愁盼”问题，加快建设人民满意银行。突出高质量队伍建设，研究制定处级、科级干部管理办法，制定网点负责人管理和考核办法，存量科级年轻干部占比达到“五分之一”要求。强化政治监督，实现机构巡察“回头看”全覆盖。坚持把以人为本作为一切工作的出发点和落脚点，不断提升员工收入和保障水平，常态化开展业务类员工晋升，职业发展空间进一步拓宽。充分发挥党团工妇职能作用，持续开展健身日、爱心日等品牌活动，汇聚发展正能量。保定、雄安分行分别荣膺全国五一劳动奖状、全国金融五一劳动奖状。衡水、邢台分行荣获全国“文明单位”称号，保定分行通过复审继续保留全国“文明单位”称号。

二、精准发力“三件大事”

一是积极服务京津冀协同发展。围绕交通、产业、生态三个率先突破领域加大支持力度，积极对接北京非首都功能疏解项目，重点支持了廊坊临空经济区、石钢环保搬迁、津石高速等一大批项目，京津冀协同发展项目贷款净增107亿元。二是积极服务雄安新区建设。在规模支持、产品创新等方面形成系统的政策支持体系，各项贷款余额、增量保持同业第一，是新区首家贷款余额突破300亿元的金融机构。新区重大基础设施项目融资余额、增量同业占比分别达45%、35%，在荣乌新线、商务服务中心、市场化开发地块等重大项目中，均为最大贷款支持行。作为唯一牵头主承销商，协助新区发行“雄安债”1 498亿元。三是积极服务冬奥会筹办。紧跟张家口赛区融资需求，新投放20.4亿元，贷款余额突破53亿元，同业第一。全力支持冬奥会数字人民币支付场景建设，开立个人钱包289万个、对公钱包31万个，同业“双第一”；建设中石油、太舞旅游等重点支付场景9 500多个。

三、精准发力服务实体经济

围绕供给侧结构性改革和发展动能转换，聚焦12

大省级主导产业，统筹投融资总量、节奏和布局，加大“六稳”“六保”支持力度，增加重点领域信贷投放，不断提升服务实体经济的精准性、直达性。一是突出支持制造业发展。开展制造业服务深化年活动，主动对接省工信厅制造业企业白名单以及省“千项技改”重点项目融资需求，加大对河钢、石药等制造业骨干企业支持力度，制造业贷款增加133.92亿元，中长期贷款占比提升1.35个百分点。二是突出支持民营企业发展。加强与全省民营百强企业、专精特新“小巨人”民企、细分行业龙头和隐形冠军企业的对接，重点支持了德龙钢铁、今麦郎等一批优质民企，民营企业贷款增加75亿元，余额突破千亿元。三是突出支持企业“走出去”。全面落实与省商务厅合作协议，开展支持外贸外资企业的“春融行动”，助力河钢、德龙、天威等企业在“一带一路”沿线国家发展业务，累计为4 800多家涉外企业提供金融服务。把握省外汇局批准河北分行作为贸易外汇收支便利化试点银行机遇，成功为河钢等10家企业申请试点资格，跨境人民币结算量达到230亿元，同比增长175%。四是突出支持绿色金融发展。与省能源局签署合作意向书，支持河北能源低碳转型发展。围绕清洁能源、资源循环利用等领域，重点支持了华能涿鹿风电、邯郸生活垃圾焚烧发电等一批低碳环保项目，支持雄安新区完成首笔国际绿色碳交易，绿色贷款余额达到380亿元，增加105亿元，增速高于各项贷款增速30个百分点。

四、精准发力普惠金融

落实城乡联动发展战略，调动更多资源配置到小微、“三农”等薄弱领域，普惠贷款保持增量、扩面、降本、提质发展态势。一是注重服务小微企业。聚焦全省107个县域特色产业集群，打造信用类“经营快贷”、抵质押类“网贷通”和交易类“数字供应链融资”三大融资产品线，普惠贷款在同业中首次实现量质“双第一”。银保监口径普惠贷款增加147.77亿元，增速高于各项贷款增速52个百分点，不良率0.76%、同业最优。普惠贷款户数3.89万户，增幅41.64%，其中首贷户增幅106%。主动让利纾困，对小微客户融资执行优惠利率，新发放普惠贷款利率同比下降13个基点。二是注重服务乡村振兴。全面落实与省农业农村厅战略合作协议、与省工商联“万企兴万村”合作协议，在省行层面成立乡村振兴工作专班，普惠型涉农贷款增加58.81亿元，增速是各项贷款增速近2倍。积极推动农业产业融合发展，与省农业农村厅联合开展“兴农撮合”活动，通过“平台+撮合+金融”创新服务模式，平台入驻企业超过1 000家，对接融资需求近30亿元。支持产业振兴，创新融资方案，打造了“冷链贷”“畜牧贷”等农业特色贷，累计投放超3 000万元。积极拓宽农村资产抵质押物范围，系统内首笔“两权”抵押贷款在河北落地。三是注重服务精准帮扶。严格落实“四个不摘”要求，全力支持对口帮扶县域乡村，河北分行被省委省政府和总行分别授予“脱贫攻坚先进集体”称号，连续两年被省委、省政府评为优秀派出单位。在资金帮扶上，巩固脱贫贷款增加11.38亿元，完成总行下达全年任务的两倍多。在产业帮扶上，累计为丰宁抽水蓄能电站项目、中国马镇旅游项目发放贷款近15亿元，减免利息近2 400万元。

五、精准发力服务政务民生

全面建设e－ICBC4.0生态银行，以“线上+线下”“人工+智能”“推送+互动”的立体服务体系，服务政务、惠及民生。一是加大政务服务供给。成功上线新版代理财政国库集中支付系统，代理全省各级财政支付地区达149个，同业第一，占比提升至76%。与河北省消防总队及所有地市支队签订合作协议，为全省消防支队提供全面金融服务。与团省委签订合作协议，共同开发团费收缴系统，合作发行“河北青年志愿者证”联名卡5万余张，为广大青年提供贴心服务。与省市场监督管理局合作，将“对公预约开户”功能嵌入“一窗通”网上服务平台，实现了新增市场主体在线注册申请、银行预约开户等一站式服务，助力优化营商环境。二是加大民生服务供给。认真落实省委、省政府保电保供有关部署，开展“保电专项行动”，主动对接企业，开辟绿色通道，给予政策、资源、产品等配套支持，高效审批贷款28亿元，有效满足保电保供金融需求。助力扩大内需，满足居民合理住房需求，个人住房贷款增加272亿元，95%以上用于支持首贷房，余额增量保持同业“双第一”。聚焦新型城镇化建设，与石家庄、唐山、保定等地政府签订战略合作协议，积极支持城市更新行动，助力人民群众安居宜居。全面打造智慧便民场景新生态，实现政务、交通、医疗等重点领域场景建设全覆盖，重点场景交易量排工行系统第一。三是加大渠道服务供给。积极打造服务标杆，6家网点获评中国银行业协会文明规范服务“千佳示范单位”，获评数量同业第一，“百佳”“千佳”总量同业第一。创建“网点+政务”特色模式，社银一体化网点达110家，持续为参保单位和个人提供便捷服务。创建惠民服务网点，与团省委共建“工行·小青星驿站”782家，为广大群众提供饮用水等20余项便民服务，为青年志愿者搭建志愿服务平台。积极创建线上“云网点”，客户通过线上形式享受网点服务，云网点开通率达100%。

六、精准发力风险防控

全面落实监管部门各项工作要求，坚持管住人、看住钱、扎牢制度防火墙，构建完善全面风险管理体系，确保各类风险整体可控。一是强化信用风险管控。全面开展信贷资产质量“123”攻坚战，累计清收不良贷款56.93亿元，为39户、172亿元的风险大户办理风险缓释，资产质量主要指标处于稳健区间。关注因疫情影响暂时遇到困难的企业，全年为小微企业实施延期还本付息6亿元。二是强化内控案防管理。开展贯穿全年的“强风控、保双无”专项行动，保持案防高压态势，未发生案件和重大风险事件。落实反洗钱工作要求，加强可疑和涉敏信息甄别，向人民银行提交重点可疑报告11份，未发生洗钱风险事件和涉敏风险事件。三是强化安全生产管理。制订实施“平安冬奥”安全保卫工作方案，全力做好冬奥期间安全运营。逐级落实安全生产责任，实现了“七一”等重要时段安全稳定。成功防堵电信诈骗908起、涉及金额1 553万元，连续23年无重大安全事故。四是强化常态化疫情防控。坚决落实疫情防控要求，实施疫情防控网格化管理，员工疫苗接种率突破90%，全行员工未发现确诊病例，营业和办公场所未发生聚集性风险。

（河北分行）

山西分行

【主要业务指标完成情况】

2021年，山西分行全年实现拨备前利润80.04亿元，同比增加4.3亿元、增幅5.52%；实现净利润32.87亿元。实现营业收入124.36亿元，同比增加5.74亿元、增幅4.76%；实现中间业务收入18.96亿元，同比增加1.48亿元、增幅8.49%。本外币全部存款余额5 518亿元，时点净增542亿元，余额、时点增量四行排名双第一，日均增量380亿元，同比多增121亿元，时点、日均增量均创近5年最好水平。本外币各项贷款余额3 431亿元，净增342亿元，余额、增量四行排名双第一。

【主要工作措施】

2021年，山西分行紧紧围绕总行“48字”工作思路，运用“三比三看三提高”工作方法，确立了打造“基础牢、结构优、服务好、质量稳、效率高、竞争力强”精品分行的中长期目标，坚持高标引领，带领全行广大干部员工齐心协力、共克时艰，把党史学习教育成果转化为实现高质量发展的行动自觉，统筹推进疫情防控、金融保障和经营管理，交出了一份成色足、亮点多的成绩单。

一、党建工作

坚持以党的创新理论凝心铸魂，深入学习党的十九大及历次全会精神，心怀“国之大者”，发挥党委把方向、管大局、保落实作用，把“两个维护”贯穿到经营发展大局中，以高质量党建促进高质量发展。加强省市行领导班子建设，先后调整6家二级分行和10个省行部门主要负责人，选拔调整21名副处级以上干部和14名行长（总经理）助理。加大对各级领导班子特别是“一把手”的监督，完善全面从严治党主体责任和党风廉政建设责任“两个清单”，将全面从严治党从严治行引向深入。出台强化党员干部履职尽责担当作为的意见，建立能上能下的考核管理体系，有效纠治领导干部作风漂浮的问题。

二、公司业务

深化织网补网工程，夯实客户基础，提升增存内生动力；实施“5+1”项目清单机制，拓展优质市场，做大信贷总量；各项经营指标持续向好。公司存款日均余额654亿元，同比多增92亿元，四行排名第一；日均增量105亿元，同比多增70亿元，四行排名第一。公司贷款余额2 445亿元，净增202亿元，四行排名第一。公司中间业务收入实现1.37亿元，同比多增0.41亿元。

紧密围绕“十四五”规划，结合山西国资国企改革、能源革命、资源转型、工业高质量发展和经济转型战略，不断优化信贷投向、区域布局、品种结构，持续提升服务实体经济质效。截至12月末，全行大中型公司贷款累计投放935亿元，同比多增20亿元，主要投向公路、铁路、城建等重点领域重点客户。在碳达峰、碳中和背景下，抢抓绿色发展机遇，截至12月末，绿色贷款余额384亿元，较年初增加64亿元，增幅为20.08%。同时，将数字供应链业务作为批量拓展和挖掘产业链中小微企业的重要抓手，新拓诚信市政、同煤塔山煤矿两条链落地。截至12月末，供应链有贷户客户291户，其中拓展小微企业282户，中型企业9户。供应链融资较年初净增5.33亿元。

顺应网络化、脱媒化、多元化发展趋势，提供“贷+债+租+顾+股+代”金融服务，提升综合服务能力。全年实现租赁业务中收2 932.65万元，较同期增加1 400万元，创历史新高。根据债市情况，制定“深挖存量、拓展增量”思路，及时准入晋能控股电力集团、焦煤集团、华阳新材料和潞安化工DFI绿色通道，加快承销加团进度，为晋控电力承销发行10亿元中票，投资1亿元；为晋控装备制造承销发行短融10亿元。

三、普惠金融

践行“做真、做实、做好、做活、做持久”发展要求，截至 12 月末，银保监普惠口径贷款余额 66.97 亿元，同比增长 1 倍，较年初净增 33.44 亿元；人民银行降准口径贷款余额 72.35 亿元，同比增幅85%，较年初净增 33.34 亿元。全行实现银保监普惠口径有贷户数 6 273户，较年初净增2416 户。

聚焦重点产品。通过做好经营快贷目标客户分层营销、激活 e 抵快贷优质押品资源、加快数字供应链拓展落地，实现线上融资净增 31.57 亿元，增速 110%。聚焦场景建设。围绕重点领域开展平台化、场景化、全链条客户营销和金融支持，累计为 32 户小微企业及农户发放贷款 4 360 万元；推动 14 条供应链落地，拓展小微企业有贷户 271 户，贷款余额 5.33 亿元；通过“税务贷”产品累计为 2 311 户小微企业提供融资支持 50.24 亿元，新拓对公结算户 1 376 户；搭建经营快贷特色场景“国担快贷”，累计为 642 户小微客户投放融资 15 亿元。

乡村振兴对接成效显著。成立金融服务乡村振兴工作领导小组及乡村振兴办公室，组建上下贯通的金融服务乡村振兴专业队伍，制订并下发山西分行服务乡村振兴工作方案。积极建立多层级战略合作，与省农业农村厅及全省 3 家地市 7 个区县农业农村局签署战略合作协议，累计走访对接农业龙头企业 363 户和农业产业项目 61 个，为 32 户企业发放融资 2.74 亿元。按照“一地区一典型”，推进工银兴农贷线上集群化特色场景搭建，实现“临汾苹果贷”“清徐葡萄贷”“晋城红薯贷”“运城冬枣贷”等农业特色服务场景落地。

四、个人贷款

紧密围绕全面打造“第一个人金融银行”战略目标，坚持以个人按揭贷款为核心，坚持市场拓展和风险防控两手抓、两手硬。截至 2021 年 12 月末，个贷余额（个金口径）683.97 亿元，较年初净增 99.01 亿元，增幅 16.93%，同比多增 19.09 亿元，是同期的 1.24 倍。个贷增量连续保持四大行同业第一，个贷实现营业贡献（拨备前）11.44 亿元。

拓宽业务领域，培育个贷新的增长点。把个人房抵经营贷作为个人普惠贷款的主打产品，下大力气把个人房抵经营贷打造成个贷业务的另一张品牌。截至 12 月末，共发放房抵经营贷 58 笔，金额 2 606 万元，较年初净增 2 266.94 万元，增幅 554.17%。始终坚持“重点区域、重点企业、重点楼盘”三个重点投放原则，坚持抓“龙头”，以太原省会都市圈及各地市行所在中心城市及总分行级开发商为重点，坚持不懈抓好项目储备、业务收单和贷款投放工作，确保个人住房按揭贷款业务持续发展。

五、零售业务

秉持“四精两大”的精细化工作方法，坚持基础夯实年和能力提升年的发展定位。截至 12 月末，全行储蓄存款日均增量达 356 亿元，同比增加 54 亿元，增幅达 18%；时点增量达 382 亿元，同比增加 46 亿元，增幅为 14%，持续保持同业领先；储蓄存款付息率保持在 2.2%，同业排名第二。零售营业贡献累计 51.25 亿元，较同期增加 2 459 万元，达近五年最高。个金中间业务收入累计 4.7 亿元（不含三方），较同期增加 4 475 万元，增幅 10.53%。重点客群持续扩大，年末全行代发工资额达到 1 390 亿元，同比增幅 16%。

围绕“社保 + 代发”两大基础客群，加强 GBC 协同联动拓展。依托重点板块，继续紧盯财政、社保、医疗、军队等代发市场变化，抓住养老保险全国统筹改革、退役军人优待证发放、三医领域等改革的契机，抢占代发业务先机。同时开展市场争夺，加快存量社保金融功能激活，稳步拉动社保客群存款和金融资产稳定提升。代发工资业务的“拓新 + 深耕”取得新成果。年末代发额较同期净增 186 亿元；新增代发工资单位 3 922户，较同期多增 998 户；新增代发工资单位人数 13.8 万人，较同期多增 0.3 万人。其中养老金代发较同期净增达到 57.5 亿元，占全部净增额的 31%。

六、机构金融

在财政、社保、公积金等核心领域，顺应各项改革政策的实施，积极保持、拓展市场领先优势。先后在省级社保基金、代收代缴政府非税收入、国库现金管理招标中取得第一。全年承销省财政厅发行的地方债 104.6 亿元、占比 9.13%，位居同业第一名。以场景建设、重点项目为抓手，持续发力、加快提速。农业农村板块实现省级、5 个地市级、8 个区县级农业农村管理部门签约，带动机构存款、借记卡发卡、医保电子凭证、社保卡等 8 项业务发展。教育板块高校智慧校园合作成为 G – C 联动典范。工会板块 16 个市县级工会上线工会云平台，工会类存款稳定增长。政法板块智慧政法平台签约快速实现纪检、公安、检察院板块全覆盖，法院一案一账号系统重构被列为省高院 2022 年首场新闻发布会提到的亮点工程之一。国土板块以争揽土拍资金入手，加强源头客户和资金营销介入，日均存款净增 2 亿元。

同业领域强势突围，进入发展快车道。银银板块深化重点客户合作战略，首次获得省联社约期资金存放资格，并推动非结算性同业存出业务稳步发展；银证板块持续推动与重点券商的联合营销，第三方存管客户总量 200.24 万户、净增 19.61 万户；与山西证券深度合作，首次投资永续债 4 亿元，境外发债回款资金全部存放工行、增加同业外汇存款 1.39 亿美元、带动远期结售汇业务。全年机构专业中间业务收入 4 954.16 万元；营业贡献 12.31 亿元。

七、中收拓户

投资银行专业共实现中间业务收入 10 194 万元。全年共有 6 笔并购业务落地创收，落地规模 23.68 亿元，实现收入 3 862 万元。同时，晋控煤业 20 亿元北金所非标代理债权融资顺利落地，大力支持了煤电保供和山西省国资国企改革。结现专业通过拓展业务、挖掘潜力、细化管理等措施实现收入的持续增长，全年累计实现专业中收 2.64 亿元，同比增加 0.19 亿元。国际业务专业深入推进“境内外汇业务首选银行”战略落地，全年中间业务收入 6 403.94 万元，同比增加 1 067.69 万元，增幅达 20.01%。新增外汇客户 76 户，较同期多增 20 户，增幅 35.71%。国际业务结算量实现 121.80 亿美元，同比增加 11.64 亿美元，增幅 10.56%。对公结售汇量 42.75 亿美元，同比增加 20.93 亿美元，增幅 95.96%。跨境人民币量 52.21 亿元，同比增加 37.80 亿元，增幅 262.39%。私银客户（同业口径）净增 350 户，私银管理资产净增 37.3 亿元，私银户均资产达到 1 318 万元，客户质量排名系统首位。全年配置私银新规产品 128.5 亿元，实现私银中收 6 376.6 万元，年末私银客户综合贡献达到 35 174 万元，同比增加 2 217 万元。

银行卡专业着力加强获客活客营销，围绕消费布放促销资源，截至 12 月末，实现信用卡营业贡献 1.4 亿元，较同期增加 1.3 亿元，同比大幅增长 1 200%。信用卡客户数达 262.6 万户，净增客户 11.8 万户，累计发卡 414 万张，新增发卡 20.5 万张，消费额 804 亿元。银行卡专业透支余额 179.2 亿元，较年初增加 26.2 亿元，增幅 17.1%；信用卡分期投放 97.5 亿元，较去年同期增加 0.58 亿元，增幅 0.6%。e 支付商户数 20.2 万户，净增 29 669 户，实现收单交易额 558 亿元。实现信用卡总收入 10 亿元，同比增长 11%，实现中间业务收入 4.1 亿元。

养老金与资产托管专业实现中间业务收入 1.12 亿元，增幅 36%；新增受托管理年金基金规模 17.27 亿元；新增养老金企业客户 348 个；新增年金基金托管规模 43.11 亿元；新增安心账户托管项目 525 个，增幅 47%，规模新增 12 亿元，增幅 183%。年金受托市场保持银行同业第一。票据专业继续坚持抓大不放小的营销策略，稳固客户基础；全年票据贴现量 556.72 亿元，增幅达 25%；实现拨备前营业贡献 1.3 亿元，实现票据周转率 6.65 倍，有效发挥了票据蓄水池的作用。

八、渠道管理

成立山西省分行业务研发中心，科技赋能推动重点战略落地。深化与重点合作平台、重点项目的合作，针对政府后勤集中化改革，从解决就餐痛点入手，带动了省机关事务管理局及其辖属单位全面合作，该项目被国管局列为示范案例，在全省推广；针对乡村振兴，从解决乡村道德积分治理痛点入手，使安泽县所辖 67 个村委会及管辖村民成为工行客户，成为全行乡村振兴典型案例。此外，通过将金融功能向物流平台、校园平台输出，实现 200 余户物流企业、8 所高校和 6 所 K12 学校落户工行，并逐步形成物流生态和校园生态。截至 2021 年末，通过平台场景合作累计拓展 G 端客户 72 户，B 端客户 417 户，服务 C 端 55.6 万户。

线上运营创新赋能全行业务发展。法人、个人手机银行规模和月均动户继续领跑同业。通过线上运营赋能基层，延伸服务触角，实现月均促达客户 700 余万次、带动快捷支付 4 100 亿元、创收 2.4 亿元。以支持助力全省消费复苏为发力点，联合重点合作商户资源，带动三方支付交易额达到 4 100 亿元，同比提升 6.12%，位列同业首位，系统内列第 15 位。全年累计实现三方支付收入 2.28 亿元，同比提升 9.16%，单产品收入贡献 13.16%，较上年提升 1.71%。

为适应网点生态化、数字化、一体化转型需求，截至 2021 年末，全行网点布局优化项目开业 8 个，县域新投入网点 1 个；网点装修改造项目开业 42 个，“网点 + 政务”场景建设 294 个。通过实施客户服务“端到端”全流程线上化、订单化服务，全面构建线上便捷受理、集约高效处理、服务快捷交付的线上线下一体化运营服务模式。截至 2021 年末，18 类场景订单总量超 48.8 万笔，订单总量环比增长 124.20%，较年初增长 152.71%。

九、风险管理

严格落实“三道口、七彩池”管理要求，持续完善信用风险全流程管控。把好“入口关”。优化新建信贷关系客户准入和法人客户分类管理办法，累计完成 80 户新增法人客户分类、2 513 户存量法人客户分类审核工作；持续提升尽调质量，严格把控小微个贷业务风险，加大防控重点行业、融资大户风险力度，在核定限额和审批债项环节设置优化融资条件，严防过度融资风险，全年累计制订 187 个年度风险限额方案，涉及总金额为 1 444.72 亿元；完成 228 户企业风险限额初审辅审工作。守好“闸口关”。对存量客户进行七彩分类，定期监测、掌握贷款在七彩池内的风险结构变化，统筹协调前中后台落实执行客户会诊及风险化解措施，确保信贷资产质量保持平稳态势。严控“出口关”。截至 2021 年末，全年累计清收处置不良贷款 16.01 亿元，清收受托资产 1.27 亿元，清收账销案存资产 0.51 亿元，达到历年以来最好清收水平。积极推进风险资产经营转型，进一步优化处置结构，降低处置损失率，各项风险资产清收处置直接或间接创造价值 3.53 亿元。

在信贷与投资管理部加挂风险管理部牌子，加强全面风险管理团队建设；建立了各司其职、责任分担、联防联控的风险管理机制；分步开展全面风险管理履职评价、预评估及差距分析，形成闭环管理。针对风险跨区域、跨行业、跨市场外溢扩散的情况，持续扩大风险管控视野，实现全覆盖。覆盖范围不仅包括传统信贷领域，先后对数据信息安全、涉案账户等风险事项进行深入研判，稳步提升全面风险管理水平。

全年召开案防形势分析会 2 次、案件风险管控专题会议 1 次，将案件风险管控纳入专题讨论，深入研究确定了“控新治旧”双路径，全面落实重点监控整治任务，建立实施“双向奖罚”机制，组织陈案集中清理，面向全员常态化开展案件警示教育，全年未发生案件。反洗钱监管评级AA级，继续保持同业第一。

此外，积极投身社会公益事业，在捐资、扶贫、助学、助残、环保等方面发挥金融骨干作用。针对国庆期间山西许多地区出现了内涝、地质灾害、洪水等灾情，全行11 252名员工捐款125余万元，185人次向社会慈善机构捐款2.5万元，全部用于对受灾地区重建。

（山西分行）

内蒙古分行

【主要业务指标完成情况】

2021年，内蒙古分行实现营业收入86.89亿元，较上年增加1.92亿元，增长2.26%。实现中间业务收入13.58亿元，较上年增加0.24亿元，增长1.79%。实现净利润30.15亿元，较上年增加3.86亿元，增长14.69%。拨备覆盖率267.45%，较上年提高12.46个百分点，风险抵补能力进一步增强。各项存款余额3 372.75亿元，较上年末增加362.45亿元，较上年末增长12.04%，增量同业占比28.5%，同业排名第二位。各项存款余额同业占比较年初提升0.45个百分点达25.5%。2021年累计投放贷款946.3亿元，较上年多投39.62亿元。各项贷款余额2 597.55亿元，较上年增加320.36亿元，增长14.07%，增量同业占比36.66%，同业第一位。各项贷款余额同业占比较年初提升1个百分点达26.59%。同时圆满完成自治区政府9个批次地方政府债承销工作，承销债券372.1亿元，四行占比29.14%，承销额同业第一。加大不良资产处置力度，共处置表内表外风险资产42.91亿元，真金白银支持实体经济发展。实现不良贷款余额和不良率“双降”，不良贷款余额32.68亿元，较上年末下降0.63亿元；不良率1.26%，较上年下降0.2个百分点。新发放贷款平均利率4.27%，较上年同期下降13个基点，低于内蒙古地区金融同业平均水平144个基点。同时，充分利用投行、债券发行等直接融资手段助力企业降成本，2021年累计承销全区非金融企业发行债券80亿元，同业居第一位。

【主要工作措施】

2021年，内蒙古分行落实总行党委“48字”工作思路，运用“三比三看三提高”的工作方法，立足新发展阶段，贯彻新发展理念，服务新发展格局，继续强化存款立行、信贷强行、拓户活行、内控安行、人才兴行，科学统筹疫情防控和经营发展，交出了一份稳中向好的答卷。

一、以高质量党建引领高质量发展

弘扬伟大建党精神，以实际行动坚定捍卫“两个确立”，做到“两个维护”。以学习党的十九届六中全会精神为重点，巩固拓展党史学习教育成果。组织召开全行党建暨组织人事工作会议，圆满举办庆祝建党100周年系列主题活动，扎实开展“我为群众办实事”实践活动，全面完成816项实事清单。大力推进工银“乌兰牧骑”乡村振兴金融服务，获选《人民日报》“企业党建优秀案例”。持续推动定点帮扶与乡村振兴有效衔接，超额完成总行消费帮扶任务，多个先进集体、先进个人获得“工商银行脱贫攻坚奖”表彰。持续加强监督执纪问责力度，建立全面从严治党、党风廉政建设协同联动工作机制，进一步明确党委职能部门职责分工，有效形成监督合力。

二、加大重点领域信贷投放

聚焦自治区“两个屏障”“两个基地”和“一个桥头堡”的战略定位，主动融入乡村振兴、西部大开发、东北振兴、黄河流域高质量发展、“呼包鄂乌”一体化、科技兴蒙等国家及自治区重大战略，持续加大对实体经济的支持力度。积极对接重大项目、重大工程，重点支持基础设施、现代能源、先进制造业等领域金融需求。至2021年末，人民币公司贷款余额1 769亿元，较上年末增加199亿元，增长12.68%，贷款余额和增量均排同业第一位。

三、支持制造业改造升级

作为全区先进制造业板块牵头行，内蒙古分行围绕自治区转型发展方向，以“增量扩面、质效提升、结构优化”为目标，在先进制造业、战略性新兴产业、两新一重等领域积极布局，扎实服务传统制造业技术改造和转型升级，着力增强服务制造业水平。2021年，累计投放制造业贷款156.43亿元，较上年增加72.77亿元，增长23.17%。全行制造业客户650户，较上年末增加366户，增长124%，创近年来最好水平。

四、坚持发展绿色金融

高度关注清洁能源、生态农业、生态保护、生态修复等重点绿色产业发展情况，加大清洁能源板块信贷投入，服务碳达峰、碳中和的目标实现。2021年，重点支持镶黄旗德斯格图风电项目、国电电力正蓝旗光伏电站项目、三峡乌兰察布新一代电网友好绿色电站示范项目等清洁能源项目。至2021年末，绿色贷款余额428.19亿元，较上年末增加82.88亿元，增长24%。

五、大力发展普惠金融业务

积极扩大金融覆盖的广度和深度，以实现“两增两控”目标为导向，注重满足小微企业多元化金融需求，纾解小微企业融资难、融资贵等问题，努力实现了“普”与“惠”相结合。2021年末，人民银行口径普惠贷款余额65.62亿元，较上年末增加21.86亿元，同比多增7亿元，增长49.94%。银保监口径普惠贷款余额62.3亿元，较上年末增加20.42亿元，同比多增5.41亿元，增长48.77%。

六、着力投入涉农领域贷款

积极贯彻落实全面推进乡村振兴、加快农业农村现代化的工作要求，支持和参与自治区“种业发展”“奶业振兴”“牧区现代化”等专项行动，以农业龙头企业为带动，以科技创新、制度创新和数字赋能为抓手，坚持线上线下“双轮驱动”，重点支持农林牧渔业、农村基础设施建设、新型农业经营主体快速发展，全力服务乡村振兴。2021年末，实现涉农贷款余额739亿元，较上年末增加130亿元，增长21%。

七、积极支持民生金融发展

把握传统消费升级、新型消费扩容机遇，提升消费产品和服务质量，强化消费信贷支持，实现了金融为民、利民、惠民、安民，促进共同富裕。坚决贯彻“房住不炒”工作定位，紧跟市场及监管形势，促进房地产业良性循环和健康发展。2021年，个人住房贷款增量同业第一，且支持居民首套房占比达94%。2021年，实现全口径个人贷款余额592亿元，较上年末增加79.4亿元，增长15.49%，个人贷款增量同业第一。

八、持续推进经营管理转型升级

以打造“网点支行化、综合化；支行轻型化、特色化；二级分行本部集约化、直营化”运营模式为目标，实施了网点管理模式优化调整工程，全面完成支行撤并、内设机构整合、网点隶属关系调整、人员转岗等工作。全年完成60家网点的标准化装修，超额完成总行任务目标。稳妥实行区分行本部内设科室经理公开竞聘，压缩调整内设科室编制20%，择优选拔分行本部内设科室经理81人，优化率55%。组织各条线岗位练兵技能大赛，举办书画摄影、趣味运动会等文体活动，帮扶、救助及慰问各类困难员工，部分机构和个人荣获全国金融先锋号、全国金融五一劳动奖章等国家级和总行级奖项，是先进荣誉获得层级最高、数量最多的一年。

九、扎实提升金融服务能力

不断改进金融服务模式，充实服务设施、丰富服务内容，在服务自治区社会民生上扛起了大行责任。大力开展服务惠民行动、服务便民行动、服务爱民行动、服务利民行动，重点立足“工行驿站”，解决了一批客户的“急难愁盼”问题。同时，始终坚持人民至上、生命至上，针对内蒙古自治区阿拉善盟和满洲里市出现的疫情，集中资源调拨人力、物力、财力，全力以赴帮扶地方抗疫，展现了大行形象。大力开展服务痛点攻坚治理，客户投诉压降50%，全年监管转办投诉量四行最少。通过网点服务“软实力”和网点环境“硬实力”的显著改观，以及社会美誉度的持续提升，进一步推进GBC联动和“织网补网”工作，努力增强获客、黏客能力，全面做大客户规模。全量个人客户增长3.76%；累计代发工资创近五年新高；个人手机银行增量和总量同业第一位；法人手机银行年活跃客户市场占比50%。特别是作为唯一金融机构成功争取到内蒙古地区军队资金收付分支机构呼和浩特第二结算室基本账户。

十、纵深推进全面风险管控

一方面，严把资产质量关，全年共处置表内外风险资产42.91亿元，清收处置受托资产3.22亿元，任务完成率218%，系统排名第一；清收处置账销案存资产近5亿元，并作为6家获奖单位之一荣获总行“百亿攻坚战”突出贡献奖。2021年实现不良贷款余额和不良率“双降”。另一方面，持续加强内控案防，全行累计排查员工4万余人次，行政处分149人次。在上年完成巡察全覆盖的基础上，对7家二级分行、6个分行部门组织开展巡察“回头看”，扎实开展“以案促改”和观看警示教育片，切实以身边人、身边事警示教育广大干部员工。组织开展全行安全风险隐患专项排查整治，明确排查任务清单，细化责任分工，实现排查问题全部整改，全年平稳安全运营。

（内蒙古分行）

辽宁分行

【主要业务指标完成情况】

2021 年，辽宁分行实现营业收入 105.2 亿元、拨备前利润 55.8 亿元、净利润 8.1 亿元、中间业务收入 16.2 亿元，四项效益指标近四年首次全部实现同比正增长，中间业务收入增量时隔三年重夺同业首位。全部存款总量突破 4 500 亿元大关，达到 4 558 亿元，创历年总量新高；各项贷款总量突破 3 000 亿元大关，达到 3 164 亿元。

【主要工作措施】

一、持续加强党的建设

深入学习贯彻习近平新时代中国特色社会主义思想，开展党史学习教育，启动高质量党建引领工程。大力弘扬抗美援朝精神，传承红色基因。以建党 100 周年为契机，扎实开展特色庆祝建党 100 周年系列活动，接续开展“寻找身边最可爱的人”“发扬‘三牛’精神”“我心向党、百年启航”党史知识竞赛等群众性主题活动，隆重举办“永远跟党走”庆祝建党 100 周年暨“两优一先”表彰大会文艺汇演。各市分行结合自身实际，依托地方红色资源，弘扬符合自身特色的红色精神，例如抚顺分行雷锋精神、鞍山分行孟泰精神、锦州分行辽沈战役精神等。贯彻落实党的十九届六中全会精神，开展“学党史 忆行史 促振兴”思想大讨论活动，开展网点党建“七个一”标准化建设，打造 12 家红色教育基地，实现网点党组织全覆盖、网点党员全覆盖、网点主要负责人党员全覆盖。制订干部队伍建设规划及“万人工程”方案，加强各级领导班子建设，优化干部队伍结构，各层级干部平均年龄全面下降。员工队伍履职能力不断增强，员工持证率持续提升，薪酬福利体系不断完善。

二、大力支持实体经济

积极服务和融入新发展格局，坚守本源为实体经济提供精准支持，不断提升金融服务的适应性、竞争力、普惠性。围绕“老字号”“原字号”“新字号”，通过融资、融智、融商、融信等“八融”金融服务，扎实做好制造业振兴“三篇大文章”，制造业贷款余额 478 亿元，新增 32 亿元。与 13 家地市政府签署战略合作协议，与省发改、工信、科技、农业等部门开展全面合作。公司贷款单边增加 274 亿元，投放 1 138 亿元，创历史纪录；个人按揭贷款增加 49.6 亿元，同业第一；实体贷款增量为近四年最好水平。启动“985 科创星火计划”，服务高技术企业和“卡脖子”领域，战略新兴领域贷款净增 53 亿元。推动城乡联动发展，推出服务乡村“五大振兴”计划和“十百千”示范工程，银保监普惠贷款余额 68.8 亿元，净增 18.8 亿元，增量创近五年新高。为助力乡村振兴，投放公司涉农贷款 43 亿元，净增 7.3 亿元，普惠涉农贷款净增 6.7 亿元。成立绿色金融委员会，助力产业结构调整，绿色和制造业贷款分别净增 97 亿元和 32 亿元，超额完成总行计划。

三、着力夯实客户基础

深入推进拓户“一号工程”，公司客户聚焦“两单两库”成功破冰 65 户，有贷户净增 47 户；机构客户聚焦“四梁八柱”净增客户 2 031 户，进系统前 10 位；国际业务聚焦进出口百千强企业，净增 507 户，百强覆盖率升至同业第一；银保监口径小企业客户净增 937 户，小微客户总量近 6 000 户。初步构建 GBC 客户生态系统，37 个核心场景 100% 落地，共落地百万量级项目 3 个、十万量级项目 11 个、万人以上项目 24 个。代发工资“百千万”拓户工程成效明显，代发单位 1.02 万户，代发客户净增 14.4 万人，代发金额增长 101 亿元，三项指标均进入系统 10 位。个人全量客户净增 67 万户，同业四行第一；万元以上中高端客户净增 9.1 万户，总行第二。

四、推动市场竞争力提升

紧盯客户“破冰深耕”，紧盯存款“摘标夺旗”，紧盯资金抓好承接，紧盯网点提升市场竞争力。行内目标客户资金承接率 56%，总行第三；网点综合化率提升 15.5 个百分点至 67.8%，网点日均存款余额、增量均创近年来最好成绩。同时将渠道资源向资源丰富地区迁移，填补一批服务空白点，时隔 21 年恢复新宾县机构设置。全年存款增势良好，全部存款增加 485 亿元，创历史纪录；全部存款、一般性存款、储蓄和同业存款增量均创十年新高、均列同业第一。其中储蓄存款增加 311 亿元，创历史纪录；公司存款增加 35 亿元，居同业第一；机构存款同比多增 113 亿元，市场占比提升 1.6 个百分点；同业存款总量增量位列同业四行第一。

五、稳步抓牢风险防控

发挥国有大行稳定器作用，支援锦州银行，支持辽沈银行，推动鞍本钢重组，牵头化解大户风险。深入推进全面风险管理深化工程，创新加强信贷管理“12 条意见”，出台个贷“23 条规定”，强化信用风险管理，加快不良贷款处置，创新建立新增逾期贷款日报告、新劣变贷款限时清收制度，清收处置不良贷款63.6亿元，不良额、不良率双降至近五年最低水平。强化内控、合规、案防、反洗钱全方位框架体系建设，全年未发生案件和重大风险事件。

六、全面推进深化改革

深入贯彻落实总行“48”字工作思路，提出“十四五”时期辽宁分行“三步走”发展目标和“4+6”振兴计划，其中“三步走”发展目标指的是未来五年，辽宁分行要分三步打造工行“东北地区第一强行”“辽宁客户首选银行”“系统贡献提升大行”；“4+6”振兴计划指的是以“党建引领”为旗帜，一方面抓好第一个人金融银行、外汇业务首选银行、城乡联动发展、GBC工作4项总行重点战略，另一方面抓好大公司板块振兴、全机构业务振兴、人力资源优化提升、科技创新赋能、网点竞争力提升、全面风险管理深化6项辽宁分行重点工程。

（辽宁分行）

吉林分行

【主要业务指标完成情况】

2020年，吉林分行实现拨备前利润47.8亿元，同比增加3.8亿元、增长8.5%；实现中间业务收入18.3亿元，同比增加0.9亿元、增长5.04%；实现净利润28.1亿元，完成全年计划的104%。不良指标实现“三降”，不良贷款余额29.2亿元，较年初减少35.6亿元；不良率1.37%，较年初下降1.87个百分点；年度“剪刀差”为-0.4亿元，实现历史突破；成为系统内第一家完成资产质量“提质进位”目标的一级分行。全部存款余额3 036亿元，比年初增加327亿元；各项贷款余额2 130.1亿元，比年初增加132.8亿元，余额稳居同业第一位次。

【主要工作措施】

2021年，吉林分行认真贯彻“48字”工作思路，运用“三比三看三提高”工作方法，践行“扬长、补短、固本、强基”的战略布局，紧紧围绕“四个目标”，持续深化“三力”建设，扎实推进新三年规划实现良好开局，高质量发展迈出坚毅步伐。对比“历史同期”取得突破性进展：2021年，吉林分行第一季度经营绩效考评列系统第11位；第二季度经营绩效考核排在系统第10位；第三季度经营绩效考核排在系统第15位，创造绩效考核历史最好水平。对比“兄弟单位”取得标志性成果：吉林分行全年实现拨备前利润47.28亿元，净利润16.19亿元；实现营业收入80.26亿元，同比增长0.30%；实现中间业务收入12.24亿元，同比增长1.70%；营业收入和中间业务收入成为东三省唯一同比正增长分行。对比“市场同业”取得阶段性胜利：全行年末各项贷款余额、个人贷款余额、储蓄存款余额和增量等核心指标均排在同业首位。

一、感悟党史、砥砺前行，以高质量党建引领高质量发展

党建工作取得新成效，突出庆祝建党100周年主题主线，深入学习贯彻习近平总书记关于党史学习教育重要讲话和“七一”重要讲话精神。辖内各级行扎实开展党史学习教育和“我为群众办实事”实践活动，共计开展专题学习184次、刊发党史学习教育简报170篇、谋划实事项目779个，切实起到凝聚力量、鼓舞士气的作用。防控疫情坚决有力，积极应对长春、通化、松原地区疫情反弹，统筹做好疫情防控和经营发展。从严治党迈出新步伐，健全纪检、信访、巡察“三项报告”制度，完善从严治党工作格局。建立“两清单两台账”整改机制，压实巡视问题整改责任。创新开展纪委书记巡查工作，2021年共巡查分支机构258个，发现问题712个，问责处理495人次，持续向基层传导从严从紧的鲜明导向。组织建设呈现新气象，2021年共调整处级管理人员57人，新提拔40岁以下干部占比28.60%；二级分行调整中层管理人员202人，新提拔35岁以下干部占比28.80%，公开遴选40岁以下助理9人、专职审议委员5人，实现管理序列、业务序列双向发展，老中青合理搭配。二级分行累计撤并部室23个，圆满完成部室精简收官工作。

二、聚焦主业、深耕存款，在竞争能力提升上迈出新步伐

2021年末，全行存款余额3 272.5亿元，较年初增加227.3亿元，增幅7.50%，高于系统平均增幅2.08个百分点。储蓄存款做优做强，2021年末全行储蓄存款时点余额为2 346.03亿元，较年初增加218.64亿元；日均余额2 265.71亿元，较年初增加247.47亿元。储蓄存款时点余额、增量，日均余额、增量，四项指标同业市场占比均超过30%；时点余额、时点增量、日均余额三项指标稳居同业首位。公司存款稳步增长，2021年末全行人民币公司贷款时点余额1 172.71亿元，较年初增加57.69亿元；日均余额1 166.03亿元，较年初

增加86.92亿元，同比多增36.5亿元。机构存款取得突破，年末机构存款时点余额524.77亿元，较年初时点增加36.78亿元，时点存款年终余额首次突破500亿元大关，年末余额、增量得同业四行“双第一”位次。同业存款时点余额47.82亿元，较年初增加8.29亿元。

三、融入大局、精准投放，在服务实体经济上展现新担当

2021年末，吉林分行各项贷款余额2 267.2亿元，较年初增加137.1亿元，增幅6.40%，余额稳居同业第一位次。全年人民币贷款较年初增加137.2亿元，圆满完成年度贷款增量计划，创2015年以来最高增量水平。服务实体见担当，全年云库储备公司项目达到144个，合计融资需求达853.39亿元。年末人民币公司存款时点余额318.91亿元、日均余额355.68亿元。票据贴现年末余额100.23亿元，较年初增加22.41亿元，全年累计票据贴现量125亿元。乡村振兴见行动，年末银保监普惠贷款余额39.54亿元，较年初增加14.07亿元，完成总行计划的156.33%，贷款增速达30.61%，高于各项贷款增速24.17个百分点；人民银行降准普惠贷款余额43.28亿元，较年初增加12.15亿元，完成总行计划的135%。涉农贷款年末余额177.26亿元，较年初增加30.87亿元，完成总行计划的106%；普惠型涉农贷款余额10.55亿元，较年初增加2.59亿元，完成总行计划的518%；精准扶贫贷款年末余额18.91亿元，较年初增加1.7亿元。个人信贷见成效，年末个人贷款余额752.66亿元，较年初增加10.39亿元，余额稳居同业第一位次。其中，住房类贷款余额712.38亿元，较年初增加7.18亿元，增量排在系统可比分行排名首位。

四、锚定航向、一以贯之，在重大战略落实上展现新作为

“第一个人金融银行”战略保持定力，全行全年信用卡客户存量197.5万户，较年初净增12.4万户，增幅6.70%，增幅排在系统第1位；信用卡活跃客户存量100.2万户，较年初净增2.7万户，增幅2.30%，增幅为系统第3位。实现银行卡贷款229.53亿元，较年初增加45.44亿元，增幅24.80%，增幅为系统第2位。其中，信用卡贷款余额215.81亿元，较年初增加41.64亿元，增幅23.90%，增幅为系统第3位；分期付款余额161.2亿元，较年初增加39.49亿元，增幅32.40%，增幅为系统第2位。“境内外汇业务首选银行”战略落地深植，2021年吉林分行实现国际结算量66.34亿美元，同比增长8.40%，完成全年计划的107%；实现跨境人民币结算量126.61亿元，居同业首位，同比增长30.75%，完成全年计划的100.49%；办理结售汇量60.58亿美元，稳居同业首位，同比增长30.74%，完成全年计划的140.88%。新增国际业务客户146户，完成全年计划的132.73%。“GBC联动”工作取得实效，与中国吉林高新人才办签署《“人才+金融”战略合作协议》；与吉林大学第一医院签署《智慧医疗、银医共建战略合作协议》；与中国民商杂志社签署《战略合作协议》；与吉林省乡村振兴局签订《“金融服务乡村振兴”合作框架协议》。围绕交通、教育、政务、医疗等重点领域搭建生态场景2 000余个。

五、改革创新、蓄势赋能，在转型经营发展上取得新突破

投行资管推动质量效益，2021年全行资产托管业务收入提前超额完成总行全年计划。同时，人民币贷款圆满完成增量序时计划，人民币存款付息成本保持同业最优水平，存款偏离度管理全面达成总行和监管要求。科技强行激发内生活力，全年个人手机银行客户较年初净增154.12万户，同比增幅26.22%，为系统首位；总量达到913.99万户，总量、增量均排在同业首位。法人网上银行、手机银行月均动户分别达4.3万户、1.35万户，分别同比增长14.32%、33.99%，总量稳居同业首位。在持续强化全行信息安全的基础上，相继打造不动产一网通项目、一汽财务公司电子回单项目、个人客户“精专”营销系统，通过金融科技优势持续赋能各项业务发展。网点运行保持良好势头，整合优化渠道管理和客户运营职能，持续提升网点对公营销服务能力，全面提升支行网点服务中小微型企业服务能力，2021年吉林分行对公网点较上年末新增15家，网点综合化率达到99%，较年初提升4个百分点，基层“作战单元”作用得到进一步发挥。

六、夯基固本、筑牢防线，在防范化解风险上取得新成效

巩固资产质量基础，2021年，全行不良额、不良率、贷款劣变控制等指标，均低于总行控制计划。成功推动康乃尔重组转化，吉林雏鹰、吉神化工、聚源化工等重点客户均实现核销出账。筑牢内控合规屏障，深入开展案件风险排查和案防责任制落实专项检查，组织研发“违规信息核实管理系统”，顺利入围“吉林省金融系统反洗钱履职技能大赛”总决赛。2021年末，员工网格覆盖率和日常排查完成率圆满实现“双百”目标。扛稳安全生产责任，扎实开展“安全教育普及行”活动和安保履职专项检查，推广智能运维系统，打造智能防控体系。健全刑事治安应急预案，在持续提升安全生产能力的同时，树牢节约办行理念，2021年全行保安和押运外包费用同比压降11%。

（吉林分行）

黑龙江分行

【主要经营指标完成情况】

2021年，黑龙江分行全部存款余额4 435亿元，比年初增加129亿元。各项贷款余额（含银行卡透支）2 426亿元，比年初增加158亿元。实现中间业务收入13.14亿元，同比增收0.58亿元。实现拨备前利润54.2亿元，同比减盈3亿元；实现净利润14.1亿元，完成总行计划的103%，同比减盈19.2亿元。不良贷款余额29.36亿元，比年初增加3.1亿元，不良率1.21%，比年初上升0.05个百分点。

【主要工作措施】

一、切实抓好全面从严治党从严治行与干部队伍建设

始终坚持把党的政治建设摆在首位，组织开展党的十九届六中全会精神宣讲，各级党委理论学习中心组开展党史专题学习129次，红色金融血脉传承进一步强化；扎实开展“我为群众办实事”实践活动，省行党委重点项目清单中的35个项目均取得阶段性成果。持续推动基层组织建设全面进步、全面过硬，党员空白网点为零。从严从实抓好巡视巡察发现问题的整改任务落实，扎实做好整改“后半篇文章”；坚持全面从严治党和党风廉政建设与经营工作同部署、同落实、同考核，持续推进“四风”整治，政治生态更趋良好。持续加强干部队伍建设，健全选人用人机制，建立覆盖各层级的优秀年轻干部储备体系。

二、推动重点战略落地取得显著成效

落实“第一个人金融银行”战略，个人客户总量2 019万户，净增51.2万户。e支付活跃商户净增1.3万户，增幅10.9%。个人手机银行客户1 193万户，净增203万户。私人银行客户新增294户，资产新增16亿元。落实“境内外汇业务首选银行”战略，累计办理国内信用证福费廷业务143亿元，同比增加94亿元，连续8年获得全省外管考评A级。落实“GBC工作方案”，20个总行级重点场景落地19个，其他18个场景落地83%，超额完成总行任务目标；高质量推进资金闭环管理，行内资金承接率50.31%，高于总行平均水平7个百分点。落实城乡联动发展战略，建设“兴农通”普惠金融服务点74家，发放农户种植贷款44亿元，同比多投38.7亿元。

三、不断提升金融服务实体经济水平

全年投放公司类大中型涉农贷款239.76亿元，余额368.1亿元，比年初增加1.4亿元；投放民营企业贷款145.1亿元，余额234.2亿元，比年初增加15.5亿元。投放制造业贷款100.9亿元，余额270亿元，比年初增加9.2亿元；向七大产业集团投放贷款79亿元，成功对接百大项目主体单位215个，发放贷款38亿元。全年投放银保监普惠口径贷款92.6亿元，增量49.7亿元，连续7年完成监管部门“三个不低于”“两增两控”工作任务。个人贷款余额突破700亿元大关，累计办理贴现业务190亿元，五大行占比70%。

四、民生领域金融服务保障能力不断提高

成功获得全省医保移动支付和清算业务合作银行资格，打破同业对省医保局的长期垄断局面。承销7批黑龙江地方政府债券，金额合计279.3亿元，承销总额、余额持续领跑同业；成功争揽16家企业年金受托客户，签约并正式运作13家，超过前5年新增客户之和；资产托管营运30个计划75个组合，资产托管规模达到325.73亿元，同比增幅14.3%；各项智慧政务产品上线442户，同比增幅186%。

五、经营转型与改革创新取得新突破

完成行内首单航空制造业上市公司1.68亿元并购融资，抢占优质客户市场份额。新开对公结算账户2.7万户，10年来首次取得同业第一位；成功办理1.4亿元黄金租赁业务，在东三省率先实现零的突破。推进网点竞争力提升，完成网点迁建9家、撤并10家、新建1家，深化网点生态建设，持续为网点减负赋能。持续推动授信审批新规落地，进一步明确和优化新规流程，强化经营主责任人对风险相对较高业务的关注度。

六、经营基础进一步夯实

制定《黑龙江省分行2021—2023年风险管理规划》，加强三道防线联防联控。扎实开展“内控合规管理建设年”活动，实现员工异常和员工违规“双下降”，实现反洗钱“零处罚”、案件“零新增”、操作风险损失额和损失率“双下降”的既定目标。消费者权益保护工作效果显著，被黑龙江省金融消费者权益保护协会和黑龙江省金融争议人民调解委员会授予“先进单位”称号。全年研发上线横截面系统等94个特色项目，科技对经营管理的支持水平进一步提高。

七、不良贷款清收处置效果明显

全年累计清收处置法人和个贷不良贷款19.6亿

元，完成全年任务的108%；清收处置银行卡不良透支3.84亿元，实现了“双降”，银行卡不良率较年初下降0.55个百分点，优于总行平均水平（-0.08%）0.47个百分点。“HDS001号”资产包溢价98万元成交，节约了财务成本；现金清收账销案存资产4 640万元，全额反哺利润；积极运用法律清收手段，成功收回北亚房地产公司拖欠16年之久的全部陈欠利息3 112万元。

八、员工获得感进一步增强

为全行员工普调薪点值，人均每月增加岗位工资122元。开展特困员工救助帮扶，惠及622人，救助资金500万元。认真贯彻落实疫情防控工作要求，制定多项防疫相关制度，明确各级“一把手”主体责任制。组织全行员工接种疫苗，前两针接种率92.23%，初步形成系统内免疫屏障。

（黑龙江分行）

上海分行

【主要业务指标完成情况】

2021年，上海分行实现本外币拨备前利润320.8亿元、净利润213.1亿元，同比增幅3.4%和4.1%。本外币全部存款余额20 449亿元，率先站上2万亿元台阶，日均增量1 945亿元，创历史最好水平。本外币各项贷款余额9 435亿元，比年初增加913亿元，时点增量创历史新高，日均增量955亿元，增量实现三年翻番。中间业务收入实现109.8亿元，同比增加1.6亿元，同比增幅1.47%。资产质量平稳可控，不良贷款余额51.89亿元，不良率0.56%，较年初下降0.05个百分点。还原总行簿记贷款因素后，实现双降。

【主要工作措施】

一、坚持党建引领，深化从严治理

一是深入开展党史学习教育，与庆祝中国共产党成立100周年系列活动、学习宣传贯彻党的十九届五中、六中全会精神有机结合，“我为群众办实事”和“党旗在基层一线高高飘扬”活动亮点纷呈，解决基层和客户提出的共性需求和普遍问题超百个。二是强化党的基层组织建设，实现经营行部党委级单位全覆盖，持续推进党支部“标准化、规范化”，在职党员占比首次超过40%。三是持续深化“两个从严”，更加突出分行党委巡察的政治性，压实各级党委管党治党主体责任，将落实巡视整改、“两明案”专题教育整改、内外部监督检查等工作有机贯通，召开三次警示教育大会，对华发系责任人员从严问责，进一步彰显纪律震慑。增设3个分行纪委派驻纪检组，进一步加强纪检专职力量，三项监督、对领导班子和“一把手”的监督更加常态化制度化，信贷审批、选人用人等重点领域监督更加具体化。

二、坚持服务实体，加快信贷转型

落实国家战略导向，以服务供给侧结构性改革为主线，制定投融资三年规划，强调既抓总量投放，更抓结构优化，有效控制涉房类贷款投放，积极支持制造业、民营、小微、科创等领域，持续提升金融服务的适应性、竞争力和普惠性，推动经济高质量发展。制造业贷款方面，本外币制造业贷款余额突破千亿元，四行第一，其中近一半为中长期贷款，增量排名系统前列。科创金融方面，打造“五专四全”体系，全力支持上海科技创新“十四五”规划，科技贷款余额超800亿元。重点加强对集成电路和人工智能等六大硬核科创领域支持，贷款规模近300亿元，户数近200户。普惠金融方面，积极落实减费让利政策，2021年减免各类费用近7亿元，小微贷款平均执行利率显著下降，“银保监普惠口径”普惠贷款连续三年保持高位增长，余额达596亿元，净增178亿元；小微客户突破2.2万户，净增7 738户，其中首贷户占比近50%。同时，加快推进供应链业务线上转型，共落地供应链99条，数字供应链融资规模近200亿元，服务链上企业超2 000户。绿色金融方面。2021年末，绿色表内贷款429亿元，较年初增加超100亿元，绿色非金债承销市场占比超1/3，同业第一，落地全市场首批、上海地区首单绿色碳中和债，获全国绿碳先锋年度最具创新力银行奖。

三、坚持战略引领，提升经营质效

对标总行新三年规划，稳步推进“扬长补短固本强基”四大战略布局，结合资金承接、织网补网等八个专项工作，积极推进GBC联动，重点战略不断落地见效。努力打造更高质量的第一个人金融银行，个人贷款增量同业第一，个人金融资产保持良好增势，私行在破万户基础上实现家族信托等新业务突破，信用卡客户净增同业第一，手机银行客户数同比增长33%。加快推进外汇业务首选银行建设，外汇业务核心指标均衡发展，剔除结构性融资影响，整体创利取得突破，升级“全面合作伙伴”高质量服务进博会，FT总分架构初步搭建，连续三年保持外汇管理考核A类评价。积极服务长三角一体化，成立工作专班，优化管理架构与职能分工，落地长三角区域10个重点项目，贷款净增超220亿元，并为区域重点铁路、公路项目提供融资支持。同时，加大对示范区新能源板块支持力度，为申能集团、上海电力等本土优质能源集团在江苏、浙江、安徽等地的光伏、风力等新能源发电项目提供支持。积极推动城乡联动发展，成立乡村振兴工作领导小组，制订专项行动方案，涉农贷款超额完成全年目标，落地优化农业产业链、冷链、民宿等10项乡村振兴供应链或特色场景，针对农业经营主体的金融创新方案获国家级立项。

四、坚持改革创新，抢抓重大机遇

立足上海在全国的功能定位，紧随重大战略落实，积极融入和服务上海经济社会发展，积极探索创新发展之路。一是主动对接浦东引领区建设。明确当前及未来一段时期服务浦东新一轮高水平改革开放的战略措施，创新金融产品和服务模式。加大对浦东地区基础建设和区域平台的支持，紧跟临港新片区建设，对标“东方芯港”“生命蓝湾”“大飞机产业园”等产业园区，持续开展客户服务和融资支持。加大对“金色中环发展带”的支持，聚焦重点地区，抓抢新一轮项目建设机遇。此外，与临港集团、陆家嘴集团、张江集团、金桥集团、外高桥集团等开发主体深度合作，整体授信超千亿元，重大项目储备近百个。二是全面融入上海国际金融中心建设。结合外汇业务首选银行战略，聚焦上海一批“走出去”“引进来”企业需求，不断提升境内外综合金融服务能力。紧跟资本市场对外开放，成功参与落地债券通“南向通”首日交易。探索外汇新业态突破，率先接入上海自贸区“离岸通”平台。三是大力支持“五大新城”建设。制订专项行动方案，围绕机构布局、客户服务体系、产品创新机制、综合化协同联动等方面，明确具体措施和实施路线图，“五大新城”建设领域贷款余额达600亿元，并与各区政府成功签订3 000亿元银政战略合作协议，形成五大新城战略合作机制。实施人才交流计划，通过交流培养和骨干输送方式，支持“五大新城”所在支行业务发展。

五、坚持强基固本，夯实精细管理

落实全面风险管理体系，突出压实责任。一是提高风险管理实效。统筹新增风险管控和存量风险化解，处置不良贷款超16亿元，清收账销案存资产近5亿元，贷款劣变额同比减少近4亿元，重点领域、重点项目风险得到化解，资产质量取得实质性好转。强化线上普惠产品风险管理，明确融资适度性及用途管理要求。上线智慧信贷平台，实现客户信息多维度交叉验证，提高客户管理效率和风险核查质量。二是提高内控案防质量。树立“四个更加”的内控工作导向，回归内控评价一级行。加强“三道防线”建设，强调通过抓二道防线来强化一道防线履职。健全反洗钱集中管理机制，组建31家反洗钱中心。聚焦重点领域和关键环节，持续抓好“四个专项行动、两项强化措施”，实施闭环治理。落实案防工作“三不”机制，扎实做好案件风险、员工异常行为“两排查”。三是提升服务管理水平。贯彻“以人民为中心”的发展思想，围绕建设人民满意银行目标，持续推进“消保一把手责任制”“监管转办投诉压降”和“投诉问题根源治理”三大工程，深化“全行共同做消保”工作格局，加强对系统、制度、流程的根源治理，密切关注市场形势、政策转向、疫情影响等变化，全面推动监管转办、焦点问题、重复投诉下降，持续提升客户体验。撤并渠道管理部，线上线下一体化服务体系进一步完善，40家低效网点实现提升，客户体验痛点投诉压降22.2%。

（上海分行）

江苏分行

【主要业务指标完成情况】

2021年，江苏分行实现营业收入568.8亿元、拨备前利润428.6亿元，增幅分别为8.4%、7.7%。全年实现中间业务收入131.9亿元，同比增加3.5亿元，增幅2.7%。中收结构进一步优化，结算类收入45.6亿元，占比34.54%，同比提升0.51个百分点。

【主要工作措施】

一、党建和队伍建设开创新局面

统筹推进党史学习教育，精心组织建党100周年庆祝活动，深入学习贯彻党的十九届六中全会精神，积极营造团结奋进、开创新局的浓厚氛围。扎实推进全面从严治党，持续深化派驻改革，强化对“一把手”和领导班子监督，创建“廉说”系列廉教品牌，高质量推进新一轮巡察，推动主体责任和监督责任同向发力。精准科学选配干部，推进干部人才交流锻炼，开展信贷专职审议委员选拔聘任，加快核心人才和业务骨干培养。落细落实员工关心关爱，坚持薪酬分配基层导向，推进困难救助等民心工程，推动职工小家建设网点全覆盖，让全体员工共享全行发展成果。

二、存贷款量质协调发展

树牢存款抓日均提占比导向，本外币全部存款日均增量2 428亿元，列系统第一，高于时点增量650亿元；人民币对公存款日均余额四行占比提升0.61个百分点，日均余额五年来首次实现大行第一。提升贷款抓统筹调结构能力，本外币各项贷款净增2 503亿元，创历史新高，列系统第一，同比多增493亿元，增幅24.5%，叠加年内推荐总行投资地方债、信用债，核销出表、资产转让、资产证券化等方式，全口径投融资增量超3 100亿元。其中公司贷款净增1 502亿元，列系统第一；个人住房贷款在出表121亿元的基础上，当年净增645亿元，增量列四行、系统双第一。制造业贷款、战略性新兴产业贷款、绿色贷款、涉农贷款、普惠贷款全面完成总行计划，普惠贷款增速67.8%，列四行第一，服务实体经济质效进一步提升。存贷利差控制较好，降幅低于四行均值及系统平均水平，新发放贷款利率列四行第一。

三、客户服务扩面提质

完善零售客户分层分群经营模式，全量个人客户净增219.8万户，列四行第一；日均资产5万元以上个人客户净增19.1万户，创历史新高；个人手机银行净增383万户，列四行第一。健全对公客户织网补网营销体系，新开对公结算账户20.4万户，列四行、系统双第一；机构客户净增2 303户，同比增长64%，创历史新高；法人网银、法人手机银行月均动户43.7万户、14.2万户，均列四行第一。加强GBC联动，促进资金内循环，资金承接率51.25%，累计提升22.46个百分点；行外目标客户拓户数722户，列系统第一。

四、资产质量管控扎实有效

年末不良贷款余额67.22亿元，不良贷款率0.41%，分别较年初下降23亿元和0.25个百分点，实现“双降”，为近年来最优水平。风险抵补能力进一步增强，年末拨备覆盖率423%，较年初提升180个百分点。常规处置占不良处置总额的95%，同比提升20个百分点；账销案存资产回收增幅170%，实现翻番式增长。资产质量基础进一步夯实，全年劣变贷款53亿元、劣变率0.37%，同比分别下降22.35亿元和0.25个百分点。潜在风险可控，潜在风险客户255户，较年初减少43户，均逐户制定了风险化解预案并督导落实。资产质量更洁净，公司贷款剪刀差-14.44亿元，带动整体剪刀差为负。

五、内控案防和安全生产平稳有效

开展内控合规“管理建设年”“价值创造年”主题活动，打造“讲规守线润苏行”合规文化品牌，深化反洗钱治理能力提升工程。深入推进案件集中清理，保持“零业内案件、零案件风险事件”管控目标，内控评价保持一级且排名靠前。妥善处理负面舆情与客户投诉，监管转办投诉列四行第三，广泛开展消保宣教活动，银保监局消保考评列大型银行第一，人民银行消保考评获评A级。组织安全生产大检查，强化危险源头管控，严防各类生产事故。妥善应对南京、扬州突发疫情，精准开展常态化疫情防控，做到“看好门、管好人、守好阵地”。

（江苏分行）

浙江分行

【主要业务指标完成情况】

2021年，浙江分行认真贯彻落实党中央决策部署，按照总行党委工作要求，围绕贯彻新发展理念、服务新发展格局统筹推进各项工作，整体经营平稳有序。全年实现拨备前利润342.98亿元，同比增加17.05亿元，保持稳定增长；各项存款日均新增1 255亿元，时点新增1 356亿元，基本抹平千亿元社保资金集中影响；各项贷款余额14 307亿元，新增2 188亿元、再创历史新高；不良率0.55%，较年初下降0.3个百分点，保持双降，为近八年来最优水平。全年实现安全经营，无案件发生。

【主要工作措施】

一、坚持党建引领，加强党对各项工作的全面领导

深入开展党史学习教育。将党史学习教育与落实金融工作“三大任务”、学习党在浙江的百年历史、破解经营发展难题相结合，分行党委充分发挥示范作用，以党委会第一议题、理论学习中心组等为载体带头学习，聚焦四大主题开展专题研讨，集体赴上海中共一大会址现场学习，带动各级班子深切感悟伟大建党精神。组织各级党组织和广大党员干部把规定动作做到位，把自选动作做出彩，以史为鉴汲取经验财富，努力做到学史明理、学史增信、学史崇德、学史力行。深化员工关心关爱。以“我为群众办实事”实践活动为契机，调查搜集基层员工需求，制定浙江分行党委为基层解难题、替员工办实事的八项具体举措，重点解决薪酬福利、健康保障等“急难愁盼”问题，提升员工获得感、幸福感和安全感。加快职工之家建设，新（改）建职工之家

65家、提升248家，超额完成年度计划。全面落实从严治党从严治行。强化政治监督，对3家二级分行党委主要负责人开展政治监督谈话，对5家二级分行开展政治监督和“关键少数”监督，推动政治监督具体化、常态化。加大监督执纪力度，增配巡察办专职副主任和工作人员，实现对二级分行第二轮巡察和省行部门首轮巡察的全覆盖，发现问题277个。抓好问题整改，落实上一轮巡视巡察反馈问题整改，开展专题教育整改，引导党员干部深刻汲取教训、警钟长鸣，针对案件暴露出的管理漏洞及薄弱环节，完善制度流程和案防治理体系。

二、聚焦重点领域，服务实体经济更加精准直达

聚焦服务制造业和民营企业。以总行制造业金融服务深化年行动为指引，构建涵盖6 000余户优质企业的全省目标客户库，有的放矢提升服务质效；抢抓浙江产业整合机遇，完成全省半数以上重点开发区的战略合作签约，实现对园内集群的批量式服务对接。全年新增制造业贷款511亿元、民企贷款379亿元，系统内分列第一位、第二位。聚焦服务科技创新。深入落实“十百千万”专项行动，推广“科创中心+特色支行”服务模式，创新科技积分贷、人才贷等特色产品，重点支持一批专精特新中小企业。全年新增新市场贷款285亿元，累计服务中小科创企业6 359户。聚焦服务普惠小微。坚持“普真惠、真普惠”，将农村集镇作为竞争力提升的重要突破口，推出农e贷系列产品，着力提升“三农”客户服务覆盖，全年新增普惠贷款607亿元，余额占到系统内全部普惠贷款的1/6。聚焦服务绿色低碳领域。设立绿色金融业务部，将绿色金融理念和要求嵌入信贷全流程，加大对重点绿色低碳循环领域支持力度，推动资产结构向绿色转型，全年累计新增绿色贷款535亿元，增量较2020年翻番，增速高于各项贷款增速40个百分点。

三、深耕总行战略，夯实高质量发展的内生动能

积极落实城乡联动发展战略。单设乡村振兴办公室，集中力量服务乡村振兴、助力浙江共同富裕示范区建设。结合调查研究结果和浙江实际提出“四化一提升”（即城镇化、产业化、市民化、特色化、服务能力提升）的实施路径，奋力打造金融服务乡村振兴的浙江样本，全年新增涉农贷款563亿元、占系统内增量的1/7，其中“兴农贷”新增10亿元、均居系统前列；推动县域各项存款日均新增699亿元，大幅领先当地同业。同时推动完成全国脱贫地区消费扶贫金额2 859万元，助力四川通江引进帮扶资金1 000万元，定点扶贫工作专班荣获总行“脱贫攻坚评选表彰杰出集体”。推动打造“第一个人金融银行”。构建覆盖辖内各行各专业的联席工作制度，按月召开会议整合资源、强化联动，协同推进战略落地深化。全年代发人数同比净增47万人，新签约代扣代缴协议101万户，同比有大幅提升；加快汽车分期业务转型，新增直客式分期179亿元、系统第一。加快打造“境内外汇业务首选银行”。围绕提升市场竞争、组织推动、客户服务、产品配置和风险防控五方面能力，扎实推进战略实施。年末外汇存款余额同业第一，贷款增量保持领先，外汇业务15项核心指标中，9项实现四行第一，3项实现四行排名进位。扎实推进织网补网、资金承接等重点工作。组织开展以代发代扣等代理业务为主轴主线的四代会战，深化零余额账户激活和有贷户基本账户回流攻坚，以基础产品为载体带动客户提质促活，做好客户资金的承接转化。年末全行个人和对公有效客户分别突破3 000万户和55万户，资金承接率达到50.43%，完成既定目标。

四、深化改革创新，塑造面向未来的发展新优势

开展规上企业大走访。针对规上企业覆盖不足、基础不牢的问题，9月以来在全省范围内开展客户大走访活动，要求二级分行落实一名党委委员专职负责，在省分行层面成立督导组按旬督导通报，在全省烘托浓厚氛围，开展一个季度以来收效明显，已新增客户3 072户、有贷户1 102户，规上企业新增日均存款129亿元。在此基础上，将大走访推广到机构乡村镇客户和个人代发工资客户的深耕，将客户织网补网、GBC场景建设、资金承接等重点工作连为一体，更加扎实推进。实施网点产能提升工程。将总行战略安排与浙江实际相结合，在2021年初启动“加强网点建设、提升网点产能”工作，围绕将网点打造成为营销主体和基本战斗单元，重构网点体系、重塑营销机制、重整服务资源，通过客户经理下沉、客服经理转岗等举措，推动网点营销人员净增1 537人，占比提升12个百分点。重塑城区支行经营活力。针对近两年城区支行竞争力下滑的情况，加大城区支行轻型化改革力度，重点解决城区支行管理幅度不均、局部扎堆问题，城区支行平均网点管辖数由6.38个上升到6.52个。本级冗员得到初步解决，全年支行机关减员1 028人。组建数字化工作专班。在省分行成立跨专业的数字化工作专班，对外加强与政府平台的数字化联通，把金融功能嵌入各类平台，助力GBC场景建设。对内结合总行智慧大脑的推广应用和浙江分行的经营实际，通过数字化手段重塑对公信贷机制流程，细化31项优化方案，成功获批总行试点，完成优化项目25项，涉及尽职调查、审查审批、贷款发放、存续期管理4大主要信贷环节，推进基层对公客户经理减轻负担，解放生产力。

五、加强风险防控，保障全行经营的稳健可持续

完善信贷治理体系架构。优选信贷经营方向，编制投融资业务发展新三年规划，以高质量的投向布局来实现资产业务高质量发展。加强重点领域防控，开展贷款资金用途和信贷领域真实性专项治理，坚决守住不发生系统性风险的底线。建设智能风险技防体系，通过大数据、模型和金融科技手段来管好信贷业务的三道口，推动全行风险管理向“人防+技防”升级。

2021年贷款劣变率0.40%、同比下降0.69个百分点。大力打击治理电信网络新型违法犯罪。严格新开账户准入和支付限额管理，配合推进“断卡”行动，积极推动监测预警和挽损机制建设，有效开展内外部反诈宣传教育。全年通过账户保护性止付机制累计为930名受害人挽回经济损失1 770万元，通过现场劝阻有效堵截疑似电信诈骗343起，为客户挽回资金损失4 184万元。狠抓客户投诉治理。推行消保“一把手”工程和分管行长、高级经理疑难复杂投诉处理“包案”制，加大客户投诉“先横后纵”处理力度和小额补偿运用力度，提升疑难投诉处理效率，全年监管转办投诉同比压降18.24%。持续深化反洗钱工作。加强客户身份识别综合治理，研发区域特色监控指标及模型，加大RPA机器人在反洗钱领域的应用，强化数字人民币洗钱风险甄别研判。全年报送重点可疑交易报告234份，挽回受害人经济损失569万元，受到省国安厅等单位书面表扬。

（浙江分行）

安徽分行

【主要业务指标完成情况】

2021年，安徽分行深入贯彻总行党委“48字”工作思路，积极践行“三比三看三提高”工作方法，对标高质量发展的八大标尺，结合实际落实“扬长、补短、固本、强基”布局，总体发展态势稳健，较好地完成了全年各项经营计划，持续巩固了稳健发展的良好态势。一是服务实体提质提效。全年本外币各项贷款增加652.86亿元居中部六省分行首位、系统第10位，增幅达13.96%居系统第9位，高于系统平均2.5个百分点，其中公司贷款增幅16.79%居系统第4位。二是存款实现高质量发展。全年本外币全部存款增加478.62亿元，增量居系统第11位；余额6 817.20亿元，增幅达7.55%，高于全行平均2.25个百分点。偏离度各项管理值均较好地控制在总行要求范围内。三是经营利润稳中向好。实现拨备前利润122.76亿元，增幅达10.26%，完成率105.65%，分别居系统第2位、第3位；拨备后利润达90.86亿元，居系统第8位；净利润66.83亿元，居系统第9位。四是资产质量持续优化。全口径不良贷款余额和不良率较年初分别下降0.98亿元和0.09个百分点，继续保持“双降”趋势。年末不良率0.5%，居系统前列，为股改以来最优。

【主要工作措施】

一、坚持党建引领，把加强党的领导作为坚强政治保障，推动全面从严治党开创新局面

坚持和加强党的全面领导，全面落实新时代党的建设总要求，以党建统领全局、引领发展。一是加强思想政治建设，坚定理想信念。始终将学习贯彻习近平新时代中国特色社会主义思想作为首要政治任务，将学习习近平总书记重要讲话和重要指示批示精神作为“第一议题”，不断增强“四个意识”、坚定“四个自信”、做到“两个维护”。将学习六中全会精神与党的创新理论学习结合起来，深刻领会“两个确立”的决定性意义。高标准推动党史学习教育，召开4次领导小组会专题部署推动。全行各级党组织建立“我为群众办实事”重点项目1 083个全部完成，高质量开展了“党旗在一线高高飘扬”10项系列活动。坚持党委中心组学习制度，开展党委中心组（扩大）学习13次，采取“学习＋研讨”“红色足迹教育＋书面心得体会”等模式提高学习质效。高度重视群团工作，关心青年员工成长，省行团委荣评“全国五四红旗团委”。二是推进全面从严治党，夯实纪律规矩。将巡察、监督问题同2021年总行内部审计、省监管部门检查等发现的问题一并整改，并组织对2017年总行巡视发现问题进行了“回头看”。着力巩固和拓展整治“四风”成果，紧抓节假日期间紧盯“四风”问题排查，引导党员干部严格执行中央八项规定精神。深化了党建和党风廉政建设责任制考评、巡察和工作落实约谈等机制。组织制定了政治监督谈话操作指引、加强对“一把手”和领导班子监督等制度，省行党委书记与二级分行党委书记不定期开展政治监督谈话。持续提高巡察质量，组织完善了工作规则等6项巡察制度，完成了第二轮第一批次巡察和县支行提级巡察工作。推动强化对重点领域和关键环节权力运行的制约和监督，纪委和监督检查组人员列席财审会、集中采购、授信审批、不良资产处置等会议8次，选人用人现场监督2次。综合运用“四种形态”累计处理132人，其中第一种形态125人，占比达94.7%。三是持续强化组织建设，筑牢战斗堡垒。组织建立党支部书记任前谈话、任前培训、每年全覆盖轮训“三项机制”，对全省510名基层党支部书记和431名基层党务工作者开展全覆盖轮训。落实支部建在网点，推进党的组织全面覆盖，新增基层党组织195个。注重优化党员

队伍结构。新发展党员 234 人，在职党员和网点主要负责人党员占比同比分别提高 1.65 个和 21.55 个百分点，网点党员实现全覆盖。着力抓好机关党建质量，召开贯彻落实习近平总书记“7·9”重要讲话精神交流座谈会，听取汇报、压紧责任、推动履责，深入解决“两张皮”“灯下黑”等问题。四是坚持党管干部人才，扎牢发展根基。加强忠诚干净担当的干部队伍建设，开展副处级管理人员、省行部室总经理助理、高级经理等公开遴选，组织专题培训班强化对新提任干部的履职辅导，出台了干部试用期管理、系统外挂职干部管理办法，完善了二级分行领导班子分工模板和履职指引。加强人才储备，深入推进优秀年轻干部培养“200 工程”建设，35 岁以下科级年轻干部占比同比提升 3.77 个百分点，管理类和业务类职务晋升实现常态化。加强员工关心关爱，累计慰问超 1 000 人次，救助特困员工超 900 人次，对老党员和困难员工慰问救助 230 余万元。对超过 4 400 名员工实施了工资晋升。

二、突出对标对表，把服务实体经济作为初心使命发展本源，推动主力军作用发挥取得新成效

坚持把服务实体经济作为第一要务，对标对表党中央和省委省政府决策部署精神，紧跟总行党委工作安排，精准支持重大战略实施、重点领域金融需求，努力提高服务实体经济质效。一是完善高效服务机制。及时学习贯彻支持实体经济相关政策和监管要求，逐项梳理并实行清单制管理。同时组建巡察组，纪委协助开展专项巡察。召开信贷经营调度会，研究金融服务国家战略、制造业、科创、普惠、绿色金融等工作举措，对遇到的政策把握、流程堵点等问题协调前中后台会商解决。建立信贷经营和审慎评估机制，定期听取信贷支持实体经济情况汇报，把好信贷投向、优化信贷结构，提高信贷服务的适配性。组织对二级分行信贷投放、审批审查等工作开展复盘评估，引导各级机构优化投向。二是聚焦重点领域赋能。以“制造业贷款首选银行”目标为引领，连续 3 年开展制造业金融服务专项行动，制造业贷款增加超 140 亿元，中长期贷款余额占比近 40%，提高 3 个百分点。建成系统内首批专营机构科创企业金融服务中心，全面对接高新技术、“专精特新”、单项冠军等优质企业需求，科创企业贷款和战略性新兴产业贷款分别增加 45 亿元和 165 亿元。积极服务碳达峰、碳中和战略，新增绿色贷款 139.46 亿元，完成总行计划的 170%，其中投放碳减排贷款超 4 亿元。三是助力重大战略落地。积极支持安徽加快融入长三角一体化，与省农业农村厅、数据资源局、长三办等部门深化战略合作，完善协同联动、常态化对接服务机制。设立省行乡村振兴办，制订行动方案，并多次召开工作座谈会、推进会，推动全行以服务党建引领信用村建设为切入，加大乡村振兴领域资源投入、优化投融资布局。累计向近千户农户投放“振兴快贷”2.53 亿元，涉农贷款增加 101.28 亿元。大力支持“皖北振兴”，皖北地区各项贷款增加 220 亿元。圆满完成对四川通江县、省内定点帮扶村的帮扶任务。四是监管政策落实到位。制造业中长期、“首贷户”“信用贷”等结构性监管要求全面达标。把普惠金融纳入党建工作责任清单，考核权重提高至 12.5%，推动增量扩面，贷款增幅达 58%，人民银行降准和银保监口径普惠贷款超额完成总行计划。深耕小微信贷市场，银保监普惠口径有贷户增速 56.25%，全面完成“两增两控”监管考核目标。助力房地产市场平稳健康发展，房地产贷款占比下降 2.02 个百分点，完成监管任务。

三、注重统筹协调，把竞争力提升作为衡量发展标准，推动经营发展质态再上新台阶

坚持把竞争力提升作为经营发展的出发点和落脚点，强化市场“比”“拼”意识和效果，推动实现主要业务市场领先。一是全力做好稳存增存。坚决落实存款高质量发展五点要求，以及增存、增收、提质、提位的要求，夯实日均存款基础。全部存款日均余额增加 743.37 亿元，增长 12.72%，均居同业首位，分别居系统内第 8 位、第 3 位。二是牢牢把握战略导向。坚定不移推进“第一个人金融银行”战略，储蓄存款增加 314.16 亿元，增幅 10.04%，居系统第 9 位。零售板块营业贡献占比 70% 以上，提高 16.72 个百分点。个人手机银行净增客户和存量规模继续领先同业。银行卡营业利润扭亏为盈。大力实施“外汇业务首选银行”战略，外汇存款日均增量、跨境人民币业务和新增客户数分别完成总行全年任务的 15.2 倍、144% 和 168%。深入贯彻城乡联动发展战略，县域支行在贷款、拨备前利润、中间业务收入、客户总量等方面系统贡献均实现同比提升，3 家重点城市行系统内平均排名突破历史新高。三是全面夯实质量家底。抓好不良资产全口径清收处置，累计清收处置不良贷款和账销案存资产分别达 23.55 亿元、1.12 亿元，均超额完成全年计划。加大风险准备计提，拨备覆盖率超过 360%，增加 93.67 个百分点。资产质量“十率”评价得分居系统第 4 位。

四、深化固本强基，把防范化解风险作为发展生命线，推动内部治理效能实现新提升

聚焦内涵式高质量发展，坚持把风险管理作为生命线，着力夯实客户基础、增强风控能力、完善治理体系。一是织网补网有力推进。日均金融资产 1 万元以上机构客户净增数完成总行计划的 160%，对公结算账户净增 7.4 万户，居系统第 9 位、同业首位，存量由同业末位上升至第 2 位，个人全量客户净增数系统提升 4 个位次，其中商友客群数增长 24.4% 居系统第 4 位，商户客户增长 66.5% 居系统第 3 位。成功中标省级惠农补贴资金代发资格，为系统内首家。加快 GBC 场景建设，年末资金承接率超过 45% 比 4 月末提高 14.3 个百分点、行外客户拓户率提高 14.9 个百分点。二是内部治理持续完善。注重靠管理提质、靠机制增效，建立完

善了经营活动分析、“一表三图”竞争力评价分析、管理建议书、客户织网补网、资金承接等机制，高质量完成了信息报送和数据挖掘。扎实推进网点竞争力提升，制订“八大升级行动”方案，优化调整网点25家，标准化装修61家，新增“网点＋政务”场景60家，网均储蓄、对公存款分别增长7.93%、10.79%。完善服务管理机制，客户体验痛点治理成效居系统第3位，监管转办投诉下降31.7%。强化科技赋能，财政支付、智能外呼等领域项目建设成效明显。三是风险管理全面深化。完善全面风险管理体系，组建省行风险管理部，制定了三年风险管理规划。建立健全资产质量调度会、法人大户联防联控管控、风险贷款复盘等工作机制，开展“三个一”客户、政府隐债等风险专项分析排查。保持内控案防高压态势，紧抓检查考核及内外部检查发现问题的整改，开展内控合规“价值创造年”活动，投产员工网格化管理系统，扎实推动了“四项专项行动，两项强化措施”。深化“断卡”行动，强化了外部欺诈风险管理。持之以恒抓好新冠肺炎疫情防控和安全生产工作，全行未发生重大风险，实现安全稳健运营。

（安徽分行）

福建分行

【主要业务指标完成情况】

2021年，福建分行实现营业收入155.12亿元，同比增加13.96亿元，增幅9.89%、超系统平均水平6.17个百分点；实现拨备前利润105.14亿元，同比增加7.81亿元，增幅8.02%、超系统平均水平5.74个百分点；实现净利润47.6亿元，还原总行拨备参数调整因素后，实际实现69.5亿元，同比增加8.46亿元，增幅13.86%；中间业务收入实现29.78亿元，同比增加2.02亿元，总量增量均为四行第二，增幅7.29%、超系统平均水平4.35个百分点。存款竞争力提升。日均存款新增820.9亿元，四行第一，占比36.08%，市场份额提升1.38个百分点，其中日均一般性存款新增547.36亿元，四行第二，占比27.68%，市场份额提升0.42个百分点；日均对公存款新增448.89亿元，四行第一，占比40.92%，市场份额提升2.11个百分点。贷款保持较快增长。各项贷款（含卡透）余额5 286.21亿元，较年初增加571.53亿元。质量保持稳定。累计清收不良贷款43.1亿元，处置账销案存资产2.08亿元，不良率0.81%，较年初微升1个基点。拨备覆盖率较年初提升19.23个百分点至306.07%，较系统平均水平高106个百分点，抵御风险能力持续增强。

【主要工作措施】

一、党的建设迈出新步伐

注重党建引领，全面提高党的建设质量，以高质量党建聚队伍、增合力、促发展。扎实推进从严治理。坚持以习近平新时代中国特色社会主义思想为指引，深入学习贯彻党的十九届五中、六中全会精神，扎实开展党史学习教育，累计组织宣讲674场、集中学习824次、完成“我为群众办实事”项目468个；举办庆祝建党100周年及“党建＋”系列活动，颁发“光荣在党50年”纪念章227枚，落实党员志愿服务355场，117个党组织实施联建共建；深化运用监督执纪“四种形态”，加强对“一把手”和领导班子的监督力度，完成4个省行部门及2家二级分行巡察；开展党员发展“燎原工程”，新增党员342名，网点主要负责人党员占比提升18.8个百分点至95%。扎实推进队伍建设。出台省分行“百人工程”“千人工程”建设意见，新提任正处级干部8名、副处级干部6名、资深（高级）经理19名、行长（总经理）助理（含见习）30名，组织27名干部跨区域、跨层级、跨部门交流锻炼，对竞争力评价持续强的13家分支行班子发放特别奖励，对竞争力评价持续弱的14名支行负责人采取问责措施。扎实推进员工关爱。开展省分行首届工银系列评选表彰等活动，落实员工最低收入保障，提高网点人员履职待遇，发放供养直系亲属医疗补贴，做好“工会进万家”劳模走访慰问和节日期间各类困难员工帮扶救助。

二、服务实体取得新成效

主动扛起大行担当，深入落实总行与福建省政府签署的全面战略合作协议要求，不断提升金融服务的适应性、竞争力和普惠性。加大投放力度。日均贷款新增562.27亿元，四行第一，占比32.32%，市场份额提升0.53个百分点。把好投向准度。持续加大对涉农、民营、普惠、制造业、绿色信贷等领域的贷款支持力度，分别新增203.47亿元、157.11亿元、141.05亿元、132.83亿元和66.88亿元，总行任务完成率分别为151.84%、104.74%、107.67%、166.04%和185.78%。拓宽服务广度。着力打造“表内＋表外”“股权＋债权”“投资＋融资”的综合服务“立交桥”，非信贷融资业务量（含债券承销投资、代理投资和融资租赁）较年初增加197.03亿元，其中累计承销投资地方政府债262.01

亿元，市场第一。扩大让利幅度。新发放公司贷款和普惠贷款利率分别较年初下降 19 个和 7 个基点。

三、经营转型打开新局面

注重以转型促发展，把落地总行“四大战略”作为主攻方向，形成多元动力和发展引擎。着力落地“第一个人金融银行”战略。通过完善策略、创新产品、配套资源、强力推动多管齐下，实现个金营业贡献 77.43 亿元，同比增加 14.44 亿元，贡献占比提升 17.44 个百分点至 69.92%；实现大个金中收 16.6 亿元，其中信用卡、私银中收系统排名第 6、第 7；新增全量个人客户 72.59 万户、日均金融资产 5 万元以上个人客户 5.57 万户、个人手机银行客户 131.13 万户。着力落地“外汇业务首选银行”战略。加强与公司、个金、机构等部门联动，共同推动外汇业务提速提质发展，外币存款、贷款分别新增 13.79 亿美元和 4.56 亿美元，均为四行第一；完成国业中收 2.59 亿元，四行第一。着力落地城乡联动发展战略。积极响应国家乡村振兴发展和新型城镇化战略，通过片区包干、责任到人，下沉产品线、业务线，实现乡镇市场拓展全覆盖，乡镇储蓄、个贷、个人客户分别新增 11.39 亿元、97.35 亿元、23.27 万户。着力落地区域竞争力提升战略。持续加大人、财、物投入支持重点城市行做大做强，福州、泉州、漳州分行在总行 80 家重点城市行综合竞争能力评价中逐季改善。

四、基础工作得到新突破

注重苦练管理内功，着力破除体制性障碍和深层次矛盾，努力向管理要效率、要收益、要红利。在绩效管理上，修订二级分行经营绩效考评、分支行以及分支行个金公司市场竞争力评价、重点业务激励工资费用等细则办法，出台支行市场一部、二部、外拓部、网点等各类机构和人员考核指引、网点竞争力评价和应用指导意见，实行普惠工作“一票否决”制。在效能管理上，落地授信审批新规，细化优化信贷流程，压实审慎经营责任，有效提升审批效率；实施同业重点客户省行直营改革，首批 10 个客户实现服务全流程、一手清；深化网点“四变三”、支行内设机构改革，再释放 409 人充实至营销队伍；实施省分行渠道管理部机构撤并和职能整合，升格 6 家县域单点支行，优化 21 家网点布局，装修 48 家新标准网点。在风险管理上，按照“主动防、智能控、全面管”的原则，统筹推进疫情防控、内控案防、安全生产等各类风险管理工作，确保风险应对走在市场曲线前面。

（福建分行）

江西分行

【主要业务指标完成情况】

2021 年，江西分行主要效益类指标增量增幅稳居系统“第一方阵”，其中营业收入、拨备前利润、中间业务收入总量四行第一。实现营业收入 162.21 亿元、拨备前利润 120.16 亿元、净利润 67.68 亿元、中间业务收入 26.2 亿元。

各项存款余额 4 790 亿元，同业第一，增量 305 亿元，增幅 6.8%。各项存款日均余额 4 571 亿元，较年初增加 304 亿元。各项贷款余额 4 215 亿元，增量 558 亿元，余额增量同业第一。存款付息率 1.47%，贷款收益率 4.68%，NIM2.83%，存贷款量价协调发展能力不断提升。不良贷款实现双降，其中不良额（含银行卡）29.15 亿元，较年初下降 0.66 亿元；不良率 0.69%，较年初下降 12 个基点。

【主要工作措施】

一、坚持党建引领、从严治理

推动理论武装入脑入心。高标开展党史学习教育，在二级分行和省行本部两个层面创新打造党建特色名片，初步形成新时期江西分行干部员工的精神谱系。压实全面从严治党主体责任。召开“学史力行　强化责任落实”专题会议，以政治监督谈话形式，压实二级分行党委书记第一责任人责任。召开全面从严治党从严治行专题教育整改动员会，做实以案促思、促省、促查、促改工作。全面加强基层党组织建设。制订“一个意见、三个方案”。制定整治形式主义为基层减负赋能工作清单，召开机关党支部战斗力提升及“学史力行　改进作风”专题会议，做强“第一方阵”。强化监督工作实效。扎实推进巡视巡察问题整改，深化运用监督执纪“四种形态”，提升监督执纪精准度。在一级支行配备专职纪检员 132 人，有效打通监督“最后一公里”。

二、坚持服务实体，发挥业务优势

落实“六稳”“六保”要求，主动对接实体经济融资需求，保持投融资总量稳定、结构持续优化、投向精准直达。一是精准高效服务实体。优化信贷业务布局，制定出台信贷业务布局意见，建立“精准服务目标库”。提升重点领域服务水平。制造业贷款净增 110 亿元，同比多增 88.10 亿元，完成总行全年目标的 274%，制造业贷款增速达 42.30%，高于公司贷款增速 26.51

个百分点。普惠贷款（银保监口径）余额230亿元，较年初净增90.52亿元，同比多增40亿元，增幅65%，同业第一。绿色贷款余额385亿元，比年初增加149亿元，增幅63.28%。战略性新兴产业贷款净增139亿元，增幅273%。加强公司投行项目储备，组织开展公司、投行重点项目储备营销专项竞赛活动。坚决落实减费让利政策，推动实体经济融资成本持续走低，2021年新发放贷款利率累计下降13个基点，为实体企业让利2.16亿元。因精准高效服务地方实体经济，获评“江西年度功勋企业”。二是加快打造“第一机构金融银行”。医保领域，举全辖之力开展医保医药行业拓展攻坚战。教培领域，加快教培云平台推广，辖内11个地区81个区县教育主管部门与工行签订合作协议。财政领域，财政国库集中支付代理资格覆盖率从年初的58%提升至82%。社保领域，紧盯企业养老保险资金统筹，企业养老保险资金统筹归集同比新增116亿元，增幅36.7%。三是大力推进结算银行生态体系建设。深化客户“织网补网”工程。创新运用公司客户画像系统，加快补齐中部、尾部客户短板。依托“画像系统”新拓公司客户2.19万户，增存117亿元，扎实做好中国稀土、格力、宁德时代、比亚迪、长城等在赣重点企业金融服务。深入开展对公账户“百日攻坚”活动。新开对公结算账户6.8万户，时隔10年重夺净增量、新开量同业双第一；日均金融资产1万元以上公司客户净增1.7万户。

三、坚持聚力攻坚，强化战略执行

建立重点战略落地执行情况常态化评估机制，按季反馈辖内二级分行党委，确保总行党委重点战略一贯到底、压茬推进。一是第一个人金融银行战略成效显现。做强日均存款，做大AUM“蓄水池”。储蓄存款和AUM分别较年初增加172亿元、233亿元，实现协同增长。加快构筑良好客户生态系统。个人全量客户净增87.21万户，同业第一；月日均资产5万元（含）以上客户数较年初净增12.38万户，同比多增4.96万户，增幅11.23%，增量、增幅分列系统第9、第2；信用卡客户数净增3.9万户，实现恢复性增长。同业口径私银客户规模和管理资产分别达2 998户、301亿元，继续保持同业第一。积极支持消费扩容升级。大力推进“商户拓展攻坚战”，商户数净增13.68万户，增幅78.2%，其中活跃商户数、增量、增幅分列系统第6、第1、第1。个人住房贷款较年初净增141亿元，余额、增量继续保持同业“双第一”。二是境内外汇业务首选银行战略加快落地。健全推进机制。建立亿美元客户重点问题解决、常态化沟通磋商和挂点挂片制度。落实“客户首选”。净增国际业务客户329户，同比增长54.46%，其中千万美元以上客户净增36户，带动国际结算业务量和结售汇业务量分别时隔3年、15年重夺市场份额同业第二。突破重点产品。举办全省境外发债沙龙，加强集团联动，实现国内信用证福费廷9.98亿元、内保外债1.96亿美元、内保直贷1.23亿元。三是城乡联动发展战略开局良好。以鹰潭获批国家城乡融合发展试验区为契机，在贵溪县成功投产全省首家数字乡村综合服务平台，创新推出“农权e贷”产品。建设“工银服务e站”23家，推动金融服务“进镇入村”。涉农贷款余额955亿元，较年初增加222亿元；普惠型涉农贷款余额95亿元，较年初增加40.27亿元，完成总行目标任务的620%。

四、坚持创新驱动，巩固经营之本

一是加强金融创新、赋能业务发展。服务普惠金改。以赣州、吉安获批国家级普惠金融改革试验区为契机，出台支持意见“20条”，按照“一个行业一个方案”原则，创新推出“柑橘贷”“家具贷”“教培贷”等多款普惠特色产品。加强科技赋能。研发投产反洗钱RPA系统、商户运营管理系统等，为基层减负赋能。二是加强风险治理、筑牢发展底线。全面提高资产质量。管好存量，潜风融资余额20.32亿元，较年初减少5.06亿元。不良贷款、账销案存和受托资产清收处置分别完成总行年度计划的128.8%、128%、101%，核销资源撬动比达5.63倍，账销案存现金回收率8.5%。严控增量，开发法人客户贷后监测系统、违规记分系统，推动信贷管理由“结果管理”转向“全过程管理”。全面提高内控案防能力。坚守合规底线，严控监管处罚风险，突出抓好信贷、外汇、支付结算等重点领域合规操作。做实员工异常行为管理，持续强化案件风险管理，实现全行安全稳定运营。

五、坚持完善机制，夯实发展基础

一是完善考核机制、激发活力。构建多维机构考核体系。把总行重点战略量化成关键指标，将二级分行考核由单一维度的经营绩效考核调整为经营绩效考核、KPI评价、市场竞争力评估和内控案防评价等多维考核。强化干部考核评价机制。建立“九宫格”矩阵式评价机制，实施基层管理人员“双穿透”考核机制。完善资源配置机制。工资性费用采用“综合+核心”考评模式，经营性费用按照KPI和机构考核排名进行分配，提高资源分配与考核的匹配度。二是强化渠道协同、融合发展。线上打造场景建设，不断完善服务全渠道布局。个人手机银行客户1 185万户，净增142万户，总量、增量同业“双第一”；月均动户285万户，同比增长47.07%。三方绑卡净增254.1万张，月均动卡601.5万张，交易额4 609亿元；三方绑卡净增数、动卡数、交易额同比增幅分列系统第3、第2、第4。线下做强战斗单元，持续提升网点综合竞争力。启动网点战斗单元竞争力提升试点工作，从“盘活人力资源、丰富网点功能、充分授权赋能、完善考核机制、强化科技支撑”等五维精准发力。坚守“人民金融”底色，建立全国首家“退役军人服务站”、全省首家“警银反诈工作站”，切实履行金融为民、安民社会责任。

（江西分行）

山东分行

【主要业务指标完成情况】

2021 年，山东分行经营主要体现出“进位”“提质”“固本”三个特点。“进位”表现为系统名次和同业位次显著进步。在总行经营绩效考核中，山东分行排名第 14。全部存款、一般性存款时点增量排名四行“双第一”，同比提升一个位次。“提质”表现为经营效益和服务实体显著提升。营业收入、拨备前利润均创历史新高，均超额完成总行计划，增量、增幅均排名系统前列；净利润实现翻番增长，2020—2021 年增幅分别排名系统第 1、第 2。2021 年向实体经济累计让利 8. 3 亿元；本外币贷款增量创历史新高，排名系统第 4，同比提升 5 个位次，余额突破 9 000 亿元，是省内唯一跨越这个关口的商业银行。“固本”表现为资产质量和内控案防显著改善。资产质量“十率”指标持续向好，不良额、不良率连续三年实现“双降”，不良率降至 2015 年以来的最低水平，拨备覆盖率达 238%，创历史新高。合规状况明显好转，在总行内控评价中同比提升两个等级。

【主要工作措施】

2021 年，山东分行坚决贯彻总行党委“48 字”工作思路，全面落实省委省政府工作要求，接续推进“三步走”（一年走出困境、两年提质起势、三年全面振兴）战略，交上了一份成色十足的答卷。

一、坚持党建引领，把握正确方向

深刻把握“两个确立”的决定性意义，坚持把“两个维护”作为最高政治原则和根本政治规矩，坚持用习近平新时代中国特色社会主义思想武装头脑、指导实践、推动工作。深入学习贯彻党的十九届六中全会精神，扎实开展党史学习教育，专题党课被总行评为一等奖。积极落实新时代党的组织路线，出台激励干事创业的专项意见，加大队伍优化和机构精简力度。2021 年，新选拔年轻干部占比高于存量占比 24. 5 个百分点，网点人员占比较年初提升 0. 7 个百分点，支行内设部室数量压降超过 10%。干部培养选拔工作相关做法通过《组工通讯》刊发。纵深推进全面从严治党从严治行，在总行巡视巡察工作会议上作了典型发言，在纪检工作考核中获评优秀等级。

二、坚持服务实体，扛起大行担当

胸怀“国之大者”，围绕全省重点领域，制定《投融资规划布局》，加大融资投放力度，贷款增量超千亿元，同比多增 44%，余额稳居四行首位。其中制造业贷款、绿色贷款余额、增量均排名同业“双第一”，民营企业贷款增量完成总行计划的 3. 6 倍；大力发展票据融资，贴现量排名同业第一，考核排名系统第二，创历史最好成绩。普惠贷款增长 58%，高于各项贷款增速 46 个百分点，普惠贷款客户增长超 1. 3 万户，新增小微首贷户数量排名系统第一，在人民银行济南分行金融服务小微企业能力竞赛中荣获一等奖。积极支持能源保供，与省能源局和 15 家重点能源企业签订战略合作协议，累计投放保电专项贷款 70 亿元，排名同业第一，为全省电力供应安全提供了金融保障；服务黄河流域生态保护和高质量发展，绿色贷款余额、增量排名可比同业“双第一”，“沿黄九市”公司贷款增量占比超过 73%，余额突破 3 200 亿元，排名同业第一。推动新旧动能加快转换，“十强产业”贷款净增 353 亿元，同比多增 25%；项目贷款净增 278 亿元，同比多增 24%，尤其是作为联合牵头行，积极推进裕龙岛炼化一体化项目银团贷款，确定 18 家意向参贷行，意向金额达 1 020 亿元。支持科技自立自强，在省内首家成立科创企业金融服务中心，协助举办 2021 山东创新创业共同体第一届“揭榜挂帅”活动，科创企业贷款增量达百亿元，余额超 800 亿元。助力有效扩大内需，顺应全省居民消费升级需要，累计投入促销费用 5 200 万元，实现消费金额 3 500 多亿元；新增个人贷款 494 亿元，同比多增 35. 3%，余额排名同业第一。

三、坚持改革图强，增强发展动力

全面深化改革，以五大类 25 个项目为抓手，推动总行重点战略在山东加快落地。深入实施第一个人金融银行战略，2021 年末旺季营销工作排名系统第 4 位，个人贷款（不含信用卡）余额、增量排名同业“双第一”。扎实推进外汇业务首选银行战略，外币存款日均增量排名四行第一，外汇贷款余额、增量排名四行“双第一”，结售汇业务量创历史新高。承办面向山东的第 130 届广交会山东推介会，为山东企业“走出去”提供融资 70 亿元。连续五年获得外汇局 A 类评价。创新实施城乡联动发展战略，成立“一把手”负责的领导小组，明确三十条支持意见，出台六大类配套措施，涉农贷款增长 192 亿元，排名四行第一，助农金融服务点数量排名系统第 1，独家承销全国首批、山东省首单 10 亿元乡村振兴债券。在山东省金融支持乡村振兴项目对接会上作了典型发言。加大 GBC 联动工作力度，总行级重点场景完成率达 175%；织网补网工作考核始终排名系统前两位，代发工资人数排名系统第 1；资金承接率排名系统第 5、行外目标客户拓户数排名系统第 2。

四、坚持价值创造，夯实经营根基

坚持客户至上，完善营销服务体系，加快数字化转型步伐，实施网点竞争力提升工程，全力建设人民满意银行。2021 年，服务工作考核排名系统第 2，千佳网点获评数量排名四行第一。公司客户增量排名系统第 2，机构客户增量排名系统第 6，个人全量客户增量排名系统第 3，其中信用卡客户增量排名系统第 2，私人银行客户增量排名系统第 4，个人手机银行客户的总量、增量排名四行“双第一”。支持改善营商环境，在济南分行创新设立“企业全链条政银服务专区”，为企业设立提供一站式服务，服务的对公客户总量超过 50 万户，居省内商业银行之首。为医保卡跨市、跨省“一卡通行”提供全方位的技术支持保障，走在了全国最前列。研发“教培资金监管平台”，为全省 62 个区县教育局提供资金监管服务。通过为客户创造更多价值，存款竞争力持续提升。2021 年一般性存款的日均增量创历史新高，同比多增 26%，日均余额四行占比逐年提升，较 2019 年末提高 0.6 个百分点。尤其是机构存款增量连续两年排名四行第一，余额接连赶超农行、建行，时隔十年后重返四行第一；公司存款增量连续两年超百亿元，储蓄存款增量连续两年排名系统前五。

五、坚持风控强基，守牢安全底线

主动担当，积极作为，深入推进全面风险管理体系建设，在总行履职评价中处于第一梯队。出台《管控方案》，加大攻坚力度，不良贷款处置额排名四行和系统“双第一”，账销案存资产清收额创历史新高，超过以往六年之和；加大不良贷款处置力度，去年累计处置 171 亿元，排名可比同业和系统“双第一”，占四大国有银行处置总额的 31%，占系统核销资源的 12%。年末不良额较年初下降 35 亿元，不良率减少 0.64 个百分点，其中普惠贷款不良率创历史最优水平，银行卡不良率排名系统第二优，个人贷款不良额、不良率连续五年实现“双降”，不良率仅为 0.29%，优于系统平均水平。在加快存量风险出清的同时，严格落实审批新规，严把融资投放关口，新增融资不良率为 0.29%，优于系统水平 0.16 个百分点。坚持合规经营，加强内控机制建设，加大从严治行力度，增强遵规守纪的思想和行动自觉，守住了零发案底线。

（山东分行）

河南分行

【主要业务指标完成情况】

2021 年末，河南分行本外币全部存款余额 7 404 亿元，较年初净增 528.6 亿元，均排系统第 10；全部存款日均余额 7 214 亿元，系统第 11，日均净增 432.6 亿元、系统第 12。各项贷款（含卡透支）余额 6 465 亿元、系统第 10，较年初净增 632.4 亿元，系统第 11，创历史新高。实现拨备前利润 154.2 亿元、营业收入 222.6 亿元，均排系统第 11。实现中间业务收入 34 亿元，系统第 10、中部六省第 1，同比增幅 7.3%。资产质量持续“双降”，不良额 104.3 亿元、不良率 1.61%，分别较年初下降 1.2 亿元、0.2 个百分点。内控案防保持稳定。

【主要工作措施】

一、坚持党建引领，深化从严治党

扎实开展党史学习教育，深入学习贯彻习近平总书记“七一”重要讲话、党的十九届六中全会精神，深入推进“我为群众办实事”实践活动，52 项实事全部落地见效。加强基层党建，集中整治 161 个问题，新设基层党组织 448 个，网点负责人党员覆盖率 95.3%，实现网点党员全覆盖，基层组织力不断增强。加强领导班子建设，提任、调整省行管理干部 131 人，新提拔科级干部 35 岁以下占比提升 5 个百分点至 57%，干部队伍不断优化。强化对“一把手”和领导班子的监督，对省行 9 个部室、4 家二级分行党组织开展巡察及“回头看”，“三不”机制建设不断完善。强化严管厚爱，对履职不到位的从严问责。疫情灾情面前，把员工生命安全放在首位，全行上下守望相助、共克时艰，战疫情、抗汛灾，形成“勠力同心、众志成城，不畏艰险、奋勇向前，敢于胜利、无私奉献”的防汛救灾精神，干部员工干事创业精气神高涨。

二、坚持服务本源，支持实体经济

对接重大国家战略和省委经济部署，全力支持实体经济和社会大众金融需求。人民币公司贷款较年初净增 354 亿元，创历史新高。支持抗汛抗疫，投放灾后重建等领域贷款621亿元。开展“制造业金融服务深化年”行动，制造业贷款累计投放325亿元、净增60.8亿元；实施“民营企业合作伙伴服务提升工程”，为民营企业投放贷款419亿元；支持碳达峰、碳中和，绿色贷款净增194亿元；支持能源保供，为能源保供企业投放贷款14.7亿元；支持科技创新，战略性新兴产业贷款累计投放280亿元，净增165亿元；支持国企改革，累计为国企投放贷款743.5亿元。统筹商投一体，通过并购贷款、非金融企业债券承销及投资、非标债权投资等方式，投行类融资累放110亿元。加大普惠小微支持力度，银保监普惠和人民银行降准口径贷款分别净增101.4亿元、101.1亿元，均完成监管目标。支持脱贫攻坚与乡村振兴，精准扶贫贷款净增23.6亿元，涉农贷款净增165亿元，超额完成总行任务。支持民生改善和共同富裕，个人住房贷款净增253亿元，非住房个人贷款净增36亿元，是上年同期的2.3倍；实现分期交易额153亿元、较上年增长18.3%，系统第4。承销地方政府债426.8亿元，市场占比12.5%，同业第一。

三、坚持转型创新，奋勇争先进位

以钉子精神深入夯根基、调结构、促转型，推进“增存、增收、提质、提位”。客户方面，落实总行“织网补网”工程，抓批量、拓集群、提潜力、促活跃，全量个人客户、有效客户分别净增234万户、147万户，连续12个月系统“双第一”；信用卡客户、商户分别净增17.3万户、26万户，分列系统第2、第1；新开对公结算账户8.8万户，系统第6、同业第一；机构客户净增3 440户，系统第2。负债方面，落实总行党委存款高质量发展及储蓄存款争先进位、战略性资源配置要求，跳出存款抓存款，突出日均导向，狠抓源头争揽、资金承接、GBC联动、联管联治和“库容”管理。储蓄存款净增339.6亿元、系统第11，对公存款净增143.8亿元、系统第12，同业存款净增45.3亿元、系统第11、同业第一。资金承接稳步提升，行内目标客户资金承接率51.8%、系统第6，行外客户拓户率31.4%、系统第1，是全系统两率均达标两个分行之一。中收方面，坚持合规、发展两手抓，提升结理代等基础类业务收入，稳固项目类收入，加快创新类业务发展，中间业务收入扭转了五年来的负增长局面，增量排系统第6，增幅高于系统平均水平3.4个百分点，债券承销及代销、资产托管、企业年金、第三方存管等产品收入排同业第一。利率方面，深化利率市场化定价管理，对标同业，及时优化动态调整，储蓄存款付息率下降6个基点，同业进位；公司存款付息率优于系统38个基点，系统第8；人民币贷款收益率4.63%，较上年提高2个基点。

四、坚持体系融合，推进战略落地

深化第一个人金融银行战略。围绕客户“赚钱、花钱、管钱、用钱”需求，开展代发、社保、私人银行、信用卡、手机银行等专项营销。代发单位增幅51%，系统第1，代发额增量120亿元、首次突破百亿元；e支付商户净增26万户、系统第1；个贷、个人住房贷款余额均保持同业第一，个人手机银行客户总量2 371万户，超过建行居同业首位。深化外汇业务首选银行战略。突出抓基础、促转型、增收入、控风险，个人外汇存款时点、日均增量同业“双第一”；对公外汇账户同比增幅281%，国际结算、国际贸易融资、外汇存款时点和日均余额均是同业第一，连续12年获得外管考核A级单位。深化重点区域竞争力提升战略。围绕“算着干、抓基础、盯基层、传导转换、队伍建设、做具体、追求卓越”七个关键词，聚焦短板，突出重点，倾斜资源，加快提升。郑州、南阳、洛阳分行系统排名分别为33位、55位、61位，分别较上年提升15个、15个、13个位次。实施城乡联动发展战略。设立河南分行乡村振兴办公室，成立“金融服务乡村振兴工作领导小组”，制订金融服务乡村振兴工作方案，实施城乡联动发展战略，以市场第一、同业进位为目标，对全省105家县域支行实行差异化分类、发展和管理，县域支行对公存款、各项贷款、中间业务收入四行份额分别较年初提升0.4个、0.2个、0.4个百分点。加快提升网点综合竞争力。制订网点综合竞争能力提升实施方案，选取70家网点作为试点，推动普惠、个贷、银行卡等产品分类下沉网点，按月通报、按季考核竞争力提升情况，增强网点对公对私综合服务能力，打造具有较强竞争力的“作战单元”。试点网点各项指标增量系统贡献度均高于余额贡献度，网均指标均明显高于全部网点水平，呈现较好发展态势。

五、坚持提质进位，深化质量攻坚

推进质量攻坚。落实“三道口、七彩池”智能信贷风控要求，坚持好资产质量调度会、前台部门管风险、“一把手”统筹抓信贷等有效的制度措施，做实做细信贷三年规划并深化落地执行，制订信贷风险管控“3721”工程实施方案，扎实推进资产质量攻坚“369”工程，从“面、线、点”三个维度强力攻坚，打好资产质量决胜战。优选处置策略。摆脱对核销和批量转让的依赖，开展常规处置“百日会战”，突出创新处置、重组转化、现金清收等，全年累计清收处置不良贷款81亿元，其中常规处置37.2亿元，占比46%、较上年提升21个百分点；清收账销案存资产15.2亿元，系统第1，占系统清收额的近15%，荣获总行账销案存专项活动“突出贡献奖”。强化全量管理。前瞻做好表内表外、法人个人、潜在和逾期贷款、延期还本付息贷款风险管控，严防劣变。严把“两查五关”，按照市场资源、经营能力和风控水平，对二级分行及主要行业、领域、板块和客户实施贷款总量控制，治理过度融资。

六、坚持风控强基，提升治理能力

强化全面风险管理。按照总行“四管齐下”策略建章立制，压实“六方”责任，在总行两次全面风险管理综合评价中分列第3名、第7名。强化内控案防管控。开展“扎牢制度防火墙”专项行动，明确35类屡查屡犯典型问题，检查发现248个问题、问责331人次，完善43项制度流程，强化83项监督措施。开展“内控合规管理建设年”活动、屡查屡犯集中整治、财务领域风险专项排查及案件警示教育整改整顿，重塑集中采购等操作流程，组建隔离式集中采购专门团队，有效隔离管控风险。创新实施监督检查发现问题五级分类管理办法，实施重点领域、重点机构、重点环节、重点岗位常态化风险管控。强化专题教育整改。开展“510”廉洁教育和霍新才、孙斌案件、张有赋案件警示教育，推动张有赋案件专题教育整改整顿，制订实施一体推进“三不”机制建设方案、处级以上管理人员廉政档案管理暂行办法等10多项廉洁风险防控制度体系，管好廉洁风险，净化政治生态。

（河南分行）

湖北分行

【主要业务指标完成情况】

2021年，湖北分行实现营业收入226.65亿元、拨备前利润156.78亿元、还原政策性拨备增提后净利润72.16亿元（账面净利润为58.73亿元），均超额完成总行计划；营业收入、拨备前利润居系统中部第1，拨备前利润实现系统占比进点，净利润创分行历史新高；实现中间业务收入32.04亿元，同比增加4.17亿元，总量实现同业第一。本外币全部存款余额8 146亿元，较年初增加587亿元，增量同业第一。全口径投融资余额达9 953亿元，增加1 035亿元，增长11.6%；人民币贷款余额6 754亿元，增加665亿元；投融资余额及增量、各项贷款余额、个人贷款增量、投资地方政府债、票据融资等6项指标持续保持全省可比同业第一。不良贷款（含信用卡）余额63.36亿元，下降26.38亿元；不良贷款率0.93%，下降0.52个百分点，持续实现“双下降”。分行全年未发生重大风险事件和重大案件，实现安全运营，在全省第七轮银行业金融机构安全评估中获得同业第一。

【主要工作措施】

一、坚持党建引领，全面从严治党走深走实

深入贯彻落实新时代党的建设总要求，把牢政治方向，提升党建工作质量。扎实开展党史学习教育。采取集中学习研讨、线上线下自学、创建党性教育基地等多种形式，在全行掀起学习习近平总书记系列重要讲话、学习“四史”和学习宣传贯彻党的十九届五中、六中全会精神热潮；深入推动“我为群众办实事”实践活动，累计完成重点项目1 612项，解决了一批基层、客户和员工“急难愁盼”的问题。“学党史、悟思想、办实事、开新局”取得了阶段性成效。一以贯之推进全面从严管党治行。规范“三重一大”决策事项管理，省分行召开党委会40次，确保清单事项“应上全上”；落实巡视工作要求，扎实推进新一轮巡察；抓紧抓实巡视巡察发现问题整改，巡视整改率93.1%，巡察整改率90.6%；加大正风肃纪力度，全年党纪、政纪处分385人次；深挖问题根源，健全长效机制，完善信贷、内控、财会、人事等方面制度50余项。统筹抓好机关、基层党建。开展基层和机关党建专题培训，实现对二级分行党委书记政治监督谈话全覆盖；全行党支部增至1 312个，实现“应设尽设”；网点主要负责人党员占比达99.8%；选优配强各级领导班子，共对12家二级分行和23个省分行部室班子进行了调整补充，持续优化干部梯队结构，新提任11名二级分行班子成员中，40岁以下年轻干部占比27.7%。加强员工关心关爱。发放特困员工救助金882人次、547万元，发放生活困难党员、老党员、老干部慰问金4 554人次、480万元；对艰苦边远地区和乡镇网点员工发放“四项补贴”3 015万元；全行人力费用总额增长7.3%，全口径工资总额增长3.19%，为近六年来首次正增长，人均工资增长5.77%，发展成果惠及广大员工。

二、坚持步步为营，战略落地获得新进展

贴近湖北资源禀赋和经济社会发展特点，以“钉钉子”的精神推动总行“四大战略”落地见效。第一个人金融银行战略重点指标全面实现同比提升。零售板块营业贡献103.9亿元，占比达到69.1%，同比提升0.8个百分点；实现个人业务中收12.9亿元，同比增加2.3亿元。人民币储蓄存款时点和日均增量均超额完成总行年度计划。奋力推进境内外汇业务首选银行战略落实深植，“存贷汇兑”指标保持同业领先，初步形成“梯次发展、重点突破”的战略实施局面。2021年，湖北分行获得外汇管理局年度考核“A类银行”，11家二级分行获得外汇局“A类”评级，为历年来最好考评结果。加强银政合作，加大重点区域金融支持力度。主动搭建与各级政府及相关部门常态化的联系沟通机制，先后与宜昌、鄂州、黄石、襄阳等地签订战略合作协议；与武汉达成“十四五”期间6 000亿元重点项目政银合作协议；与咸宁、随州达成重点项目合作意向，精准对接全省及市州重大项目融资需求，以实际行动服务支持中部崛起战略。以乡村振兴促进城乡联动发展，在同业中率先与省农业农村厅签署战略合作协议，在系统内首批制订完成了整村授信方案，将更多金融资源配置到乡村振兴领域，全力推动农村产业升级。全行涉农贷款余额628.6亿元，较年初增加80.7亿元，同比增加51.83亿元，超额完成总行任务。

三、坚持聚焦本源，服务实体迈上新台阶

聚焦服务实体经济本源，围绕“三新一高”布局公司信贷，突出“九大板块”，持续加大投入力度，调整优化信贷结构，支持制造业、普惠、低碳等重点领域发展；落实好总行与湖北省政府签署的战略合作协议，抓好分层对接与协议落地，鼎力支持湖北疫后重振及地方经济发展。武汉科创中心于2021年4月正式启动运营，科创企业信贷客户达545户、净增143户，融资余额209.68亿元、增加51.31亿元；制造业贷款余额606亿元，较年初增加70亿元，其中制造业中长期贷款余额246亿元，较年初增加49亿元；银保监口径普惠贷款余额240.1亿元，较年初增加72.33亿元，同比多增29.88亿元；人民银行口径普惠贷款余额253.3亿元，较年初增加72亿元，同比增加31.7亿元；两个口径普惠贷款均全面完成总行计划；绿色贷款较年初增加357亿元，完成总行计划的178.5%。社会责任类指标全面完成总行计划，达到监管要求。

四、坚持稳存增存，竞争能力实现新突破

本外币全部存款四行排名较上年提升2个位次，增量占比高于余额占比1.41个百分点。存款稳定性进一步增强，日均存款增量520亿元，同比增长7.31%，存款日均规模带来的集中收入增加18.5亿元。本外币对公存款余额3 229亿元，同业第一，增加33亿元。其中，公司存款余额1 667亿元，尽管下降9.58亿元，但余额和增量实现同业双第一；机构存款余额1 561亿元，增加43亿元；同业存款余额265亿元，增加68亿元，增量同业第一。全口径储蓄存款余额4 652亿元，增加486亿元，增量同业第二；纯储蓄存款增加616亿元，排名同业第一。人民币储蓄存款时点和日均增量均超额完成总行年度计划，达到总行储蓄存款争先进位行动目标书要求，实现超越建行目标；县域支行储蓄存款较年初增加189亿元，增量贡献度提高5个百分点。网点竞争力不断提升，压降低效网点40家，总行计划完成率333%；网均储蓄存款余额、增量分别为7.3亿元、7 614万元，分别较上年增加8 731万元、1 060万元，均居同业第二。

五、坚持量质并举，客户拓展打开新局面

深入贯彻总行重点战略，强化GBC联动，落实织网补网工程，推动客户量质齐升。客户数量不断攀升。全量个人客户总量达3 211万户，占全省人口比重54.4%，提升1.92个百分点；对公结算账户总量40.71万户，新开6.16万户，总量、增量同业双第一；日均金融资产1万元以上公司客户14.19万户，净增1.81万户，结算业务“四个一”工程取得阶段性成果。日均金融资产50万元以上公司客户增加1 344户，总行计划完成率134%；机构客户19 512户，增加1 461户，同比多增928户；个人手机银行客户数、个人手机银行月均动户数、法人手机银行客户数、企业网上银行客户数、法人手机银行月均动户数和企业网上银行月均动户数6项指标全面实现同业第一。客户质量持续提高。个人有效客户占比69.3%，同比提升1.38个百分点；月日均金融资产5万元以上个人客户净增16.3万户，同比多增3.4万户，系统排名第6。国际业务客户净增374户、对公结售汇活跃客户1 685户，同比分别增长21%、15.3%。自2021年3月推进资金承接工作以来，行内目标客户资金承接率47.3%，提高16.5个百分点；行外目标客户拓户192户，拓户率16.75%，提高15个百分点，织网补网工程取得较好成效。GBC联动带来资金流量近3 900亿元，实现7所教育部直属高校智慧校园全覆盖，全行“智慧校园”合作高校达到33所。

六、坚持创新驱动，转型提质激发新动能

科技赋能实现新发展，81个分行特色项目投产上线，综合化、智能化、场景化金融生态逐步形成。集约化经营和运管专业通岗改革有序开展，网点转型优化成效显著。资产托管规模1 309亿元，实现托管收入7 001万元，同比增加3 053万元，增长77%；实现营业贡献1.73亿元，同比增加0.76亿元，增长79%，托管规模、收入、营业贡献三项指标均居同业第一。票据全产品交易量达3 691亿元，较上年增加305亿元；直贴量675亿元，市场占比高达72%，实现票据业务收入6.16亿元，规模、效益同业双第一。养老金受托规模突破60亿元，受托、账管、收入均居同业第一。实现投行业务收入3亿元，同业排名第一，市场占比达56%；同比增加0.92亿元，增长44%。金融市场业务完成自营推荐公司债券投资61.8亿元，同比增加51.8亿元，增长518%；实现中收2.73亿元，同比增加7 794万元，增长39.9%。同业业务加速突破，与兴业银行办理全行首笔非结算性同业存出业务，累计办理20亿元；与长江证券开展同业拆借263亿元，争取到天风证券定向增发募集资金25亿元，办理太平资管、国寿资管、新华资管大额定期存单72亿元。行司联动实现融资投放188亿元，较上年增加73亿元；工银安盛保险销售超10亿元，同比增加8 663万元，实现收入5 700万元；工银瑞信基金销售77亿元，同比增加21亿元，实现收入1 674万元。组建项目银团28笔，牵头18笔，份额451亿元，实现银团贷款投放216亿元；多个创新项目成功突破，联动开立全国首单省级公共资源交易中心跨省电子保函业务；东风岚图汽车线上聚合支付、铁投资金池现金管理等创新项目成功上线；联动工银国际承销武汉地铁高等级境外债并领投1亿美元。

七、坚持合规经营，风险防控展现新成效

持续强化“9 + X”全面风险管理，狠抓信贷资产质量攻坚，全年清收处置不良贷款65.12亿元；账销案存资产清收2.36亿元，总额超过前三年的总和；实现受托资产清收6.98亿元，总行计划完成率154%。坚决打好信用卡资产质量攻坚战，信用卡贷款不良额和不良率均完成总行控制计划。开展客户投诉治理攻坚，人民银行、银保监转办投诉量分别由2020年末的四行排名第一降为第四、第三。聚焦关键，联防联控，扎实推进电信网络诈骗防控攻坚。不断强化内控案防管理，全面开展案件防控、员工异常行为排查和操作风险管理履职大检查，推动各级“格长”履职尽责。

（湖北分行）

湖南分行

【主要业务指标完成情况】

2021年，湖南分行实现拨备前利润109.05亿元，同比增加5.17亿元，同比增幅4.98%，完成总行下达年度计划的102.66%。实现净利润50.9亿元，可比增量33.6亿元，可比增幅141.1%，可比增幅列系统内第3位。实现营业收入161.16亿元，同比增加12.22亿元，同比增幅8.2%，完成总行下达年度计划的101.58%。实现中间业务收入28.16亿元（含分润），同比增加4.2亿元，同比增幅17.52%，增量、增幅分列系统内第3位、第1位，完成总行下达年度计划的106.88%。

本外币各项贷款较年初增加630.62亿元，增幅13.84%，较系统内平均增幅高1.55个百分点，增量和增幅分列系统内第13位、第10位。银保监口径、人民银行定向降准口径普惠贷款分别增加79.84亿元、80.56亿元，分别完成总行下达年度计划的102.36%、103.29%。本外币全部存款增加466.37亿元，增幅9.39%，较系统内平均增幅高4.09个百分点。

不良贷款余额（不含信用卡）43.1亿元，较年初减少13.21亿元。不良率0.85%，较年初下降42个基点。剪刀差余额为 -0.46亿元，较年初减少8.76亿元。贷款拨备覆盖率268.43%，较年初提高86.69个百分点，优于系统内平均水平。清收处置不良贷款45.21亿元，完成总行下达年度计划的162.05%。清收账销案存资产3.97亿元，完成总行下达年度计划的131.45%，清收金额创历史新高，获总行账销案存清收百亿攻坚战先进集体奖。

【主要工作措施】

一、坚持党建引领

始终坚持以习近平新时代中国特色社会主义思想为指导，深入学习贯彻党的十九大和十九届历次全会精神，深入推进党史学习教育，更加注重讲政治、顾大局、守纪律，切实把思想和行动统一到党中央、省委、省政府和总行党委各项决策部署上来。扎实开展“我为群众办实事”实践活动，推动255个重点项目落地见效，精心组织庆祝建党100周年系列活动。强化落实全面从严治党主体责任，扎实推进党风廉政建设，主动开展清廉金融文化示范点创建、“清廉金融进高校”等活动，推出“党廉园地”公众号特色栏目，驰而不息抓好巡视整改，加快营造崇德尚廉、风清气正的从业环境。全面加强基层党组织建设，新增设30个党总支和77个党支部，共发展党员197名。持续加强干部队伍建设，共调整副处级以上管理类、业务类干部128人。加快年轻干部培养和储备，组织42名年轻干部开展上下交流、跨区域交流，公开遴选20名优秀年轻干部拟担任二级分行和省分行部室助理职务。新提拔处级、科级干部中的年轻干部占比分别达到33.3%和40.1%，完成总行新提拔年轻干部占比“五分之一”要求。

二、全力服务地方经济发展

2021年，总行与省政府签订全面战略合作协议，计划未来五年投放2万亿元支持湖南省“十四五”时期经济社会发展。湖南分行加快推进协议落实落地，积极优化信贷布局、投向、节奏与定价策略，主动融入支持“一带一路”建设，积极参与长江经济带发展、服务中部地区崛起等战略，全力保障“十四五”规划重大工程项目建设需求。其中，制造业、民营企业、战略性新兴产业、幸福产业分别完成总行下达年度计划的101%、126%、116%和161%。涉农贷款较年初增加179.16亿元，完成总行下达年度计划的149.30%。普惠口径供应链融资增加39.50亿元，完成总行下达年度计划的158%。建立以三一、蓝思等优质企业为核心的供应链融资链，全年累计为4 969家中小制造企业融资198.79亿元。完成隐性债务化解贷款审批160.14亿元，已投放143.11亿元。先后与9个地市、5个厅委、35个竞争性优质客户签订全面战略合作协议，银政、银企关系迈上新台阶。

三、加速推进重点战略落地

始终坚持对标系统和同业先进行，持续抓好重点源头市场拓展工作，坚决守住增量占比必须高于存量占比的底线目标，避免增量排名可比同业第四和基本杜绝增量排名可比同业第三的情况。第一个人金融银行战略方面，大零售营业贡献同比增加15.99亿元，同比增幅31.97%，占全产品营业贡献的57.55%。个人手机银行新增客户、法人手机银行年活跃客户均列可比同业第1位。扭转收单交易额下滑态势，同比增加337.60亿元，增幅48.9%，增幅列系统内第5位。私人银行新规产品客户覆盖率、客户全量理财均列系统内第1位。重点区域竞争力提升战略方面，本外币机构存款增加133.02亿元，增量列可比同业第1位。对公账户增加4.3万户，列可比同业第1位。城乡联动发展战略方面，建立健全乡村振兴战略推进组织体系，成立金融服务乡村振兴工作领导小组和乡村振兴办公室。全辖首家“兴农通”普惠金融服务示范点在益阳市安化县建成落地。境内外汇业务首选银行战略方面，成功承办“中非金融合作对话会”，充分发挥中非经贸博览会和“环球撮合荟”平台作用，紧紧依托中非跨境人民币中心，持续提升外汇业务市场竞争力。外币全部存款增量、国际结算业务收入均列可比同业第1位。

四、统筹抓好转型创新

债券承销金额102.82亿元，创历史最好水平，完成总行下达年度计划的147%，列系统内第2位，其中AAA级客户承销金额93.2亿元，列可比同业第1位。公司类6项重点中收列可比同业第1位。独家主承销五凌电力有限公司2021年度绿色超短期融资券2 000万元，实现绿色债券业务零的突破。地方债承销招投标中标金额列可比同业第1位，房屋维修基金账户覆盖率由年初的52%上升至89%，军队集中支付改革账户营销取得阶段性胜利。特色场景融资重点产品“湖南金叶贷”提款户数和金额均列系统内第2位和可比同业第1位。成功发放首笔“行内＋行外”跨境银团并购贷款7 000万美元，首个央企驻湘机构债转股项目投资到位。累计办理票据直贴293.10亿元，完成总行下达年度计划的139.57%，列可比同业第1位。

五、始终聚焦经营管理提质

一是树牢正确的业绩观，坚定不移走质量第一、效率优先、创新引领的内涵式发展道路。努力开拓增收创收渠道，审慎把握优惠利率贷款投放节奏，着力提高贷款议价能力和综合收益率。强化主动负债产品管控力度，做实存款付息成本精细化管理，推动存款业务量价协调发展。二是坚持“严管就是厚爱”，持续提升各级管理人员工作状态，深入推进工作效能提升和管理文化建设，集中整治管理上和作风上的突出问题，在全辖营造攻坚克难、干事创业的工作氛围。三是把员工“两感”提升作为经营管理的重中之重，加大关心关爱员工力度，切实将员工最关心、最直接、最现实的利益维护好、落实好。2021年全辖人均工资同比增长19.27%，员工晋升渠道进一步畅通，工作环境和办公条件不断改善，干部员工队伍士气得到很大提振。

六、持续强化内控外防管理

始终坚持底线思维，主动防范化解风险，推动实现高质量发展和高水平安全的动态平衡。坚持“主动防、智能控、全面管”，压紧压实合规管理责任，推动全面风险管理体系落实落细。持续加强重点领域管控，深入推进“价值创造年”主题活动，全辖未发生重大风险事件，在人民银行2020年度综合评价、反洗钱监管分类评级中均被评为A级。全年未发生重大安全生产事故，外部案件发案率、损失率继续保持为零。通过外欺系统成功防堵电信诈骗30起，共挽回或避免客户资金损失649.28万元。积极配合公安及监管部门开展“断卡行动”，对公涉案账户数由285户降至1户，并对高风险单位结算账户实施有效管控。坚持落实责任与精准监控相结合，声誉风险、信访工作管控有力有效。同时，面对下半年我国多地散发的新冠肺炎疫情形势，毫不松懈抓好常态化疫情防控，稳妥有序推进疫苗接种13 920人，确保全辖未发生聚集性疫情、员工无确诊病例。

（湖南分行）

广东分行

【主要业务指标完成情况】

2021 年，广东分行实现拨备前利润 544.2 亿元，同比增幅为 4.93%。本外币全部存款余额 23 495 亿元，比年初增加 1 878 亿元；本外币贷款余额 18 236 亿元，比年初增加 2 313 亿元。全年实现中间业务收入 150.43 亿元，同比增幅 0.98%。资产质量总体稳定，不良贷款额 169.1 亿元，较年初减少 16.09 亿元，不良率 0.93%，较年初减少 0.24 个百分点，实现“双降”。

【主要工作措施】

一、坚持党建引领，党建工作质量不断提升

一是政治建设明方向，坚持把讲政治融入决策部署和方向路径中，持续加强党的全面领导，规范完善议事规则和工作程序，明确“与客户共同成长、靠服务创造价值，因地制宜服务好实体经济”的发展方向。二是党性教育强信念，扎实开展党史学习教育系列活动，各级党组织开展专题宣讲 1 800 多场、专题培训1 200多场、主题活动 3 500 多场，实现处级以上干部教育培训全覆盖。三是作风建设固根基，推动各级党员干部加大主动走出去的力度，全辖分支行行长共走访客户近三万次。组织开展“到工商银行最需要的地方去”专题党建活动，抓实机关“树正气、改作风”专项活动，营造风清气正的干事创业氛围。四是深化整改铸防线，积极配合做好中央巡视下沉调研、总行巡视、交叉巡察等全面政治体检，紧紧围绕巡视巡察“体检报告”，推动责任落实和工作规范化、标准化，实际整改率 100%。五是建强队伍促发展。开展 2021 年省行管理干部公开遴选，完善健全网点负责人队伍建设机制，实施“二三四”考核办法，优化副职管理人员“绩效合约”管理，进一步压实各级管理干部责任。

二、夯实发展基础，以跑道式经营推进客户拓面提质

一是 G 端做强。全面落实各层级与政府机构“将对将、兵对兵”的对接和响应机制，开展“千户攻城”专项活动，在社保医保、司法、高校、公共资源等“跑道”实现多点突破，年末机构客户 5.45 万户，净增 3 381 户，同比多增 2 065 户。二是 B 端做优。划定建工、商贸、制造业、信息软件、上市公司等五大板块作为重点跑道，自上而下撒网营销，自下而上圈定重点，确定珠三角分行跑道内客群名单 1.1 万余户。组建省、分、支行三级联动营销柔性团队，开展同业客户营销攻坚工作。年末全行公司客户 101 万户，是系统内第一家客户数超百万户的分行。三是 C 端做精。脚步向外，从源头抓好代发工资批量获客，推进银政合作项目，通过自营与合作双渠道拓展，壮大代发工资、社保医保、商户跑道，代发单位净增 1.5 万户，新发社保卡 103 万张，发卡量较 2020 年接近翻倍，个人商户数新增 8.57 万。眼睛向内，开展存量客户“五级分类”运营，细化产品渗透和贡献度管理，深耕信用卡、ETC、房贷跑道，挖潜长尾客户跑道，信用卡客户数净增 30 万户，居系统首位，唤醒 ETC 睡眠客户 10 万户，存量长尾客户单边提级 234 万户。

三、坚守金融本源，主动服务广东新发展格局

一是主动加强银政企战略对接，支持基础设施建设。围绕国家重大战略和“十四五”规划，先后与省工信厅、省商务厅、省农业厅、省政务数据管理局、江门市、清远市、潮州市签订战略合作协议。在交通、能源、城建等传统基建领域实现贷款增加 528 亿元、增速 17.1%，较好地支持广州地铁、广东铁路、南粤交投、南方电网以及海上风电等一批重点项目建设及资金周转需求。积极落实保电专项行动要求，2021 年第四季度累计投放 46.4 亿元保供电贷款，承销保供电债 11.6 亿元，较好地保障了特殊时期全省在电力生产和供应方面的资金需求。二是全方位与优结构并重，支持制造业高质量发展。围绕广东省委省政府“1 + 20”战略性产业集群发展战略，与省工信厅联合推出集群专属融资服务方案，与省发改委联合制定专项措施，完善科技金融服务体系建设，与科技厅开展科技金融特派员合作，实施战略性新兴产业投融资“云会审”业务合作。制造业贷款余额 1 968 亿元，较年初增长 24%，其中制造业中长期贷款余额 913 亿元，较年初增长 106%，支持粤芯半导体项目、TCL 华星 T9 项目，玖龙纸业咸宁浆纸一体化、中石油吉化揭阳项目等大型先进制造项目。三是增强金融供给普惠性，支持小微企业发展壮大。截至 2021 年末，普惠贷款余额 1 649 亿元（人民银行降准口径），净增 563 亿元，贷款增速比各项贷款增速高出 35 个百分点。进一步丰富普惠产品体系，与南方电网合作推出“电力快贷”产品，与广东省财政厅“政府采购智慧云平台”、人民银行中征应收账款平台等外部系统对接，同业首家推出“政采贷”。辖内各二级分行创新

推出“金利五金智造贷”等个性化融资方案17个。服务中小企业家客群，围绕企业家需求，开展“企业家加油站”活动，为企业家客群搭建公私一体化、金融与非金融相结合的综合化服务平台。

四、落实总行战略，巩固扩大市场竞争优势

一是坚持以客户为中心服务理念，大力推进“第一个人金融银行”战略落地。存款方面，抓好资金闭环管理，加强到期存款、保险、理财的资金承接工作。年末储蓄存款余额达12 062亿元，保持同业首位。中收方面，加强高价值产品销售，大力推动特色卡发卡创收，扩大三方绑卡交易规模，加强信使业务渗透，2021年实现个人板块中收83.6亿元，居系统首位。信贷方面，积极拓展优质个人住房按揭市场，主动探索分期业务发展新领域，成为国内首家个贷规模超8 000亿元的省级金融机构和系统内首个资产超千亿元的一级分行。二是服务双循环发展格局，大力推进“境内外汇业务首选银行”战略落地。2021年外汇业务获客、外汇全部存款日均增量、国际结算均居同业第一，累计发放国际贸易融资120亿美元，同比增长20%。以全球化智慧化服务支持第129届、第130届广交会成功举办，共邀请境内外采购商超5 000户，为参展商和采购商办理跨境结算合计550亿元。加快账户体系试点落地，组织广州地区34家网点率先开展本外币合一账户试点。累计开立FT账户超2 000户，实现开户、结算、融资、汇兑多品种业务全覆盖。扎实推进“跨境理财通”首发落地。三是把握大湾区发展机遇，推进“重点区域竞争力提升”战略落地。推动粤港澳金融市场互联互通，与工银亚洲、工银澳门合作办理各类跨境融资合计40亿美元，助力广东省财政厅首只澳门离岸地方债发行成功。大力支持横琴粤澳深度合作区产业多元化发展，联动工银澳门落地合作区首笔人民币账户融资业务10亿元，牵头筹组横琴口岸项目180亿元银团贷款，大力支持珠海长隆一期、科学城等区内重大项目建设。四是积极打造“十百千万”工程，努力探索走出一条具有广东分行特色的乡村振兴发展道路。加快系统推进，与96个地市、县（区）农业农村局及镇政府、村委等签订乡村振兴战略合作协议，拜访各级政府和涉农企业超过3 000次。加大融资支持，承销发行全省首笔“乡村振兴”中票。2021年末，涉农贷款余额1 025亿元，较年初增加161亿元。优化服务渠道，在汕头南澳岛深奥镇党群服务中心建成首家“兴农通”普惠金融服务点。

五、做实风控布局，持续提升全面风险管理能力

一是提升信用风险防控能力。全面落地授信审批新规，完善信贷领域履职述职机制和双线考核评价体系，提升专业性和独立性。深化“三道口”“七彩池”智能信贷风险管控，发挥好风险大户分析会的作用，有效防逾期、控劣变。年末贷款劣变额113.81亿元，同比减少41%。二是提升内控案防管理水平。以案为鉴，深刻反思根源性问题。抓实员工异常行为“两化”管理机制落地，推进“四加二”案防专项行动工作，提升重点监控（关注）机构内控管理水平。年末广东分行操作风险损失率为万分之2.9，监管处罚率为万分之1.95，均低于总行控制线。三是提升疫情防控水平。对内强化重点部位、重点环节的防疫保障，对外携手各驻粤机构强化联防联控机制，全力巩固广东辖区零病例的疫情防控成果。四是提升消费者权益保护服务效能。启动客户投诉综合治理专项行动，围绕23个客户投诉重点问题开展源头治理工作，专项推动久拖未决事项及群诉风险化解，结案率近八成。全面排查各类安全隐患，防范重大安全事故发生，切实保障客户与员工的生命和财产安全，全辖未发生人员伤亡安全生产责任事故和重大风险事件。

六、聚焦创新驱动，“十个首创”打造改革发展的新样板

在普惠金融领域，首创“工银i普惠”，为小微企业提供额度测算、对公开户、市场资讯、匹配客户经理等线上服务，系统助力普惠业务智能营销。在乡村振兴领域，首创“十百千万”工程，通过兴旺十大领域，点亮百镇名片，携手千企联盟，共促万村繁荣，创新佛山南海“村居贷”融资模式，提升村集体用地集约化、工业化水平，全面助力金融支持乡村振兴攻坚行动。在投融资领域，首创QFLP基金投资境内股权资产新模式，粤港澳三地6家境内外机构行司联动，完成系统内首单QFLP基金项目，为企业募资“降杠杆”创造了新途径。在跨境金融服务领域，首创“工银琴澳通”，为横琴粤澳深度合作区内的企业提供一系列便捷金融服务，为粤澳两地居民创造更多生活便利，进一步促进粤澳、琴澳一体化发展。在资金结算服务领域，归纳总结“四通八达”，系统整合对公结算产品，为企业客户提供系统化服务，助力客户业务四海开拓，财富八方通达。在金融科技领域，首创“三个五”行动，推广五个重大科技创新项目，试点五个创新项目，前瞻性研究五个前沿创新项目，主动发挥科技创新聚合力，助力全行各专业发展。在消费者保障领域，首创“行长挂帅处理投诉机制”，各级行领导带头抓消保、治投诉，以对人民负责的态度做好客户投诉治理工作，见微知著，通过处理投诉问题来不断改进我们的工作机制。在民生服务领域，与省人社厅独家合作开发“智慧技校云平台”，率先系统落地“社保卡换卡便民体验”，积极响应省委省政府关于“广东技工”工程建设工作部署，打破机构间的数据壁垒，建立以银行为窗口的“一站式”服务体系，最快仅需7分钟便能完成金融社保换卡的全流程。在授信审批领域，率先推行“人格化授权”，通过放权赋能，减少业务限制，缩短操作流程，进一步提升服务实体经济的灵活性与主动性。在内控案

防领域，首创“‘两盲’治理”，在全行范围内组织开展查找和消除案件风险盲点、盲区专项治理活动，提高全行防范化解案件风险能力。

（广东分行）

深圳分行

【主要业务指标完成情况】

2021 年，深圳分行分别实现营业收入、拨备前利润、中间业务收入和净利润 298.5 亿元、236.2 亿元、84.9 亿元、101.1 亿元，同比分别增加 22.6 亿元、8 亿元、6.8 亿元和下降 29.6 亿元，分别超出总行年度目标 3.5 亿元、4.3 亿元、1.5 亿元和 1.8 亿元，总量系统内排名分别为第 8、第 7、第 7、第 6。中收保持良好增长态势，增量排名系统内第一，系统内贡献度比上年提升 0.3 个百分点。

【主要工作措施】

2021 年，深圳分行坚持总行党委“48 字”工作思路，用好“三比三看三提高”工作方法，统筹推进疫情防控和经营管理，攻坚克难、奋力拼搏，交出了一份极为不易、稳中有升的经营答卷。

一、打造党建引领的先行示范行，高质量推进党的建设

以党的政治建设为统领。将旗帜鲜明讲政治贯穿始终，增强“四个意识”，坚定“四个自信”，做到“两个维护”，找准党建和服务新发展格局的契合点、切入点，提高结合实际创造性落实党中央决策部署的能力和水平。以党风廉政建设为重点。严抓作风建设，坚持纠“四风”与树新风并举，扎实推进先行示范行廉洁建设。持续强化“三项监督”，形成上下贯通的监督合力。深化政治巡察，开展第二轮巡察工作，健全可追踪、可评价、可问责的督查督办制度。以基层党建为着力点。深入推进基层党组织建设质量提升，增强基层党组织政治功能和组织力。认真贯彻落实全面从严治党主体责任清单，完善党建工作考核办法，推进抓基层党建常态化、制度化。持续推优树典，创新开展创先争优“三比三亮三评”，打造标杆基层党组织，建设本部模范机关。以党建促发展为落脚点。把立足新发展阶段、贯彻新发展理念、构建新发展格局的要求体现到市场竞争、客户服务、风险防控等具体工作中，更好地与市场对接、与客户对接，切实将新发展理念转化为谋划发展的正确思路、推动落实的具体举措、解决问题的实际成效。

二、打造服务实体的先行示范行，高质量助力“双区”建设

截至 2021 年末，本外币总贷款时点余额 7 740 亿元，较年初增加 888 亿元，增幅 13%。其中，制造业贷款余额 796 亿元，较年初增加 187.5 亿元，增幅 30.8%，全年任务完成率 150%。银保监口径普惠贷款余额 613 亿元，较年初增加 239 亿元，增幅 64%，超额完成总行全年任务和监管“两增两控”目标。战略性新兴产业贷款余额 498 亿元，较年初增加 232 亿元，增幅 87.2%。绿色贷款余额 306 亿元，较年初增加 141 亿元，增幅达 85%，超额完成总行任务。

提升产业金融综合服务能力。围绕央企、市属国企、总部经济，培育、壮大和稳固一批具有重要影响并且能够长远合作的优质客群。围绕 5G、新一代信息技术、新能源、智能制造等深圳市百亿级产业集群，抓好细分领域龙头企业，向产业园区、产业集群延伸覆盖。大力发展供应链融资和交易银行业务，提高对核心企业及全产业链的服务能力。加大制造业中长期贷款投放，高质量打造“制造业金融服务深化年”。加大对清洁能源等行业的支持，系统推进投融资结构绿色调整。推动普惠金融可持续发展。加快探索普惠金融批量化、数字化、线上化、智能化发展路径，推进特色场景落地上量，推动数字供应链拓链扩面。加强与政企深度合作，完善“融资、融智、融商”服务模式，构建与小微客户共生共建、伴生伴长的银企关系。健全普惠金融专人做、专业做、有动力做、有质量做的可持续发展机制。巩固科创金融先发优势。把握国家战略性新兴产业和深圳地区未来产业发展方向，抢抓湾区科创资源“引进来、走出去”发展机遇，积极拓展“硬科技”“卡脖子”等关键核心技术领域的高成长科创企业。围绕科创企业“股权 + 知识产权”特征，构建场景化、联盟化的全要素产品新体系，打造贯通产学研投全链条的服务新路径。

三、打造客户至上的先行示范行，高质量抓好客户和存款工作

深入推进 GBC 金融生态建设，组建运营 GBC 专班，绘制分行金融生态建设统一视图，探索构建“内融外聚”的金融生态。实施客户基础工程“红黑榜”考核评价机制，狠抓中部客户拓展，深挖底部客户价值。建立分行“高管全员挂帅服务战略客户”机制、筹建 TMT 专业团队，实施炮火呼唤及响应机制。组建

线上运营中心，先行起步线上线下一体化运营改革，推动全渠道服务向一体化、生态化、数字化转型。

夯实客户基础。坚持全量客户理念，拓展中高端客户，挖掘“长尾客户”价值，推动个人客户结构和质量稳步上移。在巩固“头部”客户关系基础上，下大力气发展“中部”客户，构建更加合理的公司客户结构。提升预算单位等机构客户占比。深化存量同业客户合作，拓展区域外、境外金融机构客群。抓好稳存增存。抓好源头客户、源头资金两大关键，加强代发工资客户营销，深入经营商户、民生、个贷等客群，丰富“存款+”产品创新，紧盯大中型企业贷款资金和债券承销、股权融资募集资金使用环节，做好流出资金承接，做好G－B、C－B、B－B场景建设，通过抓实客户链、资金链，实现存款链式拓展。统筹推动存款均衡发展。更加注重抓实基础、抓好日均，推动存款稳定均衡增长，防止经常性大幅波动。把握好主动负债的节奏、期限、规模和定价，从量和价两个维度确立竞争优势，抓好短暂窗口期资金，拓展和维护战略客户。

四、打造改革图强的先行示范行，高质量推进总行重点战略全面落地

零售“压舱石”作用进一步凸显。个人板块营业收入114.6亿元，同比增长15.6%，在分行三大板块中占比46%，较年初提高5.6个百分点。外汇业务重点指标加快突破。结售汇中收市场份额46%，同比提高5个百分点，连续三年保持同业第一。区域联动持续深化。加强与粤港澳机构、工银欧洲等常态化联动及线上线下对接，不断丰富大湾区项目联动库，“债券通”“理财通”“保险通”等业务持续突破。城乡联动发展战略成效初显。累计服务全国涉农企业超300家，涉农贷款突破百亿元大关，余额102.5亿元，较年初增长30%，任务完成率近120%。

推进先行示范行建设迈出新步伐。持续跟踪研究中央和深圳出台的系列配套方案，理解吃透总行支持先行示范行建设的系列政策措施，将政策支持转化为竞争支持，将政策优势转化为发展优势。推进“第一个人金融银行”建设实现新突破。着力发展基金、保险、三方存管、贵金属等业务，优化全量金融资产配置策略。深入推进直客式分期与个贷业务转型，抓好绑卡交易、跨行消费、商户收单、重点领域消费信贷等重点，推进消费金融扩容提质。精细化开展湾区创富、财富升级、高价值潜力等客群经营，升级“智慧私行”客户经营管理体系，推动客户结构向更高层次跃升。推进“境内外汇业务首选银行”建设取得新进展。完善外汇业务竞争力评价指标体系，有效激发外汇业务发展动能。一户一策做好“亿美元”企业、头部企业等核心客户精准营销，合力推进“双十”客户工程，夯实外汇客户基础。持续提升外汇资金交易和结售汇规模，加快布局国际贸易融资、风险参贷、国内证福费廷等重点业务，继续做大跨境电商业务交易量，全面提升国际业务综合收益水平。推进GBC三端联动打开新局面。基于现有场景加快构建整合客户流、资金流、现金流，提供“一站式、全产品、多场景”的开放包容式智能营销平台。立足场景核心平台，着力打通支付结算断点，全域解决资金流通各环节的“漏损”问题，畅通全链条资金循环，形成资金闭环管理生态。

五、打造风控强基的先行示范行，高质量抓好各类风险治理

筑牢合规经营的堤坝。围绕“全体防、全面防、全员防”要求，压实第一道防线的主体责任，强化第二道防线的合规统筹、独立监督与制衡作用，形成分工负责、齐抓共管的局面。坚持问题导向，对内外部审计检查、监管处罚及自查发现的问题，逐项落实整改，举一反三，主动深挖机制漏洞，不断完善管控体系。确保资产质量稳中向好。围绕“三道口”“七彩池”智能信贷风险管控要求，压实前台主体责任，分行业、分板块对重点领域做好名单制精准营销，从源头上严把新增贷款业务关。严控大户风险，落实定风险、定策略、定措施“三定”要求，坚持一户一策，加强贷后管理。加大不良资产处置力度，提升处置成效，最大限度向“风险管理要效益”。统筹抓好其他风险。扎实抓好市场风险、操作风险、洗钱风险、信息科技风险、声誉风险等重点领域风险防控。强化消费者权益保护，持续压降客户投诉，保障客户信息安全，维护客户合法权益。统筹抓好安全生产和常态化疫情防控工作。

六、打造人才兴业的先行示范行，高质量抓好干部人才队伍建设

优化干部人才队伍建设，更好地培育人。坚持长远性谋划、前瞻性布局，有计划、按步骤、分梯队、科学化做好干部人才培养规划和储备。搭建“三横三纵”的管理人员领英、卓英、锐英“三英”培训体系。落实“两个五分之一”要求，加强年轻干部培养使用，优化干部队伍结构，构建结构合理、代际传承、德才兼备的干部体系。创新管理方式方法，更好地激发人。根据总分行经营转型战略布局，针对重点业务成立更加灵活的跨机构、跨层级、跨专业的柔性团队，加快提升响应市场变化和客户需求的速度。进一步优化组织架构，厘清部门职责，增强板块联动，提高部门服务支行、后台服务前台的质量和效果。加强企业文化建设，更好地感召人。倡导积极进取的“奋斗文化”，为实现市场竞争力突破、推进先行示范行建设担当负责、接续奋斗。弘扬改革图强的“创新文化”，不断加强业务创新、产品创新、科技创新、管理创新、制度创新等。营造团结和谐的“家园文化”，从职业发展、身心健康、家庭和谐、心理减压等方面加强员工关心和关爱。

（深圳分行）

广西分行

【主要业务指标完成情况】

2021年，广西分行实现营业收入136.47亿元、同比增加10.09亿元，拨备前利润98.94亿元、同比增加7.71亿元，净利润63.31亿元、同比增加6.74亿元，中间业务收入22.98亿元、同比增加1.99亿元，四项主要效益指标全面完成总行调整后任务。2021年末，本外币全部存款余额3 402.05亿元，在高成本存款比年初减少109亿元的情况下，各项存款比年初增加108亿元。全口径融资总额5 918亿元，比年初增加586亿元，其中各项贷款余额3 978.47亿元，比年初增加524亿元，贷款投放连续三年创新高。不良贷款21.03亿元、较年初减少2.14亿元，不良贷款率0.53%、较年初下降0.14个百分点，自2016年以来连续六年实现“双降”，资产质量排系统第4位。内控案防能力全面提高，内控评价得分排系统第6位，创历史最好名次。疫情防控常态化开展，到店客户和员工保持零感染。

【主要工作措施】

2021年，广西分行认真落实总行党委决策部署，以“改革创新、转型提质”为工作主线，持续推进“夯基提质”战略，加快构建“四个体系”，统筹抓好疫情防控和经营发展，取得良好成效。

一、坚持党建引领，推动全面从严治党治行

一是坚持以政治思想作统领。坚持在党的领导下办好金融，修订完善广西分行党委会工作规则等规章制度，组织优秀党员干部赴井冈山、古田、延安等党性教育基地现场教学，组织党委班子开展11次集体学习研讨，各级领导干部讲授专题党课500余场，7 000余人次参学。二是坚持以组织建设作保障。注重发挥战斗堡垒和先锋模范作用，建强党建“三支队伍”，设置各级党组织643个，支部覆盖率达123%，发展党员210人，党员占比较年初提高2.4个百分点，网点主要负责人党员占比较年初提高24.7个百分点。三是坚持以正风肃纪作护航。压实党风廉政建设主体责任，制定党建党廉履职明白纸，加强重点领域、薄弱环节监督，将“一把手”和领导班子“三项监督”等重点工作实行“清单”化管理，完成桂林、河池、梧州、来宾四家分行巡察工作，一体推进“三不”机制建设。

二、坚持“夯基提质”，夯实“稳”的基础

一是推动总行重点工作落地见效。深化打造第一个人金融银行。成立GBC联动增存工作组，出台重点激励方案和加快提升存款业务竞争力意见，坚定实施全量客户战略和中高端客户战略，拓展新客、激活存量并举，做好资金承接、代发增存等，实现金融资产与储蓄存款同步发展。年末个金板块营业贡献61.3亿元、同比增加8.9亿元，个人金融资产规模达2 394亿元。加快打造境内外汇业务首选银行。完善国际条线业务绩效考核机制，做好出口、外商投资企业和外债项目拓户，成功办理金融同业首笔、系统单笔融资金额最大跨境金融区块链节点层直联业务，完成跨境人民币结算721.76亿元、同业市场占比第1、同比增长41.51%。深入推进城乡联动发展。成立乡村振兴工作领导小组、乡村振兴办公室和县域市场竞争力提升工作组，先行试行共建金融服务点12家，创新“茉莉花兴农贷”“桑蚕兴农贷”等特色产品，发放全区首笔“新农贷”，涉农贷款余额371.95亿元，较年初增加80.36亿元。推进落实八项重点工作。做实资金承接，实施目标客户名单制管理，开展精准营销活动。年末行内、行外目标客户资金承接率分别为38.78%、13.22%。加快网点竞争力提升，推动北海等5家中小型二级分行城区支行扁平化改革和南柳桂分行部分城区二级支行直属管理。年末，低效网点较年初减少19家、占比降低4.14个百分点。推动代发业务高质量发展，明确代发业务为“一把手”工程，成立代发工资业务工作组，制定下发工作意见，年末代发客户净增14万户、累计代发同比增加94亿元。推进织网补网，推进“拓户夯基”，加快构建以客户为中心的生态服务体系。加强投融资合作机构管理，创新推出新型政银担比例再担保业务合作模式，实行个人住房贷款合作机构集体审议机制。科学战略性资源配置，出台加强绿色信贷及战略性新兴行业信贷投放意见，实施财务资源投入动因分析和源头管理。开展竞争力监测，制作“一表三图”，发送经营参考辅助经营决策。二是推进“拓户夯基”。突出“新开有效”，对公抓好“3+N”优服务拓客，用好行内外系统平台应用做好源头拓户；深耕社保客群提升，加大对建工、人力劳务客群的资源倾斜，主动对接政府、企业，做强批量拓户。年末个人有效客户占比超60%、比年初增64.4万户，对公有效账户占比超70%、比年初增加1.14万户。突出“维客提质”，坚持高价值客户发展策略，开展客户提质增效精准营销活动。月日均金融资产5万元以上个人客户比年初增加5.6万户，日均金融资产1万元以上对公客户比年初增加1万户；对公、个人涉案账户同业占比分别下降45个和5.67个百分点。三是推进“队伍强基”。优化人员结构，实施差异化人力资源配置策略，客户经理占比保持30%以上且高于系统平均5个百分点；出台干部员工上下交流管理办法，上下、内外交流达66人。激发队伍活力，出台中高级业务类职务管理办法，专项增加网点经理二三级职数配置，设置专项资金奖励绩优网点负责人、客户经理，实施“第一个人金融银行”等重点培训81期。四是推进“风控稳基”。抓实资产质量攻坚，强化“三道口、七彩池”管控，落实“两查五关”“三强化”，加强贷后管理，资产质量持续优良。桂山宾馆3亿元不良贷款“并购+重组”创新处置实现零损失处置，入选总行《风险资产处置案例选编》，泰升航运公司0.55亿元不良贷款溢价成交，成为广西银行业首笔对公不良贷款单户转让试点。抓严内控案防管理，落实“内控合规管理建设年”“案件专项治理年”“四项专项行动两项强化措施”等专项活动，把全体员工列入网格化管理，开展飞行检查、专项检查、员工异常行为排查，制作内控案防工作明白纸、要点口袋书，自主研发“智能化”风险监控模型57个。抓细安全生产运营，做实疫情常态化防控、网格化管理，保持员工和到店客户“零感染”；落实“客户体验痛点治理百日攻坚”等行动要求，获“广西2021年度金融消费权益保护宣传和通联工作先进单位”“广西2021年度金融纠纷多元化解工作先进单位”称号。

三、坚持深化改革，收获“实”的硕果

一是构建以客户为中心的生态服务体系。坚持客户至上，突出跨专业、跨领域一体化通达，客户满意度、忠诚度保持同业领先。优化服务内涵，构建全客户、全场景、全产品的服务生态体系，成功研发“智慧个贷”等RPA项目28个。构筑生态支撑，贯彻落实GBC工作要求，推进客户链式营销、生态服务，实现33个总分行重点场景金融生态落地。上线全国首个“农业智慧管理平台”、全区首创“智慧新警综”监管系统，首家上线广西预算管理一体化系统。二是构建以员工为中心的人才强行体系。树立选人用人导向，突出政治标准和基层经营，全年提任专家层级干部1人、处级管理人员及助理21人，并配套考核管理办法。完善考核分配机制，创新推进直通式工资费用配置模式，配套出台第一个人金融银行战略、对公业务重点等激励方案，优化二级分行负责人绩效工资核定方法和分配方式。建立减负赋能机制，疏通减负赋能意见建议反馈渠道，年内征集协调解决事项累计达80条，其中减负事项19条。营造良好环境氛围，举办庆祝建党100周年文艺汇演等文体活动，新建爱心妈妈小屋39家，启动完成装修改造网点60家。推进管理赋能，成立工作组下沉基层帮扶指导，写好工作“明白纸”，开好“晨会直通车”，用好“微信快沟通、网讯快宣传”。三是构建以网点为中心的价值创造体系。深化二级支行直通考核，出台试点二级支行工资总额分配办法，推动二级支行自主经营、转型发展。选优配强网点负责人，制定选优配强网点负责人实施意见，首推属地化二级支行行长岗位社会招聘。创新绩效考核，出台优化网点岗位联动互通考核激励指导意见，把通岗履职绩效纳入员工绩效管理。推动竞争力提升，制订网点竞争力提升领导小组工作规则和落实网点帮扶、助力网点转型实施方案，分批分步到60家网点开展竞争力提升驻点帮扶项目。四是构建以效益为中心的资源配置体系。强化预算管理，按日监测、按季开展经营诊断分析，一行一策下发管理建议书。优化费用资源配置，制定财务资源配置工作指导意见和经营费用分配办法，增加运营费用与经营效益、租赁费用与闲置资产盘活挂钩。优化信贷资源投向，抓好“三新一高”法人信贷新布局，推动投融资结构持续向国之重器、绿色低碳调整，制造业、普惠、绿色、民营、涉农等贷款超额完成全年任务。优化渠道资源分布，推广线上线下一体化运营场景，最高业务替代率97%，做好网点布局调整优化，年内网点布局优化完成32家，新投入县域网点2家。

四、坚持创新进取，做好“进”的答卷

一是提升服务实体质效。强力服务实体，出台投融资规划布局意见，项目贷款累计发放575.67亿元，同比多投228.36亿元。全力拓展普惠金融，推进普惠业务基层式、综合化发展，推动对公业务转型，全年普惠贷款同比增加65亿元、创历史新高，带动拓展对公客户5 316户、个人客户6 954户、日均存款60亿元。稳健发展个人贷款，坚持总、分行级集团为按揭贷款业务合作重心，年末个人住房贷款增量为141亿元，居同业首位。二是提高市场竞争力。坚持抓日均、抓日常，破除“以量补价”思维，推动量价协调。储蓄存款强化与金融资产循环互动，抓客群源头和资金源头，抓外流资金、到期资金归行闭环，年末储蓄存款增加75.24亿元。公司存款加强供应链、产业链、资金链链式拓户增存，推动GBC资金闭环沉淀，年末公司存款余额保持同业第二。机构存款强化场景合作、生态共建增存，紧盯资金链做好基层下游资金承接，年末机构存款余额、增量同业双第一。三是加快中收转型。提升本外币结算、三方绑卡、工银信使、保基理创收水平，狠抓银团增收、承诺稳收，注重消费带动和产品渗透，构建自上而下、公平统一的分润体系。全年基础中收、公司投行类中收分别实现15.31亿元、7.35亿元，同比分别增加0.76亿元、1.26亿元。

（广西分行）

海南分行

【主要业务指标完成情况】

2021年，海南分行坚持“48字”工作思路，强化“比”的意识，统筹疫情防控、金融服务和经营发展，坚定不移贯彻“三个紧紧围绕”战略，坚决走好高质量发展之路，取得了好于预期的经营成果。截至12月末，实现营收38.61亿元，计划完成率104%；拨备前利润26.75亿元，计划完成率107%；净利润在主动夯实HH等风控基础上，实现盈利0.78亿元，计划完成率112%。全部存款1 513.8亿元，增加100.2亿元。全部贷款1 032.87亿元，增加53.2亿元。中收6.71亿元，完成全年目标的104.1%。

【主要工作措施】

一、坚持以党建引领红色金融政治担当

始终坚持以习近平新时代中国特色社会主义思想为指导，认真学习贯彻党的十九届五中、六中全会精神，深刻把握“两个确立”决定性意义，不断增强“四个意识”，坚定“四个自信”，做到“两个维护”。深入开展庆祝建党100周年和党史学习教育，从百年党史中汲取智慧和力量，广泛开展“我为群众办实事”“党旗在基层一线高高飘扬”主题活动，坚决发挥好第一方阵作用。纵深推进全面从严治党从严治行，层层压实“两个责任”，以“零容忍”“全方位”“强震慑”，筑牢“三不”思想防线。

二、坚持以“比”出精彩、“比”出风采激发经营活力

面对区域经济深度调整和疫情反复的严峻形势，坚定贯彻总行党委工作部署，坚决守住了区域领军银行的旗帜。存贷款、中收、质量等指标继续保持同业优势。净利润是近四年“四行”唯一持续保持盈利的行。全部存款总量保持同业第1。全部贷款余额和增量四行排名第2，其中，法贷余额、增量由上年第4提升至第2，个贷余额第2、增量第1。中收市场竞争力继续保持同业第1。不良额、不良率虽较上年略有上升，但HH问题处置思路已厘清，2022年预计处置完毕。

三、坚持以精准施策推动服务实体取得实效

扎实推进“三个紧紧围绕”落地生根。新基础产业、新制造业及新服务业“三新”板块累放178.4亿元，投放占比达86.2%，压舱石作用不断凸显。战略性新兴产业净增43亿元，余额占比提升4.2个百分点。脱贫攻坚成果与乡村振兴发展无缝衔接，普惠金融连续多年超额完成监管口径目标，普惠型涉农贷款完成率246%；定点扶贫工作连续三年被省政府评价为“好”。

四、坚持以战略定力夯实转型发展基础

第一个人金融银行战略持续深化，机制体制进一步理顺，储蓄存量、个贷增量、个人中收总量等核心指标同业领先。境内外汇首选银行深入推进，实现外资企业落户翻番，圆满完成服务首届消博会任务，首家获取贸易便利化试点资格，岛内企业境外发债、跨境资产转让、FT全功能资金池等多项业务实现首单落地。GBC联动机制成效显现，军e采平台实现驻岛全军种全覆盖，新开对公结算账户存增量同业第一、完成率系统前列，4家网点进入总行对公拓户网点前50强。数字人民币试点工作亮点频现，率先全国落地签约缴税业务，成功打造三沙全国首个数币生态岛，唯一入选国务院数字人民币典型应用场景。网点综合化转型全面铺开，网点竞争力提升系统第五，率先完成外汇、账户和远程授权业务集约运营改革，首家“大行工匠”工作室、“金融消保示范网点”相继揭牌。队伍凝聚力和战斗力显著增强，深入开展“巩固与提升年”活动，大力推进部室“四个一”工作，持续延伸“包行包点”触角，打通上下联动“最后一公里”。

五、坚持以统筹全局站位把牢质量风险关

配合推动HH重组工作，多渠道缓释风险。2021年末全口径不良贷款90.05亿元，不良率8.72%；剔除HH系后18.59亿元，不良率1.8%。严格落实“房住不炒”要求，房地产贷款占比逐年下降。狠抓单位结算账户风险治理，涉案对公账户数同业最低。深入开展“内控合规建设年”活动，全年无重大差错和重大事故，未发生洗钱风险和涉敏事件。区域人民银行反洗钱评级为AA，同业排名第1；外管合规考核是同业中唯一一家连续9年获得A类的银行，也是系统5家“9连A”的分行之一。

（海南分行）

重庆分行

【主要业务指标完成情况】

2021 年，重庆分行在计提 55.65 亿元资产减值损失的基础上，完成净利润 33.63 亿元，实现恢复性增长。完成拨备前利润 107.6 亿元，可比口径同比增长 1.55%。生息资产规模的增长和利息净收入的提高，抵补了中间业务收入缺口，推动营业收入达到 146.23 亿元，可比口径同比增长 2.61%。实现基础类中间业务收入 16.11 亿元，同比增长 4.88%。贷款拨备覆盖率达到 175.49%，较年初提高 66.33 个百分点；各项贷款拨备保有率达到 2.42%，其中法人贷款达到 4.25%，财务消化能力进一步增强。人民币各项存款新增 250 亿元，余额达到 4 846 亿元，保持同业第一。投放表内外融资3 460亿元，创历史新高，同比多投 126 亿元，其中贷款投放 1 641 亿元，余额新增 397 亿元。清收处置不良贷款 111.69 亿元，同比多收 55.89 亿元。不良贷款额大幅下降 66.69 亿元到 70.04 亿元，不良贷款率大幅下降 1.47 个百分点到 1.42%，优于系统平均水平。逾期贷款下降 55.13 亿元到 70.77 亿元。逾期贷款率、贷款劣变率、深潜融资占比等指标实现趋势性好转。

【主要工作措施】

2021 年，重庆分行深入学习贯彻党的十九大和十九届历次全会精神，传承伟大建党精神，积极践行“48 字”工作思路和“三比三看三提高”工作方法，深入落实“扬长、补短、固本、强基”战略布局，立足市情行情，制定实施“五条线、一责任”工作举措，在狠抓巡视整改和深化以案促改的同时，不断强化“只争朝夕”的时间意识和“比学赶帮超”“舍我其谁”的竞争意识，在深入反思中攻坚克难、砥砺前行，推动政治生态和经营质态持续恢复。

一、抓好党建引领、从严治理保障线，汇聚高质量发展向心力

坚持“党建引领、从严治理”，始终把党的政治建设摆在首位，不断汇聚高质量党建引领高质量发展的向心力。认真开展党史学习教育，牢牢把握“学史明理、学史增信、学史崇德、学史力行”的目标要求，组织两级党委中心组开展集体学习 280 余次、宣讲 300 余次，举办“红色金融足迹”“弘扬红岩精神 传承红色基因”“百年党史图片展览”等主题活动，努力从党的百年奋斗历程中汲取智慧和力量。扎实推动庆祝建党 100 周年活动，开展了走访慰问老党员、隆重颁发“光荣在党 50 年”纪念章、新党员入党宣誓和老党员重温入党誓词，以及“党旗在基层一线高高飘扬”等活动，并召开党建工作会暨“两优一先”表彰大会，隆重庆祝建党 100 周年。纵深推进全面从严治党，召开管理干部述职述廉大会、党组织书记抓党建述职会、全面从严治党暨纪检工作会议，修订主体责任清单，签订党风廉政建设责任书，层层压实主体责任。持续深化以案促改，营造风清气正的政治生态，特别是对谢明案的进一步反思，获得上级机构和广大干部员工的普遍认同。狠抓巡视巡察整改，积极配合中央巡视组下沉调研和总行党委政治巡视，诚恳接受、全面认领、坚决整改巡视指出的问题，针对 4 个方面 28 个问题，落实整改措施 169 条、完善制度 46 项。完成对辖内分支行首轮政治巡察全覆盖。加强基层党建，增设党支部 27 个，没有党员空白网点；新发展党员 150 人，党员员工占比、网点主要负责人党员占比分别提升到 41% 和 91%。强化作风建设，大力弘扬“不为不办找理由，只为办好想办法”的优良作风，推动形成“二线为一线、机关为基层、全行为客户”的服务格局。

二、紧盯竞争力提升发展线，增强服务实体经济支撑力

坚持“客户至上、服务实体”“转型务实、改革图强”，在加快自身转型发展的同时，有效提升金融服务的适应性、竞争力和普惠性。深化落实总行重点战略，大零售营业贡献达到 69.64 亿元，同比增长 10%；外汇客户新增 437 户，外汇储蓄存款时点、日均增量均列同业第一，成功突破多个重庆首笔或总行首单创新业务，并成为重庆及系统内唯一连续 13 年获外管局年度考核 A 类评价的银行。城乡联动发展战略扎实推进，乡村振兴主要监管指标全部完成。八件专项工作有效实施，落地专项债资金 131 亿元，机构客户资金承接率 60.47%，代发工资额同比增长 12%。积极服务双城经济圈建设以及制造业、民营、小微企业发展，为川渝共建项目审批贷款 854 亿元，投放制造业贷款超 160 亿元、民营企业贷款 355 亿元、小微企业贷款 665 亿元，超额完成人民银行降准口径、银保监口径普惠贷款指标。

三、守好资产质量生命线，提升信贷长治久安生命力

坚持“风控强基”，坚决打好信贷资产质量“123”攻坚战。优化“出口”管理，完成不良贷款批量转让

22.31 亿元，受偿率 43%；清收账销案存资产 1.58 亿元，同比多收 95%。强化“闸口”管理，主动压降、退出风险隐患融资企业 67 户、涉及融资 16.89 亿元；集中力量化解并收回亿元以上风险大户 6 户、涉及融资 11.72 亿元；新发生逾期贷款同比下降 30.9 亿元。严格“入口”管理，制定实施投融资业务发展规划；重点移出池移出超 50 亿元，完成总行任务的 200%；加强准入管理，防范“病从口入”；发挥审批“过滤网”作用，压降谨慎进入类和环保敏感型客户风险限额 29 亿元。完善信贷经营机制，制定授信审批新规实施细则，修订完善客户准入和行业客户分类等制度，并充分发挥“专家治贷”作用。

四、筑牢依法合规安全线，提高真实合规经营保障力

强化全面风险管理，增强底线思维和红线意识，推动真实经营、合规经营理念持续树牢。坚持“管住人、看住钱、扎牢制度防火墙”，积极推进机制、能力、文化三大建设工作，确保“两率”控制在监管、总行目标之内，实现监管零处罚。深入开展“价值创造年”主题活动，实施内部控制体系建设三年规划，推动“两化”“两委”履责控险新机制全面落地。全面完成监管部署的“内控合规管理建设年”“屡查屡犯问题集中整治”等工作。新开对公账户没有发生涉赌涉诈情况，金融机构安全评估工作实现同业进位。完善全面风险管理“三道防线”联防联控机制，提升统筹管理效能。有序抓好疫情防控，实现新冠疫苗“应接尽接”。

五、增强以人为本动力线，激活干部员工队伍原动力

坚持“人才兴业”，认真贯彻人才工作要求，持续激发干部员工奋勇争先的昂扬斗志。贯彻落实党的组织路线，强化干部队伍建设，提拔处级干部 14 名、资深经理 2 人，跨机构交流干部 15 人；选派两名管理干部前往总行交流；对分行管理干部和优秀年轻干部实行全覆盖培训。围绕转型发展和重点战略所需，通过暑期实习、校园招聘、乡村振兴专项招聘、社会招聘等多渠道引进人才，并加强重点条线人员配置。加强员工关心关爱，强化民主管理和劳动竞赛，保障员工合法权益，两家支行获评总行“职代会制度建设先进单位”。加强员工人文关怀，改善员工工作环境，做好困难帮扶、送温暖慰问和员工体检。持续推动薪酬资源向基层一线员工倾斜，进一步提高员工福利分配的普惠性。全年有 10 个集体和 17 名个人获得全国“新时代金融职工讲习堂”、全国金融“五一劳动奖章”等奖项。

（重庆分行）

四川分行

【主要业务指标完成情况】

2021 年，四川分行实现营业收入 348.82 亿元，系统排名第 6，同比增长 5.79%，增幅高于系统 2.07 个百分点；实现拨备前利润 244.22 亿元，系统排第 6，同比增长 4.58%，增幅高于系统 2.3 个百分点；实现净利润 137.64 亿元，系统第 6；实现中间业务收入 53.2 亿元，系统第 8、同业第 1；大零售营业贡献占比 55.73%，同比提升 6.59 个百分点；人民币各项贷款较年初增加 851 亿元；银保监口径普惠贷款较年初增加 151.76 亿元，完成总行下达全年任务的 105%；制造业人民币贷款较年初增加 126 亿元，增量四行第 1；涉农贷款较年初增量创历史新高；本外币各项存款较年初增加 534 亿元，日均余额和增量分别位居系统第 6 位和第 9 位。余额存贷比 74.12%，较上年末提高 2.88 个百分点，高于四大行平均 1.16 个百分点，对地方经济支持力度进一步加大。资产质量持续向好，不良贷款余额 59.3 亿元，不良率 0.67%，在同业和系统内均保持较低的水平，继续实现“双降”。全年监管处罚较往年大幅减少。

【主要工作措施】

一、坚持党建引领，做重大战略部署的有力落实者

一是以加强政治建设和党史学习教育为主线切实推进党的建设。坚持把抓好党建作为主责主业，认真履行党建工作各项责任，着力向下传导“抓好党建是本职、不抓党建是失职、抓不好党建不称职”的理念。

二是为抓好脱贫攻坚与乡村振兴战略的有效衔接多作贡献。全面落实中央“四个不摘”要求和总行定点帮扶属地行职责，接续选拔 55 名帮扶干部，研拟定点帮扶工作任务清单，延续各类捐赠项目，积极引进帮扶资金，2021 年全年通过“自己买”和“帮忙卖”实现消费帮扶 1.37 亿元。落地全省首家乡村振兴公司贷款 7 000 余万元、首笔农户数字普惠贷款种植贷 80 万元，试点开办集体经营性建设用地整理贷款 20 亿元，成功落地系统首批碳中和债和乡村振兴债。推广融 e 购 B2B 助力乡村振兴营销活动，组织开展乡村振兴、情系四

川、你我同行等10余场电商助销活动，实现B2C销售额4 000余万元、B2B销售额近5 000万元。

三是发挥综合化优势有效助力西部金融中心与内陆改革开放新高地建设。支持西部金融中心建设力度不断加强。全年实现本外币各项存款净增超500亿元，以优质服务切实保障近1.2万亿元存款资金的安全、高效运转。与工银租赁、工银瑞信、工银安盛等集团内综合化子公司有力协作，促进区域金融服务水平提升，全年提供表内外融资超2 200亿元，领先金融同业与工行系统内中西部分行。本外币各项贷款当年净增近700亿元，余额突破8 800亿元，创历史新高，继续保持全省银行业金融机构信贷大行前列。助力打通企业境外融资通道。通过人民币跨境融资、风险参贷、海外发债等方式帮助四川企业成功亮相国际资本市场，缓解企业融资难题，多措并举助力抗疫情、稳外贸、稳外资。

二、坚持金融本源，做服务实体经济的主力担当者

一是聚焦成渝双城经济圈建设和四川“一轴两翼三带”区域经济布局，强化融资支持。加大对重点项目的融资支持。全年累计向全省“一二三”重点区域提供表内外人民币融资近2 000亿元，同比多投20余亿元；独家承销系统首单增强型并购中票；成功发行系统首笔暨系统首单制造业碳中和债券；成功承销系统首批贴标碳中和债券、系统银行间债券市场首只绿色建筑类碳中和债、系统承销的首只碳中和债；牵头完成四川2021年地方债公开发行工作，承销额四行排第1；持续打造“治蜀兴川　胜券债握”四川柜台地方债分销品牌，成功发售2021年柜台政府债券，额度居同业第一。推动权益性融资取得新突破。央企混改、信贷资产证券化等多项业务实现首单突破，作为系统首家试点分行落地法人信贷资产银登中心流转超23亿元，权益性融资业务规模超120亿元。创新支持重点行业。围绕省内先进装备制造、白酒等重点行业，推进数字信用凭据、下游经销商融资等重点产品快速增长，新增普惠口径供应链融资24亿元。积极服务制造强国战略，2021年末制造业全口径本外币贷款余额超470亿元。

二是有效落实国家减费让利政策，支持国民经济重点领域和薄弱环节。加大民营、普惠和信用贷款投放。2021年末银保监普惠口径贷款当年净增超150亿元，增量四行首位；推进民营企业合作伙伴服务提升工程，2021年末民营有贷户增加至1.18万户。有效推进减费让利。2021年新发放贷款利率4.38%，较2020年下降25个基点，存贷利差较年初下降15个基点，较好地落实降低实体经济融资成本的相关要求。主动减免小微客户保函手续费，承担客户抵押登记费、合同公证费、抵押押品评估费、抵押财产保险费等。强化对受疫情影响企业的金融支持。建立受疫情影响的企业信贷绿色通道，通过展期、再融资、调整还款计划、调整计息周期等多种方式为企业办理接续金融服务。

三是积极服务外向型经济发展，做深做实跨境金融服务。融资支持方面，通过联动境外商投行机构和工行海外分行，全年累计承销美元债逾25亿美元；累计为“一带一路”企业投放外汇贷款7 000余万美元，办理对外担保业务近2亿美元。支付结算便利方面，自主开发中欧e单通平台，打造系统首个基于中欧班列多式联运一单制的跨境区块链平台，投放融资近4 000万美元，其中信用融资300万元；推出西部地区信用证项下工银e制单产品，全年实现国际结算量超500亿美元，实现结售汇业务量120余亿美元。商务撮合方面，联合省外汇局开展优服务、解难题、促发展系列主题活动，深度服务迪拜世博会、进博会、广交会、西博会，举办五金工具欧洲专场、中国澳门及俄罗斯贸易撮合等专项活动和各类宣传活动上百场，推动上千家企业融入全球产业链、供应链、价值链。

三、坚持创新驱动，做践行人民金融的奋勇先行者

（一）发挥金融科技优势，赋能全省创新驱动引领高质量发展。加快新兴技术应用落地。设立创新研发中心和科创企业金融服务中心，构建全区域、全周期、全产品的科创金融服务体系；聚焦交通出行、智能支付、乡村振兴等领域，探索和推动云计算、大数据、区块链、人工智能等新兴技术的应用落地，为客户提供便捷易得、温暖贴心、质优价廉的金融产品。创新激发市场主体活力。积极服务“营造支持创新创造的一流生态，优化服务创新的政务环境”，联合省市场监管局共同打造“营商通”掌上服务平台，实现了企业登记、印章制作、申领发票、社保登记、预约开户一窗办理，为市场主体提供了信息广、功能强、不见面、零接触的快捷服务通道，受到广大企业和群众好评，累计注册用户达30余万户。创新金融服务方式。围绕四川农业、烟草、川菜等特色产业和重点领域，以大数据为支撑，先后推出农牧贷、养殖贷、金叶e贷、工银e贴、烟火贷等特色融资产品，切实提高了民营小微企业融资可得性。积极参与天府科创贷、天府文产贷，运用政府+银行模式对全省科技型中小企业、高新技术企业、文化产业企业精准融资滴灌。

（二）贯彻以人民为中心的发展思想，创新四川民生金融服务。社保领域，投产就业、医保、税银、人社、银医等领域7个重点项目，持续优化全省150家社银一体化网点服务内涵，不断拓展工银e社保便捷缴费服务渠道，有效支持了全省社会保障事业发展。农民工服务方面，通过城乡联动打造工友服务品牌和农民工综合服务站建设，巩固发力服务农民工客群，确保农民工工资及时、足额到账，有效服务了全省根治拖欠农民工工资工作。财政领域，全力配合四川财政预算管理一体化系统上线，实现首笔地方财政国库集中支付国密支付、同业首家完成自贡市本级区划一体化业务上线；投产上线全省地方债资金监管平台，

监管账户数量同业第一。医疗卫生领域，同业首家与省医保局共建银医工作站，已建成20家医银站点，为全省医保网点建设打造工行标杆；成功上线21个市州医银财务一体化平台。数字货币领域，组建个人客户数字化远程运营中心和数字人民币试点运营支持柔性团队，打造创新场景，交付成都市政府食堂数字货币新型支付等3个重点项目；系统首家成功开通数字人民币缴纳诉讼费、社保（医保）缴费。支付场景领域，系统首批投产手机银行工银四川特色小程序，系统首批上线手机银行乘车码项目、首个城市双机场无感支付场景、首个实现合作方微信小程序接入无感支付，建成环球中心、双流机场等144个地标型、城市级无感通行项目，交易笔数系统第三。

（三）扎实推进绿色金融，筑牢金融支持四川高质量发展的底色。从国家双碳战略和四川推进绿色低碳产业高质量发展的要求出发，大力促进绿色低碳金融发展。对绿色金融工作实施统筹领导及协调推进，督导落实绿色金融战略和目标；2021年末实现绿色贷款余额超990亿元，余额排名系统内前列。

（四川分行）

云南分行

【主要业务指标完成情况】

2021年，云南分行超额完成收入效益目标，实现营业收入114.89亿元，增长3.34%；实现拨备前利润84.55亿元，增长3.09%。克服总行调整拨备参数、增提拨备7亿元的影响，实现净利润48.89亿元，增长6.66%，系统排名第13位。三项增速跑赢系统平均水平。存贷款量价协调取得实效，全部存款、各项贷款分别较上年净增185亿元和470亿元，存款日均增量233亿元，较上年增加41亿元，实现存贷款增量同业第二，增量占比进一步提升。新发放贷款利率同业第一，系统排名第9位，比四行平均水平高7个基点，存量贷款收益率超越农行排名第3位，与建行、中行差距缩小到4个基点。NIM比系统平均水平高40个基点。

【主要工作措施】

一、坚持党建引领，提升党建质量

（一）强化党的政治思想建设。始终旗帜鲜明讲政治，坚持以习近平新时代中国特色社会主义思想为指引，深入贯彻落实党的十九届六中全会精神，坚决拥护“两个确立”，制定《云南分行关于加强党的政治建设的实施细则》，不断提高党员干部政治判断力、政治领悟力、政治执行力，坚决做到“两个维护”。深入开展党史学习教育，认真组织专题学习研讨，党委班子成员面向基层开展主题宣讲13次，各级党组织专题学习2 708次。讲授专题党课645次，实现高级经理及以上党员干部轮训“全覆盖”。开展形式多样的建党100周年庆祝活动，向372名老党员颁发“光荣在党50年”纪念章。扎实为群众和员工办实事，巩固深化“不忘初心、牢记使命”主题教育成果，党委班子成员带队深入基层开展两轮“支帮促”工作，全辖建立1 756个党员先锋岗、372个党员责任区，开展党员志愿服务1 316次，省分行48个、二级分行345个“我为群众办实事”项目均全面完成。

（二）压实党建工作主体责任。强化组织领导，制订年度党建工作计划，定期召开党建工作会议和党建工作领导小组会议，研究推动全行党建工作。严格执行党委工作规则，主持召开党委会议52次，研究审议“三重一大”事项291项，围绕从严治党、干部管理、政治监督等重点出台多项党内制度。扛牢压实主体责任，逐级签订《党建工作目标责任书》《党风廉政建设责任书》，按季考核基层党建工作，并纳入绩效体系，强化一级抓一级、层层抓落实的网格管理模式。推动履行“一岗双责”，对从严治党主体责任、监督责任清单的重点任务进行细化分解、序时推进，一体落实党委主体责任、书记第一责任人责任、班子成员“一岗双责”和纪委监督责任。带动班子成员深入基层党建联系点开展12次党建专题调研，深化“走出去、沉下去”的务实作风。

（三）着力提升组织建设质量。党组织覆盖面明显提升，推动基层党组织与机构同设置、同调整、同运转，年内新增基层党支部54个，培训新任党支部书记、党务工作者、党支部委员402人，助力了基层党建能力提升。党建核心指标明显提升，制定提升发展党员工作质量和党员教育管理的意见，年内新发展党员404人，培训入党积极分子552人，储备入党申请人753人。年末在职党员占比、网点主要负责人党员占比分别提高4.67个和27.16个百分点，增幅排名系统前列，持续保持无党员空白网点。干部队伍实现平稳接续，“75后”“80后”省行管理干部占比分别提升至41.2%、16.2%，年末全行科级年轻干部占比30.2%，超额完成年轻干部接续培养规划目标。加强干部考核激励约束，印发助理考核办法，完善年度考核、任期考核机制，强化选人用人、任期管理、亲属回避、因私出国（境）管理监督检查，6名处级干部退出管理岗位。

（四）深入推进党风廉政建设工作。强化基础管理，制定《云南分行财务审查委员会工作规则》，编制干部履职待遇预算，修订完善差旅费、接待费、闲置固定资产等管理制度，持续压降发文和会议数量。认真贯彻执行中央八项规定精神和总省行改进工作作风有关规定，对二级分行开展“四风”问题全覆盖现场检查，查处违反中央八项规定精神问题143个，处理责任人61人。落实“三项监督”要求，制定《实施意见》，常态化开展廉洁谈话、政治监督谈话和日常谈心谈话，支持纪委对3家二级分行开展信贷专项巡察，对省分行本部开展信贷、选人用人专项检查，对5家边境分行疫情防控重点检查。强化警示教育，两次召开全面从严治党从严治行警示教育大会，点名道姓通报典型案例，深入开展反腐倡廉警示教育，围绕“张有赋案、徐卫东案”纪律检查建议书和卢健案件通报，扎实推动以案促改。落实意识形态工作主体责任，加强阵地管理，提升宣传思想文化工作的引领力、凝聚力。

二、落实工作部署，提升发展质量

（一）服务实体经济激发新动能。融资总量持续提升，全年累计投放全口径融资2 112亿元，较上年增长22.15%，融资投放量和贷款增量均创历年新高。重点板块投放保持领先，地方债投资额、余额连续六年保持市场第一，圆满完成省内首只柜台债分销、首笔金融债承销业务；筹组行外银团连续五年排名同业第一；承销非金融企业债系统排名第5位；向全省“五网”基础设施建设领域投放贷款667亿元，形成重要支撑。结构性重点指标全面完成年度计划，制造业贷款净增46.7亿元，其中制造业中长期贷款增长173%。绿色信贷增速接近30%，增量及增幅同业第一。普惠贷款客户突破1万户，完成人民银行降准和银保监普惠贷款增量计划，增速超过30%，数字供应链融资净增12.5亿元，计划完成率排名系统第2位。全面服务“六稳”“六保”，当年办理延期还本付息贷款99.5亿元。深入推进金融战略合作，与9个州（市）政府签订“十四五”金融战略合作协议，达成融资意向5 386亿元。

（二）重大战略推进呈现新亮点。“第一个人金融银行”零售营业利润、营业贡献分别增长20.4%和11.8%，全量个人客户增速系统排名第4位，信用卡消费额和中收同业第一，个人手机银行客户净增126万户，企业手机银行月均动户增量同业第一。“境内外汇业务首选银行”对公外汇存款日均增量同业第一，国际结算量同业排名进位，外汇业务合规与审慎经营获得A类评价。“空白县域机构布局”完成昆明嵩明，玉溪新平，临沧云县，文山广南支行新设，各新设机构总体经营情况逐步向好。“城乡联动发展”战略正式启动，建立省级战略合作关系，涉农贷款净增183亿元，增量排名系统第8位，脱贫县贷款净增91亿元，重点帮扶县贷款增速比各项贷款增速高6.7个百分点，圆满完成总行任务和监管要求。依托GBC联动推进客户织网补网和资金承接工作，新开对公账户、对公账户净增同业第一，激活率系统第2位，日均1万元以上对公客户净增8 268户，资金承接率接近50%，跻身系统前十，“云校云”“融e电”等重点场景客户数量及交易量显著提升。

（三）全面风险管理取得新成效。牢守西南边境疫情防线，压实“四方责任”，强化应急处置，加快推进疫苗接种，确保一方平安。深入推动全面风险管理理念，开展“一、二道防线”履职培训和评价工作，推动重点工作落地见效。守住资产质量底线，清收处置不良贷款29.34亿元，完成总行信用卡资产质量攻坚目标，全行不良贷款余额和不良率实现“双降”。潜风融资客户减少43户，余额减少10.81亿元，剪刀差为-5.6亿元，下降7.94亿元，拨备覆盖率272.5%，比上年提高37.13个百分点。着力强化内控案防，配合完成总行机构审计和银保监局专项检查，集中整治屡查屡犯问题，累计排查员工异常行为3.4万人次、涉赌涉诈账户16.6万个、涉黑涉恶账户1 045个，全年未发生案件和风险事件，内控评价结果从三级二档提升到二级三档，排名提高9个位次，在云南省金融机构第7轮安全评估工作中排名四行第一，操作风险损失控制在总行限额内，监管评级同业领先。

（四）“人民满意银行”建设迈上新台阶。强化客户投诉源头治理，完成监管转办投诉压降攻坚目标，消费者权益保护工作在同业和系统中处于较好水平。全面启动网点竞争力提升工程，深化网点分类管理，落实资源配置，配备71名科级网点负责人、111名营销副职，净增客户经理133人，网点人员总量较方案实施前增长8%，网点营销人员占比提升4.8个百分点。加大基层减负赋能力度，推广应用五大领域23类线上线下一体化运营服务场景，投产两项对公业务流程优化项目，运用网点智能模式，累计服务客户674万人次。切实关心关爱员工，加强工青妇工作，评选表彰感动工行、大行工匠等先进典型，全行员工绩效收入较上年增长8.75%，其中基层员工绩效收入增幅达10%，充分体现“两个90%”要求。

（云南分行）

贵州分行

【主要业务指标完成情况】

2021年，贵州分行实现营业收入、中间业务收入、拨备前利润156.69亿元、27.5亿元、120.96亿元，同比分别增长5.01%、0.47%、4.03%。实现净利润14.91亿元，还原总行增提拨备后达68亿元，同比增长14%，超额完成全年计划的135%；主动应对监管政策调整对收入带来的影响，基础类中间业务收入占比达62.7%，较同期提升2.75个百分点。截至2021年末，贵州分行人民币各项存款余额3 369亿元，较年初新增271亿元，同比实现翻番，储蓄、公司、机构、同业日均存款同比分别多增23亿元、33元、90亿元、70亿元，系统内排名同比分别提升1位、8位、10位、3位。人民币各项贷款余额4 803亿元，较年初新增552亿元，创历史新高，领先同业第二的建行100亿元。公司贷款在当地同业率先突破3 000亿元大关。强化“一表三图”竞争力监测，存贷款增量实现同业“双第一”，拨备前利润、中间业务收入同业第一，中间业务收入增量自2019年落后建行以来，首次实现反超；营业收入、中间业务收入、拨备前利润均排名系统前15名。

【主要工作措施】

一、坚持“党建引领、从严治理”开创新局面

一是推进政治“大淬炼”。设立执行委员会，制定“三重一大”清单，规范召开执委会50次、党委会37次。出台落实“三项监督”具体措施，制定“履行两个责任、三项监督及内控案防”作业表，确保关键少数履职具体化、清单化。二是推进思想“大洗礼”。将党史学习教育作为贯穿全年的首要政治任务，创新“四图”学习法，建立第一议题、巡听旁听、议题审核机制，“我为群众办实事”项目全部办结。先后在总行全面从严治党座谈会、意识形态座谈会上作工作汇报，并作为系统内唯一机构在“中外企业文化2021武汉峰会”发表主旨演讲，取得热烈反响。三是推进组织“大完善”。全年新设网点党支部95个，党员空白网点实现“清零”，基层网点负责人党员实现全覆盖。创新推进“四强”模范机关创建，开展机关作风集中整治和“灯下黑”问题回头看。实施党支部分类管理，开展党支部书记轮训全覆盖，开拓支部标准化规范化建设新局面。四是推进监督“大提升”。聚焦党建、党风廉政、纪检监督、党建联系点、意识形态等出台各类制度18项，完善全面从严治党制度体系；狠抓作风建设，制定进一步为基层减负赋能的22条措施；通过构建政治生态评估体系、监督联席会、日常监督“活页夹”、支行派驻纪检专员等方式，实现监督范围全域化、监督手段多样化、监督力量集合化。

二、坚持“客户至上、服务实体”取得新成效

一是把存款客户作为第一基础。按季实施存款“决心书”管理督导，抓牢“织网补网”、资金承接、代发业务等经营基础，全面推进GBC营销实现新突破。突出G端引领，聚焦财政、人社、教育、交通、退役、住建、医保等重点板块，打赢一系列营销攻坚战。在G端增存58亿元的同时，带动B端拓户488户，G端资金回行率从34.1%提升到36.18%。突出B端承接，制定“织网补网”实施细则和网点对公服务能力提升意见，全面抓好客户分层服务和精准营销。突出C端赋能，聚焦社保、军队、个贷等源头客群，以及代发、金融资产等重点工作，代发单位客户、个人客户同比分别增长29%、7%，个人全量客户同比增长5%，系统排名第6。

二是把服务实体作为第一要务。将总行“三新一高”信贷新布局与贵州“四化”部署紧密契合，聚焦规上企业、发改委重点项目等“七张清单”开展精准营销，累计投放公司贷款1 052亿元，同比多投86亿元。战略性新兴产业、制造业、民营企业贷款合计增加281亿元，制造业贷款余额和增量四行第一，增幅系统第一。成功举办生态文明论坛绿色金融主题论坛，绿色贷款较年初增加127亿元，增幅25.5%。普惠贷款首次突破百亿元大关，增量同比增长73%，系统排名第4，增速连续四个季度四行第一。

三是把为民服务作为第一使命。牢牢把握扩大内需战略基点，全年累计投放幸福产业贷款70亿元、融资余额441亿元。交通、能源、水利、城镇等重大基础设施领域贷款较年初增加259亿元。营销专项债顾问项目165个、118.6亿元，项目数同业第一。成功发行全国首场“最美家乡”系列贵金属产品，创新推出遵义会址红色存单，销量实现6家分行第一，独家发行“多彩贵州旅游卡”，着力打造“多彩贵州”金融产品体系。

三、坚持“科技驱动、价值创造”打造新引擎

一是全面开启科技赋能新征程。紧扣业务发展及经营管理需要，完成68个特色业务研发及GBC场景建设项目，超额实现全年目标；完成农民工劳动保障监管系统等项目研发投产，为各项业务的外延拓展提供有力支

撑。积极发挥大数据精准营销赋能作用，全年策划烟草e贷等项目67个，部署日均1万目标客户提质、支付宝客户回归等精准营销活动100余项，在创新实践中打造“数字化银行”。

二是全面打造智慧运营新场景。依托“教培云”奠定工行在全省教培市场资金监管银行中的绝对优势地位。紧扣民生需求，创新打造智慧社区等众多场景，并建立“多彩贵州家园”全省社区场景统一平台，逐步构建起工行创新金融服务良好生态。

四、坚持“国际视野、全球经营”拓展新空间

一是打造特色化发展的境内外汇首选银行。将发展外汇业务与贵州建设国家内陆开放型经济试验区相对接，不断扩大同业领先优势。2021年末，“外汇业务竞争力”评价保持系统内潜力发展行前三，国际结算、外汇中收、外汇收入等核心指标同业第一。个人外汇存款时点、日均增量首次实现同业“双第一”。外汇合规年度考评继续保持A等。

二是创新多元化综合化金融服务体系。投行业务。把握并购重组、风险化解、产业打造、资源整合等市场机遇，投行业务量60亿元，年度计划完成实现翻番。中标“四化”和生态环保基金中金额最大的70亿元新型工业化基金，全年承接项目数、承接资金同业第一，撬动存款80余亿元。票据业务。票据交易量157亿元，同比多增39亿元。累计实现票据贴现80亿元、贴现客户238户，同比分别增长13.1%、161.9%，贴现量同业排名第一，利息收入同比增长30.6%。资产托管业务。成功挖转贵州省农村信用合作联社50亿元的企业年金托管计划，落地全省规模最大的年金托管；成功营销50亿元规模的贵州省能源局基金托管，实现当年净增托管规模131亿元。养老金业务。核心指标受托规模净增9.76亿元，其中企业年金受托规模净增、账户管理户数净增位居总行前列；实现标准年金客户拓户197户，同比增长240%，新客户市场占有率超过六成，在全行专项营销竞赛中新增企业年金客户数排名系统第3。

五、坚持“转型务实、改革图强”释放新潜力

一是突出第一个人金融银行提质增效。全面抢抓扩内需战略基点的政策机遇、历史性脱贫摘帽的时代机遇、以中心城市消费为主流的市场机遇，加快打造市场竞争强、发展质态优、服务口碑好的第一个人金融银行。全年实现大零售营业贡献43亿元，同比增长30.7%，占全部营业贡献的比重达72.6%，同比提升44个百分点。

二是突出重点区域竞争力稳步提升。立足贵州“强省会”“双城记”“试验区”三大战略，通过重点突破带动全面发展。围绕“强省会”，出台金融支持强省会专项行动方案，与贵阳市委签署金融人才战略合作协议。贵阳分行营业收入、拨备前利润全省占比均超过50%。围绕“双城记”，克服遵义市政府债务风险、疫情局部散发等多重挑战叠加影响，做好以茅台为代表的区域龙头企业和重点产业综合金融服务。围绕“试验区”，与毕节市政府签署600亿元战略合作协议，全力支持毕节申建国家普惠金融改革试验区。

三是突出城乡联动发展助力乡村振兴。认真贯彻“在乡村振兴上开新局”的要求，围绕总行城乡联动发展战略，加快打造金融服务乡村振兴“示范样板”。在发展定位上，牢牢把握贵州脱贫成果仍需通过乡村振兴来巩固的基本省情，将城乡联动发展作为全行高质量发展新路径，将乡村振兴市场作为“多彩贵州”战略新蓝海。在谋划部署上，明确该项工作为“一把手”工程，建立“一组、一会、一班、两方案”，与省直部门和重点市县签署战略合作协议，一体推进金融服务乡村振兴迅速落地。在实践探索上，突出打造“一平台、两样板”，一平台，即依托总行“兴农通”品牌，在系统内首家、贵州省内独家创新打造惠农服务平台“工农e家”，目前已在全省上线站点1.1万个，服务近1 900万乡镇客群，在全省乡镇人口中占比（3 463万）53%。两样板，即聚焦打造金融支持毕节普惠金融改革试验区样板和遵义凤冈县乡村振兴样板，推进成效得到监管部门及当地政府充分认可。

六、坚持“风控强基、人才兴业”夯实新基础

一是坚持将安全作为根本底线。全力保持资产质量稳定。积极对接总行和省委省政府，逐项研究化债事宜，有效化解政府类逾期欠息债务风险401亿元。2021年末，不良贷款余额30.4亿元、不良率0.68%，连续4个季度保持“双降”。大力推进清收处置，核销资源撬动比达3.95，远高于系统平均水平，各项清收处置均超额完成全年计划，尤其是常规清收占比高达74%，超额完成总行下达任务的两倍，实现拨备回拨6.63亿元，还原考核后调增净利润11.21亿元。全面提高内控案防能力。认真开展“内控合规管理建设年”各项工作，用好内控评价抓手，提高内部治理水平。不断完善全面风险管理体系。严格落实全面风险管理要求，推进授信审批新规实施，建立（“9+X”）责任追究机制。

二是坚持将人才作为根本动力。突出党管干部。着力解决2019年以来因主要负责人变动造成干部配置滞缓问题，选优配强各级领导班子，通过到龄转岗、公开遴选、交流锻炼等方式，加大具备实战经验和优秀年轻干部提拔使用，处级年轻干部占比较年初提升10.2个百分点，全年提拔干部中具备支行管理经验的占比达70%。出台《管理人员履职问责办法》，构建干部跟踪培养、考核评价、统筹使用全方位管理体系。突出党管人才。开展专业人才库、学科人才库“两库”建设，加强信贷、科技、零售等重点条线人才规划培养，构建“重点人才地图”；制定新三年网点人员规划，进一步精简机关规模，充实一线营销力量。

（贵州分行）

陕西分行

【主要业务指标完成情况】

2021年，陕西分行实现拨备前利润97.59亿元，列系统第19位。实现净利润58.21亿元，列系统第12位。各项存款总额5 759亿元，较年初净增618亿元，列系统第7位。各项贷款总额3 831亿元，较年初净增476亿元，列系统第18位。实现中间业务收入20.81亿元，增长8%。清收处置不良贷款15.98亿元，不良贷款余额26.51亿元，不良率0.69%，不良贷款保持“双降”。综合经营绩效考评列系统第11位，继续保持系统优良水平。

【主要工作措施】

一、坚持党建引领，奋力凝聚高质量发展的强大合力

坚持把学习贯彻习近平新时代中国特色社会主义思想作为首要政治任务，深入落实党的十九大和十九届历次全会精神，切实增强政治领悟力、政治判断力、政治执行力，坚定捍卫“两个确立”、坚决做到“两个维护”。扎实开展党史学习教育，礼赞党的百年华诞。进一步治理形式主义、为基层减负，扎实推进891个“我为群众办实事”项目落地见效，广大党员干部受到了一次全面深刻的政治教育、思想淬炼和精神洗礼。深化党风廉政建设，完善党委和行长工作规则、行领导联系行制度，压实意识形态管理责任，扎实开展《金融案鉴》专题警示教育。配合做好中央巡视工作，认真落实对各级“一把手”和领导班子的“三项监督”，充分彰显巡视巡察在全面从严治党中的“利剑”作用。

打好改革攻坚的“主动仗”，稳步推进两级本部改革和定岗定编，各级本部内设部室总数下降38%、人员总量占比下降6个百分点。建立常态化优秀年轻干部培养选拔机制，40岁以下处级干部、35岁以下科级干部占比分别提升8.8个和2.8个百分点。加快员工职业发展晋升速度，4 907人实现工资等级档次晋升，1 727人实现专业类职务晋升。努力让经营成果惠及广大员工，人均工资增长11.2%，广大干部员工奋力追赶超越的士气更高、信心更强、劲头更足。省行荣获中国文化管理协会“新时代党建+企业文化”示范单位，西安、延安分行荣获先进单位；宝鸡分行荣获中国企业文化研究会“企业党组织引领企业文化建设”先进单位。

二、聚焦价值创造，扎实推动经营质效稳步提升

坚持把发展作为第一要务，努力克服经济增速放缓、利率市场化改革和疫情冲击影响，千方百计保证经营效益稳定增长。全行拨备前利润、净利润、中间业务收入同比分别增长6.2%、1.1%、8%，分别高于系统平均3.9个、9.6个和5.1个百分点，增幅分列系统第10位、第15位和第10位。三项主要经营效益指标在上年保持两位数高位增长的基础上全部正增长，并全面完成总行下达的目标任务。统筹好发展和安全，坚持管住人、管住钱、管好防线、管好底线，做到主动防、智能控、全面管，推动授信审批新规全面落地，全面提升“两查五关”资产选择能力，做到重点领域、重点客户、重点行业、重要项目的风险管控与化解两手抓、同推进。累计处置不良贷款15.98亿元，其中常规处置占比96%，海航系、宝姜石化等大户风险化解取得重大进展。资产质量“十率”呈现“七降三升”，总体评价列系统第6位。全口径不良贷款余额、不良率分别较年初下降1.32亿元、0.14个百分点至26.51亿元、0.69%。拨备覆盖率较年初提升84个百分点至330%，风险抵御能力持续增强。

三、坚守服务实体，践行服务“国之大者”的使命担当

牢牢把握“十四五”规划开局、经济恢复性增长的有利势头，争取总行战略性资源配置，累计投放各类融资1 636亿元，同比增长38%。各项贷款净增476亿元，同比多增18%，增量再创历史新高。积极推荐总行认购陕西省地方债266亿元，认购额和总额继续保持同业首位。精准直达服务好国家战略和实体经济重点领域、薄弱环节，制造业、科创企业、绿色低碳、民营等领域贷款较年初分别增长45%、61%、44%、20%；银保监口径普惠贷款增长71%，圆满完成监管目标任务；落实城乡联动发展战略部署，成立乡村振兴办，制订支持乡村振兴实施方案，在空白县域新设2家网点，涉农贷款较年初增长15.6%，荣获总行“脱贫攻坚优秀集体”。深入开展“客户体验痛点治理百日攻坚”行动，扎实推进支付结算、运营体系改革和账户开立集约化、智慧化改革，投产运营西北地区首家5G智慧网点，倾情赞助“十四运会”及“残特奥会”，客户口碑和体验持续提升，西安沣东分行营业室、咸阳人民东路支行、汉中人民路支行荣获“千佳示范单位”。

四、深化拓户拓面，奋力夯实高质量发展稳固基础

持续推进资金承接、织网补网、GBC工作等夯基

固本工程，全量个人客户净增145万户、系统第7位；社保卡新发卡110万张、系统同业双第1。融e行客户净增170万户，企业手机银行月动户数3.66万户，均列四行第1位。法人客户净增3.1万户、系统第13位，同比多增48%。GBC场景落地率95%，国库集中支付代理资格、社保重点账户、代理非税收入市场覆盖率分别达91%、86%和69%。客户扩容提质推动存款大幅增长。各项存款净增618亿元，同比多增275亿元和80%，列系统第7位；日均存款净增417亿元、系统第13位。一般性存款净增558亿元，同比多增215亿元和63%。外汇对公存款、外汇贷款余额四行第1位，继续保持外汇合规“A”类行。

五、抓实从严治行，全力守牢高质量发展安全底线

坚持将依法合规作为发展底线和核心竞争力，落实到经营管理全过程。深入贯彻落实“内控合规管理建设年”要求，制定2021—2023年内控体系建设规划，持续深化《内部控制手册》应用落地，认真做好人民银行综合执法检查、市场监管局收费检查、内部专项审计等各类检查配合和整改工作，全力推进信贷领域、核算领域、关键岗位、侵犯个人信息治理四大专项行动，聚焦集中采购、固定资产管理、财务基础、营销接待等关键领域，持续完善流程机制，压紧压实管理责任，努力完成内控案防各项重点工作任务。2021年内控评价得分列系统第9，内控评级继续保持在二级一档的良好水平，全年没有发生新的案件和重大风险事件。

六、抓实疫情防控，持续提升金融抗疫服务保障能力

面对陕西省内多轮疫情冲击，特别是年末疫情暴发的严峻形势，始终坚持把员工生命安全和身体健康放在第一位，全行员工“零感染”。认真贯彻落实省委省政府抗击疫情系列决策部署，坚决扛起国有大行抗疫金融服务保障的政治责任，第一时间激活疫情防控应急体系，强力推进线上服务，全力保障抗疫金融服务和特殊应急业务，累计为588户企业办理延期还本付息业务，涉及本金42亿元，实现疫情防控和全年收官“双战双赢”。广泛开展抗疫志愿服务，全行广大共产党员和青年志愿者主动请战、冲锋在前，主动下沉到防疫一线，奋战在社区物资保障服务“最后一百米”，奋战在核酸检测秩序维护最前沿。全行累计向各方捐助202万元防疫和生活必需品物资，光明网、《金融时报》等主流媒体先后宣传报道了工行抗击疫情和金融服务情况。

（陕西分行）

甘肃分行

【主要业务指标完成情况】

2021年，甘肃分行认真落实总行党委“48字”工作思路，围绕党史学习教育、服务经济高质量发展、提升市场竞争力、改进金融服务、资产质量等重点工作，全力推动高质量发展。实现营业收入59.99亿元，拨备前利润36.95亿元，实现净利润14.63亿元。各项存款日均余额较年初净增161.06亿元，同比增长9.01%。各项贷款净增165.27亿元，同比增长9.04%。累计清收处置不良贷款30.17亿元，不良贷款余额34.77亿元，不良率1.72%，近7年首次实现不良贷款“双下降”。

【主要工作措施】

一、坚持党建引领，纵深推进党史学习教育

坚持把党的政治建设作为根本性建设，认真学习贯彻落实习近平新时代中国特色社会主义思想和党的十九届历次全会精神，增强“四个意识”、坚定“四个自信”、做到“两个维护”，拥护“两个确立”。组织召开党建工作座谈会，逐级开展基层党组织书记抓党建述职评议考核，推动工作提升。推动党的组织和党员队伍覆盖质量提升，实现网点党员全覆盖，网点主要负责人岗位党员占比达到80.85%。制订党史学习教育总体方案，成立党史学习教育领导小组和党史学习教育巡回指导组，加强对全辖党史学习教育工作的督促指导，确保学习教育取得实效。省分行党委组织开展13次理论中心组学习，举办4期培训班及专题讲座，行领导带头开展宣讲18次、专题授课17次，进一步强化理论武装。开展群众性主题活动，拍摄5部党史学习教育宣传片，4部获得总行党员教育电视片荣誉奖项。开展“我为群众办实事”调研，组织完成省分行党委2批48项重点项目清单，解决群众“急难愁盼”问题。评选表彰“两优一先”，举行事迹报告会暨党史学习教育专题党课，开展“红色金融文化足迹”展播等系列活动，慰问生活困难党员、老党员、老干部，颁发“光荣在党50年”纪念章，激励党员学史力行、建功立业。推进党风廉政建设，开展“明纪律、知敬畏、守底线”主题纪律教育学习活动，推动全面从严治党从严治行向纵深发展。东风场区分行党委荣获党中央授予的“全国先进基层党组织”荣誉称号。连续14年冠名“感动甘

肃·陇人骄子”评选表彰活动，弘扬社会主义核心价值观、传播正能量。

二、坚持服务实体，着力提升金融服务质效

聚焦“十四五”规划重点项目和重点工程，在交通、建筑、制造业、农业领域积极提供金融服务。抓住窗口期，主动调整贷款结构，做好存量移位和新增优化，开拓新能源板块，完成中电国际酒泉风电10亿元、中电白银光伏3亿元债转股业务，实现此类业务“零”突破。坚持做真做实做活的基本思路，省分行领导班子带队走访了200余家小微企业，开展“工银普惠行”活动，多层次开展普惠金融调研。高度重视金融支持乡村振兴，积极推广兴农通品牌。创新产品，助力民营、小微及绿色企业发展，运用大数据塑造“数字普惠”新模式，依托“数字供应链”产品、“e抵快贷”业务等提供线上融资，联合省税务局开展普惠金融调研活动，推动银税互动落地。落实延本延息贷款政策，提高首贷户、信用和中长期贷款比重，完成监管要求。2021年，累计为900余户小微企业及个体工商户提供线上融资，累计为147户小微企业发放供应链融资14.53亿元，为1 288户小微企业发放税务贷22.93亿元。开展“服务提升十大行动”“宾至如归行动”和“服务痛点治理百日攻坚行动”，不断优化客户服务体验。2021年客户体验指数考核系统排名15位，较同期提升14个位次，是近5年来取得的最好成绩，2家网点获评中银协千佳网点。连续4年与新华社联合举办“甘肃·祁连山论坛”，搭建共谋甘肃发展的智库平台。持续做好实体经济服务，省分行连续4年荣获“省长金融奖”。持续推动脱贫攻坚成果同乡村振兴的有效衔接，省分行连续4年被表彰为全省脱贫攻坚帮扶工作先进集体。

三、坚持客户至上，提升市场竞争力

进一步精细化客群营销工作，推动代发客户、商友客户、金融社保卡客户营销迈上新台阶，夯实第一个人金融银行战略基础。加强个人贷款合作机构精细化管理，个人住房贷款较年初净增56.85亿元，增量连续12个月稳居同业第一。深化GBC联动，加强重点项目拓展与重点客群营销，加快公私联动缩小与同业差距，全年累计代发资金599.10亿元，同比多增49.48亿元，代发个人客户储蓄存款较年初净增53.58亿元，金融资产较年初净增45.74亿元，有效发挥了稳存增存的支撑作用。开展进市场、进商圈主题营销活动，为商户提供专属理财、存款、贷款等金融服务，全年商友客户净增5.10万户，商友客户金融资产较年初增加10.64亿元。把金融社保卡作为改变零售竞争格局的重要工作，全年新增实体社保卡发卡5.27万张，电子社保卡发卡3.41万张。抓好三项任务，推动储蓄存款平稳发展，2021年储蓄存款较年初增加6.06亿元，增幅37.06%。推动低端客户提升拓户、上下游链式拓户、GBC联动拓户、互联网场景拓户，着重提升工商企业通拓户成功率，全年新开对公结算账户16 851户。开展“走客户、强服务、增存款”活动，对各层级客户进行常态化走访，精细化维护，精准化对接。抓新户、抓项目、抓存量，全年公司存款净增13.66亿元。实现部队账户在军改期的新设账户“一户不丢”目标，年末特种存款余额169.62亿元。制定重点领域客户营销图谱，明确省市县三级竞争重点客户，通过重大板块攻坚、薄弱板块补强、重大项目营销，全年机构时点存款较年初增加52.33亿元，日均存款较年初增加31.48亿元。

四、坚持转型务实，推动业务高质量发展

积极应对外部形势变化，突出零售中收支撑作用与对公中收创新作用。在零售中收方面，确定15项零售重点作为主攻方向，开展零售重点中收产品专项提升和劳动竞赛，以外拓营销和网点阵地营销相结合，开展联动营销，实现三方支付、代理销售、信用卡分期付款等重点产品收入较好增长，三方收入、代理业务收入、信用卡分期收入均较同期实现增长。对公中收方面，优化结现专业中收结构，组织开展“实物贵金属营销竞赛”活动，加大政策激励，实现对公结算收入9 620万元；加快银团业务发展，推动重点项目营销，促进收入跨越式增长实现银团安排费用3 871万元。持续推动县域支行竞争力提升工程，明确全行县域支行三年发展目标，实施“四类八级”分类动态管理，评选表彰年度“竞争力提升十强县域支行”，坚持“抓两头、带中间、促整体”，持续推动县域支行竞争力提升和高质量发展。2021年县域支行各项存款净增44.46亿元，同比多增8.53亿元。

五、坚持风控强基，打赢资产质量翻身战

强化资产质量管控，成立清收处置办公室，抽调相关专业干部全面负责重点不良贷款和潜在风险贷款的清收处置。重点法人潜在风险客户及重点不良大户实施“一户一策，一户一考核”，强力推进不良贷款清收处置工作，实现不良贷款“双下降”。加强账销案存资产管理和清收，全年累计清收不良贷款30.17亿元，较上年增加0.91亿元；不良率1.72%，较年初下降0.5个百分点；呆账核销16.31亿元，较上年增加4.45亿元；累计清收法人及个人账销案存资产3 356.05万元。定期召开省分行风险管理委员会会议，制定《甘肃分行2021—2023年风险管理规划》《全面风险管理职责实施细则》等落实风险管理要求，压实信贷风险管控“六方责任”和“三道防线”责任，推动风险管理“主动防”“智能控”“全面管”，落实“三道口”“七彩池”信贷管控要求。完成风险融资压降7.15亿元，潜在风险客户累计现金压降清收6.29亿元。完善信贷体系建设，推进从严治贷专项治理，制定《甘肃分行信贷资产质量攻坚系列管理办法》，强化管理者履职考核，出台信贷管理人员履职责任追究办法，全年共追责215人。研究制定《甘肃分行2021—2023投融资规划》，优化信贷布局，为全行投融资持续发展奠定良好基础。

六、坚持从严治理，推动业务规范发展

持续做好员工异常行为排查，组织开展“回头看”“看回头”，及时对检查计划执行情况进行监督通报。开展模型监测指标分析治理和红色指标治理行动。制定印发《甘肃分行合规审查管理实施细则》，对9个专业领域的337项规章制度等进行合规审查。建立反洗钱“红黄牌”监督机制，纵深推进KYC专项治理能力提升工程。制定印发涉敏风险管理实施细则等相关制度办法，不断完善涉敏风险管理体系，提高应急处置效能。按照“四管”要求，落实“三谈”机制，组织各层级、各部门负责人签订案防责任书，落地落实“一把手”抓案防和抓“一把手”案防履职。坚持推动全行将内控合规工作与业务经营同安排、同部署、同落实、同问效，持续深入推进“四加二”案防工作落地。开展全行案件警示教育，以案促查、以案促改，引导全员知敬畏、存戒惧、守底线。

七、坚持从严从紧从细，做好疫情防控工作

坚决贯彻疫情防控工作部署，制定“八项措施”“四项制度”，汇聚各级党组织和党员干部抗疫“金融力量”，为守护员工客户健康，保障全行正常运转，服务抗疫“甘肃方剂”，支持企业生产经营筑牢抗疫“金融堡垒”。积极响应号召，动员全行500余名志愿者开展疫情防控志愿服务活动，传递抗疫“金融温情”。严格按照总行《营业网点防控新冠肺炎疫情工作指南》指导辖内网点做好疫情防控。

（甘肃分行）

青海分行

【主要业务指标完成情况】

2021年，青海分行各项存款（含同业）较年初净增39.31亿元，增量同比增长170%。各项贷款净增85.59亿元，增量同比增长105%。实现拨备前利润12.7亿元，还原数据后同比下降6.1%；实现净利润7.8亿元，中间业务收入3.1亿元，还原数据后同比分别增长16.6%和6.5%，均完成总行下达计划。不良贷款余额较年初下降4.56亿元，不良率0.69%，较年初下降0.65个百分点。

【主要工作措施】

一、坚持党建引领，从严治党取得新成效

扎实开展党史学习教育，举办庆祝建党100周年系列活动，召开党建工作暨“两优一先”表彰大会，深入学习党的十九届六中全会精神，压茬举办学习讲座、轮训宣讲，弘扬伟大建党精神，从党的百年奋斗重大成就和历史经验中吸取力量，营造了学党史、悟思想、办实事、开新局的氛围。开展“我为群众办实事”，承诺的18项实事全部办结。开展“看见公益、耳聪目明”青海站公益活动。巩固深化基层党建成果，落实“两个优先”党员发展要求，吸收新党员100名，连续四年实现正增长。健全全面从严治党工作机制，调整优化分支行党委（党总支）职责分工，设置党务专职人员和党风廉政建设专员。启动第二轮第一批次巡察，召开全面从严治党警示教育大会，扎实做好整改落实“后半篇”文章。建立分行党委加强对“一把手”和领导班子监督的责任分工，修订全面从严治党主体责任清单和考核评价体系，深化金融反腐、警示教育“两翼驱动”，实行常态化旁听庭审机制，按季召开协同监督会议，完善各岗位《廉洁风险防控手册》，一体推进不敢腐、不能腐、不想腐。强化推进“三项监督”，做到主体责任和监督责任融会贯通，增强了各级党组织的政治判断力、政治领悟力和政治执行力。

二、坚持发展主线，市场竞争实现新突破

结合青海分行实际，确立了建设“区域强行、系统精品行”的发展思路，建立月度工作碰头会和季度经营分析会机制，形成了有安排、有总结、有汇报、有复盘的工作闭环。建立个人、对公、机构条线三个专班，按周期抓好三大存款、八项重点工作。一是高度重视稳存增存。坚持重日均、稳存量、拓增量，建立GBC联动、资金承接、补网织网、代发工资等机制，加强存款偏离度管理、量价协调和KPI考核，狠抓源头资金、行外资金的承接循环，三大存款均保持增长态势，储蓄存款净增13.44亿元，发行社保卡3.7万张，带动储蓄存款较年初增加5.77亿元，增幅107%。公司存款净增3.64亿元。机构存款净增25.85亿元，完成年度计划的431%。二是开拓优质信贷市场。建立公司信贷服务专班，开展“春天行动”，与省发改委建立重大项目对接机制，服务新发展格局，助力碳达峰、碳中和，全面覆盖公路、机场、光伏发电、特高压配套电源等重点项目。公司贷款净增68亿元，累计投放412亿元。玛多地震发生后，在省内率先发放道路桥梁维修专项贷款。捐赠燃煤、棉被等急需物资火速运往灾区。坚持开门办普惠，推行督导考核等“五项机制”，落地“税务贷”“银医贷”“数字供应链”，小微贷款净增 3.17 亿元，同比多增 1.53 亿元。个人贷款净增 13.86 亿元，增长 28%。分期、融 e 借均超额完成全年任务。新发放个人住房贷款平均执行利率同业第一，同比提升两个位次。各项贷款增量四行占比 44.82%，位居第一。累计承销地方债 90.57 亿元，发行两批地方债柜台业务，四行占比第一。青海分行连续四年荣获省政府金融支持地方经济发展贡献奖。三是做大全量客户规模。加强公私联动，建立目标客户营销清单、重点客户请转清单、行内外资金承接清单，完善客户经理绩效包管理。全量个人客户较年初净增 7.89 万户。手机银行客户净增超过 10 万户。公司、机构客户分别较年初增加 2 128 户、694 户。新开有效对公结算账户 1 700 户，同比增长 74%。四是推动中间业务发展。定期组织召开中收推动会，突出重点产品线建设，提升产品功能。国际结算收入同比增长 309%，资产托管、代理保险、代销基金同比增幅超过 20%。并购贷款、短融承销业务保持同业领先。

三、坚持提质增效，价值创造实现新变化

一是强化场景建设。教培、医疗、政法、农民工工资监管等 35 个场景逐步落地，成功对接“养老保险全国统筹信息化建设项目”，电子医保凭证项目累计带动对公账户开户 1 800 余户。精准服务军队客户，与省退役军人事务厅签署优抚合作协议，在军队结算室、财务保障综合服务中心建设等方面取得成效。代理非税业务全省投产。完成首笔融 e 购线上司法拍卖，承接省公安厅案款 7.5 亿元。二是强化科技赋能。“工行青海客户服务”微信公众号、电子保函、商贷信息查询平台等投产上线，落地第三方支付微信商户号模式。研发“GBC 资金承接精准营销”数据服务锦囊，行内客户资金承接率 45%，较年初提升 17 个百分点。三是强化业务创新。制订“拉面贷”融资方案，助力全省拉面产业数字化发展。创新办理人民币利率互换和首笔远期结售汇业务。搭建贵金属政银合作平台，服务省委省政府重大表彰活动，发行“大美青海·三江源”贵金属产品，累计销售 2 700 余套。三方绑卡数较同期增加 24 万户，增幅 14%。2020 年实施的盐湖股份债转股项目实现浮盈。

四、坚持重大战略，经营基础得到新夯实

第一个人金融银行战略取得初步成效，大零售营业贡献实现 7.13 亿元，同比多增 0.95 亿元，增幅 15%。银行卡专业贡献同比多增 1 973 万元，消费交易额保持同业第一，银行卡专业贷款增长 12%，呈近五年最好态势；同业口径私人银行月日均资产 600 万元及以上客户增量占比可比同业排名第一。深耕“境内外汇业务首选银行”战略，实现国际业务收入 3 411 万元，同业排名第一。办理福费廷 107 亿元，品种实现全覆盖。个人外汇存款时点增量 9 月末首超中行，年末余额、增量占比双第一。与三江源生态保护基金会签订战略合作协议，全力支持青藏高原生态文明建设。深化 GBC 三端联动，定期组织召开 GBC 工作推动会、专班碰头会，投产公共资源交易中心电子保函项目、官兵个人资金监管系统、监狱管理局服刑人员资金及消费业务管理系统。信贷布局工作成效突出，系统排名显著提升。发挥“云审议”等机制作用，以“联合作业”模式办理首笔融资业务。成立乡村振兴办公室，制定金融服务乡村振兴工作的实施意见，脱贫攻坚成果与乡村振兴有效衔接。

五、坚持创新驱动，扁平化改革迈出新步伐

一是调整经营架构。对西宁、海东市辖属机构的经营架构、管理职责、市场定位、资源配置等进行研究并形成初步方案。二是优化渠道布局。主动顺应西宁市城市扩容快速、功能分区和客户消费趋势变化，制定了网点建设三年规划。实施《营业网点经营绩效考核指引》《营业网点竞争力评价办法》，进行差异化资源配置，推动经营费用等下沉网点。三是完善考核体系。将考核、分配、运用重新梳理形成更为清晰的架构，优化了全行各级机构、各类人员的考评办法，梳理了工资性费用分配依据、指标和权重，更加突出经营导向，更加精准体现重点工作，考核评价机制更加适应经营管理。持续提升基层员工薪酬待遇，营业网点工资总额增幅 15%，营业网点员工绩效增幅 19%，均高于全行平均水平。四是优化财务资源配置。积极支持行业合作 + 场景建设，建立督导推动机制、资源投入评估机制、GBC 场景评审机制，推进重大战略落地见效。

六、坚持风控强基，内控案防取得新进展

聚焦内控合规“三严四支撑”主线，深入开展“内控合规价值创造年”活动，扎实推进“四个专项行动、两项强化措施”，强化智能内控，建设合规生态，促进评价进位，打造内控案防新机制，提升各层级合规履职能力，实现了无案件和重大风险事件的控制目标。加强反洗钱工作，连续多年获得 A 级评级。强化业务运营机制改革，业务运行风险控制和支持保障全面加强。加强法律清收和诉讼案件管理，完善消费者权益保护机制，开展客户投诉专项治理，提升服务品质。加强“三道口、七彩池”智能风险管控，开展常态化风险排查，提升了法人大户风险化解实效。推动落实安全生产责任制，筑牢安全管理底板，连续实现安全年。加强疫情防控，压实“四方责任”，保障员工和客户生命安全，实现了员工疫情零感染、机构舆情零风险的控制目标。牢固树立以人为本的经营理念，推进落实“千人万人工程”，构建培训“四项机制”，统筹调配省分行管理干部，优化支行领导班子结构。深化实施党建引领员工关爱工程，广泛开展慰问救助、文体活动、劳动竞赛，落实“十件实事”，做实做细员工关爱，为基层减负赋能。

（青海分行）

宁夏分行

【主要业务指标完成情况】

2021年末，宁夏分行实现拨备前利润12.23亿元。实现中间业务收入3.92亿元，同比增加342万元，增幅0.88%。本外币合计全部存款时点余额638.84亿元，全部存款总量第三。本外币合计各项贷款（含卡透支）时点余额818.04亿元，较年初增加11.33亿元，增幅1.4%。不良贷款余额（含卡）15.95亿元，不良贷款余额控制在总行目标以内。不良贷款率（含卡）1.95%。拨备覆盖率（不含卡）335.99%，较年初上升180.65个百分点。

【主要工作措施】

一、纵深推进全面从严治党

坚持党建引领，统筹党建与经营，扎实开展党史学习教育，隆重举行庆祝中国共产党成立100周年各项活动，学习宣传贯彻党的十九届六中全会精神。认真落实党建主体责任，加强管党治党制度建设。深化政治监督，加强党风廉政建设和反腐败斗争，持续纠治“四风”，分行党委成员带头主动接受同级监督，促进“两个责任”贯通联动。落实新时代党的组织路线，加强干部人才队伍建设，队伍结构布局不断优化。

二、努力实现效益总体平稳

坚持把发展作为第一要务，稳字当头，加强影响收入的前瞻性、基础性、针对性问题研究，确保经营大盘稳定。2021年末，分行拨备前利润、营业收入、净利润均完成总行调整后目标任务。中间业务收入实现“三提升”（收入提升、系统贡献提升、四行占比提升），总量3.92亿元，四行占比27.71%，提升了1.45个百分点；增量342万元，增幅0.88%，四行排名第一。东城、西城、金凤、灵武、平罗、同心等6家支行拨备前利润同比正增长，营业部、东城、西城、石嘴山、吴忠、金凤、西夏、固原、中卫、灵武、永宁、惠农等12家支行中间业务收入同比正增长。

三、持续加强全面风险管理

坚持发展与安全统筹推进，加强全面风险管理体系建设，风险治理效能不断提升。认真落实资产质量“123”攻坚战部署要求，增强信用风险主动管控，加强潜在风险贷款管理，实现天元锰业15.92亿元风险贷款实质性化解，统筹做好风险贷款有序劣变，资产质量更加坚实。2021年末，分行不良贷款余额（含卡）15.95亿元，不良贷款率1.95%；拨备覆盖率336%，抵御风险能力得到进一步增强。坚持以全面从严治党引领全面从严治行，统筹开展“价值创造年”和“内控合规管理建设年”主题活动，坚持“四管齐下”，连续20个月未发生案件或重大风险事件。

四、不断提高服务实体质效

把信贷作为服务实体经济的着力点，制定完善分行投融资规划，纵深推动规划落地执行，不断加大投融资支持力度。2021年末，各项贷款余额818.04亿元，较年初增加11.33亿元，增幅1.4%，贷款余额保持四行首位。认真落实金融监管要求，加快信贷结构调整，票据贴现较年初减少24.46亿元，贷款结构更趋均衡。加大对重点领域和薄弱环节的支持力度，普惠贷款、制造业贷款、绿色贷款、金融精准扶贫贷款等专项贷款均完成年度计划，服务实体经济的精准性、直达性进一步增强。

五、稳步夯实客户存款基础

牢固树立“客户至上”宗旨，把增客强基作为重点，积极推动客户量质齐升。2021年末，分行个人全量客户343.45万户，较年初增加15.74万户，同比多增3.21万户，其中日均金融资产5万元以上个人客户增加1.63万户，增幅11%。对公客户总量3.37万户，较年初增加2 550户，其中日均金融资产1万元以上公司客户增加1 394户，增幅14%；新开对公结算账户8 381户，其中新开基本户6 321户，四行排名第一。代发个人客户43.86万户，较年初增加1.34万户；代发单位客户2 856户，较年初增加697户，增幅32%。树立狠抓日均存款的鲜明导向，建立存款工作管理督导机制，持续夯实日均存款基础。2021年末，分行各项存款日均余额646.71亿元，较上年增加30.28亿元，增幅4.91%，同比多增13.86亿元，其中西城、永宁、东城、营业部等4家支行日均增量超2亿元。

六、有效提升市场口碑形象

与工银科技、总行相关部门密切配合，充分发挥工商银行金融科技优势，持续做好“我的宁夏”APP建设运维，不断彰显“为民、利民、惠民、安民”的人民金融本色、大行市场形象和责任担当。2021年末，“我的宁夏”APP累计注册个人用户679万人，占宁夏区内常住人口的94%；“我的宁夏”APP收单交易额突破22亿元。积极服务抗疫大局，

"我的宁夏"APP为宁夏回族自治区大规模核酸检测提供了有力保障，单日访问量平均达4 440余万次。做好疫情期间金融服务保障，发放能源保供贷款8.6亿元。新华社、人民日报客户端刊登分行金融保障工作成效，点击量近90万次。深化境内外汇业务首选银行战略，分行结售汇业务量首次超越同业，排名第一。

（宁夏分行）

新疆分行

【主要业务指标完成情况】

2021年，新疆分行认真贯彻中央、自治区和总行各项决策部署，落实监管要求，坚持稳中求进工作总基调，坚持总行党委"48字"工作思路，围绕"扬长、补短、固本、强基"布局，推动增存增收、提质提位重点工作落实，主要经营指标全面完成总行计划任务，新三年规划开局良好，高质量发展迈出坚实步伐。经营效益稳步提升。实现营业收入99.4亿元、增长5.3%，预算完成率居系统第9位；拨备前利润66.2亿元、增长5.4%，预算完成率居系统第9位；净利润43.8亿元、增长6%。拨备覆盖率较上年提升59.2个百分点至283.7%。市场竞争力持续增强。个人客户净增68.1万户、增长5.3%，增幅居系统第4位；新开对公结算账户3.8万户，同比增长29.8%，新开账户居同业首位，法人客户净增2.4万户、增长19.4%。各项存款净增131.3亿元，同比多增137.6亿元，其中公司存款净增45亿元、增幅13.7%居系统第7位，机构存款增量居同业首位；各项贷款净增203.1亿元，同比多增109.3亿元，增量创历史最好水平；中间业务收入14.4亿元、增长8.3%，实现系统贡献、市场占比双提升。发展质态保持优良。存款平均付息率1.29%，较上年下降5个基点，净利息收益率（NIM）2.42%，较上年提高13个基点。贷款不良额、不良率分别为11.4亿元和0.53%，较年初分别下降0.6亿元和9个基点，资产质量排名居系统第6位。全年未发生案件和重大风险事件，2021年度内控评价得分居系统第8位，评价等级保持二级一档。经营绩效与业务发展考评稳居系统第一方阵，再创历史新高。

【主要工作措施】

一、全面加强党建和队伍建设

一是持续强化理论武装。始终把党的政治建设作为首要任务，不断强化理论武装，落实文化润疆，加强党校阵地建设，层层压实意识形态工作责任制，筑牢全员思想根基。二是坚持规定动作不走样、自选动作有特点，扎实开展党史学习教育。聚焦客户投诉压降、基层减负和员工关心关爱，扎实开展"我为群众办实事"实践活动。三是纵深推进全面从严治党。以案为鉴、举一反三开展警示教育，分批次、全覆盖开展巡察及巡察回访。全年运用"四种形态"批评教育帮助和处理共88人次，形成有力震慑。开展"作风强化与高质量发展年"主题实践活动，推动作风建设与经营管理深融互促。四是加强干部队伍建设。持续优化各级领导班子结构，8名"85后"优秀干部走上二级分行行长助理岗位，24名专业人才走向高级经理岗位。持续完善年轻干部培养机制，选派40余名优秀年轻干部在不同层级、不同岗位及驻村工作队交流锻炼。

二、全力服务实体经济发展

一是用足用好总行一揽子援疆政策。制订总行支持新疆高质量发展30条措施和支持兵团发展指导意见的实施方案，建立工作专班、分解任务挂图作战、信贷工作一体化推进三项机制，确保总行支持政策有效落地。二是统筹信贷工作布局。制定三年投融资规划，一体化部署信贷市场拓展与风险管理。与自治区商务厅、工信厅、地州市、兵团师市及重点企业签订战略合作协议，深化合作内涵。加快重点领域信贷投放，支持一批新能源、交通、水利等重点基础设施建设项目及金融精准扶贫和涉农领域。三是持续提升普惠金融服务能力。完善县域支行营销服务体系和重点支行、特色支行发展策略，创新推出"银纺贷""烟草贷"等特色场景，银保监口径普惠贷款增长63.5%，客户数增长9.4%，精准扶贫贷款、涉农贷款分别增长13.6%、14.8%，全面完成监管各项要求。

三、稳步推进重点战略落地

一是深入实施第一个人金融银行战略。金融资产与储蓄存款协同发展增强，信用卡客户数增幅、消费额增幅居系统第3位、第2位，个贷夺回同业第一位次。二是城乡联动推进乡村振兴。与自治区农业农村厅、乡村振兴局签署战略合作协议，发布金融支持乡村振兴行动方案，建立推动乡村振兴工作机制，完善配套政策，将县域支行发展与乡村振兴有机结合推动普惠金融服务下沉。坚持"四个不摘"，选派优秀干部驻村，驻村干部数量保持在全行人数的2%。三是积极推进境内外汇业务首选银行战略。成立外汇业务发展推进委员会，组建柔性团队推动重大项目落地，提升外汇合规管理水平，外管评级连续三年获评 A 类行。四是立体推进 GBC 联动和客户“织网补网”工程。抓实客户链、资金链、信息链，推进客户资金闭环管理和各项服务承接，推动代发业务“二次创业”，代发单位、代发客户、代发额分别增长 17%、21.9%、22.4%，居系统内第 10 位、第 3 位、第 3 位。五是深化重点领域客户拓展维护。打赢军改营销战，全力做好应急保障，皮山赛图拉支行顺利开业，填补了新疆高原任务部队银行服务空白。兵团社保领域业务取得重要突破。

四、因地制宜深化改革创新

深化对公营销服务体系建设。一是深化客户分包管理，日均金融资产 5 万元以上公司客户分包管理全覆盖。加强公司客户经理队伍建设，公司客户经理净增 145 人、增幅 37%。二是实施网点竞争力提升。成立网点竞争力领导小组及工作专班，制订实施方案，完善网点考核评价及负责人管理等办法；优化网点布局，兵团师市合一城市网点全覆盖，深化“网点 +”场景建设，调整运行管理和渠道职能。三是推进数字化转型。发挥智慧大脑、数据锦囊等赋能工具，打通服务断点。做实“一表三图”应用，实现对二级分行全穿透、全监测。建立数据分析师队伍长效机制，提升数据应用能力，推动数据资源向数据资产转化。

五、有效提升风险防控和内部管理水平

一是加强全面风险管理。实施授信审批新规，组建风险管理部，健全全面风险管理职责落实长效机制，提升“9 + X”类风险管控能力。二是落实“三道口、七彩池”管控举措。完善客户准入分级分类管理，开展各类风险排查、核查、专项检查、专题风险分析，开展银行卡资产质量攻坚并超额完成目标。三是推进“4 + 4 + 2 + 2”体制建设。开展“内控合规管理建设年”“价值创造年”主题活动，深入开展“两化”员工异常行为排查，推动内控案防“四项制度”落地；开展案件风险隐患排查“回头看”、监管红线“回头看”综合评估，完善监管处罚风控机制，配合做好内外部审计检查，强化涉敏风险管理；紧盯短板弱项开展治理，提升内控评价“以评促管”效能。四是扎实做好常态化疫情防控、安全生产等各项工作，确保全行安全稳定运行。

（新疆分行）

西藏分行

【主要业务指标完成情况】

2021 年，西藏分行实现营业收入 5.99 亿元，拨备前利润 2.87 亿元。实现中间业务收入 0.55 亿元，同比增长 18.21%。各项贷款 346.58 亿元，较年初增加 23.18 亿元，增长 7.17%；各项存款 110.58 亿元，比年初增加 9.55 亿元，增长 9.45%。不良贷款率 1.34%。

【主要工作措施】

一、坚持党建引领，管党治行得到新加强

深入贯彻党的十九届五中、六中全会精神，深入学习习近平总书记“七一”重要讲话和考察西藏时的重要讲话精神，增强把方向、管大局、保落实的思想和行动自觉。扎实推进党史学习教育，将“四史”学习和西藏地方与祖国关系史教育相结合，积极组织专题学习、宣讲辅导、主题党日等活动。坚守人民金融底色，真心真力开展“我为群众办实事”实践活动，彰显大行担当。成立区分行机关党委，健全基层党组织建设，完善党建考评机制，推动基层党建全面加强。全面压实“两个责任”，深入开展《金融案鉴》专题警示教育活动。推动党建与企业文化深度融合，区分行被中国企业文化研究会评选为“企业党组织引领企业文化建设典型经验单位”，区分行营业部获评“2021 年全国金融先锋号”。

二、坚持久久为功，经营发展取得新成效

市场竞争力稳步提升，各项存款、贷款时点增量均居四行第二，存款付息率、贷款收益率四行最优，成功中标自治区职业年金受托人和第一档计划托管人，同业首发西藏和平解放 70 周年红色存单。重点战略顺利推进，个人贷款余额实现进位，其中个人按揭贷款余额增量同业第一；办理首笔国内信用证包买他行福费廷业务，国际结算和结售汇量超建行、实现进位，在推进“第一个人金融银行”和“境内外汇首选银行”上迈出新步伐。经营结构持续优化，营业收入增幅 9.8%，中收增幅 18%、连续六年保持两位数增长；项目贷款、个贷占比分别较年初提升 0.9% 和 5.1%；银保监口径普惠小微企业贷款余额 1.4 亿元，较年初增长 153%，超各项贷款平均增速约 147 个百分点。手机银行、企业网银等互联网客户实现 40% 以上增幅。

三、坚持服务大局，重大领域营销取得新突破

认真落实总行与自治区政府签署的战略合作协议，

用好金融支持西藏高质量发展“十九条意见”，提升了重点项目营销能力。前瞻布局清洁能源，紧盯雅下、金沙江、澜沧江等重大清洁能源项目，开展拉网式营销，全面对接重点承建央企及分公司，清洁能源贷款余额99.6亿元、较年初增长17%。全力跟进川藏铁路，在同业取得绝对优势的情况下，在中铁一院及二院、中铁隧道等勘察设计施工企业取得突破，投放贷款5亿元，达成融资意向20亿元，并成功中标第12标段监管账户，打破同业独家服务该项目局面。积极支持边防建设，为边防公路建设项目提供监控账户、存贷款、保函等综合金融服务，投放贷款4亿元，办理非融资保函12亿元，助力全区固边稳边兴边。积极承销地方债，中标认购自治区政府2021年地方债14.4亿元，居同业第一，有力支持地方民生项目建设。

四、坚持金融为民，品牌形象实现新提升

全面推进机构布局，完成阿里、日喀则分行筹建，实现七个地市机构全覆盖。延伸便民服务，被人社部和总行定为首批社保“跨省通办”试点银行。深化警银合作，依托“工银融安e信”加强与反诈中心双向信息交流，并积极开展反欺诈宣传。深入军队服务，常态化开展金融服务进军营，联合边防部队开展的驻村义诊和流动银行服务车进军营活动被央视军事频道报道。助力乡村振兴，制订金融支持乡村振兴实施方案，创新推出“虫草贷”“烟草贷”等助农惠农信贷产品；扎实开展强基惠民驻村工作，选派干部赴阿里日土村驻村，捐赠乡村振兴专项资金10万元；下沉金融服务，赴边境山南玉麦乡创建“e支付惠民示范街”；邀请河南胸科医院联合赴阿里日土县开展爱心义诊活动，并协助10名先天性心脏病患者赴郑州免费诊疗。

五、坚持人才兴业，队伍建设呈现新气象

持续健全本部机构设置，完成风险管理部、普惠金融事业部、乡村振兴办公室挂牌，进一步提升部门组织效能。组织开展校招、系统内选派，保障人力资源供给，员工总数增幅达13.6%。加强岗位管理，实施定岗定编，抓好关键岗位管理。优化干部管理，持续加大优秀年轻干部选拔力度，加强管理人员试用期考核管理，构建干部“能上能下”的管理机制。优化人员绩效分配机制，实施重点产品计价考核，强化“收入凭贡献”的导向。创新实施以工代训、内外交流、分支行对口帮扶等教培模式，打造专业胜任力强的人才队伍，加快提升新员工综合能力。

（西藏分行）

大连分行

【主要业务指标完成情况】

2021年，大连分行实现拨备前利润24.59亿元，完成保底计划104%；实现营业收入38.12亿元，完成保底计划102%；实现中间业务收入7.19亿元，增幅2.6%。本外币全部存款时点余额1 931亿元，增量251亿元，增幅14.95%，时点余额和增量、日均余额和增量均为同业第1；本外币各项贷款余额1 452亿元，增量47亿元，均为同业第1。全口径不良贷款余额122亿元、不良率8.4%，分别比年初减少13.2亿元、下降1.22个百分点。拨备覆盖率156.25%，较年初提高26个百分点，筑牢“安全垫”。

【主要工作措施】

一、高举旗帜，高质量党建引领高质量发展

大连分行坚持党对国有金融企业的全面领导，落实金融工作“三大任务”，增强“四个意识”、坚定“四个自信”、做到“两个维护”，捍卫“两个确立”。扎实开展党史学习教育，精心组织庆祝建党100周年系列活动，用心用情开展“我为群众办实事”实践活动，持续推进“重点项目清单”为“人民满意清单”。扎实开展党的建设“质量提升年”活动，坚持党建工作“六个结合”，牢牢把握“七个方向”，加强机关党建、基层党建，持续推进全面从严治党、从严治行。积极发挥监督合力，全力纠治形式主义、官僚主义，一体推进惩治金融腐败、防控金融风险和基层减负赋能。

二、心怀“国之大者”，高质量金融服务支持实体经济

坚持科技赋能，大力发展普惠金融。自主研发“工信e贷”线上小微企业专属信用产品，系统内首个开放非接触远程融资服务，四行唯一获得大商所首批场外标准仓单质押贷款机构资格，落地首笔“电子卖方融资”业务。服务制造强国，支持制造业高质量发展。优化石化、高端装备制造、智能制造、绿色制造、新一代信息技术等领域信贷布局，持续加强制造业产业链优质客群拓展和资金承接。专业团队，支持科技型企业发展。设立新市场特色支行暨科技金融服务中心，是系统内在东三省设立的首家科技特色支行；推进科技金融创新服务“十百千万”专项行动，积极服务科创行业、“专精特新”企业高质量发展。履行大行担当，支持区

域重点项目。抓牢抓实“5315营销行动计划”，持续跟进地铁、新机场、港口和能源等重点项目，围绕辽港、恒力、太平湾、红沿河、华能、大装备等重点客户，不断增加高质量金融供给。实行一行一策，服务高水平对外开放。落实“境内外汇业务首选银行”战略，国际结算量、跨境人民币结算量同业第一，国内信用证福费廷业务创历史新高，代理同业开证形成品牌效应，办理系统内东北地区首笔海鸥期权，连续四年外汇局考核获评A级。立足城乡联动，金融助力乡村振兴。成立金融服务乡村振兴工作领导小组和推进委员会，设立“乡村振兴办公室”；与农业农村局签署全面合作协议，建设乡村振兴示范网点，推进工行驿站建设，搭建城乡金融桥梁。推进GBC联动，构建银政合作新格局。与中山区人民政府、高新区管委会签署战略合作协议，促成总行与大连市人民政府签署战略合作协议；圆满完成首次政府柜台债券分销工作，与大连市医保局签订战略合作协议，开发“非法集资登记核实系统”，中标并上线大连市首家教培资金监管项目。深耕拓户提质，激活精品现金管理业务综合价值。发挥“建筑云”平台优势，赢得人社局“根治欠薪一体化平台”独家开发资格，抢占农民工工资监管领域营销先机；以“财智e管”产品为抓手，入围住建局“房屋租赁企业特定收入资金监管平台”对接资格。落实客户“织网补网”，“体系化、生态化、智能化、数字化”推进资金承接。争揽某三甲医院基本账户及代发、POS收单等业务，中标2所本地重点高校合作银行资格，实现某医院医保结算账户挖转；与某经贸学院签署战略合作协议，开立账户。

三、坚守人民金融底色，高质量满足人民群众金融需求

落实“第一个人金融银行”战略，全面打造“人民满意的个人金融银行”。大力发展财富金融，不断增强金融服务的价值创造能力，助力共同富裕；不断丰富金融场景和客户生态建设，推动个人客户消费升级；不断完善风险管控策略，全面保护消费者合法权益，做服务人民的金融主力军。大力发展个人按揭贷款业务。实行“一图、一榜、一表”作战法，按周张贴“红黑榜”，按月通报“红白旗”，个贷、房贷的“余额、发放量、增量”3项主要指标同业排名取得三个“双第一”，个贷、房贷余额率先在同业中突破600亿元关口。信用卡资产质量攻坚工作取得阶段性成果。全年共清收表外资产9 100万元，其中账销案存2 560万元，是上年的5.5倍；通过“证券化受托资产清收”陆续实现中间业务收入4 800万元。全力打好投诉压降治理攻坚战。设立“消费者权益保护办公室”，全面推进“消保一把手责任制”“监管转办投诉压降”和“投诉问题根源治理”三大工程。开展防范非法集资、防范电信诈骗等宣教活动。

四、科技驱动，价值创造，高质量推进“数字转型”工程

数字人民币个人、对公钱包同业“双第一”。全国首张数字人民币船票、全国首个数字人民币公交乘车扫码支付项目、全国首个数字人民币线上个人缴税场景、全国首个个人征信报告查询数字人民币缴费场景、全国首例期货业务背景下金融机构间数字人民币支付场景等相继落地。深化科技赋能。科技与业务深度融合，全年共受理创新研发项目59个，是同期的3倍，报送专利申请12个；打造“工信e贷”“大商所异地场外出入金”“大商所标准仓单质押”“重点内部户预警”等全国首创场景。持续推进“智慧运营”。深入推进“线上线下一体化”运营服务模式，“实物、信息、现金、账户、外汇”5大领域24类场景超26万笔柜面业务实现线上迁移，线上订单量增幅270%；借记卡换卡不换号、对公凭证预约等场景替代率稳定在90%以上；创新研发内部账户智能预警系统，超期挂账控制位居系统内首位；构建“代理财政非税收入收缴”电子化流程，并作为“样本行”推广；网点现金调缴、款箱业务、ATM装卸钞场景推广实效和推广进度均居系统内首位。

五、风控强基，高质量管控防范化解风险

布局谋划“短期质量攻坚”和“中长期质量脱困”，增强打赢“123”攻坚战的信心。畅通“出口”，连续三季度开展三次集中攻坚，“2661”圆满收官。实现不良贷款清收处置和风险贷款压降破百亿元，累计实现不良贷款清收处置85.7亿元，账销案存资产累计清收7 900万元（含卡）。把好“入口”，总结形成“一网、两表、三有三问、四关注”实质风险防控工具，为前台、为基层“松绑、减负、赋能”。牢守“闸口”，突出抓好“三个一”大户风险管控，巩固深化大户风险联防联控；扎实开展信贷领域“真实性”专项治理，分池分区分块严控“非预期”风险。培育良好信贷文化，扎实开展“深化从严治贷”主题年活动，提升信贷条线履职能力。加强案件风险及员工异常行为“两排查”。制定并组织实施营业网点“飞行检查”办法，抓实“专项检查、内控评价、经济责任审计”等监督联动；开展银保监局“内控合规管理建设年”活动，保持监管响应的及时性和准确性，严守案件风险底线；持续推动反洗钱KYC 2.0工程，规范客户洗钱风险分类，完善涉敏机制建设。全年保持安全生产和平稳运营。

六、守正创新，高质量改革增强发展动能

优化一级支行布局。紧跟城市发展规划、人口聚集趋势，将21家一级（或直管）支行整合为17家。推进网点转型与竞争力提升。实施“网点3939工程”，加强顶层设计和集约管理，着力提升网点对公服务能力。注重人才队伍建设。建立“人才引进、人才培育、人才发展、人才关爱”四位一体培养体系，选拔优秀年

轻干部，强化“政治历练＋实践锻炼＋专业训练”，推进干部梯次培养。实施“青年客户经理雄鹰计划”“百炼成金计划”，为分行未来发展蓄势聚力。坚持从严治行。对5家部室、4家支行开展政治巡察；出台《抓党建严纪律促经营谈话工作细则》，主要负责人对同级班子及部室、支行主要负责人开展监督谈话。2020年巡视反馈问题全部完成整改。

（大连分行）

青岛分行

【主要业务指标完成情况】

2021年，青岛分行实现存款、贷款、中收、营收和利润等五大项核心指标全面实现总量和增量同业“双第一”。存款总规模突破2 000亿元大关，历史上首次超过农行同业排名第一；贷款总规模成为青岛市首家突破2 500亿元大关的商业银行；实现中收12亿元，同比增长15%，历时5年重夺四行总量和增量“双第一”；营收71亿元，同比增长15%，拨备前利润54亿元，同比增长18%，营收和拨备前利润增幅在系统内均排名第一，交出了一份“好于同期，优于预期，快于计划，强于同业”的高质量高效益答卷。

【主要工作措施】

一、全面从严治党从严治行再上“新台阶”

（一）充分发挥规划引领作用。着力抓好“党员、干部、人员”三个新规划的编制工作，坚持“三个倾斜”和“两个优先”的党员发展原则，在职党员占比、网点主要负责人党员占比和网点党员覆盖率等基层党建重点指标均位居全行前列。积极稳妥推进机构改革工作。分行本部机构管理职责优化率提升24%，机构负责人减少17%；城区一级支行平均管辖网点由6.6个增加至7.1个。

（二）党建与经营实现同频共振。以建党100周年和党史学习教育为契机，与25家联建单位成功举办“党建联建、共创未来”品牌发布仪式，与100家重点单位签订了党建联建共建协议，构建基层党建工作新格局。扎实开展“我为群众办实事”实践活动，评选表彰“我为群众办实事、建设人民满意银行10＋1先进案例”，树立大行担当的形象。顺利完成投诉治理百日攻坚专项工作，有效投诉笔数在同业中由第一压降至第三位。

（三）统筹推进干部和人才队伍建设。分层分批开展干部公开选聘，“75后”正处级干部占比达到64%，较年初提高24个百分点；“80后”副处级干部占比为48%，较年初提高19个百分点。坚持打造“三度”队伍，把对员工关心关爱的“温度”、优化人才培养的“力度”和员工接续发展的“梯度”，贯穿员工发展和队伍建设的全过程。首次在年内持续开展两个批次的员工职务层级晋升工作，实现工资等级档次晋升和业务类职务层级晋升的员工占比分别达到25%和8%；近年来首次公开选聘销售类高级经理，拓宽了员工职业发展通道，激发了全员干事创业的激情。

（四）监督效能进一步提升。在系统内率先试点向权力资源相对集中的分行部门和直管单位设置监督检查专员，实现靠前监督、过程监督和精准监督。

二、发展稳中向好，主要经营指标实现“新跨越”

（一）服务实体经济获得“新成效”。

继续保持“第一信贷银行”的地位。聚焦金融服务“项目落地年”这一主线，全年对接重点项目400余个，对接融资合作金额近600亿元。人民币各项贷款增量首次突破300亿元达到366亿元，创历史最高水平。银保监口径和人民银行降准口径普惠贷款增速分别达到62%和58%，增幅居同业第一；制造业贷款较年初增加76亿元，完成总行下达计划的151%；民营企业贷款较年初增加58亿元，完成总行计划的200%。在全省银行机构服务实体经济考核中获评“优秀”等次和青岛市金融服务实体经济先进集体称号。

聚焦“经略海洋”和RCEP等国家战略。先后与市军民融合办、海洋局、社保局、工信局、商务局、科技局等单位签订战略合作协议，成功获得第二届跨国公司青岛峰会唯一金融合作伙伴资格。

践行绿色金融理念。深入践行“绿水青山就是金山银山”理念，重点围绕能源保供、绿色发展、产业链合作等领域持续加大金融支持力度，截至2021年末，青岛分行绿色金融贷款余额居同业首位，贷款增速达65%，高于全行贷款平均增速，以金融力量助力守护好绿水青山。

（二）大干乙方业务开出“新局面”。

从负债规模看，坚持全行一盘棋，突出抓日均的鲜明导向，抢先抓早，各板块存款实现全面增长。人民币全部存款、一般性存款、公司存款和机构存款等四项存款的总量和增量均实现同业“双第一”。人民币一般性存款系统内增幅11%、排名第五，其中公司存款增幅排名第二。

从负债结构看，高成本存款余额和增量占比实现双降，主动负债产品余额占比 13%，同比下降 2%。其中，全年机构高成本存款接近零增长，储蓄活期创新存款、保本理财规模清零，存款增长结构持续优化。

（三）信贷资产质量取得“新成绩”。

多措并举打好信贷资产质量攻坚战。坚持实施风险资产经营“一把手”工程，实现了“全面启动和有效双降”的良好局面。不良额和不良率连续四个季度实现大幅双降，不良贷款余额已成功降至 43 亿元以内，不良率 1.7%，接近全行平均水平；拨备覆盖率大幅提升 67 个百分点达到 163%，风险抵补能力进一步增强，潜在风险“堰塞湖”得到全面疏通。资产质量四行排名实现提质进位，是同业中唯一一家“不良额、不良率、逾期率、关注类”四下降的银行。

资产质量管控创五年来最好水平。全年累计处置不良贷款金额 28 亿元，为五年来新高，是青岛区域内新处置不良贷款金额最高的金融机构，并被总行评为“2021 年账销案存清收百亿攻坚战突出贡献奖”；同时，得益于地方经济的稳定发展，法人客户新劣变贷款控制在 1.8 亿元以内，为近十年新低，是青岛区域内新劣变不良额最低的大型国有银行，为青岛市营造健康稳定的金融环境贡献了工行力量。

信贷管理基础进一步夯实。审批新规全面落地，按照“立足三年规划、面向更长周期、重塑信贷文化、筑牢风控基础”的总体定位，编制了分行 2021—2023 年投融资规划，推动信贷结构持续优化。加快建设智慧信贷“2199 工程”，涉及尽调、审批、贷后等前中后台多个环节，通过科技赋能，推动信贷风险管理由人控、机控向数控、智控的全面升级。

三、突出战略导向，实现重点战略高质量高效益落地

（一）围绕“第一个人金融银行”战略，建立表内表外一条线和一体化考核机制，推动储蓄存款与金融资产协调发展。实施代发业务“198 工程”，新增代发人数 24 万人，同比增幅 51%，系统内排名第五；代发单位和代发额增幅分别为 139% 和 74%，均列直属分行第一。继续保持“第一个贷银行”地位，个人贷款余额突破 1 100 亿元大关，总量和增量保持四行“双第一”。个人手机银行客户净增 54 万户，客户规模突破 410 万户。信用卡客户数达到 94 万户，总量四行排名第一。

（二）围绕“外汇业务首选银行”战略，国际业务主要指标实现两位数增长，均创历史新高。其中，国际结算量同比增长 22%，跨境人民币业务同比增长 27%，结售汇业务同比增长 80%，外汇中收同比增长 20%。在第四届进博会期间，分行首家上线“清关云管家”平台，通过该平台已为外贸企业办理国际结算超 3 亿美元。作为首家金融机构上线全国大宗商品仓单登记系统（青岛），以金融数字化助力双循环。

（三）围绕“城乡联动发展”战略，统筹抓好主城区和新农村两大市场，探索建立一条适合青岛分行的支持乡村振兴的特色服务路径。积极支持以政府为主导的“乡村振兴 + 城市更新”等重点项目，全面超额完成总行下达的涉农及扶贫贷款任务。在 2021 年度青岛市金融机构服务乡村振兴考核评估结果中荣获优秀等次。

（四）围绕 GBC 工作，建立支付承接和获客活客“四本账”，引导全辖“扩流入、稳流出、强封闭”，整体资金支付占比和资金承接率均居直属分行第一。“织网补网”工程效果显著，个人客户较年初增加突破 20 万户，其中 5 万元以上中高端客户增加超 2 万户，居直属分行第一；日均金融资产 1 万元以上公司客户、全量机构客户较年初增幅均超过 10%，对公客户增量位列直属分行第一。

四、强化科技赋能，数字化经营转型呈现“新气象”

（一）开展数字化营销。大力推进数字人民币“赶超工程”，开立个人钱包 587 万个，对公钱包超 50 万个，场景建设 13 万个，均稳居同业第一，落地多个区块链数字人民币支付全国首创场景，“数字人民币碳积分”项目荣获青岛人行“年度优秀金融科技应用一等奖”。创新投用 GBC 资金流量流向营销管理平台和“营销盒子”，推动构建“一点切入、专业协同、矩阵联动、全盘受益”的营销模式。创新研发 T - MAP 靶向营销考核平台，实现“机构、产品、客户”三个维度的业绩展现。全面推进与海尔集团合作的“一号工程”，“智家金融台”项目荣获《亚洲银行家》“中国最佳商户服务”大奖。

（二）加强数字化风控。加快建设智慧信贷“2199 工程”，通过科技赋能，推动信贷风险管理由人控、机控向数控、智控的全面升级。

（三）强化数字化管理。启动建设智慧大脑综合管控平台，统筹做好行政管理、安全保卫、内部控制、集中采购等数字化升级工作，持续为基层减负赋能。

（青岛分行）

宁波分行

【主要业务指标完成情况】

2021年，宁波分行全部存款余额2 561.54亿元、增加203.51亿元，各项存款余额2 500.36亿元、增加182.23亿元；各项贷款余额2 964.69亿元、增加219.71亿元；实现中间业务收入13.40亿元，四行占比30.83%，保持同业第1；不良额122.42亿元、减少66.63亿元；不良率4.13%、下降2.76个百分点；实现拨备前利润58.40亿元；净利润8.88亿元，实现扭亏为盈。

【主要工作措施】

一、坚持党建引领、从严治理，持续加强队伍和作风建设

加强思想政治建设。掀起学习宣传贯彻党的十九届五中、六中全会精神热潮，扎实推进党史学习教育。开展“我为群众办实事”等活动，共为群众办实事253件，出台办实事制度13项。开展庆祝建党100周年系列活动，包括召开党员和统战人士座谈会，举办浙东红色金融展、红色故事分享会等，建设“红色金融足迹”特色网点、隆重表彰“两优一先”。加强组织建设。网点主要负责人党员占比97.61%，提升8.9个百分点；在职党员占比42.35%，提升1.7个百分点。开展“红色甬动·机关党建深化年”、党员服务“亮身份、争先锋、作表率”等活动。加强作风建设。建立领导干部常态化调研机制。市分行党委书记对20个分支机构“一把手”开展政治监督谈话。大力整治本部作风，着力解决“庸、怕、慢、虚、散、浮、推”等顽疾。建立70人的巡察人才库，开展巡察工作。加强队伍建设，制定三年规划。组织31名干部开展分支行双向交流。加快队伍结构转型，分行本部、分支机构本部人员占比分别下降0.44个、1.79个百分点；全行销售类人员占比提升1.93个百分点。

二、坚持增存提位、优投优贷，推动主营业务实现良好发展

存款增长更加稳健。一般性存款日均增量202.86亿元，同比增加125.25亿元，增幅比上年高5.43个百分点，比系统平均高2.63个百分点。贷款投放更加精准。还原核销后，全部贷款实际增加289.86亿元，较上年同期增幅70.88%。其中制造业贷款增加84.32亿元，任务完成率168.64%；制造业中长期贷款增加95.83亿元，任务完成率319.43%；战略性新兴产业贷款增加118.65亿元，任务完成率137.97%；银保监普惠口径贷款增加69.16亿元，任务完成率111.55%；绿色信贷增加45.04亿元，任务完成率375.33%。

三、坚持转型务实、改革图强，积极培育高质量发展新引擎

总行四大战略持续深化。“第一个人金融银行”战略方面，个人贷款增加166.46亿元，增量同业第1、增幅系统第6。活跃商户增幅系统第4；非传统车贷占比翻倍提升至50.32%。成功签约分行首笔家族信托综合顾问服务。个人手机银行净增59万户，增幅15.78%；月均动户104万户，增幅36.13%。“外汇业务首选银行”战略方面，国际结算量增幅51.83%，任务完成率140.67%；风险参贷业务增幅142.02%。结售汇任务完成率121.25%。办理系统首笔出口发票融资业务、浙江省首笔“单一窗口”进口信用证开立和出口信用证交单业务、宁波市首笔自贸区NRA账户结汇业务。“重点区域”和“城乡联动”战略方面，设立分行首家农村普惠金融服务点；成功发放分行首笔土地承包经营权抵押贷款。投行、资管、机构、同业等板块协调推进。银团贷款收入增幅52.72%，比系统平均高32.3个百分点，增量、增幅均同业第1。并购重组业务量同业第1，增幅79.01%。办理分行首笔信托项下类永续债权业务。新规法人理财日均增幅系统第2。办理系统首笔工银聚——电子回单2.0业务。GBC联动累计争揽集中土拍保证金480亿元。贵金属定制业务系统第1。地方政府债投标量、中标量同业双第1。受托基金管理规模同业第1，任务完成率193.33%。成功营销宁波通商集团国企改革重大项目建设母基金托管项目。投产分行首个“融安e信”同业合作项目。

四、坚持降旧控新、源头治理，举全行之力开展资产质量攻坚

存量处置加快。不良贷款清收处置71.76亿元，同比多处置45.66亿元，力度历年最大。其中，大户清收61.03亿元，从8户减到6户，实现“降余额、减户数”的目标。信用卡不良额1.11亿元，减幅60.07%，系统第2；不良率1.38%，系统第6，下降1.9个百分点。办理全国金融系统首笔个贷不良资产包转让。增量防控有效。开展全口径融资风险排查，重点对49家劣变风险客户、480家合规风险客户、134家融资亿元以上“三个一”法人大户、42家应纳未纳关联关系的客户、387家

信用评级虚高的客户，精准施策、强化管控；对e抵快贷等近年来增得快、增得多的业务“回头看”。召开大户会诊分析会34次。潜风客户融资压降8.57亿元、15.78%。资产质量“十率”指标有效改善，系统排名上升12位，其中新发生逾期率、贷款劣变率分别位居系统第3、第7。源头治理抓实。制定分行投融资业务发展三年规划。召开反思复盘会5次。明确信贷纪律“十严禁”，加强关联关系、并购贷款、押品评估等管理。

五、坚持固本强基、精细经营，抓紧抓实基础管理，落实落细总行八件专项工作

积极开展客户织网补网。实施拓户、强户“两大工程”，公司客户同比增加2 418户，增幅128.55%，其中公司贷款户净增678户，是上年的1.9倍。对公结算账户净增5 303户，是上年的2.3倍。普惠客户增加3 017户，增幅41.50%，任务完成率116.04%。日均金融资产1万元以上机构客户净增159户，任务完成率265.00%。大力推进代发业务，累发工资额551.45亿元，任务完成率系统第6，增幅系统第7；代发工资个人客户、单位客户均同比多增。持续抓好资金承接，承接率32.53%，较9月末提升7.32个百分点。创新提升网点竞争力，制订三年提升方案。网点销售类人员占比提升3.41个百分点达到21.85%；组建“小工UP主”队伍助力网点营销。完善网点群落单元建设评价体系。签发全市银行业首张电子询证函。有效落实机构竞争力监测，按季制定“一表四图一书”，为分支行经营“问诊开方”。努力实现量价协调，建立存贷量价协调会商机制，用好量价协调发展分析系统。新发放贷款利率4.34%，继续保持四行第1。存贷利差2.26%，较6月末提升8个基点，系统排名上升3位。不断加强全面风险管理，开展“内控合规管理建设年”活动，屡查屡犯问题发生率下降90.43%。完成首批10项分行特色《内部控制手册》编写应用。加大员工异常行为管控。开展客户体验痛点治理百日攻坚，监管转办投诉比上年下降40.80%。全年没有发生案件和重大风险事件，没有员工感染新冠病毒。

（宁波分行）

厦门分行

【主要业务指标完成情况】

2021年，厦门分行认真贯彻落实总行党委“48字”工作思路，统筹推进总行四大布局、四大战略和八件专项工作落地深耕，聚焦打造高质量发展示范行目标，扎实走好“三步走”发展方略的第一步。实现了量的突破。存贷增量均创历史新高，存款日均增量四行第一，各项贷款增量四行第一。体现了质的提升。实现营业收入49.71亿元、拨备前利润37.61亿元，分别增长12.59%、13.60%，增幅分列系统第2、第3位。实现净利润20.55亿元、中间业务收入10.35亿元，分别增长4.71%、6.22%，增幅分列系统第14、第15位。还原后净利润、拨备前利润、营业收入可比增幅分别达20.14%、16.45%、14.73%，均实现两位数的较快增长。做到了优的口碑。获评厦门市金融支持“六稳”“六保”先进集体、人民银行综合评价第一名等荣誉，得到市政府专门批示肯定。

【主要工作措施】

一、认真践行“严”与“实”，在党建引领与从严治理中凝聚奋进力量

坚持严实相济，提升党建质量，深化从严治理，汇聚向上力量。一是党建质量有力提升。深刻领会“两个确立”决定性意义，以全行党的建设“质量提升年”为抓手，深入学习贯彻党的十九届六中全会精神，扎实开展党史学习教育与庆祝建党100周年活动，从百年奋斗中汲取智慧力量。加大优秀年轻干部选用力度，优化团队负责人职务职级体系，新提拔处级、科级干部中年轻干部占比66.7%、72.4%。加大员工关心关爱，深入推动“我为群众办实事”实践活动，分行本部职工之家正式投用。二是“两个从严”更加深化。纵深推进全面从严治党从严治行，落实派驻组政治监督谈话要求，以“一调一谈”推动“一把手”监督走深走实。建立分行领导工作联系、公务周报等制度，推动“关键少数”知责履责尽责。发挥各类监督合力，完成辖属支行巡察全覆盖，做实做细以案促改。

二、准确把握“稳”与“进”，在价值创造与市场竞争中提升经营面貌

坚持稳中求进，以增存增收推进提位提效，实现效益增长“稳”与市场份额“进”的有机统一。一是以增收促提效。效益指标全面超额完成总行下达年末目标，实现较好增长。效益指标增幅系统靠前，资产质量跃居系统最优，经营考评创下历史最好。二是以增存促提位。落实存款高质量发展要求，强化库容管理，夯实日均增长。全部存款余额1 530亿元，时点增量197亿元，创历史新高，增量四行占比30.98%，带动存量占

比提升 0.47 个百分点。日均增量 197 亿元，创历史最好，居四行第一。各类存款齐头并进增长，储蓄、公司、机构、同业存款分别增加 68 亿元、46 亿元、32 亿元、51 亿元，机构、同业存款均保持余额与增量四行双第一。

三、密切研判“时”与“势”，在服务实体与保障民生中展现大行担当

坚持顺应时势，以优投优贷有力支持“两高两化”城市建设，金融服务的适应性、竞争力和普惠性持续提升。一是增量高。各项贷款余额 1 764 亿元，人民币增量 254 亿元，地方债当年承销额 50 亿元，均创历史新高，贷款增量近五年首次跃居四行第一。贷款增量四行占比 30.62%，带动存量占比提升 0.41 个百分点。二是结构优。起“压舱石”作用的个人贷款和项目贷款合计增量 229 亿元，余额占比提升 3.14 个百分点。重大银团牵头数、承贷额、投放量保持同业首位，项目贷款占公司贷款比重首度超 50%。全口径个人贷款增量四行第一，余额反超农行。三是投向准。重点领域贷款投放精准直达、大幅增长。普惠贷款增幅 49.46%、四行第一，获评“厦门市小微企业优秀金融服务机构”。制造业中长期贷款增速 35.51%。绿色贷款实现倍增发展。战略性新兴产业贷款大幅增长 191%。科信贷获评“厦门市支持民营企业十佳金融产品”。

四、统筹兼顾“点”与“面”，在战略落地与基础夯实中改善发展质态

坚持点面结合，推进总分行四大布局、四大战略、八项工作落地深耕，发展基础和转型步伐更加坚实。第一个金战略重点突破。全量个人客户计划完成率、储蓄存款增幅、个人金融资产增幅分列系统第 2、第 5、第 7；个人住房贷款、银行卡透支及分期的增量，个人手机银行客户增量，代理保险增幅，以及分期付款、收单的交易额均排名四行第一。外汇首选银行战略提速进位。外汇业务核心指标高速增长，外币存款增量、外汇中收均跃居四行第一，国际结算量、跨境人民币业务量四行进位，进口开证量、进出口单证量均列系统第一，位列前三季度重点外汇发展行竞争力评价第一名，连续获评外汇业务合规与审慎经营评估 A 类行。区域提升与城乡联动战略协同发力。岛外全部存款月均增量四行第一，对公存款月均余额进位至四行第一；设立乡村振兴办公室，成立海发支行，岛外网点布局加快。八件专项工作落地落细。资金承接拓户率、代发客户资产增幅排名系统靠前，土拍资金营销市场份额逐次提升，客户“织网补网”工程扎实推进，网点竞争力提升、机构竞争力监测的工作机制不断完善。

五、辩证处理“破”与“立”，在深化改革与创新转型中激发活力动力

坚持破立并举，推动体制机制改革深化和业务创新转型突破，内在经营活力进一步迸发。一是打好改革攻坚“主动仗”。建立完善“五位一体”绩效考核体系，实现“纵向可穿透、横向可比较”。持续深化大客户直营改革，发挥大客中心与支行“1+1>2”的协同效应。全面强化基层党组织建设，成立 18 个党总支，设立 70 个基层党支部。推进分行本部机构改革，优化重组网金、运管、渠道职能，整合 8 个部门内设团队，打造精简高效、管控有力的分行本部。二是下好创新转型“先手棋”。成立科创企业金融服务中心，形成“1+1+3”的科创金融服务体系。全省率先推广电子营业执照开户业务和商事主体一站式服务，推荐投资全省首笔科创债。跨境金融实现多项区域或系统首笔突破。江头支行营业室荣膺“千佳网点”称号。智能巡检机器人获评第二届厦门市金融科技优秀项目。

六、综合施治“标”与“本”，在质量管控与全面风控中实现稳健发展

坚持标本兼治，强化信用风险防控和全面风险管理，以有效有力的风控为高质量发展保驾护航。一是资产质量提质进位。不良贷款实现双降，不良率 0.48%，跃居系统最优，同业排名进位，创十多年最好。主要资产质量指标全面优化，“十率”监测指标得分排名系统第二。拨备覆盖率大幅提升至 418%。获评总行账销案存清收百亿攻坚战先进集体奖。二是全面风控强责增效。遵循“主动防、智能控、全面管”路径，设置分行风险官和风险管理部，完善全面风险治理体系。内控合规“管理建设年”“价值创造年”活动扎实开展，实现内控评价提档进位，以“四管齐下”推动全面风险管理强责增效。最终取得大额被诉案件完全胜诉，全额避免损失超亿元。快严实细应对厦门两轮本土疫情，实现零感染、零疫情。全面加强特殊时期安全生产、信访舆情和客户投诉治理等工作，维护了安全稳定大局。

（厦门分行）

苏州分行

【主要业务指标完成情况】

2021年，苏州分行实现营业收入136.46亿元，拨备前利润105.57亿元，净利润60.13亿元，可比口径增幅分别为7.38%、5.91%和10.24%；实现中间业务收入30.5亿元，同业第一。本外币全部存款新增505亿元，列同业第一；本外币、人民币全部和各项存款日均新增均列同业第一；本外币全部存款余额4 338亿元，同业第二。本外币各项贷款余额4 412亿元，新增614亿元，创历史新高。个人全量客户净增63万户，总量达1 251万户；全年新开对公结算账户首次突破5万户，总量达21.94万户，账户总量和新开户数同业双第一。不良贷款余额15.34亿元，不良率0.35%，连续六年“双降”。拨备覆盖率较年初提高102.98个百分点，达到469.87%，风险抵补能力持续增强。

【主要工作措施】

一、坚持对标提位，从严治党管行深入推进

坚持以习近平新时代中国特色社会主义思想为指导，坚持党对金融工作的集中统一领导，扎实开展党史学习教育，深入学习贯彻宣传党的十九届六中全会精神，完成“我为群众办实事”项目清单。召开分行党建工作会议，确立“十四五”奋进目标，不断推进新时代高质量党建引领更高质量跨越式发展的新实践。完善党委议事规则和“三重一大”审议清单，建立班子成员履行“一岗双责”年度报告制度，出台29项纪检新制度，探索对“一把手”和领导班子党内监督工作方法，开展分支行“一把手”政治监督谈话，实现党委第一轮政治巡察全覆盖，全面从严治党从严治行不断向纵深推进。持续加强干部和人才队伍建设，组织实施优秀年轻干部梯队建设计划，分支行两级年轻干部占比超过“两个五分之一”。当年发展党员150名，新增76个基层党支部、总量达250个，基层党组织战斗力、凝聚力、创造力持续加强。

二、聚焦夯基固本，存款竞争能力持续提升

深入推进落实总行存款高质量发展总体要求，持续深化“存款+AUM”经营理念，抓好资金承接等八件专项工作，重点目标客户资金承接率达61.4%，高于系统平均11个百分点，列一级（直属）分行第一，年末本外币全部存款继续保持同业增量第一、总量第二。深入实施“雷霆行动”，推进第一个人金融银行、境内外汇业务首选银行等战略实施。扎实推进客群生态布局建设，个人客户净增63.06万户、增幅5.3%，推动个人存款新增超62亿元；大力开展“织网补网”，投产28家“政银合作企业开办一站式服务专窗”，全年新开对公结算账户5.06万户、增幅超42%，列直属分行及省会城市行第二，带动人民币对公存款新增超192亿元，列同业第一；丰富网点外汇业务服务功能，营造“全行办外汇、全行懂外汇”的营销氛围，国际业务客户新增1 903户，列同业第一，外汇全部存款、各项存款、公司存款总量保持同业第一。多渠道获取源头客户信息，深入推进重点项目攻关，机构客户净增572户，机构存款时点和日均新增分别达58.2亿元、97.5亿元，均列同业第一。

三、落实提质增效，服务实体经济精准有力

围绕国家战略落地和本地经济发展，制定实施投融资新三年规划，以服务重点产业、重大项目为导向，全年本外币公司贷款累计投放2 160亿元，新增435亿元、增幅25%。服务苏州制造业“智改数转”布局，开发“融智贷”特色场景，制造业贷款和民营企业贷款分别新增148亿元和217亿元，均列重点城市行和“5+1”分行第一；启动“工银普惠行”青年先锋苏州行动，打造“网点+普惠”营销模式，普惠贷款新增123亿元、增幅72%，普惠客户新增超3 000户，客户总量近1.2万户，普惠贷款增量、增速和客户新增均列同业第一。设立乡村振兴办公室，开展“万企联万村”行动，建设“惠邻联盟”特色金融服务场景，开发“美丽乡村贷”整村授信方案，推动工银“兴农通”品牌落地。涉农贷款新增234亿元、增幅22%；新落地数字供应链37条，供应链客户和融资余额分别新增123户和1.45亿元。推进金融服务碳达峰、碳中和，组建绿色金融专班，优化信贷投向和结构，绿色信贷新增150亿元、增幅54.4%，余额突破400亿元大关。

四、优化价值创造，创新转型深化金融赋能

推动金融服务向全口径综合化转型。组建债券业务营销工作专班，全年承销债券48.8亿元，承销收入首次突破1 000万元。人民币对公业务结算量增长20%，收入突破3 000万元。办理首笔“单一窗口”出口信用证业务、全省首笔线上国际贸易融资业务，成功为苏州协鑫新能源办理300亿元的苏州地区金额最大一次性外债登记，兆润类永续业务荣获“2021年苏州自贸区金融创新奖”。创新推出“科e贷”“生物医药贷”“昆科贷”“园科贷”特色场景融资服务方案，引进上海道禾长期投资管理有限公司，与元禾控股、融玥投资签订投贷联动合作协议，为超过1 500户的科创企业提供新增融资超百亿元，余额超540亿元。紧扣数字经济时代背景，建立“1+4+2”数字化转型工作机制，投产15个数字化转型重点项目，首家落地总行与中国移动合作开发的数字人民币手机SIM PAY离线支付应用场景，成功突破跨区域公共交通支付、跨省缴税等数字人民币应用，数字人民币个人钱包客户达772万户，同业排名第一。

五、压实风险管控，治理服务能力显著增强

强化风控前移管理，精准监测潜在风险，逐步实现“9+X”风险管理全覆盖。深入推进“内控合规管理建设年”活动，开展“敬畏合规不踩红线”等警示教育和反思大讨论，全行内控评价连续六年保持一级，外汇合规考评再度实现省市县三级全域A级。统筹疫情防控和安全生产，履行社会责任，统筹“消保一把手责任制”“监管转办投诉压降”和“投诉问题根源治理”三大工程，消费者保护机制进一步完善。成功堵截电信诈骗14件，金额1 593万元，荣获“2021年度警银联动先进单位”“百日会战先进集体”称号，全年继续保持零业内案件、零重大风险事件、零重大负面舆情。苏州分行荣获“苏州市文明单位”称号，昆山经济技术开发区支行荣获2021年“全国工人先锋号”称号、全国“青年文明号”称号。

（苏州分行）

广州分行

【主要业务指标完成情况】

截至2021年末，广州分行辖内共有2家二级分行、35家一级支行、351家二级支行，从业人员10 000人。实现本外币拨备前利润246.66亿元、同比增幅1.1%；中间业务收入71.86亿元，同比增加1.12亿元，总量、增量均为四行第一；本外币各项存款10 650.30亿元、比年初增加911.48亿元，成为全行首家超万亿元大关的省会城市行；本外币各项贷款7 591.64亿元、比年初增加913.51亿元，增量创历年新高；资产质量平稳可控，不良贷款余额和不良率分别较年初下降11.83亿元和0.37个百分点，实现双降；有3名员工荣获全国金融系统、全国金融工会、工总行五一劳动奖状（章）等系统内外表彰，辖属华南支行荣获第六届“全国文明单位”、署前路支行荣获全国金融先锋号和工银先锋号。在总行直属分行和省会城市行序列综合经营绩效考评中，连续八年进入前三名，时隔十年重夺第一。高新、南方、北京路、一支、环城等五家支行入围全国城区支行40强，入围数量保持近十年最优。

【主要工作措施】

2021年，广州分行深入贯彻落实总行“48字”工作思路，省行“与客户共同成长、靠服务创造价值”经营主线，积极践行分行“客户至上、线上优先、场景落地”等治行方略，锐意进取，奋力拼搏，在服务区域经济发展过程中持续展现出大行特征、强行底色。

一、在坚持党建引领人才兴行中凝心聚力

一是强化党建引领。扎实开展党史学习教育，共组织开展专题党课超690次、党史学习教育专题学习322次，实现处级以上干部学习全覆盖。加强基层党组织和党员队伍建设，党支部较年初增设48个，实现“应设尽设”；新发展党员300名，在职党员和网点负责人党员占比分别达37.2%、91.1%，同比分别提升3.2个、11.6个百分点。

二是狠抓正风肃纪。扎实做好总行巡视反馈问题整改工作，剔除需要持续整改的问题，实际整改率为100%，建立、完善制度超过70项。有序开展对支行党委的巡察，将“关键少数”监督及“四风”问题整治纳入巡察监督重点，提升监督效能。逐级签订党风廉政建设书，组织开展“金融案鉴”警示教育活动，进一步强化从严治行、廉洁从业。持续开展形式主义、官僚主义专项整治，坚决破除“部门墙”“机构壁”。深入落实意识形态工作主体责任，列入各级党组织工作重点内容，筑牢意识形态主阵地。

三是抓好队伍建设。按照“政治可靠、业务精湛、作风优良”的选人用人导向，全年共提拔任用助理级以上干部73人、科级干部270人，年轻干部达到占比四分之一的要求。同时，建立“赛马”机制，近三年累计举办“大比武、大练兵”24场、2.03万人次参赛。实施“三鹰人才”（飞鹰、雄鹰、雏鹰）培育项目，近三年累计参训学员2 011人次。成功投产“星云市场”交流平台，完成43个岗位、84人次的招聘需求，有效盘活内部人才流动。

四是深化文化建设。举办“两优一先”评选表彰、“光荣在党50年”纪念章颁授、职工运动会等活动，提升全行凝聚力。职工之家的完善、特困员工的精准救助、全员医疗保障计划的落实、“四个一”和忠诚员工关爱活动的持续推进，让广大员工切身感受到工行家园的温暖。

二、在服务实体经济中践行初心

广州分行坚持金融报国的初心，把讲政治、担使命体现在持续加大对实体经济的支持力度中。年末本外币各项贷款余额、增量均居四行第一。

一是强化重大项目支持力度。广州分行积极落实“六稳”“六保”工作，紧紧围绕广州市委市政府重大战略部署，全力为重点项目提供融资支持和服务保障。2021年累计实现项目贷款投放695.21亿元，年末项目贷款余额2 665.43亿元，比年初增加293.46亿元。债券承销规模、发行项目均创历史新高，其中成功发行债券项目47个，同比增长27%，承销规模463.09亿元，同比增长30%，承销规模连续四年位列广州四大行第一位。同时，该行运用投融资一体化服务手段，满足重点项目的综合融资需求：投产全省工行首条“交建云商”供应链；落地广州分行单笔最大金额央企债转股以及首笔“收债转股”模式债转股；牵头组建全省史上标准最高、线路最长、投资额最大的广湛高铁项目银团贷款。

二是提升现代产业体系服务能力。战略新兴板块，重点提升对新一代信息技术、高端智能装备、生物医药等广州重点布局产业金融服务，助力新旧动能转换。截至2021年末，战略性新兴产业板块贷款余额（银保监口径）322.05亿元、比年初增加283.14亿元。制造业板块，聚焦广州各区产业升级“地图”，集中优势资源对接优质项目，通过“融资+融智”方式，为重点高精尖项目提供金融支持，助力解决“卡脖子”问题。2021年末银保监口径制造业贷款余额517.52亿元、比年初增加112.17亿元，增幅27.67%，显著快于该行同期各项贷款增幅（13.7%）；中长期制造业贷款余额269.15亿元，比年初增加97.04亿元，增幅56.4%，重点投向广州市高精尖项目。绿色金融板块，围绕国家宏观经济调控导向和广州经济发展情况，积极助力生态保护和环境治理，打造绿色银行。2021年末人民银行口径绿色贷款余额920.66亿元，比年初增加421.03亿元，增幅84.27%。2021年牵头承销注册中票及绿色中票150.00亿元，绿色债券承销额位列四行第一。科创金融板块，依托该行科创中心、科技支行平台优势，全力支持科创企业发展。推出并落地“科创惠贷”，现有科创企业专属产品达到8款；成功举办首届广州“领头羊”拟上市企业评选活动，走进优秀拟上市企业。截至2021年底，累计培育6家科创企业上市；推进投贷联动“双通道”模式，先后与多家股权投资机构签署投贷联动合作协议，全年共落地10笔投贷联动业务，金额超5亿元，并办理首笔科创认股贷并签署优先认股权协议。

三是增强民营、普惠、外贸等领域服务动能。广州分行坚持与客户共同成长，为企业提供有广度、有力度、有温度的综合服务。在服务民营企业方面，坚持走市场化道路，重点支持主业突出、风险可控的民营企业。截至2021年末，该行民营企业贷款余额1 952.04亿元，比年初增加60.40亿元；民营有贷户7 729户，增加2 032户。在支持小微企业方面，2021年累计发放小微贷款846.04亿元，年末普惠贷款余额（人民银行口径）589.98亿元，比年初增加213.56亿元。推出了e商快贷、电力快贷以及餐饮信易贷等小微特色产品，并结合区域客群特点，加强特色场景产品创新，截至2021年末，普惠创新方案累计32个，贷款余额16.87亿元，较年初增加8.70亿元。该行坚持与困难小微企业客户共渡难关，自2020年以来，持续落实国家对小微企业的延期还本付息政策，累计为6 823户、181.45亿元的小微贷款提供接续支持。在稳外贸方面，进一步扩大“春融行动”支持企业名单范围，全年累计为“春融行动”重点客户提供融资410亿元；投产上线自由贸易账户（FT账户）体系，全年累计为1 478户企业开立FT账户，实现存、贷、汇、兑业务的全覆盖。

四是推动“乡村振兴”战略落地深植。第一时间成立乡村振兴领导小组和乡村振兴办公室，并于2021年12月挂牌成立首家“兴农通”农村普惠金融服务点，为乡村振兴战略提供坚强组织保障。同时创新服务乡村振兴战略的手段，发行市场首单“绿色+革命老区建设+乡村振兴”三标债券，系全国首批、系统内首单革命老区债，也是全国首单绿色农业债。截至2021年末，涉农贷款余额（全口径）270.66亿元，比年初增加33.45亿元，完成年度目标任务。

三、在积极满足经济民生需求中履行使命

广州分行始终牢记国有大行的使命，积极围绕政府和民生需求，优化金融供给和服务，持续打造让政府放心、让百姓安心的银行，持续保持广州地区最大的政府服务行、民生服务行地位。

一是抓好政府领域金融服务。全力做好地方债承销发行工作，2021年承销广东省地方政府债券916.03亿元。创新“工银e科研”场景，上线行业首个“银科资金监管系统”，并实现新设科研机构全覆盖；上线政府领域工商银行系统内首个“智慧政务云食堂”平台；上线财政领域“广州非税收入管理一体化平台项目”；上线资源交易领域行业首个广州医用耗材支付结算系统。同时，作为各级非税收入代收银行和非税资金唯一清算银行，全年代理省市区非税业务量累计超369万笔、金额931亿元；代理省、市和各区财政授权支付超130.6万笔、797亿元。

二是厚植社保领域金融服务。积极配合社保局做好社保卡发放工作，截至2021年末，全年社保卡发卡总量185.57万张，比年初增加36.24万张，实现2 734亿元社保基金直接入户；企业年金签约客户达到601户，年金类产品托管规模达3 677.07亿元，比年初增加1 499.23亿元。免费代理发放全市约50%的离退休人员社保工资；为广州地区586家企业、31万名企业职工提供企业年金服务，是广州地区最大的养老金银行。

三是持续优化居民金融服务。践行人民金融理念，持续优化健康、养老、托幼、文旅、体育等领域的移动支付受理环境，2021年商户累计交易笔数超3 300万笔，清算资金超110亿元。持续加大居民消费的支持力度，进一步打造“工银爱购”促销品牌，搭建“爱购商圈”消费场景，2021年累计开展活动场次137场，参与活动门店数逾3 000个，累计优惠人次约26万人次。坚持房住不炒，满足居民合理住房金融需求，截至2021年末，该行个人住房贷款余额2 591亿元，较年初增加274亿元，是年实现个人贷款余额、投放量、增量、不良额、不良率最优同业“五个第一”；同时是广州地区首家成功发放共有产权房按揭贷款的银行。

四、在打好金融风险防范攻坚战中坚守担当

2021年，广州分行以接受中央巡视下沉调研和总行巡视为契机，压实风险管理责任，坚持“管住人、管住钱、管好防线、管好底线”，持续加强全面风险管理，确保经营发展行稳致远。

一是推动信用风险管理提质增效。持续加强信贷管理机制建设，落实总行信贷审批新规，按照“六看”（看周期、行业、客户、产品、价格、规模和期限）和“六跟”（跟党走，到政府重点建设的项目上去；跟钱走，到资本密集的地方去；跟人走，围绕人的衣食住行玩乐，到消费升级的板块去；跟资产走，到创现能力稳定、变现能力强的资产上去；跟技术走，到产业升级的企业中去；跟链条走，深挖产业链价值）的指导思想，为支行市场拓展“划跑道”“定路线图”，从客户准入关口落实分行信贷规划和布局，防控源头风险，2017年6月以来，分行新建信贷关系客户的不良贷款率仅为0.23%。实施“一把手”参加重点大户分析会机制，紧盯大户风险、小企业关联体等重点风险领域，加强风险项目复盘，管好存量贷款风险，2021年新发生不良贷款同比下降60.81%。2021年末不良贷款余额、不良率实现双降，分别比年初下降11.83亿元、0.37个百分点。

二是持续强化内控案防管理力度。针对网点大现场管理、员工异常行为排查、关键岗位轮换管理等薄弱环节，探索异常行为人分类管理，明确网点大现场管理责任人，提升案防工作针对性；认真落实总行“4+2”专项行动、内控“价值创造年”主题活动、省行“两盲”及“回头看”排查，深化合规文化教育。年末全行操作风险损失率与监管处罚率有效控制在监管限额以内，全年未发生重大洗钱和涉敏风险事件，未发生重大责任事故。

（广州分行）

杭州分行

【主要业务指标完成情况】

2021年，杭州分行本外币各项存款时点新增740亿元、增量四行第一，余额达到6 879亿元，对主要竞争对手领先优势超1 300亿元；各项存款日均较上年新增333亿元，如还原上年职业年金商业运作因素，实际新增达1 183亿元。全行各项贷款时点新增842亿元，其中公司、个人贷款分别新增525亿元和274亿元，各项、公司、个人贷款全面保持余额、增量四行“双第一”。实现全年拨备前利润129亿元，中间业务收入45亿元，其中基础中收占比达71.4%。不良贷款余额6.36亿元，不良率0.13%，继续实现“双降”；同时全年无重大差错事故和案件发生，继续实现安全经营。

【主要工作措施】

2021年，杭州分行认真贯彻总行党委“48字”工作思路，用好“三比三看三提高”工作方法，坚持党建引领，攻坚克难、谋变求新、奋斗进取，交出一份高质量工作答卷。

一、提高站位，党的建设厚植更红底色

始终树牢政治首位导向。一是突出抓好思想政治建设。党委班子带头高质量贯彻落实“第一议题”，抓好全辖各级党组织贯彻落实；认真开展党史学习教育，分阶段重点抓好百年党史、“七一”重要讲话、党的十九届六中全会精神学习，同时通过党史知识竞赛、主题故事会等特色活动，依托分行党建中心特色阵地，切实推动全辖党支部“学党史、悟思想、办实事、开新局”。二是紧密压实政治、经营责任。切实发挥党委“把方向、管大局、保落实”作用，严格执行“三重一大”决策、重大事项请示报告等制度，突出抓好干部“一岗双责”，确保党的全面领导；切实推动党建与经营深度融合。压实主体责任，强化考核、巡察、监督、问责，推动党建经营工作责任逐级落实。修订党建述职评议考核办法，突出制造业、民营贷款等6项政治指标考核，推动深度融合落实到各支部。三是全面从严治党治行，抓好党风廉政。抓好以案为鉴专题教育，深化廉政教育和作风建设，完善巡察监督，从严执纪监督，进一步正风肃纪。新设2个党委巡查组，在此基础上开展纪委对重点支行、试点支行的派驻监督检查机制，及时发现问题、靠前化解矛盾。

二、信贷扩面，服务实体抓出更强力度

突出抓基础、调结构，扎实推进信贷扩面增量，进一步提升服务实体经济质效。一方面，突出抓信贷服务精准性直达性。坚决支持实体经济。新增制造业贷款60亿元、科创型贷款77亿元，增幅分别达13%和20%；普惠贷款全年新增149亿元、自6月超越同业后保持余额增量双第一；票据贴现量551亿元，创历史新高。积极助力乡村振兴。县域地区贷款增量四行第一，“四化一提升”主要指标进度优于全省，并在临安落地“兴农通”2种模式3个建设点。绿色金融战略取得突破。落地首笔碳排放权质押贷款，实现绿色贷款新增206亿元、增幅达51%。另一方面，全力加快信贷服务基础扩面。重点做大基础、腰部客群。加快提升网点对公客户服务能力，持续落实规上企业大走访，全年新开结算户3.6万户、净增基本户1.7万户，四行占比分别达39%和51%，保持较大领先优势；净增公司客户13 213户，增幅11%，其中5万元以上公司客户净增4 280户，增幅13%；净增普惠客户4 968户，增幅达65%；净增公司有贷户902户、增幅46%，其中一般法人、小企业有贷户分别净增217户和685户，增幅24%和65%。

三、发展图强，两增两提取得积极成效

积极克服不利因素，坚决回答好“竞争力、效益”两大硬缺口问题，“增存增效、提质提位”取得积极成效。存款增量扩优。坚持深化GBC三端联动，抓源头、抓场景、抓批量、抓联动，各口径存款齐抓共进，大小并举。储蓄存款，抓好代发“门户”，持续落实拓群获客、行外吸金、熟客倍增、远维触客等基础工作，储蓄存款时点新增76亿元、四行占比31%，余额达2 120亿元、四行占比41%。对公存款，增量、余额“双第一”，时点新增664亿元、四行占比34%，余额达4 759亿元、四行占比36%。公司存款“大户、普户”两手抓，大户“一户一策”流量增存、提升综合贡献，同时狠抓无贷户管理。机构存款落实对口责任制，加快突破重点账户空白点，深化案款等平台领域合作成果，并加大中小机构户拓展力度，机构存款时点新增517亿元。细化落实资金承接，公司、机构条线承接率分别达到51.7%和59.9%，均超总行目标。县域存款加快提升，日均较主要竞争对手缩距54亿元。效益好于预期。在强化国有企业担当、落实减费让利、惠企利民的同时，克服多项重大减收因素，坚持服务创收、提升专业价值，全年实现拨备前利润129亿元，中间业务收入45亿元，其中基础中收占比达到71.4%。

四、战略抓深，改革驱动驶入更阔航道

坚持发挥创新效能，促进改革驱动与经营发展同频共振，推动走好高质量发展之路。一是坚定贯彻总、省行重大战略部署。“第一个人金融银行”战略全面领先，个人外汇存款8月超越中行、收单商户9月重回第一，18个指标全部实现四行第一；“境内外汇首选银行”战略稳固优势，年末存款余额保持第一、贷款增量第一，同时实现结算量、国际收支申报、资金收入等主要指标四行第一。网点竞争力提升稳步推进，50家核心网点联席营销行长配置到位，增配网点客户经理309人，全面完成网点人员配备、业态提升、网均存款增量目标计划，并推进负责人、客户经理、客服经理“三通岗”培养，加快实现网点业态提升。二是稳步推进经营布局。推动机构调整，年内顺利实现江城、城站支行合并，横贯网点发展速度和相对距离，突出重点、清晰半径，年内战略性优化网点6家。加强网点现场标准化管理，创新打造网点形象提升样板。重塑营销网格。“区、块、线”网格分解，厘清机制。划“区”明确区管行，整体落地营销，承接发展主责。区管行外，对9个开发区、176个乡镇街道社区“块状”划定对接支行。同时联“线”明确84个省级和81个市级（厅局）委办对接支行和部室。推动基础改革，信贷机制强化赋能，推进科创中心建设、信贷全流程优化，创新实施会商机制，赋能制造业、科创等重点领域拓展；AI远维服务升级，常态维护客户扩容至248万户，实现7×24小时全天候服务。推动前瞻谋划，数字人民币开局准备充分，已储备个人钱包签约企业3 348家，个人钱包136万个，对公钱包签约企业3.5万家，商户场景储备4万户。推动亚运升级，倒排时间做好亚运会前准备，结合数字人民币深化亚运服务主题，推动“线上+线下”一体场景建设。

五、治理从严，安全经营筑牢更刚防线

强化底线思维，全面落实从严治理，切实增强风险防控能力。信用风险领域，全力控风险、控劣变，着重加快大额不良贷款处置进程，成功化解历史不良大户，保持资产质量优良；做深做实客户会诊分析排查，做好信用风险大排查，开展房地产信贷、政府类、对公委贷、信用贷款等领域以及信贷“真实性”专项排查，筑牢重点领域风险防线；坚持日常管理、信贷巡查相结合，不断夯实信贷管理基础的同时，重点提升薄弱支行信贷管理能力。内控案防领域，落实“敬畏监管、尊重监管、服从监管”，落实“管人管事、管好防线、管好底线”，不断强化合规经营理念，完善合规机制建设。一是不断强化内控合规，扎实开展“内控合规管理建设年”活动，尤其狠抓屡查屡犯问题整治和重点领域操作风险，认真开展“回头看”，确保整改到位；积极推进合规文化建设，开展“敬畏监管　不踩红线”警示与反思大讨论、案件警示教育等活动，持续提升全行合规经营理念。二是不断完善案防管理。结合案件集中清理和专项整治活动，开展“四项专项行动　两项强化措施”专项案防活动，落实员工“网格化”排查管理，不断压紧案防责任、出清风险隐患。三是突出抓好反洗钱、反诈骗和消保工作。加大个人客户信息保护力度，持续打击治理电信网络诈骗，严防案件和舆情风险。未发生重大案件和风险事件，完成监管投诉压降目标。

六、严管厚爱，员工队伍焕发更优面貌

强化队伍建设管理。支部应建尽建、总数355个，其中网点无空白点，网点主要负责人党员占比98.3%，在职党员占比达40%；深化干部选用考评，坚持党管干部人才，突出政治首要标准，强化干部配置与交流，推进实施“百千”人才工程；强化干部考核激励，运用干部“五位一体”考核评价，业绩季度发文通报，做好约谈提醒和过程帮扶指导，落实“能上能下”。做好干部代际传承，到年末40周岁以下行处级干部和35周岁以下科级干部占比分别为24.8%和32.4%，梯队结构更趋优化合理。强化员工关心关爱。深入推进防疫抗疫、网点减负、小家建设、员工就餐、困难帮扶等工作，持续加强员工关爱，扎实开展“我为群众办实事”“我为实体经济解难题”“我为基层减负担”三项专题实践，以实事促进高质量发展；严格落实疫情防控措施，保障员工生命健康安全；开展“犇腾牛 YEAR”联谊、第五届“家园文化节”等文娱活动，丰富员工精神生活；推进食堂配送升级、办公环境优化、网点工位改造拓展等工程，提升员工安全感、幸福感、获得感。强化基层减负赋能。“不跑一次”改革触达更深领域，聚焦网点减负、流程优化和服务提升，接续推进改革三期，累计完成项目128个，其中客户服务37个、内部管理91个。

（杭州分行）

成都分行

【主要业务指标完成情况】

2021年，成都分行实现营业收入187.65亿元、拨备前利润149.6亿元、净利润90.8亿元，全国28家省会城市行占比分别为8.26%、8.50%、11.01%，同比分别提升0.42个、0.57个、0.28个百分点，均排名系统第二，较上年同期提升1位。营业收入、拨备前利润、净利润同比增长7.91%、8.52%、1.39%，增幅在“5+1”分行分别排名第二、第一、第一。拨备前利润同业第一，分别领先建行37.15亿元、农行42.95亿元、中行76.22亿元。实现中间业务收入29.16亿元，保持系统28家省会城市行前四。各项贷款余额5 150亿元，位居成都市银行业金融机构第一，中西部地区工行第一。各项存款余额6 179亿元，位居成都市银行业金融机构第二，中西部地区工行第一。人民币存、贷款日均增量474亿元、620亿元，同比多增30亿元、74亿元，创历史同期最佳。存款付息率、贷款收益率、存贷利差均保持同业第一。法人客户余额23.54万户，净增2.61万户；个人客户余额1 643万户，净增19.7万户。不良贷款余额22.76亿元，不良率0.43%，较年初实现“双降”，资产质量达到近七年最优水平。

【主要工作措施】

2021年，成都分行坚持以高质量党建引领高质量发展，坚持总行党委“48字”工作思路和“三比三看三提高”工作方法，扎实有效推进各项工作，经营态势保持良好、竞争能力稳中有升，先后荣获“全国金融五一劳动奖状”、全国“企业党组织引领企业文化建设先进经验单位”“中国工商银行总行五一劳动奖状”“四川金融系统抗击新冠肺炎疫情优秀集体”等荣誉。

一、党建引领更加突出

一是扎实开展党史学习教育活动。围绕党史学习教育和学习贯彻党的十九届五中、六中全会精神，通过“线上+线下”“走出去+请进来”的形式，组织开展网络专题培训班4期；组织全辖210余名管理干部赴四川甘孜泸定桥开展党史学习教育暨十九届五中全会精神学习专题培训；扎实组织开展“我听长辈讲党史”征文及“共读红色经典　践行初心使命”线上读书等活动。二是坚持从严治党从严治行。制定《全面从严治党主体责任及党风廉政建设责任考核评价办法》《破解“两张皮”问题　推动成都分行直属机关党建和业务工作深度融合20条措施》，组织开展《金融案鉴》专题警示教育、“忆党史、倡廉洁、树清风”等活动，进一步营造风清气正的政治生态。三是持续加强基层党组织建设。坚持党员发展向基层一线倾斜，实现全辖基层党支部应设尽设，独立党支部较上年增加26个，网点主要负责人党员占比持续保持100%。

二、三大任务、四大战略不断深化

以实干履行国企担当，全面落实金融工作“三大任务”。一是全力服务实体经济，全年实现表内外融资2 980亿元，普惠贷款增量同业第一、系统第三，不良率优于系统平均水平。支持成都产业“建圈强链”，2021年投放制造业贷款102.94亿元，同比多增23.02亿元，增幅28.8%。加强对绿色信贷的支持力度，实现风、光等绿色能源贷款投放69.9亿元。支持“专精特新”企业发展，创新推出“上市加速贷”，为拟上市公司、新三板企业、专精特新“小巨人”等提供2 000万～5 000万元授信支持。二是全面抓好风险防范，坚持主动防、智能控、全面管，推进“9＋X”全面风险管理工作落地见效。不良贷款余额和不良率实现“双降”。推进“每天一思”“每周一讲”“半月一课”“每月一学”等案例警示教育，用好“五分钟”工作法，推进“网格化智能化”“上下联动”等员工异常行为排查工作落地。研发投产员工统一认证号预警、公司客户行为评价等特色智能化风控系统，风险控制精准有效。三是全速推进金融改革，成立乡村振兴金融服务中心、客户数字化服务中心、网点营运支持部，设立战略新兴业务审查板块，进一步提高金融服务适应性。

以服务擦亮金融底色，落细落深总行四大战略。一是“第一个人金融银行”更加接近目标。零售营业贡献72.44亿元，同比增幅11.92%。第一个人金融银行战略指标体系中四项指标已实现同业第一。储蓄存款增长模式持续优化，营业贡献33亿元，同比增幅19.4%，且付息率四行唯一下降。累计代发额1 026亿元，同比增加138亿元，总行任务完成率104.4%，“5＋1”分行排名第一，代发规模、代发客群资产规模双双突破千亿元大关。个人金融资产余额3 660亿元，较年初净增216亿元，增量系统第二。家族信托规模、个人手机银行客户数及动户数系统第一。二是“境内外汇业务首选银行”更加深入人心，继续保持国际业务中收、结算业务量、跨境人民币结算量、外汇资金交易量四项核心指标同业第一，成功落地全国首单担保项下远期结售汇业务；海外债券承销金额、资金回流金额同业第一；“汇率风险中性”业务再创市场新高，衍生业务交易量同比翻倍。三是服务“成渝地区双城经济圈”建设成效显现。服务川藏铁路、成渝中线铁路等一大批国家发展战略重大项目。牵头组建全省最大能源项目雅砻江卡拉水电站140亿元银团贷款，发行全国首单5亿元绿色建筑类碳中和债并获评最佳债券单项奖，发行全国首单1.9亿元先进装备制造企业碳中和债。搭建大运金融特色场景，累计发行大运联名卡近30万张，新开对公户500余户，承接资金超10亿元。四是“城乡联动发展”开创新局。与成都市国家城乡融合重点区域签订超百亿元融资支持合作协议，启动成都市首个数字人民币乡村振兴全生态项目，全国首创“集体经营性建设用地整理贷款”并实现项目落地，独家承销全国首笔“乡村振兴债”20亿元。创新推出“农牧贷”“水产贷”“养殖贷”“农e贷”等业务，为农户、养殖户提供纯信用、批量化、线上化融资方案，截至2021年末新增融资客户553户、贷款余额5.5亿元。

三、客户结构、发展模式、管理基础加快优化

一是夯实发展基础，优化客户结构。深挖财社领域空白，代理财政覆盖率88%，同业第一；聚焦财政零基分设和军队零余额账户设立，开立财政零余额账户965户，新设账户市场占比30%，同业第一。日均金融资产1万元以上机构账户净增550户，同比增幅15.78%。创新“上市加速贷”“科技成果转化贷”等产品，全年新拓五大客群和十条新赛道新经济客户25户，开户覆盖率提升至70%。新拓对公结算账户系统第三、四行第一；日均金融资产1万元以上公司客户净增系统第二。抓“7C”源头拓户，月日均金融资产5万元以上个人客户净增系统第一。金融社保卡余额、增量均四行第一，激活率71%，高于系统平均水平16个百分点。

二是立足生态化发展，优化发展模式。持续打造账户体系生态闭环，37个总行GBC场景有效落地33个，社保卡、小微线上融资、军人生活、医保、高校等场景成效突出。狠抓资金承接和织网补网工程，目标客户资金承接率49.55%、行外目标客户拓户率22.71%，分别较该项工作启动初期提升11.51个、16.01个百分点。深挖商户生态价值，商户数12.13万户，当年净增2.63户，均排名同业第一；收单额首次突破千亿元，回佣收入突破亿元；新拓商户日均存款百万元以上账户343户，商户日均存款224.5亿元，较年初净增25亿元。

三是提升人员效能，优化管理基础。推进党建和企业文化建设，获评2021年“企业党组织引领企业文化建设先进经验单位”。适应市场变化和风险防控要求，化解间客式汽车分期业务风险取得阶段性成效。强化科技赋能，研发投产供应链企业账户体系管理、线上通用审批平台等系统，提升管理效能。强化数据驱动，推行“不跑一次”改革，组织实施减负项目133个。持续压实疫情防控主体责任，组织落实网点疫情防控、办公及后勤场所安全保障、全口径人员管理和排查、疫情防控报告机制、关心和爱护员工身体健康、关键岗位备岗机制等各项工作，疫情防控平稳有序。

（成都分行）

南京分行

【主要业务指标完成情况】

2021年，南京分行效益指标继续增长，其中营收133.14亿元，增幅8.27%，完成总行计划的104.75%；拨备前利润突破百亿元达104.1亿元，增幅7.5%，完成总行计划的103.38%；中收28.08亿元，增幅9.54%。存贷规模持续扩大，人民币全部存款净增511.02亿元、四行第1，其中机构存款净增173.69亿元、四行第1，公司存款净增170.09亿元，储蓄存款净增94.11亿元，同业存款净增73.13亿元；外币存款净增5.61亿元；人民币各项贷款净增609.05亿元，创历史新高、四行第1，其中对公、个人贷款分别净增442.53亿元、166.52亿元。系统贡献度进一步提升，人民币存款在省内占比26.67%、贷款占比22.81%，分别提升0.74个、0.37个百分点；拨备前利润占比24.61%、中收占比22.33%，分别提升0.24个、1.63个百分点。资产质量保持优良水平，不良贷款余额（不含卡）16.73亿元、不良率0.47%，分别较年初下降0.62亿元、0.12个百分点。内控管理、案件防范、疫情防控等措施精准有效，保持“零案件、零重大事故、零重大负面舆情”。在江苏省外汇局年度考评中，连续第三年获评A类。突出抓日均、抓一般性存款，本外币全部存款日均净增465.65亿元、同比多增17亿元，其中人民币一般性存款日均净增428.68亿元，四行第1，同比多增178.52亿元。

【主要工作措施】

2021年，南京分行认真贯彻总行党委“48字”工作思路，充分运用“三比三看三提高”的工作方法，紧盯指标，把控节奏，真抓实干，取得了较好的经营业绩。

一、多措并举强化党的建设

深刻把握“两个确立”决定性意义，坚决把“两个维护”作为最高政治原则和根本政治规矩，深入推进党史学习教育，认真贯彻习近平总书记“七一”重要讲话、党的十九届五中、六中全会精神，扎实开展“我为群众办实事”活动，切实将全行的思想和行动统一到党中央决策部署上来。坚持全面从严治党从严治行，加强主题活动宣传、廉洁提醒、警示教育，围绕全行中心工作开展信贷领域监督、群众利益监督、同级监督和防疫监督，做好省行巡察反馈问题整改，营造了风清气正的政治生态。抓好党组织标准化规范化建设，实现了党支部应设尽设、全面覆盖。加强员工培养与关爱，高效开展管理人员公开遴选，推动科级干部在支行和部门间交流历练，做好党员发展、技能培训、全员阅读、走访慰问老同志等工作，举办文艺汇演等文体活动，打造了南京市劳模创新工作室，队伍凝聚力和战斗力进一步增强。

二、统筹兼顾推进信贷投放

重大项目份额市场领先，银保监普惠贷款净增86.82亿元，绿色贷款净增162.48亿元，制造业贷款净增51.18亿元，民企贷款净增147.4亿元，战略性新兴产业贷款净增160亿元，以上指标均超额完成计划，增速均明显快于总贷款增速。

实现了支持实体、完成指标、支撑效益的多赢局面。抢抓机遇落地城市更新业务，成功运作江宁国资土山机场、江北铁投铁路北站等项目29个、850亿元。坚定支持民企和普惠小微，普惠贷款较年初净增90亿元，实现翻番式增长，增速保持四行第1。积极助力乡村振兴，成功牵头主承销了江苏交通控股有限公司3年期乡村振兴中期票据20亿元，为江苏省内首单乡村振兴债券；涉农贷款净增15.66亿元、计划完成率130%。加快发展绿色金融，成功发行“南京地铁集团有限公司2021年度绿色中期票据（碳中和债）”；支持了城际交通、河道改造、垃圾焚烧发电等项目建设，以及区域龙头化工企业转型发展。持续完善科创服务体系，创新发放辖内首笔科创企业并购贷款8 514万元，科创客户总授信330亿元、贷款余额143.75亿元。大力支持稳外贸稳外资，累计发放跨境融资217亿元，外汇贷款增量四行第1。持续推动个人贷款增长，住房贷款余额超千亿元、净增105.1亿元，公积金贷款增量保持四行第1，卡分期净增11.5亿元、增幅20.5%。进一步提升票据经营效率，贴现量299.75亿元，翻番增长。

三、全线发力抓实存款工作

统筹调度全行资源，多举措推动存款逐季向好，尤其对公板块进步明显。加大全量客户拓展，个人客户净增25.98万户，私银时点达标客户净增93户，手机银行月均动户146.8万户，对公结算账户新开2.67万户、夺回四行第1，机构及同业客户净增272户、法人有贷户净增77户、外汇客户新增619户、均创近年来新高。强化重点领域营销，客户资金承接率57.19%、超额完成目标，代发额及金融资产分别提升11.6%、6.8%，三代社保卡累计发卡近50万张、医保电子凭证首签16.5万户、均列四行第1，跟踪土拍资金流向争揽公司存款310亿元、机构存款440亿元，拔旗216户重点公司客户、增存25亿元，开展软件、生物医药、上市公司等三大领域专项行动，归集省级养老金超800亿元，中标高淳区代理国库等31个项目、争揽资金44亿元，实现5个区域教培资金监管合作。抓实日常组织管理，明确关键节点提升要求，逐日监测通报，推动日均保持增长。

四、转变理念推动中收增长

切实改变粗放式、望天收的经营管理模式，压实工作职责，细化项目组织、议价管理、产品营销、入账跟踪等工作要求，确保责任清晰、执行到位。强化闭环营销管理，建立并完善项目及收入管理台账，两级行充分联动，覆盖预审、贷审、核准、投放、贷后等全链条、各环节，全方位加强“过程、进程、流程”管理。提升议价能力，在保证质价相符的前提下，对新增项目充分议价，对存量项目强化二次谈判与挖潜，选好收取方式，落实金额和进度，实现了多收、早收、快收，掌握了业务和收入的主动权，为全年经营节奏的调整优化提供了有力支撑。坚持合规收费，组织开展中收自查和整改，提升了规范化管理水平。全年实现中收总量保持四行第1且占比达41.45%，资产类收入大幅增长23%，基础类收入也实现了正增长。

五、从严从紧抓好风险防控

强化资产质量管控，劣变额、新发生逾期贷款、剪刀差、存量移位等指标均完成较好，清收处置不良贷款14.14亿元、其中常规处置占比达96%。尤其是在总省行的指导支持下，几个重点大户不良处置成效突出，其中丰盛系3.5亿元不良债权本息实现无损失收回，雨润系8.9亿元账销案存资产收回4亿元。严格内控合规管理，深入推进案件集中清理、整治重大信息虚假问题、“4+2”等专项行动，落实反洗钱、征信合规、消费者权益保护等工作要求，加强安全生产、操作风险、舆情风险等监督管控，内控评价排名、得分双提升，列23家省会城市行第1，且是唯一一个获评一级2档的分行。抓实疫情防控，认真执行政府部门和总省行党委要求，特别是面对7月突发疫情，迅速响应、沉着应对，实现了全员零感染、零疑似。

六、久久为功深化机制建设

严肃考核评价机制，突出指标刚性意识，计划任务、考核办法制定前，分支行有商有量，广泛征求意见，全行统一思想；对研究确定的工作，上下齐心、强化执行。优化资源分配机制，进一步向支行、向营销一线倾斜，为一线备足弹药、加大激励。深化协同联动机制，建立起责任共担、收益共享的业务拓展模式，推动公司存款日均同比多增109.3亿元，国开债销售额增长8倍以上、代发单位增长33.4%。完善客户服务机制，强调要投入感情来服务客户，完成渠道运营管理、客户服务管理、服务乡村振兴等职能优化工作，获得南京市消协颁发的“2021年金融服务先进单位”，辖属钟山支行被人民银行南京分行评为南京地区首批“省级金融教育示范基地”。持续加强科技赋能，有序推进网点优化改造，创建千佳网点1个，抱怨工单压降29.3%、监管转办投诉压降15.9%。

（南京分行）

武汉分行

【主要业务指标完成情况】

2021年，武汉分行效益指标继续保持同业领先。累计实现营业收入117.50亿元，同比增加4.52亿元，增幅4%；实现拨备前利润91.02亿元，同比增加2.33亿元，增幅2.63%；实现净利润45.93亿元，同比减少4.84亿元，降幅9.53%；实现中间业务收入16.47亿元，同比增加3.02亿元，增幅22.48%，中收总量系统排名第六，增量、增幅系统排名分别为第一、第二。

市场竞争优势持续巩固。本外币全部存款余额3 741.48亿元，比年初净增257.82亿元，增幅7.40%。其中，人民币储蓄存款净增134.21亿元、公司存款净增0.62亿元、机构存款净增59.31亿元、同业存款净增54.16亿元，外币存款净增1.78亿美元；本外币各项贷款余额3 816.2亿元，比年初净增360.85亿元，增幅10.44%。本外币全部存款余额、储蓄存款余额、对公存款余额，同业存款增量、本外币各项贷款余额、公司贷款余额、银行卡透支余额、个人贷款增量均为同业第一。

【主要工作措施】

2021年，武汉分行认真贯彻总行“48字”工作思路，充分运用“三比三看三提高”的工作方法，一以贯之坚持“党建引领　转型创新”这条主线，以“提质+创新”作为年度关键词，努力抢抓发展机遇，不断巩固竞争优势，经营管理保持了稳中有进、稳中向好的发展势头。

一、坚持“党建引领、从严治理”

扎实推进党建“质量提升年”活动，把党的建设融入到经营发展的各方面，以高质量党建引领高质量发展。一是推动党史学习教育走深走实。分行党委开展党史学习教育专题学习 8 次、专题研讨 5 次；开展党史学习教育和“七一”重要讲话精神专题宣讲 177 余场，专题党课 311 场；加强学习型银行建设，举办学术“大讲堂”3 场，通过精学党史、活学业务、深学战略、广学知识，努力提升全员政治能力和经营管理能力；扎实推进“我为群众办实事”主题实践活动，共列出重点事项清单 207 项，已全部完成。二是加强党的组织建设。积极推进机关党建和基层党组织标准化、规范化建设，全年新设党支部 56 个，现有基层党组织 348 个，实现党组织基层全面覆盖。三是持续推进“两个全面从严”。深入推进党风廉政建设和反腐败斗争，毫不松懈纠治“四风”，持续深化巡视巡察问题整改，扎实做好巡视巡察“后半篇文章”。巡视反馈的 6 个问题已整改完毕，巡察反馈的六大方面 13 个大问题 28 个小问题已完成 27 个，整改完成率达 96.43%，并修订完善 30 余个制度办法。

二、坚持“客户至上、服务实体”

全面推进重点区域竞争力提升和城乡联动发展战略，不断增强区域市场把控能力，切实增强服务实体经济的精准性和有效性。全口径表内外融资投放 2 141.5 亿元，同比增加 179.11 亿元。一是加大重点领域支持力度。积极落实“制造业金融服务提升年”部署，深入实施“民营企业合作伙伴提升工程”，发挥“工银科创金融”品牌引领优势，落实好对绿色金融领域信贷扶持，持续加大对重点领域和薄弱环节的支持力度。全年累计投放制造业贷款 189 亿元，全口径制造业融资净增 54.48 亿元；民营企业贷款全年累计投放 250.25 亿元；科创企业融资余额实现 210 亿元，增净 52 亿元，科创有贷户 545 户，净增 143 户；绿色信贷余额较年初增加 210.66 亿元，完成全年任务的 120.37%；加大对重组并购、股权投资等金融支持，推进投行业务创新，投行业务全口径投放 266.3 亿元，较年初增加 75.50 亿元；推进票据业务扩面提质，全年贴现量 268 亿元，增幅 19%，贴现量、拓户数积极保持同业第一。二是支持重大项目建设。围绕“两江四岸”“两新一重”等重点项目建设，稳步推进基础设施补短板、特许经营融资、城市更新等主要工作，全年基础设施贷款实现投放 373 亿元，净增 133 亿元；储备城市更新项目 735 亿元，累计项目审批 289.4 亿元、投放 108.5 亿元，超额完成年度计划目标。三是加快普惠金融发展。支持武汉市“专精特新”中小微发展，抓实核心客户数字供应链业务的营销推进，全面完成人民银行、银保监两项口径普惠贷款目标：其中，银保监普惠口径贷款较年初增长 44.82 亿元，增速同业第一；小微客户数净增 1 750 户；小微企业平均贷款利率控制在 4% 以下，保持同业较低水平。落实小微企业延期还本付息应延尽延，全年累计为 7 677 户小微企业 151 亿元办理续贷和展期，以实际行动保企业、稳就业；加快推进乡村振兴“整村建档评级授信”试点工作，涉农贷款较年初新增 25.66 亿元，完成省分行下达任务的 154.6%；开展线上爱心消费，实现融 e 购乡村振兴交易额 2 450 万元，同比增长 42.18%。四是推进个人信贷转型。积极推行“政银直连”系统，实现抵押信息的实时共享，提升个贷业务处理时效，确保抵押真实；加速公积金 2.0 系统上线，全年完成公积金投放 49 亿元，提前超额完成公积金委托贷款业务营销目标；持续深化头部房企按揭合作，房贷累计投放 292.05 亿元，个贷增量全年累计 12 个月实现同业第一；一手房贷款投放占 71%，比较年初提升 16%，个贷结构持续优化；汽车分期间客转直客营销总投放 35 亿元，占信用卡分期的 37%。

三、坚持“科技驱动、价值创造”

坚持数字化、智能化、线上线下一体化方向，稳步提升市场竞争力，持续巩固“第一个人金融银行”领先地位。金融资产余额和全口径储蓄存款余额均保持同业第一；储蓄存款增量排名“5 + 1”重点城市行第二，系统第三；以 15.48 亿元的成绩超额完成工银理财首期养老产品试点营销募集任务，持续做大 AUM 蓄水池。一是加速零售智慧场景建设。创新金融科技，持续完善智慧医疗、智慧出行、智慧教育等场景建设，推动全省首家教育局“教培云”监管平台、东湖社区医院自助缴费系统、东风岚图 ETC 及聚合支付，中港农贸线上商城上线，全国首创在手机银行上推出“领券中心”平台、“武汉 TAXI”功能、“求学宝”高考报考场景，深化全省首家投产“停哪儿”“卓尔购”“健康武汉”等聚富通项目。二是科技赋能全量客户提质。强化数据经营理念，深挖建工、商户、代发、院校、军队等领域优质客户资源，陆续开展重点代发私银潜在客群数据分析、周末消费资金流数据分析，建立代发工资业务联动渗透月督办制度，实现代发工资单位、个人较年初净增 2 462 户、17.3 万人，累计代发金额同比增加 43.6 亿元。运用“三方回款”和“月享好礼”平台做好客户的维护实现资产升级，全年平台维客 6.7 万户，兑现客户 2.1 万户，金融资产单向提升 199 亿元。三是加速 GBC 创新场景搭建。加快“中碳登”项目开发和信息填报系统上线，积极推进电子医保移动支付项目，完成非税电子化项目的环境搭建、开发和测试，推广数字乡村综合服务平台，丰富“工银兴农通”产品服务内涵。围绕目标客户清单实施“织网补网”工程，做好资金流量承接“修渠补漏”，日均金融资产 50 万元较年初净增 580 户；大中型有贷户较年初净增 36 户，资金承接率 53.5% 完成总行目标，135 个客户包日均金融资产环比增长；全年拓展重点跨行流出资金承接目标客户

66户，拓户率较年初提升9.06个百分点。一年来，客户拓维量质双升。个人全量客户净增43.32万户，总量达到1 082.44万户，占武汉常住人口的87.80%；代发工资客户覆盖率较年初增长0.9个百分点；私银同业口径客户2 074户，净增121户，增幅6.2%，月日均800万客户总量同业排名第一；商户净增21 797户，总量、增量均排名同业第一；个人手机银行净增63.38万户，总量、增量继续巩固并扩大同业“双第一”优势；新开法人结算账户26 493户，新拓日均金融资产1万元以上、5万元以上公司客户分别为10 056户、5 089户，均超额完成全年计划目标。不良贷款余额16.06亿元，较年初减少3.36亿元；不良率0.42%，较年初下降0.14个百分点，不良资产实现“双降”。

四、坚持“国际视野、全球经营”

从客户满意度最高和指标排名同业领先两个维度加速打造区域“外汇业务首选银行”。全年实现外汇存款增量、结售汇活跃客户等指标四行排名第一，对公结售汇动户率超历史最高水平。一是加快外汇首选战略的纵深传导。制定《深化武汉地区“境内外汇业务首选银行”的实施意见》，完善细化首选战略传导机制，定期召开部门联席会议，搭建专场营销活动场景，营造“外汇业务首选”营销氛围。二是以创新突破促进“客户首选”。突破跨境人民币缴税业务，成功办理了5亿元跨境人民币税款缴纳业务；创新办理特定品种期货跨境人民币结算业务、全省首笔外汇局跨境金融区块链服务平台直联出口发票融资业务，成功争揽全省单笔揽存最大单对公外汇存款4.4亿欧元；成功办理三方协议跨境联动项下首笔跨境人民币二性风参贸易融资5.3亿元。三是以拓户强户夯实发展基础。采用“一企一策”工作模式，强化本外币一体化营销，聚焦外汇贷款结构调整，深挖同业客户潜力，不断优化产品方案，满足客户需求，推动东风、烽火、华星、长飞等重点客户市场份额及综合贡献度大幅提升。四是以聚合联动提升发展效能。通过条线纵向联动，部门横向协同，挖掘国内外市场，全面拓展同业存款、跨境人民币资金池业务、制造业国内信用证福费廷业务和跨境融资等重点业务。

五、坚持“转型务实、改革图强”

坚持战略导向和价值创造导向，纵深推进经营管理转型，提升可持续发展的能力水平。一是推动管理向数字化、精细化转型。不断强化对“三比三看三提高”工作方法的实践思考与运用，定期发布武汉分行扬长补短“白皮书”“一表三图”“一行一书”“工X比”，实施穿透式考核管理，提升精细化管理水平。二是加速渠道智能化、轻型化转型。加速云渠道建设，目前190余家网点已开立云网点、云工作室，扫码取号、服务评价等云渠道功能已实现全网点覆盖；稳步推动光谷广场支行、江汉路支行等5G智慧网点建设，不断丰富“网点+”特色场景内涵，创新网点运营服务模式，同步优化线上线下客户体验。三是推动重点业务转型提质。通过多领域创新转型，多渠道资金引入，满足客户差异化的融资需求，实现多项业务实现“首单”突破：碳减排贷款、智慧城市支持融资、教培机构资金监管、权益性用途理财项目投资、“保险金+资金”组合型私银家族信托、跨境金融区块链服务平台直联出口发票融资、个人线上法拍房贷款、“科创东风贷”“国担快贷”“票e贷”“票据+利率互换”组合等。四是强化量价协调管理。加强“两率”有效管控，处理好竞争力和效益贡献之间的关系，推动量价协调意识向基层的传导。

六、坚持“风控强基、人才兴业”

坚持“四管齐下”，强化三道防线协同，以高质量风控保障高质量发展。一是夯实信用风险管控基础。全年累计压降潜在风险贷款12亿元，累计清收处置不良贷款16.8亿元，现金清收账销案存资产0.22亿元，超额完成年度任务。二是强化内控案防综合治理。扎实开展内控合规“价值创造年”活动、“4+2专项行动”，强化操作风险损失“双限管控”“双线考核”、员工异常行为排查管控，进一步巩固内控案防质效；扎实开展客户投诉治理“百日攻坚”行动，监管月均转诉量较上年下降10件，圆满完成总省行“监管转诉量在同业四行排名不高于第三”的目标；持续完善常态化疫情防控机制，加快员工疫苗接种，全行疫苗接种率达90%；开展安全生产专项整治行动，认真梳理排查风险隐患，确保全行经营发展安全无事故。三是选优配强干部人才队伍。坚持严管与厚爱结合，激励与约束并重，全面加快干部梯队建设，加大优秀年轻干部培养选拔力度，开展一级支行副行长（行长助理）及分行部门副总经理（总经理助理）公开遴选，13名优秀年轻干部被提拔重用，平均年龄38.03岁。

（武汉分行）

雄安分行

【主要业务指标完成情况】

截至2021年末，雄安分行辖管机构14家，其中分行本部1家，县域一级支行3家，二级支行10家，全辖从业人员347人。实现营业收入6.48亿元，同比增加4.47亿元，增幅222.21%。实现拨备前利润3.03亿元，同比增加3.26万元。实现中间业务收入3 565万元，同比增加939万元，增幅35.78%。全部存款余额424.99亿元，较年初增加66.79亿元，增幅18.65%。其中对公存款余额260.35亿元，较年初增加17.72亿元，增幅7.3%。储蓄存款余额164.63亿元，较年初增加49.07亿元，增幅42.46%。其中：活期存款余额42.93亿元，较年初增加12.7亿元；定期存款余额121.71亿元，较年初增加36.36亿元。各项贷款余额308.74亿元，较年初增加155.92亿元，增幅102.03%。其中：公司类贷款余额286.18亿元，较年初增加141.69亿元；个人贷款余额8.52亿元，较年初增加1.32亿元；票据融资余额14.05亿元，较年初增加12.91亿元。

【主要工作措施】

2021年，雄安分行认真贯彻总行党委“48字”工作思路，运用“三比三看三提高”工作方法，聚焦“五争四强”发展思路和“实施高质量提升工程，打造新时代优秀分行”目标，抢抓非首都功能疏解和大规模开发建设同步推进的双重机遇，统筹推进服务承接疏解、支持新区建设和自身经营转型，主要指标领跑同业，经营发展稳中向好，荣获全国金融五一劳动奖状以及总行五一劳动奖状。

一、党建引领持续加强

雄安分行始终把党的政治建设摆在首位，坚持以习近平新时代中国特色社会主义思想武装头脑，立足建党100周年，将党史学习教育贯穿全年，用党的实践创造和历史经验坚定信念、启迪智慧。把学习贯彻党的十九届六中全会精神和中央经济工作会议精神作为重要政治任务，力求用新思想引领新实践。开展“我为群众办实事”客户服务大讨论，全员齐献策，全行总动员，为经营发展大局凝聚共识，汇聚众智，用心用情用力满足基层需求，解决客户诉求，切实为基层减负，为业务赋能。推进基层党组织建设，强化党支部标准化规范化设置，新设党支部19个，3名党员以上党支部“应设尽设”，基层党支部的战斗堡垒作用进一步发挥。探索“党建联系点”共建，坚持“围绕中心抓党建，抓好党建促发展”，探索“联动政府、联合企业、联系群众”的党建联系点模式，构建立体化“大党建”格局，打造新区联合党建标杆亮点。提升作风效能，建立作风效能提升长效机制，推动全行工作效率明显提高、工作作风明显转变、履职能力明显增强、服务基层和客户水平明显提升，“办实事”的优良作风持续弘扬，“解难题”的正气新风不断充盈。强化党风廉政建设，践行“廉洁雄安”总要求，融合“阳光从业”新理念，强化政治监督、巡察监督、同级监督、日常监督，紧抓关键岗位和关键人员，推动从严治党从严治行向纵深发展。

二、服务实体激发动能

聚焦高质量高标准高效率建设雄安新区大局，践行使命，主动作为，持续为新区建设注入源头活水，成为新区首家贷款突破300亿元的金融机构。各项贷款余额308.7亿元，增量155.9亿元，增幅102%，增量、存量同业占比分别为36.7%、38%，继续保持同业“双首位”。服务重大基础设施建设，在高速路网、重点片区、生态治理等领域加大融资支持，累计向新区基建领域投放贷款147亿元，市场占比45%，同业首位。2021年，新区重大基础设施项目融资余额、增量同业占比分别达45%、35%。推广“雄安新区发展贷款”应用，完成项目审批244亿元，发放近13亿元。推动新区首笔资产支持票据（ABN）业务落地，作为联席主承销商，成功为中交雄安租赁公司承销发行ABN6.27亿元。构建多元化数字供应链服务体系，创新“区块链+供应链”融资模式，作为新区首家签发数字信用凭证的金融机构，搭建“工银e信+BIM平台”，累计签发超100亿元，余额85.9亿元，较年初增加81.8亿元，余额、增量同业“双首位”，市场占比近60%。普惠金融走在前列，银保监口径普惠贷款余额27.6亿元，较年初增加25.5亿元，增量四行占比50%，稳居首位。服务乡村振兴，落实城乡联动战略，与县域签订金融服务乡村振兴全面战略合作协议，设立全省首家“兴农通”农村普惠金融服务点，涉农贷款余额209.9亿元，较年初增加81.3亿元，增量、余额同业“双首位”。个贷业务实现同业赶超，个贷余额8.52亿元，同业占比36%，同业排名第二；较年初增加1.32万元，增量同业第一，较2020年上升两个位次。成功发放新区首笔个人住房抵押贷款，全年发放个人一手房抵押贷款126

笔、4 652 万元，居同业首位。

三、客户基础不断夯实

搭建“工商注册一窗通”平台，在网点开立企业服务站，打造全省领先的工商注册变更秒批服务系统，从证照注册到开户一次办结，真正实现“数据多跑路，群众少跑腿”，成功开办的企业累计超过万户。全量对公账户方面，对公结算账户 1.05 万户，新开账户 3 086 户，净增 2 366 户，日均金融资产 1 万元、5 万元以上公司客户分别增加 992 户、568 户；日均 1 万元以上机构客户 171 户，同比增加 23 户；百户拔旗重点机构账户新开 22 户，任务完成率 112%；对公数字钱包累计开立 15.26 万个，同业首位。推广“数币＋智慧政务”场景应用，探索数字人民币在民生、政法、医疗等领域应用场景，落地数字人民币税费缴纳、诉讼费缴纳等业务。服务央企疏解客户，发挥集团综合化经营和京津冀区域机构协同优势，为疏解客户提供全方位金融支持。央企客户方面，46 个集团在新区设立 133 家分子公司，其中 36 个集团在雄安分行开户 72 户，开户占比 54%，基本户占比 39%，服务覆盖能源、水利、石化、交通、电信、建筑等重点领域，入驻央企分子公司开户率、基本账户开户率保持同业第一。中国中化集团总部级结算账户成功落地雄安分行，中国华能、国家管网、三峡集团等一批央企子公司开立基本户，北京科技大学、宣武医院、史家小学等单位与雄安分行达成全面合作意向，服务疏解取得阶段性成效。完善“雄安智慧社保网上办事大厅”及手机 APP，注册用户超过 21 万人次，为用人单位提供多渠道、全方位、快捷实效的社保信息化服务。高质量开展回迁居民收款服务，累计收款 14 亿元。全量个人客户方面，个人全量客户存量 45.93 万户，同业占比 20.47%；较年初新增 6.53 万户，增量同业占比 32.88%，排名首位；月日均金融资产 5 万元以上个人客户 3.95 万户，较年初净增 0.94 万户。数字人民币个人钱包注册客户数 39.4 万户，同业首位；对公钱包注册客户数 5 542 户，同业首位；流通交易笔数 51 万笔；流通交易金额 4.98 亿元；落地场景数 0.56 万个。

四、基础管理持续巩固

坚持制度先行，强化精简务实导向，加快建章立制，抓实基础管理，确保各项工作有规可依、有章可循，制度化、规范化水平明显提升。完善支行网点，支行管理干部、网点负责人、客户经理、客服经理等考核办法，建立覆盖分行所有干部员工的考核体系。推进全面风险管理体系建设，搭建全面风险管理三道防线，有效提升风险治理能力，守住不发生系统性风险事件的底线。不良贷款余额 1 833.8 万元，不良贷款率 0.06%，较年初下降 0.04 个百分点，不良额和不良率持续“双降”。开展内控评价“晋档升级”攻坚行动，内控案防和安全生产实现“双无”目标，反洗钱客户信息治理 6 项指标中 4 项省内排名首位、2 项显著提升，全年无监管处罚。在新区银行业金融机构安全评估中，排名第一。加快推进“两楼”建设，设立基建项目办公室，逐步配备专职人员，全面推动金融岛项目和商服中心入驻取得实质性进展。加快推进机构改革，聚焦主责主业，新设集团客户业务部和纪委办公室，推进本部机构精细化管理。加快布局网点设置，根据新区规划建设进度，新增 3 家二级支行，容城容东安置区 2 家支行已完成选址，安新寨里支行即将装修完毕，雄县包装城支行顺利开业。

（雄安分行）

第五部分

境外机构与子公司经营

责任编辑：张海明

境外机构拓展与业务发展情况

2021 年，全行坚持“国际视野、全球经营”工作思路，坚定国际化发展信心，沉着应对国际格局加速演进的复杂形势，稳步推进“扬长、补短、固本、强基”战略布局，迎难而上推动国际化经营迈向更高水平，创新高效服务国家高水平对外开放大局，稳妥有效应对复杂外部挑战，推动国际化经营迈向更高质量发展。

一、全球服务网络持续完善

2021 年，巴拿马分行正式开业，至此，全球服务网络覆盖 49 个国家和地区，通过参股标准银行集团间接覆盖非洲 20 个国家，建立 421 家境外机构，在“一带一路”沿线 21 个国家和地区拥有 125 家分支机构，与 142 个国家和地区的 1 404 家境外银行建立代理行关系，服务网络覆盖六大洲和全球重要国际金融中心。

二、境外经营保持稳健

截至 2021 年末，境外机构（含境外分行、境外子公司及对标准银行投资）总资产 4 554.19 亿美元，比上年末增加 333.40 亿美元，增长 7.9%，占集团总资产的 8.2%。实现税前利润 34.14 亿美元，比上年末增加 3.97 亿美元，增长 13.2%，占集团税前利润的 5.1%。各项贷款 1 972.79 亿美元，比上年末减少 55.65 亿美元，下降 2.7%；客户存款 1 492.73 亿美元，增加 10.52 亿美元，增长 0.7%。境外机构克服复杂局面，盈利指标好于预期、优于同期，保持稳中有进经营态势。

三、服务国家高水平对外开放实现新进展

一是全方位服务进博会等三大展会平台。作为进博会全面合作伙伴，在第四届进博会期间成功举办“绿色金融助力可持续发展”分论坛及中欧企业家大会，共同探讨全球可持续、包容性发展，助力共建中欧绿色伙伴关系等议题，发布最新金融成果；在 2021 年中国国际服务贸易交易会期间，举办“服务贸易合作成果发布会”，发布“贸金 e 信”服务方案、“两区”建设跨境金融服务通品牌、工银 e 支付境外服务、“环球撮合荟”跨境撮合平台 2.0 版本四项创新产品；作为广交会双循环促进活动“独家金融支持机构”，累计为近 3 500家客商线上授信 70 多亿元人民币，接近去年两届总和；为超千家参展粤商发放融资约 45 亿元，办理跨境结算近 1.6 万笔，金额 117 亿元。第 130 届广交会期间发布“工银 e 关通”服务，在广交会官网设立“工行服务专区”，为客户提供广交会专属贷款等十大板块二十多项产品和服务，并发挥境内外一体化经营优势开展招商推介活动，线上线下参会人数超过 23 万人次。

二是推动创造性服务“一带一路”建设。截至 2021 年末，“一带一路”银行间常态化合作机制（BRBR）成员扩展至 68 个国家和地区的 151 家成员及观察员机构，并发布《推动非洲高质量发展倡议》。累计承担中老铁路、雅万高铁、中巴经济走廊等 97 个“一带一路”相关沿线项目的综合代理业务，涉及总投资约 1 742 亿美元。

三是倡导成立中欧企业联盟。成员规模由 52 家拓展至 78 家，其中世界 500 强企业 36 家。丰富开展“走进部委”“走进地方”“走进企业”和“能力建设讲坛”等系列品牌活动，发布《中欧企业碳达峰碳中和实践研究报告》等调研报告，为中欧务实合作搭建高端平台，得到中欧政府和企业界高度评价。

四是助推金砖合作可持续发展。认真履行金砖国家工商理事会理事单位及中方金融服务工作组组长单位职责，积极参与金砖国家工商论坛系列活动。参展金砖国家虚拟贸易展览会，向金砖国家客商推介金融产品服务；积极开展中方金融组拓员工作。

五是外资金融机构和主权机构业务合作再上新台阶。积极协助境外优质金融机构进入中国境内市场发行证券和投资交易，支持人民币国际化，密切国际合作交流。发行方面，作为牵头簿记管理人及联席主承销商，协助波兰国库发行 30 亿元熊猫债，为 2020 年以来市场首单成功发行的外国政府人民币债券；投资方面，与捷克央行签署中国银行间债券市场代理协议、与匈牙利央行签署国际掉期及衍生品交易 ISDA 和 CSA 协议等被纳入“中国—中东欧国家领导人峰会成果清单”；人民币清算网络拓展方面，新增柬埔寨 ACLEDA 银行、澳门华人银行等 12 家客户为工行 CIPS 间参行，间参行总数达 49 家；国际合作方面，与匈牙利 OTP 银行签署“一带一路”银行间常态化合作机制备忘录，与东亚银行签署巩固深化两行战略合作的总对总合作备忘录，并荣获意中基金会与《米兰财经报》主办的 2021 年度意大利“China Awards”奖项。

六是深入参与全球经济金融治理。积极参加金砖、

PRB、IIF 等多边合作机制，积极履行中德经济顾问委员会、中西企业顾问委员会中方主席职能，推动改善营商环境，开展双边经贸投资交流与务实合作。

四、全球重点产品线建设有序推进

公司金融业务方面，加强对企业“走出去”和“一带一路”建设的金融支持，综合运用海外发债、跨境并购、项目融资、国际贸易融资、衍生品交易、全球现金管理等金融产品，为中资“走出去”企业、外资“引进来”企业提供本外币一体化的“一站式”金融服务。个人金融业务方面，积极促进粤港澳大湾区民生便利化，率先在粤港澳大湾区推出“跨境理财通”业务，为珠三角九市及港澳客户分别提供“南向通”和“北向通”投资服务。通过粤港澳大湾区“企业家加油站”搭建企业家跨境服务平台。加快境外银行卡产品创新和数字化服务水平提升，推广工银 e 支付，进一步促进粤港澳大湾区内跨境支付的互联互通。网络金融服务方面，为境外个人及对公客户提供网上银行、手机银行等线上渠道，服务覆盖 46 个国家和地区，支持 15 种语言，提供账户查询、转账汇款、投资理财、代发工资、资金支付、跨境支付等多种金融服务。金融市场业务方面，与超过 60 个国家和地区的境外机构投资者建立银行间债券及外汇市场交易业务合作关系。为“走出去”和“引进来”客户提供优质交易服务，新增肯尼亚先令等 10 个即期以及新加坡元等 6 个远期差额交割币种结售汇业务。达成银行间外汇市场首笔人民币外汇货币掉期主经纪交易、首笔挂钩“东京隔夜平均利率”（TONA）的日元利率掉期做市交易，持续提升外汇交易业务做市能力和市场竞争力。工银亚洲、新加坡分行及工银标准三家机构累计开展离岸人民币汇率做市交易量 1.15 万亿美元，其中工银亚洲交易量在国际主流电子交易平台中排名中资行第一。资产管理业务方面，持续推进外汇及跨境理财业务稳健发展，由工银理财、工银资管（全球）担任投资顾问的中国国债指数基金“工银南方东英富时中国国债指数 ETF”是全球规模最大的离岸纯中国国债 ETF 产品，成为境外资金配置中国国债资产的重要渠道。资产托管业务方面，全球托管业务规模再创新高，其中境外客户境内投资托管业务规模突破 2 000 亿元。跨境托管创新优势进一步夯实，获得首批债券通“南向通”试点托管清算银行资格并完成首批交易；首批支持合格境外投资者（QFI）在北京证券交易所完成证券投资、转融通出借业务。

五、集团国际化领导力不断提升

一是提升国际化经营站位。通过“双重领导、双线报告”机制，各境外机构在驻在国使领馆党组织和总行党委的双重领导下，因地制宜推进境外党建工作，取得了良好的成效。向境外传达总行廉洁从业管理要求，强化境外廉洁银行建设。开展以高质量党建引领国际化高质量发展专项课题研究。二是正式印发《境外机构管理规定》。全面强化和明确“牵头统筹、条线主抓”的境外机构管理机制和职责分工，细化境外机构经营各方面基本管理要求，确保“职责清晰、分工明确、相互协同、一点接入、全球响应”。三是强化国际化联席会议机制统筹和领导作用。全年累计召开 4 次国际化联席会议，研究境外机构系统延伸、产品管理、报表自动化和数据治理等基础性工作，加强资源配套，抓紧补齐短板；全面梳理 2021 年国际化经营发展诉求台账，年内解决或已形成解决方案的境外机构经营发展诉求达 123 条。四是印发《2021—2023 年国际化发展战略规划》及重点工作落实方案。推动新三年战略规划落地执行，落实各部门主体责任，提升集团国际化领导力。五是持续优化境外机构区域管理。加快推动工银亚洲区域业务联动，稳步推动欧美区域管理提升，发挥中东机构营销合力，提升集约化管理水平。

（总行国际业务部）

中国—中东欧金融控股有限公司

一、中东欧金控主要工作进展

2021 年，中东欧金控切实履行公司治理程序，确保公司合规稳健运行，做好出资及投资管理工作，切实维护股东权益。一是完成董事变更工作，确保公司治理架构完善。二是支持中东欧基金存量项目投资及运营。截至 2021 年末中东欧金控共向基金累计实缴 3.9 亿欧元，顺利履行基金有限合伙人的职责。同时定期跟踪了解基金运营状态，做好相关风险管控和投后管理工作，配合基金二期筹建方案的落地。三是做好对世福资本的股权投资管理工作。目前中东欧金控已出资 1 141.28 万欧元用于世福资本股权投资，并按照公司治理程序，通过派驻董事、参加董事会及股东会、行使股东权利等方式参与世福资本公司治理，为世福资本开展工作提供资源和组织保障。

二、世福资本及中东欧基金工作开展情况

2021 年，世福资本完成了董事、总裁等高层管理人员及公司治理机制的重大调整，并按照新时期新要求对公司治理程序、董事会及各专业委员会议事规则进行了优化调整，确保公司过渡期各专业议事机构平稳运行以及公司战略决策落地执行。基于中东欧基金一期投资期已临近届满，在董事会批准下正式启动了基金二期的筹建准备工作。

一是党建工作更加扎实有力。2021 年，世福资本党支部全面开展党史学习教育和建党 100 周年庆祝活动，深入学习贯彻党的十九届六中全会精神，在全面从严治党上力求更高标准、更严要求，构建良好的党建风貌和政治生态，强化党员干部的红线意识和底线思维，为投资运营把好方向、厘清思路，为公司和基金高质量发展提供坚强政治保证。

二是公司治理机制更加完善。对董事会以及执行委员会、投资委员会、风险管理委员会等各专业委员会议事规则进行调整与优化，进一步完善公司治理机制；通过公司治理程序，顺利完成世福资本董事会、公司总裁及各专业委员会成员的调整。

三是中东欧基金二期筹建工作正式启动。中东欧基金一期的五年投资期即将结束，为落实中东欧基金的可持续发展，世福资本在做好首期基金存量项目的投后管理及退出安排的同时，在大股东的支持与小股东的配合下，经董事会批准启动了基金二期的筹建工作。

四是风险合规建设迈上新台阶。世福资本及中东欧基金完善全面风险管理体系，严格落实风险管理主体责任，确保“责任到岗，落实到人”；严把准入关口，做好宏观风险和政策把控；杜绝“重投轻管”现象，积极谋求项目增值和退出；细化员工廉洁从业要求，践行廉洁自律规范；重视操作风险管理，严格遵守香港监管规定，确保公司依法合规运营；严格按照卢森堡法律法规，落实中东欧基金合规工作。在 2021 年香港证监会对世福资本进行的合规检查中，做到了零错误、零整改。

（中国—中东欧金融控股公司）

与标准银行的战略合作

2021 年，工商银行进一步强化标准银行股权管理，落实股权看管责任，持续推动两行战略合作，积极维护自身股东权益。

一、对标准银行投资收益情况

截至 2021 末，工行持有标准银行股份 324 963 464 股，持股占比 20.06%。按权益法核算，2021 年标准银行归属工行利润约 21.01 亿元人民币（集团口径）。自入股以来，工行累计收到标准银行现金分红约 247.4 亿兰特，股票分红约 1 995 万股。

二、对标准银行的投资管理

2021 年，工行通过委任董事履职、专项研究及日常监测相结合的方式，进一步加强标准银行股权管理。工行委任董事积极履职，充分发挥在标准银行公司治理层面的积极作用，有效引导其战略发展及经营转型；及时就重大事项深入研究、积极沟通，切实维护工行战略投资权益及股权安全；密切关注非洲、南非经济及标准银行经营动态，并就南非疫情、兰特汇率波动，标准银行疫情防控、风险管理、平台化转型、子公司整合，以及工行增持标准银行股份等相关情况开展专题研究。

三、两行战略合作开展情况

2021 年 9 月 27 日，两行在第二届中非经贸博览会期间共同举办中非金融合作对话会，是博览会唯一金融主题专项活动。会议期间发布《BRBR 机制支持非洲高质量发展倡议》《以绿色金融理念支持中非融资合作备忘录》等 13 项成果。

2021 年 9 月 28 日，两行举办战略合作会，签署两行战略合作与战略协同《三年行动纲要》及人员交流项目补充协议，为未来两行战略合作指明了方向。

（总行战略管理与投资者关系部）

跨境人民币业务

一、2021 年总体情况

2021 年，境内外机构跨境人民币业务量累计金额达 8.5 万亿元（含结算、贸易融资、人民币购售），同比增长 18%。其中，完成跨境人民币结算量 8.26 万亿元，完成跨境人民币贸易融资及跨境人民币购售 0.24 万亿元。境内分行实现跨境人民币结算量 5.12 万亿元，同比增长 27.48%，四行占比达 29.5%。

二、主要工作措施与成效

（一）坚持本币优先，全面落实跨境人民币便利化政策。一是推进跨境人民币便利化发展。认真贯彻《关于进一步优化跨境人民币政策支持稳外贸稳外资的通知》，以落实跨境人民币便利化政策为契机，提升客户人民币跨境使用效率。二是持续引导客户使用人民币跨境结算。经常项下，配合便利化政策和汇率风险中性原则，加强跨境人民币结算的市场宣传，引导客户通过跨境人民币结算，提升结算效率，规避汇率风险；资本项下，助力境外客户以人民币投资中国市场以及境内客户人民币对外直接投资、对外放款、利润汇出等；积极探索并落地国内信用证福费廷、国内保理等多类人民币资产跨境转让业务。

（二）聚焦重点企业营销，在重点领域实现连续突破。一是积极拓展央企跨境人民币业务。落实政策加强指导，开展名单制拜访营销，编印《跨境人民币业务案例集》，为重点客户提供全方位的跨境人民币服务方案；加强银政企协作，在北京、深圳、上海、四川、湖南等多地举办高水平大型跨境人民币业务推介会，获得人民银行、国资委、各大企业高度肯定；发挥本币优势，为客户“急难愁盼”提供专项解决方案，成功落地大宗商品、对外承包工程等重点项目，取得一批金额大、示范性强的重大突破。二是强化跨国公司跨境人民币金融服务。印发《跨国公司跨境人民币服务方案》，发挥工银集团协同优势，推动跨国公司上下游供应链、核心价值链、供应商的人民币使用，为众多头部跨国公司在借入外债、设备零部件采购、管理咨询等服务以及贸易采购、投资分红、非居民企业所得税缴纳、全球现金管理等多场景下提供跨境人民币服务。三是发挥“数贸 e 链通”区块链平台优势，为多家境内外大宗商品客户办理区块链跨境人民币结算服务。

（三）发挥大行担当，积极参与金融市场重大开放。一是全面参与债券通“南向通”筹备及落地。全程参与债券通“南向通”业务创新模式研究和政策制定，成为首批试点银行并落地首批业务，成功开展“南向通”项下投资、托管、做市、债券结算与资金清算业务，实现对“南向通”的全渠道、全产品及全流程覆盖。二是全面参与粤港澳大湾区“跨境理财通”筹备及落地。发挥湾区境内外一体化服务优势，组织粤深港澳机构提前准备制度规程、系统研发、产品设计、风险防控、投资者保护等工作，为业务落地提供坚实保障。

（四）把握自贸区政策优势，推动跨境人民币业务创新。一是启动广东分行自由贸易账户 FT 业务，成为唯一一家 FT 业务同时覆盖上海、广东、深圳、海南等四个重点区域的金融机构，并以 FT 账户体系为载体，创新推出全功能跨境双向人民币资金池等业务。推进 FT 账户体系总分架构改造，新增全行自贸区总部，统一负责 FT 流动性管理、对外清算、金融市场平盘等功能。二是授权部分自贸区分行新增跨境贷款业务，满足中资企业在“走出去”过程中开展的境外直接投资、对外承包工程项目、日常经营周转等融资需求；积极参与北京地区本外币一体化资金池业务试点，首批 5 家试点企业中的 4 家中资企业均选择工行率先办理首发交易。三是把握上海浦东引领区、自贸区临港新片区以及虹桥商务区等多项高水平开放机遇，打造“离岸 + 在岸”服务模式，形成更加适应上海开放特点的自贸业务体系；着眼粤港澳大湾区、深圳先行示范区、横琴粤澳深度合作区与自贸区建设的战略协同，开展跨境投融资、跨境贸易新业态等领域业务创新。四是做好海南分行自贸港先行先试与业务创新准备，推进 QFLP、QDLP 等业务落地。

（五）加强境外市场建设，完善人民币使用生态。一是落地人民币与印度尼西亚卢比双边本币结算机制安排，被人民银行和印度尼西亚央行指定为特许交叉货币交易商。二是加快推进阿根廷人民币清算行系统改造优化，丰富金融产品，提升运营效能。三是做好重点周边市场的境外监管沟通和市场培育，持续推动人民币在老挝、缅甸、哈萨克斯坦、土耳其、巴西等重点离岸市场的使用。四是破解非洲中资企业人民币使用难题，联合南非标准银行充分利用中非经贸博览会成功举办大型经济论坛，推介人民币跨境业务；引导在非“走出去”中资企业在对外承包工程项目中使用人民币贷款；联合南非标准银行在中国成功开通6个非洲国家币种对公即期结售汇等。五是工银资管（全球）与南方东英在港交所推出“工银南方东英彭博中国国债+政策性银行债券指数ETF”，进一步丰富离岸人民币投资理财产品，获得香港政府机构等众多大型机构投资人认购。六是大力开展对外宣介，在中国香港、中国澳门、新加坡、俄罗斯、哈萨克斯坦、巴基斯坦、德国、韩国、英国、泰国、土耳其、瑞士等30个国家和地区举办跨境人民币业务线上推介会等，持续提升各国对人民币的认知度。

（总行国际业务部）

国际结算单证业务

2021年，全行国际结算条线坚持总行党委“48字”工作思路，固服务之基、扬专业之长、强创新之器、守风控之门，推进智慧贸金平台数字化转型，助力“外汇业务首选银行”战略走深走实。

一、坚持深耕细作，单证业务表现稳健

秉持创新赋能和专业服务理念，围绕外汇业务首选银行战略，以客户需求为中心，深耕运营、提质增效，以高质量运营助推业务高质量发展。

（一）国际单证结算与融资金额双创新高。全年国际单证及融资业务笔数同比增长4.1%，金额同比增长32.8%。其中，国际单证金额同比增长39.8%，国际融资金额同比增长23.1%，单证与融资业务金额均创5年新高。

（二）国内信用证融资稳步增长。全年国内证及融资业务金额同比增长18.7%。其中，国内证福费廷金额同比增长47%，拉动国内证融资整体同比增长42%，金额创5年新高。

（三）线上业务翻倍提速。全年新增供应链、海关和同业三大银政企互联场景，网银、API银企互联、SWIFT直连及单一窗口等渠道办理业务笔数同比增长126%，业务金额同比增长138%，线上业务规模加速提升。

（四）同业对比增势强劲。业务占比上，境内国际单证结算业务总金额四行占比为26%；增长速度上，境内国际单证结算业务总金额同比增长39%，连续五个月增速保持四行第一。

二、夯实系统基础，推动贸金平台智能升级

坚持“智能升级、开放共享”建设思路，以业务高效处理、渠道多维互通、系统灵活交互为目标，推进智慧贸金平台升级，支持产品创新及数字化转型，锻造系统硬实力。

（一）科技驱动，运营服务能力再上新台阶。全年推动实现251个功能点投产与优化，完成自动化需求改造35个，推动智能核查、智能识别录入等功能研发，实现交易自动化比率近15%，加快落地分行端减负功能，持续扩展平台职能，赋能平台运营支持与管理效能提升。

（二）转型升级，线上渠道建设再结新硕果。持续开发网银单证新功能，推出贸易融资线上申请模块，业内领先实现“结算+融资”全流程线上办理；投产网银顺丰同城快递互联功能，创新“网银交单、线上审单、一键下单、快速寄单”全流程出口交单特色服务模式；积极参与“单一窗口”金融服务建设，推动投产“单一窗口”单证结算功能，同业首家上线进出口信用证业务。

（三）融合共建，配套系统优化再显新合力。应对全球利率市场变革，配合集团LIBOR转换工作部署，顺利完成新基准利率的系统设置，实现新利率下首笔贸易融资业务落地；领先同业首批接入人民银行电子信用证信息交换系统及福费廷业务子系统，助力国内结算融资电子化发展；创新探索单证业务国际收支申报自动化，优化申报流程和规则，提升国际收支申报数据的精确性和时效性。

三、坚持“客户至上”，赋能贸金业务深耕厚植

深入开展“我为群众办实事”实践活动和“双百”行动，发挥单证中心作为全行结算枢纽和安全阀的作用，塑造服务优势，赋能分行拓客展业、提质增效，为全行贸金业务高质量发展蓄力护航。

（一）多措并举，提升优质服务能力。开辟绿色通道，提供“2小时审单”“大客户高速路”“柔性团队”等高效服务，满足客户高时效要求；量身定制方案，提供“数字平台”“专属团队”“循环信用证”等专属服务，“一户一策”解决分行和客户痛点；主动“送教上

门”，专业指导协助分行精准营销，靠前服务协助分行拓客展业。

（二）特色服务，支持业务创新发展。对标境内外机构的创新发展诉求，为分行外汇业务提供专业咨询服务指引，创新专家服务为分行营销拓展提供动能，自贸金融服务为分行抢抓市场提供支持，灵活高效的专业服务为分行注入源源不绝的发展动能。

（三）应急保障，维护业务连续运营。持续完善7×24小时服务机制，精准对接境内外机构特殊时期居家办公需求，为32家境内外机构累计办理VPN业务1.9万笔，金额逾4亿美元；发挥内外联动集团优势，提供灵活交单取单服务，保障贸易连续性；协助分行应对疫情、自然灾害等紧急情况，保障业务顺畅运行不间断。

四、坚持“苦练内功”，提升贸金专业能力

立足专业、精进钻研，通过打造专家队伍夯实服务基础、提升服务力度、激发服务效能，为全行外汇业务高质量发展铸就坚实后盾。

（一）以专业实力提升行业影响力。发挥专业价值，引领专业研究，牵头推进中国国际商会“国别保函研究”项目，完成对24个主要经贸合作国家的保函风险管控研究，研究数量居行业领先地位，研究成果获中国国际商会和中国最高人民法院官网发布；深度参与《数字贸易统一规则》等各项国际惯例制定，在国际商会中国国家委员会年会上代表工行发言，彰显工行专业影响力。

（二）以专家团队加强风险防控力。加强风险预警，强化风险拦截，依托智能风控工具等专业手段，梳理欺诈业务案例特征，协助分行发现并拦截涉嫌欺诈信用证累计30余笔，成功为客户规避损失约7 000万美元，为全行外汇业务保驾护航。

（三）以专业建设增强服务驱动力。面向中心员工举办主题丰富的专业培训300余场，面向全行境内外机构举办国际结算单证业务境内、境外收单点培训班，着眼中心和全行外汇业务人才培养规划，夯实专业基础；组建研究团队开展课题研究，全年完成研究报告55篇，其中24篇发表于《中国外汇》等权威刊物，以专业研究成果助推全行外汇业务发展。

五、推进数字转型，智慧贸金建设走向纵深

以创新驱动产品拓展，以科技赋能服务升级，挖潜集约平台价值，激发协同服务活力，构建全方位、多维度、开放式贸易金融新生态，以工行智慧普惠外贸企业、服务实体经济、促进贸易便利化发展。

（一）把握发展契机，拓展智慧贸金产品内涵。“清关云管家”成功探索管家式贸金服务新模式，实现企业自主平台与工行单证系统API直联，为客户提供自动合同解析、智能审核单据、清关数据管理等线上化智慧贸金服务，领跑同业实现智能清关审单领域的成功创新，在第四届进博会期间成功发布；“数贸e链通”跨境金融服务区块链平台成功支持境内外机构联动拓展产业链供应链上下游客户，荣获“2021年度十大金融高价值优秀案例”，并助力新加坡分行斩获“2021年度全球金融创新大奖”，成为入围前十强的唯一银行机构，全年为宝武集团、鞍钢集团等企业办理国际结算业务累计金额3.12亿美元；持续推进外汇局跨境金融服务区块链平台对接建设，领先同业成为全国首家节点层接入外汇局跨境金融区块链平台的商业银行并落地全国首单业务，全年上链业务金额超123亿美元，业务规模居领先地位；“e企保”区块链电子保函平台应用前沿科技提供全流程国内保函解决方案，服务触达21个省份、58家政府平台和企业，全年开立电子保函金额逾44亿元人民币，推出“企保通”子品牌，于2021年服贸会期间发布，并与施耐德电气签署合作协议。

（二）延展银企合作，增强贸金服务滴灌效能。持续推广“工银e制单”代理客户制单服务，全年为深圳分行华为集团代理制单530笔、金额超3.91亿美元，支持华为集团服务“一带一路”沿线8个国家，带动办理出口信用证结算业务12.06亿美元、同比增长30%；“托收e管家”稳固保持与阿里跨境电商平台智能托收业务独家合作优势，并创新推出自贸区跨境人民币服务功能，深化一揽子服务协同效能，全年累计服务超200家客户，交易对手覆盖32个国家和地区，为全球客户提供互惠共享的工行金融服务；“工银e证通”深入对接全国最大外贸综服平台“一达通”，平台商户交易量和活跃度显著提升，全年办理出口单证结算共8 822笔、金额超7亿美元，同比增长80%。

（三）加强集团联动，深挖协同服务价值动能。升级“跨境e单通”联动服务模式，成功构建跨境交单、收单、托收联动三种场景跨境服务模式，全年为伦敦、万象、深圳等10家境内外机构的15家大型跨国集团企业提供跨境交单服务，合计金额48亿美元；提升“集团保函直通车”联动服务效能，支持“走出去”客户抢抓境外工程承包等重要市场，撬动中国水电建设集团、上海振华重工、中铁四局等集团大客户全年累计办理保函业务达36亿美元，同比增幅超50%；打造“工银e单承”联动创新产品，优化集团内远期信用证结算业务流程，联动万象分行与上海分行顺利落地首笔业务，为老挝电信公司快速发放融资70万美元，为客户办理贸易融资节省时间成本。

六、坚持合规为本，守护全行贸金业务平稳运行

强化业务操作风险控制体系，提升运营风险防控水平，完善智能风控功能建设。强化合规文化建设，强化

合规风险防御能力，合规风险管理能力再上新台阶。

（一）完善业务应急灾备机制。建立业务应急灾备体系，制定分级响应策略，在生产环境模拟单一中心发生业务停摆的极端场景，开展实战演练，30分钟内顺利完成灾难中心业务中断至异地灾备中心全面接管无感切换，切实做好疫情等突发情况下业务运营保障。

（二）落实“保一方平安”专项行动。强化重点领域隐患排查治理，筑牢安全生产防线，压实安全生产责任。注重员工安全意识和能力的培养提升，开展多样化宣传教育活动，提前排查化解风险隐患，保障员工安全。

（三）筑牢操作风险防控屏障。引入“系统核查+人工判断”核查方式，落实“一对一”“点对点”问题闭环整改；创建智能核查模块，投产应用68条核查规则，覆盖63个交易品种，成功尝试机控代替人控，完善系统事前预警、事中控制、事后自动核查校验的风险防御网络。

（四）夯实涉敏业务管理基础，提升反洗钱管理水平。分批次启动境外机构单证业务涉敏甄别流程调整，持续推进黑名单集中调优，切实压降误中率，带动审核效率进一步提升；加强单证项下客户洗钱风险管理，完善单证系统反洗钱功能建设，提升反洗钱管理质效。

七、突出党建引领，勠力同心锻造精诚队伍

坚持党建引领，落实全面从严治党各项要求，持续推动党建与业务深度融合发展。深入开展各类志愿服务和公益活动，将弘扬社会主义核心价值观与履行企业社会责任有机结合，践行大行责任担当。

（一）扎实推进党史学习教育活动。组织全面系统学习百年党史，学习贯彻党的十九届五中、六中全会精神，学习习近平总书记“七一”重要讲话精神等，组织387名青年员工参加中央和国家机关青年党史知识大赛；开展历时5个月、近200名员工深度参与的百期中英双语“党史小故事我来讲”系列活动、“我想对党说”微视频大赛、“探寻红色足迹、传承红色基因”实地研学系列活动等，多项工作经验成果获多家线下线上媒体平台刊登。

（二）多措并举助力乡村振兴。持续推进“空中英语”教育助学品牌项目，两年累计为金阳县近266名彝族儿童开展了82课时英语教学；举办“工青温暖　点亮生活”爱心义卖，筹集爱心善款为工行定点帮扶县及中央和国家机关第24批青年支教扶贫点送去关爱。

（三）爱心公益彰显社会责任。连续十年举办“冬日阳光　传递温暖”爱心捐冬衣活动，资助甘肃省瓜州县的困难家庭；“雏鸟伴飞　书香圆梦”活动捐赠童书555册，通过“枫糖读书计划”公益项目，送往河南贫困乡村的孩子们手中；组织“一路同行　与爱相随”关爱癌症儿童公益活动，为在安徽省儿童医院就医的乡村贫困儿童家庭周转宿舍捐助生活物资；合肥中心周磊同志坚持献血12载，荣获全国级“第十三届中国青年志愿者优秀个人奖”。

（总行国际业务部）

工银亚洲（含香港分行）

2021年，工银亚洲认真落实总行党委“48字”工作思路，用好“三比三看三提高”工作方法，按照“审时度势、危中寻机、转型创新、稳健发展”的经营策略，始终保持战略定力，攻坚克难、开拓进取，持续推动经营转型与高质量发展，服务国家和集团战略大局，整体呈现稳健发展、质效提升、基础夯实的良好态势。

一、经营业绩稳中有进，发展质效持续提升

（一）经营效益稳步增长，盈利水平持续增长。面对纷繁复杂的外部压力与挑战，工银亚洲统筹抓好疫情防控、风险防控与经营发展，坚持开源节流、攻坚克难，圆满完成年度经营目标，净利润增幅优于香港可比同业，净利润总量在集团境外核心类机构中保持第一。

（二）经营规模稳步壮大，资产负债持续优化。迎难而上把握市场机遇，多方挖潜，加强内外联动、公私联动，投向央企、国企、本地蓝筹客户的贷款余额稳健提升，信贷结构明显改善；通过调整负债结构大幅压降付息成本，全年日均存款和日均低息存款均稳步增长，日均低息存款占比提升至历史高位，负债结构得到显著优化。

（三）转型步伐稳步迈进，收益结构持续改善。加快培育多元收入增长极，持续大力推进四大转型业务和低资本消耗业务发展，中间业务净收入总量及占比持续提升，收益结构实现优化，系统贡献持续提升。积极发挥境外旗舰和平台作用，精准把握交易时机和客户需

求，实现交易业务净收入和债券处置收益的显著增长。

（四）大行形象稳步向前，品牌影响力持续提升。通过惠民惠企的金融纾困政策、帮扶社会的青年就业计划、惠泽社群的慈善公益项目、严格有效的防疫抗疫举措，积极履行中资大行的企业社会责任；作为独家金融机构赞助香港运动员出征奥运会，连续19年荣获香港“商界展关怀”标志，对外展现工银亚洲的良好企业形象。

二、主要经营亮点与工作措施

（一）大力拓展重点与特色业务。积极服务共建“一带一路”，成功挖转跨境人民币分红资金归集业务，打破同业垄断，并完成首笔独家牵头的承诺性有限追索权项目融资。持续推动GBC生态场景建设，成功与部分慈善团体及高校达成合作，发行中国地方政府首单境外债券，营销多家外资保险巨头开户，持续扩大O2O特色商圈范围。抓牢重点项目助力实体经济提质增效，成功签约多笔银团，落地多个大额融资项目，联动北京分行向北汽集团等发放过百亿港元高端制造业并购贷款。大力推动绿色金融发展，绿色债券投资显著增长，绿色贷款增速高于一般贷款，承销多笔绿色及碳中和债券，以主要承销角色参与香港政府绿色债券发行，协助集团发行全球多币种碳中和主题境外绿色债券，创中资银行绿色债券最大发行规模。高效提供全球现金管理服务，办理多笔IPO收款行业务，名列本地同业第二，冻结资金超过3 000亿港元，支持多家企业首批试点实施本外币一体化资金池项目及财资中心主办行业务。

（二）积极落实集团各项战略。全面落实“境内外汇业务首选银行”战略，国际结算量超过8 000亿美元，公司条线贸易融资量实现大幅同比增长。积极推动跨境人民币业务发展，跨境人民币业务量超过20 000亿元人民币，重点央企、国企等客户跨境人民币业务量同比增长逾4.5倍，境外央行客户人民币存款余额超100亿港元，完成CIPS直参行平台建设，打破中银香港人民币清算独家垄断。认真落实“第一个人金融银行”与“重点区域竞争力提升”战略，持续推动财富管理转型和线上渠道建设，零售贷款和中收取得增长；积极参与湾区跨境金融创新，首批落地债券通南向通、跨境理财通，创新升级湾区特汇、湾区e贸通等拳头产品，并实现“首笔跨境人民币区块链信用证”等代表性业务落地。积极服务共建“一带一路”，成功挖转跨境人民币分红资金归集业务、打破同业相关业务垄断，并完成首笔独家牵头的承诺性有限追索权项目融资。持续推动GBC生态场景建设，成功与部分慈善团体及高校达成合作，发行中国地方政府首单境外债券，营销多家外资保险巨头开户，持续扩大O2O特色商圈范围。

（三）全面提升风控合规水平。按照“主动防、智能控、全面管”路径，落实总行授信审批新规和“三道口、七彩池”信贷管理模式，优化调查审查模式，压实各环节责任，持续做好表内外信贷资产入池归位，加强分池分区分块结构分析及动态管理，完善监测与报告制度，不断提升信贷管理基础能力，持续加强全面风险防控能力建设，夯实合规管理基石。开展“全面风险管理压实年”和内控合规“价值创造年”活动，推动市场风险新监管标准实施、利率基准改革，强化市场风险模型研判及信用风险实时管控，率先完成气候风险压力测试；成立防范金融犯罪部统筹洗钱和涉敏风险，不断完善合规文化与督察整改体系，加强监管科技应用，紧跟监管趋势提高合规管控水平。

（四）着力增强集约化运营能力。将科技创新赋能运营的理念深度融入发展规划，推动构建智慧金融生态体系，发布Soft Token、手机银行电子结单等领先创新产品，筑牢综合营销平台建设。推进“智能控”智能信贷风控体系建设，实施网络防卫计划，构建全流程、自动化安防体系，加快智能风控建设布局。自主研发投产科技项目管理系统、决策信息支持平台等重点项目，助力管理决策与业务经营。推进业务集约化运营改造，压降事务性工作，提高办公效率和节能减排。三年累计完成81个流程优化项目，纸质文档库存减少50%，降耗增效超过1 000万港元。研究利用RPA技术实施对账管理、结果监测和账龄监测，覆盖多个业务场景，加速推进FOVA指纹认证项目。集团境外机构首创现金智慧运营项目，业务处理效率提升66%。

（工银亚洲）

工银澳门

2021年，面对严峻复杂的经营环境，工银澳门坚持总行党委“48字”工作思路，抓好疫情防控和经营管理，实现稳健经营，第12次荣获英国《银行家》《世界金融》和美国《环球金融》杂志“澳门地区最佳银行”殊荣。

一、勇于担当，找准站位，主动融入国家发展大局

（一）支持大湾区建设，助力市场互联互通。有效提升跨境结算服务。首家为澳企开立横琴FT账户，并办理首笔FT账户汇兑业务。湾区账户通累计为澳门居民开立内地账户1.65万户，完成各类交易39.13万笔，有效解决了澳门居民琴澳两地生活的物业缴费、线上支付、消费购物、参加社保等支付需求，提升了澳门居民湾区生活便利化水平。首批推出“湾区社保通”业务，使澳门居民足不出澳即可完成内地社保参保。创新不动产跨境抵押登记服务，成为澳门首家“二手房交易登记＋金融服务”模式办理跨境抵押登记业务银行。截至2021年末，跨境按揭市场占比超过80%。试点推出“湾区薪汇通”服务，通过工银澳门手机银行随时发起跨境汇款，优化了薪金跨境汇款模式。首批推出“跨境理财通”服务，助力澳门居民跨境人民币投资，增添湾区投资配置渠道。

（二）组织客户参加进博会，助力澳门企业走进内地。将进博会作为支持澳门企业发展壮大，服务国家经济建设和贸易自由化的重要抓手，连续两年组织客户参会，帮助搭建澳门与内地以及全球经贸往来的桥梁。

（三）多措并举参与本地社会建设，助推澳门平台发展。银行业首家设立“葡语系国家研究中心”，服务全行国际化发展布局，支持澳门中葡平台建设。担任澳门中华总商会监事长单位。成立工银澳门青年协会，培育壮大爱国爱澳力量。

二、节能环保、绿色发展，支持生态文明建设。

（一）致力打造绿色智慧银行。开展数字银行建设，手机银行月活跃客户达到14万户，增长43%；手机银行个人客户渗透率达到78.93%，汇款、证券等主要交易线上占比超90%，成为主要服务渠道。推动智慧网点建设，率先推出借记卡即时制卡及信用卡即时发卡服务，投产“智慧银行6.0”“新证券”“虚拟卡”等数字金融服务；为全澳主要商超、机构提供收单服务，智能化水平领先同业。同时，持续推动报表自动化及运营集约改革，倡导绿色发展、无纸化办公，实现了节能增效。

（二）大力推动绿色金融发展。发展绿色信贷，引导信贷资源向低能耗、低排放、高效能、市场前景良好的绿色产业领域投放。将环评因素作为贷款审批的重要准入条件或参考依据，对于绿色信贷的FTP定价方面采取差异化的价格优惠措施。截至2021年末，符合澳门金管局绿色信贷标准贷款合计6户，余额15.40亿元。加大绿色投资。2021年，累计投资绿债12只，投资余额等值15.5亿元；全资子公司工银澳投所管理退休基金投资环保类股票2只。

（三）发布“中债—工行绿色债券指数”。业内首家发布基于最新市场标准、可跟踪复制的银行间绿色债券指数，助力提升境外投资人对人民币绿色债券资产的吸引力，有利于推动澳门本地债券及证券市场建设。在澳门市场成功发行20亿澳门元碳中和主题绿债，实现澳门债券首次登陆国际市场。

（四）支持澳门绿色低碳转型。在“第12届国际基础设施投资与建设高峰论坛”期间举办“金融合作支持国际基建绿色转型”平行论坛，为政府、金融机构和企业等利益相关方搭建国际基建向绿色转型的交流合作平台。根据特区政府工作部署，聚焦绿色发展及ESG主题，对澳门证券市场建设进行研究，明确了先债后股的发展路径，得到特区政府肯定。

三、不忘初心，矢志兴澳，服务特区政府提振经济

（一）支持澳门都市更新和旧城改造。牵头澳门P地块130亿元银团贷款并承贷80亿元，20余家银行参贷，是澳门本地除传统六大综合度假村企业外，银团筹组金额最大、本地最多同业参加的银团贷款，支持了澳门都市更新和旧城改造。

（二）响应政府消费券计划，支持澳门经济复苏。投入千万级配套资金进行消费补贴，开展e支付营销及推广活动，电子支付客户增长67%，“e支付”商户净增1 500家，交易笔数及交易额增长4倍，促进了社会消费。

（三）协同社会各界共克时艰。深化特殊时期综企再融资等业务合作，支持了澳门经济复苏；对接政府纾困计划，推出“融易按”“抵押易”等多项创新产品服务，与中小企业共渡难关，开立中小企账户近2 000户，提供了综合金融扶持。

（四）跨境电商支持澳门中小企业转型发展。依托跨境电商协会整合澳门电商资源，打造“澳门广场”跨境电商综合解决方案并上线抖音平台。第26届澳门国际贸易投资展览会（MIF）期间，与多家协会签署合作协议，与澳门中小企业发展联盟签署战略合作协议，助力澳门中小企业开拓内地市场。

四、开拓进取，创新实践，服务澳门经济多元发展

（一）牵头成立澳门证券基金行业协会并担任会长单位。通过凝聚业界共识、深化行业协作、推动行业自律、完善市场生态，推动行业发展。

（二）依托集团业务平台优势，深入布局债券市场。一是澳门首家加入国际资本市场协会（ICMA）。有效提升了本行债券承销业务专业水准，为参与澳门现代

金融基础设施建设及相关业务规则的制定和完善提供条件。二是债券承销及发行规模稳居同业首位。累计发行及承销债券项目20多个，规模180亿美元。深化现代金融业务布局，完成多笔标志性债券承销交易。

（三）完善金融基础设施，赋能政府治理。依托金融科技优势，实现卫生局、邮政储金局等10多家政府部门及公共机构合作突破，同主要驻澳高校及多家中小学建立合作关系，提高了公共服务效率；投产成为CIPS系统直接参与行，并与9家本地同业建立CIPS业务关系；大力支持特区政府“聚合易”“过数易”项目，提升了澳门社会金融服务效能。

五、情系民生，服务社会，积极践行企业责任

（一）全方位保障员工及客户身心健康。始终将员工及客户身心健康放在突出重要位置，1 100多名员工及其家属继续保持零感染，疫苗接种率达到91%，超过社会平均水平近20个百分点，有效建立了防疫屏障。

（二）积极参与公益活动回馈社会。向澳门四所大学提供奖学金60万元，扶助文教事业发展；向民间慈善机构同善堂及慈善跑受赠单位捐赠善款30万元，服务社群；向公益基金会捐款30万元并组织全行参加“线上百万行”活动，承担社会责任；为河南暴雨灾害捐资100万元，扶危助困。组织员工探访动物协会，爱护生命；走访精神复康院舍，关爱病弱；加强与重要社团联系与互动，开展艺术进社区等活动。

（三）深化银校合作，培养多元金融人才。独家赞助澳门教青局学界比赛，与濠江、培正、菜农子弟、妇联等四大学校签订战略协议，培养本地青年人才；举办2021“工行杯”第一届澳门大学生金融科技创新大赛，发掘科技人才；举办“研习之旅—走进ICBC”系列活动，参加澳门金管局澳门金融人才培育宣传，增进青年对金融的了解。

（四）关爱长者，提高普惠金融服务水平。连续六年参与澳门社会工作局“颐老卡”长者优惠服务，为年满65岁并持有“颐老卡”的长者提供豁免票据服务费，服务长者超8万户。通过客户沙龙等活动，提升长者对储蓄和理财的认知度，加强“账户安全保障”宣讲，为长者提供更加安全便利的金融服务。

（五）助力乡村振兴，支持共同富裕。始终将脱贫攻坚作为海外机构“守初心、担使命”的重要实践载体，发挥海外机构应有作用，为江西修水县蔬菜大棚的种植及收购提供金融服务。

（工银澳门）

新加坡分行

2021年，面对疫情持续蔓延滋生的严峻形势，新加坡分行认真践行总行党委“48字”工作思路，防疫情、控风险、保运营，各项业务稳健发展，经营绩效持续提升。

一、做好疫情常态防控，经营绩效持续提升

顺应本地疫情形势变化及政府防疫政策调整，新加坡分行适时优化常态化防疫措施，全力保障经营连续性，各项业务稳健发展。截至2021年末，总资产余额249亿美元，较年初增长2%；表内贷款余额117亿美元，较年初增长26%；客户存款（含非银行金融机构）余额90亿美元，较年初增长12%。2021年实现中间业务收入4 515万美元，同比增长19%；拨备前利润15 643万美元，同比增长19%；净利润13 094万美元，同比增长3%。

二、对标人民币国际化战略，加快跨境人民币业务发展

一是夯实人民币清算基础设施建设，提升清算服务效率。2021年办理人民币清算量65万亿元，同比增长30%，继续保持大中华区以外最大的人民币清算行地位。二是参与调节离岸人民币市场流动性、稳定离岸人民币汇率，2021年在离岸市场融出及融入交易量合计1.18万亿元；人民币外汇做市交易量4 899亿美元，同比增长30%。三是参与银行间债券市场直投、回购以及债券通交易量合计5 951亿元人民币，带动跨境人民币结算量超1.16万亿元。四是以高效的跨境人民币业务促进贸易投资便利化、服务实体经济，全年办理人民币跨境汇款量1 482亿元，同比增长42%；跨境人民币贸易融资361亿元，同比增长24.3%；跨境人民币双向资金池超过32个，年交易量超730亿元，较上年增长20%，创历史新高。

三、对标“稳外贸、稳外资”政策，促进国内国际双循环

一是落实总行“春融行动”部署，名单内境外上下游企业拓展至39家，办理融资198亿美元，较上年增长180%。二是打造贸易金融旗舰，全年办理大宗商品贸易融资折合215亿美元，同比增长55%，单证项下国际结算折合636亿美元，同比增长86%，稳居本地中资同业第一。推进贸易金融数字化转型，开办基于区块链技术的跨境信用证服务，与力拓、鞍钢等行业龙头实现业务合作。三是响应中新互联互通，与境内分行联动办理开户、融资、结算、外汇交易等业务150余项，同比增幅50%。四是强化跨国公司区域总部营销，为宝马、日立、吉宝等跨国公司建立的全球现金管理主办行项目累计75个。2021年新拓展的丰树集团，作为其首家中资全球现金管理合作银行，推荐到19家境内分行新开账户60个，涉及投资超过120亿元人民币，荣获财资中国2021年度“最佳场景解决方案奖”。

四、对标共建“一带一路”要求，助力中企海外布局

一是提供多元融资支持，为华为提供2.5亿美元综合授信，为国电投在几内亚的铝土矿开发项目提供4亿元人民币过桥贷款，为国家电网收购阿曼国家电网提供5 500万美元并购贷款，为中建科技集团新加坡公司提供1亿美元营运资金贷款。二是为25家央企的本地52个分子公司提供综合金融服务。例如为中航油海外总部搭建全球现金管理平台，为中国电信亚太公司开办“全球发薪”服务。三是为共建“一带一路”重点项目量身定制离岸账户管理及资金汇划方案。例如与卡拉奇分行合作，为中巴经济走廊国家电网默拉直流输电项目提供离岸账户托管服务；成为几内亚某项目贷款的押品及监管账户代理行，有效保障项目平稳运转。四是作为亚洲基础设施办公室的首家中资合作银行，多次参加全球性基础设施论坛，在国际舞台上展示工行为共建“一带一路”提供金融服务的能力和成效。

五、对标碳达峰、碳中和目标，积极践行绿色金融

一是依据新加坡金管局环境风险管理指引，以及总行关于进一步加强绿色金融建设的意见，创新拟订了《环境风险管理框架》，从治理架构、三道防线、环境风险识别和评估等维度，将环境风险管理嵌入投融资尽职调查、审查审批、贷后管理全流程。二是加大对绿色经济和低碳脱碳转型领域的融资支持，2021年末绿色贷款余额11.6亿美元，较年初增长40%。其中，作为绿色贷款顾问银行，参与筹组某主权基金持有的绿色建筑Asia Square银团，是新加坡年度金额最大的绿色建筑贷款。三是在总行统筹下，与四家境外机构共同发行总额约32.3亿美元的“碳中和”主题绿色BRBR债券，创下中资发行人境外绿色债券单次发行最大规模纪录。其中，新加坡分行发行10.5亿美元3年期固息债券，利率为T+30个基点，创下中资商业银行同品种债券信用利差最低的纪录。

六、强化金融科技赋能，提升境外经营竞争力

一是公司业务方面，在本地中资银行中首发投产API银企互联、SWIFTnet直联等创新渠道，升级企业网银支持7×24小时服务，完善线上贸易融资、外汇交易等模块。企业网金客户渗透率达到90.7%，较年初增长9.5%；线上结算金额约合718亿美元，是上年的3倍。二是智慧零售方面，作为首批参加银行先后投产Direct Fast和电子财路（eGIRO），便利本地新加坡元转账；升级手机银行至6.0版本，丰富业务场景，实现线上开户、投产华为支付与银联二维码支付、SAXS线上账单支付以及“易汇家”人民币直汇等特色服务。个人客户网金渗透率达到65.6%，较年初增长3.8%，线上交易1 109.7万笔，同比增长28%。三是后台运营方面，落实集团一体化智慧运营体系战略规划，率先实施了票据业务和柜面汇款的跨境集约处理，在疫情下有效保障业务运营连续性。2021年，新加坡分行第五次应邀参展新加坡金融科技节，并荣获新加坡金管局主办的“全球金融创新奖”第三名，是入围前十强的唯一银行机构。

七、全面风控固本强基，监管评级再次提升

认真落实总行全面风险管理“主动防、智能控、全面管”的工作思路，夯实三道防线，有效管控各类风险。

信用风险管理方面，严把信贷准入关，并对受疫情影响较大的行业存量融资开展多轮排查，压降潜在风险融资；在未发生任何新增不良贷款的同时，加大清收处置力度，现金收回不良贷款256万美元；2021年末，不良贷款率0.08%，比年初下降0.05个百分点，远优于新加坡银行业平均水平。

流动性风险管理方面，持续夯实存款基础，加强流动性动态监控，确保各项指标符合监管要求。新加坡金管局对分行流动性风险开展了为期2个月的专项检查，充分肯定了分行近年来在资产负债及流动性风险管理方面的成效。

反洗钱管理方面，强化Brains信息录入规范化控制，持续KYC考评系统自动化；结合本地风险特征，优化交易监测模型，提高风险识别的准确性；积极参与新加坡警局发起的保护客户存款安全、打击金融诈骗的

Project Frontier 项目，荣获新加坡警局、内政部分别授予的“2021 年度杰出社区伙伴奖”“内政部国庆日奖”。

内部控制方面，贯彻总行部署，建立“9 + X”风险事件责任认定问责机制，明确问责对象、情形、标准及流程；建立各部门合规经理队伍，补强三道防线履职效能；完成新加坡金管局关于关联交易管理、IAC 重要岗位人员履职管理等多个监管新规的落地实施。

数据治理方面，历经三年的不懈努力，如期完成新 MAS610 监管全套报表自动化工程。贯彻总行部署，健全数据治理架构，拟订数据治理工作管理办法，开发部署 15 个数据质量自动化检查工具，持续提高数据质量，有效支持经营决策，保障监管报送的依法合规。

新加坡分行持续夯实全面风险管控的措施和成效，得到新加坡金管局的认可，2021 年度监管 CRAFT 评级总体保持良好，多个单项评级提升，是 2018 年以来第三次获得监管评级提升。

（新加坡分行）

东京分行

一、分行经营情况

2021 年，东京分行紧紧围绕总行党委“48 字”工作思路，坚持“三比三看三提高”工作方法，在做好常态化疫情防控基础上，坚持稳中求进总基调，扎实做好全面风险管理，取得良好的经营成绩。

截至 2021 年末，东京分行实现营业收入 8 838 万美元，中间业务收入 2 517 万美元，同比增长 15.3%，净利润 4 396 万美元，同比增长 1.4%，本地市场地位持续提升。风险管控水平进一步提升，不良贷款继续保持为零，获得集团“2021 年度境外反洗钱工作先进单位”，在集团全面风险管理工作评价中排名三甲；2021 年分行作为驻日大使馆党委评定的唯一馆外支部，被推荐参加全国“两优一先”先进基层党组织评选；在推动“一带一路”和促进两国经贸合作所作的积极贡献受到表彰。

二、围绕各项重点工作，紧抓落实促提升

一是以春融行动为抓手，扎实推进“六稳”“六保”工作，多措并举落实外汇业务首选银行战略。分行充分发挥集团境内外一体化优势，持续推动“春融行动”助力稳外资、稳外贸，通过跨境直贷、供应链融资和贸易融资等产品与境内分行联动，积极支持境内外贸企业强链稳链。为江西省内某大型医药流通企业发放备证项下跨境直贷，支持江西分行完成辖内首笔非贸风参跨境直贷；支持海南分行完成辖内首笔非贸风参跨境直贷；成功邀请富士通、AEON 等 12 家日资企业报名参加广东交易会线上活动；邀请东悟、野村证券等 6 家日资企业参加江西进出口线上推荐活动；成功邀请 TDK 电子、佐川物流等 4 家线下参与苏州市商务局与苏州分行全面战略合作签约仪式活动。全年落地春融项目 70 笔，累计放款约 45.76 亿美元；实现跨境人民币业务量1 581.49亿元，同比增长 112.06%。

二是统筹“走出去”与“引进来”，全力支持制造强国。围绕支持中资制造业“走出去”和日资先进制造业“引进来”，着力服务好制造业发展。支持“走出去”方面，与兄弟机构联动筹组国际银团，支持中广核及中化等新技术升级，提高全球话语权；为中铁印度尼西亚雅万高铁项目提供应收账款融资安排，助推中国高铁驶向海外；为北汽集团、特变电工等中资制造企业在“一带一路”沿线项目开发提供并购贷款、项目融资支持，支持“中国制造”漂洋过海。支持“引进来”方面，通过“以内促外”推动与福布斯 2 000 强的头部日企对华合作，业务渗透率已超过 80%，并成为日本最大企业丰田汽车唯一合作中资银行。借助良好的银企关系，分行以“引智、引技、引资”为宗旨创建中日制造业企业交流场景，通过举办跨境投资研讨会，增进对制造业新技术新趋势了解，并积极运用工行“环球撮合荟”平台，推动日企入驻并与中资企业达成合作意向，提升国际化赋能水平。

三是高效服务双循环新发展格局。主动服务服贸会、进博会、广交会等重要展会，撮合促进中日产能合作。如成功邀请龙角散、伊势食品等日资企业在总行组织的第四届进博会工行专属展区出展，邀请富士通、AEON 等多家日资企业参加广交会线上活动等。坚持 GBC 联动，成功营销大和证券（中国）加入工行 BRBR“一带一路银行家圆桌机制”，推动国际合作交流与共建“一带一路”高质量发展融合。

四是大力推动跨境人民币业务重要产品创新。与上海分行联动，为花王集团在华子公司构建全球现金管理平台，为后续进一步开展存款、代发工资、资金池、集中收付款等领域合作奠定了坚实基础。与上海分行、新

加坡分行密切联动，持续扩大日立跨境人民币资金池结算规模，总结算量突破350亿元。深入参与中日资本市场合作，吸引外资“活水”引流，推动日资金融机构通过总行完成债券交易和ETF投资超过人民币300亿元。充分利用自贸港便利政策，助力海南分行完成辖内首笔非贸风参跨境直贷业务落地，推进海南自贸港金融特色化发展。

五是积极推动绿色信贷、践行ESG发展理念。分行秉承绿色金融发展理念，将绿色金融嵌入投融资规划，实行绿色标准“一票否决”制，加快融资结构低碳转型。2021年，进一步拓展债券回购业务交易产品线并取得ESG债券投资新突破。着力加强新能源、节能减排、绿色交通等环境友好型客户和项目营销力度，与金融同业、公司客户、兄弟机构加强各类绿色项目合作；如携手三井住友银行共同举办了日本海上风电融资为主题的绿色信贷交流研讨会；与丸红、丰田通商、NEXI等企业、机构进行线上沟通，就如何围绕绿色清洁能源项目进行磋商；加大跨境投行和撮合业务发展，将日立、AGC、丰田新能源等日资企业绿色产品向中资公司引荐，发挥金融桥梁作用推动中日企业跨境绿色业务合作。

（东京分行）

首尔分行

2021年，首尔分行贯彻落实总行党委“48字”工作思路，坚持稳中求进总基调，稳步推进各项重点工作。全体员工疫情零感染、分行安全运营无不良、无案件，经营成效为近五年来最好，多项主要指标创新高。

一、2021年分行主要经营业绩

（一）获“外交战线先进基层党组织”荣誉称号。分行坚持以高质量的党建引领高质量发展，得到上级党委组织的高度认可，被外交部评为“外交战线先进基层党组织”，全球获此殊荣的只有30个单位。

（二）运用“三比三看三提高”工作方法，经营质效再提升。与自己比，全年实现净利润8 344万美元，是近五年来最好，同比增长43%，完成年度任务的139%。净利润同汇率增长56%，创历史新高，并一次性上划利润1.64亿美元；与兄弟机构比，主要指标贡献度均有进步，人均净利润54万美元，是境外机构平均值的3.2倍；与同业比，分行主要指标保持了外资银行领先、中资银行第1的市场地位，净利润在韩国36家外资银行中居于前列，在6家中资银行排名第1，四行占比37%。

（三）落实集团重点战略，有力推动业务发展。以“春融行动”和“跨境撮合平台”为抓手，累计投放各类联动融资77亿美元，同比增长61%，位居集团境外机构前列。成功推动韩亚银行加入BRBR合作，成为首家韩国商业银行成员；与韩国首尔投资中心、仁川自贸区分别签署了双边合作协议，与光州市政府、光州自贸区签署了三方合作协议，扩展了跨境撮合阵地，增强了进博会、广交会、服贸会在韩影响力。分行总经理成为韩国外资银行协会（FBG）成立37年来首位来自中国的主席。

（四）反洗钱管理卓有成效，监管评价同业第一。合规与反洗钱专项治理取得实效，根据韩国监管机构KoFIU最新发布的在韩36家外资银行反洗钱管理评估结果，工行风险控制有效性评估排名第一，这也是自韩国监管2018年开始实施本评估以来分行取得的最好成绩。

（五）保持风险案件零纪录，疫情中全员零感染。分行100亿美元信贷资产全部入池，不良率、剪刀差、潜在风险资产均保持为0，LCR高出监管要求100多个百分点，踏准利率节奏，美元付息率保持在0.4%，应对利率周期换档，久期调整至210天。分行坚持科学防疫，25名外派员工坚守岗位，全行155名员工无一感染，防疫物资储备充足，应急预案和业务连续性管理经受住了实战检验。

（六）数据治理成效明显，考核位居境外第一。分行提前部署，把数据治理年作为2021年主题工作开展专项治理，通过扎实有效的工作，集团专项考核中位居第1。

（七）完成一次性上划总行留存利润1.64亿美元。在前期已经上划8 800万美元的基础上，2021年再次上划利润，一次性上划与总行拨入营运资金等额的1.64亿美元，为集团境外机构近年来单笔上缴之最。

二、2021年经营管理措施

（一）在建党100周年之际，以党史学习教育为契机，以“三会一课”为抓手，深入落实“党建引领，从严治理”思路。2021年以来，分行以高质量的党建引领高质量发展，开展了贯穿全年的专题组织生活会，通过系统学习、调查研究、查摆问题、剖析原因和整改落实，并邀请使馆党委派员现场指导了支部组织生活会，得到使馆的高度认可。在建党100周年庆祝大会召开、十九届六中全会胜利召开之际，支部分别组织了党员大会集中收看直播视频和支委会集中学习发布会内容，会后均组织各党小组开展学习讨论。通过抓党建，明确了分行在党建和经营中努力的方向，培养了干部员工进行形势分析和解决实际问题的能力，将党建工作紧密地和分行治理有机融合起来，为分行在复杂形势下，传承红色基因，解难题开新局提供了指导和支撑。

（二）以集团“春融行动”为契机，以跨国公司服务能力提升为抓手，扎实有效地推进重点战略落地。在落地“外汇业务首选银行战略”方面，在供应链金融、贸易融资、跨境人民币、全球现金管理、并购融资、CIBM投资、跨境撮合等多场景齐发力，累计投放各类联动融资77亿美元，位居集团境外机构前列。其中，在中资企业方面，发放总行春融名单内企业跨境贸易融资本外币折合26亿美元，涉及中油能源、格力电器等24家企业，在韩资企业方面，通过建立全球客户经理机制，已与韩国全部15家世界500强企业总部及集团核心子公司建立密切的业务联系，融资余额15.8亿美元，同比增长12%，分行韩元贷款在韩国36家外资银行中位列第二。成功推动首家韩资商业银行韩亚银行加入BRBR合作。推动本地金融机构通过总行代理CIBM投资15.9亿元人民币。举办第二届“中国资本市场投资机遇及工行服务方案”线上研讨会。举办光州市招商引资线上推介会，中韩两国近80家企业线上参与。与北京分行联办北京市外贸进出口线上展洽会（韩国专场）并邀请光州经济自由区厅、光阳经济自由区厅、光阳HMM等众多政府机构和企业参加。在落地第一个人金融银行战略方面，联动浙江分行深挖境外中企个人薪酬市场，落地首笔跨境人民币全球收薪平台业务。推动韩国现代全球首个海外氢能战略性项目代发工资落地广州分行。协同北京、长春、西安等分行做好客户跨境金融服务，解决疫情期间企业法定代表人无法赴华进行当面尽调的痛点。

（三）依托专业能力建设，优化产品创新机制，不断提升竞争力和服务水平。公司金融条线，一是支持在华韩资发展，推动韩国现代全球首个海外氢能战略性项目全面金融服务落地广州分行，联动四川分行完成现代商用车6 610万美元跨境直贷，在给韩国现代汽车收购四川现代商用车提供3亿元人民币履约保函服务基础上，通过总部营销，推动韩国现代汽车对四川现代商用车的三次增资款落地四川分行，总金额折合超过1.9亿美元，其中第三次增资款5.3亿元人民币，份额在中资银行排名第一。联动天津分行完成LG电子在华子公司新增授信5亿元人民币，联动浙江舟山分行推进SK能源在华子公司信用证业务，助力北京分行完成三星电子（中国）总部新财务系统测试和上线；二是支持中资在韩发展，新增3家全球现金管理客户，联动北京、江苏、上海、福建等8家境内分行为宁德时代、字节跳动等十多家中资企业在韩机构提供从资本金入境咨询、验资、开户到结算、查询全程服务，为中资企业解决后顾之忧；三是支持韩资全球经营，第三方市场合作进一步延伸，合作区域新增缅甸和柬埔寨。贸易融资条线在去年调整后，重点加大跨境人民币融资资产配置，业务规模创新高；协助北京、浙江、河南等多个境内机构实现了人民币风险参贷、国内信用证福费廷、国际贸易融资等跨境资产转让、跨境人民币全球收薪等多项产品的首单交易，业务模式在境内外机构推广应用；投行业务条线在保持结构化融资、大型项目融资竞争优势基础上，重点提升了风控能力，优化了融资结构；金融市场条线在保持资金交易和成本管理优势的基础上，债券投资成长为新的稳定收入来源，贡献利息收入2 827万美元。

（四）高度重视资产负债管理委员会的决策作用，紧密跟进中韩美宏观经济动态，前瞻性管理，把握利率周期、汇率趋势，资产负债管理效果明显。一是均衡了韩元、人民币、美元资产和负债配置，摆脱了对美元的过度依赖，适时加大了人民币债券投资和贸易融资的投放；二是拉长美元、韩元负债期限，适度缩短人民币负债期限，使负债结构更加符合宏观经济走势和利率预判；三是筹资渠道更加多元化，掉期、对拆、CD发行等筹资渠道的灵活应用确保了分行流动性充裕、资金自筹能力提升的同时降低了筹资成本，提高了分行价格竞争力；四是资本管理更加成熟，形成了一套紧密结合年度盈利水平、市场汇率波动预判而主动管理的资本金保值增值操作策略；五是估值管理能力进一步提高，有效降低了估值对经营业绩波动的影响。

（五）围绕全面风险管理职责实施细则履职管理，逐项分解指标抓好落实，实现了零不良、零案件、零事故。一是全面落实了三道防线“主动防、智能控、全面管”的职责，压实了“六方责任”；二是落实了总行“三道口、七彩池”智能信贷风险管控方案，不良率保持为0；三是流动性风险管理三色监测和响应机制满足实战需求，LCR指标值为139%，高出监管标准39个百分点。

（首尔分行）

工银泰国

2021年，面对严峻的外部经营形势，工银泰国坚持总行党委“48字”工作思路，坚持疫情防控和经营发展两手抓两不误，圆满完成各项工作任务，实现了经营效益稳健增长和资产质量稳定可控的“双稳”目标。

一、主要经营业绩

（一）经营效益稳健增长。2021年，子行实现净利润8 296万美元，创历史新高，较上年增长3.3%（按泰铢计算增长13.2%）；拨备前利润12 928万美元，同比增长3.8%（按泰铢计算增长13.7%）。

（二）资产规模基本稳定。2021年末，子行资产总额为91.5亿美元，较年初增长1.2%（按泰铢计算增长12.1%）；其中贷款余额51.8亿美元，较年初下降9.7%（按泰铢计算与年初持平），公司债券投资余额12.4亿美元，较年初下降9.3%（按泰铢计算增长0.5%）。

（三）资产质量总体可控。2021年末不良贷款余额2 830万美元，不良贷款率0.55%，不良额和不良率实现“双降”，远低于市场同业3.4%的平均水平。贷款拨备余额2.18亿美元，拨备覆盖率771%，信用风险抵御能力持续增强。

（四）综合实力持续提升。客户数量快速增加，年末个人贷款客户10.3万户，新增1.7万户。2021年泰国本地知名财经杂志《货币与银行》发布泰国银行业排名，子行位列商业银行综合排名第8名，较去年提升1名，综合实力排名连续三年实现进位，位居在泰外资银行前列。

二、业务发展情况

（一）坚持“抓客户拓展、稳资产规模”的业务发展定位。积极推动“春融行动”、普惠跨境撮合、进博会、广交会、北京外贸进出口展洽会、上海华交会等有关工作，不断提升存量客户合作深度，进一步拓展新客户新业务覆盖广度，保持信贷资产规模稳定。

（二）牢固树立存款立行经营理念，多方揽存成效显著。通过向客户宣传工行网络平台、清算系统优势，积极争揽低成本企业结算沉淀资金，年初成功揽入BCPG公司大额存款30亿泰铢且一直留存至今。截至年末，子行客户存款余额达1 589亿泰铢，较年初增长8.1%。

（三）落实第一个人金融银行战略，稳健推进零售业务发展。疫情期间通过加快网络金融产品创新，持续强化线上服务能力。全年零售及个人网金客户突破28万户，网金客户净增数、借记卡增幅均位居境外机构第二位，信用卡增幅位居境外机构首位。

（四）充分发挥曼谷人民币清算行优势，推进集团外汇业务首选银行战略落地。积极营销人民币清算参加行办理新业务和扩大存量业务规模，全年人民币清算总量达2 800亿元，增幅30%。大力拓展代客外汇业务，全年新增客户179户，代客外汇买卖交易规模增长和收益同比增幅均超过30%。

（五）深化与非银金融机构合作。加大本地证券公司营销支持力度，先后为7家本地证券公司授信24亿泰铢，年末贷款余额6.25亿泰铢。积极推动东兴证券、国任保险等中资公司授信审批，投资东兴证券债券2 500万美元。加强人民币业务营销力度，成功营销泰国进出口银行在子行开立人民币账户。

（六）践行“绿色金融”理念，创新贸融服务方式。先后投产贸融电子回单、企网开证、企网信用证通知，持续推进贸融业务线上线下一体化运营。首次将RPA技术引入进口开证、押汇、信用证项下打包贷款、订单融资、保函手续费收取等主要贸融业务场景，为操作人员减负赋能，全面提升贸融批量业务效率，贸融业务流程优化取得实质性突破。

三、经营管理情况

（一）强化党建引领。完善党建工作机制，通过多种形式扎实开展党史学习教育活动，坚定理想信念。确保“三会一课”制度有效落实，开展廉洁风险生态研判，保持外派员工队伍的核心战斗力。

（二）加强合规制度管理。健全责任认定机制，强化反洗钱委员会履职，不断完善合规反洗钱管理体系。整合开户KYC系统流程、提升BRAINS系统适用性、优化制裁合规系统规则，持续提高反洗钱系统智能化水平。

（三）加大不良贷款和账销案存资产清收处置力度。全年实现不良贷款清收处置6 508万美元，其中现金清收387万美元；全年账销案存收入1 049万美元，较上年增加348万美元。

（四）深化金融科技与业务融合。持续推进 RPA 融合应用，完善数据治理制度，扎实开展数据治理工作。聚焦支付业务创新，升级手机银行，投产推广工银 e 支付功能，加快零售业务数字化转型。

（五）切实履行企业社会责任。积极参与泰国社会公益慈善活动；倡导绿色低碳运营，致力经济、社会和生态效益有机统一；继续担任泰国政府 EEC 财务顾问，积极撮合中泰企业跨境对接，树立工银泰国良好企业形象。

（工银泰国）

工银印尼

2021 年，工银印尼紧紧围绕总行党委“48 字”工作思路、自觉运用“三比三看三提高”工作方法，准确把握“扬长、补短、固本、强基”布局，认真贯彻落实全行国际化新三年发展规划，扎实推进子行“五个统筹”“五项工程”和“五项行动”，实现了党建引领融于全局、合规稳健胜于过往、人本管理贯于全程的新进步，取得了转型发展强于目标、经营质效好于预期、资产质量优于同业的新收获。

一、转型发展取得新成效

2021 是工银印尼“巩固提高、转型发展”主题年，本地口径拨备前利润、净利润、总资产、存款和贷款等主要指标中资同业第一，市场份额分别达到 45.39%、54.10%、45.65%、45.56% 和 47.08%。总资产平稳增长，余额 45.01 亿美元，增量 4.34 亿美元，增幅 10.67%。存款量增价降，余额 34.71 亿美元，较年初增加 5.45 亿美元，增幅 18.63%。拨备前利润增幅 19.51%，净利润增幅 51.72%，均为近五年新高，大幅高于总行调增后计划。资产质量趋稳向好，优于同业。年末不良额不良率实现双降，不良额较年初下降 2 859.88万美元；总行口径不良率 3.28%，较年初下降 0.72 个百分点。本地口径不良率 3.17%，优于全口径同业（11 月末为 3.22%）、优于可比同业（三类银行 11 月末 3.55%）。合规管理再上台阶，首次获得印尼央行“最佳合规报告银行”奖项，首次保持年度零监管罚款列支。

二、党建引领融于经营

2021 年，工银印尼深入学习贯彻习近平新时代中国特色社会主义思想和十九届六中全会精神，增强“四个意识”，坚定“四个自信”，做到“两个维护”。扎实开展党史学习教育，与雅万高铁党支部开展联学共建，全面系统学习党的百年奋斗史，进一步感悟思想伟力。坚持围绕中心抓党建，把抓党建、严纪律、防疫抗疫和经营发展统筹推进，构建了党建、经营、管理、风控、社会责任、企业文化六位一体的齐抓共管局面。坚持两个主体责任和党风廉政建设一起抓，坚持党建和经营发展两手硬，以党风带行风、以从严治党带动从严治行。强化廉政专员履职，筑牢“三不”机制，积极推进廉洁银行建设。

2021 年在中国驻印尼大使馆召开“七一”表彰大会上，工银印尼党支部被使馆党委授予“2020 年先进党支部”称号，是 8 家馆外支部中唯一一家荣获使馆党委表彰的单位；党支部书记荣获“优秀共产党员”称号。使馆召开表彰大会，表彰工银印尼在地区防疫抗疫方面主动担当作为积极响应外交部组织的“春苗行动”。

坚持深化公司治理，严格落实监管部门公司治理要求，加强董事会和监事会履职，积极发挥专业委员会在子行经营管理中的积极作用。在金融服务管理局 OJK 年度审计中，GCG 评级和 RBBR 评级保持Ⅱ级良好水平，是 2018 年升级后，连续 4 年保持稳定。当年审计发现较上年下降 32.6%，得到监管的充分肯定。

三、经营质效好于预期

2021 年，工银印尼实现营业收入 10 581.4 万美元，增幅 22.38%。实现拨备前利润 6 916.76 万美元，增幅 19.51%；实现净利润 1 628.24 万美元，大幅高于总行调增后计划，同比增幅 51.72%，均为近五年新高。年末 NIM 达到 2.29%，较年初提高 46 个基点；总体资金自筹率达到 92.86%，为历史最好水平。

主动对标总行资产负债管理各项工作要求，强化 ALCO 会议机制，加强资产负债量和质的管理。主动调整资产结构，预判疫情影响，主动退出非目标客户，压降贷款在总资产中的比重，大幅提高债券的比例，年末债券投资组合余额 4.38 亿美元，较年初增长 13.60%，保持资产的安全性、稳定性和效益性高度统一。主动调整负债业务结构，存款余额达 34.71 亿美元，实现 18.63% 的同比增长。卢比资金平均成本为 3.69%，较年初下降 112 个基点，优于印尼央行同期降息幅度 87

个基点；美元资金平均成本为0.97%，较年初下降37个基点，实现了量增质优、质升价降。加大资产负债匹配管理。主动调整交易结构。根据自身流动性需求，将外汇掉期规模提升至2.3亿美元。强化流动性管理，积极通过外汇掉期、同业拆借、债券回购、资金互存、承诺性借款等金融市场工具，从本地主流商业银行融入资金，确保流动性安全。年末子行LCR为234.43%，NSFR为140.76%，均大幅高于印尼监管和母行要求。

四、资产质量优于同业

年末不良额不良率实现双降，不良贷款余额6 707.29万美元，较年初下降2 859.88万美元；总行口径不良率3.28%，较年初下降0.72个百分点。本地口径不良率3.17%，优于印尼全口径同业（11月末3.22%）、优于可比同业（三类银行11月末3.55%），资产质量持续改善。2021年全年处置不良贷款3 327.01万美元，其中现金清收275.5万美元，常规核销3 041.19万美元。全年加大账销案存的清收力度，通过传统清收、市场化债权转让等创新方式，共实现账销案存现金回收898.58万美元（包括已签协议待交割）。2018年至今，不良资产处置3.56亿美元，累计存量非目标客户贷款压降5.37亿美元，按年累计不良率下降13.30个百分点，不良回收率41.38%。

五、转型发展强于目标

交易银行转型取得新突破。坚持创新驱动，深入探寻“融资+融智”发展模式，推动供应链、投融资顾问、现金管理等重点工作。创新开发基于印尼市场商业惯例以及平台核心系统的保理业务产品，供应链融资业务实现突破。审批通过子行首笔基于核心客户的“一对多”供应链应收账款融资业务，创新服务印尼本地中小企业客户。

公司业务转型“做优做强”。以服务中印尼经贸合作为立足点，着力提高服务本地优质企业和中资元素客户的能力，明确“八类”目标客群，优化客户基础。法人贷款余额20.31亿美元，主要以印尼优质国企与中资元素客户为主。扎实推进“春融行动”，以全球经营推进“稳外贸、稳外资”。加强项目储备，已签约待提款、已审批待签约、尽调和跟踪客户达20户，拟承贷金额超2.9亿美元。

机构业务转型“做大做强”。持续加强与印尼央行、财政部、印尼投资局和印尼口行等主权类和机构类客户合作。全年印尼央行通过母行代理，在国内银行间外汇市场累计交易人民币27.54亿元，并与母行作为交易对手，在国内债券市场累计交易人民币债券92.3亿元，共计实现还原收入109.68万元。成功竞得印尼投资局1.5万亿印尼卢比定期资本金存款。

零售业务转型“做精做优”。贯彻落实第一个人金融银行战略，着力打造“六类客群”服务场景。通过拓展个人网银、手机银行、三币种卡等，持续丰富零售产品线。对接中资个人客户核心业务需求，积极推动个人中高端客户发展，加快零售转型步伐。

金融市场转型取得新成效。成功申请成为中国外汇交易中心（CFETS）人民币兑卢比报价银行，进一步提升了人民币对卢比的报价和做市能力。LCS机制成功落地，与印尼央行合作，成功举办LCS研讨会，近800位企业家参会。截至2021年末，子行跨境人民币结算量569.3亿元人民币，人民币存款余额11.61亿元，贷款1.51亿元。

科技赋能转型取得新进展。以科技本地化部署为契机，强化科技对业务的支撑作用，个人手机银行、个人网银顺利获批。子行也成为当地唯一获监管批准手机银行产品的中资银行。发挥母行科技优势，技术落地子行对公网银外汇买卖功能及跨境汇款功能，对公客户线上服务能力再上台阶；技术落地虚拟账户功能，创新服务印尼境内大型跨境电商。

全面风险管理转型取得新提升。进一步压实7方职责，明确三道防线覆盖所有部门和下辖机构在“主动防、智能控、全面管”的具体职责。制定出台“9+2”共11类风险认定制度规程，有效落实全面风险管理要求。积极配合总行内审局开展《2021年重点机构经营发展与风险管控审计》项目，2021年总行内审发现12个，较2018年总行内审发现下降77%。认真开展内部控制自评估，强化内部审计工作，全年子行开展常规审计49项、专项审计14项，审计发现共156项。建立了涵盖“监管审计、外部审计、总行审计、专业检查、子行审计”五类审计发现问题的全景视图，扎实推进整改落实。

六、合规稳健胜于过往

牢固树立合规优先的理念，合规风险管理再上台阶。2021年11月24日，印尼央行BI召开年度会议，工银印尼获评“最佳合规报告银行”，成为本次唯一获此殊荣的中资银行，印尼总统佐科出席颁奖。印尼央行来信指出，工银印尼积极参与并支持印尼央行的各项监管规定，遵守印尼央行要求的合规和治理标准，拥有良好形象。

在监管评级方面，GCG评级和RBBR评级保持Ⅱ级良好水平，是2018年升级后，连续4年保持稳定。在反洗钱方面，今年先后5次收到印尼PPATK金融交易报告与分析中心正式表扬信，高度赞扬子行反洗钱协查工作及GoAML反洗钱数据质量，监管机构发布的《2021年金融诚信评级报告》中的评级首次提升为A。

（工银印尼）

河内分行

2021年，河内分行立足新发展阶段，贯彻新发展理念，服务新发展格局，坚持总行党委“48字”工作思路，高效运用“三比三看三提高”工作方法，推动分行高质量发展。

一、面对严峻疫情形势，整体经营持续向好

2021年，分行坚持稳健可持续发展的定力，将发展作为分行的主基调，保持“员工零感染，服务零中断，资产零劣变，利润稳步提升”。

截至年末，河内分行实现拨备前利润3 845万美元，较2021年同期增长4%（2021年同期拨备前利润3 691万美元）；实现净利润3 010万美元，较2021年同期增长1.95%（2021年同期2 952万美元）；实现中间业务收入1 183万美元，完成总行下达中间业务收入目标的126.13%，较2021年增长60.79%（2021年同期736万美元）。分行总资产余额23.38亿美元，较年初增长24.19%；总负债余额21.81亿美元，较年初增长24.14%；实现营业收入4 701.20万美元，较2021年同期增长4.51%；ROA为1.22%，ROE为13.53%。ROA、ROE高于境外机构平均水平，处于前列。

分行风险合规控制良好，不良贷款率继续保持为零，无内部案件，重大风险事件和监管关注事件发生。在中资银行中保持资产、利润排名第一名的地位。河内分行年利润总额是其他四家中资银行总和的8倍，各项盈利指标均居首位，在越南中资银行中保持显著的竞争优势。

二、主要工作亮点

（一）疫情防控见实效，实现员工零感染服务零中断。

越南本年度疫情形势十分严峻，分行严格根据总行相关防疫会议精神和越南本地防控要求，紧急启动应急预案，执行AB岗排班制度。根据疫情发展情况，灵活调整现场办公人数，并启用应急办公场地。同时加强外包人员管理，每周收集员工自测情况。分行疫苗接种率达到90%以上，实现应接尽接。分行加强了口罩、酒精等防疫物资储备，并采购了制氧机等应急设备；严格各项防疫要求，做好防疫监测；每周办公区域及车辆消毒，每日疫情通报；加强营业网点管理，限制网点人数；提前对分行灾备中心进行调试，确保极端情况下的业务连续性。

（二）高质量落实各项重点工作。

一是“春融行动”创佳绩。积极响应总行春融行动部署，本年度有实际业务发生的客户总量达到10户，涉及电子制造、光伏等中国强势外贸产品领域。金融服务也从2021年的单一汇款结算扩展到跨境贸易融资、项目融资、保函等产品合作，全年累计办理国际结算12.93亿美元，结售汇2.36亿美元，表内外融资业务0.45亿美元，全面赶超2021年春融行动的业务总量和合作范围。

二是业务联动开新局。分行参与越南精密不锈钢项目融资6 180万美元，带动江苏分行近2 000万美元购汇及投资资本金汇出业务；联动常州分行为重点客户“华利达”开立1 200万美元备用信用证用于在越融资担保；将越南有色金属行业龙头“金田铜业”的采购结算营销至工行宁波分行，带动了该分行1 000余万美元结算量；在为苏州分行重点客户阿特斯越南公司办理3 000万美元流贷业务的过程中，将苏州分行引进为融资担保人主办行角色，带动该行每年收取10个基点的融资管理费以及其他存款和结算综合收益。此外，分行还分别与工银马来西亚子行联动，成功为后江二期燃煤电站转开通知3 242万美元履约保函；与金边分行联动，成功营销赛轮柬埔寨CART项目；协助工银亚洲与越南央行签订债券交易协议。

根据总行部署，分行还围绕国家“广交会”“进博会”境外招商项目，加强本地宣传，协助多家越南本地客户参加线上相关活动。积极推动越南代理行参加国内BRBR绿色债券专题研修班、BRBR金融科技论坛、跨境人民币债券通论坛等，并助力中国人民银行相关机构与越南央行成功举行双边会议。

（三）收入结构优化见实效，中收占比大幅提升。

本年度内分行形成了金融机构和公司业务51:49的盈利贡献态势，兼顾了长短期发展与风险控制的平衡。分行积极参加本土加工制造、风电能源等重点行业公司企业融资银团项目，逐年提升公司板块营业收入，带动共管账户服务费、公司银团安排费、单证国际结算手续费等中间业务产品快速发展，逐步向多元化经营转型。2021年分行大力拓展中间业务产品，实现中收1 183万美元，较2021年增长60.4%。结算类占比11%，代客外汇买卖占比50%，创新类占比39%。代客外汇买卖

同比增长较快，增长120%，创新类增长32%。

（四）市场拓展见实效，持续夯实客户基础。

公司业务方面。分行以多边银团项目为抓手，完成越南 Vingroup 3 900 万美元，移动世界 1 600 万美元两笔银团贷款放款；成功参加和发集团 2 亿美元银团贷款项目，完成晶澳太阳能越南二期光伏组件厂项目融资共计 5 000 万美元，并已完成签约；完成得乐风电项目融资银团签约，目前该项目已完成首笔放款，工行参贷 2 000万美元等值越南盾，并作为该项目联合牵头行、代理行。此外，分行成功发放越南甬金 6 500 万美元银团贷款，实现银团业务产品创新的突破。该笔银团业务是分行首笔独自牵头、独自外聘律师事务所并担任全部代理行角色的美元与越南盾双币种跨境银团贷款。

金融市场业务方面，面对疫情和利差收窄的困难，分行加大业务量，以确保本地收入。本年度完成 4 425 笔业务，其中资产类业务（拆出、偿付、同业贷款、定期存款）余额为 15.58 亿美元，同期相比增长 19.02%；负债类业务（拆入）累计发生额为 86.74 亿美元。代付业务累计发生 18.88 亿美元，较同期增长 113.59%，余额较年初增幅 62.11%。

个人客户拓户方面，分行集中精力落实跨境联动服务方案，充分运用个金产品中“中越直通”“预结汇”等优势产品，锁定中资企业员工跨境代发工资业务。通过不断改进和优化业务处理流程，克服单一网点局限性，新增代发工资个人客户超过 700 户，中资企业业务覆盖率达到 70% 以上。业务量、外币跨境代发量和预结汇金额均大幅增长，助力分行成为越南北部中资企业个人跨境服务首选银行。

对公客户拓户方面，分行以共管账户和账户监管服务为拓户手段，为阳光电源、国电投、安徽电建、博威尔特、巨星等客户在越南投资或运营的项目提供共管账户和并购资金监管服务。依靠内外与外外联动，分行不断提升拓户质量，营销到多户优质客户，如中铁建项目部、中港湾项目部、太平洋建设、德赛电池、安域实业、粤海饲料、三奇医药等，为后续业务拓展打下基础。

（五）合规及风险管理见实效，筑牢可持续发展根基。

合规方面，综合运用检查监测手段提高 KYC 客户信息质量。首次开展产品、机构维度的洗钱风险评估，分行反洗钱管理技能水平得到有力提升。监管沟通方面，分行继续保持与本地央行的良好沟通，根据央行要求及时报送相关材料。

风险管理方面，对易受疫情影响的重点行业继续坚持按周排查频率，及时掌握客户经营动态和受疫情影响情况。重点组织召开多轮大户风险分析会，按月督导潜风化解进展，与牵头行、客户保持高频跟踪，确保化解预案能及时落实。

（六）优化内部管理见实效，持续提升工作效能。

一是组织全行开展制度梳理，夯实内部管理基础。梳理现行有效制度清单，以制度建设引领业务发展，完善内控管理，提升专业水平。二是因地制宜，着力开展线上培训。本年度开展各类培训超过 120 余次，包括廉洁自律培训、反洗钱培训、人力资源培训、信息安全培训等，各专业部门单独对相关专业人员进行了培训，促进了员工专业能力的提升和总行制度的落实。

（河内分行）

金边分行

一、基本经营情况

2021 年，面对柬埔寨疫情社区暴发带来的强烈冲击、金融市场利率下行、本地市场信贷需求不足和外部环境持续低迷等不利形势，金边分行坚持总行党委“48 字”工作思路，运用“三比三看三提高”工作方法，以“稳中求进”的工作基调，正视困难，坚定信心，稳妥应对各项外部挑战。截至 2021 年 12 月末，分行实现拨备前利润 4 134 万美元，增幅 1.2%；净利润 1 703.7 万美元，中间业务收入 842.4 万美元，增幅 25.1%。

二、主要工作措施

（一）坚持党建引领，持续推进全面从严治党。一是抓思想认识，落实好党建工作责任制。利用“三会一课”和主题党日等，开展支部书记讲党课、党史故事会和党史知识竞赛等活动。坚持集中学与分散学、自学与互学、专题授课与研讨交流、线下学习与线上教育相结合，提升学习成效。同时定期向驻地使馆报送支部学习教育活动简报，取得了使馆党委的较高认可。二是抓推动落实，开展好党史学习教育。突出联学联建活动形式，与使馆经参处党支部一同组织学习交流习近平总书记“七一”重要讲话，组织红色观影云活动。三是抓廉洁自律，营造好风清气正文化。以每月集中学习例会为载体，组织中方外派员工进行日常警示教育，同时组织开展廉洁从业专题培训，自觉扎牢思想防线、做到知敬畏、存戒惧、守底线，从思想源头上消除贪腐之念。分行党建工作受到驻柬使馆党委高度认可，分行党支部被驻柬使馆党委评为2021年度“优秀基层党组织”。

（二）聚焦优势领域，持续提升金融服务能力。一是聚焦中国元素，推动服务共建“一带一路”项目。在做好金港高速公路、暹粒国际机场和华电西港电厂等项目的日常金融服务和产品拓展营销基础上，积极发挥主流中资银行作用，与本地同业联合牵头组建中航油项目银团贷款。二是聚焦大额大户，持续拓展优质市场和客户。以分行某优质集团客户项目为依托，成功营销中信信托项目融资顾问和贷款资金账户托管业务，在获得可观中间业务收入的同时，为分行带来近亿美元低成本公司存款。三是聚焦跨境业务，助力推进人民币国际化。做优同业人民币清算业务，积极挣揽同业人民币资金后续清算业务，同时做好人民币买卖交易和定期存款等综合服务方案，成功争取加华银行国开行人民币跨境贷款资金，增加了4.5亿元同业人民币存款。做强人民币跨境风参和代付业务，加强与境内分行和自贸区分行沟通联络，加强服务，提升收益，实现量价协调发展。2021年，共办理人民币风参和代付业务404亿元，同比增加13.6亿元，增幅约3.5%。实现中间业务收入295万美元，同比增加66万美元，增幅28.8%。做大个人跨境汇款业务，一方面引导客户优先使用手机银行、个人网银办理业务，突出工行线上快捷便利优势。另一方面把握好中资企业员工跨境汇款刚性需求，以代发工资为抓手，积极营销跨境汇款业务。全年个人跨境汇款达1.6万笔，同比增长170%，中间业务收入超17万美元。

（三）突出信用风险，强化全面风险管理。制定分行《全面风险管理三道防线建设及履职管理实施细则》，将总行“9＋X风险”全面融入分行风险管理，确定十五类风险的牵头部门，共同筑牢风险管理防火墙。落实柬政府疫情纾困措施要求，对符合条件的客户贷款落实缓本降息计划，对客观因素造成逾期的贷款免受罚息。适度收紧风险偏好，严控新增准入门槛；明确准入标准，严防病从口入。建立信贷客户预审会商机制，统一风险偏好，过滤潜在风险。严格落实总行“三道口、七彩池”信贷管理要求，认真开展信贷大户风险分析；梳理识别存量融资风险，压降融资总量，增加实质性保障。2021年，分行资产质量管控经受住了前所未有的考验，分行认真落实总行要求，积极主动处理化解风险隐患。处理好海容柬光纤本地双边贷款5 000万美元逾期问题，客户按期归还专融簿记年内贷款到期本息近290万美元，把信贷风险暴露对分行经营冲击降到最低。

（四）完善制度建设，持续提升内部管理水平。分行持续优化制度体系，提高制度治理能力，不断夯实制度基础。一是完善制度管理部门职责分工。确定合规部为制度管理牵头部门，明确运营管理、风险管理和公司治理三大类制度的分管部门，各负其责建立制度制订与执行相分离的制约监督机制。二是确定分类管理原则。对标属地监管和境外机构制度，结合业务实际制订更新完善相应制度，确保监管及总行制度有效落地。三是优化制度发布流程。涉及合规、反洗钱和风险管理的相关制度，需报对应委员会集体审议后方能正式下发。全年分行共新增和修订69项制度，占全行有效制度的近60%，整章建制成效显著，内部管理水平持续提高。

（五）坚决落实主体责任，抓实疫情常态化防控。2021年，柬埔寨疫情暴发社区传播，同时柬政府采取了严格的封城措施和出行禁令，给分行疫情防控和经营管理带来诸多挑战。分行管理层带头认真落实总行要求，守土有责，履职尽责，全行员工担当作为，抓实抓细疫情常态化防控措施，强化营业网点安全管理，力保安全稳健运营。一是严格遵守政府防疫规定。封城期间除外派人员外，按政府要求只保留最少人员现场办公，确保资金和清算等重要核心业务正常运营。二是严格控制现场办公比例。封城期间现场办公人员比例仅有20%，封城结束后现场办公人员比例也保持在40%以下，尽最大努力减少聚集性感染风险。三是及时启用备用网点，安排部分人员赴远离分行的其他分区办公，降低人员密度。四是推动员工疫苗接种工作。分行为第一批接种疫苗的在柬中资企业，并积极联系及早推动疫苗加强针接种工作。五是提高检测力度，定期从政府指定药店购买快筛试剂，要求员工每周到岗前进行测试，力争第一时间消除聚集感染隐患。全年员工未发生聚集性感染事件，分行实现稳定持续化经营。

（六）坚持抓好队伍建设，持续关心关爱员工。分行坚持以岗位胜任力为核心，夯实人力资源管理基础，通过优化绩效考核指标和加强员工培训等工作，进一步提升人力资源配置效率，提高人力资源管理水平。持续推进本地员工队伍建设，探索干部选拔培养新路径，首次通过公开竞聘形式，选拔培养2名优秀青年员工晋升为部门主管助理。认真贯彻落实国际化经营管理情况汇报会会议精神，做好四个动作落实“知、暖、稳、聚”要求。“结对同行”知人心，外派员工以党小组形式结对，相互帮助携手同行，在思想上谈心开导，在工作上深入指导，在学习上帮带传导，以小组活力聚团队合力。“传递温度”暖人心，在航班基本取消、大多数员工家属未随任且两年不能回国的情况下，定期了解员工家属的状态和困难，做好员工家属的关爱延伸，特别是重大节日的时点慰问。“压力纾解”稳人心，重视心理辅导，充分利用总行资源渠道，开通员工心理热线，提供专业纾压通道。“多重关爱”聚人心，定期组织集体学习、红色观影等活动，提振外派员工精神状态。

（七）筑牢合规安全防线，夯实合规管理基础。一是积极加强监管沟通，汇报经营管理动态，反映业务诉求，回应监管关注，得到了本地监管的理解和支持。二是持续做好监管制度对标工作，使用总行 OCO 系统构建分行监管规则库，实现对属地监管规则的跟踪、对标及落实，为业务运营和合规履职提供有力支撑。三是建立一道防线合规经理工作机制，提升合规反洗钱管理三道防线履职效能，在一道防线部门设置合规经理，发挥合规经理在日常合规管理的职能和作用。四是持续做好客户尽职调查工作，根据柬埔寨央行最新发布的《客户尽职调查指引》，更新客户尽职调查要求，第一时间落实属地监管规定。完善客户尽职调查流程，优化 BRAINS 系统，确保制度要求与系统操作相匹配，不断提升合规反洗钱管理水平。全年未受到本地监管处罚。

（金边分行）

万象分行

一、2021 年主要经营成效

（一）资产负债保持稳定，结构进一步优化。年末总资产 33.82 亿美元，同比增幅 4.32%。其中各项贷款 12.54 亿美元，同比增幅 11.12%，贷款不良率持续保持为零。主权资产 19.35 亿美元，较上年减少 0.5 亿美元，主权资产占比 57.25%，连续三年占比下降。年末总负债为 32.79 亿美元，其中各项存款 11.49 亿美元，同比增幅 33.51%，存款月均余额 10.46 亿美元，较上年增加约 1.65 亿美元，增幅 18.81%。

（二）经营效益大幅增长。实现净利润 5 219.53 万美元，增幅 15.32%；实现拨备前利润 8 594.56 万美元，增幅 33.99%；实现营业收入 9 669.86 万美元，增幅 29.7%。实现中间业务收入 1 374.65 万美元，增幅 12.06%。税后 ROA 为 1.28%、税后 ROE 为 36.78%、成本收入比为 10.24%、NIM 为 1.4%，保持着良好水平。

（三）抗风险能力进一步增强。年末分行拨备保有额达到 6 481 万美元，较上年增加 2 993 万美元，增幅 85.78%。

二、2021 年主要工作情况

（一）牢固把握发展方位，认真落实金融工作“三项任务”。

一是全力服务实体经济。服务共建“一带一路”重点项目，积极支持中国对老挝的援助项目，加强对跨国公司在老分支机构和本地龙头企业的营销，年内成功营销万万高速项目银团贷款委托代理业务、中老铁路 20 亿元大额人民币存款、援老挝郊区 100 个村减贫一期项目、援老挝中老铁路移民村安置工程项目、南方电网老挝国家输电网公司、可口可乐、DHL、泰国正大食品等公司项目。

二是筑牢金融风险防线。深入推进全面风险管理体系建设，落实全面风险履职工作要求，强化三道防线履责，无潜在风险及不良业务发生。加强内控合规制度建设，落实员工异常行为排查及内控案防管理，继续与监管机构保持良好沟通，组建反洗钱尽职调查专职队伍，提升反洗钱工作质量，2021 年 9 月得到老挝反洗钱局的表扬和肯定。

三是着力推进绿色发展。积极响应碳达峰、碳中和工作部署和构建绿色低碳循环发展经济体系的要求，主动退出一批跟踪营销的火电、钢铁、水泥项目，积极支持优质中资企业在老挝投资的水利水电、输变电线路、交通运输等绿色行业项目，与境内兄弟分行联动，通过跨境直贷等方式向国内绿色行业客户提供融资支持，以实际行动推动绿色经营发展。

（二）坚定落实重点工作，努力推动高质量发展。

一是大力推进外汇业务首选银行战略，从内外联动、客户服务、信贷导向、产品优化等方面推动各项业务发展，年末分行外汇存款规模 10.52 亿美元、外汇贷款余额 12.6 亿美元、外汇中间业务收入 1 118 万美元，各项相关指标较去年大幅提升。

二是积极助力人民币国际化，全年跨境人民币结算量达 1 398 亿元人民币，同比增长 42%；清算量 1 606 亿元人民币，同比增长 36%。年内成功营销老挝央行投资 CIBM 人民币债券 3.7 亿元，同时分行发挥国际市场报价优势，与本地代理行开展了美元/人民币交易以及人民币/基普直盘交易，满足了本地同业外汇业务需求。分行 2021 年成功上线 CIPS 直参行，并以此为契机积极向本地同业营销间参行业务。

三是积极打造个人金融和网络金融特色品牌，分行“智慧银行”经过两年的研发于 2021 年 12 月正式上线，是境外首家自主建设具有属地特色“智慧银行”的分行，同时分行在境外机构中首批实现业务集约化运营、首家投产双屏交互系统、首家完成银联全部卡种非接触支付升级，分行通过工行智慧给客户带来全新的金融服务体验。分行还积极推动网络金融发展，网络金融业务渗透率达到75%，较上年增长近10个百分点。

四是加强科技驱动创造价值，建设“智慧银行”项目，实现的API接口、业务流程控制、程序源代码、终端硬件设备等先进智慧银行技术，可为其他境外机构复用，为境外兄弟机构的智慧化建设提供借鉴经验。分行还加强重视和推广RPA技术，年内成功开发RPA项目33个，很好地实现了部分操作的自动录入，不仅提高工作质量和效率，释放了人力资源，还有效压降了操作风险。

五是持续扎实做好疫情防控工作，充实物资储备，新建灾备网点，保障业务连续运营，尽早尽快组织接种疫苗，总体疫苗接种率达到100%。

（万象分行）

仰光分行

2021年，仰光分行坚持总行党委“48字”工作思路，坚持稳运营、保安全，保持了全年连续稳健运营、保护了员工人身安全和财产安全，严控了强制裁下的合规风险，人民币业务取得突破性进展。

一、经营成果

2021年仰光分行受本地政治经济形势影响产生8 827万美元不良贷款，计提拨备后导致净利润亏损5 305万美元（含簿记），分行实现拨备前利润587万美元，较上年减少62%，其中中间业务收入540万美元。2021年底分行总资产5.18亿美元，总负债5.4亿美元。

二、业务发展

（一）全力以赴处理突发事件，安保与防疫并重。仰光分行按照总行要求，实施了一系列紧急危机处理应对措施，包括制定伤亡救助预案、实施生活物资援助措施、增派保安随卫、购置防爆衣与安全头盔、办公区域安装卷闸门、开展突发情况下员工紧急撤离演练、制定一系列应对突发事件制度规定、加强员工心理辅导、为员工接种疫苗、发放防疫物资等措施，有效确保了分行员工安全，维护了国家金融资产安全，实现了员工新冠病毒零感染。

（二）开立缅甸首个人民币企业账户，完成首笔人民币边贸结算。在缅甸因突发事件导致外部限制、出现美元和缅币紧缺的情况下，分行积极沟通缅甸央行，配合开展人民币边贸结算试点工作，在总行的指导下为中缅人民币边贸结算提供技术方案，并借此机会推动缅甸央行批复同意企业开立人民币账户，2021年分行成功开立了首个缅甸企业人民币账户、成功办理了首笔中缅人民币边贸结算业务，有力推进了人民币国际化。

（三）坚守底线，有效控制外部经营环境剧变下的合规风险。一是加强内部控制管理。持续建立健全各项业务规章制度，完善分行内控体系。二是加强合规管理。积极推动合规管理体系建设，努力实现对合规风险的有效识别和管理。三是持续加强反洗钱涉敏管理。持续监控、分析客户交易，全年累计报送大额报告5 465份、可疑报告1份，甄别、分析处理预警报告514份。四是持续开展法律风险防控。不断规范法律审核流程，与多家当地法律事务所签订了合作协议。五是坚持与监管机构保持沟通联系。与缅甸央行因人民币边贸结算、客户业务以及其他事项持续沟通，持续了解监管理念与监管方式变化，努力为分行依法合规经营创造条件。

（四）坚持在突发事件中集中资源服务共建“一带一路”。一是集中精力为重点客户通过缅币换汇和取现错配的方式，解决其急切的金融服务需求。在美元流动性匮乏的环境下，分行通过调动资源帮助央企客户保护资金及时入账，关键时刻赢得了核心客户的信任。二是及时启动“成都业务中心+VPN”模式，迅速恢复业务正常办理。在简短的业务停滞之后，为分行核心客户提供缅币现金、货款回收、贷款利息支付等紧急金融服务，满足了核心客户的紧急金融需求，未出现服务和生产事故，有效确保了中资企业资金、财产不受损失，我国驻缅甸大使馆为此特别发文给予表扬。三是坚持落实应收尽收维护分行资产安全。在突发情况下落实总行应收尽收要求，全年共收回贷款65笔4 860万美元，共收回利息8笔582万美元，中间业务收入共收回6笔202万美元，在极端困难的情况下坚持实现了709万美元的营业收入。

（五）坚持做好危机情况下的营业服务工作、维护良好社会形象。一是实施一系列营业场所安保防范和疫情防控措施，根据外部安全情况，灵活安排员工办公地点，结合客户业务需求，采取业务办理预约制，有效减少员工与客户物理空间接触。二是将业务办理的主要模式由柜面转移至网银、电话等非现场模式。三是投产CTS线上缅币支票交换平台，实现了缅币支票非现场清算。四是以服务分类促进客户等级提升，日均1万美元以上客户提升比率达到15%。

（六）坚持风险缓释稳步化解突发事件带来的风险。一是重点围绕化解大户信用风险、防范汇率波动导致的市场风险、完善全面风险制度，平稳度过风险危机。二是在总行指导下开展业信用风险排查，逐户制定风险处置预案并开展压力测试，根据客户实际经营数据，严格制订风险化解和还款计划调整方案。三是制定市场风险应急预案，实施一系列保证流动性、规避汇率风险和结算风险以及防范极端情况的措施。四是制定《仰光分行全面风险管理三道防线建设方案实施细则》，进一步完善了分行全面风险管理制度体系。

（七）多措并举，确保突发事件下分行业务连续性。一是紧急启动成都中心业务代理工作。快速完成业务代理准备，包括网络防火墙开通、远程授权功能投产、相关系统参数设置等，开通各业务系统VPN防火墙，搭建云桌面，同时加强VPN安全监控。二是制定代理业务流程。制定总行代理业务运营流程、远程受理客户业务申请流程、代理业务的操作手册、RPA机器人的开发，进一步提高了业务处理效率和准确性。三是实施业务连续性方案。第一时间制订应对突发事件的业务连续性方案，明确了三种应急场景下的各类业务的应急处理流程和紧急状态下手工处理流程。四是加强金融市场应收应付业务监控。

（八）撰写分析报告，为境外机构积累应对危机经验。在突发事件中，缅甸的经济、社会、民生遭遇重创，中资企业在缅甸经营受到重大冲击，损失惨重，仰光分行根据所处环境的实际情况，对突发事件对缅甸经济金融及中资企业的影响等问题进行了调研和分析，撰写《缅甸突发事件对境外机构安全经营发展影响的情况报告》和《众志成城　守土有责　仰光分行党支部在行动》等专题报告，为集团境外机构在矛盾冲突日益复杂激烈、黑天鹅事件随时可能降临的国际大环境下如何安全经营发展提供缅甸样本。

（九）党建引领，坚定信心，发挥支部和党员骨干的堡垒带头作用。一是进出适度维持干部队伍稳定。二是以安全为中心，维护员工队伍稳定。三是节约工资费用，灵活调整发放方式。四是扎实开展廉洁从业监督工作。

（仰光分行）

工银马来西亚

2021年工银马来西亚按照总行党委“48字”工作思路，对内不断夯实管理基础，对外做好疫情期间营销拓展，取得了一定的经营管理成果。

一、2021年经营业绩概况

2021年子行考核拨备后净利润1 106万美元，同比增加66万美元，增幅6.4%；考核拨备前利润1 099万美元；手续费及佣金收入实现782万美元，同比上升43万美元，增幅6%；子行税后ROE、ROA分别为3.71%、1.1%（同期为3.39%和0.91%），成本收入比为61%（同期为53%）。

资产总额9.88亿美元，同比减少0.31亿美元，降幅3%。其中各项贷款5.46亿美元，资产总额占比55%，同比减少0.58亿美元，降幅10%；债券投资2.2亿美元（其中国债1.2亿美元），资产总额占比22%，同比增加0.29亿美元，增幅15%。负债总额6.88亿美元，同比减少0.29亿美元，降幅4%。其中各项存款（含同业）5.2亿美元，同比减少0.32亿美元，降幅6%。

二、全年工作亮点

（一）坚持党建引领。子行积极通过网络授课、网络自学等的方式安排各项学习工作，组织收看建党100周年庆祝活动，学习党史、改革发展史、社会主义发展史、中华人民共和国简史以及习近平外交思想学习纲要等。为进一步统一工银马来西亚干部员工思想，子行以外派员工线上工作会议为载体，多次开展集体座谈分享，增强“四个意识”、坚定“四个自信”、做到“两个维护”。

（二）严格疫情防控。一是实行严格的最小化现场办公机制，并建立疫情防控日报机制；二是最大化使用VPN居家办公，并做好IT风险管理；三是鼓励员工尽快利用各种渠道和机制接种新冠疫苗，建立免疫屏障；四是实行员工定期检测机制和办公场所定期消杀机制，最大限度防范出现聚集性感染；五是对接协调本地医疗资源，确保子行员工和家属在极端情况下得到及时妥善救治；六是做好疫情期间的心理疏导，开展关心慰问。

（三）深化资负管理。一是加强定价分析，开展了同业 NIM 水平、贷款定价和债券投资策略等多项分析和调研工作。基于 NIM 分析，实施了更富有弹性的定价机制来促进贷款增长；二是开展 FTP 调研，比较工行系统内几家使用 FTP 管理成熟机构做法，对照马来西亚央行的银行最佳实践指引，并在调研基础上，调整实施了子行 FTP 考核；三是进一步提升利率管理水平，认真梳理子行利率管理现状，按季度从三个维度对挂牌利率进行分析和及时调整，适时配合营销需要推出利率促销活动；四是加强对考核的分析，并结合分析情况对 2021 年绩效考评细则进行优化调整，形成大公司、大零售两个考核板块，统一三类考核指标，建立更优分润方式。

（四）发挥平台效应。一是聚焦中马两国电子信息产业，依托“环球撮合荟”跨境撮合平台，联合驻马使馆、马投资发展局和马对外贸易发展局共同举办了“联通未来·2021 年中马企业跨境合作线上对接会暨电子信息产业专题撮合会”，为中马高新企业搭建沟通桥梁；二是加强与核心客户合作的深度和广度，持续提升综合服务能力，围绕重点企业和中资集团大客户拟订营销计划，为华为、景兴纸业、希望教育、铁建等核心中资客户提供一站式全流程服务，提高产品服务渗透率；三是持续跟进“一带一路”重大项目，围绕基础设施行业、制造类行业、光伏、特种钢铁等行业跟进项目落地投放，储备了中水沙捞越巴塘艾漂浮光伏项目、中国铁道建筑 Plaza Rakyat mixed development，中建国投兰卡威旅游综合开发等一批新项目，为持续提升信贷规模、优化信贷结构打下良好基础；四是持续加强与总行、境内分行以及境外分行的合作与联动，挖掘重大项目，加快拓展优质信贷市场和培育新增长点。

（五）加强渠道建设。持续优化电子渠道功能，提升客户的便捷度，提高子行的品牌影响力。成功投产银联借记卡和信用卡非接项目、银联借记卡 PCT 项目、银联借记卡 CVV 项目，企业网银工银速汇和外汇询价项目；落地电子银行跨境汇款直通项目，先后完成了 ORS 报表、DuitNow QR、JomPAY 限额、Direct Debit 短信通知等 20 项监管和优化项目，子行线上渠道的可用性和便利性得到极大提升。成立分行零售业务推进执委会，建立分行管理统一平台，打破部门墙，提高管理效率，实现稳健安全经营。辖属分行的全年整体各项业务指标和利润贡献率都较上年实现大幅提升。

（六）严把信贷流程。完善子行信贷风险管控措施，逐步提升信贷管理能力，严把资产质量“入口”关、严把资产质量“闸口”关、严把资产质量“出口”关，全年不良贷款无新增，整体不良率低于 0.05%，不良额小于 30 万美元。积极支持前台业务发展，不断优化审批效率和信贷流程操作；创新预审机制，完善集中审议机制，高效完成信贷支持工作。深入开展以气候风险管理为核心的绿色信贷研究，将气候风险分类嵌入公司信贷业务流程，并对现有存量公司信贷客户进行气候风险分类，进一步丰富了全面风险管理内涵，在绿色金融信息披露方面走在前端。

（七）加强监管沟通。全年就疫情期间行动管制令、子行 2020 年度综合风险评级反馈及初步整改计划、行动管制期间对中小企业及个人贷款申请延迟归还本息等积极与马央行沟通，获得马央行正面积极的反馈。在此基础上，按照马央行的指引，积极落实总行关于疫情期间合规反洗钱工作措施，夯实合规反洗钱工作基础，保障合规反洗钱业务连续性。严格做好反洗钱工作。按照疫情期间反洗钱工作要求，在总行的大力支持下，开通合规反洗钱系统 VPN 访问，最大化保障反洗钱工作正常运作。

（工银马来西亚）

马尼拉分行

2021 年，马尼拉分行坚持总行党委“48 字”工作思路，运用“三比三看三提高”的工作方法，积极主动开拓市场，加强风险管理，在确保资产质量稳定的前提下，基本完成全年预定的目标任务。

一、2021 年分行经营情况

2021 年末，马尼拉分行总资产 30 031 万美元，较年初增长 29.8%，其中贷款余额为 21 760 万美元，较年初增长48.8%，存款余额为1 793万美元，较年初减少47.8%。实现营业收入800万美元，同比增长15.3%。实现中间业务收入87万美元，同比增长166.2%。实现拨备前利润为163万美元，同比增长95.1%，净利润47万美元，在正式营业第三年首次实现年度净利润为正。全年新增公司客户25户，同比增长69%。资产质量基本保持稳定，不良贷款率继续保持为零。

二、2021年主要工作成效和特点

（一）加强政治学习和廉洁风控。一是深入开展党史教育活动，践行学史明理、学史增信、学史崇德、学史力行。深入学习党的十九届六中全会精神，准确把握全会核心要义和精神实质，全力推动分行高质量发展。二是通过学习，使外派员工能及时了解和深入贯彻党中央的路线方针政策，统一思想、凝聚力量。三是持续开展廉洁从业的宣传教育，全面落实从严治党、从严治行的要求，确保没有任何违反廉洁自律规定事件发生。

（二）确保疫情下员工安全。一是强化疫情防控领导小组的工作职责，进一步明确了主体责任，完善疫情应急预案。二是持续关注员工居住区域内确诊病例的变化情况，合理安排员工居家办公，安排班车接送现场办公的员工上下班。三是采购储备充足的防疫物资。四是设立新冠专项扶助项目，用于减轻本地员工确诊后治疗费用负担，解除了员工的后顾之忧。五是积极与使馆和中资企业协会联系，全体外派员工和九成以上本地员工接种疫苗，并安排接种加强针，为员工建立了安全防护屏障。

（三）保持业务稳健增长

一是贷款业务稳健增长。鉴于疫情的不确定性，分行选择受疫情影响较小的电信、电力、水务、新能源、基础设施等行业入手，在危机中寻找机遇，主攻银团业务市场，加强信息来源收集整理，充分挖潜存量客户，积极进入优质的新客户。截至2021年末，分行贷款余额较年初增加7 146万美元，增幅近50%，完成了年初目标。

二是中间业务取得喜人突破。分行2021年中间业务收入达87万美元，远超计划目标。其中主要收入来源仍是各类贷款业务的手续费收入，来自国际银团业务的前端费收入占比约为47%，继续成为分行的重要中间业务收入来源。与此同时，分行围绕中资企业在菲工程承包工作，在保函转开业务上取得较大突破，全年累计保函转开金额约4 060万美元，实现中收约12万美元，成为新的中收来源渠道。

三是有效公司客户数快速增长。截至2021年末，分行新增公司客户数25户，较年初增长69%，包括大量来菲投资的中资企业客户。企业账户动户率呈不断活跃趋势，资金流量提升明显。

四是资金收益贡献度不断提高。分行通过加强资产负债管理、强化主动管理，不断提高资金收益贡献度。做好资产负债的发展规划，通过合理摆布资产负债数量及结构，确定资产负债业务的发展目标。加强对负债资金的主动管理，合理选择交易对手及资金拆借期限，尽可能降低资金来源的成本，提升利差。通过叙做外汇掉期交易，降低比索资金的融资成本。通过与菲律宾央行叙做TDF、RRP等公开市场业务，提升高质量流动性资产的收益率。

五是分行产品线不断丰富。持续推动新产品的上架和应用，顺利落地了收款管家等新产品上架，成功营销客户办理首笔出口信用证通知、交单及承兑业务，成功为中资企业向菲律宾政府部门开立的保函提供核验服务等。全面完成了跨境与本地、实时与批量、线上与线下三位一体清算体系的布局，实现了清算路径无盲区全覆盖。成功参与总行SWIFT－GPI全球支付创新项目的推广。进一步优化了企业网银服务功能，帮助客户提高汇款效率，有效改善了客户的体验。

（四）坚持合规经营

一是分行高度重视央行的首次监管检查，取得良好的评级结果。2021年上半年，菲律宾央行完成了对马尼拉分行的全面监管检查，并于6月1日菲央行正式向分行反馈检查结果，分行最终的监管检查评级为“3稳定”（最高评级为“4稳健”）。检查结果全面体现了监管部门对于马尼拉分行整体经营管理的认可，是属地中较为理想的评价结果。分行高度重视这次央行的检查，认真组织动员，准备相关检查材料，管理层和相关部门主管全程参加和监管部门的交流沟通，向监管部门详细介绍了分行的经营模式、经营思路和风险控制体系，得到了监管部门的高度认可。

二是立足经营实践，实现防控水平和效率同步提升。聚焦合规工作重点进行针对性提升，包括开展监管检查、涉敏、反洗钱、合规系统等专项培训，对反洗钱客户评级方法进行了优化，开展了机构反洗钱风险评测。以合规系统为抓手，加速实现“智能控”管理目标，一对一沟通业务部门以提高OCO系统使用率，根据监管建议及分行经营实践对BRAINS系统进行升级改造，总结历史数据对监控模型参数进行优化，以名单优化及专人专责等方式提高STORM系统名单命中处理效率等。

三是提高审计计划科学性与落地效率。对内部审计进行重新评估，制订更为科学、实践性更强的内部审计计划，保证审计工作在实现全面管的同时突出重点。以内部审计信息系统为抓手，提高内部审计在计划、执行、整改监督等各个方面的工作能力。

（五）加强全面风险管理。

一是落实信贷管理的“三道口、七彩池”要求。严格执行总行疫情期间信用风险管理政策，坚持审慎稳健的信贷原则，加强疫情期间信用风险排查和贷后管理风险监测，贷款不良率、剪刀差保持为零。

二是不断强化信贷基础管理。开展 GCMS 系统数据治理工作，完成了信贷档案管理办法的修订，整理归档了全部信贷档案，强化了信贷档案管理和电子化审批流程。

三是完善风险管理顶层设计，落实“主动防”。制定了分行全面风险管理实施细则，进一步明确风险管理岗位及职责，完善了风险官职责，加强了“三道防线”风险履职管理。

四是利用风险模型持续监控，做好“智能控”。利用风险监测模型，持续针对信用风险、流动性风险、市场风险、操作风险等限额和指标及时进行监测预警、计量和报告，采取有效措施防控相关风险。

五是完善全面风险管理体系，突出“全面管”。充分发挥三道防线合力，提升全面风险管理能力。

六是完善 ICAAP（内部资本充足率评估程序系统）工作，提升风险治理能力。按照《境外机构风险及资本充足评估手册》和分行 ICAAP 手册，逐一落实监管对上年 ICAAP 的评价意见，分析研究当前分行全面风险管理情况和未来三年规划，强化了实质性风险评估和压力测试。

七是提质增效，强化资产负债管理。加强日间流动性管理，以科技手段加强对未来资金流动的监测和管理。通过减少外汇敞口及利率期限敞口，降低分行面临的汇率风险和利率风险。积极扩大资金来源渠道，增加交易对手，降低资金来源单一的风险。

（六）强化内部管理

一是完善应急预案，提升业务连续运营能力。统筹考虑运营资源，完善了业务应急预案。结合疫情发展变化情况，动态调整防疫措施和办公模式。积极参与监管及总分行组织的本地清算系统、灾备场地、VPN 远程登录核心系统等应急演练，提升了业务运营应急能力。

二是强化财务管理，做好财务管理工作。顺利完成了 2020 年审计建议整改工作，最终将审计意见全部清零，审计结果较 2019 年有明显改善。积极配合完成央行检查和税务检查工作，不定期进行财务支出户对账工作，减少隐患和风险。

（马尼拉分行）

卡拉奇分行

2021 年，卡拉奇分行以总行党委“48 字”工作思路为指引，运用“三比三看三提高”工作方法，经受住了经济萎靡、卢比贬值、疫情反复和局势动荡的挑战考验，发展活力、风险把控力和市场竞争力显著提升，主要核心经营指标全面领先可比外资行，巴基斯坦人民币第一银行和最大外资商业银行市场地位持续巩固。

一、2021 年经营成果

经营效益超预期。实现拨备前利润 8 928 万美元，净利润 7 666 万美元，中间业务收入 2 522 万美元，同比增长 11.31%，创历史新高。

结构调整有力度。年末分行总资产余额 51.93 亿美元，同口径较年初下降 1.04 亿美元，贷款余额 19.94 亿美元，其中表内贷款余额 2.8 亿美元，净增 0.7 亿美元；存款余额 8.84 亿美元，净增 1.21 亿美元，增幅 15.85%，剔除汇率波动卢比本币较年初增长 27.47%；账面自主筹资率继续提升至 28.19%。

发展质态有提升。客户结构、业务结构、收入结构进一步优化，连续 5 年实现“零不良”“零剪刀差”“零事故”。2021 年分行荣获驻巴大使馆“落实‘双稳’工作”“防疫抗疫公共外交工作”先进单位及“驻巴中资企业宣传工作”优秀单位称号，助力中巴经济走廊建设、双边经贸投资合作和推进人民币国际化的举措获大使馆致信表扬。

二、主要工作措施和亮点

（一）坚持客户为本，做好稳存增存。强化“存款立行、客户兴行”意识，坚持对公对私联动、重大项目联动等，实现“一点介入、全辖响应”的局面，联合推动客户与存款“两个车轮”向前进。一是筑牢存款源头拓户工程。围绕“拓展有效客户、提升价值贡献、提高营销效率”，不断提升客户服务质效和竞争能力，稳步拓展资金来源。紧盯“央企中资企业 + 本地龙头企业 + 世界 500 强企业”的优质客户结构不断拓展客户链，新增公司客户 52 户、有效客户数 24 户，存量公司客户达 523 户。个人代发工资客户突出批量化、精准化营销，年末达到 898 户，累计代发金额 3 208 万美元，实现公私联动双向赋能拓客黏客。二是提升存款增量竞争优势。充分利用区域资源禀赋和中巴经济走廊建设机遇，针对结算性、周期性、项目性支付的资金提前部署，争取更多低成本存款沉淀，塔尔一区块、二区块等重点存量项目效益逐步显现。截至2021年12月末，落地工行的12个项目日均存款3.91亿美元；围绕信贷链不断拓展客户链，深挖信贷客户供应链上下游客户，并强化资金流转监测管理，2021年12月末，分行信贷客户的时点存款总余额为5.11亿美元。

（二）坚持服务经济本源，信贷结构优化调整。深化中巴经济走廊重点项目和本地头部客户的“1+1”信贷核心投向总体布局，持续调整优化信贷结构，优质投融资总量合理增长、投向精准直达。一是加快对优质市场的布局。全力支持中巴经济走廊重点项目，成功投放华能萨西瓦尔、中电胡布、塔尔一区块等贷款，新增融资5 250万美元。二是加快业务创新转型。认真落实“六稳”“六保”工作，锁定中巴贸易往来产业链持续开展“春融行动”，支持德利玻璃项目、嘉麟杰厂房扩建等融资1 419万美元。三是深化本地重点客户合作。为新增本地客户发放贷款1 620万美元，涵盖能源、化工、纺织、钢铁、家电、油气等行业，实现优质本地信贷客户拓面增量和房地产贷款业务（监管硬性指标）破冰，资产配置与实体经济发展的契合度不断提高。此外，还储备了路易达孚、NRL和Gul Ahmed等一批信贷业务，为后续贷款结构持续优化奠定基础。

（三）坚持创新驱动，多元产品赋能出实效。围绕全产品营销和公私联动下功夫，将产品体系升级优化作为提高服务效率、创能增效的多元增长极。一是全年人民币做市业务量209亿元，较上年增幅32.28%，人民币第一做市商地位进一步巩固；完善人民币工资代发组合套餐，提升电子银行5项功能，2021年12月，个人“代发工资+购汇汇款”客户网银渗透率从年初的46.5%大幅提升至68%。二是与本地银行合作实现项目现场现金需求，投产IPS（个人债券投资），探索EFS（出口优惠便利）产品，不断满足中资企业及其员工的金融服务需求，拓宽收入来源，实现了创新业务品种、价值创造能力的“双突破”。

（四）服务“外汇业务首选银行”战略。聚焦“客户首选”，力推国际业务“基础结算+新兴业务”转型。一是加强与北京、深圳等分行内外联动，加大对目标客户推广，信用证和保函业务增量再创新高，实现中收535万美元，增幅15.55%。二是作为南亚首家获得CIPS直参行资格的商业银行，全面投产CIPS直参系统，协助使馆成功举办“人民币结算路径与操作指南”论坛，举办CIPS在线研讨会，持续推动人民币在中巴贸易中使用，人民币各项业务高速发展，共为19家本地代理行开立了人民币清算账户，代理人民币转汇共174亿元，同比增长41%；年末人民币同业存款时点余额1.06亿元，日均余额首次突破亿元大关至1.08亿元，同比分别增长120%和69%。

（五）坚持底线思维，做好全面风险管控。落实“主动防、智能控、全面管”的风险治理。一是对标“三道口、七彩池”信用风险管理体系，严格风险排查，在上半年当地银行业不良率7.9%的情况下，不良额和剪刀差保持为零。二是深入推进价值创造年主题活动，完善更新各类制度47项，严格KYC、涉敏业务监督和合规履职评价管理，合规文化培训覆盖全员，积极推进TBML、CRM和PSW等监管合规项目落地。积极与巴央行沟通2020年度全面现场检查报告，整体评级为近5年来同业最高等级，其中2项指标得到提升，全部6项均达“满意”及以上，“内控和系统”首次达到“满意”；推进发现问题的整改，年末整改率已经达到96%。三是完成11个内部提升和监管重点审计项目，包括一些新兴领域首次审计，实施清单制跟踪监督，前瞻性发挥内审“第三道防线”作用。

（六）坚持精细管理，治理质量效率双提升。抓细抓实制度流程落地，持续提升全流程精细化管理水平。一是机构人员管理提升。从“刚性补充、弹性补充、修正补充”三个方面精准招聘、投放外派和本地员工，增加营销和风险类人员配置，充分发挥职级体系、考核评价及薪酬激励合力。二是运行保障精益平稳。强化日常监督检查，推动金融市场后台电子化清算，全年参数维护无差错，有效管控运营风险。三是科技赋能强化支持。完成网络软、硬件程序和设备的升级、迭代、迁移，开展汇入汇款开立证明、FX Portal等项目研发改造，搭建监管和合作方交互应用开发平台，促进IT由服务保障型向服务供给型转变。四是防疫安防从严从紧。坚持全员疫苗接种、轨迹和健康日报，加强办公区域和聚集场所管控、消杀力度，至年底全行外派员工和本地雇员均“零”感染；面对异常严峻的安全形势，加强定期安全形势分析、自查评估和通勤及安防管理，严格落实安防SOP，全年未发生安全事件。相关工作得到大使馆、总领馆的高度肯定，作为六家代表之一在总领馆中资企业年终工作会上作经营管理经验交流。

（七）坚持党建引领，特色企业文化凝聚人心。一是突出党史学习教育的“细”和“实”，认真组织党的十九届历次全会精神学习宣传贯彻，以落实“三会一课”机制为抓手，组织开展多层级集中学习23次，对标组织生活会要求对照查摆、积极整改，深化支部标准化规范化建设，落实“两个从严”要求。二是持续宣导“CIPEC”企业文化理念，举办10周年庆典暨客户答谢会，颁发5~10年荣誉雇员奖励，积极开展分行成就奖和上级各类先进评选推优，增强员工的荣誉感和归属感。三是关心关爱员工职业发展和心理健康，深入开展员工思想教育引导，创造机会增强员工工作成就感，聚焦员工关心的热点问题，注重点滴细微，为员工办实事，持续激发干事创业热情。

（卡拉奇分行）

孟买分行

2021年，分行积极落实总行党委“48字”工作思路，结合印度当地经营环境和自身发展特点，坚持以国际视野推进经营，强化清收处置，保持经营稳定，推动转型升级，激发发展动能。

一、业务经营情况

分行资产负债主要由两部分合并构成，其中本地报表为印度境内资产部分，目前资产占比74%；簿记报表由簿记在香港、迪拜、总行专项融资部等资产构成，资产占比26%。截至2021年末，分行总资产余额5.2亿美元，其中本地报表余额3.9亿美元，簿记报表余额1.3亿美元。贷款余额1.7亿美元，其中本地贷款余额3 984万美元，簿记贷款余额1.3亿美元，债券投资余额2.3亿美元。

2021年，分行净利息收入1 301万美元，其中本地报表净利息收入1 426万美元，簿记报表净利息收入-125万美元。佣金和手续费收入303万美元，其中本地报表收入287万美元，簿记报表收入16万美元。拨备前利润773万美元，其中本地报表859万美元，簿记报表-86万美元。净利润-2 199万美元，其中本地报表456万美元，簿记报表-2 654万美元。

二、经营发展主要特点

2021年，分行一方面加强对外部形势变化的预判，充分利用好利率下行周期有利因素；另一方面立足低资本消耗、低风险业务模式，大规模主动压降资产规模，控制付息成本，增加中间业务收入。

（一）积极推动不良贷款清收处置，化解潜在风险。一是战略性退出高风险领域融资。分行主动抓住机会退出多笔本地业务贷款，规避经营环境恶化情况下资产质量进一步恶化的风险。二是不良贷款处置成效显著。3月完成信实铁塔3 400万美元不良贷款核销后，12月完成了ITNL 8 000万美元不良贷款的核销工作，实现了孟买分行不良贷款清零。创新处置方式，通过招投标方式拍卖HIPAD抵押资产，预计账销案存资产收回2.2亿卢比，不良贷款受偿率达62%。三是潜风化解卓有成效。对于天威保变4亿卢比潜在风险贷款，采取制订还款计划，下达催收函、指导担保人履约等措施督促客户还款化解融资风险，最终实现贷款提前偿还，未到期表外业务的存单质押率由20%提高到100%，成功化解融资劣变风险。积极跟进印度航空并购重组进度，定期会商研判风险程度，预计印航4 000万美元潜风贷款能提前偿还。

（二）牢固树立合规经营底线意识，推动监管事项落地。分行认真落实属地监管和总行各项工作要求，持续优化公司治理架构，继续开展内部制度年审，通过组织月度合规自查、新入职员工培训、月度合规主题培训等手段，不断强化员工合规从业意识，夯实合规管理基础，确保机构行稳致远。

（三）调整本地资产负债结构，持续优化资产结构。主动退出受疫情影响较大的行业贷款，降低经营环境恶化情况下资产质量进一步恶化的潜在风险，倾向于风险较低的债券市场，加强债券的投入，强化利率、期限、风险管理，保持稳定的收入，目前相关资产占比逾80%。

（四）发挥联动优势，在困难中找机遇。一是保持战略定力，严防各类风险发生。二是通过加强与境内分行联动，提升客户一站式服务能力，努力扩大中资客户基础，提升客户服务能力。2021年，新开对公账户16户，较年初增长6.72%，有效服务中资企业在印发展需要。拓展华为等主要企业代发工资预结汇业务，有效锁定优质个人客户资源。三是充分发挥区位优势，利用好目前已建立的业务关系，挖掘“走出去”和“引进来”项目机会。通过内外联动，完成转开保函共71笔，共计3 556.48万美元。协助集团境内分行及单证中心与本地银行进行业务沟通及协调，协助解决信用证付款不及时、单据无法交付等各类问题，促进中印贸易往来的顺畅开展。累计办理本地信用证贴现业务共计293笔，金额共计约5 937.95万美元。

（五）挖掘低风险与多元模式新发展，推动可持续发展。努力探索低资本占用、低风险承担的发展道路，根据市场需求和资源禀赋多元化收入结构。重点针对中资企业发展基于佣金和手续费收入的业务，保持公司结算、个人结售汇等基础类中间业务收入稳步增长。积极挖掘中印贸易往来业务机会，夯实贸易融资客户基础，拓展信用证贴现等相对低风险品种。着力推进黄金业务、投资银行等特色业务线建设，力争构建多条利润贡献超百万美元的中间业务品种条线。

（六）积极稳定员工队伍，优化人力资源结构。受疫情影响，当地员工稳定性面临较大挑战，分行通过多种方式，加强与员工的沟通，制定本地员工薪酬分类体系；及时完成本地员工年度考评及绩效发放；针对受疫情影响长期无法回国外派人员合理有序回国休假，舒缓压力；开展疫情期间的员工关心关爱等稳定员工队伍，并同时因地制宜适当扩大本地员工人员补充进度，加强内部管理，防范操作风险，进一步保证了业务连续性，增强了分行的整体稳定。

（七）做好疫情防控工作。自疫情暴发以来，分行高度重视疫情防控工作，坚持党建引领，认真履行主体责任，狠抓总行各类专题会议部署和各项制度安排的落地落实，增强责任意识。针对印度疫情发展态势，相应制定应急分级预案并不定期更新调整。通过多种方式强化防疫管理和教育，强化各类防疫措施。落实各种员工关心关爱，提高一线员工福利，有序安排长期未回国员工轮换回国休假，确保员工思想不出现大的波动。根据总行疫情分类，不断提升防疫等级，抓早、抓细、抓实各项措施，有力确保了员工安全、财产安全和业务连续性。

（孟买分行）

工银阿拉木图

2021 年，工银阿拉木图认真贯彻落实总行党委“48 字”工作思路，运用“三比三看三提高”工作方法，坚持稳中求进工作总基调，强化“比”的意识和“拼”的精神，有效应对外部严峻挑战及市场激烈竞争，深入推进“固本、蓄势、谋远”，管理质效取得新进展，业务经营得到新提升。

一、2021 年经营发展概况

2021 年，实现拨备前利润 2 213.38 万美元，同比增长 36.46%；实现净利润 1 848.2 万美元，同比增长 21.83%，拨备前 ROA 2.7%，ROE 28.47%。子行自 2019 年下半年起实施的业务本地化策略取得初步成效，主要指标超额完成，经营绩效表现亮眼。全年实现零安全事件、零合规事件，持续保持信贷资产零不良。

二、2021 年业务发展与管理情况

（一）盈利创新高，发展动能持续增强。一是坚持存款立行，夯实发展基础。2021 年子行各项对公存款月均 42 622 万美元，同比增长 28.27%。特别是本币存款，全年实现月均 787 亿坚戈，较上年增长 330%，本币公司存款达 1 215 亿坚戈。二是立足价值创造，科学摆布资金，增加资金收益，主要指标优于同业。全年子行存放央行利息收入达到 1 208.27 万美元，同比增加 780.29 万美元，增长 182%；债券投资利息收入达到 825.49 万美元，同比增加 325 万美元，增长 64.97%；汇兑收益实现 188 万美元，同比增长 0.57%。三是稳健推进贷款业务。2021 年完成 5 笔贷款发放，近 5 年来发放贷款笔数最多。分别为 Toyota 20 亿坚戈；新韩卡公司 12 亿坚戈、萨姆鲁克卡泽纳 2 500 万美元、MMG 8 000万美元、Zhanatas 风电项目 1 300 万美元。全年本地报表拨备前和净利润首次突破 2 200 万美元和 1 880 万美元。

（二）中收强项保持优势，特色业务成效凸显。一是锚定委托代理业务，根据中亚国别及区域特点，积极拓展同业客户，扩大直接中收和大量资金存款的稳定来源。二是聚焦跨境人民币业务，加大推广力度。丰富跨境人民币业务使用场景，从跨境贸易结算到大宗商品结算，再到中国跨境投资项下的资本汇划与结算、大型工程承包结算以及代发工资业务等全景处理，吸引了西安爱菊、中油阿克纠宾、宇通客车、中国土木、中电国际、江西铜业、中铁二十局等重点客户。2021 年子行人民币清算量首次突破 200 亿元，同比增长 100%。三是围绕代理行业务，稳慎拓展取得积极成效。子行成功拓展 3 家银行加入 BRBR，2 家银行加入 CIPS，与乌兹别克斯坦阿萨卡银行建立代理行关系。四是紧抓代发工资产品，成功探索第三国适用场景，集聚潜在客户。2021 年，实现手续费及佣金收入 266.53 万美元。

（三）依托集团资源优势，业务创新亮点频现。一是代发工资业务实现创新式发展。子行成功为第三国中资企业代发人民币工资，实现了多国货币政策突破，开辟了人民币运用场景和服务的多项创新。二是 Zhanatas 风电项目入选《2021 年度绿色金融专题报告（TCFD 报告）》标杆案例及《2021 年 BRBR 绿色金融汇编》优秀案例。

（四）狠抓战略落地，取得突出成效。2021 年，子行以“外汇业务首选银行”战略为导向，采取在线 + 现场 + 媒体 + 网站 + 公众号紧密结合的宣传策略，协同促进战略落地。一是与总行、人民银行、中国驻阿拉木图总领馆、哈萨克斯坦中国总商会、塔吉克斯坦中国企业商会等合作，组织在哈萨克斯坦及其他中亚地区的系列在线研讨活动，着力扩大工银品牌在中亚地区的知名度，取得较好成效。二是充分利用第 4 届进博会、第

130 届广交会等机会，联动哈萨克斯坦企业协会、阿拉木图市企业商会、哈萨克斯坦主权大幕基金、哈出口信用保险公司等，大力宣传工商银行及子行的金融产品和服务，深度发掘中哈及中国与中亚地区投资贸易发展带来的各类业务机会，持续打造本地首选银行形象。三是充分利用网站、微信公众号、工行通讯等宣传渠道，提升子行的市场品牌形象及社会影响力。

（五）公司治理与合规风控成效显著，获得监管最佳评级。2021 年哈国金融监管署对子行的监管评级为“1”级，认为子行公司治理、风险管理和内部控制体系达到令人满意的最佳水平。此外，在哈金融监管署反洗钱内控系统有效性排名位列第 7，较上年提高 3 个名次。一是董事会、管理层及二者下辖各委员会认真履职尽责。充分发挥董事会、管理委员会作用，提升子行的公司治理水平、风险管理与内部控制管理能力。二是狠抓合规文化建设。围绕内控合规“价值创造年”，秉承“制度先行”的要求，子行开展了各项合规和风控管理工作，共完成 82 个内控制度修订、71 次涉及营销、信贷、风险与合规、反洗钱等方面的全员专题培训，更新了 BRAINS 系统中可疑和大额交易场景，开展了客户数据规范性自查，确保符合 KYC 程序以及客户档案的规范性、时效性和完整性要求。三是授信审批治理得到进一步完善。新设信贷管理处，严格资产质量管理，信贷资产质量继续保持零不良；信贷数据治理及管理类规范，各口径数据一致，全年无监管风险事件发生。

（六）内部管理精益求精，发展防疫担当有为。一是强化党建引领。子行精密部署党建工作，充分发挥党员先锋模范作用，深入组织、推动工作落实，党建工作成效显著，总领馆党委对此给予高度肯定，并授予子行 2 名党员优秀党员称号，1 名党员优秀党组织工作者称号，3 名员工分别获得哈政府授予的功勋、卓越、最佳银行工作者称号。二是人才战略提升管理品质。使用主动淘汰、市场挖掘等手段，提升子行本地员工队伍素质，为各项策略和工作计划的实施夯实人力资源基础。三是疫情防控与业务发展并重取得成效。实施防疫主体责任制和责任追究制，一级抓一级，层层抓落实，全年未发生聚集性感染事件。科学合理安排人员及资源，确保不间断运营；通过网银系统升级改造，满足疫情环境下的客户居家金融服务需求，基本实现“防疫情、保运营、稳经营”目标。四是狠抓安全工作不放松。认真对标对表总行安全工作要求，按时保质保量落实到位。开展各类培训和场景演练合计 16 次，升级了备用电源、安防与监控系统，完成了同城灾备中心建设、子行电力与网络改造等工作，全面提升人防、物防、技防水平。

（工银阿拉木图）

迪拜国际金融中心分行

一、主要经营指标完成情况

截至 2021 年末，迪拜分行（簿记还原口径，下同）总资产 171.10 亿美元。不良贷款为零，资产质量继续保持优良。实现拨备前利润 5 161 万美元，同比增加 921 万美元，增幅 21.96%；实现净利润 3 533 万美元，同比增加 253 万美元，增幅 7.71%。同时，通过簿记平台，为兄弟机构簿记贷款余额达到 56.26 亿美元，实现净利润 2 935 万美元。

二、主要工作开展情况

（一）聚焦建党 100 周年，进一步提升队伍凝聚力。一是通过集中和自我学习、线上和线下学习相结合的方式，高质量开展党史学习教育。二是开展书记讲授专题党课；联合境内分行与迪拜总领馆，开展“云参观”杨家岭红色革命圣地联学联建活动；邀请长管院专家讲授“红色金融史”主题视频讲座，深化党史学习成效。员工学以致用，在使领馆举办的庆祝建党 100 周年征文演讲比赛中，三个作品分别荣获一、二、三等奖。三是聚焦疫情防控、员工关怀、作风建设等事项，扎实开展“我为群众办实事”活动。

（二）聚焦风险防控，经营基础有效夯实。一是完善合规风险防线。建立责任认定委员会，制定实施《合规与反洗钱工作考核管理办法》，更新“反洗钱制度手册”及“合规制度指引”。强化反洗钱管理，定期召开反洗钱合规委员会，持续做好资金清算交易涉敏信息实时监控及风险点排查。开展财务会计、市场风险管理、合规反洗钱等多项审计并及时整改发现问题。二是夯实信贷管理基础。密切关注各类风险，试行信贷审查提前介入方案，在严把客户准入关的基础上，提升信贷审查质效。稳步做好信贷存续期管理，强化资产质量分类和拨备管理。做实潜在风险和重点关注客户每周检测、簿记不良客户管理、信贷资产“三道口、七彩池”归类以及风险提示和重点行业分析排查等措施。三是强化流动性风险防控。制定并印发《流动性头寸管理实施细则》，压实管理责任，细化梳理流程。调整资产负债结构，主动加强资产负债错配管理，为资产负债错配创造空间。加强对 LCR 稳定在合理区间的日常监测预测，抢抓收益率曲线陡峭化下的超额收益，提高 NIM 水平。定期开展自动化监测、区域流动性监测和流动性压力测试，确保各项指标满足监管要求。

（三）聚焦市场拓展，良好发展态势不断巩固。一是锁定本地优质客户项目，成功营销非石油行业龙头企业阿布扎比发展控股集团公司，参与银团贷款 1.1 亿美元。有效保障 DEWA4、DEWA5 累计提款 1.67 亿美元，确保项目序时推进。二是助力中资企业“走出去”，为相关大型国企客户累计开立保函 8 400 万美元。成功解决中资企业小币种清算、收款结算、网银服务等问题。向 9 个“一带一路”银团项目提供代理行和账户行服务，实现中间业务收入 82.5 万美元、日均存款 1.28 亿美元。三是投行业务快速发展，年末资产总额 4.8 亿美元，达到 2020 年末的 24 倍。抢抓中东市场龙头企业兼并整合窗口期，成功营销世界最大油气类综合型能源公司沙特阿美，参与其石油管道出售的并购融资，联合利雅得分行参贷 4 亿美元，并参与了并购融资中的利率互换、债券承销等综合性金融服务。同时拓展 EMAAR、OETC 等客户，累计办理公司融资 1 亿美元。成功与 ZAND Digital Bank 签署卖方顾问协议，推动业务实现新突破。四是强化内外联动，推进贸易融资稳健发展，与国内 19 家分行合作办理海外代付、风险参贷、福费廷、跨境担保融资等 473 笔、累计融资发生额 114.7 亿美元。落实“春融行动”，为 70 余个境内重点名单客户办理贸易融资 75 亿美元。做好客户“云营销”，举办在阿中资企业线上交流、进博会“中东地区云招展”等活动，不断提高机构影响力。五是推动跨境人民币账户融资及人民币回购业务，助力人民币国际化发展，累计开展人民币账户融资 48 笔、金额 238.8 亿元；开展人民币回购业务交易 182 笔、金额 1 820.7 亿元。

（四）用好世博平台，社会影响力得到提升。迪拜世博会是疫情以来中东地区的一场盛会。分行聚焦世博平台，一是做好日常宣传，通过中国网、新华财经、经济日报等主要媒体做好集中宣传报道；在中国馆熊猫“同同”主题展区循环播放工行宣传片；定制“工银生肖信用卡·世博会纪念版”，成为游客参与互动活动的必需介质。二是举办工行主题日，开展“智享工银　慧聚世博”全球客户主题交流会、“科技赋能绿色金融”“一带一路”银行间常态化合作机制（BRBR）绿色论坛两场大型线上活动，各相关行业分享绿色管理实践，沟通合作发展经验。三是推动项目落地，促成新能源、清洁能源转型和风电项目融资等多个协议签署，积极支持共建“一带一路”和中资企业“走出去”。

（五）聚焦“慎终如始”，疫情防控有力有效。一是压实主体责任，严格执行总行和使领馆防疫要求，坚持常态化防疫机制；实行 AB 岗每周轮换，压缩现场办公比例至 50%，运用线上办公、线上会议、线上推介会等手段，打造后疫情时代综合办公新模式。二是做好员工关心关爱，及时发放抗疫慰问金，为员工及家属配发防疫物资，有序安排回国探亲，持续开展“云上欢聚”“线上文体节”等网络学习交流活动 40 余期，多措并举纾缓压力。三是落细防疫举措，周密推进疫苗接种，机构符合要求人员两剂接种率达 100%。分行防疫成果得到使领馆充分肯定，荣获“同心抗疫　创新发展”社会贡献优秀集体奖。

（迪拜国际金融中心分行）

多哈分行

2021 年，多哈分行认真贯彻落实总行党委“48 字”工作思路，运用“三比三看三提高”工作方法，切实做好新冠肺炎疫情防控，保障人员健康安全和业务连续性运营，主动适应疫情态势和外部环境新变化，加快经营转型，优化业务结构，提升市场竞争地位，稳健推进分行各项工作。

一、主要经营情况

截至 2021 年末，总资产 89.79 亿美元，较年初增加 30 亿美元，增幅 50%。其中：各项贷款余额 22.95 亿美元，较年初减少 1.2 亿美元，降幅 5%；债券投资余额 30.1 亿美元，较年初增加 2.2 亿美元，增幅 8%；存拆放同业余额 36.4 亿美元，较年初增加 29 亿美元，增幅 391%。资产质量保持良好，不良贷款余额、潜在风险贷款余额均为零。总负债 86.9 亿美元，较年初增加 29.7 亿美元，增幅 52%。其中：同业拆入款项 31.2 亿美元，较年初增加 16.2 亿美元，增幅 109%；系统内存拆放 54.3 亿美元，较年初增加 14.98 亿美元，增幅 38%。2021 年 1－12 月，分行实现拨备前利润 3 786 万美元，较同期增长 19%，实现净利润 3 290 万美元，较同期增长2%。2021年1—12月，多哈人民币清算行完成人民币清算量2 834.50亿元，较同期增长11.13%。自成立以来，累计完成清算量23 653.84亿元。

二、主要工作措施

（一）做好疫情防控，保障人员安全。密切跟踪全球和当地疫情发展趋势，高度重视常态化防控工作，严格落实总行和区域有关要求，明确防控责任，强化执行力度，优化业务保障，统筹做好疫情防控和业务运营。

一是明确防控责任。根据总行要求和当地实际，梳理疫情防控关键风险环节，明确各部门防控第一责任人，严格落实从境外返回驻地、出入高风险区域员工及密切接触人员的隔离措施，做好日常健康监测和定期核酸检测，确保对各个关键风险环节的有效控制。

二是落实关心关爱。分行将关心关爱员工工作落在实处，开展中秋、国庆双节慰问。加强防疫物资保障，及时发放营养品、口罩、消毒液等防疫物资。开展线上运动会和摄影比赛，丰富员工业余文化生活，确保身心健康。

三是加强疫苗接种动态管理。高度重视员工疫苗接种工作，确保"应接尽接"，实现员工和随任家属疫苗全覆盖。随着德尔塔、奥密克戎等新冠病毒变异株的不断出现和快速蔓延，分行密切跟踪当地卫生系统的疫苗接种指引，有序推动加强针接种。

四是优化业务保障。按照总行《关于开展境外机构业务运营应急演练的通知》，分行积极落实相关工作部署，完善商行和人民币清算行的VPN访问核心银行系统的应急预案和操作规程，成功完成了VPN远程登录核心银行系统和业务操作的应急演练，梳理业务清单并对各种场景下的业务功能进行了验证，进一步强化了业务连续性管理。

（二）抢抓市场机遇，推动创新发展。积极围绕本地市场和"一带一路"建设，抢抓业务机遇，推动创新发展，加强"走出去"中资企业维护和营销，抓住业务机会增加收入来源，继续挖掘本地同业客户资金业务需求，加强内外联动和行司联动，拓宽同业业务合作领域。

一是抢抓市场机遇，实现CIBM、债券回购等业务突破。一方面是CIBM业务，在分析研判2021年国内紧信用、宽货币的宏观政策环境，抓住年初人民币债券收益率处于高位的机会，办理2 500万元人民币利率债投资，并在第三季度卖出实现交易收入35万元人民币。加快推动清算行CIBM投资，办理CIBM投资4.05亿元人民币，实现清算行债券投资业务突破。另一方面是中东债方面，在加强市场分析推动美元债投资基础上，积极拓展中东地区金融机构人民币债券业务，并与相关各方反复联系沟通，确保业务顺畅达成。全年共办理中东地区美元债投资3.03亿美元，人民币债券投资6.4亿元人民币。此外，分行还成功办理美元债券回购业务，进一步丰富金融市场业务产品线，有效扩大筹资渠道来源，回购业务量达到50亿美元，较市场价格平均减少5个基点，有效降低资金成本。

二是依托贸易链和资金链，积极开拓贸易融资业务，为"走出去"企业中资企业提供全链条综合化金融服务。强化与境内同业的联动，贸易融资业务量实现快速增长。2021年累计办理贸易融资业务35.7亿美元，同比增长35.2%。其中，办理人民币贸易融资22.5亿美元，同比增长61.5%。加强对在卡"走出去"中资企业营销，聚焦当地重点工程，围绕2022卡塔尔世界杯、港口建设、移动通信等多个领域，联动境内分行为金龙汽车、阿里云、华为和中港湾等公司累计新开立保函22笔，金额合计7 157万美元，同比增长1 716%。为"走出去"中资企业量身定制特色人民币业务，包括人民币短期定存+人民币跨境结算、跨境人民币资金调拨+人民币/卡币直接兑换业务，帮助客户规避汇率风险，盘活闲置资金，降低财务成本，获得客户好评。

三是继续挖掘本地客户业务需求，加强集团内联动和同业合作。分行通过积极营销，与工银租赁、新加坡分行联动，完成对工银租赁2艘液化天然气运输船的银团融资，融资总额3亿美元。加强同业合作，积极挖掘银团贷款合作机会，成功参贷卡塔尔商业银行1.2亿美元和卡塔尔国民银行6 350万欧元，并作为联合簿记牵头行，参贷赖杨银行1亿美元，有力提升了分行在当地银团市场的影响力。

（三）筑牢三道防线，助力稳健发展。面对新冠肺炎疫情常态化和外部地缘政治经济复杂环境的不利影响，分行不断完善制度流程，规范业务操作，依托各专业委员会，持续加强业务准入、风控合规、内审监督三道风险管理防线的作用，为分行稳健经营保驾护航。

一是全面梳理落实分行各业务条线的制度流程，特别是在基本授权、评级授信、贷款管理、资金交易、反洗钱等业务操作关键环节风险控制情况，确保各环节风险控制实时有效，事前事中事后控制流程全面覆盖。

二是严格执行各项监管指标和管理限额规定，加强部门沟通，提前测算落实各项流动性、风险性指标数据，坚决防止出现超指标、超限额情况发生，同时加强限额、估值等监测和管理，实现业务合规经营。

三是坚持"强基固本，主动全面"的合规与风控策略，按照"主动防、智能控、全面管"的风险管理路径，做好合规基础工作，推进反洗钱标准化管理，规范涉敏风险管理系统和BRAINS系统，严守合规底线。坚持风险为本的方法，在满足监管要求、反洗钱防控、KYC审核及涉敏甄别等关键环节采取精细化管理的措施，严防死守，确保不发生任何风险事件。

四是按照总行《境外机构全面风险管理手册》要求和属地监管规定，进一步完善风险治理架构，逐项落实风险偏好及限额、风险报告等工作要求。加强信用风险、操作风险和流动性风险管理，持续优化工作流程，前移、上移流程控制，增强部门间工作合力，确保各项数据收集及时、完整和准确。

五是积极推动内审监督工作的标准化和规范化，通过开展年度审计项目和内部控制自我评估，梳理评价分行各业务条线、各风险环节的控制情况，形成内部控制自画像。对发现的问题提出风险提示和整改建议，推动相关部门进一步完善制度流程、规范操作，强化内部管理。

（四）推进人民币国际化，完善系统建设。2021年，分行继续推进人民币清算业务发展，完善制度建设，确保清算服务效率，高质量完成各项结算、清算及后台账务工作，在强化反洗钱风险防控的同时拓展服务产品新领域。

一是丰富业务品种，满足客户需求。在人民币清算基本产品的基础上，为满足客户需求，清算行与重点客户卡塔尔国民银行签订了同业客户日间透支协议，并开展资金拆借业务和债券投资业务。2021 年全年累计开展资金拆借业务 60 亿元，债券投资 2.5 亿元。

二是拓展清算网络，提升服务能力。分行 CIPS（人民币跨境支付系统）直接参与者接入于 2021 年 2 月通过审批，并于 2021 年 8 月正式投产使用。至此，人民币清算目前已全面覆盖三大支付系统，并在离岸 SWIFT 渠道和在岸 CIPS 渠道上均可实现 7×24 小时全时段运行，集团内外跨境人民币清算网络得到扩展，为进一步推进清算行业务发展奠定了基础。截至 2021 年 12 月 31 日，人民币清算行已通过 CIPS 系统清算业务 45 笔，金额 6.86 亿元。

（多哈分行）

阿布扎比分行

一、主要经营指标情况

截至 2021 年末，阿布扎比分行总资产 5.99 亿美元。资产质量稳中向好，不良贷款率为零。实现拨备前利润 451 万美元，净利润 420 万美元，增幅 8.86%。

二、主要工作开展情况

（一）立足建党 100 周年，坚定发挥党建引领作用。始终坚持把党的政治建设摆在首位，引领全体党员实现目标同向、行动同步。一是落实党史学习教育要求，高质量完成必读书籍学习。创新学习举措，切实将学习范围覆盖到每个党员，将学习任务压实到“最后一公里”。二是深化理论学习，积极讲授党课、邀请专家讲座，推动红色历史和红色精神在党员心中落地生根。三是创新活动形式，开展“学习领悟党史，推进战略落地”分享交流，开展联学联建活动，举办了“瞻仰红色圣地，赓续精神谱系”红色主题党日活动，运用科技手段“云参观”红色圣地，使全体党员汲取营养、淬炼灵魂。

（二）坚持人本思想，有效巩固防疫成果。一是落实“防输入”和“双稳”疫情防控要求，细化统一隔离、统一双检测、统一配发防疫物资等防控举措；严格把关人员回国每个环节，实现回国人员零确诊。二是扎实做好疫情物资储备、员工健康每日统计等常态化防疫措施。三是落实员工关心关爱举措，高度重视员工身心健康。稳妥推进疫苗接种，进一步构建起员工免疫屏障，不断巩固疫情防控成果。

（三）抢抓市场机遇，持续增强竞争能力。一是强化市场营销，为 G42 集团母公司及核心账户公司在工行开立结算账户，同时为该集团母公司申请 3 亿美元非专项授信额度且审批通过一亿美元流动资金贷款。拓展 G42 集团和关联公司以及 Union Pipe 等企业，以流动资金贷款、账户服务为切入点，为深化合作创造机遇。二是扎实推进总行“春融行动”工作部署，通过海外代付、风险参贷、福费廷、跨境担保融资等方式支持国内企业复工复产，为稳外资和稳外贸贡献力量。三是持续推进主权机构和金融机构同业营销，积极跟踪营销本地最大的主权投资基金 ADIA 在债权方面的业务合作可行性。四是发挥簿记平台作用，实现集团利益最大化，积极与境外兄弟行联动，加强基础管理，从业务处理、风险把控、系统保障等方面着手，提升精细化管理水平。2021 年投放簿记贷款 70 笔，金额 26.78 亿美元。

（四）以稳健发展底线，有效防范业务风险。一是在全面加强风险排查的基础上，继续做好对信贷客户风险的逐户逐笔持续跟踪及管控，逐户梳理信贷客户存续期管理各项要求的完成情况，并督促整改。二是进一步提升对洗钱风险的防控能力，确保各项业务和经营健康发展。做好 KYC 专项治理、反洗钱客户认定、涉敏业务、合规管理长效机制等重点工作，持续开展对标对表工作。三是继续加强流动性风险、利率风险及汇率风险管理，强化流动性指标监测，确保各项指标限额满足监管及总行要求。

（阿布扎比分行）

科威特分行

一、主要经营情况

2021 年，科威特分行认真贯彻总行党委“48 字”工作思路和年度工作会议精神，运用“三比三看三提高”工作方法，灵活调整经营策略，稳健拓展本地业务，强化风险控制及合规管理，持续抓好常态化疫情防控，凝心聚力砥砺奋进，较好地完成了年度经营管理目标。截至年末，分行总资产 8.22 亿美元，较年初增长 34%，实现净利润 213 万美元，同比增长 104%，不良贷款率保持为零。

二、主要工作措施

（一）加强集团联动，深化本地发展。分行积极落实外汇业务首选银行战略和“春融行动”部署，加强内外联动，一方面积极服务“走出去”中资企业在科项目投标和建设，全年工程类保函业务余额大幅增长 67%，其中为“春融”行动名单客户开立保函 8 笔，金额 4 225 万美元；企业开户营销工作取得新进展，营销中港湾科威特项目部在我行开立结算账户及开通网银，推动中石化国际工程公司信用额度切分事宜，并已进入开户准备阶段，持续跟进中海油服、亚奥理事会科威特代表处在分行开户事宜。同时是加强跨境人民币融资营销力度，成功办理广东交通规划设计院和中江国际跨境人民币贷款业务，合计 2.6 亿元人民币。另一方面，加强外外联动，积极营销本地大客户业务：联合迪拜分行为科威特商业银行发放双边贷款 7 000 万美元；与迪拜分行联合推进参与科威特 Sulaibiyah 污水处理厂再融资项目；积极营销科威特 Equate 石化公司，投资其新发行债券 2 500 万美元。

（二）加强同业合作，优化资负管理。一是充分利用当地央行对抗疫情实施金融激励政策的窗口期，灵活调整资产负债结构，在兼顾流动性的同时提升资金效益，全年 LCR 平均值 182%，NSFR 平均值 108%，存贷比平均值 74%，均处于监管预警值之上；净利息收益率（NIM）1.09%，较上年末下降 4 个基点，净利差（NIS）1.05%，较上年末上升 5 个基点。二是拓宽债券投资渠道，完成首笔中国银行间债券市场（CIBM）债券投资交易人民币 1.6 亿元，适时增加投资沙特国债、NBK 银行金融债、EQUAT 企业债等共 8 000 万美元；截至年末债券余额 2.73 亿美元，较年初增长 20%，债券投资组合到期收益率 2.60%，久期 2.13 年。三是积极拓展金融同业市场业务机会，成功推荐迪拜分行担任科威特博根银行（Burgan Bank）2022 年初发债的联合牵头行（Joint Lead Manager）；积极与阿布扎比第一银行（FAB）磋商科威特 KUFPEC 石油公司二手银团贷款业务机会；加大与科威特本地银行同业资金往来，全年从本地同业累计拆入资金占比较上年增长 25%，向本地同业拆出资金占比较上年增长 56%。

（三）严格内部管理，强化风险控制。一是分行班子认真履行主体责任，从严治行，廉洁自律，遵守“三重一大”事项管理规定，有效贯彻廉洁专员制度，强化监督，防止滥用职权和违规违纪等腐败行为，全年未出现重大案防事故和违规违纪行为。二是完成 2021 年全面风险管理履职评价工作，加强对信用、市场、操作、声誉、流动性等风险监测分析，严把信贷准入关，严控受疫情影响严重和评级下降客户的信贷增加，并对存量信贷客户进行信用风险排查和压力测试，全年无不良贷款，未发生重大风险事件。三是继续夯实反洗钱基础管理，更新完善分行反洗钱相关制度建设，强化第一道防线部门履职责任，与外审机构合作开展每两年一度的分行反洗钱风险研究。四是持续推进 2021 年内控合规“价值创造年”主题活动，按时完成监管问题整改无逾期，顺利通过科威特央行年度检查，在央行 ROCA 评级中虽然总体评级仍是“Fair（合格）”，但在其中的“C（Compliance 合规）”和“A（Asset Quality 资产质量）”两个分项的得分均提高到“Satisfactory（良好）”。五是成功投产科威特国家支付系统（KNPS）清算功能并运营良好；成功在花旗银行开立新的美元账户；顺利实现本地监管要求的实时清算联网、网络安全自评估以及网银优化等分行特色项目，加强对分行三个生产机房的常态化管理，全年无生产网络中断事件，无信息安全事件和病毒事件，确保疫情期间业务运营的连续性和安全性。六是顺利完成科威特税务局开展的 2015—2016 财年税务检查；修订完善分行《数据治理管理细则》，夯实数据治理基础性工作；积极应对科央行提升中高层管理人员本地化率要求，修订完善分行应急管理、公务用车、低值易耗品管理等多项制度，不断优化内部管理制度机制建设。

（四）关心关爱员工，常态化科学防疫。严格贯彻落实总行对新型冠状病毒感染肺炎防控工作的部署，防疫工作领导小组根据当地防疫措施要求，及时调整 A/B 组轮岗上班、灾备办公室、VPN 远程操作等多种防控策略。同时加强员工关心关爱，在人员紧缺的情况下确保分行正常运营，降低操作风险，改善安保防疫及住宿条件，加强办公场所防疫纪律管理，积极组织引导鼓励员工接种疫苗，全行符合条件的员工已全部完成疫苗接种，未发生聚集性感染事件。

（科威特分行）

利雅得分行

2021 年，利雅得分行积极落实总行党委“48 字”工作思路，切实将“从严治党，从严治行”要求贯彻到日常经营工作中，防疫抗疫与经营发展两手抓、两手硬，交出一份出色的年度成绩单。

一、主要经营指标

截至 2021 年 12 月末，分行总资产 37.53 亿美元（总行口径），较年初增加 16.34 亿美元，增幅达到 77%。其中各项贷款余额 16.79 亿美元，较年初增加 0.19 亿美元，增幅 1.1%；实现拨备前利润 2 851 万美元，较同期增加 123 万美元，增幅 4.5%，净利润 2 218 万美元（含考核还原 189 万美元），较同期增加 458 万美元，增幅 26%，不良贷款率继续保持为零。NIM 1.47%，ROA 0.79%，ROE 20%。

二、主要工作措施

（一）坚持疫情防控常态化保障业务连续性运营。分行将员工与家属的生命安全和身体健康摆在首位，认真做好常态化疫情防控与保障金融服务。在疫情防控上实施“网格化”的管理要求，严格落实各项防控措施。为全行员工发放了防疫物资，坚持 A/B 组轮换办公等措施。2021 年分行继续保持全体外派员工与家属零感染，疑似病例全部清零，2 剂疫苗接种率达到了 100%。

（二）紧抓市场机遇持续深化结构转型发展。

一是增存工作取得较大突破。2021 年度分行将存款营销工作确定为调结构的重点内容之一，锁定行业龙头企业开展营销工作。截至 11 月末，分行各项存款余额达到 26.09 亿美元，较年初增加 23.11 亿美元，增幅 776%，特别是月均存款余额达到 4.5 亿美元，同比增加 3.1 亿美元，增幅达到 221%，存款贡献度提升显著。其中重点公司客户营销方面，在经过了合作方式、交易渠道、特殊条款等关键内容的洽谈，最终与沙特阿美公司成功签署存款合作协议，以合理价格获得 51 亿美元定期存款，分行不仅实现与沙特阿美公司的业务合作新突破，该协议的签订也为分行未来存款业务的发展奠定了扎实基础；另一方面，存款证业务增速明显，有力支撑分行存款业务发展。年初以来，分行主动加强对本地以及境外潜在存款证投资者的营销，不断拓展利雅得分行市场影响，通过拓展交易对手，增加交易达成机会。

二是深入推进负债结构调整。流动性管理基础得到有效夯实，资金期限与结构调整成果初显。分行主动加强负债久期管理，共拆入资金 185 笔，约 136 亿美元。其中，6 个月以上（含）资金为 27.3 亿美元，占比达到 20%，同比增加 17 个百分点，另一方面，年末 LCR 指标达到 209%，较同比增加 175 个百分点；增加 HQLA 债券投资，提高流动性储备比例。2021 年，分行滚动累积投资沙特国债及沙特央行票据 16 笔，累积金额约 2 亿美元。预计截至 12 月末，HQLA 余额达到 2.64 亿美元，同比增加 1.09 亿美元，增幅约 70%。

三是重点融资项目按期落地。挖掘重点客户业务合作机遇，保资产稳增，完成沙特阿美 1 亿美元贷款提款交割，同时完成该公司存量贷款展期。助力中资企业业务发展，与总行专项融资部共同完成沙特集成通信公司出口买方信贷 4 420 万美元提款，间接支持了华为的设备出口和中国通信服务公司工程服务出口。完成沙特公共投资基金国际银团贷款 1.6 亿美元提款，对工银欧洲风险参贷部分进行交割承接。协同迪拜分行完成沙特阿美管道项目并购搭桥贷款，获得 4 亿美元银团份额。推进非银金融机构业务合作。推进总行与沙特发展基金签署合作备忘录，为双方在国际项目融资合作、人民币业务合作等方面奠定基础。

四是持续推动境外人民币业务发展。分行积极开展央企和重点国有大型工程承包企业人民币业务营销，办理人民币结算和汇兑业务约 2.5 亿元人民币，首次实现人民币定期存款办理和用于向中国境内采购的人民币支付结算业务。另一方面，“走出去”重大项目营销取得积极成果。针对沙特境内新签项目，完成新开重点客户账户 4 户，特别是推动新来沙特投资的中资企业进行人民币业务办理，在人民币存款业务上取得新突破，吸收中信博新能源公司 5 250 万元人民币投资资金存款，邦彦实业公司 190 万元人民币存款。

五是充分发挥中沙双边贸易的桥梁作用。分行联合沙特国家私有化中心成功举办了沙特私有化项目暨 PPP 项目专场网络推介会，获得中外客户一致好评。来自中国境内、海湾地区的超 90 余家中资公司，约 150 余人参会，活动取得了较好反响，会后有 10 余家客户提出合作意向。央视对该活动进行了跟踪采访和专题报道。

（三）科技系统建设取得良好成效。顺利实现 FOVA 及外围系统的正式投产，标志着分行自成立以来独立运营外购系统的信息孤岛局面正式结束。按监管要求，分行完成了 ORS 系统部署，实现了每日业务数据备份到分行本地，并随 FOVA 系统推广项目同步投产应用。按照监管要求，分行完成了原系统 T24 对账单改造和 FOVA 新系统的对账单开发。

（四）合规与反洗钱管理基础得到进一步夯实

一是制度建设与系统建设共同提升，筑牢合规管理基础。分行找准差距，持续强化制度机制建设，完成了《反洗钱与反恐怖融资手册》6.0 版本修订工作，包括 PEPs 认定规则、最终受益人认定规则、公司客户与金融机构客户 KYC 内容清单、客户洗钱风险分类方法、产品洗钱风险评估、高风险国家清单形成机制、反洗钱专业培训、可疑交易甄别流程以及终止客户关系与退出机制等；更新了《合规手册》《合规委员会章程》和《治理政策》；制定了《Anti－fraud Policy》《FATCA and CRS Policy》和《FATCA and CRS Procedure》，填补了制度空缺，为分行开展相应工作提供了制度支持。分行完成 Brains 和 Storms 系统投产工作，提升 KYC 管理、大额和可疑交易监控、涉敏业务甄别等合规反洗钱高风险领域工作的管理水平。

二是开展反洗钱自查工作，重点检查了往年反洗钱检查发现问题整改后的运行情况、KYC 信息完整性、准确性与重评及时性、可疑交易甄别、涉敏名单更新与有效性等领域。做好监管反洗钱现场检查整改工作。

三是央行重点项目有序推进。UNN 的部署已全面完成；TANFEETH B2B WAVE 1、2、3 项目有序推进，项目进度处于同业领先地位；全力配合央行推进 EKYC 项目落地；任命 SSU Manager，Anti－fraud Manager，自此分行合规部各团队与岗位实现清晰划分，各司其职，运转效率得到显著提升。

（五）风险管理水平得到有效提升

一是开展多维度业务连续性演练保障运行。开展 VPN 相关场景连续性演练，模拟极端的 VPN 不可用情况，采用主场地和备用场地同时运行策略，关键岗位人员分为 AB 组分别在主备场地处理业务。开展本地清算系统 SARIE 主、备切换场景的应急预案，将 SARIE 系统服务器从分行主机房切换到异地灾备机房，并在灾备机房连续运行 7 天后再切换回分行主机房。此外，为保证机房基础设备及专线稳定传输，分行还完成了国际专线中断演练、核心交换机应急演练、上联路由器主备切换演练、UPS 电池组带载放电测试演练等。

二是全面提升风险管理能力。分行积极推进三道防线建设，印发《建设全面风险管理三道防线实施细则》，明确了三道防线的分工和职责；印发《公司客户信贷准入管理办法》《潜在风险客户管理办法》，加强信贷准入管理和潜在风险融资管理，进一步夯实分行信贷制度基础；修订分行层面《全面风险管理框架制度》和《风险偏好管理办法》，进一步完善了分行的规章制度体系，优化了风险偏好指标体系；在加强汇率风险管理方面，调整本币相关外汇敞口。分行对开业以来里亚尔和美元的支付情况进行了梳理，对外汇敞口进行了核对。针对里亚尔支付导致的外汇净敞口问题，分行及时调整了里亚尔与美元敞口结构，有效避免潜在的流动性与汇率风险；前瞻性管理流动性，开展资金的预测预报工作，准确把握客户资金的变化动向和规律，提高资金流向预判能力；切实履行集体决议委员会机制，按期召开各委员会会议，审议分行重大事项；完成分行《档案管理办法》修订，将档案管理提升到新的高度，有效防范各类潜在风险。

（六）渠道建设取得新突破。2021 年，分行克服疫情带来的不利影响，狠抓渠道拓展，全力推动吉达二级分行建设工作。顺利完成选址、租赁、装修、证照办理、人员招聘等工作，2022 年第一季度吉达分行将具备营业条件。

（七）不断提升队伍建设水平。

一是把员工的身体健康放在首位，抗疫物资储备充足、发放及时，适当舒缓员工心理压力，坚持 A/B 组办公机制，稳妥做好外派员工休假安排，合规发放抗疫慰问补贴。

二是本地员工队伍建设成果显著。多渠道解决本地员工招聘难问题，2021 年内新到岗报到本地员工 11 名，分行本地化率超过 70%。提升对新员工职业发展的关注度，分行设置了针对新入行员工的专用培训教材。合规团队得到进一步扩充，建设 SSU 团队和反欺诈团队。

三是党建与廉政建设与时俱进。在建党 100 周年之际全体党员开展了党史学习；廉洁从业监督职能得到充分发挥，廉洁专员牵头制定了《分行公务用车管理办法》；开展了采购自查工作，特别是针对单一供应商的大额采购事项进行审查，及时发现问题和解决问题，营造风清气正的经营氛围。

（利雅得分行）

工银土耳其

2021年，面对百年变局和世纪疫情的挑战，工银土耳其积极服务中土两国战略部署，认真贯彻落实总行党委“48字”工作思路，运用“三比三看三提高”工作方法，加快实施“扬长、补短、固本、强基”布局，坚持理论创新，实践经营转型，以高度的责任感和使命感，统筹疫情防控和经营管理各项工作，各项经营目标，实现了新三年发展“开门红”。

一、主要经营情况

工银土耳其践行高质量发展要求，按照稳中求进的工作总基调，打基础、立长远，实现规模、质量、效益同步提升。截至2021年末，子行总资产余额（含簿记）55.28亿美元，实现营业净收入（含簿记）1.44亿美元，同比增加1 668万美元，增幅13.10%；实现净利润（含簿记）4 246万美元，同比增加564万美元，增幅15.32%，超额完成净利润目标；实现拨备前利润8 992万美元，同比增加2 652万美元，增幅41.83%；拨备覆盖率（含簿记）达到3 192%，同比提高2 128个百分点。不良贷款率（含簿记）为0.06%，较年初下降0.07个百分点，继续保持本地同业最优。

整体来看，工银土耳其经营效率得到进一步提升，实现系统进位，同业领先。总资产在46家境外机构中排名第18位，净利润排名第17位，拨备前利润比年初上升5位至第13位，实现了盈利能力争先进位。总资产占境外机构总资产的1.10%，营业净收入占比2.14%，拨备前收入占比2.25%，净利润占比为1.75%，均高于资产占比份额，且相较年初进一步提升。与土耳其本地同业2021年11月末数据相比，工银土耳其ROE高出同业平均水平4.75个百分点，人均资产比同业平均水平高4 264万里拉，人均净利润比同业平均水平高26万里拉，网均资产比同业平均水平高10.7亿里拉，网均净利润比同业平均水平高701万里拉，不良率为0.06%，比同业低3.16个百分点，领先优势继续扩大。

2021年，子行克服疫情压力、汇率冲击、本币利差倒挂不利因素，认真贯彻落实集团、子行董事会、管理层的决策部署，扎扎实实开展工作，荣获了英国Awards Intelligence颁发的全球商业卓越奖，英国《国际银行家》杂志颁发的最佳投资银行、最佳商业银行，英国《国际金融》杂志颁发的2020年度最具创新经纪公司奖；美国媒体专业联盟（LACP）颁发的年报白金奖，美国国际商业史蒂夫奖等十几项大奖；连续四年获得土耳其资本市场委员会颁发的“年度最佳投资银行奖”，实现了内部有业绩，外部有奖项的优异成绩。

二、主要工作措施

（一）坚守底线、勇于担当，疫情防控卓有成效。疫情发生以来，工银土耳其坚决贯彻工银集团疫情防控工作部署，坚持底线思维，践行“生命至上，员工至上”理念，“早行动、早响应”，在2020年初与国内同步第一时间成立子行疫情防控工作领导小组，统筹全行防疫工作，压实各级机构主体责任，提升全员防护意识，严格各项防疫措施，最大限度地保障了员工及家属的生命健康。目前，子行继续实施最小化办公模式，每天集中到岗员工占比为45%；全员接种比例超过97%，实现疫苗接种“应接尽接”；防疫物资可使用天数达到100天以上。此外，子行严格落实工银集团关心关爱员工的要求，通过提供防疫物资、通勤车辆、改善午餐等措施营造安心安全的工作环境，有效提升本地员工的归属感和凝聚力。

（二）固本强基、稳健经营，重点工作有序开展。工银土耳其坚决贯彻本地多元化，区域一体化发展战略，深耕本地客户资源，积极拓展周边市场。充分利用集团规模资金成本比较优势，最大限度地提高单一同业客户在集团内的业务贡献度。坚持盯紧“大客户”策略，与土耳其前100强中83家建立客户关系，夯实公司业务“利润中坚、业务基石”作用。持续提升本地证券投行市场影响力，实现投行业务收入同比增长42%，ROE排名同业第2名，投行业务收入同业排名第8名，在工银集团境外机构投行业务发展评价中获A类机构。拓展同业合作渠道，金融机构客户囊括当地国有、私有和外资三大类银行，实现美元、欧元、人民币三币种业务投放，进一步提升金融机构业务利润贡献度。组织开展中土贸易撮合洽谈会，积极参与中国第四届进口博览会招商，第130届广交会招商，先后为近300家本地客户创造了贸易洽谈机会，紧抓中土建交50周年贸易发展的契机，利用工银集团的国际化平台，致力打造中土经贸合作典范。子行充分发挥“专家治贷”作用，把好授信审批“关键阀”，守住银行资产质量

“生命线”。通过强化制度建设、做好信用风险管控、不断优化贷中、贷后管理，以高质量风控助力高质量发展。实现潜在风险融资余额减少 1 856.86 万美元，为近年来第一次大幅下降，实现贷款“放得出，管得住，收得回”，为子行资产质量保持健康发展打下坚实基础。

（三）扬长补短、转型发展，开拓创新亮点纷呈。工银土耳其按照《工商银行 2021—2023 发展战略规划》，制定了新一轮发展规划，扬长、补短、固本、强基，着力提升服务新发展格局，推进高质量发展，成功推动伊斯坦布尔分行申设纳入工银集团三年规划及 2021 年境外机构设立计划。坚持“科技引领，价值创造”，夯实 IT 基础，强化信息安全，以科技赋能金融创新。依托数字转型，打造以客户为中心的数字银行，全面提升网络金融服务能力。积极推动零售业务特色化发展，引导分行展开良性竞争，成功发布二维码 QR 存取款产品，实现零售存款突破 83 亿里拉。信用卡销售数，POS 累计投放数，CHINEX 汇款金额等，均创历史新高。积极落实“外汇业务首选银行”战略，成功筹组参贷土耳其市场首例银行间人民币银团贷款项目，不断推广 CIBM（直接交易服务）人民币债券投资业务、CIPS 间参行业务和人民币外汇交易业务，进一步夯实子行土耳其“人民币业务首选银行”地位。不断丰富金融产品种类，深入发掘市场潜力，首次与土耳其华为、当地最大同业银行 AKbank 等本地大客户开展衍生品业务合作，金融市场业务较去年同期增长超过 200%。充分发挥总部前、中、后台等业务部门的业务优势和合力效应，加强总部和分行的上、下联动，实现 39 家分行全部盈利，为子行的可持续发展奠定坚实基础。

（四）风控为基、合规至上，真践实履稳健经营。工银土耳其高度重视廉洁从业与风险合规管理，强化“一把手”责任意识，紧盯“关键少数”，持续抓好班子建设。秉持“最好的风控是良知”理念，统筹发展与安全，不断强化忧患意识和底线思维，认真落实集团全面风险管理专题会议精神，紧紧围绕“管住人、管住钱、管好防线、管好底线”，切实增强各级管理人员内控案防意识，落实“三道防线”的责任，确保子行实现经营管理无案件、无重大罚款、无重大风险事件。严格执行关键性指标监测汇报机制，加强对重点领域风险防控，做好全口径风险管理。有序开展各项审计活动，持续督促部门整改落实，全面提升风险治理能力。在最近一次的土耳其银行监理署的现场检查中，评级为“5”，较上个检查期上升一个等级，受到土耳其监管部门的积极肯定。

（工银土耳其）

悉尼分行

一、经营业绩

2021 年，悉尼分行坚持总行党委“48 字”工作思路和“三比三看三提高”的工作方法，聚焦“提质增效，稳中求进”，在服务新发展格局和高质量发展的路上坚定前行，经营总体平稳，效益稳中向好，信贷投放稳中有进，NIM 稳中有升，资产质量健康，较好地统筹了疫情防控、经营发展和安全运营，员工及家属保持健康，两针疫苗接种率达到 99%。

（一）盈利水平方面。实现拨备前利润 13 096 万美元，增幅 15%；净利润 7 577 万美元，增幅 107%；中间业务收入 4 846 万美元，全面完成总行年初计划目标；总资产 299 亿澳大利亚元，增幅 3.6%。

（二）监管评级和全面风险管理方面。新监管评级体系下评级保持最高级；“9 + 1”类主要风险偏好指标均处于限额范围内，未发生任何重大风险事件、监管处罚或法律诉讼；贷款无逾期和不良。

（三）同业排名方面。中资行总资产排名第二，本地资产增量第一，净利润增量第一，成本收入比第一。

（四）战略落实带动核心指标方面。为总行“春融行动”名单企业办理贸易融资 50 亿美元；办理跨境人民币业务 485 亿元；办理人民币投资业务量 202 亿元，人民币筹资、发债业务量 308 亿元，人民币外汇交易量 379 亿元；发放可持续发展及绿色贷款近 7 亿澳大利亚元；内外联动、外外联动有效开展；各项贷款增幅 4%；客户存款增幅 16%；首次公开发行 5 亿澳大利亚元五年期债券，主动筹资 200 亿澳大利亚元。

二、经营回顾

（一）加强队伍建设。一是坚定理想信念。定期组织外派员工大会和警示教育活动，提高全员准确把握新发展理念的水平。二是坚持为群众办实事。加强外派员工职业发展规划和职级晋升管理；落实疫情常态化防控工作，做好轮岗和办公场所安排，通报疫情动态和政府要求，更新防疫措施和健康提示；落实关心关爱，开展外派员工节日慰问，推出线上运动营和心理解压课，开展小规模团建，守护员工身心健康。助力乡村振兴，搭建跨境采购贸易桥梁，促成6万元人民币扶贫商品采购协议；对接“空中英语课堂”，为四川省南江县长赤镇傅家小学开展为期四个月的英语授课。三是坚决从严治行。坚持民主集中制，发挥廉洁专员作用，运用集体决策、谈心谈话等手段，开展同级和日常监督；抓关键人，建立外派员工廉洁档案、群众来信来访工作台账和问题线索台账；抓关键事，加强费用报销和公务用车管理，针对集中采购、金融市场、外事管理、外派员工福利等重点领域开展专项监督执纪。

（二）高效落实重点工作任务。成立管理层牵头的战略落实领导小组，设跨境联动、境内外汇业务首选银行、跨境人民币证券投资和绿色金融四个柔性团队，搭建起战略落实的平台框架，并在推进中形成了产品丰富、流程清晰、分工明确、具有分行特色的战略落实工作体系。

一是跨境人民币方面。国网国际2.9亿元人民币分红回流实现重大突破；办理跨境直贷4.3亿元人民币；贸易项下人民币业务常态化发展，办理大宗商品跨境人民币30亿元，人民币贸易融资20亿元，自贸区合作范围持续扩大；拓宽跨境人民币投资，深化同州政府、银行、养老金、资产管理公司等重点客群关系；人民币货币市场拆出拆入、同业存放、账户融资、CIBM自投和代客投资、人民币证券发行和正回购多点开花；邀请本地四大行参加BRBR论坛，营销澳新银行（ANZ）加入“一带一路”银行间常态化合作机制金融科技工作组。

二是绿色金融方面。发放可持续发展及绿色贷款6.36亿澳大利亚元，横跨基建、养老、医疗保健、港口等领域；推荐承销并投资中行绿债1 500万美元，完成国开行2笔绿色主题债投资4 000万元人民币；推动同业交流，分享BRBR绿色金融工作组动态和参加同业讨论会。

三是协同联动方面。联动昆山金改区和苏州园区实现跨境人民币业务突破、落地国内信用证福费廷转让和票据转让；联动新加坡分行合作黑石物流并购项目；联动工银新西兰合作医疗地产银团；联动工银新西兰及工银加拿大合作沃达丰再融资；与工银伦敦合作金融机构贷款；推荐新加坡分行多笔承销业务，推荐工银国际获得首单澳洲企业美元债牵头发行。

四是深耕重点领域。保持基建金融“头部”优势和“第一梯队”地位；保持能源、公共设施、医疗、物流等板块的优势，新增上市公司、非上市大型企业的多笔融资；“春融行动”名单客户增加至17户，办理贸易结算和融资服务50亿美元；组织18家澳洲跨国优质企业参加进博会和共建“一带一路”沿线洽谈会；本地贸易融资余额达到历史高点；为在澳中资客户办理代客外汇交易超过1亿澳大利亚元；圆满完成珀斯分行和布里斯班分行十周年和五周年庆典，取得良好反响。

五是积极开拓创新。境外首家开办代客锌商品交易，境外首家新增锡、铅等交易品种；首次开展以人民币存单为质押的回购和跨币种回购；推进跨境e缴费、收款管家、集中付款和跨境实体资金池等全球现金管理产品的本地化创新；办理境外首笔ESSDOCS电子交单；金融机构部成立后产品线和非银客群快速丰富。

（三）做好全面风险管理。

一是持续完善全面风险管理体系。多措并举防控信用风险。按照“有进有退”的原则，审慎控制疫情影响行业敞口，重点对房地产融资进行结构调整，加强存量移位，先后退出酒店、办公楼等单一资产项目共17个，开发贷余额持续下降；适度加大对工业物流、医疗保健等风险抵御能力较强的地产项目的投放，继续积极开拓以PPP为主的基础设施建设领域。深化重点领域治理，制定风险管控措施，开展重点领域信用风险分析及大户排查，年内实现全覆盖。密切监测和化解潜风贷款，潜在风险融资压降5户约1.5亿美元，潜在风险率降至1%。

加强新型风险管控。澳洲监管高度强调非财务风险管理，颁布了一系列信息安全、数据风险、气候变化风险等新型风险管理的监管条例。分行对标监管要求和同业较佳实践，前瞻应对：高度关注法律合规、气候变化及绿色信贷等潜在风险；制定ESG政策和风险评估打分卡，加强对气候变化引起的风险自评，严格控制并压降煤炭和煤电风险敞口，支持绿色金融业务发展；邀请第三方对分行信息安全管理进行评估，建立和完善数据风险治理体系；制订应急预案，常态化排查负面舆情高发领域，开展三期声誉风险培训。

二是持续做好流动性风险和操作风险管控。流动性风险方面。搭建压力测试模板，对流动性指标，利率风险以及压力测试结果按日监控；高效完成产控工作，业务处理及时性显著提高；严密监测外汇敞口和交易账户市场风险限额；加强市场风险限额管理和监控；开展债券盯市估值。操作风险方面。关注系统安全和VPN管理；关注信息安全，根据CPS234要求对信息安全管理开展外部独立评估；推进数据治理，建立数据治理制度架构和工作机制，投产IS2010和DQM数据治理系统，在境外机构数据治理考评中居前列。

（四）守牢合规经营底线

一是落实属地监管新规要求。2021年，澳大利亚相继出台了《现代奴役法》《财政法修正案》等法律法规，对于外资行分行，上述要求直接针对母国集团。分行已如期发布了经SOOA签署的《现代奴役法声明》，并正在落实董事识别号码制度的要求。

二是加强团队建设。按总行要求和同业最佳实践，成立反洗钱运营团队并建立起集约高效的 KYC 和涉敏报警工作流程。

三是完善 IFTI 报告报送流程。全面分析解读监管要求，修订 IFTI 报送流程，并针对 202 报文滥用风险增加手工筛查核实。

四是开展数据治理。应对 ATO 要求制定 CRS/FACTA 报送办法，对私银客户及对公客户的 FOVA 底层数据进行批量变更和手工补录，如期完成监管报送。

五是强化培训交流。持续开展 Rueters 合规强制培训和自主开展专项培训，定期发布 *compliance Express* 双周刊和 *Regulatory Update* 月刊。

（五）提升内部管理能力

一是坚持科技赋能。自主开发完成筹资端分币种期限利率自动化项目，有效监控筹资利率成本；优化头寸监控管理系统功能，控制流动性风险；自主开发完成风险信贷报表项目，保证信贷业务可控性；持续优化监管报表；依托科技手段开展数据治理；依托机器人流程自动化（RPA）应用研发的内部户对账和反洗钱报送等有效提升了效率和管理。

二是坚持提升业务连续运营和集约化管理的能力。推进共享运营中心的代理运营；开展多次全行演练，对各核心运营系统 VPN 使用、灾备中心，成都中心代理运营等进行全方位测试，保障了疫情极端情况下的业务连续性。完成二级分行的运营上收和亚太共享运营项目投产，开启业务运营转型，实现二级分行运营业务的集约化处理和客户汇款、分行财务付款通过亚太共享运营平台的高效支付。推进 ISO 20022 本地清算报文标准迁移。通过解读监管要求及新报文标准规范，参与澳洲清算支付行业组织的项目推广会，与本地同业开展信息沟通和交流等，全力配合总行完成供应商采购、需求编写和开发等工作。

（悉尼分行）

工银新西兰

一、2021 年整体经营情况

一是资产规模稳步增长。2021 年末，新西兰机构总资产额达 22.16 亿美元，较年初增加 4.71 亿美元，增幅为 27%。其中，各项贷款余额较年初增加 3.80 亿美元，增幅 27%，余额达 17.69 亿美元。全年实现营业净收入3 410万美元，增幅 31%；其中利息净收入 2 357 万美元，增幅 61%。

二是负债结构明显优化。2021 年末机构总负债余额 20.2 亿美元，其中发行存款证及债务证券余额为 5.44 亿美元，较年初增加 1.08 亿美元，增幅约 25%，负债结构进一步优化。整体付息负债率大幅降低 92 个基点，带动净息差（NIM）从 2020 年的 1.27% 上升至 1.44%。

三是贷款质量稳中有升。不良贷款余额 371.55 万美元，同比下降 13%；不良贷款率从 2020 年末的 0.32% 下降至 0.21%。拨备覆盖率为 281%，较 2020 年提高 48 个百分点。

四是经营效益快速提高。2021 年全年实现拨备前利润 1 788 万美元，同比增幅 31%，税后净利润达 1 161万美元，增幅 23%。手续费及佣金收入首次超千万美元，达到 1 057 万美元，增幅 28%。有效控制营业费用支出，全年列支 1 222 万美元，同比增幅仅为 2%，成本收入比较上年大幅下降 10 个百分点，达到 36%。

二、主要工作措施

（一）夯实风控基础，实现业务审慎稳健合规经营。

一是持续加强监管沟通机制，认真做好监管检查工作。高度重视与当地监管机构的汇报沟通工作，认真落实与当地央行的定期沟通机制及各项监管要求，积极应对当地经济环境与金融监管的变化，对标最严监管标准和当地同业最佳实践，得到了新西兰央行、新西兰税务局及内外部审计 PwC 的充分肯定。

二是牢筑合规经营，持续加强反洗钱风险管理水平。将合规管理系统（OCO）纳入子行战略规划，将监管义务条例明确落实到部门和个人，进一步明确三道防线的合规职责和汇报路线及强化相关管理，强化合规检测。持续加强重点领域风险管控，通过开展相关培训及测试，进一步提升了全员的合规与反洗钱风险管控能力。完成反洗钱客户分类梳理和系统更新，增强客户准入端系统刚控水平。根据董事会批准的风险偏好，进一步加强合规与反洗钱制度建设。

三是树牢底线思维，进一步夯实全面风险管理基础。面对复杂多年的形势，认真落实全面风险管控，稳妥管控信用、流动性、业务连续性等各类风险，主要包括以下几个方面。

信用风险管理方面：严格管控重点领域融资风险。加大对已承诺未提款客户提款条件的把控，防范贷款发生劣变。严格落实总行境外客户信用评级新要求，全部评级业务采取线上管理，同时增加监测频率、及时调整信用等级评定结果。坚决落实“关口把控、分池管理，内防劣变、外促提质”的工作要求。依据总行下发的《境外机构分池分区分块智能信贷风险管控工作方案》，在考虑本机构信贷资源、风险管控能力和人员配备等实际情况下，逐户细化信贷风控方案。积极应对信用风险挑战，推动以客户为中心的风险联防联控。

流动性风险防控方面：根据市场情况动态调整流动性储备，确保现金充裕。继续加强流动性风险压力测试、现金头寸测算和日常指标监控。持续进行流动性管理模型的升级开发，并在投产前引入第三方模型验证，提高自动化程度。

运营风险管控方面：做好双牌照运营下的运营风险防控，确保制度落实到位。信息科技风险管控方面：建立了按季度向管理层、风险管理委员会和董事风险委员会汇报科技工作情况的管理框架，完善信息科技治理体系，进一步健全子行业务连续性管理体系。

（二）强化疫情防控，确保人员健康和业务连续性。一是坚持贯彻应对疫情快速响应决策机制，确保重要业务的连续运营。启动应急灾备服务场所，业务连续性关键岗位人员分地点分组上班，在岗工作人员控制在最小水平，确保业务连续正常运行。开通各核心业务系统的 VPN 访问权限，组织开展全员远程办公应急演练，确保极端情况下在落实相关风险防控措施的基础上实现全员远程办公。二是坚持关爱员工、关心客户。对员工进行心理疏导，在办公场所、营业网点、灾备中心配备防疫用品，持续加强各区域清洁消毒力度，及时向员工发放防护物资。三是积极推进新冠疫苗接种工作，持续提升接种比例，不断扩大新冠病毒免疫屏障保护圈。四是加强疫情期间业务风险管理。紧盯次生风险易发环节和关键领域，密切关注汇率、利率等市场动向，加强流动性管理，提高流动性风险压力测试频率至每周，及时通过管理层会议、资产负债委员会会议等进行流动性风险管理的讨论和决策。加强 VPN 用户其访问行内系统的审批、监控，防范远程办公的操作风险和案件风险。

（三）聚焦重点工作，推动高质量稳健发展。在总行的统一部署下，充分发挥集团全球化经营优势，发挥贯通产业链全流程、连接国内外两个市场的重要作用。认真落实“双循环”战略部署，以中资“走出去”企业与当地企业需要为切入点，积极贯彻落实打造“外汇业务首选银行”“第一个人金融银行”战略，持续跟进“春融行动”计划，以新一轮三年规划开局为契机，发挥双牌照经营优势，积极推进国际化、综合化、高质量发展。

一是发挥双牌照经营优势，提升业务发展新动能。子行紧扣高质量发展主题，抢抓新西兰市场后疫情时代复苏领先、中新两国关系持续稳定的有利机遇，实现各项业务稳中有进。营销了一批优质公司客户，在确保信贷资产质量平稳的基础上，努力克服多笔贷款（合计约 2 亿美元）集中到期还款的挑战，2021 年末公司贷款余额约 14.15 亿美元，较年初约增长 34%；公司客户总数达 335 户，较年初新增 43 户，其中有贷户较年初新增 28 户。多渠道筹措应急资金，稳定总体存款余额，积极拓展本地市场融资，第一季度末把握市场机遇进行中期票据发行，为本机构债券发行价格历史最低水平。资金成本持续走低，较年初下降 95 个基点，低于本地中资同业 40 个基点，达到本地主流银行水平。代客金融市场交易取得突破，交易收入较同期增长 69%。在升息环境中提高长端存款报价并延长市场融资期限。推进绿色金融业务发展。在当地主流媒体刊登相关文章深度推广集团绿色发展理念、相关金融服务领域和支持低碳发展主要举措，2021 年子行向开再生能源、可持续发展银团贷款、绿色地产等累计提供贷款承诺超过 2 亿美元。

二是落实“外汇业务首选银行”战略，打开金融服务新空间。深化推广跨境缴费项目，奥克兰大学正式上线，实现了境内端学生购汇、汇款（缴费）至境外端学校收款点对点实时处理、全流程闭环管理。截至 2021 年末，实现跨境缴费 110 万美元。同时，子行积极营销其他重点大学，已成功签约奥克兰理工大学。借助集团强大的清算网络和电子银行平台，发挥工银速汇产品和跨境人民币汇款等产品优势。一方面，实现个人客户工银速汇点对点汇出汇款业务量较去年增长 20%；另一方面，优化并投产工银速汇跨境批量汇款功能和本地跨行发薪功能，争取优质客户的业务合作机会。

三是贯彻打造“第一个人金融银行”战略，实现零售业务新发展。坚持以市场为导向，以客户为中心，以价值型发展为策略，以合规审慎经营为基础平稳发展运营。截至 2021 年 12 月末，新增有效客户较去年增长 19%。个人住房贷款余额 5.18 亿新西兰元，较年初净增 6 000 万新西兰元。零余额客户占比下降 3 个百分点，持有三个以上产品客户占比提升近 4 个百分点，达到 92%。同时根据新西兰《信贷合同和消费者融资法》的最新监管要求，重新梳理并建立多个相关管理流程，进一步夯实个人业务规范化经营，有效提升个人业务风控能力，为个人业务健康稳步发展提供了有力的支持。

四是持续开展“春融行动”，带动服务能力新提升。高效联动境内分行，积极服务当地客户和中资“走出去”企业。大力发展内外联动贸易融资业务，为境内行客户累计提供 9.11 亿美元贸易融资贷款。全年实现融资发放总额 9.46 亿美元（约 13 亿新西兰元），年末贸易融资余额压降为 1.4 亿美元（约折合 2 亿新西兰元），日均余额达到6.2亿美元。加强本地客户联动营销。克服进出口政策带来的不利影响，持续推进单证业务发展。截至2021年末，共完成来证通知25笔，金额5 967万美元；完成出口议付77笔，总金额5 442万美元；完成信用证项下融资49笔，总金额3 457万美元；完成进口代收74笔，总计671万美元。深度挖掘客户需求，发挥集团信息化、全球化等服务优势，积极为当地优质客户提供单证金融服务。多渠道联动营销新西兰林业龙头企业 Ernslaw One Limited 和 AVA Timber Limited，并成功营销乳制品企业 Best Health Products 的单证贸易融资业务，进一步加强子行贸易融资业务客户储备，稳定中资走出去大客户与子行长期业务合作。

五是坚持科技赋能，优化 e－ICBC 新平台。持续推进 e－ICBC 落地，以提升用户体验为核心，以加强信息系统安全和风险管理为基础，以完善系统升级和数据模型为支撑，实现外部服务客户能力和内部经营管理能力提升。持续完善企业及个人网络金融产品及服务，提升个人网银及手机银行客户体验，满足客户多币种需求；进一步丰富企业网银产品功能，满足企业客户需求。截至12月末，个人网络金融客户3 550户，客户渗透率86.35%；企业网络金融客户152户，客户渗透率49.20%，电子银行业务占比79.41%，较上年末提升2.57%。持续推进数据治理和报表自动化工作，先后完成奥克兰分行基础数据模型、关联方敞口、无人认领账户报送等监管类报表自动化，促进全行业务效率的进一步提升。加快推进子行和分行数据集成，完成统一客户视图（一期）建设，实现对客户在子行全生命周期的各类指标的统一展示和跟踪。

（四）加强队伍建设和员工关爱，团队建设呈现新气象。一是保持队伍稳定，积极推进外派员工入境许可申请材料准备工作及后续入境审批。二是加强队伍建设。深入推进人力资源制度建设，科学分配人力资源，重点投入关键领域。截至12月末，共计补充当地员工26人，实现关键岗位的及时补充和轮替，不仅保持了队伍的稳定，更进一步实现了团队结构优化升级。三是持续完善全员职级体系和考核激励约束机制。建立平衡计分卡绩效考核体系，进一步加强努力做贡献、发展凭业绩的价值观。四是深入开展员工培训。全面提升各层级员工的专业技能和管理能力，增强合规经营意识和能力。五是推进企业文化建设和本地员工对工行文化的认同，促进文化融合，提升团队凝聚力和归属感。

（工银新西兰）

工银欧洲

一、主要经营指标完成情况

2021年，工银欧洲机构实现拨备前利润9 597万美元，净利润4 285万美元，完成经营目标的100.84%。风险抵御能力进一步增强，贷款拨备率由2015年的0.16%提高到1.35%，历史首次超过1%以上。截至2021年末，工银欧洲机构信贷资产整体规模为77.87亿美元（不含海外代付），债券投资余额84.89亿美元；实现营业收入2.36亿美元，其中利息净收入1.51亿美元，手续费及佣金净收入3 201万美元，投资收益610万美元。盈利结构中，来源于公司金融业务占比40%，金融市场业务占比57%，金融机构业务占比3%。

二、主要工作措施

（一）深入本地，打造公司业务和金融市场双轮驱动。公司业务方面：一是践行本地化经营理念。公司信贷表内外本地化率达到79%。2021年末信贷资产余额68.77亿美元，其中二性风参及福费廷业务较2020年末新增7.22亿美元。二是夯实内外联动合作成果。2021年联动北京分行、工银亚洲等行内兄弟机构参与办理京投公司认购北汽香港平台公司优先股10亿欧元融资项目银团，并联动工银租赁与上海分行出席马士基集团委托中船建造的新船命名庆典。三是加快推进产品创新。工银欧洲总部完成新型本地贸易融资新产品流程，推荐马德里分行落地首笔西班牙国家石油公司业务，协助分行新增近5 700万欧元信贷资产。不断推进揽存增存工作，2021年6月下旬工银欧洲机构新增存款3.78亿美元，2021年末卢森堡分行营销本地企业 Cargolux 存款7 800万美元，有效提升银企合作关系、拓宽融资渠道、支持 NSFR 达标。

金融市场业务方面：一是优化债券组合结构，实现稳健投资收益。2021年工银欧洲机构累计完成债券投资金额合计折约25.78亿美元，实现债券利息收入1.49亿美元。二是积极拓宽投资领域。顺利完成卢森堡分行首笔 SOFR 利率挂钩付息债券投资，推动业务发展的同时也为卢森堡分行带来稳定的投资收益；成功与卢森堡央行开展 TLTRO III 公开市场操作，获得卢森堡央行的认可并确认借款利息将按最优惠利率进行计算，为卢森堡分行共节省融资成本831万欧元。三是有效控制货币市场业务规模，不断提高业务利润贡献度。2021年卢森堡分行开展货币市场同业拆放交易652笔，金额折502亿美元，实现利息收入5 203万美元，同时利用卢森堡分行融资渠道广泛、融资成本较低的优势，2021年累计为集团内兄弟机构提供流动性支持折480亿美元。四是不断拓宽融资渠道，实现兹罗提融资新突破。2021年卢森堡分行融入跨年末资金8.8亿兹罗提，同比大幅增长，同时联动华沙分行成功营销波兰本地CD Dealer Trigon Dom Maklerski，发行首笔1年期5 000万兹罗提CD，提高了工行在波兰本地投资人的知名度和影响力。

（二）助力ESG，扩大本地绿色金融服务影响力。2021年10月，卢森堡分行在总行的统一部署下成功发行3年期欧元碳中和绿色债券，发行金额5亿欧元，创下中资同期限欧元债最低发行点差，其中绿色投资人占比达23%。2021年12月，该碳中和主题绿色债券成功在卢森堡绿色交易所举行敲钟挂牌仪式。

2021年，工银欧洲机构成立绿色金融委员会并制定《委员会章程》，为欧洲机构打造国际领先绿色银行提供治理保障；牵头协助总行对绿债框架进行更新，成为首个符合国际资本市场协会（ICMA）最新颁布的《绿色债券原则》（*The Green Bond Principles*）和中国人民银行的《绿色债券支持项目目录》2021年版的绿债框架，并同时取得了Sustainalytics和中财绿融出具的绿色债券框架境外和境内标准认证报告；积极参与欧洲及本地优质企业的绿色信贷项目，参贷卢森堡电力绿色SSD项目，同时指导全辖完成多笔光伏发电、海上风电绿色金融融资项目。

（三）勇于担当，服务人民币国际化大发展格局。公司业务条线：积极配合总行外汇业务首选银行战略，实现跨境人民币业务量约250亿元人民币，较2020年增幅超过一倍；其中，卢森堡分行累计完成国内信用证福费廷业务70亿元人民币。

金融市场业务条线：一是积极开展境内市场人民币债券投资交易，2021年末境内人民币债券组合余额138.4亿元人民币，较2020年末增加6.7亿元人民币，增幅5.1%；2021年工银欧洲机构开展境内人民币债券投资交易23笔，金额合计55亿元人民币。二是积极配合总行熊猫债承销业务，2021年工银欧洲机构累计投资熊猫债券10笔，金额合计21.9亿元人民币，投资金额同比大幅增长近5倍。三是有序扩大跨境人民币结算规模，2021年金融市场业务合计实现人民币跨境结算规模达3 200亿元人民币；累计开展境内银行间债券市场债券回购交易66笔，金额合计653亿元人民币，累计开展跨境账户融资交易74笔，金额合计896亿元人民币。四是发挥人民币清算行优势，为同业提供人民币流动性支持，2021年工银欧洲机构持续为本地外资及其他中资金融机构提供离岸人民币流动性支持16.82亿元人民币。五是不断拓展人民币代客交易业务，2021年工银欧洲机构为波兰财政部提供熊猫债项下配套风险管理服务，达成为期3年，名义本金15亿元人民币的掉期交易合作。落实总行熊猫债“不丢单”营销要求，成功营销波兰财政部委任工行担任其30亿元熊猫债项目的牵头簿记管理人和联席主承销商，该项目为2020年以来全市场首只主权熊猫债；积极助力中欧CIBM投资关系建立，成功推动葡萄牙、荷兰、意大利央行等主权机构，以及意大利联合圣保罗银行等金融机构与总行建立CIBM交易对手关系。

（四）搭建桥梁，促进中欧两地经贸合作互通。公司业务条线：积极组织推动全辖开展服务第四届进博会各项工作，在配套活动中欧企业家大会上，成功邀请欧洲五国元首级政要发表视频主旨演讲，包括法国前总理、西班牙前总理、波兰财政部长、希腊经济部副部长和卢森堡前财政部长，邀请三家辖内重点跨国公司路易达孚、空客、法荷航首席执行官视频致辞，邀请13户欧洲企业或其中国代表处现场参会，达成两项中欧合作成果：米兰分行、Intesa Sanpaolo和意中基金会签署三方MOU，路易达孚与总行专融部签署MOU。全力配合中欧企业联盟推广工作，顺利邀请卢森堡cargolux成为联盟创始成员，2021年联盟34家欧洲企业中，工银欧洲辖内优质客户已达19户。积极贯彻总行“春融行动”工作要求，2021年全辖对总行清单内企业办理各类本外币、表内外全口径融资约1.21亿美元，国际结算业务量约4 637万美元。

金融机构条线：践行金融助力“一带一路”高质量发展要求，不断推进BRBR机制建设，成功营销荷兰合作银行、意大利BPM银行、希腊国民银行、西班牙内地银行、法国兴业银行、意大利中期信贷银行等本地大行，以及意大利中央证券托管及清算机构Monte Titoli等金融基础设施加入BRBR机制。

（五）优化区域集中管理，赋能集约高效经营。一是优化资产负债管理，实施NSFR区域集中管理以实现机构整体统筹平衡，降低流动性达标成本；成功实施二级资本补充，运用2亿欧元定向次级借款补充次级资本，促使资本充足率从16.5%提高到21.5%；加快推进资负信息化管理，基本实现NSFR和LCR集中测算和数据反传辖属分行。二是优化信息科技管理，全力支持全辖疫情期间业务连续性工作要求，2021年累计实施开通VPN访问业务系统变更152个，开通通过VPN直接访问各类业务和科技系统40个；搭建合规主数据模型，为合规反洗钱、合规报表报送提供基础数据平台，包括客户信息视图6个、产品表13个、中间视图33个；制定并发布GDPR管理框架，作为

GDPR 管理的顶层制度。三是优化财务管理，完善经营绩效考核指标体系，结合总行“三比三看三提高”工作方法重建区域经营分析框架，引入三年穿透式考核以及人均效益贡献指标，细化对全辖的监控，持续优化董事会财务分析报告。四是优化授信审批管理，2021 年工银欧洲总部集中处理全辖 90% 的授信业务；建立复杂疑难业务预沟通机制，改进信贷委员会报告方式，提升整体信贷业务审查和审议的效率；建在审业务“三色池”管理机制，有效提高审查资源利用效率。五是优化人力资源管理，积极调整人员结构，2021 年全辖人员本地化率提升至 62%；完善总部参与辖属分行打分机制，切实加强总部对辖属分行控制条线的垂直管理。六是优化运行管理，贯彻落实总行关于有序推动区域集约化运营的相关要求，成功将阿姆斯特丹分行和马德里分行金融市场后台业务归集到工银欧洲总部实施集约化运营。

（六）贯彻风控强基理念，抓好全面风险管理。2021 年，工银欧洲机构扎实推进“主动防、智能控、全面管”的全面风险管理要求，一是面对挑战有效控制各项重要或核心监管指标，2021 年末不良率 0.08%，远低于欧盟银行 2.3% 的平均水平；资本充足率、流动性比率、净稳定资金比率、大额敞口集中度、利率敏感性等各项监管指标均圆满达标；SREP 对工行监管资本要求连续第二年下降 0.5 个百分点。二是全力以赴应对 CSSF 监管信贷检查，历经 5 个月完成阶段性检查工作，取得较预期更优的结果。三是不断夯实信贷基础，积极化解存量不良及潜在风险融资，成功全额收回 4 户潜在风险融资 1 亿美元。四是实现流动性管理实质提升，更新全套流动性管理政策，建立日间流动性监测报告机制，优化流动性压力测试模型；编写 NSFR 报表统计规则，建立数据录入和检查机制。五是主动化解经营管理挑战，历经半年不懈努力，最终获得监管对卢森堡分行 NSFR 和杠杆率的豁免，为工行经营模式的延续发挥了重要作用。

（七）深化公司治理建设，持续加固内控合规。一是完善公司治理建设，更新全辖公司治理框架，完成两位新任独董选聘，优化董事会成员结构配置。二是加强内部审计第三道防线控制，严格落实董事会批准的 2021 年度审计计划，实施完成 12 个审计项目；加强高层沟通，重视审计工作透明度，按照集团统一指导，顺利完成外审交接；多措并举，强化监督辖属分行审计发现整改，确保相关工作顺利完成；提升内部管理信息化水平，搭建工银欧洲监管检查整改系统（ERMIS），实现了新增内外部检查整改工作的全流程覆盖。三是进一步夯实合规管理，首次建立覆盖全辖的完整合规框架；制定并印发 Financial Crime Policy。

（工银欧洲）

巴黎分行

2021 年是巴黎分行 2019—2021 年脱困复兴三年规划收官之年，分行贯彻落实总行党委“48 字”工作思路，在思想重塑、队伍重构、文化重建，经营管理各方面都取得了突破，走出了经营管理困境。

一、基本经营管理情况

（一）账面利润扭亏为盈。分行 2021 年考核净利润 756 万美元，同比增加 582 万美元，增幅 334%；账面净利润 66.8 万美元，为 2018 年监管整改以来首次扭亏为盈。

（二）风险管理和内控合规成效显著。截至 2021 年末，分行账面及联动资产合计 25.52 亿美元，保持信贷不良率为零，成功清收 990 万美元潜风贷款；负债总额 18.69 亿美元，流动性及各项监管指标管理到位；有序应对监管信贷检查，内控评级再获提升。

内控合规方面，分行有效巩固监管检查整改成果，进一步强化监管发现整改管理，提升整改有效性，持续加强与监管机构沟通，提升外汇业务、制裁合规、代理行等重点业务领域洗钱风险全流程控制。信用风险方面，分行做实信贷业务“两查五关”，坚持闸口管理不松懈，持续执行前中后台联防联控联席会常态化工作机制。市场风险方面，分行加强交易日常监控管理，严格执行限额规定，确保风险限额合规。流动性风险方面，分行进一步优化各项指标及现金流入、流出规模、币种、期限的匹配。操作风险方面，分行严防疫情长期持续下各部门和员工对远程办公操作风险管控的松懈，突出对重点业务、关键环节操作风险隐患的监督，做到早发现、早预警。

（三）人员结构深度调整，风气效率焕然一新。2021 年，分行不断完善人岗适配及队伍优化工作，总人数精简 7.5%，并适当调整人员及部门工作职能，全面提升员工专业能力；通过外部招聘、内部流动、长派短派结合等方式，实现人员向重点业务配置目的，有力支持分行业务发展，也为员工追求自身职业理想提供了平台。2021 年，分行在人力资源三大支柱管理制度的框架下，依照制度基础，积极发挥员工作积极性，充分贯彻管理层的用人理念，使业绩突出、表现优异的员工实现职业晋升。

（四）防疫抗疫坚持不懈，文化建设凝聚人心。

1. 常态化疫情防控措施。2021 年疫情不断反复，分行充分认识疫情防控的长期性、艰巨性，始终保持高度警惕，未雨绸缪，提前部署，加强科学应变能力；密切跟进法国当地疫情、解封措施、疫苗接种等重要事项，制订行动方案，统筹经营和防疫工作，在区域内最早实现了疫苗接种工作；先后多次下发疫情防控通知，及时提醒员工做好防疫工作，完善现场办公要求；加大现场办公检查力度，确保现场办公人员的社交距离、防护工作符合要求。

2. 加强文化建设。2021 年正值巴黎分行成立十周年，为展示分行近年来的发展成绩、团队风貌、抗疫成就和活动亮点，分行开展以下活动：一是围绕成立十周年自制了视频短片、举办了线上庆祝会，制作了十周年纪念品。二是设置分行照片墙布置工程，从照片墙的布置到照片的选取，记载了分行在新一届领导班子带领下，从队伍建设、到经营发展，从抗疫防恐、到共建家园的美好时刻。三是不断创新丰富企业文化传播及团队建设活动形式，进一步加强员工爱行敬业教育。圣诞云活动也穿插分行主题文化线上答题活动，题目围绕分行重要的历史事件及时间点、分行发展理念、发展方向及各条线重要业务布局来命题。通过轻松的方式增强全行员工的凝聚力，对企业文化的传播起到了良好的效果。

二、业务发展情况

（一）公司金融业务。2021 年，分行巩固“大公司”发展机制，保持主营业务良好增长，围绕信贷业务主体，做深客户资源，做实产品线建设，抓实营销方案，拓展客户渠道；进一步落实营销方案，实现目标客户的营销全覆盖。截至 2021 年末，分行表内外信贷资产合计 12.92 亿美元，其中账面表内贷款余额 6.80 亿美元，较上年增加 1 400 万美元；贷款新增发放额 1.8 亿欧元。

2021 年，分行坚决贯彻集团“国际视野，全球经营”思路，不断探索两个市场、两种资源的运用，践行境内外汇业务首选银行战略。2021 年，巴黎分行密切配合总行及境内外机构，推动空客、威立雅、法液空、施耐德等法国本地大型跨国公司的跨境合作，实现客户服务的“一点接入，全球响应”。本地业务拓展方面，分行通过营销不断扩大客户基础和产品结构，成功拓展多个本地优质客户和业务品种，具体为：首次为欧洲最大油籽蛋白生产商 Avril 办理双边贷款业务，首次实现同法国 SEB 集团的贷款合作，首次参与法国 SFR 光纤入户项目银团，实现分行项目融资产品的突破，首次作为唯一中资银行获得威立雅环境欧元债券承销委任，首次由分行独立获得 Engie 欧元债券承销商角色并在分行层面完成业务办理。

（二）金融机构业务。2021 年，分行通过服务、产品、客群交叉营销，积极服务集团战略和本地市场，依托中国银行间债券市场（CIBM）、债券承销等产品，进一步加深与本地银行机构、大型保险公司、资产管理公司、主权机构的业务往来。一是联合总行、工银欧洲总部举办面向法国投资者的中国银行间债券市场（CIBM）推荐活动，成功邀请近 20 个法国大型金融机构参会。二是做好向法国农业银行第三及第四次熊猫债发行的工作支持。三是成功营销法国四大行之一的 BPCE 选择工行承销美元债券，实现对法国四大行非人民币币种债券承销业务突破。四是与境内分行联动，为法国安盟保险集团及其境内子公司制订跨境人民币便利化综合服务方案，确保成功落地 1.5 亿元非银行金融机构跨境人民币资本金业务。五是在参与总行组织的各类展会及环球撮合活动中发挥积极作用。通过法国小企业协会成功邀请 10 余家企业参会，入驻环球撮合荟平台，积极组织推荐法企报名广交会工作，主动了解法企参与首届消博会体验。六是与驻法使馆经商处、进博局、法国各商业协会平台等保持密切联系，为进博会相关活动的顺利开展做好工作。七是推进法国本地主流银行参与“一带一路”银行间常态化合作机制，邀请法国兴业银行加入 BRBR 机制。

（三）金融市场业务。2021 年，分行在金融市场业务方面，坚持做好资金日常管理，合理配置分行资产负债结构，做好流动性风险管理。一是确保流动性覆盖率（LCR）、固定利率缺口（FIG）、净稳定资金比率（NSFR）等监管指标达标，协助满足公司部门资金需求，守住银行经营资金安全底线。二是拓展存款来源，确保负债稳定，在欧元流动性较充沛的市场机会下，努力挖掘负债资金来源，全力压降长期限存款资金价格，挖掘客户有效需求，量身定制存款产品方案，进一步降低短期限存款成本。三是根据流动性指标计算要求，积极与客户沟通完成存款转换，进一步提高 NSFR 指标贡献率。四是综合研判市场不确定因素以及美元利率市场收益率上行风险，年末债券规模在 5.15 亿美元。五是抓住市场有利时机，择机卖出瑞士信贷，西班牙国债等债券，获得投资收益 128 万美元。六是成功参与欧洲央行 TLTRO 操作，以最高再融资金额成功完成工银欧洲牵头的 TLTRO 项目。

（巴黎分行）

阿姆斯特丹分行

2021 年，阿姆斯特丹分行按照总行党委“48 字”工作思路和“三比三看三提高”工作方法，在做好常态化防疫的同时，围绕总行各项发展战略，以加强风险防控、保证经营连续性为首要任务，集中优势资源，多维度寻找业务机会，各项业务实现平稳发展。

一、业务经营情况

截至 12 月末，分行账面资产余额 11.8 亿美元，比年初增加 0.9 亿美元，考核口径资产余额预计 12.8 亿美元，较年初增加 870 万美元；账面负债总额 11.3 亿美元，其中公司存款 6.6 亿美元，同比增加 1.4 亿美元；实现账面拨备前利润 560 万美元，同比增加 160 万美元，考核口径拨备前利润 867 万美元，同比增加 51 万美元；实现中间业务收入 328 万美元，同比减少 81 万美元。2021 年，分行一笔飞机租赁公司的贷款 2 500 万欧元因为疫情持续不断，导致企业债务重组，分行经评估后将其纳入不良，并于当年采取市场化处置手段提前清收处置了该笔资产，由于计提了大量拨备因素，分行账面净利润 -390 万美元，考核口径净利润 -160 万美元。

二、主要工作开展情况

（一）坚持党建引领。一是坚持将党建引领作为开展各项工作的主要手段。强化管理层全体成员的理论学习，深入学习党的十九届六中全会、中央经济工作会议等重要会议精神，并以此作为全行各项工作安排与举措的行动纲领与指导方针。一年来因地制宜坚持开展“两会一课”，学党史，学著作等活动，对于出台的一些重要会议精神和重要文件安排全体党员化整为零的坚持学习、多渠道学习、多方式学习，通过理论教育、形势教育、革命传统教育，提高员工队伍的向心力、凝聚力和战斗力。二是执行民主集中制，完善班子议事决策规则。涉及人事、财务、重要项目，一律通过管理层例会或临时会议形式进行集体讨论，采取班子集体审议机制，杜绝“一言堂”和决策盲区。三是抓好廉政建设工作，将廉洁履职落实到日常工作中。分行梳理了员工所在岗位的廉洁风险点和防范措施，结合当地合规反洗钱、反贪污贿赂管理要求，加强对全行员工廉洁从业情况的监控，定期发布分行廉洁季刊，通报廉洁案件，做到警示与防范相结合。

（二）公司业务保持平稳发展。疫情以来，公司业务发展面临了重大压力，不仅要排查处置疫情造成的资产质量风险，还要保持业务的平稳开展。一年来公司业务新增信贷客户 5 户、新增贷款 7 笔、累计放款约 1.3 亿美元，实现账面信贷资产规模总体稳定。全年公司客户定期存款 6 亿美元，较年初增幅 29.27%，同时为加强资金成本精细化管理，自 12 月 1 日起正式按月收取对公欧元结算账户负利息，利率为 -0.5% 且无起征点，预计每年可节约资金支出 11 万欧元。

（三）金融机构业务承压较大。受欧债持续量化宽松的影响，以及信贷区域政策的限制，信贷业务受到了前所未有的挑战，一是原有非欧洲地区的金融机构贷款无法继续办理，二是本地金融机构流动性非常宽裕导致没有融资需求。面对压力，全行积极谋划、勇于作为，不断拓展新的业务来源和收益点，并取得了一定成效：一是拓展首笔非银行金融机构备用信用证保兑业务 3 000 万美元；二是协助总行营销全球 ETF 基金行业领军机构范达集团荷兰子公司使用我行 RQFII 资产托管服务；三是完成分行首笔 TLTRO 项下债券回购交易 1 600 万欧元；四是首笔利率期权交易 5 800万欧元。

（四）落实外汇业务首选银行战略。推动荷兰央行与总行建立 CIBM 对手关系，并实现了荷兰央行首笔 CIBM 交易落地。推动 RABO Bank 加入 BRBR 机制。邀请荷兰航空 CEO 在总行进博会配套活动中欧企业家大会上视频致辞。支持总行中欧企业联盟合作倡议，邀请昕诺飞加入联盟。联合山西分行举办“先进荷兰、走进山西”农业专场推介会，为跨境金融业务发展提供助力。积极落实总行“春融行动”工作部署，成功参与总行名单内客户 VION Food 银团贷款。

（五）完成全部风险资产处置。全年积极清收转化了全部三笔潜风资产，为来年轻装上阵奠定了坚实基础。一方面，为了减轻对总行财务资源的依赖，分行积极探索风险资产的市场化处置模式，并成功完成了 2 500万欧元不良贷款市场化处置，实现了不良贷款当季确认、当季处置、当季核销，并将财务损失降低至 30%。另一方面，分行持续加强对潜风资产的还款资金来源的跟踪落实，依托账户开立等有利安排成功督促客户提前还清 2 700 万美元潜风贷款本息。

（六）推进合规反洗钱工作。一是邀请荷兰央行举行年度会谈，获得荷兰央行的积极评价。二是对标优化合规年审工作，全年完成64户合规年审。三是针对2020年GDPR评估结果，制订整改方案并完成相关整改。四是跟进5项来自总部、总行和外审关于合规管理、反洗钱和涉敏业务的检查与整改，涉及问题大部分已完成整改。五是全年共处理涉敏业务2 098笔，无逾期现象。

（七）加强疫情常态化管控。一是落实总行及当地政府各项防控政策，细化分行现场办公要求、做好现场和居家办公管理及安全管理。二是加强业务连续性管理，提升业务应急处置能力，对业务连续性计划和业务影响分析进行梳理更新，并进行应急演练。三是提升分行安全防护级别与强度，突出强化员工安全保护，提高安全管理团队综合素质，丰富安全培训和应急演练形式，增强全员安全理念和素质。

（八）持续提升数据管理水平和数据质量。一是梳理数据治理、统计管理、数据应用、系统使用等方面开展情况并落实跟进；二是发布阿姆斯特丹分行数据治理管理规定，成立了数据治理领导小组；三是根据当地要求开展分行个人客户及员工信息过期数据清理；四是提升分行办公自动化水平，启动OA电子化审批项目，实现电子化审批功能；五是分行报表自动化水平持续提升，减轻了业务人员手工工作量、提高了报表准确性。

（九）加强员工队伍建设及本地化管理。一是做好人力资源规划与配置。提前规划，应对疫情期间外派人员到期变动；多渠道招聘，应对本地人员变化，并进行行内跨部门调剂。二是强化本地人力资源管理基础。更新完善本地员工合同、完善本地员工休假系统、梳理本地员工养老金项目、开展本地员工薪酬对标梳理。三是加强分行人员培训。根据年初计划，强化落实分行人才队伍建设，分行全年培训计划40项，实际开展45项培训。

（十）加强疫情期间员工关心关爱。一是开展分行关爱员工调查问卷活动，有效了解了员工需求，为提升分行相关工作提供了支持。二是加强分行办公环境建设。根据专业机构风险评估，对分行的应急流程、工作环境、工作压力等有关安全和健康的事项进行全面评估。三是完善员工疫情在家办公的环境。分行根据荷兰相关法律、法规要求，为需要的员工提供符合条件的设备，保障员工在家工作环境，缓解因环境问题带来的负面影响。

（十一）发挥荷兰中资企业协会会长的积极作用。一是做好在荷中资企业防疫抗疫的统筹与组织，全年发布《协会防疫措施提示》11篇，《协会工作简报》4期，汇编《新冠疫苗接种手册》。二是通过网络模式保证协会日常运转，全年开展线上互动讲座5期，并联合青岛、海牙商务局举办中荷两国双城“前展后仓”贸易促进项目启动仪式。三是加强基础工作建设，细化秘书处内部工作流程，提高协会服务效率；继续减免会员会费，并为会员提供机票优惠政策。

（阿姆斯特丹分行）

布鲁塞尔分行

2021年，布鲁塞尔分行认真贯彻总行工作会议精神和战略安排部署，坚持总行党委“48字”工作思路，运用“三比三看三提高”工作方法，坚持底线思维，抓好疫情常态化下经营管理。

一、经营指标完成情况

截至2021年末，分行考核口径净利润亏损236万美元，控制在经营计划亏损值308万美元内，同比增加亏损176万美元；其中账面净利润亏损414万美元，控制在经营计划亏损值482万美元内；实现中间业务收入166万美元，完成经营计划150万美元的111%，同比增幅21.7%。

分行总资产规模8.40亿美元，较年初减少1.43亿美元。账面资产中，信贷资产2.37亿美元，较年初下降1.32亿美元；债券投资余额1.26亿美元，较年初增加0.27亿美元，新增债券投资同比多增5 042万美元。2021年表外转开保函15笔，金额共计8 260万美元，表外新增两笔未提款承诺共计9 508万美元。分行账面负债总额6.08亿美元，较年初减少0.50亿美元。存款余额5.69亿美元，其中公司客户存款余额3.48亿美元，较年初增加2.52亿美元。存款日均余额4.57亿美元，同比增加1.45亿美元，增幅46%。

二、主要工作举措

（一）加强市场调研和客户营销，夯实本地化发展基础。一是大力拓展优质公司客户存款，提高公司客户综合贡献。认真梳理产品，立体营销目标客户，重点开展存款、债券承销、外汇买卖等多产品组合营销，提升客户综合贡献度。实现重点客户大额公司存款的突破，全年公司客户存款新增 2.50 亿美元，增幅 264%，支持分行净稳定资金比例符合监管要求，并大幅减少了对集团内拆借资金的依赖。进一步拓宽了与重点目标客户合作的深度和广度，为 2022 年储备了项目贷款并进入审批流程，在并购业务、贸易融资等方面带来了业务机会。

二是持续加大本地客户及银团代理行关系维护，拓展本地及欧洲地区公司信贷业务机会。通过加强客户营销、集团外外联动、内外联动、行司联动以及与本地主流银行合作，与马士基、优士比（UCB）、索尔维（Solvay）、优美科（Umicore）等一批本地重点客户保持密切联系，深挖合作项目，全年完成尽调报告 13 笔，签约 3 笔、金额 9 800 万欧元，提款金额 1 400 万欧元，未提款承诺 8 400 万欧元。

（二）提升流动性管理能力水平，实现债券投资多元化。分行首次成功参与欧洲央行第 9 期定向长期再融资操作（TLTRO），获配资金 700 万欧元，期限 3 年，利率 -0.17%，有效地支持了分行流动性监管指标，降低了融资成本。此外，分行加强债券投资策略研究，抓住市场机会，新增 7 笔计 5 042 万美元的债券投资，实现了债券投资的多样化。

（三）服务国家高水平对外开放。一是积极营销本地金融机构，讲好"中国故事"。分行与本地金融机构召开 CIBM 及 BRBR 研讨会，成功营销一家本地银行加入 BRBR 机制；与伦敦分行、工银国际外外联动，举办中国资本市场推介会。

二是建设中比经贸桥梁，提高分行影响力。作为比利时卢森堡中资企业协会会长单位，促成庆祝中比建交 50 周年经贸合作研讨会顺利召开。邀请工银国际专家讲解"十四五规划"，邀请境内外潜在客户代表出席，驻比大使亲自参会并发表主旨演讲，得到了新华社、央视传媒等主流媒体的报道。认真贯彻总行"春融行动"，为一春融名单内客户累计转开 15 笔、合计 5.25 亿元人民币保函，为多家走出来客户解决当地开户难问题，并为其提供一揽子金融服务方案，积极跟踪其本地业务发展。

（四）全面加强风险管理，确保经营发展定力。一是加强特殊时期信用风险管理，建立每周动态分析制度。二是完善信贷业务存续期管理。三是完善规范信贷业务制度与流程，开展专业培训。四是完善操作流程和工作机制，夯实全面风险管理基础。五是组织具有审计专业背景人员梳理全行业务流程，制订各专业检查计划，重点针对以前年度内外检查发现的问题开展"回头看"自查，巩固整改成效。

（五）持续完善合规管理措施，深入推进合规治理工作。一是于 2021 年第一季度妥善完成全部零售业务退出，进一步降低合规成本和合规风险。二是对标总行及总部制度文件，进一步完善分行制度体系；持续更新和签发反腐败反贿赂管理办法、合规工作章程、利益冲突管理办法、新产品合规制度、非金融机构 FATCA 流程、可疑交易监测和报告手册以及 DAC6 报告流程等制度 27 份。三是妥善应对当地税务机关 FATCA/CRS 报告检查。在外部税务顾问指导下，针对 2016—2019 年历史账户，分行研究更新了分析模板，再次进行全量梳理，进一步提升了数据质量。四是深化整改提升工作。根据外聘机构合规检查发现及整改意见，分行组织开展了一系列自查评估和整改提升工作，并按时完成涉及分行自身的全部待整改项目。稳步推进 GDPR（个人数据保护通用法令）项目实施。截至 2021 年底，GDPR 整改提升工作基本完成。

（六）加强科技治理和生产安全，坚持创新提供科技赋能。一是严格执行信息科技制度，确保安全生产。严格落实每日机房巡查制度、居家办公期间 VPN 系统监测报告机制等，确保办公安全。二是注重科技创新与价值创造。成功完成 BECRIS 监管报表自动化应用的研发工作，有效提升了央行监管报表的数据质量和效率，每年可节约费用近 3 万欧元。

（七）坚持党建引领，抓好组织人事管理。认真开展党建工作，充分发挥战斗堡垒作用。分行坚持双线报告制度，在驻地使馆和总行双线领导下大力开展党建工作。在做好自身党建工作同时，积极按照使馆党委要求抓好所在支部党建工作。

一是深入学习贯彻习近平新时代中国特色社会主义思想和习近平外交思想，推进"两学一做"学习教育常态化制度化。开展党史学习教育，采用每周五下午定期集中学习和自学相结合的方式学习《论中国共产党历史》等书目。组织学习《习近平外交思想学习纲要》，参加网上党史知识竞赛。迅速组织传达、学习贯彻十九届六中全会精神。参加大使馆党课，学习了解上级党委对所处环境政治经济形势判断，以便指导业务工作开展。

二是做好疫情常态化下组织人事各项安排。做好疫情期间劳动组合；坚持底线思维，抓好远程办公，及时通过视频方式组织各种会议、培训，落实部门每日例会、周报告制度，确保工作安排落实到位、及时反馈。落实防疫、抗疫措施，鼓励员工及家属接种疫苗，及时通知员工当地疫情发展情况和新的防控措施，做好物资采购和储备，严格管理外派员工请假回国管理事项。落实总行党委关心关爱员工措施，鼓舞员工队伍士气，日常注重做好外派员工思想工作。

三是抓好廉洁从业工作。做好组织动员，班子成员集中学习，做到思想统一、提高认识。经常性召开全体外派员工廉洁从业会议，明确廉洁风险防控重点和工作措施。加强警示教育，开展案例学习。与全体外派员工逐一落实年度廉洁从业谈话制度，听取员工对自身廉洁从业的小结，征求员工对分行班子廉洁从业建设评价、意见和建议。廉洁专员认真履职，严格落实相关监督责任。

（布鲁塞尔分行）

米兰分行

2021 年，米兰分行深入贯彻总行党委“48 字”工作思路，科学运用“三比三看三提高”工作方法，推动党建与中心工作深度融合，统筹疫情防控、经营发展和风险管理，确保全体员工和家属零感染，顺利完成全年任务目标，服务集团战略取得更多实效，为助力国际化高质量发展作出贡献。

一、各项经营指标稳中有进、稳中提质

一是盈利情况好于计划、优于预期。分行全年实现净利润 827 万美元，预算完成率 118%；账面净利润 320 万美元，同比增加 61 万美元，增幅 24%，预算完成率 464%。

二是收益结构不断优化。中间业务收入 339 万美元，同比增幅 4%，超额完成全年预算目标；债券投资价差收益 193 万美元，增幅 16%；债券投资余额 4.25 亿美元，增幅 25%。

三是存贷款业务态势持续向好。全年对公客户数净增 4 户，超额完成任务指标，深挖机构客户业务潜力，带动账面机构贷款增长 48%，机构存款增长 13%。在持续压降潜风贷款和严把入口关的基础上，业务节奏稳步提速，全年累计获批贷款业务 15 笔，审批金额逾 9.2 亿欧元，同比增幅 64%，为夺取 2022 年旺季营销“开门红、开门稳”打下坚实基础。

四是质量和效益构筑“双稳”局面。牢牢守住不发生重大风险及监管违规事件的底线，全力压降不良资产，在当地中资同业中率先实现潜在风险资产“清零”。NIM 较上年上升 7 个基点，全年营业费用支出下降 144 万美元，降幅达 14%，对完成利润目标起到较好的促进作用。

二、坚持党建引领全局，增强凝聚力和战斗力

一是推动党史学习教育入脑入心、走深走实。强化思想理论武装，全面学习贯彻习近平总书记“七一”重要讲话、党的十九届六中全会精神，深刻领悟“两个确立”的重大意义，自觉运用“十个坚持”宝贵历史经验指导推进各项工作。

二是安全稳妥推进基层党支部标准化规范化建设。获评 2020 年度当地中资企业唯一“优秀党支部”；2021 年度支部党建述职得到总领馆党委高度评价；成功接收 3 名预备党员，充实年轻骨干力量；通过讲述入党故事，重温入党誓词，观赏红色影片，党史知识问答等，提升党建活动质量和吸引力。

三是坚决落实关心关爱政策，细微之处暖人心。密切跟踪疫情变化，连续 23 个月每周召开疫情防控会；为员工配发充足防疫物资，尽最大努力帮助解决实际困难；在两针疫苗全覆盖基础上，全力推进加强针接种，安排专人陪同疫苗接种，实现“应接尽接、应接早接”；全年开展各类医疗健康安全培训讲座 6 次；加强企业文化建设，将本地员工及家属纳入分行科学防疫体系中，提供坚强保障，树立起负责任的大行形象。

四是抓班子带队伍，营造干事创业良好氛围。忠实履行“一岗双责”，营造风清气正的廉洁从业环境。围绕中心工作，加大人力资源投入，正向激励员工担当作为。克服疫情困难，加快推动外派员工轮替，深度优化本地员工结构，无风险清退 3 名本地员工，为高素质人才腾挪空间。

三、坚持服务集团战略，全面提升价值贡献

一是服务双边经贸往来取得更多实效。分行按照既定的“1+4+N”工作思路持续发力，全年组织招商招展、跨境撮合、论坛推介等活动逾 15 场，累计邀请逾 200 户境外企业注册第 129 届、第 130 届广交会；营销 5 户意大利企业在第四届进博会布展；助力中欧企业联盟拓员 3 户；推动总行与意大利联合圣保罗银行、意中基金会签署三方合作协议，支持两国企业深化合作。通过深度服务双边经贸往来，打造特色撮合服务，有效带动客群渗透、影响力提升，先后与 SNAM、Luxottica、Bracco 等头部企业建立存贷投多维的业务关系；荣获中国意大利商会第 11 届“金熊猫奖”，推动总行荣获意大利第 16 届“China Awards”等较有影响力的奖项。

二是赋能境内外汇业务首选银行有新成果。对接

“春融行动”名单客户，全力支持制造强国战略，以牵头行和代理行身份，为海尔欧洲筹组2亿欧元银团，支持头部制造企业在欧布局。全面推进重点跨国企业营销，向总行名单客户意大利国家电网 Terna 争取3亿欧元存款，为下一步深化合作奠定基础。与境内重点区域深化联动，向总行及境内分行推荐 SNAM、Autogril、意大利投资促进署、埃尼石油等多个优质项目；参与山东、苏州、安徽等分行联合报价；与上海分行跨境业务中心、广东分行国际部等举办联动座谈会。

三是支持高质量共建“一带一路”有新进展。成功拓展意大利中央托管机构 Monte Titoli 等3家机构加入 BRBR 机制，以此为带动，深挖在“一带一路”第三方市场合作、绿色金融等领域的互惠合作潜力。

四是助力稳慎推进人民币国际化有新作为。推动意大利央行投资 CIBM 市场，全年通过总行完成的交易金额突破8.3亿元人民币，同比提升近4倍，市场份额领先当地中资同业；此外，积极联动总行金融市场部为圣保罗银行 Intesa 等目标客户举办 CIBM 业务营销电话会。

五是稳步推进绿色低碳转型有新气象。分行稳步推动信贷投放持续向绿色低碳领域倾斜，2021年分行新增审批贷款近半数含有 ESG 关联调节条款，成功为意大利某全球影像诊断龙头企业发放5 000万欧元可持续发展贷款；参贷 AGOS DUCATO 消费金融公司5 000万欧元贷款，借款人融资条件与 ESG 指标挂钩，优先支持绿色消费信贷。

四、坚持提升市场竞争力，扎实推进本地业务发展

一是以重点客群拓展为主线，提升市场影响力。围绕以意大利存贷款公司（CDP）为核心的本地大型企业、上市公司和500强企业，稳步推进业务高质量发展，信贷审批节奏不断提速，呈现出2021年快于2020年，2021年下半年快于2021年上半年的良好态势，与 CDP、意大利国家电力、天然气管网、国家石油等重点客户持续深化合作。

二是以重点业务突破为抓手，提升服务竞争力。一方面，以一手银团和主动型二手银团撬动公司业务落地多个“首笔”，包括首笔杠杆收购融资业务（Ali 集团并购项目）参贷5 700万欧元；首笔基金对物流公司固融项目参贷3 900万欧元；意大利最大高速公路基建收购融资参贷4 500万欧元；首笔 MBO 项目参贷2 000万欧元等。此外，SNAM 地中海浮式再气化等多个储备项目已进入审批推动或实质性尽调阶段。另一方面，增强投资敏锐度，细化同业客户营销策略，打造新增长点。债券业务方面，截至2021年末，债券业务创收430万美元，其中债券价差收入近200万美元，较年初增长近20%，在满足流动性指标要求的同时，有效提升利润贡献度。客户合作方面，新增 Cambiano 1884 银行存款质押保函1 000万欧元，累计办理融资保函业务余额5 400万欧元；参贷非银机构 Agos Ducato 5 000万欧元银团，实现本地非银贷款突破。

五、坚持风控强基理念，为高质量发展保驾护航

一是压实主体责任，总经理每周主持合规恳谈会，风险官按季汇报全面风险管理，流动性及各项监管指标管理到位，确保各类风险可控、资产质量稳定、业务连续性有保障。

二是全年完成104项制度评估及更新，全面覆盖内部管理制度、委员会章程、部门岗位职责等领域。

三是持续夯实反洗钱及合规管理基础，充实合规部门人才队伍，启动央行反洗钱报表重构项目，提升报送自动化水平和准确性。

四是落实“三道口、七彩池”管理要求，加强重点领域风险防控，推进不良贷款清收处置潜在风险排查和存续期管理；成功应对 CSSF 信贷检查，客户信用风险等级划分获监管认可；未发生新增贷款逾期或劣变。

（米兰分行）

马德里分行

2021年，马德里分行围绕总行党委“48字”工作思路，运用“三比三看三提高”工作方法，一方面抗击疫情、防控风险，有序应对行政事项；另一方面危中寻机、主动作为，稳步推进经营发展。

一、2021年分行经营情况

截至2021年末，分行总资产7.15亿美元，较年初增加1.43亿美元，增幅25.77%。其中信贷资产5.23亿美

元，较年初增加1.25亿美元，增幅31.33%；年末存款余额3.49亿美元，较年初增加2.07亿美元，增幅145.67%。

2021年，分行实现账面净利润2.34万美元，同比增加171万美元，近四年来首次实现账面盈利，并提前一年完成三年发展规划账面盈利目标；考核还原后净利润136.19万美元，同比增长1.55%，超额完成计划目标；实现中间业务净收入337万美元，在营业净收入中占比39%，较去年提升7个百分点；不良贷款率连续十一年保持为零。

二、2021年度主要工作措施

（一）抗击疫情、防控风险，有序应对各类风险挑战。

1. 持续抓好疫情防控。分行疫情管理涵盖马德里本部员工、巴塞罗那分行员工、分行办公大楼租户和第三方驻点供应商等多层面人员，涉及分行办公楼层、租户楼层以及外租办公室等多区域场所，环节多、涉及广、难度大。为此，分行始终坚持疫情防控不放松，抓牢抓实各项防疫工作，采取以下措施，确保业务平稳运行和人员安全。

一是加强防疫责任落实。建立防疫工作周例会机制，每周与部门主管作防疫责任落实提醒，每两周向全行员工作疫情风险和防疫措施提醒，积极落实总行及本地政府各项防疫要求。

二是切实做好员工健康安全管理。建立员工健康状况每日监测制度，运用企业微信APP等网络科技手段，提高监测效率。

三是严格做好最小化办公防疫安排。实行现场办公申请审批制度，严格执行最小化办公，严控非必要现场办公，并统筹做好现场办公人员安排，以及来行前健康确认、办公大楼出入及办公楼层物理隔离、全程佩戴口罩、保持安全距离等防疫要求，严防现场办公场所聚集性感染。

四是加强防疫物资配备和办公区域消毒管理。继续做好防护口罩、手套、消毒喷雾等防疫物资供应保障，安排专业团队对办公区域每两周进行一次全面消毒。

五是抓好办公大楼第三方防疫管理。对第三方机构防疫提出细化要求，实施分类进出管理，建立了沟通机制和健康状况通报机制，确保大楼整体防疫无死角。

六是持续推进员工疫苗接种工作。鼓励符合条件的员工在自愿基础上完成疫苗接种，持续提升接种比例，外派员工及随任家属接种比例达100%，符合接种条件本地员工接种比例96%。

七是加强居家办公期间的组织管理。严格居家办公管理要求，建立部门管理周报制度，加强履职监督，确保特殊时期“队伍不散、人心不离、干劲不丢”。

八是加强员工关爱。通过谈心谈话、月度支部扩大会议、集体线上交流、每周定期学习等措施，丰富业余生活，疏导员工身心压力。

2. 多管齐下，有效应对疫情带来的各类风险

一是加强流动性风险管理。持续完善流动性风险应急预案；抓好公司存款等主动负债营销，负债结构和筹资成本得到持续优化。

二是持续强化信用风险管控。主动开展行业风险分析，密切跟踪本国经济和政策变化情况，严把信贷准入关；对存量客户按周进行风险排查，并按风险程度实施分类管理；进一步深化“三道口、七彩池”要求，提升智能化风险管理水平。

三是加强市场风险和操作风险管理。密切跟踪市场变化，特别是对关键时点和重大金融市场事件保持高度警惕，尽量在市场平稳期进行交易操作；针对疫情期间居家办公的特殊情况，组织开展了信息安全风险排查；配合总部于2021年11月完成金融市场后台（GMO）运营集中试运行与正式上收工作。

（二）危中寻机、稳中求进，扎实推进经营发展。在持续反复的疫情形势下，分行始终坚持深入推进本地化经营策略，主动对接重点客户及在西班牙中资企业需求，凝心聚力深耕本地；积极响应国家“稳外资、稳外贸”战略部署，迅速落实总行“春融行动”工作要求；克服疫情期间各种困难，经营发展实现稳中有进，向上拐点初现。

1. 凝心聚力、危中寻机，继续深耕本地信贷市场

一是积极争取本地优质银团贷款业务。加强风险研判和行业分析，坚持关口前移、好中选优，全年成功落地四笔一手优质银团贷款业务，其中三笔为联合牵头行，参贷份额近2亿美元。特别是作为联合牵头行为西班牙安迅能公司牵头筹组了33亿欧元银团贷款，并参贷8 000万欧元，该银团是2021年西班牙市场规模最大的银团贷款；以及作为独家安排行和代理行为中国交建集团收购葡萄牙莫塔公司33%股权牵头筹组了2.08亿欧元银团搭桥贷款，并参贷1亿欧元；同时，分行还择优参与了五笔优质二手银团市场业务，进一步夯实客户基础。

二是持续发力本地债券承销业务。与工银标准联动，以活跃簿记管理人身份为葡萄牙电力成功发行了12.5亿欧元混合型绿色债券。工行是承销团中唯一的中资金融机构，也是第四次被葡萄牙电力委任为其债券承销人，同时也是工行首次为欧洲本地企业在欧洲发行混合型绿色债券。

三是重点抓好本地公司存款营销。密切关注疫情对流动性的影响，指导分管部门多措并举，加强主动负债营销，年末公司存款余额3.49亿美元（其中2.8亿欧元存款为择时吸收的负利率存款），较上年增加2.07亿美元，增幅146%。

四是加强金融机构业务营销。加强与本地金融机构和主权类机构的业务互动，成功营销葡萄牙央行进入中国银行间债券市场；成功营销西班牙Bankinter银行加

入“一带一路”银行间常态化合作机制；利率互换二手交易和同业融资业务均取得阶段性成果；创新业务模式，成功落地首笔进口押汇项下风险参贷业务，参贷金额5 700万欧元。

2. 积极响应、迅速行动，全面落实总行工作部署

发挥大行优势助力春融行动。一是发挥融资优势，以内保外贷方式为两家在西班牙中资企业发放了1 525万欧元贷款，保障在西班牙中资企业正常经营。二是发挥服务优势，助力“走出去”企业顺利完成跨境收购。以独家安排行和银团代理行身份为中国交建集团收购葡萄牙建筑公司莫塔集团33%股权成功筹组了2.05亿欧元银团贷款，该笔收购也是疫情以来央企最大的海外收购项目之一；协助三峡集团顺利完成两笔西班牙新能源收购项目的股权交割，完成交割金额3.46亿欧元。三是发挥联动优势，进一步推动中西重点领域投资合作。与西班牙外贸投资促进局通过线上形式举办了第二届“中资企业在西班牙的投资与发展”论坛，聚焦中资企业在新能源汽车、生命科学和健康食品重点行业领域的投资发展机遇。

扎实推进第四届进博会服务工作。一是建立专项工作机制。组建进博会工作团队，明确分工、细化方案，及时跟进进展情况。二是积极筹备本地宣传招商活动。与进博局一起成功举办食品及农产品专场线上推介活动，帮助西班牙企业开拓中国市场，展现了工商银行促进中西经贸交流的桥梁作用。三是全力落实中欧企业家大会致辞嘉宾邀请工作，西班牙前首相萨巴特罗作为受邀嘉宾为大会作了视频发言。

3. 进一步深化反洗钱合规管理

面对持续疫情，分行始终坚持合规管理不放松，继续扎实做好疫情期间的反洗钱合规管理工作。一是进一步完善客户准入委员会职能，强化高风险客户准入管理。二是进一步提升全员合规履职能力，高度重视合规培训工作。三是坚持合规履职要求不放松；抓早抓实三道防线履职要求，克服非现场办公等不利因素，按时保质完成了客户年度重评，实现零延迟和无积压；顺利投产客户尽职调查系统，并自主组织了数据质量整治。四是高度重视并全力配合外部审计，全面客观展现了分行在本地化业务发展和合规管理提升方面的发展与现状，取得了无反洗钱合规审计发现的报告结论。

（三）党建引领，加强监督，为健康发展保驾护航

一是聚焦建党100周年，高标准严要求，有序开展党史学习教育活动。分行认真学习习近平总书记在党史学习教育动员大会上的重要讲话、在中国共产党成立100周年大会上的重要讲话等。

二是认真组织开展境外机构外派领导班子恳谈会。根据总行关于召开2020年度境外机构外派领导班子恳谈会的工作要求，认真组织包括恳谈会方式制定、理论学习、自我查找差距和不足、会前意见征求及谈心谈话、撰写对照检查材料等恳谈会会前准备工作，于3月组织召开了2020年度分行管理层恳谈会，在会上管理层成员对班子及自身存在的突出问题进行了自我剖析，开展批评和自我批评，并明确了整改方向。

三是加强廉洁从业监督。一方面，制订全年廉洁从业监督工作计划，及时传达派驻纪检监察组关于2021年廉洁从业监督工作的重要精神。另一方面，有序推进廉洁从业监督重点工作，切实抓好同级监督、关键人员监督，以及重点领域和关键领域的廉洁从业执行监督，强化总行重要决策部署落实的监督推动，配合派驻组认真组织廉洁从业专题培训，开展廉洁生态研判，持续抓好常态化约谈，并通过警示教育、各类专项自查项目，推动作风建设、集中采购、外事纪律等重点监督领域的不断完善。

（马德里分行）

华沙分行

2021年，华沙分行认真落实总行党委“48字”工作思路，充分运用“三比三看三提高”工作方法，提高政治站位，积极应对新冠肺炎疫情挑战，坚持提升资产质量，不断夯实合规和风险管理基础，总体上保持了健康平稳的发展态势。

一、着重提高质量和效益，合理把握业务节奏

华沙分行全年实现净利润1 606万美元，同比增加99万美元，增幅7%；实现中间业务收入944万美元，同比增加113万美元。总资产17.95亿美元，其中信贷资产14.64亿美元；总负债17.84亿美元，其中存款4.21亿美元，较年初增加1.74亿美元。经营效率稳中有进，NIM、ROA、ROE分别为1.05%、1.03%和10.34%，NIM较年初基本持平，ROA、ROE分别较年初增长0.23个和0.96个百分点，成本收入比为25.89%，同比下降2.20个百分点。合规和风险管理保持良好局面，保持零合规事件、零不良贷款。

二、巩固优势，促进业务均衡发展

2021 年，华沙分行继续调整结构，坚持立足波兰，深挖本地市场，为华沙分行的可持续发展奠定坚实基础。

（一）深化经营转型，实现内生性可持续发展。2021 年，华沙分行坚持本地化、内生性增长的可持续发展道路，着重拓展本地市场，增强自我造血能力的同时，加强集团联动，贯彻总行重点发展战略，重点服务于“一带一路”和中资企业“走出去”，不断扩大市场份额：一是不断夯实信贷资产基础，立足本地市场，聚焦优质客户，提高存量客户贡献度，加强推动集团联动。2021 年，华沙分行共计审批新项目贷款 10 笔，审批总金额 2.57 亿美元；审批项目贷款 9 笔，审批总金额 2.83 亿美元；完成集团联动业务 10 笔，总金额 1.76 亿美元。二是大力发展中间业务，同时培育新的业务增长点。三是拓展公司存款业务，拓宽资金来源。四是不断提升资金精细化管理水平，优化金融市场业务。

（二）落实“春融行动”计划，积极服务中资“走出去”企业。2021 年，华沙分行一是积极落实总行“春融行动”部署，与国内行联动开展集团客户上下游企业营销工作，成功与多家企业实现结算、存款、外汇、保函等业务合作。二是作为中波商会会长单位，发挥推动中波双边经贸合作的桥梁作用，组织在波中资企业与波兰经济发展部对话会、对接国内企业的商贸撮合洽谈会等活动，推动两国双边经贸合作。三是全力支持配合进博会召开。四是积极推动外汇业务首选银行战略，精准营销，提升服务，分行外汇业务站上新台阶。

（三）久久为功，协助总行完成波兰财政部熊猫债发行。分行推动波兰财政部在中国银行间债券市场发行 30 亿元人民币熊猫债。这是 2020 年全球新冠肺炎疫情暴发以来，波兰成功发行的首只外国政府主权类熊猫债，促进了中波两国间的政经合作。

三、坚持底线思维，持续强化合规管理

华沙分行坚持合规管理底线思维不放松，按照最佳银行实践，从严落实合规反洗钱的各项规定，不断探索适合分行实际的合规管理长效机制：一是进一步增强人员配置，补充了两名经验丰富的本地合规人员，壮大合规队伍力量。二是强化制度和体制建设。2021 年，分行梳理更新各项合规及反洗钱政策、规章等制度政策，每月定期召开合规委员会会议，就监管政策变化、KYC 定期复评等展开专题讨论。三是加强合规方面的培训和学习。华沙分行高度重视合规工作，多次组织全员参加合规培训，分行总经理为全体员工讲授合规课，全面提升全员的合规意识。四是针对内审、外审提出的问题，华沙分行积极整改，严格落实。

四、提升全面风险管理，确保稳健运行

分行紧密围绕经营发展目标和风险防控重点，持续强化全面风险管理和全流程风险管理，坚决守住资产质量底线。分行不良贷款率保持为零，各类风险指标符合总部限额要求，科技系统运行平稳：一是进一步完善制度建设和检查整改。二是强化信用风险管理，把好新增贷款准入关口，加强存量业务存续期管理和风险监控。三是提升信贷业务全流程履职水平。四是持续提升信息安全和数据治理水平，修订完善科技规划及手册；深化数据治理，完善组织架构，定期评估工作进展。

五、落实抗疫防疫部署，加强员工关心关爱

华沙分行坚持以人为本，把保障员工健康安全放在首位，全面落实抗疫防疫措施不放松，严格落实总行关心关爱员工政策，增强团队凝聚力。

（一）常抓不懈，全面落实疫情防控部署。一是实现外派员工、家属疫苗接种全覆盖。二是全面落实防控应急预案。在保障分行核心业务连续性的前提下，采取最小化办公，严格控制办公室人员数量，加强风险防控。三是保障防疫物资供应，为员工健康做好物资保障。

（二）加强员工关心关爱和团队建设。一是及时传导落实总行关爱政策。疫情以来，总行出台多项境外员工关心关爱政策，分行第一时间召开全体外派员工会议传达宣传总行关怀，并及时落实。二是切实关心员工生活，开展员工慰问关爱活动，关注员工心理疏导，保障员工身心健康。三是组织丰富多彩的团队建设活动，推进 ONE ICBC 理念的推广认同，团队的凝聚力和向心力不断增强。

（华沙分行）

工银标准

2021 年以来，工银标准认真贯彻落实总行党委“48 字”工作思路，坚持按照“增收入、降成本、控风险、促整合”的要求，持续加大战略调整力度、积极巩固脱困振兴成果，夯实子行经营基础和对集团价值贡献。

一、坚持党建引领提升公司治理能力

2021 年，工银标准坚持党建引领、压实主体责任、优化公司治理，集团战略传导和贯彻执行力度显著增强。一是坚持党建引领，始终围绕服务实体经济和集团战略，充分利用好工银标准专业平台优势，积极服务中资客户商品贸易及风险管理需求，践行为民服务宗旨。二是强化内部管控，不断提升管理效能，在延伸组织触角、加强队伍建设、细化规章制度上下功夫，持续增强与集团管理对接的有效性。三是不断提升公司治理，在符合当地监管法规前提下，加强董事会对股东战略意志的传导落实和子公司独立性的有效平衡，通过公司治理程序落实集团管理要求，不断强化与集团的战略协同、业务协同、风控协同和文化协同。

二、实现经营业绩和专业能力双提升

2021 年以来，工银标准克服海外疫情持续蔓延与金融市场剧烈动荡的双重挑战，积极把握大宗商品与新兴市场机遇，合理平衡业务发展与风险管控，经营业绩不断提升。2021 年实现净利润 9 863 万美元，实现了连续两年盈利保持在 1 亿美元左右的目标。消化上年同期非经营性收入因素影响，财务状况更加稳健，经营可持续性进一步改善。在实现盈利的基础上，子行按期完成对总行额外一级资本付息，提升了对股东投资回报。

子行紧紧围绕打造工商银行集团商品业务中心和海外金融市场业务中心的战略定位，通过不断加强专业能力建设和集团协同机制建设，努力实现全产业链服务能力的提升和对全集团价值贡献的增长。2021 年实现集团联动收入 1.1 亿美元。2021 年，工银标准先后荣获上海黄金交易所颁发的“优秀国际会员奖”、中央国债登记公司颁发的“担保品业务杰出机构奖”；凭借优秀交易执行能力获得境内外客户广泛认可，逐步打造了在中资能源客户中的良好口碑，国企业务规模处于同业领先水平；储备了中资金融机构、交易所、国际央行和主权基金等一批优质贵金属客户，中资独有贵金属清算和仓储业务优势得以巩固；充分发挥分布广泛的投资者客户资源优势，立足集团加强对境外目标主权类和非银行类金融机构、外资代理行等国际市场客户营销，2021 年在中国银行间债券市场（CIBM）投资者营销拓客、获客和活客数等方面排名均居集团内首位；依托大而强的集团客户基础、小而精的专业服务团队，在债券承销业务领域树立了专业的中资品牌和市场形象。

三、实现业务拓展和风控合规双稳健

工银标准不断优化客户结构和产品结构，在客户选择上向工商银行核心客户和优质中资客户倾斜，形成大宗商品业务、新兴市场业务和结构化融资业务各占三分之一的业务格局，聚焦打造核心主业和中资银行独有特色品牌。特别是在推进国家“一带一路”倡议、人民币国际化战略、服务重点中资商品和能源企业等方面发挥了积极作用。与此同时，子行持续强化风险管控和监管合规能力提升，认真落实“主动防、智能控、全面管”，提升风险治理能力，保障各项业务健康发展，并按照当地监管要求做好净稳定资金比率（NSFR）、LIBOR 利率转换、气候与环境风险应对等监管新规落实，获得了当地监管的正面评价。2021 年，工银标准继续维持了惠誉 A－的较高评级，同时标普评级从 Baa3 上调至 Baa1。

（工银标准）

工银伦敦（伦敦分行）

2021年，伦敦机构坚决贯彻总行党委“48字”工作思路，坚持稳中求进，延续了“员工安全、经营持续、风险可控、业务平稳”的良好态势，创历史最佳经营业绩。

一、主要经营指标完成情况

2021年末资产总额超过219亿美元，同比增长7.2%；全年实现拨备前利润1.63美元，增长12.4%；净利润9 014万美元，创历史最高，同比增长59%；不良贷款率0.24%，同比略降；拨备余额1.47亿美元，同比增长40%，拨备覆盖率522%。

二、主要工作措施

（一）全力落实推进总行各项重点工作部署

1. 高度重视党建。积极组织党史学习，开展“学党史，忆初心”专题线上党日活动。积极组织学习“七一”重要讲话、十九届六中全会会议、中央经济工作会议等系列重要文件精神。

2. 持续抓好常态化疫情防控。员工方面，始终把员工安全和心理健康放在首位，严格抓实抓细各项防疫措施，严格排查风险隐患。运营方面，根据疫情变化动态完善应急预案，动态调整居家办公与现场轮岗办公安排，保障连续性运营。

3. 持续推进总行各项重点工作部署。持续开展春融行动，积极落实“境内外汇业务首选银行”战略，为“双循环”战略添砖加瓦。持续推进跨境人民币业务，支持人民币国际化。顺利推进LIBOR利率转换项目，积极支持中欧企业家联盟、首届BRBR科技论坛活动。

（二）抓住市场机会，实现经营平稳推进

1. 核心资产平稳增长。年末贷款余额112.7亿美元，较年初增长1.52%。年内新审批信贷业务130余笔，合计超140亿美元。贸易融资、非银机构贷款、债券投资占比各有提高，商业地产贷款占比明显下降，资产结构更加优化。

2. 整体经营持续安全。即便上半年全面封城期间，核心运营功能均通过现场轮岗+VPN远程操作+总行业务运营中心代管、总行交易代管等模式实现了不中断、平稳运营。

3. 总体风险可控。全年未发生大的信贷、市场、合规、流动性、操作风险事件，PRA在资本充足率评估、流动性风险管理专项检查、年度战略咨询会方面的反馈均较正面。信贷资产质量稳中向好，不良率0.24%，较年初略降，潜在风险贷款占比由年初的1.14%降至0.93%，拨备增长40%。

4. 经营效率提升。ROA为0.35%，同比提升0.11个百分点；ROE为5.53%，提升1.76个百分点；NIM为0.84%，提升6.9个基点；成本收入比23.59%，下降0.18个百分点，低于当地同业（55%～70%），也低于中行（30%左右）。

5. 核心客户和重大项目营销获得突破。成功晋级为必拓、力拓核心合作银行，扩大了与嘉能可、托克等知名跨国公司的业务合作，联合牵头全球最大海上风电项目、欧洲最大清垃圾发电并购项目等重大项目。

6. 银团贷款牵头能力增强。全年办理116笔银团，签约75亿美元，同比增长38%。其中一级市场银团91笔，签约65亿美元，增长70%；牵头行业务53笔、44.5亿美元，金额增长66%；牵头兼账簿管理行业务21笔、20亿美元，金额增长51%。完成二级市场银团25笔，实现交易收入290万美元。

7. 绿色金融及ESG贷款扎实推进。年末绿色资产承诺余额超过长23亿美元，同比增长23%。将ESG和绿色评估纳入信贷审核流程。联合牵头全球最大海上风电项目三期合计55亿英镑银团贷款，获评《国际项目融资》杂志“年度全球绿色融资”奖。成功联合牵头欧洲上半年最大的清洁能源并购项目两期合计16亿英镑银团贷款。成功发行2.5亿四年期固息碳中和主题英镑绿债，并在五地挂牌。

8. 非金融机构业务取得明显进展。年内新拓展12个非银机构客户，年底贷款余额超过16.2亿美元，同比增长48%。

（三）全力抓好全面风险防控，努力确保非常时期各项风险可控

1. 突出抓好信贷风险管控。加强信贷基础管理，严把信贷准入，强化三道防线职能。突出绿色信贷理念，将气候风险评估纳入信贷审查流程。持续做好贷后监测，全面梳理、诊断和化解存量业务风险，特别是大户风险、异地贷款风险、承诺类业务风险。主动退出多笔潜在风险贷款，主动压降商业地产贷款占比。总体信贷风险可控。

2. 重点领域均有风险管控预案。动态更新完善各种场景、各类风险、分层分级防控预案。贷款流动性储备较为充足，市场风险敞口较小，持续完善居家办公管理规则、信息安全管控措施，流动性风险、市场风险、操作风险、合规风险、信息安全风险相对可控。

3. 突出抓好疫情期间的合规反洗钱管理。将气候风险纳入风险偏好政策框架。积极开展合规自查，提出13项改进措施。强化反洗钱监测系统优化与应用，完善制度流程与控制环境。持续开展线上合规与反洗钱培训，增强全员合规意识，不断强化合规文化。与监管沟通顺畅，无反洗钱事件。

（工银伦敦）

法兰克福分行

2021年，面对复杂经营环境和严峻疫情挑战，法兰克福分行认真贯彻落实总行党委“48字”工作思路，运用“三比三看三提高”工作方法，全面推进“扬长、补短、固本、强基”战略布局，坚持党建引领，统筹抓好疫情防控和经营管理，推动各项工作稳中有进、稳中提质、稳中向好。

一、主要经营指标完成情况

截至2021年末，分行资产总额44亿美元，其中各项贷款余额23.38亿美元，债券投资余额9.99亿美元；各项存款余额6.1亿美元，较上年增长46.6%。拨备前利润、净利润连续6年保持正增长，其中拨备前利润2 897万美元，同比增长11.62%；净利润1 736万美元，同比增长7.74%，实现利润创分行成立以来新高。2021年末，分行ROA、ROE和NIM持续稳定在较好水平。在经营规模保持基本稳定、经营效益稳步提升的同时，分行持续强化风险管控，并取得良好效果。截至2021年末，分行资产质量继续保持零不良。年度外部审计8年来首次无重要审计发现。各项主要经营指标（存贷款、中收、净利润等）保持当地中资同业排名第二，资产质量继续保持零不良，同业最优。

二、主要工作措施

（一）坚持党建引领，提升队伍战斗力。

一是坚定理想信念，筑牢思想之基。坚持以习近平新时代中国特色社会主义思想为指导，坚决贯彻落实驻德使领馆和总行各项决策部署，牢牢把握正确的政治方向。加强政治建设。将政治建设摆在支部党建工作首要位置，不断增强“四个意识”，坚定“四个自信”，做到“两个维护”，始终牢记“国之大者”，确保支部各项工作始终保持正确的政治方向。加强理论学习。分行通过支部书记讲党课、外派班子集中学习、视频会议、学习研讨等多种形式，并充分运用微信、行内工银研修中心等渠道，积极开展政治理论学习活动，紧跟境内学习活动步伐，不断提升、充实支部党员的政治觉悟和党性修养。抓好党史学习教育。一方面，支部通过召开支部组织会议、扩大会议等方式，有针对性地开展重点学习活动；另一方面，支部组建专门微信群，面向全体党员开展“党史百年天天读”活动。此外，支部还结合国内相关活动组织专项学习活动，专门组织学习贯彻习近平总书记在庆祝中国共产党成立100周年大会上的重要讲话精神，深入学习厚重的百年党史，深刻领会和传承伟大建党精神。深入学习贯彻十九届六中全会会议精神。会议召开后，支部高度重视会议精神的学习贯彻和落实。第一时间将《中共中央关于党的百年奋斗重大成就和历史经验的决议》以及其他相关资料传达给支部全体党员并要求进行深入学习贯彻，并专题召开支委会、支部扩大会议逐字逐句进行学习。此外，支部还结合工作实际学习《必须实现高质量发展》《推动构建人类命运共同体》等文章，学以致用运用到分行经营管理和履责担当中去。

二是抓实廉洁风险防控，强化廉洁银行建设。抓教育培训。组织分行外派干部员工学习贯彻落实总行重要会议及文件精神，要求他们坚定理想信念、强化专业能力、坚持团结协作、严守底线思维，严格遵守廉洁自律各项规定，全力创建风清气正的行内生态。抓制度落实。2021年在继续完善分行相关管理制度的同时，着重更新完善了财务管理制度，要求执行到位。抓选人用人。坚持选人用人规范管理和正确导向，涉及如员工招聘、考核奖惩、薪酬福利等，都由外派管理层进行讨论决定。在干部员工管理上，坚持以人为本和严格管理相统一，在做好关爱干部员工、紧紧依靠员工的同时，落实从严治行要求，做好引导教育、制度约束，坚持抓小、抓早、抓苗头的原则处理员工违规行为，做到从严管理手段前移。

（二）抓实疫情防控，保障人员健康。2021年，新冠肺炎疫情形势不断反复，分行紧跟总行、驻德使领馆党委对驻地疫情判断和抗疫工作要求，结合自身工作实际，持之以恒做好常态化疫情防控。

一是压实工作责任，始终如一强化防控意识。牢固树立不发生聚集感染的底线思维，密切关注德尔塔及奥密克戎毒株的扩散情况，动态调整防疫措施，杜绝麻痹、松懈心理和惯性思维。

二是保障员工健康，多措并举推进疫苗接种。细化落实总行各项疫情常态化防控措施，持续提升疫苗接种率，前瞻性储备防疫物资。

三是做好员工关爱，确保员工身心健康。主动了解员工思想动态，提前摸排外派员工到期意向，稳妥有序安排员工轮休和补充，切实将总分行疫情防控要求和关心关爱传达至每位员工。

四是动态筹措防疫物资，保障工作场所安全。坚持为全体员工定期发放防疫物品，提前谋划办公场所卫生、安全措施和安排并第一时间做好安全事件预警提示，将员工安全和染疫风险降至最低。

（三）坚持稳中求进，做好三大业务。面对疫情起伏反复，分行始终坚持统筹业务发展、风险管控、队伍建设，稳中求进，全力保障经营稳定，围绕建设“服务大局、客户满意、监管认可、同业领先、创造价值”的优秀境外分行这一目标，强化“比”的意识，在站位、发展、风控、科技等方面有了新的提升。2021 年度，分行“扬长补短”，全面做好公司投行、金融市场、支付结算业务，提升价值创造、市场竞争能力，经营业绩创成立以来历史新高。

一是做强公司金融业务。强化公司及金融机构板块统筹联动机制，立足优势，作出特色，以外促内细化践行外汇业务首选银行战略，落实总行“春融行动”、服务三大展会、制造业金融服务强行、跨国公司营销等工作要求，助力国家高水平对外开放。持续做大优质客户基础，提高重点产品及服务覆盖率，不断提升市场竞争力和影响力。全年新发放贷款金额 6.74 亿美元，同比增长 29.37%。

二是做优金融市场业务。持续提升投资策略精细化、科学化水平，准确判断和把握市场时机，加强联动协同，优化投融资期限和币种，拓展投资产品，拓宽筹资渠道，提升流动性管理水平。债券投资余额较年初增加 1.99 亿美元。

三是做精欧元清算业务。积极履行集团欧元清算中心职责，提供优质服务；全年处理清算业务金额 8 462.40亿欧元。稳步启动欧元清算 T2 – T2S Consolidation 升级项目，优化清算平台响应速度，显著提升集团欧元清算操作效率。

（四）坚持风控合规底线，确保稳健经营。

一是强化全面风险管理。按照“主动防、智能控、全面管”的管理路径，持续落实总行全面风险管理要求，对标对表采取措施进行改进提升。业务发展和存续期管理两手抓，切实把控信贷资产质量关。履行信贷风险管理委员会会议的组织职能，落实重大事项集体审议。加快推进新评级模型的试用、数据积累和结果分析。完成了全流程履职监督情况梳理。完善信贷合规体系建设，落实监管规定分析跟踪常态化工作。加快推进总行信贷专题检查发现问题的整改。

二是加强合规制度和文化建设，提升合规管理水平。系统思维抓整改，推进审计整改与风险文化构建的相融互促。分行坚持以审计整改为契机全面提升治理水平，重塑“三道防线”责任，将文化培育与制度约束相结合，持续开展监管对标，着力补齐合规短板，积极回应监管关切，持续出台风险治理框架、风险文化声明、风险策略及风险偏好等一系列制度体系，积极推动总行全面风险管理工作要求在分行实施落地。

底线思维抓整改，理顺常态长效的问题整改管理机制。印发《法兰克福分行监督检查及审计发现整改实施细则》，明确整改要求和标准，规范整改工作流程。通过年度审计整改工作会议、管理层会议、风险管理委员会会议等形式专题研究问题整改，促进分工明确、流程清晰、标准合理、监督有效、管理严格的整改工作机制的有效运行。

管理层“下沉一线”，推动审计发现问题的实质性整改。分行总经理高度重视，管理层带头参与和监督分管条线整改落实。依托内外部审计发现问题“两个台账”，全量跟踪与重点督办相结合，把整改责任从“横”“纵”向上全面压实，加大部门间协调配合，部门推动有力，个别久拖不决的问题也得到了有效整改，成效明显。

多措并举促进源头整改，常抓不懈巩固整改工作质效。包括：开展属地监管对标和根因分析，通过差距分析强化整章建制；深化信息交互，前移审计沟通关口，密切内外部协调，重点解决审与被审的信息不对称问题；不断加大员工培训和合规投入，引入第三方咨询公司开展整改效果验证和风险管理咨询，“务实管用”地将监管要求内化于日常经营和风险管理全过程，全面提升整改质效。全行上下同向发力，不断增进内外部共识。

（法兰克福分行）

工银莫斯科

一、经营情况

工银莫斯科坚持以总行党委“48 字”工作思路为统领，认真开展党史教育，党建引领，群策群力，坚持防疫优先保平安保运营，不断调优抗疫措施应急预案，持续加强全面风险管理，严密管控合规反洗钱，全年保持人员、资产和运营安好，保持无贷款逾期、无重大风险和违规事件，聚焦重点客户和本币业务，主要业务指标和同业竞争力稳中有进。实现资产总额 12.52 亿美元，净增 1.86 亿美元。各项贷款 3.87 亿美元，净增 1.11 亿美元。客户存款 4.65 亿美元，与年初持平；债券投资余额 1.66 亿美元，比上年末增加 3 251.24 万美元；同业存款 3.36 亿美元，比上年末增加 1.04 亿美元。实现手续费及佣金收入 360 万美元，任务完成率 88.13%；拨备前利润 1 265 万美元，任务完成率 93.71%。净利润1 349万美元，任务完成率 145.05%；主要得益于汇兑损益的增长和拨备的大幅回转以及加息效应逐渐显现。资产回报率 ROA（绩效考评口径）0.67%，比上年末上升 0.48 个百分点；资产回报率 ROA（日常使用）1.31%，比上年末上升 0.47 百分点；资本回报率 ROE 8.16%，比上年末上升 3.49 个百分点。

为降低股东权益敞口和卢布汇率风险，2021 年继续进行股息派发，将 2020 年实现利润扣除 5% 盈余公积后剩余部分折约 989.28 万美元作为股息向股东派发。子行自 2017 年以来已连续 5 年分红，累计分红金额已达 1.02 亿美元。

2021 年末，子行总资产在俄罗斯同业排名第 69 位，比上年末上升 5 位；所有者权益在俄罗斯同业排名第 51 位，比上年末下降 1 位，主要指标继续保持中资同业第一。

二、主要工作亮点

（一）抓好疫情防控。不断加强完善组织领导、工作机制、防疫措施，优先保障人员健康。优先防疫保安全，不断细化动态调优各项防疫措施、应急预案，严格落实“四方责任”，员工队伍稳定，业务运营平稳有序。子行防疫保运营取得的员工、资产和运营安全，经营稳定的成绩得到广大俄籍员工的认可和信任，ONE ICBC 家文化和团队协作精神得到弘扬，很多俄籍骨干从被动到主动，群策群力共同面对和解决防疫保运营、合规控风险以及营销和服务中的难题。

（二）抓好风险防控和内控合规。年初和各个部门、每位员工签订绩效合约落实对合规、安全、风险管控的“一票否决”责任。日常持续督导制度管理、客户信息、数据质量、风险限额、产品控制以及日间日终账务核查等风险和内控基础管理动作，重点加强制度规程的培训管理，落实防疫新形势下对新员工的视频入职培训，加强了对风险事件的责任认定和追究。在信贷领域重点加强了贷款存续期管理的履职监督、信贷大户分析风险排查。在合规反洗钱领域注重高风险客户的增强性尽职调查和合规措施评估，一户一策排查防控。在公司部对经管的 13 户洗钱高风险客户增强尽调评估后，4 户已获准调出高风险类别，6 户等待央行的批复，3 户风险不可控的已关户停止服务。子行合规和主要风险指标都在绿色区域，安全生产。

（三）抓好重点客户和优势业务。面对疫情影响营销困难，转换思路，主动从境内分行端找资源，新落户目标公司客户 26 户。通过与北京分行的高效联动，子行各团队的紧密配合成功营销中石化炼化工程阿穆尔项目公司落户子行。累计发放贸易融资和短期贷款 732 亿卢布，各币种贷款累放 300 多笔折合 12.95 亿美元，通过做大贷款流量做大短期卢布贷款，实现贷款稳定较好增长。同时密切关注疫情蔓延、国际大宗商品波动以及地缘政治危机等对宏观经济造成影响的因素，按照总行“三道口、七彩池”信贷管理架构要求对存量客户、目标客户进行梳理和归类，组织客户经理对重点行业、客户进行深入研究，编制了化肥、煤炭、钢铁冶金、零售等行业的调研材料，前中台一起排查存量业务风险，明晰营销思路，锁定潜力目标客户。

狠抓存款增量和存量的管理，克服了部分中资企业资金大额汇回，同业竞争加剧等困难，依然成功营销和挖转部分重点客户的存款业务：华铭园 1 000 万欧元等值卢布，亚普俄罗斯 4 亿卢布，中建俄罗斯 2 亿卢布，海龙石油设备 5 000 万卢布，奇瑞俄罗斯 2.9 亿卢布远期保证金存款，北京燃气 89 亿卢布分红款，小米 6 亿卢布，丝路基金 30 亿卢布。

（四）积极推动人民币业务。为重点客户办理人民币即期、远期交易 10 多亿元，其中向在俄中资企业积极推广人民币兑卢布远期产品帮助它们有效管控汇率风险，总金额4.9亿元人民币，既增加客户黏性，又增加了手续费佣金收入。其中吉利俄罗斯和长安俄罗斯分别在子行购汇人民币6亿元和3亿元；江淮俄罗斯办理了6笔总计6亿卢布兑人民币的远期交易，奇瑞俄罗斯办理了17笔总计4.35亿元人民币远期交易。积极营销人民币贷款，针对SEGEZHA有人民币出口收入的信息，建议客户在原有的卢布短期融资的基础上增加人民币贷款配置，降低客户融资成本，保证客户汇率风险的自然对冲。

通过人民币拆借和人民币外汇掉期等方式向包括俄罗斯储蓄银行、俄罗斯奥合银行、俄罗斯农业银行、俄罗斯索维科姆银行在内的俄罗斯金融机构提供人民币流动性，合计约5.4亿元人民币；为俄罗斯奥合银行、俄罗斯裕信银行、俄罗斯Freedom Finance Bank推介人民币债券市场及投资方案。

莫交所人民币兑卢布汇率做市业务份额创历史新高，全年共完成人民币兑卢布做市业务量298.77亿元人民币，业务量市场份额占比35%，创历史新高，排名第一，超中国银行（俄罗斯）。人民币清算行顺利上线CIP直参，新发展人民币清算行账户6户，全年业务量2 400多亿元，同比增长60%。

（五）提高资金使用效率。通过定期召开资金形势分析会，使前台营销部门更了解子行资金成本及监管指标情况，不定期及时更新分币种分期限存贷款以及贸易融资产品底线价格，前台部门有意识缩短资产重定价周期，对重点客户大金额业务实行逐笔询价。年末存量卢布贷款均采用的是挂钩关键利率加点方式，执行利率分别达到8.9%、9.5%和10.5%，均高于关键利率。同时投资浮动利率及久期适当的债券，夯实投资组合。2021年根据俄央行加息节奏，加大卢布债券投资力度，利用12月卢布关键利率高点时所购入的俄联邦财政部卢布国债，使债券组合2021年总体收益率水平达4.62%，远高于全部生息资产收益率3.19%。

借助已上线的CIPS直参，进一步做强跨境服务和人民币清算行业务优势。通过摸查俄本地企业对人民币双边贷款的需求，对有人民币收入的客户，在原有的卢布短期融资基础上增加人民币贷款的配置。同时也做大人民币同业代付和保兑融资业务量，提高人民币资金周转使用效益和营收占比。

（工银莫斯科）

布拉格分行

2021年，布拉格分行坚决落实总行党委“48字”工作思路，围绕新发展格局和打造“捷克中资首选银行”目标，克服疫情困难稳健运营，利润同比持续增长，资产零不良，未发生监管合规和重大风险事件，圆满完成经营目标任务。

一、2021年经营指标情况

2021年全年分行实现营业收入959万美元，同比增幅12%；拨备前利润427万美元，同比增幅32%；考核净利润合计332万美元，同比增幅64%；中间业务净收入249万美元，同比增幅54%；跨境结算量1.52亿美元，较年初增长37%，均超额完成年度经营目标。分行在当地三家中资同业中营业收入、净利润、对公客户数均排名第一；表内净利息收入122万美元，当地中资同业排名第一；表内（不含簿记部分）资产规模超1.83亿美元，列本地中资同业第一。

二、2021年度经营管理工作成效

（一）坚持党建引领，强化队伍建设。布拉格分行持续加强团队学习，提升修养认识。围绕总行党委重大战略部署，组织全体外派员工深入学习习近平新时代中国特色社会主义思想，认真贯彻党的十九大及十九届历次全会精神，扎实开展党史学习教育，不断提高员工政治判断力、政治领悟力、政治执行力。

高标准严要求将党建廉洁抓到实处。坚决履行党小组党建工作主体责任，有效发挥廉洁专员和联络员监督职责，坚持“不降低标准，不放松要求，不减少时间”的总体原则，通过案例分享、谈话提醒、会议传达等形式，重点提升外派员工队伍的廉洁从业意识。

有序推进外派轮换和本地队伍建设。克服疫情期间签证受限的不利局面，顺利完成管理层、主管及业务骨干共6人次交接。进一步扩充公司业务、财务会计和信息科技本地专业人才队伍，连续第四年提升员工本土化率。

坚持底线思维做好常态化疫情防控。面对捷克新冠肺炎感染率处于全球前列，而布拉格分行人员精减的困难局面，始终把员工生命安全放在首位，抓严抓实常态化疫情防控措施，迅速组织全体外派员工及家属完成疫苗“应接尽接”，及时传达落实总行对外派员工及随任家属的关心关爱，核心骨干队伍士气良好。

（二）搭建线上桥梁，入选峰会成果。布拉格分行成功促成捷克央行人民币投资作为唯一捷克商业项目入选中国—中东欧“17 + 1”领导人峰会成果清单。截至2021年11月末捷克央行CIBM投资交易量累计超90亿元，同比增长114%；持续营销斯洛伐克央行，持续巩固工行集团服务主权机构人民币投资市场领先地位。

圆满承办一系列在捷克、斯洛伐克有显著影响力的经贸活动。成功组织“中捷线上经贸论坛”、工银“环球撮合荟”活动，邀请捷克、斯洛伐克企业参加进博会中东欧线上推介会、“中国—中东欧国家博览会”、消博会等，一系列捷克知名品牌成功参展进博会收效良好。

积极响应ONE ICBC部署扎实落实总行重大战略。成功动员多家本地头部企业参与“中欧企业联盟”扩员，加强与本地主流金融机构联系积极响应BRBR机制，持续扩大工行在工商企业界影响力，深入推进中捷中斯金融经贸领域立体式合作纵深发展。

持续推进“春融行动”。专人专班迅速对接境内机构促成多个优质客户落户分行，主动联系撮合对接捷斯上下游企业，成功营销国投旗下亚普汽车捷克公司，积极服务好“一带一路”走出去中资企业。

（三）筑牢风险底线，夯实合规基础。稳步推进全面风险管理提升。认真贯彻落实总行全面风险管理工作要求，严格落实“三道口、七彩池”管控要求，继续保持资产零不良。全年无市场风险、流动性风险及操作风险事件。

始终保持良好监管沟通。主要负责人保持与捷克央行高层长期良性沟通，特别是在2021年管理层及关键部门主管变动较为集中的情况下，圆满完成监管任职资格审批及报备工作，构建互动良好的外部监管环境。

持续夯实合规反洗钱基础。加大合规反洗钱重点领域前瞻性资源投入，认真部署实施CRRII、CRDV等监管新规，完善FOVA系统全量客户信息和BRAINS系统功能提升，本地监管反洗钱审计反馈结果正面。

（布拉格分行）

苏黎世分行

2021年，苏黎世分行坚决贯彻总行党委“48字”工作思路，运用“三比三看三提高”工作方法，落实“扬长、补短、固本、强基”战略布局，主动作为，稳中求进，超额完成了各项经营目标，盈利能力显著增强。

一、主要经营目标完成情况

2021年末，分行资产总额25.39亿美元，较年初增幅12.93%，其中，贷款12.43亿美元，增幅27%；负债总额25.27亿美元，较年初增幅13.53%，其中，各项存款3.2亿美元，增幅297%，母行负债依存度进一步降低；全年实现考核拨备前利润951万美元，考核净利润781万美元，增幅154.25%，手续费及佣金收入315万美元，增幅40%，均超额完成全年经营目标。2021年末，分行客户均为大型中资“走出去”企业、世界500强企业，瑞士行业龙头和本地大型金融机构等优质客户，全部贷款和债券投资均为正常，无不良贷款和潜在风险贷款，资产质量持续保持优良。

二、主要工作措施

（一）强化目标协同，全力落实好总行重点工作部署。

一是有力支持实体经济。分行积极支持在瑞“走出去”中资企业客户，满足疫情期间重点中资企业融资服务需求。2021年，成功落地两家总行战略级客户2.5亿美元双边贷款和2.2亿美元综合融资协议，成为客户核心合作银行。全年累计为总行“春融行动”名单内企业发放本外币流动资金贷款33.94亿美元，有力支持了中资企业客户全球采购。

二是积极践行国家稳外贸稳外资决策部署。2021年，分行积极参与进博会、消博会、广交会等大型推介活动，在做好本地客户招商工作的基础上，协助进博局成功举办了第四届进口博览会“云招展”瑞士线上推介会，邀请了50余家瑞士本地企业参加进博会。积极响应第130届广交会境外招商活动，认真梳理瑞士优质跨国企业客户名单，邀请部分瑞士中小型企业参加广交会线上招商活动。积极参与首届中国国际消费品博览会“海南自贸港贸易投资对接会”和“四川外贸进出口云上系列对接活动”，对总行“环球撮合荟”平台及生态圈进行大力宣传和推广。

三是全力落实外汇业务首选银行战略。2021年，分行通过举办“人民币论坛”等活动大力推进跨境人民币业务，在多个领域取得显著进展。全年办理人民币外汇交易4 500万元，完成人民币债券投资交易累计31.3亿元，实现人民币结算量123.07亿元，跨境人民币业务交易量和相关收益较2020年明显提升。分行举办了第三届“投资中国—工行见解”人民币论坛，向本地同业推介工行在跨境人民币产品、服务和联动方面的优势，提升分行在跨境人民币业务领域的品牌形象。此外，还发挥集团桥头堡作用，积极做好与在瑞国际金融监管机构和瑞士央行的营销沟通和客户关系维护，提升双方债券交易和外汇交易量。2021年末，分行跨境人民币业务涵盖公司贷款、贸易融资、债券投资、保函、结算清算等多个领域。

四是聚焦中国元素助力中瑞经贸发展。2021年，分行坚持创新业务类型，丰富服务方式，多元化助力中瑞经贸往来。2021年，分行发挥总部优势积极联动苏州分行，成功使瑞士企业1.5亿元人民币项目贷款连同公司资本金账户落地苏州分行，并为后续客户结算及其他相关业务奠定了良好基础。苏黎世分行联动深圳分行，实现某大型中资企业全球现金管理项目成功落地，开启了工行与该客户现金管理业务在西欧地区的首次试点。分行还持续丰富拓展双边贷款、保函转开、风险参贷等业务类型，为服务中瑞两国经贸往来、满足企业客户多元化金融服务需求提供了有力支持。

五是落实总行“绿色金融”发展理念和要求。2021年，分行发放绿色银团贷款9笔，累计承贷金额突破4亿美元。实现首笔“绿色金融”债券投资突破。多次开展“绿色金融”主题培训，介绍集团绿色金融战略和成就，提升工行在瑞士金融市场的品牌形象。

（二）本地化发展迈上新台阶，同业竞争力进一步提升。

公司金融业务领域。2021年，成功落地两家总行战略级客户综合融资协议，成为客户核心合作银行，并成功拓展信用证保兑、保函转开等领域业务。2021年末分行贷款余额12.43亿美元，较年初增加2.66亿美元。

资金交易业务领域。2021年，分行实现本地瑞士法郎债券投资业务突破，全年瑞士法郎债券投资额3 900万瑞士法郎，本地金融市场参与度进一步提升。2021年末，分行债券投资余额9.59亿美元，较年初增加0.69亿美元。

存款业务领域。2021年，分行进一步丰富了定期结构化存款产品线，有效提升对存款客户的吸引力。2021年末分行公司存款1.66亿美元，较年初增加0.85亿美元；机构客户存款月均余额达3 380万美元，进一步拓宽和稳定了资金来源渠道。

同业业务领域。2021年，分行积极拓展与瑞士本地外资代理行本地业务合作，完成某瑞士大型保险公司的客户准入。2021年分行从集团外融入资金超过6.28亿美元，有效降低了对母行负债依存度。

客户拓展领域。分行始终将目标客户锁定为在瑞士开展业务的中资企业、具有中国元素的瑞士企业、在瑞世界500强企业、瑞士本地行业领军企业、瑞士金融机构和主权类客户，以及中国金融同业分支机构。对新增客户，坚持好中选优，稳步拓展瑞士本地优质行业龙头和“隐形冠军”客户，不断夯实客户基础。2021年，分行聚焦新领域主动拓展新客户，客户数量和质量得以明显提升，全年共拓展公司客户53户，机构客户56户，分别比年初增加13户和7户。分行信贷客户评级均在A+级以上，债券投资客户评级均在投资级以上，行业涵盖高端制造、生物医药、化工制造、科技创新、大宗商品交易等多个本地优势领域。

基础业务领域。2021年，分行坚持创新驱动发展，着力破解制约高质量发展的短板，形成了业务多元化均衡发展的良好局面。一是持续深化在公司金融、贸易融资、资金交易、公司存款、中间业务、跨境人民币结算、瑞士法郎清算、表外业务等领域的业务拓展力度，抓住人民币国际化和中国金融市场加速开放有利时机，推动瑞士同业与工行开展中国银行间市场各类业务，为瑞士客户提供全面高效人民币金融服务。二是持续跟踪并深度参与中瑞间中资企业在瑞士的重大并购、瑞士主权机构有影响力的人民币债券发行、本地有影响力的大型银团贷款等项目以及中瑞政府和企业在瑞士举办的重大活动，积极发挥中瑞经贸往来桥梁作用。三是大力发展低资本消耗类业务，从深度和广度上丰富拓展业务品种，在稳步增强客户黏性的同时，努力提升客户综合贡献度，拓宽中间业务收入来源。

2021年，分行在瑞士市场竞争力持续增强。从同业比较看，按总资产排序，分行已进入当地可比同业中上游水平，与具有先发优势的当地某中资银行资产规模差距进一步缩小，且分行营业收入和净利润均已优于对方。在推动“瑞士中资首选银行”和“监管评价优良外资银行”品牌建设上持续发力，本地市场竞争力和品牌形象持续提升。

（三）严守合规底线，持续提升全面风险管控能力。

一是严守合规经营底线。分行始终将合规经营放在突出位置，把安全发展理念贯穿机构业务经营全过程，各项经营均以总行政策要求、本地监管规定为准绳，切实规范自身经营行为，维护国家和集团利益。分行实施合规事项一票否决，强化合规在经营管理和业务发展中的重要地位，加强监管沟通，持续跟踪监管政策变化，严格遵守本地各项法律法规监管要求，加强反洗钱、税务、内控、风险等方面管理。2021年，分行坚持按季开展合规风险评估，对发现问题及时落实整改，持续加强客户身份识别和尽职调查合规管理，累计完成47个重点合规工作措施的本地化任务分解，修订合规和反洗钱制度，进一步夯实内控体系基础。

二是持续提升全面风险管理能力。分行始终以“管住人、看住钱、扎牢制度防火墙”为遵循，坚持集团全面、全球、全员、全程、全新、全额的风险管理要求，按照主动防、智能控、全面管的风险管理路径，持续对标全球与本地最佳实践，建立了三道防线各司其职，职责明确的全面风险管理体系。落实总行全面风险管理履职要求，做好风险管理履职评价，压实三道防线责任，明确管理层和各部门职责，完善风险管理制度，加强行业分析，抓好客户准入，持续排查和分析疫情期间客户风险，逐户分析疫情对客户偿债能力和经营能力的影响。2021 年，分行全年信贷资产质量持续优良，未发生不良贷款，无逾期贷款、潜在风险贷款，各类风险限额指标情况良好，流动性覆盖率等监管指标始终优于监管标准。全年未发生操作风险损失事件和声誉风险事件，内部审计和监管审计未发现重大问题，实现了“零不良、零处罚、零案件、零事故”目标。

（苏黎世分行）

工银奥地利

2021 年，面对错综复杂的外部形势和新冠肺炎疫情蔓延，工银奥地利坚持疫情防控与业务经营发展两手抓，进一步夯实公司治理，强化风险控制，确保内外合规，稳步推进各项业务发展，较好完成经营目标。

一、主要经营数据

2021 年底，子行首次实现盈利，全年考核净利润 121 万美元，同比减亏 376 万美元，计划完成率 261%。2021 年末总资产 11.63 亿美元，较 2020 年末增加 2.22 亿美元，增幅 24%。2021 年，在欧洲多数银行受疫情影响被外评降级的情况下，子行维持了标普“A－”展望“稳定”的评级。

二、主要业务发展情况

（一）认真做好党建工作。按照中国驻奥地利大使馆党委和总行党委双重管理相关要求，遇重大问题及时进行双线报告。以建党 100 周年为契机，子行支部与使馆支部开启共建，通过灵活变通的活动形式不断增强党性教育，持续提升外派党员思想政治认识和党性修养。

（二）确保疫情期间平稳运行。子行制定员工应急救助预案和业务连续性预案。做好办公室防疫制度和员工关怀政策，重要业务运营中断的应急保障，并举行灾备场地应急演练和 VPN 远程登录核心银行系统应急演练。

（三）重要客户突破，本地市场力持续扩大。2021 年子行公司投行部秉持“精耕细作奥地利，审慎拓展中东欧”的发展策略，依托集团，力克时艰，集中资源发展优势业务，努力打造特色发展模式，实现公司信贷规模和客户数双增长。截至 2021 年 12 月末，表内贷款余额 3.31 亿欧元，克服年内客户归还 4 350 万欧元贷款的不利影响，仍实现 10% 的贷款规模增长。其中年内新增贷款 6 900 万欧元，较上年新增贷款量增长 72.5%；表外承诺 1 400 万欧元，实现中间业务收入 47 万欧元。公司不良贷款保持为零，未出现潜风客户。其中，为奥地利最大对华投资某高端半导体企业新增双边贷款 4 000 万欧元，并抓住时机为子行争取了较理想收益率水平，为子行的全年盈利奠定了良好基础。此外，保持和本地主流银行良好关系，精挑细选德式银团项目，在严控风险的前提下，参与某全球领先的软包装制造商德式银团 1 500 万欧元，参与某过滤行业领先企业的德式银团 500 万欧元，参与某欧洲领先医疗诊断企业的德式银团 900 万欧元，本地市场影响力持续扩大。

资金业务方面，2021 年，子行全年共开展各类资金业务 217 笔，总金额约 26.3 亿欧元。其中货币市场拆借拆放 66 笔（含匹配簿记资产的拆借业务），累计金额约 12.6 亿欧元；债券投资 16 笔，累计金额约 1.3 亿欧元；资金调拨 116 笔，累计金额约 12.3 亿欧元；外汇即期及掉期 19 笔，累计金额 859 万欧元。此外，在中资同业内率先开辟全新融资渠道，成功通过德式银团筹资 5 000 万欧元。

截至 2021 年底，子行已建立客户关系数约 160 余家，活跃客户数（存贷款、结算、债券投资）突破 40 户，各类项目储备超过 80 个。

（四）积极落实“外汇业务首选银行”战略。发挥跨境联动优势，“一点接入、全球响应”，积极联通两个市场，用好两种资源，以外促内助力外汇业务高质量发展。主要包括：为奥地利最大对华投资企业某高端半导体企业提供信贷，并与重庆分行合作打造融资＋结算一体化综合服务；与湖南分行联动为某中资轨道交通企业提供保函，助力其实现首单欧洲销售；与广东分行联动，为受疫情影响客户提供见证服务；与黑龙江分行联动，持续跟进拉脱维亚某矿物漆企业在哈尔滨投资设厂项目；与上海分行联动，持续跟进某奥地利钢铁企业跨境人民币资金池等。

（五）积极拓展人民币业务，持续推进人民币在奥地利及中东欧的国际化。2021 年，子行克服新冠肺炎疫情的不利影响，继续采取“重点突破、有的放矢”的营销策略，通过在线会议、邮件等多种方式，并抓住疫情相对稳定的时机积极拜访相关机构，重点营销区域内主要国家的主权客户、政策性银行和本地同业，创造了多个亮点。具体表现在：

一是持续营销央行类机构进入中国银行间债券市场。子行持续跟进区域内央行类机构，成功营销奥地利央行和匈牙利央行成为总行境内债券市场主要交易对手，其中奥地利央行和总行交易量突破7亿元人民币，全年获得相关考核还原收入近10万欧元。同时，联合总行向斯洛文尼亚央行、塞尔维亚央行、罗马尼亚央行、克罗地亚央行开展一对一重点营销，围绕央行类机构关心的境内人民币市场现状、进入方式、人民币外汇交易和清算等问题进行深入探讨，并在会后持续跟进。此外，对中东欧央行外汇储备尤其是人民币外汇储备情况进行调研，并将相关调研报告反馈总行。

二是成功营销布达佩斯证券交易所加入“一带一路”银行间常态化合作机制。子行积极响应总行关于营销本地金融机构加入BRBR机制的战略要求，认真学习机制运作、深入市场调研、广泛开展同业宣传、精准锁定目标客户，在总行指导下跟踪至营销落地，取得良好效果。2021年11月成功营销布达佩斯证券交易所加入BRBR机制，成为加入该机制的第4家交易所，也是中东欧首家交易所机构，具有极强示范效应。截至2021年末，子行累计成功营销中东欧12家机构加入总行BRBR机制，极大地拓展了BRBR机制在中东欧的覆盖地域范围，扩大了BRBR在中东欧银行间市场的影响力。

三是成功营销奥地利某资管公司和总行建立CIBM交易对手关系。在大量调研和广泛营销的基础上，了解到奥地利对保险公司的外汇风险管理有严格监管规定，使得保险公司较难进行人民币资产投资，因此选定资管公司为主要营销对象，并对奥地利头部资管公司进行重点营销。2021年，在持续努力下，成功营销奥地利某资管公司和总行建立CIBM交易对手关系，实现了区域内资管公司零突破。此外，持续营销跟进另一家奥地利资管公司进入CIBM，并通过线上活动、电话会议、交易所平台等多种方式，积极营销匈牙利、克罗地亚等其他中东欧国家主流资管公司进入CIBM市场。

四是顺利完成首笔熊猫债投资。自2021年初以来子行积极关注境内人民币债券市场，积极寻找投资机会。通过和总行承销团队的持续对接，子行抓住欧洲某知名汽车企业在境内发行熊猫债的机会，顺利完成首笔熊猫债投资，并创新通过人民币账户融资方式获得较低成本人民币资金，从而提高熊猫债投资的整体收益水平。2021年全年子行累计投资境内人民币债券2亿元，较2020年增加1.5亿元，增幅为300%。

（六）坚持推进国际合作。积极落实总行战略要求，通过一对一营销、奥地利商会、使馆经商处等多种渠道，全力营销客户参加进博会、广交会、企业联盟、BRBR等多边平台。其中成功邀请拉脱维亚某蜂蜜企业在线参加进博会工行展台，持续跟进奥地利某工业集团加入企业联盟事宜，以及奥地利两户食品企业加入工银平台“环球撮合荟”事宜。此外，在总行和上海分行的大力支持下，子行联合维也纳商务局成功举办“维也纳 & 上海科技创新合作云洽会”。来自中国及奥地利80余户企业通过线上及线下方式参与，6家维也纳科技企业和沪上5家独角兽企业代表做了演讲推介，进一步提升子行在本地的影响力和市场地位。

（七）多元化资金渠道，实现主动负债新突破。按照“先借后贷，双向发展”的基本思路，自筹备阶段开始即着力加强对德式银团产品的研究，并将之作为长期负债业务突破口。在前期大量调研、承销商谈判和选聘、律所选聘、协议签署、投资者推介材料等准备工作的基础上，会同相关部门逐一梳理法律框架、监管要求、业务流程、资金清算、合规反洗钱、会计核算、监管报表报送等主要风险点，通过一对一沟通、电话会议、书面解答等方式，积极挖掘潜在投资者，经过一年多的艰苦准备，成功实现业务突破。该业务属中资银行和工行集团首创，同时也是子行深入本地市场、拓宽筹资渠道和投资者范围的有益尝试，有利于子行拓展本地中长期资金来源，进一步提升子行在当地市场的地位和形象。

（八）持续强化细化全面风险管理。制定子行三道防线建设实施细则，指定分管风险的总经理助理履行风险官职责；召开专题会议，对各条线在风险管理的差距进行分析。

（九）建立健全制度管理体系。累积建立反洗钱等104项制度办法。5月奥地利金融市场监管局（FMA）对子行合规管理表示满意；10月，积极配合奥地利央行（OeNB）关于内部治理及控制为主题的现场检查。

（十）推进子行监管报表自动化。当地央行监管报表自动化率保持在90%以上。

（工银奥地利）

纽约分行

2021年，纽约分行坚持以整改推进为工作重心，不断强化风险文化建设，稳固资产质量，调整业务结构，保持了稳健运营态势。

一、基本经营情况

2021年，纽约分行仍以推进监管整改为首要任务，同时在零利率及疫情持续的外部环境下，较好地控制了成本，不断改善信贷质量，分行总体保持良好经营态势。截至2021年末，分行总资产225.7亿美元，稳定在总行战略指引的资产规模目标水平；贷款余额60.6亿美元，较年初下降11.2亿美元；得益于拨备回拨和有效控制经营成本，分行全年实现净利润1.86亿美元。

二、主要工作成果

（一）持续加强疫情防控，确保员工安全和业务运营连续性。2021年美国疫情持续蔓延，分行多措并举保障员工防疫安全，包括控制现场办公比例，继续实施大部分员工居家办公；加强办公场所定期清洁消毒；为员工提供充足的防疫物资；提醒员工防疫安全事项；根据政府指引，除了信仰和健康等原因外，要求员工必须接种疫苗并提供接种证明；为员工提供试剂盒，便于自我测试，减少感染风险。分行员工感染病例保持在个位数，感染比例远低于美国平均水平。

（二）进一步强化风险文化和三道防线建设，严控信贷资产质量。分行持续强化风险文化建设，主要举措包括加强风险文化培训，持续加强运营风险、市场及流动性风险、第三方风险管理、模型风险以及信息安全管理。信贷风险管理方面，面对新冠肺炎疫情持续蔓延，资产质量持续下滑的严峻形势，分行进一步加强信贷风险管理，制订并推动风险资产压降计划，采取全额收回贷款、重组转化、二级市场转让等处置方式多措并举，扭转信贷资产质量下滑态势。截至2021年末，不良贷款率稳步降至2.81%。三道防线建设方面，除继续聘任普华永道承担内审10个审计项目外，分行内审部独立承担2个审计项目，分行审计师团队增至10人，分行审计力量及专业性进一步提升。

（三）积极优化业务结构，维持稳定经营。

一是深耕优质客户关系，加强与境内外机构业务联动。2021年，根据客户类型及风险管理模式，分行将中资业务团队从公司金融部独立并成立跨境业务团队。业务策略方面，分行仍以全球500强客户、本地龙头企业客户以及中资大型跨国企业为主要目标客户，深耕与优质客户关系，推进美国本土大型优质企业与集团在全球范围内的合作广度和深度。2021年，纽约分行向工银标准共推荐59单，合计约1 223亿美元债券承销业务，为集团带来约1 756万美元收入，其中计入分行端收入约846万美元。此外，纽约分行与首尔、北京、上海、四川等境内外分行联动，2021年，纽约分行共实现联动总收入1 133万美元。2021年，纽约分行成功与英特尔、星巴克等大型优质客户合作，作为唯一受邀的中资银行成功参加了英特尔公司历史上首个备用银团项目，联动集团内机构并受邀参加星巴克全球备用银团项目。

二是继续以非银行金融机构作为核心蓝海业务，推动金融机构业务发展。截至2021年末，分行金融机构部管理机构客户341户（含联合借款人），交易对手17户，信贷关联方21户，涵盖银行、资管、基金、券商、清算所、租赁等行业。分行金融机构贷款资产状况良好，83%的贷款保持在投资级贷款水平，无欠息及逾期贷款，无次级及以下评级贷款。2021年，分行金融机构条线严格执行合规整改以及风险监控、风险管理提升为主的业务策略，通过以非银行金融机构客户为基础，以基金融资为主要产品突破，推进与基金、资管、保险等核心客户的合作策略，带动金融机构业务全面发展。银行业务领域主要是推进以银团贷款、货币市场、贸易融资、对拆、发债及债券投资等领域的合作。

三是控制部分风险较高的业务发展，减少风险敞口。商业地产方面，2021年，伴随外部环境变化，分行商业房地产业务重心转为存量贷款资产管理及降低受疫情影响的风险暴露，全年成功退出并回收逾7.4亿美元的商业地产贷款资产。项目融资方面，全年主要侧重强化资产组合和风险识别、监控、报告和管理，改进政策和流程，提高新项目准入标准。清算业务方面，截至2021年底，分行共有35个代理行美元清算账户，均为集团内清算账户（含总行）；截至2021年11月末，清算业务量同比减少11.19%。继续执行策略调整，集中做好集团内美元清算服务。

四是进一步优化资产负债结构，压降融资成本。在市场资金充裕的条件下，加强流动性管理并合理优化负债结构。多措并举进一步增强自主融资能力、把握市场低利率时机，合理运用筹资工具发行控制资金成本。2021年，分行CD发行利率平均约为LIBOR+3bps；隔夜CP发行利率平均约为LIBOR+2bps，非隔夜CP发行利率平均约为LIBOR+5bps。强化债券投资管理，提升市场分析和组合管理能力，降低组合久期和未来债券估值损失的同时提升分行利息收入。顺利完成代理总行集中交易和代理总行境外美元账户商业汇入款运作等业务。

五是进一步强化人力资源建设，优化中后台员工结构。2021年，美国劳动力市场普遍出现离职潮和用工短缺等问题，为全力保障整改和日常运营需要，分行积极克服困难进一步加大招聘力度，全年新招聘员工67名，其中56名员工定向支持合规、风险以及与合规和风险相关的前台、信贷、数据治理、区域风险等重点整改板块。截至2021年末，分行员工268人。

六是密切关注中美关系变化，为总行提供决策参考。2021年，分行共编制要闻监测、日报、专报等300多期，内容涵盖了中美关系、美国政治经济情况、美联储货币政策及同业经营等经济政治领域的热点问题。

（纽约分行）

工银美国

2021年，在全球疫情未有明显好转背景下，美国能源价格高企、供应链不足推高通货膨胀，经济复苏较预期乏力，银行业持续面临资产质量、盈利、运营等挑战。工银美国通过强化平稳运营、调整业务策略、稳固资产质量、做好合规和风险管控等措施，实现业务稳健发展。

一、基本经营情况

（一）资产负债情况。截至2021年末，工银美国资产规模29.91亿美元，其中贷款26.10亿美元；负债25.87亿美元，其中存款（含各项存款和同业存款）规模23.27亿美元。

贷款方面，2021年，由于疫情反复和防疫压力，新客户和新业务拓展压力和管理难度增加，子行积极克服外部压力，在新业务拓展方面有一定进展，包括北加州区域促成一笔短期票据买卖交易；休斯敦业务中心促成工银美国第一笔银团工商业企业循环信用贷款，并在跨境业务的贷后管理服务上有所突破。个人住房按揭贷款业务发展迅速，全年业务量净增近8 000万美元。此外，工银美国针对不良贷款实施了持续监控、评估、修订、退出、压降等措施。截至2021年末，工银美国贷款余额与年初基本持平。

存款方面，2021年，美联储采取多项措施提高金融体系和市场流动性，联邦资金、批发市场资金保持低利率水平。工银美国通过锁定联邦住房贷款银行、美联储贴现窗口、批发代理CD等低成本资金来源，确保流动性充足；同时，负债端利用低利率市场机会降低资金成本，暂停高息引存等定存账户促销活动，降低活期存款利率，主动让一部分高成本存款流出。截至2021年末，工银美国各项存款较年初增加1.02亿美元，增幅达4.58%；资金成本较年初（1.06%）下降0.37个百分点至0.69%，资金策略效果明显。

（二）盈利情况。2021年，工银美国实现营业收入8 505万美元；净利息收入7 754万美元，较年初增加328万美元，增幅4.37%；中间业务收入653万美元；营业支出6 336万美元，其中新增拨备193万美元；净利润1 492万美元，较年初增加625万美元，增幅129.07%。与可比同业比较来看，2021年外资银行全国性银行平均净息差为2.32%，较工银美国低0.37个百分点。

二、主要经营进展

（一）确保安全合规稳健经营。工银美国以合规稳健为首要目标，恪守安全稳健经营原则，在外部经济环境变化及当前疫情发展形势下，保障了合规稳健发展。一是强化细化合规管理工作，参考监管指引主动提升合规管理水平。遵照最高管理标准，确保管理资源充足，配备高质量合规人员，制定并执行严格的合规操作流程，建设并完善全面合规培训体系等。二是工银美国贯彻落实总行疫情防控工作部署，继续按照流行病应急管理制度执行远程办公模式，加固信息安全保障措施，维持业务正常运营。继续执行风险事件日报和网点突发事件应急机制，及时掌握、汇报和处理各类风险事件，将各类风险事件影响降至最低。根据疫情走向和当地政府指引，有序安排轮岗复工等计划。

（二）高效配合监管检查。2021年，美国监管机构货币监理署OCC对工银美国进行了全面及专项检查，维持了反洗钱合规强健、综合评级满意的监管评价。监管机构认为尽管受疫情等外部因素所带来的困难和挑战，工银美国整体仍保持良好的安全稳健经营态势。

（三）实现盈利提升和业务发展。2021 年，工银美国实现盈利主要得益于及时有效的资金策略和成本节约。工银美国通过专项存款促销、内外联动交叉销售、留学生账户促销等营销策略，实现存款稳步上涨，资金成本为 0.69%，较去年同期下降 0.37 个百分点。在总部租金上涨、远程办公产生相关维护费用基础上，工银美国运营成本较去年同期仅略有上涨。2021 年末，工银美国成本收入比为 68.12%，较去年同期下降了 1.7 个百分点。

（四）及时有效应对各类风险。流动性风险方面，工银美国密切跟踪贷款资金和存款流入和流出余额，通过增加向纽约联储和联邦住房贷款银行的资产抵押提高联邦流动性资金拆借额度。2021 年，工银美国流动性覆盖率为 143.4%，持续保持远高于内部限额要求的水平。信贷风险方面，积极处理不良贷款，不良贷款率压降至 1.48%，低于 2.50% 的预警值。包括出售一笔 978 万美元不良贷款给第三方，本金回收率 90%；鼓励三笔商业房地产抵押贷款借款人通过第三方银行提供再融资结清 1 987 万美元不良贷款，本金回收率 100%。利率风险方面，在不利市场环境下，迅速调整资金策略，包括借助低利率批发代理 CD 和美联储贴现窗口借款逐步置换高利率零售 CD，压降资金成本；同时利用长期低利率市场环境调整期限错配策略，增加长期负债期限敞口。

（五）积极履行社会责任，服务本地和跨境客户。一是持续抗击疫情，保障员工和客户安全。工银美国密切关注并持续比照美国疾病预防控制中心（CDC）发布的指引，积极采取一系列疫情防控措施，包括给员工发放防疫消毒物资，安装无接触消毒装置，方便客户消毒防疫；张贴防疫宣传材料，提醒员工和客户保持安全的社交距离；定期对公共区域进行消毒，为客户和员工的健康安全做好保障。2021 年，工银美国通过向社区 220 多户家庭分发食品，关心关注社区内的少数族裔及弱势群体的切身利益。工银美国员工作为社区志愿者，在地球日活动中为社区种植花草，美化社区环境，积极参与社会公益活动。

二是落实春融行动，助力外贸企业稳健经营。根据总行“春融行动”工作安排，工银美国加大力度对接名单内美国企业，通过提供金融服务帮助这些当地企业维持日常运营，间接稳定国内核心客户的供应链供给。自开展活动以来，工银美国为国内行重点客户的两个美国供应商办理国际结算业务 238 万美元，有效协助其抗击疫情和持续经营。

三是支持中美双边经贸往来，服务本地和跨境客户。工银美国依托集团综合优势，积极发挥自身优势，服务本地和跨境客户，支持地方经济发展，在客户群体中获得了良好的口碑。工银美国依托内外联动优势，为包括中航油、RBG USA、RND Global Inc、新加坡盛裕集团 B + H Architects 与 Atelier Ten、浙江三花集团等中资在美投资企业提供结算和融资服务。北加州区域为小康工业（美国）提供了 Note purchase 融资服务，合计金额为 43.6 万美元，帮助客户盘活资产；向重庆分行推荐合计约 1.48 亿美元的结售汇业务；通过工银速汇为当地留学生等跨境客户办理零手续费汇款，实现快速全额到账；通过见证开户方式，协助小康汽车、和济药业、Xinjitech 和 XHX，通过与境内分行联动、见证签字，高效完成商业账户开立，助力中资企业扎根北美、拓展海外市场。

与此同时，工银美国不断开拓本地市场，持续加强与本地客户的合作，支持当地经济可持续发展。比如北加州区域，从 Apple 公司吸收大额存单业务 3.5 亿美元；与 Wish 合作取得突破，挖转他行稳定核心存款 5 000万美元；与英特尔公司合作取得突破，推荐给纽约分行银团贷款 1.7 亿美元；深化与 Pool Corp 公司合作，营销其 1.2 亿美元银团贷款；西雅图与星巴克合作取得突破，营销其7 000万美元银团贷款。上述合作标志着工银美国在本地化经营方面的新突破，彰显了工行在美国市场的品牌影响力。

（工银美国）

工银金融

2021 年，面临日趋严峻复杂的经营形势，工银金融落实总行关于“防疫稳、经营稳、团队稳、预期稳”的工作要求，有力确保了美国疫情和市场动荡期间持续平稳运营。截至 2021 年末，总行口径下，公司总资产 246.32 亿美元，净损失 2 060.73 万美元，优于年度预算目标。

一、坚持高度重视疫情防控和业务连续性工作

作为美国纽交所、纳斯达克交易所、美国期权清算所、证券托管清算公司、固定收益中央清算公司和欧洲证券清算所等各主要交易所和清算所的注册会员，为始终保持证券清算和证券交易的业务连续性，工银金融设立以来，设有灾备专业团队，每年数次进行业务连续计划（BCP）演练，且一直为关键岗位提供较为成熟的远程办公安排。2020 年以来，为应对新冠肺炎疫情及其衍生风险，工银金融在原有的远程办公和灾备运行机制基础上，结合总行和区域机构指导要求，高度重视，迅速成立疫情防控应急领导小组。近两年来，领导小组坚持每日定时碰头会，督导和牵头各项相关工作，并加强同总行、区域、内部的汇报沟通，密切关注疫情动态、经营情况、市场情况、监管沟通情况，商议应急计划执行情况和可能出现的问题，不断梳理和审慎排查潜在风险点，持续完善应对预案。

2021 年，工银金融 99% 员工远程办公，客户服务、业务运营、风险管理、合规管理等部门远程办公有效协作，各个业务系统总体运行平稳，可正常完成各项日常业务开展、报表生成以及监管、清算所和客户沟通等。对于日常“热运行”的新泽西州灾备办公室设施，公司也数次进行集中测试，可支持员工在家远程办公、办公室办公或灾备办公室办公。同时，在总行的指导下，工银金融还多次梳理加固了远程办公模式下的信息安全策略，部署启用了总行 VPN 客户端环境。2021 年，工银金融继续大力提升信息安全防护水平，严格执行总行的各类远程办公信息安全要求，推动双层异构防火墙购置等。

此外，增加员工通讯渠道、加大科技保障力度，确保内部沟通顺畅。对业务连续性计划中紧急联系方式多次测试，确保员工手机联系方式及时更新。除公司已有的电话会议系统外，及时采购视频会议服务，方便员工各类工作沟通需求。公司科技部门每日 6 点开始通过热线或邮件为员工提供远程办公科技支持。

工银金融取消了所有因公外出计划，取消公司组织的所有活动，如有必须经总经理事前批准。要求员工及其家属生病时应居家，从敏感地区旅行返岗前需居家隔离 14 天，全员减少旅行，人力团队会同灾备专员以邮件、短信和公司内网等方式，及时发布政府公告、就医指引等。鉴于纽约疫情发展迅速，在实施远程办公的基础上，还定期更新完善人员备份方案。

主动与监管、清算所、客户和交易对手，以及供应商加强沟通，及时告知公司应急远程办公情况，并提供了应急联系方式，确保对外沟通顺畅。

二、持续完善公司治理，巩固风险管理

2021 年，工银金融服务公司董事会规范平稳完成公司董事长和兼职董事换届，及相关监管备案工作，并成功召开 6 次董事会会议，累计审议和听取了涉及公司各项重大决策的三十余项议题，公司治理水平持续提升。在公司董事长、美国区域机构和工银金融管理层支持下，公司为全体董事成功提供在美银行下设证券业务合规治理、风险文化和网络安全的培训，有效增进了公司董事对工银金融合规环境、风控文化及网络安全要点的理解把握，公司董事会自身建设持续加强。

工银金融继续坚持“风控强基”，把持续做好风险管理和合规经营作为公司工作的重中之重，一是严把低风险偏好；二是以持续落实监管整改要求为抓手，多次开展全员风险文化培训，大力督导和强化公司分管管理层及三道防线尽职履责，同时定期持续开展风险识别与风控自评估（RCSA）及总行要求的全面风险管理履职评价工作，做好“防、控”并举；三是加强业务准入审查，持续推进风险识别、风险计量、风险监测工作；四是增设一道防线内的风控职能，实施风险管控关口“前移”，强化一二道防线对风险的齐抓共管协同效果。2021 年 12 月纽约联储致信美国区域和工银金融，认为工银金融恰当地落实（Adequately addressed）了前期两项监管发现所提出的各项要求，准予“关闭”。

三、深入推进提升合规管理

一是公司合规团队建设承压较重，积极选聘适宜的专业人才，打造专业素质过硬，支持业务良性发展的合规管理团队。在系统建设方面，2021 年工银金融引入被制裁主体相关证券筛查系统，进一步加强制裁合规管理能力，提高制裁合规管理科学化、综合化和自动化。

二是比照监管要求，根据公司相关管理人员变化情况，持续更新优化业务监督流程手册（Written Supervisory Procedures，即 WSP），确保 WSP 与公司业务发展相匹配；有效完成了“整合审计记录系统（CATS）”合规、“利益冲突”相关政策，以及“首席合规官职责分工”等制度要求的定期审阅和更新。

三是持续开展公司业务监督手册与法律监管规则“差异分析”。按年就公司相关制度办法与监管规则开展差异分析和对标，根据对标情况，完善制度管理规划并密切跟踪落实情况，包括 2021 年美国最新反洗钱法规的对标差异分析等，努力确保公司依法合规经营。

四是持续开展业务合规监测自查，督促落实公司各项合规管理要求，使合规管理形成闭环。同时为确保相关政策制度得到有效落实，在业务主管变动时，合规部会同相关员工共同逐条核对相应 WSP，确保相关员工确切了解其肩负的合规经营和管理责任。

五是持续提升合规文化建设，努力使正确的合规理念深入人心。公司充分利用不同场合与形式，反复强调合规经营的重要性；并通过网络培训平台、公司内网平台以及视频会议等持续为员工提供券商业务专题培训。

四、做好员工关爱和人力资源管理

一是积极充实外派干部力量。2021 年工银金融增派了三名外派干部，充实了前台管理、风险和科技条线的外派团队骨干力量。2020 年以来，在美国疫情持续发酵反复的形势下，面对严峻外部挑战和内部管理压力，工银金融全体外派干部及家人克服困难，坚决做到守土有责、守土尽责，认真落实总行各项部署。

二是持续优化本地雇员管理，推行本地员工职级晋升项目，努力提振团队士气。推进建设了本地员工职务层级体系，并通过集体审议方式，启动实施了当地雇员职级评估、调整和晋升工作，努力提振团队士气，促进公司经营保持稳定和推进核心业务系统建设。

三是优化薪酬结构，推行本地员工工资晋升项目。在美国通胀创历史新高、当地就业市场活跃、员工离职率高企的形势下，鉴于公司已数年未予本地多数员工调薪，结合公司稳定和管理需要及本地市场惯例，在集团工资资源内和总行支持下，2021 年工银金融综合考虑岗位职能特点、员工薪酬水平、业绩贡献、市场可比薪酬等因素，开展了当地雇员工资晋升项目，其中包括启动逐步调增二道防线固定薪酬占比，降低奖金激励比例，促进提升二道防线履职独立性，努力维护本地员工队伍总体基本稳定，积极推动公司经营转型和各项重点工作继续推进。

（工银金融）

工银加拿大

2021 年，工银加拿大围绕总行统一部署，以“固本强基、凝心聚力”为方针，以“奋力进取，努力拼搏”为举措，全行运营平稳有序，内外部压力得到初步化解，风险管控和合规反洗钱工作有效提升。

一、经营稳中向好

截至 2021 年末，子行实现净利润 1 397 万美元，较上一年度增幅 865.76%，实现拨备前利润 1 555 万美元。子行资产减值损失回拨 345 万美元，同比减少 2 347万美元，单笔不良贷款客户 DDM 得到阶段性妥善解决。

截至 2021 年末，子行资产规模 18.01 亿美元，负债规模 15.09 亿美元。不良贷款余额 644 万美元，比年初减少 231 万美元；不良贷款率 0.51%，比年初降低 0.22 个百分点，各项信贷指标均在风险框架限额内。2021 年末子行 ROA 为 0.77%，较年初增加 0.69 个百分点；ROE 为 4.90%，较年初增加 4.38 个百分点。

二、本地客户覆盖率和业务渗透率持续提升

子行积极落实区域发展策略，持续参与本地项目。着重发挥多伦多及安大略省区域金融中心优势和业务龙头作用，进一步拓宽信贷客户行业群，缓解信贷业务集中度；巩固温哥华及卑诗省区域房地产优势，开展信贷资产结构调整，扩展新行业、新客户群体；深挖卡尔加里及阿尔伯塔省区域优质油气行业融资，放眼中部省多元行业；加大蒙特利尔及魁北克省区域资源投入力度，全力推进市场拓展工作，力争打造为子行业务新的增长点。

2021 年，子行分别与全球最大的汽车制造企业 Magna、加拿大最大的炼油企业 Irving Oil、大众汽车金融加拿大公司建立了业务关系，深化了同存量银团客户 Sofina Foods 的业务关系，并参与了北美最大油气管道公司 Enbridge 首单可持续发展关联贷款，成为唯一一家与本地五大行在首轮共同参贷的亚洲银行。同时，子行利用集团全球网络，与总行及境内外兄弟行建立起密切联系，为包括 Brookfield 集团、Irving Oil 银团等客户提供全球化业务解决方案，并与本地同业保持良好合作关系，得到了多笔优质银团业务机会。

三、资金业务深挖业务潜力

子行在努力拓展多种筹资渠道、减少总行资金使用的同时，继续动态调整资产负债结构，不定期推出对客优惠存款利率、个人房贷优惠利率等，有效利用沉淀资金，产生更多收益。外汇买卖方面，对若干有跨境业务外汇远期及汇率衍生品套期保值需求的客户进行布局，以期于新的年度实现业务复苏。投融资业务拓展交易方面，保持投资本地五大银行加拿大元短期票据，稳步投资本地政府债、本地中小银行金融机构债及扩大投资当地企业债等，增加 MUFG London 新的交易对手。机构营销方面，推进 BDN 发行准备工作，进行 Broker GIC 业务新流程测试工作，跟进评级续评准备，维持私募基金认购过桥贷款业务。子行各项指标限额符合本地监管及总行管理要求，LCR 指标

未低于 110% 的警戒红线。

四、积极寻找新的零售业务增长点

子行加大对零售业务系统、电子渠道、产品创新等方面的投入，克服物理网点少的现状，坚决执行“线上化、数字化、智慧化”策略。一是打造网银和手机银行，推动线上留学金融平台建设，提供集中的信息渠道和一站式的金融服务；二是继续探索开发跨境业务产品，通过 POS 收单业务加强对中小企业客户的服务；三是用好现有网点资源，完善分行考核激励机制，进一步引导和激励员工营销的积极性；四是多次开展线上、柜面双渠道的定期存款优惠活动，在存款利率优惠政策上采取一事一议，做好成本控制，存款付息率大幅优化，对有潜力的高净值客户提供精准营销。同时，子行还成立网络金融柔性工作组，推出一系列新产品和业务优化项目，重新梳理了客户开户流程，开展了客户经理开户竞赛活动，进一步激发分行前台积极开户营销的热情。

五、信贷管理不断加强，不良清收取得成效

一是不断优化信贷经营策略，做好投融资规划布局，降低房地产集中度，主动挖掘本地市场业务机会，采取适度退出部分低潜力、低贡献、高风险的中小企业客户和个人客户的信贷战略。二是加强资产质量口池管理，持续深化信用风险管理体系建设，加强总行新评级模型的研究和运用，加强全流程信贷操作规范和风险预警，加强贷后检查力度。三是严密监控信贷资产风险，稳步退出风险贷款，大力清收不良贷款。四是加强全流程信贷操作规范，夯实信贷基础管理。

2021 年子行一笔大额不良贷款清收工作取得阶段性成效，子行原有 DDM 名下 1 312.5 万加拿大元保函于 11 月 16 日全部取消，没有任何经济损失，在此笔不良贷款业务项下的敞口也由最初发生不良的 1 875 万美元降低到目前的 662 万美元。后续子行将继续跟进，力争全部贷款能够在到期时平稳地解决，最大限度保障子行的资金安全。

六、全面风险管理

子行加强风险管理工作，不断夯实管理基础。流动性管理方面，进一步提高流动性监管报表数据的关联性和质量，提高流动性预测的准确性。市场风险管理方面，完成 GMRM 商业行和清算行的系统参数更新，GPC 系统参数更新和每日价格、交易删除等交易监控，并对外购交易路透 FXALL 及彭博 FXGO 系统逐一制定了相应的事前控制参数和实施细则。操作风险管理方面，完成信用卡欺诈风险分析和票据业务欺诈风险分析。资产负债管理方面，及时跟进资本金、LCR、利率缺口等限额管理事项，完成年度内部资本充足评估程序，完成 2021—2022 年度总行国别风险、银行账户市场风险限额申请以及相应的风险偏好限额更新。全面风险管理方面，完成全面风险履职落实评估，落实总行风险事件问责管理要求。

七、全力以赴，确保疫情期间平稳运营

疫情暴发以来，子行采取了现场办公最小化模式，除了保生产的部门和零售分行外，其他人员采取居家办公模式；辖内零售分行对外营业时间缩减到每天 5 小时，合理安排人员轮班，在确保员工健康安全的前提下保证业务连续性。子行每日监测各分行业务量，每周两次向总行汇报人员和业务情况，全年未发生群聚性感染事件。同时，子行还通过线上讲座、培训材料等形式，为员工做好疫情期间的心理疏导，指导处理好居家办公期间工作生活的平衡，获得了员工的普遍欢迎。

八、优化管理体系，推进机构可持续发展

2021 年，子行启动了分行管理架构重组，为辖内五家零售分行重新注入营销职能，目标是使其成长为子行业务拓展的坚实堡垒、营销中心，带动所在地区业务增长，用好和用强子行现有的物理渠道；科学设计职能部门工作流程，突出扁平化管理原则，优化内部联动及业务合作机制，降低了跨部门合作成本；加强风险和合规体系建设，增聘本地资深专业人员，建立符合使命、愿景的合规反洗钱管理体系，既满足监管要求，又具备一定的前瞻性；革新人力资源管理策略，稳定和加强人才队伍建设，优化组织架构和薪酬结构，贯彻中后台工资稳定、前台业绩挂钩比例提高的原则，提升员工归属感、认同感，提高员工对行务的参与度，鼓励员工建言献策，使得员工更了解、更支持全行发展。

（工银加拿大）

工银墨西哥

2021年，工银墨西哥坚决贯彻落实总行党委“48字”工作思路，努力践行“三比三看三提高”工作方法，统筹疫情防控与经营管理，坚持稳中求进，实现扭亏为盈，打赢资产质量攻坚战，提升非信贷业务盈利贡献，全年实现零监管处罚，取得了积极成果。

一、贯彻党建引领，持续锤炼政治担当

子行高度重视党建工作，全面推进从严治党、从严治行，不断提升支部党员和群众的政治意识、政治站位和工作能力。一是定期组织学习党中央方针政策和行领导讲话精神，以党建带动业务发展，以党建作为奋斗源泉，持续营造不忘初心求发展，牢记使命勇奋斗的拼搏氛围。把百年党史学习作为贯穿全年重要政治任务，开展专题党课、党史学习、十九届六中全会精神学习等超过30次。开展了“百年党史天天读”“百年党史青年讲”“红色观影悟初心”等专题活动，扎实推进百年党史学习。开展了五四青年员工座谈，鼓励青年坚定金融报国的理想与初心。落实办实事开新局，作为墨西哥中资企业协会会长单位期间协助使馆经商处开展“春苗行动”，组织协调中资企业完成了国产疫苗接种，受益中资企业外派员工超过700人次。根据使馆党委要求，积极开展志愿服务和为身边群众办实事。组织并参加同使馆经商处支部以及同中车墨西哥支部的联学联建活动，引导党员干部从百年党史中汲取智慧营养，不断把党史学习教育成果转化为工作动力与成效。二是深刻把握从严治党和从严治行的“六个统一”要求。一贯坚持和加强支部对子行工作的全面领导，坚持民主集中，认真落实重大事项报告制度，所有“三重一大”先由党支部讨论后再提交董事会表决，通过坚持民主办行，不断提高决策的民主化、公开化、制度化和科学化水平。三是主动适应疫情形势，在疫情期间坚持政治学习、年内子行继续开展管理工作讲坛25次，旨在为外派团队开展业务沟通与研讨、分享管理经验与体悟、盘点经营成果与问题、思考工作定位与内涵提供了交流平台。全体外派员工根据自身业务专长，以管理和工作中的现实问题为切入点，结合自身工作实际，分享了包括全面风险管理、数据治理、非信贷业务拓展、信贷业务管理探索、业务运营管理、开放银行、人力资源管理与面试技巧、国际结算与贸易融资业务介绍、客户营销切入点、墨西哥监管机构与监管环境分析、公文写作技巧与注意事项等内容。管理工作讲坛的开展，对于疫情期间强化外派团队的沟通与交流、统一与凝聚外派团队共识、增强外派团队的战斗力与履职能力起到了很好的促进作用。

二、秉持客户至上，持续提升服务能力

作为墨西哥第一家中资银行，子行全力支持中资企业开拓墨西哥市场。为扎根本地发展，促进中墨两国经济贸易深入合作，子行积极拓展与当地大型企业和跨国企业在墨西哥分支机构的业务合作。借助集团专业化服务和全球化网络优势，以诚心打动客户、专业赢得客户、服务留住客户。一是大力营销优质客户，成功实现疫情期间重点公司客户的营销突破，并积极推进潜在中资客户的开户流程，新增中资企业及中资企业墨西哥客户25户，公司存款年末余额16.9亿比索，是上年的8.4倍。二是积极对接“外汇业务首选银行”战略，以外汇交易、国际结算、跨境人民币等产品挖转中资客户他行业务。全年实现代客外汇交易2.48亿美元，其中人民币交易额13.77亿元，外汇交易收益500万比索。存款和外汇等非信贷收入达到贷款利差收入近40%，收入结构明显优化。国际结算量超过15亿美元，其中跨境人民币结算量超过20亿元。

三、借助科技驱动，持续实现价值创造

子行对网银功能持续优化，陆续增加跨境汇款、外汇交易、代发工资等功能，成功借助网上银行拓展了一批优质结算客户，并提升了子行在中资同业中产品和服务优势。疫情期间网上银行服务已成为更多客户不可或缺的需求，子行抓住这一契机，通过强化营销进一步提高了网银客户占比，增加了客户黏性。

四、依托转型务实，持续推动业务拓展

疫情暴发以来，墨西哥旅游、能源、制造业及物流供应链等领域均受到重创，通胀持续走高。面对经济形势的持续恶化，子行及时调整经营策略，以“不唯速度、但唯质量、做稳做实、稳中求进”为指导，主动降低信贷资产增速，并加大非信贷业务的持续拓展，努力实现收入多元化。在工银亚洲支持下提升人民币报价竞争力，以创新T+0代客交易模式巩固人民币外汇交易比较优势。不断完善网银代发工资、批量和预约汇款

等特色功能，新增代扣增值税服务，推广客户账户余额变动提醒功能。12 月历经监管严格检查并克服疫情挑战成功获批加入银行间美元支付系统（SPID），成为唯一可提供墨西哥比索、人民币和美元三种币种服务的中资银行，进一步加大同中资同业的领先优势。积极拓展同业资金来源，保持了标普和惠誉的墨西哥最高评级。

五、坚持风控强基，持续守护资产安全

子行高度重视全面风险管理工作，持续完善前台、中后台以及审计三道防线建设，同时强化人才培养，践行人才兴行战略，为子行业务发展提供坚实保障。一是固本强基，进一步强化信贷管理体系。把好新增准入、存量化解、不良处置三道关口，明确和提升准入标准，强化风险识别，提升审批精准度，加强对存量贷款的逐一排查、分级监控和主动化解力度。深入实施“信贷增强计划”，着力推进“三道口、七彩池”建设，在总行指导下继续进行信贷整固，严控准入、强化全流程履职，持续退出疫情冲击下抗风险能力一般的客户，有效解决不良并化解潜风贷款，资产质量扎实优化。年内实现不良清零，墨航在重组后经营持续改善，2 月和 6 月墨航贷款已分别在本地和总行口径转回正常；5 月成功收回 JREL 光伏项目银团全部本金、逾期利息（含罚息）及违约费共计 591 万美元。潜风化解卓有成效，完成院线龙头 Cinepolis 3.43 亿比索贷款重组；成功推动 Biossmann 以他行贷款提前清偿我行余额 8 167 万比索；创新筹组俱乐部银团成功重组 Higa 贷款 3.55 亿比索；压降 EGI 贷款余额 120 万美元并成功重组，化解最后一笔潜风融资劣变风险；成功退出抗风险能力较弱的 5 户双边贷款。贷款结构得以明显优化，年内银团占比从 80% 继续提升到 92%。审慎开展信贷业务，全年新增三笔银团贷款共计 6 650 万美元，其中一笔为绿色银团。二是持续实施“监管合规增强计划”，继续强化合规意识，密切关注监管动态，重视与监管的定期沟通。3 月成功发行 3 000 万美元永续债补充其他一级资本，有效解决监管关切的信贷集中度问题。通过“监管合规增强计划”强化全行“1 + 6”核心任务落实，持续提升合规意识和团队监管合规能力，推进反洗钱客户风险模型和 KYC 流程再造、IFRS9 会计准则转换、Libor 转换、监管报表自动化等项目。与各监管部门保持良好密切沟通，年内墨西哥央行监管检查结果良好，除几条完善建议外没有任何违反法律法规监管发现。在监管高压环境下实现监管零处罚目标，达到业界最佳水平。三是深入实施“员工胜任力增强计划”，强化教育培训，持续推进人才队伍建设，营造聚人才、激众智、求创新、促发展的企业氛围。全年组织培训 70 次（其中信贷培训 12 次），参训人次超过 1 900 人，时长超过 180 小时。以银行间美元支付系统 SPID 申请为契机，全面强化提升了员工熟知掌握监管规定、完善制度流程与系统建设能力。

（工银墨西哥）

工银阿根廷

2021 年，工银阿根廷坚定践行总行党委“48 字”工作思路，运用“三比三看三提高”工作方法，坚持防疫和经营管理两手抓，整体经营保持稳定。

一、坚持党建引领

坚持组织常态化学习，组织学习习近平总书记在庆祝中国共产党成立 100 周年大会上的重要讲话，增强“四个意识”、坚定“四个自信”、做到“两个维护”。发挥党组织战斗堡垒作用和党员的先锋模范作用，组织进行《中国共产党组织工作条例》专题组织生活会，提升党性意识；组织全体党员参与使馆庆祝建党 100 周年宣传视频和国庆献礼活动，得到使馆高度评价。

二、做好疫情防控

坚持慎于政府防控要求的管理策略，保持防控的主动性，持续开展疫情防控措施的对标自查，严格落实常态化防控工作措施和业务连续性计划，实施数据中心灾备切换演练和个人渠道业务灾备演练，验证了灾备中心业务系统的高可用性及应急预案的有效性；积极推动疫苗接种率提升，一剂和二剂接种率分别达到 93.10% 和 91.30%，第三剂加强针已接种近 400 人；积极做好员工关爱，保证充足的防疫物资储备和发放，及时落实传递总行关心关爱措施，组织线上视频交流谈心和线下户外跑活动，舒缓员工情绪和压力，提升队伍的凝聚力和战斗力；按照必要性原则，以分组轮流现场办公模式，审慎渐进推进复工，严防聚集性感染，确保持续安全运营和正常有序的经营管理秩序，维护良好声誉。

三、强化价值创造

2021 年实现通胀会计调整后净利润 10 024 万美元，

完成计划目标。剔除通胀会计调节因素的影响，通胀会计调节前净利润约为2.7亿美元，同比增长24.28%，其中本地净利润在比索贬值22.11%的情况下同比增长51.75%。中间业务收入同比增长21.02%，年初计划完成率134%。实现资本保值增值，净资产较年初增加2.14亿美元，增幅为32.29%，工银投资（阿根廷）分红汇回832万美元。截至2021年末，工银阿根廷本地ROA、NIM分别优于核心可比同业平均水平0.1个和1.5个百分点。

四、强化风险控制

合规管理方面。坚持合规管理全流程的闭环管理，加大合规研发资源投入，2021年完成124项监管法规的传导落实，完成189项合规任务，完成22个监管和风控项目研发，累计研发资源37 298人小时，占总研发资源的13%；强化与央行的沟通，积极推动信息科技非现场检查等监管检查问题整改，工银阿根廷在央行检查报告中保持了第二级Adequate的良好水平；线上线下与智能化手段相结合，强化重要风险点和新风险领域的审计监督；强化推动合规管理与集团的融合；开展股权投资、会员类投资自查。开展洗钱及恐怖融资风险自评；开展独立外部审核全面验证提升反洗钱体系的有效性，整体满意率较去年同期提高3个百分点；积极与央行沟通大幅提升反洗钱检查结果，加大反洗钱培训力度，完成反洗钱中风险客户首次风险等级复评，调优预警系统参数，创新研发“黄牌”监测项目，通过监测超出客户交易档案金额但未达到预警参数值的客户交易，合规反洗钱能力持续提升。

风险控制方面。信用风险方面，坚守紧的风险偏好，实施信贷应急预案，提高管理敏感度，对全量业务高频排查、扩大预警监控范围，对风险客户冻结或压缩授信、谨慎办理新增，对问题贷款细化催收层级、加大清收处置力度，2021年末全口径不良率为1.09%，不良率和不良额实现双降，其中不良率下降0.29个百分点，不良贷款余额下降15%，核心风控指标均控制在总行下达的年度考核目标内。2021年末本地央行口径不良率优于核心可比同业平均水平0.67个百分点。市场风险防控方面，严格在限额内开展交易，逐日动态监测，定期开展压力测试，执行审慎的交易策略，2021年市场风险总在险价值限额、外汇净敞口限额、交易债券组合敞口限额使用率分别为7%、5%、65%；流动性风险防控方面，前瞻主动应对如中期选举等不确定因素，审慎做好流动性风险管理，保持美元现钞充足，比索和美元流动性比率高于同业10个百分点以上，总体流动性抗压性较强。持续强化利率风险防控、信息安全管理，以及安保风险管理能力。

五、增强市场竞争力

根据政府货币政策、利率趋势和大选结果对未来政策导向变化的预期，前瞻性调整存款竞争策略，积极拓展低成本活期存款，并适当控制高成本的通胀挂钩存款的增速，以实现存款成本和收益的最优化。2021年工银阿根廷非付息基础存款市场占比同比提升0.41个百分点。通胀挂钩存款余额实现连续3个月压降，通胀挂钩存款占总存款的比重低于可比同业20%。

六、保持核心客群和竞争优势

聚焦高净值财富客户，以及跨国公司、本地大型公司、中资企业、军警等代发工资客户，积极拓展优质中小企业，持续夯实大零售核心客户基础，2021年1－10月财富客户在个人客户中的比重提升1.49个百分点，达到13.03%，优质中小企业客户占比提升2.09个百分点至10.25%。代发工资个人客户20.91万户，企业客户7 991户，是集团第一大代发工资行。持续稳固外汇做市商地位，外汇期货市场交易量排名继续保持第一；与汽车生产厂商、经销商合作，稳固新车汽车贷款市场占比第一，击败桑坦德银行和Galicia银行成功中标福特公司经销商展销短期贷款项目，提升了汽车金融竞争优势；依托集团平台优势，持续提升银团贷款市场影响力；为13家阿优质企业承销本土及国际市场债券，债券承销跻身同业三甲，拉美地区的品牌影响力持续提升；综合施策提升国际结算市场竞争力，2021年1－9月国际结算市场份额同比提升0.6个百分点至10.02%，同业排名第四；卡均消费持续高于同业，以集团海外占比65%的卡量贡献了77%的消费额。

七、持续推动数字化转型

持续完善手机银行功能，优化面部识别流程，稳定客户优质体验；联合银行同业成功推出银行联盟电子钱包（MODO）项目，工银阿根廷成为首批支持绑卡银行，并在自有手机端成功推出聚合支付功能，2021年1－11月交易量同业占比4.66%，高于工银阿根廷初始股份占比1.14个百分点；推动企业网银迁徙整合，投产银企API直连、发布电子支票全流程管理、7×24小时线上全天候移动端转账服务新功能及整合升级Echeq（电子支票）与供应商付款服务，进一步提升交易银行业务的竞争力；领先同业推出全量客户线上自助开户，新获客超过6 800名，自助平均完成时间从15分钟压缩至10分钟内；推出数字客群专属APP内测版，以场景建设+金融服务引领同业；网点自助机具可用率领先同业，电商平台影响力持续提升。

八、深化战略对接

落实春融行动。为中材在阿工程提供全方位金融服务，保障其与Loma Negra合作的南美最大水泥项目顺利投产；联动迪拜分行融资支持保障阿根廷最大药企

ELEA 与国药集团的疫苗合作；协同工银国际及深圳分行，助力国内疫苗研发企业威斯克及康泰拓展阿根廷市场。

服务中阿合作项目。为葛洲坝 CCLB 大坝项目提供 40 多亿比索账户透支额度，保障项目在阿根廷中期选举敏感期间的顺利施工；为中石化转让在阿油气资产提供融资支持，助力其实现业务调整战略；疫情期间全程为紫金矿业、宁德时代、青山实业来阿收购锂矿项目考察团队提供全面支持保障和服务。内外协同为中国电建全额追回汇款诈骗款项，保障了企业的生产经营安全。

用好中阿经贸合作平台。启动“中阿贸易往来首选银行”专项营销推广，树立工银阿根廷品牌形象。成功举办第四届进博会阿根廷专场线上推介会，22 家公司注册参展，占集团展台参展公司的 30%，并将业务拓展至集团经营网络暂未覆盖到的智利和哥伦比亚。全面推动跨境撮合服务，出口端分别举办了海南自贸港经贸、中阿云洽荟奶制品出口专场，进口端联合中国机电商会、中阿理事会举办了汽配和工具专场跨境撮合活动，五场撮合活动共吸引约 250 家企业参与，场均合作意向达成率 80% 以上。工银基金会成为广交会全球战略合作伙伴，并成功举办第 130 届广交会推介活动。

发挥金融机构“融资、融智、融商”的重要作用。助力阿根廷生产部对华出口专项计划，启动“以智促融，荟通中阿”中国省市系列培训，成功举办海南、重庆、杭州、江苏专场，新拓 6 家企业在工银阿根廷开户，获得 140 家优质潜在目标客户。引导对华重点外贸企业通过集团内渠道向国内汇款，中小企业汇往工行账户占比同比提升 2.1 个百分点。

扎实推动人民币清算行项目落地。完成一期项目技术投产，开展工银阿根廷商行作为参加行的试运行，助力人民币国际化。

组织推动中国商会（阿根廷）登记注册和商会组织架构改革。召开筹备会，得到使馆的高度肯定和赞赏。

九、坚持廉洁从业

落实主体责任，严格落实廉洁专员制度，落实廉洁专员履职清单任务，完成了公务车及公务卡管理、外派员工出国境管理、外派人员福利补贴、公务接待及商务接待、集中采购等监督检查，全面有效防控廉洁风险；完成外派员工谈心谈话并部署解决员工合理诉求和问题。根据阿根廷本地监管要求变化，结合国际本地反腐最佳实践及工银阿根廷实际情况，推动诚信合规项目持续完善，并及时开展董事及高管层专项培训，持续争取高层全力支持，加固工银阿根廷廉洁风险防控体系；完成违规责任认定问责工作机制建设；持续开展廉洁文化教育，积极组织参加总行举办的境外机构廉洁从业系列线上培训，贯彻落实总行工作要求；组织开展廉洁从业警示教育学习会，以案说纪，提高政治素养，强化廉洁自律意识，始终对党忠诚。

（工银阿根廷）

工银巴西

2021 年，工银巴西围绕行党委“扬长、补短、固本、强基”四大布局，灵活务实调整经营策略，运用“三比三看三提高”工作方法，在确保“稳疫情、稳资产、稳队伍”的基础上，危中寻机，稳中求进，圆满完成全年各项经营管理目标。

截至 2021 年末，子行总资产 15.57 亿美元，较年初增长 70.16%；贷款余额 13.58 亿美元，较年初增长 67.65%；全年现净利润 797 万美元，同比增长 131%，创子行开业以来最好水平。年内未发生重大风险事件，关键指标均符合内外部管理要求，信贷无新增不良，年末不良贷款率 0.8%，同比下降 0.29 个百分点。

一、疫情防控

上半年巴西疫情异常严峻，新增确诊和死亡病例数高居全球第二位（高峰时日均新增超 10 万例，日均死亡超 4 000 例），子行始终坚持把员工健康安全摆在首位，在坚持做好各项疫情常态化防控工作的同时，专门制定了新冠重症和住院的应急预案，千方百计采购氧气瓶、制氧机等关键救命物资，成功挺过了疫苗的空白期。下半年本地疫苗接种启动，子行积极关注疫苗信息，提前制订接种计划，研究出台政策为员工接种提供便利。

2021 年，子行外派员工及家属零感染，本地员工患病率也远低于地区与同业平均水平，全行员工除一人因身体原因无法接种外均已完成全程疫苗接种。随着免疫屏障的建立，子行逐步恢复现场办公，并结合疫情发展、员工意愿及业务需求对出勤安排进行动态调整，办公秩序正逐步恢复正常。

二、业务发展与客户转型

2021 年，子行经营发展面临着严峻的内外部挑战，一方面本地经济受疫情影响持续低迷，失业率升至 12.1%，通胀率达 10.5%；另一方面受资本金不足的影响，本地业务发展面临较大制约。为扭转不利经营局面，子行管理层深入研究分析市场形势，对标同业最佳实践，借鉴本地中资成功经验，决定充分发挥巴拿马离岸平台新建、集团美元资金成本等优势，稳步实施信贷业务战略转型，更审慎、更有针对性地开展客户营销和业务推动。

一是进军中资客户。对 100 多家在巴中资企业进行摸底排查，制定了包含 50 余家企业在内的重点中资客户名单，与客户逐一会谈了解业务需求，制订适合的营销方案和推进计划；积极与总行专融部、巴拿马、迪拜等机构联动，共参与 11 笔内外联动业务，为中烟、铁建、三峡、五矿、洛阳钼业等在巴中资企业提供融资解决方案，以实际行动支持“境内外汇业务首选银行”发展战略。

二是进军龙头客户。以世界 500 强企业、各行业龙头及经营稳健的大型客户作为重点营销对象，提早布局评级授信、内部审查审批等流程，合理利用市场周期窗口实现破局。以牵头行身份和最高份额（2 亿美元）参与了淡水河谷 20 亿美元备用银团业务；重启与巴西石油公司的合作，参与其 50 亿美元银团业务；为全球最大肉类集团（JBS）审批 1 亿美元出口预融资业务；此外还在多家本地大型客户的业务竞价中胜出并实现了放款，截至年末公司信贷余额约 7.56 亿美元，同比增长 5.3%。

三是进军机构客户。充分把握市场机遇，大力推动优质业务落地。通过巴拿马和迪拜平台向同业累计放款 4.83 亿美元，其中向巴西桑坦德银行发放的 2.6 亿美元贷款刷新了子行单一客户信贷业务规模的纪录，至此子行同业贷款已连续四年实现倍数增长，截至年末同业贷款 6.18 亿美元，同比增长 156%，信贷结构占比达 45%，成为业务发展的压舱石。此外还成功促进巴西央行与总行建立了交易对手关系，完成首笔 2 亿元人民币债券投资交易。

三、合规建设

一是认真落实反洗钱监管和解检验计划。高标准开展了 19 项计划任务并于 11 月全面实施完成。在此基础上，密切对接毕马威开展独立审计验证，确保按时向央行报送独立审计报告。

二是周密部署，迎接监管检查。在收到巴西央行反洗钱调查问卷后，高效完成 414 个问题点的翻译分析、任务分解、组织答复及支持性材料准备等工作，并按时报送央行。此外于年内完成 1 项存续监管检查问题的整改，成功关闭全部检查发现。

三是切实提升各条线合规履职能力。强化落实对重点法规的深入学习，有序推进实施反洗钱及反恐怖融资新规、个人数据保护、网络安全等重点合规项目，并在部门考核中推行合规履职评价。

四、风险防控

受疫情影响，子行部分客户出现经营困难，给子行的资产质量带来较大挑战。上半年子行潜在风险余额曾一度高达 5 000 万美元，涉及 7 个客户，突破历史峰值。为有效化解风险，子行通过密切跟踪公司经营、压缩贷款敞口、合理调整还款计划等举措，实现了潜在风险余额和户数的“双降”。截至 2021 年底，潜在风险余额约 1 839 万美元，下降 61.6%，全额偿清 3 户，剩余 4 户。

与此同时，子行严把信贷准入关，暂缓受疫情影响行业客户的准入；加大存量客户排查力度，按季召开大额风险客户分析会；侧重办理信用等级较高、交易结构简单的业务；对期限较长的业务灵活制订还款计划，并依照“三道口、七彩池”的管理要求，做好资产质量预判和管控。

除此之外，与不良贷款户 AFG 的法律流程也取得实质性进展，经过不懈努力，子行最终在法院确保了法外身份，为后期与客户进行双边谈判、重组化解不良贷款创造了有利条件。

五、党风廉政与队伍建设

党建方面，子行将建党 100 周年作为提升队伍政治思想素质的契机，采取线上共学和线下自学相结合，并穿插安排党史知识竞赛的方式开展学习活动，全年共开展 28 期集中学习和 1 次组织生活会。

廉洁建设方面，支部书记以“廉洁从业、洁身自好”为专题讲党课，廉洁专员与全体外派人员开展廉政谈话，建立廉洁档案，加强证件管理与异常行为排查，进一步加强监督力度。

人力资源管理方面，子行组建了中资联动、金融同业、法律、行政办公等四个柔性团队，通过扁平化管理提升工作效率，有效促进了业务的发展推进。对岗位名称体系进行规范调整，根据职责和能力细化岗位设置，理顺了员工的发展上升通道。

员工关爱方面，由管理层带头，广泛开展谈心谈话，了解员工诉求，提振员工士气。对入行满五年的员工进行荣誉奖励，根据员工诉求推进个性化福利政策，提升员工归属感和获得感。此外还在总行的支持下解决了外派员工在住宿、子女教育、回国探亲等方面的诸多困难。

六、增资发展

子行于 2021 年 11 月 19 日顺利完成了 5 000 万美元

永续债的发行。增资后子行一级资本规模超过8 000万美元，资本充足率提高至50%以上，单一客户敞口限额达到2 000万美元，业务发展空间得以恢复。

（工银巴西）

工银秘鲁

截至2021年12月末，工银秘鲁考核总资产19.6亿美元，较年初增加6.4亿美元，同比增幅49%；考核总负债18.5亿美元，较年初增加6.4亿美元，同比增幅53%；实现考核净利润1 496万美元，同比增加390万美元，增幅35%；手续费及佣金净收入922万美元，增幅57%。不良贷款率保持为零。ROA为0.92%，ROE为13.64%。根据公布2021年末同业数据，在本地16家综合性银行中，子行净利润排名第10，ROA、ROE分别排名第10、第9，继续保持2020年以来良好的态势。

一、加强组织建设，关爱员工到位

组织外派人员视频集中学习中央及总行文件、党史资料等16次，获得中国驻秘鲁使馆组织的建党100周年微视频比赛二等奖，与使馆开展联学共建活动等。组织各类培训40余场，提高员工的专业技能，满足合规管理要求。加强员工关爱，聘请专职医生开展心理疏导和防疫知识培训，员工疫苗接种率达100%。组织多场线上活动，丰富员工疫情期间的工作生活，包括线上达人秀、红酒品鉴、中秘电影鉴赏等活动，为每项活动拟订主题，增进中秘文化交流。做好本地员工招聘和外派人员换岗工作，确保业务连续。加强员工企业文化教育，开展子行荣誉雇员表彰，树立先进典型，提高员工凝聚力和荣誉感。

二、落实总行战略，服务实体经济

践行外汇业务首选银行战略，以中秘进出口贸易企业和供应链核心中资企业两类渠道为抓手，为多家企业客户办理了向中国贸易企业进口产品的进口信用证及其项下业务累计221笔，累计金额近5 000万美元，并借此为这些客户开立了账户，争取到相关存款及跨境结算业务机会。与秘鲁出口商协会签署了跨境撮合业务合作备忘录，推进第一次农业相关产业的跨境撮合线上活动。提高跨境人民币业务服务能力，增加在星展银行开立离岸人民币账户，释放了集团单一敞口限额，为提升客户人民币业务服务能力打通了路径。与巴拿马分行、中银秘鲁建立代理行关系，拓展业务合作渠道。

三、中收大幅提高，结构持续优化

国际结算单证业务创历史同期最佳水平。截至2021年末，累计办理单证业务51.87亿美元，同比增长109.42%，其中信用证业务44.29亿美元，增幅108.25%；保函业务7.59亿美元，增幅116.57%；代客外汇买卖收入同比增长73.77%，交易量同比增长34.37%。随着网银功能的不断完善，网银渠道结算业务量占比由去年同期的68.25%显著提升到80.7%。

四、拓户成效显著，经营基础夯实

截至2021年末，子行公司类客户207户，较去年增加29户，其中信贷类客户95户，较去年净增19户。网上银行注册客户达到86户，增幅24.64%，网银动户较年初新增9户，任务完成率达到150%。截至2021年末，子行共有60家金融机构客户，其中：46家代理行，包括秘鲁本地银行15家、工银集团内代理行共16家、秘鲁境外集团外代理行15家；14家非银行金融机构，包括保险公司3家、消费金融公司3家、信托公司1家、资产管理公司1家、养老金公司2家、共同基金4家。

五、产品品种丰富，服务能力提升

保理业务签约，首次尝试秘鲁政府线上发票和应收账款转让系统，提高操作便利度和安全性；同时支持秘鲁索尔、欧元和人民币等多币种放款，满足客户对汇率风险管理的要求。拓展子行筹资渠道，丰富资金来源，优化流动性管理，扩大市场影响力，加强金融机构客户交叉营销效果，首次在本地市场发行大额存单，发行金额为1亿秘鲁索尔，为2021年本地市场秘鲁索尔大额存单中第二高金额，并成功在利马证券交易所挂牌上市，这是子行自成立以来首次在本地市场发行债务筹资工具，也是当地首只由中资银行公开发行的债券，标志着子行本地化经营管理步伐向前坚实地迈出了一大步。

六、风险防控稳健，资产质量优良

实现JREL的无损失现金清收，剪刀差和潜在风险融资从年初的711.17万美元压降为零，保持零不良。

利用早期预警系统月度结果设立了“信号灯”系统，使得作业监督风险可控，启用了灰色池，实现了“三道口、七彩池”分池分区分块智能信贷风险管理。推进境外流动性、银行账簿利率风险数据自动化加总系统验证，建立相关系统 Folder，修订市场风险、流动性风险模型，完成操作风险、信息安全、业务连续性培训工作。

七、合规文化落地，合规培训到位

认真落实总行“价值创造年”主题活动有关精神，传播集团“合规为本、全员有责、风险可控、稳健高效”的合规文化核心理念，开展全员合规竞赛，对表现优秀的员工给予表彰，有效提高了全员对内部制度的关注度以及对合规要求的掌握程度。累计修订内部制度75份，出台新制度4份，开展合规培训30次、反洗钱培训12次。组织开展两次合规自评估，定期监测合规指标执行情况，各项合规监测指标结果良好。按照总行（“9+X”）风险事件责任认定管理办法及推进落实违规责任认定问责工作要求，结合本地实际情况，完成《各类风险事件责任评议和认定手册》的制定和审批，进一步完善了子行的责任认定体系。

八、管理基础扎实，立足长远发展

加强数据治理工作，成立专门领导小组，加强调查研究，制订工作计划并认真落实，健全子行数据治理制度体系，建立数据质量评价机制，从客户信息的完整性和唯一性两方面入手开展工作，有效提高客户信息录入的完整程度，加强子行报表自动化系统建设，提高监管类、财务会计类、信贷管理类、经营分析类等报表的自动化程度，满足管理精细化要求。加强档案管理，普及档案知识，梳理现有档案，开展本地档案管理系统采购谈判，提升档案电子化管理水平。结合子行的发展现状，并借鉴同业经验和市场标准，完善客户经理队伍考核，提高客户经理队伍营销积极性。严格疫情防控管理，继续实施 AB 岗制度和最小化办公机制等措施。

九、履行社会责任，提升 ESG 管理

发展绿色金融，探索绿色信贷标准，如根据客户的特点，将水资源的使用效率和员工离职率放入融资条款，把融资利率和企业未来的碳排放绩效指标挂钩。通过与巴拿马分行联动，参与了本地龙头矿业企业的碳中和题材银团贷款，系子行首笔碳中和题材融资，不但助力子行跻身该矿企的合作银行之列，进一步增强工银集团在秘鲁市场的知名度，同时相关融资款项也将切实帮助该龙头矿企在未来削减其碳排放总量，为所在国控制碳排放作出更多社会贡献。支持公益事业，组织员工参加保护海洋活动，到利马的海滩捡拾垃圾。加强员工节省能源教育，节水节电、节约纸张。

十、做好协会会长，贡献工行力量

2021 年 3 月，在秘鲁中资企业协会第五届会员大会中，子行当选协会新一届会长单位，并以此为契机，在使馆的指导下，准确把握大局，提高政治站位，协同会员单位履行主体责任，继续全力抓好疫情防控，把确保员工身体健康和生命安全作为首要工作，保障生产经营稳定发展。子行将服务会员与服务客户有机结合，落实国家战略，积极推进共建“一带一路”倡议在秘鲁落地开花，多渠道扩大中秘经贸合作，为形成“双循环”新发展格局贡献力量，团结会员单位，多渠道加强与秘鲁各界联系和交往的广度和深度，积极参加中秘建交 50 周年系列活动，成为增进中秘友好交流与合作的有力推动者，子行市场影响力不断提升。

（工银秘鲁）

巴拿马分行

巴拿马分行于 2021 年 6 月 11 日顺利实现正式开业。分行落实总行决策部署，全力夯实内控合规和风险控制基础，实现良好开局。2021 年末，资产余额超 7 亿美元。

一、细化措施，狠抓落实，实现分行正式开业

2021 年以来巴拿马新冠肺炎疫情形势持续严峻，给分行的筹建工作带来较大困难。筹备组围绕开业目标全面分解落实工作措施，梳理近百项具体工作任务并逐一落实，主动开展与当地监管的密切沟通，精细做好各项内外部对标工作，顺利通过当地监管及总行开业验收。在两国建交四周年之际实现分行开业，作为中巴两国建交后在巴拿马设立的第一家中资金融机构，筹建工作始终受到中巴各界的广泛关注和积极推动，中国驻巴拿马大使馆对巴拿马分行的筹建工作给予高度肯定。

二、服务集团高质量发展确立分行发展战略

为落实总行对巴拿马分行“充分依托集团的整体优势，提升拉美地区的金融服务能力和综合竞争能力”的定位，分行切实把好客户、业务准入关，在竞争“中国元素”和优质拉美地区项目上精准发力，加强集团一体化联动，促进业务平稳起步，健康可持续发展。

分行结合总行相关部门的指导和拉美机构意见，拟定《巴拿马分行离岸信贷业务中心管理办法》，在对行内现有跨境业务合作经验总结的基础上，结合拉美机构的跨境业务的现状及需求，在信贷审查、资金配置、风险处置、考核还原等方面进行了大胆创新和尝试。该办法的制定，为分行离岸信贷业务的办理奠定了制度基础，为分行同拉美机构合作离岸信贷业务铺平了道路，夯实了分行作为拉美离岸信贷业务中心的定位，为后续业务拓展奠定了发展基础。

三、合规优先，多策并举，确保分行的合规经营

分行以严格遵守总行和当地监管的合规要求为开展工作的基础。制定并及时更新合规和反洗钱方面的制度手册，成立合规反洗钱委员会并定期开会研究解决相关合规问题，组建有17年丰富工作经验的分行合规官及其他合规专业人员组成的合规队伍，推动分行的合规经营。巴拿马分行在业务发展中，坚持合规“一票否决”制，加强风险防控“三道防线”管理，切实做好客户准入管理，尤其针对分行贷款业务涉及的主要为跨境客户的情况，对客户最终受益人、业务结构、资金流向、国别风险、声誉风险等方面充分了解和评估，同时加强对KYC高风险客户的增强型尽职调查管理，切实防范合规风险。

此外，分行完善合规管理“基本原则”，即明确合规导向，严格遵守总行及当地法律法规；按照“全主体、全过程、全周期”的原则，建立和完善合规管理职能和措施；遵循“积极预防、智能控制、综合管理”的基本路径，确保合规部门和员工履行职责的独立性；提高合规管理的适用性，践行合规管理与监管要求、分行发展、业务规模和业务复杂性相匹配。开业后，分行按照总行及当地监管要求，顺利完成了各类报表及报告的报送工作，夯实了分行合规管理基础。

有效发挥“第三道防线”职能，确保分行开业首年实现稳健经营。分行自开业以来，认真落实总行及其当地监管的政策要求，采取多种措施不断强化内部审计管理基础，规范内部审计工作程序，有序开展年度内部审计工作。分行加强内审对各项经营管理工作的介入力度，通过组织开展全员参与的内审工作介绍和沟通会及部门审计专题沟通会等方式，深化分行员工对内部审计的职能、目标、作用和工作方式等的深入理解，通过“一对一”沟通的方式，提高审计工作效率。同时，分行在充分挖掘内审人员潜力的同时，在获得当地监管内审项目外包批复后，积极组织部分内审项目外包。针对IT、银行安全、法律事务、业务连续性等专业性要求较强的项目开展内审项目外包，以便提高审计针对性和专业性，更好地完成各项审计事项。切实发挥好内审作为风险防控第三道防线的作用，为分行的稳健发展提供有力支持。

开业前邀请当地监管对分行全员开展为期半个月的全面培训，两次与巴拿马银行总署署长进行高层交流，确保吃透监管要求，与监管建立顺畅沟通渠道。以对标当地最佳实践开展合规工作，组建拥有丰富工作经验的合规队伍，制定各类制度、手册近百项，成立各专门委员会并充分履行职责，夯实分行合规管理基础。

四、扎实落实全面风险管理和信贷风险防范各项要求

在充分掌握本地监管要求和借鉴先进同业经验的基础上，全面建立风险管理委员会等风险管理组织架构，制定各项风险管理规章制度并严格落实，推动（“9+X”）类风险管理机制落地，建立全面风险管理体系。分行高度重视加强全面风险管理制度体系建设的工作，建立健全分行全面风险管理制度和流程。不断加强对总行《全面风险管理规定》《全面风险管理职责实施细则》等制度以及总行开业批复意见的学习研究，坚持“六全”风险管理要求，以“管住人、管住钱、管好防线、管好底线”为重点，深入贯彻落实“主动防、智能控、全面管”的管理路径。同时，认真对标本地监管要求和先进同业实践，建立起与自身发展定位、业务规模及业务复杂程度相适应的全面风险管理体系。分行设立了以风险管理委员会、信贷审批委员会、资产负债管理委员会、合规反洗钱委员会等为主的风险管理组织架构，制定了《风险管理手册》《信贷手册》《合规反洗钱手册》《资产负债管理手册》等一系列风险管理规章制度，明确了三道防线的职责，将信用风险、合规反洗钱风险、操作风险、流动性风险、银行账簿利率风险、声誉风险、国别风险、信息科技风险、集中度风险等分行面临的主要风险全部纳入管理范畴。

同时，分行努力加强信贷预沟通机制建设，积极做好对贷款项目的提前介入。以相关信贷业务管理办法为依托，独立履行全流程、实质性的信贷业务调查、审查、审议和审批及其贷后管理等信贷要求。在办理离岸信贷业务过程中，从信息真实性核实、企业基本情况分析、财务分析、国家及行业风险分析等方面，独立开展进一步的审查工作，严控业务实质风险。高度重视信贷管理工作的合规性，深入加强对本地监管信用风险管理规定和总行信贷政策的贯彻执行，将监管和总行要求落

实到分行《信贷手册》及有关信贷管理办法中，在客户准入、尽职调查、审查审批、前提条件落实、存续期管理等各环节工作中做到严格执行。将全流程信贷业务纳入 GCMS 系统操作管理，规范开展信贷业务操作。信贷业务的前中后台紧密协作，确保促进信贷资产业务不断发展的同时，保持资产质量的稳定，至年末，信用风险各项指标符合监管及总行管理要求。

五、实现业务发展的多项突破

同拉美机构合作的离岸信贷业务是巴拿马分行的核心业务，因此同集团其他拉美机构建立畅通高效的沟通交流机制也将为双方离岸信贷业务的合作保驾护航。开业初期，巴拿马分行便与拉美其他机构就未来双方离岸信贷业务的合作方式及合作计划展开了两轮一对一深入探讨。在此基础上，分行进一步积极协调，营销拉美机构，通过密切的日常沟通联络，构建全方位、多层次沟通交流机制。

一是联动拉美机构实现一批重大优质客户的成功突破，分行新增信贷客户 14 户，成功争揽了巴西淡水河谷等一批拉美最优质信贷客户，实现了对拉美地区主权风险评级达到投资级及以上主要国家的业务全覆盖；二是业务发展成效显著，分行通过半年多的发展，2021 年年末实现贷款余额 6.9 亿美元，已签约未提款表外承诺余额 4 亿美元，中间业务实收 266 万美元；三是本地重大项目取得突破，成功参与巴拿马最大燃气电站项目银团贷款。

六、严格开展党风廉政建设工作和员工队伍管理

分行成立后第一时间完成党支部组建工作。按月开展党建和廉政学习，认真落实使馆党委要求开展支部联建、专题学习、各项主题党建等活动。分行坚持“三重一大”集体决策制度，严格按照党风廉政制度要求规范行为，员工队伍保持积极向上的良好风貌和风清气正的团队氛围。同时，分行积极落实当地使馆要求，在分行层面组织开展“我为群众办实事”活动，分行全体党员积极参与，先后开展办理“好人好事”36 件。同时，分行组织全体外派员工向当地 Escuela Sara 困难小学捐赠学习和体育用品，得到校方好评。

七、做实做细疫情防控工作

通过做实做细疫情期间各项管理工作，关注员工思想动态和身心健康，加强疫情期间员工关心关爱，落实总行人员管理各项工作要求，有效确保员工队伍安全稳定。分行结合当地情况不断更新和优化措施，把总行疫情防控要求落到实处。分行对外派员工坚持实施每日双报告制，随时关注员工思想动态和身心健康，通过各种措施加强疫情期间员工关心关爱，鼓励和支持员工做好疫苗注射等相关防疫措施，全体员工完成两针注射，符合条件员工均已完成加强针注射。

（巴拿马分行）

非洲代表处

一、以人为本，多措并举，持续做好疫情和安全防控

（一）制度化提升疫情防控能力。坚决落实疫情防控主体责任，成立了由首席代表任组长的防疫工作领导小组，根据疫情在南非的发展变化先后更新并完善了防疫相关工作方案、应急预案、工作指引近 10 个，制度化提升疫情防控能力。

（二）统筹做好疫情监测预警及报送工作。一是确立全体员工及家属，以家庭为单位的健康监测管理和日报告制度。二是监测南非以及其他各主要非洲国家疫情发展情况，及时向员工及总行通报。

（三）做好疫情期间的员工关爱工作。一是采购了防疫物资，及时按需分发至全体人员及家属手中。二是开展丰富多样的集体活动，丰富员工精神生活。三是开通首席代表信箱扩大与员工交流渠道，提供外聘专业心理咨询及疏导服务。四是高度重视外派员工新冠肺炎疫苗接种工作，现外派人员已全员完成疫苗接种，员工及家属全员健康。

（四）加强安全管理，确保员工人身安全。通过制定并完善安保制度、强化与总行的沟通机制、强化员工安保培训，确保员工人身安全，全年未发生安全事件。

二、积极有为，主动创新，服务中非合作

（一）推进中非重大双边活动相关工作。一是配合总行履行“进博会境外邀商伙伴”责任，做好展会在非宣传、招展工作。4 月，联合标准银行、进博局举办了第四届进博会境外招商非洲地区线上推介会，随后积极开展向非洲“欠发达”国家企业定向开展邀商工作，共邀请安哥拉、突尼斯、乌干达、津巴布韦、莱索托、

加纳、卢旺达等7个非洲“欠发达国家”的8家企业参展。二是推进标行做好进博会、中非经贸博览会的参展参会及相关准备和宣传工作。促成标准银行连续参加全部四届进博会和两届中非经贸博览会。

（二）开展中非贸易客商“云”对接。6月，联动标行及境内机构举行包括农产品磋商、品酒会等3场中非线上线下结合对接活动，共有中非11国约200家企业参加，取得良好成效。

（三）积极推进“一带一路”项目合作。密切跟进“一带一路”重点项目，积极配合总行联动营销，向标行推荐重点项目。截至2021年末，工行和标行携手共同为非洲49个项目提供了信贷支持，覆盖能源、矿产、基建、农业、通信、医药等行业，承贷额近百亿美元，项目总金额超过400亿美元。此外，联合标行成功营销坦桑尼亚国家商业银行加入“一带一路”银行间常态化合作机制（BRBR）。2021年，两行间共办理国际结算业务8 000余笔，金额约20亿美元；办理跨境担保业务118笔，总金额近2亿美元。

（四）“线上非洲”论坛持续开展。联合标行团队在赞比亚、马拉维、安哥拉、莫桑比克、刚果（金）5国举办“线上非洲”论坛，向在非中资企业客户介绍中国和非洲经济合作现状与展望，宣传工行在大宗商品和跨境人民币结算领域的全面金融服务能力。

三、锻造能力，内外联动，推动人民币国际化

助力标准银行提升人民币服务能力。标行在非洲15个国家可以提供人民币对公账户开立服务、7个国家可开立个人账户。在19个国家可办理人民币汇款业务以及即期结售汇业务、其中14个国家可以办理人民币汇率期权业务。标行在非洲各国的POS和ATM已基本支持银联卡刷卡、取现等操作。积极推动标行各国子行和非洲国家头部银行到在湖南分行“中非跨境人民币中心”开立人民币账户，年内推介3家非洲银行开户。此外，联动加纳和赞比亚标行，为跨境中心推荐当地中资企业办理业务。资本项下，在总行国际部的支持下联合标行召开人民币资本市场投资线上研讨会。此外，联合跨境中心在中非经贸博览会微信公众号开通“非洲国家外管政策参考”专栏，向客户提供外管资讯的同时推广工行跨境人民币业务，2021年发表28个国家外管政策信息分析报告。

四、不忘初心，牢记使命，全力做好国有金融资本投资看管管理责任

（一）推动股权管理提质增效。一是在总行的战略安排和有力支持下，对标准银行分红政策、董事及高管人事安排、合资实体、投资并购等涉及工行股东权益的重大敏感事项，积极与标行沟通，确保工行对于重大事项的知情权与参与度，有力维护了工行股东权益。二是代表处在2021年顺利完成工行派驻董事更换的流程和手续。三是代表处密切关注标准银行在疫情下的集团经营发展策略、资本管理、风险管理、人员情况、业务运营、信息科技、竞争力及外部市场等情况，报送各类报告、专项汇报合计70余篇，提出合理化建议数十条，协助总行及时、全面、准确地把握标行的经营治理和战略动向等相关信息。四是积极配合总行推动与标行签署新《三年合作纲要》的准备工作。2021年标行业绩同比增幅56.9%，工行获得分红收入是2020年的3.6倍。

（二）推动两行科技赋能数字化合作。推动两行团队在金融科技季度合作会议机制下，就云计算、大数据、区块链及信息安全等领域开展持续交流，并在多个合作项目取得阶段性重要进展。

（三）持续开展两行人员交流项目。克服疫情困难，协助总行做好工行业务骨干赴标行现场开展交流工作。

五、扎实担当，兢兢业业，保障工行在非业务行稳致远

（一）发布非洲债务周报。继续密切关注疫情对非洲国家债务影响，及时收集相关信息并发布非洲债务信息周报近50期，为总行和兄弟行的决策提供了智力支持。

（二）做深做实非洲国别风险管理。在总行指导下，完成非洲26国年度国别风险初评，连续第三年对工行集团层面非洲有敞口国家实现全覆盖。积极创新工作方式，定期与标准银行风险团队召开专题会议，交流国别风险管控经验，就非洲地区重点国别信息和风险事件进行更新共享，并采用线上共享平台及时向总行反馈非洲各国重要风险。

（三）推进与非洲金融机构合作。通过集团内联动、与银联非洲合作等方式，挖掘与坦桑尼亚国家商业银行参与BRBR机制和贸易融资、加纳商业银行人民币银联卡等合作机会。

六、立足非洲，深入研究，推进“中非智库”建设

（一）非洲市场研究稳步推进，成果显著。2021年编辑报送《非洲快报》《非洲月报》《南非季报》共计近70期，合计数万条信息，针对非洲金融同业、社会政治、经济生活中的重大议题为总行提供决策参考依据。

（二）与标准银行携手推进“中非智库”建设。结合热点问题举办专题研讨会和主题论坛，覆盖南非减贫、非洲可持续发展、金融、能源、农业、城市化等主题。为中资企业投资非洲，以及非洲中资企业的经营管理决策提供了智力支持。内容涵盖《关于非洲大陆自

贸区启动的挑战和意义等相关情况的报告》《关于南非疫情情况及后疫情时代中南合作和后疫情时代非洲发展前景展望的报告》等机遇的观察分析，和《关于南非前总统祖马向警方投案自首及其社会影响情况的报告》《关于南非骚乱事件进展及其影响情况的报告》等风险事件报告，帮助总行全面深入了解非洲动态，进一步加强金融风险防控，确保工行在非洲的投资安全和股东权益。

七、精心策划，周密组织，圆满完成成立十周年对外宣传工作

紧扣庆祝非洲代表处成立十周年这一重大主题，结合南非疫情防控的实际需要，设计十周年纪念 LOGO，作为十周年外宣的指定标识。精心准备文字宣传材料，广泛利用多种媒介的联动，迅速形成了传播合力，营造浓重的庆祝氛围，同时进一步提升了员工归属感、凝聚力。

八、义利并举，彰显担当，积极履行企业社会责任

2021 年 12 月，为履行好在南中资企业社会责任，响应号召向当地基金会捐款 10 万兰特，用于支援南非新冠肺炎疫情和社会骚乱后的经济重建。这是非洲代表处与南非当地社区同舟共济的具体诠释，表明工行与南非标准银行战略合作、共同发展的坚定决心。

（非洲代表处）

蒙古代表处

2021 年，蒙古代表处坚持党建引领，贯彻总行党委“48 字”工作思路，运用“三比三看三提高”工作方法，践行经营型代表处理念，发挥常驻机构优势，专注于项目、客户和产品，发掘后疫情时代业务机会，争取新三年规划“开好局、起好步”，持续提升工行对中蒙经贸往来金融服务水平。

一、高举党建旗帜，找准机构定位，践行经营型代表处理念

代表处始终把党建工作放在首要位置，以习近平新时代中国特色社会主义思想为指导，牢固树立“四个意识”、坚定“四个自信”、自觉做到“两个维护”。一是深入开展党史学习教育，积极参加庆祝建党 100 周年主题活动，系统深入学习党的十九届六中全会精神，积极参加使馆第二党小组支部活动。二是通过坚持不懈抓党建工作，代表处外派员工党性修养和政治觉悟不断提升，尤其是在疫情期间生命安全受到威胁、无法回国远离家人的情况下，外派员工坚守岗位、干事创业的内生动力得到进一步激发。

二、适应市场特点，发掘重大项目机会，服务共建“一带一路”

积极营销华为、中兴在蒙项目，国电投蒙古国清洁能源基地规划项目，北方国际蒙古国能源一体化项目。推动中色股份总承包蒙古国白塔铜矿项目，跟进中国二冶集团乌兰巴托棚户区改造项目和蒙古国 OT 铜金矿开发项目。

三、发挥支点作用，落实属地职责，全力服务集团涉蒙客户和业务

（一）聚焦集团战略落实，提升对中蒙经贸往来服务水平。代表处围绕服务国家重大战略和高水平对外开放大局，助力落实外汇业务首选银行战略，研究境内外两个市场、发挥两种资源优势，联动境内外兄弟机构，积极服务“走出去”和“引进来”企业，有力支持中蒙经贸往来。一是挖潜头部客户，积极营销华为、中兴等重点客户，扩大贸易金融合作；二是组织多场中资企业线上业务合作研讨会；三是向工行核有授信的本地前三大银行持续推荐业务，促升对蒙贸易金融业务量；四是积极把握国家绿色金融、碳达峰、碳中和大趋势，关注蒙古国绿色金融领域业务机会。

（二）落实阵地责任，做好总行在蒙项目贷后管理。按照总行有关要求，代表处认真组织工行在蒙存量贷款项目贷后管理工作。通过组建柔性工作团队，多渠道调研，组织与客户 CFO 等高管视频会议，梳理业务脉络，摸清项目情况，编制项目贷后检查报告并反馈总行。

（三）联动境内外机构，为集团涉蒙客户提供属地化服务。代表处配合总行、联动境内外兄弟机构，积极开展拓户工作，同时为集团涉蒙客户提供属地化服务。一是与境内相关兄弟分行联动营销他行客户，目前南戈壁资源有限公司等数家企业拟转户至工行，并有多家企业表示了与工行拓宽业务合作的意向。二是利用商会平台开展客户营销。代表处作为蒙古国中华总商会常务副

会长单位，利用商会平台资源，以“滴灌”理念开展拓户工作。三是向中企员工、华人华侨以及非居民境外个人客户提供个人外币和人民币业务咨询服务，帮助境外个人客户解决因疫情导致的账户冻结等实际困难。四是为重点客户提供专属服务，今年疫情期间，东风汽车集团因无法来蒙开展业务几致项目终止，代表处与湖北分行联动合作，为客户制订专属服务方案，发挥代表处身处一线优势，代表客户与蒙方业主洽谈，使得业主打消疑虑，成功保障东汽向蒙古国出口新能源校车项目顺利执行。

（四）拓展本地优质客户，推广工行产品和服务。代表处重点营销维护蒙古国主权和类主权机构、主要商业银行等本地市场优质客户资源，挖掘客户潜力，拓展合作范围。一是营销蒙古国主流银行，为中资企业客户牵线搭桥，推介工行贸易融资、金融市场、跨境人民币业务，助力工行对蒙相关业务逐年增长。二是完成蒙古央行和蒙古开发银行两家主权和类主权机构尽职调查并提交尽调报告，协助完成两家机构评级工作。三是与中行乌兰巴托代表处加强沟通，分享监管信息，合作推动营业机构申设。四是持续加强与国开行蒙古国工作组、进出口银行对蒙业务团队交流，争取银团和委代业务合作，疫情以来由于国境关闭两家机构人员一直无法来蒙工作，代表处积极向两行提供本地委托代理服务，抱团取暖，共渡难关。

（五）做实市场调研，为行领导提供决策参考。代表处注重基础研究工作，扎实开展本地市场研究。一是通过快讯、简报、国别风险报告和市场研究报告等方式及时传递蒙古国动态，二是深入开展蒙古国银行业态、主要行业研究，持续完善蒙古国客户信息库和经济数据库。

四、坚持以人为本，慎终如始打好防疫攻坚战

扎实做好员工思想工作，将总行对代表处员工的关心和慰问落到实处，帮助员工及家属解决实际困难。抓实抓细防疫措施，第一时间安排所有符合接种条件的员工接种了第三剂加强针疫苗，储备医疗资源，保证机构平稳运行。

（蒙古代表处）

希腊代表处

2021 年，希腊代表处坚持总行党委“48 字”工作思路，运用“三比三看三提高”工作方法，贯彻落实总行重点战略部署，抓内部管理，抓营销联动，抓疫情防控，代表处正式运营，实现良好开局。

一、机构筹备工作

面对疫情封锁、出行受限、远程办公等多重困难，代表处筹备组全力推进机构筹备收尾工作，有序完成科技系统完善、行政印章刻制、结算账户开立、外部顾问遴选及社保登记注册等剩余关键筹备事项，代表处于 2021 年 6 月 1 日正式运营。

二、狠抓内部运营管理

（一）切实做到智能控主动防，筑牢机构运营安全基础。办公选址配备安防及消防必要设施；办公区域加强部署视频监控、入侵警报、火警探测、气体灭火等安防系统；聘请专业安全员定期安全检查和安全培训，认真落实整改事项；每周组织对办公场所现场安全巡检；制定突发事件应急预案。

（二）严格落实看好人管住钱，筑牢机构运营财务基础。认真落实各项财务制度要求，持续完善财务管理体系；强化集中采购和供应商管理，防控采购风险，节约运营成本；细化费用支付控制，固化费用日常监测，优化费用预算编制。

（三）制定发布多项内部规章，筑牢机构运营制度基础。结合实际制定发布了防疫抗疫、财务管理、集中采购、应急预案、经营授权、员工差旅、科技系统及行政印章等十余项制度办法，确保关键领域日常工作“有章可循、有规可依”。

（四）主观能动深入调查研究，筑牢机构运营合规基础。在深入调研学习各类监管要求的基础上，聘请专业顾问协助做好人力、应税、报表等各类合规事项管理，明确分工与职责，坚持报表报告交叉验证，做到“服务外包、责任不外包”。

（五）建立市场讯息汇编机制，筑牢机构运营信息基础。打造财资、宏观、项目、公司、同业及监管等各类信息常态化管理机制，为业务拓展提供扎实有力的信息支撑；全年编发市场信息日报 347 期、经济形势月报 11 篇、公司分析报告 7 篇、银行同业分析报告 5 篇及国别专题报告 2 篇。

（六）充分发挥网络节点作用，筑牢机构运营联动基础。联动米兰分行建立辖区业务协作机制；联动总行等机构营销希腊同业 CIBM 业务；内外联动境内机构支持中资客户在希业务拓展；外外联动境外机构积极推介重大涉希项目信息。

三、落实总行重点工作部署

（一）成功服务“一带一路”标志性示范项目，外外联动首结硕果。坚决落实总行党委工作部署，积极抢抓市场机遇，全力协同卢森堡分行及工银亚洲，以优质服务和优势方案在同业竞争中胜出，及时开出保函，成功助力中远海运集团完成希腊比雷埃夫斯港口收购项目第二阶段股权交割。该项目是中希两国共建“一带一路”互利合作的成功典范。

（二）积极践行“外汇业务首选银行”战略，集团联动持续发力。始终将服务中资企业“走出去”作为核心工作，注重依托集团资源多方协作，全年新增中远海运比港项目保函、国家能源欧洲公司并购贷款、国网国际希腊持股公司营运资金贷款、中机公司希腊项目贷款、中兴希腊公司贸易融资等业务机会 11 笔；保持跟进存量业务机会 4 笔，并重点推动 2019 年高访见签的希腊米诺斯光热电站项目融资。

（三）倾力做好第四届进博会服务工作，助力高水平对外开放。继 2019 年后再次成功邀请希腊政要在中欧企业家大会致辞，体现希腊政府对于工行的重视和认可；协助邀请希腊企业局参加线上推介活动助力招商招展；深入调研报送中希合作重要投融资项目，做好中欧合作成果推介。

（四）成功营销希腊国民银行加入 BRBR 机制，助力“一带一路”金融合作。始终将 BRBR 机制拓员作为重点营销工作，通过深入调研、精心谋划、适时营销、联动攻关等方式综合施策，成功营销希腊国民银行加入 BRBR 机制，实现了该机制覆盖国家的新突破，进一步扩大了该机制在东南欧地区的影响力。

（五）秉持“客户至上”服务理念，尽心竭力帮助客户广获赞誉。服务客户抓大但不放小，注重从细微处入手，设身处地为客户排忧解难。高效联动福州分行为某大学希腊籍特聘教授解决个人账户使用问题；主动为疫情期间赴希腊开展业务的中资客户提供入境政策支持、疫情防护提醒、市场信息分享、渠道资源引荐等服务，树立工行良好的品牌形象。

四、防疫抗疫工作

面对持续疫情严峻挑战，代表处高度重视疫情防控工作。严格遵守并落实各项防疫抗疫措施，动态调整工作和生活安排，坚持“非必要不出行”，加强访客管理，与中远海运比港码头公司结对子互帮互助，切实做好日常防疫工作；密切关注当地疫苗接种政策，第一时间组织疫苗预约及接种，全体员工及随任家属零感染；充分落实总行关心关爱，及时发放抗疫补贴，组织参加心理健康讲座及测评，坚持定期碰头碰面、谈心谈话，释缓工作压力，确保员工身心健康。

（希腊代表处）

工银瑞信

2021 年，工银瑞信按照总行党委“48 字”工作思路，运用“三比三看三提高”工作方法，坚持“扬长、补短、固本、强基”战略布局，抢抓机遇、强化竞争、深化协同、优化管理，高质量发展步伐加快、价值贡献持续提升。

一、抢抓机遇加快发展，经营指标再创新高

（一）管理规模再创新高。抢抓资本市场发展机遇，紧跟居民财富管理需求，集团协同与市场竞争并举，加强各类业务拓展，管理规模实现良好增长。2021 年末，资产管理总规模达 1.72 万亿元，创成立以来新高，在成功消化资管新规前存量业务超 1 600 亿元退出缺口的基础上，较上年实现净增超 3 100 亿元；年末总规模位居银行系第一，全行业第三。

（二）主要业务全面增长。年金社保等养老金业务规模合计突破 6 400 亿元，较年初增加超 1 100 亿元，继续保持同业第一，对经营发展的压舱石作用不断增强。非货币基金规模突破 4 600 亿元，较年初增加超 1 300亿元，行业排名较上年提升一位进前十，其中高业务价值的权益类基金规模超过 2 200 亿元，较年初增加超 700 亿元。此外，货币基金规模较年初增长近 800 亿元；专项和专户业务转型良好，符合资管新规要求的新业务分别增加近 1 000 亿元和 277 亿元。

（三）投资业绩稳健领先。在 2021 年市场震荡波动且行情轮动较快的格局下，通过加强市场研究和资

产精选，强化组合精细管理，继续保持稳健良好的业绩表现。主动管理的权益类基金规模加权平均收益率达到13.68%，在权益基金规模前十五大基金公司中继续保持第一；社保组合业绩表现优异，多个组合业绩居同类第一；债券基金和年金投资业绩保持同业前列。

（四）收入利润强劲增长。在管理总规模稳步增长和业务结构不断优化的有力支撑下，全年实现营业收入63.92亿元，同比增长43.32%；实现账面净利润27.94亿元，同比增长41.62%，大幅超额完成集团年初下达的经营任务；净利润水平居银行系基金公司第一，位居全行业前列。

二、充分发挥专业优势，价值贡献不断提升

（一）积极服务国家战略，加大实体经济支持。重点围绕制造强国战略和集团“打造制造业金融领军强行”部署，加大制造业支持，年末持有制造业股票市值近2 000亿元，重点投向新能源、芯片制造、生物制药等先进制造业领域。积极支持经济绿色转型，持有绿色经济板块资产市值超1 000亿元。全年通过IPO、定增、债券认购共计为624家企业提供163亿元融资支持；并发行24单ABS产品合计238亿元，积极支持实体经济优质企业提升资产运营效率。

（二）深入落实集团战略，综合化贡献持续提升。深化落实第一个人金融银行战略，加强优质产品供给，基金营销协同成效突出。2021年全年，在行内渠道产品新发和持营继续保持良好增长态势，非货基销量占比较上年提升超3个百分点；保有规模占比较上年提升近2个百分点。积极助力集团理财净值化转型，与工银理财投资合作保有规模超700亿元，与私人银行条线专户代销和家族财富信托投顾合作约50亿元。加快与结现条线拓客联动，全年新增拓展法人客户近5 000户，业务保有规模近百亿元。继续加强养老金、专户、专项等业务与对公板块全面联动，为集团机构法人客户提供投融资一体化服务。全年，为集团创造手佣等中收56.70亿元，同比增长54%，财务贡献持续提升。

（三）坚持投资为民理念，服务居民财富管理需求。深入践行“稳健投资、价值投资、长期投资、责任投资、绿色投资”理念，全年各类产品合计为客户创造572亿元投资回报。加强产品研发创新，全年共布局45只新基金，积极服务客户多元化需求。升级客户服务模式，成功获得基金投顾试点资格并正式展业，为广大投资者提供“投＋顾”的全流程陪伴服务。强化投资者保护，成立投资者保护委员会，深入推进投资者教育，全年举办各类投教活动150场、发布投教作品600余种，投教基地连续第三年获得监管优秀考评。

三、持续夯实发展基础，有效支撑高质量发展

（一）优化管理体制机制。重点完善优化投研、产品、营销管理机制。投研管理方面，加强研究成果共享，深入推进投研一体化建设，建立完善重点持仓定期检视机制，强化投资过程管理，有力支撑投资业绩提升。产品管理方面，建立“研、募、投、管、退”全生命周期管理机制，强化研募环节管理，提升产品供给与渠道客户需求的匹配度。营销管理方面，调整优化营销体系架构，完善客户服务体系，加强多元化渠道拓展，行外渠道业务快速增长。

（二）强化合规风控治理。持续完善全面风险管理制度体系，压实风险管理六方责任，强化三道防线履职专业能力建设。持续完善“9＋3”核心风险指标体系，加强重点风险监测、识别、分析、防控。重点完善信用风险管理架构体系，强化信用风险前瞻研究和债券分类管理，信用债投资保持稳健。加强市场研判和动态调整资产配置，有效应对市场风险。强化子公司重点风险穿透管理。持续加强营销合规管理，提升反洗钱管理能力，加强操作风险管控，强化内控案防管理。全年未发生重大风险事件，持续保持合规稳健经营。

（三）加快金融科技建设。高度重视数字化发展，按照集团金融科技建设部署要求并结合资管行业科技赋能趋势，在公司整体规划框架下进一步编制了金融科技发展规划。加大资源投入支持，启动投研、营销、风控、运营“四大智能平台”建设，全年共审议通过215个科技项目，同比增长36%。持续加强系统运维管理和运维体系升级，不断加固信息安全防护体系，推进数字化办公体系建设，科技基础设施建设的支持保障作用不断提升。

（四）加强人才队伍建设。加强梯队建设，加大优秀应届毕业生引进力度，建立新员工导师制，强化内部“传帮带”和培训培养，重点关注优秀青年员工的成长和发展。加强干部管理，强化聘期内考核，推进干部能上能下。优化员工职业发展通道、晋升管理、考核激励、薪酬结构等管理机制，充分激发队伍干事创业积极性。通过征集“金点子”的方式组织全员对公司经营发展建言献策，不断增强干部员工队伍的凝聚力、战斗力。

（五）提升品牌文化影响力。加强大品牌体系建设，强化公司整体品牌影响力提升，加强与权威媒体及头部平台合作，加大公司发展亮点宣传，全年获得35个行业荣誉奖项，品牌知名度较上年提升6位至全行业第10。持续加强企业文化建设，在积极践行行业文化和传承弘扬集团文化的基础上，结合经营特点推动打造企业文化特色，“投资为民”理念、合规风控文化进一步根植，家园文化建设全面推进，员工归属感不断

增强。

四、全面强化党的建设，引领作用不断增强

（一）高质量推进党建重点工作。严格执行“三重一大”决策程序，完善“三重一大”事项清单，继续强化党委定向把关作用。建立党委会“第一议题”机制，第一时间传达、学习、贯彻党中央大政方针和总行党委各项要求。高标准、高质量推进党史学习教育和庆祝建党100周年系列活动，扎实开展习近平总书记“七一”重要讲话集中学习研讨、统战人士座谈、“两优一先”表彰等重点工作，“追寻红色记忆　赓续红色基因”主题党日活动、“学党史　悟初心”专题读书班、知名专家开展辅导讲座等多种学习方式全面推进，并在中宣部主管的“学习强国”平台上成功发表3篇通讯报道。强化基层党组织建设，注重党建与经营管理紧密结合，对市场拓展、服务提升、改革攻坚、员工关爱等方面的引领作用持续增强。

（二）纵深推进全面从严治党从严治司。建立完善主体责任清单，推动形成“一级抓一级、层层抓落实、责任全覆盖”的工作格局。强化对各级“一把手”和关键少数的监督，完善“检查、测评、述职”三位一体的支部考核机制，全面从严治党向基层延伸。全面配合中央巡视组下沉调研迎检，自觉接受巡视监督。加强廉洁从业管理，严查违反中央八项规定精神的行为，强化案例警示教育，全面规范费用报销、公务用车、礼品等管理，积极开展重点领域监督检查，严防由风及腐。从严管理员工经商办企业及直系亲属个人投资行为，持续完善员工异常行为排查机制。继续加强“反四风”建设，重点纠治制度、流程方面的形式主义问题，大力推动制度流程精简，促进管理效能进一步提升。

（工银瑞信）

工银租赁

2021年，工银租赁坚持旗帜鲜明讲政治、同心同德谋发展，深入贯彻总行党委“48字”工作思路，不断深化战略性、系统性、前瞻性、创造性思维，统筹推进资产质量攻坚、创新转型发展、管理提质增效各项重点工作，实现规模、速度、结构、质量、效益各项指标平稳向好。

一、坚持全面从严治党，扎实提升党建水平

2021年，工银租赁不折不扣做好总行党委巡视整改和中央巡视配合工作，切实实现以巡促改、以改促治、标本兼治。高标准推动党史学习教育与庆祝建党100周年系列活动走深走实，深入学习习近平总书记“七一”重要讲话精神、十九届六中全会精神。在全司组织开展“讲政治、聚合力、做表率、谋新篇”主题活动，进一步提升基层党组织标准化规范化建设水平，打造推动公司高质量发展的“红色引擎”。深入推进全面从严治党从严治司，加强廉洁教育宣传和警示教育，进一步巩固落实中央八项规定精神成果，营造风清气正的良好政治生态。

二、坚持稳健经营理念，持续保持行业领先

2021年末，工银租赁资产规模3 529亿元，较年初增加88亿元；全年实现净利润40.24亿元，圆满完成年度经营目标；全口径不良资产余额、不良资产率较年初实现“双降”，公司整体风险情况保持基本稳定，资产规模、净利润等核心指标居国内同业第一，“高质量发展2.0”迈上新台阶、取得新成绩。

三、坚持服务实体经济，深化创新转型发展

工银租赁围绕服务构建“双循环”新发展格局、国家“十四五”规划重点任务和集团重点战略积极探索创新转型，优化业务布局，精准服务实体经济，年内新增投放超700亿元，截至年末航空航运设备类制造业融资租赁余额近800亿元，较上年同期增加120余亿元。航空业务稳步提高境内资产占比，有效巩固市场地位，深耕境内优质客户，探索货机租赁等创新业务领域。全面深化与中国商飞战略合作，与中国商飞联合发布《国产飞机价值白皮书》，探索建立国产飞机价值评估体系，截至年末经营管理飞机770余架，机队价值位居同业国内第一，全球第七。海事业务深入贯彻海洋强国战略，积极践行“一带一路”倡议，加大国内重点货主企业营销，有力保障国家战略资源运输安全。深化与中船集团合作，助推中国船舶工业转型升级，全年支持国内船厂建造高技术、高附加值船舶总额超过90亿元人民币；截至年末拥有各类船舶350余艘，海事资产

规模在国内可比同业中排名第一、在全球海事融资机构中排名第五。不断加大境内综合租赁业务在“新基建”“两新一重”“三新一高”等领域营销展业力度，深耕交通、清洁能源、基础设施、幸福产业、科技创新、医疗健康、住房租赁、集成电路等重点行业，扎实推进创新转型，落实监管要求积极优化资产结构，广泛开展行司联动营销，积极服务重点区域、重点客户需求，加强业务储备和投放，以重点项目撬动重点战略区域市场，树立创新转型示范标杆，资产质量和成长潜力在国内同业中位居前列。不断深化集团战略协同，统筹构建落实集团重点战略工作机制，充分发挥租赁业务桥梁纽带作用，联动上海分行、工银欧洲等境内外机构开展国际业务产品联合营销，带动分行保函、存贷款、结汇等外汇业务落地；集结精兵强将服务重点战略区域，推动租赁产品与信贷产品差异化融合互补，构建覆盖重点客户的营销网络。

四、坚持资产质量攻坚，夯实风险管理基础

工银租赁深入落实集团全面风险管理新理念，紧扣“关键领域、关键环节、关键人员”优化公司全面风险管理制度体系，构建起覆盖六方责任、三道防线和全体员工的全面风险管理体系，圆满完成总行对公司全部风险考核指标，公司风险防控制度体系建设迈上新台阶。明确租赁业务拓展优势行业、优势区域、优质客户、优质资产“四优”原则，细化制定各业务板块区域、客户、资产的优选及准入视图，严格把好入口端，严控新增不良。积极落实总行信贷资产质量“123”攻坚战重点任务，制订风险资产经营处置三年规划和年度攻坚方案，建立风险资产清收处置奖惩机制，逐户落实风险资产化解处置责任，风险化解处置总体取得阶段性成效，以“啃硬骨头”的精神攻坚克难，为高质量发展夯实基础。

五、坚持践行社会责任，不断提升品牌价值

2021年，工银租赁组织青年志愿者参加中国工商银行联合北京儿童医院等单位举办的“看见公益 爱目同行”爱眼日活动，为600余名学生免费进行视力筛查，并建立视力健康档案；组织参与“爱心助学‘工’益有你”募捐活动，为四川省巴中市的贫困儿童捐赠学习和生活资金，积极践行社会责任，展示良好精神风貌。

（工银租赁）

工银国际

2021年，面对全球政治经济环境变化以及金融市场大幅波动，经营环境日趋严峻复杂。工银国际坚持贯彻总行党委各项决策部署，坚定围绕国家战略、集团战略，聚焦集团“特种兵、驱逐舰”战略定位要求，以稳健经营、提升竞争力为主线，统筹推进疫情防控和经营发展，各项业务平稳发展。

一、有效应对外部复杂环境，经营管理稳中有进

面对局部疫情反复、金融市场波动加剧等外部复杂环境，投行经营、资产质量面临考验。工银国际迎难而上、主动作为，经营业绩及各项业务实现稳中有进、稳中有为。

一是疫情防控有效落实。工银国际建立强化常态化疫情防控领导机制，层层压实“四方责任”，严格遵照总行、属地政府与香港特区政府的防控要求，抓细抓实人员移动、办公场所及物资保障管理，全年疫情防控坚守“零感染”。

二是经营指标达到预期。全年实现营业净收入35.9亿港元，同比增长1%；拨备前利润25.5亿港元，完成全年预算任务的126%；中间业务收入8 860万美元，完成全年预算任务的117%；净利润3.2亿港元，完成总行全年考核任务（1.9452亿美元）的21%。ROE、ROA分别为2.5%和0.5%。成本收入比为28.9%，同比下降1.7个百分点。

三是资产质量持续稳健。坚持“稳”字当头，扎实做好特殊时期资产质量全流程管控，整体资产质量管控水平在境外机构位居前列，连续五年新增融资无不良发生。加大风险资产化解力度，创新不良资产处置办法，在总行支持下按特事特办原则首次开展股权类投资损失的核销审查，成功化解历史遗留问题潜在风险，不良处置取得历史性突破。

二、牢固树立争先进位意识，核心业务活力增强

2021年，工银国际运用“三比三看三提高”工作

方法，坚持对标总行要求，牢固树立争先进位的比拼意识，积极把握市场竞争的主动和先机，各业务线克服困难稳步推进，核心投行业务的竞争实力和发展活力持续增强。

一是核心业务稳步发展。紧跟国家政策导向，聚焦行业、领域、重点，为实体经济提供全方位投融资服务，全力打造投行特色品牌。投资银行方面，全年完成18笔港股IPO项目，包括东莞农商行、中原建业2笔保荐人项目，账簿管理人或以上角色IPO承销排名香港市场第七、四行国际第二；累计完成债券承销项目112笔，中资投资级债券承销金额保持四行国际第一；后续发行、H股全流通、美股IPO、并购顾问和融资等创新业务领域均取得突破。投资业务方面，严格强化项目准入和全流程管理，完成对基础设施、先进制造、农业、医疗等国计民生重点领域多个项目投资，已投新经济项目成功登陆海内外资本市场；投资带动投行模式日趋成熟，通过股权、可转债等形式前期投资布局，成功取得京东物流、优然牧业港股IPO角色，2021年末投资业务资产余额282亿港元，在集团内外树起了良好的投资品牌形象。销售交易方面，债券配资业务授权获得总行有条件批复，产品体系不断完善，客户服务能力进一步提升。全年新增客户166个，各类机构投资者近1 500户，活跃程度不断提升；港股交易量1 707亿港元，同比增长36%，股票经纪业务在港交所排名创历史新高，稳居港交所B类券商行列。资产管理方面，妥善做好历史问题处理，持续推进结构调整和业务基础优化，家族财富公司可配置基金产品种类得到扩展，双GP主动管理基金等创新业务实现项目落地。市场研究方面，多次受邀参加驻港机构、学术机构、业界各类有影响力活动，市场影响力和政策影响力不断提升；获评第一财经年度机构首席经济学家，研究实力获得较高评价。

二是协同联动打开新局。认真落实集团“特种兵、驱逐舰”战略定位，与总行各部门、子公司、境内外分行联动不断深化，与北京、四川、广东、深圳分行和工银欧洲等境内外机构成功举办联动工作会议，全方位、全链条联动格局初步形成。年内取得以联席主承销商角色完成财政部40亿美元境外主权债券发行、推动工商银行和中国铁建投资共同设立跨境QFLP股权投资基金、完成东莞农商行12亿美元上市保荐项目、跨境双向人民币资金池核准增额55%等多项重要联动成果，全年联动落地上市发债、投融资、交易开户等各类项目72个，联动带来的收入达4.5亿元人民币。

三、聚焦围绕高质量发展，内部管理有效夯实

工银国际全力开拓业务的同时，高度重视内部管理机制建设，通过不断强化公司治理、合规管理、全面风险管控、员工队伍建设等工作，进一步加强各中后台部门对前台业务的有效支持，为公司高质量发展提供了坚实保障。

一是公司治理持续完善。严格落实总行要求和属地监管规定，按照财政部文件精神积极推进工银国际子公司层级压降整改工作，及时向总行汇报工作进展。定期召开公司董事会及董事会风险管理委员会，做好疫情期间非现场参会董事的履职支持，及时跟进落实董事会工作要求。

二是风险合规管控基础不断夯实。坚持“未雨绸缪、见微知著、亡羊补牢、举一反三”，努力做到“穿越周期的稳健”和“跨越时空的预判”。公司成立以主要负责人为组长的工作专班，紧盯太平、融通、高息债投资等历史遗留问题和重点项目，深入研究处置方案，强化项目投后管理，及时采取法律行动，太平基金与融通平台处置工作有序推进。有效化解天元项目潜在风险，完成创益及通邮两笔历史遗留股权项目核销，风险化解和不良资产处置取得实质性进展。围绕防腐防贪、国际制裁、监管新规等主题开展了37场合规培训，员工合规认识和履职能力不断提升。全年无重大风险合规事件发生。

三是员工队伍建设进一步强化。认真履行驻港中资企业言商言政职责，站稳爱国爱港阵地，通过健全人事管理制度机制、完善多项人事管理办法和招聘面试程序，全力打造爱国爱港、专业敬业、执行力强、敢打敢拼的优秀投行人才队伍。有序完成员工晋升和固薪调整工作，队伍凝聚力进一步提升；坚持以人为本，优化核心人才和优秀年轻干部培养机制，为全体员工提供干事创业的良好环境和拼搏动力；贯彻“以人民为中心”的重要精神，将关心关爱员工落到实处，发挥康委会正面作用，完善跨文化人员队伍管理体系，促进商行文化与投行文化有机融合，员工归属感、认同感得到进一步增强。

（工银国际）

工银安盛

2021年，工银安盛贯彻落实总行党委“48字”工作思路，运用“三比三看三提高”的工作方法，对照全行高质量发展要求，努力抓好各项工作，经营态势平稳向好。

一、经营业绩再上台阶

2021年，公司分别实现总保费、新业务保费、续期保费465.74亿元、282.82亿元、182.92亿元，基本达成全年目标；实现期交保费79.24亿元，同比增长21%，增速高出行业18个百分点；实现新业务价值25.86亿元，同比增长3%；实现投资收益120.74亿元，同比增长26%，大幅超越全年目标；实现公司考核口径净利润16.92亿元，同比增长35%，实现总行并表口径净利润16.07亿元，同比增长11%；公司净资产回报率达到8.56%，同比提升2个百分点。

二、行司协同续创佳绩

进一步贯彻落实第一个人金融银行战略要求，加强行司协同。公司加大对行资源投入，全年兑现了银保手续费15.64亿元，同比增长23%。公司银保外勤总人力达到3 063人，较年初增加318人；公司强化了对行保险业务支持力度，配合行方保险销售工作，2021年公司趸交、期交、中收贡献占比28%、20%、25%，同比分别提高3.84个、0.13个、3.60个百分点，创出新高的同时继续保持行方第一；创新开展亿元分行、千万支行、百万网点及破零工程，其中亿元分行年度达标9家，同比增加4家，千万支行年度达标104家，同比增加27家，百万网点年度达标1 497家，同比增加312家。破零工程中支行累计破零率96.8%，同比提升2.9个百分点；试点网点晨夕会项目，全年公司银保1 438个服务人员对全行3 123个网点开展保险专题服务53 568次，成效初显。

三、持续提升多元渠道经营能力

公司在全力推动银保主渠道经营的同时，也大力推动多元渠道发展，打造多元渠道协同发展的业务格局。公司个险渠道坚持以“健康人力发展”为核心，做好客户经营与队伍建设，在全行业个险期交业务负增长的背景下实现业务正增长。公司个险渠道全年实现期交保费7.26亿元，同比增长11%；团险及中介渠道在做好团险业务的基础上，精选优质经代公司开展合作，扩大市场覆盖。渠道实现年累计期交保费14.56亿元，同比增长7%；非工银保渠道加快拓展合作银行，实现期交保费3.02亿元，同比增长431%，创非工银保业务历史新高。

四、不断深化党建工作

公司积极抓好党史学习教育活动，深入学习“七一”重要讲话精神，全司37个党支部共计召开100场专题组织生活会；着力开展“我为群众办实事”，全年推动105项实事项目，有力提升员工及客户满意度；加强党内监督工作，先后研究出台了《纪委对公司党委及班子成员监督的实施办法》《关于加强对“一把手”和班子成员监督的实施意见》，建立健全了“关键少数”监督报备机制；积极推动党建入章工作，完成新版章程和相关决议文件股东签署工作，并将章程修订行政许可申请文件提交监管审批。

五、积极践行社会责任

坚决贯彻落实各级疫情防控工作要求，有效应对区域性、偶发性本土疫情，持续保障客户、员工和经营安全。全司内勤员工疫苗接种率达到90%以上，在集团中排名前列；继续支持乡村振兴工作，全年对接特定地域，采购特色农产品近百万元；充分发挥保险社会稳定“减震器”作用，全年有效应对河南省暴雨灾害、河南商丘火灾、四川泸州地震等自然灾害事件，第一时间启动突发事件应急预案，开通理赔绿色通道，做到应赔尽赔快赔；坚持“保险姓保”积极推动普惠保险，成功参与山东济南、淄博、济宁、潍坊及四川德阳“惠民保”业务，全年累计承保服务群众逾14万人次，并加入了上海医保专属商业健康保险项目；发起敦煌石窟公益保护捐赠项目，为世界文化遗产莫高窟的保护和传承贡献力量。被主流财经媒体第一财经日报评选为2021年度最佳守护文化遗产保险机构，在社会上树立负责任、受尊敬的企业形象。

（工银安盛）

工银投资

工银投资认真贯彻落实党中央决策部署，坚决拥护“两个确立”，增强“四个意识”、坚定“四个自信”、做到“两个维护”，弘扬伟大建党精神，按照总行党委“48字”工作思路，用好“三比三看三提高”的工作方法，立足“聚焦主业、融入集团、加强供给、服务互补”，坚持疫情防控和经营发展两手抓，统筹推进“三大支柱、五个协同、双轮驱动、平台营销”战略布局，在落实金融工作三大任务中充分展现大行担当，在协同集团高质量发展中作出积极贡献，向建党100周年交上一份亮丽答卷。

一、党建引领取得可喜成绩

扎实开展党史学习教育，创新“1357N”方式，深入学习领会党的百年奋斗重大成就和历史经验，汇聚发展合力。“七一”专题党课被评为全行“党课开讲啦”一等奖。积极开展“我为群众办实事”，建立党委成员与员工定期谈心谈话机制，实施探亲假、加班补贴等人文关怀措施，不断增强员工的满意感。从建立“三重一大”清单、党建考核机制、纪委对党委班子监督机制等方面发力，将全面从严治党从严治司向纵深推进。全力配合中央及总行党委巡视，对照“四个落实”查找问题、校准偏差、改进工作。打好常态化防疫战，被评为金融街2021年疫情防控工作先进单位。组织拍摄扶贫微电影《金色的太阳》，被评为全行2021年党员教育电视片一等奖，并报送中央组织部。

二、服务实体经济提质增效

已投项目帮助企业降杠杆、促改革质效进一步提升，发改委口径的新增落地项目92个、落地金额1 025亿元，平均降低企业资产负债率8个百分点，并向155家企业派驻董监事177人次，累计审议4 231项议案核准，较2020年提高64%，同业第一，提升治理水平效果显著。主动融入和支持国家重大战略推进，制造业新增投资占比23%，新能源占比48%，五大重点区域占比77%。不断涌现出一大批具有标杆意义项目，鞍钢项目是支持钢铁产业结构优化的重要举措；北辰集团项目有力支持北京冬奥会场馆建设；首农集团项目是维护首都地区粮食安全的重要实践；吉电清能基金是国内首只能源保供主题基金，上海工融科创私募基金是同业首只纯股权投资基金，华能基金、京能集团、国电投江苏等新能源项目是支持双碳、绿色发展的典型，充分展现大行担当。

三、集团协同贡献广泛认可

“五个协同”战略实施取得积极成效，协同“大公司”拓客户，带动217家客户深化合作，央企投资覆盖率28%，总行战略客户覆盖率22%。协同“大投行”创中收，向分行支付债转股合作费用8.11亿元，帮助分行实现多重创收。协同“大风险”维稳定，发挥不良资产处置牌照优势，同业唯一一家AIC参与中国华融增资扩股与风险化解，完成20亿元投资。协同集团化解处置风险资产185亿元，节约集团所得税成本38亿元，降低经济资本占用12亿元。协同“大资管”优服务，创新与央企、国企总对总合作设立5只、390亿元组合式基金，提升集团全产品服务能力。协同“大投后”增黏性，累计带动集团贷款增加超过600亿元，存款增加超过250亿元，托管业务增加1 809亿元。

四、经营成果实现历史突破

业内首家利润破百亿元大关的公司，完成全年计划4.4倍，市场占比55%，市场优势进一步巩固。中间业务收入1.94亿元，同比增长17%，均为同业第一。盐湖股份项目作为唯一一家AIC参与的风险资产项目，在帮助企业改革脱困的同时，给公司带来浮盈。

五、市场领跑地位显著提高

债转股业务自营资金投资、风险资产投资、基金投资、基金募资等核心指标均同业第一，市场占比超过40%，行业绝对领先优势进一步凸显。募资能力显著提升，募资余额和净增同业“双第一”，通过债转股投资计划和私募基金募资余额334亿元，净增50.56亿元，同比增长303%。投放领先优势扩大，主要新增和净增投资指标规模同业“双第一”，投资与管理资产新增1 106亿元、净增922亿元，同比增长145%。自营资金投资新增403亿元、净增249亿元，市场占比54%，同比提高18个百分点。风险资产投资新增40亿元、净增38亿元。基金投资新增148亿元、净增107亿元。管理资产质量优良，自营资金投资不良率为零，监管、总行偏好及限额指标达标。退出实现应退尽退，表内投资退出项目27个、收回本金154亿元，确保投资安全。

六、风险管控目标全面实现

资本充足率超预期达到历史最高水平，在积极推动总行增资150亿元到位、弥补公司前期发展带来的部分资本缺口同时，2021年更多是依靠自身转型发展和内在盈利能力的提升，确保年末资本充足率水平达到6.26%，实现阶段性监管达标。第三层次资产压降实现双重目标，为总行延缓全球系统重要性银行升组步伐作出重要贡献。监管通报整改取得阶段性成效，纳入监管台账问题18项、初步完成14项，两地办公整改获得监管认可，公司直派董监事比例46%，较年初提升35个百分点。“9+X”风险整体可控，公司ERM图解、全面风险管理成效在集团分行和子公司中排名前列。

七、持续发展能力明显增强

加大客户、项目储备力度，“五个一批”投资项目储备23个、金额203亿元，储备组合式基金30只、认缴规模约1 900亿元，支撑业务发展。积极争取总行政策支持，优化完善考核机制，按季考核并兑现发放绩效工资，推动员工工资显著提升20%以上。人员在动态中不断调整，员工总数得到有效控制，增量得到持续优化，流量得到不断加大。分层分类开展校园、社会与猎头招聘，锁定优秀人才，2022年度校园招聘报考比446:1，位列全行第一。建立干部员工内外部交流机制，实现人员内外流动27人，接收总行交流干部及委培人员5名，为公司长远发展积蓄能量。

（工银投资）

工银科技

2021年，工银科技坚持总行党委“48字”工作思路，运用“三比三看三提高”工作方法，积极融入集团战略，为科技强行和数字工行建设持续贡献力量。公司2021年继续保持快速发展势头。年度营收5.17亿元，同比增长29%，人员规模从430人增长到650人。获得国家级高新技术企业资质认定，北京子公司挂牌开业，经营发展各项工作取得了较好成效。

一、全面从严治党从严治司、党的建设切实加强

工银科技党委突出政治建设统领，持续加强政治建设、夯实高质量党建基础。一是深入开展党的十九届六中全会精神学习，引导全体党员深刻把握“两个确立”决定性意义，坚决做到“两个维护”。扎实开展党史学习教育，各党支部深入开展主题宣讲与课题研究工作，从党的百年奋斗重大成就和历史经验中汲取精神营养、激发奋进动力。二是运用金融科技手段积极推动“我为群众办实事”实践活动。共开展23场内外部客户调研，确定16项重点任务进行推进，相关成果在《人民日报》客户端等媒体刊登。三是完善基层党组织建设。实现党委班子成员组织关系和党建联系点全覆盖，进一步规范和完善了民主生活会、组织生活会及党员发展等工作，建立了党务工作联席会机制，健全了基层党组织考核管理制度。四是做好“政治体检”。在总行党委巡视组的指导帮助下，持续深化党委主体责任和纪委监督责任协同贯通的工作机制，强化各级“一把手”监督，持续纠正“四风”，日常监督效能得到持续增强。

二、战略重点推进卓有成效

（一）深化同业赋能，行业影响力进一步扩大。信贷系统方面，完成农发行信贷业务咨询项目，中标并推进农发行信贷系统建设项目，积极推进锦州银行信贷系统建设项目。风控系统方面，加大反洗钱、金融市场风险、大数据风控等多个产品市场营销，反洗钱产品2021年新增中标17单，同比增长54%，已形成较大的市场影响力；与农行签订战略合作协议，提供包括金融市场风险管理、产品控制等6大系统的咨询与实施服务；积极探索数据业务，成为深圳数交所、上海数交所数据服务商。咨询服务方面，为北京农商银行等8家客户提供信息安全、信创转型、架构转型等咨询服务。

（二）加大场景共建，“生态银行”建设的战略协同作用进一步发挥。截至2021年底，公司产品累计推广至20家一级分行、180余家二级分行，在为分行获客黏客，开户揽存，节约营销成本等方面发挥了抓手作用，也在多个领域填补了分行营销空白，获得分行肯定。政务领域，“我的宁夏”政务APP注册用户达672万，覆盖全区常住人口93%，全年实现金融交易额7.13亿元；中标并交付宁夏疫情防控平台，以金融科技力量助力疫情防控。医疗领域，智慧医疗解决方案体系已服务36家卫健委及医疗机构。医信链产品获得第16届中国卫生信息技术应用交流大会数字医疗健康创新服务优秀案例。资金监管领域，产品累计成功落地

12 个项目，为北京市金融局打造的全国首个预付费资金监管平台入选“2021 可信区块链年度高价值案例”，“工银安心资金管理区块链平台”入选国家区块链试点项目清单。社保领域，河北省级社保基金统收统支平台已累计成功拨付 1 617 亿元；快速交付江西社保项目，助力江西成为首个接入养老保险全国统筹信息系统的省份。雄安区域，工程建设资金管理平台已承接新区 98 个项目，上链企业 3 529 家，累计交易 430 亿元，同比增长 290%；雄安智慧社保 APP 企事业单位用户 3 865 个，占雄安总参保单位数 90% 以上，继续保持当地影响力。企业服务领域，针对中航信、南水北调集团等大型央企数字化转型和智能化发展需求，提供了 IT 咨询、分布式技术支持等一揽子工行特色解决方案。

（三）推进运维运营创新，可持续发展后劲增强。金融生态云方面，以建筑云、人力云、财资云等产品为重点，加大 SaaS 产品运营推广力度，新引入农业云、农村三资云等产品，进一步丰富 SaaS 市场。B 端活跃租户达 9 万户，C 端活跃客户达 1 600 万个，年交易金额超过 3 万亿元。运维及托管服务方面，公司承接的监管部门运维及研发项目有序推进，维护质量与效率持续提升，全年无重大安全生产事件；继续做好票交所等总行战略客户的 IT 系统托管服务，巩固并优化了客户关系。新技术应用研究方面，公司承建的“数字身份认证平台”为雄安数字城市统一身份管理提供了支撑能力，公司研发的“雄安人工智能算法平台”目前已同十余家人工智能头部企业签署合作协议。此外，公司与北京大学在知识图谱、智能推荐等方面积极开展了“产学研”创新模式探索实践。

三、以市场化为导向的改革与管理创新步伐加快

（一）治理体系进一步完善。一是制定了公司三年发展规划。明确“建设成为最有影响力的银行系金融科技公司”的发展目标及实施路径。二是加强董事会建设。召开董事会会议 6 次，组织开展了董监事专题调研；完善关联交易管理和授权等公司治理配套机制，有效提升公司治理运行效率。三是加强制度建设。修订《公司章程》，累计发布 8 类业务有效制度 107 份，内控手册 94 份，初步形成母子公司高效协同的制度体系。

（二）业务管理能力进一步提升。一是完善营销体系建设。借鉴优秀企业经验，推动建立灵活高效的营销机制，全年制定 19 项规范性文件，夯实营销工作基础。初步完成公司全产品分类，举办营销活动 56 场，有效推动销售转化率提升。二是优化产品定价策略。导入精益管理理念，建立了以直接成本和间接成本为基础的成本计量体系，丰富了公司项目成本和人天成本核算方法，为产品营销和市场拓展提供了差异化定价策略。三是持续推进项目管理优化。实现数据一体化运营，有效支撑经营管理活动；继续探索外包创新，启动 ODC 模式，改进了 SOW 外包及采购流程。

（三）全面风险管理进一步加强。坚持“主动防、智能控、全面管”理念，压实公司合规发展的压舱石。一是落实全面风险管理履职。持续完善风险治理体系，优化三道防线设置、夯实六方主体责任，强化重点风险领域防控，建立年度风险管控指标，在总行年度全面风险管理监测中达到 A 级标准水平。二是宣贯合规文化。通过风险合规培训、《刑法》学习、违规行为通报、案件警示教育等措施，切实提升全员合规意识和风险识别能力。三是深化案防管理。加大公司网格化管理，按季排查员工异常行为，覆盖 2 000 余人次，杜绝重大生产安全、信息安全事件发生。四是强化资金风险管控。通过实施项目备忘录机制，压缩应收账款周期，提高资金回款效率；通过明确合同涉财税风险控制点及收入确认原则，提升从合同签署源头规避相关财务风险能力，筑牢资金安全底线。

（四）人力资源效能进一步提升。深入贯彻新时代党的组织路线，将人才作为推动公司发展的第一资源，加强与公司发展需要相适应的人才与组织体系建设。一是加大人才引进力度，改善队伍结构。以战略和经营目标为导向，开展常态化社会招聘，重点向前台业务倾斜，打造橄榄形人才队伍结构梯队；统筹运用集团内公开招聘、总行基层任职、集团内交流等方式，补充中层管理干部和总监队伍力量，干部队伍建设进一步加强。二是探索组织架构创新，健全人才激励保障机制。以北京子公司设立为契机，初步构建母子公司一体化管理机制；根据业务发展和管理需要，形成五条柔性业务团队，对矩阵式组织管理模式进行了探索实践；完善了以经营业绩为导向的绩效考核管理体系，加快了 4 级及以下员工的成长速度。

（工银科技）

工银理财

2021年是资管新规过渡期收官之年，工银理财紧紧围绕金融工作“三大任务”，深化运用“三比三看三提高”工作方法，坚持党建和业务两手抓两促进，风险防范和业务发展齐步走，提升自身能力和强化集团协同并重，公司转型发展初见成效、经营质效大幅提高、综合贡献持续提升、市场竞争力进一步增强。

一、主要经营指标保持同业领先

2021年，工银理财产品和投资保持快速增长，理财产品规模同业率先突破2万亿元，规模峰值达2.14万亿元，较年初实现翻倍增长，支撑集团全口径理财规模保持稳定；全年新增理财投资规模超1.54万亿元，同比增长翻两倍，自主资产投资规模增长超9 000亿元，居同业第一。公司自营业务投资稳健发展，年末自营业务资产规模达145.97亿元，还原股权出资后余额较年初净增5.05亿元。

2021年，工银理财超额完成经营目标，实现净利润8.92亿元，同比增长1.19倍；理财业务实现中收72亿元，同比增长78.31%，可比口径下居国有理财子公司首位；向集团返还中收67.4亿元。

二、业务转型创新构筑发展新优势

工银理财全面适应资管新规，加快推进产品净值化转型，努力将新规过渡期转变为业务成长期。公司按照监管要求持续优化产品结构，2021年末现金管理类产品规模占比较峰值压降14个百分点至37.35%，在可比同业中最低；非现金管理类产品规模超1.28万亿元，较年初增长近1.4倍，其中开放式产品规模增长3.84倍。公司不断丰富基础+创新+战略“4+3”产品体系，精准匹配不同客群的风险收益偏好，PR2、PR3产品规模分别增长2.38倍和1.04倍，成为支撑公司产品规模快速增长的“双支柱”，全鑫权益、智合、核心优选等明星产品线增长均超20%。公司首批取得养老理财业务试点资格，成功在武汉、成都两地发行“颐享安泰”系列养老理财产品，销售规模超30亿元。

工银理财立足“集团资管业务的旗舰平台、轻资本的创收中心、客户经营的稳定器”定位，深耕母行渠道，加强与集团各条线联动，持续做好产品推广、销售督导、激励传导等工作，为“工银财富季”提供全面营销支持，引导分行加大开放式、混合类净值型理财产品销售力度，助力渠道转型。同时，按照差异化营销策略积极布局第三方代销渠道，与6家机构签署代销合作协议，首只代销产品上线销售。2021年，公司累计拓展240多万各类客户，新规理财产品个人持仓客户数实现翻倍增长，为客户创造投资收益约600亿元。

三、综合化经营助力集团战略落地

（一）全面支持第一个人金融银行战略。工银理财持续供给有竞争力的理财产品，全面服务集团2 700多万个人客户和9万私银客户，促进从MAU到AUM有效转化。2021年末，公司个金条线产品规模约1.25万亿元，私银条线产品规模超2 600亿元，同比分别增长1.12倍和90%以上。公司协同集团织网补网，深挖长尾客户需求，发行代发、社保、商友、潜力等客群专属产品，升级全生命周期客户陪伴，开展有温度、有深度的投顾服务和投教宣传，确保渠道获客有抓手、客户投资有底气。公司从产品和投资两端发力，全力支持客户资金在集团内闭环运作，协同做大个人金融资产规模。

（二）积极助力外汇业务首选银行战略。工银理财做大做强“4+1”核心外汇产品体系，外汇及跨境产品规模达565亿元，境外投顾业务规模超140亿元，居同业前列。公司紧跟集团跨境理财通业务试点，9月24日开通首日即发行投资“南向通”业务的专属理财产品，便利客户境外融资需求。工银理财与美国高盛资管于6月签署关于设立合资理财公司的合作备忘录，年底前合资理财公司已提交开业申请，探索建设兼具本土经验与全球最佳实践的资管公司。

（三）强化服务重点区域竞争力提升战略。工银理财充分发挥牌照优势，及时响应重点区域分行差异化投融资需要，通过专题会议、实地调研、路演推介等方式支持分行优质项目推荐和产品定制营销。2021年，公司在京津冀、长三角、粤港澳大湾区和成渝等重点区域新增投资超9 500亿元。公司灵活开展多种非标业务，推动华为薪酬收益权、湘江新区类永续债权等区域创新“首单”项目落地，与表内业务形成互补，协同总分行构建投贷联动生态圈，其中大湾区存量非标投资规模超100亿元。

（四）创新对接城乡联动发展战略。工银理财践行普惠金融服务，推出匹配县域和乡村投资者偏好的固定收益类理财产品，下沉营销服务触角，加强与城农商行在产品代销等方面合作，拓展乡村县域理财市场。公司发布绿色金融建设方案，积极参与乡村振兴的主体和债项投资，重点投资农业龙头企业首农集团25亿元非标债权及中国供销集团保障退出股权等项目。

四、坚守金融本源融入新发展格局

工银理财直连国家战略导向、实体经济融资与居民资产配置，打造全链条、一体化的综合金融服务体系，推动理财与实体良性互动、共融发展。公司持续优化投资结构，2021年末配置在固定收益证券、项目类和权益类资产余额超1.8万亿元，全年面向实体新增项目投放超1 000亿元。公司发挥理财资金轻资本特征，聚焦实体重点领域、行业龙头和“专精特新”企业，有效匹配不同发展阶段的融资需求。

工银理财强化创新开拓，从产品设计、投研方法、投资策略、风控审批等环节协同发力，推动国民经济结构调整和转型升级。公司紧跟资本市场改革步伐，通过科创打新、定增投资等形式支持注册制改革、再融资新规等多层次资本市场建设，积极参与首批公募REITs试点项目战略配售3.5亿元。公司制定支持制造业发展意见，制造业投资规模增至1 200亿元，投资国家先进制造业二期股权基金3.18亿元。公司创新绿色金融服务，于7月同业首发碳中和资产配置指数和首只“恒睿”绿色金融主题理财产品，2021年末投资各类绿色资产余额超6 000亿元。

五、筑牢能力之基推动可持续发展

（一）全力以赴提升投研核心能力。工银理财不断强化大类资产配置能力和多元策略投资能力“双轮驱动”的投研体系，完善投资专业分工，加强内外部资源整合，提升研究深度广度，投研互信和一体化水平进一步提高。依托集团“创设标的”的投行能力，不断提升自身“精选标的”的资产优选能力，强化“配置标的”的投资组合管理能力。公司紧跟市场节奏科学布局投资，在以固定收益类资产为主的基础上，加大公司债、ABS、商业性金融债券投资力度，稳固产品打底收益；权益投资整体在市场高点及时减仓止盈，部分产品抓住市场低点及风格切换机会加强细分行业布局，稳定产品净值波动。2021年，公司到期产品业绩达标率超91%，产品回撤控制水平和超额收益水平居国有理财子公司首位。

（二）整合资源发挥科技引擎效应。工银理财秉持“科技驱动、价值创造”理念，科技基础设施建设和数字化转型提速换挡。公司有序实施三年科技规划方案，强化顶层设计，加强科技治理，合规生产运维，防范信息风险。坚持集团科技协同和公司自主研发并举，2021年完成36个金融科技项目开发，强化产品创新、渠道拓展、投资管理、风险合规、投研管理、运营支持等六大领域系统支撑和数据赋能，打造同业领先的信息系统生态体系。

六、强化风险管控严守合规底线

（一）“9+X”各类风险管理基础更加牢固。工银理财坚持集团统一风险偏好，完善了“一个规定、三个意见”全面风险管理制度，进一步压实“三道防线”责任，做到“主动防”。紧盯风险限额、授权管理、合作机构管理等重点领域和关键业务环节风险，健全合作机构“1+5”管理制度体系，加强资管计划底层穿透管理，初步形成“1+8”反洗钱制度体系，推动“全面管”。加快风控系统建设，推进项目审查、债券信评、风险审批纳入系统管理，实现“智能控”。2021年，公司非标代理投资不良率、信用债代理投资违约率及自营投资不良率保持零风险暴露。

（二）内控合规案防长效机制逐步形成。工银理财扎实开展“内控合规月”“压实责任年”活动，持之以恒培育合规文化。深入开展监管现场检查、派驻组专项检查、内外部审计及公司自查发现问题整改，深化典型案例警示教育和以案促改、以案促治，注重长效机制建设。公司构建了“四位一体”员工行为规范体系，聚焦关键岗位，全面排查员工“八小时以外”以及个人投资行为，加强人和事两方面管理，为公司稳健发展保驾护航。

七、坚持党建引领提升治理水平

工银理财坚持党建引领，准确把握集团关于境内综合化子公司的管理要求，将加强党的全面领导与健全现代金融企业制度深度融合，压实“一岗双责”。2021年，公司抓紧抓实党史学习教育，组织丰富多彩的活动庆祝建党100周年，深入学习习近平总书记“七一”重要讲话和十九届六中全会精神，党员干部累计参训3 000余人次。设立“党委班子成员接待日”，扎实开展“我为群众办实事”，解决重点问题28项。坚定不移推进全面从严治党，建立“常态化谈心谈话”制度，持之以恒正风肃纪。

工银理财根据监管最新要求，对标国内外先进实践，持续规范完善治理机制和组织架构，治理效能进一步提升。公司坚持“党管人才”，优化干部人才队伍，择优选拔管理干部和业务干部，通过校招、社招、内部轮岗等方式充实重点业务条线人员，2021年末员工规模增至450人。公司以党建带动团建群建，年内成立团委，加强员工关心关爱，系统建设特色鲜明的企业文化，不断提升队伍凝聚力和战斗力，为实现长期发展愿景打下坚实基础。

（工银理财）

浙江平湖和重庆璧山工银村镇银行

一、浙江平湖工银村镇银行

（一）经营情况。存款：各项存款余额 21.40 亿元，较年初增加 0.45 亿元，增幅 2.15%。从存款构成来看，对公存款 12.43 亿元，较年初下降 0.35 亿元，储蓄存款 8.97 亿元，较年初增加 0.8 亿元。

贷款：各项贷款余额 19.62 亿元，较年初增加 0.21 亿元，增幅 1.08%，其中：个人贷款余额达到 7.31 亿元，较年初下降 0.85 亿元，公司贷款 12.31 亿元，较年初新增 1.06 亿元。

风险：不良贷款余额 3 630 万元，不良率 1.85%，分别较年初下降了 630 万元和 0.34 个百分点。全年不良贷款处置 2 375 万元，拨备覆盖率达到 396.44%，较年初提高了 94.39 个百分点，贷款不良率呈现持续下降态势，资产质量稳中向好。

经营效益：实现营业收入 4 865.25 万元，营业支出 4 250.77 万元，实现拨备前利润 3 071.55 万元，提取各项贷款损失准备 2 545 万元，实现净利润 548.87 万元，净利润较 2020 年同期增加 55.42 万元。

（二）主要工作措施。

一是以党建为统领不断加强队伍建设。抓班子建设，在党委书记的指导下，坚决做到重大事项党委会讨论前置，全年共召开党委会 16 次；认真开展党史学习教育活动和组织中心组学习，全年共开展 13 次中心组学习，并全力开展建党 100 周年系列党建活动，忠诚拥护“两个确立”，增强“四个意识”、坚定“四个自信”、做到“两个维护”。抓基层组织建设，按应建尽建的原则，改选增设了一个支部，并严格抓好支部的“三会一课”工作，充分发挥支部的战斗堡垒作用。

抓好党员的先锋模范作用。通过表彰优秀党员吸引优秀员工加入党组织，全年预备党员转正 2 名，发展对象转预备党员 1 名，积极分子转发展对象 1 名，吸收积极分子 2 名。

二是以三年规划为引领突出“支农支小”经营定位。深入贯彻落实总行党委决策部署，推进村镇银行可持续发展和做优做强，更好地服务国家乡村振兴战略和城乡联动发展战略。

制定了《平湖工银村镇银行 2021—2023 年经营发展规划》，明确提出户均贷款降至 50 万元以下，农户和小微企业贷款占比在三年时间内累计提升 5 个百分点。进一步强化对小户贷款市场拓展。通过锁定园区、市场、种养殖户和优质个人客群，大力拓展小户贷款，在风险可控的基础上进一步突出对个体工商户、种养殖大户、普通农户的信贷投放。加强与农经局、各乡镇农办的联系，筛选部分优质的种养殖大户作为营销目标，尝试引入政策性担保公司的参与，进行信贷支持。仅 2021 年 12 月就新拓 386 户，户均贷款 15.14 万元，至年末全行户均贷款 48.65 万元，完成既定目标。

三是以创新为推动打响“惠农、惠小、惠民”品牌。在产品创新上深入推进“农易贷”产品推广，全年新拓“农易贷”客户 110 户，贷款金额 2 584.50 万元，在《中国农村信用合作报》社主办的“村镇银行助力乡村振兴典范案例”评选中，“荣誉时贷”获得了“创新产品典型案例”荣誉。尝试推进“整村授信”，对曹桥章桥村、野马村和林埭祥中村进行了三个月的集中走访涉及农户 2 203 户，预授信 1 521 户，预授信金额 16 980 万元。积极投身参与监管部门与地方政府启动的“双百双进”“百行进万企”融资对接工作，切实加强疫情期间对实体企业的融资供给。特别是对受疫情影响较大、暂时出现还款困难的企业，科学合理地采取延期还款、分期还款、展期、无还本续贷、利用财政周转资金等措施，切实支持实体经济发展，确保企业资金链不断裂。

四是以存款为本支撑信贷资金供给。倾力吸收储蓄存款，持续做大储蓄存款规模。突出产品优势，进一步加大高端客户的精准营销。针对高收入人群，结合银行长期理财产品短缺的不足，推出相对期限较长又有一定利率优势的存款产品，抢抓一部分长期限的存款。突出老年客群的已有优势，进一步回馈老客户，增强老年客群的黏度。突出公私联动的优势，拓宽客户稳存增存新渠道。大力营销公司企业的代发工资业务，尤其是做好对中高层管理人员的金融服务，有效拓宽客户来源的新渠道。

大力拓展对公存款，做大对公存款规模的同时有效缓和大额波动的现状。加大对公结算客户的拓展。充分利用客户引荐、贷款企业的关联企业、核心企业的上下游客户拓展对公结算客户，扩大对公存款的来源。加大贷款市场对存款业务引流。进一步加强对中小贷款客户信贷市场的拓展，以贷款的投放为抓手，开辟存款增长点。持续参加财政部门存款业务的普惠招投标工作，成功中标5 000万元，同时择时参加国资公司的临时大额存款招投标。进一步加强对各个对公存款大户的沟通，以合理的方式掌握其大额资金的动向和特点，尽可能减少存款大户的存款波动，从而有利于进一步提升流动性预判的准确性。

五是以制度为抓手保障全行的合规经营。强化信贷管理，做好疫情防控背景下的信用风险防控。及时、持续关注信贷客户的用工情况、达产程度、订单变化、出货进度、回款快慢等情况。密切关注信贷客户他行授信及融资变化情况、自身决策与资产变动情况等，提前制订相关潜在风险客户的风险预警方案，对经营变动及时介入处理。同时，持续推行信贷客户准入预审工作，把好准入关，防止病从口入。

重点做好不良贷款的清收转化工作，持续实现不良贷款的“双降”。重点加快对建材市场及大额不良的个人经营性贷款的应诉尽诉及呆账核销工作。尝试对部分大额个人不良贷款客户提起拒执罪的诉讼，从而争取以诉促谈。持续加强对小额个人违约贷款的日常催收工作，严防劣变。加强对潜在风险和关注类客户的合理压降工作，一户一策，积极引导企业主主动瘦身处置各项资产。

全面做好各项内控防案防工作。组织开展内控专项检查。2021年开展了4次内控检查，共发现问题35个，根据监管要求开展自查工作，积极落实各类问题整改问责工作。同时在监事会的指导下开展内审检查。在上半年和下半年分别开展了两次内审检查，出具内审检查报告，对存在的不足和问题提出检查意见。开展员工行为动态排查。制定了《浙江平湖工银村镇银行因私出国（境）管理办法》，通过公安走访、家访、科技排查、征信调查、大额资金往来分析等方式判断全行员工是否存在异常情况。上线员工网格化管理系统，实现了行为动态管理智能化网格化发展的目标。结合上海内审的全面审计及嘉兴银保监部门的专项检查以及各项内审检查，突出问题导向，加强整改落实力度。对屡查屡犯，整改不力的严肃查处。

六是以家园文化建设推进员工关爱计划。强化一个“干”字，提升全行员工的执行力，尤其是提高中层干部的吃苦精神、主动作为和履职能力。突出一个“带”字，加快新员工的岗位适应能力，确保新员工到岗后有人教，感受到团队的温暖。尝试一个“通”字，逐步建立起与主发起行相近、相通的员工管理机制，修订了《平湖工银村镇银行员工职业发展管理实施细则》，明确员工职业发展路径，优化选人用人和考核分配机制，推行全员工资等级档次逐步与主发起行打通的模式。学会一个“引”字，引入主发起行的专业优势和人才资源，提高全行各专业的工作水平、履职能力，以及员工的综合素质。传导一个“爱”字，以党、工、团、妇为载体，建设家园文化，加强人文关怀，提高员工养老金标准，为员工购买了补充医疗保险和重疾险，为员工子女购买补充医疗保险，解决了员工后顾之忧。对员工食堂进行改造，为员工营造温馨的就餐环境，对滨海支行进行了全面装修改造，增加二楼的办公室和会议室区域，对办公环境进行空气检测，确保办公环境安全。

七是以科技提升支撑经营管理和业务发展。充分依靠主发起行的资源，加快推进各项科技项目提升。在总行专题会议之后，各项科技提升项目加快落实，2021年上线监管数据报送系统、反洗钱客户分类系统、全球信贷系统（GCMS）、完成了PCM2003客户移行GCMS系统、员工网格化管理信息系统GIS、电子影像系统（凭证扫描），手机银行APP已完成立项并正在测试。同步推进新银企互联、电子验印系统、回单系统、企业二代征信系统、利率报备系统、银联贷记功能、反洗钱系统优化、公文系统、行政印章等系统建设。

二、重庆璧山工银村镇银行

2021年，重庆璧山工银村镇银行按照总行“小而优、精而美”发展定位和市行“把准市场节奏，保持发展理性，强化风险控制”要求，坚持党建引领，聚焦支农支小主业和风险控制，紧紧围绕总行下达的利润指标和18个核心监管指标两项中心工作，超额完成总行下达任务，核心监管指标实现优化，监管和央行评级预计稳中有升。具体情况如下：

（一）经营指标。2021年末各项存款余额33 498万元，较2020年增加2 045万元，增幅6.5%。其中，储蓄存款余额24 251万元，较2020年增加3 889万元，增幅19.1%；保证金存款389万元，较2020年增加205万元，增幅111.41%；公司存款余额8 804万元，较2020年减少2 021万元，降幅18.67%；机关团体存款余额33万元，较2020年减少2万元，降幅5.71%。

2021年末各项贷款余额27 141万元，较2020年增加2 604万元，增幅10.61%。其中，公司贷款余额8 079万元，较2020年增加1 256万元，增幅18.41%；个人贷款余额19 062万元，较2020年增加1 348万元，增幅7.61%。

2021年末不良贷款余额清零，较2020年持平，完成了全年存量不良贷款清收处置任务；不良贷款率为零，控制在计划范围以内。

通过加强特殊资产的管理力度，2021年收回账销案存资产648万元，实现贷款拨备回拨419万元，收回诉讼费垫款22万元。同时，通过加强以物抵债资产的管理，实现抵债资产租金收入9万元。

2021年实现拨备前利润－294万元，较上年减亏68万元，拨备后利润、净利润均为125万元，均较上年增加17万元。拨备前利润、净利润分别超总行任务46万元、15万元。

（二）监管指标。核心监管指标持续优化，央行评级预计为5级，宏观审慎评估预计为B级，银保监综合评级预计将提升至3A级，有望进入全市38家村镇银行监管评级前列，18个核心监管指标持续实现优化。

一是流动性持续优化。核心负债比例实现达标，夯实了稳定性存款。流动性可用资金保持在2.3亿元左右，头寸充足。二是资产质量持续好转。解决了资产质量问题，2021年不良贷款双清零，四项资产质量指标优于监管标准要求。三是风险抵补能力进一步加强。2021年末，减值准备余额4 868万元，贷款损失准备充足率达到1756%；核心一级资本充足率、资本充足率分别为31.99%、33.14%，分别优于监管标准24.49个和22.64个百分点。四是金融服务指标持续巩固。“三农”和小微贷款占比达到83.35%，单户贷款余额全部在500万元以下。三项金融服务指标处于监管优秀值。五是完成“增量”“扩面”“提质”“降本”。全行普惠小微贷款余额10 892万元，较年初增加1 428万元，增速15.09%，高于全行各项贷款增速4.48个百分点；普惠小微贷款109户，较年初增加30户，实现普惠小微两增目标。小微贷款首贷户贷款余额4 289万元，较年初增加505万元；小微贷款首贷户结余贷款户数54户，较年初增加3户；小微贷款首贷户占比39.37%。小微信用贷款余额3 923万元，较年初增加2 481万元；小微信用贷款占比36.02%，较年初增加24.59个百分点。小微贷款余额加权平均利率5.19%，较年初下降43个基点。

（三）存款工作。2021年，全行存款工作主要着力于降成本开展。一是存款平稳增长。年末各项存款余额33 498万元，较年初增加2 045万元，增幅7%，头寸保持在2.3亿元左右，三大流动性指标均优于监管要求。二是代发业务取得突破。新营销轻轨璧铜线拆迁代发项目，年末成功代发616万元，成为该项目首家非贷款银行的代发行。全年完成拆迁款代发和工资代发2 570笔，金额3 993万元。三是资金付息率持续下降。大力营销区属国有公司低息存款，年末7大国有公司存款余额达到7 700万元；存款付息率2.7%，较上年下降19个基点。

（四）贷款工作。2021年末，明确了镇、街、村三农和小微目标市场，建立批量获客渠道和网格化营销机制，创新服务产品和风险分担机制。

一是信贷规模稳步增长。全年投放贷款17 634万元，其中新增信贷客户97户、6 122万元，年末各项贷款余额27 141万元，较年初增加2 604万元，增幅11%。旺农贷辖内同业占比达62%，余额、新增同业第一；农担贷余额占比超过31%，新增同业第一。信贷客户数441户，户均贷款62万元。

二是服务乡村振兴能力持续提升。涉农贷款余额20 157万元，占各项贷款74.27%，较年初增加2 328万元，增幅13.1%；普惠型涉农贷款余额15 071万元，较年初增加3 566万元，增幅31%；向120户农民发放扶贫贷和脱贫小额贷款100万元；与区政府签订了《服务乡村振兴战略合作协议》，建成10个“1+2+N”乡村振兴金融服务点；收到市农业农村委、市地方金融监督管理局的《感谢信》；多个创新服务乡村振兴的案例先后在新华财经、学习强国、人民网、重庆日报和腾讯财经上刊载，彰显工商银行责任大行的社会形象，起到良好的社会效应。

三是金融助力中小企业稳步推进。普惠小微贷款余额10 892万元，较年初增加1 428万元，增速15.09%，高于全行各项贷款增速4.48个百分点，实现小微贷款增速不低于各项贷款增速的监管考核目标；普惠小微贷款109户，较年初增加30户，实现小微贷款客户数不低于年初数的监管要求；普惠小微中长期贷款余额3 451万元，较年初增加2 200万元，普惠小微中长期贷款占小微贷款余额比例37%，较年初增加16.86个百分点；建成1个“1+5+N”民营小微企业和个体工商户金融服务港湾。

四是充分运用人民银行货币政策工具。累计办理普惠小微续贷5 763万元，续贷率为73.14%，达到人民银行续贷率不低于60%的要求；投放普惠小微信用贷款3 711万元，占比37.76%；获取人民银行3 000万元支农再贷款和1 750万元支小再贷款并实现投放。充分运用人民银行货币政策工具，获得人民银行奖励累计54.47万元、无息再贷款资金1 149万元，被人民银行评为2021年度“央行货币政策工具运用”先进银行。

（五）信用风险管控。全年处置不良贷款1户、498万元，目前不良贷款余额清零，关注类贷款2户、573万元，拨备余额4 868万元，资产质量总体稳定，具有较强的风险抵补能力。一是不良贷款、逾期贷款双降清零，制定逾期贷款及不良贷款清收管理计划，按计划推进执行落实，加强“监测—会诊—管控—化解”闭环管理，实现年末不良贷款、逾期贷款双清零目标。二是加强潜在风险贷款管控力度，定期开展潜在风险贷款分析、化解会，根据客户风险变化及时调整客户风险分类。三是强化信贷全流程管理，积极加强客户信贷全流程管理职能，严格执行全流程监督履职，确保双人现场调查、作业监督要求落实等各动作规范，不断提高风险合规理念，杜绝信贷业务风险隐患。

（六）内部管理工作。一是加强公司治理。董事会严格履行公司章程规定的职责和义务，实现了董事会的有效运作，进一步完善健全了公司治理机制。全年召开董事会9次，根据总行支持村镇银行发展专题会议精神修订了三年战略发展规划，审议确定了年度经营计划及监管指标达标升级计划、信息披露报告等重大经营管理事项。按季听取经营层工作报告，及时对全行的业务发展、风险控制、市场定位等工作向经营层提供指导意见和建议，确保重点工作有序高效完成。与监管机构建立了常态化沟通机制，就经营管理中的重大事项积极向监管部门报告，主动征求监管部门意见，取得监管部门认可。

二是优化人力资源。提升员工专业资质。2021 年，取得信贷 A 类高级资质 2 人、中级 4 人、初级 2 人；信贷 C 类初级资质 1 人；网点负责人资质 2 人；其他专业类中级资质 1 人，初级 2 人。目前，13 名信贷从业人员中，取得信贷 A 类高级资质 7 人、中级 5 人、初级 1 人，另有 9 人取得其他专业类中级资质。完善年金制度。将单位缴费比例由 5% 调至 8%，与重庆分行保持一致，维护员工权益，增强员工归属感。

三是加强风险管理。流动性风险方面，头寸保持在 2.3 亿元左右，三大流动性指标均优于监管要求。声誉风险方面，加强消费者权益保护，按期联网排查负面舆情，未发生声誉风险隐患事件。合规风险方面，通过讲授党风廉政建设专题党课、加强员工网格化管理和异常行为排查，全年实现安全运营，无案件和重大风险事件。荣获人民银行重庆营管部反洗钱征文比赛优秀奖。连续两年荣获监管部门统计考核优秀单位。

（浙江分行、重庆分行）

第六部分

重要文献

责任编辑：项大宇

在中国工商银行2021年工作会议上的讲话

陈四清

（2021年1月15日）

这次会议是在我国进入新发展阶段、我行开启新发展征程的关键时点召开的一次重要会议。主要任务是，以习近平新时代中国特色社会主义思想为指导，全面贯彻党的十九大和十九届二中、三中、四中、五中全会精神，认真落实中央经济工作会议精神，动员全行将思想和行动统一到党中央对当前形势的科学判断和决策部署上来，总结2020年工作，部署2021年重点任务。下面，我讲几点意见。

一、关于2020年工作

过去的一年，面对世纪疫情和百年变局交织、严峻挑战和重大困难并存的复杂局面，全行在以习近平同志为核心的党中央坚强领导下，坚决贯彻党中央、国务院决策部署，全面落实金融工作“三大任务”，全力参与“三大攻坚战”，统筹推进疫情防控、金融保障与经营管理，取得了好于预期的经营成果，三年规划圆满收官，广大干部员工斗争本领得到进一步锤炼，精神面貌更加奋发昂扬。

我们密切研判“时”与“势”，在疫情防控与金融保障的大战大考中展现新担当。面对突如其来的新冠肺炎疫情，行党委及时成立应对疫情工作领导小组和工作专班，坚决贯彻党中央、国务院决策部署，坚持人民至上、生命至上，先后召开50余次会议进行研究部署，因时因势制定应战策略，并全面推动全行公共卫生体系和员工健康安全管理体系建设。湖北武汉等地2 800余名干部员工毅然奔赴抗疫一线，党员干部冲锋在前、迎难而上，全行员工守望相助、共克时艰，踊跃捐款捐物超过2.5亿元，以实际行动践行伟大抗疫精神。在防疫抗疫的同时，全行坚决扛起金融保障重大责任，接续开展支持复工复产的“春润行动”、支持外贸外资的“春融行动”、支持脱贫攻坚的“春暖行动”“金秋行动”和支持湖北武汉专项行动，全面助力“六稳”“六保”，服务实体经济的精准性直达性进一步增强。人民币各项贷款较年初增加××万亿元，债券投资较年初增加××万亿元，均创历史新高。普惠贷款较年初增长58%，主要指标全面满足监管要求。制造业中长期贷款占比大幅提高。

我们科学把握“稳”与“进”，在推动重点战略实施中实现经营质态新跃升。集团资产规模突破××万亿元，各项存款、各项贷款的余额、增量均排名同业首位，市值稳居国内金融业第一。牢牢把握工商银行发展方位，扎实推进重点战略执行。第一个人金融银行战略破题深化，个人客户总量达××亿户，人民币储蓄存款规模突破11万亿元，增量创历史新高。零售营业贡献占比提升，品牌价值蝉联全球第一。境内外汇业务首选银行战略开局良好，外币存款增量、贷款增量领先同业，全量客户增速提升，结售汇等业务市场份额大幅增加。重点区域竞争力提升战略扎实推进，服务国家区域协调发展战略的力度不断加大，存款、贷款等业务系统贡献度持续提升。公司金融、机构金融、金融市场、投行资管等优势业务板块拉动作用进一步增强。公司存款增量近年来首次实现四行第一，公司贷款增量首破1万亿元。机构金融业务市场地位更加稳固，存款优势较主要可比同业进一步扩大，源头辐射作用不断增强。主承销各类债券、非保本理财规模居同业首位。养老金业务实现跨越式发展，托管业务、投行业务主要指标保持同业领先。

我们积极联通“内”与“外”，在主动服务高水平对外开放大局中实现全球经营新发展。海外机构网络覆盖49个国家和地区，奥克兰分行顺利开业，巴拿马分行获批成立。境内机构国际结算量超过1万亿美元，跨境人民币结算量超过4万亿元，市场占比进一步提升。稳慎推进人民币国际化，率先实现大宗商品全流程人民币跨境使用。主动对接外贸新业态，“单一窗口”跨境结算规模位居同业首位。全面服务进博会、服贸会、广交会，助力取得高水平务实成果。积极参与国际金融治理，举办金融合作论坛、全球系统重要性金融机构会议，推动“一带一路”银行间常态化合作机制（BRBR）覆盖61个国家和地区。

我们综合施治“标”与“本”，在加强全面风险管控中实现治理效能新提升。各类风险得到有效管控。推动风险排查与风险治理有效衔接。坚持全面体检、排危化险的短期策略，与精细管理、优化结构的中长期策略并重，对各类风险实施全景监测，出台强化集团风险治理、提升风险治理能力系列指引，聚焦管住人、管住钱、管好防线、管好底线，健全全面风险管理体系。推动风险出清与流程再造有效衔接。打响资产质量攻坚战，加强风险资产管控，首次实现年度“剪刀差”为负。实施授信审批新规，推进“三道口”“七彩池”管理，压实机构审慎经营责任和业务全流程管理责任。推动应急处置与防线加固有效衔接。一批重大风险事件得到及时化解。支持锦州银行逐步走上经营正轨。集团交易业务在市场剧烈波动中保持稳健。境外机构面对严峻复杂局面，经营抓得紧、管理不放松，做到疫防严、运营稳、风控实。

我们辩证处理“破”与“立”，在深化改革创新中增强经营发展新活力。坚持目标导向、问题导向、结果导向，抓住主要矛盾和矛盾的主要方面，着力增强改革的系统性、整体性、协同性。打好改革攻坚“主动仗”。全面推进 GBC 工作，37 个场景渐次落地。以客户为中心、以市场为导向，改革营销体系，强化条线联动、分层管理、分类突破，为基层松绑减负赋能。增强集团业务协同，提升综合化子公司价值贡献。机构管理、绩效考核、资源配置、战略传导等改革措施全面落地。下好创新转型“先手棋”。加快数字化转型，持续打造全领域链接、精准化触达、智能化服务的金融生态，网络金融月活客户数在同业中率先破亿。深化科技赋能，推动业务模式创新、流程重塑、领域拓展。智慧银行生态系统工程（ECOS）圆满收官，IT 基础设施水平继续引领同业。适应资管新规、市场新态，全面推进资产管理、私人银行经营转型。完善绿色金融组织体系、政策体系、产品体系，绿色贷款规模持续领跑同业。

我们认真践行“严”与“实”，以高质量党建引领高质量发展，开创全面从严治党从严治行新局面。坚持以党的政治建设为统领，深入学习贯彻习近平新时代中国特色社会主义思想，增强“四个意识”，坚定“四个自信”，做到“两个维护”。建立健全贯彻落实习近平总书记重要指示批示精神和党中央决策部署的工作机制，拉单列表、动态更新、加强督办，确保不折不扣贯彻执行。将党的领导全面融入公司治理，设立执行委员会，在行党委领导下具体负责经营管理工作，进一步增强治理能力，提升管理水平。统筹抓好机关党建、基层党建，在疫情防控、脱贫攻坚等重大任务中锤炼党性意志、坚定初心使命。深入落实中央八项规定精神，驰而不息纠治“四风”，扎实推进正风肃纪与反腐败斗争。深化派驻改革，完善行党委与派驻纪检监察组沟通会商机制，完成两批次常规巡视和专项巡视，构建协调联动、同向发力的大监督体系。加强干部人才队伍建设，开展全行优秀年轻干部调研、专职审批委员公开选拔、一级（直属）分行副职公开遴选和行长助理选聘，为干部施展才华、干事创业提供广阔空间和更大舞台。自觉把决战决胜脱贫攻坚的政治责任扛在肩上，高质量完成扶贫任务，定点扶贫县市全部脱贫摘帽。政策研究、投资者关系管理、安全保卫、离退休人员服务管理、声誉风险管理、行政保障以及工会、青年、妇女等工作取得新的成绩，为全行高质量发展作出积极贡献。

2020 年是全行三年规划的收官之年。经过持续拼搏，工商银行改革发展取得新的进步，三年规划主要目标任务全面完成。资产规模年均增长超过 × ×%，表内外业务规模突破 × × 万亿元。连续八年位居福布斯全球企业 2 000 强和英国《银行家》杂志全球银行 1 000 强榜首，全行综合实力跃上新台阶。

在砥砺奋进的实践中，我们深化了对在复杂严峻形势下做好全行工作的认识。概括起来，就是要始终做到“四个必须”。

一是必须始终做到“两个维护”，不折不扣落实党中央决策部署。不论是抗击新冠肺炎疫情，还是服务实体经济、防范化解风险、推动改革创新，全行都坚持以习近平新时代中国特色社会主义思想为指导，紧密团结在以习近平同志为核心的党中央周围，不折不扣贯彻落实总书记重要讲话、重要指示批示精神和党中央决策部署，各项工作不断取得新的成绩。实践证明，只要坚持将“两个维护”作为最高政治原则和根本政治规矩，不断将党的领导政治优势和我国社会主义制度优势，转化为全行发展优势和治理效能，我们就一定能够乘风破浪，奋勇前行，取得前进征程上一个又一个的新胜利。

二是必须始终坚持人民立场，把满足人民对美好生活的向往作为开展工作的出发点和落脚点。立场决定方向，也决定行动优先序。我们坚持把人民群众利益放在最高位置，以高质量金融供给，全力满足人民群众高品质生活需要。实践证明，只要我们坚持人民至上，心中始终装着老百姓，不断满足新向往新期待，持续解决痛点难点问题，我们就一定能够确定最优发展路径，实施最佳发展蓝图，激发出攻坚克难、推动发展的强大能量。

三是必须始终坚持新发展理念，实现更高质量的发展。工商银行的发展进步，得益于我们将思想和行动统一到新发展理念上，正确认识发展方位，积极推进自身改革，不断提升金融服务适应性、竞争力、普惠性，以高质量供给满足日益升级的金融需求。实践证明，只要坚定不移贯彻新发展理念，加快推动质量变革、效率变革、动力变革，我们就一定能够在推动经济高质量发展的同时，实现自身更高质量、更有效率、更加公平、更可持续、更为安全的发展。

四是必须始终强化机遇意识和风险意识，以系统观念更好地统筹发展和安全。我们将发展作为硬道理，抢抓机遇、快速反应、精准布局，积极培育新的增长点、增长极；同时坚持底线思维，依法合规经营，既防“黑天鹅”，又防“灰犀牛”，保持了资产质量的整体稳定和各类风险的总体可控。实践证明，只要胸怀“两个大局”，增强系统观念，保持战略定力，严格落实监管要求，我们就一定能够抓住机遇，应对挑战，趋利避害，在复杂局面中育先机、开新局，不断创造让党中央满意、让人民满意的新业绩。

同志们！我们取得的各项成绩，是习近平新时代中国特色社会主义思想科学指引的结果，是落实党中央、国务院决策部署的结果，是监管机构和国家有关部门指导帮助的结果，是全行广大干部员工团结一心、拼搏进取的结果。我谨代表行党委和董事会，向监管机构、国家有关部门和股东单位，向派驻纪检监察组，向监事会、管理层，向全行干部员工，表示衷心的感谢和崇高的敬意！

在看到成绩的同时，也要清醒地认识到，对照高质量发展的要求，我们的工作还存在差距和不足。一是经营发展方面，传统竞争手段边际效应递减，收入增长乏力，客户基础有待夯实。科技赋能仍然不足，数字化经营尚未全面深入。网点业态功能需进一步优化。二是风险管理方面，风险延期暴露的存量规模较大，不少分行较当地可比同业不良率偏高，一些机构案件和风险事件多发，全面风险管理基础仍需加强。三是改革深化方面，多年累积的矛盾和“壁垒”还不少，面对新格局新征程新任务，变革创新的意识还要进一步增强，落实改革的行动还要更加坚决。四是党的建设方面，部分基层机构党建工作存在薄弱环节，党建与业务融合水平需进一步提升，个别干部精神状态和工作作风有待改进。以上问题，我们要在新的一年全力破解；以上差距，我们要在新的一年迎头赶上。

二、关于当前形势和2021年工作总体要求

去年下半年以来，党中央召开了一系列重要会议。党的十九届五中全会，描绘了我国未来发展的宏伟蓝图，作出了应对变局、开辟新局的顶层设计。中央经济工作会议全面分析了当前国际国内经济形势，明确了今年经济工作的目标任务和原则要求。近期，习近平总书记在省部级主要领导干部研讨班开班式上，深刻分析了我国进入新发展阶段的理论依据、历史依据、现实依据，明确阐述了深入贯彻新发展理念的新要求，以及加快构建新发展格局的主攻方向。党中央提出的一系列重要论断、重要观点，为我们做好工作提供了根本遵循。全行要将思想和行动统一到党中央对形势的科学判断和决策部署上来，立足新发展阶段，贯彻新发展理念，从服务新发展格局、推动高质量发展出发，观察形势、思考问题、推动工作。

从国际看，世界百年未有之大变局加速演化。一方面，和平与发展仍是时代主题，新一轮科技革命、产业变革深入发展，人类命运共同体理念深入人心；区域全面经济伙伴关系协定（RCEP）的签署、中欧投资协定谈判的完成，给全球经济发展注入正能量。另一方面，国际形势依然复杂严峻，不稳定性不确定性明显增强。新冠肺炎疫情全球大流行影响广泛深远，一些国家保护主义和单边主义盛行，地缘政治风险上升。全球产业链供应链受非经济因素冲击，区域化、本地化特征更趋明显。

从国内看，中华民族伟大复兴展现出更加光明的前景。当前和今后一个时期，我国发展仍然处于重要战略机遇期，但机遇和挑战都有新的发展变化。党的全面领导坚强有力，我国制度优势显著，治理效能提升，经济长期向好，物质基础雄厚，人力资源丰富，市场空间广阔，发展韧性强劲，社会大局稳定。宏观政策将保持连续性、稳定性和可持续性，不搞“急转弯”。同时，我国经济恢复的基础尚不牢固，发展不平衡不充分问题较为突出。关键领域“卡脖子”技术尚在突破之中，产业链供应链还不能完全自主可控。中小微企业生产经营困难较多。部分地区债务风险、企业违约风险加大。

从金融看，“十四五”时期，我国产业发展升级的势头强劲，蕴含着大量的金融需求。居民财富管理需求旺盛，消费金融业务有望实现大的发展。数字金融发展空间广阔，线上线下融合趋势加速。我国对外开放力度更大，跨境金融服务潜力突出。金融风险处置取得重要阶段性成果，金融体系韧性明显增强。《民法典》正式实施，房地产贷款集中度管理等重要政策渐次出台，金融科技监管持续加强。同时，一些国家量化宽松和低利率政策外溢效应明显，疫情冲击下新老问题相互交织，同业竞争更加激烈，金融风险的表现形态、传染路径和安全边界呈现新的特点。

从自身看，我行发展进入新时期。对标“十四五”规划和2035年远景目标，我们要牢牢把握发展方位，在更好服务经济高质量发展的基础上，努力实现自身高质量发展。我行新三年规划编制工作已接近尾声，前期已通过座谈会等多种方式征求了各机构各部门的意见。总体考虑是，全面对标党中央、国务院决策部署，坚持“建设具有全球竞争力的世界一流现代金融企业”愿景，按照“大、全、稳、新、优、强”发展方位，实施“扬长、补短、固本、强基”布局。扬长上，重点巩固机构、公司、综合交易等业务优势；补短与协同上，重点实现个人金融、外汇业务、重点区域、城乡联动等方面突破；固本上，重点夯实金融科技、金融创新、金融要素和客户基础；强基上，重点提升全面风险管理能力、GBC联动效能、网点和人才队伍竞争力，充分发挥党建引领作用。新三年规划经必要程序论证、修改、审定通过后，全行要认真学习宣传，做好过程管理，强化考核评价，结合实际，抓好创造性落实。

2021年是中国共产党成立100周年，是“十四五”开局之年，也是我行新三年规划起步之年，做好全年工作意义重大。总体要求是：以习近平新时代中国特色社会主义思想为指导，立足新发展阶段，贯彻新发展理念，服务新发展格局，推动高质量发展，坚持党委

“48 字”工作思路，稳中求进、防范风险、支持重点、狠抓担当落实，推动新三年规划开好局、起好步，以优异成绩庆祝建党 100 周年。

做好今年工作，要把握好以下几点：

一是加快形成与服务新发展格局、推动高质量发展相适配的经营发展新质态。坚持把发展作为第一要务、人才作为第一资源、创新作为第一动力，把新发展理念贯穿经营管理全过程和各领域。围绕服务新发展格局、推动高质量发展，实施好新三年规划，从战略制定、资源配置、组织架构、渠道流程等方面，全方位推动经营转型和改革创新。牢牢把握今年“十四五”开局、经济恢复性增长特点，用好“三比三看三提高”工作方法，抓住宝贵时间窗口，加快新领域布局、新市场拓展、新动能培育。统筹好发展和安全，抓好重点领域、重点区域、重大项目风险管控，守牢不发生系统性风险的底线。

二是抓紧推进与服务新发展格局、推动高质量发展相关联的重大战略重要战术实施。紧密围绕服务科技自立自强、扩大国内需求、乡村振兴、普惠金融、绿色金融等重点任务，加强前瞻性思考、全局性谋划、战略性布局、整体性对接，不断增强金融服务的适应性、竞争力、普惠性。坚持观大势、谋大事，与时俱进完善工商银行战略体系，坚定不移实施好第一个人金融银行、境内外汇业务首选银行、重点区域竞争力提升战略，落实好城乡联动发展战略，确保战略牵引航向、凝聚力量作用得到充分发挥。强化科技赋能与业务融合，加快数字化转型。深入开展 GBC 工作，形成完整业务生态，提高资金在行内闭环运行水平。

三是继续保持与服务新发展格局、推动高质量发展相契合的精神状态，提高专业化能力。各级领导干部要坚持守土有责、守土尽责、守土担责，保持毫不懈怠的精神状态和一往无前的奋斗姿态，团结带领广大干部员工锐意进取、迎难而上、攻坚克难，不断巩固和提升我行市场竞争力。主动适应科技变革速度加快、经济社会活动复杂性全面上升的趋势，深化对客户需求、科技发展及新兴领域的洞察，增强补课充电的紧迫感，干什么学什么、缺什么补什么，自觉赶上时代潮流，努力成为服务新发展格局、推动高质量发展的行家里手。主动转变作风，持续为基层减负赋能，让听得见炮声的前线轻装上阵，不断拓展发展新空间、塑造竞争新优势。

三、关于 2021 年重点工作

做好今年工作，意义重大，任务繁重，机遇和挑战都很多。全行要切实提高政治站位，发扬奋斗精神，提升专业能力，围绕服务新发展格局、推动高质量发展，开展好全年工作，展现新作为、取得新成绩、见到新气象。

（一）坚持党建引领、从严治理，进一步扛起服务新发展格局、推动高质量发展的政治责任。各级领导干部要切实增强政治意识，提高政治判断力、政治领悟力、政治执行力，从讲政治的高度做好工商银行工作。找准党建和服务新发展格局的契合点、切入点，努力以高质量党建引领高质量发展。强化党的创新理论武装，持续深入学习贯彻习近平新时代中国特色社会主义思想，增强“四个意识”，坚定“四个自信”，做到“两个维护”。认真组织好党的十九届五中全会精神学习宣传，巩固深化“不忘初心、牢记使命”主题教育成果。进一步把加强党的领导与完善公司治理有机结合，健全现代金融企业制度，确保党委把方向、管大局、保落实的作用充分发挥，增强公司治理稳健性和有效性，切实把制度优势转化为治理效能。

坚持“严”的主基调，将全面从严治党、全面从严治行引向深入。十九届中央纪委五次全会即将召开，会后我们要抓好传达学习贯彻。持之以恒落实中央八项规定精神，持续解决形式主义问题，深化拓展基层减负工作。巩固深化派驻改革成果，落实行党委与派驻纪检监察组常态化沟通会商机制，探索防违规、防违纪、防案件、防腐败的联防联控方式，推动主体责任与监督责任贯通协同，有效发挥各类监督的整体合力。强化对“一把手”等关键少数的监督，做实以案促改，一体推进不敢腐、不能腐、不想腐。落实党中央部署，组织开展规范领导干部配偶、子女及其配偶经商办企业工作。做好迎接中央巡视的准备。突出全覆盖、强功能，统筹推进机关党建、基层党建和海外党建。精心组织庆祝建党 100 周年活动。落实意识形态工作责任制，深植企业文化，激发干部员工爱党爱国爱行热情和服务新发展格局干劲。

慎终如始做好疫情防控工作。坚持常态化精准防控和局部应急处置相结合，强化“人物地”同防共管，压紧压实“四方责任”，加强重点人群、重点部位、重点场所防控工作。各机构尤其是境外机构要积极争取、创造条件为员工组织疫苗接种。加快推进全行公共卫生体系和员工健康安全管理体系建设，形成强大的支撑保障。巩固拓展脱贫攻坚成果，落实“四个不摘”要求，确保过渡期内主要帮扶政策总体稳定，做好与乡村振兴的有效衔接，防止发生规模性返贫现象。

（二）坚持客户至上、服务实体，进一步把握服务新发展格局、推动高质量发展的着力点。全行要积极传导货币政策，紧紧把握主攻方向，统筹好投融资质量、节奏、规模、价格，促进总量稳定、质量提升、结构优化、精准直达。公司金融、机构金融等优势板块，要在服务新发展格局、推动高质量发展中，进一步巩固自身优势，发挥带动作用，强化业务联动，促进集团整体发展质效的提升。

坚持将服务科技创新摆在突出位置。落实强化国家战略科技力量部署，紧跟创新链产业链布局，完善科创金融产品、组织和风控体系，制定重大创新项目、重大创新工程金融服务方案。创新运用知识产权融资、投贷联动、科创基金等多种方式，加大对“卡脖子”等关键核心技术领域，以及战略性新兴产业、现代服务业和数字经济等新动能的支持力度。做实科创金融专营机构体系，打造科创金融品牌。大力发展供应链融资和交易银行业务，提高对核心企业及全产业链的服务能力。通过更好的金融支持，一方面助力将产业链龙头企业，以及研发中心、关键零部件生产等环节留在国内，实现“稳链固链”；另一方面积极服务有实力的企业“走出去”，主动参与全球产业链重塑，强化我国在全球产业链中的地位。

提升服务国民经济循环水平。把握扩大内需这个战略基点，服务好供给侧结构性改革、助力需求侧管理，打通堵点，补齐短板，助力形成强大国内市场。促进消费提质扩容，积极支持医、教、养、育、幼等幸福产业发展，推动供需两端同发展、产业和消费双升级。促进扩大有效投资，主动对接“十四五”时期重大项目、重大工程，积极支持地方政府专项债发行，做好新制造业、新服务业、新基础产业与高技术企业投融资布局。落实房地产贷款集中度管理要求，合理把握房地产贷款增量，促进房地产市场平稳健康发展。高度关注部分地区新兴产业盲目投资和重复建设问题，防止融资支持不加甄别、一哄而上。继续落实好减费让利政策和深化利率市场化改革要求，严格收费管理，推动企业综合融资成本稳中有降。

加大对重点领域和薄弱环节的支持力度。制造业金融，要围绕产业基础再造工程和质量提升计划，开展“制造业金融服务深化年”行动，继续加大制造业中长期贷款投放力度，促进制造业高质量发展。普惠金融，要用活数据，用好场景，打造“数字普惠”体系。落实好延本延息贷款政策，提高首贷户、信用和中长期贷款比重，确保普惠贷款增速进位。聚焦主营业务突出、管理规范的民营企业，开展“民营企业合作伙伴服务提升工程”，助力民营经济发展。绿色金融，要着眼碳达峰、碳中和目标，加强整体规划布局，巩固绿色信贷、绿色债券市场领先地位。对涉及“高耗能、高排放”项目，要逐项审批、从严把握。做好环境信息披露工作，积极参与可持续发展国际治理，提升绿色金融品牌影响力。

服务新发展格局、推动高质量发展，要求我们下大气力夯实客户基础，将做好 GBC 工作，作为增强市场竞争力的关键一招。要在前期工作的基础上，组织开展客户“织网补网”工程，从场景、平台、生态、机制等方面加大工作力度，着力做大客户总量、做优客户质量、做活客户交易，构建大中小协调、活跃度高、黏性强的客户体系。场景建设方面，要以解决客户痛点和难点为切入口，完善现有场景，开拓新的场景，增强拓客能力，提升客户体验。平台建设方面，要加快构建智能化营销平台，实现客户资金流向一图展示和营销关键信息主动推送，智慧化、精准化推荐适配产品，为基层拓客提供有力抓手。建立资金留存率监控体系，促进客户资金承接。生态建设方面，要重点针对中部和底部客户基础相对薄弱、活跃度不高等问题，着力打通支付结算断点，尽快形成更加完善的客户和账户体系，提高全链条营销和资金闭环管理效能。当前，要跟随国家重点领域改革和资金直达基层政策实施步伐，下沉服务重心，加大对县域、农村基层及产业链供应链末端优质客户的拓展力度。机制建设方面，要优化财务资源配置机制，加大重点领域投入力度，提高前瞻性、精准性。增强信贷供给与发展战略的适配性，提高内部资金转移价格调整的及时性。完善考核机制，强化激励约束，全面增强 GBC 协同动能，提升市场竞争成效。有关机制实施细则要在三月底前出台。

存款业务和中间业务的发展质量，一定程度上反映我行的市场竞争力和转型成效。存款业务，要把握社会资金流转规律，前瞻做好资金承接，处理好量价关系，做大总量、做优结构、做实基础，提升存款增长稳定性、资金承接有效性、负债成本可控性，为降低实体经济成本和提高自身效益创造更大空间。中间业务，要一手抓合规，一手抓发展，深入运用“比”的方法，对照同业逐产品、逐区域梳理分析，优化发展方式，创新经营模式，巩固领先地位。

（三）坚持科技驱动、价值创造，进一步增强服务新发展格局、推动高质量发展的动能。加快推动全行数字化转型，高标准做好科技创新规划和 e - ICBC 战略升级方案实施，建设科技强行和数字工行，在新一轮竞争中抢占制高点。

进一步强化科技赋能。加强标志性技术创新，找准主攻方向，协同资金投向，加大关键核心技术攻坚力度，努力实现更多突破性创新和引领性技术应用。深化科技与业务融合，加快支付、融资、投资等核心产品的数字化、智能化重构，打造一批体现工行特色、市场影响力大、客户口碑好的产品。强化基础设施建设，按照适当超前原则，升级企业级技术平台，完善数据中心布局，为未来发展预留空间。优化创新研发机制，深化科技与业务协同，采取“揭榜挂帅”等方式，加强产学研联合攻关，努力形成更为协同、灵活、高效、迭代的研发机制。工银科技要发挥市场化优势，增强集团协同，进一步打开局面、打出品牌。完善数据资产管理体系、数据服务体系，积极参与数据要素市场建设，推动数据资源向数据资产转化。

进一步加强网金、渠道与运营体系建设。研究整合“三融一活”平台，突出核心优势，集中力量打造流量大、客户活跃、竞争力强的明星平台。聚焦数字生活、数字普惠、数字政务、数字产业等领域，推动金融与产业紧密融合。加大数字人民币试点工作力度，确保市场领先地位。强化线上场景与线下网点、周边生态的融合互通和相互赋能。加快网点转型，创新云网点、云工作室等非接触服务模式，打通渠道间的服务断点，推进服务效能的跨越式升级。完善网点管理机制，激发员工活力，强化营销阵地作用。坚持传统服务方式与智能化服务并行，便利各类客户群体。加紧构建智慧运营体系，打造国际一流的集约运营后台。

（四）坚持国际视野、全球经营，进一步拓展服务新发展格局、推动高质量发展的领域。优化国际化发展策略，提高全方位服务水平，不断满足客户全球化综合化需求。

推动国际化经营高质量发展。优化全球机构布局，重点拓展中东欧、东亚等目标市场，支持工银亚洲、工银澳门做大做强，稳步开展重点空白区域的机构申设。围绕服务共建“一带一路”、高水平对外开放等国家战略，立足管理能力和风险控制边界，加快海外机构业务调整，提升竞争能力。创新离岸人民币产品，争取更多清算行资格，助力推动人民币国际化。提升进博会、服贸会、广交会金融服务水平，办好“环球撮合荟”平台，增强全球资源配置和服务营销能力。

推动综合化服务高质量发展。紧抓要素市场开放机遇，有序推进合资理财公司、数字货币公司筹建，加快完善功能齐全、协同顺畅、竞争有力的综合服务体系。各子公司要聚焦主业、服务集团，加强产品供给，做好服务互补，更好地满足客户综合金融需求。工银瑞信、工银安盛、工银理财要加快转型发展，巩固市场地位，稳步提升集团贡献。工银租赁、工银国际、工银投资要加强与集团投融资业务联动，在强化风险管控基础上，动态优化业务布局。

推动新兴类业务高质量发展。顺应直接融资比重提高、居民财富迁移趋势，增强创新能力、投研能力、风控能力，积极培育新的增长点。投行业务重点要抓产品、拓服务，深化投贷联动、商投互动、跨境协同，围绕企业全生命周期，完善产品和服务方案，提高客户覆盖率。资管业务重点要抓转型、扩优势，稳妥推进存量理财整改和回表工作，做好资产存续期管理，确保合规、扎实、到位。相关条线和子公司要合力丰富产品体系，提高整体服务竞争力，把资管过渡期转化为业务成长期。金融市场业务重点要稳市场、增收益，做活投资、做稳融资、做强承销、做大交易，努力为稳定市场大局和集团增收多作贡献。养老金融要把握第三支柱即将发力的机遇，统筹好集团各方资源，努力抢得先机、实现领跑。托管业务要巩固传统优势，拓展创新业务、增值业务。票据业务要加快周转，提高日均效益。贵金属业务要通过产品和服务创新，扩大收入来源。

（五）坚持转型务实、改革图强，进一步激发服务新发展格局、推动高质量发展的活力。坚持扬长与补短互促、顶层设计与各单位实际结合，深化重点战略实施，推动经营转型，积极探索服务新发展格局、推动高质量发展的有效路径。

第一个人金融银行战略，要重点抓好代发、社保、县域等客群拓展，服务好中等收入群体，提高客户质量和活跃度。统筹储蓄、理财、基金、保险、贵金属等产品摆布，做好自营与代理业务布局，做大个人金融资产“蓄水池”，促进储蓄存款与金融资产的协同发展。把握消费扩容提质态势，积极拓展消费金融。完善私人银行业务长效发展机制，加快服务升级，提高客群综合贡献，稳固市场领先地位。信用卡业务是全行发展的相对短板，要夯实基础、加快转型，迅速缩小与同业的差距。

境内外汇业务首选银行战略，要把握外资外贸格局变化，拓领域、抓转型，不断提升市场竞争力。发展境内外汇业务，是发展全行外汇业务的重要组成部分，要与发展海外人民币、国际结算等业务统筹考虑，突出重点机构、重点客群和重点产品，不搞“一刀切”。加强国际业务与资管、托管、投行等产品服务组合，大力拓展新领域新市场。加大进口外汇产品创新，形成进出口业务均衡发展格局。构建贸易金融线上生态，努力在支持跨境电商、服务贸易等新业态上取得突破。

重点区域竞争力提升战略，要对接好国家区域协调发展政策，利用好区域一体化平台，做实区域协调联动机制，加快形成优势互补、协同并进的区域竞争发展格局。坚持“战略领先”目标不动摇，加大重点区域信贷、财务、科技、人才供给，在有效管控的基础上，强化授权、减负、赋能，支持重点区域各机构高质量发展，为全行高质量发展多作贡献。领先行要继续扩大优势，落后行要尽快争先进位。各相关机构要科学研究发展定位和发展路径，围绕优势资源拓宽经营长板，紧跟新兴业态抢抓发展机遇，不断提升市场竞争力。

行党委着眼全面落实新型城镇化和乡村振兴战略部署、推动城乡融合发展，根据各机构对新三年规划反馈的意见和建议，在重点城市行和县域行经营策略的基础上，提出城乡联动发展战略。总的考虑是，全面把握农村资金、资产、资源格局变化趋势，以科技创新、制度创新、模式创新和数字赋能为抓手，把县域机构作为服务城乡融合发展的切入点，下沉渠道和服务，增强综合服务和周边辐射能力。各机构要结合当地实际和自身特点，聚焦城乡融合、农业现代化等重点领域，以农业龙头企业为带动，创新产品和服务，探索走出一条具有工行特色的服务乡村振兴之路。

党的十九届五中全会对建立现代财税金融体制作出部署，提出深化国有商业银行改革要求。全行要聚焦打通经营管理难点、服务竞争堵点，解放思想、深化改革、加快转型，形成与服务新发展格局、推动高质量发展相适应的经营管理新机制。健全重大战略落实评估机制，全面客观反映战略推进实效，及时校准方向，准确把握节奏，科学用好力度。落实财政部考核新规要求，完善考核激励机制，精简考评指标，强化结果应用。突出竞争力导向，在管住风险、强化合规的基础上，给予经营性单位更大弹性，进一步激发基层和一线干事创业的积极性。深化营销体系改革，抓紧出台资源配置、定价授权、政策优化、营销支持等实施细则。完善子公司管理，落实国有金融资本管理要求，坚持授权与监督相结合、放活与管好相统一，进一步完善子公司管控体系，切实增强集团战略穿透力、业务规范力和偏好约束力。

（六）坚持风控强基、人才兴业，进一步强化服务新发展格局、推动高质量发展的保障。坚持未雨绸缪、见微知著、亡羊补牢、举一反三，把防范化解风险放在更加突出的位置，坚决守住不发生系统性风险底线；加强干部人才队伍建设，提高服务新发展格局、推动高质量发展的工作水平。

树牢依法合规经营理念，培育涵养合规文化。认真学习习近平法治思想，将依法合规经营作为发展底线和核心竞争力，落实到经营管理全过程。深入推进合规文化建设，开展“价值创造年”主题活动。保持案件防范高压态势，案件风险率等指标要全面下降。完善集团反洗钱治理体系，提升涉敏管理能力，形成制度化、流程化的应对机制。强化境外机构合规管理，防止重大监管违规事件。全面加强消费者权益保护，把投诉量和客户流失率降下来，将客户体验和口碑提上去。

强化全面风险管理，防范化解各类风险。树牢总体国家安全观，落实全面风险管理制度，坚持管住人、管住钱、管好防线、管好底线，做到主动防、智能控、全面管。深化“三道口”“七彩池”管理，确保资产质量稳中向好、各类风险总体可控。授信审批新规一季度前要实现高质量全面落地。继续打好信贷资产质量攻坚战，加强重点领域、重点客户、重要项目和敏感行业的风险防范化解。压实重大风险事件及重大损失的主体责任，加大对还原核销后的资产质量考核力度。各机构要强化风险成本意识、代价意识，推动风险管控与化解两手抓、同推进。统筹管好表内外、投融资等业务信用风险，前瞻管好延本延息贷款，对出现风险迹象的资产，要压实责任，抓实措施，防止集中暴露、交叉演化。分门别类经营好风险资产，优化处置策略、手段和节奏，加大账销案存资产清收力度，最大限度创造价值。加强对主要领域、重点机构、关键环节、关键少数的审计监督，做到全面防、系统治、严问责。

持续关注疫情和全球量化宽松背景下金融市场的变动，增强在开放市场条件下的风险识别、计量、预警、控制能力，努力使风险应对走在市场曲线前面。密切关注债市变化，动态完善投资策略，加强债券业务与其他投融资业务的风险联防联控。完善表内外投资管理和风控体系。抓好资本配置、优化和补充工作。继续支持锦州银行脱困振兴和稳健经营。全面排查代销及委外业务，摸清风险底数，严格合作机构准入与限额管理，完善准入标准和名单管理的集体审议机制。压实造成声誉风险机构的主体责任。

立足新发展阶段、贯彻新发展理念、服务新发展格局、推动高质量发展，需要一大批符合新时代党的组织路线要求的干部人才。要坚持好干部标准，统筹用好各年龄段干部，调整优化各级领导班子。完善年轻干部培养选拔机制，建立覆盖全行各层级优秀年轻干部的储备体系，保持干部队伍整体活力。加快构建推动高质量发展的考核体系，强化任期内综合竞争力评价考核，让想干事、肯干事、能干成事的干部有更好的用武之地。各级领导干部要围绕提高“七种能力”，加强思想淬炼、政治历练、实践锻炼、专业训练，努力成为服务新发展格局、推动高质量发展的行家里手。加快重点领域人才队伍建设，造就更多一流领军人才和创新团队。在资源配置上向基层倾斜，鼓励干部员工到基层、到一线建功立业。完善分层分类培训体系，提高培训质效。加强员工关心关爱，持续提高员工的获得感、满足感、幸福感。

新年伊始，要把各项工作抓紧抓实。境外新冠肺炎疫情防控形势依然严峻，国内疫情多点零星散发与局部聚集发生交织并存。全行要毫不放松抓好“外防输入、内防反弹”，压实“四方责任”，引导员工假期合理出行，坚决守住冬春疫情防控关键期。统筹做好疫情防控与旺季营销工作，创新营销手段，全力推动各项措施早安排、早落地、早见效，确保“开门红”。强化应急值守、安全保卫、信访维稳、声誉风险管理等工作，维护全行平安稳健运行的良好局面。

同志们！让我们更加紧密地团结在以习近平同志为核心的党中央周围，砥砺奋进、拼搏实干，努力开创服务新发展格局、推动高质量发展的新局面，以优异成绩庆祝建党100周年，为全面建设社会主义现代化国家开好局、起好步作出新的更大贡献！

知责于心　担责于身　履责于行

——在党组织书记抓基层党建工作述职评议会议上的讲话

陈四清

（2021 年 1 月 16 日）

刚才，7 家机构党委书记逐一进行了述职。总的看，在 2020 年这个大战大考的特殊年份，全行各级党组织坚持以习近平新时代中国特色社会主义思想为指导，深入落实新时代党的建设总要求和新时代党的组织路线，把战疫情、稳实体、促脱贫作为增强“四个意识”、坚定“四个自信”、做到“两个维护”最生动的教育实践，砥砺初心使命，强化党建引领，开创了全行党建工作新局面。今天述职的 7 家单位抓党建、强党建的具体行动，是全行党组织书记主动履职尽责、从严管党治行的集中体现，是全行党建工作务实创新、提质增效的一个缩影。

2021 年是中国共产党成立 100 周年，是“十四五”开局之年，也是工商银行新三年规划的起步之年，抓好党的建设各项工作尤为重要。

党建工作述职评议考核，既是贯彻党中央全面从严治党要求的有力举措，也是推动全行党建高质量发展的有效抓手；既是“考”的标准，也是“干”的方向。核心是要通过述出责任、评出压力、考出动力，推动基层党建工作迈上新台阶。关键是要紧紧咬住“责任”二字，通过知责明责、扛责担责、履责尽责，推动基层党建工作取得新成效。

一、知责于心，旗帜鲜明讲政治

2020 年 12 月 24 日至 25 日，中央政治局召开民主生活会，习近平总书记发表重要讲话，突出强调了“讲政治”这个重要问题。工商银行是国有大行，必须增强政治意识，善于从政治上观察和处理问题，善于把握政治大局，把讲政治从外部要求转化为内在主动。

要提高政治判断力。政治上的主动是最有利的主动，政治上的被动是最危险的被动。风起于青萍之末，浪成于微澜之间。各级领导干部要保持政治敏锐性和政治鉴别力，做到在重大问题和关键环节上头脑特别清醒、眼睛特别明亮，善于从一般事务中发现政治问题，善于从倾向性、苗头性问题中发现政治端倪，善于从错综复杂的矛盾关系中把握政治逻辑。特别是在当前复杂严峻的外部环境下，要提高形势预判和风险预见能力，把握正确政治方向和工作主动权。

要提高政治领悟力。领导干部是贯彻落实党中央决策部署的组织者和推动者，担的是政治责任。必须胸怀“两个大局”，对“国之大者”了然于心，得其大者兼其小。理论是实践的指南。要持续抓好创新理论“铸魂”工作，在学懂弄通做实习近平新时代中国特色社会主义思想上下功夫，落实好“第一议题”机制，巩固深化“不忘初心、牢记使命”主题教育成果，始终同以习近平同志为核心的党中央保持高度一致。

要提高政治执行力。道虽迩，不行不至。要经常同党中央精神对表对标，主动把全行工作放到党和国家大局中去考量，不断提高把握新发展阶段、贯彻新发展理念、构建新发展格局的政治能力、战略眼光、专业水平，既担当执行之责，又提高执行之能。

总之，政治判断力是明辨是非，政治领悟力是抓住重点，政治执行力是着眼行动，三者是有机的统一。全行要在统筹落实这三个“力”中，抓好党的政治建设这个首要任务。

二、担责于身，精心种好“责任田”

抓党建必须抓责任制，抓责任制必须抓责任人，抓责任人必须抓第一责任人。2014 年，习近平总书记在党的群众路线教育实践活动总结大会上连发三问：“是不是各级党委、各部门党委（党组）都做到了聚精会神抓党建？是不是各级党委书记、各部门党委（党组）书记都成为了从严治党的书记？是不是各级各部门党委（党组）成员都履行了分管领域从严治党责任？”这三问是关系到能不能管好党、治好党的关键问题，需要我们以实际行动回答好。

要严格落实主体责任。各级党委既要会算“经营账”，更要会算“政治账”，把抓好党建作为最大政绩，扛起主责、抓好主业、当好主角，做到认识清醒、行动自觉、全心投入、持续发力。要健全主体责任清单，完善纵向到底、横向到边的责任体系。要守好意识形态“主阵地”，推动意识形态工作责任制一贯到底。

要坚决扛起第一责任。要坚持抓书记、书记抓，抓统筹、统筹抓，抓重点、重点抓，让党组织书记真正成为全面从严治党的书记，成为善抓基层党建的书记。要督促其他班子成员认真落实“一岗双责”，经常深入党建联系点和基层一线，推动重点难点问题的解决。

三、履责于行，夯基固本提质量

经过去年艰苦卓绝的大战大考，我们更加深刻感受到，重大历史关头和重大考验面前，党中央的判断力、决策力、行动力具有决定性作用。我们更加深刻感受到，党的力量来自组织，党的执政大厦的地基是基层党组织，必须树立大抓基层的鲜明导向，推动基层党组织全面进步、全面过硬。

要建强组织体系。贯彻落实党支部工作条例、国有企业基层党组织工作条例等制度，以党支部标准化规范化建设为抓手，突出政治功能和组织力，统筹推进机关、基层、子公司和海外党建工作，实现有形覆盖与有效覆盖的统一。推进党建与业务的深度融合，引导各级党组织和党员干部在服务实体经济、防范风险、防控疫情等重大任务中发挥作用。

要弘扬新风正气。锲而不舍落实中央八项规定精神和总行党委改进作风有关规定，力戒形式主义、官僚主义，健全为基层减负赋能长效机制。坚持廉洁用权，一体推进不敢腐、不能腐、不想腐。健全干部担当作为的激励和保护机制，结合庆祝建党100周年系列评优表彰活动，激励广大干部员工奋勇争先、奋发有为，争做为民服务的“孺子牛”、创新发展的“拓荒牛”、艰苦奋斗的“老黄牛”，建设政治生态好、用人导向正、干部作风实、发展环境优的工商银行。

同志们，新时代是奋斗者的时代，新征程是追梦人的征程。让我们以铿锵步伐，开拓奋进，以优异成绩迎接建党100周年！

在总行应对新型冠状病毒感染肺炎疫情工作领导小组第十三次会议上的讲话

陈四清

（2021年1月13日）

刚才，河北分行、辽宁分行、北京分行、总行国际业务部、金融市场部汇报了近期疫情防控工作的有关情况，介绍了经验做法，总行办公室、人力资源部汇报了关于做好疫情防控工作的意见建议，国中同志就下一步疫情防控工作进行了专门部署。总的来看，各项工作措施扎实细致、很有针对性。下面，我再强调几点。

第一，全面把握当前疫情防控的形势任务。面对新冠肺炎疫情冲击，以习近平同志为核心的党中央统揽全局、果断决策，全国疫情防控取得重大战略成果。同时，也要清醒地认识到，当前疫情防控形势仍然复杂严峻。从国际看，全球疫情仍在加速蔓延，累计确诊病例已超过9 000万例，多国出现变异新冠病毒，我国外防输入面临较大压力。从国内看，多点零星散发病例和局部聚集性疫情的风险交织并存，当前正值冬春疫情防控关键期，加之春节临近，人员流动性加大，疫情防控工作面临不断增加的难度和压力。我们要深入贯彻落实习近平总书记关于疫情防控的重要讲话和指示批示精神，充分认识疫情防控的长期性、艰巨性，始终保持高度警惕，发扬连续作战精神，把问题想在前，把工作做在前，加强准确识变、科学应变能力，牢牢把握疫情防控主动权。

第二，从讲政治的高度狠抓责任落实。全行要切实增强政治意识，提高政治站位，强化责任落实，确保疫情防控各项措施落地见效。总行要按照“逐级负责、精准到人、全员覆盖”原则，进一步完善行领导、高管抓部门正职，部门正职抓副职和处长，处长抓员工的责任管理链条，各分行、各机构要结合实际，完善务实管用的责任管理机制，真正做到每项工作和每个环节都有人负责、都有人担责，坚决防止责任悬空、管控缺失。

第三，持续提高疫情防控的科学化、精准化水平。根据疫情形势变化，动态优化调整防控策略措施，统筹推动属地管理要求与总行工作措施的衔接，做到科学防控、精准施策，不断筑牢疫情防控防线。重点是把好四个“关口”：一是把好监测预警关。严格落实“四早”“2小时”速报等工作要求，做好员工健康监测，强化检测筛查，做到早发现、早报告和实时预警，确保第一时间将风险控制和消灭在萌芽状态。二是把好“人、物、地”同防关。聚焦重点人群、重点部位、重点场所，前移防控关口，做实闭环管理，坚决阻断疫情输入渠道。要坚持问题导向，不断在防控链条上堵漏洞，在工作机制上补短板。三是把好防控能力关。着力提升指挥调度能力、应急处置能力、物资保障能力，确保面对各类风险场景和突发事件都能够快速反应、高效应对。

四是把好人员管理关。从基础制度和行为约束等方面强化对员工的全流程管理。严格执行员工因公、因私异地出行的申请审批和行程报备等规定，加强对员工疫情防控的宣传教育，引导员工形成良好的工作生活习惯。及时掌握员工行为轨迹，严禁员工参加聚集性活动，加强异常情况排查，坚决防止聚集性疫情的发生。

第四，积极做好各项工作的统筹协调。随着全国有序推进新冠疫苗接种工作，各项疫情防控措施的精准落地，相信疫情防控重大战略成果将进一步巩固和拓展。大家要坚定信心、齐心协力，统筹做好疫情防控、金融保障和经营管理各项工作，加快推进全行公共卫生体系和员工健康安全管理体系建设，更好守护员工生命安全和身体健康，为服务新发展格局、推动高质量发展贡献工商银行的更大力量。

在党委巡视工作领导小组会上的讲话

陈四清

（2021 年 1 月 26 日）

刚才，我们集体学习了赵乐际同志在交通运输部调研座谈会上的讲话精神，听取了 4 个巡视组对 8 个部门巡视“回头看”和对 6 个部门意识形态工作专项检查的情况汇报。

总体上看，各巡视组能够坚决贯彻中央关于巡视工作的部署和要求，准确把握巡视“回头看”的重点，聚焦被巡视部门的核心职能责任，检查内容各有侧重，检查方式机动灵活。各被巡视部门对整改工作是重视的，多数问题整改取得显著成效或阶段性进展。同时，很多工作也还需要不断适应形势变化和业务发展，持续解决存在的问题，持续完善相关机制，有些方面还需要集中加强整改。

近期，习近平总书记在十九届中央纪委五次全会发表了重要讲话，深刻阐述全面从严治党的新形势新任务，强调全面从严治党首先要从政治上看，不断提高政治判断力、政治领悟力、政治执行力，一刻不停推进党风廉政建设和反腐败斗争，以强有力的政治监督，确保“十四五”时期目标任务落到实处。习近平总书记的重要讲话具有很强的政治性、思想性、指导性，是推进全面从严治党向纵深发展的重要遵循。我们要全面深入学习，结合全行巡视工作实际，不折不扣贯彻落实。

下面，我就持续深化巡视整改、推进巡视工作高质量发展讲几点意见。

一、提高政治站位，强化责任担当

今年，我行将接受新一轮中央巡视。中央巡视组进驻后，首先看上轮中央巡视整改落实情况，既查主体责任，也查监督责任。总行党委高度重视整改工作，将中央巡视整改的要求持续贯彻到各项工作当中。2020 年三次召开党委会专题研究中央巡视整改工作，制定印发了《关于加强巡视整改工作的意见》。同时，我们也清醒地认识到，近年来全行发展面临的形势也在不断变化，经营环境更加复杂、攻坚任务更加繁重、风险挑战更加严峻。

面对新形势新任务，我们要自觉践行“两个维护”，严格落实政治巡视要求，主动以更高质量推动巡视整改工作，把总行党委巡视、内外部审计检查发现和主题教育查摆问题的整改，作为中央巡视整改的重要延伸和组成部分，一体推进、贯通整改。以更高的标准、更严的要求，逐一检视每个问题整改到位不到位、整改工作立得住立不住；在发展变化中看政治生态、机制改革、制度建设、风险管理、队伍建设等方面问题是不是得到有效解决，整改措施是不是发挥作用，整改效果是不是明显。党委班子成员要进一步履行整改主体责任、抓好分管领域“两级巡视”整改工作，推动相关职能部门进一步落实好各项整改措施。此次巡视“回头看”涉及的部门，领导班子特别是“一把手”既要承担起党委巡视整改的主体责任，也要协助总行党委落实好中央巡视整改的要求，逐项拿出整改方案或整改措施，明确整改期限和责任清单。党委巡视办要加强对巡视整改工作的指导督导、统筹协调和跟踪问效，严把问题整改关，深化巡视整改和成果运用，探索建立整改促进机制、评估机制。党委组织部要切实履行巡视整改的日常监督责任，把巡视结果和整改情况作为干部考核评价的重要依据。同时，也请派驻纪检监察组加强对总行问题整改的日常监督。

二、加快机制建设，做深做实整改

要针对“两级巡视”和这次巡视“回头看”发现的问题，强化基础管理，加快完善机制建设。针对信贷领域存在的问题，要进一步深刻汲取“两明案”“王英奎案”教训，深刻认识近年来发案领域主要集中在信贷领域的严峻形势，完善案件防控机制，严厉打击以贷谋私、利益输送等违纪违法行为。加强对疫情冲击和外部环境变化导致各类金融风险的分析研判，主动防范、积极化解，坚决打好资产质量攻坚战，确保经得住外部严峻形势、复杂环境的考验。针对新兴业务领域存在的问题，要进一步深刻汲取“徐卫东案”的教训，加强对利润中心、综合化子公司的风险控制、审计监督和内控评价，及时堵塞管理漏洞，严肃查处违规问题背后的腐败行为。针对集中采购领域存在的问题，要进一步深刻汲取“林晓轩案”教训，归口管理部门和主要采购实施部门要持续完善集采管理制度，持续改进供应商管理和项目外包管理，加大监督检查力度，严格落实关键岗位人员轮岗要求，杜绝集中采购环节的人为干预因素，防范道德风险。要强化意识形态工作责任制的落实，各级党委和领导干部要增强政治判断力、政治领悟力、政治执行力，提升意识形态领域的管理和治理能力，专题研究意识形态工作，及时报告工作情况，充分发挥好意识形态引领思想、凝聚人心、推动发展的强大支撑作用。

这次“回头看”没有覆盖到的部门也要对标对表，自我检查“两级巡视”问题整改情况，确保问题整改能够经得起新一轮中央巡视的检验，经得起实践和历史的检验。

三、坚持“严”的主基调，推进全面从严治党从严治行向纵深发展

要坚定不移推进反腐败斗争，不断实现不敢腐、不能腐、不想腐一体推进，做好金融反腐与处置金融风险统筹衔接。对于本次巡视“回头看”发现的问题，党委巡视办要及时做好问题线索移交，相关部门要深入分析存在问题的原因，严肃追究违规违纪问题责任，不断强化不敢腐的震慑。要将防腐措施与改革举措同谋划、同部署、同落实，强化对权力运行的制约，紧盯“关键少数”、关键岗位、关键环节，拿出有效管用的措施办法，从机制建设、制度建设、系统建设等层面解决普遍性、倾向性问题，实现整改、治理、监督的有机贯通，扎牢不能腐的笼子。经常用“两明案”“徐卫东案”“王英奎案”等警示全行，用身边事教育身边人，引导干部员工汲取教训，增强不想腐的自觉。

四、服务实体经济，体现大行担当

全行要认真学习贯彻习近平总书记重要讲话和指示批示精神，推动金融服务实体经济重大决策部署在我行不折不扣贯彻落实。各位行领导、各相关职能部门，要加强部分工作薄弱分行的指导和帮扶，进一步从经营考核、业务模式、产品服务等方面提出有针对性的改进措施，通过精准施策，不断提高服务新发展格局、推动高质量发展的工作水平，更好地履行服务实体经济的使命担当。

同志们，2021 年是中国共产党成立 100 周年，是“十四五”开局之年，也是我行新三年规划实施起步之年，做好全年工作意义重大。全行要以习近平新时代中国特色社会主义思想为指导，立足新发展阶段，贯彻新发展理念，服务新发展格局，推动高质量发展，落实好党中央关于巡视工作的决策部署，全面做好巡视各项工作，以优异成绩庆祝建党 100 周年！

在全行劳模工匠事迹报告会上的讲话

陈四清

（2021 年 2 月 3 日）

今天，我们举行全行劳模工匠事迹报告会，深入贯彻落实习近平总书记在全国劳动模范和先进工作者表彰大会上的重要讲话精神，大力弘扬劳模精神、劳动精神、工匠精神，激励全行广大干部员工不忘初心、牢记使命，拼搏进取、砥砺前行，进一步凝聚起奋进新时代、服务新发展格局、建设世界一流现代金融企业的强大力量。

首先，我谨代表行党委，向获得表彰的劳模工匠和先进工作者，表示热烈的祝贺！向奋战在全行各机构、各条线、各岗位的广大干部员工，致以诚挚的问候！

习近平总书记指出，劳动模范是民族的精英、人民的楷模，是共和国的功臣。这次受到表彰的劳模工匠是工商银行 40 多万名干部员工的杰出代表。刚才，张晓勤、李鹏、范国英等同志，用质朴的语言、生动的事例、真挚的感情，讲述了他们的感人事迹，我们听后很受鼓舞、很受教育。他们当中，有的不畏艰险、迎难而上，在抗疫一线践行初心使命、彰显责任担当；有的扎根基层、勤勉敬业，用心、用情服务客户，既获得了群众的“口碑”，又赢得了事业的“金杯”；有的坚守信念、勤思善学，在专业领域的沃土上铸就“匠心”，用

精湛技艺书写精彩人生。他们用实际行动，生动诠释了爱岗敬业、争创一流、艰苦奋斗、勇于创新、淡泊名利、甘于奉献的劳模精神，崇尚劳动、热爱劳动、辛勤劳动、诚实劳动的劳动精神，执着专注、精益求精、一丝不苟、追求卓越的工匠精神，是我们学习的好榜样。

今年是中国共产党成立一百周年，是“十四五”开局之年，也是全行新三年发展规划起步之年。立足新发展阶段，贯彻新发展理念，服务新发展格局，推动高质量发展，我们比以往任何时候都更加需要心怀梦想、脚踏实地的劳动者。希望全体干部员工以受到表彰的劳模工匠为榜样，整装再出发，奋进新征程。

第一，自觉践行初心使命，矢志不渝听党话、跟党走。坚持以习近平新时代中国特色社会主义思想为指导，增强“四个意识”，坚定“四个自信”，做到“两个维护”，始终在思想上政治上行动上同以习近平同志为核心的党中央保持高度一致。提高政治站位，不断增强政治判断力、政治领悟力、政治执行力，从讲政治的高度做好服务实体经济、防范化解风险、推动改革创新等工作，不断提高把握新发展阶段、贯彻新发展理念、服务新发展格局的政治能力、战略眼光、专业水平，敢于担当、善于作为，推动党中央决策部署在工商银行不折不扣贯彻落实。

第二，强化榜样引领示范，大力弘扬劳模精神、劳动精神、工匠精神。劳模精神、劳动精神、工匠精神是激励全行不断前行的精神动力和宝贵财富。要宣传好劳模工匠，以劳模工匠的感人事迹为鲜活教材，讲好劳模故事、劳动故事、工匠故事，让劳动最光荣、劳动最崇高、劳动最伟大、劳动最美丽的观念在全行厚植生根。要培育好劳模工匠，建设劳模和工匠人才创新工作室，发挥好传帮带作用，激励广大员工争当岗位能手、业务尖兵，推动更多劳模工匠竞相涌现。要关心好劳模工匠，贯彻好尊重劳动、尊重知识、尊重人才、尊重创造方针，关心好劳模工匠的工作和生活，为他们提供更为广阔的发展平台，支持他们更好地展现风采、创造价值。各级各类劳模工匠要珍惜荣誉、保持本色，继续发挥示范带头作用，努力创造更加卓越的业绩。

第三，坚持发展为了员工、发展依靠员工，凝聚起推动高质量发展的强大合力。工商银行发展的每一步，都铭刻着劳动者奋斗的足迹。各级机构要全力维护好、发展好广大员工的合法权益，把关心关爱员工各项举措落到实处，不断提升员工的获得感、满足感、幸福感。各级领导干部要团结带领广大员工积极投身全行改革发展的主战场，认真落实党委“48 字”工作思路，准确把握“大、全、稳、新、优、强”发展方位，用好“三比三看三提高”工作方法，贯彻好 2021 年全行工作会议精神，努力推动新三年规划开好局、起好步。广大干部员工要切实增强主人翁意识，将自身目标主动融入工商银行的奋斗目标中，正确处理个人和集体、当前和长远、局部和整体的关系，同心同向，众志成城，实现个人成长与集体进步的同频共振。

第四，加强员工能力建设，努力打造与服务新发展格局、推动高质量发展相适应的高素质专业化人才队伍。各机构、各部门要把提高员工队伍素质作为一项战略性、基础性任务抓紧抓好，优化人才培养机制，完善分层分类培训体系，广泛开展劳动和技能竞赛，不断提高专业技能水平，为广大员工成长成才创造良好条件。全体员工要树立终身学习的理念，养成善于学习、勤于思考的习惯，主动适应新发展阶段的需要，密切关注行业前沿知识和技术进展，勤学苦练，深入钻研，锤炼过硬本领，争做行家里手，做到学以养德、学以增智、学以致用。

同志们，劳动是一切幸福的源泉，新时代是奋斗者的时代。让我们更加紧密地团结在以习近平同志为核心的党中央周围，坚持以习近平新时代中国特色社会主义思想为指导，大力弘扬劳模精神、劳动精神、工匠精神，勤于创造，勇于奋斗，努力在全面建设社会主义现代化国家新征程上贡献工行力量，以优异成绩庆祝建党 100 周年！

在中国工商银行 2021 年全面从严治党暨纪检监察工作会议上的讲话

陈四清

（2021 年 2 月 7 日）

现在我们召开工商银行 2021 年全面从严治党暨纪检监察工作会议。这次会议非常重要，会前，行党委与派驻纪检监察组多次召开会议进行研究。王林同志下午代表派驻纪检监察组作的工作报告，经过了行党委同派驻纪检监察组的沟通会商，我完全赞同。下面，我讲三点意见。

一、充分肯定2020年全面从严治党从严治行工作成绩

2020年是极不平凡的一年。面对世纪疫情和百年变局交织、严峻挑战和重大困难并存的复杂局面，在以习近平同志为核心的党中央坚强领导下，行党委带领全行认真学习贯彻习近平新时代中国特色社会主义思想，增强“四个意识”、坚定“四个自信”、做到“两个维护”，旗帜鲜明坚持和加强党的全面领导，落实“48字”工作思路，坚持党建引领、从严治理，推动全面从严治党从严治行各项工作取得新进展、开创新局面。

（一）政治引领和思想教育全面强化。坚持把党的政治建设摆在首位，建立落实习近平总书记重要指示批示精神和党中央决策部署的工作机制，形成任务清单，强化跟踪督导，确保落地见效。严格执行重大事项请示报告制度，向党中央请示报告197次。修订党委工作规则，加强“三重一大”事项决策管理，行党委领导全行各项工作的制度进一步健全。设立执行委员会，党的领导与公司治理深度融合。胸怀“两个大局”，将统筹做好金融工作“三大任务”、打好“三大攻坚战”、落实“六稳”“六保”要求等重大决策部署作为重要政治检验，把准服务实体经济的主线，守住风险防控的底线，谋好改革创新的航线，深入脱贫攻坚的一线，筑牢抗击疫情的防线。持续加强党的创新理论武装，建立第一议题机制，及时传达习近平总书记重要讲话和重要指示批示精神，以及党中央、国务院重要会议精神。发挥中心组示范带动作用，紧抓学习贯彻习近平新时代中国特色社会主义思想这个首要政治任务。持续巩固深化“不忘初心、牢记使命”主题教育成果，完成党的十九届四中全会精神全覆盖轮训，广泛开展党的十九届五中全会精神学习宣讲，推动学习教育走深走实，自觉在思想上政治上行动上同以习近平同志为核心的党中央保持高度一致。坚持全行“一盘棋”，通过制定细则、专项检查等措施，将意识形态工作责任制一贯到底。

（二）知责明责和履责尽责同步推进。狠抓制度“硬约束”，认真贯彻《党委（党组）落实全面从严治党主体责任规定》，坚持从基础制度严起、从日常规范抓起，印发贯彻落实新时代全面从严治党要求的意见，建立主体责任清单，制定党委工作要点等全面从严治党制度30余项。会同派驻纪检监察组出台加强对“一把手”和领导班子“三项监督”的意见，不定期同下级党委“一把手”和班子成员谈心谈话。强化机制有效性，完善管思想、管工作、管作风、管纪律的干部从严管理机制，推动形成能者上、优者奖、庸者下、劣者汰的选人用人导向。着力打造横向联动、纵向一体的责任链条，逐级签订党风廉政建设责任书和廉洁从业责任书，开展主体责任落实及党风廉政建设调研检查，优化党委职能部门分工，全行一级机构全部实现党务工作职能调整到位、人员配备到位。

（三）作风建设和纪律建设常态长效。锲而不舍落实中央八项规定精神，驰而不息纠治“四风”，召开全行性专题会议，点名通报作风方面典型问题，给党员干部拧紧螺丝、上紧发条。制定实施厉行节约勤俭办行的若干措施，强化监督检查，各级机构节约意识得到提升，餐饮浪费明显减少。开展办公用房专项检查，常态开展节假日廉洁监督，查处违规饮酒问题，做到靶向发力、持续用力。将力戒形式主义纳入党建考核、巡视巡察以及机关“灯下黑”问题专项整治，打好基层减负“组合拳”。全年共查处违反中央八项规定精神问题××个，处理责任人×××人。始终把纪律和规矩挺在前面，开展“两明案”专题教育整改“回头看”，编印案件警示录，打造金融业首家廉洁文化教育基地，用身边事教育身边人，做好审查调查“后半篇文章”。完善信贷审批、集中采购、选人用人、交流轮岗等制度，开展异常行为排查、经商办企业专项排查、大额资金异动监测实时排查，落实谈话提醒制度，将“严”字体现在经常、践行在日常。全年运用“四种形态”处理××人次，其中运用“第一种形态”处理××人次。

（四）内部监督和派驻监督融会贯通。不断完善内部监督体系，建立健全巡视巡察制度，采取“交叉巡察在前、总行巡视在后”的创新模式，对11家境内外机构开展常规巡视和专项巡视，对8个总行部门开展“回头看”。对上一轮中央巡视整改情况进行再检视，行党委先后3次召开专题会议研究相关整改工作，推动巡视、审计、主题教育发现问题联动整改。巡视巡察期间共受理群众信访举报××件，发现党员干部违纪违法问题线索××件、涉及×××人，向派驻纪检监察组移交线索××件。进一步推动派驻改革，深化金融反腐，重温习近平总书记关于加强派驻监督的重要论述，召开深化派驻改革工作座谈会，2020年行党委与派驻纪检监察组召开3次沟通会商会议，有效运用监督联席会等机制，一体推进主体责任和监督责任同向发力。加强境外廉洁风险防控，在57家境外机构设立廉洁专员和联络员。坚决查处业务风险背后的腐败问题，严肃查处徐卫东、王英奎等严重违纪违法案件。全年全行共立案审查调查案件××件，给予党纪处分××人，与地方纪委监委联合办案共留置××人，释放了一严到底、一刻不停歇的强烈信号。

行党委对一年来全行党风廉政建设和反腐败斗争取得的成绩是满意的。稍后，我们将颁发纪检业务“工银成就奖”。我代表行党委，向受到表彰的集体和个人表示热烈的祝贺，向投身党风廉政建设和反腐败斗争的全体干部员工表示亲切的问候！

回顾过去一年全面从严治党从严治行的工作实践，

有几点认识和体会值得总结，并在今后的工作中继续坚持、不断深化。

——必须坚持旗帜鲜明讲政治。全面从严治党首先要从政治上看。必须始终同以习近平同志为核心的党中央保持高度一致，不折不扣贯彻落实习近平总书记重要指示批示精神和党中央决策部署，胸怀金融报党报国的境界情怀，按党的方针办工行，按党的纪律管工行，一以贯之做到“两个维护”，切实履行国有大行的职责使命。

——必须坚持以习近平新时代中国特色社会主义思想为指导。思想引领方向，使命凝聚力量。必须坚持不懈用习近平新时代中国特色社会主义思想武装头脑、指导实践、推动工作，坚持常学常新、真学真信，坚持学深悟透、学以致用，不断把学习成果转化为全面从严治党从严治行的工作实效。

——必须坚持以全面从严治党引领全面从严治行。加强党对一切工作的领导，要在各方面各环节落实和体现。必须充分发挥全面从严治党的引领保障作用，以全面从严治党带动全面从严治行，切实把严的主基调、严的标准、严的措施贯穿于管党治行全过程，不断提升治理能力和治理效能。

——必须坚持以人民为中心的发展思想。金融与民生紧密相连。必须牢记初心使命，坚持人民至上，站稳群众立场，把推进全面从严治党从严治行，作为宗旨意识的现实检验，改进作风，增强本领，践行好金融为民、发展利民、服务惠民、防险安民。

——必须坚持系统观念。全面从严治党是一项系统工程，基础在全面。必须发挥党委把方向、管大局、保落实作用，坚持“两个责任”贯通联动，坚持“三不”一体推进，把抓党建与抓经营、抓作风与抓管理、抓关键人与抓关键事有机结合起来，确保党的建设与改革发展同步加强，预防腐败与深化治理同步推进。

——必须坚持问题导向。全面从严治党永远在路上。必须不断增强忧患意识，坚持底线思维，始终绷紧从严从紧这根弦，落实落细管党治党责任，保持发现问题的敏锐、正视问题的清醒、解决问题的自觉，固根基、扬优势、补短板、强弱项，不断巩固、深化、拓展工作成果。

二、深入学习贯彻十九届中央纪委五次全会精神

十九届中央纪委五次全会，是在中国共产党即将迎来百年华诞，全面建设社会主义现代化国家新征程开启，全面从严治党向纵深推进的新形势下，召开的一次重要会议。习近平总书记在全会上发表的重要讲话，充分肯定过去一年全面从严治党取得新的重大成果，深刻阐述全面从严治党新形势新任务，强调要一刻不停推进党风廉政建设和反腐败斗争，充分发挥全面从严治党的引领保障作用，以强有力的政治监督，确保“十四五”时期目标任务落到实处。习近平总书记的重要讲话，高屋建瓴、思想深邃、内涵丰富，充分彰显了以习近平同志为核心的党中央高瞻远瞩的战略眼光、始终如一的历史担当、为民无我的崇高境界、兴党强国的使命情怀，具有很强的政治性、思想性、指导性，是推进全面从严治党向纵深发展的重要遵循，是新时代纪检监察工作高质量发展的行动指南。全行要深入学习贯彻习近平总书记重要讲话精神，增强“四个意识”、坚定“四个自信”、做到“两个维护”，知责于心、担责于身、履责于行，坚决把习近平总书记重要讲话精神学习领会到位，把全会部署的各项任务贯彻落实到位。

（一）充分认识全面从严治党取得的新进展新成就。习近平总书记指出，2020 年是新中国历史上极不平凡的一年。面对错综复杂的国际形势、艰巨繁重的改革发展稳定任务，特别是突如其来的新冠肺炎疫情，党中央统筹中华民族伟大复兴战略全局和世界百年未有之大变局，坚持以党的自我革命引领伟大社会革命，坚定不移全面从严治党，坚定不移推进党风廉政建设和反腐败斗争，坚定不移把党建设得更加坚强有力，取得新的重大成果。一是让党旗在防控疫情斗争、决胜全面建成小康社会、决战脱贫攻坚中高高飘扬，我们深切感受到，风雨袭来时，党的坚强领导、党中央的权威是最坚实的靠山。二是紧紧围绕“两个维护”强化政治监督，完善全面从严治党制度，加强党的领导和监督，深化政治巡视，完善党和国家监督体系，全面加强党的纪律建设，深化运用“四种形态”，围绕统筹疫情防控和经济社会发展、打好“三大攻坚战”、做好“六稳”工作、落实“六保”任务等重大决策部署加强监督检查。三是坚决破除形式主义、官僚主义，以作风攻坚促进脱贫攻坚，严肃查处验收达标中弄虚作假的问题，深化拓展基层减负工作，继续整治享乐主义、奢靡之风，坚决纠治餐饮浪费行为。四是深刻把握反腐败斗争新态势，一体推进不敢腐、不能腐、不想腐，坚决查处不收敛不收手的腐败分子，坚决铲除各种风险背后的腐败问题，聚焦政治问题和经济问题交织的腐败案件，严肃查处对党不忠诚、阳奉阴违的两面人，清除利用金融权力大搞幕后交易、侵吞国有金融资产的腐败问题，深挖靠企吃企、滥用职权造成国有资产重大损失的腐败行为。五是增强党组织政治功能和组织功能，完善管思想、管工作、管作风、管纪律的从严管理制度，在斗争一线考察识别干部，在火线发展优秀分子入党。对表现突出的干部大力褒奖、大胆使用，对不担当不作为、失职渎职的严肃问责。

（二）深刻把握全面从严治党面临的新问题新形势。习近平总书记指出，全面从严治党首先要从政治上看，不断提高政治判断力、政治领悟力、政治执行力。

党的十八大以来，尽管党风廉政建设和反腐败斗争取得了历史性成就，但形势依然严峻复杂。必须清醒地看到，腐败这个党执政的最大风险仍然存在，存量还未清底，增量仍有发生。政治问题和经济问题交织，威胁党和国家政治安全。传统腐败和新型腐败交织，贪腐行为更加隐蔽复杂。腐败问题和不正之风交织，"四风"成为腐败滋长的温床。腐蚀和反腐蚀斗争长期存在，稍有松懈就可能前功尽弃，反腐败没有选择，必须知难而进。

习近平总书记强调，党风廉政建设永远在路上，反腐败斗争永远在路上。我们党作为百年大党，要永葆先进性和纯洁性、永葆生机活力，必须一刻不停推进党风廉政建设和反腐败斗争。各级领导干部特别是主要负责同志必须切实担负起管党治党政治责任，始终保持"赶考"的清醒，保持对"腐蚀""围猎"的警觉，把严的主基调长期坚持下去，以系统施治、标本兼治的理念正风肃纪反腐，不断增强党自我净化、自我完善、自我革新、自我提高能力，跳出治乱兴衰的历史周期率，引领和保障中国特色社会主义巍巍巨轮行稳致远。

（三）准确领会全面从严治党工作的新任务新要求。习近平总书记强调，今年是实施"十四五"规划、开启全面建设社会主义现代化国家新征程的第一年，所有工作都要围绕开好局、起好步来展开。

第一，以强有力的政治监督，确保党中央重大决策部署贯彻落实到位。习近平总书记强调，要坚持学懂弄通做实党的创新理论，以庆祝建党100周年为契机，引导党员、干部加强党性锻炼、党性修养，坚定理想信念，百折不挠把自己的事办好。要健全贯彻党中央重大决策部署督查问责机制，加强对贯彻新发展理念、构建新发展格局、推动高质量发展等决策部署落实情况的监督检查。党员、干部要筑牢思想防线，时刻自重自省自警自励，慎独慎微慎始慎终，做政治信念坚定、遵规守纪的明白人。

第二，坚定不移推进反腐败斗争，不断实现不敢腐、不能腐、不想腐一体推进战略目标。习近平总书记指出，要将正风肃纪反腐与深化改革、完善制度、促进治理贯通起来，用好"四种形态"，综合发挥惩治震慑、惩戒挽救、教育警醒的功效。要做好金融反腐和处置金融风险统筹衔接，强化金融领域监管和内部治理。要将防腐措施与改革举措同谋划、同部署、同落实，推进重点领域监督机制改革，有针对性地补齐制度短板。各级领导干部要带头遵守党纪国法，自觉反对特权思想、特权现象，带头廉洁治家，从严管好家属子女和身边工作人员。各级党委要加强领导干部个人事项报告情况核查。

第三，毫不松懈纠治"四风"，坚决防止形式主义、官僚主义滋生蔓延。习近平总书记强调，要深入开展党的优良传统和作风教育，完善作风建设长效机制，把好传统带进新征程，将好作风弘扬在新时代。要坚持全面从严、一严到底，对群众反映强烈的公款吃喝、餐饮浪费等歪风陋习露头就打、反复敲打。对形式主义、官僚主义要毫不妥协，全面检视、靶向纠治，持续为基层松绑减负，树立重实干、重实绩的用人导向，督促全党担当尽责、干事创业。

第四，持续整治群众身边腐败和作风问题，让群众在反腐"拍蝇"中增强获得感。习近平总书记指出，要紧盯党中央惠民富民、促进共同富裕政策落实，持续纠治教育医疗、养老社保、扶贫环保等领域腐败和不正之风，解决好群众"急难愁盼"的问题，让人民群众感受到公平正义。

第五，完善党和国家监督体系，使监督融入"十四五"建设之中。习近平总书记强调，要把监督贯穿于党领导经济社会发展全过程，把完善权力运行和监督制约机制作为实施规划的基础性建设，构建全覆盖的责任制度和监督制度。党委（党组）要履行主体责任，书记作为第一责任人要敢抓真管，纪检监察机关要盯住重点人重点事。要健全党和国家监督体系，以党内监督为主导，不断完善权力监督制度和执纪执法体系，各种监督协调贯通，形成常态长效的监督合力。要充分发挥监督在基层治理中的作用，推动监督落地，让群众参与到监督中来。

第六，加强纪检监察干部队伍建设，打造忠诚干净担当的纪检监察铁军。习近平总书记指出，纪检监察机关要带头加强党的政治建设，坚定维护党中央权威和党的团结统一，围绕现代化建设大局发挥监督保障执行、促进完善发展作用。各级党委要加强对纪检监察工作的领导，担负起统筹纪检监察干部培养、选拔、任用的责任，选优配强纪检监察干部队伍。纪检监察机关要接受最严格的约束和监督，加大严管严治、自我净化力度，针对自身权力运行机制和管理监督体系的薄弱环节，扎紧织密制度笼子，坚决防止"灯下黑"，努力建设一支政治素质高、忠诚干净担当、专业化能力强、敢于善于斗争的纪检监察铁军，以优异成绩庆祝建党100周年。

全行各级党组织和广大党员、干部要把学深悟透十九届中央纪委五次全会精神作为一项重要政治任务，做到带着问题学、联系职责使命学、深入思考学。要通过学习提高政治站位。认真领会"全面从严治党首先要从政治上看"的深刻内涵，越是形势复杂、任务艰巨，越要坚决扛起全面从严治党的政治责任，越要自觉从讲政治高度做好工商银行工作，助力"十四五"开好局、起好步。要通过学习坚定信心决心。面对前所未有的挑战与考验，党和国家事业取得人民满意、世界瞩目、可以载入史册的重大成果。事实再次证明，有习近平总书记领航掌舵，有党中央坚强领导，有我国社会主义制度优势，我们完全有信心、有决心、有能力战胜各种风险挑战，在新时代新征程上披荆斩棘、奋勇前进。要通过学习认清严峻形势。习近平总书记连续3年在中央纪委全会上强调金融反腐问题。从我行情况看，对徐卫东等严重违纪违法案件的查处，充分说明党中央对金融领域反腐败斗争形势的判断是完全正确的，全面从严治党从严治行不平衡的问题依然存在，减存量、遏增量任务依然艰巨。我们必须保持清醒认识，做好打硬仗的准备。要通过学习强化责任担当。习近平总书记对做好全面从严治党和纪检监察工作提出新的更高要求，我们责任更大、任务更重。各级党组织和领导干部要增强担当意识，知重负重、攻坚克难，一刻不停推进全面从严治党从严治行，坚定不移抓好正风肃纪反腐。

三、高标准严要求将全面从严治党从严治行引向深入

今年是中国共产党成立100周年，是实施“十四五”规划、开启全面建设社会主义现代化国家新征程的第一年，也是我行新三年规划的起步之年。越是重要关口、重要时间节点，越要深入贯彻全面从严治党方针，充分发挥全面从严治党引领保障作用。2021年全面从严治党从严治行工作的总要求是：以习近平新时代中国特色社会主义思想为指导，全面贯彻党的十九大和十九届二中、三中、四中、五中全会精神，认真落实十九届中央纪委五次全会各项部署，增强“四个意识”、坚定“四个自信”、做到“两个维护”，坚持稳中求进工作总基调，立足新发展阶段，贯彻新发展理念，服务新发展格局，以推动高质量发展为主题，坚定不移全面从严治党从严治行，坚定不移正风肃纪反腐，确保党中央决策部署在工商银行不折不扣贯彻落实，为“十四五”开好局、起好步扛起大行担当、作出工行贡献，以优异成绩庆祝建党100周年。

落实好以上要求，关键要坚持和加强党的全面领导，关键要把行党委“48字”工作思路特别是“党建引领、从严治理”的要求践之于行，务求实效，做到态度不能变、决心不能减、尺度不能松，切实把严的主基调长期坚持下去，将全面从严治党从严治行不断引向深入。重点要抓好以下几方面工作：

（一）持续提高政治站位，确保工商银行工作围绕开好局、起好步来展开。要在做到“两个维护”上坚定自觉。坚定政治方向，保持政治定力，不断增强拥戴核心、维护核心的思想自觉、政治自觉、行动自觉，切实做到党中央提倡的坚决响应、党中央决定的坚决执行、党中央禁止的坚决不做。要在强化理论武装上持续用力。将学懂弄通做实习近平新时代中国特色社会主义思想作为长期政治任务，巩固深化主题教育成果，开展好党史学习教育，激励全行不忘初心、牢记使命。深入学习、坚决贯彻党的十九届五中全会精神，原原本本学习、逐条逐段领悟，提高运用马克思主义立场、观点、方法，分析解决实际问题的能力。对标“十四五”规划和2035年远景目标，精准把握党建工作和服务新发展格局的契合点和切入点。要在提高政治能力上扎实有效。善于用政治眼光观察经济金融问题，不断提高政治判断力、政治领悟力、政治执行力，不断提高把握新发展阶段、贯彻新发展理念、构建新发展格局的政治能力、战略眼光、专业水平。要在贯彻党中央决策部署上干在实处。健全习近平总书记重要讲话、重要指示批示精神和党中央决策部署的贯彻落实、督促检查、追责问责机制，更好地把我行工作与党中央决策部署精准对标，与服务新发展格局、推动高质量发展紧密衔接，坚决落实深化金融供给侧结构性改革、提高金融服务水平、防范化解金融风险等重大决策部署。精心组织建党100周年庆祝活动，深化意识形态工作责任制落实，激发全行爱党爱国热情和推动改革发展的干劲。

（二）持续保持反腐败高压态势，一体推进“三不”机制建设。一体推进“三不”，这不仅是反腐败斗争的基本方针，也是新时代全面从严治党的重要方略。要坚决贯彻落实党中央深化金融反腐的部署要求，正确把握“惩、治、防”的辩证统一关系。要把握“不敢腐”这个前提，坚定“惩”的态度。强化金融反腐和处置金融风险统筹衔接，坚决查处各种风险背后的腐败问题，紧盯“关键少数”，紧盯投融资审批、资产处置、委外等第三方合作、减费让利、集中采购、选人用人等腐败易发多发领域和环节，紧盯靠金融吃金融、设租寻租、关联交易、内外勾结等问题，坚决做到有腐必反、有贪必肃，坚决做到反腐败斗争决心不改、意志不变。要把握“不能腐”这个关键，保持“治”的强度。加强制度建设，建立领导干部插手干预重大事项记录、非公务往来等监督事项报告报备和承诺制度，严格分工制约、任期管理、岗位交流等制度执行。强化全面风险管理，发挥“三道防线”作用，促进内部治理和外部监督贯通联动，确保“管住人、看住钱、扎牢制度防火墙”。突出对权力集中、资金密集、资源富集机构和岗位的制约监督，深入开展异常行为排查。认真组织开展规范领导干部配偶、子女及其配偶经商办企业工作。深入落实“一带一路”廉洁建设要求，将境外机构腐败治理作为“两个维护”的重要内容，压实主体责任。要把握“不想腐”这个根本，加大“防”的力度。提高政治觉悟，筑牢思想防线，弘扬金融报国理念，持续开展廉洁教育，厚植清廉金融文化。用好“四种形态”，综合发挥惩治震慑、惩戒挽救、教育警醒的功效。特别是要强化对年轻干部的教育监督管理。各级党委要切实负起以案促改主体责任，建立以案促改长效机制。今年要扎实开展好徐卫东等违纪违法案件的警示教育，深化系统施治、标本兼治，做实以案促改、以案

促治。

（三）持续巩固落实中央八项规定精神和整治“四风”成果，让求真务实、清正廉洁的新风正气不断充盈。要以马不离鞍、缰不松手的决心，整治形式主义、官僚主义。坚持靶向治疗、精准施策，紧密结合经营管理抓作风，坚决惩治在贯彻党中央决策部署、落实行党委要求上做选择、搞变通、打折扣等突出问题，督促全行担当尽责、干事创业。巩固拓展改进文风会风、调查研究、服务基层等方面工作成果，健全基层减负常态化机制。要以反复抓、抓反复的韧劲，整治享乐主义、奢靡之风。坚决落实党中央关于过“紧日子”的要求，把节约理念贯穿履职待遇、公务接待、差旅用餐等各个方面，坚持不懈抓节点、强监督、促整改，管出习惯，化风成俗。党员干部尤其要继续努力，为全行带好头、作示范。要深入践行以人民为中心的发展思想，严厉整治群众身边腐败和作风问题。着力纠治漠视侵害员工利益问题，加强员工关心关爱，切实提升员工获得感。强化对消费者权益保护工作的监督，深化重点问题治理，提高客户满意度，积极维护工商银行良好品牌形象和社会声誉。要以“长久立”“治未病”的定力，健全作风建设长效机制。注重抓常抓细，深入查找“四风”问题背后成因，高度关注沉疴痼疾和隐形变异问题，精准画像、抓住本质、改进措施，有针对性地完善制度机制，推动落地见效。注重固本培元，强化作风养成，争做为民服务的“孺子牛”、创新发展的“拓荒牛”、艰苦奋斗的“老黄牛”，保持与服务新发展格局、推动高质量发展相契合的精神状态，将好作风弘扬在新时代。

（四）持续强化主体责任落实，推动全面从严治党从严治行一贯到底。要抓主体，进一步解决“谁来干”的问题。将管党治党的螺丝拧得更紧，贯通联动、一体落实党委主体责任、书记第一责任人责任、班子成员“一岗双责”和纪委监督责任。实化细化“三项监督”要求，切实履行党内监督的主体责任，以上率下、敢抓真管，强化党委“一把手”和领导班子对下级“一把手”和领导班子的监督。推动主体责任履行向下延伸，建立全面从严治党协同推进机制，有力解决责任落实层层递减问题，形成一级抓一级、层层抓落实的工作局面。要明责任，进一步解决“干什么”的问题。紧跟党中央全面从严治党最新部署，修订完善全面从严治党主体责任清单。以制度建设为牵引，开展专题培训，强化督促指导，提升主体责任履行制度化、规范化水平。要重落实，进一步解决“怎么干好”的问题。用好考核指挥棒，强化考核结果运用，各级“一把手”要把考核亲自抓在手上，有效传导压力，推动责任落地。要坚持考核与考责相结合，将主体责任落实由“软约束”变为“硬任务”。

（五）持续完善工商银行大监督体系，实现各类监督系统集成、协同高效。加快构建党统一领导、全面覆盖、权威高效的监督体系，将监督贯穿于经营发展全过程，把强化对权力运行的制约和监督，作为扎实推进我行新三年规划的重要基础。充分发挥党内监督主导作用。党内监督是第一位的监督，党内监督有力有效，其他监督才能发挥作用。各级党委要在党内监督体系中履行好全面监督职责，党委“一把手”要真抓严管、以上率下。要加快构建全覆盖的责任制度和监督制度，推动工商银行党内监督与派驻监督有效联动，上级监督、同级监督与下级监督有效贯通。充分发挥派驻改革制度优势。一如既往地支持派驻纪检监察组依规依纪依法履职，将派驻改革制度优势进一步转化为监督效能，有效运用派驻纪检监察组与行党委定期会商、重要情况通报、线索联合排查、联合监督执纪等机制，加强信息共享，增进协同联动，更加有力地推动主体责任与监督责任同向发力、层层压实。充分发挥巡视巡察监督利剑作用。做好迎接中央巡视的准备工作，以接受巡视为新促进，进行彻底政治体检。精准落实政治巡视要求，开展“巡视巡察质量提升年”活动，继续探索完善制度和模式，优化上下联动工作格局。各级党委要认真履行巡视整改主体责任，有力推进中央巡视反馈问题与主题教育检视问题、审计监督发现问题、监管机构指出问题，集成整改、一体整改。注重巡视成果共享运用，更多从完善体制机制、促进深化改革层面想实招、出实策。充分发挥纪委专责监督作用。各级纪委要认真履行监督专责，强化对同级和下级党组织的监督，特别是对“一把手”的监督，彰显日常监督的政治效果。探索制定加强基层监督力量的有效举措，加强境外机构和综合化子公司管理，推动监督下沉、监督落地。充分发挥监督整体合力。增强各类监督的协同性互补性，探索防违规、防违纪、防案件、防腐败的联防联控方式，凝聚工商银行党内监督、治理层监督、业务监督与派驻监督的合力，形成强监督、强治理局面。

（六）持续建设纪检监察铁军，充分发挥监督保障执行、促进完善发展作用。派驻纪检监察组和全行各级纪检机关要牢记习近平总书记的谆谆教诲、殷殷嘱托，深刻领悟“纪检监察机关要接受最严格的约束和监督”这一重要要求，带头加强党的政治建设。各级党委要加强对纪检工作的领导，担负起统筹纪检干部培养、选拔、任用的责任，选优配强纪检干部队伍，做到优进优出，不断激发生机活力。广大纪检监察干部要着力提高专业化能力，严守纪检监察权力边界，加大严管严治、自我净化力度，坚决防止“灯下黑”，不让党和人民赋予的权力腐蚀生锈，努力建设一支政治素质高、忠诚干净担当、专业化能力强、敢于善于斗争的纪检监察铁军。

同志们，让我们更加紧密地团结在以习近平同志为核心的党中央周围，立足新发展阶段，贯彻新发展理念，服务新发展格局，齐心协力，开拓进取，以全面从严治党从严治行新成效，开创建设具有全球竞争力的世界一流现代金融企业新局面，为全面建设社会主义现代化国家开好局、起好步贡献工行力量，以优异成绩庆祝建党100周年！

在2021年内部审计工作会议上的讲话

陈四清

（2021年3月9日）

这次会议的主要任务是，深入贯彻落实全行工作会议精神，总结2020年内部审计工作，分析当前形势，部署2021年重点任务，推动内部审计高质量发展，进一步筑牢风险防控第三道防线。下面，我讲几点意见。

一、充分肯定2020年内部审计工作成效

2020年，内部审计系统紧紧围绕全行中心工作，认真贯彻落实行党委“48字”工作思路，有效履行审计职责，扎实推进基础建设，各项工作取得明显成效。一是坚持全局站位，审计层次不断提高。更加注重从政治上认识和把握审计工作，持续跟踪重大政策落实情况，加强对货币政策执行、疫情防控金融保障、让利实体经济、薄弱环节金融服务等领域的审计监督，推动全行切实履行大行担当。二是突出主要领域，审计重点更加聚焦。加强对主要风险、重点领域、关键人员的审计，全年共形成审计发现929项，部分领域业务失真、决策失误、履职失责等问题得到有力揭示。三是转变工作方式，审计效率明显提升。面对疫情冲击，向非现场审计、数字化审计全面转型，审计质量、监督效能得到有效保障。全年共完成审计65项，实现对集团各类机构的合理覆盖。四是深化科技赋能，审计方法持续升级。加快审计信息化建设，全面升级审计管理系统、审计分析系统、审计监测系统。审计模型突破900个，运行成功率超过90%。大数据分析、机器学习、图像识别等先进技术，逐步从研究向应用转化。五是注重监督协同，审计效能充分发挥。优化审计与监管协调机制，深化审计与各类监督职能的协作互动，强化三道防线间的风控联动，合力开展问题剖析、根源整治。六是坚持党建引领，自身建设再上台阶。认真落实全面从严治党从严治行要求，坚持政治学习常态化、党风廉政长效化、党建工作标准化，党建与业务有机融合、相互促进的局面得到巩固，内审队伍的凝聚力、战斗力和执行力进一步提高。

2020年内部审计工作的扎实有效开展，为全行监督体系完善、风控能力提升作出了积极贡献，为全行重点战略落地、改革转型推进提供了有力保障。行党委对内审工作取得的成绩充分肯定，对内审系统干部员工的精神作风、工作效能充分肯定。在此，我代表行党委，向全行内部审计系统的同志们表示诚挚的问候和衷心的感谢！

在肯定成绩的同时，也要清醒地认识到我行内审工作还存在差距和不足。一些审计项目的深度不够，审计中对机制、制度、流程等层面的原因探查还有待深入；一体化推进揭露问题、规范管理、促进改革的能力仍需提升；监督体系内部联动的制度化、机制化安排仍需细化；部分同志的能力素质还不能完全适应新形势新要求。希望内审条线高度重视这些问题，坚持问题导向、目标导向、结果导向，深入运用“三比三看三提高”工作方法，推动内审工作取得新进步。

二、深刻认识内部审计面临的形势

当前，世界百年未有之大变局加速演进，中华民族伟大复兴展现出更加光明的前景。银行业经营所面临的环境依然复杂严峻。我们要准确把握进入新发展阶段、贯彻新发展理念、构建新发展格局、推动高质量发展对内部审计提出的新要求，在全行工作大局中思考、谋划和推动内部审计工作。

准确把握经营环境变化对内部审计提出的新要求。“十四五”时期，我国全面开启建设社会主义现代化国家新征程，经济长期向好的基本面没有改变。同时，我国经济恢复的基础尚不牢固，金融风险的表现形式、传染路径和安全边界呈现新的特点，对内审全面履行第三道防线职责的要求不断提高。我们要深刻理解形势变化，提高审计效能，增强审计价值，推动全行更加有效驾驭复杂局面，提高服务新发展格局、推动高质量发展的能力和水平。

准确把握集团发展战略对内部审计提出的新要求。坚持“建设具有全球竞争力的世界一流现代金融企业”愿景，立足“大、全、稳、新、优、强”发展方位，围绕“扬长、补短、固本、强基”布局，加强对重点

战略的跟踪监督和穿透监控，促进内部审计推动战略实施的作用充分发挥。不断优化审计模式，健全审计体系，确保审计能力与全行改革转型需要相匹配。

准确把握全行监督体系改革对内部审计提出的新要求。经过持续努力，全行监督体系改革取得重要进展，党内监督、治理层监督、业务监督“三位一体”监督框架不断完善。内部审计作为大监督体系的重要组成部分，要发挥独特优势，增强协作意识，与其他监督力量一道，共建保障全行稳健发展的强大免疫系统。

三、关于 2021 年内部审计工作

今年是中国共产党成立 100 周年，是“十四五”开局之年，也是我行新三年规划起步之年，做好今年内部审计工作意义重大。总的要求是：坚持以习近平新时代中国特色社会主义思想为指导，认真落实行党委“48 字”工作思路和全行年度工作会议部署，稳中求进、防范风险、支持重点、狠抓担当落实，加快推动审计管理科学化、审计方法智能化、审计流程标准化、审计队伍专业化，以高质量审计促进高质量发展。要重点抓好以下几方面工作。

（一）坚持以服务大局为中心，助推重大决策部署贯彻落实。始终围绕立足新发展阶段、贯彻新发展理念、服务新发展格局、推动高质量发展来开展内部审计工作，把重点放在监督全行落实宏观政策、完善金融服务创新体系、助力产业链供应链自主可控等方面，推动全行不断提高金融服务的适应性、竞争力和普惠性。谋划工作时，要明大势、观大局、谋大事，把宏观政策研究作为审计前置准备，自觉把审计工作放到更高层面中去思考和安排。实施审计时，要全面对标对表，推动被审计机构不折不扣落实党中央决策部署以及行党委工作安排。揭示问题时，要把是否符合中央大政方针、符合党委工作思路作为判断标准，一手抓风险揭露，一手抓根源检视，推动全行发展路径与政策目标有机统一。

（二）坚持以重点领域监督为主线，不断提高内审工作质效。要坚持未雨绸缪、见微知著、亡羊补牢、举一反三，开展“重、大、快、新”项目，承担“急、难、险、重”任务，不断拿出“精、准、快、优”成果。

一是加强对主要领域的审计监督。重点关注表内外投融资业务、全面风险管理、依法合规经营、案件风险治理等领域，保持审计高压态势，促进资产质量稳中向好、各类风险总体可控。重点关注发展快、影响大，特别是表面平稳但存在隐藏风险的业务领域，提升风险穿透识别和揭示能力，为改革转型保驾护航。重点关注第一个人金融银行、境内外汇业务首选银行、重点区域竞争力提升、城乡联动等重点战略的实施情况，加强对 GBC 联动、数字化转型等工作的审计评价，及时提出审计意见和建议，推动集团战略意图一贯到底、有效执行。

二是加强对重点机构的审计监督。对资产规模大、业务发展快、监管关注多的机构，加大审计力度，查清经营实数，摸清风险底数。对境内分行，完善风险揭示和预警机制，建立机构全息画像，提高审计精准性、有效性。对境外机构，适应疫情防控常态，提高非现场全方位审计监督能力，有效履行第三道防线职责。对并表机构，重点加强对战略穿透、业务协同、风险防控等领域的审计，推动集团管理有效落地。

三是加强对关键少数的审计监督。推动管理人员经济责任审计与日常审计、非现场监测有机结合，提高审计效能。运用“从人到事、以事找人”的工作方法，加强对领导干部守纪、守法、守规和尽责情况的监督评价。把握好“关键少数”履职行为与所在机构经营业绩、风险管理、内控案防等方面的因果联系，切实推动权力规范运行和各项责任有效落实。

（三）坚持以联动协同为路径，促进完善集团大监督体系。要精准定位审计监督在全行大监督体系中的职能作用，为健全“党委统一领导、全面覆盖、权威高效”的监督体系贡献力量。一是助力增强监督合力，充分发挥“三位一体”监督框架作用，细化联动制度安排，促进监督资源统一调度、监督信息充分共享，共同加大对权力集中、资金密集、资源富集领域的监督力度，巩固同向发力、协同配合的大监督格局。二是打通审计发现、问题整改与审计问责，完善问题跟踪、独立验证、通报警示等机制，提高审计前瞻性、有效性和严肃性，提升第三道防线对前两道防线的监督制衡作用，真正成为“长牙的老虎”。三是完善内审系统联动模式，加强总分局上下联动、分局间横向协同，更加适应全行区域一体化、渠道一体化、本外币一体化的转型方向。强化对内审分局的组织管理、业务指导、监督考核，更好激发系统活力。四是健全有效监管协调机制，做好监管汇报沟通，准确理解监管期望，在审计工作中全面体现监管要求，推动全行依法合规经营。

（四）坚持以改革创新为动力，全面提升内审工作能力。强化“比”的意识，对标同业最佳实践，补短板、扬优势，实现内审效能的全面提高。一是推进智慧化审计转型，加快大数据、人工智能、物联网等先进技术应用，提高研判经营趋势、感知风险变化、发现问题线索的能力，为早预警、早干预、早应对创造条件。二是加快标准化审计建设，健全内部审计工作规则和专业审计指南体系，规范内审行为，提高工作质量和效率。加强审计统筹和精细化管理，为被审计机构和审计团队减负赋能。三是提升智库化服务水平，加强内审部门与业务部门、研究部门的协作机制，围绕重大问题开展联合攻关，为全行战略转型提供更多决策支持，全面发挥审计价值。

（五）坚持以党的政治建设为统领，加强党的领

导，加强党的建设。深入贯彻落实习近平总书记“以审计精神立身、以创新规范立业、以自身建设立信”重要论述，把旗帜鲜明讲政治的要求全面融入内审工作，引导内审系统广大党员、干部增强“四个意识”，坚定“四个自信”，做到“两个维护”。坚持从政治上观察和处理问题，不断提高政治判断力、政治领悟力、政治执行力。不断提高内部审计干部员工专业化能力，努力成为服务新发展格局、推动高质量发展相关审计领域的行家里手。持之以恒加强作风建设，始终保持求真务实、严谨细致的工作作风，敢于碰硬，勇于担当，以实际成效彰显审计价值。内审系统各级党组织要坚持“严”的主基调，切实履行全面从严治党主体责任，严格落实中央八项规定精神，对审计系统党员干部严格管理、严格教育、严格监督。要积极帮助干部职工解决实际困难，把行党委对员工的关心关爱落到实处，让广大内审人员能够安心工作、轻装上阵。

同志们，做好新形势下内部审计工作，任务艰巨、责任重大、使命光荣。希望内部审计系统全体干部员工始终坚持以习近平新时代中国特色社会主义思想为指导，以更加奋进的姿态、更加扎实的作风、更加有为的行动，为全行服务新发展格局、推动高质量发展作出新的更大贡献，以优异成绩迎接建党100周年！

在中国工商银行党史学习教育动员大会上的讲话

陈四清

（2021年3月10日）

这次会议的主要任务是，认真学习贯彻习近平总书记在党史学习教育动员大会上的重要讲话精神，落实中央《关于在全党开展党史学习教育的通知》要求，对全行开展党史学习教育进行动员部署。下面，我代表行党委，讲四点意见。

一、充分认识开展党史学习教育的重大意义

在全党开展党史学习教育，是以习近平同志为核心的党中央立足党的百年历史新起点，统筹中华民族伟大复兴战略全局和世界百年未有之大变局，为动员全党全国各族人民满怀信心投身全面建设社会主义现代化国家而作出的重大决策。习近平总书记在党史学习教育动员大会上的重要讲话，深刻阐述了开展党史学习教育的重大意义，深刻阐明了党史学习教育的重点和工作要求，对党史学习教育进行了全面动员和部署。总书记的重要讲话高屋建瓴，视野宏大，思想深邃，对开展好党史学习教育，推动全党深入学习领会习近平新时代中国特色社会主义思想，更好总结历史经验、认识历史规律、掌握历史主动，建设更加强大的马克思主义执政党，奋力夺取新时代中国特色社会主义伟大胜利，具有重大指导意义。全行要认真学习领会，抓好贯彻落实，切实把思想和行动统一到习近平总书记重要讲话精神和党中央决策部署上来。

开展党史学习教育，是牢记初心使命、推进中华民族伟大复兴历史伟业的必然要求。不忘初心、方得始终。习近平总书记指出，我们党的百年历史，就是一部践行党的初心使命的历史，就是一部党与人民心连心、同呼吸、共命运的历史。从石库门到天安门，从兴业路到复兴路，我们党之所以能够在腥风血雨中一次次绝境重生，在攻坚克难中不断从胜利走向胜利，根本原因就在于我们党始终坚守“为中国人民谋幸福，为中华民族谋复兴”的初心使命。在庆祝我们党百年华诞的重大时刻，在“两个一百年”奋斗目标历史交汇的关键节点，在全党集中开展党史学习教育，正当其时，十分必要。要通过开展党史学习教育，引导全行党员干部进一步锤炼初心、体悟使命，牢记全心全意为人民服务的根本宗旨，提高政治站位，强化使命担当，提振办好党的金融事业的信心决心，在实现中华民族伟大复兴的历史进程中，不断开创工商银行事业高质量发展的新局面。

开展党史学习教育，是坚定信仰信念、在新时代坚持和发展中国特色社会主义的必然要求。心有所信、方能行远。习近平总书记强调，我们党的历史，是一部不断推进马克思主义中国化的历史，是一部不断推进理论创新、进行理论创造的历史。百年来，我们党坚持解放思想和实事求是相统一、培元固本和守正创新相统一，不断开辟马克思主义新境界，为党和人民事业发展提供了科学理论指导。特别是党的十八大以来，以习近平同志为核心的党中央，坚持理论和实践相结合，系统回答了新时代坚持和发展什么样的中国特色社会主义、怎样坚持和发展中国特色社会主义这个重大时代课题，创立

了习近平新时代中国特色社会主义思想，为实现中华民族伟大复兴的中国梦指明了道路和方向。要通过开展党史学习教育，引导全行党员干部深刻领会党的十八大以来党和国家事业取得历史性成就、发生历史性变革的理论支撑，深刻体悟习近平新时代中国特色社会主义思想的强大真理力量、独特思想魅力、巨大实践伟力，以史增信、以史铸魂，进一步增强“四个意识”、坚定“四个自信”、做到“两个维护”，把工商银行的红色基因更好传承下去。

开展党史学习教育，是推进党的自我革命、永葆党的生机活力的必然要求。胜人者有力，自胜者强。习近平总书记指出，勇于自我革命是我们党的鲜明品格，也是我们党最大的优势。回顾百年历史，我们党总是在推动社会革命的同时，勇于推动自我革命，始终坚持真理、修正错误，敢于正视问题、克服缺点，勇于刮骨疗毒、去腐生肌，从而能够在危难之际绝处逢生，成为永远打不倒、压不垮的马克思主义政党。要通过开展党史学习教育，引导全行党员干部从党的自我革命历程中汲取营养，用党的奋斗历程和伟大成就鼓舞斗志、明确方向，用党的光荣传统和优良作风坚定信念、凝聚力量，用党的实践创造和历史经验启迪智慧、砥砺品格，不断提高应对风险、迎接挑战、化险为夷的能力，在新起点上把工商银行的事业不断推向前进。

二、准确把握党史学习教育的目标任务

党中央对这次党史学习教育的目标要求和重点任务作出了明确规定，行党委对标中央精神、结合我行实际，研究制订了全行党史学习教育实施方案。各级党组织和广大党员干部要按照党中央决策部署以及行党委工作要求，深入学习领会习近平总书记关于加强党史学习的一系列重要论述，准确把握党史学习教育的目标任务，切实做到抓紧、抓实、抓细、抓出成效。

（一）牢牢把握党史学习教育的目标要求。开展党史学习教育，要坚持以马克思列宁主义、毛泽东思想、邓小平理论、“三个代表”重要思想、科学发展观、习近平新时代中国特色社会主义思想为指导，深入学习贯彻党的十九大和十九届二中、三中、四中、五中全会精神，紧紧围绕学懂弄通做实党的创新理论，坚持学习党史与学习新中国史、改革开放史、社会主义发展史相贯通，做到学史明理、学史增信、学史崇德、学史力行，引导广大党员干部增强“四个意识”、坚定“四个自信”、做到“两个维护”，不断提高政治判断力、政治领悟力、政治执行力，守正创新抓住机遇，锐意进取开辟新局，为全面建设社会主义现代化国家、实现中华民族伟大复兴中国梦不懈奋斗。

全行广大党员干部，要通过学习党史强化理想信念，坚定对马克思主义的信仰、对中国特色社会主义的信念、对实现中华民族伟大复兴中国梦的信心，坚定不移听党话、跟党走，用实际行动践行“两个维护”；要通过学习党史强化责任担当，站稳人民立场，牢记金融服务实体经济的“天职”“使命”，提高金融服务的适应性、竞争力和普惠性；要通过学习党史强化斗争精神，进一步增强斗争本领，敢于斗争、善于斗争，走好新时代的长征路，朝着“建设具有全球竞争力的世界一流现代金融企业”目标愿景奋勇前进；要通过学习党史强化作风锤炼，树牢正确业绩观，涵养清廉本色，严守党章党规党纪，坚决克服形式主义、官僚主义，把心思用在干实事上，把精力放到抓落实上，把好传统带进新征程，将好作风弘扬在新时代。

（二）全面落实党史学习教育的重点任务。百年党史壮阔宏伟、气象万千。学好党史，既要通读博览，更要秉要执本，提高针对性和实效性。要聚焦中央《通知》中明确的“六方面学习内容”，落实好习近平总书记提出的“六个进一步”学习要求，确保党史学习教育各项任务落到实处。

一是进一步感悟思想伟力，增强用党的创新理论武装全行的政治自觉。要教育引导全行党员干部从党的非凡历程中感悟马克思主义的真理力量和实践力量，深化对中国化马克思主义既一脉相承又与时俱进的理论品质的认识，深刻学习领会新时代党的创新理论，深入贯彻落实习近平总书记重要讲话和重要指示批示精神，坚持不懈用习近平新时代中国特色社会主义思想武装头脑、指导实践、推动工作。

二是进一步把握历史发展规律和大势，牢牢掌握发展主动权。要教育引导全行党员干部树立大历史观，认清当代中国所处的历史方位，增强历史自觉，心怀“国之大者”，把握新发展阶段、贯彻新发展理念，紧紧围绕服务新发展格局、推动高质量发展来思考谋划全行改革发展各项任务，增强工作的系统性、预见性、创造性，为实现中华民族伟大复兴贡献工行力量。

三是进一步深化对党的性质宗旨的认识，坚定践行以人民为中心的发展思想。要教育引导全行党员干部更加深刻认识党的性质宗旨，始终把人民放在心中最高位置，把人民对美好生活的向往作为奋斗目标，把以人民为中心的发展思想贯穿经营发展和金融服务全过程，弯下腰、沉下心，真心了解客户和员工在想什么、盼什么，重视客户体验和员工评价，多办实事，多干好事，更好地践行金融为民、利民、惠民、安民。

四是进一步总结党的历史经验，不断提高应对风险挑战的能力水平。要教育引导全行党员干部学好用好党在不同历史时期成功应对风险挑战的丰富经验，增强斗争意识、丰富斗争经验、提升斗争本领，持续完善与服务新发展格局相适应的风控体系，扎实推进全面从严治党从严治行，坚定不移抓好正风肃纪反腐，不断提升拒腐防变和抵御风险能力，坚决守住不发生系统性金融风险的底线，助力维护国家经济金融安全。

五是进一步发扬革命精神，始终保持艰苦奋斗的昂扬斗志。要教育引导全行党员干部发扬老一辈革命家“宜将剩勇追穷寇，不可沽名学霸王”的革命精神，发扬共产党人“为有牺牲多壮志，敢教日月换新天”的奋斗精神，鼓起迈进新征程、奋进新时代的精气神，为“十四五”开好局、起好步作出工行贡献。

六是进一步增强党的团结和集中统一，更加坚定自觉做到“两个维护”。要教育引导全行党员干部坚决维护习近平总书记党中央的核心、全党的核心地位，坚决维护党中央权威和集中统一领导，自觉在思想上政治上行动上同以习近平同志为核心的党中央保持高度一致，善于用政治眼光观察经济金融问题，把我行工作与党中央决策部署精准对标对表，不断提高把握新发展阶段、贯彻新发展理念、服务新发展格局的政治能力、战略眼光、专业水平，确保党中央决策部署在工商银行不折不扣落实到位。

三、认真落实党史学习教育工作部署

中央明确要求，全党要把党史学习教育作为贯穿全年的重要政治任务，突出学党史、悟思想、办实事、开新局，注重融入日常、抓在经常，以处级以上领导干部为重点，开展学习教育实践。具体来说，要抓好以下五方面工作。

一是抓好专题学习。把深刻领悟习近平新时代中国特色社会主义思想，同学习马克思主义基本原理贯通起来，同学习党史、新中国史、改革开放史、社会主义发展史结合起来，同新时代进行伟大斗争、建设伟大工程、推进伟大事业、实现伟大梦想的丰富实践联系起来，原原本本学、丰富形式学、联系实际学，不断深化党的创新理论武装。党员干部要通过开展理论学习中心组学习、举办读书班等形式，制订学习研讨计划，列出专题交流研讨；基层党组织要抓好“三会一课”和主题党日；党员领导干部、基层党组织书记、先进典型要讲一次专题党课。

二是抓好政治引领。教育引导全行党员干部树立正确党史观，准确把握党的历史发展的主题主线、主流本质，旗帜鲜明反对历史虚无主义，加强思想引导和理论辨析，更好地正本清源、固本培元。要精心组织专题宣讲、座谈研讨，推动全行党员干部牢固树立正确的历史观、民族观、国家观、文化观，确保全行心往一处想、劲往一处使。

三是抓好专题培训。发挥党校、培训院校、党性教育基地作用和线上教育优势，开展领导干部专题培训，推动全行党员干部增强党的意识、党员意识，自觉立政德、明大德、守公德、严私德。用好我行红色资源、红色基地，办好“红色金融文化”主题活动，增强学习教育的吸引力、感染力，推动全行党员干部从党史中不断汲取精神力量，做红色金融的弘扬者和践行者。

四是抓好“我为群众办实事”实践活动。各级党组织要落实中央要求，结合全行中心工作，按照“切口小、发力准、效果好”的原则，确定“我为群众办实事”实践活动的具体内容，切实为员工排忧、为客户解难，让员工和客户看到变化、见到成效，充分展示新时代工行人的良好风貌。

五是抓好专题组织生活会。以党史为镜鉴，以革命先烈为榜样，以先进典型为目标，召开严肃认真、形式多样的专题组织生活会，深入交流学习，查摆差距不足，明确努力方向，脚踏实地抓好整改落实，不断激发砥砺奋进、拼搏实干的前行动力，奋力开创工商银行高质量发展新局面。

四、加强对党史学习教育的组织领导

各级党委要提高政治站位，把开展党史学习教育与庆祝中国共产党成立100周年联系起来，与巩固深化“不忘初心、牢记使命”主题教育成果结合起来，与落实党中央决策部署对接起来，与深化对全行改革发展的规律性认识衔接起来，突出金融特色、突出学用结合、突出惠及群众、突出担当作为，坚持高标准、高质量、严要求，确保任务落实到位、务求实效。总行已经成立党史学习教育领导小组，统筹负责全行学习教育的组织推动。领导小组下设办公室，负责日常工作。党史学习领导小组各成员单位要各司其职，形成工作合力。

一要压紧压实责任，健全工作机制。各级党委要把主体责任扛起来，对标总行做法，结合自身实际，成立相应领导机构和工作机构，切实把党史学习教育紧紧抓在手上。要坚持领导干部带头，以“关键少数”带动“绝大多数”，以点带面、层层推进。要借鉴“不忘初心、牢记使命”主题教育的好经验好做法，精心组织、周密安排，确保党史学习教育高标准高质量开展。

二要加强督促指导，实现精准到位。总行将派出巡回指导组，采取巡回指导、随机抽查、调研访谈等方式，对各单位党史学习教育开展情况进行督促指导。各级党委要加强对下级党组织的分类指导，确保规定动作不走样、自选动作有特色，推动党史学习教育走深走实。

三要做好宣传引导，营造浓厚氛围。要精心策划宣传方案，注重发挥“工行通讯”、网络大学、工行“学习强国”订阅号等平台作用，深入宣传党中央精神和有关部署，宣传党史学习教育的重大意义、目标任务和基本要求，宣传各单位的好做法、好经验、好成果，形成全行上下竞相学习党史的生动局面。

四要发扬良好作风，确保见行见效。坚持两手抓、两促进，把开展党史学习教育同推动全行中心工作结合起来，坚决防止“两张皮”，努力把学习成效体现在解决问题、促进改革、推动发展、惠及民生上。要发扬马克思主义优良学风，注重真学实学，力戒形式主义、官僚主义，防止层层加码，避免给基层带来不必要的负担。

同志们！开展好党史学习教育，责任重大、使命光荣。让我们更加紧密地团结在以习近平同志为核心的党中央周围，以高度的政治责任感、良好的精神状态和扎实的工作作风，把党史学习教育组织好、开展好，不断激发全行广大党员干部的奋斗热情和担当精神，为全面建设社会主义现代化国家作出新的更大贡献，以优异成绩迎接建党100周年！

奋力开创工商银行高质量发展新局面

——在分行行长座谈会上的讲话

陈四清

（2021年4月26日）

新冠肺炎疫情发生以来，全行性会议主要以线上形式召开，今天是一年多以来，第一次同大家集体面对面交流。首先，我代表行党委，向你们并通过你们，向全体干部员工在统筹推进疫情防控与经营管理过程中所付出的努力、作出的贡献，表示衷心的感谢！大家辛苦了！

这次座谈会，是在迎接建党100周年、“十四五”规划开局、我行新三年规划启动实施之际，召开的一次重要会议。主要任务是，以习近平新时代中国特色社会主义思想为指导，深入学习贯彻党的十九届五中全会、中央经济工作会议和全国两会精神，分析全行发展现状，立足未来三年战略导向，谋划改革取向、工作方向，奋力开创工商银行高质量发展新局面。廖林行长将就下一阶段经营管理重点工作进行部署，大家要结合年初工作会议安排，一并抓好贯彻落实。

下面，我围绕稳中求进、改革创新，推动工商银行高质量发展，讲几点意见。

一、经过持续奋斗，全行综合实力跃上新台阶，为推动高质量发展构筑了坚实基础

我行从1984年成立至今，经过37年砥砺奋进，实现了从专业银行到全球最大银行的历史性跨越，正在向现代化强行迈进。上一轮三年规划圆满收官，集团表内资产超过33万亿元、资本规模突破3万亿元，净利润迈上3 000亿元台阶，存款、贷款、营业收入、资本水平等核心经营指标处于全球金融业前列，市值稳居国内金融业第一。建设具有全球竞争力的世界一流现代金融企业，进入奋力推动高质量发展的新阶段。

站在“两个一百年”奋斗目标历史交汇的关键节点，我们牢牢把握工商银行在我国社会主义现代化建设新征程中肩负的职责使命，深刻领会党的十九届五中全会精神，对标国家“十四五”规划和2035年远景目标纲要，坚持“48字”工作思路，立足“大、全、稳、新、优、强”发展方位，运用“三比三看三提高”工作方法，认真调查研究，反复推敲论证，汇聚集体智慧，制定了我行2021—2023年发展战略规划。新三年规划坚持着眼长远、立足当前，远眺十五年、干好这三年，以远景目标倒排当期任务，以宏大愿景引领当前行动，明确了“扬长、补短、固本、强基”布局，以及下一阶段改革发展方向、任务和保障体系，是推动全行高质量发展的纲领性文件。

在制订新三年规划的过程中，我们进一步认清了自身优势。归纳起来，主要有以下八个方面：

一是体量优势。“大”是工商银行的鲜明特征。全球领先的体量，有力支撑了我们的资金调配能力、金融服务能力、资源整合效率。这是综合实力的重要体现，构成了高质量发展的基本盘。

二是客户优势。我们坚持以人民为中心的发展思想、以客户为中心的经营理念有机统一，构建了广覆盖、多层级的客户体系，特别是在政府机构、央企国企等领域，具有较大的领先优势。客户信赖与支持，是我行高质量发展的压舱石。

三是服务优势。我们牢记服务实体经济使命职责，持之以恒提升服务能力、拓展服务边界、改进服务体验，打造了功能齐全的金融产品体系，形成了全球化、全方位、全链条的服务能力，这是我们推动高质量发展的工具箱。

四是科技优势。我们把金融科技作为竞争制高点，坚持早布局、强投入、广应用，技术研发实力、自主可控能力、科技治理体系处于同业领先水平，科技优势日益成为全行高质量发展的新引擎。

五是品牌优势。经过多年耕耘和积淀，我们树立了大气、厚重、稳健的形象，“您身边的银行、可信赖的银行”品牌深入人心。多个领域的第一大行、客户首

选银行地位，进一步构筑了卓越品牌矩阵，形成了我行高质量发展的引力场。

六是渠道优势。我们把握数字时代发展脉搏，不断优化渠道布局、丰富渠道功能、创新渠道形态，服务渠道覆盖线上线下、境内境外，巩固了全行高质量发展的主阵地。

七是风控优势。我们坚持把风险管理作为生命线，把促进实体经济健康发展作为防范化解风险的根本之策，不断强化风险治理、实施全面风险管理，建立了领先的风险识别、计量、监测和控制体系，成为我行高质量发展的稳定器。

八是党建和人才优势。我们坚持党建引领、人才兴业，将党的领导与现代公司治理有机结合，党委把方向、管大局、保落实作用得到充分发挥，公司治理科学性、稳健性、有效性不断增强，高素质专业化的干部人才队伍持续壮大。坚持党的领导、加强党的建设，是我们推动高质量发展的根和魂。

以上优势，铸就了我行的市场竞争力、行业影响力和大行形象，奠定了工商银行高质量发展的稳固基础，我们完全有理由为此而自豪！

我们自豪，但不应自满，须时刻保持清醒头脑。要看到，对标高质量发展要求，我们还存在一些短板，突出表现在：

一是科技与业务融合不深，一些领域服务能力有待提高。对照市场不断涌现的新业态新模式、客户日益增长的新需求新期盼，我们的产品、服务、组织体系等还有不适应的地方。从业务模式看，数据驱动、智慧服务能力不足，对新的商业逻辑、市场趋势的研究不够前瞻深入，产品设计、服务创新缺乏用户思维、数据思维。从科技支撑看，我行强大的技术实力没有充分转化为价值创造能力，数据资源还没有真正转化为数据资产，对客户需求的准确洞察、快速响应和敏捷交付能力有待提升，面向市场前沿的高水平研发供给不足。从组织管理看，业务、数据、科技尚未有效打通，业务管理主要依靠传统手段，跨机构的服务承接、跨板块的协同创新仍然存在堵点断点。

二是客户基础还不够牢固，客群结构需进一步优化。全行客户规模总量不小，但质量、结构有待提升。渗透率上，相比全国1.4亿多户存量市场主体，以及每年2 500多万户新增市场主体，我们还有很大挖潜空间。对公客户中，代发占比及有贷户占比较低。活跃度上，“多而不活”现象需要引起高度重视，第一季度法人、个人零余额客户占比有所上升，客户平均使用我行产品数量相对较少。均衡性上，大中小协调的客户体系尚未有效构建，GBC资金“体内大循环”的生态还没有完全形成。

三是产品、流程、渠道尚未全面协同，服务改进滞后于客户需求、同业竞争。面对金融生态演进、客户行为变迁，全行服务转型还存在不适应、跟不上、接不住的情况。产品方面，突破性、引领性产品还不够多，产品全生命周期管理做得还不到位。流程方面，部门银行痕迹仍然较重，不仅影响了客户体验，而且造成对人力资源的“隐性占用”和对价值创造的“显性耗损”。渠道方面，随着互联网金融在生活场景中的全面渗透，客户“离柜”“离行”趋势加快，银行面临被“通道化”的严峻挑战。我行线下渠道机构层级多、管理多头、经营功能不足、数字化转型不快、人均产值偏低；线上渠道服务功能相对分散，没有真正实现“一点接入、全程响应、体验一致”。

四是大企业病不同程度存在，战略穿透和政策执行不平衡不充分。以客户为中心的理念尚未全面贯穿到组织架构中，职能交叉、运营重叠、管理失位等问题同时存在。纵向传导上，决策大脑与基层一线之间链条较长，不能充分适应快速变化的竞争形势；政策传导有时层层加码，有时失之于宽，“最后一公里”问题解决得还不够好。横向协同上，“部门墙”“机构壁”依然不同程度存在，前中后台协同效率还需提高。同时，个别干部的专业能力、精神状态、工作作风还不能完全适应激烈竞争形势和高质量发展要求。

对于以上优势和短板，我们要全面、辩证地看待。要深刻认识到，我们的优势具有全局性、决定性，主要体现在规模和存量上。我们的短板和不足带有趋势性、苗头性，更多体现在效率和增量上。第一季度工作反映出来的问题，就是这些短板的综合体现。对此，我们要增强信心，正视挑战，巩固优势，补强短板，以实施新三年规划为契机，坚定不移沿着高质量发展路子走下去。

二、深刻把握高质量发展对全行工作提出的新任务新要求

党的十九大作出我国经济已由高速增长阶段转向高质量发展阶段的科学判断。习近平总书记多次围绕推动高质量发展发表重要讲话，深刻阐明高质量发展的核心要义、丰富内涵和实践要求，强调高质量发展是方方面面的总要求，是引领“十四五”发展的主题。工商银行作为党领导下的国有大行，必须坚决落实党中央决策部署，各项工作都要紧扣高质量发展这个主题来推进，不断提高金融服务的适应性、竞争力和普惠性，以自身高质量发展助力经济高质量发展。

工商银行的高质量发展，必须是完整准确全面贯彻新发展理念的发展，必须是有力有效服务新发展格局的发展，也必须是充分反映我行发展方位的发展。一是规模与效率的相互促进效应要进一步激活，实现资金调配能力、金融服务水平、资源配置效率的综合提升。二是服务科技创新水平与自身科技发展能力要进一步提高，科创金融“领头羊”地位更加巩固，技术、数据要素

在提升全行经营效率方面的价值得到充分激发。三是金融惠民便民利民作用要进一步发挥，普惠金融服务的覆盖面、可得性、满意度始终处于头雁位置。四是绿色金融领先地位要进一步巩固，高质量绿色金融供给不断丰富，对绿色发展的支持力度不断加大。五是发展的整体性均衡性要进一步提升，经营布局更加适应区域协调发展、城乡联动发展和供需体系变化的要求。六是国际化集团化发展能力要进一步增强，全球机构一体统筹、区域运营的模式不断完善，综合化子公司聚焦主业、集团协同的水平持续提升。七是全面风险管理体系要进一步健全，各类风险可控，资产质量稳定，市场压舱石、稳定器作用有效发挥。八是党建和干部人才基础要进一步筑牢，党对金融工作的全面领导不断加强，公司治理不断完善，干部人才队伍竞争力持续提升，工商银行发展始终沿着正确的方向前进。

以上八个方面，是衡量工商银行高质量发展的重要标尺。对照这些标尺，下一步全行要在"四个转变"上下功夫：

一是推动发展方式向更加注重新型要素驱动转变。深入落实国家创新驱动发展战略，适应数字技术全面融入经济运行、人民生活、社会治理的趋势，深化科技驱动、数据赋能，加快推进金融科技成果转化和数字化经营转型，更好发挥技术和数据要素对全行高质量发展的重要作用，不断催生发展新动能，塑造发展新优势。

二是推动服务视角向更加注重产业全链条、全生态转变。深刻洞悉产业体系演进趋势、产业生态升级态势，推动金融服务向产业生态和企业上下游、前后端延伸，完善金融产品和服务体系，在更好满足客户多样化、普惠化、定制化金融需求的过程中，进一步夯实客户基础，提升价值创造水平。

三是推动经营布局向更加注重协同发展、城乡联动转变。对标国家区域重大战略、区域协调发展战略，有针对性地加强资源配置，提升我行在重点市场的整体竞争水平。落实好新型城镇化和乡村振兴发展战略，完善我行区域协同、城乡联动经营机制，更好发挥优势机构带动作用和金融科技作用，提高发展的整体性均衡性。

四是推动经营模式向更加注重境内外一体化运营、综合化协同转变。坚持国际视野、全球经营，优化境外网络布局，精准高效服务国家高水平对外开放。强化总部对全球化经营、集团化经营的领导与统筹，提高集团联动发展的合力、深度和效果，为构建新发展格局作出更大贡献。

实现上述"四个转变"，需要全行协同发力。总行要加强规划引领，明确实施路径，提供资源保障，做好改革配套。各机构要深刻领会转型意图，精准找到自身定位，主动担当、敏捷反应、创造性抓好落实。指标具有优势的机构，要保持持续奋斗姿态，不断巩固领先地位；指标目前不具优势的机构，要鼓起负重前行、奋勇争先的斗志，加快把业绩做上去，为实现全行高质量发展贡献应有力量。

三、奋力实现新三年规划开好局、起好步，以高质量发展的优良业绩庆祝建党100周年

年初工作会议对加快形成与服务新发展格局、推动高质量发展相适配的经营发展质态，抓紧推进重大战略重要战术实施，提高专业化能力等作出部署，并从六个方面提出工作安排，大家要抓紧抓实、抓出成效。这里，我就新三年规划实施中的重点问题，讲几点意见。

第一，推进金融与科技双向赋能。深刻把握创新在我国现代化建设全局中的核心地位，充分认识数字化转型在推动全行高质量发展中的重要作用，统筹推进金融服务科技创新和我行自身数字化转型工作，以金融力量助力科技强国建设。

要着眼大局大势，充分发挥金融对科技创新的保障、促进作用。把服务科技自立自强、支持创新主体壮大、促进创新链条完善、推动创新生态优化作为整体目标，坚持扩总量、抓重点、创产品、建机制，进一步打响工商银行科创金融品牌。抓好我行与科技部等部委战略合作协议落实，加快推进科创金融"十百千万"专项行动，为重要创新主体、关键创新节点提供全方位金融支持。推动金融服务线上化、数字化转型，深化科创专营机构改革，更好适应创新主体多元、创新路径多变、金融需求多样的新趋势。审慎研判技术发展路径，前瞻做好资产布局，防范过度融资、重复建设等风险。

要瞄准科技前沿，全面激活先进技术对金融发展的引领、带动作用。加大核心技术攻关力度，稳步开展核心领域自主可控技术应用，巩固我行科技发展代际优势。坚持开放创新，加强与创新企业、科研机构合作，整合各方优势，提升创新效能。积极将我行产品和服务融入数字政务、智慧医疗、数字乡村建设等领域，接入工业互联、产业互联等平台，嵌入新型基础设施，打造基于技术优势的金融新生态。加快建立集团统一智能营销平台，实现产品和服务对客户的精准匹配。健全适应数字化转型的配套机制，推动我行组织架构向服务型、赋能型转变。加强全员科技文化和数据思维培养，厚植数字化转型的人才基础。

第二，夯实高质量的客户基础。客户工作是系统性工作，必须认准方向、稳扎稳打、综合施策、久久为功，加快形成与高质量发展相适应的客户基础。

要把面临的问题找准剖深。客户基础的问题，表现在数据指标上，背后是产品、服务、机制、能力、作风等系统性问题。既要关注客户总量指标，还要剖析客户满意度、活跃度、贡献度等质量指标；既要关注竞争格局、需求演变等外部趋势，也要分析经营模式、管理机制、团队能力等内部因素，对存在的问题加以认真梳理分类，找准问题根源，弄清症结所在，做到精准施策。

各级领导干部都要扑下身子，认真开展调查研究，倾听客户和基层一线声音，切实把问题和情况厘清摸透，做到心中有数。

要找到拓客活客的管用方法。总行已经制订下发了新的营销体系方案，全行要抓好落实。各分行在长期探索中，也有许多好的办法和经验，要注重总结推广。要将 GBC 联动作为营销重要策略、拓户重要手段，完善联动互促的场景、平台、生态、机制，实现 GBC 三端一体运作，形成相互赋能、彼此拉动的正向循环。

要完善以客户为中心的产品评价机制。强化客户导向，把客户满意度和市场美誉度，作为检验工作成效的重要标准，贯穿到考核评价、资源分配、产品研发、营销服务等各个环节。健全产品监测和评价机制，强化全生命周期管理，着力解决重开发轻运营、重推广轻维护等问题，使好产品成为维客活客的黏合剂。

第三，做好扬长扬优工作。坚持辩证思维，做优长板、带动短板、共同提升，塑造更多业务优势，赢得更大竞争胜势。

要不断打开长板空间。聚焦国家重点支持领域，深刻把握现代财税体制改革、产业链布局调整等趋势，提前做好业务布局，做到产品适配、承接有力、服务闭环。加快板块交叉、产业关联领域的产品创新，打开优势业务的延伸通道，拓展增量发展空间。

要更好发挥长板作用。增强联动协同、交叉渗透，在为客户提供一站式、全方位金融服务的同时，提升客户综合价值贡献。积极发挥投融资业务优势，带动存款业务发展；发挥头部客户优势，拉动中小微企业拓户；发挥基础业务、本币业务优势，拓展综合交易、增值服务、外汇业务机遇；发挥金融科技优势，积极为客户赋能，打开其他领域合作空间。

要持续巩固扬长格局。做好扬长扬优工作，重在机制、贵在坚持、难在深化。要加强制度建设、组织推动，理顺利润分配、考核还原、资源配套等机制，充分调动各条线、各机构的原动力和积极性。落实好完善营销体系工作要求，强化板块间、部门间、机构间协同，发挥各自优势，深化公私联动、行司联动、内外联动，拓展服务链条、巩固客户网络，以客户为中心画好同心圆、提升贡献度。

第四，抓好重点战略实施。年初工作会议对深化重点战略实施作了全面安排，要强化过程管理，做好跟踪评价，完善考核激励，加强结果应用。要增强系统观念，深刻把握各重点战略之间互为支撑、互为促进的整体关系，既抓好单个战略实施，又注重强化战略协同、板块联动，形成叠加和倍增效应，全面激发战略效能。

第一个人金融银行战略实施，外部有市场、内部有资源，战略有指引、上下有共识，各方条件都具备，关键要激发活力、创新思路、抓好执行。要迎难而上、大力攻坚，针对储蓄存款、信用卡等业务，加强市场研究分析，对标同业找不足、围绕问题强机制、对照需求挖潜力，全力实现争先进位目标。要做好分层营销、分类服务，在拓展全量客户基础上，更加注重年轻客群拓展，促进活跃客户“代际接续”。把握数字货币试点扩容机遇，前瞻布局相关场景生态，全力扩大增量客群。推动私人银行业务稳健规范发展，更好满足高净值客户需求。要着力构建数字化营销新模式，加快完善“智慧大脑”、运营中台等数字化工具，提高市场洞察、策略制定、资源调配能力，更好支持基层开展精准营销、精准服务。加快推进组织在线、员工在线、营销在线，让客户得到高水平线上服务。完善营销资源配置办法，围绕客户综合价值，加大直达客户的营销资源投入力度，提高产出效益。

第五，提升网点阵地价值。全行 1.6 万个网点，事关当前竞争力整体提升和未来可持续发展。转型到位了，是优势；转型不到位，就会成为负担。要紧跟客户金融需求和同业竞争态势变化，加快网点功能转变和服务转型，不断提升客户服务能力、市场竞争力和价值创造力。

要强化网点服务营销阵地作用。根据业态类型和客户需要，加强功能导入，突出专业服务，提升网点对公对私、本币外币、资产负债一体化综合经营能力。找准线上与线下、金融与非金融、人工服务与非人工服务的融合点，丰富服务内容，把网点打造成为本地服务枢纽。加强网点资源共享与跨界合作，推动政务、民生、普惠等场景在网点落地，拓展服务边界，增强网点对客群经营和生态建设的承载力。

要坚持数字化、智能化、线上线下一体化方向。积极运用数字化技术，深化运营改革，重塑服务模式，改善劳动组合。以手机银行等为载体，进一步推动我行金融服务融入互联网平台，使触达客户的“毛细血管”更加发达。推进渠道一体化运营，使网点成为数字化、场景化、生态化服务体系重要组成部分，实现线上线下融合互通与相互赋能。加快开发大数据智能工具箱，为基层网点经营提供高质量数据支持。着力通过数字化手段，构建新型乡村金融服务体系，努力以更低成本、更高效率提供更好的城乡联动服务。

要深化网点减负赋能。优化“条”“块”关系，建立健全主责明确、条块联动、协同配合的网点统筹管理机制。用好数字化手段，减少非必要手工作业，把基层从提供材料的忙乱中解放出来。加快构建智慧运营体系，优化运营流程，打造高水平集约运营后台。深入推进网点队伍建设，将更多人员充实到营销一线和高价值业务领域，不断增强网点竞争力和员工成就感。

第六，加强全面风险管理体系建设。统筹好发展和安全，以防微杜渐的清醒、如履薄冰的谨慎，做好全面风险管理工作，持续增强风险管理的前瞻性、专业度和控制力，以高质量风控保障高质量发展、促进高质量转型。

抓住全面覆盖这个基础。坚持境内分行“统筹管”、境外机构“分类管”、综合化子公司“穿透管”、总行利润中心及部门“专业管”策略，确保风险管理覆盖所有机构、所有业务、所有员工，确保各类风险在集团层面可监控、可衡量、可加总，确保同一类风险遵从统一政策、服从统一偏好。要在全面管好信用、市场、流动性等传统风险基础上，有力管好气候变化、地缘政治、数字安全等非传统因素导致的风险。完善跨区域、跨风险类别的风控协同机制，落实新兴风险管理三道防线责任，提高全行驾驭复杂风险的能力。

把握提升能力这个关键。主动推进风险管理的理念变革、动力变革，把数据作为新的生产要素，把数字技术作为新的生产力，推动风险管理体系实现新的跃升，突破传统风险管理的能力边界和效率边界。要加快形成风险全景监测、早期发现、精准预防能力，确保风险应对走在市场曲线前面。要在做实单一客户风险控制的基础上，提升对相关客群、行业链条、产业生态的风险研判能力，打通宏观与微观、整体与局部，从更高层面下好先手棋、打好主动仗。

适应双向开放这个趋势。全面构建与金融高水平双向开放相适应的风险管理体系，针对风险跨境传染、政策跨境溢出、市场交叉共振等情况，做到系统跟踪、联防联控。强化集团跨境业务、境外业务、非银业务的逐项统筹管理，落实总行部门的管理责任、各机构的主体责任。对涉外业务创新，要把握适度性、提高专业性、控制外溢性，确保风险可控。坚持风险中性原则，简化交易结构、控制复杂产品、落实限额约束，始终在有效风险控制、有限风险承担和资本占用的前提下追求合理回报。

守住合规经营这个底线。坚持从讲政治的高度认识和落实依法合规经营，保证铁的制度、铁的纪律得到铁的执行。高度重视监管整改工作，各项问题首先从总行部门、一级分行改起，做到举一反三、标本兼治，以具体问题的解决，带动管理能力的提升。要不断强化集团合规和案防管理、涉敏和反洗钱管控，主观上提高认识、客观上提升能力、宏观上健全体系、微观上压实责任，坚决遏制案件上升势头，严防重大风险事件发生。

推动工商银行高质量发展，要将党的领导贯穿改革攻坚、战略落地、工作落实全过程。坚持旗帜鲜明讲政治，不断增强“四个意识”、坚定“四个自信”、做到“两个维护”，持续提高政治判断力、政治领悟力、政治执行力，确保党中央决策部署不折不扣落实到位。抓实抓好党史学习教育和建党100周年系列庆祝活动，激发全行爱党爱国热情，学党史、悟思想、办实事、开新局。切实加强作风建设，弘扬改革创新精神，激励广大干部员工勇于担当、积极作为，善始善终、善作善成。加强高素质专业化干部人才队伍建设，提升干事创业的精气神、凝聚力、战斗力。明天下午，我们还将召开党建工作会议，对加强党的建设、纵深推进全面从严治党作进一步安排部署，全行要认真学习领会，抓好贯彻落实。

现在已经是4月下旬，第二季度即将过去三分之一。全行要切实增强紧迫感，履职尽责、真抓实干，全力落实好行党委各项工作部署。针对第一季度经营暴露出来的存款增长、收入增长、客户拓展等方面问题，要尽快拿出务实方案，综合施策、标本兼治，加快推动解决。集团新三年规划即将提交董事会审议，本次座谈会专门安排了战略解码环节，接下来要做好战略宣讲、任务对接，以钉钉子精神抓好落实，切实将规划蓝图转化为发展实效。

同志们！让我们更加紧密地团结在以习近平同志为核心的党中央周围，全面贯彻党中央关于做好金融工作的决策部署，振奋精神，鼓足干劲，迎难而上，开拓进取，以全面高效落实新三年规划为牵引，扎实推动工商银行高质量发展不断迈出新步伐、开创新局面，以优异成绩庆祝中国共产党成立100周年！

谱写高质量党建引领高质量发展新篇章 以优异成绩庆祝建党100周年

——在2021年全行党建工作会议上的讲话

陈四清

（2021年4月27日）

这次全行党建工作会议，是在喜迎建党100周年、踏上新征程之际，召开的一次十分重要的会议。会议主要任务是，深入贯彻习近平新时代中国特色社会主义思想，总结工作，分析形势，部署重点任务，动员全行以昂扬状态和奋斗姿态，谱写以高质量党建引领高质量发展的新篇章。刚才，5家单位作了交流，讲得都很好。下面，我代表行党委，讲几点意见。

一、全行党建工作取得新的显著成效

我行党委历来重视党建工作。自2018年全行党建工作会议以来，全行各级党组织深入贯彻党中央关于全面从严治党的各项要求，全面落实全国国有企业党的建设工作会议精神，按照“党建引领、从严治理”工作思路，推动全行党建工作在传承中发展、在创新中提质、在大战大考中经受检验、在服务大局中开创新局。

（一）政治统领和思想引领同向发力。把党的政治建设作为根本性建设。健全落实习近平总书记重要指示批示精神和党中央决策部署的工作机制，把“两个维护”贯穿到党的建设和经营发展全过程，体现在落实金融“三大任务”、打好“三大攻坚战”的具体行动上。深化党的领导和公司治理有机融合，设立执行委员会，完成5家子公司党建入章工作。把党的思想建设作为基础性建设。扎实开展“不忘初心、牢记使命”主题教育，巩固深化主题教育成果，开展党的十九届四中、五中全会精神轮训，推动学习贯彻习近平新时代中国特色社会主义思想走深走实。

（二）扩大覆盖和增强功能同步推进。以健全体系为基础，推进党的组织和党的工作全面覆盖。全行基层党组织从2019年初的1.5万个增至目前的2.3万个，境外机构党组织从40个增至54个，网点主要负责人党员占比从74.3%提升至85.7%。以发挥作用为目的，突出增强政治功能和组织力。统筹推进强化政治机关意识教育、“灯下黑”问题专项整治和党支部标准化规范化建设，引导基层党组织和广大党员在强服务、战疫情、促脱贫等重大任务中，砥砺初心、创先争优。

（三）干部工作和人才工作相融互促。坚持党管干部，选优配强各级领导班子，总行直管机构领导班子正职中“70后”干部占比达44.8%。开展优秀年轻干部调研，初步建立起覆盖各层级优秀年轻干部的储备体系。健全干部考核评价机制，按年龄段和成熟度实施分层分类培训，加强干部交流和实践锻炼。坚持党管人才，完成三年人员规划，实现人员总量和结构优化。健全职务职级管理体系，为员工成长成才搭建广阔舞台。完善人才激励机制，加强荣誉表彰管理，激发创新创造活力。

（四）作风建设和纪律建设有机协同。落实全面从严治党主体责任清单，召开全面从严治党系列会议，以全面从严治党引领全面从严治行。持之以恒改进作风。坚持纠“四风”和树新风并举，落实治理形式主义突出问题为基层减负30条措施，推进厉行节约勤俭办行。2019年以来共查处违反中央八项规定精神问题309个，处理责任人473人。标本兼治深化反腐。全面落实派驻改革，重构监督体系，提高监督效能。深化中央巡视整改，建立巡视巡察上下联动机制，严肃查处顾国明、谢明、徐卫东、王英奎等严重违纪违法案件。深入开展警示教育和专题整改，建设廉洁文化和红色金融文化基地，一体推进不敢腐、不能腐、不想腐。

（五）党建和群建融合并进。健全大党建工作格局，充分发挥工青妇团等群团组织及离退休人员作用。落实关心关爱员工举措，帮助外派员工、扶贫干部、基层员工等解决实际困难，举办员工集体婚礼，建设全行公共卫生体系和员工健康安全管理体系，开展“工银卓越奖章”“大行工匠”“荣誉全球雇员”等表彰，凝心聚力促发展。

党建工作的加强，有力促进了经营发展。全行综合实力、价值创造力、国际影响力上升到新高度，表内资产规模突破30万亿元，资本总额突破3万亿元，净利润突破3 000亿元，市值居国内金融业之首。成绩的取得，是以习近平同志为核心的党中央坚强领导的结果，是中央和国家有关部门指导帮助的结果，也是全行各级党组织认真履行管党治党责任、广大党员干部积极担当作为的结果。

在实践中，我们进一步深化了做好新时期党建工作的认识和体会。

第一，必须坚持以习近平新时代中国特色社会主义思想为指导。习近平新时代中国特色社会主义思想是全党的思想旗帜。这些年来，党和国家之所以化危机、育先机、应变局、开新局，根本靠的是这一强大思想武器的真理力量和实践伟力。只有坚持不懈用党的创新理论凝心聚魂，不断增强政治认同、思想认同、情感认同，全行党的建设和改革发展才能前进有方向、行动有指南、奋进有力量。

第二，必须坚持和加强党对金融工作的领导。坚持党的领导、加强党的建设，是国有企业的“根”和“魂”，是国有企业的独特优势。我们靠这一优势走到今天，也要靠这一优势走向未来。只有坚持按党的方针办工行、按党的纪律管工行，充分发挥党委把方向、管大局、保落实的作用，我们才能在“更多逆风逆水的外部环境”中，保持“乱云飞渡仍从容”的定力，续写高质量发展新篇章。

第三，必须坚持旗帜鲜明讲政治。国有银行兼具政治属性、经济属性和社会属性，旗帜鲜明讲政治是根本要求，政治导向、政治标准、政治要求必须鲜明体现和贯穿于各项工作中。只有树牢政治意识，不断提高政治判断力、政治领悟力、政治执行力，全行党的建设才会有力有效、经营发展才会生机勃勃。

第四，必须坚持围绕中心、服务大局。没有脱离党建的经营，也没有脱离经营的党建。关键是找准结合点和切入点，做实“四同步、四对接”，真正实现同频共振、同向聚合。只有围绕中心、服务大局，党建工作才能找准定位、彰显价值、更好发挥作用。

第五，必须坚持全面从严治党从严治行。管党治党，基础在全面，关键在从严。必须把严的标准、严的措施，落实到管党治党全过程和各方面，以党风带动行风，以“关键少数”带动“绝大多数”。只有充分发挥全面从严治党的引领和保障作用，层层压实主体责任，才能使党建工作落地生根，将制度优势转化为治理效能。

在肯定成绩的同时，也要清醒地看到，对标新时代高质量发展要求，全行党建工作仍存在一些薄弱环节。主要是，党建主体责任传导，一定程度上仍存在“上热中温下冷”现象，少数机构党的组织和党的工作覆盖还不到位；部分机构党建与业务“两张皮”问题仍未完全破解，抓党建的创新办法不多，专兼职党务力量配备不足；有的机构全面从严治党从严治行落实不到位，存量案件与增量案件交织，违规违纪现象仍有发生。这些问题，必须采取有力措施加以解决。

二、深刻认识党建工作面临的新形势新任务

当前，党情、世情、国情、行情正发生深刻变化，需要我们以贯通历史与现实、国际与国内、理论与实践的宽广视野，洞察大势、认清大局、谋划大事。

（一）推动党建高质量发展，是立足党的百年历史新起点，落实党中央管党治党系列部署的必然要求。党的百年历程，是一部不懈奋斗史、一部理论探索史，也是一部自身建设史。百年大党致力于千秋伟业，必须坚定不移把党建设好、建设强。党的十九届五中全会明确提出，提高党的建设质量。十九届中央纪委五次全会强调，一刻不停地推进党风廉政建设和反腐败斗争，充分发挥全面从严治党的引领保障作用。党中央召开党史学习教育动员大会，对开展党史学习教育作出全面部署。这些为我们加强和改进党的建设，进一步明确了目标任务和前进方向。作为中管金融企业，我们必须全面准确把握党中央战略部署，把握党的历史经验，把握党建工作规律，奋力开创党建高质量发展新局面。

（二）推动党建高质量发展，是立足“两个大局”，服务党和国家战略的必然要求。当今世界正经历百年未有之大变局，新一轮科技革命和产业变革是大变局的重要推动力量，新冠肺炎疫情全球大流行是大变局加速演进的催化剂，世界进入动荡变革期是大变局的基本特征。党中央统筹中华民族伟大复兴战略全局和世界百年未有之大变局，对“十四五”和未来更长时期经济社会发展作出重大战略部署，核心要义是把握新发展阶段、贯彻新发展理念、构建新发展格局、推动高质量发展。这些都和金融工作紧密相关。作为金融“国家队”，我们要心怀“国之大者”，把大局所需和工行所能结合起来，自觉服从大局、有效服务大局。

（三）推动党建高质量发展，是立足全行发展方位和愿景，以一流党建引领和保障一流金融企业建设的必然要求。培育世界一流企业，是构建新发展格局的重要支撑。对标国家“十四五”规划，我们制定了全行新三年发展规划，按照“建设具有全球竞争力的世界一流现代金融企业”愿景，坚持“48 字”工作思路，把握“大、全、稳、新、优、强”发展方位，实施“扬长、补短、固本、强基”战略布局。建设世界一流现代金融企业，根本上要靠坚持党的领导、加强党的建设。全行要在党建高质量发展与经营高质量发展的有机融合互动中，找准发力点，把党建成效转化为治企有方、兴企有为的成果。

新形势下，做好全行党建工作的总体要求是：以习近平新时代中国特色社会主义思想为指导，增强“四个意识”、坚定“四个自信”、做到“两个维护”，围绕把握新发展阶段、贯彻新发展理念、服务新发展格局，深入贯彻新时代党的建设总要求和新时代党的组织路线，落实“党建引领、从严治理”工作思路，以党的政治建设为统领，全面提高党的建设质量，以高质量党建引领高质量发展，为全面建设现代化国家新征程开好局起好步、为建设世界一流现代金融企业提供坚强

保证。

落实好这一要求，推动党建高质量发展，重点要把握好“五个强化”。

一是强化系统观念。党建是一项系统工程。工商银行党建点多、线长、面广，更需要强化系统观念，一体推进党建总体布局，统筹抓好机关、基层、子公司、境外机构党建工作，有效实现党建和业务融合，使全行党建在谋划上通盘考虑、在实施上相互促进、在成效上相得益彰。

二是强化质量要求。提高党的建设质量不是一时之功、一域之事，必须长期努力、全面发力、形成合力。要在把握本质、遵循规律的基础上，健全确保党的建设质量长效机制，推动党建工作高标准起步、高质量发展，从“做没做”“有没有”，进一步转向“好不好”“优不优”。

三是强化创新精神。创新是党建工作的活力之源。进入新时代，党的建设环境、条件和任务发生较大变化，党员队伍结构和特点发生较大变化。要在守正和传承的基础上，与时俱进推进党建理念、思路、机制、手段的创新，使党建工作更好体现时代性、规律性、创造性。

四是强化问题导向。要树立求解思维，把解决实际问题作为着眼点，针对全行党建工作薄弱环节，强化分类指导和精准施策，以点带面推动党建质量整体跃升。要树牢底线思维，做好补短板、堵漏洞、强弱项的工作，努力把党建工作“短板”，变成高质量发展的“潜力板”。

五是强化责任落实。提高党的建设质量，重在落实责任。要健全党委主体责任、纪委监督责任、党委书记第一责任、班子成员“一岗双责”的“四责协同”机制，推动知责明责、履责尽责。要强化责任层层传导，着力解决压力衰减、责任空转等问题，打通全面从严治党“最后一公里”。

三、全面提高党的建设质量

今年是建党100周年，也是全国国有企业党的建设工作会议召开5周年。要以此为契机，将今年作为全行党的建设“质量提升年”，努力在深化党的政治建设中提升引领力，在学思践悟党的创新理论中汲取原动力，在抓基层打基础中增强组织力，在打造高素质干部和人才队伍中激发战斗力，在巩固发展良好生态中培育凝聚力。

（一）高质量抓好党的政治建设。把“两个维护”作为最高政治原则和根本政治规矩，把讲政治作为第一位要求，全面融入全行各项工作中。

一是心怀“国之大者”，不折不扣落实党中央决策部署。“国之大者”就是关系党和国家事业全局的重大问题，就是以习近平同志为核心的党中央对这些重大问题的战略谋划和决策部署。全行党员干部必须对“国之大者”了然于胸，不断提高政治判断力、政治领悟力、政治执行力。要在谋大局识大事上下功夫，从“两个大局”出发，科学研判时与势、危与机、变与不变，加强前瞻性思考、全局性谋划、战略性布局、整体性推进。要在落实党中央决策部署上下功夫，把习近平总书记重要讲话、重要指示批示精神和党中央决策部署转化为全行的工作任务，提高贯彻新发展理念、服务新发展格局的政治能力、战略眼光和专业水平，围绕科技创新、扩大内需、乡村振兴、制造业金融、普惠金融、绿色金融等领域，提高金融供给质量。要在推动自身高质量发展上下功夫，有序实施三年发展规划，以加快“扬长、补短、固本、强基”战略布局落地为牵引，激活全行创新和转型全局，全面提升竞争力、创新力、控制力、影响力、抗风险能力。

二是坚持和加强党的全面领导，推进党的领导和公司治理有机融合。深入贯彻习近平总书记“两个一以贯之”的重要论述，深化拓展加强党的领导和完善公司治理有机统一的成果。抓紧修订公司章程，健全党委前置研究讨论事项清单，完善“双向进入、交叉任职”的领导体制，使党的领导在制度上有规定、程序上有保障、实践中有落实，形成权责法定、权责透明、协调运转、有效制衡的公司治理机制。力争年内实现境内综合化子公司党建入章“全覆盖”。

（二）高质量抓好党的创新理论“铸魂”工作。把学习贯彻习近平新时代中国特色社会主义思想作为首课、主课和必修课，力求在学懂弄通做实上取得新突破。

一是推动创新理论学习入脑入心。坚持全面系统学、及时跟进学、联系实际学，深入学习《习近平谈治国理政》第一、第二、第三卷，学习党的十九届五中全会精神，学习习近平总书记关于经济金融工作的重要论述，在融会贯通中找方向、找方法。发挥好党委理论学习中心组和领导干部领学促学作用，落实好“第一议题”机制，把中心组打造成理论学习的“示范组”。发挥好党校和培训学校的主阵地作用，做好党的创新理论进教材、进课堂、进头脑工作，把党校和学院打造成理论学习的“加油站”。发挥好党支部和党小组的主体作用，把“三会一课”打造成理论学习的“大课堂”。

二是扎实开展党史学习教育和庆祝建党100周年系列活动。隆重热烈庆祝党的百年华诞，是党和国家政治生活中的大事。要按照中央部署，高标准做好各项工作。总行已召开党史学习教育动员大会，并印发工作安排。要组织党员干部采取集中学习和自主学习相结合、规定动作和自选动作相结合的方式，把学党史、悟思想、办实事、开新局贯穿学习教育始终，做到学史明理、学史增信、学史崇德、学史力行。要把“我为群众办实事”作为党史学习教育重要内容，积极为群众排忧解难。要紧紧围绕“建强组织筑堡垒、服务中心作贡献、为民办事解难题”，推进“党旗在基层一线高高飘扬”活动。要按照中央要求，认真做好“两优一先”评选表彰、颁发“光荣在党50年”纪念章等工作，营造崇尚先进、创先争优的浓厚氛围。

三是严格落实意识形态工作责任。要压紧压实各级党委意识形态工作政治责任和领导责任，健全统一领导、分工负责、齐抓共管的工作格局，发挥合力，创新手段，推动意识形态工作实起来、强起来。要落实属地管理和主管主办责任，加强对本机构本部门意识形态阵地建设和管理，确保管得住、管得好。

（三）高质量抓好组织体系建设。落实好国有企业基层党组织工作条例、党支部工作条例，建设上下贯通、执行有力的组织体系。尤其要突出抓基层、强基础、固基本的导向，实现“三个新提升”。

一是在健全组织体系上有新提升。要对全行党的组织和党的工作“两个覆盖”情况进行全面摸底调研，按照“支部建在网点”“支部建在部门”原则，做到网点党支部应设必设、部门党支部应建必建，确保年内实现网点党员全覆盖，到2022年底基本实现网点主要负责人岗位党员全覆盖。

二是在发挥作用上有新提升。既要聚焦党组织覆盖的空白点，解决“有没有”问题；又要找准党组织发挥作用的薄弱点，解决“强不强”问题。要对全国国有企业党的建设工作会议重点任务落实情况开展“回头看”，补短板、强弱项、促提升。要充分发挥机关党建风向标作用，以深入贯彻落实习近平总书记在中央和国家机关党的建设工作会议上的重要讲话精神为主线，以推动机关党的建设高质量发展为主题，积极创建讲政治、守纪律、负责任、有效率的模范机关，推进机关党的建设走在前、作表率。要务实有效地开展境外党建工作，紧紧围绕党中央关于绿色丝绸之路、“一带一路”廉洁之路的要求，坚持“双重领导、双线报告”机制，严格执行“五不公开”、驻外机构党组织主要负责人到离任通报等制度。要坚持围绕中心抓党建，推动基层党组织将党建工作融入“六稳”“六保”、乡村振兴、疫情防控等重大任务中，融入金融服务、改革创新、风险防控等经营工作中，防止重形不重效。要重视运用智慧党建、“党建+”等手段，创建特色党建品牌，及时总结推广基层党建创新经验做法，努力把示范变成规范，把标杆变成标准。要健全全行党建制度体系，确保党建工作有章可循、有规可依。

三是在建强“三支队伍”上有新提升。要建设好党组织书记这个“带头人”队伍，舍得选优、舍得用强，完善任前谈话和任职培训机制，切实提高党组织书记抓党建工作能力。要建设好党务工作队伍，充实专职党务力量，把党务岗位作为培养复合型人才的重要平台，促进党务干部与业务干部双向交流，推动党务干部由粗通型向专家型、经验型向创新型、单一型向复合型转变。要建设好党员队伍。坚持把政治标准放在首位，把好发展党员入口关。坚持“双培养一输送”，把党员培养成骨干，把骨干培养成党员，把党员骨干输送到重要岗位。落实“三会一课”、主题党日、民主评议党员等基本制度，使党内组织生活和党员教育管理真正严起来、实起来。

（四）高质量抓好干部和人才队伍建设。把选好人、用好人作为“关键一招”，以队伍高素质保证发展高质量。

一是以正确选人用人导向引领干事创业导向。要坚持好干部标准，鲜明树立重品德、重才干、重担当、重实绩、重公认的导向，以好导向选出好干部、干出好气象。要突出政治标准，严把政治这个首要关口，做实干部政治素质考察。要以对党忠诚选拔忠诚于党的人，将重任交给那些政治上信得过、靠得住的干部，交给那些具有爱党之心、忧党之情、兴党之责的干部，交给那些执行党中央政策、落实行党委部署不讲条件、不打折扣的干部。要突出专业能力，通过加强思想淬炼、政治历练、实践锻炼、专业训练，增强干部“七种能力”。要以事业为上选拔能干成事的人，将平台交给那些具有改革创新精神、谋划工作有方略、破解难题有点子、扭转困境有办法的干部，交给那些“阵地意识”突出、能创造最大阵地价值的干部。要突出作风过硬，以扎实作风选拔作风扎实的人，将机会交给那些知重负重、真抓实干、担当负责的干部，交给那些经过一线摸爬滚打、受过急难险重岗位历练、关键时刻站得出来、顶得上去的干部。

二是加强各级领导班子和年轻干部队伍建设。要增强领导班子整体战斗力。坚持前瞻发现、提前储备、持续观察、长期考验，进一步提高班子配备水平，重点选好“班长”。要着眼增强班子整体功能，精准科学选配干部，不断优化班子年龄结构，重视老中青相结合的梯次配备；优化专业结构，既要选配懂经营、会管理的干部，又要选配善于做党建工作、意识形态工作的干部；优化来源和经历结构，重视基层和实践导向。要加大培养选拔优秀年轻干部力度。各级行要充分运用优秀年轻干部调研成果，立足经营发展对各年龄段、各专业板块的干部需求，系统推动年轻干部工作。要重视研究银行干部成长规律，科学把握成长“快与慢”、素质“通与专”、储备“多与少”、培养“备与用”、配备“内与外”等关系，增强年轻干部工作的前瞻性和有效性。要优化干部成长路径，注重递进式培养，推动多岗位历练、一层层考验，防止干部成为“速生林”。要破除论资排辈、求全责备观念，打破隐形台阶，大胆使用优秀年轻干部，确保用其所长、用当其时。

三是坚持严管和厚爱结合、激励和约束并重。要健全从严监督管理常态化机制。规范领导干部配偶、子女及其配偶经商办企业行为，巩固领导干部个人有关事项报告专项整治成果。结合巡视巡察，深化选人用人专项检查。要健全干部担当作为激励和保护机制。落实构建推动高质量发展考核体系的要求，改进年度考核、任期考核、专项考核，激发愿担当的动力。把“三个区分开来”的要求具体化，完善容错纠错机制，营造乐担当的氛围。加强对转任干部的管理和激励，防止精神懈怠，发挥应有作用。实施按需培训和分层分类培训，提升干部素质能力，增强能担当的本领。

四是完善全链条人才工作机制。要坚持“引才”为先，积极落实国家“稳就业”“保就业”政策要求，吸引优秀人才投身金融报国事业。要坚持“育才”为基，按照长远需要和紧迫需求相结合、全面培养和分类施策相结合，制订人才专项培养计划，以人才链打通创新发展链。要坚持“用才”为要，围绕重点战略、重点区域、重点机构，优化人才布局，提高人才配置和使用效能。要多管齐下，抓好网点队伍建设，增强人才活力和岗位吸引力，做强战斗单元。要坚持“重才”为本，营造爱护人才的良好生态，在用好薪酬激励的同时，通过政治上信任、工作上支持、生活上关心，让人才有用武之地、无后顾之忧。

（五）高质量抓好正风肃纪反腐。各级机构要落实好今年总行全面从严治党暨纪检监察会议部署，拧紧管党治党责任的螺丝，充分发挥全面从严治党引领保障作用。

一是从严把好作风关。今年是贯彻落实中央八项规定精神的第九个年头。要以反复抓、抓反复的韧劲，毫不松懈纠治“四风”。要紧密结合经营管理抓作风，对贯彻党中央决策部署、落实行党委要求做选择、打折扣、搞变通问题，对不担当、不作为问题，对漠视侵害员工利益等问题，重点检视，坚决惩治。要根据党中央关于做好2021年为基层减负工作的总体要求，结合全行实际，逐项明确任务措施及责任分工，注重源头治理，健全长效机制。要结合党史学习教育，开展党的优良传统和作风教育，弘扬孺子牛、拓荒牛、老黄牛精神，激励担当作为、奋发有为。

二是从严把好监督关。要加强对“一把手”和领导班子的监督，管好关键人、管住关键事、管到关键处、管在关键时。要把日常监督做深、做细、做实，深化运用监督执纪“四种形态”，在用足用好“第一种形态”上下更大功夫，抓早抓小，防微杜渐。要以迎接新一轮中央巡视为促进，进行彻底政治体检，推进中央巡视反馈问题与主题教育检视问题、审计监督发现问题、监管指出问题的集成整改。要健全行党委与派驻组协同联动机制，以党内监督为主导，发挥派驻监督牵引辐射作用，促进各类监督贯通融合，构建防违规、防违纪、防案件、防腐败联防联控新格局。

三是从严把好廉洁关。要把握“惩、治、防”辩证统一关系，让党员干部因敬畏而“不敢”，因制度而“不能”，因觉悟而“不想”。要扎实开展警示教育，以案促改，以案促治。党员领导干部要带头遵守廉洁自律各项规定，修身律己、廉洁治家。要聚焦投融资审批、资产管理、资产处置、减费让利、集中采购、选人用人等环节，强化金融反腐和防控风险的统筹衔接，“管住人、看住钱、扎牢制度防火墙”。

最后，强调一下构建大党建工作格局问题。要完善党建带群建的工作机制，坚持党对群团工作的统一领导，把党建带群建作为党建工作责任制的重要内容，推动群团组织更好发挥桥梁和纽带作用，在推动全行高质量发展的主战场上积极作为。要认真贯彻《中国共产党统一战线工作条例》，落实各级党委统战工作主体责任，开好全行统战工作座谈会，切实提高统战工作质效。

同志们，百年大党风华正茂，百年初心历久弥坚。让我们更加紧密地团结在以习近平同志为核心的党中央周围，全面加强党的领导，全面提升党的建设质量，奋力开启新征程，建功新时代，以优异成绩庆祝建党100周年！

在党委巡视工作领导小组会上的讲话

陈四清

（2021年5月12日）

刚才，4个巡视组分别汇报了对5家分行党委的巡视情况。整体上看，各巡视组能够准确把握政治巡视定位，认真贯彻巡视工作方针，全面落实总行党委2021年第一批次巡视工作动员部署会精神，进一步深化“交叉巡察在前，总行巡视在后”模式，坚持问题导向，突出监督重点，较为精准地发现和反映了问题，并对问题背后的原因进行了深层剖析，提出的意见建议很有针对性，在发挥巡视党内监督利剑作用和密切联系群众纽带作用上，取得了较好的效果。在此，我代表总行党委、巡视工作领导小组，对大家的辛勤工作表示充分肯定和衷心感谢！

从汇报情况看，这5家分行党委能够坚持党建引领，认真贯彻落实党中央重大决策部署，按照总行党委战略安排，统筹推进改革发展各项工作。上海、广东、深圳和广州分行总体保持了系统前列的经营态势；湖北分行经受住了疫情强烈冲击，确保了经营发展稳定向好。但对标中央巡视“四个落实”的政治监督要求，5家分行在落实“三大任务”、推动全面从严治党从严治行和作风建设等方面还存在不足，必须以对党忠诚、对人民和工商银行事业负责的态度，切实解决好这些问题，做好巡视整改“后半篇文章”，全面提高党建发展质量。下面我讲几点要求。

一、深入贯彻党建引领工作要求，更好地统筹新时代党的建设与服务新发展格局

今年是建党100周年，是“十四五”开局之年，也是全行党的建设“质量提升年”、新三年规划起步年；同时，我们即将迎来中央巡视这一全面的“政治体检”，做好党委巡视工作，意义重大。要督促5家分行党委特别是主要负责同志，认真贯彻落实全国国有企业党建工作会议精神，按照全行党建工作会议部署，巩固“不忘初心、牢记使命”主题教育成果，深刻认识和把握新时代党建工作的总体要求，切实在服务新发展格局、推进高质量发展中，高标准、高质量地加强党的建设。

加强党的政治建设要高标准。要督促5家分行党委进一步把“两个维护”作为最高政治原则和根本政治规矩，不断提高政治判断力、政治领悟力、政治执行力。要将习近平总书记重要讲话、重要指示批示精神和党中央决策部署转化为全行中心工作任务，不断提高贯彻新发展理念、服务新发展格局的政治能力。

加强党的组织建设要高标准。要督促5家分行党委切实解决基层党建工作中的缺项、弱项、漏项，推进基层党组织标准化、规范化建设，实现党的组织全覆盖和工作全覆盖。要高标准规范选人用人工作，全面加快干部梯队建设，用好各年龄段干部。坚持激励和约束并重，促使转任干部、临近退休的干部员工，在职业生涯最后阶段为工商银行事业作出新的贡献、争取更大光荣，为自己的职业生涯画上圆满句号。

加强党的纪律建设要高标准。要持续加大正风肃纪反腐力度，金融反腐在工商银行要具体化。要用好“四种形态”，全面增强惩治震慑、惩戒挽救、教育警醒效果。要持续加强干部员工异常行为排查，特别是领导干部异常行为的排查和惩处，坚决纠正少数干部“一违规就辞职、出问题就一走了之”的倾向。要严格落实廉洁自律准则和纪律处分条例，规范领导干部配偶、子女及其配偶经商办企业行为，巩固领导干部个人有关事项报告专项整治成果。

加强党的作风建设要高标准。要以反复抓、抓反复的韧劲纠治“四风”，锲而不舍地落实中央八项规定精神。高度关注并坚决纠正一些领导干部精神懈怠、作风不实的问题，紧密结合经营管理抓作风，既看表态表现，更看实际工作效果和经营发展态势，坚决惩治在贯彻党中央重大决策部署、落实总行党委要求上做选择、打折扣、搞变通等问题。要毫不松懈地纠治形式主义、官僚主义，落实党中央关于做好为基层减负的工作要求。

二、深入贯彻新发展理念，更好地统筹服务实体经济和推动自身高质量发展

这5家分行分别位于长三角区域、粤港澳大湾区、中部地区，都是重点区域竞争力提升战略的实施主体。从巡视情况看，有的分行在当地没有起到标杆作用，有的分行在服务实体经济，如支持制造业、发展普惠金融方面力度不大，同时在房地产贷款方面不符合总行部署要求。要督促分行党委深刻认识本行在服务实体经济方面存在的不足，努力提高服务实体经济的适应性、竞争力和普惠性，在支持当地经济社会发展中发挥工商银行“头雁效应”。这5家分行都处在全行经营发展的第一方阵，必须高标定位，深入落实总行党委“48字”工作思路，强化阵地意识，提升阵地价值，全面巩固和确立工商银行在当地市场的领先优势，在全行实现新三年高质量发展目标中发挥中坚作用。

三、深入贯彻“严”的主基调，更好地统筹防范化解金融风险与防范查处金融腐败

要进一步强化政治担当，坚决以“稳”的态势持续加强金融风险防范化解。这5家分行风险总体是可控的，但一些区域、一些业务、一些机构、一些大户风险需要高度关注。要督促相关分行党委落实风险管理责任，将总行关于深化信贷改革、防范化解风险的部署贯彻落实到位。尤其要推动上海分行党委切实加强投资业务信用风险管理，做好资管业务底层资产穿透监测，有效解决结构化证券投资理财业务的突出问题。

要进一步提高政治站位，坚决以“惩”的态度严肃查处风险背后的失职渎职、违法违纪和腐败行为。针对信贷领域风险问题，特别是信贷违规造成的风险问题，一定要绷紧思想、擦亮眼睛，深入进行调查核实和责任评议，决不放过风险背后利益输送等腐败问题线索。要坚决纠正和惩治财务、集中采购、固定资产管理等方面违规问题，切实推动5家分行党委规范权力运行，斩断利益输送链条，铲除腐败滋生土壤。

要进一步增强政治自觉，坚决以“实”的举措完善基础管理和内部控制。督促5家分行党委深刻汲取

“两明案”、徐卫东案和大额风险损失中的教训，做到以案促改、以案促治，完善管理机制，强化内部控制，堵塞风险漏洞。相关部门在对重点分行扩大授权和加强资源倾斜的同时，要以更高的标准、更强有力的措施，推动重点区域和重点城市行率先深化风险管理改革，率先改进基础管理，确保稳健经营、高质量发展。

四、深入贯彻以人民为中心的发展思想，更好地统筹依靠广大干部员工与以客户为本谋发展

督促5家分行党委深入贯彻以人民为中心的发展思想，站在践行党的根本宗旨、建设“人民满意银行”的政治高度，大力改进金融服务，充分依靠广大干部员工推进高质量发展。要坚决纠正、严厉惩处漠视和侵害员工利益问题，加快对基层减负赋能，落实关心关爱员工举措，不断激发广大干部员工积极性。

督促5家分行党委坚持“客户至上”，加快提升金融服务的普惠性，为广大人民群众提供更加普及、惠利、便捷的高质量服务。推动5家分行在党史学习教育和“我为群众办实事”实践活动中，首先解决好客户投诉问题，真正使重点发展行成为新时代工商银行金融服务的标杆行。

党委巡视办要根据各巡视组汇报情况和党委巡视工作领导小组要求，加紧做好向党委汇报第一批次巡视情况和启动第二批次巡视工作的准备，以优异成绩庆祝建党100周年！

在中国工商银行巡视巡察工作暨党委2021年第二批次巡视工作动员会议上的讲话

陈四清

（2021年5月27日）

这次会议的主要任务是，深入学习领会习近平总书记关于巡视工作重要论述，认真贯彻全国巡视工作会议暨十九届中央第七轮巡视动员部署会精神，安排全行今后一个时期巡视巡察重点工作，并对今年第二批次巡视工作进行动员部署。刚才，4家分行介绍了经验做法，讲得都很好。各部门、各机构要结合实际，学习借鉴。下面，我讲几点意见。

一、认真学习贯彻习近平总书记重要讲话精神，更加科学精准有效发挥巡视的政治监督作用

不久前召开的全国巡视工作会议指出，巡视是我们党进行自我革命的重要制度性安排，在建党100周年之际做好巡视工作，对于传承党的历史经验、加强党的建设、完成党的历史使命，具有特殊重要意义。全行要结合党史学习教育，深入总结运用党的巡视制度的历史经验，及时跟进学习习近平总书记重要讲话和重要指示批示精神，进一步从政治上理解和把握巡视工作，提高政治判断力、政治领悟力、政治执行力，更好发挥巡视的政治监督和保障作用，推动习近平总书记重要讲话精神和党中央决策部署在工商银行落地见效。

（一）深入学习贯彻习近平总书记关于巡视工作重要论述，深化对政治巡视的理解和把握。总书记高度重视巡视工作，多次发表重要讲话、作出重要指示批示，为我们认识把握巡视工作内在规律、扎实有效推进新时代巡视工作高质量发展，提供了根本遵循，要认真学习、深刻领会、准确掌握、贯通运用。

要深刻认识到，巡视的根本目的和作用，在于坚持和加强党的领导，落实全面从严治党要求，保障党的路线方针政策和党中央决策部署贯彻落实，增强各级党组织和党员干部拒腐防变能力，保持党的先进性和纯洁性，保持党同人民群众的血肉联系。要增强从政治上理解和把握巡视工作的能力，做到对“国之大者”心中有数，对巡视的定位、方针、重点、方法等心中有数，对被巡视党组织职责使命、地位作用等心中有数，不断提高巡视工作水平。

（二）深入学习贯彻习近平总书记关于新发展阶段、新发展理念、新发展格局重要论述，通过巡视监督推动我行新三年规划更好执行。党的十九届五中全会以来，习近平总书记围绕把握新发展阶段、贯彻新发展理念、构建新发展格局多次发表重要讲话，深刻阐述事关我国发展全局的一系列重大问题。总行党委在认真学习领会基础上，对标国家“十四五”规划，立足全行发展实际，汇集众智制定了新一轮三年规划。巡视工作要聚焦新三年规划实施中的重点问题，督促被巡视单位在全行高质量发展大局中找准定位、担当作为。

要关注贯彻新发展理念、服务新发展格局情况，检查被巡视单位服务实体经济成效好不好，在发展普惠金

融、绿色金融、科创金融以及支持制造业和民营企业等方面，是否发挥大行作用。要关注总行党委重大战略和重要工作部署落实情况，检查被巡视单位在数字化转型、GBC联动、增存提位、增客强基等方面，有没有结合实际贯彻到位，推动改革创新、补齐自身短板、打造竞争优势的责任感使命感强不强。要关注坚持底线思维、防范化解金融风险情况，检查被巡视党委班子是否认真履行风险防控主体责任，落实总行党委全面风险管理部署到不到位，统筹发展与安全、坚定不移打好防范化解金融风险攻坚战的韧劲足不足。要关注贯彻以人民为中心发展思想、改进金融服务情况，检查被巡视党组织是否深入践行党的根本宗旨，努力提升金融服务的适应性、竞争力和普惠性；是否充分依靠广大干部员工推进高质量发展，坚决纠正侵害员工利益问题，有效激发广大干部员工的积极性。

（三）深入学习贯彻习近平总书记关于党史学习教育和国有企业党的建设重要论述，通过巡视监督推动全行党的建设高质量发展。习近平总书记指出，党的历史是最生动、最有说服力的教科书。要深入学习党的历史，做到学史明理、学史增信、学史崇德、学史力行。作为党领导下的国有大行，我们必须在党史学习教育上做得更深、更实，必须贯彻国有企业党建工作要求，不断把党的政治优势、组织优势厚植为全行竞争优势、发展优势。

要通过开展政治巡视，推动全行各级党组织在服务新发展格局、推进高质量发展的进程中，强化党建引领，站稳人民立场，牢记服务实体经济职责使命，不断提高服务新发展格局的能力和水平。在党风廉政建设和反腐败斗争中，把“严”的主基调长期坚持下去，做好金融反腐和处置金融风险统筹衔接，坚决惩治风险背后的失职渎职、违法犯罪和腐败行为，做到利剑高悬、震慑常在。在全行党的建设“质量提升年”实践中，解决党建工作中的缺项漏项弱项，健全上下贯通、执行有力的组织体系，推进基层党组织标准化、规范化建设，严格落实意识形态工作责任制，抓好干部队伍建设，规范选人用人，以高质量党建引领和保障高质量发展。在党史学习教育和庆祝建党100周年系列活动中，把学党史、悟思想、办实事、开新局贯穿始终，强化理想信念和责任担当，锤炼斗争精神和过硬作风，在新起点上把工商银行各项工作不断推向前进。

二、扎实开展巡视巡察质量提升活动，高质量推进巡视巡察全覆盖

党的十九大以来，我们认真落实中央巡视工作部署，主动适应新时代新形势新要求，不断完善总行、分行两级党委巡视巡察工作体系，政治巡视实践不断深化。目前，总行巡视覆盖率达到78%，分行巡察覆盖率达到94%，党内监督利剑作用和密切联系群众纽带作用得到有力发挥。同时，也要清醒地看到，我行巡视巡察工作对照高质量发展要求，仍有一定差距。主要体现在：全行巡视巡察工作基础还不牢固，一些分行、机构对巡视巡察工作重视不足，落实党委主体责任不够有力；对巡察工作的政治定位把握不够准确，巡察内容、监督重点存在偏差；发现问题不够深入，揭示矛盾不够充分；巡察工作与实际结合不够紧密，不能充分体现基层特点。总行党委决定集中开展为期2年的巡视巡察质量提升活动，就是希望以此为抓手，对巡视巡察工作中的短板进行集中修补，高质量推进全覆盖，实现“四个全面提升”：

一是全面提升上下联动质量。以落实总行党委《关于加强巡视巡察上下联动的实施意见》为重点，不断创新工作方式，进一步完善“交叉巡察在前，总行巡视在后”工作模式，持续优化以巡视带动巡察、以巡察助力巡视的工作格局。总行巡视部门要通过跟组督导、蹲点调研、政策答疑、工作交流、专项检查等形式，强化对全行巡察工作的分类指导督导，并探索在更大范围内组织开展分行之间的交叉巡察。分行巡察部门要探索对机构人员多、市场规模大或群众反映强烈、风险问题突出的重点分支行，开展提级或延伸巡察，着力破解“家门口巡察”等监督难题。坚持将常规、专项、机动巡察和“回头看”贯通起来、穿插使用，打好“组合拳”，推出更多符合基层特点的有效工作方式。

二是全面提升对“一把手”和领导班子的监督质量。各级党委和巡视巡察部门要认真贯彻《中共中央关于加强对“一把手”和领导班子监督的意见》，进一步把握好政治巡视定位，盯紧各级行各机构“一把手”和班子成员，着重看其履职尽责、清正廉洁、精神状态、工作作风情况。通过巡视巡察，督促各级行各机构“一把手”和班子成员带头做到对党忠诚、担当履职尽责、正确行使权力、切实发挥“头雁作用”；同时，主动落实全面从严治党从严治行责任，层层传导压力，形成“两个责任”贯通协同的良好局面。

三是全面提升整改质量。要把上一次中央巡视反馈问题整改作为首要任务，上下一体贯通整改。狠抓集中采购制度执行不严格甚至“空转”、客户投诉治理不到位、基层党组织不健全和建设不规范等问题治理，确保经得起新一轮中央巡视的检查。要把总行巡视指出问题整改作为长期工程，与时俱进深化整改。全面落实“四个深入贯彻、四个更好统筹”要求，定期检视上一次总行党委巡视指出问题的整改情况，看突出问题是否整改到位，顽固问题是否反弹回潮，长期问题是否持续整改。要把巡视发现问题、主题教育检视问题和审计、监管指出问题整改作为重要工作，统筹协调集成整改。总行巡视部门要完善整改促进机制、评估机制，加强巡视整改监督，严查敷衍整改、虚假整改等问题，坚决维护巡视的权威性和威慑力。各分行、各机构要压实整改责任，加强集成化台账式管理，确保问题整改到位。

四是全面提升队伍建设质量。巡视巡察队伍承担着全行党的自我监督重大政治责任，其能力素质和作风状况，直接关系到党风、行风，直接关系到全行党的建设质量和全面从严治党成效。各级巡视巡察部门要把提升队伍建设质量，作为一项基础工作抓紧抓实，努力锻造一支政治过硬、本领高强、忠诚干净担当的巡视巡察队伍。要选好“首发队员”，配齐配强巡视巡察专兼职人员队伍，既要选拔有激情、有干劲、懂业务的优秀年轻干部，也要配备有经验、有威望、讲政治的老同志。要做实“人才储备”，把政治觉悟高、专业素质强、勇于担当、敢于斗争、甘于奉献的优秀干部，充实到巡视巡察人才库中。要做好“轮转换位”，建立健全退出机制，对不适合从事巡视巡察工作的人员，及时作出调整。

要切实加强巡视巡察队伍的政治建设、纪律建设、作风建设，引导巡视巡察干部在“两个维护”上作表率，传承和弘扬党的光荣传统、优良作风，带着责任、带着敬畏、带着感情开展工作，树立起密切联系群众、勇于担当作为、铁面铁腕铁律的作风形象。不断提升教育培训质量，深化全员培训、以干代训，更好发挥巡视巡察工作锻炼干部的熔炉作用。

三、精心组织开展今年第二批次巡视工作，督促推动被巡视单位更好履行职责使命

要认真贯彻落实全国巡视工作会议精神，落实好本次会议部署，保持与今年第一批次巡视的延续性、连贯性，精准把握被巡视单位特点，高质量高标准开展本批次巡视工作。

（一）把握“三个紧扣”，深入查找被巡视单位政治偏差。一是紧扣党的经济方针政策和金融工作“三大任务”，突出对落实习近平总书记关于经济金融工作重要论述情况，落实党的十九届五中全会、中央经济工作会议精神情况，落实总行党委重大战略部署情况的监督。深入了解被巡视单位服务实体经济情况，着力发现在支持制造业，发展普惠金融、绿色金融，落实房地产调控政策等方面存在的问题；深入了解防范化解金融风险情况，着力发现内部控制存在的缺陷漏洞和基础管理存在的薄弱环节；深入了解落实境内分行行长座谈会部署情况，着力发现落实总行党委工作思路、推动重点战略实施等方面存在的差距。二是紧扣金融领域全面从严治党新特征，突出对落实十九届中央纪委五次全会和全行全面从严治党暨纪检监察工作会议精神情况的监督。深入了解被巡视党委落实主体责任、纪委履行监督责任情况，着力发现责任落实不到位、权力监督制约机制不健全、执行中央八项规定精神不严格、纠治“四风”特别是形式主义官僚主义不彻底、贯彻厉行节约勤俭办行方针不扎实等问题。重点关注信贷经营、资产管理、集中采购等重点领域存在的廉洁风险，关注金融风险背后的腐败行为，推动被巡视党组织把全面从严治党要求贯穿经营发展全过程，营造风清气正的政治生态。三是紧扣新时代党的组织路线，突出对落实习近平总书记关于组织工作重要论述、落实全国国有企业党的建设工作会议和全行党建工作会议精神情况的监督。深入了解被巡视单位党委领导班子建设、基层党组织建设和干部人才队伍建设情况，着力发现班子凝聚力战斗力不强、贯彻民主集中制不到位、选人用人工作不规范，支行网点党建工作缺项漏项弱项，分行机关党建“灯下黑”等问题。重点关注人才梯队建设情况，关注干部梯次结构是否合理，改革发展的人才保障是否坚实，关注全行退休高峰时期的人力资源安排情况。特别是要深入了解党史学习教育开展情况，关注“我为群众办实事”“党旗在基层一线高高飘扬”等活动开展实效。

（二）被巡视单位要坚持“三个深化”，积极配合巡视巡察工作。一是深化对巡视重要意义的认识，增强接受巡视监督的政治自觉、思想自觉和行动自觉。被巡视的党委班子要把接受巡视作为党性教育锻炼的契机、解决矛盾化解问题的契机、推动改革促进发展的契机，与巡视组同题共答、同向发力。二是深化统筹兼顾，扎实细致做好配合工作。本批次巡视巡察将跨越半年末的重要时点，各单位要统筹好经营发展与巡视配合工作，做到“两不误、两促进”。三是深化巡视整改，做好巡视“后半篇文章”。对巡视期间发现的、能够及时解决的突出问题，要坚决立行立改，争取立竿见影；对巡视反馈意见，要认真对照剖析，查漏洞、找不足、补短板，推动党建质量和经营发展质量全面提升。

（三）巡视巡察组要做到“三个过硬”，高质量完成巡视巡察任务。参加巡视巡察的同志，要切实履行好政治监督的职责使命，发扬斗争精神，发挥专业本领，弘扬优良作风，倍加珍惜这次实践锻炼和党性淬炼的宝贵机会，自觉接受最严格的约束和监督，确保做到“三个过硬”。一是政治过硬，不断提高政治判断力、政治领悟力、政治执行力，切实增强“两个维护”的思想自觉、行动自觉。二是专业过硬，坚持实事求是、依规依纪依法，精准发现问题，及时报告情况，推动问题整改。三是作风过硬，严格执行中央八项规定精神，带头反对形式主义、官僚主义，树立良好作风形象。

当前，境外疫情形势严峻，国内疫情防控压力仍然较大。各巡视巡察组要强化疫情防控意识，严格遵守当地疫情防控规定，落实好“工防结合”要求。被巡视单位要细化安排布置，为巡视巡察组提供必要的防护措施，确保有序、平安、圆满地完成本批次巡视巡察任务。

同志们，做好巡视巡察工作，责任重大、使命光荣。让我们更加紧密地团结在以习近平同志为核心的党中央周围，全面落实党中央关于巡视工作的决策部署，不负重托、不辱使命，坚定不移推进全面从严治党从严治行，高质量推进巡视巡察工作，为全行高质量发展提供坚实保障，以优异成绩庆祝建党100周年！

传承红色基因　擦亮金字招牌
奋进建设世界一流现代金融企业新征程

——在庆祝中国共产党成立100周年座谈会暨“两优一先”表彰大会上的讲话

陈四清

（2021年6月25日）

今天，我们在这里隆重集会，庆祝中国共产党成立100周年，表彰全行优秀共产党员、优秀党务工作者和先进基层党组织，颁发“光荣在党50年”纪念章，同时也作为一次党课和宣讲，回顾党的光辉历程和红色金融发展脉络，动员全行干部员工赓续精神血脉，传承红色基因，践行初心使命，在建设世界一流现代金融企业的新征程上开拓前行。

刚才发言的4位“两优一先”代表，他们讲述的不仅仅是自己的故事，更是工商银行2.4万个党组织、29万多名共产党员的故事，是44万工行人不忘初心、牢记使命、拼搏奉献的生动写照。今天，我们还为老党员代表颁发了“光荣在党50年”纪念章。50年担当如铁，50年党徽闪耀。这不仅是一种铭记和致敬，更是为了对标和传承，激励全行新时代党员薪火相传，接续奋斗，一心向党，一生为民，以初心之光照亮前行之路。在这里，我代表总行党委，向各位老党员、老领导，致以最崇高的敬意！向受到表彰的先进集体和个人，表示热烈的祝贺！向全行各条战线的广大党员，致以节日的问候！

党史是最生动的教科书。在伟大的中国共产党即将迎来百岁生日之际，让我们一起重温那段风云激荡的历史，以史为镜、以史明志，在一路走来的光荣与梦想、苦难与辉煌之中，汲取智慧与力量。

一、回望百年峥嵘岁月

历史镌刻辉煌，岁月铭记荣光。1921年，伟大的中国共产党从上海石库门的旭日里、从嘉兴南湖的碧波中毅然起航，在百年接续奋斗中，开辟了中国人民通往幸福、中华民族走向复兴的新航道，谱写了一曲可歌可泣的史诗。

党的百年历史，是一部初心砥砺史。初心砥砺史，是党史的根基。群众路线是我们党的根本工作路线，人民立场是我们党的根本政治立场，一切为了人民、一切依靠人民、始终同人民在一起，是我们党安身立命之本、兴党强党之基。我们党从成立之日起，就把为中国人民谋幸福、为中华民族谋复兴作为自己的初心和使命，始终同人民心连心、同呼吸、共命运，因初心而生，怀初心而久。毛泽东同志把共产党人比作“种子”，把人民比作“土地”，共产党人就是要在“人民中间生根、开花”。从毛泽东同志提出“全心全意为人民服务”，到邓小平同志提出“社会主义的目的就是要全国人民共同富裕”，到江泽民同志提出“始终代表中国最广大人民的根本利益”，到胡锦涛同志提出“以人为本、全面协调可持续的科学发展”，再到习近平总书记提出以人民为中心的发展思想，“人民就是江山、江山就是人民”的信念百年来坚如磐石。党的十八大以来，习近平总书记倾注精力最多的是扶贫工作，考察调研最多的是贫困地区。8年时间实现了近1亿农村贫困人口全部脱贫，832个贫困县全部摘帽。建成了世界上规模最大的社会保障体系。中等收入群体超过4亿人。人民群众获得感、幸福感、安全感不断提升。

党的百年历史，是一部不懈奋斗史。不懈奋斗史，是党史的主体。创业维艰，奋斗以成。在百年艰苦卓绝的奋斗中，我们党领导人民，完成了新民主主义革命，建立了新中国；完成社会主义革命，确立了社会主义基本制度；进行改革开放，开创、坚持和发展中国特色社会主义；统筹伟大斗争、伟大工程、伟大事业、伟大梦想，中国特色社会主义进入新时代，迎来了从站起来、富起来到强起来的伟大飞跃。从开天辟地的救国大业、改天换地的兴国大业、翻天覆地的富国大业到惊天动地的强国大业；从国家一穷二白到跃升为世界第二大经济体，经济总量突破100万亿元，人均国内生产总值超过1万美元，中国共产党团结带领人民创造了伟大功业，创造了“地球上最大的政治奇迹”。

党的百年历史，是一部理论探索史。理论探索史，是党史的灵魂。一百年来，我们党坚持解放思想和实事求是相统一、固本培元和守正创新相统一，不断推进马克思主义中国化，用马克思主义之“矢”，射中国实践之“的”。先后形成了毛泽东思想、邓小平理论、“三个代表”重要思想、科学发展观等重大理论创新成果。

党的十八大以来，以习近平同志为主要代表的中国共产党人，从理论和实践结合上系统回答了新时代坚持和发展什么样的中国特色社会主义，怎样坚持和发展中国特色社会主义这个重大时代课题，创立了习近平新时代中国特色社会主义思想，在当代中国、在21世纪的世界开辟了马克思主义新境界。同时，理论创新每前进一步，理论武装就跟进一步。党的历次集中教育活动，都以思想教育打头。这次党史学习教育，第一位的任务也是加强思想理论武装。重视理论创新、理论强党，成为我们党的突出特点和优势。

党的百年历史，是一部不怕牺牲史。不怕牺牲史，是党史的基调。红色江山，热血铸就。我们党的历史是一个又一个“红色地标”串联起来的。每一片红色土地，都见证和记录了共产党人舍生忘死、赴汤蹈火的伟大牺牲、伟大奉献。一百年来，一大批革命烈士和英雄模范，以“生是为中国，死是为中国”的豪迈，以“为有牺牲多壮志”的慷慨，以“甘将热血沃中华”的决心，前赴后继、牺牲小我、成就大我，用鲜血浇灌理想，用生命捍卫信仰。据统计，从中国共产党成立到新中国建立，为革命牺牲的共产党员和仁人志士多达2 100万人。这种牺牲换来中国革命的成功、换来新中国的诞生、换来今天我们的幸福生活。这种不畏强敌、不惧风险、不怕牺牲、敢于斗争的风骨和品质，铸就了井冈山精神、长征精神、遵义会议精神、延安精神、西柏坡精神、抗美援朝精神、“两弹一星”精神、抗洪精神、抗震救灾精神、抗疫精神、脱贫攻坚精神等伟大精神，构筑起中国共产党人独特的精神谱系。这些精神谱系过去是、现在是、将来仍然是我们党的宝贵精神财富，跨越时空历久弥新，感召着我们投身于具有许多新的历史特点的伟大斗争。

党的百年历史，是一部自身建设史。自身建设史，是党史的红线。我们党从最初50多名党员发展到今天9 100多万名党员，不断从胜利走向胜利，关键在于勇于自我革命、坚持党要管党、全面从严治党。毛泽东同志把党的建设称为“伟大工程”，明确提出了我们党战胜敌人的“三大法宝”（统一战线、武装斗争、党的建设）和“三大作风”（理论联系实际、密切联系群众、批评与自我批评）。改革开放以来，通过开展整党、“三讲”教育、先进性教育、学习实践科学发展观等活动，有力推进了党的建设伟大工程。党的十八大以来，党中央以“打铁必须自身硬”的姿态，从抓作风建设入手，全面加强党的自身建设，狠抓思想从严、监督从严、执纪从严、治吏从严、反腐从严，把严的标准贯穿管党治党全过程，开创了全面从严治党新格局。党的创造力、凝聚力、战斗力显著提高，党的自我净化、自我完善、自我革新、自我提高能力不断增强。从“伟大工程”到“新的伟大工程”，为开创和发展中国特色社会主义提供了坚强保障。

百年党史雄辩证明，中国共产党是一个全心全意为人民服务的党，是一个坚定不移为中华民族谋复兴的党，是一个经得起各种风浪考验、始终走在时代前列的党，是一个伟大、光荣、正确的党！没有共产党就没有新中国，没有共产党就没有中国特色社会主义，没有共产党就没有中国今天的繁荣富强！

二、回顾红色金融历程

红色，是中国共产党鲜亮的底色。红色金融史，是百年党史的重要组成部分，从一个侧面折射了中国共产党的奋斗轨迹。党在领导中国革命、建设、改革的各个阶段，始终重视对金融工作的领导，不断深化对金融地位、作用和规律的认识。

党的金融事业在新民主主义革命时期孕育生长。工农革命起，红色金融兴。中国共产党成立以后，红色金融开始萌芽。1922年，“安源路矿工人消费合作社”成立，这是中国共产党最早的金融实践活动之一。1932年，中华苏维埃共和国国家银行在江西瑞金成立，这是我们党创建的第一个中央银行。1934年，国家银行化身“扁担银行”，随中央红军长征。1935年到达陕北后，国家银行更名为国家银行西北分行。1937年全面抗战爆发，党领导的敌后根据地相继建立，国家银行西北分行改组为陕甘宁边区银行，提出“发达地区经济、改善人民生活”的口号。1948年，人民解放战争势如破竹，新老解放区银行走向合并统一，当年12月1日，中国人民银行成立，发行了第一套人民币。这一时期，红色金融白手起家、艰苦创业，“钱袋子”与“枪杆子”一样，在革命斗争中发挥了重要作用，活跃了根据地和解放区经济，为新民主主义革命全面胜利奠定了物质基础。

党的金融事业在社会主义建设时期探索前进。1949年新中国成立后，党领导的金融事业掀开新的一页。建国初期，按照“边接管、边建行”的方针，接管官僚资本，整顿改造私营金融业，平抑通胀，稳定物价，实现货币主权完整和币制统一，帮助新中国政权在经济上站稳了脚跟。从1953年“一五”计划到1978年，与计划经济相适应，建立了“大一统”的中国人民银行体制，实行“统收统贷”信贷资金管理办法，人民银行既是中央银行，也是商业银行。这一时期，加强货币信贷管理，“大一统”聚集资金，对国民经济快速恢复和社会主义建设开展，尤其是推进重点项目建设，起到了促进作用。

党的金融事业在改革开放时期蓬勃发展。改革开放以来，按照邓小平同志“把银行真正办成银行”的指导思想，开启了金融改革历程。从1979年起，中国农业银行、中国银行、中国建设银行先后恢复设置，加上之后成立的中国工商银行，我国初步形成了以中国人民银行为中央银行、工农中建为专业银行的体系。进入

90年代，金融市场化改革加快。1992年成立证监会，1998年成立保监会，2003年成立银监会；1994年成立国家开发银行、中国进出口银行、中国农业发展银行3家政策性银行，建立起以国有商业银行为主体、多种金融机构并存、分业经营、分业监管的金融体系。2001年我国加入世贸组织后，国有独资商业银行股份制改革相继启动，大型银行涅槃重生。这一时期，金融组织体系、金融市场体系、金融调控体系、金融监管体系的改革与发展，使我们成功应对了1998年亚洲金融风暴、2008年国际金融危机的巨大冲击，为国民经济持续健康发展创造了稳定的金融环境。

党的金融事业在新时代深化完善。党的十八大以来，紧紧围绕服务实体经济、防控金融风险、深化金融改革三项任务，推动金融改革发展取得新的显著成绩。坚持实施稳健货币政策，不搞“大水漫灌”；创新和完善金融调控，利率市场化改革、汇率形成机制改革深入推进；完善金融市场体系，金融机构多样化发展，多层次金融市场逐步形成；加强风险治理，构建现代金融监管框架，成立金融稳定发展委员会；扩大金融开放，“沪港通”“深港通”“债券通”顺利开启。我国成为重要的世界金融大国，外汇储备规模世界第一，信贷、股票、债券、保险市场规模稳居全球前三，全球千家银行排名中我国143家银行上榜，工农中建四大行跻身前十，且均为全球系统重要性银行。这一时期，我国金融改革发展有力维护了国家经济金融安全，有力支持了经济社会发展，有力促进了改革开放和现代化进程。

回顾党领导下的百年金融发展历程，从无到有、从小到大、从弱到强、从封闭到开放，走出了一条有中国特色的金融发展之路，构成了党史、新中国史、改革开放史中的重要篇章。

百年金融史启示我们，必须坚持以党的领导为根本保证。党的金融事业从战火硝烟中走来，具有光荣的革命传统和红色基因。只有坚持党对金融工作的领导，按党的方针办金融、按党的纪律管金融，围绕党和国家的中心任务开展金融工作，才能保证金融事业战胜各种艰难险阻、始终沿着正确方向前进。

百年金融史启示我们，必须坚持以人民至上为价值追求。党的金融事业来源于人民、根植于人民、服务于人民。新中国成立前夕，经过反复酝酿，才最终确定“中国人民银行”的名称。只有坚守“人民金融”的底色，把人民对美好生活的向往作为奋斗目标，金融发展才有源头活水。

百年金融史启示我们，必须坚持以服务实体经济为本源。实体经济是金融的根基，金融是实体经济的血脉。为实体经济服务是金融的天职和本分。只有坚守服务实体经济的本源，不断提高金融服务供给能力，避免脱实向虚，才能实现金融与经济的良性互动、共生共荣。

百年金融史启示我们，必须坚持以防范风险为底线。金融是国之重器。金融安全是国家安全的重要组成部分。防范化解金融风险是金融工作的永恒主题。只有守住底线、守好防线，“管住人、看住钱、扎牢制度防火墙”，才能行稳致远。

百年金融史启示我们，必须坚持以改革创新为动力。中国共产党与时俱进的创新创造、自我革命精神，在金融发展上也得到充分体现。党领导下的金融创业史、探索史、奋斗史，就是一部立足中国实际的金融创新史。只有在遵循规律、把握本质的基础上，不断深化改革创新，才能实现金融高质量发展。

三、回首工商银行发展之路

如果说改革开放以来，中国金融业的蓬勃发展是一幅气势磅礴的画卷，那工商银行就是其中浓墨重彩的运笔。1984年1月1日，中国工商银行正式从人民银行分设成立，在风雨兼程中走过了不平凡、不寻常的37年。

37年来，我们走过了一条党建引领之路。伴随改革开放进程，工商银行先后经历了国家专业银行、国有独资商业银行、国家控股的股份制商业银行三个发展阶段。无论哪个阶段，坚持党的领导、加强党的建设始终是我们的“根”和“魂”。1998年，工商银行党组改为党委，建立了党组织、干部“两垂直”管理体制。2006年，成功实现股改上市，搭建“三会一层”的现代公司治理架构，实行“双向进入、交叉任职”，形成“党委全面领导、董事会战略决策、监事会依法监督、管理层负责经营”的格局。2017年完成党建入章工作，深化了党的领导和公司治理相统一。新一届党委班子成立以来，提出“48字”工作思路，将“党建引领、从严治理”放在首位，扎实开展“不忘初心、牢记使命”主题教育和党史学习教育，促进党建和经营融合发展，以全面从严治党引领和带动全面从严治行。

37年来，我们走过了一条创新发展之路。我们始终把发展作为硬道理，把转型和创新作为发展之两翼，把风险防控作为发展之基石。经过几代工行人的奋斗，实现了综合实力、价值创造力、国际影响力的显著提升。工商银行成长为全球最大银行，总资产、存款、贷款、资本、营收、净利润6项核心经营指标领先全球同业，市值、ROA、ROE等指标居于全球前列。其中，表内资产规模、存款、贷款分别达34万亿元、26万亿元、20万亿元，分别是成立之初的120多倍、150多倍、80多倍。连续8年蝉联全球千家银行榜首。面对经济新常态和疫情冲击下风险演化新趋势，打好防范化解金融风险攻坚战，全行不良率控制在1.58%，拨备覆盖率超过180%，在急剧变革的市场环境中，保持了“跨越周期的稳健”。

37年来，我们走过了一条服务改进之路。我们以提供卓越金融服务为使命，以服务经济社会发展为己任，以打造“客户首选银行”和“群众满意银行”为目标，持续优化服务模式，提升服务功能，构建了多元化、全球化、信息化的现代服务体系。全行个人客户6.9亿户、法人客户890万户。业务范围从成立初期的存贷汇等基础业务，扩展到以商业银行为主体，涵盖基金、租赁、保险、投行、理财等跨市场领域。境外分支机构426家，覆盖49个国家和地区，并通过参股南非标准银行集团覆盖非洲20个国家。服务手段上从“一把算盘一支笔”的手工操作，到单机处理，到区域互联，到大机集中，再到今天的智慧银行系统ECOS，始终保持了信息科技的领先优势。全行各类金融产品5 000余种，是国内金融服务供给能力最强的银行，是制造业贷款第一大行、境内最大的绿色金融供应商。

37年来，我们走过了一条品牌锻造之路。工商银行的发展史，也是一部品牌资产积累、品牌价值创造的历史。今天，“工商银行”这个名字，“工字”行徽、“ICBC”品牌、“您身边的银行、可信赖的银行”形象，已家喻户晓，深入人心，共同构成了我们的品牌形象。这是全球最具价值的银行品牌，这是几代工行人共同培育和打造的金字招牌，这是几亿客户共同支撑起的民族金融品牌。我们完全有理由为这个品牌自信和自豪，更有责任去维护和擦亮这个金字招牌。工商银行，名字中就带着“工”和“商”，成立之初就承接了人民银行的储蓄和工商信贷业务，一头连着千家万户，一头连着工商百业。“工字”行徽，象征顶天立地，头顶蓝天代表我们大行的志向和格局，脚踏实地代表我们服务实体经济和人民群众的家国情怀。“ICBC”，每个字母都蕴含经营管理的要素，每个机构、每个条线都能从中找到自己的定位和关联。“您身边的银行、可信赖的银行”，是1994年工行成立十周年之际，总行面向全行征集储蓄宣传用语，要求内容突出、语言精练、通俗好记。最早由上海分行提供了这条用语。1997年6月，全行统一开展“优质服务宣传日”活动，正式面向全社会推出“中国工商银行——您身边的银行、可信赖的银行”。这一用语具有很强的包容性和延展性，最初传达的是我行储户多、网点广、业务全、服务好、重承诺、讲诚信的特质，以及希望与客户更近的服务理念。今天则具有了更丰富的时代内涵，做“您身边的银行”，是要在金融服务线上化、移动化、场景化的趋势下，为客户提供随时、随地、随心、触手可及、无处不在、无微不至的金融服务。做“可信赖的银行”，不仅是要以卓越服务体验和良好品牌形象，提高客户忠诚度和满意度，还要通过从严治理、稳健经营、履行社会责任，赢得监管、市场和公众的信赖，成为“党和国家最可信赖的依靠力量”。

四、眺望新征程奋进之路

回顾历史，是为了更好地走向未来。全行各级党组织要把学习党史同总结经验、观照现实、推动工作结合起来，学史明理、学史增信、学史崇德、学史力行，跑好历史交给我们的这一棒，在传承与创新中擦亮工商银行金字招牌，在继往开来中谱写世界一流现代金融企业建设新篇章。

心怀“国之大者”，做贯彻落实党中央决策部署的排头兵。要从党史尤其是党的十八大以来党和国家事业取得的历史性成就中，深刻领会习近平新时代中国特色社会主义思想的实践伟力，提高政治判断力、政治领悟力、政治执行力，增强“四个意识”、坚定“四个自信”、做到“两个维护”。要对“国之大者”了然于胸，立足国家所需、群众所盼、金融所能，找准融入和服务大局的切入点和着力点，把握新发展阶段，贯彻新发展理念，服务新发展格局，推动高质量发展。要深入贯彻新时代党的建设总要求和新时代党的组织路线，落实好中央企业党的建设工作座谈会精神，以鲜明立场坚持党的全面领导，以坚定信心坚持党要管党、全面从严治党，以务实举措抓党建、强党建，推动党的领导有机融入公司治理，不断提高党建工作质量。

秉持“客户至上”，做服务人民群众的主力军。要坚守“人民金融”底色，准确把握“您身边的银行、可信赖的银行”时代内涵和实践要求，不断提高金融服务的便利性、可得性和覆盖面。要扎实开展“党旗在基层一线高高飘扬”活动、“我为群众办实事”实践活动，突出抓好“客户体验痛点治理百日攻坚行动”和“服务提升十大行动”，做到切口小、发力准、效果好。要将全面改进服务、治理客户痛点同开展织网补网工程、提升市场竞争力有机结合，实现获客、活客、黏客并举，让工商银行真正成为客户第一选择、最终选择、长期选择。

坚持“服务本源”，做支持实体经济的国家队。对标经济高质量发展要求，统筹好融资增量与存量、表内与表外、境内与境外，发挥金融全要素激活效应。聚焦实体经济重点领域和薄弱环节，推进科创金融“十百千万”专项行动，开展“制造业金融服务深化年”行动，加快构建“数字普惠”体系，落实支持民营企业“八融”举措，加强“碳金融”规划布局，实施“乡村振兴行动方案”，全面提高服务实体经济的精准性、直达性、普惠性。

统筹“发展与安全”，做高质量发展的先锋队。立足“大、全、稳、新、优、强”发展方位，运用“三比三看三提高”方法，有序实施新三年发展规划，推进“扬长、补短、固本、强基”布局，确保育先机、开新局。要提高创新力，把科技创新摆在首位，高标准实施科技创新规划，加快数字化转型步伐，推动科技和业务深度融合，打造新增长动能。要提高风控力，实行管住人、管住钱、管好防线、管好底线“四管齐下”，推动主动防、智能控、全面管“联合发力”，确保风险应对走在市场曲线前面，切实打好防范化解金融风险攻坚战。

全行广大党员要以党史学习教育和表彰先进为契机，把党的光荣传统和优良作风学习好、传承好、发扬好，在全行营造学习先进、争做先锋的浓厚氛围。

要争做对党忠诚、政治过硬的党员。对党忠诚是共产党人的政治灵魂和精神脊梁。对党忠诚不是凭空产生的，而是源于政治认同、理性自觉。要从百年党史中深刻领悟中国共产党为什么"能"、马克思主义为什么"行"、中国特色社会主义为什么"好"，进一步坚定信仰、信念、信心，更好推进党的创新理论入脑入心。对党忠诚不是空洞的口号，而是有着明确的实践要求。要立足本职岗位，体现在党言党、在党忧党、在党护党、在党为党，体现为民服务、推动发展。

要争做敢于担当、本领过硬的党员。敢于担当是共产党人的使命所系和价值所在。要有"敢担当"的志向。我们讲"三比三看三提高"，这不仅是思维方法、工作方法，其实也是精神状态、担当意识的体现。越是任务重、困难多、挑战大的情况下，越要振奋精神、激发斗志，敢于攻坚克难，敢于竞争制胜。年轻干部要不断增强意志力、坚忍力、自制力，主动到条件艰苦的基层、市场竞争的一线、科技创新的前沿摸爬滚打、接受锻炼。要有"善作为"的本领。担当是靠专业打底。要通过思想淬炼、政治历练、实践锻炼、专业训练，增强"七种能力"，培养专业知识、专业精神、专业素养，以人才大行支撑发展强行。

要争做严于律己、作风过硬的党员。要从党的精神谱系中汲取营养，从英雄人物、时代楷模以及身边榜样身上体悟道德风范，做到学史崇德，明大德、守公德、严私德。要严于修身律己，慎微慎独，稳得住心神、管得住行为、守得住清白。要坚持脚踏实地、真抓实干，力戒形式主义、官僚主义，以奋斗和奉献回报组织的信任和重托。

同志们，在庆祝我们党百年华诞的重大时刻，让我们回望过往奋斗路，眺望前方奋进路，传承红色基因，担当历史使命，更加紧密地团结在以习近平同志为核心的党中央周围，坚定不移跟党走，走好新时代胜利之路！

坚持以高质量党建引领高质量发展 稳步探索工商银行创新发展之路

——在中国工商银行2021年年中工作会议上的讲话

陈四清

（2021年8月5日）

这次会议是在全行深入学习贯彻习近平总书记在庆祝中国共产党成立100周年大会上的重要讲话精神、铆足干劲服务全面建设社会主义现代化国家新征程、全力以赴实施集团新战略规划的背景下召开的。上半年，全行在以习近平同志为核心的党中央坚强领导下，坚持以高质量党建引领高质量发展，怀着迎接和庆祝建党100周年的喜悦心情和奋斗之志，锐意进取，真抓实干，推动各方面工作取得新的成效，新战略规划实现良好开局，世界一流现代金融企业建设迈出新的步伐、呈现新的气象。在此，我代表行党委，向全体干部员工表示热烈的祝贺和衷心的感谢！

接下来，廖林同志将作工作报告，大家要抓好落实。下面，我讲几点意见。

一、全行干部员工奋发有为，以高质量发展的实际行动庆祝党的百年华诞

百年成就举世瞩目，伟大复兴前景光明。立志于中华民族千秋伟业的中国共产党，在接续奋斗中迎来百年华诞。习近平总书记庄严宣告"我们实现了第一个百年奋斗目标，在中华大地上全面建成了小康社会"，精辟概括"坚持真理、坚守理想，践行初心、担当使命，不怕牺牲、英勇斗争，对党忠诚、不负人民"的伟大建党精神，号召全体中国共产党员在新的赶考路上努力为党和人民争取更大光荣。

征途漫漫，唯有奋斗。全行干部员工传承红色基因，提高政治站位，胸怀"两个大局"，心系"国之大者"，立足新发展阶段，贯彻新发展理念，服务新发展格局，对标"十四五"规划开局之年各项任务，按照行党委"48字"工作思路，以服务人民美好生活为目标，以服务供给侧结构性改革为主线，在全力推动经济社会高质量发展的同时，着力实现自身高质量发展，取得了好于预期、优于同期的发展成效。

坚持以高质量党建引领高质量发展。全行深入学习贯彻习近平总书记"七一"重要讲话精神，更加自觉

牢记初心使命，更加坚定开创美好未来，进一步增强“四个意识”，坚定“四个自信”，做到“两个维护”。扎实开展党史学习教育，坚持学党史、悟思想、办实事、开新局，做到学史明理、学史增信、学史崇德、学史力行。用心用情开展“我为群众办实事”实践活动，实施“客户体验百日攻坚”和“服务提升十大行动”。坚持全面从严治党、全面从严治行，强化对“一把手”和领导班子等“关键少数”监督。持续解决形式主义、官僚主义问题，拓展为基层减负赋能工作成效。进一步深化派驻改革，加强行党委与派驻纪检监察组沟通会商，加大金融腐败案件的查处力度。深入推进防违规、防违纪、防案件、防腐败等联防联控，有效发挥监督合力。毫不放松抓好常态化疫情防控，积极推进疫苗接种工作，助力构筑免疫屏障。面对河南等地汛情，坚持人民至上、生命至上，积极发挥党员干部先锋模范作用，全力保障人员安全和业务运营，为防汛救灾作出工行贡献。

坚持以高质量服务融入新发展格局。把满足实体经济需求、改善人民生活品质摆在突出位置，着力提升金融服务的适应性、竞争力和普惠性。积极服务科技自立自强，启动“十百千万”专项行动，科技企业贷款较年初增长20%，余额突破1万亿元。促进经济循环畅通，制造业贷款占比、制造业中长期贷款占比进一步提高。做好稳链固链金融服务，落地数字供应链约2 300条。全力服务乡村振兴，发布工银“兴农通”品牌，涉农贷款持续增长。提高服务扩大内需水平，普惠贷款余额突破1万亿元，首贷户同比增长超过40%。坚持“房子是用来住的，不是用来炒的”，房地产贷款投放节奏稳健、总量占比下降。助力推动绿色发展，牵头成立银行业低碳转型工作组，落地首笔碳排放权抵押贷款，绿色贷款余额首超2万亿元。推动高水平对外开放，升级“春融行动”，发放本外币融资6 800亿元。发起成立中欧企业联盟，发出维护多边合作倡议。认真履行市场利率定价自律机制主任单位职责，促进降低实体经济融资成本。

坚持以高质量管控防范化解风险。统筹发展和安全，落实落细全面风险管理要求。深入实施授信审批新规，扎实推进资产质量攻坚战。资产质量持续向好，拨备覆盖率逐季提升。成功发行1 000亿元资本工具，资本充足率领先可比同业。强化新兴风险管控，将气候风险、模型风险纳入全面风险管理体系。私人银行风险化解取得实质性进展。一地一策做好境外机构风险管理，境外贷款不良率低于疫情前水平。强化集团合规和案防管理，做好涉敏和反洗钱管控。帮助中小同业加固风险防线，助力维护金融稳定。

坚持以高质量执行实施新战略规划。“扬长、补短、固本、强基”布局全面展开，第一个人金融银行、外汇业务首选银行、重点区域竞争力提升、城乡联动发展战略深入推进，GBC联动取得新成效。公司贷款余额突破10万亿元，零售营业贡献进一步上升。境外机构总资产超过5 000亿美元，综合化子公司价值贡献持续提升。管理层狠抓战略推进和落实，推动战略性资源配置、资金承接、夯实客户基础、代发业务等工作取得新进展。国际结算、跨境人民币结算、结售汇等业务市场份额大幅提升，承销、投资、代客交易等市场地位进一步巩固。贵金属、票据贴现、市场化债转股等业务领先优势扩大，托管规模突破20万亿元。整合优化渠道管理和客户运营职能，全面启动网点竞争力提升工作。数字工行、科技强行建设步伐加快，自主可控转型同业领先。e－ICBC 4.0生态银行建设扎实推进，个人、法人手机银行月活客户大幅增长。数字人民币试点推广工作进展有序。

上半年，董事会、监事会、执委会高质量履职，内部审计、消费者保护、投资者关系管理、安全保卫、应急值班、舆情管理和品牌建设、离退休人员服务、工会、共青团、妇女等工作扎实开展。全行上半年所取得的工作成绩，是以习近平同志为核心的党中央领航掌舵、坚强领导的结果，是伟大建党精神薪火相传、发扬光大的结果，是全行上下团结一致、共同奋斗的结果，必须倍加珍惜。派驻纪检监察组充分发挥监督保障执行、促进完善发展作用，为全行高质量发展作出重要贡献。

同时也要看到，我们在客户基础、结构调整、资产质量、队伍建设等方面还要做大量细致的工作，必须坚持问题导向，突出针对性和实效性，集中解决一批重点堵点难点问题，推动全行高质量发展不断取得新成效。

二、把思想和行动统一到党中央对形势的科学判断和决策部署上来，稳步探索工商银行创新发展之路

今年以来，以习近平同志为核心的党中央统筹国内国际两个大局、统筹疫情防控和经济社会发展，有效实施宏观政策，经济持续稳定恢复、稳中向好。上半年国内生产总值同比增长12.7%，主要宏观指标处于合理区间。经济结构调整优化，消费拉动作用进一步增强。创新动能持续释放，科技自立自强积极推进，改革开放力度加大，民生得到有效保障，高质量发展取得新成效，社会大局保持稳定。这充分表明我国经济稳中向好、长期向好基本面没有变，我国经济潜力足、韧性大、活力强、回旋空间大、改革工具多的基本特点没有变，我国发展具有的多方面优势和条件没有变。同时，全球疫情仍在持续演变，外部环境更趋复杂严峻，国内经济恢复仍然不稳固、不均衡，供需两侧仍有部分领域尚未恢复到疫情前增长水平。我们要全面辩证看待，前瞻妥善做好应对。

银行经营还要高度关注以下趋势：一是技术变革不

断深化，科学技术和经济社会发展加速渗透融合，在催生经济发展新动能的同时，也对传统产业发展造成影响。金融与科技融合，从来没有如此迅速，数据、场景、生态成为银行经营的关键词。二是风险形势持续演变，经济复苏失衡带来的风险向金融领域传导。全球通胀明显升温，金融、商品市场平稳运行难度增大。一些地区债务风险、一些大型企业信用风险、部分中小金融机构资产质量须引起重视。三是结构调整正在中途，现代产业体系建设步伐加快，同时内需弱于外需、服务业弱于工业、下游弱于上游等特点延续，区域间经济恢复进程不一，内外循环新的平衡尚未形成。

近期召开的中央政治局会议，对做好下半年工作作出重要部署，强调要坚持稳中求进工作总基调，完整、准确、全面贯彻新发展理念，深化供给侧结构性改革，加快构建新发展格局，推动高质量发展，为我们做好工作提供了根本遵循。面对新形势新任务，我们要自觉把全行工作纳入构建新发展格局中统筹考虑和谋划，坚持创新驱动，稳步探索工商银行创新发展之路，通过创新培育高质量发展新动力、塑造高质量发展新优势。

要以党的政治建设为统领，加强党的领导，加强党的建设，全面从严治党，全面从严治行。坚持全面覆盖抓党建、以上率下抓党建、创新思路抓党建，不断将党的领导优势转化为治理优势和发展效能。探索建立金融反腐与处置金融风险统筹衔接机制，推动全面从严治党向纵深发展。创新干部人才培养、选拔、使用、评价和激励机制，让干部人才干事创业舞台更加广阔。

要贯彻新发展理念，更好地服务经济建设。着眼助力解决发展不平衡、不充分问题，持续优化金融供给。进一步突出质量和效益，增强内生动力，提升价值创造水平。加强全面风险管理，更好管控非传统风险，将合规经营打造为重要竞争优势。全行要进一步增强贯彻新发展理念的自觉，将“创新、协调、绿色、开放、共享”要求体现在各项工作中，不断提升金融服务适应性、竞争力和普惠性。

要聚焦共同富裕，更好地服务社会建设。坚持以人民为中心的发展思想，永葆人民金融本色，以解决人民群众“急难愁盼”问题为出发点，推动金融更好地服务人民美好生活。适应人民群众财富管理要求，为人民群众管好钱、理好财。坚持问题导向，从细节入手，持续改进服务品质，提升客户体验，进一步擦亮“您身边的银行，可信赖的银行”金字招牌。

要坚持文化兴行，更好地服务文化建设。加强意识形态工作，坚定中国特色社会主义文化自信，弘扬金融报国理念，服务文化强国建设。厚植忠诚担当、专业务实、守正创新、简单清爽、清正廉洁的文化底蕴，发挥文化感召人、滋养人、凝聚人、激励人的作用，让工行正能量更加强劲、软实力更加彰显、活力和创造力进一步释放。

要推动绿色低碳，更好地服务生态文明建设。坚持绿水青山就是金山银山，将环境、社会、治理（ESG）等因素全面纳入经营发展布局。着眼碳达峰、碳中和任务，在业务经营、自身运营两端有序减碳，力争率先建成碳中和银行。统筹做好业务转型和风险防范，为金融支持绿色低碳发展作出工行贡献。

三、下一阶段重点工作

统筹做好下半年和今后一个时期的工作十分重要。全行要认真贯彻党中央、国务院决策部署，按照近期中央政治局会议和国务院常务会议要求，落实好年初工作会议、分行行长座谈会任务目标，坚持稳中求进工作总基调，把握新发展阶段，完整、准确、全面贯彻新发展理念，更好服务和融入新发展格局，高水平实施好新战略规划，稳步探索创新发展路径，在着力推动经济社会高质量发展的基础上，不断开创工商银行高质量发展新局面。

第一，高质量抓好党的建设。深入学习贯彻习近平总书记“七一”重要讲话精神，学深悟透笃行习近平新时代中国特色社会主义思想，增强“四个意识”、坚定“四个自信”、做到“两个维护”。坚决维护党中央对金融工作的集中统一领导，推动习近平总书记重要讲话、重要指示批示精神和党中央决策部署在工商银行不折不扣落地落实。开展好党建质量提升年活动，开创党建工作新局面。

抓紧抓实党史学习教育，切实学出信念信仰、悟出使命担当、办成更多实事、开创更好局面。善始善终抓好“我为群众办实事”实践活动，确保项目清单全部落实到位。高质量开好专题组织生活会和专题民主生活会，认真开展批评与自我批评，做到灵魂受触动、思想有提升、党性得历练。坚持党对意识形态工作的领导，加强企业文化建设，引导广大干部员工以更加昂扬的姿态奋进新征程、建功新时代。

坚定不移推进全面从严治党从严治行。认真贯彻党中央关于加强对“一把手”和领导班子监督的意见，深入推进党风廉政建设和反腐败斗争，坚决查处金融风险背后的腐败问题。做深做实以案促改，确保一体推进“不敢腐、不能腐、不想腐”取得更多制度性成果和更大治理成效。推动上一轮中央巡视整改再深化，认真做好迎接新一轮中央巡视准备。驰而不息加强作风建设，深化为基层减负赋能，通过有力措施，让基层看到更大变化、客户得到更好体验。

持续加强领导班子和干部人才队伍建设。完善全行领导班子建设规划。持续优化干部梯队结构、专业结构。加大优秀年轻干部培养选拔力度，统筹用好各年龄段干部。强化转任干部管理，有效发挥转任干部作用。坚持严管和厚爱结合、激励和约束并重，教育引导广大干部敢于担当、善于作为，大力营造爱才、育才、重才的良好氛围。

第二，提升服务实体经济质效。坚持稳中求进、防范风险、支持重点，提升金融服务新发展格局的适配性，助力打通堵点、补齐断点、畅通经济循环。

全面落实稳健货币政策。推动投融资稳量、提质、拓面、增效，持续帮助中小企业和困难行业恢复。完善投融资政策和资产配置策略，引导金融资源向深化供给侧结构性改革等重点领域集中。做好 GBC 联动，完善资金循环生态，加快构建大中小微协调的客户体系。

强化重点领域金融服务。全力保障“十四五”规划重大工程项目建设需求，加强专班统筹，做好联动服务。主动对接结构性货币政策工具，精准直达服务好普惠、制造业、低碳等领域，做大总量、做实基础、作出特色。支持现代商贸和物流体系建设，助力新能源汽车加快发展。提升重点区域金融服务竞争力，积极支持经济困难省份发展。

严格落实减费让利要求。带头规范存款市场运行，通过自律约束、报价方式调整、宣传引导等措施，带动市场利率下行。提升负债质量管理水平，推动存款业务量价协调，可持续发展。坚持合规定价、合理收费，提高让利质效，让市场主体有更多获得感。坚持厉行节约、勤俭办行，把有限的资源用在刀刃上。

第三，以更大力度服务科技自立自强。坚持创新驱动，做好科创金融服务，提升金融科技水平，促进科技、产业、金融良性循环。

做好科技创新重点领域金融服务。对标科技强国行动纲要，聚焦重大科技攻关任务，主动靠前服务，助力形成更多原创性引领性科技成果。深入推进“十百千万”专项行动，对外抓好资金赋能、深度服务，对内抓好机制建设、能力锻造，全面提高科创金融发展质量。做好对“卡脖子”“补断点”领域的金融支持，为补链强链作出更大贡献。

健全科创金融服务体系。围绕盘活科创企业“人才”“智力”资产，创新金融产品和服务方案，大力支持“专精特新”中小企业发展。发挥好综合化子公司作用，积极做好投贷联动、投保联动、投债联动，为科创企业提供全方位金融服务。深化与政府、企业、第三方机构合作，组建服务联合体，助力打通创新链条堵点，增强科创金融服务合力。

加快全行数字化转型。瞄准金融科技前沿，推动关键技术前瞻开发、储备和落地，巩固技术领先优势，建设科技强行。围绕客户价值提升，加强新技术融合应用，对传统金融模式进行数字化重构，实现科技与业务深度融合。建设技术领先的智慧大脑、业务中台，为经营发展提供有力支撑。用管理资产的理念管理数据，推动从数据资源大行向数据价值强行转变。加强个人信息保护，守牢数据安全底线。

第四，高水平做好民生金融服务。全面把握民生和发展相互牵动、互为条件的关系，积极发挥金融力量，在促进民生改善的同时，为经济发展创造更多有效需求。

全力服务民生改善。聚焦就业、社保、医疗、住房、养老等民生重点领域，完善金融产品和服务体系，在提供优质金融供给的同时，有效扩大客户基础。积极支持住房租赁市场建设，落实好房地产贷款集中度管理要求。把握传统消费升级、新型消费扩容机遇，从供给、需求两端协同发力，推出更多精准适配的产品和服务，更好满足人民群众高品质生活需要。

全力支持乡村振兴。实施好城乡联动发展战略，因地制宜做好乡村金融布局，构建城乡金融闭环服务体系，打响“兴农通”品牌。加强渠道融合与渠道合作，将服务下沉到最后一公里。深化科技赋能，用好用活“三农”数据，丰富惠农助农金融产品。积极参与乡村数字基础设施建设和智慧平台搭建，扩大服务覆盖，提升服务效能。落实“四个不摘”要求，有效衔接脱贫攻坚与乡村振兴，巩固拓展脱贫攻坚成果。

全力转化金融价值。坚持客户至上、为民理财，聚焦客户首选，提高存量客户服务质量，吸引更多外部客户选择工行。优化产品设计、资产配置、风险管控，在服务客户财富增长的同时，筑牢全量管理资产（AUM）稳健增长基础。用好智慧银行工具，实现精准触达、精细服务，为客户创造更大便利、贡献更多价值。

第五，有序推进碳达峰、碳中和金融服务。充分认识发展方式低碳转型的重大意义，认清机遇、风险和挑战，前瞻谋划、主动作为，干在实处、走在前列。

对标国家方案，做好整体规划。及时制订我行助力碳达峰、碳中和工作方案，健全治理架构，完善政策框架，设计高质量金融产品和服务。合理安排绿色投融资总量、结构、投向，引导资金有序流向绿色低碳领域。统筹做好服务低碳转型、调整业务结构和防范金融风险工作规划。

主动服务转型，提供精准支持。积极支持清洁能源产业发展，严控高耗能、高排放项目。发挥我行产业金融、科创金融优势，支持绿色技术研发、低碳科技攻关，推动企业绿色转型。布局绿色消费、绿色出行、绿色居住市场，助力形成低碳消费习惯和生活方式。加强绿色金融重点问题研究。

加强交流合作，发挥带动作用。认真履行银行业专家工作组组长单位职责，牵头做好标准建立、数据治理、市场引导、服务规范等工作。主动参与国际金融治理，发挥“一带一路”绿色金融工作组牵头单位作用，推动碳金融工具开发、绿色投资原则推广、国际研究合作，讲好中国绿色金融故事。

第六，推动国际化综合化高质量发展。保持战略定力，聚焦重点、精准发力，以高质量的国际化综合化发展，赋能境内业务发展、赋能客户营销拓展、赋能全球产品线升级、赋能集团市场竞争力提升。

落实差异化定位。坚持一地一策、一司一策、特色经营，做强做优重点市场，培育潜力市场，管控好不确定性较高市场。聚焦推进共建“一带一路”高质量发展，进一步优化渠道布局，提升业务渗透率和金融服务水平。子公司要聚焦主业，做精专业，争做行业排头兵，提升业务影响力和市场竞争力。

加强一体化统筹。围绕客户全方位金融服务需求，加强内外联动、行司联动，对客户提供一站式、一揽子服务。做实集团一体化经营，健全机制，整合资源，提升联动发展水平，发挥战略协同效能。高水平打造“在岸、跨境、离岸”一体化的人民币全产品体系，营造使用生态，形成业务闭环，力促人民币出得去、用得好、留得住。

做深集团化管理。总行要增强全球经营领导能力，做好政策指引、业务管理、偏好约束、监督检查等工作。健全非银业务管理和风险控制体系，确保看得清、穿得透、管得好。境外机构要坚持稳中求进，增强内生发展动力。子公司要自觉融入集团大局，发挥专业优势，为全行服务新发展格局、实现高质量发展作出更大贡献。

第七，毫不放松抓好风险防控。要强化底线思维，有效防范应对重点领域潜在风险，守住高质量发展的安全底线。

加强能力建设。提升监测预警能力，加强常态化风险扫描，突出重点领域风险监测，查清底数，摸清隐患，主动化解。提升风险预处能力，紧密关注境外宏观政策变化及溢出效应，备足工具储备，留足应对空间。提升赋能发展能力，持续更新风险管理理念、方法和工具，更好适应新产业、新业态、新模式，形成对创新发展的有效支撑。

强化信用风险管理。加强信用风险全口径管理、全周期经营，推动投融资布局与经济高质量发展要求相匹配。深化风险资产分类管理，管控好延本延息贷款和潜在风险资产，力促向好转化，防止风险叠加；管理好不良资产，强化常规处置，提升核销资源使用效率；经营好账销案存资产，压实经营责任，加强核后管理，最大限度盘活资产价值。

做好内控合规管理和案件查防工作。开展案件集中清理和案防专项行动，清查存量，遏制增量。主动配合监管检查，做好沟通汇报。高度重视监管意见，严格落实审计要求，深入开展重点领域自查自纠，做到未雨绸缪，见微知著。对监管指出的问题，要实施条线、机构“双线整改”，做到亡羊补牢，举一反三。加强消费者权益保护，深化客户投诉治理，持续改善产品服务。做好境外机构合规管理，塑造高质量发展重要竞争力。

第八，坚定不移深化改革。稳步探索工商银行创新发展，要不失时机深化改革，以改革促创新、以创新促高质量发展。

要深化创新机制改革，落实“揭榜挂帅”“内部赛马”机制，有力推进创新攻关。健全创新后评价机制，及时整合淘汰低效资源占用。深化激励约束机制改革，完善考核激励机制，坚持战略导向、市场导向和价值创造导向，突出过程管理，强化考核结果运用。深化资源配置机制改革，将质量要求、资本约束、风险偏好贯穿资源配置全过程。深化渠道与运营改革，增强线上线下协同，促进业务创新发展，改善客户服务体验，有效释放人力资源。扎实推进网点竞争力提升工作，让网点“作战单元”作用充分发挥。深化研究体系改革，加强金融领域战略性、前瞻性、基础性、针对性问题研究，贡献工行智慧。深化纪检监察体制改革，稳步探索强化基层监督力量，推动主体责任和监督责任同向发力、层层落实，促进各类监督系统集成、协同高效。要把狠抓落实作为推进改革工作的重点，按照任务清单，细化进度安排，真抓实干、蹄疾步稳、务求实效。

当前，全球疫情形势仍然复杂，病毒变异加快，德尔塔毒株传染性强、多点扩散，增加了防控难度。全行务必时刻绷紧疫情防控之弦，不能有丝毫放松大意。要压紧压实“四方责任”，密切关注形势变化，及时调整应急响应级别，妥善处置突发情况，巩固来之不易的良好局面。总行工作专班要发挥好牵头抓总作用，境内机构要严格落实总行和所在地精准防控要求，境外机构要做好一地一策管理，加快提升疫苗接种覆盖率。各机构要全面压实安全生产责任，健全应急管理体系，提高应急处突能力，全力保障员工安全、客户安全、运营安全。各级领导干部特别是主要负责同志，要把政治担当、问题导向、底线思维、责任意识贯穿工作始终，善于从政治上看问题，透过现象看到政治本质，做到见叶知秋、防微杜渐，不断提高政治判断力、政治领悟力、政治执行力，以实际行动维护全行高质量发展大局。

同志们，建党 100 周年成就激荡人心，崭新征途呼唤更大担当。全行要对标建设世界一流现代金融企业愿景，坚持“48 字”工作思路，全面实施“扬长、补短、固本、强基”布局，落实好重点发展战略，努力完成全年任务。让我们更加紧密地团结在以习近平同志为核心的党中央周围，继承和发扬伟大建党精神，稳步探索创新发展之路，以新战略规划实施的更大成效，向建党 100 周年交上一份工商银行高质量发展的答卷！

深化纪检监察体制改革 推动“两个责任”层层落实

——在全面从严治党座谈会上的讲话

陈四清

（2021年8月6日）

今天，我们召开全面从严治党座谈会，进一步学习领会习近平总书记“七一”重要讲话精神，贯彻落实十九届中央纪委五次全会部署，以及昨天刚刚召开的全行年中工作会议精神，促进“两个责任”同向发力、层层落实，推动工商银行全面从严治党向纵深发展。

刚才，10家单位的11位同志作了发言，言简意赅、内容丰富、重点突出，既总结了工作中好的做法，也揭示了存在的问题和不足，提出了下一步工作思路和相关意见建议。总行相关部门要认真研究，推广经验做法，帮助解决难题。

行党委坚决落实党中央全面从严治党部署，坚持“48字”工作思路，突出党建引领、从严治理，以派驻改革为契机，加强与派驻纪检监察组的沟通会商、同向发力，自上而下严抓作风、严肃纪律、严惩腐败。我和班子成员多次到党建联系点及相关分支机构调研，与分行干部和基层同志座谈交流，总的感受是全面从严治党出现了积极明显的变化。一是思想认识逐步深化。大家对全面从严治党的重视程度、认识深度、支持力度明显提升。特别是随着金融反腐的不断深化和以案促改的不断推进，各级领导干部普遍实现了从“旁观者”到“反思者”的转变，主动接受监督意识得到增强，理直气壮、从严从实抓党建成为共识。二是工作机制逐步健全。派驻改革以来，各单位在合理划分职责、厘清“两个责任”职责边界的同时，探索创新组织制度和工作机制，持续加强贯通协作。安徽分行以改革试点“探路”、江苏分行以“一单一表一台账”明责、青岛分行以“三交底”谈话和廉情抄报督责、辽宁分行以基层纪检干部专职化履责、软件开发中心以评议考责等方式，促进压力逐级传导，各负其责、齐抓共管的局面初步形成。三是监督重点逐步聚焦。各单位聚焦关键人、关键权、关键事强化监督，取得较好效果。江西分行严把前三关和后三关，加强信贷领域监督；贵州分行通过业务监督、纪检监督和监察监督的联动衔接，主动发现和查处遵义余庆支行巴文权、孔令军腐败案件；重庆分行、私人银行部、工银理财加强以案促改，针对管理漏洞和薄弱环节，用制度和监督规范和制约权力运行。四是作用发挥逐步彰显。面对经营发展中的困难和挑战，各单位更加注重以全面从严治党引领方向、凝聚人心、促进发展，体现在落实金融“三大任务”、打好“三大攻坚战”的具体行动上，使党的政治优势、组织优势不断转化为治理优势、发展优势。

在肯定成绩的同时，我们也要清醒看到问题和不足。一是全面从严治党首先从政治上看的主动性和自觉性还不够。有的同志还是习惯“从业务上看”“从工作层面看”，不善于从政治上看问题，没有深刻认识到各类不正之风和腐败问题的政治本质和政治危害，工作的主动性和自觉性尚待提高。二是“两个责任”履行的充分性和协同性还不够。有的分支行党委仍然习惯性地让纪委代替履行职责，职责划转不到位，没有真正把主体责任理清楚、担起来。有的分支机构党委职能部门承接党风廉政建设主体责任日常工作的意识不强、人手不够、能力不足，纪委协助职责未能充分发挥。三是“三不”一体推进的系统性和实效性还有待提升。当前，全行“四风”和腐败问题仍屡有发生，“不敢”的震慑仍需不断强化，“不能”的制约监督仍需不断加强，“不想”的自觉仍需不断巩固。实践表明，改革发展任务越艰巨，反腐败斗争形势越严峻复杂，就越需要充分发挥全面从严治党的引领保障作用，越需要强化基层监督力量，充分发挥监督保障执行、促进完善发展作用，进一步促进“两个责任”同向发力、层层落实，为新时代工商银行高质量发展提供坚强政治保障。

下面，我讲几点意见。

一、深入学习贯彻习近平总书记“七一”重要讲话精神，从伟大建党精神中汲取金融报国的不竭动力

习近平总书记“七一”重要讲话深刻揭示了我们党基业长青的精神密码，鲜明提出伟大建党精神，深刻阐述以史为鉴、开创未来的“九个必须”根本要求，为我们奋进新时代、走好新征程指明了前进方向、提供了根本遵循。全行要把学习贯彻习近平总书记“七一”重要讲话精神作为当前理论武装工作的重中之重，作为

党史学习教育的核心内容，从中汲取不竭的精神动力，在建设世界一流现代金融企业的新征程上开拓前行。

要做“坚持真理、坚守理想”的传承者。坚持真理，就是要坚持马克思主义科学真理；坚守理想，就是要坚守共产主义远大理想和中国特色社会主义共同理想。实践证明，中国共产党为什么能，中国特色社会主义为什么好，归根到底是因为马克思主义行。在新征程上，我们必须坚持以习近平新时代中国特色社会主义思想为指导，熟练掌握马克思主义立场观点方法，不断增进对党的创新理论的政治认同、思想认同、理论认同、情感认同，不断提高政治判断力、政治领悟力、政治执行力，增强“四个意识”、坚定“四个自信”、做到“两个维护”。

要做“践行初心、担当使命”的奋斗者。不忘初心方能行稳致远，牢记使命才能开辟未来。立足新发展阶段，贯彻新发展理念，构建新发展格局，推动高质量发展是“举国一盘棋”的大战略。工商银行作为国有大行，必须胸怀“国之大者”，从自身职责使命找准结合点，把落实“十四五”规划任务与全行新战略规划实施衔接起来，落实“48 字”工作思路，立足“大、全、稳、新、优、强”发展方位，推进“扬长、补短、固本、强基”布局，不断提高金融服务的适应性、竞争力和普惠性，彰显国有大行的“主力军”和“排头兵”作用。

要做“不怕牺牲、英勇斗争”的奉献者。不怕牺牲、英勇斗争是共产党人骨子里的红色烙印，是我们党战无不胜的强大精神力量。当前和今后一个时期，全行战疫情、促发展、防风险、反腐败、强改革的任务更加艰巨，只有增强忧患意识、时刻居安思危、敢于善于斗争，才能战胜困难，扎实走好实现第二个百年奋斗目标新的赶考之路。

要做“对党忠诚、不负人民”的践行者。对党的忠诚和对人民的热爱有着明确的实践要求。我们要传承红色金融的基因，坚持党对金融工作的领导，按党的方针办好金融、按党的纪律管好金融，做守纪律、讲规矩的国有大行。要坚守“人民金融”的底色，把人民对美好生活的向往作为奋斗目标，积极运用金融所能、发挥工行所长、满足人民所需，让工商银行永远成为人民群众“身边的银行、可信赖的银行”。

二、充分发挥派驻改革和双垂直优势，促进“两个责任”同向发力、层层落实

随着全面从严治党深入推进，“上热中温下凉”、责任落实不平衡、工作不够实、效果不够好等问题日渐凸显。全行要在坚持现有党建和干部管理体制机制的基础上，充分发挥中管金融企业派驻改革和双垂直体制优势，在深化细化、延伸拓展、系统集成、协同高效上下功夫，建立健全一级抓一级、层层抓落实的责任体系，促进主体责任与监督责任同题共答。

要切实抓好主体责任层层落实。各级党委要认真贯彻落实《党委（党组）落实全面从严治党主体责任规定》，加强清单管理，把责任细化到岗、具体到人，层层传导压力，为履责评责考责提供标尺。要建立健全定期分析反腐败形势、研判政治生态、听取重要情况报告等制度，切实加强党委对全面从严治党工作的领导。党委书记作为第一责任人，要履责于行，亲自部署、亲自过问、亲自协调。班子成员要认真履行“一岗双责”，加强对分管单位和条线全面从严治党工作的指导督促。要加强对纪检工作的领导，担负起统筹纪检干部培养、选拔、任用的责任，充实纪检人员力量、推动纪委书记专职化、打通优进优出渠道。行党委将会同派驻纪检监察组总结相关分行纪检改革试点经验，研究制定加强纪检机构设置和纪检队伍建设的指导意见，稳步探索强化基层监督、补齐纪检工作短板的方法举措。党委各工作部门是党委主体责任在不同领域的重要承担者和具体体现者，要发挥好专责部门职能作用，强化协同配合，确保职责顺畅衔接、工作有效运转。

对各级“一把手”来说，党组织自上而下的监督，是最有力也是最有效的。要对照《中共中央关于加强对“一把手”和领导班子监督的意见》，逐项细化落实具体举措，建立健全并严格落实党内谈话、述责述廉、领导干部插手干预重大事项记录等制度。上级“一把手”必须抓好下级“一把手”，要多了解下级“一把手”日常的思想、工作、生活状况，多注意干部群众对下级“一把手”问题的反映，多听取下级领导班子成员对“一把手”的意见。要强化领导班子同级监督，本着对同志、对事业负责的态度，开展真诚善意的提醒，发现问题及时报告。各级“关键少数”既要尽到领导和监督责任，又要当好示范表率，对各种腐蚀、“围猎”保持足够的清醒和警惕，明大德、守公德、严私德，带动形成纪律严明、作风过硬的良好局面。

要切实抓好监督责任层层落实。各级纪委要持续深化“三转”，应移交的职责要全面移交，切实把精力聚焦到监督这个主责主业上来。同时，要履行好协助之责，当好党委的参谋助手，建立健全向党委请示汇报、提出意见建议的常态化机制，为党委履行主体责任提供有效载体。在自觉接受同级党委的领导和监督的同时，要重点加强对同级党委和下级党组织的监督，发现苗头问题及时提醒，提示不听或发现重大问题的，要及时报告。纪委书记要敢于监督、勇于担当，党委书记和班子成员要自觉接受监督，真诚欢迎监督。大家在一起工作，发现问题相互提个醒、扯个袖，往往能够收到事半功倍的效果。

要层层促进“两个责任”同向发力。主体责任和监督责任的根本职责都是践行“两个维护”，这是“两个责任”最大的同心圆。要探索实践主体责任和监督

责任在统筹谋划、部署落实、监督检查等方面的协调推进机制，做到既分工负责，又协同配合。党委书记、纪委书记要经常就政治生态、作风建设、廉洁风险、问题线索等交换意见，至少每半年专题研究一次全面从严治党、党风廉政建设和反腐败工作。要加快构建全覆盖的责任制度和监督制度，增强各类监督的协同性和互补性，探索防违规、防违纪、防案件、防腐败的联防联控方式，在决策部署、资源整合、措施运用上更加协同高效。

三、坚定不移深化金融反腐，确保“三不”一体推进取得更多制度性成果和更大治理成效

派驻改革以来，行党委坚定不移深化金融反腐，大力支持和配合派驻纪检监察组查处各种风险背后的腐败问题，深入开展专题教育整改，取得初步成效。同时，反腐败形势依然严峻复杂，震慑效果还需进一步体现，必须长期坚持严的主基调，必须做到决心不变、力度不减、尺度不松。

要保持对反腐败形势的清醒认识。深刻认识到，当前全行腐败存量还不少、增量仍在发生，有的风险损失与腐败问题关联，有的用人腐败与用权腐败交织，有的传统领域与新兴领域腐败叠加，干部防腐蚀、防围猎形势依然严峻复杂。要深刻认识到反腐败对促进经营发展的积极正面作用，只有及时清除像顾国明、谢明、徐卫东、张有赋等这样的腐败分子，才能避免造成更大的风险损失，才能扭转被污染的政治生态，才能擦亮工行的“金字招牌”。事实证明，党风廉政建设是企业发展的重要保障，也是软实力、竞争力，必须坚定不移抓下去。

要以“零容忍”的态度深化金融反腐。金融腐败不仅损害企业自身肌体，而且危及国家金融安全，侵蚀人民群众金融财产，损害党的执政根基，与党的初心和宗旨格格不入。各级党委要坚持零容忍的态度不变、猛药去疴的决心不减、刮骨疗毒的勇气不泄、严厉惩处的尺度不松。要进一步完善经营绩效考评、内控评价等制度，鼓励主动发掘线索、主动报告问题、主动查办案件，积极化解风险。如果腐败的盖子不能及时揭开，迟早会引发更大的腐败，造成更大的风险损失。要坚决查处金融风险背后的腐败问题，推动解决腐败问题引发的各种风险，以严密的监督体系防范风险挑战，增强发展稳定性。

要做实以案促改、提升治理水平。防治腐败，离不开强监督、强监管、强治理的同向发力，其中强治理是根本。要通过查办案件，深入研究剖析腐败发生机理，看清特点规律，找准漏洞短板，系统施治、标本兼治，提升治理水平。近期，行党委将会同派驻纪检监察组出台《运用典型违纪违法案件做实以案促改工作办法》，各级党委要坚持抓案件、抓规律、抓责任的有机统一，深入探索“三不”贯通融合的有效载体、实践路径、方法举措，推动惩治震慑与深化改革、完善制度、促进治理有效贯通，形成“查处一案、警示一片、规范一方、治理一域”的综合效能，真正做到反腐促整改、反腐促发展。

这里，要强调一下年轻干部的教育管理问题。年轻干部处于事业、生活起步期，社会阅历、党性历练还相对不足，一定程度上更容易受到腐蚀诱惑。陈琪、孙斌、李超、易重彬等年轻干部走上贪腐之路，其忏悔发人深省。近期总行机关也发生几起年轻干部和下派交流干部违反生活纪律等违纪违法问题，令人痛惜。组织有责任帮助他们、提醒他们，这既是领导干部的政治责任，也是事关工商银行长远发展的重要任务。要强化基层党支部政治功能，充分发挥支部离年轻干部近、情况熟悉、感受直接的优势，抓早抓小、防微杜渐。

四、驰而不息推进作风建设，以新风正气助力高质量发展

近年来，经过持续综合治理和多次专项整改，全行作风建设取得明显成效。但也要看到，“四风”问题具有顽固性、反复性，不正之风树倒根存、潜滋暗长。张有赋案深刻表明，腐败与不正之风互为表里，“四风”成了滋生腐败的“温床”。违反中央八项规定精神问题在个别机构、个别领导干部身上仍然严重，高压之下依然顶风违纪、肆无忌惮。今年上半年，全行就查处“四风”问题33起，处理52人，其中发生在十九大之后的×人。这警示我们作风建设永远在路上，必须以坚如磐石的意志，打好作风建设持久战。

要继续严查享乐主义、奢靡之风。从全行查处的问题看，违规吃喝、违规操办婚丧喜庆、违规收受名贵特产和礼品礼金、领导干部住房违规，以及违规配备使用公车等问题，依然屡有发生。要坚持盯节点、抓具体、严执纪、挖隐形，对歪风陋习露头就打、反复敲打，防止反弹回潮。要落实党中央关于过“紧日子”的要求，把厉行节约、勤俭办行理念融入日常、行诸经常，大兴艰苦奋斗之风。要完善长效机制，对普遍发生、反复出现的沉疴痼疾，从制度机制上找原因，不断完善制度规范。

要深入整治形式主义、官僚主义。当前，外部监管和内部监督发现，存款冲时点、高成本负债虚增存款、行内员工循环办理大额e分期虚增业务量等问题比较突出，背后反映的是权力观、业绩观、事业观出现了偏差，必须及时纠正。要深挖细查审计、巡视、监管等发现问题背后的形式主义、官僚主义，紧盯落实党中央决策部署及行党委工作要求不担当、不作为、推而不动、走形变样等问题，切实解决“中梗阻”和“最后一公里”问题，让求真务实、狠抓落实的新风正气不断

充盈。

要持续治理漠视群众利益问题。近期，派驻纪检监察组通报了七起漠视群众诉求、侵害群众利益、伤害群众感情的典型违规违纪问题，很有警示意义。群众利益无小事，要把以人民为中心的发展思想和以客户为中心的经营理念有机结合起来，对外服务好群众，对内服务好员工。客户反映最强烈的问题，就是工商银行最应关注的问题，客户投诉问题，必须全力解决好。各级行都要认真研究解决客户服务问题，突出抓好“客户体验痛点治理百日攻坚”和“我为群众办实事服务提升十大行动”，不断提高金融服务的便利性、可得性和覆盖面。坚决查处和纠治漠视和侵害客户、员工利益的突出问题，杜绝各种机关病、衙门作风，在正风肃纪中不断增强客户和员工的满意度、获得感和幸福感。

五、认真准备迎接中央新一轮巡视监督，全面做好巡视巡察政治体检

前一阶段，中管金融企业巡视工作现场会选择在工商银行召开，是对我行巡视工作的鼓励、支持和帮助。要以贯彻落实中管金融企业巡视工作现场会精神为契机，做深做实中央巡视整改工作，推动巡视整改与完善治理相结合，以全面有效的整改，迎接中央新一轮巡视，以更高质量的巡视巡察工作，推动全面从严治党向纵深发展。

要持续深化中央巡视整改。当前，上一轮中央巡视整改工作已到“交卷”的关键阶段。要上下一体贯通整改，加强中央巡视与我行内部巡视的统筹，既以上率下严督导，也以下看上促整改。要与时俱进深化整改，看突出问题是否整改到位，顽固问题是否反弹回潮，长期问题是否持续整改，在发展变化中持续解决政治生态、体制机制、风险管理、队伍建设等方面问题和遇到的新矛盾、新挑战。要抓好系统集成整改，以5张清单为基础，把中央巡视反馈问题与主题教育检视问题、国家审计指出问题、监管部门通报问题的整改结合起来。

要把牢巡视巡察政治监督定位。巡视巡察是党委管党治行、完善治理的重要手段，是政治监督的重器利器。内部巡视巡察工作要精准把握政治监督的定位和要求，加强对落实党中央关于金融工作重大决策部署情况的监督，关注立足新发展阶段、贯彻新发展理念、构建新发展格局、推动高质量发展情况，落实金融“三大任务”情况，紧盯侵害员工利益与金融消费者权益等问题，推动解决群众身边的腐败问题和不正之风。

要推动巡视巡察上下联动。完善“交叉巡察在前，总行巡视在后”工作模式，以上促下、上借下力、下借上势，持续创新巡视巡察上下联动工作格局。完善总行、一级分行巡视巡察监督体系，形成联动监督合力。

同志们，全年时间已经过半。各机构、各部门要坚决落实党中央决策部署，按照中央纪委国家监委要求，对照年初和年中全行工作会议任务安排，及时总结回顾分析，结合实际理清下半年工作思路举措，保持和发扬苦干实干精神，紧扣推动高质量发展主题，充分发挥全面从严治党引领保障作用，奋力推动全行各项工作再上新台阶！

在党委巡视工作领导小组会上的讲话

陈四清

（2021年8月17日）

刚才，4个巡视组分别汇报了对重庆、湖南、黑龙江分行和工银租赁党委的巡视情况。总的看，各巡视组认真贯彻习近平总书记关于巡视工作“四个坚持”重要指示和全国巡视工作会议精神，落实全行巡视巡察工作暨党委2021年第二批次巡视动员会议安排，聚焦巡视工作“两个维护”根本任务和“国之大者”开展政治监督，进一步深化“交叉巡察在前、总行巡视在后”巡视巡察上下联动，对4家被巡视单位作出了比较客观全面的评价，提出了有针对性的整改建议，较好发挥了全面从严治党的利剑作用和密切联系群众的纽带作用。在此，我代表行党委和巡视工作领导小组，对大家的努力付出表示感谢！

从汇报情况看，4家被巡视单位坚持以习近平新时代中国特色社会主义思想为指导，认真贯彻落实党中央大政方针和决策部署，按照行党委“48字”工作思路，统筹推进党的建设和经营发展各项工作，取得了一定成绩，但也存在推动全面从严治党和落实金融工作“三大任务”不够有力、落实行党委工作思路不够扎实等问题。下面，我结合巡视反映的问题，就做好下一步工作讲几点意见。

一、认真贯彻落实习近平总书记“七一”重要讲话精神，深化对做好新形势下巡视监督工作重要性的认识

习近平总书记在“七一”重要讲话中庄严宣告全面建成小康社会，精辟概括伟大建党精神，号召全体中国共产党员在新的赶考之路上为党和人民争取更大光荣。习近平总书记强调，新的征程上，我们要牢记打铁必须自身硬的道理，增强全面从严治党永远在路上的政治自觉，以党的政治建设为统领，继续推进新时代党的建设新的伟大工程。赵乐际同志指出，在建党100周年之际做好巡视工作，对于传承党的历史经验、加强党的建设、完成党的历史使命，具有特殊重要意义。王鸿津同志也指出，中管金融企业是我国金融业的主力军和压舱石，是党执政兴国的重要支柱和依靠力量，权力集中、资金密集、资源富集、资产聚集，防风险、防腐蚀任务很重，开展内部巡视、发挥好巡视利剑作用十分重要和必要。

做好新形势下的全行巡视监督工作，要认真落实习近平总书记重要讲话和重要指示批示精神，传承伟大建党精神，提高政治站位，立足新发展阶段，贯彻新发展理念，服务新发展格局，以高质量巡视保障全行高质量党建和高质量发展。要做到维护党的领导、维护党中央权威的初心不变，督促落实党的路线方针政策的使命不变，捍卫党的先进纯洁、保证党肌体健康的职责不变，促进制度优势转化为治理效能的任务不变，切实履行好巡视的使命职责。要坚持党中央对金融工作的集中统一领导，聚焦“国之大者”强化政治监督，严明政治纪律和政治规矩，通过巡视监督推动党中央决策部署在工商银行得到不折不扣的贯彻落实。要坚持不懈整治群众身边腐败和不正之风，凡是群众反映强烈的问题，巡视监督工作都要严肃认真对待；凡是损害群众利益的行为，巡视监督工作都要及时掌握、坚决纠正，切实做好这一关乎党心民心的重要工作。

二、认真贯彻落实中央关于巡视工作的新部署新要求，不断推动新时代巡视工作高质量发展

（一）坚持政治定位，聚焦“国之大者”开展政治监督。坚持从业务看政治、从客观看主观、从现象看本质，全面审视被巡视党组织和领导干部的政治立场、政治态度、政治担当，发挥巡视政治监督作用。一是着眼于加强党对金融工作的集中统一领导，督促做到“两个维护”。把坚持和加强党对金融工作的全面领导贯穿巡视工作全过程，加强对贯彻落实党的路线方针政策和党中央关于金融工作重大决策部署情况的监督检查，从政治上查找偏差、推动整改，确保“两个维护”在全行得到坚决落实。二是着眼于围绕中心、服务大局，自觉跟进、服务、保障“国之大者”。巡视工作要做到党中央决策部署到哪里，巡视监督就跟进到哪里，推动全行准确把握新发展阶段、新发展理念、新发展格局对金融工作的新要求，把监督效果体现在推动增强新时代金融工作实效上。三是着眼于落实以人民为中心的发展思想，发挥巡视密切联系群众纽带作用，践行群众路线，到基层广泛调研，督促客户和员工“急难愁盼”问题得到有效解决。

（二）坚持问题导向，高质量推进全行巡视巡察工作。发现问题是巡视监督的首要职责、基本职责。要聚焦金融行业重点领域和关键环节开展监督。既要围绕银行业务，紧盯信贷审批、投融资审批、资产管理等重点领域和关键环节；也要围绕非银行业务，紧盯选人用人、大额采购、财务管理、信息科技等部门和岗位。注意区分主要问题和次要问题、共性问题和个性问题、存量问题和增量问题，深入了解不同机构腐败风险情况，精准发挥政治监督作用。要聚焦权力和责任，加强对“一把手”和领导班子的监督。将坚持民主集中制、“三重一大”决策制度执行、班子成员“一岗双责”、加强同级和对下级领导班子监督等情况作为巡视监督重点，以强有力的政治监督，促使领导干部依规依纪依法履职用权，推动全行“不敢腐、不能腐、不想腐”一体机制建设取得新的成效。要创新方式方法，提升巡视监督质效。坚持问题导向，根据工作需要，在常规巡视基础上，创新采用专项巡视、机动巡视、提级巡视等方式方法，适时开展巡视“回头看”工作，不断提升政治监督的质量和水平。

（三）坚持系统观念，着力发挥巡视综合监督作用。习近平总书记强调，推动巡视与纪检监察监督统筹衔接，与其他监督协同配合，更好发挥巡视综合监督作用和联系群众纽带功能，推动形成系统集成、协同高效的中国特色监督体系。我们创新采取“交叉巡察在前、总行巡视在后”联动模式一年多来，经过4个批次的探索实践，监督重点更加聚焦、工作机制更加完善、联动作用更加显著。要在总结经验的基础上，进一步贯彻落实好中央巡视巡察上下联动意见，发挥巡视巡察系统作用和组织优势，推动巡视巡察质量整体提升。发挥巡视综合监督平台作用，加强巡视监督与其他监督的贯通融合，用好选人用人、纪委书记履职评价、巡察工作的专项检查成果，形成有效监督合力。要根据中央新一轮巡视工作要求和疫情防控形势，部署好下半年巡视工作，高质量推进巡视全覆盖。

（四）坚持依规依纪依法，加强巡视巡察工作规范化建设。深入推进巡视巡察质量提升活动，进一步完善制度体系，规范工作流程，规范权力运行，把依规依纪依法要求贯穿全过程，使工作更加科学、更加严密、更加有效，确保经得起时间和实践的检验，经得起中央巡视的全面检查。要注重把握分行党委开展巡察工作时间

较晚、进展较快的阶段性特征，加强对分行巡察工作的指导督导，切实解决一些分行主体责任落实不够到位、政治定位理解不够深入、问题反映不够精准、整改不够有力等问题。要加强队伍建设，严格监督管理，建设政治过硬、本领高强的巡视巡察队伍，党委巡视办巡视组要在政治建设和纪律作风建设上当好标杆、做好表率。

三、认真贯彻落实习近平总书记关于巡视整改工作的重要论述，全面提升整改质量

强化整改落实是十九届中央巡视工作深化发展的鲜明特点，习近平总书记对巡视整改的要求具体而深刻。我们要站在对党忠诚、对人民负责的政治高度，突出重点，一件一件抓，一件一件改，用整改的行动和效果切实体现“两个维护”。

要压紧压实被巡视单位党委的整改主体责任。督促被巡视单位党委书记承担起第一责任人责任，对整改直接部署、直接参与、直接督办。班子成员要履行好“一岗双责”，主动认领责任，把自己摆进去、把职责摆进去、把工作摆进去，抓好分管领域整改落实。纪检部门和组织部门要把督促整改作为加强日常监督的重要抓手，推动整改常态化、长效化。对中央巡视指出、内部巡视仍有发现的问题，被巡视单位党委要将其作为整改工作的首要任务，及时完成问责和整改落实。对中央巡视提出的整改要求，党委巡视办要认真逐条梳理，对还没有整改好的，要进一步分析原因，督促相关责任部门加速整改，确保整改到位。

要注重以下看上，在总行层面发挥以巡促治作用。行党委班子成员要结合这次内部巡视发现问题，特别是中央巡视指出、内部巡视仍有发现的问题，进一步加强对中央巡视反馈问题整改的指导督导，坚决确保中央巡视整改措施在全行、在基层得到全面有效的贯彻落实。要督促分管部门研判分析触及领导体制和工作机制的深层次问题，抓紧抓实中央巡视指出问题和内部巡视发现问题的一体整改，抓好条线整改。及时跟进中央统一部署，完善整改促进机制和评估机制，推进整改长效机制建设，实现监督、整改、治理的有机贯通。

今年两个批次的巡视工作取得了较好成效。希望大家以更加过硬的工作作风、更加饱满的精神状态，推动巡视工作高质量发展，为全行高质量党建和高质量发展提供政治保障，为迎接中央新一轮巡视做好充分准备。

在贯彻落实习近平总书记“7·9”重要讲话精神交流座谈会上的讲话

陈四清

（2021年8月19日）

在全行深入学习贯彻习近平总书记“七一”重要讲话精神之际，今天我们召开座谈会，对总行机关贯彻落实习近平总书记在中央和国家机关党的建设工作会议上的重要讲话（“7·9”重要讲话）精神情况进行总结，交流经验，明确方向，推动总行机关党的建设不断迈上新台阶。

2019年7月9日，党中央专门召开中央和国家机关党的建设工作会议，这在党的历史上是第一次。习近平总书记在会上发表了重要讲话，深刻阐明了新形势下中央和国家机关党的建设的使命任务、重点工作、关键举措，为机关党建指明了前进方向、提供了根本遵循。

两年多来，在习近平总书记“7·9”重要讲话精神指引下，总行机关各级党组织和广大党员、干部，坚持以党的政治建设为统领，抓党建促发展，政治机关意识深入人心，理论武装更加扎实，党组织的创造力、凝聚力、战斗力持续增强，正风肃纪效果不断显现，管党治党责任进一步压实，党建与业务融合互促进一步深化，机关党建呈现新的面貌，为全行改革发展提供了坚强保证。

刚才，6位同志作了重点发言，从不同角度谈了贯彻落实习近平总书记“7·9”重要讲话精神的做法和体会，讲得都很生动、很实在，也很有代表性，体现了我行贯彻落实的阶段性成果。对总行机关党建工作取得的成绩，行党委给予充分肯定。

按照中央和国家机关工委部署，我们把今年确定为机关党建“质量提升年”，目的就是希望各部门结合开展党史学习教育，进一步校准方向、突出重点、补齐短板，推动机关党的建设高质量发展不断迈出新步伐、取得新成效。这里，我再提几点要求。

第一，提高政治站位，在做到“两个维护”上当好全行表率。习近平总书记指出，中央和国家机关是践行“两个维护”的第一方阵；如果党的理论和路线方针政策在这里失之毫厘，到了基层就可能谬以千里；如果贯彻落实的第一棒掉了链子，“两个维护”在“最先

一公里”就可能落空。总行机关是全行贯彻党中央决策部署的第一站，承担着细化分解、推动落实党中央决策部署的重要职责，任何时候都要把讲政治摆在第一位。

要自觉增强“四个意识”、坚定“四个自信”，带头做到“两个维护”，不断提高政治判断力、政治领悟力、政治执行力，始终在思想上政治上行动上同以习近平同志为核心的党中央保持高度一致，切实当好“三个表率”。要提高做到“两个维护”的能力，无论定政策、作决策，还是抓督导、促落实，首先同党中央要求对标对表，弄清党中央在关心什么、强调什么，对“国之大者”了然于胸，确保方向不偏、措施精准、执行有力。要把讲政治落实到主责主业中，立足新发展阶段，贯彻新发展理念，在服务和融入新发展格局上开动脑筋、多干实事，坚持“48字”工作思路，以实施新三年规划的新成效，助力国家高质量发展，推动自身高质量发展。

第二，深化理论武装，在学懂弄通做实上树立更高标准。政治上的坚定源于理论上的清醒。习近平总书记强调，中央和国家机关党员、干部要在学习理论上有更强自觉、在学懂弄通做实上有更高要求。总行机关的党员、干部，要把学懂弄通做实习近平新时代中国特色社会主义思想作为长期政治任务，自觉主动学、及时跟进学、联系实际学、笃信笃行学，努力实现学思用贯通、知信行统一。

当前，要把学习贯彻习近平总书记“七一”重要讲话精神作为理论武装的重中之重，作为党史学习教育的核心内容，下功夫去钻研讲话中贯穿体现的马克思主义基本原理，用心感悟讲话中凝结的坚定理想信念、深厚宗旨情怀、历史担当精神，让伟大建党精神在灵魂深处落地生根、成长壮大。要把学理论同学党史有机结合起来，同服务民生、服务基层贯通起来，推动党史学习教育进一步走深走实，用红色精神洗涤心灵，把红色基因融入血脉，做到学史明理、学史增信、学史崇德、学史力行。各部门党组织要积极探索理论学习的新模式、新场景、新载体，让学习活起来、思维动起来、效果实起来，把学习成果转化为提升能力素质、破解难题挑战、完成工作任务的思路举措。

第三，把握机关党建规律，在打造特色品牌上拿出务实行动。习近平总书记在“7·9”重要讲话中，总结了机关党建的6条重要经验和5对辩证关系，这是党的十八大以来机关党建的重要理论、实践和制度成果，是做好新时代机关党建工作必须长期坚持的重要原则和方法论。我们要在深刻理解把握的基础上，把我行实际摆进去，着眼新形势新情况新问题，创造性地加以运用，使党组织的战斗堡垒作用、党员的先锋模范作用渗透到每一项具体工作中，提升机关党建的感召力、凝聚力、向心力，打造具有工行特色的机关党建品牌。

要推进方法创新，找准机关党建与业务中心工作的结合点、共振点，在“融入”上下功夫，把机关党建落到党员关心的热点上、部室工作的重点上，实现双推进、双促进。要推进载体创新，在金融服务科技创新、支持乡村振兴、惠民便民利民等场景中，积极探索机关党组织发挥作用、体现优势的新途径，使机关党建的活动载体反映时代性、体现群众性。要推进手段创新，用好现代科技手段，搭建智慧平台，实现全员覆盖、动态参与、实时交流、异地同步，提高机关党建工作的灵活性和有效性。要尊重基层首创精神，鼓励各部门党组织因地制宜、大胆探索，形成各具特点的经验做法，并及时加以总结推广，提高机关党建的针对性和适应性。

第四，持之以恒正风肃纪反腐，在涵养优良政治生态上见到新气象。总行机关的作风状况，关系工商银行在客户、群众、社会中的形象。要带头弘扬党的光荣传统和优良作风，在厚植“忠诚担当、专业务实、守正创新、简单清爽、清正廉洁”的文化底蕴上，率先行动、走在前列。

要坚持不懈打好纠“四风”持久战。保持严格落实中央八项规定精神的定力和韧性，在力戒形式主义、官僚主义上久久为功。各部门要以开展机关党建“质量提升年”活动为契机，切实把自己摆进去，对形式主义、官僚主义问题再进行一次排查起底，切实为基层减负赋能，让基层轻装上阵。要积极打好树新风主动仗。在“我为群众办实事”实践活动中，把人民立场贯穿客户、基层、员工服务全过程，持续改进工作作风，提升工作效能，用心用情解决好基层和群众“急难愁盼”的问题，出实招、办实事、求实效。要坚决打好金融反腐攻坚战。各部门要看好自己的门、管好自己的人，教育党员、干部从身边发生的违纪违法案件中汲取深刻教训，举一反三，引以为戒。要持续完善监督体系，健全廉洁风险防控机制，加强对关键岗位的监督，综合运用“四种形态”，确保一体推进“不敢腐、不能腐、不想腐”取得更多制度性成果和更大治理成效。

第五，压实各项责任，在增强机关党建合力上取得新成效。加强和改进机关党的建设，必须牵住责任制这个“牛鼻子”。各部门领导班子和领导干部要把抓好党建作为最大的政绩，增强全面从严治党永远在路上的政治自觉，做到知责于心、担责于身、履责于行，以责任落实牵引任务落地。要用好责任清单这个有效载体，在明晰党委、机关党委、党支部、党小组责任的基础上，把责任清单细化到岗、具体到人，为履责、述责、考责提供标尺。要使各项责任贯通起来、联动起来，既各司其职、各负其责，又协同发力、聚焦用力，共同种好机关党建的“责任田”。

同时，要注重配齐配强专兼职党务干部，健全机关专职党务干部与业务干部之间的交流机制，加强党务干部教育培训，真正把党务干部培养成为政治上的明白人、党建工作的内行人、干部职工的贴心人。各级党务工作者特别是党组织主要负责人，要掌握好思想政治工作方法，重点关注疫情防控常态化条件下员工行为方式和心理状态变化，把群众工作、思想政治工作做实做细，为广大干部员工营造积极向上、严肃活泼的工作氛围。

同志们，年中工作会议对坚持以高质量党建引领高质量发展，稳步探索全行创新发展工作作出部署，对推动机关党建高质量发展提出明确要求，大家要抓好贯彻落实。让我们更加紧密地团结在以习近平同志为核心的党中央周围，弘扬伟大建党精神，在中央和国家机关工委指导下，持之以恒在贯彻落实习近平总书记“7・9”重要讲话精神上下功夫，在新征程上展现机关党建的新作为新气象，为推动全行高质量发展提供坚强保障，努力建设让党中央放心、让人民群众满意的模范机关。

在国际化经营管理情况汇报会上的讲话

陈四清

（2021 年 9 月 30 日）

今天，我们召开国际化经营管理情况汇报会，国际部和 7 家境外机构作了汇报。总的看，各机构认真贯彻行党委“48 字”工作思路，坚持以国际视野推进全球经营，扎实进取，勇挑重担，在推动国际化高质量发展上取得了实实在在的效果，经受了重大考验，交出了合格答卷。

特别是在全球疫情防控形势严峻的时候，大家奋斗在全球的各个岗位，非常不容易。面对远离亲人、长期居家等实际困难，全体境外同事识大体、顾大局，舍小家、为大家，忠诚履职、扎实工作，取得的成绩殊为不易。行党委对国际化经营成果和各境外机构发展成效充分肯定，对大家为全行高质量发展作出的贡献，表示衷心的感谢！

今年是国家“十四五”开局之年，也是我行新发展规划起步之年，我行国际化发展站在了新的起点，迎来了新的机遇。我们要立足新发展阶段，贯彻新发展理念，服务新发展格局，主动抓住机遇，稳妥应对挑战，奋力开创全行国际化高质量发展新局面。

一是切实强化政治担当。认真落实中央关于海外党建工作的要求部署，一行一策高质量推进境外机构党建工作，全面加强党的领导，全面落实党建工作。深入推进党的领导与公司治理有机融合，完善外派领导班子议事和决策机制，切实把好大政方针的“政治关”、经营战略的“方向关”、国资安全的“廉洁关”、当地监管的“规则关”。总行要进一步增强国际化领导力，完善“牵头统筹、条线主抓”的管理机制，赋能国际化高质量发展。

二是更好地服务国家战略。聚焦“国之大者”，围绕服务国家重大战略和高水平对外开放大局，提升全方位服务水平。扎扎实实推进外汇业务首选银行战略落地，加大稳外贸稳外资支持力度，高质量服务“走出去”和“引进来”，促进两个市场更好联通、两种资源更好融合。高水平打造“在岸、跨境、离岸”一体化人民币全产品体系，稳慎助推人民币国际化，全力支持资本市场双向开放。积极参与全球治理体系改革，更好服务进博会、服贸会、广交会等重要展会，有效发挥“一带一路”银行间常态化合作机制（BRBR）、中欧企业联盟、全球系统重要性金融机构会议等平台作用，提升参与规则制定的能力。

三是坚决守牢安全底线。强化底线思维，增强忧患意识，把握和运用系统观念，统筹发展和安全，坚决做到守土有责、守土担责、守土尽责。加强境外机构合规管理，推进长效机制建设，进一步巩固合规管理工作成效，主动防范外部风险冲击，完善应急管理机制，全力维护国有金融资产安全。落实全面风险管理要求，确保各类风险可控、资产质量稳定、业务经营连续。高标准落实好 ESG 的要求，全面展现工商银行负责任大行的良好形象。

四是加强境外队伍建设。扎实做好疫情下境外员工思想政治工作，及时了解员工所思、所想、所急、所盼，帮助员工疏解精神压力，做到知人心、暖人心、稳人心、聚人心。境外机构负责人既要担起经营管理的责任，也要担起队伍建设的责任。要细致周到关心关爱境外员工，抓实抓细防疫措施落地，用心用情用力帮助员工及家属解决工作生活实际困难，增加大家的获得感、幸福感、安全感。维护境外员工队伍稳定，做好对本地员工的关心引导，加大外派员工培养使用力度，增强疫情时期外派岗位吸引力。加强国际化人才培养储备，优化跨专业、跨机构培养机制，为全行国际化高质量发展提供坚强人才保障。同时，境外机构还要全力支持当地使领馆工作，尽力帮助中资企业及海外华人华侨渡过疫情难关。

同志们，因为疫情原因，境外机构员工正常休假、轮岗面临很多实际困难，很多员工坚守异国他乡超过两年，行党委时刻牵挂着你们。明天就是国庆节了，借此机会，我谨代表行党委，向奋战在工商银行国际化经营战线上的各位同事致以节日的问候，向全体境外机构同事和随任亲属致以诚挚的慰问！让我们共同祝福伟大的祖国繁荣昌盛，祝愿大家工作顺利、身体健康、阖家幸福！

在党委2021年第三批次巡视工作动员会上的讲话

陈四清

（2021年11月4日）

根据巡视工作总体安排，行党委决定启动2021年第三批次巡视工作，对工银投资、工银科技两家子公司党委班子及其成员开展现场巡视监督。这次巡视是在党的十九届六中全会即将召开，十九届中央第八轮巡视正在进行的背景下开展的，必须坚持政治上的高站位、工作上的高标准，全面准确把握政治巡视要求，认真履职，扎实工作，圆满完成行党委赋予的重要政治任务。下面，我讲几点意见。

一、认真学习贯彻习近平总书记重要讲话精神，牢牢把握巡视工作正确政治方向

以习近平同志为核心的党中央高度重视金融工作，习近平总书记多次对金融工作发表重要讲话、作出重要指示，为新时代金融改革发展指明了前进方向、提供了根本遵循。巡视组和被巡视单位要深入学习领会习近平总书记关于金融工作的重要论述，提高政治判断力、政治领悟力、政治执行力，通过开展政治巡视，推动工银投资、工银科技全面加强党的领导，不折不扣地落实党中央决策部署，提高履行职能责任的能力和水平。

一要深入学习领悟习近平总书记关于加强党对金融工作全面领导、加强党的政治建设的重要论述。总书记强调，要加强金融系统党的领导和党的建设，增强党领导金融工作能力，确保金融改革发展正确方向。工商银行作为中管金融企业，是金融服务实体经济的主力军，是保障国家金融安全的重要力量。巡视组和被巡视党组织要把增强“四个意识”、坚定“四个自信”、做到“两个维护”作为根本任务，共同查摆履行党的领导责任存在的政治偏差，同题共答、同向发力，确保党中央关于金融工作决策部署落到实处、见到实效。

二要深入学习领悟习近平总书记关于落实金融工作三项任务、推动金融业高质量发展的重要论述。总书记把金融工作摆在党和国家事业非常重要的位置，明确提出金融工作服务实体经济、防控金融风险、深化金融改革三项任务，特别强调防控金融风险是根本性任务，是实现高质量发展必须跨越的重大关口。巡视组和被巡视单位要紧扣新时代金融工作的职责使命，准确把握适应新发展阶段、贯彻新发展理念、服务新发展格局对金融工作提出的新要求，把两家子公司承担的职责放在全行落实金融工作三项任务的大局中定位，通过巡视，推动两家子公司党委强化使命担当、找准努力方向，以自身高质量发展为全行高质量发展作出更大贡献。

三要深入学习领悟习近平总书记关于全面从严治党、深化金融反腐的重要论述。总书记连续三年在中央纪委全会上强调加大金融领域反腐力度，最近在中央财经委员会第十次会议上指出要落实全面从严治党要求，一体推进惩治金融腐败和防控金融风险。巡视组和被巡视单位要紧跟党中央全面从严治党最新部署，推动党委主体责任、书记第一责任人责任、班子成员“一岗双责”和纪委监督责任贯通联动、一体落实。要深刻认识金融腐败的政治危害，深挖细查违规违纪行为和腐败问题线索，以巡促改、以巡促建、以巡促治，推动全面从严治党进一步走深走实。要坚持以人民为中心，严厉整治群众身边腐败和作风问题，保障客户和员工的合法权益。

二、坚守政治巡视定位，聚焦职能责任开展政治监督

工银投资和工银科技成立时间不长，但在集团服务实体经济、防控金融风险、深化改革创新方面，发挥着特殊作用。巡视组要认真贯彻党中央关于巡视工作部署要求，紧密结合两家子公司的职能责任，强化政治监督，推进成果运用，充分发挥政治巡视“监督保障执行、促进完善发展”作用。

一要深入查找落实党中央关于金融工作决策部署方

面的问题。对工银投资，要重点关注是否树牢正确的发展观，把服务实体经济作为工作出发点和落脚点，主动对接“十四五”时期重大项目、重大工程，积极推进市场化债转股工作；是否深化改革创新，主动担当作为，为制造业高质量发展、绿色低碳发展、科技自立自强、乡村振兴、促进共同富裕等“国之大者”提供有力金融支持；是否坚持底线思维，加强风险源头管控，有效应对处置风险隐患，防止单体、局部风险演变成系统性、全局性风险。对工银科技，要重点关注是否有效贯彻落实“科技驱动、价值创造”工作思路，通过优化市场运作、公司运营，积极促进集团信息科技管理服务和技术研究成果转化，推动科技产品输出；是否协同集团发展战略方向，发挥市场化优势，推动数字化转型，赋能重点客户服务和重点区域发展；是否深化科技与业务融合，深入开展GBC工作，助力生态银行建设。

二要深入查找落实“两个责任”、加强纪律作风建设方面的问题。准确把握两家子公司的职能特点，突出问题导向，加强对“一把手”和领导班子的监督，加强对重点领域、关键环节权力运行的监督，把严的主基调贯彻到底。要聚焦“关键少数”开展监督。重点关注被巡视单位各级党组织贯彻党中央决策部署、落实行党委工作要求、推进全面从严治党、加强作风建设、抓班子带队伍等情况，着力发现党的领导弱化、管党治党意识不强、责任压力传导不到位、纪律规矩松弛等问题。重点关注投融资审批、资产经营管理、科技研发创新、集中采购、风险防控等方面情况，着力发现利益输送、“靠企吃企”、侵吞国有金融资产等问题。要突出对“一把手”的监督。按照《中共中央关于加强对“一把手”和领导班子监督的意见》，把各级“一把手”作为监督重点，将“一把手”工作、生活情况作为巡视谈话的必谈内容，对反映的重要情况深入了解。巡视报告要对“一把手”履行第一责任人职责和廉洁自律情况提出明确意见和整改要求。通过有力有效的监督，推动“一把手”和领导班子对标党中央要求，纠正偏差、廉洁履职、规范用权、真抓实干、担当作为。

三要深入查找落实新时代党的组织路线、加强党组织和队伍建设方面的问题。落实新时代党的组织路线，是履行党的领导职能责任的组织保障。领导班子自身建设方面，要深入了解领导班子政治能力、驾驭能力、发挥表率作用，执行民主集中制、落实“三重一大”决策制度、严肃党内政治生活等方面的情况。干部人才队伍建设方面，要深入了解党委坚持党管干部、党管人才原则，执行选人用人规定，加强干部日常监督管理，执行领导干部个人事项报告、亲属经商办企业行为管理制度，落实精准考核、奖惩分明的激励约束机制等方面的情况。基层党组织建设方面，要深入了解各级党组织建设，党建责任落实，政治引领作用发挥等方面的情况，推动两家子公司切实将党的领导有机嵌入公司治理各个环节，更好地发挥党的领导和现代公司治理双重优势。

四要深入查找落实审计、监管等发现问题整改方面的问题。强化整改落实是十九届中央巡视工作深化发展的鲜明特点。要聚焦内部审计报告、外部监管通报、主题教育检视问题等情况，有针对性地开展监督检查。对整改不到位的，要督促被巡视单位党委书记切实承担第一责任人责任，督促其他班子成员履行“一岗双责”，主动认领责任，抓好分管领域整改落实。

三、坚持依规依纪依法，保障巡视工作高质量开展

全体巡视干部要认真学习赵乐际同志在十九届中央第八轮巡视动员部署会上的讲话精神，认真学习中央第十五巡视组苏波组长讲话要求，近距离学习借鉴中央巡视的好做法，更好地把握巡视工作规律，高质量完成好这次巡视任务。要依靠被巡视党组织开展工作。引导被巡视党组织和党员干部深刻认识巡视是利剑、是震慑，是管党治党和推动工作的重要抓手，也是促进公司健康发展的重要保障，积极支持配合巡视工作。要用好已有监督检查成果。发挥巡视综合监督平台作用，加强与派驻纪检监察组和组织、审计等部门的协作配合，做好情况通报、政策咨询、跟踪了解、问题移交、成果运用，努力构建有序衔接、互为补充、协调一致的监督链条。要坚持实事求是、依规依纪依法。对于发现的问题，要用历史的、辩证的、发展的观点看，正确区分共性问题和个性问题、机制制度问题和执行层面问题、监管问题和落实问题，分清主观原因和客观原因、正常经营风险和违规违纪违法造成的风险，做到数字清、情况明、定性准，确保巡视发现问题经得起实践和历史检验。

四、积极支持配合巡视组工作，切实增强接受巡视监督的政治自觉

这次巡视，是两家子公司成立以来首次接受行党委巡视。公司党委班子要高度重视，提高政治站位，恪守党性原则，积极配合巡视组工作。要把接受巡视作为党性教育锻炼、解决矛盾化解问题、推动改革促进发展的重要契机，引导全司党员干部认真学习贯彻党的十九届六中全会精神，抓好党史学习教育，全力推进高质量发展。要统筹安排好接受巡视监督与做好年末工作，实现“两不误、两促进”。对巡视期间发现的、能够及时解决的问题，要边巡边改、即知即改，争取立竿见影。巡视组反馈意见后，要认真对照剖析，查漏洞、找不足、补短板，全面提升党的建设和经营发展质量。

当前，疫情形势仍然复杂，要严格落实总行疫情防控工作部署，把做好疫情防控贯穿巡视工作全过程。巡视组要结合疫情防控实际，创新工作方式，提高工作效率。被巡视单位在配合巡视组开展谈话、座谈调研等工作时，要充分考虑疫情防控因素，确保符合疫情防控工

作要求。

同志们，做好本次巡视工作，责任重大，使命光荣。要认真贯彻党中央关于巡视工作部署要求，把握政治巡视定位，高标准检视被巡视单位党组织履职尽责情况，为两家子公司高质量发展提供助力，为全行高质量发展提供保障。

在2021年总行机关党建工作座谈会上的讲话

陈四清

（2021年11月26日）

在全行深入学习贯彻党的十九届六中全会精神之际，今天我们继8月后再次召开机关党建座谈会，围绕学好用好党的百年奋斗历史经验，研究谋划机关党建重点工作，推动党中央全面从严治党决策部署在总行机关进一步落地落实。刚才，几位同志从不同角度，谈了推进全面从严治党的做法和体会，并提出了意见建议，讲得都很好。下面，我讲几点意见。

一、深化学习、提高站位，充分认识机关全面从严治党面临的形势任务

习近平总书记指出，机关党的建设是机关建设的根本保证；要善于把全面从严治党理论转化为推动机关党建的思路和举措，推动党中央全面从严治党决策部署在中央和国家机关落地生根。总行机关是全行贯彻落实党中央决策部署的第一站，在全面从严治党上要有更高要求。

一是深刻把握党的十九届六中全会对全面从严治党提出的目标任务。这次全会通过的《决议》，科学总结了我们党坚持自我革命的宝贵经验，深刻阐述了以伟大自我革命引领伟大社会革命的战略思想，强调“全党必须铭记生于忧患、死于安乐，常怀远虑、居安思危，继续推进新时代党的建设新的伟大工程，坚持全面从严治党，坚定不移推进党风廉政建设和反腐败斗争”。作为党领导下的国有金融企业，我们在服务国家发展、服务实体经济、服务百姓民生上承担着重要职责，必须始终保持自我革命的高度自觉，坚定不移推动全面从严治党向纵深发展，以风清气正的政治生态，为全行高质量发展提供坚强政治保证。在这方面，总行机关要走好第一方阵，作出示范、当好表率。

二是深刻把握总行机关地位作用和全面从严治党的更高要求。习近平总书记在“7·9”重要讲话中指出，深化全面从严治党、进行自我革命，必须从中央和国家机关严起、从机关党建抓起。这是由机关的地位作用决定的。具体到我行来看，总行机关是经营决策中心、管理指挥中心和资源配置中心，不论是战略谋划，还是工作推动，都直接影响着全行党的建设和经营发展质效。对此，大家一定要有清醒认识，自觉把“全面从严”要求融入党建、融入业务、融入队伍建设，以机关带系统，引领全行不断开创从严管党治行新局面。

三是深刻把握总行机关全面从严治党面临的新形势新挑战。近年来，机关各级党组织坚持认真落实行党委全面从严治党部署，一体推进不敢腐、不能腐、不想腐，取得了积极成效，机关政治生态持续净化。但也要清醒地看到，总行机关党风廉政建设和反腐败斗争形势依然严峻复杂。从查处的问题看，有的干部对党纪国法缺乏敬畏，甚至走上违法犯罪道路；有的对由风变腐、风腐一体的认识不深，站位不高，落实中央八项规定精神松劲懈怠；有的缺乏党员应有的品格和修养，言语行为触及社会公德底线，甚至突破法律红线。这些问题的发生，既有个人因素，也反映出总行机关在落实全面从严治党要求上还有短板弱项，还没有完全做到长管长严、真管真严。对此，大家务必要引起高度重视，坚决做到态度不变、决心不减、尺度不松。

二、一以贯之、统筹推进，切实把全面从严治党的要求贯彻到机关党建各领域全过程

习近平总书记指出，全面从严治党，核心是加强党的领导，基础在全面，关键在严，要害在治。我们既要把握好“全面”这个基础，实现对象全覆盖、领域全覆盖、内容全覆盖；更要突出“从严”这个关键，坚持严的标准、严的举措、严的落实、严的效果，切实发挥好机关“风向标”作用。

一是把“严”的要求落实到贯彻党中央决策部署的行动中。要在旗帜鲜明讲政治上有更高标准。坚持全面从严治党首先从政治上看，牢固树立政治机关意识，以更加强烈的政治认同、思想认同、理论认同、情感认同，忠诚拥护“两个确立”，切实增强“四个意识”、坚定“四个自信”、做到“两个维护”。要提高政治站

位，始终胸怀“两个大局”、心系“国之大者”，确保党中央决策部署在工商银行不折不扣落实到位。要在强化党的创新理论武装上有更严要求。把学习贯彻党的十九届六中全会精神作为深化党史学习教育的重大任务，与学习贯彻习近平总书记重要讲话和重要指示批示精神结合起来，做到先学一步、学得更深、悟得更透、做得更实。始终拧紧思想“总开关”，坚定理想信念，树牢正确的业绩观、发展观，脚踏实地、真抓实干。严格落实意识形态工作责任制，敢于斗争、善于斗争，在事关大是大非和政治原则的问题上，划清是非界限、澄清模糊认识。

二是把“严”的要求落实到锻造坚强有力的基层党组织中。要更好发挥机关基层党组织功能作用。突出政治功能，提升组织力，把机关党组织建设成为宣传党的主张、贯彻党的决定、团结动员群众的坚强战斗堡垒。增强党内政治生活的政治性、时代性、原则性、战斗性，让广大机关党员经受思想淬炼、实现认识升华。要锻造更加过硬的党员干部队伍。把党员培养成业务骨干、把业务骨干培养成党员，让党员成为政治上的标杆、业务上的骨干、道德上的示范。用好思想政治工作这个“传家宝”，对党员干部既要从严要求，也要学会引导疏导，帮助他们在思想上解惑、精神上解忧、文化上解渴、心理上解压。

三是把“严”的要求落实到打好作风建设持久战中。要持之以恒整治形式主义、官僚主义。针对以文贯文、以会贯会等老问题，拿出更加管用的“硬措施”加以解决，让基层切实从无谓的事务性工作中解放出来，轻装上阵抓落实。同时，高度关注形式主义新苗头新动向，提早入手，防微杜渐，化解问题于未成之时。要以身作则倡导新风尚。带头弘扬伟大建党精神，带头践行社会主义核心价值观，带头传承中华民族的优秀文化和传统美德，提振干事创业的精气神，唱响主旋律，传递正能量。要推动“我为群众办实事”实践活动走深走实。把已经出台的措施落实好，并结合深化客户投诉治理，主动拿出新举措、新行动，全力解决群众关切、满足群众需求。

四是把“严”的要求落实到营造良好机关政治生态中。机关党员干部特别是领导干部，要秉着对党和人民负责、对工商银行负责、对自己和家庭负责的态度，慎用手中的权力，主动把自己置于组织的监督管理之下，不碰红线、不触雷区，严于律己、慎独慎微，真正做到知敬畏、存戒惧、守底线。机关各级党组织，要不断健全廉洁风险防控机制，加强对重点领域和关键环节的管理和监督，及时排查员工廉洁风险和异常行为，彻底清除金融腐败的生存空间和滋生土壤。始终保持“严”的氛围、“惩”的力度，坚持惩前毖后、治病救人，坚持以案促改、以案促治，推动标本兼治、综合治理取得更大成效。以风清气正的机关政治生态，保障工商银行高质量发展行稳致远。

三、强化担当、主动作为，推动全面从严治党责任落细落深

习近平总书记强调，从严治党，必须增强管党治党意识、落实管党治党责任。机关各级党组织要把抓好党建作为最大政绩，把工作抓具体、抓深入。要全面落实好“两个责任”。紧紧牵住“责任制”这个牛鼻子，补齐制度短板，一级抓一级、层层抓落实，做到责任传导无断点、压力传导不衰减，杜绝监督宽松软。直属机关党委要担负起专责机构职责，聚焦主责主业，推进全面从严治党不断深化；直属机关纪委要不断强化政治监督，做实日常监督，紧盯要害部门、重点领域和关键岗位，主动发现问题，严肃查处违纪行为，推动机关纪检工作质量持续提升；党委各职能部门要各司其职，密切配合，齐抓共管，形成从严管党治党合力；机关各级党组织要发挥主体作用，细化教育、管理、监督的具体措施，做到严管厚爱。要坚决扛起巡视整改责任。中央巡视指出的问题，首先要从总行机关改起。要把抓好巡视整改作为提高政治站位、解决现实问题、建设模范机关的重要抓手，认真总结总行机关全面从严治党存在的不足，坚持即知即改，做到发现问题与主动整改同步推进、巡视监督与整改工作同步见效。

同志们，纵深推进全面从严治党，是总行机关贯彻落实党的十九届六中全会精神的重要内容。我们要更加紧密地团结在以习近平同志为核心的党中央周围，全面贯彻习近平新时代中国特色社会主义思想，弘扬伟大建党精神，埋头苦干、勇毅前行，把总行机关党组织建设得更加坚强有力，奋力开创全面从严治党新局面，为全行高质量发展提供更为坚实的政治保证。

在中国工商银行全面从严治党从严治行警示教育大会上的讲话

陈四清

（2021年12月3日）

在全行深入学习贯彻党的十九届六中全会精神之际，我们召开全面从严治党从严治行警示教育大会，就是要学习运用党的百年奋斗历史经验，以更加强烈的自我革命精神推进全面从严治党，教育引导全行从身边人、身边事中深刻汲取教训，进一步强化纪法意识，时刻绷紧拒腐防变防线，始终做到明规矩、知敬畏、存戒惧，努力营造更加风清气正的政治生态，为工商银行高质量发展提供更为坚实的政治保证。

刚才，韩奇同志通报了今年以来全行查处的违规违纪违法典型案件，接下来我们还将观看警示教育片。这些案例揭示的问题令人警醒，背后的原因值得反思。昨天晚上，中央纪委国家监委网站发布消息，我行湖南分行原党委书记、行长张恪理涉嫌严重违纪违法，目前正接受纪律审查和监察调查。全行要从这些“活教材”中深刻汲取教训，以案为鉴、警钟长鸣，真正达到查处一案、警示一片、治理一域的效果。下面，我讲几点意见。

一、认清形势，找准差距，切实增强做好党风廉政建设和反腐败工作的责任感紧迫感

习近平总书记多次强调，打铁必须自身硬，办好中国的事情，关键在党，关键在党要管党、全面从严治党。这次六中全会通过的《决议》，全面总结了党的十八大以来，以习近平同志为核心的党中央在全面从严治党方面提出的新理念、采取的新行动、取得的新成效，指出“经过坚决斗争，全面从严治党的政治引领和政治保障作用充分发挥，党的自我净化、自我完善、自我革新、自我提高能力显著增强，管党治党宽松软状况得到根本扭转，反腐败斗争取得压倒性胜利并全面巩固，消除了党、国家、军队内部存在的严重隐患，党在革命性锻造中更加坚强。”

工商银行作为党领导下的国有大行，坚决贯彻落实党中央全面从严治党战略部署，不断压紧压实管党治党责任，深入推进党风廉政建设和反腐败工作，全面从严治党从严治行整体态势持续向好。但从各类监督反馈的情况看，一些领域问题仍然存在。一是“四风”问题屡禁不止。今年查处的案件中，有的接受可能影响公正执行公务的旅游、高消费娱乐活动安排，将管理服务职能与个人享受挂钩；有的爱面子、讲排场，超标准安排公务接待、违规收受礼金；有的特权思想作怪、超标准使用办公用房、违规配备专职司机；有的服务基层意识不强、工作作风不实，群众反映强烈。二是案件防控仍有薄弱环节。有的私刻公章，违规出具金融票证；有的利用职务便利，侵占银行资金；有的伪造我行大额储蓄存单，侵吞客户资金；有的责任意识淡薄，对巨大潜在风险“视而不见”。三是腐败案件依然多发。有的罔顾国有资产安全，通过打招呼干预贷款发放、违规办理理财融资弥补个人投资损失；有的滥用机构遴选和资金配置的工作权力，与管理服务对象进行利益捆绑；有的利用管理漏洞，办理业务一手清，造成银行巨额资金损失，并从中牟取私利。这些发生在我们身边的案件时刻警示我们，必须以“永远在路上”的执着，进一步把全面从严治党向纵深推进。

二、以案为鉴，警钟长鸣，坚决筑牢拒腐防变的思想防线

反思上述案件，这些干部之所以发生问题，追根溯源，在于理想信念“总开关”失灵，精神上缺钙，初心使命抛在脑后，纪律规矩意识出现松动。对此，全行务必高度警觉，以身边人、身边事为镜鉴，认真反省反思，切实引以为戒，永葆共产党人自我革命的政治本色，不断加强思想淬炼和党性锤炼，持续锻造忠诚干净担当的政治品格。

要始终做到对党忠诚。习近平总书记指出，对党忠诚、永不叛党是写在入党誓词里的，是对党员最根本的要求。党员干部对党是否忠诚，关系着组织和党员的纯洁性。只有对党绝对忠诚，忠诚于党的信仰，忠诚于党的组织，忠诚于党的理论和路线方针政策，党员干部才能有坚强的政治定力，不动摇信仰，不迷失方向。刚才通报的案件中，那些严重违纪违法的干部，很多都热衷于搞表面一套、背后一套，平时大讲忠诚，背后则把党和人民赋予的权力当作个人发财的工具，到头来人财两空，自尝人生苦果。这警示我们，对党忠诚必须是唯一的、彻底的、无条件的，不能掺任何杂质，不能有任何

水分。党员干部要把讲政治作为第一要求、把讲忠诚作为第一标准，把“两个确立”真正转化为做到“两个维护”的思想自觉、政治自觉、行动自觉，始终牢记“五个必须”、严防“七个有之”，当好政治上的“明白人”“老实人”，始终在政治立场、政治方向、政治原则、政治道路上同以习近平同志为核心的党中央保持高度一致，以实际行动诠释对党忠诚。

要始终坚定理想信念。习近平总书记强调，理想信念坚定，是好干部第一位的标准。理想信念是每个党员人生航船的压舱石，只有坚守理想信念，才能不忘初心、牢记使命、不懈奋斗，才能抵御风浪、经受考验、行稳致远。张有赋案等严重违纪违法案件证明，丢掉理想信念这个“压舱石”，人生就会经不起风浪、禁不住颠簸，航向就会走偏，“触礁沉船”是迟早的事情。剖析其堕落轨迹可以发现，一切问题都始于理想信念的动摇滑坡，进而从政治上的蜕化变质走向经济上腐败和生活上腐坏，最后彻底背离了共产党人的价值追求，辜负了组织的培养和人民的信任。这充分说明，理想信念不是与生俱来的，更不是一劳永逸、一朝形成永不褪色的，而是需要一辈子学习进步、一辈子改造提高、一辈子自我革命。党员干部要把坚定理想信念作为安身立命的根本，坚守共产党人的精神家园，大力弘扬伟大建党精神，不断增强对马克思主义、共产主义的信仰，对中国特色社会主义的信念，对实现中华民族伟大复兴的信心。要切实加强对习近平新时代中国特色社会主义思想的学习，真学真懂真信真用，自觉用以改造客观世界和主观世界，不断增强政治免疫力，努力做到“百毒不侵”。

要始终牢记初心使命。习近平总书记多次强调，江山就是人民、人民就是江山，打江山、守江山，守的是人民的心。党员干部的一言一行、一举一动，群众都看在眼里、记在心上。在任何时候任何情况下，我们都必须把人民利益放在第一位，千方百计为群众办好事、办实事、解难事。“四风”问题违背党的性质和宗旨，是脱离群众的典型体现，在党和人民群众之间树起了一堵无形的墙。刚才通报的警示案例中，个别党员领导干部痴迷打高尔夫、热衷吃喝、崇尚享乐、无视群众诉求、损害群众利益。作为国有金融企业的党员干部，本应树立优良作风，发挥示范作用，但却忘记初心使命，从小事小节上的不检点，逐步堕落到对奢靡享乐的沉迷，更有甚者与围猎者勾肩搭背、搞利益输送，最终害人害己。这警示我们，党员干部一定要牢固树立正确的权力观、地位观、利益观，把为党和人民做事看重一些，把个人进退得失看淡一些，心无旁骛为党工作，全心全意为人民服务，这不仅是践行共产党人初心使命的内在要求，也是走好自己人生道路的必要保障。

要始终保持廉洁自律。习近平总书记多次强调，一个人能否廉洁自律，最大的诱惑是自己，最难战胜的敌人也是自己。党员领导干部无论职务高低、权力大小，都要把修身立德作为必修课，强化自我修炼、自我约束、自我塑造，不断磨炼心性、提升党性。查处的违规违纪违法案件中，当事人之所以出问题，说到底是放松了对自己的要求，在贪欲和侥幸心理作用下，目无法纪、心无顾忌，在错误的道路上越走越远。要想守住清正廉洁底线，就必须常怀律己之心、常思贪欲之害，保持定力、慎终如始，筑牢廉洁从业的思想防线和行为底线。要自觉净化朋友圈、纯洁社交圈、规矩工作圈、管住生活圈，正确处理好是非、公私、义利、情法、“八小时”内外的关系，做到不放纵、不越轨、不逾矩。党员领导干部要带头遵守党纪国法，带头落实中央八项规定精神，带头反对特权，严格落实党内政治生活各项规定，管好家属子女和身边工作人员，树好廉洁自律“风向标”。

三、主动担当，压实责任，纵深推进全面从严治党从严治行

党的十九届六中全会深刻指出，坚持自我革命是我们党经过长期实践积累的宝贵经验，必须坚持全面从严治党，坚定不移推进党风廉政建设和反腐败斗争。以习近平同志为核心的党中央高度重视抓好金融领域全面从严治党，习近平总书记多次对推进金融反腐作出重要指示。习近平总书记在十九届中央纪委三次全会上强调“加大金融领域反腐力度”，在十九届中央纪委四次全会上强调“深化金融领域反腐败工作”，在十九届中央纪委五次全会上强调“做好金融反腐和处置金融风险统筹衔接”，今年8月17日在主持召开中央财经委员会第十次会议时强调“一体推进惩治金融腐败和防控金融风险”。这些都充分体现了习近平总书记对金融领域全面从严治党一以贯之的高度重视，为我们做好工作提供了根本遵循。全行要坚决把思想和行动统一到党中央关于党风廉政建设和反腐败斗争的决策部署上来，进一步压紧压实管党治党政治责任，深化纪检监察体制改革，以全面从严治党新成效，引领全行开创各项事业发展新局面。

一是坚持把党的政治建设摆在首位。忠诚拥护“两个确立”，坚决维护习近平总书记党中央的核心、全党的核心地位，坚决维护党中央权威和集中统一领导，始终在思想上政治上行动上同以习近平同志为核心的党中央保持高度一致，推动党中央决策部署在工商银行不折不扣落实到位。全面贯彻习近平新时代中国特色社会主义思想，学深悟透习近平总书记关于经济金融工作的重要讲话和重要指示批示精神，确保全行各项事业始终沿着正确方向前进。持续深入开展党史学习教育和“四史”宣传教育，用功读、用情讲、用心看、用力做，不断拓展广度和深度，不断提高质量和效果，引导全行更加坚定自觉地践行初心使命。进一步严肃党内政

治生活，严格执行民主集中制，认真落实“三重一大”等制度，高质量开好民主生活会、组织生活会。用好批评和自我批评武器，严肃规范开展“三会一课”、谈心谈话、民主评议党员等组织生活，切实把党内教育、管理、监督等各项措施落到实处。

二是坚决落实全面从严治党政治责任。牢固树立抓好党建是最大政绩理念，把“严”的主基调长期坚持下去，进一步压实各级党委主体责任、党委书记第一责任人责任、领导班子“一岗双责”和纪委监督责任。各级党委要加强对本单位全面从严治党全方位、全过程领导，健全完善定期分析反腐败形势、研判政治生态、听取重要情况报告等机制。各级党委书记要履行好第一责任人责任，对党的建设及基层党建、党风廉政建设重要工作亲自部署、亲自过问、亲自协调，形成党委抓、书记抓、层层抓的工作格局。各级党委班子成员要带头履行“一岗双责”，抓好分管领域全面从严治党和党风廉政建设工作，既要营造团结和谐的氛围，又要有监督的风气，相互提醒、相互支持、共同提高。各级纪委要发挥好监督专责和协助职责作用，紧盯责任问题、腐败问题、作风问题强化监督问责，推动“两个责任”贯通协同，形成同向发力、层层落实的格局。各级党办、组织、宣传、巡视巡察等党委职能部门要发挥好职能优势，各负其责，一级抓一级、层层抓落实，切实拧紧管党治党螺丝，形成管党治党强大合力。要切实抓好日常监督，坚持抓在日常、严在经常，从日常管理的细微处入手，加强对各级党员干部的教育管理监督，在用足用好“第一种形态”上下更大功夫，发现苗头性、倾向性问题早提醒早教育早制止。要用好考核的“指挥棒”，充分发挥牵引作用，完善制度机制，强化结果运用，推动各级党组织切实扛起全面从严治党的政治责任。

三是强化对“一把手”和领导班子监督。领导班子是一个单位、一个部门的“关键少数”，各级“一把手”是“关键少数”中的关键，是一个班子、一个单位的“领头雁”。全行各级党组织要严格落实《中共中央关于加强对“一把手”和领导班子监督的意见》，聚焦“五个强化”，提高对“关键少数”监督质效，健全“三重一大”决策、领导干部插手干预重大事项记录等制度，完善权力运行和监督制约机制，推动全面从严治党向纵深发展。全行各级“一把手”要深刻汲取典型案例教训，牢记“一把手”的关键作用，知责于心、担责于身、履责于行，当好“头雁”、带好“雁阵”。要以身作则，自觉接受各方面监督，加强对同级班子成员的监督，并共同抓好对下级“一把手”和领导班子的监督。各级班子成员要本着对自己、对同志、对班子、对党高度负责的态度，相互提醒、相互督促，发现问题坦诚向对方提出，切实增强领导班子战斗力；发现“一把手”存在重要问题的可直接向上级党组织报告；发现其他班子成员有违纪违法问题的，要及时如实按程序向党组织反映和报告，对隐瞒不报、当“老好人”的要连带追究责任。各级领导干部要有闻过则喜、从谏如流的境界，正确对待监督，主动接受监督，把监督作为最大的关心、最好的保护、最真诚的帮助，使在监督下开展工作成为一种习惯、一种常态。

四是精准有力惩治腐败，一体推进不敢腐、不能腐、不想腐。全行腐败存量还未清底、增量仍有发生，有的风险损失与腐败问题关联，有的用人腐败与用权腐败交织，有的传统领域与新兴领域腐败叠加，干部防腐蚀、防围猎形势依然严峻复杂。下一步，重点是将“三不”一体推进的理念，贯穿于全面从严治党全过程各方面。要始终坚持“惩”的有力威慑，保持查处腐败案件高压态势，坚持“严”的主基调，坚持无禁区、全覆盖、零容忍，坚持重遏制、强高压、长震慑，聚焦投融资审批、资产管理、资产处置、集中采购、选人用人等领域，一体推进惩治金融腐败和防控金融风险，做到监督、查处、惩治、震慑始终不软不松。要着力强化“治”的综合效能，坚持系统施治、标本兼治，发挥好行党委统一领导、纪检监察机构监督推动、党委职能部门分工协作、案发单位直接整改的领导体制和工作机制作用。用好通报曝光、纪律检查建议书、案件警示录、警示教育片等重要材料，剖析典型案件，做实以案促改，着力堵塞机制性、制度性、管理性漏洞，一体推进警示、惩戒、整改、治理，促进深化改革、完善制度机制，扎牢不能腐的笼子，使案件查办转化为治理效能。要巩固放大“育”的基础作用，统筹抓好警示教育和廉洁文化建设，做实同级同类警示教育，加强各级干部特别是年轻干部理想信念教育，引导党员干部从党的百年奋斗历史中汲取前进力量，大力弘扬伟大建党精神，做到信念坚定、对党忠诚，严守规矩、不逾底线，牢固树立正确的世界观人生观价值观，筑牢拒腐防变思想根基，做党的光荣传统和优良作风的忠实传人。要把“三不”一体推进作为抓作风建设的有效途径，把反“四风”与反腐败统筹起来，把抓“关键少数”和管“绝大多数”结合起来，把纠“四风”和树新风贯通起来，着力完善长效机制，坚决铲除滋长腐败的“温床”，防止由风变腐，推动作风建设不断取得新成效。

五是充分发挥巡视巡察利剑作用。当前，中央第十五巡视组正在对我行开展巡视。配合好中央巡视并抓好后续整改，是全行必须答好的“政治答卷”，是深化全面从严治党的重要职责使命。要把配合巡视、抓好整改作为一项重大政治任务摆在突出位置，进一步深入贯彻落实习近平总书记关于巡视整改工作重要论述，持续完善整改落实和成果运用机制，压实整改责任。坚持即知即改，做到有什么问题就改什么问题、整改难点在哪里就往哪里使劲，用最坚决的态度、最有力的举措，切实把薄弱环节和短板弱项有效补起来。要建立问题责任清单和工作台账，实行销号管理。把“当下治”和“长久立”结合起来，举一反三、建章立制、深化改革，推动整改成果制度化、常态化、长效化，实现以巡促改、以巡促建、以巡促治有机贯通。要不断深化党委巡视工作，更加深入地学习贯彻习近平总书记关于巡视工作重要论述，更加准确地把握巡视工作规律，更加科学地谋划巡视任务安排，把近距离学习借鉴到的中央巡视好的做法内化为党委巡视的有效措施。进一步聚焦对各级“一把手”和领导班子的监督，全面提升政治监督质量。进一步发挥好巡视利剑正风肃纪反腐的震慑作用，深挖细查违规违纪行为和腐败问题线索，推动全面从严治党走深走实。完善“交叉巡察在前，总行巡视在后”工作模式，加强总行、一级（直属）分行巡视巡察监督体系建设，持续优化巡视巡察上下联动工作格局，不断增强监督合力。

同志们，打好党风廉政建设和反腐败斗争这场持久战、攻坚战，是工商银行行稳致远的重要保障。我们要更加紧密地团结在以习近平同志为核心的党中央周围，坚定信心、凝心聚力，埋头苦干、勇毅前行，以全面从严治党引领和保障高质量发展，努力把全行各级党组织打造得更加坚强有力，推动全行高质量发展不断取得新成效，以优异成绩迎接党的二十大胜利召开！

在中国工商银行出席党的二十大代表选举工作部署暨培训会议上的讲话

陈四清

（2021 年 12 月 17 日）

党的十九届六中全会决定，党的二十大于 2022 年下半年在北京召开。习近平总书记对做好二十大代表选举工作高度重视，多次听取汇报并作出重要指示。党中央印发了《关于党的二十大代表选举工作的通知》，中央组织部召开选举工作部署暨培训会议，对二十大代表选举工作进行了全面部署。做好我行出席党的二十大代表选举工作，总的要求是，坚持以习近平新时代中国特色社会主义思想为指导，坚持以党章为根本遵循，坚持党的性质宗旨，坚持和加强党的全面领导，增强“四个意识”、坚定“四个自信”、做到“两个维护”，充分发扬党内民主，严格资格条件，严密产生程序，严肃选举纪律，确保选出的二十大代表素质优良、结构合理、分布广泛、党员拥护。

下面，我围绕学习贯彻党的十九届六中全会精神，深入贯彻落实党中央要求，认真做好我行出席党的二十大代表选举工作，讲几点意见。

一、深刻认识二十大代表选举工作的重大意义，切实增强政治责任感和历史使命感

党的二十大，是我们党进入全面建设社会主义现代化国家、向第二个百年奋斗目标进军新征程的重要时刻，召开的一次十分重要的代表大会，是党和国家政治生活中的一件大事。选好二十大代表，对于开好二十大十分重要。

（一）做好代表选举工作，是确保党的二十大顺利召开、圆满完成大会各项任务的重要基础。党章规定，党的全国代表大会和它所产生的中央委员会是党的最高领导机关。党的全国代表大会每五年举行一次。党的二十大承担着总结过去五年的工作，明确今后党和国家前进方向、奋斗目标、行动纲领，选举新一届中央领导集体的重大使命。二十大代表，应当是全体党员中千挑万选出来的优秀分子，是经各级党组织逐级遴选产生的杰出代表，肩负着 9 500 多万名党员、480 多万个党组织的重托，凝聚着全党的意志，承载着人民的期望，履行着神圣的职责。大会期间，代表们将听取和审查中央委员会的报告、审查中央纪律检查委员会的报告，反映广大党员、群众的意见和要求，讨论并决定党的重大问题，选举新一届中央委员会和中央纪律检查委员会。代表的素质、能力、作风如何，直接影响着议事决策质量，影响着大会氛围。选好二十大代表，圆满完成大会各项任务，关系到党的领导核心作用的充分发挥，关系到党和国家事业的兴旺发达、长治久安。对于工商银行来说，党中央将代表名额直接分配给我们，由我行党委按照规定程序选举产生，是对我们的信任和肯定，更是一份沉甸甸的政治责任。我们要认真落实党中央要求，高质量完成代表选举工作任务，确保选出的代表政治过硬、作风过硬、素质过硬、能力过硬，履行好职责、发挥好作用，展现出工商银行党员干部的良好风貌。

（二）做好代表选举工作，是坚持全面从严治党、加强和规范党内政治生活的生动实践。党要管党必须从党内政治生活管起，全面从严治党必须从党内政治生活

严起。选举产生二十大代表，是全行广大党员按照民主集中制原则，正确行使民主权利，参与党内政治生活的重要途径和形式。通过做好学习宣传、组织动员、推荐提名、会议选举、严肃纪律等各项工作，使代表选举产生过程，成为深入学习贯彻习近平新时代中国特色社会主义思想的过程，成为贯彻落实新时代党的建设总要求和新时代党的组织路线的过程，成为理想信念教育和党性党风党纪党史教育的过程，成为党内政治生活生动实践和民主集中制教育的过程，引导各级党组织和广大党员干部尊崇党章、遵守党章，经受政治历练、党性锻炼，严守政治纪律、政治规矩，自觉增强“四个意识”、坚定“四个自信”、做到“两个维护”，在思想上政治上行动上始终同以习近平同志为核心的党中央保持高度一致。

（三）做好代表选举工作，是凝聚全行力量、牢记初心使命，走好新的赶考之路的有力动员。习近平总书记在“七一”重要讲话中指出，现在，中国共产党团结带领中国人民又踏上了实现第二个百年奋斗目标新的赶考之路，明确提出以史为鉴、开创未来“九个必须”的根本要求。党的十九届六中全会要求，全党要把握历史发展大势，坚定理想信念，牢记初心使命，以咬定青山不放松的执着奋力实现既定目标，以行百里者半九十的清醒不懈推进中华民族伟大复兴。对于工商银行来说，选举产生出席党的二十大代表，坚持走群众路线，深入组织发动，动员各级党组织和广大党员积极参与，宣传代表先进事迹，弘扬伟大建党精神，有利于激发党员干部攻坚克难、干事创业的积极性主动性，把思想和行动统一到贯彻党中央重大决策部署上来，统一到落实总行党委工作要求上来，统一到做好当前各项工作、推动高质量发展上来，团结凝聚全行干部员工奋斗新时代、奋进新征程，为实现中华民族伟大复兴贡献更大力量。

二、严格条件、优化结构，确保二十大代表的先进性和广泛代表性

党章规定，中国共产党是中国工人阶级的先锋队，同时也是中国人民和中华民族的先锋队，是中国特色社会主义事业的领导核心。党中央《通知》要求，二十大代表应是共产党员中的优秀分子，具有共产党员先进性，并对选举单位划分、代表条件和构成、名额分配、产生程序等作出了具体规定。总行党委严格落实党中央要求，结合全行实际，制订选举工作方案，进一步细化了我行出席党的二十大代表选举工作要求和程序。各单位要坚持标准条件、严格审核把关、优化代表结构，切实严把政治关、廉洁关、身份关，确保选出的代表组织放心、党员拥护、群众满意。具体来说，要做到“四个坚持”。

（一）坚持把政治标准放在首位。对代表条件的要求，首先是政治上的要求。看代表的素质，首先看政治素质。要把牢政治标准这个硬杠杠，做深做实政治素质考察，着重了解人选是否增强“四个意识”、坚定“四个自信”、做到“两个维护”；是否具有较强的政治判断力、政治领悟力、政治执行力，在重大问题上头脑清醒，在关键时刻经得起考验；是否自觉在思想上政治上行动上同以习近平同志为核心的党中央保持高度一致。对于政治不合格的要“一票否决”，凡是不遵守党的政治纪律和政治规矩，存在“七个有之”以及“墙头草”“骑墙派”“两面人”等问题的，都要坚决挡在门外。

（二）坚持把牢人选廉洁底线。对廉洁问题要“零容忍”，坚决防止“带病提名”“带病当选”。要认真落实“四必”要求，即所有考察对象的档案材料必审，纪检监察机关意见必听，违纪违法线索具体、具有可查性的信访举报必查，考察对象是党员领导干部的，个人有关事项报告必核。要认真落实廉洁自律情况党委书记和纪委书记“双签字”规定。要注意运用巡视巡察、信访、审计、专项督察等结果，运用规范领导干部配偶、子女及其配偶经商办企业等工作成果，梳理党纪处分、行政处分情况，梳理民主生活会、组织生活会所提意见，综合分析、严格核查人选廉洁情况。

（三）坚持优化代表结构。党中央明确，二十大代表名额共 2 300 名，应具有广泛代表性，能够代表和反映各行各业、各个方面的党员意愿；并要求中央金融系统代表中，生产和工作第一线党员所占比例一般不少于三分之一，党员领导干部所占比例一般不超过三分之二，应有一定数量的女党员。具体到我行，党中央分配我行代表名额 5 名，其中工作第一线党员 3 名，含工人党员 1 名；55 岁以下的党员所占比例不少于 50%。各单位在推荐提名过程中，一定要严把人选身份关，坚持实事求是，精细精准操作，避免身份失真失实，确保选出的二十大代表符合党中央提出的结构比例要求。

（四）坚持好中选优。这些年来，全行涌现出一大批信念坚定、践行宗旨、拼搏奉献、廉洁奉公的先进模范人物。十九大时，一些机构梳理了近年来受各级表彰的优秀党员名单，供基层党组织和党员推荐代表人选时参考。二十大代表选举可借鉴这一做法，进一步扩大推荐视野，坚持推优导向，积极推荐先进模范党员。要注意推荐在贯彻党中央决策部署、落实金融工作“三大任务”、新冠肺炎疫情防控、防灾救灾等急难险重任务中表现突出的优秀党员，注意推荐在“不忘初心、牢记使命”主题教育、党史学习教育中涌现的先进典型，注意推荐在庆祝新中国成立 70 周年、建党 100 周年等表彰活动中被表彰或授予荣誉称号的先进模范党员，使广大基层党组织和党员推荐有依据、提名有标准、比选有标杆。

三、坚持党的领导与发扬民主相统一，严格按规定程序选好二十大代表

二十大代表的产生，要坚持和加强党的全面领导，充分发扬党内民主，采取自下而上、上下结合、反复酝酿、逐级遴选的办法进行，这是增强代表先进性和广泛代表性的重要保证。代表产生程序主要有5个环节，即推荐提名、组织考察、确定代表候选人初步人选、确定代表候选人预备人选和会议选举。各一级分行、直属分行、直属机构、境内综合化子公司和总行机关作为推荐单位，要严格按照规定的程序要求，严谨细致、规范操作。

（一）抓好学习动员。这次部署会结束后，各单位要结合党史学习教育和学习贯彻十九届六中全会精神，通过党委会、党委中心组学习、“三会一课”、编印宣传材料、线上学习等多种方式，做好宣传发动工作，组织引导广大党员深刻领会二十大代表选举工作的重大意义，了解掌握代表条件、结构比例要求和程序环节规定，正确行使权利，认真履行义务，积极负责地参与代表推荐提名工作。

（二）做好推荐提名。党中央要求，推荐提名从基层开始，所有基层党组织和党员参加。与十九大代表选举推荐提名时相比，我行基层党组织数量增长了一倍，范围更广、要求更高，各推荐单位要积极创造条件，走好群众路线，保证基层党组织和党员全参与。针对党员人数较少的党支部、新成立党支部、离退休党支部，要注重加强直接指导，做到全面覆盖。针对交流借调党员、离退休党员和行动不便党员等群体的实际情况，采取电话联系、上门沟通等方式，充分听取他们的意见，组织参与推荐提名。

（三）逐级遴选择优。从基层党组织开始，到推荐单位党组织，再到总行党委，逐级对代表人选进行比较择优，这既是充分发扬党内民主的过程，也是正确集中、强化党组织把关的过程。各级党组织报送的所有代表候选人推荐人选，都应当是根据多数基层党组织和多数党员意见研究提出的，充分体现党员意志。多数基层党组织或多数党员不同意的，没有经过下一级党组织推荐提名的，不能作为推荐人选报送。

（四）严格考察把关。在产生二十大代表的过程中，我行采用双重考察、双重征求意见的方式，确保人选质量。即各推荐单位在推荐提名环节，对推荐人选中的本单位人选，先进行一次考察，征求纪检部门意见；总行确定代表候选人初步人选考察对象后，对考察对象再次进行全面考察了解，征求派驻纪检监察组、上级监管机构等意见。各推荐单位党委要把考察工作做实做细，确保遴选出素质过硬、经得起检验的代表人选。

四、精心组织安排，做好总行党代表会议代表选举工作

按照代表选举工作程序，明年上半年，总行将召开中国工商银行党代表会议，选举产生5名我行出席党的二十大代表。各单位在向总行推荐二十大代表候选人推荐人选的同时，还要选举产生出席总行党代表会议的代表，这两项工作同时启动、同时推进。认真选举出席总行党代表会议代表，是开好会议的重要基础，也是选举人表达自己意愿、发扬党内民主的重要渠道。总行已制订了党代表会议代表选举工作实施方案。这里，强调三点内容。

（一）严格按照分配名额和结构产生代表。总行党代表会议代表名额为246名，分为指定代表和选举代表。指定代表由总行党委指定；选举代表由各一级分行、直属分行、直属机构、境内综合化子公司、总行机关等53个选举单位，按照分配名额和结构，组织基层党组织和党员层层推荐，召开党代表会议或党员大会选举产生。选举代表要注重从优秀共产党员、劳动模范、先进工作者和有突出贡献的业务骨干党员中产生，保证一定数量的工作第一线党员、女党员、少数民族党员和离退休人员党员代表。

（二）认真组织差额考察。要按照代表条件，确定参加总行党代表会议代表候选人初步人选考察对象，并进行差额考察，充分发挥党组织领导和把关作用，确保代表质量。要多渠道多层次了解。区别不同对象，采取谈话了解、实地调研、随机访谈等方式，深入掌握真实情况；注重了解人选参加党内政治生活、年度考核考评结果等情况，全面考察人选现实表现。要广泛听取意见。多找知情人，特别是人选的上级领导、管理下属、服务对象、身边同事等，近距离了解人选情况，注重听取人选的组织评价、群众口碑，注重了解人选的履职能力、工作业绩、作风形象、道德品行。要综合分析研判。梳理考察了解的各类信息，结合平时了解的情况，分析人选思想、政治、能力、作风、业绩、履职等情况，作出全面准确的评价。

（三）精心组织会议选举。这是做好代表选举工作的关键环节。要严格程序步骤。总行方案中已对各单位会议选举的形式和规模提出了指导意见，各单位要在2022年3月底前，召开党代表会议或党员大会，做好本单位出席总行党代表会议代表的选举工作。要完善选举方式。按照党中央要求，党代表会议或党员大会实行差额选举，差额比例不少于20%。各选举单位要认真落实差额选举要求，改进候选人介绍办法，丰富介绍内容，增进选举人对候选人的了解。要营造良好的选举环境，为选举人真实表达意愿、行使民主权利创造条件。要有序组织选举。制定科学合理的选举办法，做到规范严谨、清晰简便，讲清楚党中央精神、代表条件、结构

要求、工作程序。要针对可能出现的问题制订应急预案，对选举中出现的问题要及时向总行反映，妥善应对，保证选举规范顺利进行。

五、切实加强组织领导，圆满完成二十大代表选举工作

做好二十大代表选举工作，是一项重大政治任务。各单位党委要高度重视，提高政治站位，加强组织领导，周密安排部署。

（一）强化政治责任，精心组织实施。要把党的领导贯穿代表选举工作各环节和全过程，严格落实组织领导责任。总行已成立了出席党的二十大代表选举工作领导小组。各单位也要及时建立专门工作机构，选派对党忠诚、公道正派、熟悉业务、作风过硬的同志承担这项工作。党委要履行主体责任，党委书记要亲自管、亲自抓，纪检、组织、宣传等职能部门要各司其职、密切配合，共同做好工作。各级党委组织部门承担着代表选举的具体组织工作，要细化工作方案和流程，分解落实任务，加强督促指导，重大问题及时向党委汇报，及时与总行选举工作领导小组办公室沟通。

（二）强化纪律规矩，确保风清气正。要始终把纪律规矩挺在前面，严肃代表选举工作的政治纪律、组织纪律和选举纪律。要坚持教育在先、警示在先、预防在先，组织党员干部认真学习党中央关于严肃纪律的各项规定，深刻汲取湖南衡阳、四川南充、辽宁等地拉票贿选、破坏选举案件教训，举一反三、引以为戒。要加大监督、查处和问责力度，加强对代表选举工作的全过程监督，对拉票贿选、说情打招呼、跑风漏气、弄虚作假等不正之风和破坏选举等违纪违法行为，发现一起、查处一起。对风气不正、查处不力、造成恶劣影响的，严肃追究相关党组织和领导干部的责任。

（三）强化思想政治工作，做好教育引导。由于代表结构要求和实行差额选举等原因，会出现经过考察但没有被提名，或被提名了但没有当选的情况。对此，要把思想政治工作做深、做细、做实，教育引导党员干部正确对待推荐提名和选举结果，鼓励没有被推荐提名或没有当选的同志放下思想包袱，继续做好本职工作。

（四）强化正面宣传，营造良好氛围。各单位要按照党中央要求和总行党委统一部署，积极稳妥开展代表选举工作宣传，深入宣传党中央决策部署和习近平总书记重要指示精神，宣传代表选举工作的重大意义、政策要求、经验做法，宣传代表的先进性和广泛代表性，宣传工作第一线党员代表的先进模范事迹，努力做到“选出一名代表、宣传一个典型、树立一面旗帜、形成一种导向”。要坚持团结稳定鼓劲、正面宣传为主，营造良好舆论氛围。要密切关注舆情，防止负面炒作，及时妥善应对处置。

同志们，党的二十大代表选举工作责任大、任务重、要求高。全行各级党组织和广大党员要以高度的政治责任感和严谨细致的工作作风，全力以赴、齐心协力完成好这项重大任务，更加紧密地团结在以习近平同志为核心的党中央周围，不忘初心、牢记使命，攻坚克难、开拓奋进，以优异成绩迎接党的二十大胜利召开！

在党建工作联系点调研时的讲话

陈四清

（2021 年 12 月 24 日）

江苏分行、扬州分行是我今年的党建工作联系点。今天和大家座谈交流，既是专题调研党建工作，又是推动深入学习贯彻党的十九届六中全会和中央经济工作会议精神、巩固深化党史学习教育成果。刚才，泰峰、苏伟和基层同志分别介绍了三级党组织的工作情况，讲得都很好，听了很受启发。总的来看，江苏分行和扬州分行党委能够认真学习贯彻习近平新时代中国特色社会主义思想，坚持党建引领、从严治理，团结带领干部员工围绕中心、服务大局，在推动党建和经营融合发展上取得了新成效，对此总行党委充分肯定。

今年是党和国家历史上具有里程碑意义的一年。党的十九届六中全会审议通过的《中共中央关于党的百年奋斗重大成就和历史经验的决议》，全面回顾党走过的百年光辉历程，系统总结党领导人民进行伟大奋斗积累的宝贵历史经验，同党的前两个历史决议既一脉相承又与时俱进，是一篇马克思主义的纲领性文献，是新时代中国共产党人牢记初心使命、坚持和发展中国特色社会主义的政治宣言，是以史为鉴、开创未来，实现中华民族伟大复兴的行动指南。《决议》突出强调，党确立习近平同志党中央的核心、全党的核心地位，确立习近平新时代中国特色社会主义思想的指导地位，反映了全党全军全国各族人民共同心愿，既是重大历史结论，又

是重大实践要求。《决议》凝练概括的“十个坚持”历史经验，科学回答了“过去我们为什么能够成功、未来我们怎样才能继续成功”这一时代之问，是相互贯通、相辅相成的整体，是党和人民共同创造的精神财富，需要和习近平总书记“七一”重要讲话中提出的“九个必须”结合起来，一体学习理解、一体贯彻落实。

12月8日至10日召开的中央经济工作会议，是在开启向第二个百年奋斗目标进军新征程的关键节点，召开的一次重要会议。习近平总书记的重要讲话，既是对“经济形势怎么看”的认识论，又是对“经济工作怎么干”的方法论。特别是深刻阐述了“四个规律性认识”“五个重大理论和实践问题”“七大政策取向”等内容，具有很强的政治性、理论性和战略性，丰富和发展了习近平新时代中国特色社会主义经济思想，开辟了马克思主义政治经济学新境界，是做好经济工作的根本遵循。中央经济工作会议突出强调：“明年经济工作要稳字当头、稳中求进”。这既是明年经济工作的总基调和方法论，也是对金融服务实体经济的责任要求。

江苏分行作为系统内大行和党建工作联系点，要强化大局意识和责任意识，自觉对标对表党中央决策部署，把学习贯彻十九届六中全会和中央经济工作会议精神的成果，体现到推动高质量发展的实际行动上，体现到服务“六稳”“六保”工作的实际成效上，在以高质量党建引领高质量发展上争当表率、争做示范、走在前列。下面，我谈三点意见。

一、坚持旗帜鲜明讲政治，强化党的全面领导

“十个坚持”中，第一条就是“坚持党的领导”。“学史崇德”中，首先要崇尚对党忠诚的大德。新时代、新征程、新使命，对毫不动摇坚持党的全面领导提出了更高要求。

一是在领悟“两个确立”中坚决做到“两个维护”。坚强的领导核心和科学的理论指导，是关乎党和国家前途命运、事业兴衰成败的根本性问题。要从政治的、历史的、时代的高度，深刻领会“两个确立”的决定性意义，更加自觉地增强“四个意识”、坚定“四个自信”、做到“两个维护”，始终胸怀“两个大局”，牢记“国之大者”，不断提高政治判断力、政治领悟力、政治执行力，确保党中央决策部署在工商银行得到不折不扣地贯彻落实。

二是高质量做好二十大代表选举工作。12月17日，总行召开出席党的二十大代表选举工作部署暨培训会议，全面启动了二十大代表选举工作。分行党委要切实担负起政治责任，把党的领导贯穿代表选举工作全过程，抓紧成立机构、制订方案、部署启动，确保各级党组织和广大党员全参与，严把人选政治关、廉洁关、身份关，高质量做好代表选举工作，并把这一过程作为纵深推进全面从严治党、凝聚全行奋进力量的生动实践。

三是扎实做好巡视“后半篇文章”。10月以来，中央第十五巡视组对我行开展巡视，这既是对我行工作的一次“整体把脉”，也是对各级领导班子和干部的一次“政治体检”。目前中央巡视工作已基本告一段落，后续还会对我行正式反馈巡视意见。我们要把巡视整改作为当前和今后一个时期全行的重要政治任务紧抓不放，坚持按题作答、即知即改、挂账销号、举一反三、标本兼治。同时，分行也要强化整改自觉，主动“对号入座认领问题”，通过上下联动整改、一体整改、真抓实改，确保巡视整改见实效、高质量发展上台阶。

二、坚持运用好党的百年奋斗历史经验，全面提高党的建设质量

一百年来，我们党团结带领人民，书写了中华民族几千年历史上最恢宏的史诗，一个“关键密码”就是始终高度重视加强自身建设。我们要坚持好、运用好党的百年奋斗历史经验尤其是自身建设经验，立足新的时代条件和工行特点，不断开辟党建高质量发展新局面。

一是巩固拓展党史学习教育成果。要按照党中央部署，高质量开好专题民主生活会，认真做好党史学习教育评估和总结工作，确保善始善终、善作善成。要将党史学习教育融入日常、抓在经常，健全“我为群众办实事”长效机制，推动党史学习教育成果不断转化为工作动力和发展实效。

二是全面落实新时代党的组织路线。要深化全行党的建设“质量提升年”活动，坚持系统观念，统筹抓好组织、干部、人才工作。要树立大抓基层鲜明导向，实现基层组织覆盖、作用发挥和党务工作队伍建设“三个新提升”。要抓好后继有人这个根本大计，源源不断培养选拔德才兼备、忠诚干净担当的高素质专业化干部，特别是优秀年轻干部。要深入贯彻中央人才工作会议精神，结合总行人才工作顶层设计和整体规划，研究谋划分行人才工作，创新人才发展机制，激发人才创新创造活力，打造区域人才高地。

三是坚定不移深化全面从严治党。江苏是习近平总书记全面从严治党要求的首先提出地。分行党委要压实主体责任，以更强意识、更实举措，纵深推进全面从严治党从严治行。要持之以恒纠治“四风”特别是形式主义、官僚主义，一体推进不敢腐、不能腐、不想腐，优化巡视巡察联动工作格局，做实对各级“一把手”和领导班子监督，营造风清气正的政治生态和干事创业的良好氛围。

三、坚持稳字当头、稳中求进，推动以高质量党建引领高质量发展取得新成效

近期，总行党委正在对今年工作进行梳理总结，研

究谋划明年全行工作。总的思路，就是要落实好党中央关于明年经济工作的部署要求，坚持稳字当头、稳中求进，统筹把握好“稳”“进”“改”，坚定不移推动全行高质量发展。江苏分行体量大、基础好，发展有机遇、有条件，要强化担当、主动作为，为全行稳健经营和高质量发展多作贡献。

一是持续提升金融服务实体经济质效。主动对标党中央对金融服务实体经济的新部署新要求，结合区域实际，创造性抓好落实。用好江苏省制造业大省、强省的优势，在提升制造业专业化服务能力、健全“会做、敢做、愿做”机制、做强做优做大先进制造业、大力支持“专精特新”企业等方面，加大创新探索力度，积累更多有益经验。充分把握江苏省加快建设具有全球竞争力的产业科技创新中心、具有世界聚合力的双向开放枢纽、全面实施乡村振兴战略、高质量推动长三角一体化发展等机遇，完善投融资模式和服务体系，提高金融服务的精准度与适配性，在服务科技创新、对外开放、区域发展、乡村振兴等领域形成特色、打响品牌。加大对薄弱环节的支持力度，力争取得更多突破。

二是抓好集团新发展规划落地执行。明年是集团新发展规划实施承上启下的关键一年，江苏分行要按照总行党委“48 字”工作思路，运用“三比三看三提高”工作方法，加快重点战略落地，带动和激活经营全局。统筹第一个人金融银行、外汇业务首选银行、重点区域竞争力提升、城乡联动发展等战略实施，既抓好单个战略落地，又注重整体战略协同和 GBC 联动，形成叠加和倍增效应，实现“增存、增收、提质、提位”目标。把数字化转型作为“进”的重要方向，做活做优场景生态，促进业务和科技深度融合，提升网点竞争力和线上线下一体化水平，全面提高价值创造力和竞争发展能力。

三是守牢风控和合规底线。深入落实中央经济工作会议关于防范化解重大风险的要求部署，统筹发展和安全，妥善应对经济发展面临的需求收缩、供给冲击、预期转弱压力，提高风险管理的前瞻性、专业性、有效性，确保资产质量稳定且处于同业合理水平。抓好内控合规管理和案件查防工作，坚决杜绝重大案件和风险事件发生。深入抓好客户投诉治理，确保投诉量稳定下降。始终绷紧疫情防控这根弦，抓细抓实安全生产工作，确保安全稳定运营。

岁末年初正值业务旺季，希望各级分行党委带领全行员工打好“收官战”，实现“开门红”，以更加昂扬的工作姿态，奋力落实好党中央决策部署，坚决执行好总行要求，以更加优异的业绩，迎接党的二十大胜利召开！

加快推进审批新规全面落地
以高质量风控支持高质量发展

——在授信审批专职委员和审查处长座谈会上的讲话

廖　林

（2021 年 1 月 5 日 · 根据录音整理）

过去的一年，面对突如其来的新冠肺炎疫情和严峻复杂的外部环境，全行授信审批条线认真贯彻落实总行党委决策部署，主动作为、攻坚克难，统筹做好疫情防控和业务发展工作，大力支持优质信贷市场拓展，稳步推进授信审批新规实施，展现出奋发向上的精神风貌和扎实高效的执行力。2020 年成绩来之不易，这是在总行党委正确领导下，授信审批条线全体员工辛勤付出的结果。在此，我向大家表示诚挚祝贺和由衷感谢！对新的一年授信审批工作，我讲几点意见。

一、树立新目标

防范化解金融风险是金融工作的根本性任务。当前经济金融形势复杂，疫情防控常态化带来持续影响，对于银行业务发展和风险防控提出了更高、更新的要求。为主动应对新形势新变化，按照总行党委“48 字”工作思路和“三比三看三提高”工作方法，去年以来，总行研究制定了包括授信审批新规在内的一系列制度，全面提升风险治理能力，抓准、抓实风险管理支持业务发展的关键环节、重要领域。按照统一部署，总分行紧密配合、积极协作，目前新规实施取得重大进展，42 家境内一级（直属）分行和“5 + 1”分行中，33 家已经正式落地，其余 9 家分行也将在今年第一季度实施，进度快于计划，执行总体到位，工作成效显著。

全行要深入领会新规实施的重大意义，深刻认识新规实施对于工商银行稳健发展和价值创造的重要作用。风控与合规就如同火车之两轨，两轨做实，动车就成了高铁，速度更快、更安全。新规实施到位，为行稳致远打下坚实基础。商业银行价值创造的核心影响因素是收入和减值支出，提升资产质量，降低减值支出是提升价值创造的重要途径。目前我行资产质量在可比同业中不是最优的，与工行的市场地位和发展方向不相符。要通过实施新规，提高资产选择能力，用2~3年时间显著改善全行资产质量，减少拨备资源消耗，为价值创造、稳健发展持续赋能。

全行要坚定不移推进新规高质量全面落地，充分发挥“两查五关”机制在资产选择中的作用，使之成为选择高质量资产的独门绝技，实现风险防范与化解两手抓、两手硬，为高质量发展、高质量转型保驾护航。境外机构和综合化子公司要加快新规实施研究。总行要加快探索区域审批和“云审批”新模式。

二、推进新金融

新发展阶段呼唤新金融。传统商业银行业务主要是存、贷、汇，面临的风险主要是信用、流动性与合规性风险，经营管理主要遵循“安全性、流动性和盈利性”的“三性原则”。随着我国进入新发展阶段，贯彻新发展理念，构建新发展格局对金融服务提出了新的要求。党的十九届四中全会提出要“健全具有高度适应性、竞争力、普惠性的现代金融体系”，五中全会进一步提出要“完善现代金融监管体系”。新金融是传统金融和现代金融的有机统一，基本特征就是“安全性、流动性、盈利性”和“适应性、竞争力和普惠性”的融合统一。

新金融要求服务高质量发展。要紧扣高质量发展主题，围绕社会痛点和堵点，根据“大、全、稳、新、优、强”发展方位，坚持商业银行“三性原则”和现代金融适应性、竞争力和普惠性要求，着力提升价值创造力、市场竞争力、风险管控力和资本约束力，实现发展质量、结构、规模、速度、效益、安全相统一。

新金融要求做好全局统筹。在总行党委统筹谋划下，目前我行已形成推进高质量发展基本架构，重点战略突出，先后推出第一个人金融银行、境内外汇业务首选银行、重点区域竞争力提升战略，全力打造机构、零售、公司、综合等业务支柱，加快推进“一点接入、全集团响应、全流程服务”的GBC全链条营销服务体系建设，突出抓好科技、创新、风控、要素四大根基，为高质量发展奠定了基础。

授信审批要主动适应新金融要求。授信审批条线作为资产选择“入口”的守门人，要强化责任意识，以服务实体经济、促进业务发展、抓好风险管控为己任，统筹好发展和安全，用高质量风控助力高质量发展。要全力提升投融资经营的适应性，适应监管要求、客户需求、前台呼声和基层诉求。要全力提升投融资风控的竞争力，用好授信审批新规，提升资产选择能力，发挥大行引领作用。要全力提升投融资供给的普惠性，解决“垒大户、养懒汉”痼疾，增强普惠金融服务能力，扩大中部和底部客户基础，优化金融资源配置。这既是国有大行的政治任务，也是夯实客户基础，推动全行经营转型的必然要求。

三、抓实新风控

2020年，陈书记主持四次党委会专题研究风险管理问题，提出全面风险管理体系化要求。根据陈书记指示精神，风险管理条线在总结历史经验基础上，奋力创新，形成了全面风险管理体系。全面风险管理体系建设是一项系统性工作，总体思路是贯彻党的十九届五中全会“健全金融风险预防、预警、处置、问责制度体系”要求，目标是在“大、全、稳、新、优、强”发展方位下，建设与世界一流现代金融企业相匹配的风险管理体系，审批新规是构建新风控体系的重要突破口。

要强化全面风险管理理念。近期，总行印发了《全面风险管理（ERM）图解》，一共19页PPT，高度精练地概括了全面风险管理体系的主要内容，明确了（“9+X”）类风险责任部门和覆盖的4类机构范围，提出了全面风险管理的目标、路径、措施和具体要求，为风险管理更好地服务于全行业务发展指明了方向。

要加快全面风险管理落地。按照“主动防、智能控、全面管”的管理路径及“管住人、管住钱、管好防线、管好底线”四管齐下的措施，落实“六全”风险管理思路，压实“六方责任”，强化“三道口、七彩池”信贷风险智能管控体系，有效发挥授信审批“关键阀”作用，持续打造同业领先的全面风险管理体系。资产选择能力是商业银行的核心竞争力，通过深入推进新风控体系建设，提升资产选择能力，层层过滤，将“有毒”资产排除在银行体系外。投融资审查审批各环节的分离制衡，不是为了制止和阻拦，而是要把准把好条件、方向和程度，发挥专家的专业判断力和决策力，以更高的风控质量服务好业务发展。

四、防控新风险

防控风险要准确判断形势。我们正在经历百年未有之大变局，世界进入动荡变革期，国内处于战略机遇期。大家要准确把握发展环境深刻变化和当前资产质量管控工作面临的挑战，关注风险新形式、新路径、新特征，加强风险大户、信用债、非标投资、境外投资、房地产等重点领域风险特征研究，提升风险防控能力。

防控风险要全面分析比较。前不久，总行对“融资同业占比第一、四行占比第一、四行唯一”客户进行了分析。目前全行“三个一”客户数量和融资余额较大，特别是融资同业占比第一、融资余额10亿元以上客户数量大，存在一定风险。要对“三个一”客户深入分析，辨别优劣，掌握同业动向，及时采取措施。

防控风险要不断总结提升。风险事件发生的原因，往往存在一些共性。要加强对风险资产、不良资产的复盘反思，查找原因，吸取教训。根据业务需要，专职委员、审查（评估）处长后续可以申请列席不良资产处置会议、联防联控联席会议和“三个一”分析会，通过总结经验，丰富知识，拓宽视野，提升风险把控能力，树牢服务业务发展的大局意识。

五、展现新作为

作为国有大行，要提高站位，树立家国情怀，工作重点要以服务实体经济和解决社会痛点堵点为出发点。要创新金融服务模式，加大对制造业、战略性新兴产业和科技创新的支持力度；大力发展绿色金融，服务碳达峰、碳中和目标实现；大力发展农村金融，积极支持民营企业和普惠金融发展。

要恪守资产质量这条商业银行“生命线”，履行好授信审批“关键阀”职责。新规实施前，审查“过滤阀”在资产选择中发挥了非常重要的作用，审议审批这个“过滤阀”的作用还有待进一步发挥。新规实施后，审查、审议审批、审结各环节都要切实负起责任，每个环节都要将自己当成最后一道关口，充分发挥风险“过滤网”作用，防止“有毒”资产进入。同时，要不断完善工作机制和考核评价体系，为发挥各环节风险防控作用提供制度保障。

要崇尚独立、专业的工作作风，遵守保密纪律。审查审批人员要守住尊严，清正廉洁，与分行保持清清爽爽的上下级关系，杜绝与客户之间的一切非正常交往。要保持客观、审慎态度，独立作出判断。要加强专业能力培训，特别是要加强市场调研和社会培训，拓宽视野。要善于换位思考，平衡好业务发展和风险控制的关系。要严格遵守保密纪律，信贷业务全流程都要严格执行保密要求，严禁跑风漏气和违规向客户或关联方提供信息。

要加强审查审批队伍建设，培养一批忠诚、干净、担当、专业、敬业的干部队伍和大行“工匠”。各级行都要将审批人和专职委员作为培养储备信贷人才的平台，增强流动性，历练成熟的，可推荐给人力部门，交流到前台部门或者基层岗位任职，形成风险决策机制建设和人才培养的良性循环。

新的一年已经开始，要发挥好全行授信审批专业条线的智慧和力量，落实好总行党委的决策部署，坚定推进授信审批新规在境内分行的全面落地，以高质量风控支持高质量发展，持续提升价值创造力，发挥大行引领作用，为建设世界一流现代金融企业而奋勇前行。

在2021年代发业务推动会上的讲话

廖　林

（2021年2月26日）

总行个金部通报了去年全行代发业务情况，广东、四川、沈阳三家分行介绍了各自的做法和体会，很有启发意义，有关经验要做好总结提炼和复制推广。我讲三点意见。

一、充分肯定来之不易的成绩，正视存在问题和不足

近年来，全行认真落实党委“48字”工作思路，把做好代发业务作为扎实推进第一个人金融银行战略的重要抓手，围绕资金链、客户关系链，加快GBC联动，推动产品服务升级。特别是去年克服疫情影响，在圆满完成各项经营任务的基础上，实现了代发业务的健康发展，成绩值得充分肯定。

一是总量取得突破，代发单位总量达到60万户，代发个人客户突破1亿户；代发资金规模达4.5万亿元，增速领先城镇居民人均工资性收入增速近5个百分点。二是GBC联动紧密，社保等重点领域代发个人客户获客吸金效果显著，并有效促进GB两端竞争力提升。三是营业贡献提升，在全量客户中，代发客群营业贡献占比较上年提升2个百分点，储蓄增量贡献首次超过50%。

代发业务取得的成效很大，但面临的困难挑战也不少。一是代发渗透率仍然不高。对比全行860多万对公客户，代发占比不足7%，有贷户代发占比仅26.7%。二是个人客户黏性有待提升。未持有或仅持有1种基础类产品的客户占比超过35%。三是不平衡不充分问题客观存在。我行代发优势主要在制造业、社保、军队、医疗等传统领域，但在省级以下财政统发、高校代发、惠农资金等领域处于被动局面，建筑、教育、金融、信息等市场占有率低于可比同业。

上述问题，反映的是全行客户基础与存款竞争力问题。目前我行客户头部强，中部、尾部较弱，尤其是市县层级、产业链供应链末端等毛细血管客户不丰富，导致资金承接不住、行内循环水平不高。今年1月，在我

行有存款账户的52万公司客户中，资金流出2.9万亿元，占比54%。解决代发业务问题，根本就是要解决客户基础和资金联动问题。

二、明确目标任务，找准主攻市场

要始终坚持问题导向、目标导向、结果导向，把代发客户的增量提质作为当前及今后代发业务发展的重点，通过“小切口”的突破，带动客户大发展、竞争大提升。

2021年代发业务的目标是，全行代发单位力争净增20万户，渗透率提升2个百分点；代发个人客户在去年基础上净增10%，持有3种以上基础类产品的代发个人客户占比提升5个百分点；代发资金规模突破5万亿元，资金留存率提高10%以上。

当前，我国经济正发生深刻变化，深层次改革深入推进，市场主体日益多元，代发业务市场处于竞争格局转变的关键期。要落实“扬长、补短、固本、强基”布局要求，因地制宜，瞄准代发业务的主攻市场，有针对性地在“巩固、提升、拓展”上下功夫。

第一，要巩固传统优势领域，确保长板更长。公司金融、机构金融、交易金融、结算金融是我行长板业务，各相关条线要发挥好龙头作用，有意识地抓好代发。紧跟重点领域改革步伐，抓住养老保险全国统筹改革、退役军人优待证发放、三医领域改革等政策机遇，进一步稳固我行在社保、军队、医疗等领域的领先地位。同时，要把握制造业转型升级中的机遇，稳定和扩大制造业代发市场份额。

第二，要提升市场竞争力，补齐经营短板。要发挥头部客户优势，引导经营重心下沉，着力做强中部、做宽底部。对财政领域，要重点加强省、市、县层面的银政合作，积极参与财政电子化支付系统建设，逐步渗透各级预算单位代发业务。对建工领域，要强化链式营销，发挥好综合服务优势，重点抓好项目公司等底部客户，逐步扩大建安市场代发份额。

第三，要拓展新兴领域，挖掘新增长点。要注重数字化经营，通过科技创新、模式创新，抢抓新经济新产业等蓝海市场。对县域市场，要全面启动城乡联动战略，以三资监管、惠民惠农补贴发放、新型城镇化等为突破口，抓好县乡空白点，更好地服务乡村振兴战略。要围绕教育培训、科技创新、新型物流等重点领域的新业态、新模式、新需求，抢占代发市场先机、扩大市场份额。

三、谋实思路举措，抓好落地见效

抓代发业务的主要目的是引留资金、获客维客，是落实“拓户织网、修渠补漏”工作要求的重要内容。要坚持党委“48字”工作思路，增强“比”的意识，落实好陈董事长关于抓好存款高质量发展的五点要求，始终围绕资金链、客户关系链这两个关键，强化GBC联动，拓展代发等重点业务，着力推动做大客户总量、做优客户质量、做活客户交易，既为当前旺季营销增添动力，更为可持续发展奠定基础。当前重点要抓好以下工作。

一是强化责任落实。各分行主要负责人是落实总行战略的第一责任人，要做到常态化盯市场、盯数字、盯资金，推动战略落地深化。总行正在研究制定分行主要负责人任内竞争力评价机制，定期监测分行竞争力变化情况，全面反映各行主要负责人工作业绩，并加大评价结果运用，促进形成竞争力与人才使用的“硬”关联。各分行主要负责人要树立“阵地意识”，加强同业对标，做到守土有责、守土负责、守土尽责，不断提高“阵地价值”。总行各相关部门要坚持每日监测、每周回顾、每月分析、每季报告，加强对重点分行、重点客群、重点业务的督导和帮扶。

二是实施客户“织网补网”工程。要坚持抓大不放小、西瓜芝麻一起捡，形成大中小协调、活跃度高、黏性强的客户体系。重点针对中部和底部客户基础相对薄弱、活跃度不高等问题，用好数字化手段，深入分析客户资金流向，找准资金流出结点和原因，从源头找准努力方向，为基层营销赋能。各行要绘出GB端头部客户、中部、尾部客户以及底部个人客户的CT渗透图，针对薄弱环节，按图索骥拓户，推动尽快补齐中部、尾部客户短板，推动巩固头部客户，激活底部客户，构建良好的客户生态系统。要完善客户维护机制，加强对公客户经理、网点负责人和支行客户经理的信息共享，形成营销对接的“铁三角”关系，加强与客户会计人员的有效联系，大手拉小手，提高客户服务成效。

三是深化GBC联动。目前总行正在制订GBC工作深化方案。各场景牵头部门要从场景、平台、生态、机制等方面加大工作力度，做好督导和跟踪评价，及时回应解决客户和基层诉求。各部门和各分行要立足工作实际，抓好落实，抓出成效。G端要发挥好源头作用，将财政、社保等领域重点场景细化为可落地、可执行、可评价的具体项目和客户清单，为B、C端工作提供有效支持。B端要发挥信贷等客户合作优势，辐射带动上下游客户拓展，增强协同动能。C端要持续提升客户服务水平，在留住资金的同时，发挥反哺作用，支持G、B端巩固客户合作优势。

四是加强金融创新。加快产品、服务、渠道的数字化智能化改造，推动从传统金融、城市金融向现代金融、数字金融、城乡金融转型，全面提升服务竞争能力。要提升网点竞争力，深入推进网点减负赋能，探索在网点空白地区开展服务营销的有效模式，重视成功经验的复制推广，努力在县域和乡村金融服务领域实现更大突破。要发挥金融科技优势，整合行内数据资源，用好手机银行等平台，利用“智慧大脑”等创新工具，及时、精准响应客户需求。特别是要用好工银 e 钱包、建筑管理云、数字乡村综合服务平台等新利器，加快推进产业互联网、政务互联网应用，全面提升科技赋能水平。

五是完善资源保障机制。要坚持系统观念，树牢大局意识，从推进第一个人金融银行战略、提升全行市场竞争力出发，兼顾当前效益和长期回报，合理摆布资源投入。对战略客户要优先支持，对重点源头项目要重点维护和拓展，加强营销资源和科技资源投入，提高财务审批效率，更好满足竞争需要。要把握好产品投放节奏，在“抢市场、拼项目”的关键时期，加大资源倾斜力度。要坚持全行“一盘棋”，畅通行内信息，实现互联互通，发挥集团合力。要严守风险底线，落实全面风险管理要求，坚持合规经营，保障业务健康发展。

四、继续抓好旺季营销工作

借此机会，再强调一下旺季营销工作。今年以来，全行认真贯彻年度工作会议部署和旺季营销工作安排，加强存款组织推动和营销拓展，在着力抓好稳存增存方面做了大量工作。近年来，我行一般性存款增长乏力，特别是历年第一季度与主要可比同业形成明显反差。今年尽管这种态势与近年同期基本一致，但增量与同业差距在扩大。尤其是春节后，各品种存款增长形势较为严峻，与预测目标存在较大差距。从增量看，部分重点分行缺口较大，有 5 家分行春节后储蓄存款比年初仍然负增长。从定价看，有 8 家分行存款付息率为当地四行最高，有 12 家分行贷款收益率为当地四行最低，有 5 家分行存款付息率和贷款收益率均排名四行末位，在量价协调上与我行的市场地位不相匹配。

在认清问题和困难的同时，也要看到春节后我行进入接款和回款规律区间，旺季营销工作还大有潜力、大有可为。要发扬敢打敢拼、不服输的精神，勇挑重担，主动作为，确保实现旺季营销工作目标。一要把夯实日均存款放在更加突出位置。对标可比同业、对标自身同期，聚焦旺季营销目标，进一步做好稳存增存工作，力争每天多增长一点，确保第一季度末在偏离度符合监管要求基础上，实现存款稳增多增。对于存款运行偏离往年轨道且第一季度末一般性存款增量未达目标的分行，要向总行专题说明情况。二要统筹用好战略性资源。拓客维客需要产品作抓手。总行将进一步优化战略性资源的配置，支持重点分行加快推动第一个人金融银行突破及区域市场竞争力的提升。各分行要加强产品差异化配置和定价精细化管理，发挥主动负债等优势产品的撬动作用，促进存款量价协调发展。三要提高数字化经营能力。要用好数字化手段，深入分析研判全社会资金运行走势、跟踪了解同业策略措施和竞争动态，提高服务营销和经营管理的智慧化水平，为旺季营销工作全面赋能，带动拓展新的增长空间。

全行上下要坚定信心，砥砺奋进，全面抓好代发业务，同时全力冲刺旺季营销，确保实现开门红，努力为服务新发展格局、推动高质量发展多作贡献，以优异成绩庆祝建党 100 周年！

在 2021 年财务会计资产负债管理工作会议上的讲话

廖　林

（2021 年 3 月 17 日）

这次会议的主要任务是，深入学习贯彻党的十九届五中全会和中央经济工作会议精神，认真落实全行年度工作会议要求，总结 2020 年工作，分析当前经营形势，部署 2021 年任务。下面，我讲几点意见。

一、2020 年工作成效显著

2020 年，全行财会、资负条线坚决贯彻落实党中央、国务院决策部署，围绕行党委“48 字”工作思路，运用“三比三看三提高”工作方法，全力服务疫情防控、金融保障和经营管理各项工作，主要任务目标顺利完成。全行存款、贷款和投资增量均创历史新高；净利润稳中有进；不良贷款率、拨备覆盖率、资本充足率等指标保持较好水平；资产总额等核心指标继续领跑全球同业。上一轮三年规划实现圆满收官。

（一）经营发展保持稳健态势。

一是经营效益逐季向好。立足新发展阶段，贯彻新发展理念，全力服务新发展格局，全面落实各项纾困政策，合理摆布投融资资源，推动以服务创造价值，主要效益指标增幅逐季回升。资产业务方面，全年境内人民币贷款增加 1.87 万亿元，同比多增 4 740 亿元；债券投资增加 1.05 万亿元，同比多增 4 060 亿元，均居同业首位。负债业务方面，年末存款时点增量同业领先。山东、湖北、江西、四川、天津、黑龙江、广西、海南、西藏等分行，一般性存款日均增量排名四行首位。

二是中间业务收入总量保持同业领先。克服疫情等多重因素影响，统筹做好减费让利和增收推动，中间业务收入总量保持稳定。其中，人民币对公结算、贵金属、资产管理、第三方支付、债券承销及代销、委托贷款及公积金归集、养老金等产品，以及上海、山东、河北、福建、陕西、天津、山西、新疆、吉林、内蒙古、厦门、青海、西藏等分行实现总量、市场占比、收入贡献“三提高”。

三是各类风险总体可控。统筹平衡稳增长和防风险，积极投入财务资源化解风险，不良贷款处置额同比多增。年末贷款拨备余额较年初增加，风险抵补能力不断增强。本外币流动性覆盖率 135.35%，净稳定资金比例 128.33%，均保持在安全适度区间。

（二）管理精细化水平不断提升。

一是资源配置效率稳步提高。强化专项贷款配置和 FTP 定价管理，支持重点领域加快发展，制造业、民营、普惠贷款均实现近年最好增长，五大重点战略区域贷款增量占比高于余额占比 8.2 个百分点。突出财务资源保障重点，全口径金融科技投入占营业收入比重提高至 2.72%；固定资产投入同比增长 5%；营销费用投入同比增长 14%。

二是考评引导更加精准。加大对制造业、民营、普惠金融服务，以及消费者权益保护的考核力度，引导全行提升服务实体经济的精准性直达性。增设条线竞争力评估，构建起“条块结合”的竞争力评估体系。

三是税务筹划实现管理增值。强化税收成本管控，实现小微企业贷款利息收入免征增值税 19.28 亿元。全行进项抵扣率为 7.45%，连续四年保持较优水平。积极推动重组资产损失实现税前扣除，增加净利润 24.38 亿元。

四是资本挖潜成效显著。实施资本优化，共释放风险加权资产 4 700 亿元，提高资本充足率 39 个基点。通过优化资产结构，全年 RWA 增长 8.1%，低于总资产增幅 2.6 个百分点。

（三）基层减负赋能持续深化。

一是深入推进定价改革。完善对公贷款 LPR 定价授权体系，促进优质信贷市场竞争力提升。扩大重点城市行、重点县域支行的存款定价授权，优化主动负债产品分配机制，撬动增存效果逐步显现。外币利率定价机制更加科学，促进全年外汇存贷款增量实现同业领先。

二是集中采购效能明显。全行集中采购成本较预算节约 54.47 亿元，节约率达到 11.88%。以供应商为重点强化实质风险防控。全行公开性招标占比进一步提升，采购方式不断优化。集采结果共享进一步扩大，集中采购效率大幅提升。

三是管理系统持续优化。完善集团业绩分成系统，更新网点成本计量方法，投产智能财务分析模块，升级财务共享服务平台功能，持续优化资产负债管理系统，为基层行决策提供有力支持。

2020 年成绩的取得殊为不易，财会、资负条线顾大局、讲担当，付出艰苦努力，为全行经营发展作出了重要贡献。在此，我代表行党委、管理层，向财会、资负条线的同志们，表示衷心的感谢和诚挚的慰问！

二、准确把握 2021 年形势和工作目标

2021 年，疫情变化和外部环境存在诸多不确定性，国内外经济金融形势依然复杂严峻，同业竞争压力加剧，全行高质量发展面临新的考验。

（一）存款竞争压力较大。今年以来，各部门各分行全力推动旺季营销，取得较好进展。从存款来看，增长走势与近几年同期基本保持一致，但各品种存款时点与日均增量落后可比同业，反映出全行客户基础特别是中部和尾部客户基础还比较薄弱，量价协调发展能力和市场竞争力亟待提升。

（二）贷款投放不够均衡。年初以来，全行贷款保持良好投放态势，贷款日均增量保持同业领先。但部分分行普惠贷款等重点业务投放序时进度落后，新发放公司贷款利率连续两个月回落，走势与可比同业形成反差。

（三）中间业务收入面临多重考验。信用卡收入总量与可比同业差距依然较大。公司投行类中收，受市场环境变化影响较大，收入结构亟须转型。代销基金、“资管 + 私银”、资产托管等部分优势产品中收竞争力下滑。今年 2 月末，非保本理财产品余额领先招行优势进一步缩小，我行资管产品规模第一大行地位面临挑战。

（四）资产质量管控持续承压。延本延息贷款风险较大，已纳入潜在风险的延本延息公司贷款，上半年将面临集中还款压力。大户风险不容忽视。部分重点领域风险需高度关注。如进出口、文旅、住宿等受疫情冲击较大行业的企业经营下滑，有的国企债券出现违约等。非标资产回表也将对资产质量管控带来压力。

（五）盈利单元经营出现分化。全行经营总体平稳，但各机构间经营质态存在差异。投入产出效率的差距逐步拉大。2011—2020 年，投入产出效率较高的 11 家分行净利润占比由 58% 升至 71%，投入产出效率较低的 11 家分行净利润占比由 17% 降至 6%。竞争力分化更加明显。近 3 年，部分分行存款总量、增量持续保持同业第一，也有个别分行存款竞争力有所下滑。此外，境外机构经营面临挑战。

今年是我国现代化建设进程中具有特殊重要性的一年，也是我行新三年规划起步之年。全行财会、资负条

线总体工作任务是：认真贯彻党中央、国务院决策部署，落实监管政策要求，按照全行年度工作会议及专业会议各项安排，加强数字化经营、精细化管理，全力以赴抓好稳存增存，统筹把握好信贷投放总量、结构和节奏，力争存贷款量价处于同业较优水平，稳住中间业务收入总量同业第一地位，促进资产质量总体稳定、风险基本可控，努力推动全年经营目标顺利实现。

三、推进各项工作有序开展

财会、资负条线要落实行党委“48字”工作思路，运用“三比三看三提高”工作方法，把握好“大、全、稳、新、优、强”的发展方位，聚焦全行重点战略和中心工作，围绕平衡好价值创造、市场地位、风险管理、资本约束的关系，充分发挥资源配置和调控管理作用，实现质量、结构、规模、速度、效益及安全的协调统一发展，推动“扬长、补短、固本、强基”布局取得更大成效。

（一）持续夯实存款高质量发展基础。要深入落实陈董事长关于存款高质量发展的要求，做大总量、做优结构、做实基础，突出抓好旺季营销冲刺工作，为全年发展赢得主动。

一是提高资金承接效率。要坚持以客户为中心，充分运用数字化手段，开展客户织网补网工程，巩固头部客户，补齐中部、尾部客户短板，激活底部客户，构建良好的客户生态系统。要用好资金流量流向展示图及客户结构图、资金承接图、黏客图，提升资金行内循环水平。要完善客户维护机制，加强对公客户经理、网点负责人和支行客户经理的信息共享，加快形成营销对接的“铁三角”关系，强化与客户会计人员的有效联系，提高客户服务成效。

二是增强量价协调发展能力。要强化同业对标，大力优化存款期限利率结构，控制长期限高上浮定期存款过快增长，逐步降低存款付息成本。要完善产品差异化配置策略和定价精细化管理，对于量价管理较好的分行，继续鼓励用好授权；对于量价管理较弱的分行，动态调整授权。加强对存款GBC闭环营销的定价支持，提升精准营销效果。

三是严守监管底线和自律约定。要做实做细稳存增存各项工作，推动日均存款稳定增长，确保完成增存目标、偏离度符合要求。要按照监管要求，做好活期创新产品压降、周期付息型产品停发等工作，发挥好大行引领作用，用好市场利率定价自律机制，为存款高质量发展创造良好的外部环境。

（二）把握好贷款总量、结构与节奏安排。初步计划，全年贷款增量计划为1.6万亿元。各机构要持续加强优质信贷储备，提高贷款增长的稳定性和均衡性。

一是投向上要全面精准直达。要优先满足制造业、战略性新兴产业、民营普惠、绿色发展等重点领域投放需求。要加大对科技创新、新型基础设施、新型城镇化建设和数字经济的支持力度，促进创新驱动发展。要严格落实房地产集中度管理要求，优先发展个人住房贷款，创新发展个人消费贷款及信用卡融资。总行有关部门要做好分行贷款投放进度监控与管理，确保分行重点领域信贷投放符合序时进度目标。

二是节奏上要把握竞争主动。要在严格落实货币政策要求的前提下，尽可能靠前安排投放节奏。要加大信贷结构调整力度，综合运用贷款、债券、股权等方式，满足重点客户和重点项目融资需求。要抓紧推进资产证券化、不良资产出表、票据业务、拆放等工作，为客户融资腾挪空间。

三是定价上要顺应市场变化。要持续完善分级分类分层贷款授权体系，动态调整贷款定价管理策略，推动新发放贷款利率走势与市场、与可比同业协调一致。要通过科技赋能和智慧定价，缩小个人非住房贷款量价与可比同业的差距。

（三）加快中间业务转型发展和结构优化。要坚持一手抓合规，一手抓发展，努力以优质服务创造价值，确保中间业务收入总量保持同业领先。

一是着力扩大代销、理财、结算类业务市场份额。要促进信用卡消费额正增长，实现信用卡中收企稳回升。要在继续做大代理基金、代理保险业务规模的同时，围绕增收目标，有针对性地调整和优化产品结构。要加大资管新规产品营销力度，提高综合收益率，同步实现理财规模领先和收入份额提升的双重目标。要继续通过提高结算效率、加大直达客户的费用投入等方式，确保人民币结算类业务收入增量同业第一。要做大信用证、外汇汇款等基础国际结算业务客户量，加快福费廷、风险参贷、跨境资产转让等产品创新，提升收入贡献。

二是着力稳定公司、投行类中收。要拓展收入来源，增强公司投行类中收的含金量。加强母子公司、境内外联动，用好并购重组、债转股、银团等安排，努力实现投行类中收恢复性增长，巩固公司类中收领先优势。

今年前两个月，我行中收总量比建行少33.42亿元。从第一季度预测情况看，全行中收增长压力依然较大，其中，资管、私银、信用卡等条线收入同比下降较多。预计第一季度建行、农行境内分行中收同比增长8%～10%，境内分行中收总量第一地位面临很大挑战。全行要发扬敢打敢拼、主动担当作为的精神，确保完成总行下达的中收目标，争取多作贡献，努力实现集团手佣净收入正增长、市场份额稳中有升、中收总量四行第一。

（四）加强风险管控，强化合规经营。

一是持续加强全面风险管理。要以“主动防、智能控、全面管”为路径，做到“管住人、管住钱、管好防线、管好底线”。对于信用风险，要前瞻性开展风险管控，严防延本延息贷款风险集中暴露，进一步提升大户风险管控能力，确保重点领域风险可控。要按照“谁发起，谁负责”的原则，做好非标回表业务风险化解与存续期各项工作。要稳妥有序推进不良贷款处置，提高财务资源使用效率，强化账销案存资产清收管理，最大限度创造价值、反哺利润。对于流动性和利率汇率风险，要坚持稳健审慎的流动性风险管理策略，确保各项指标符合监管要求。要加强低利率环境中的资产负债久期策略管理，提升净利息收入与净息差变动管理效果。要合理把握外汇业务发展规模和节奏，综合利用多种工具对冲汇率风险，持续推动境外机构资本投入保值增值。

二是强化合规经营。牢固树立底线意识、红线意识，将依法合规经营落实到经营管理全过程。一方面，要杜绝违规收费行为。落实好合理让利政策，针对近年来因违规收费被监管或监督部门处罚的重点领域、重点业务，认真开展自查自纠，举一反三，杜绝类似情况再次发生。另一方面，要严格落实中央八项规定精神和相关规章制度，规范财务开支行为。进一步提高招标项目占比，持续强化合规采购。要跟踪落实好各项税收政策，加强应税事务管理，助力全行降本增效。

（五）推动境外及综合化子公司提质增效。

对于境外机构，要引导其把握构建新发展格局带来的联动新机遇，统筹平衡好资产规模、利差水平、风险成本与资本占用的关系，特别是加强风险管控，切实提升经营质态，为集团重点战略实施和盈利增长多作贡献。

对于综合化子公司，要引导其落实好陈董事长提出的“合力丰富产品体系，提高整体服务竞争力”要求，发挥牌照优势，从产品、渠道、资源等多维度，深化与集团零售、资管、投行等业务的融合互促，更好满足客户需求。

（六）改革完善经营调控机制。

一是完善绩效考评体系，确保战略导向精准、传导一致。要加强对制造业、战略性新兴产业、民营普惠、绿色发展等金融服务重点领域的考核，提升服务实体经济质效。要完善重点战略相关考核指标，推动战略落地执行。要突出营业收入考核，强化存款付息率、重点领域中收增长、不良贷款清收处置的考核，推动质量效益可持续发展。各分行要贯彻落实好总行考核导向，强化穿透管理，确保总行战略贯穿到“最后一公里”。总行将健全分行主要负责人任内竞争力监测机制，督促各行全面提升市场竞争力。

二是优化财务资源配置，努力提高投入产出效能。要进一步强化财务投入与经营业绩、综合经营绩效考核结果相匹配的管理理念。统筹配置经营费用与人力费用、工资费用与非工资性人力费用，继续加大财务资源向基层网点的投入力度，提高分行领导班子绩效工资与业绩贡献的匹配度。要加强精细化管理，通过加强事前的决策分析、事中的效能监测以及事后的跟踪评价，不断提高投入产出效率。

三是深化财务分析职能，提升管理决策支持能力。各机构要审视过去较长一段时间的经营情况和同业竞争态势，确定亟待解决的重难点问题，进行深入分析。各分行党委要组织专门力量进行专题研究，切实把诊断结果转化为生产力。

四是内部挖潜与外源补充并重，提高资本管理效能。要加强资本、资产、资金管理，优化资产结构，提高资本使用效率。相关条线要按照既定策略，保持我行全球系统重要性银行分组稳定，避免监管升级。各机构要严格落实资本占用上限的要求，平衡好业务增长需求和经济资本限额配置的关系。

面对经营发展中的诸多不确定性，财会、资负条线肩负的责任更重、压力更大。要以更加奋进的姿态，迎难而上，精准施策，狠抓落实，确保各项经营目标顺利完成，持续推动全行高质量发展，以优异成绩庆祝建党100周年！

增强适应性　提升执行力
以高质量内控合规服务高质量发展

——在全行内控合规重点工作推进会上的讲话

廖　林

（2021 年 3 月 24 日）

这次会议的主要任务是，贯彻落实 2021 年全行工作会议精神，总结成绩，分析形势，研究问题，部署 2021 年重点工作，推动以高质量内控合规服务高质量发展。

一、全行内控合规工作取得新成绩

2020年是极不平凡的一年，面对世纪疫情和百年变局交织、严峻挑战和重大困难并存的复杂局面，全行内控合规条线认真贯彻行党委“48字”工作思路，严格落实全面从严治党从严治行各项工作要求，以“管住人、看住钱、扎牢制度防火墙”为基本遵循，完善“主动防、智能控、全面管”的履责控险新路径，形成了“优”的体制机制，练就了“硬”的专业本领，展现了“好”的精神风貌。全行案件风险率、操作风险损失率均完成大型银行监管强化标准要求。集团合规管理与控制环境的系统性、机制性、适应性建设不断深入。“融安e控”建设稳步推进，为风险监测及合规管理提供了系统支撑。

（一）增强系统观念，体制机制持续健全。全行内控合规条线坚持全覆盖、强基础、利长远、提质量导向，强化制度统筹，在体制机制建设上迈出了新步伐。坚持全面风险管理理念，聚焦责任主体与行为，构建违规责任认定问责机制、员工异常行为网格化智能化管控机制。认真落实派驻改革要求，做好相关职能承接，构建审理等工作机制。着力推进“由事到人、由人到事、人事合一”的监督覆盖。完善“扎牢制度防火墙”机制，树牢内控先要“控内”、合规更要“规合”的理念，推动《内部控制手册》《关于扎牢制度防火墙的指导意见》等方案的落地实施，提升制度建设成效。

（二）强化底线思维，风控能力持续推升。全行内控合规条线坚持风险导向，强化底线意识，在管控和缓释重点领域风险上取得了新成效。连续三年滚动实施重点领域风险专项治理，案件风险防控的有效性进一步提高。2020年，全行未发生亿元以上重大业内案件，信贷领域业内案件金额同比下降，个贷领域业内案件数量及金额实现双下降。洗钱风险管控的适应性明显提升，人民银行对我行反洗钱分类评级结果保持为BB级，对我行洗钱风险管控有效性评价为“满意”、剩余风险评价为“中风险”，整体符合国际通行标准。集团涉敏业务管理职能平稳承接，业务管理体系持续健全，涉敏风险应对的精准性进一步增强，全年未发生因违反制裁规定而被冻结或退回业务。境外合规整改的系统性进一步提高，巴黎分行ACPR检查整改得到监管官方结论性认可，美国区域监管整改成效逐步显现。

（三）深化理念传导，合规文化建设持续推进。全行内控合规条线坚持文化培育，强化合规养成，在持续厚植合规文化核心理念上续写了新篇章。开展了“制度治理年”主题活动，将合规要求贯彻到活动全过程。“合规文化大讲堂”“警示与反思”大讨论和“寻找我身边的合规标兵”评选表彰活动在全集团深入开展，“合规文化建设与发展实践联系点”在各基层机构积极推进，“践行合规”主题竞赛、“合规有实招”分享平台已形成文化品牌，展现全行员工积极弘扬和践行合规文化的精神面貌。

过去一年，全行内控合规条线守土有责、守土尽责。北京、江苏、上海、新疆等分行在内部控制、案件防范、反洗钱、合规文化建设等方面主动作为、破题攻坚，保持了较好的内控合规管理水平。

在行党委的坚强领导和同志们的辛勤努力下，全行内控合规工作取得了来之不易的成果，实现了三年规划的圆满收官，条线的组织推动力、专业队伍的战斗力得到了锤炼和提升。

二、新时期内控合规工作面临新挑战

当前，全行经营发展已进入新时期，各种风险挑战也发生了新变化，这将持续考验全行内控合规管理体系的适应性、有效性和严密性。认清形势、研判趋势、把握大势，是我们高质量开展内控合规工作的基础和前提。

（一）宏观经济金融环境变化考验合规管理的适应性。疫情的冲击使外部环境呈现出复杂多变的特点，不稳定性不确定性因素明显增多。从经济环境变化看，疫情导致全球经济下行压力加大，过去积累的各种矛盾和问题逐步显现，商业银行持续稳健经营将更加倚重于自身的风险管理水平，风险的滞后性加大合规管理的难度。从国际形势变化看，疫情加剧了全球政治格局重塑，地缘政治博弈将持续增加我行作为全球系统重要性银行的合规经营压力。从金融业态变化看，疫情加速推动金融业经营向线上转化，客户识别难度增大、违规行为更加隐蔽，合规管理的工作模式、关注重点、技术手段都需要作出相应调整。

（二）外部监管形势从严趋紧考验风险防控的严密性。当前，全球监管规则正在持续完善，监管日趋审慎严格，监管处罚力度不断加大。从境外看，监管重点持续扩展，监管执法全面从严，反洗钱、反逃税、消费者保护、制裁合规、金融交易依然是重点执法事项。欧美制裁规定更新频繁，增加了我行国际化经营与涉敏业务管理的压力。从国内看，监管机构对银行审慎合规经营能力、风险管控能力提出更高要求，大额罚单频出，“双罚”趋向明显，处罚层级上移。在FATF第四轮互评估驱动下，我国反洗钱监管执法力度明显加大。2020年反洗钱监管处罚达5.6亿元，较上年增长160%，“双罚”比例高达98.18%，“重处罚、双问责、抓条线”已成反洗钱监管新常态。同时，监管机构对案件风险高度关注，银保监会施行《涉刑案件管理办法》后，案件口径扩大，案件问责从严。总之，案件风险触点增多、管控压力前所未有，对全行风险防控的严密性提出更高要求。

（三）风险管控的短板弱项考验控制体系的有效性。在内外部风险叠加的复杂环境下，全行风险管控机制体系在一些重点领域还存在着薄弱环节。从监管处罚情况看，2020 年我行被监管处罚金额达到××亿元。今年以来，已发生和可预见的监管处罚将超过××万元。从案件情况看，2020 年我行共报告业内案件××件，较上年增加××件。经营承压诱发的各类风险持续显现，放大内控管理缺陷，从业人员行为失范失控的风险隐患有所增大。银行员工被外部"围猎"、自身行为异化、内外勾结等案发因素交织。这些都警示我们，全行内控合规治理体系还需要在治理架构、管理模式、制度机制等方面加快补齐短板、增厚底板、拉长长板，全面提升风险管控的有效性。

三、高质量推动内控合规重点工作落地见效

2021 年全行内控合规工作的目标要求是：确保案件风险率、操作风险损失率严格控制在监管目标值以内。坚持定位高标准、工作高质量。专业导向上要树立行业标杆，业务管理上要打造合规模范，基础管理上要高质量成体系，机制建设上要高效率可实施。在与风险较量的实战演练中着力提升针对风险信息的感知能力、基于业务场景的决策能力、面对风险环境的控制能力。

完成好上述目标要求，在服务全行高质量发展中创造内控合规价值，我们要不断提高认识、强化责任，锤炼能力、优化机制，扎扎实实推进各项重点工作落实落地。

（一）充分认识高质量内控合规是价值创造的基石。内控合规管理是集团全面风险治理体系中的重要一环。全行内控合规条线要承担好第二道防线责任，全面践行集团战略执行者、风险管理建设者的责任担当，以内控合规创造价值。

一是提高政治站位，树牢大局观念。要善于用政治眼光观察和分析问题，不断增强政治判断力、政治领悟力、政治执行力，将内控合规工作放到维护国家金融安全的大局中去把握，作为服务全行高质量发展的中心工作去推进。要坚决贯彻落实行党委"48 字"工作思路，立足"大、全、稳、新、优、强"发展方位，运用好"三比三看三提高"工作方法，主动适应银行业态发展变化，建立健全更具适应性和体系化的风险治理模式。

二是坚持合规为本，提升价值贡献。要组织开展好"价值创造年"主题活动，弘扬"依法合规经营、保障业务发展、维护稳健工行品牌就是创造价值，坚持合规养成教育、防止和减少风险损失、保护员工职业安全就是创造价值"的理念。要保持对监管基本规则和商业银行经营基本法则的敬畏，持续引导全员全专业树立正确的价值观，聚焦主业、做精专业、崇尚敬业，在服务全行高质量发展中提升价值贡献。

三是强化全面风险管理，坚守风险底线。国有大行要实现穿越周期的稳健，就要有跨越时空的预判能力。全行要按照年度工作会议部署，提高风险预警的前瞻性和科学性，强化全面风险管理的主动性和协同性，坚持管住人、管住钱、管好防线、管好底线"四管齐下"，持续构建长效机制，形成同向发力、齐抓共管的良好局面。

（二）突出重点，全面提升内控合规的治理能力。面对严峻复杂的风险挑战，既要把握好风险变化的规律和特征，更要增强因时制宜、破题攻坚的意识，坚持在方法和工具上与时俱进，确保既有风险防范的"先手"，又有风险应对的"高招"。

一是提高系统治理水平，突出抓好重点领域风险管控。案件风险方面，要把"严"的主基调贯穿到案件风险治理全过程，深入推进"4+2"专项行动，坚决遏制信贷、核算、信息安全、营业网点等重点领域违法犯罪行为，确保案件风险率全面下降。修订《案防责任制管理办法》，进一步压实各级管理者的案防职责，管好"两个关键"，规范"关键少数"行为，做实"关键岗位"评估和轮换，有效实施不相容职务分离控制。要实施案件重点监控行机制，由总行制定重点监控标准，被监控机构成立以主要负责人为组长的案防整治领导小组，系统开展案防整治，并定期向总行汇报。洗钱及涉敏风险方面，要持续推进集团反洗钱治理能力提升工程，启动 KYC 专项治理 2.0 行动，突出抓好"非实名""证照注吊销""伪现金"等高风险领域管控，确保身份不明客户管控率达到 100%，重点治理指标问题下降 90%。总行各部门要加强联防联控，持续强化对美元清算、外汇业务、制裁合规、代理行、网络平台等重点领域反洗钱及涉敏风险的全流程管理。要夯实涉敏风险管理基础，完善风险事件处理流程，制定应对标准，实现对涉敏风险事件的分类、分项、分层管理。要强化涉敏专班作用，对专班决议加强跟踪落实与考核评价力度，形成制度化、流程化的应对机制。

二是提高应急管理水平，夯实境外机构合规管理基础。境外机构要立足自身管理能力和风险控制水平，按照"一行一策"原则，实施基础管理与应急处置、短期与中长期相结合的策略，持续强化合规反洗钱管理。要加强内外部环境变化的动态分析和研判，妥善应对和处理合规风险突发事件。要持续健全合规管理体系架构、制度机制、系统平台，加强合规反洗钱风险识别、评估与管控，加大合规自查力度，强化考核问责。要加强监管检查和内外部审计发现问题的整改，保障履职资源与权限，提升整改效果。要主动加强与属地监管机构、总行的沟通，及时报告有关情况，积极反馈各项诉求和建议。

三是提高穿透管理水平，夯实子公司合规管理基础。总行各业务部门要探索"穿透管"方法，根据集团管理边界和子公司差异化管控模式，分类推进各子公司完善合规管理体系和制度机制。要专题调研子公司监

管处罚问题，强化子公司合规报告管理。各子公司要主动健全合规治理架构及合规管理制度，探索实施个性化合规经理机制，加强向总行的合规报告与汇报沟通。要参照总行制度框架和管理模式推进《内部控制手册》编制及应用工作。要建立健全适用于本行业的反洗钱监管规则对标库，加强涉敏管理，夯实客户身份识别基础。

四是提高技术创新水平，大力运用智能内控工具。各级机构要顺势而为，加快研发和应用适应新形势的智能化风险防控工具，为“精准拆弹”提供强有力的支持。全行内控合规条线要坚持科技引领，以实现企业级“智能内控”（E－CCIS）为目标，以集团内控合规管理平台（GICC）、违规风险智能识别（VIS）、反洗钱监控（BRAINS）和涉敏风险管理（STORMS）四大系统为载体，打造好“融安 e 控”品牌。要基于业务场景对四大系统进行整合、打通、共享，规范技术架构和数据标准，分步研发数据平台、信息平台、工作平台、分析平台和智能预测平台，逐步构建起自动化、可追溯的全线上“内控合规工作新生态”，全面提升内控合规工作的科技支撑能力、服务赋能能力和价值创造能力。各级机构要通过开展“智能内控大讲堂”活动，让全行近 10 万名用户熟知各种系统平台功能，开展实操练兵，将学习成果高效运用到内控合规工作中。

（三）不断优化内控合规体系化机制。健全系统、严密、高效的内控合规机制是完善全面风险管理体系的必然要求，也是推进风险治理的有效方式。要调动一切积极因素，不断优化内控合规机制，加快形成齐抓共管、履责控险、严实高效的风险防控工作新格局。

考核评价机制方面，各级机构要充分发挥风险合规在绩效考评中的关键作用，高度关注案防、内控、反洗钱及涉敏、操作风险管理等指标的得分情况，强化“争先进位”意识，提升内控合规履职水平。要坚持风险导向，优化和运用好本机构内控评价机制，围绕控制环境、风险评估、控制活动、信息与沟通、内部监督五个要素，对本机构内部控制情况进行全面评价，持续完善控制体系、提升控制实效。

问题整改机制方面，各级机构要高效推进监管检查及处罚问题整改工作，增强“比”的意识，梳理现状、对标先进、确定目标，力争 2021 年全行监管处罚金额四行最低。对大额高频处罚的重点业务和监管评级下降的重点机构，要实施专项管控。要按季通报监管处罚情况，将处罚问题的整改作为督查督办和专项检查的重点。要突出对管理责任、违规源头责任的问责，积极探索处罚金额与机构管理层绩效挂钩机制。

履责控险机制方面，各级机构要持续推进落实违规责任认定问责机制，建立规范化、流程化、科学化的风险责任认定问责体系，实现对（“9＋X”）类风险和 4 大板块责任认定问责管理的全覆盖。要以落实责任评议—认定—追究等流程为抓手，开展“一事一复盘”，让反思成为良好习惯，成为提升风控能力的重要举措。要加快完善员工异常行为网格化智能化管控体系，着力构建以“人”为中心、线上线下联动的异常行为识别、监测、核查、确认、处置全流程管控，实现对异常行为的早识别、早发现、早报告、早处置。

专业队伍建设方面，要始终坚持“人才兴业”思路，与时俱进、因地制宜，面向未来培养优秀的内控合规专业队伍。要坚持专业精神，增强履职本领，把专家型人才培养作为当前和今后一个阶段内控合规专业队伍建设的重点。要聚焦监测分析、责任认定及审理、境外合规管理、反洗钱及涉敏等人才紧缺的领域，有计划、分步骤、分层次、广覆盖、高效能开展专业人才培训，积极培养和锻造“懂业务、会系统、善检查、能控险”的专业团队，切实发挥人才效能。

全行要以习近平新时代中国特色社会主义思想为指导，增强“四个意识”，坚定“四个自信”，做到“两个维护”，不断提高政治判断力、政治领悟力、政治执行力。要保持攻坚克难、团结进取的勇气和信心，立足新发展阶段，贯彻新发展理念，服务新发展格局，扎实推进各项工作，以高质量内控合规服务高质量发展，努力以优异成绩庆祝建党 100 周年！

推进高质量全面风险管理
提升风险管理价值创造能力

——在 2021 年信贷与全面风险管理工作会议上的讲话

廖　林

（2021 年 4 月 8 日）

过去一年，面对世纪疫情等外部形势带来的多重考验，全行风险、信管、审批条线在行党委的坚强领导下，锐意进取、真抓实干，聚焦完善全面风险管理体系、实施授信审批新规、强化“三道口、七彩池”管理等方面，开展了大量工作，取得了明显成效，为价值创造作出了重要贡献。借此机会，我代表行党委、管理层对大家的辛勤付出，表示由衷的感谢。

立足新发展阶段，贯彻新发展理念，服务新发展格局，推动高质量发展，全行要坚持统筹发展和安全，围绕金融工作“三大任务”，落实行党委“48字”工作思路，立足“大、全、稳、新、优、强”发展方位，运用“三比三看三提高”工作方法，全力推进高质量发展、高质量风控、高质量转型，扎实开展风险管理工作，推动风险治理体系迈上新台阶、风险治理效能实现新提升。

一、推进高质量风控

为落实“风控强基”要求，全行构建了“全球、全员、全程、全面、全新、全额”的全面风险管理体系。其理念与精髓高度浓缩在前期印发的《全面风险管理（ERM）图解》，全行要认真学习领会，结合实际抓好贯彻落实。

（一）全面风险治理架构。全面风险治理架构的核心由4大板块、“9＋X”类风险和风险防线共同组成。4大板块包括境内分行、境外机构、综合化子公司、总行部门及利润中心。“9＋X”类风险涵盖了监管制度要求的战略风险、信用风险、市场风险、国别风险、操作风险、流动性风险、银行账簿利率风险、声誉风险、信息科技与网络风险9大类风险和其他各类风险。架构明确了风险防线由风险管理部总协调、各部门牵头负责相应风险的职责分工。尚未设立风险管理部的15家分行，要尽快挂牌，抓紧落实。

（二）全面风险管理体系。风险管理的重点就是要“四管齐下”，管好“人、钱、防线、底线”，采取主动防、智能控、全面管的实施路径，建设与世界一流现代金融企业相匹配的全面风险管理体系。

“四管齐下”管理要求中，“管住人、管住钱”主要解决“管什么”的问题，明确风险的主要源头和风险管理的主要对象。“管好防线、管好底线”主要解决“谁来管”的问题，强调要落实“六方责任”，筑牢风险防线。

（三）管住人的机制。既要管住全部44万名员工，更要管住4万个关键人。一是管住所有人。加快完善员工异常行为网格化智能化管控体系，优化58项异常行为识别模型，实现对员工在工作表现、社会活动、消费投资等方面异常行为的全方位管控。二是管住关键人。通过职业生涯全周期管控、行为管理、风险视图等手段，既管住各级机构的关键岗位，也管住信贷与投资、资金交易、资产管理等关键条线，还管住关键少数。三是健全风险治理责任机制。设立总行责任认定委员会，优化总行违规问责委员会运行机制，开展责任评议、认定与问责，全面覆盖4大板块和“9＋X”类风险，以问责倒逼风险管理责任落实。

（四）管住钱的机制。管住表内外、境内外、行内外、线上线下各类业务“钱袋子”，重点是管好信贷资产。一是加强全流程关口管理。实施“三道口、七彩池”管理，充分发挥资产筛查过滤、关闸管控的作用。通过政策制定和“两查五关”，把好入口关。用好“七彩池”分类新标准，准确把握风险演变进程，扎牢闸口关。针对“冰棍、根雕、顽石”三类不良资产，精准施策、有效处置，规范出口关。持续开展资产质量攻坚，实现提质进位。加强投融资“三个一”对标分析，完善经营策略，优化信贷布局。二是推进授信审批新规全面落地。提高境内机构新规运行质效，探索向境外机构及综合化子公司推广新规；加强跟踪督导，推进精细化管理。落实好责任人制，强化“真实性”审查。完善审议审批机制，提升专业性和独立性。用好审结机制，发挥制衡监督作用。加强专职委员和审批人队伍建设，突出专家专职、专业专注，发挥专家治贷作用。

（五）管好防线的机制。一是筑牢“三道防线”。落实“三道防线”建设20条要求，前台一道防线压实主体责任，中台二道防线履行“9＋X”类风险管理职责，审计三道防线履行监督责任，实现“三道防线”各司其职、责任分担、联防联控、有效制衡。二是全面监测监控。强化对四大板块、表内外资产和全量业务主要风险的全口径监测。深入推进风险管理评价。三是精准前瞻防控。综合运用人工智能、压力测试、知识图谱等技术，完善信用、市场、操作等各类风险计量，加快方法迭代创新，实现事前、事中、事后全流程智能管控。四是建立4大板块会议机制。总行层面构建前中后台联防联控会议机制，境内分行抓好重点机构诊断分析，打好资产质量“123”攻坚战，境外机构建立内控合规季度会议制度，子公司开展季度风险分析会。

（六）管好底线的机制。一是管好监管底线。要落实人民银行的宏观审慎评估（MPA），银保监会的监管强化标准（HRS）、存款偏离度、负债质量管理及境内外相关监管要求，守住监管红线。二是管好管理底线，落实好党中央、国务院决策部署、行党委和董事会战略安排。压实“六方责任”，管理层班子要落实主体责任，机构负责人落实第一责任，分管副行长落实实施责任，一道防线落实直接责任，二道防线落实管理责任，三道防线落实好监督责任，守住风险底线。

（七）全面风险管理路径。

1. 主动防。以主动为关键，以防范为目标，变被动处置为主动作为，不断提升风险管控的主动性、前瞻性和预见性。一是完善风险治理体系。健全风险治理架构，夯实风险治理基础，发挥“三道防线”作用。二是加强风险文化建设。遵循海恩法则、三性法则、制衡法则、分散法则、危机法则等风险管理法则，培育“依法合规、稳健经营、诚信严谨、专业协作、人人尽责”的风险文化。三是明确风险策略要求。针对形势变化，及时调整短期与中长期风险管理策略。四是优化风险政策流程。完善风险识别、计量与监控流程，落实定期监测、分析、报告与警示复盘要求，严格风险偏好与限额，实现有效传导。

2. 智能控。以大数据为基础，科技手段为工具，实现对各类业务、风险、机构全流程智能化风控。建设好、用好风险管理“智能控”四部雷达，充分发挥“融安 e”系列系统的智能化、自动化作用。

3. 全面管。以全面为关键、以管好为目标，横向到边、纵向到底、不留死角。一是全面管理各类风险，完整覆盖“9 + X”风险。二是全面管理各类机构，完整覆盖4大板块、境内外各机构。三是全面管理各类业务，完整覆盖传统与新兴、表内与表外、境内与境外、线下与线上。四是全面管理各类人员，通过员工队伍建设、关键岗位和关键条线管理，实现对44万名员工的全面管理。

二、提升风险管理价值创造能力

各级机构要坚持“价值创造”工作思路，深刻把握价值创造的基本逻辑。针对风险管理能否创造价值、如何创造价值这一问题，经济增加值（EVA）提供了清晰的指引。从 EVA 的计算公式（EVA = 收入 - 支出 - 资本成本）可以看出，影响价值创造的构成要素与风险因素密切相关，做好风险管理是 EVA 增值的先决条件和重要途径。

（一）做大做实“收入项”，拓宽 EVA 来源。EVA 的收入项等于“净利息收入”加上“中间收入”和“其他收入”。从风险管理角度看，做大做实“收入项”是实现 EVA 持续增值的重要源泉。一是提升风险定价能力，通过差异化定价，提高贷款利息收入能力。二是提高中间业务收入。中间业务不直接承担信用风险，不增加资本占用。在风险管理领域，加强工行风控拳头产品的对外输出赋能，通过向中小金融机构输出我行“融安 e”系列系统，增加中间业务收入。三是管控好重要经营指标。2020 年，我行净利息收益率（NIM）、净利息差（NIS）、存贷利差及中间收入占比等收入指标均呈现同比下降趋势，需要重点关注。

（二）减少“支出项”，降低 EVA 损耗。支出等于“减值”加上“费用”和“其他支出”。做好节支，要防止资金“跑冒滴漏”，实现EVA 量质齐升。一是减少减值支出。当前，要在我行不良贷款率保持基本稳定的基础上，努力将核销资源撬动比提高到2倍以上，将账销案存的现金回收率提高到3%。二是减少费用和其他支出。监管处罚是其他支出的重要组成部分。虽然2020 年全行监管处罚金额较上年有所下降，但仍达××亿元。三是管控好不良贷款率、逾期贷款率、潜风融资占比、拨备覆盖率、成本收入比及监管处罚率等指标。

（三）减少“资本成本项”，降低 EVA 资本占用。资本成本等于“经济资本”乘以“资本回报率”。资本占用主要由违约概率（PD）、违约损失率（LGD）、风险敞口（EAD）等风险参数决定。降低资本占用，要科学把握风险参数，提高风险管理的精细化水平。各级机构要加强资本和风险加权资产（RWA）管理，通过对客户、行业、押品、期限的合理选择，优化风险加权资产结构，降低资本占用。

（四）处理好几组关系，抓实 EVA 增值的重要环节。搞清楚风险管理创造价值的本质，关键要科学、稳妥处理好几组关系。

一是处理好贷款增速和 RWA（风险加权资产）增速的关系。核心要确保 RWA 增速低于贷款增速。2020年，全行贷款增速约为 12%，RWA 增速约为 8%。今后要进一步降低 RWA 的相对增速。

二是处理好净利润和 EVA 的关系。虽然净利润和EVA 都是收益及价值类指标，但两者并不完全同向变动。有时净利润在增加，EVA 可能反而在减少。究其原因，一方面是由于收入增加的部分被资本占用抵消；另一方面是由于收入质量不高，支出不实，风险没有得到充分反映，收益存在虚增成分。

三是处理好减值和资本约束的关系。减值与资本都是风险条件下对业务的财务资源约束。要加强减值管理，前瞻预判风险，精细计量风险，根据风险大小审慎预提损失，动态及时反映风险变化。要加强资本约束管理，用好风险调整资本收益率（RAROC）、风险加权资产收益率（RORWA）等平衡收益、风险与资本的综合化工具，提高差异化风控水平。要加强资本控制与考核，综合考虑资产收益率（ROA）、权益收益率（ROE）等指标，推动“垒规模”的粗放式发展模式向内涵式发展模式转变。要统筹资本补充配置优化，强化资本的内源式补充，保持资本稳健运行。要持续强化全球系统重要性银行（G - SIBs）组别管理，前瞻应对TLAC 监管实施。

三、推进高质量转型

要坚持转型务实、改革图强，把重点放在提高适应性、竞争力、普惠性上，通过改革创新提升进化能力，更好助力构建现代金融体系。

（一）提高适应性。对内，要适应同业竞争；对外，要适应监管要求；向上，要适应未来发展新趋势，适应移动支付、数字金融、智慧金融、区块链、AI 技术的发展；向下，要适应基层诉求、以人为本，提高基层网点的适应性；以客户为中心，适应客户需求，为客户创造价值，建立新型银客关系。

（二）提高竞争力。好银行是平衡出来的。要完整、准确、全面理解和贯彻新发展理念，实现质量、结构、规模、速度、效益及安全的协调统一发展。要平衡好价值创造、市场竞争、风险管理和资本约束，实现经济绩效、环境绩效、社会绩效的整体提升。

要构建优质的银客生态系统，紧扣产业链、资金链、信息链，形成全链条、全生命周期、一体化的金融服务格局。要加强拓客维客机制创新，强化GBC工作，推动G端、B端、C端客户、信息及资金的高效循环。要立足自身优势，找准客户需求的痛点难点，推出一批“杀手锏”产品，做到人无我有、人有我优、领先一步。

（三）提高普惠性。要聚焦“普、惠、小、微”4个字开展工作，将金融服务扩展到经济社会的毛细血管，完善普惠金融服务体系，推动普惠金融实现增量、扩面、提质、降本。向下，要下沉服务重心，触达最广大基层百姓；向善，要提供价格合理、便捷安全、高效优质的金融服务。

风险、信管、审批条线也要加快推进自身的高质量转型。一是围绕全行重点战略和中心工作及“增存、优贷、提质，增收、节支、提效”开展各项工作，落实好风险防控各项措施。二是转变思想、奋力创新，挖掘潜力、激活动力，加强与各条线的协同联动，提升风险管理的价值创造能力。三是坚持以客户为中心，瞄准客户需求，发挥专业优势，为客户提供多种增值服务。四是在风险可控的前提下，加强减负赋能，优化业务流程，着力解决基层和前台工作中的痛点、难点、堵点问题。五是加强先进技术应用，注重科技赋能，深化风险管理的数字化、智能化转型。

今年是建党100周年。风险、信管、审批条线要认真落实党史学习教育工作部署，把党史学习教育作为贯穿全年的重要政治任务，学党史、悟思想、办实事、开新局，打造一支忠诚、干净、担当的队伍，扎实推进风险管理各项工作，以高质量风控助推高质量发展、高质量转型，努力以优异成绩庆祝建党100周年！

以奋进者姿态推进高质量发展

——在分行行长座谈会上的讲话

廖　林

（2021年4月26日）

刚才董事长围绕全行高质量发展作了重要讲话，结合新三年规划，进行了重点部署、提出了明确要求，大家要认真学习、深刻领会，结合实际抓好贯彻，确保早落地早见效。下面，我结合全行经营情况及下一阶段贯彻落实工作，谈三点意见。

一、深度研判形势，担起大行的使命职责

今年以来，全行上下认真贯彻党中央、国务院决策部署，全面落实2021年工作会议精神和行党委关于旺季营销的工作要求，顶压前行，展现了良好工作状态。第一季度经营总体平稳，主要经营指标达到预期，部分指标好于预期。主要表现在：一是经营效益稳中向好。实现营收2 141亿元，同比增长3.8%；净利润863亿元，同比增长1.5%，增速均高于去年。二是信贷投放稳中有进。3月末，新增境内人民币贷款6 741亿元，增量创同期新高，保持同业领先，有力支持经济稳健开局。公司贷款突破10万亿元，其中，制造业、战略性新兴产业、普惠、民营、绿色发展等重点领域贷款投放全面完成序时目标；个人按揭贷款增量四行首位。三是集团NIM稳中加固，存款偏离度符合监管要求，外汇存款增量四行第一。四是资产质量稳中可控。集团不良贷款率为1.58%，与年初持平，逾期贷款率、关注贷款率、剪刀差等指标持续改善。资产经营能力提升，核销资源撬动比提升至1:1.83，收回账销案存资产同比增加。风险合规指标符合监管要求，进一步夯实了高质量发展的基础。

在肯定成绩的同时，也要清醒地认识到，当前全行经营还存在一些不平衡不充分问题，与高质量发展要求不适应。主要表现在：一是存款竞争承压。存款日均增量弱于同业、弱于同期。公司存款总量与同业竞争胶着，部分机构存款承接乏力，储蓄存款短期赶超仍然艰难。存款增长的稳定性问题突出，依靠习惯性、技术性、财务性等季末冲刺支撑，偏离度管理难度加大。在主动负债产品总量、增量均高于去年的情况下，一般性存款日均增量四行末位的分行较去年增多。二是收入增长承压。利息净收入增幅及中收增量、增幅落后主要同业。其中，信用卡收入与主要可比同业差距改善不明显，投行收入增长不及预期，资管收入领先优势受到挑战等。三是资产质量和案件风险管控承压。部分大户风险突发性暴露；核销资源吃紧；四大板块、“9＋X”类风险管理不平衡；业内案件涉案数量多于同期、金额接

近年度控制上限。四是资金体内循环承接承压，客户结构亟待优化。中部、尾部客户不强，资金承接不力，“雨过地皮不湿”等现象存在。3月末，已在我行开户目标客户的资金承接率、未在我行开户客户的拓户率，均与目标有较大差距。此外，科技与业务融合不够深，产品、流程、渠道协同不够畅，“部门墙”“机构壁”阻隔，适应性不足等问题依然存在。针对上述问题，全行特别是总行必须深入查找根源，采取针对性措施，标本兼治，尽快解决。

二、坚定发展信心，保持大行的战略定力

从内外部分析看，全行经营发展具有许多有利条件，奠定了高质量发展的基础。一是我国经济长期向好为大型银行高质量发展创造了良好环境。去年我国是全球唯一正增长的主要经济体，今年第一季度经济稳定恢复。“十四五”时期，我国加快构建新发展格局，培育完整内需体系，推进供给侧结构性改革，将推动市场潜力持续释放，市场主体活力有效激发，催生大量综合化、全周期金融服务需求。在这些领域，大型银行拥有更大优势。二是全行长期改革发展成效为新时期高质量发展筑牢了根基。刚才董事长深刻阐释了我行的八大优势，我们都深有体会。特别值得肯定的是，全行资产、资本、存款、贷款、营业收入、净利润、成本收入比等指标居全球首位，市值、ROA、ROE等指标排名全球前列，综合竞争优势明显。三是行党委科学决策为全行高质量发展明确了方向。“48字”工作思路，“三比三看三提高”工作方法，“大、全、稳、新、优、强”发展方位，“扬长、补短、固本、强基”布局，理念先进，部署有效。随着这些战略决策的深化实施，全行高质量发展正加快向纵深推进。四是我行具备的同业比较优势为全行竞争制胜和高质量发展提供了有效支撑。特别是机构、公司、交易、结算、网络金融以及制造业、绿色信贷、科创金融等业务是我行的传统优势领域，领先优势明显。

这些优势和有利条件，是全行奋力开创高质量发展新局面的定力和底气所在，也是我们的决心和信心所在。刚才，董事长强调“我们自豪，但不应自满”，大家要认真领会。面对竞争新形势新格局，全行要坚定信心，保持定力，围绕高质量发展的新任务、新要求、新趋势，聚焦“行动、落实、推进”三个关键词，不等待、不犹豫，不埋怨、不抱怨，众志成城、使命必达。在新三年规划的第一年，要有“首战用我，用我必胜”的豪迈，强化阵地意识，提高阵地价值，抢占制高点。领先业务要坚决打赢保卫战，落后业务要坚决打好攻坚战。

三、勠力同心前行，开启大行的战略新篇

今年是建党100周年，是“十四五”开局之年，也是我行新三年规划起步之年，做好下一阶段工作意义重大。全行要以高度责任感和紧迫感，贯彻党中央、国务院决策部署，立足新发展阶段，贯彻新发展理念，服务新发展格局，推动高质量发展。认真落实行党委“48字”工作思路，用好“三比三看三提高”工作方法，立足“大、全、稳、新、优、强”发展方位，坚持“扬长、补短、固本、强基”布局，全力完成各项任务目标，以优异成绩庆祝建党100周年。

（一）坚持服务实体，推进高质量发展，展现“大”的模样。

一是抓好战略规划推进。要坚持扬长扬优与补短协同互促、固本与强基互动、顶层设计与各机构实际结合，深化重点战略实施，推动业务高质量发展。扬长扬优方面，要重点巩固“机构、公司、交易、结算”等优势业务，努力实现长板更长、优势更优。补短与协同方面，要只争朝夕，实现“个人金融、外汇业务、重点区域、城乡联动”等战略重点突破，打造竞争新优势。要重视发挥科技创新的赋能作用。要鼓励各机构结合自身实际，探索乡村金融服务模式，以城市金融赋能乡村金融，助力乡村振兴。各机构要因地制宜，制订GBC工作行动方案，确保落地见效。突出强调的是，第一个人金融银行战略，重点要对标主要可比同业，客观看待自己和对手，多在客户体验、发展质量、产品定价、费用管控上作比较，寻求突破的措施。要复盘活创产品到期承接情况，深入研究主动负债产品驱动效应，分析同业主要业务线收入与利润关系，及时调整工作策略，确保率先收复阵地并实现突破。总行要定期发布“扬长、补短、固本、强基”布局推进情况白皮书；各机构要建立核心指标的“工X比”，已领先的要扩大与追随者距离，已落后的要缩小与领先者差距。

二是抓好增存提位。要深入落实董事长关于高质量发展存款的五点批示要求，改变惯性思维和传统路径依赖，积极主动做好迎接未来更激烈竞争的准备，尽快扭转当前存款增长被动局面，力争6月末存款增量同业领先。要加强同业对比。眼睛向外，刀刃向内，敢于剖析检视问题。要穿透近5年数据，全面客观分析比较，对自己位置、指标升降、阵地得失，做到心中有数、因症施治。要夯实日均存款。总行将完善日均存款增长激励机制和偏离度常态化管理机制；各机构、各条线要坚持抓日均、抓日常，做到日有所进、稳增多增，守住存款偏离度底线。要控制付息成本。持续完善存款产品差异化配置策略，发挥好主动负债产品对新客户新资金的撬动作用，合理控制三年期定期存款占比，改进存款期限结构；要做好外汇存款量价协调管理；要关注四行存贷款利率变动情况，对标可比同业，加强定价精细化管理，确保NIM保持合理水平。

三是抓好增收（节支）提效。要做大做实“收入项”，拓宽EVA来源；提升风险定价能力，提高净利息

收入；坚持合规与发展两手抓，推动中间业务稳健发展，确保营业收入特别是中间业务收入超额完成上半年序时任务、总量同业第一。要尽快补齐信用卡、第三方支付、代理保险等收入短板，加强公司与投行业务联动，统筹推进资管业务转型与发展。要合理控制“支出项”，坚持厉行节约勤俭办行，精打细算，避免不必要的费用开支，压降监管处罚等支出。要管理好“资本成本项”，主动做好资产配置，优化资产结构，努力降低资本占用。

四是抓好增客强基。多年来第一季度存款增长与主要可比同业形成明显反差，凸显“头部强，中部、尾部弱”客户结构短板。要从“大河有水小河干”向“大河放水小河满”转变。各单位要站在全行经营大局，加强区域协同、GBC 联动，共同打造良好银行客户生态系统，推动客户量质齐升，将荒山变果园。要加强存款“库容”管理，总行将定期分析全量客户资金流量、留量情况以及流入、流出规律，各单位要结合实际开展“库容”分析，找准努力方向，做好资金承接。要深入推进“织网补网”工作，走出舒适区，开启第二发展曲线；顺应常态化财政资金直达等趋势，补齐中部、尾部客户短板，打通主动脉，丰富毛细血管，彻底解决“雨过地皮不湿”的问题。要加强分类施策，对公要尝试区分紧密型、松散型、空白型等客户类型，严防公司存款被突破；零售要探索区分财富客户、固定月薪客户、社保类和退休客户、非固定工资客户等类型，关注商户及拆迁客群，对比市场容量抓客户增长，对照客户需求制定差异化产品配置和营销服务策略，兼顾存款、AUM、MAU 等指标，努力提高客户黏性。要加快由坐商向行商转变，持续完善客户营销体系。各级负责人要带头营销，走出去营销客户，走下去服务基层；要尊重基层的首创精神，多问计于基层，激发各层级员工工作积极性。

五是抓好优投优贷。要精准对接“十四五”规划，落实“六稳”“六保”要求，统筹把握投融资总量、结构和定价，提高服务实体经济成效。要继续保持总量合理增长，巩固贷款增量同业领先优势。通过资产证券化、处置不良资产、反向风参等方式，腾挪信贷空间，为实体经济增加源头活水。同时综合运用贷款、债券、股权、代理、租赁、投顾等工具，满足客户多元化需求。要加强对优质项目、重点客户和重点领域的营销拓展，优先保障制造业、战略性新兴产业、科创、普惠、民营、绿色发展等领域信贷需求，确保完成小微首贷户、制造业贷款比重提升等结构性增长目标；要加快“碳金融”工作布局，着力打造我行绿色金融服务品牌。提高产业链和供应链服务能力，加强数字供应链专业团队建设，推动业务高质量发展。要严格落实房地产贷款集中度管理要求。要把握当前贷款供需特征，利用 RAROC、RWA、PD、LGD、EAD 等工具，做好贷款优选排序，推动新发放贷款收益率走势与市场趋势同步。资本计量高级法不单用于监管指标，还要用于风险监测和效益考核，确保当期收益和长期风险的平衡。

（二）坚持风控强基，推进高质量风控，保持“稳”的姿态。

一是持续强化风险治理和全面风险管理。要坚持“管住人、管住钱、管好防线、管好底线”，按照“主动防、智能控、全面管”的路径，管住四大板块、“9 + X”类风险。当前要密切关注大宗商品价格波动、汇率利率变动、债券违约、部分地方金融机构风险暴露等问题，做好应对预案，防范风险交叉传染。要压实风险管理责任，各机构班子要将重大风险事项纳入“三重一大”决策，“一把手”要对风险心中有数，风险分管负责人要切实履行主管责任；三道防线要各司其职，发挥风险管控的合力。要持续推进境外合规管理长效机制建设，密切关注境外疫情等影响，突出做好重点领域和机构的风险缓释，妥善应对合规风险事件。要保持案防高压态势，纵深推进“价值创造年”主题活动，从源头控制操作风险，坚决遏制案件上升势头。要强化涉敏风险管控，严防重大涉敏风险事件发生；推进反洗钱治理能力提升工程，抓好洗钱风险评估新规落地实施。要加强消费者权益保护，做好汽车分期、个人贷款等焦点投诉问题专项整治，压降“95588”投诉、重复投诉和监管转办投诉量，提高客户满意度。要加强监管通报问题整改，形成敬畏监管、服从监管、尊重监管的氛围，对照监管要求，拉单列表，存量和增量问题一起抓，由点及面，推动监管通报问题彻底整改到位。近期，银保监会将进驻我行开展风险管理及内控有效性检查，各部门、各机构要认真做好配合，加强反馈和沟通，防止因沟通不到位而导致监管处罚或声誉风险。

二是推动信用风险管理提质增效。要把握好风险处置节奏，将严控贷款单边劣变作为管控重点，做好财务资源安排，加强“十率”指标监测，努力保持资产质量总体稳定。要持续加强信贷管理机制建设，强化“三道口、七彩池”管理，落实“真实性”审查机制要求，巩固授信审批新规成效，确保新增融资风险可控。要强化重点领域风险管控，继续打好资产质量“123”攻坚战；加强延本延息贷款等风险排查和化解，逐户制订大户风险管控方案；前瞻做好“三个一”客户风险防控，推动重点大户、重点项目风险有序释放和化解；稳步推进非标资产回表，积极化解存量风险。要经营好风险资产，各机构要优化风险资产处置结构，提高拨备资源使用效率，力争核销资源撬动水平达到 2 倍以上；持续加大账销案存资产清收处置力度，力争年内现金回收率达到 3% 以上。

三是合理控制 RWA 增速。要强化资本节约的经营理念，统筹优质市场拓展和风险加权资产占用，优化信贷投放结构，确保 RWA 增幅低于信贷增幅，促进业务、风险、收益协调发展。要完善资本激励约束，提高精细化管理水平，及时压降无效、低效资本占用，降低资本消耗。要抓好全球系统重要性银行组别管理，延缓升组步伐，减少资本压力。

四是加强风险项目（事件）及成功案例复盘。要强化“代价”意识，各机构要全面分析重大不良贷款风险、案件、大额监管处罚、监管通报问题等，针对性完善管理机制，筑牢风险防线。要复盘业务发展中问题，从中获得启发。特别是各机构要从被对手突破的业务入手，深入分析原因，制定改进措施，将痛点难点变成改进工作打开局面的着力点爆破点。要重视复盘成功的案例，做好复制推广，赋能全行高质量发展。

（三）坚持改革图强，推进高质量转型，提升“强”的底气。要把改革转型贯穿于经营发展的各个环节，以改革激发活力、转型创造动力。

一是提高适应性。要适应未来金融发展趋势，把准主攻方向，积极探索数字金融、智慧金融、生态金融、养老金融等新模式。要适应客户多元化金融需求，发挥集团优势，建立开放、简洁、便捷、安全的集团统一智能平台，精准匹配产品和服务，提升客户体验。要适应基层诉求，坚持以人为本，抓实战斗单元，完善网点经营管理模式，优化授权管理，深入推进网点减负赋能，用好工银大学平台加强培训，充分调动战斗单元积极性。要适应同业竞争态势，增强“比”的意识，伸首窗外，虚心学习并吸收同业经营管理的好经验，在“比学赶超”中锤炼内功。要适应监管要求，加强合规管理，特别是高度关注监管处罚问题，梳理近年被处罚重点领域、重点业务，主动消除风险隐患，守住不发生重大违规风险和监管处罚的底线。

二是提高竞争力。要完整、准确、全面贯彻新发展理念，坚持系统观念，全方位布局、全板块统筹、全链条发力，努力实现发展质量、结构、规模、速度、效益、安全相统一。要平衡好价值创造、市场竞争、风险管控和资本约束，特别是注重多维度指标平衡性（如净利润增长率、存款付息率、贷款收益率、中收占比、市场地位、不良贷款率、拨备覆盖率、资本充足率等），及时调整优化资源配置、考核激励等措施。特别是强化价值创造导向，兼顾风险和收益，促进业务高质量发展。要围绕客户需求痛点和市场热点，发挥金融科技和综合服务优势，顺应形势变化，锻造一批“杀手锏”业务和产品，赢得竞争主动、赢得领先优势。要把提升网点竞争力作为全行一项重要而紧迫的任务，加快推进，让网点成为高手在“希望的田野”上大显身手的重要阵地，为全行高质量发展出力添彩。

三是提高普惠性。要更加“普及”，围绕普惠金融、城乡金融等领域，加快客户拓展，下沉服务重心，创新网点空白区域服务模式，不断扩大金融服务覆盖广度和深度，以产品和服务“向下扎根”，推动业务更好“向上生长”。要更加“惠利”，保持稳定、高效的普惠金融供给，落实延本延息政策，支持稳企业保就业；严格执行减费让利要求，严禁违规收费，做到“应免尽免”，促进实体经济降低综合融资成本。要更加“便捷”，适应线上线下融合发展趋势，用好手机银行主平台，开拓应用场景，推动业务线上化、数字化、智能化转型，让产品和服务直抵千家万户。

四是提高数字化经营及精细化管理水平。发展、风控、转型都要加“数”推进。今年以来总行着眼于提高数字化经营及精细化管理能力，在加强调度、加强偏离度管控、增加投放、增加产品供给的同时，制定了战略性资源配置、负责人任内竞争力监测、资金承接、代发业务、网点竞争力提升、客户“织网补网”工程、城乡联动推进乡村振兴、合作机构管理等8项重点工作，正逐项制订指导意见工作方案，并将跟踪监测，各机构、各条线要结合实际抓好贯彻落实。要发挥信息科技优势，整合行内数据资源，拓展数据来源，加强数据分析，用好“一表三图”（三比三看三提高分析表、储蓄存款五年走势图、对公存款五年走势图、主要负责人竞争力走势图）、管理建议书、“智慧大脑”等数字化手段，丰富“数”说管理，更好为经营管理和业务营销赋能。要加强执行力建设，完善常态化落实机制，及时落实行党委工作要求以及各项工作部署，提高战略落地的质效。

百舸争流，奋楫者先；千帆竞发，勇进者胜。希望大家保持良好的工作作风和精神状态，坚定信心，强化落实，攻坚克难，交出一份亮丽的成绩单，以大行奋进者的姿态，奋力开创高质量发展新局面，以优异成绩庆祝中国共产党成立100周年！

坚定信心　奋发进取 全面深化第一个人金融银行战略

——在2021年全行个人金融业务工作会议上的讲话

廖　林

（2021年5月12日）

这次会议的主要任务是，贯彻落实全行年度工作会议和境内分行行长座谈会精神，研究部署深化第一个人金融银行战略，推动个人金融业务高质量发展。建华同志还将对深化战略实施作具体安排。我谈三点意见。

一、为什么要如此重视个人金融业务

2019年，行党委将“全面打造第一个人金融银行”确定为重点战略，作出一系列部署。陈董事长作出多次批示，提出具体要求；执委会把推动战略实施作为重要职责，全力抓好落实。行党委之所以一以贯之、一着不让地深化第一个人金融银行战略，根本原因就在于，个人金融业务作为立行之本、强行之基，是推动全行高质量发展的关键子、先手棋。

第一，践行人民金融的“主力军”作用更加突出。个人金融业务是我们运用金融手段和力量，满足人民群众对美好生活向往的主要依托。两年来，全量客户从6.07亿增加到6.87亿；手机银行客户从3.13亿增加到4.16亿。客群的更加广泛、服务的更加便捷，有力促进了全行在更高水平上满足群众需求、助力消费升级和扩大内需。

第二，效益增长的“基本盘”作用更加突出。从资金贡献看，今年第一季度储蓄存款在全行一般性存款中的占比已突破50%，日均增量占比接近100%，是全行稳定的资金来源。从效益贡献看，2020年个人金融板块对全行中收、营业贡献的占比分别增加到59%、48.9%，营业贡献年均提升超过2个百分点。个人金融业务越强，银行价值创造的韧性也越强。

第三，稳健发展的“稳定器”作用更加突出。个人贷款具有抗周期性强、风险和资本占用相对较低、收益相对稳定的特点。近两年来，全行个人贷款年均增加7 000亿元，目前余额已达到6.51万亿元，以17%的经济资本占用，支撑了全行38%的贷款规模。个人贷款资产质量保持较好水平，不良率低于全行平均水平1个百分点左右，有力支持了信贷的稳健发展和资本充足水平的稳定。

第四，转型成效的“风向标”作用更加突出。近年来，银行业整体在向零售金融转型，转型较快的机构普遍实现了经营成果、客户口碑、市值提升等“多赢”。一家银行个人金融业务的发展状况、转型成效，已成为评判其综合竞争力的关键变量。

可以说，深化第一个人金融银行战略，既是提升竞争力的当前之策，也是推进全行高质量发展的长远之举。各级行领导班子特别是“一把手”对此要深刻认识，全面把握，始终保持战略定力，抓好落地见效。

二、深刻认识个人金融业务高质量发展的内涵与挑战

在不久前召开的境内分行行长座谈会上，陈董事长对工商银行的高质量发展进行了阐释，即是完整准确全面贯彻新发展理念的发展、有力有效服务新发展格局的发展、充分反映我行发展方位的发展。打造第一个人金融银行，也必须牢牢把握高质量发展这个主题。

（一）明确个人金融业务高质量发展的标准。核心是按照“六个统一”“八个标尺”要求，完善个人金融业务高质量发展的评价指标体系。

“六个统一”，即要坚持系统观念，全方位布局、全板块统筹、全链条发力，努力实现发展“质量、结构、规模、速度、效益、安全”相统一。

“八个标尺”，即要对照衡量全行高质量发展的八个标尺，加快推动“四个转变”，将第一个人金融银行战略实施成效，切实体现在业务发展的领先、经营转型的领跑、改革创新的引领上。

同时，要平衡好价值创造、市场地位、风险管控和资本约束的关系，注重多维度指标平衡性。当前要更加突出市场地位的提升，用2～3年时间实现个人金融业务的全面赶超。储蓄存款，保持增量市场前列地位，持续缩小总量与领先同业的差距，同时保持AUM规模领先。个人贷款，巩固增量领先优势，加快总量追赶步伐。中间业务收入，持续巩固领先地位。信用卡，尽快缩小主要业务指标差距。私人银行，保持可比同业口径客户总量第一，尽快重回增量第一。

（二）深刻认识战略实施有余地有空间。陈董事长

在境内分行行长座谈会上讲到的全行四个方面短板，在个人金融领域也不同程度地存在。尤其是对标高质量发展要求，个人金融发展的空间和余地仍然较大。

一是市场竞争格局加快重构，我行个人金融实力总体较强，但竞争力还需提升。相较对公业务，个人金融业务市场竞争更加激烈、更加充分。几家大型银行各有所长，一些中小银行、互联网机构在个别业务线也已形成优势。我行有些领先优势在缩小，有些业务已被赶超，尤其是储蓄存款、信用卡业务压力有增无减，全面实现第一目标任重道远。

二是居民金融行为加速转变，我行个人客户量质有所改善，但客户生态系统还需完善、活跃度还需提升。近两年，我行个人客户增量持续同业领先，信用卡、个人手机银行客户总数均位居同业第一。但从总量来看，我行与农行仍有差距，特别是在下沉的县乡市场差距较大。从活跃度看，我行产品渗透率较低。如基金代理客户渗透率，我行仅 0.88%，约是建行的一半；手机银行月活客户，招行为 6 126.4 万户，占全部客户的比重为 42.3%，我行为 1.12 亿户，但占比仅 16.3%。客户总量、结构、活跃度的差距，不仅制约了个人金融业务的发展后劲，也影响了我行在一些民生项目、平台、头部企业的竞争力。

三是行业转型创新提速提效，我行个人金融创新加快推进，但经营转型成效还需提升。近年来，我行打造了智慧大脑、工银 e 钱包、智能卫士等一批创新产品，构建大量场景，科技赋能个人金融转型发展的力度持续加大。但对照市场不断涌现的新业态新模式、客户日益增长的新需求新期盼，我们的产品、服务、组织体系等还有不适应的地方，特别是科技与业务融合不深，数字化经营与领先同业、互联网企业还有较大差距，导致旧的优势不断收缩，新的优势又难以全面形成和巩固。如何加快转型创新，让“老树开新花”“小苗变大树”，是当前迫切课题。

总的看，深化第一个人金融银行战略，我们有基础、有条件，也有不足和提升空间。要坚持目标导向、问题导向和结果导向，把痛点难点作为拓宽发展空间的着力点爆破点，把解决问题作为高质量发展的工作抓手，以抓铁有痕的作风，加快收复战略要地，助力全行高质量发展。

三、全力推进个人金融业务高质量发展

要坚持“48 字”工作思路，立足“大、全、稳、新、优、强”发展方位，用好“三比三看三提高”工作方法，落实好新三年规划，加快思维转变，着力从客户、服务、科技创新等方面，打好深化战略实施的组合拳，全力推进个人金融业务高质量发展。

（一）构筑良好客户生态系统，进一步夯实客户基础。抓好获客拓客、维客活客，打造良好的客户生态系统，推动个人客户实现量的扩大、质的增强、活跃度的提高。

获客拓客方面，要聚焦源头拓户，对比市场容量，着力抓好代发、社保、建工、商户等客群拓展。积极向县域和乡村市场下沉，用好助农取款、涉农补贴发放、“三资”管理等政策，加大与政府部门、涉农企业在批量拓户上的合作，丰富县乡等毛细血管客户。要依托场景拓户，强化与年轻客群聚集的场景对接，通过手机银行、工银 e 钱包等，加快互联网平台外部获客。要 GBC 联动拓户，进一步抓好场景的项目化推广，充分发挥投融资、集中采购、普惠金融等方面带动作用，加大向机构和企业员工的渗透。

维客活客方面，关键是用好产品，做好服务。要建立以 MAU 为核心指标的监测机制，区分产品、业务线，开展客户的留存与流失分析，采取针对性措施，切实把流量转变成为“留”量。要区分财富客户、固定月薪客户、社保类和退休客户、非固定工资客户等类型，构建完善新一代个人客户维护体系，制定差异化产品配置和营销服务策略，不断提高客户黏性。对于私银客户，要实施“一群一策”的垂直精细化经营，优化客户提级输送机制。对于中高端客户，要有序开展常态化营销维护，减少单边降级流失。对于长尾客户，要加强系统化维护，努力实现激活提级。同时要及时改进客户满意度低的业务和触点，改善客户体验。

（二）围绕客户资产负债表，进一步提升业务发展优势。要落实好陈董事长关于高质量发展存款的五点批示要求，把握宏观政策导向、社会资金流动规律和客户需求演变趋势，围绕客户资产负债表，按照支付、存款、理财、融资一体化发展思路，加大全产品、全价值链协同与创新，锻造一批“杀手锏”产品和服务，推动个人金融各相关业务互促互进、竞争力同步提升。各分行要建立核心指标的“工 X 比”，已领先的要扩大与追随者距离，已落后的要缩小与领先者差距。各分行主要负责人要履行第一责任人职责，紧盯数据、紧盯市场、紧盯同业，做到心中有数、摆布有方。

一是做大 AUM“蓄水池”。要根据客户对收益性、流动性、安全性的不同需要，统筹用好集团牌照资源和服务优势，不断丰富有价值、有竞争力的金融产品，做好客户金融资产配置服务，努力成为客户的主账户、主银行。要摒弃单一产品思维，既尊重客户选择、满足客户需求，又根据不同时期各产品不同的收益水平，及时调整营销策略，宜存款则存款、宜理财则理财，防止简单将存款与金融资产对立，推动储蓄存款和金融资产协同增长。

二是全力抓好增存提位。要深化对资金规律的认识，拿出有针对性的竞争策略，确保增量领先。要把日均存款增长放在更加突出位置，把握大额资金流动的季节性特征，做好主动负债产品策略性投放，更好地发挥

主动负债对新客户、新资金的牵引作用。要加强“库容”管理，认真分析资金行内行外流向，沿资金链条拓展客户，提高产品覆盖率，强化到期、回流资金的承接，在畅通交易循环中提高资金留存率、改善定活比。要坚持不懈抓好支付、结算等基础业务，提高对存量个人客户的信用卡渗透率，加大第三方绑卡力度，夯实业务发展根基。

三是统筹安排个贷投放。要立足于支持消费扩容升级，合理配置信贷资源，继续提高个贷在全行信贷结构中的占比。部分个贷占比明显偏低的分行，要尽快向全行平均水平靠拢。要坚持按揭贷款核心地位，严格落实房地产贷款集中度管理要求，支持重点分行竞争力率先突破。要以消费为依托，主要通过数字化、场景化发展小额消费信贷和信用卡业务，实现服务效率、业务规模、发展质量的同步提升。要完善规模资源分配机制，做好优选排序，推动贷款收益率保持同业合理水平。

（三）加大科技赋能，进一步加快个人金融转型创新。要充分认识数字化转型在推动高质量发展中的重要作用，通过科技赋能的率先突破、强化引领，推动个人金融业务加快形成新模式、打造新优势。

一要赋能服务创新，提升场景创建的质效。坚持开放共享、合作共赢，根据消费者在“衣食住行、生老病养”等方面的不同需求，搭建高频生活场景，构建金融生态。要重视场景运营，围绕客户流、资金流、信息流，构建服务生态，强化平台型服务。要前瞻布局数字货币相关场景生态，保持数字货币应用引领地位。

二要赋能渠道创新，提升全渠道的价值创造力。坚持数字化、智能化、线上线下一体化方向，推进物理网点、手机银行、远程银行、客户经理之间功能联通、服务协同，打通服务断点、流程堵点，实现“一点接入、全渠道响应”。强化渠道一体化运营，促进线上线下融合互通与相互赋能。要扎实开展网点竞争力提升工作，继续优化线下网点布局，巩固服务营销阵地作用。同时，要落实城乡联动推进乡村振兴要求，构建新型乡村金融服务网络体系。

三要赋能管理创新，提升数字化经营、精细化管理水平。要加快各条线之间数据、系统、流程和账户互通，用好“一表三图”、管理建议书、“智慧大脑”等数字化手段。要强化智慧营销，持续完善智慧大脑等系统功能，为全量客群统筹维护提供智慧化平台支撑。要加快构建智慧运维新模式，优化运营流程，打造高水平集约运营后台。要提高智能化风控水平，落实好“主动防、智能控、全面管”要求，强化“三道口、七彩池”智能信贷风险管控，推动个贷资产质量稳中向好。要加强洗钱风险管控、客户信息保护、合作机构管理、涉赌涉诈交易管控，严防外部输入性风险。要切实保护好消费者权益，着力抓好“95588”投诉、重复投诉和监管转办投诉压降，加强问题分析和源头整改，从根本上提升客户满意度。

（四）完善机制，进一步强化个人金融业务高质量发展的保障。资源配置上，要根据竞争态势、战略实施重点和阶段性目标，优化资源配置。同时要加大直达客户的营销资源投入，提升客户综合价值和自身投入产出效益。考核评价上，要完善竞争力评估监测体系，纵向上加强对各级机构战略推进成效的评价，横向上加大对各部门战略协同的评估力度，时间上穿透各级负责人任期，做到全面客观直观。总行将把战略落地成效，作为对分行班子考核的重要组成部分，定期分析评价。队伍建设上，要围绕网点营销对接“铁三角”，形成联合营销协同机制。加强个人理财经理队伍建设，提高履职能力，提升中高端客户维护成效；加快信用卡直客团队建设，尽快发挥营销效能。各分行可参照总行，组建跨部门工作专班，加快解决战略深化过程中的难点问题。总行各相关部门要精简高效开展工作，及时响应基层诉求，为前线战斗指引方向，提供弹药。要尊重首创精神，鼓励基层探索，做好复制推广，推动战略实施取得更大实效。

当前，深化第一个人金融银行战略已进入攻坚阶段，全行上下要保持定力、激发活力、形成合力，拿出逆水行舟的冲劲、久久为功的韧劲，全力抓好战略落地深化，以优异成绩庆祝建党100周年！

在全行资金承接工作推动会上的讲话

廖　林

（2021年7月28日）

总行管信部介绍了资金承接工作进展情况，上海、山东分行交流了各自的做法和体会，很有启发意义，有关经验要做好总结提炼和复制推广。下面，我讲三点意见。

一、深化对做好资金承接工作重要性的认识

今年以来，行党委就落实新规划、推动高质量发展作出一系列部署，重点是实施“扬长、补短、固本、强基”布局，推进“增存、增收、提质、提位”，抓好资金承接等工作。

资金承接是夯实全行高质量发展基础的重要一环。陈董事长对此作出重要批示，“资金承接大有潜力、大有可为”。各分行领导班子特别是“一把手”要把握全局，深化对做好资金承接工作的认识，确保行党委战略部署落地见效。

第一，资金承接是稳存增存的有效手段。当前存款稳定性、均衡性不足，仍然存在习惯性、技术性、财务性等冲时点行为，很重要一个原因在于，我行客户资金承接不足，资金流量大但沉淀少，存款工作事倍功半。今年上半年，全行公司客户、机构客户跨行单向流出资金分别为50万亿元、11万亿元，分别占本类型客户资金流出的44%、47%，资金流失问题突出，“雨过地皮不湿”的情况客观存在。只有打通资金循环堵点、封住资金流转漏点，提高资金留存率，才能不断提升存款增长的稳定性、均衡性。

第二，资金承接是拓客维客的有力抓手。我行头部客户比较强，但中部、尾部客户较弱，特别是市县层级、产业链供应链末端等毛细血管客户不够丰富，导致资金行内循环水平不高。资金链的背后是客户关系链。开展资金承接工作，就是通过深入挖掘资金流向，完整、清晰地绘制客户关系图，发现客户维护的空白点和薄弱环节，“按图索骥”、有的放矢拓客维客。这有利于把我行头部客户优势转化为拓展中部、尾部客户的成效，把服务链条长优势转化为做大客户总量、提高客户活跃度的质效。

第三，资金承接是提升数字化经营水平的有形推手。当前，资金在各类客户、各类场景的循环流转更加频繁，从“主动脉”向“毛细血管”渗透更为直接。依靠科技创新，依托大数据系统平台，唤醒沉睡数据，深入分析资金“库容”，开展精准营销，可以推动资金承接工作见到实效，让基层尝到甜头。资金承接工作的示范效应，能进一步激励各级干部员工持续用好用活数字化工具，充分挖掘数据价值，提升数字化经营水平。

二、全面客观认识资金承接工作的成绩与不足

资金承接工作自今年3月全面启动以来，总行相关部门围绕机制建设、资源配置、考核评价、系统优化等方面，开展了大量工作，累计派发6.68万户目标客户清单。各分行积极作为、奋力攻坚，资金承接工作取得了阶段性成效。

一是总体资金承接率稳步提升。第二季度行内目标客户资金承接率41%，较第一季度提升近2个百分点。二是存款增长贡献较为突出。第二季度行内目标客户存款余额较第一季度增加1 383亿元，占同期公司和机构存款增量的40%。三是行外拓客提速。第二季度行外目标客户拓户数明显增加，增量是第一季度的3倍。上海、深圳、辽宁、黑龙江、广州、北京、广东、湖北、四川、贵州等分行行内目标客户资金承接率较好，江苏、山东、浙江、四川、广东、河南、江西、河北、北京、安徽等分行行外目标客户拓户率较好，值得充分肯定。

在肯定成绩的同时，也应看到，当前资金承接工作成效总体仍低于预期。一是资金承接率低的客户占比偏高。近六成的行内目标客户资金承接率小于10%。二是行外拓户率有待提升。公司客户拓户率5%，机构客户拓户率2%，均与既定目标有较大差距。三是行际间工作不平衡问题比较突出。部分分行对资金承接工作重视不够、投入不足、抓得不紧，对数字化工具、手段的应用不够有力有效，也缺乏创新思路和实招硬招。

三、紧盯目标任务，高质量推进资金承接工作

资金承接工作是一项基础性、长期性工作，需要日日精进、久久为功。要认真落实行党委“48字”工作思路，对标高质量发展的“八个标尺”，围绕“扬长、补短、固本、强基”布局，以目标客户精准营销为带动，全力推进资金承接工作，力争到年底目标客户行内资金承接率达到50%，行外目标客户拓户率达到20%。当前，要集中精力开展以下四方面工作。

一要继续加强组织推动。各级行主要负责人是资金承接工作第一责任人，要增强阵地意识，落实阵地责任，坚持高位调度、统一指挥、动态督导，真正走出去、沉下去，保质保量完成资金留存和新增拓户目标。总行要定期监测各分行资金承接情况，针对重点分行开展定向指导，充分发挥其示范引领作用；要及时响应分行诉求，帮助解决实际困难；要深入挖掘、宣传、推广基层资金承接工作的典型做法和创新举措，提升全行资金承接工作整体质效。总行已经将“重点目标客户资金承接率”纳入境内分行经营绩效与业务发展考核，相关部门要继续在数据挖掘、资源配置等方面做好保障。

二要做大AUM蓄水池和MAU活化器。资金承接工作，既要盯牢存款，改善负债结构，降低付息成本，又要跳出存款抓存款，着眼于满足客户多元化资产配置需求，做大AUM，增加资金沉淀。要围绕客户资产负债表，加强全价值链协同与创新，做好产品组合投放，做大MAU和客户全量资金规模。要增强“库容”调节能力，分析资金流转规律，抓住资金归集、沉淀的关键

节点，做好引流、引导、承接，提高外流向内流、资金“流量”向存款“留量”的转化效率。

三要提高数字化、智能化经营水平。数据是非常宝贵的资源，数字化转型是撬动各领域全方位改革创新的重要牵引。要推动产品、服务、渠道、组织体系加快数字化转型，促进管理模式、服务营销模式变革。具体到资金承接工作，要加快完善全量客户资金流向监测管理体系和相关系统平台，强化客户资金流动的实时监测和全方位、可视化展示，为把握资金流动规律、做好“库容”管理提供支撑。要整合行内数据，拓展外部数据，对目标客户进行更加精准“画像”，满足不同层次、不同主体、不同场景的资金承接和营销拓展需求。要主动向一线“作战单元”推送关键信息，推荐适配产品，丰富数字化作战手段，不断提高目标客户营销的精准度和达成率。这里要特别强调的是，各分行要严格执行监管政策要求和总行制度规定，坚持合规经营，严守合规底线，切实保护好客户信息。

四要推进体系化、生态化发展。要深化客户营销体系。推进体系化、生态化、数字化、智能化营销，既要“分田到户”，逐户明确主体责任；也要“煲汤式”融合，重视数据、场景、生态的发展方向，形成GBC联动、总分行协同、全员参与的营销格局；尽快补齐中部、尾部客户短板，提高客群多样性。要深化全面风险管理体系。落实“全球、全员、全程、全面、全新、全额”的全面风险管理要求，前瞻、精准、动态防控风险，提升稳健经营硬实力。要深化考核评价体系。对标高质量发展要求，强化战略导向、竞争力导向和EVA导向，突出战略性、基础性业务，探索建立存量贡献和KPI相结合的指标体系，完善经营绩效考评、薪酬激励、工资总额分配等办法，更好激发全行经营活力。要深化价值创造生态体系。平衡好价值创造、市场地位、风险管控、资本约束要素，完善核心指标均衡的价值创造生态，实现发展质量、结构、规模、速度、效益、安全相统一。总行正在研究价值创造的生态平衡指标体系，对一级分行来说，重点要关注利润增长、EVA、营收增长率、存款付息率、贷款收益率、NIM、中收、存贷款增量和规模、不良率（还原后）、拨备覆盖率、RWA、RAROC等指标。

全行要认真学习贯彻习近平总书记“七一”重要讲话精神，深入开展党史学习教育，扎实推进“我为群众办实事”活动。要落实好行党委各项工作部署，坚定不移抓好资金承接工作，奋力完成全年各项任务目标，为推动新规划开好局起好步、促进全行高质量发展作出新的更大贡献。

以奋进者的精气神探索创新发展之路

——在中国工商银行2021年年中工作会议上的报告

廖　林

（2021年8月5日）

刚才，陈董事长作重要讲话，为全行迈向新征程、探索创新发展、推进高质量发展指明方向。全行要认真领会抓好落实。我结合上半年经营情况及下一阶段贯彻落实作报告。

一、落实党委精准发力要求，新规划第一个半年开局良好

今年以来，全行深入贯彻党中央、国务院决策部署，落实监管要求，坚持“48字”工作思路，运用“三比三看三提高”工作方法，立足“大、全、稳、新、优、强”发展方位，紧扣高质量发展主题，统筹疫情防控和经营管理，把党史学习教育成果转化为实施新规划的动力，取得“稳中有进、稳中向好”的经营业绩，为建党100周年交出一份亮丽的年中成绩单。

一是经营质效实现新提升。主要指标向好，集团实现拨备前利润××亿元，同比增长××%；净利润××亿元，同比增长××%。NIM保持同业较优；资本充足率××%，同业领先。

二是服务实体展现新担当。贯彻新发展理念，落实“六稳”“六保”要求，加大投融资支持力度，服务实体经济重点领域和薄弱环节的精准性不断提升。境内人民币贷款增加1.23万亿元，创同期新高；集团债券投资净增2 545亿元。绿色发展、制造业、战略性新兴产业等贷款规模均保持同业领先；普惠贷款余额突破万亿元，增量增幅均排位居前；房地产贷款符合监管要求。

三是风险防控取得新进展。集团各类风险总体可控。集团不良率××%，较年初下降××个基点；逾期率、逾期额、剪刀差等指标持续好转；拨备覆盖率提升。全面风险管理体系不断健全，授信审批新规实现境内分行全覆盖，投融资合作机构管理进一步完善，存量

理财整改有序推进，四大板块及各类风险责任认定问责机制全面实施，案防专项行动持续深化。

四是战略推进迈出新步伐。全行经营发展基础不断夯实。“扬长、补短、固本、强基”布局加快实施。机构、公司、交易、结算金融领域优势巩固；第一个人金融银行、外汇业务首选银行、重点区域竞争力提升、城乡联动等战略重点推进成效显著，其中，个贷可望突破，外汇多项业务份额提升，重点区域竞争力向好，脱贫攻坚成果同乡村振兴有效衔接。“数字工行”加速推进，转型升级动能增强；GBC联动深化，对公客户净增超60万户，同比多增18万户；资产5万元以上个人客户增加177万户，占比提升。

上半年，全行围绕党委补齐短板要求，有序开展资金承接等工作，初见成效。其中，代发业务核心指标增量增幅均为近年同期最好；行内资金承接率、非我行客户拓户率均上升。

——增存趋势回升。境内人民币各项存款新增1.33万亿元，增势逐季向好，偏离度符合监管要求。辽宁等8家分行一般性存款日均增量较好，北京等12家分行储蓄存款日均增量较好，浙江等5家分行公司存款日均增量较好，江苏等5家分行机构存款日均增量较好。第二季度当季一般性存款日均增量较好的分行有23家，较第一季度增加20家。

——增收稳步推进。集团营收增长××%，较第一季度提升。其中，个金、市场、公司、结现、托管等条线营业贡献同比增加；境内广东等4家分行增量超10亿元，厦门等3家分行增幅超10%；工银澳门等4家境外机构增量贡献较大；工银瑞信等2家境内控股机构增长较好。集团中收保持同业领先。其中，第三方支付、代销基金、人民币对公结算、资产托管、债券承销等增长较好；深圳等3家分行增量超2亿元，天津等4家分行增速超过10%。

——提质成效明显。28家分行不良贷款余额和不良率较年初“双降”。山西等6家分行资产质量监测指标整体较好，广西等5家分行核销资源撬动比高，河南等5家分行账销案存清收处置计划完成较好。投入产出质效趋好。

——提位积极有为。对比全球12家可比同业，集团资产、资本、营收、净利润、成本收入比、存款、贷款及ROA、ROE、市值、资本充足率等指标保持前列，全球影响力不断提升。系统内云南等4家分行一般性存款日均增量四行排名高于日均余额排名；上海等7家分行资产质量排名提升。

上半年成绩来之不易，为新规划实施全面起势开局创造了条件，需倍加珍惜。同时要清醒地认识到，全球疫情仍在持续演变，外部环境更趋复杂严峻；国内经济恢复仍然不稳固不均衡。全行对标高质量发展还存在不足。如存款稳定性不强，与高质量发展目标有差距；资产质量和案防持续承压，部分境外机构资产劣变压力加大；中收增长动能有待增强，有些业务市场地位受到挑战；大中小微客户均衡发展格局尚未形成，科技与业务融合板块间不均衡，等等。对此，要高度重视，继续精准发力。

二、久久为功地全力推进，确保新规划首年圆满收官

新规划实施第一年，开好局意义重大。要全面贯彻党中央、国务院决策部署，坚持稳中求进总基调，按照“48字”工作思路，用好“三比三看三提高”工作方法，立足“大、全、稳、新、优、强”发展方位，围绕“扬长、补短、固本、强基”布局，对照高质量发展“八个标尺”，全面推动新规划落地实施，努力交出全年高分答卷，为后两年蓄能发力奠定基础。

（一）全力推进新规划实施，积极主动充电蓄能。一要落实做好跨周期调节部署，按照董事长“备足工具储备，留足应对空间”要求，爬坡过坎，持续抓好经营转型、资产质量、改革创新等重点工作，推动优化收入结构、客户结构、信贷结构、强化风险合规和资本约束；未雨绸缪，积极提升营收增幅、严格管控NIM、全面改善资产质量、稳步提高拨备覆盖、保持较高资本充足，做好过紧日子储备，增厚应对未来不确定性安全垫。二要加强战略性、前瞻性、基础性、针对性问题研究，突出数字金融、绿色金融、碳金融、科创金融、制造业金融、普惠金融、养老金融、乡村振兴等特色。三要增强“比”的意识，提升ESG等各类评级及外部评价水平，保持大行引领姿态；强化执行，保持战略定力，干好细活、练好内功。系统内大行要为充电蓄能多作贡献；境外机构、境内控股机构要按照推动国际化综合化高质量发展要求，聚焦价值创造促进境内外一体化发展；科技赋能要有新突破，为充电蓄能提供强大动力。

（二）全力服务好实体经济。聚焦服务新发展格局，落实深化供给侧结构性改革要求，加大“六稳”“六保”支持力度，确保信贷增量同业领先、投向精准直达。要因地制宜增加重点区域信贷投放，加大对经济困难省份支持。统筹运用贷款、债券等手段，全方位服务“十四五”规划重大工程，坚定不移支持高水平开放和共建“一带一路”高质量发展，优先保障绿色发展、制造业、科创、民营小微、乡村振兴等重点领域和薄弱环节，助力稳投资、促消费、惠民生。

绿色金融要抢先布局、保持领先。践行“绿水青山就是金山银山”理念，贯彻碳达峰、碳中和重大战略决策，积极探索绿色金融新模式，加大绿色、清洁能源、新能源等领域贷款投放力度，严控“两高”融资，加强气候风险的研究和应对，巩固绿色信贷、绿色债券市场地位；同时加快推进自身绿色低碳转型，做好ESG

信息披露，力争率先建成碳中和银行。科创金融要做大总量、作出特色。聚焦支持高水平科技自立自强，推进“十百千万”专项行动，提高金融供给匹配度，确保高技术客群贷款增速高于各项贷款平均增速。制造业金融要提高占比、扩大优势。落实补链强链专项行动要求，聚焦“三新一高”、先进制造业、战略性新兴产业等领域，增加中长贷和信用贷投放，支持产业优化升级。普惠金融要拓宽客群、做大规模。开展中小微企业金融服务能力提升工程，支持专精特新发展；完善数字供应链等数字普惠模式，加强信用贷供给，加大首贷户和无还本续贷支持力度，巩固普惠贷款增速领先优势。稳步拓展个人信贷业务，支持消费持续稳定恢复。坚决贯彻“房住不炒”要求，严格房地产贷款集中度管理，积极探索发展住房租赁金融。

（三）全力强化全面风险管理。落实防范化解重点领域风险部署，统筹发展和安全，“管住人、看住钱、扎牢制度防火墙”，按照“未雨绸缪、见微知著、亡羊补牢、举一反三”要求，落实落细四管齐下的防控措施，强化三道防线协同，确保各类风险总体可控。下半年，质量管控和内控案防要下更大功夫。

要全面提高资产质量。坚持存量增量一起抓，科学制定“进、退、压、保、控”策略，扎实推进授信审批新规，守好质量生命线。存量上，要加强监测，加快推进资产质量攻坚战，做好对地方政府隐性债务、房地产、高杠杆大型企业、债券违约企业等领域，以及“三个一”客户的风险管控，完善延本延息贷款应对预案。要加强风险资产处置与经营，力争核销资源撬动比达2倍以上，账销案存资产回收率超过3%。增量上，要增强风险意识，提高客户选择能力，让风险应对走在市场曲线前面，不能因增量放大而降低准入标准，不能让今天的投放变成明天的包袱。要做实行业三分类和客户四分类管理，区分境内外、品种、期限、担保方式等维度，深化信贷结构调整。要结合国家战略实施、产业转型、区域发展动能转换等要求，前瞻调整投融资布局。

要全面提高内控案防能力。开展好“内控合规管理建设年”工作，加强员工异常行为排查，抓好重点领域防违规、防违纪、防案件、防腐败的联防联控，强化问责，坚决遏制新的要案发生，控好案件风险率和操作风险损失率。要敬畏监管、尊重监管、服从监管，全力配合境内外监管检查，协同做好巡视、审计和监管整改，做到立行立改、即知即改、全面整改。要继续完善境外合规管理，有效管控洗钱及涉敏风险，妥善处理应急风险事件。要加强形势和市场研判分析，统筹抓好流动性、利率、汇率风险管控。要加强数据治理，加大客户信息保护力度。要组织好投诉治理百日攻坚行动，限时压降转投诉，深化源头治理。此外，要抓实抓细疫情防控、安全生产和防汛救灾等工作，完善突发性灾备应急预案，强化责任落实，确保业务及工作连续性，保障人员和运营安全。

（四）全力推进几项具体性工作。要全面落实党委要求，一以贯之推进“第一个人金融银行”等战略重点，持之以恒、攻坚克难抓好资金承接等工作，推动经营发展取得新成效。

——增存方面，全面落实董事长关于高质量发展存款五点要求，保持成本合理性，确保实现稳增多增。要树牢抓日均的鲜明导向。建立日均存款增长激励机制，将FTP利差与核心日均存款增量挂钩，直接传导到各机构利润。各机构要抓好资金承接、织网补网等工作，提高资金外流向内流、流量向留量的转化效率，扭转习惯性、技术性、财务性冲时点行为。要优化存款结构。既严格落实市场利率定价自律机制要求，控制高成本存款；又用好用活价格政策及主动负债产品，推动量价协调。要突出做大AUM蓄水池和MAU活化器。紧盯客户资产负债表，增强产品投研和配置能力，加强全价值链协同与创新，加大净值化理财产品销售力度，做大MAU和全量资金规模，推动AUM和存款协同发展。特别强调：要坚决巩固提升服务特种机构的主力行地位。相关改革正加速推进，目前到了最关键时刻，各分行要以对全行负责的态度，全力以赴争揽改革单位账户特别是零余额账户，守住阵地，确保份额不减、地位不降。

——增收方面，总行部门和利润中心、境内分行、境外机构、境内控股机构要协同发力，积极增加营收并优化结构。利息收入上，要加强市场利率走势研判，加大存款付息率、贷款收益率管控力度，确保NIM处于同业合理水平；科学安排大类资产布局，稳定金融市场投资收益。非息收入上，要坚持以服务创造价值，增强业务发展动能，确保总量领先。资管、财富管理条线和工银理财、工银瑞信要继续推进转型发展；公司、投行、交易等条线要加强联动，打通服务价值链，为增收作更大贡献；个金板块要重视一体化协同发展，抓好基保理等重点产品，提高增量竞争力；信用卡业务在“费改息”后仍然是中收的重要来源，要在做活客户、做大消费上持续发力，实现收入恢复性增长。要严格规范收费，落实好各类减费让利要求，勿触监管红线。

——提质方面，除前面提到的提高资产质量外，还要重视提高信贷、资本、财务、人力等资源使用质效。信贷资源，要统筹增量投放和存量移位，构建绿色可持续、资本占用低、资产质量优、风险收益好的信贷格局。资本资源及管理，要树牢资本节约理念，强化资本内外源补充和集约管理，做好经济资本在产品定价、信贷审批、资源配置等领域的应用，确保RWA增速低于信贷增速；发挥集团合力，完成境内外资本工具发行目标。财务资源，要坚持勤俭办行、过紧日子，兼顾短期贡献和长期效能，强化财务费用配置管理，减少不必要开支；全力盘活低效、闲置房产，提高资产精细化管理水平。人力资源，要加快推进一级支行及网点客服经理转型，力求业务结构与人员结构匹配，壮大基层战斗单元服务营销队伍；加大培训力度，增强能力素质，提高人力资源效能。

——提位方面，集团层面要围绕 ROA、ROE、净利润、营收、成本收入比、非息收入占比、NIM、拨备覆盖率、不良率、资本充足率等核心指标，不断提高市场地位和国际影响。各机构要坚持“三比三看三提高”，用好数字化手段，穿透近年数据，剖析问题，将痛点难点变成改进工作打开局面的着力点爆破点，全面提升市场地位。

同时，要统筹抓好资金承接等工作，以钉钉子精神落实好党委战略部署。城乡联动推进乡村振兴，要按照方案部署，结合实际探索有效服务模式，依托工银“兴农通”，推动金融服务更好从城市向乡村延伸；做好定点帮扶工作，巩固拓展脱贫攻坚成果与乡村振兴有效衔接。资金承接、代发业务、织网补网，要按照银客关系紧密程度等进行分类施策，做好库容管理，提高资金行内循环水平。网点竞争力提升，目前总行已优化调整渠道运营管理职能，各机构要加快网点数字化、生态化转型，建设能打胜仗的战斗单元。投融资合作机构管理，要提升综合价值贡献，同时密切关注中小机构风险，严格落实准入和存续期管理要求，严防风险发生。战略性资源配置，相关机构要提高投入产出效能，确保实现预定目标。竞争力监测，总行将定期通报竞争力变化，各机构要增强阵地意识，全力提高阵地价值。

三、探索创新发展之路，加快建设世界一流现代金融企业

新征程上，全行正加快建设具有全球竞争力的世界一流现代金融企业。要深入贯彻党中央、国务院决策部署，立足新发展阶段，完整、准确、全面贯彻新发展理念，服务新发展格局，落实“三大任务”，统筹发展和安全；按照“48 字”工作思路，用好“三比三看三提高”工作方法，立足“大、全、稳、新、优、强”发展方位，关注和把握技术变革、风险演变、产业结构调整等影响未来银行经营的各类因素，探索创新发展路径，提升金融服务的适应性、竞争力和普惠性，在支持经济社会高质量发展中推进自身高质量发展。

（一）致力于提升竞争力。深入实施“扬长、补短、固本、强基”布局，提高经营发展质效。要扬业务优势。围绕机构、公司、交易、结算金融长板，坚定不移巩固传统优势、拓展增长空间，推动长板更长；发挥长板业务带动作用，挖掘和培育更多新的长板，实现以长促短。要补短板和协同。推进第一个人金融银行、外汇业务首选银行、重点区域竞争力提升、城乡联动等战略重点，尽快实现突破，形成新的竞争优势。要行固本之举。强化科技驱动及赋能，全面推进金融科技发展规划实施和 e－ICBC 4.0 建设，推动科技和业务深度融合，在促进竞争力提升的关键创新上取得更多实质性成果；抓好数字人民币研发创新试点工作，努力在金融要素及风险治理等方面引领同业、引领未来，跑出新优势。要强发展之基。多做打基础利长远的工作，统筹推进 GBC 联动、渠道协同、人员结构优化，夯实竞争制胜的客户基础、服务基础、队伍基础。

（二）致力于提升适应性。要深化客户营销体系。落实好董事长关于“完善资金循环生态，加快构建大中小微协调的客户体系”部署，推进体系化、生态化、数字化、智能化营销，既要“分田到户”，逐户明确主体责任；也要“煲汤式”融合，重视数据、场景、生态的发展方向，形成 GBC 联动、总分行协同、全员参与的营销格局，尽快补齐中部、尾部客户短板，提高客群多样性。要深化全面风险管理体系。落实“全球、全员、全程、全面、全新、全额”的全面风险管理要求，坚持四管齐下，前瞻、精准、动态地防控风险，提升稳健经营硬实力。要深化考核评价体系。对照高质量发展“八个标尺”，强化战略导向、市场导向和价值创造导向，突出战略性、基础性业务，探索建立存量贡献和 KPI 相结合的指标体系，完善经营绩效考评、薪酬激励、工资总额分配等办法，更好激发全行经营活力。要深化价值创造生态体系。平衡好价值创造、市场地位、风险管控、资本约束要素，完善核心指标均衡的价值创造生态，实现发展质量、结构、规模、速度、效益、安全相统一。

（三）致力于提升普惠性。坚持以客户为中心，用心用力用情解决群众“急难愁盼”问题，下沉服务重心，提高普惠便捷金融服务能力。擦亮“您身边的银行”金字招牌。发挥 API 平台、工行云等优势，线上做强手机银行和远程银行，线下做强网点和客户经理，完善线上线下一体化建设，陪伴好客户成长。擦亮“可信赖的银行”金字招牌。升级卓越服务体验和良好品牌形象，提高客户忠诚度和满意度，成为客户“心中的银行”；通过从严治理、稳健经营、践行社会责任、员工关爱等，赢得客户、投资者、监管、合作伙伴和员工的信赖。

奋斗百年路，启航新征程。全行要认真学习贯彻习近平总书记“七一”重要讲话精神，深入开展党史学习教育，传承伟大建党精神，汲取智慧力量，全面贯彻党中央、国务院决策部署，认真落实行党委战略安排和董事长讲话要求，探索创新发展之路，奋力完成全年各项任务目标，确保新规划实施开好局起好步，不断开创建设世界一流现代金融企业的新局面。

在2021年全行案防工作会议上的讲话

廖　林

（2021年9月2日）

今天总行召开全行案防工作会议，主要任务是贯彻年初、年中工作会议和分行行长座谈会精神，分析案防形势，部署案防工作重点任务，推动提升案件风险管控成效，切实保障全行高质量发展。下面，我讲四点意见。

一、全行案防工作成绩值得充分肯定

去年案防工作会议以来，全行深入贯彻党中央、国务院决策部署，认真落实监管要求，坚持“48字”工作思路，运用“三比三看三提高”工作方法，立足“大、全、稳、新、优、强”发展方位，实施“扬长、补短、固本、强基”布局，提高政治站位，强化履职担当，创新管控模式，扎实推进案防工作，案防基础不断夯实，为各项业务稳健发展创造了良好条件。

（一）案防工作机制持续完善。全面推进防查处一体化建设，坚持“一把手”抓案防，层层传导压实案防责任。制定《涉刑案件管理办法》，提高案件调查问责层级，创新实施案件归口闭环管理。强化机构、条线“双线整改”，组织开展案防重点机构监控，完善考核考评激励与约束机制，全行案防体系稳健有序运行。

（二）员工行为管理持续加强。完善各条线从业人员行为管理细则，制定《预防从业人员金融犯罪实施细则》，常态化开展员工职业教育、刑法和警示教育。构建实施员工异常行为“网格化智能化”排查管控体系，排查记录异常人数较“两化”前增长3.8倍，对异常行为向违规违法行为的演变起到了有效震慑作用。

（三）重点领域风险治理持续深化。强化标本兼治、综合施治，深入开展“4+2”案防专项行动，推出一系列案防专项举措。强化制度约束和执行，发挥制度威力，着力抑制作案条件，信贷、核算、关键岗位、个人客户信息安全等领域案件风险管控能力进一步提升。同时，不断强化安防建设，未发生客户、员工人身伤亡案件，守住了安全运营底线。

二、深刻认识案防工作面临的严峻形势

在充分肯定全行案防工作成绩的同时，也要清醒看到，案防形势依然复杂严峻，防范化解案件风险任务更加艰巨。能否有效适应外部经济金融环境变化和“强监管、严问责、重处罚”的监管常态，严守案件风险底线，全面压降案件风险率，有效巩固和拓展案防工作质效，已成为摆在各级机构面前的一项重要课题。

今年前八个月，全行共报告案件××件、涉案金额××亿元，同比分别减少××件、增加××亿元。其中：业内案件××件、涉案金额××亿元，同比分别减少××件、增加××亿元；业外案件××件，同比持平，涉案金额××亿元，同比减少××亿元。上半年六大行中，我行案件数量排名第××，涉案金额排名第××。受一起违规担保重大案件影响，案件风险率超出银保监会全年监管强化标准（HRS）监测目标值。

全行要在认真研判当前案件风险态势基础上，精准识别和把握案件风险的趋势特征，摸清规律、深研对策，进一步增强案防工作的主动性、前瞻性、有效性。当前，需要重点关注以下三个方面。

一是案件风险高发领域仍然集中。案件风险主要集中于信贷、信用卡、挪用资金等领域，呈高发态势。信贷领域旧案时有暴露，外部揭示案件有所增加；存量融资业务以及不良贷款批量转让、核销等方面，只要存在违法犯罪事实，案件就可能被引爆。

二是案件风险表现形式有新变化。内部职务犯罪与外部诈骗犯罪并存、与业务违规操作交织，催生新的案件形态。一方面，作案人利用我行系统流程漏洞或制度执行短板，从内部突破控制防线。另一方面，作案人通过违规担保、诈骗、非法集资、吸收客户资金不入账等方式作案，从外部绕开业务流程控制。

三是案件风险应对处置难度加大。考虑到犯罪行为的隐蔽性、多样性以及法定最长可达20年的刑事追诉期，案件风险防控和追赃挽损面临多重考验。大部分涉刑案件通常伴有大额民事纠纷、诉讼，进一步增加风险敞口和处置压力。个别输入性案件风险涉及合作机构等多个主体，传导链条复杂，给前瞻布控和事后处置带来困难。

三、高度重视存在问题及深层原因

对于各类案件暴露出来的问题，全行要刀刃向内、认真剖析，挖深找准案发的深层原因，着重从以下方面吸取教训。

（一）信贷领域融资虚假问题依然突出。个别专业

人员识假、防假、治假的意识和能力明显不足，履职虚化。在日常管理中，对显而易见的假主体、假背景、假担保、假材料、假用途等视而不见，只在形式上履行合规手续、层层过审，却忽视对实质风险的把控。例如，2014 年两名客户虚构与某铁路局贸易运输公司签订的煤炭买卖合同和付款确认书，骗取××支行××万元国内订单融资贷款，今年 3 月确认案件。又如，2016 年至 2017 年期间，××支行多个借款人提供的首付款凭证、契税发票、押品评估报告、收入证明、资金流水等资料均为虚假，该行一名个贷客户经理被判犯违法发放贷款罪，今年 3 月确认案件。此外，有的员工甘于被“围猎”，与外部勾结造假骗贷，涉嫌受贿犯罪，造成严重影响。

（二）分行特色业务管理存在缺陷。此类问题在信用卡领域案件中表现比较明显。例如，××分行银行卡中心两名员工，自 2010 年起的十年间，利用长期未实质性岗位轮换的便利，以及分行“本地金卡工程”未实现系统直驱记账和内部账户混用、长期挂账等缺陷，篡改业务凭证，虚增交易记录作案，涉嫌职务侵占犯罪。又如，外部犯罪分子利用“金闪借”存在以客户公积金缴存数据作为授信依据、线上审批模型决策单一的缺陷，冒用参缴登记单位名义，采用侵入住房公积金系统或组织人员线下补缴住房公积金方式，先后骗取西部、东部各一家分行贷款。

（三）基层网点违规行为屡禁不止。一是“假存单”案件再现。我行已多年未报告假存单案件，但今年某县支行一名客服经理因参与网络赌球致大额资金损失，诱导客户以现金销户方式支取真存单，并将事先网购伪造的大额储蓄假存单交付客户，诈骗客户资金。网点人员风险意识淡薄，对其大额现金虚存虚取、违规交接现金、规避自办业务等异常行为毫无察觉。二是代客操作、伺机作案行为时有发生。××分行一名员工、××分行一名客服经理，利用客户信任，代客保管 U 盾等支付介质，代客在自助机具上进行理财撤单或转账操作，伺机盗窃、挪用客户资金，暴露出部分基层网点，尤其是自助服务区现场管理相对薄弱。

（四）“关键少数”管控存在不实不严问题。部分支行行长及以上的“关键少数”行为失范失控，加大风险隐患，其中个别“关键少数”丧失理想信念，利用职务便利，通过违规担保、账外经营等方式谋取私利，严重损害、侵占我行利益。例如，某二级分行发生了一起涉及×亿多元的民事纠纷，公安机关侦查发现，该行原行长助理在 2018 年离职脱密期间，在其办公室，使用伪造的分行印章，违法出具商业承兑汇票保兑保函、银行保函，离职后仍冒用我行名义进行违法活动，今年 4 月确认为涉嫌违规出具金融票证案。又如，××分行一名原部门副总经理账外经营资产管理计划，与另一位作案人合计贪污××万元。

（五）部分机构、条线案防管理要求执行不力。一是案防管理基础不扎实。部分机构、条线合规经营理念贯彻不到位，以习惯代替制度，以信任代替监督，导致部分业务审核把关不严，关键岗位和办公及营业场所管理失控，专业检查和履职监督未发挥应有作用。二是案件风险排查监测不彻底。部分机构、条线没有对案件暴露出的问题举一反三、及时排查、动态监测、深入整改，导致同质同类案件反复发生。三是案件问责处罚力度不够。个别案发机构对领导干部问责处罚“宽松软”，用免于问责代替批评教育，用批评教育代替行政处分，问责处理的震慑作用不明显。

四、全面增强案件风险管控能力

全行要坚持全面从严治党从严治行，坚决落实统筹做好重大金融风险防范化解工作部署，统筹发展和安全，按照“管住人、看住钱、扎牢制度防火墙”要求，“未雨绸缪、见微知著、亡羊补牢、举一反三”，落实落细“四管齐下”的防控措施，强化联防联控，以高度的政治责任感、使命感和执行力，全面增强案件风险管控能力，着力推动不敢违、不能违、不想违“三不”机制同向发力、贯通融合，不断开创案防工作新局面。

（一）强履职强监督，做实“不敢违”。一是压实案防主体责任。要抓好机构面，各级机构“一把手”要以上率下，开好开实开透案防形势分析会，加强案防履职述职，严格落实干部交流、关键岗位轮换制度，将案防责任与管理者的职务晋升、业绩考评挂钩，管好关键人、管到关键处、管住关键事，严防关键少数滥用职权、失职渎职。要强化专业线，各级机构分管行长、专业部门负责人要加强本专业案防，提高制度执行力，不触刑法底线，不踩合规红线，遏制违规经营，遏制违法犯罪。要管住关键点，有效实施重点监控行机制，抓准案防管理薄弱环节，止住出血点，找差距、补短板。

二是严肃制度规矩。要让执行者敬规，深化员工异常行为“网格化智能化”管控，加强日常排查，重点监督工作中表现的异常行为，关注 8 小时外异常行为。重视智能化线索核实，确保排查结果真实、准确、完整，做到与违规行为处理衔接、与违规积分管理联动。坚持以人为本，在排查中注重保护员工隐私，保障员工合法权益。要让违规者畏规。严格执行《涉刑案件管理办法》，有疑必查、有案必报，治理问责“宽松软”，严格执行违规责任认定问责机制，及时进行案件通报，以案明纪、以案释法。加强“迟、瞒、漏、错”报送案件信息责任追究。要让管理者强规。落实机构、条线“双线整改”责任，严厉查处表面整改、实际未改等流于形式或弄虚作假行为，依规问责整改不力导致风险扩大的责任人。

（二）精研判精管控，做准“不能违”。一是健全案件风险评估。要在深度复盘案件基础上，以《刑法

(节选) 读本》及《商业银行案件风险列表》为索引，评估机构、业务、人员、客户发生涉刑案件的固有风险；通过穿行测试和控制测试，揭示内部控制设计缺陷和运行缺陷，评估剩余风险。从制度、流程、系统、文化建设等方面做实内部控制，增强案防针对性，打好组合拳，掌握主动权。

二是深化重点领域案件风险联防联控。要聚焦严重影响服务实体经济、严重侵害银行及客户财产权益、直接损害人民群众利益、严重失职渎职、严重危害党和国家形象及银行声誉等类型案件，抓实抓好防违规、防违纪、防案件、防腐败的联防联控，强化问责，坚决压减存量案件，遏制新的要案发生，控好案件风险率。要盯住信贷虚假、核算失真、岗位制衡失效、客户信息泄密等案件风险，精确制导、精准治理，推动"4+2"案防专项行动产生更多实效。要坚持以人民为中心的发展思想，扎实开展"我为群众办实事"实践活动，切实保护金融消费者权益，确保完成挪用资金类案件风险防控既定任务，坚决堵住各类侵犯客户资金权益的案件。

三是完善案防管理长效机制。要结合实际，综合运用复盘查漏、精准评估、靶向排查等方法，提高案防工作水平。要针对案发领域开展排查质效"回头看"，评估排查范围准确性和排查质量有效性，重点做好发展速度快、发展逻辑存在问题的业务的排查，加强排查整改质效管理。要将总行预防犯罪行为、明令禁止行为、重点防范行为和核心管控要求融入各项业务，着力预防从业人员金融违法犯罪。要落实好监管部门常态化开展扫黑除恶有关工作要求，有效防控涉黑涉恶案件。要巩固全行印章综合改革成果，防范伪造印章风险冲击。要加强营业网点风险管控，做好办公及营业场所管理。要敬畏监管、尊重监管、服从监管，全力配合境内外监管检查，协同做好巡视、审计和监管整改，做到立行立改、即知即改、全面整改。要开展好"内控合规管理建设年"工作，全面提升内控案防专业能力。

(三) 严管理严教育，做细"不想违"。一是加强"关键少数"管理。"关键少数"违法犯罪带来的伤害最严重。要督促各级领导干部用好《金融案鉴——金融领域违纪违法典型案例警示教育读本》《工商银行派驻改革以来查处违纪违法案件警示录》和廉洁文化教育基地，深刻吸取教训，强化代价意识，实现以案促改、以案促治。

二是加强"关键岗位"管控。要定期梳理辖内关键岗位应轮未轮人员情况，限期完成清理整改任务，坚决防止名义轮岗实质未轮岗，强化不相容职务分离控制。要提高关键人员综合素质，强化多岗位履职能力，促进员工职业成长。

三是加强全员常态化警示教育。要分级分层分类开展警示教育，持续深化《刑法》《员工行为禁止规定》《违规行为处理规定》等法律法规和行内规章制度学习，推动各级管理者和员工在思想上筑牢案件风险隔离墙，自觉远离违法犯罪。

全行要认真学习贯彻习近平总书记"七一"重要讲话精神，深入开展党史学习教育，传承伟大建党精神，落实好总行党委各项工作部署，坚持不懈抓好案防工作，为稳步探索创新发展之路、推动高质量发展提供有力保障，以实际行动维护金融稳定和人民财产安全。

在全行个人金融板块旺季营销工作会议上的讲话

廖　林

(2021 年 11 月 24 日)

在全行上下深入学习贯彻党的十九届六中全会精神的重要时刻，召开个人金融板块旺季营销工作会议，主要任务是，深入贯彻全会精神，落实行党委"48 字"工作思路，总结前三季度第一个人金融银行战略推进情况，研究安排个金板块旺季营销工作，推动个人金融业务高质量发展。稍后，郑国雨副行长、宋建华高监将作具体工作布置，总行个金部还将介绍营销方案。我先讲三个方面意见。

一、持续攻坚，第一个人金融银行战略成效显著

今年以来，全行认真贯彻党中央、国务院决策部署，按照行党委"48 字"工作思路，实施"扬长、补短、固本、强基"四大布局，深化第一个人金融银行战略，开展"增存增收提质提位"工作，主要经营指标稳中向好，成绩值得充分肯定。

一是个人客户增量同业领先。9月末，全行个人客户总量达到6.99亿户，较年初净增1 832万户，个人客户增量及私人银行、信用卡客户总量保持四行第一。个人手机银行客户达到4.56亿户，较年初增加4 031万户，保持四行最多；个人手机银行7.0版近日已正式上线。

二是储蓄存款和AUM增长较好。9月末，人民币储蓄存款日均余额11.6万亿元，较年初增加8 757亿元，实现由恢复性增长向竞争性增长的转变。个人金融资产余额16.8万亿元，保持同业第一。特别是储蓄存款实质和账面付息率实现市场名次“双进位”，为稳定全行NIM作出积极贡献。

三是个人贷款实现关键突破。9月末，个人贷款（不含信用卡）余额6.9万亿元，重夺市场第一。个金口径不良额和不良率分别较年初下降18亿元和5个基点，实现“双降”。

四是效益贡献稳步提升。前三季度，个金板块营业贡献2 214亿元，占全行的54.1%；同比增加253亿元，占全行增量的86.9%。核心口径个金中收186亿元，列同业第一。

同时，我们应看到，当前个金板块依然面临较大市场压力，第一个人金融银行战略深化效应尚未充分显现，特别是核心竞争指标不具备优势，客户基础不牢、客户结构不优、中收发展不平衡等问题仍然存在，迫切需要加以解决。

二、坚定信心，以旺季营销推动第一个人金融银行高质量发展

当前，我国经济出现新的下行压力，特别是部分中小微企业销售回款慢、资金吃紧，消费恢复增长的潜力还没有完全释放，今年旺季营销面临的形势要比往年更加复杂严峻，可能会遇到更多的新情况新挑战。全行既要坚定信心，又要把困难估计得更充分，把旺季营销方案和办法想得更周全有效。要按照行党委“48字”工作思路，运用“三比三看三提高”工作方法，平衡好价值创造、市场地位、风险管控和资本约束的关系，落实“扬长、补短、固本、强基”四大布局部署，聚焦“获客、吸金、提质、增收”目标，打一场旺季营销攻坚战，做大全量金融资产、做实全量客户基础、做强全量价值贡献，确保核心经营指标今年收好官、明年开好局，推动个金市场竞争力再上新台阶。

（一）提高站位，助力消费恢复增长。开展旺季营销，不仅是我行自身的季节性营销活动，更是金融支持消费恢复增长的具体行动。全行上下都要提高站位，积极行动起来，加强与当地政府有关部门、协会、企业的沟通协作，主动与各方面促消费活动对接，搭建场景化合作平台，强化联合营销，放大乘数效应，努力将我行营销方案的影响力和成效最大化。要落实好加大对中小企业纾困帮扶力度部署，加快铺开总对总和区域性商户贴息项目营销，加大对优质商户的拓展和支持力度。要用好信用卡等产品，持续做大分期；加大直达客户促销，切实让利消费者，做大消费总额，支持消费提质扩容。同时，落实好房地产贷款集中度管理要求，稳步发展按揭业务，支持居民首套房贷款需求。

（二）抢抓资金，巩固储蓄和AUM竞争性增长态势。要把握旺季期间资金运行规律，总结以往旺季营销经验和不足，重点从源头资金争揽和客户资金留存上下功夫，确保资金不仅流量大，而且能沉淀，切实做大储蓄和AUM库容。一方面，要抓重点市场抢源头。围绕代发客群、“一老一小”、缴费客群、商友客群、县域客群等旺季资金密集的重要客户群开展营销服务，发挥“工银薪管家”等品牌效用，确保代发资金实现同比多增。各级机构“一把手”要带头营销，积极主动走访重要客户，持续深化GBC营销联动，争揽财政、医院、学校、拆迁补偿等领域代发源头项目，力争在旺季期间啃掉一批硬骨头，营销一批优质代发单位。另一方面，要抓产品配置促留存。产品是资金留存的载体。要加快“工银财富”品牌升级，加快搭建开放式财富管理产品平台，做好存款、基保理、贵金属、第三方存管等全类型产品组合。要细化配置策略，加强精准投放，确保主动负债产品的撬动比达到3倍以上。零售各条线、各子公司要切实把握客户真实需求，围绕其资产负债表，画好同心圆，协同做好资产配置，最大限度上将资金留存于工行体系，并积极引入客户行外资金。同时，要坚持效益导向，合理控制付息成本。

（三）拓展客户，完善客户生态系统。要适应客户需求，健全体系化、生态化、数字化、专业化的服务营销体系，不断做大客户总量、做优客户结构，修复多样性的客户生态系统。在获客上，要坚持服务人民所需，广泛触达客户，建立持久关系，将我行个人金融服务品牌效应转化为获客成果。要发挥集团优势，增强专业化服务能力，积极开展“高层营销高端”的公私联动，推动对公和私人银行客户融通发展。在活客上，要综合运用星级权益、积分、产品等各类资源，持续做好新拓客户、潜力客户、客群客户、到店客户的唤醒，为中高端客户增长开辟源头活水。要围绕民生领域，加大资源投入，密切联系合作机构，开展消费、缴费、开卡、绑卡等惠客活动，提升大众客户活跃度。在维客上，要建立科学的客户分层维护体系，深耕中高端客户、扩容腰部客户、激活长尾客户，完善客户成长阶梯，推动个人客户结构持续优化。要加强金融科技赋能，用好“智慧大脑”等系统手段，为客户提供精准适配的产品、渠道、服务，更好兼顾风控、效益、体验。

（四）筑牢根基，抓好基础性工作。旺季火不火，功夫在平时。今年以来，全行深入推进基础性工作，成果初步显现，特别是代发业务核心指标增量增幅均为近

年同期最好；行内资金承接率、非我行客户拓户率持续上升。个金各条线和子公司要坚持标本兼治、久久为功，加快推进资金承接和织网补网等基础性工作，提升数字化、精细化管理水平，夯实个人金融业务高质量发展基础。要加大乡村振兴战略协同推进力度，依托工银“兴农通”APP和福农卡，快速拓展县域和乡村客户。要坚持不懈提升网点竞争力，加快推进整合网点运营系统和平台，提高线上线下一体化服务水平，更好为基层减负赋能，打造能打胜仗的战斗单元；要强化资源投入，确保激励措施真正落到网点，畅通员工晋升通道，增强员工获得感。

（五）强化管理，严守风险和合规底线。岁末年初历来是案件和事故易发期，各行要高度重视风险防范化解工作，紧盯重点领域案件防控，守住风险与合规底线。要落实好陈董事长对信用卡资产质量的督导要求，按照主动防、智能控、全面管的风险管理路径，持续推进个贷风险防控升级工作，健全符合个人债务特点的不良资产经营体系，加大常规清收力度，精细管好账销案存资产，坚决打赢信用卡资产质量攻坚战。在打击治理电信网络诈骗工作上，各行“一把手”要切实担起责任，加强统筹协调和联防联控，推动账户管理、尽职调查、交易监控、限额管理等措施逐项落实，确保年末我行涉案账户数量明显下降。

特别要强调的是，要树牢以人民为中心的发展思想，更加注重保护消费者权益，聚焦中央巡视和监管发现问题、基层和客户痛点难点问题，从体制机制、制度流程、产品设计等方面深入开展客户体验痛点根源治理，集中更大力量压降客户投诉和监管转办投诉，解决群众“急难愁盼”问题。

三、统筹推进，强化旺季营销的组织保障

旺季营销是对各行营销服务的一次大比武、大检验。各级行要落实“一把手”负责制，集成政策、集中资源、集合力量，确保完成旺季营销预期目标。

（一）抓紧制订实施方案。各分行要坚持因地制宜，按照总行方案要求，着重在五大客群营销、五项惠客活动上发力，推动重点指标、重点领域实现突破。要坚持常态化调度，完善机构负责人对口督导机制，及时总结分析旺季营销情况，动态调整打法，确保过程管控有力。总行要加强专业指导、定向督导，及时协调解决分行旺季营销工作中的困难和问题；组织开展好劳动竞赛，营造争先进位的工作氛围，激发全行的干劲和斗志。

（二）统筹抓好各阶段工作。要紧扣岁末年初不同阶段的市场特点，聚焦核心目标，紧盯同业动向，因时因势把准营销重点和节奏。岁末收官阶段，要对标新规划开好局、起好步的要求，坚决完成年度目标任务；新春攻坚阶段，要锚定可比同业，下大力气做好稳存增存工作，做大全量资金规模，促进AUM和存款协同发展；旺季巩固阶段，要乘势而上、全面发力，保持营销热度，做到一个阶段接着一个阶段干、一事续着一事成，全力争取旺季营销最大战果，为个人金融业务高质量发展再上新台阶打下坚实基础。

（三）强化配套资源保障。总行要组合运用好政策包、产品池、工具箱，强化资源要素保障“硬支撑”。各行要把资源用于营销关键处，确保相关费用直达基层网点、优惠措施直接惠及客户。财务资源方面，各行要按照第一季度个金板块营业贡献的一定比例，配置旺季营销资源投入，并确保费用尽快落地、尽早收效。激励费用方面，今年总行新设了专项激励费用，各行要把这些费用真正用到贡献突出的分行和营销人员身上。考核机制方面，总行已进一步优化了旺季营销监测方案，各行要聚焦核心指标，强化考评，促进提高市场竞争力。

全行要认真学习贯彻党的十九届六中全会精神，切实把学习成果转化为真抓实干的精气神和攻坚克难的实际行动，努力在旺季营销中打出气势、抓出成果，不断夯实个人金融业务高质量发展基础，全力打造人民满意的第一个人金融银行。

在2021年决算工作会议上的讲话

廖　林

（2021年12月15日）

今年是党和国家历史上具有里程碑意义的一年。面对发展中遭遇的各种困难挑战，我国经济交出了一份极为不易、亮点突出的成绩单，实现了“十四五”良好开局。

工商银行在以习近平同志为核心的党中央坚强领导下，按照行党委工作部署，依靠44万名员工共同努力，保持了稳中向好的态势，主要发展指标同业较优，“扬长、补短、固本、强基”布局及战略重点取得明显进

展，新规划实施迈出了坚实的第一步。

在刚刚闭幕的中央经济工作会议上，习近平总书记发表重要讲话，全面总结今年经济工作，深入分析当前经济形势，系统部署2022年经济工作，突出强调要稳字当头、稳中求进，为我们做好明年经济金融工作提供了根本遵循。

今天召开决算工作会，就是对岁末年初工作进行再动员、再部署。在今年最后10多天里，全行要认真贯彻党中央、国务院决策部署，落实行党委“48字”工作思路，着眼于做大基础上做强做优，运用“三比三看三提高”工作方法，突出利润、收入、手佣、NIM、存贷款、资产质量等核心指标，进一步补缺补差，抓好年末收口攻坚，努力交出一份精彩的年终答卷，确保今年收好官、明年起好步。对年末收官，我强调五方面工作。

一、增存优贷，抓好重点业务经营发展

存贷款业务是银行经营的基本盘，也是市场地位的重要标志。各机构、各条线要坚持目标导向、结果导向，紧盯同业，抓住旺季营销机遇，全力以赴增存争存、稳贷优贷，确保收官开门双红。

（一）落实高质量发展存款要求，提升增长稳定性。今年以来，全行认真贯彻陈董事长关于高质量发展存款的批示要求，持续加大营销力度，推动存款由恢复性增长向竞争性增长转变。但是，全行存款增长基础还不牢固。11月末一般性存款日均增量（日均—时点）不具备竞争力，部分分行存款比年初负增长，量和质都有待提升。

近期总行对旺季营销存款工作进行了专题部署。各机构、各条线要加强对各品种存款运行规律和市场策略研究，做好存款组织推动工作，约束习惯性、技术性、财务性冲时点行为，在严守偏离度及合规要求的前提下，努力争取存款更好增长。要树牢抓日均的鲜明导向，夯实资金承接、织网补网、网点竞争力提升等基础性工作，修复客户生态系统，提高资金留存率，推动存款稳定增长。要强化GBC联动，通过提升服务水平、增强客户黏性，吸引低成本活期资金沉淀，有效改善存款增长结构，支撑生息资产内涵式发展。

（二）统筹信贷布局，提升金融服务实体经济效能。当前经济面临需求收缩、供给冲击、预期转弱三重压力，需要持续做好“六稳”“六保”工作，着力稳定宏观经济大盘。今年，全行贷款投放在高基数上实现了稳增长，增量持续领先可比同业，重点领域和区域布局更加合理。但第四季度以来，全行贷款储备和增势都有所减缓，需要引起重视。

临近年末收尾，各机构、各条线要全面精准摸排到期收回、非标回表、不良处置和资产证券化等情况，统筹做好贷款投放各项工作。要加大对实体经济融资支持力度，及早谋划明年信贷布局，针对适度超前开展基础设施投资的新情况，做好优质项目的营销拓展和精准储备，为今年底明年初形成实物工作量提供更有力的资金支持。要大力支持制造业、小微企业、个体工商户、科技创新、绿色发展、能源保供，全面完成监管要求，打造特色金融品牌。要统筹做好区域融资布局，努力在乡村振兴领域实现更大突破，助力增强发展的平衡性协调性，促进共同富裕。要坚持“房子是用来住的不是用来炒的”定位，围绕稳地价、稳房价、稳预期目标，满足房地产企业合理资金需求，支持居民合理购房需求。

二、增收节支，确保完成全年经营目标

前11个月，全行盈利增长总体平稳，净利润和拨备前利润增长较好。其中，江苏、广东、江西、浙江、安徽、山东等6家分行拨备前利润和营业收入增量均在10亿元以上，江西、厦门两家分行增速超10%。同时，北京、辽宁、天津、海南、大连、宁波、黑龙江、重庆、宁夏、甘肃、青海等11家分行拨备前利润和营业收入均有所下降。各机构、各条线要按照总行下达的年末沟通目标，不折不扣完成任务。

（一）巩固利息净收入增长优势。前三季度，我行利息净收入增量、增速均好于可比同业，除得益于信贷的较好投放外，主要是利差收窄幅度优于可比同业。全行要一以贯之抓好“两率”管控，争取全年NIM变动趋势继续优于可比同业。

贷款定价方面，要响应政策要求，突出精准支持，保持与市场同步。第四季度以来新发放贷款利率持续下滑。各行既要加强对重点领域和薄弱环节的精准定价支持，又要合理把握优惠利率贷款投放力度与节奏，避免粗放经营、低价竞争，提升让利实体经济的可持续性。四川、山西、苏州、甘肃、吉林等分行，要深入分析，针对性改善，切实提升量价协调能力。

存款成本方面，要着力通过优化结构、降低支出，夯实持续服务实体经济的基础。今年全行存款付息率运行相对稳健，同业对标较好，其中活创产品压降贡献较大。剔除这一因素，全行仍面临较大的成本管控压力。第三季度各项存款付息率比第二季度上升，10月新吸收定期存款平均利率高出可比同业10个基点以上，贵州、河南、河北、重庆等分行新吸收定期存款利率、付息率均为四行靠后。各分行、各条线要加强利率自律，重点提升活期存款占比、优化定期存款结构，提高主动负债产品投入产出比，争取新吸收存款利率同业排名具有竞争力。

（二）稳定非息收入增长贡献。前三季度，我行非息收入增长较好，有力支撑了营业收入增长。其中，手佣收入总体符合预期，总量继续保持同业第一，但领先优势还在收窄，可持续增长动能略显不足，需要兼顾好

短期目标和长远发展，加快推进业务转型。

一是全力抓好稳收增收，在合规前提下，努力实现中收沟通目标，稳固集团手佣净收入正增长态势。对超过年初计划的部门，继续实行年度考核适当加分政策；对分行超出部分不作为下年度基数。二是加快完善财富管理体系，打通贷款、投行、财富管理、资产管理、金融市场等业务区隔，形成集团价值链联动和协同发展效应，以“融智”促增收。同时，着力持续提升基础类产品竞争力。三是抓住有利时间窗口，提升债券交易价差收入贡献。目前我行人民币债券浮盈较多，金融市场业务要统筹考虑相关因素，抓住当前债券收益率水平较低的市场窗口，锁定变现部分浮盈，力争年底前增加一些交易性非息收入。此外，综合化子公司要严格按照会计准则和集团管理制度做好年末估值管理，确保年末债转股项目等估值波动总体可控。

（三）统筹做好节支相关工作。要落实全面节约战略，树牢勤俭办行理念，坚持“以收定支”原则，统筹全年费用开支，积极发挥财务资源投入对经营业绩的撬动作用，过好“紧日子”。要加紧资本性投入。金融科技和渠道建设固定资产投入的账面计划执行率较低，要统筹加快进度，确保完成全年执行率不低于90%的目标。

三、提质提位，加强资产质量管控

全行要统筹做好重大金融风险防范化解工作，坚持“四管齐下”，按照“主动防、智能控、全面管”要求，全面做好风险防控与化解工作，确保重点领域风险有效管控，力争关键指标持续向好，处于同业合理水平。

一是摸清风险家底，统筹推进各类风险管控。各行“一把手”要切实履行资产质量管控的第一责任，按照“实质重于形式”原则，加强主动管理，夯实风险准备，风险化解责任落实到人，守住资产质量控制目标。二是抓好关键大户，确保重点领域风险可控。要加强对地方政府隐性债务的风险防控，严格执行房地产贷款封闭管理，及时采取风险缓释措施，确保资产质量平稳。要加强大户尤其是“三个一”大户的风险排查，推动早核查、早堵控、早增信，切实防范大额风险。三是全力处置不良贷款，强化风险资产经营意识和能力。当前全行处置总额距监管目标仍有较大缺口，各行要迎难而上，持续加大处置力度，确保完成全年任务。要进一步提高常规处置占比，提升受偿率和撬动比。要完成好账销案存资产的分解落实目标，力争创造更大价值贡献。

四、强化约束，推进资本牵引和集约管理

今年以来，我行加大了资本工具发行力度，推动资本充足率同业引领。各机构要进一步落实好总行资本管理要求，优化资产结构，强化资本节约，保持领先优势。

一是合理把控经济资本增速。要全方位开展资本优化，强化刚性约束，持续开展表外经济资本占用清理压降工作，确保表内外业务经济资本占用控制在年度增量限额之内。二是强化EVA经营导向。要统筹平衡资本、资产、利润、拨备的关系，提高资本配置和使用效率，控制好RWA增速，引导提升以EVA为核心的价值创造能力。三是强化系统重要性银行升组管理。工银投资、工银安盛、工银理财等机构要按照总行统一策略，做好第三层次资产限额管理，确保组别管理各项措施落实到位。

五、坚持合规经营，严肃财经纪律

各机构、各条线要时刻绷紧合规管理这根弦，严守底线、不越红线，维护我行稳健合规的大行形象。要严格落实中央巡视整改及审计整改要求，统筹做好监管检查、内外部审计发现问题的整改，落实责任，建立长效机制，做到举一反三、标本兼治。要严格执行国家规范财务开支的有关规定，切实把资金管好用好，不断提升精细化管理水平。境外机构要密切关注疫情防控最新形势，坚持“合规优先，风控至上”，严格执行总行财务合规要点，在稳健经营中谋求新的发展。

时值岁末，全行上下要赓续前行、奋楫争先，全力落实总行党委战略安排和任务目标，确保新规划第一年圆满收官、明年顺利开局，以优异成绩迎接党的二十大胜利召开！

在2021年第5次总行直属机关党委全委会上的讲话

黄良波

（2021年9月26日）

刚才，我们共同学习了习近平总书记“七一”重要讲话和在中央党校（国家行政学院）中青年干部培训班开班式上的重要讲话精神。“七一”重要讲话既有高度也有力度，贯通历史、现实、未来，用“九个必须”为“开创未来”指明方向，以“必须坚持中国共产党坚强领导”开头，以“必须不断推进党的建设新的伟大工程”结尾，前后呼应，深刻阐述了坚持党的领导和加强党的建设的重要性。

习近平总书记在中青班开班式上的重要讲话对年轻干部提出了更高要求，指出“实践出真知，实践长真才。坚持在干中学、学中干是领导干部成长成才的必由之路。同样是实践，是不是真正上心用心，是不是善于总结思考，收获大小、提高快慢是不一样的。如果忙忙碌碌，只是机械做事，陷入事务主义，是很难提高认识和工作水平的。”这不仅是年轻干部成长成才的行动指南，对开展党建工作也具有指导意义。党建工作不等同于党务工作，不能只在眼前的事务里打圈子，要站在讲政治的高度，用战略眼光和前瞻意识去分析问题、推动工作。机关党建具有风向标作用，贯彻落实好习近平总书记重要讲话精神必须从机关党建抓起，从机关党员干部严起。结合所学内容，我谈几点体会和要求。

第一，机关党建工作要落到实处。工商银行是国有金融企业，总行机关既是政治机关，也是经营管理总部，承担着将党中央决策部署细化落实的重要职责，从战略谋划到工作推动，都需要谋实事、出实招、求实效。一要把总书记重要讲话精神落在实处。深入学习习近平新时代中国特色社会主义思想不是一句空话，要通过学习及时了解掌握党中央在关心什么、强调什么，心怀“国之大者”，当好“三个表率”，运用马克思主义这个政治上的“望远镜”和“显微镜”，在吃透上情、了解下情、搞好结合上持续用力。二要把讲政治的要求落在实处。善于从政治上看问题，牢记自己的第一身份是共产党员，第一职责是为党工作，让干部员工心往一处想、劲往一处使，把党中央决策部署贯彻落实到具体工作中，聚焦绿色金融、科创金融、制造业金融、普惠金融等重点领域，落实统筹做好重大金融风险防范化解工作要求，不断提升金融服务的适应性、竞争力和普惠性，持之以恒落实好金融工作“三大任务”，展现大行担当。三要把机关党建成效落在实处。机关党建要聚焦围绕中心、建设队伍、服务群众的职责定位，积极贯彻“48字”工作思路，对总行党委各项部署与全行经营决策进行细化落实，引导和帮助机关广大党员立足岗位，干事担事，积极推进第一个人金融银行、外汇业务首选银行、重点区域竞争力提升、城乡联动等战略重点，坚持以经营发展成果来检验党建工作成效，真正把党建优势转化为发展优势、党建成果转化为发展成果，凝聚起推动工商银行改革发展的正能量。

第二，全面从严治党要讲求方法。机关党建工作说到底是做人的工作。全面从严治党既要有力度，也要有温度，确保严管和厚爱都落实到位，让干部员工相信组织、依靠组织，干得开心、拼得安心。一要营造良好的政治生态。要运用好监督执纪“四种形态”特别是第一种形态，识别风险点、聚焦关键岗位、关注关键环节。领导干部要以身作则，严格规范日常言行，为党员群众当好示范。要严肃党内政治生活，认真开展批评和自我批评，把自己摆进去、把职责摆进去、把工作摆进去，让每一次组织生活都能够有主题、有讨论、有交流、有收获，让每一名党员都得到党性锻炼，营造风清气正的政治生态，潜移默化使遵规守纪成为自觉习惯。二要用好思想政治工作这个“传家宝”。在疫情防控常态化形势下，要增强谈心谈话实效，抓住日常沟通机会，创新线上交流方法，切实发挥党小组和党小组长作用，关注干部员工“八小时以外”情况，掌握员工思想动态、困难需求和心理健康，及时发现苗头性倾向性问题。要用心用情用力推动思想政治工作，同推动经营发展、队伍建设、企业文化建设等工作结合起来，营造有归属感、有凝聚力的企业文化，不断培厚年轻干部成长成才的土壤，为干部员工在思想上解惑，在精神上解忧，在文化上解渴，在心理上解压。三要让党员、群众感受到组织的温暖。要把解决思想问题同解决实际问题结合起来，既讲道理，又办实事，多做得人心、暖人心、稳人心的工作。要加强对困难员工的帮扶，完善党费帮扶、捐助捐赠、关心慰问等机制，有的放矢、对症下药，研究真问题、真研究问题。要深化“我为群众办实事”实践活动，主动完善重点项目清单，推动解决群众“急难愁盼”问题。要做好监督执纪“后半篇”文章，对违纪党员，既严肃处理、批评教育，又宽严相济、惩救相融，做好心理疏导，做通思想工作。

第三，机关党员干部要勇于突破创新。勇于自我革命是中国共产党区别于其他政党的显著标志，也是国企改革发展的强大动力。各级机关要发挥示范表率作用，以勇于突破的魄力和善于创新的能力带头开拓进取，为全行转型发展注入新活力。一要发扬优良作风。工商银行是全球最大银行，资产、资本、存款、贷款、营业收入等核心指标居全球首位。但对标党中央对国有金融企业的要求，对照打造具有全球竞争力的世界一流现代金融企业目标，还存在一定差距。机关广大党员干部决不能故步自封，要保持谦虚谨慎、戒骄戒躁的作风，多与市场同业交流比较、取长补短，对照自身目标查漏补缺。在制定政策、设计产品、营销推广时，要以客户体验为中心，深入基层调查研究，秉承实事求是的工作态度，掌握“从群众中来、到群众中去”的工作方法，坚持目标导向、问题导向、结果导向，不断提升科学决策能力。要着力破除“机构壁”“部门墙”，从我做起、先行一步、多做一点，带头树立大局观念和担当意识，主动在职责模糊的“边界地带”承担工作，积极与兄弟部门共享信息、联动配合，创新职能整合、柔性团队等方式，倡导服务、奉献的企业文化，推动业务更好地服务实体经济、更好满足人民日益丰富的金融需求。二要增强忧患意识。当前，百年未有之大变局加速演进，我们面临的风险挑战明显增多。各级机关必须坚持底线思维，增强政治敏锐性和政治鉴别力，及时分析研判形势，洞察关键趋势，顺势而为把握发展机遇，及时应对风险挑战，助力全行行稳致远。三要树立更高目标。“三比三看三提高”工作方法中，“比”和“看”的目的都是为了“提高”。必须在机关树立担当作为的鲜明导向，完善创先争优、岗位建功、容错纠错等长效机制，为敢于担当、善于担当的干部员工撑腰鼓劲。机关党员要发挥先锋模范作用，对授权范围内的事情勇于担责不推诿，部署工作时多帮基层想办法，在难点痛点问题面前敢啃硬骨头，主动查找问题、剖析深层次原因，创新思路方法来根除顽疾，团结带领全行员工实干苦干、争先进位，推动实现业绩实、结构优、潜力大、成色足的高质量发展。

最后，我想强调一下，在座的各位承担着直属机关党委委员和基层党组织书记的双重身份，要明责履责担责，带头成为“政治上的明白人、党建工作的内行人、干部职工的贴心人”，既要及时向所在党组织部署全委会研究的重点工作，又要把基层党组织落实中发现的问题及时反映到全委会，各负其责、密切配合，齐心协力把机关党建工作抓实、抓细、抓出效果，打造具有工商银行特色的机关党建品牌！

在总行机关工会第五届会员代表大会第一次会议上的讲话

黄良波

（2021 年 12 月 23 日）

今天，在全体代表的积极参与和支持下，中国工商银行总行机关工会第五届会员代表大会第一次会议圆满完成了既定工作议程，各位代表认真行使国家法律赋予的权利，积极履行代表职责，确保了选举工作和结果的公平公正、合法有效。大会选举产生了新一届总行机关工会组织机构，委员构成合理、综合素质好，具有广泛的代表性和良好的群众基础。会议开得很成功，是一次团结、务实、高效的大会。在此，我代表总行党委对上一届总行机关工会委员所作出的积极贡献，表示衷心的感谢！向当选的新一届总行机关工会的各位委员表示祝贺！下面我就总行机关工会工作谈三点意见。

一、总行机关工会会员代表大会召开意义重大

本次大会的召开是总行机关广大会员的一件大事，是机关广大会员行使民主权利、维护自身权益的一项重大工作，具有很重要的意义。

（一）进一步巩固了广大会员行使民主权利的基础。工会会员代表大会是工会组织的最高权力机构和决策机构，通过行使会员赋予的权利、执行广大会员的主张，履行工会组织的职能。总行机关工会会员代表大会是机关工会的基本制度，是机关工会开展工作的根本基

础，也是保障会员民主权利、促进会员参与管理的平台和载体。通过组织机关会员对工会工作的评价审议、工会委员的民主推选，形成员工认可的工会组织，以统一的思想、明确的目标，共商共举、群策群力，切切实实推进机关工会工作更好地开展。

（二）进一步健全了广大会员保障权利权益的机制。工会工作作为党的群团工作的重要内容，是党治国理政的基础性、经常性工作。工会组织既代表了广大职工的利益，也依法维护职工的合法权益。会员代表大会就是通过机制建立和渠道建设，保障会员权益的维护和会员权利的行使，加大对会员的维权服务力度，从而扎扎实实为机关员工办实事做好事解难事，同时，构建和谐稳定的劳动关系。

（三）进一步增强了广大会员凝心聚力发展工商银行事业的信心。2021 年是国家“十四五”规划的开局之年，习近平总书记在庆祝中国共产党成立一百周年大会上讲话中宣布，我国实现了第一个百年奋斗目标，全面建成了小康社会，正在意气风发向着全面建成社会主义现代化强国的第二个百年奋斗目标迈进。总行党委也要求全行更加紧密地团结在以习近平同志为核心的党中央周围，继承和发扬伟大建党精神，探索创新发展之路，加快建设世界一流现代金融企业。机关工会深入贯彻落实习近平总书记关于群团工作重要指示精神，坚持总行党委“48 字”工作思路，运用“三比三看三提高”工作方法，积极发挥工会职能，引导教育员工爱党爱国、爱行兴行、岗位建功，形成全方位的组织动员机制，把广大员工紧密团结凝聚在总行党委的周围，在疫情防控、金融保障、服务经济的大战大考中，充分展现了工商银行的新担当、新气象。

二、充分认识新时期机关工会工作面临的形势与任务

习近平新时代中国特色社会主义思想科学回答了一系列方向性、根本性、战略性重大问题，为我们围绕中心，服务大局，更好地开展工会工作指明了前进方向、提供了根本遵循，是各级工会组织和广大工会干部的强大思想武器。我们要以习近平新时代中国特色社会主义思想理论为指导，更好地运用马克思主义基本观点和方法，充分认识和准确把握机关工会工作面临的形势和任务。

（一）要准确把握“政治性是工会组织的灵魂”。习近平总书记强调“要切实保持和增强党的群团工作的政治性”。这是对工会工作提出的第一位的要求。作为党直接领导的群众组织，工会承担着组织动员广大人民群众为完成党的中心任务而共同奋斗的重大责任，必须切实担当起党密切联系群众的桥梁和纽带的重任，坚定不移地贯彻执行党的群众路线，并在工作中深入推进践行。总行机关是贯彻落实党中央方针政策的“最先一公里”，机关工会尤其要旗帜鲜明讲政治，加强政治机关意识，把自觉接受党的领导作为守纪律、讲规矩和开展工会工作的根本原则，把握正确政治方向，提高政治站位，保持政治清醒，增强政治定力，进一步发挥政治作用，履行政治职责，加大对广大员工的政治动员、政治引领、政治教育工作力度。

（二）要准确把握“先进性是工会工作的着力点”。当今世界正经历百年未有之大变局，我国正处于实现中华民族伟大复兴的关键时期，工商银行发展也进入了一个新阶段。机关工会更要顺应新形势新任务，聚焦主责主业，强化优化职能，引领组织动员广大员工走在时代前列，自觉践行社会主义核心价值观。通过大力弘扬劳模精神、劳动精神、工匠精神，扎实开展精神文明创建活动，充分发挥广大员工的积极性、主动性、创造性，鼓励他们当好主人翁，建功新时代，以脚踏实地的干劲、勇往直前的闯劲、攻坚克难的钻劲，积极发挥主力军作用，把个人梦想和全行经营发展紧紧联系在一起，奋力推进工商银行事业高质量发展。

（三）要准确把握“群众性是工会工作的根本特点”。群众路线是党的生命线和根本工作路线，也是工会必须坚守的生命线和根本工作路线。机关工会要在工作中坚决贯彻党的群众路线，把竭诚服务广大员工作为工会一切工作的出发点和落脚点，强化服务意识、提高维权能力，提升保障水平、加强基层联系。通过面对面、心贴心、实打实做好员工工作，践行以人民为中心的发展思想，成为为人民服务宗旨的忠实践行者、党的群众路线的坚定执行者、党的群众工作的行家里手。

三、新一届总行机关工会要立足新方位，担负新职责，着力开创工作新局面

总行机关工会是伴随工商银行成立而产生的，在过去三十多年中，机关工会在总行党委的正确领导下，坚持从群众中来、到群众中去，在机关开展了许多统一思想、凝聚人心、化解矛盾、增进感情、激发动力的工作。新一届总行机关工会委员会，要继承优良传统，继续发扬工会面向基层的踏实工作作风，立足职责定位、立足联系群众，推动机关工会工作再上新台阶。

当前和今后一个时期总行机关工会工作的总体要求是：以习近平新时代中国特色社会主义思想为指导，认真贯彻落实习近平总书记关于工会工作的重要讲话论述，增强“四个意识”，坚定“四个自信”，做到“两个维护”，当好“三个表率”，按照党委“48 字”工作思路，运用“三比三看三提高”工作方法，强化责任担当，加强政治引领，深化岗位建功，积极服务发展大局，竭诚服务广大员工，以更大力度、更实举措推进总行机关工会工作，不断开创党的群众工作新局面。

（一）要把执行党的意志的坚定性和为员工服务的实效性统一起来。在我们党和国家向第二个百年目标奋进之际，国内国际发展环境也经历着深刻变化，新机遇与新挑战并存。党的历史经验证明，只有依靠工人阶级

和人民群众，坚持立党为公、执政为民，全心全意为人民服务，厚植党的执政基础，才能应对化解各种挑战、攻克战胜各种困难。工会要明确定位，真正发挥好党联系群众的桥梁纽带作用，成为助力党群关系的融合剂。一方面要进一步提高政治站位，增强政治意识，加强对党的大政方针政策的学习领会，在思想上政治上行动上始终同党中央保持高度一致，自觉维护党中央权威，坚决贯彻党的意志和主张，严守政治纪律和政治规矩，切实担负起政治责任，引导广大员工听党话、跟党走，巩固党执政的阶级基础和群众基础。发挥总行机关第一方阵的引领示范作用，对总行党委的工作部署和要求，确保执行过程没有偏差、落实结果不打折扣。另一方面要深刻领会以人民为中心的发展思想，坚持员工需求导向，坚持员工利益无小事的思想，顺应员工对美好生活的新期待，把工作重心放在广大员工身上，从大处着眼、小处着手，做好服务员工工作。在做好物质服务、生活服务的同时提供更高水平的精神和文化服务，让工会在员工需要时能够看得见、找得到、信得过、靠得住，让工会组织成为名副其实的"职工之家"，让工会干部成为职工群众信赖的"娘家人"、贴心人。

（二）要把落实总行党委关心关爱员工的工作举措和履行工会的基本职责统一起来。维护员工合法权益、竭诚为员工服务是工会的基本职责，同时也是根本职责和首要职责，符合总行党委全心全意依靠职工群众的方针，符合总行机关的实际，也契合了广大员工的需要。总行党委历来关心关爱员工，重视员工权益保障，机关工会要在立足履行工会职责的基础上，抓住员工最关心最直接最现实的利益问题，把党委的各项政策和措施落实到位，准确把握员工的真正需求，积极解决员工的真实诉求，诚心诚意为员工办实事办好事，成为增强员工归属感的凝心剂。一是建立健全机关工会制度体系，把建章立制和落地见效结合起来，把工会的制度优势转化为治理效能。二是强化服务意识、创新服务思路，为员工提供工会特色的普惠性、常态性、精准性的服务，不仅要做到慰问保障全员到位、工作机制持续长效、帮扶救助精准定制，还要持续不断创新工作思路，促进工会工作推陈出新，持续保持活力和生命力。三是为员工搭建平台、提供资源、做好保障，让员工当主角，开展岗位建功等评先评优竞赛工作，引领教育员工，营造劳动光荣的社会风尚和精益求精的敬业风气。四是通过组织各种工会主题教育和特色文体活动，打造健康文明、昂扬向上的员工文化。

（三）要把提升服务职工水平和增强工会干部履职本领统一起来。习近平总书记指出"工会干部要加强学习、增强本领，努力走在时代前列、走在职工群众前列"。这是总书记对广大工会干部提出的具体要求。机关工会干部，包括各位工会委员、工会工作人员，以及工会会员代表，不仅要深入学习贯彻习近平新时代中国特色社会主义思想，还要与总书记提出的要求对标对表，用习近平新时代中国特色社会主义思想理论武装自己，把理论知识转化为服务员工、服务全行发展的动能和动力。在服务职工的过程中，不断提升能力，增强本领。无论是工会专职干部还是兼职干部，要树立责任感，提高思想觉悟，发扬奉献精神，在服务员工中成长修炼，成为推动工会服务水平提升的催化剂。一是要把提高政治能力作为开展工会工作的首要能力。工会干部要做好党委的帮手，把思想和行动统一到中央精神和总行党委要求上来，思想上提高政治站位、增强政治意识、加强政治历练，工作中明确角色定位、履职尽责到位。二是要把提高群众工作能力作为开展工会工作的核心能力。工会工作任务就是贯彻执行党的群众路线，服务对象就是广大员工，工作目标就是成为群众的贴心人。机关工会干部一定要以此为标准对照自己、要求自己。开展群众工作，要工作上有思路，执行中有保障，落实时有措施，面对员工的问题有耐心，解决员工的困难有办法，始终把员工的福祉当成自己工作的重心。三是要把调查研究能力作为开展工作的基本能力。要大力支持调查研究，要眼睛向下、面向基层，要扑下身子、走近员工，发现问题、解决问题。坚持从员工多样化需求出发开展工作，打通服务员工的新途径，使服务更直接、更深入、更贴近广大员工，把想干事转变为能干事、干成事、干好事。

今天参加会议的代表和选举产生的委员，来自员工、代表员工，今后也将服务员工。希望大家忠诚履职、积极作为，主动参与群众工作，把机关工会建设成领导班子好、干部队伍好、工作机制好、工作业绩好、职工群众反映好的群众组织。

各位代表、各位委员、同志们，我们正处在大有可为的新时代，我国已进入建设社会主义现代化国家的新阶段。新的时代、新的征程，呼唤新的作为，站在历史的新起点，也必须担负新的使命！让我们立足新方位、找准新坐标，团结动员广大员工开拓进取、凝心聚力推动工商银行改革发展事业的顺利进行，为建设世界一流现代金融企业的火热事业而不懈奋斗！

在2021年第6次总行直属机关党委全委会上的讲话

黄良波

（2021年12月30日）

刚才，我们集中学习党的十九届六中全会精神，传达中央和国家机关警示教育会精神，就是要推动大家学习运用好党的百年奋斗历史经验，以更加强烈的自我革命精神推进全面从严治党从严治行，努力营造风清气正的政治生态，建设让党中央放心、让人民群众满意的模范机关。下面，我再强调几个方面。

第一，思想上要高度重视，不断提高站位。这次六中全会通过的《决议》，全面总结了党的十八大以来党中央在全面从严治党上取得的历史性、开创性成就，把“坚持自我革命”概括为党百年奋斗的十条历史经验之一，强调全党必须铭记生于忧患、死于安乐，常怀远虑、居安思危，继续推进新时代党的建设新的伟大工程，坚持全面从严治党，坚定不移推进党风廉政建设和反腐败斗争。总行机关“第一方阵”的特殊地位，决定了我们必须始终走在前、作表率，以更高标准、更严要求把“严”的主基调坚持下去。近年来，总行机关坚持贯彻落实党中央全面从严治党各项决策部署，一体推进不敢腐、不能腐、不想腐，取得了积极成效，干部员工的凝聚力战斗力显著增强，机关政治生态得到持续净化。但我们也要清醒看到，总行机关的“四风”问题并没有得到根除，腐败案件仍然时有发生。这些问题反映出我们落实全面从严治党责任还不够到位，对全面从严治党的紧迫性、艰巨性、复杂性研判还不够，“一岗双责”履职还不够到位，层层压实主体责任传导压力仍未到底，党建工作抓得仍然不够严不够实，监督执纪问责力度还需加大。反映出我们对干部员工的日常教育管理监督还不够严格，还没有完全做到抓在日常、严在经常，对错误思想和作风批评还不够到位，“咬耳扯袖”“红脸出汗”的程度仍然不够，对苗头性问题不够敏感，对干部员工“八小时外”社交圈和政治言行的监督还需加强。反映出我们风险防控体系还不够完善，风险排查机制需要进一步健全，关键岗位人员管理还需持续强化，风险处置能力需要进一步提升。对此，我们务必要高度重视，深刻反思，认真总结，把抓党建与抓经营、抓作风与抓管理、抓关键人与抓关键事有机结合起来，使推进全面从严治党从严治行各项工作更加科学、更加严密、更加有效。

第二，措施上要把握重点，做到精准有力。刚才我讲了总行机关在推进全面从严治党过程中反映出的一些共性问题，我们要针对这些问题，采取有效措施加以解决。要聚焦政治监督。总行机关作为政治机关，必须时刻关注党中央在关心什么、强调什么，弄清楚什么是党和国家最重要的利益、什么是最需要坚定维护的立场，做实政治监督这个首责首要，确保“严”的主基调能够长期坚持下去。要紧紧围绕党中央重大决策部署、总书记重要指示批示精神以及工委、总行党委工作要求，聚焦金融“三项任务”，明确责任清单，加强对机关各级党组织贯彻落实情况的监督检查，健全督查问责机制。要抓住重点领域。“八大领域”风险是我们深入推进全面从严治党需要重点关注的方面，这些领域掌握着较多资源，一旦发生廉政风险，损失影响都很大。我们管党治党不仅要管住抓好这些领域的重要人员，给予正确的引导，用身边事教育身边人，提高其风险防范意识，还要紧盯相关制度机制建设是否完善，是否存在漏洞，本着什么问题突出就针对什么问题、怎么管用就怎么来的原则，通过持续加强风险排查、制定风险防范措施等手段，切实把薄弱环节和短板弱项补起来，健全廉政风险防控体系。要管好重点群体。新提拔和赴基层任职干部是需要重点关注的群体，因为这些群体正处于事业上升期，社会阅历和党性历练还相对不足，随着身份的转变、职务的升迁、环境和圈子的变化，往往会成为被围猎的对象，如果不能得到及时教育、提醒、帮助，一些意志较为薄弱的同志就容易出现这样那样的问题，风险较大。我们要重点加强对这些群体的教育管理监督，把好干部员工成长关，并开展廉政谈话、警示教育、日常提醒，引导他们加强党性锻炼、党性修养，坚定理想信念，树立正确政绩观，做到知敬畏、存戒惧、守底线，严格遵守法律法规、党的纪律和行内各项规章制度，成为遵规守纪的明白人、老实人。要解决重点问题。从总行机关近年来处理的违纪违法案件来看，除了要继续关注职务违法、职务犯罪以及“四风”、违反中央八项规定精神等问题外，还要关注新出现的违反疫情防控规定、治安管理处罚法等新问题，而且从目前社会曝光的一些案件来看，在推进法治社会建设中，这些情况呈现出易发多发态势，具有偶发性强、影响恶劣的特点。要进一步加强作风建设，增强群众工作本领，深化整治形式主义、官僚主义顽瘴痼疾，解决“文山会海”问题，充分为基层着想，完善为基层减负常态化机制，持续激发基层党员干部干事创业的积极性，为全行带好头、作示范。要贯彻落实好工委本次警示教育会工作要求，坚持自我革命，以钉钉子精神贯彻中央八项规定及其实施细则，以通报的典型案例为鉴，坚决同隐形变异“四风”现象作斗争，防止由风变腐、风腐一体，切实提高拒腐防变能力。对于违反疫情防控规定和治安管理处罚法这类行为，要深入开展调查研究，认真分析出现这些问题背后的原因，了解这些员工行为发生的思想动机，有针对性地制定相关举措，做到防患于未然。要适应新形势新任务的要求，强化业务学习，持续提高监督执纪水平，以法规为依据、以事实为依据，精准精细办好每一起案件，让处理过的每一起案件都经得起时间和实践检验。要紧盯重点时刻。干部员工工作生活中经历的一些重要时间节点，也是我们深入推进全面从严治党需要重点关注的方面。比如对于新入职、新提拔或岗位发生调动的员工，要及时做好任前培训和提醒谈话，及时引导他们自觉加强学习，尽快熟悉工作，严格遵守纪律，明确努力方向。对于节假日、冬奥会以及中央重大政治活动等关键时间节点，要切实提高站位，强化担当，严抓源头管控，常抓隐患排查，做好相关安全保障工作，防止风险事件和责任事故的发生，确保全行安全稳定运营。

第三，方法上要灵活有效，做到统筹兼顾。全面从严治党是一项系统工程，必须掌握科学方法，系统施治。要把管“绝大多数”与抓“关键少数”结合起来。既对干部员工提出普遍性要求，通过严管严治使干部员工不断增强自我净化、自我完善、自我革新、自我提高能力，在信念、政治、责任、能力、作风等方面全面进步全面过硬，形成整体合力，营造全面从严治党的良好氛围，又要层层压实全面从严治党主体责任，严格落实《中共中央关于加强对“一把手”和领导班子监督的意见》，对领导干部提出更高标准、进行更严监督，使其能够时刻保持政治上的清醒坚定和行动上的高度自觉，带头执行好党的各项纪律规矩，切实担负起政治责任和领导责任，充分发挥关键少数的示范引领作用和“头雁”效应。要把“当下治”与“长久立”结合起来。全面从严治党永远在路上，必须持续努力、久久为功。一方面，我们要拿出“当下治”的办法，对于当前存在的突出问题以及中央巡视反馈问题，坚持下功夫、用狠劲，立行立改、深入整改，做到存量动态清零，增量有效遏制；另一方面，也要注重抓常抓细，有针对性地完善制度机制，把建章立制和解决问题统一起来，把制定制度和执行制度统一起来，强化制度意识、维护制度权威、严格制度执行。要把严管与厚爱结合起来。严管与厚爱不仅体现为真管真严、敢管敢严、长管长严，也体现在春风化雨、潜移默化、以情动人上，从而最大限度地激发干部员工担当作为。我们要注重方法、讲究艺术，惩前毖后、治病救人，在严管中彰显厚爱、在力度中体现温度，既坚持纪严于法、纪在法前，强化日常管理监督，让党员干部更加严格地要求自己，又想员工之所想、急员工之所急、做员工之所盼，以润物无声的工作达到掷地有声的效果，特别是要旗帜鲜明为那些敢于担当、踏实干事、不谋私利的干部撑腰鼓劲，使他们放下包袱、轻装上阵。另外，还要注意做好疫情防控常态化条件下干部员工的思想政治工作，及时关注员工情绪和行为变化，加强心理疏导和关心关爱，使广大干部员工能够以更加饱满的精神状态投入到工作中去。

在全行疫情防控专题会议上的讲话

黄良波

（2021 年 12 月 30 日）

受陈董事长委托，今天下午我和张文武副行长牵头召开全行疫情防控专题会议，对近期疫情防控工作进行布置。刚才，张文武副行长做了细致安排，我完全同意。下面，我讲四点意见。

第一，进一步提高政治站位。党中央、国务院始终对疫情防控工作高度重视。元旦春节“两节”是我国重要的传统节日，这次正值北京冬奥会和冬残奥会举办，紧跟着就是全国“两会”召开。“两节”期间国内人员大规模流动，疫情防控面临巨大压力和挑战，防控成效也备受各方关注。近期，习近平总书记在多个重要会议和场合，对做好疫情防控工作作出重要指示，在党的十九届六中全会上强调，当前全球新冠肺炎疫情形势依然严峻，国内时有零星散发，我国外防输入、内防反弹压力仍然较大，要继续毫不放松做好疫情防控工作；在中央经济工作会议上再次强调，要科学精准做好疫情防控工作。李克强总理多次就做好疫情处置、医疗救治、防疫安全防护、药物研发等工作提出明确要求。

近期，有关方面相继印发一系列文件，对疫情防控工作进行再部署再安排。中共中央办公厅、国务院办公厅印发《关于做好2022年元旦春节期间有关工作的通知》，要求毫不放松做好疫情防控工作，坚持常态化精准防控和局部应急相结合，减少“两节”期间人员流动和聚集。国务院联防联控机制印发《关于加强口岸城市新冠肺炎疫情防控的通知》《2022年元旦春节期间新冠肺炎疫情防控工作方案》《新型冠状病毒肺炎防控方案（第八版）》等文件，围绕进一步提高政治站位、强化值班值守、做好应急准备、加强重点环节把控、果断快速处置疫情等方面，对近一段时期的防疫工作作出系统安排。中央和国家机关工委、首都严格进京管理联防联控协调机制也印发文件，提出了具体措施和要求。

可以说，做好当前疫情防控，事关防疫工作大局，事关经济社会发展全局，事关北京冬奥会顺利举办和全国“两会”顺利召开，更事关党的二十大胜利召开。各机构要切实把思想和行动统一到党中央决策部署上来，认真按照行党委工作安排，深刻认识到疫情防控是“国之大者”，将疫情防控作为一项重要政治任务，时刻保持警惕之心，紧绷防控之弦，严格落实“四早”要求，以高度的思想自觉和行动自觉做好疫情防控工作，不获全胜决不收兵。

第二，从严从紧落实疫情防控各项措施。关于疫情防控，行党委已经作过多次部署，任务很明确，措施也很具体，关键是要做好“防”这篇文章，避免发生聚集性疫情，重点做到“三个到位”：一是责任落实到位。严格落实“一把手”负总责的工作责任制，压实“四方责任”，做到责任不减、压力不降、目标不移，确保各级机构守土有责、守土担责、守土尽责。疫情防控是一项系统工程，需要统筹把握，确保每一项任务、每一个环节都责任到人、具体到事、落实到位，容不得半点马虎，不能出现“大概”“也许”“可能”，必须实实在在。二是应急指挥到位。从前期情况看，疫情随时可能在局部暴发。虽然各地疫情防控都有指南、有预案，但防控的效果千差万别。各机构要强化疫情防控指挥体系建设，发挥专班统筹作用，做好值班值守工作，确保指挥体系始终处于应急响应状态，决策执行扁平化、高效率，事不过夜推动各项措施落实。要结合实际，充分考虑各种可能出现的情况，进一步完善应急预案，宁可备而不用，绝不能用时无备。要细化各环节操作措施，适时开展实战化演练，切实提高业务连续运作和办公连续保障能力，确保极端情况下全行安全稳定运转。特别强调的是，发生突发情况要按要求及时报告。总行也要加强对重点机构的督导检查和专业支持，凝聚防疫的强大合力。三是重点防控到位。近期我国发生多起本土聚集性疫情，均是境外疫情经口岸城市输入。同时，奥密克戎毒株已在全球超过100个国家和地区蔓延扩散，“外防输入”面临重大挑战。我行在云南、黑龙江、内蒙古等口岸地区的机构已经受了多轮疫情考验，要系统梳理、全面总结，及时补上疫情防控短板和漏洞；其他口岸城市所在机构要充分汲取经验教训，突出重点、精准防控，加强人员管理，最大限度减少人员流动。

第三，真心真情关爱员工。疫情即将进入第3个年头，有的员工或将连续3年没有办法回家与家人一同过年，为疫情防控作出很大牺牲。将心比心，这确实很不容易。各机构要把关心关爱员工的政策措施落到实处，让大家度过一个欢乐祥和的元旦和春节。目前，境内机构共有1 000余名员工集中或居家隔离。对这些员工及其家人要关心关注，加强思想引导、心理疏导，提供必要帮助，打消他们的后顾之忧，让他们在非常时期感受到组织的温暖。对生活困难员工、老干部、离退休人员、独自在属地过节员工、基层干部特别是工作在困难艰苦地区的干部等重点群体，要做好走访慰问，有针对性地帮助解决实际困难，将关心和温暖送到员工心坎上。

要把员工生命安全和身体健康放在首位，持续抓好员工宣传教育，普及疫情防控法律和健康知识，明确告知防疫责任和义务。要提示员工过节放假不放松，注意个人防护，加强健康监测，及时按照要求配合做好隔离、核酸检测等工作。疫苗仍然是最有效的防控手段之一，要继续加快推进新冠疫苗加强针接种工作，确保“应接尽接、应快尽快”。

第四，统筹抓好疫情防控和经营发展，实现双战双赢。今年以来，在行党委的正确领导下，全行干部员工团结奋斗、攻坚克难，取得了稳中有进、稳中向好的经营成绩，值得充分肯定。时至岁末，各项工作都到了收尾阶段。前期，行党委专门对年末收官工作作了部署安排。各机构要按照行党委要求，抓好工作落实和收口攻坚，确保完成全年经营发展目标，交出一份高质量的答卷。

在总行应对新型冠状病毒感染肺炎疫情工作领导小组第十三次会议上的讲话

杨国中

（2021 年 1 月 13 日）

当前，疫情传播风险有所加大，做好疫情防控仍是各项工作的重中之重。接下来，董事长还要作重要指示，这里我先提几点具体要求。

一、充分认识本轮疫情防控的新情况新特点

近期，国内疫情呈现多点零星散发和局部聚集性疫情交织并存的态势，随着春节临近，境外回国人员增多，外出上学、务工人员陆续返乡，人员流动性更大，聚集性活动更多，疫情传播风险将随之加大。从目前确诊病例看，部分境外回国人员集中隔离 14 天期满后才发病，还有部分患者在核酸检测多次后才确诊。受冬季低温影响，病毒在环境中的存活时间更长，同时还呈现“物传人”等新特点。这些新情况新特点，对我们做好疫情防控提出了更高要求，各部门、各机构一定要以更严更慎的态度、更紧更细的措施，认真落实好疫情防控各项要求，做到指挥管理到位、责任落实到位、服务保障到位，确保不出半点闪失。

二、在京办公机构要全力以赴严防疫情输入风险

首都的安全稳定直接关系党和国家工作大局，各在京办公机构要把严防周边疫情输入风险作为当前一项重要的政治任务，严格服从首都防疫安排，参照总行各项管理要求，抓实抓细各项防控措施，确保人员和场所安全。一是加强会议活动管理。各类会议活动能通过线上举办的，不得现场举办；必须现场举办的，要按照防疫要求，严格控制活动规模和参会人数，做到“谁审批、谁负责”。二是加强员工及第三方人员管理。要教育员工严格自律，落实“非必要不出京、非必要不出国（境）”要求，以保护自身、家人和同事健康安全为第一要务，尽量保持家和单位“两点一线”行为轨迹，减少乘坐公共交通工具，最大限度降低感染风险。确有必要因公出国（境）的，要严格按规定审批。对总行组织的各类排查，要第一时间响应，确保人员全覆盖、无遗漏，确保信息应报尽报。三是严格物品管理。要严控各类物资物品采购渠道，避免来自中高风险地区的物资物品进入办公场所。严格做好外包装消毒，确保安全无虞。四是做好员工关爱。目前在京办公机构中共有上千名员工因有中高风险地区旅居史、确诊病例接触史等原因居家隔离。对这些员工及其家人，要及时了解健康情况，加强沟通疏导，提供必要帮助，切实解决实际困难，让他们在非常时期感受到工商银行的温暖。

三、所在地区发生疫情的机构要做到因地制宜动态防控

要毫不放松落实好健康监测、快速摸排、居家观察、核酸检测等各项防控要求，持续抓好重点人群、重点部位、重点场所防控，强化日常管理，动态调整防控措施。要加强与当地卫生防疫等政府有关部门的沟通联系，及时掌握最新情况，严格落实属地管理要求，并按规定及时、准确、完整地向总行报送相关信息。要立足监测在常、防范在先、发现在早、处置在快，进一步优化应急指挥体系，完善应急处置预案，确保在不同风险等级和风险场景下都能做到敏捷响应、高效应对。这次石家庄疫情发生后，远程银行中心本部和石家庄分中心及时采取了应急措施，进行了业务切换，保证了业务正常运转，是一个比较好的案例。对于受疫情影响导致部分营业网点临时停业的情况，要加强管理，维持线上业务、自助服务、远程服务等不中断。总行渠道管理部、运行管理部、金融科技部、资产负债管理部、公司金融业务部、个人金融业务部等相关部门要加强支持和指导。

四、强化员工接种疫苗的义务和责任意识

去年 12 月 31 日，国家药监局正式批准了新冠灭活疫苗附条件上市。总行办公室做了大量协调工作，为总行本部和在京办公机构争取到了宝贵的新冠疫苗资源。疫苗作为公共产品，其接种工作首先应征得员工的知情同意，并且在员工身体条件符合要求的前提下进行。新冠肺炎病毒的隐匿性强、传播链条复杂，疫苗作为有效的阻隔手段，对疫情防控具有重要意义。按照疾控专家意见，全民接种的覆盖面需要达到 60% ~70% 的比例，才能形成全社会的免疫和保障。全行要提高认识和站

位，增强公共责任意识，争取做到“应接尽接”，力争凡是符合条件的员工都能够按时接种。

五、持之以恒抓好境外机构的疫情防控

目前，我行境外机构疫情防控的效果是相当好的。要继续加强对境外机构疫情防控工作的指导，坚决防止出现怠惰思想、厌战情绪和疲倦、松懈心理，确保落实好各项防控措施。要强化境外机构主要负责人的责任，做到守土有责、守土尽责。疫情严峻期间，境外机构主要负责人原则上非必要不可离开工作驻地，确有特殊情况的要报总行审批。境外疫情比较严重，我们的外派人员承受了很多压力，要在继续强化管理和落实抗疫责任的同时，多渠道给予外派员工更多的关心关怀。要进一步加强与属地相关部门的沟通、汇报，积极争取广泛支持和指导，尽早为符合条件的境外员工接种疫苗。总行永远是境外机构和员工的坚强后盾，只要我们团结一心、坚定信心，就一定能够取得抗疫的最后胜利！

监督保障执行　促进完善发展 以高质量纪检监察工作为工商银行落实“十四五”规划开好局、起好步提供坚强保障

——在中国工商银行2021年全面从严治党暨纪检监察工作会议上的工作报告

王　林

（2021年2月7日）

今天上午，陈四清书记的讲话紧密围绕学习贯彻十九届中央纪委五次全会精神，总结回顾了工商银行2020年全面从严治党新成效，对新阶段新时期深入推进全面从严治党从严治行作出安排部署。大家要认真学习领会，坚决贯彻落实。根据会议安排，我代表派驻纪检监察组报告2020年纪检监察工作情况和2021年工作安排。

一、关于2020年纪检监察工作情况

2020年是派驻改革后按新职能新机制运行的第一个完整年度。一年来，派驻纪检监察组和全行各级纪检机构在中央纪委国家监委坚强领导下，在行党委和全行干部员工有力支持下，以习近平新时代中国特色社会主义思想为指导，认真学习贯彻党的十九大和十九届二中、三中、四中、五中全会精神，全面贯彻十九届中央纪委四次全会决策部署，坚持党建引领、从严治理，推动贯彻落实行党委“48字”工作思路，讲政治、战疫情、抓改革、强监督、查案件、促整改、建队伍，充分发挥监督保障执行、促进完善发展作用，努力以高质量纪检监察工作助推工商银行高质量发展，保障党中央重大决策部署在工商银行落地落实。

（一）以精准有效的政治监督，推动工商银行履行好国有大行职责使命。深入学习贯彻习近平新时代中国特色社会主义思想。2020年，派驻纪检监察组召开×次组长办公会、组务会，建立“首要议题”机制，第一时间传达学习习近平总书记重要讲话精神，重点抓好十九届四中、五中全会精神，中央纪委四次全会精神和《习近平谈治国理政》第三卷的学习，两次为全行纪检监察干部讲授专题党课，真正在思想上政治上行动上同以习近平同志为核心的党中央保持高度一致，打牢做好政治监督的思想基础和政治基础。

紧盯“国之大者”强化政治监督。紧盯习近平总书记重要指示批示精神和党中央统筹疫情防控和经济社会发展重大决策部署，抓住金融政策落实、普惠金融服务、制造业升级服务等×项重点工作强化监督，及时跟进合理让利、收费减免、服务科技创新、账户原油业务风险等新情况新问题，推动行党委落实好“六稳”“六保”任务，全力服务经济社会恢复发展；提升服务实体经济质效，做好小微企业、制造业、绿色金融等重点领域金融服务；统筹发展与安全，坚定不移防范化解金融风险；积极贯彻新发展理念，持续深化金融改革创新。

督促和协助党委落实全面从严治党政治责任。制定《全面从严治党监督责任清单》，督促行党委贯彻《党委（党组）落实全面从严治党主体责任规定》，健全完善全面从严治党制度体系。定期开展落实“三重一大”议事决策等情况的专项监督检查，会同行党委研究讨论全面从严治党、党风廉政建设和反腐败工作×项。经常与班子成员，特别是党委书记进行谈心谈话，就全面从严治党、重大风险和腐败案件等情况提示提醒、沟通交

流。各级纪检机构及时发出纪律检查建议书和监督提示函×份，对×名履行领导责任不力的干部严肃问责，推动扛起管党治行主体责任。

（二）树牢以人民为中心的理念，坚决维护员工切身利益。在疫情防控大战大考中抓细抓实监督。在疫情暴发之初，派驻纪检监察组负责同志和各一级机构纪委书记即刻返回辖区、投入工作。派驻纪检监察组第一时间向行党委提出×点工作提示，推动出台加强疫情防控工作“×条”，建立并抓好“四方责任”机制。各级纪检机构查处履行疫情防控责任不力等问题×个，问责相关部门或机构×家，问责处理责任人×人次，以严明的纪律保障员工生命健康和全行安全运营。

紧盯脱贫攻坚政治任务不放松。贯彻落实决战决胜脱贫攻坚座谈会精神，派驻纪检监察组深入宁夏、四川、新疆、贵州等地摸底扶贫工作，严肃约谈扶贫工作落实不力的分行党委书记、纪委书记。督促行党委认真落实中央纪委国家监委交办的扶贫整改任务，重点助力四川金阳等×个定点扶贫县如期脱贫摘帽。

持续整治群众身边的不正之风。指导各级纪检机构从严查处员工绩效违规二次分配，以及消极服务客户引发重大投诉等×个群众身边的作风问题，推动干部员工树牢为民服务理念。

（三）持续深化派驻改革，推动完善工商银行大监督体系。强化制度建设和调查研究。突出制度建设主线，紧跟党中央、中央纪委国家监委新制度新要求，派驻纪检监察组出台制度办法×项（派驻改革以来累计出台×项），进一步完善派驻监督制度体系。坚持边学习、边调研、边工作、边总结，聚焦派驻改革后新问题新情况，开展×项重点课题调研，推动各级纪检机构深入一线开展调研×次，并促进调研成果高质量转化运用。

进一步推动全系统深化改革。会同行党委重温习近平总书记对派驻监督的重要论述，以及党中央、中央纪委国家监委深化派驻改革的要求部署，共同召开深化派驻改革工作座谈会，安排部署×项深化改革重点任务并抓好落实。推动各级行党委落实改革主体责任，督促各级纪检机构有序移交违反行规处理职责，规范一级机构纪委书记分工和兼职，总结安徽分行纪检改革试点经验，加强基层纪检队伍建设。着力完善沟通会商机制，出台《驻工行纪检监察组与工商银行党委加强沟通会商办法（试行）》，派驻纪检监察组与行党委就政治生态、廉洁风险等先后×次进行沟通会商，重点就×个方面的问题进行专题研究，共同推动解决。

推动建立工商银行大监督体系。充分发挥派驻监督的牵引和辐射作用，研究制定《发挥监督合力提高派驻监督效能意见》《内部审计机构向纪检监察机构移交问题线索工作意见》等制度，健全监督会商和联席会议、问题线索移送等工作机制。2020年，共收到内部审计、内控合规等部门自查发现问题线索×件、巡视巡察发现问题线索×件。与银保监会大型银行部建立沟通联系机制，围绕重大监管问题整改、廉洁文化建设和个别线索处置等加强交流研判，促进形成强监督、强监管、强治理的良性互动。

（四）做深做实监督职责，强化对权力运行的制约和监督。突出“关键少数”这个监督重点。会同行党委研究制定《关于加强对“一把手”和领导班子“三项监督”的意见》《一级（直属）分行纪委对同级党委及其班子成员监督的办法（试行）》，探索破解“一把手”和领导班子监督难题有效路径。各一级（直属）分行纪委对同级党委班子成员开展提醒谈话×人次，收到同级党委班子成员报备的监督信息×条。通过参加民主生活会、监督调研、专项检查等多种方式，对“关键少数”进行政治画像，各级纪检机构主动约谈“关键少数”近×人次。

强化问题线索管理处置。对十八大以来的×件总行党委管理干部的问题线索再次进行起底梳理和集体研判，截至2020年底已重新初步核实或谈话函询×件。制定《处理检举控告工作规程》，派驻纪检监察组提级办理非总行党委管理干部问题线索×件次。对各一级（直属）分行线索处置和案件查办工作进行分析指导，重点选取×家有代表性分行、×多个重点线索和案件，“一对一”进行现场研商。2020年，全行共收到信访举报×件，处置问题线索×件，其中，派驻纪检监察组处置问题线索×件。

强化重点领域靶向监督。紧盯银行重点业务“准入关”和选人用人“提名权”，出台多项制度加强对信贷领域、管理人员选拔聘用工作的监督，推动日常监督规范化系统化。开展履职回避专项检查，推进“近亲繁殖”问题治理。严把党风廉政意见回复关，各级纪检机构提出暂缓等否定性意见×人次，其中派驻纪检监察组提出×人次。探索加强对境外机构监督，在×家境外机构设立×名廉洁专员和×名联络员，制定印发《境外机构廉洁从业监督办法（试行）》和履职清单，组织开展×人参加的境外机构廉洁专员、联络员以及全体外派干部廉洁从业培训，开展境外机构负责人任前廉洁谈话，不断夯实境外机构监督基础。

贯通运用“四种形态”。推进纪法情理贯通融合，明辨金融改革发展中的为公与为私、无心与存心、一般性错误与严重违纪违法。2020年，共运用“四种形态”处理×人次。其中，运用第一种形态×人次，占×%；第二种形态×人次，占×%；第三种形态×人次，占×%；第四种形态×人次，占×%。认真学习贯彻《政务处分法》，出台失实检举控告澄清、规范处分决定宣布、受党纪政务处分人员回访教育等制度办法。严肃处分宣布、执行，达到触动思想、深刻反思效果；做好跟踪回访和思想政治工作，全年共对×名受处分干部进行跟踪回访，鼓励和帮助受处分人重拾信心、努力工作。

（五）锲而不舍落实中央八项规定精神，纠“四风”与树新风并举互促。重点整治形式主义、官僚主义。对总行×个职能部门开展作风排查，推动解决工作浮于表面等问题。开展审计发现问题调研监督，推动对问题背后的不担当不作为问题严肃问责。盯住基层减负，把解决形式主义突出问题成效，纳入党建工作考核、内部巡视等工作。2020年，总行发文和会议分别同比下降×%和×%；全行累计查处形式主义、官僚主义问题共计×个，处理责任人×人。

坚决防止享乐主义、奢靡之风反弹回潮。贯彻落实习近平总书记重要指示批示精神，加强厉行节约勤俭办行监督工作。2020年，全行累计查处享乐主义、奢靡之风问题×个，处理责任人×人，其中总行党委管理干部×人。组织开展办公用房检查，推动履职待遇制度落地。会同行党委召开作风建设视频会议，点名道姓通报违规违纪典型案例，印发×起饮酒典型问题通报，发挥“反面教材”警示作用。

进一步健全纠治“四风”问题长效机制。聚焦“四风”问题易发多发领域和环节，强化源头治理，推动加强考评体系统筹优化，为基层行减负赋能。督促有关职能部门细化履职待遇、业务支出、差旅等制度规定，完善长效机制。

（六）全面贯彻巡视工作方针，健全完善上下联动机制。督促协助抓好中央巡视整改。针对信贷领域、新兴业务、案件防控、客户服务、境外机构管理等方面重点问题，对总行本部×个部室开展巡视整改“回头看”，发现问题×个，从部门落实整改措施进展，检视党委主体责任的落实，督促适应形势任务的发展变化，持续深化整改。

协助党委履行巡视工作主体责任。行党委召开全行巡视巡察工作会议，对巡视工作进行全面部署；党委书记对巡视工作坚持亲自部署、协调、督办，对巡视发现的问题点人点事；党委班子成员抓好分管领域巡视整改工作。建立健全近×项巡视巡察制度，出台《关于推动巡视监督与其他监督贯通融合的意见》，完善纪检机构和组织人事部门巡视巡察整改日常监督等联动协同机制。

积极推进高质量巡视全覆盖。紧扣国有商业银行职能责任，聚焦“四个落实”，协助行党委创新采取“交叉巡察在前、总行巡视在后”的工作方式，聚焦防范化解金融风险，开展对×家风险问题较突出分行的巡视巡察，发现问题×个，并同步开展选人用人、纪委书记履职等专项检查。探索开展境外机构专项巡视，派驻纪检监察组跟进查处了工银国际有关违纪问题。

（七）深化金融反腐，一体推进“三不”机制建设。坚定稳慎推进案件查办取得新突破。在中央纪委国家监委三室具体指导下，行党委与派驻纪检监察组密切沟通、统筹推进，“室·组·地”上下联动、协作配合，查处徐卫东、王英奎、陈琪等严重违纪违法案，对重要问题线索开展深度初核，实现了案件查办领域从传统信贷到资产管理等新兴业务，从分支机构到总行本部，从境内机构到境外机构的新突破。2020年，派驻纪检监察组立案×件，审查调查×人，其中，总行党委管理干部×人，已给予党纪政务处分×人；各级纪检机构立案×件，给予党纪处分×人。

加强与地方纪委监委等机关的协作配合，制定《各一级（直属）分行纪委与地方纪委监委协作配合工作办法》，提高协同联动水平，全年与地方纪委监委联合办案留置×人。同时，制定“走读式”谈话指导意见，建成派驻纪检监察组谈话室，促进办案安全管理规范到位。

做实以案促改“后半篇文章”。推动行党委深刻汲取胡怀邦案沉痛教训，开展“两明案”专题教育整改“回头看”，通过以案促省、促思、促改，强化重点领域监督机制改革和制度建设，建立健全授信审批新机制，加大干部交流轮岗力度。坚持稳中求进、坚定稳妥，做好徐卫东等案风险处置和舆情处理预案，追赃挽损×亿元，既“打掉老鼠”又“护好玉盘”。拍摄并组织观看“两明案”专题警示教育片，编制《派驻改革以来工商银行查处典型违纪违法案件警示录》，在全行分级分层分类开展警示教育。推动建成金融业首家廉洁文化教育基地，培育金融报国、风清气正的企业文化。

（八）不断加强自身建设，打造高素质专业化纪检监察队伍。坚持把政治建设作为干部队伍建设首要任务。制定并落实派驻纪检监察组加强政治建设和巩固深化主题教育成果×项具体措施。严格执行民主集中制，严守请示报告制度，2020年向中央纪委国家监委请示报告×次；用好两个“月报告”机制，规范和加强一级机构纪委向派驻纪检监察组报告工作。认真落实“三会一课”要求，召开“胡怀邦案”警示反思等专题组织生活会，增强党内政治生活严肃性、有效性。

做好做实干部选拔教育管理。加强重要纪检岗位干部配备，优化调整×家一级（直属）分行纪委书记，对×名一级机构纪委办公室负责人的选任严格把关。通过年中年末述职等方式，对×家一级机构纪委及其负责人进行全覆盖考核。深入开展全员培训和实践锻炼，疫情期间组织开展为期×个月、覆盖×名专职纪检干部的线上“春训”，下半年又连续举办×期全员视频培训，并组织开展审理工作现场培训和审查调查工作交流。选派×名干部参加中国纪检监察学院专项培训，并通过抽调参与专案办理等方式，在实训实干中提高政治素质和专业能力。开展“工银成就奖（纪检业务）”评选，激励纪检监察干部担当作为。

扎实推进法治化规范化履职。牢固树立制度意识，围绕检举控告、审查调查等环节，完善自身权力运行和管理监督制约机制。强化线索处置、案件审理等工作的督查督办、专项检查和指导帮扶，推动各级纪检机构严格按照制度履职尽责。以中央纪委国家监委办公厅、三室、审理室调研检查为契机，不断规范安全保密、档案管理、措施使用等各项工作，全面投产使用纪检监察管理平台，筑牢高质量发展的根基。

强化自我监督约束。对×名新任职一级机构纪委负责人开展任职谈话，探索开展纪委书记履职检查评价。组织开展赵开江案、姜国文案警示教育。依规依纪依法处理反映纪检监察干部的问题线索，累计收到并处置问题线索或反映×件次，给予纪检干部组织处理×人次、党纪行政处分×人次。

一年来，行党委和派驻纪检监察组协同发力，带领全行各级纪检机构围绕中心、服务大局，勇担使命、忠诚履职，进一步深化了对推进新时代纪检监察工作高质量发展的认识体会。必须坚定践行“两个维护”。通过有力有效的政治监督，督促各级党组织落实好党中央重大决策部署，在现代化建设中发挥国有大行主力军和稳定器作用。必须突出“两个责任”贯通联动、同向发力。做到监督不替代，推动党委主体责任和纪委监督责任既各负其责，又贯通联动、同向发力，发挥好系统优势、组织优势和制度优势，形成齐抓共管的工作格局。必须坚持改革创新。监督工作取得的实效，主要得益于派驻改革的授权赋能，要持续深化改革，推动监督工作与时俱进、精准有力，努力破解监督难题。必须落实一体推进“三不”重要方略。坚持标本兼治，把一体推进“三不”重要方略运用到正风肃纪反腐各方面，推动监督、办案、整改、治理贯通融合。必须依规依纪依法履职。更加注重实事求是和思想政治工作，严格按照权限、规则、程序开展工作，以法治思维和法治方式推进监督、防治腐败。

过去一年的工作实践，也让我们进一步深切体会到派驻改革带来的新变化新气象，党的领导在工行更加坚强有力，监督体系更加健全完善，反腐败高压态势在行内逐步形成，干部员工规矩意识、敬畏之心明显增强，全行纪检监察队伍的凝聚力、战斗力得到很大提高。2020 年，纪检监察工作也得到了有关方面的关注和肯定，中央纪委国家监委内网、官网等先后刊发了 30 篇文章予以报道。这些工作成绩的取得来之不易，得益于中央纪委国家监委的正确领导，特别是第三监督检查室的具体指导和大力支持，得益于行党委的高度重视和有力支持，得益于全行各机构、各部门和干部员工的积极配合，更得益于广大纪检监察干部的辛勤付出和扎实工作。在此，我代表派驻纪检监察组向中央纪委国家监委机关各部门，向全行各级党组织和干部员工表示衷心的感谢！

面对新的形势和任务，我们要深刻领会习近平总书记“全面从严治党首先要从政治上看”“反腐败没有选择，必须知难而进”的重大政治判断，深刻认识党中央深化金融反腐重大部署的正确决策。当前，工商银行党风廉政建设和反腐败斗争形势依然严峻复杂，政治问题和经济问题、传统腐败和新型腐败、腐败问题和不正之风交织的特点在行内同样存在，高压之下还有人蠢蠢欲动、铤而走险，不正之风树倒根在、潜滋暗长，减存量、遏增量的压力依然很大，以案促改的实效有待提升。同时，与党中央、中央纪委国家监委强化政治监督、深化金融反腐、知责担责履责等要求相比，全行纪检监察工作和干部队伍建设还存在一些差距和不足。政治监督总体处在探索阶段，政治敏锐性和政治鉴别力需进一步提升；对“一把手”和领导班子的监督还不够有力有效，自觉接受监督、主动互相监督的氛围还不够浓厚；线索处置及案件查办压力依然较大，精准发现和查处风险背后的腐败问题的经验、能力仍然不足；监督力量配备不均衡不充分，基层纪检工作还存在短板，政治素质和履职本领仍待提高；各类监督力量协调配合机制仍需不断优化，协作质量水平有待提高，等等。对这些问题，必须予以高度重视、切实加以解决。

二、关于 2021 年纪检监察工作安排

2021 年是中国共产党成立 100 周年，是“十四五”规划开局之年，也是工商银行新一轮三年规划的起步之年，我们将开启全面建设社会主义现代化国家新征程、向第二个百年奋斗目标进军。在新的历史方位中坚守职责定位，履行好纪检监察工作使命责任意义重大。2021 年纪检监察工作的总体要求是：以习近平新时代中国特色社会主义思想为指导，全面贯彻党的十九大和十九届二中、三中、四中、五中全会精神，认真落实十九届中央纪委五次全会各项部署，增强“四个意识”，坚定“四个自信”、做到“两个维护”，坚持稳中求进工作总基调，坚持系统施治、标本兼治的工作理念，坚持“改革强监督、两责同发力、反腐促整改、一体防风险”工作思路，知责担责履责，以确保党中央决策部署在工商银行有效落实为首要任务，充分发挥监督保障执行、促进完善发展作用，持续深化派驻改革，健全工商银行大监督体系，强化基层监督力量，一体推进不敢腐不能腐不想腐，扎实推进规范化法治化建设，切实加强干部队伍建设，为工商银行实现高质量发展，落实“十四五”规划开好局、起好步提供坚强保障，以优异成绩庆祝建党 100 周年。

派驻纪检监察组和全行各级纪检机构要深入学习贯彻党的十九届五中全会和十九届中央纪委五次全会精神，旗帜鲜明讲政治，深刻认识我国进入新发展阶段面临的新形势新挑战新任务，始终保持政治定力、政治警觉，坚定维护习近平总书记党中央的核心、全党的核心地位，坚定维护党中央权威和集中统一领导。要把党中

央决策部署与工行纪检监察工作现实地、具体地、与时俱进地结合起来，与推动落实2021年全行工作会议安排部署、行党委“48字”工作思路和新三年规划结合起来，坚持稳中求进、坚定稳妥，坚持实事求是、依规依纪依法，坚持惩前毖后、治病救人方针，坚持政策策略、纪法情理融合，坚持系统施治、标本兼治。要更加突出政治监督，更加突出高质量发展，更加突出整治员工身边腐败和作风问题，更加突出发挥监督治理效能，更加突出严管厚爱结合、激励约束并重，使正风肃纪反腐更好适应世界一流现代金融企业建设需要，将监督融入工商银行贯彻落实“十四五”规划全过程，使监督体系更好融入工商银行公司治理体系，释放更大治理效能。

进入新阶段、开启新征程，全面从严治党首先要从政治上看，不断提高政治判断力、政治领悟力、政治执行力，清醒认识反腐败是一场输不起也决不能输的政治斗争，必须知难而进，做到态度不能变、决心不能减、尺度不能松。要立足新发展阶段，贯彻新发展理念，构建新发展格局，自觉把握工商银行党风廉政建设和反腐败斗争形势任务及阶段性特征，督促各级领导干部切实担负起管党治行政治责任，充分发挥全面从严治党引领保障作用，把严的主基调长期坚持下去，始终保持“赶考”的清醒，保持对“腐蚀”“围猎”的警觉，坚定不移全面从严治党从严治行，坚定不移正风肃纪反腐，不断增强自我净化、自我完善、自我革新、自我提高能力，以更加奋发有为的精神面貌，为“十四五”规划开好局、起好步扛起大行担当，作出工行贡献。

（一）自觉践行“两个维护”，围绕贯彻落实党中央重大决策部署强化政治监督。进入新发展阶段，工商银行在全面建设社会主义现代化国家新征程中承担着更加艰巨繁重的任务。必须对“国之大者”做到心中有数，加强政治监督，防范化解思想涣散、纪律松弛风险，保证党中央重大决策部署在全行贯彻落实。

要在强化理论武装上深下功夫。以庆祝建党100周年为契机，督促各级党组织和党员干部坚持学懂弄通做实习近平新时代中国特色社会主义思想，系统学习《习近平谈治国理政》，提高运用马克思主义立场、观点、方法分析解决纪检监察工作实际问题的能力。全面学习党史、新中国史、改革开放史、社会主义发展史，同回顾总结纪检监察工作、工商银行发展光辉历程、宝贵经验结合起来，深入开展党的优良传统和作风教育，进一步增强“四个意识”、坚定“四个自信”、做到“两个维护”。

要抓紧抓实政治监督。聚焦坚持党的领导、推动高质量发展、深化金融供给侧结构性改革、提高金融服务水平、守住安全发展底线、防范化解重大金融风险等重大决策，紧盯巩固拓展疫情防控和经营发展成果、强化金融支持科技创新、小微企业、绿色发展、扩大内需等重点任务，加强监督检查、督促落实到位。健全贯彻党中央重大决策部署督查问责机制，把握重点、盯住难点、疏通堵点，监督推动各级党组织自觉同党中央精神对表对标，与经济社会发展任务紧密衔接，自觉从讲政治的高度做好金融工作，干在实处、取得实效。

要以改革创新精神监督保障全行改革发展。密切结合工商银行形势任务，加强纪检监察工作理念、制度、实践创新，推动解决体制性障碍、机制性梗阻、政策性创新等方面问题，以纪检监察改革创新，监督促进全行改革发展。创新推进清廉建设，督促各级党组织努力做到风气严实、纪律严明、干部廉洁、班子廉政，着力构建亲而有度、清而有为的银企银地关系、清爽的同志关系、规矩的上下级关系，营造工商银行风清气正的政治生态和良好发展环境。

（二）坚定不移深化反腐败斗争，不断实现不敢腐、不能腐、不想腐一体推进战略目标。党风廉政建设和反腐败斗争首先要从政治上看，深刻把握腐败问题的政治本质和政治危害，将深化金融反腐和妥善处置风险、促进改革发展统筹衔接，强化内部治理和外部监督贯通联动，一体推进“三不”机制建设。

要坚定不移减存量、遏增量。坚持无禁区、全覆盖、零容忍，坚持重遏制、强高压、长震慑，坚持行贿受贿一起查，重点查处政治问题和经济问题交织的腐败案件，聚焦投融资审批、资产管理、资产处置、减费让利、集中采购、选人用人等领域和环节，加强线索筛查和深度初核。在紧盯传统领域腐败问题的同时，高度关注新兴业务及金融创新领域风险，坚决惩治金融风险背后的失职渎职、违法犯罪和腐败行为，严肃查处靠金融吃金融、设租寻租、关联交易、内外勾结等问题，以及“雅贿”“影子股东”等隐性腐败。高度关注年轻干部违纪违法问题，加强教育监督管理。坚定稳妥查处境外机构腐败问题。对心存侥幸、顶风违纪、给工商银行造成重大损失的，不论是在职还是离职、境内还是境外，都要依规依纪依法坚决查处，确保底线常在、“后墙”不松。

要着力推进纪律监督和监察监督一体贯通。在贯彻执行“室·组·地”联合办案制度机制基础上，探索推进派驻纪检监察组、分行纪委、地方纪委监委联合办案模式，持续完善与地方纪委监委、金融监管部门的协同联动机制，拓宽措施使用和证据获取方式方法，在联合办案的实战中锻炼提升能力。

要牢牢守住审查调查安全底线。严格执行审查调查措施使用规定，持续强化办案安全意识，落实安全工作责任制。抓好“走读式”谈话安全这个重中之重，发挥谈话室等软硬件设施作用，严格落实操作规程，坚决守住安全底线。

要深化标本兼治，做实以案促改、以案促建、以案促治。把握“惩、治、防”辩证统一关系，坚持严惩腐败与严密制度、严格要求、严肃教育紧密结合，将正风肃纪反腐与深化改革、完善制度、促进治理贯通起来。针对徐卫东等违纪违法案件暴露出的问题，开展理财业务领域等专题教育整改，查找管理漏洞、补齐制度短板、严格制度执行。推动各级行党委压紧压实以案促改主体责任，建立健全以案促改常态化机制，真正做到“管住人、看住钱、扎牢制度防火墙”。加强清廉金融文化建设，拍摄并组织观看徐卫东、陈琪等案专题警示教育片，督促各级党员干部用好《金融案鉴——金融领域违纪违法典型案例警示教育读本》《工商银行派驻改革以来查处违纪违法案件警示录》和廉洁文化教育基地，分级分类分层开展警示教育，引导党员干部加强自我改造，正确处理公与私、亲与清、情与法，正确对待组织、对待自己、对待别人，树立正确的世界观人生观价值观。

（三）深化整治“四风”顽瘴痼疾，推动形成求真务实、清正廉洁的新风正气。新征程承载着新目标新任务，也蕴含着全行干部员工对党风行风的新期盼，要锲而不舍落实中央八项规定及其实施细则精神，加大查处问责和通报曝光力度，坚决防反弹回潮、防隐形变异、防疲劳厌战。

要对形式主义、官僚主义毫不妥协。继续紧盯各级领导机关和领导干部，对贯彻党中央决策部署和行党委工作要求做选择、搞变通、打折扣等突出问题，特别是经营中弄虚作假，搞“包装式”落实、“洒水式”落实、“一刀切式”落实，不作为乱作为慢作为、推诿扯皮等突出表现，盯住不放、精准施治，坚决防止不严不实做法成风成势。深挖细查审计、巡视、监管通报等发现问题背后的形式主义、官僚主义，促进问题整改与作风建设贯通联动。推动有关职能部门列出形式主义、官僚主义负面清单，健全为基层减负赋能常态化机制。

要严查享乐主义、奢靡之风。把监督节约粮食、坚决制止餐饮浪费行为作为重要任务，督促各机构、各部门坚持过紧日子。坚决纠治办公用房、交流干部租房面积超标等问题，对群众反映强烈的公款吃喝、违规接待饮酒等歪风陋习露头就打、反复敲打；对普遍发生、反复出现的沉疴痼疾，从制度机制上找原因，促进完善制度规范。

要推动形成新风正气。督促落实规范领导干部配偶、子女及其配偶经商办企业行为规定，推动以上率下、严格执行。教育引导党员干部，特别是党员领导干部自觉反对特权思想和特权行为，严格管好家属子女，严格家风家教，严防出现“裙带腐败”“衙内腐败”。加强党性修养、作风养成，推动全行干部员工保持与服务新发展格局、推动高质量发展相契合的精神状态，形成务实清廉的新风正气。

（四）持续整治群众身边腐败和不正之风，促进公平正义、保障员工合法权益。纪检监察工作是政治工作、人心工作，顺应人民对美好生活的向往是基本工作导向。要加强对群众反映强烈的问题集中整治，让干部感受到监督、习惯被监督，让群众知道有监督、参与监督。

要巩固深化脱贫攻坚成果。督促保持现有帮扶政策措施总体稳定，开展过渡期专项监督，确保“四个不摘”等政策切实落地。推动各级党组织将巩固拓展脱贫攻坚成果与乡村振兴有效衔接，实施好城乡联动发展战略，探索具有工行特色的服务乡村振兴之路。

要强化对消费者权益保护工作的监督。通过整改“回头看”、专项监督检查等形式，聚焦监管部门处罚、社会舆论关注、客户反映强烈和有责投诉反复出现的问题，督促相关机构和部门深化专项治理，切实提高金融服务水平，不断提高客户的满意度，积极维护工商银行良好品牌形象和社会声誉。

要持续纠治漠视侵害员工利益问题。督促相关部门加强绩效发放和财务合规管理，避免非正常压缩员工福利等问题发生，持续加强员工关心关爱，切实提升员工获得感。

要推动监督下沉、监督落地。充分发挥监督在基层治理中的作用，加大对基层干部用权监督约束力度，管住“小微权力”，防止基层“微腐败”。深入干部群众发现问题，到基层一线下沉走访，进行实地督查了解。建立健全群众参与监督机制，畅通群众反映意见、信访举报渠道，对具有可查性的问题线索应查尽查，及时反馈处置结果，让群众感受到参与监督有结果、有价值。

（五）构建巡视巡察上下联动新格局，充分发挥党内监督利剑和密切联系员工纽带作用。协助和推动党委自觉把抓巡视作为落实全面从严治党主体责任的重要任务和重要抓手，贯彻落实《关于中央部委、中央国家机关部门党组（党委）开展巡视工作的指导意见（试行）》和《关于加强巡视巡察上下联动的意见》精神，牢牢把握中央巡视工作方针，以迎接新一轮中央巡视和中央巡视办指导督导为新的促进，健全机制、深化发展，大力提高巡视巡察质量。

要精准落实政治巡视要求。重点围绕贯彻落实十九届五中全会、中央经济工作会议和十九届中央纪委五次全会精神，围绕党中央全面从严治党的新部署新要求，加强政治巡视巡察，坚持“严”的主基调，聚焦“四个落实”，重点发现和推动解决贯彻落实党中央决策部署不坚决、履行职责使命不到位、推进重大改革和重点工作不扎实、落实“两个责任”不到位不到底、执行纪律作风要求不严格等问题，充分发挥党内监督利剑和密切联系群众纽带作用。

要创新巡视巡察方式方法。坚持和完善“交叉巡察在前、总行巡视在后”工作方式，探索巡审结合监督模式，发挥巡视巡察上下联动和审计巡视前后联动的监督合力。指导督导巡察工作，开展蹲点式调研指导，不断探索巡视巡察成果运用、信息共享、力量联动的途径和方式，持续完善联动工作格局。

要推动党委强化巡视整改主体责任，认真履行整改监督责任。主动配合、对接中央巡视，统筹推动中央巡视反馈问题、国家审计和监管机构等监督发现问题，以及“不忘初心、牢记使命”主题教育检视问题一体整改。落实落细纪检机构和组织人事部门巡视巡察整改日常监督机制，强化对整改的监督检查和追踪问效。

要不断夯实基础工作。健全完善巡视巡察制度体系，细化相关配套措施。促进信息化建设优化升级，不断提升工作效率，规范工作流程。选优配强专职干部，持续完善巡视巡察人才库，整体提升巡视巡察干部政治素质和履职能力。坚持实事求是、务求实效，真发现问题、发现真问题、真解决问题。

（六）全面履行监督职责使命，不断增强监督治理效能。要立足“监督的再监督”定位，发挥制度优势、组织优势、系统优势，履行好监督第一职责，压紧压实各级党组织管党治党政治责任和书记第一责任人责任，推动监督、整改、治理有机贯通，推动监督和被监督成为自觉，打牢夯实专责监督基本盘。

要强化对“一把手”和领导班子监督。贯彻落实好《关于加强对“一把手”和领导班子“三项监督”意见》，实化细化具体措施，督促和协助行党委建立领导干部插手干预重大事项记录、监督事项报告报备和承诺等制度机制，推动上级“一把手”抓好下级“一把手”。各级纪检机构认真落实好同级监督制度要求，创新方式方法，强化对同级和下级党组织特别是“一把手”的监督，探索上级纪委对下级党委班子成员集体谈话、上一级纪委书记定期与下一级党委书记谈话、开展述责述廉评议。

要做深日常监督。贯彻落实好进一步加强日常监督工作意见，执行好选人用人和信贷等重点领域监督的相关办法，综合运用走访、调研、督查、谈心谈话等方法，监督于问题未发之时。紧盯关键事、关键人、关键时，加强对信贷审批、选人用人、轮岗交流、资产管理、集中采购等重点领域的监督，推动形成靠制度管权、管事、管人的长效机制。突出廉政档案和政治画像建设、线索处置和案件查办、监督调研和监督检查等重点工作，在监督方法路径上精准突破。严把党风廉政意见回复关，制定规范党风廉政意见回复工作意见，落实“纪检监察机关意见必听，线索具体的信访举报必查”要求。加强信访举报受理办理工作，有效提高线索核查处置效率和质量，强化线索处置和案件查办研商指导，加强检举举报平台落地和纪检监察管理平台优化工作，强化统计分析，提高信息化、精准化水平。

要进一步加强境外机构和子公司廉洁风险防控。修订境外机构廉洁从业监督办法，出台廉洁专员履职指引，健全境外机构负责人任前廉洁谈话机制，加大日常监督力度；对境外管党治党宽松软、履职不到位造成漏洞、境外监督乏力、该发现的问题没有发现、发现问题不报告不处置的严肃问责。督促规范各层级子公司管理，突出主业，审慎有序开展金融综合经营，严格并表管理和穿透管理，规范关联交易。

要深化运用“四种形态”，坚持“三个区分开来”。对金融改革创新发展中的明知故犯和无心之过、肆意违规和改革失误、蓄意谋私和因公差错等区别对待，做到早发现早提醒、真容错敢纠错、讲政策给出路。严格执行党员权利保障条例，督促落实党员保障措施，为受到不实举报的干部澄清正名，严肃查处诬告陷害行为，加强对敢担当善作为干部的激励保护，激发党员干部担当尽责、干事创业的内生动力。

要规范审理、精准问责。修订完善《违纪违法案件审理流程及文书规范（试行）》，准确把握纪检监察证据标准，把住案件审理质量关，做到量纪平衡准确。编制并用好模拟案卷和案件质量指导手册，加强案件审理联系点建设工作。精准规范用好问责利器，常态化做好被问责和受处分干部跟踪回访工作，教育引导他们正确认识、放下包袱、积极工作；对于影响期满、表现好的，符合条件的应当正常使用，促进干部从“有错”向“有为”转变。

（七）抓深抓实派驻改革，推动各类监督贯通融合。破解新时代纪检监察工作重点难点问题，必须发挥改革的先导、突破、创立作用，在促进系统集成、协同高效上下功夫，以党内监督为主导，充分发挥派驻监督的牵引辐射作用，不断完善权力监督制度和执纪执法体系，以严密的监督体系防范化解重大金融风险、筑牢金融安全屏障。

要着力健全完善行党委与派驻纪检监察组“两个责任”协同贯通工作机制。有效运用定期会商、重要情况通报、线索联合排查等机制，加强沟通会商、交换意见、提示提醒，把握好监督与支持、监督与治理的关系，监督不替代、反腐促整改，确保“两个责任”同向发力、同频共振。

要加强上级纪检监察机构对下级纪检机构的领导。修订完善各一级机构纪委向派驻纪检监察组报告工作办法，进一步推动纪检监察系统上下贯通、发挥整个纪检监察条线监督职能作用。研究制定一级机构纪委书记正面履职规范与负面约束清单，建立完善常态化履职检查评价体系。强化上级纪检监察机构对下级纪检机构的支持保障，为其开展监督撑腰鼓劲、增强底气。

要探索加强基层监督力量。加强对基层纪检干部队伍建设的指导，重点推动纪检干部与其监督对象配比失衡较为突出的机构尽快充实力量。会同行党委进一步研究部署，扩大基层纪检改革试点范围，补足基层监督短板。鼓励基层结合实际创新管理体制、协作机制，因地制宜开展纪检条线上下联动、片区联动、交叉监督、协作检查等，从机制上解决基层监督力量薄弱问题。

要不断完善派驻纪检监察组自身协同运作机制。案件监督管理部门要强化问题线索统一管理，加强对监督检查、审查调查工作的综合协调和全过程监督。监督检查部门要在做好日常监督的基础上，加强对问题线索的深度初核，为审查调查提供高质量“弹药”。审查调查部门要坚持案件查办与以案促改统筹谋划、一体推进，及时向监督检查部门通报案件查办剖析情况，协助做好审查调查“后半篇”文章。案件审理部门要从后端看前端，严把案件质量关。

要促进工商银行各类监督贯通融合。有效整合优化监督资源，进一步加强党委各职能部门、业务管理部门、后台监督部门监督与派驻监督的联动结合，夯实信息沟通、协同配合、成果共享机制，形成常态长效的监督合力。充分发挥巡视巡察的纽带和综合平台作用，用好内审内控这个重要监督载体，推进“三道防线”各司其职、形成合力，强化与金融监管部门的沟通协作，促进强监督、强监管、强治理的深度融合。

（八）从严从实加强自我监督约束，建设政治素质高、忠诚干净担当、专业化能力强、敢于善于斗争的纪检监察铁军。肩负新时代新征程重大责任使命，全行纪检监察干部要带头提高政治判断力、政治领悟力、政治执行力，提高把握新发展阶段、贯彻新发展理念、构建新发展格局的政治能力。

要带头旗帜鲜明讲政治。加强政治引领，锤炼忠诚老实、谦虚谨慎、艰苦奋斗、“三严三实”的优良品格，敢于斗争、善于斗争，从自己做起、严起，做到知责于心、担责于身、履责于行。坚持问题导向，弘扬实事求是作风，加强调查研究，使工作思路、举措、作风更加适应高质量要求。树立战略思维、系统思维，增强机遇意识、风险意识，做好重大舆情和突发事件等应急处置。

要选优配强纪检干部队伍。全行各级党委要加强对纪检工作的领导，担负起统筹纪检干部培养、选拔、任用的责任，贯通选育管用全链条，健全干部培养选拔考核评价体系。强化各级纪委班子建设，加强从青年干部中选拔优秀人才充实到纪检队伍，进一步优化纪检干部年龄和专业结构，形成科学合理的干部梯次。打通纪检干部队伍进出渠道和上升通道，做到优进优出，不断激发干部队伍生机与活力。启动纪检监察人才库和培养计划，通过多种方式进行重点培养、跟踪培养。

要持续深化全员培训和专业培训。依托中央纪委国家监委学习资源，持续开展全员视频培训、在线培训，对十九届中央纪委五次全会等新精神新要求进行专题解读。加大对新转岗、新入职纪检干部培训力度，举办专题学习交流会、培训班，深化互动互助式学习。探索建立纪检监察干部初、中、高级资格认证体系，打造高素质专业化的案件监督管理、监督检查、巡视巡察、审查调查、案件审理队伍。

要依规依纪依法履行纪检监察职责。认真学习贯彻习近平法治思想，增强法治意识、程序意识、证据意识，严格执行监督执纪工作规则、监督执法工作规定等制度要求，坚持集体决策、严格审批权限、健全内控机制，强化全流程监督，不断探索完善依照法定权限行使权力、开展工作的具体流程和制度规范，严守纪检监察权力边界。

要自觉接受最严格的约束和监督。增强防范化解自身重大风险的意识，贯彻落实《关于加强新时代纪检监察干部监督工作的意见》精神，加大严管严治、自我净化力度，不断探索强化干部监督的有效机制和方法途径。持续整治“灯下黑”，定期排查反映纪检监察干部问题线索，坚决防止家人、亲属利用纪检监察干部影响力谋私贪腐，对不适应岗位要求特别是不担当不作为的及时调整，对执纪违纪、执法违法的从严查处，以铁一般的纪律作风锻造纪检监察队伍。同时，不断健全正向激励和保障机制，用心用情做好纪检监察干部关心关爱工作，加大对纪检监察战线先进典型的发现、总结和宣传工作力度，既用问责加压又用信任加力。

同志们，站在新起点，踏上新征程，纪检监察工作任务繁重、使命光荣。我们要更加紧密地团结在以习近平同志为核心的党中央周围，勠力同心、锐意进取，为推动工商银行全面从严治党、党风廉政建设和反腐败斗争向纵深发展，落实“十四五”规划开好局、起好步作出更大贡献，以优异成绩庆祝建党100周年！

在总行党委2021年第一批次巡视工作动员部署会上的讲话

王　林

（2021年2月23日）

根据巡视工作总体安排，总行党委决定近期启动2021年第一批次巡视工作，对上海、湖北、湖南、广东、重庆、深圳、广州等7家分行和工银租赁的党委班子及其成员开展现场巡视监督。党委书记、董事长、巡视工作领导小组组长陈四清同志非常重视本次巡视工作，在全面从严治党暨纪检监察工作会议上对今年的巡视工作提出了明确要求。刚才高志新同志宣布了本批巡视组组长授权任职及任务分工。下面我讲三点意见。

一、精准把握新时期政治巡视新要求，坚决保障党的理论路线方针政策和党中央重大决策部署一贯到底

站在中国共产党成立一百周年和开启全面建设社会主义现代化国家新征程的历史方位，我们必须毫不动摇地坚持以习近平新时代中国特色社会主义思想为指导，深刻领会习近平总书记关于今年所有工作都要围绕“十四五”开好局、起好步来展开的重要指示精神，认真落实习近平总书记关于巡视工作重要论述和党中央关于巡视工作的新要求，坚守好政治巡视职责定位，贯彻好“四个落实”监督重点，履行好巡视监督使命，开展好2021年第一批次巡视工作。

（一）聚焦主责主业履行情况，确保党中央重大决策部署到哪里，巡视监督就跟进到哪里。具体到工商银行和这次巡视，就是要聚焦国有大行主责主业，紧紧围绕贯彻落实党的十九届五中全会精神、中央经济工作会议精神，围绕贯彻落实习近平总书记关于金融工作重要论述和指示批示精神，围绕服务实体经济、防范化解金融风险、深化金融改革三大任务，强化巡视监督。大家要充分认识到，党的十九届五中全会描绘的宏伟蓝图和党中央关于金融工作的新部署新要求，是对党和国家既定大政方针的继承和发展。在这次巡视工作中，首先要看被巡视单位是否认真学习贯彻十九届五中全会和中央经济工作会议精神，以及总行党委相应的工作部署，看是否结合本单位本地区实际提出了有效措施，并积极推动落实。同时，还要认识到，总行党委始终围绕“国之大者”，无论是就提升金融服务的适应性、竞争力和普惠性，服务供给侧结构性改革、发展绿色金融、助力脱贫攻坚，还是就落实“六稳”“六保”任务、支持小微企业、民营企业、制造业发展等各项工作，一直以来都及时作出了具体安排。在巡视工作中，要站在贯彻党的十九届五中全会精神新高度，来检视和推动这些重要工作落实。重点检视落实总行党委关于服务实体经济发展的系列政策和工作安排情况，看是否深入实施《关于金融支持制造业高质量发展的行动方案》，把支持传统制造业转型升级、支持先进制造业发展壮大，作为服务实体经济的优先方向；是否全方位支持民营企业发展，把有效缓解民营企业融资难融资贵问题作为战略性工作抓紧抓实；是否坚持“不做小微就没有未来”的理念，充分发挥支持普惠金融主力军作用。重点检视落实总行党委关于防范化解风险各项措施情况，看是否把风险防控作为经营发展的生命线，持之以恒抓好全面风险管理和依法合规经营，在当前严峻复杂的经营环境下是否能够保持资产质量总体稳定和各类风险整体可控。

通过精准发现问题，督促被巡视单位党委和党员干部在把握新发展阶段、贯彻新发展理念、构建新发展格局中找准定位、担当作为，认真履行新时代肩负的职责使命，以精准务实的举措推动高质量发展，确保所有工作围绕开好局、起好步展开。

（二）聚焦主体责任落实情况，确保党的领导、党的建设更加坚强有力。坚持党的领导、加强党的建设，是国有企业的“根”和“魂”。我们要紧扣贯彻习近平总书记重要讲话精神，落实党中央关于党的建设工作部署，加强对党建主体责任履行情况的监督检查。

围绕党的政治建设，重点检视增强“四个意识”、坚定“四个自信”、做到“两个维护”情况，看是否严守政治纪律和政治规矩，是否坚决防止“七个有之”、坚持做到“五个必须”，是否建立健全党委工作机制，是否严格执行民主集中制和党的组织生活制度。重点检视“一岗双责”履行情况，看是否精准把握党建工作和服务新发展格局的契合点和切入点，自觉从讲政治的高度做好金融工作，干在实处、取得实效。

围绕党的思想建设，重点检视学习贯彻习近平新时代中国特色社会主义思想情况，看是否跟进学、系统学，是否学懂弄通做实，是否自觉提高运用马克思主义

立场、观点、方法分析解决改革发展实际问题的能力，是否组织抓好本单位学习贯彻。这次巡视还要特别对落实意识形态责任制情况进行监督检查，看被巡视单位是否加强对所属各类意识形态阵地的建设和管理；是否积极做好党中央重大决策部署的宣传解读，加强舆论引导；是否旗帜鲜明反对抵制各类错误观点和恶意攻击，主动亮剑、坚决斗争。

围绕党的组织建设，重点检视选人用人情况，看是否落实党管干部原则、坚持好干部标准、树立正确选人用人导向，加强干部人才队伍建设；重点检视省行本部机关和基层党组织建设情况，看是否认真贯彻落实《中国共产党支部工作条例（试行）》《中国共产党国有企业基层组织工作条例（试行）》，是否认真贯彻落实习近平总书记关于解决中央和国家机关“灯下黑”问题的重要指示批示精神；看是否认真推动实施《中国工商银行总分行本部基层党组织建设质量提升三年行动计划（2019—2021年）》，是否存在基层党组织建设覆盖不到位问题，是否存在支行网点应设未设党支部等情况。通过巡视，进一步发现和推动解决机关和基层党组织建设弱化、虚化、边缘化问题，不断提升各级党组织建设的规范化标准化水平，增强政治功能和组织力，建设让党中央放心、让人民群众满意的模范机关，实现党的组织全覆盖和工作全覆盖。

围绕党的作风建设，重点检视落实中央八项规定精神情况，看是否坚决防止形式主义、官僚主义滋生蔓延，严查享乐主义、奢靡之风，是否对群众反映强烈的公款吃喝、餐饮浪费等歪风陋习露头就打、反复敲打，是否对发现的“四风”问题立行立改。看各级班子和领导干部是否存在“衙门习气”，是否存在贯彻党中央决策部署、落实总行党委工作要求做选择、搞变通、打折扣等突出问题，特别要对经营中弄虚作假，搞“包装式”落实、“洒水式”落实、“一刀切式”落实，不作为乱作为慢作为、推诿扯皮等突出表现盯住不放，推动形成求真务实、真抓实干的浓厚氛围。

（三）聚焦经营发展情况，确保总行党委战略决策和工作部署落地见效。总行各项战略决策和工作部署，是行党委根据党的基本理论、基本路线、基本方略和党中央重大决策部署，结合工商银行改革发展工作实际，作出的现实的、具体的、与时俱进的安排，必须加强对总行党委战略决策和工作部署落实情况的巡视监督。要重点检视落实总行党委“48字”工作思路、运用“三比三看三提高”工作方法、把握“大、全、稳、新、优、强”发展方位、实施“扬长、补短、固本、强基”布局情况，看是否认真落实第一个人金融银行、境内外汇业务首选银行、重点区域竞争力提升、城乡联动发展等重点战略，总体经营发展态势如何。

需要特别注意的是，我们这次要巡视的分行，在服务长三角一体化发展、粤港澳大湾区建设、中部崛起、成渝地区双城经济圈等重大区域战略实施中，承担着重大责任和使命，是总行出台区域政策的主要落地行，也多是全行系统创新发展的第一方阵，必须在支持区域经济发展和增强创新发展能力、实现高质量发展上有更高的要求。要看上海分行落实将长三角区域打造成为经营贡献突出、一体化服务、高质量发展的强劲活跃增长极情况；看湖北、湖南分行落实将中部地区打造成为发展结构优化，经营多元支撑，市场全面争优的转型驱动新样板情况；看广东、深圳、广州分行落实将粤港澳大湾区打造成为国际视野、全球经营、引领创新发展的对外开放桥头堡情况；看重庆分行落实将成渝地区双城经济圈打造成为优势资源互补、产业合作升级、引领西部跨越增长的竞争新高地情况。

二、坚持以严的主基调推进全面从严治党，充分发挥党内监督利剑和密切联系群众纽带作用

十九届中央纪委五次全会突出强调“推进巡视巡察上下联动，充分发挥党内监督利剑和密切联系群众纽带作用”。这就要求我们既要在党风廉政建设和反腐败斗争中擦亮用好巡视利剑，又要在发挥巡视综合监督作用的过程中，密切联系群众，发现和推动解决人民群众反映强烈的突出问题。

（一）发扬斗争精神、增强斗争本领，更加深入地将巡视纳入融入“三不”一体推进的工作格局。习近平总书记在十九届中央纪委五次全会上强调，全面从严治党、开展反腐败斗争首先要从政治上看，不断提高政治判断力、政治领悟力、政治执行力。党的十八大以来，党风廉政建设和反腐败斗争取得了历史性成就，但形势依然严峻复杂，政治问题和经济问题交织，传统腐败和新型腐败交织，腐败问题和不正之风交织，腐蚀和反腐蚀斗争长期存在。习近平总书记连续3年在中央纪委全会上强调金融反腐问题。从我行情况看，对“两明案”、徐卫东案等严重违纪违法案件的查处，充分说明党中央对金融领域反腐败斗争形势的判断是完全正确的，全面从严治党从严治行不平衡的问题依然存在，减存量、遏增量任务依然艰巨。巡视监督作为全面从严治党利器，必须深刻领会习近平总书记“反腐败没有选择，必须知难而进”的重大政治判断，以饱满的斗争精神、过硬的斗争本领，坚决同各种形式的腐败作斗争。

要通过这次巡视，进一步促进日常监督，做到抓早抓小、防微杜渐，进一步增强惩治腐败高压态势，做到利剑高悬、震慑常在。要聚焦信贷、选人用人、集中采购、资产管理、不良资产处置等重点领域和关键环节，强化对权力集中、资金密集、资源富集部门的深入监督，强化对干部员工异常行为排查情况的深入监督，及时向派驻纪检监察组或被巡视单位移交巡视发现的腐败

问题线索，深查严惩，做到无禁区、全覆盖、零容忍。要推动被巡视单位深刻汲取“两明”案、徐卫东案教训，以案促改、以案促治。要通过这次巡视，进一步将深化金融反腐和妥善处置风险、促进改革发展统筹衔接、一体推进，对巡视反映的共性问题、突出问题、反复发生的问题，深入分析成因，举一反三、延伸拓展，推动被巡视单位党委完善体制机制，堵塞制度漏洞，规范权力运行，切断利益输送链条，铲除腐败滋生土壤。要通过这次巡视，进一步推动落实巩固拓展“不忘初心、牢记使命”主题教育成果的具体措施，组织好今年即将开展的党史学习教育等工作，促使被巡视单位党员干部牢记初心使命、坚定理想信念、筑牢拒腐防变的思想道德防线。要通过这次巡视，督促领导干部严格落实个人事项报告制度，落实规范领导干部配偶、子女及其配偶经商办企业行为规定，坚决反对特权思想、特权现象，带头廉洁治家，从严管好家属子女。

（二）坚持人民至上、以人民为中心，充分发挥巡视监督密切联系群众纽带作用。必须坚持党的群众路线，紧扣民心这个最大的政治，坚持把人民拥护不拥护、赞成不赞成、高兴不高兴作为检验各项工作成效的根本标准，以高度的责任感和深厚的为民情怀做好巡视工作。巡视工作中，要深入一线、深入群众，畅通渠道，倾听群众意见，着力发现和推动解决基层干部员工反映强烈的突出问题。注意发现和推动整治群众身边的腐败问题和不正之风，整治漠视侵害员工利益问题，让广大干部员工在全面从严治党中感受到公平正义。要进一步推动全行贯彻“以人民为中心”的发展思想，坚持“客户至上”，提高服务水平，提升金融服务普惠性，监督保障党中央各项惠民富民、促进共同富裕政策措施落实。要强化对消费者权益保护工作的监督，重点检视总行“投诉治理35条”工作措施落实情况，看是否精准施策、积极攻坚，有效压降各类投诉。要督促持续纠治监管部门处罚、社会舆论关注、客户反映强烈和有责投诉反复出现的问题，确保客户诉求得到及时妥善处理，坚决防止发生影响恶劣的服务事件。要推动各级党委把全行干部员工迎接建党100周年的激情凝聚到践行为民宗旨、创造品质服务上来，进一步使高质量服务成为工商银行的亮丽名片，不断提升人民群众对金融服务的满意度。

（三）压实整改责任、提升整改成效，扎实做好巡视监督“后半篇文章”。要重点检视被巡视单位党委落实整改主体责任、纪委落实整改监督责任情况，看是否认真落实上次巡视反馈问题整改、外部检查发现问题整改、主题教育检视问题整改工作，是否将抓整改融入日常工作、融入深化改革、融入全面从严治党、融入班子队伍建设，是否建立长效机制，有效推动解决问题在基层、症结在省行、根子在党委的“顽瘴痼疾”。要督促被巡视单位举一反三、标本兼治，既聚焦“当下改”，又立足“长久立”，既抓基础、抓整改、抓提升，又抓统筹、抓配套、抓协同，坚决发现和纠正各类整改中存在的过关心态、纸面整改、拖延整改、敷衍整改、虚假整改问题，进一步构建“发现问题、形成震慑、推动改革、促进发展”的良性循环。

三、坚持高质量高标准，精心组织好本批次巡视工作

总行党委从2008年开始开展巡视，各分行党委2018年建立巡察制度，全面开展巡察工作。经过多年实践、探索、总结，我们建立了比较成熟的巡视巡察工作体系，积累了一些经验。中央新一轮巡视，既要对我行开展全面的“政治体检”，也将对我行内部巡视巡察工作开展专项检查，是对全行巡视巡察工作的一次“大考”。大家要知责于心、担责于身、履责于行，以更高的标准、更实的举措做好本批次巡视工作。要通过这次巡视，向中央巡视组全面展示工商银行巡视工作水平，展示工商银行巡视巡察干部的能力素质。

（一）要强化上下联动和横向贯通。这次巡视，总行按照中央关于加强巡视巡察上下联动的工作要求，制订了周密的工作方案，特别是对“交叉巡察在前、总行巡视在后”工作模式进行了改进和完善。希望各巡视组、巡察组要认真执行工作方案，坚持统一部署、统一步调。巡视组组长要认真落实组长负责制，加强对巡察工作的统一领导和指导督导；巡视组专职副组长要和巡察组同步进驻，负责被巡视分行派出巡察组的现场督导，确保巡视巡察同向同频、有机结合、上下贯通。总行有关部门要积极支持配合这次巡视，主动提供前期监督检查被巡视单位发现的突出问题，提示应当进一步关注的问题线索，充分共享已有的监督成果。

（二）要坚持实事求是和精准科学。巡视工作政治性、政策性强，干部员工关注度高，必须坚持实事求是、依规依纪依法。去年，我们贯彻执行中央巡视制度规定，建立了更加完备的巡视巡察制度体系，特别是为了更加精准客观地发现和反映问题，保证巡视工作质量，建立了巡视报告问题底稿制度、巡视组与被巡视党组织主要负责人沟通制度、巡视组作风纪律情况后评估制度。大家在工作中要认真贯彻执行这些制度，严格做到依规依纪依法规范监督，坚持用历史的、发展的、联系的、辩证的观点分析问题，准确把握政策界限，落实“三个区分开来”要求，不干预被巡视单位的正常工作，不履行执纪审查职责，做到精准发现、精准分析、精准报告，确保巡视巡察工作经得起历史和实践的检验。

（三）要加强纪律建设和作风建设。赵乐际同志强调，提高巡视工作质量，关键是有一支政治过硬、本领高强的巡视队伍。这次巡视，我们既从巡视巡察人才库中抽调精兵强将，也从全行范围选调优秀干部，应该说

是按照政治过硬、专业过硬的标准选拔出来的。希望参加这次巡视巡察的同志们，珍惜这次特殊的实践锻炼和党性淬炼的机会，充分展示自己的政治素质、专业能力和作风形象，在工作中锤炼过硬本领，发挥重要作用，不辜负总行党委的信任和广大干部员工的期盼。巡视组、巡察组是党内监督的“纪律部队”，要自觉接受最严格的约束和监督，树立密切联系群众的作风形象，带头落实中央八项规定精神，带头反对形式主义、官僚主义，做担当尽职、廉洁自律的表率，坚决防止“灯下黑”，坚决维护巡视巡察工作的公信力。

（四）被巡视单位要自觉接受和主动配合巡视工作。政治巡视是上级党组织对下级党组织履行党的领导职能责任的政治监督。被巡视单位领导班子要提高站位，端正态度，把接受巡视监督作为一次党性教育和锻炼的契机，一次解决主要矛盾、化解突出问题的契机，一次推动改革、促进发展的契机，与党委巡视组同向发力、同题共答，主动检视和纠正问题。既要全力支持、主动配合巡视组的工作，也要督促被巡察单位配合好巡察组的工作。巡视期间的重要会议、人事调整等事项要事先向巡视组通报。对巡视组个别谈话、民主测评等工作安排，要认真准备、高度负责，如实反映情况。

同志们，站在全面实施“十四五”规划、开启全面建设社会主义现代化国家新征程新起点，做好工商银行巡视工作责任重大、任务艰巨、使命光荣。希望大家坚持以习近平新时代中国特色社会主义思想为指导，增强“四个意识”、坚定“四个自信”、做到“两个维护”，以更高的政治自觉和更强的政治担当，更好地肩负起新时代政治监督的职责使命，全力以赴完成好此次巡视工作任务，以优异成绩庆祝建党100周年！

在2021年第一期监督工作联席会议上的讲话

王　林

（2021年2月25日）

今天我们召开2021年第一期监督工作联席会议，深入贯彻落实十九届中央纪委五次全会精神和工商银行2021年全面从严治党暨纪检监察工作会议精神，梳理监督工作发现的重要问题，研究下一步监督工作安排。刚才，工商银行党委办公室、党委组织部、直属机关党委、信贷与投资管理部、风险管理部、内部审计局、内控合规部、国际业务部8个部门作了重点发言，其他部门也作了交流，介绍了监督工作情况，分析了存在的问题，提出了下一步监督工作重点。可以看出，各监督部门都做了大量工作，取得了积极成效。下面，我讲几点意见。

一、认真贯彻会议精神，不断提高政治能力

习近平总书记在中央纪委五次全会上强调，要把监督贯穿于党领导经济社会发展全过程，把完善权力运行和监督制约机制作为实施“十四五”规划的基础性建设，构建全覆盖的责任制度和监督制度。派驻纪检监察组和各监督部门要把学习贯彻中央纪委五次全会精神作为一项重要政治任务，进一步统一思想、提高站位，认清工商银行在进入新发展阶段、贯彻新发展理念、构建新发展格局中的定位和任务，切实推动工商银行各项工作围绕“开好局、起好步”来展开。

要增强政治判断力。面对艰巨繁重的改革发展任务，要始终胸怀两个大局，找准坐标、明确方位，自觉把工作放到党和国家事业大局中来谋划推进，增强科学把握形势变化、精准识别现象本质、清醒明辨行为是非、有效抵御风险挑战的能力，始终做到政治立场不移、政治方向不偏。

要增强政治领悟力。把学深悟透习近平新时代中国特色社会主义思想摆在更加突出的位置，巩固深化主题教育成果，深刻领悟贯穿其中的马克思主义立场观点方法。善于运用政治眼光观察经济金融问题，深刻认识我国社会主要矛盾变化带来的新特征新要求，深刻认识错综复杂国际环境带来的新矛盾新挑战，深刻认识我国进入新发展阶段面临的新形势新任务，深刻认识党中央深化金融反腐重大部署的正确决策，始终保持政治定力、政治警觉。

要增强政治执行力。认真落实工商银行2021年全面从严治党暨纪检监察工作会议部署，对标“十四五”规划和2035年远景目标，结合工商银行新一轮三年规划，把党中央决策部署与工商银行实际科学地历史地具体地结合起来，转化为切实管用的政策措施，坚持稳中求进、坚定稳妥，坚持系统施治、标本兼治，在履行国有大行职责使命、践行金融报国理念新征程中发挥更大作用。

二、做实政治监督，确保党中央决策部署落实到位

在全面建设社会主义现代化国家新征程中，工商银行责任更大、任务更重。各监督部门必须对“国之大者”心中有数，紧盯对党中央精神研究不深入、落实不到位等问题，加强政治监督，保证党中央重大决策部署落地见效。

要紧密结合职责使命，推动重大决策部署落实。政治监督是具体的、实践的，要实现政治监督与推进业务的有机统一，用严明的政治纪律保证业务工作顺利推进，以业务发展成效检验严明政治纪律的实际效果。要梳理完善习近平总书记重要指示批示精神落实清单，健全贯彻落实、督促检查、追责问责机制。聚焦坚持党的领导、推动高质量发展、深化金融供给侧结构性改革、提高金融服务水平、守住安全发展底线、防范化解重大金融风险等重大决策，紧盯常态化疫情防控、强化金融支持科技创新、服务创新链和产业链布局、加大制造业和小微企业支持力度、助力绿色发展、服务乡村振兴、扩大内需消费等重点任务，监督推动各级党组织自觉同党中央精神对标对表，与经济社会发展任务紧密连接，自觉从讲政治的高度做好金融工作。

要坚持问题导向，推动提升金融服务质量。当前，全行在服务实体经济、防范化解金融风险方面还存在一些不足，如部分机构执行民营和小微企业金融服务政策不够严格，违规收取小微企业费用问题反复出现；部分分行制造业贷款投放缓慢，个别分行甚至出现负增长；部分机构信贷管理粗放，资产质量持续承压。作为监督部门，要始终保持发现问题的敏锐、正视问题的清醒、解决问题的自觉，发扬钉钉子精神，扭住不放、一抓到底，及时纠正偏差、加以改进，不断固根基、扬优势、补短板、强弱项。通过高质量政治监督，确保党中央决策部署高质量落地，确保监管机构政策要求高质量执行。

三、认真履行监督职责，强化对权力运行的制约监督

各部门监督发现的大量问题表明，全行对权力运行的制约和监督还不够到位，各部门要切实履职尽责，更加自觉地把监督贯穿于工商银行经营发展全过程。

要强化对“关键少数”监督。贯彻落实好加强“三项监督”的意见，实化细化具体措施，强化对“一把手”和领导班子监督。党委职能部门要尽快研究建立领导干部插手干预重大事项记录等制度，内审内控部门要不断提升对领导干部经济责任审计质量，有关部门要推动班子分工制约、任期管理、岗位交流、履职回避等制度严格执行。

要强化对关键领域监督。紧盯信贷审批、选人用人、轮岗交流、资产管理、集中采购等重点领域，管好关键人、管到关键处，发现并督促解决问题，及时出台堵塞漏洞的新制度，客观评估以案促改成效和不足，推动关键领域、关键环节的改革与完善，健全靠制度管权、管事、管人的长效机制。

要强化对合规经营和风险防控监督。去年总行因业务合规问题多次被监管约谈，境内分行被监管处罚金额增长一倍以上。一些机构案件和风险事件多发，多家机构不良贷款率偏高。“三道防线”各部门要切实发挥作用，有效贯通监督与治理，将依法合规经营作为发展底线，增强对传统业务风险的揭示和新兴业务风险的预警能力，确保资产质量稳中向好、各类风险总体可控。

要强化对境外机构和子公司监督。从加强党的领导、服务保障“走出去”和共建“一带一路”的高度，推动规范和加强境外机构党的建设。相关职能部门要配齐境外机构班子，避免“一把手”权力过于集中。加强内控、巡视、审计、专业检查的协同协作，对境外管党治党宽松软、履职不到位等问题严肃问责。督促规范各层级子公司管理，聚焦主业，审慎有序开展金融综合经营，严格并表管理和穿透管理，规范关联交易。

四、持续纠治“四风”，引导树立新风正气

经过八年多的不懈努力，全行作风有了明显改善，但同时我们也要认识到，作风问题具有顽固性和反复性，“四风”问题病根未除，部分问题仍然比较突出，必须针对新情况新变化新特点，找准症结、持续整治、精准施治。

要集中整治不担当不作为问题。2020 年全行共查处不担当、不作为、乱作为、假作为问题 67 起，占全部形式主义、官僚主义问题的 77%。分析一些典型投资风险项目或信贷不良项目发现，在项目准入尽调、审查审批和投后管理等方面，大都存在履职失范或严重失职等乱作为、不作为问题。要继续紧盯各级领导机关和领导干部，对贯彻决策部署、落实制度规定中做选择、搞变通、打折扣等问题，全面检视、靶向治疗，推动问题整改与作风建设贯通联动，督促全行干部员工担当尽责、干事创业。

要坚决防止享乐奢靡问题反弹。当前，全行享乐主义、奢靡之风得到了有效控制，但违规吃喝、违规操办婚丧喜庆、违规配备使用公务用车、办公用房超标等问题依然禁而未绝，个别问题在总行机关也同样存在。要对享乐主义、奢靡之风露头就打、反复敲打，时刻警惕反弹回潮。把督促整治餐饮浪费与防止差旅、公务接待、公务用车等领域浪费行为相结合，督促各机构严格遵守履职待遇、业务招待、差旅会议等制度规定。对普遍发生、反复出现的沉疴痼疾，党委办公室、财务会计部等部门要从制度机制上找原因，及时完善制度、规范

执行。

要持续治理群众身边的不正之风。群众身边的不正之风直接影响群众的感受和切身利益，必须引起高度重视，加大整治力度。法律事务部要会同营销服务部门开展重点投诉专项治理，保护消费者合法权益，进一步提高客户满意度。党委组织部、财务会计部等部门要加强对绩效发放和财务合规的管理检查，防止侵犯员工利益，提升员工获得感。

要把好的作风带进新征程。贯彻落实中央八项规定精神、纠治“四风”的目的是为了更好地密切联系群众、求真务实、担当进取。进入新阶段、开启新征程，党委宣传部等部门要组织各机构总结作风建设成效，教育引导党员干部把工商银行的优良传统和作风发扬光大，更好地凝心聚力、迎接挑战。

五、坚定不移推进反腐败斗争，实现“三不”一体推进

习近平总书记强调，党风廉政建设永远在路上，反腐败斗争永远在路上；反腐败是一场输不起也绝不能输的政治斗争，反腐败没有选择，必须知难而进。

要深刻理解金融领域反腐败斗争形势。金融是国民经济的命脉，关系国计民生和经济社会发展各个领域。从中央纪委国家监委查处的金融领域案件以及派驻纪检监察组查处的工行系统案件可以看出，金融领域腐败常常与市场风险、政治风险交织，容易引发系统性风险。金融领域的反腐败斗争形势依然严峻复杂，传统腐败和新型腐败交织，贪腐行为更加隐蔽复杂，减存量、遏增量的任务依然十分艰巨，必须坚定不移深化金融领域反腐败斗争，不断实现不敢腐、不能腐、不想腐一体推进的战略目标。

要深入推进工商银行反腐败斗争。聚焦投融资审批、资产管理、资产处置、减费让利、集中采购、选人用人等领域和环节，特别是新兴业务领域及传统信贷、采购领域，严肃查处靠金融吃金融、设租寻租、关联交易、内外勾结等问题，坚定稳妥查处境外机构腐败问题，保持惩治高压态势，使利剑高悬、震慑常在。深挖细查重大业务违规和风险损失背后的腐败问题，做好金融反腐与处置金融风险统筹衔接，推动强化金融内部治理。做实做深案件查办“后半篇文章”，将反腐措施与改革举措同谋划、同部署、同落实，推进重点领域监督机制改革。认真汲取“胡怀邦案”“赖小民案”等严重违纪违法案教训，结合“两明案”“徐卫东案”等案件暴露出的问题，找准机制和制度建设的切入点、关键点，有针对性地补齐制度短板，进一步筑牢织密制度“防火墙”。压紧压实各机构党组织以案促改主体责任，推动问题整改落实并形成长效机制。用好金融领域违纪违法典型案例警示教育读本和工商银行违纪违法案件警示录，分层分类开展警示教育，培育风清气正的金融文化。

此外，要进一步加强党委职能部门、业务管理部门、后台监督部门与派驻纪检监察组的联动，及时向派驻纪检监察组移交问题线索，配合派驻纪检监察组开展监督检查、线索核查，不断强化信息沟通、协同配合，形成成果共享机制。按照《派驻改革实施方案》，派驻纪检监察组每半年会同工商银行党委专题研究一次全面从严治党、党风廉政建设和反腐败工作。我将在党委专题会议前后，召开监督工作联席会议，听取大家意见，请大家提前做好准备。

同志们，肩负新时代新征程的重大责任使命，派驻纪检监察组和各监督部门要带头提高政治判断力、政治领悟力、政治执行力，知责于心、担责于身、履责于行，把监督融入公司治理各环节，切实增强监督合力、提升监督效能，助力工商银行高质量发展。

在中国工商银行巡视巡察工作暨党委2021年第二批次巡视工作动员会议上的讲话

王　林

（2021年5月27日）

刚才，陈四清同志在讲话中带领我们深入学习领会习近平总书记一系列重要论述，就如何紧密结合工商银行实际，从政治上理解和把握巡视工作进行了深刻阐述，就贯彻落实全国巡视工作会议精神、全面提升巡视巡察质量作出了部署，并对今年第二批次巡视工作进行了动员。陈四清同志的讲话政治站位高，思想深刻、内涵丰富、重点突出，为全行巡视巡察机构进一步明确职能定位、强化政治监督、提高工作质量指明了方向。这里，我就贯彻落实本次会议精神，提三点要求。

第一，认真学习领会会议精神，不断增强“两个维护”的政治自觉。要通过学习领会本次会议精神，切实深化对政治巡视的认识和理解，坚决贯彻习近平总

书记对做好巡视工作的要求，不断提高政治判断力、政治领悟力、政治执行力，确保做到“三个心中有数”，更加科学精准有效推进巡视工作，充分发挥巡视监督作用。切实通过巡视监督推动落实好我行新三年规划，督促被巡视党组织提高政治站位，在把握新发展阶段、贯彻新发展理念、构建新发展格局中找准定位、担当作为，以实际行动做到“两个维护”，以务实举措践行大行担当。切实通过巡视监督推动全行党的建设高质量发展，督促被巡视党组织贯彻落实好全国国有企业党的建设工作会议和全行党建工作会议精神，深入开展党史学习教育和全行党的建设“质量提升年”实践活动，真正实现以高质量党建引领高质量发展。

第二，强化责任担当，全面落实巡视巡察质量提升重点任务。为贯彻落实中央关于巡视工作的新部署新要求，总行党委决定集中开展为期2年的巡视巡察质量提升活动。其中，2021年以迎接中央巡视、接受中央巡视组对我行巡视巡察工作进行全面检查为促进，补短板、强弱项；2022年以中央巡视指出问题整改为抓手，全面提升巡视巡察质量。此项活动方案已经印发，具体包括七大任务：全面提升巡视巡察全覆盖质量、全面提升上下联动质量、全面提升监督质量、全面提升整改质量、全面提升规范化建设质量、全面提升信息化建设质量和全面提升队伍建设质量。各级党委和巡视巡察机构要按照本次会议部署和活动方案要求，结合本单位实际，研究具体举措，改进当前巡视巡察工作中的短板和薄弱环节，全面落实好提升巡视巡察质量重点任务，确保活动取得扎实成效。

第三，统筹现场巡视与疫情防控要求，扎实有序做好今年第二批次巡视工作。今年初，考虑到迎接中央巡视和有效应对疫情形势变化需要，我们把2021年第一批次巡视分为两个阶段开展。目前，第一阶段现场巡视任务已经顺利完成。根据全国巡视工作会议精神和全行巡视工作总体安排，总行党委决定将2021年第一批次第二阶段巡视扩展为2021年第二批次巡视。我们一定要深刻认识，在建党100周年之际，在开启全面建设社会主义现代化国家新征程之际，在迎接中央对金融系统新一轮巡视之际，做好巡视工作具有非常重要的意义。本批次巡视要深入贯彻中央巡视“四个落实”“三个聚焦”总体要求，深入落实好本次会议精神、特别是“三个紧扣”监督重点，坚守政治巡视定位，聚焦党委职能责任，深入查找和推动解决真正制约被巡视单位高质量发展的主要矛盾、深层次问题，督促推动被巡视单位更好履行职责使命，保障党中央决策部署和总行党委工作安排得到贯彻落实。当前，疫情防控形势依然严峻复杂。参加巡视巡察工作的人员一定要杜绝侥幸心理，时刻绷紧疫情防控这根弦。要切实提高自我防护意识，严格遵守疫情防控各项规定，把疫情防控贯穿巡视巡察工作全过程，做到“工防结合”，确保万无一失。

本次接受总行党委巡视的4家单位，要自觉接受监督，主动查摆问题，积极配合好总行党委巡视组、巡察组的各项工作安排，与巡视组同题共答、同向发力，并以接受巡视巡察为契机，促进本单位党的建设和改革发展再上新台阶！

在认真学习领会习近平总书记“七一”重要讲话精神　做好新形势下巡视监督工作座谈交流会上的讲话

王　林

（2021年7月26日）

刚才，党委巡视办主要负责同志、巡视组各位组长围绕主题作了发言，讲得都很好。可以看出大家对习近平总书记“七一”重要讲话精神的学习是认真的，以总书记重要讲话精神为指导，对新形势下巡视监督工作的思考是深入的。同时，大家也更加深刻认识到了新形势下加强巡视监督的重要意义，增强了做好巡视工作的自觉性和紧迫感。

当前，我们正站在一个新的历史起点上。习近平总书记“七一”重要讲话宣告我们踏上了实现第二个百年奋斗目标新的赶考之路，坚定表明前进征程上不断创造新的历史伟业、争取更大光荣的决心和信心。

学深悟透习近平总书记“七一”重要讲话精神，关键要做到“五个深刻理解”。一要深刻理解习近平总书记指出的“一百年来，中国共产党团结带领中国人民进行的一切奋斗、一切牺牲、一切创造，归结起来就是一个主题：实现中华民族伟大复兴”，“更加坚定、更加自觉地牢记初心使命、开创美好未来”，做到维护党的领导、维护党中央权威的初心不变，督促落实党的路线方针政策的使命不变，捍卫党的先进纯洁、保证党的肌体健康的职责不变，促进制度优势转化为治理效能的任务不变。二要深刻理解习近平总书记指出的“历史和人民选择了中国共产党”“办好中国的事情，关键在党”“必须坚持党的全面领导”“充分发挥党总揽全局、协调各方的领导核心作用”，自觉担负起“两个维护”特殊使命和重大责任，坚决服从党中央统一领导，聚焦“国之大者”强化政治监督，严明政治纪律和政治规矩。三要深刻理解习近平总书记指出的“坚持真理、坚守理想，践行初心、担当使命，不怕牺牲、英勇斗争，对党忠诚、不负人民”伟大建党精神的深刻内涵和时代价值，许党许国、报党报国，敢于斗争、善于斗争，自觉传承和践行党的光荣传统，做伟大建党精神的守护人、传承人。四要深刻理解习近平总书记指出的“江山就是人民、人民就是江山，打江山、守江山，守的是人民的心”，牢记民心是最大的政治，坚持不懈整治群众身边腐败和不正之风，凡是群众反映强烈的问题都要严肃认真对待，凡是损害群众利益的行为都要坚决纠正。五要深刻理解习近平总书记指出的“勇于自我革命是中国共产党区别于其他政党的显著标志”“增强全面从严治党永远在路上的政治自觉”“坚定不移推进党风廉政建设和反腐败斗争”，不断进行自我净化、自我完善、自我革新、自我提高。

中管金融企业是我国金融业的主力军和压舱石，是党执政兴国的重要支柱和依靠力量，权力集中、资金密集、资源富集、资产聚集，防风险、防腐蚀任务很重，强化内部巡视、发挥好巡视利剑作用十分重要和必要。在新的征程上，如何更好地用习近平新时代中国特色社会主义思想武装头脑，适应巡视监督新的形势任务要求，推进全行巡视巡察工作高质量发展，是需要我们不断思考、深入实践的重大政治任务。下面，我就如何做好新形势下巡视监督工作，讲几点意见。

一、坚持政治定位，聚焦“国之大者”开展政治监督

政治巡视定位是新时代巡视工作的发展方向。习近平总书记在听取十九届中央第六轮巡视情况汇报时明确提出了“四个坚持”要求。其中，首先强调的就是要坚持政治定位。赵乐际同志在中央单位巡视工作调研座谈会上提出的“五个着力”，摆在第一位的也是精准把握政治巡视定位、政治监督要求。赵乐际同志在全国巡视工作会议上还强调，巡视是我们党进行自我革命的重要制度性安排，是重要政治工作，要切实做到对“国之大者”心中有数，对巡视的定位、方针、重点、方法心中有数，对被巡视单位的职责使命、地位作用心中有数。这是对政治巡视内涵的进一步发展和深化，也是对巡视干部政治判断力、政治领悟力、政治执行力提出的更高要求。中管金融企业巡视工作现场会明确指出，金融是事关党和国家政治经济社会全局、牵一发而动全身的工作。我们要结合工商银行特点，进一步从政治上去认识、理解和把握巡视工作，与时俱进深化政治巡视。

第一，着眼于加强党对金融工作的集中统一领导，督促做到“两个维护”。习近平总书记在全国金融工作会议上强调，要坚持党中央对金融工作的集中统一领导，确保金融改革发展正确方向；加强金融系统党的领导和党的建设，完善金融系统党建工作的体制机制；增强党领导金融工作的能力，加深对金融规律的认识和把握，确保国家金融安全。这些重要论述，为我们牢牢把握“两个维护”根本任务，开展好全行巡视巡察工作指明了方向，提供了根本遵循，要认真学习、深刻领会、准确掌握、贯通运用。赵乐际同志指出，巡视制度、巡视工作的根本目的和作用，是坚持和加强党的领导，落实全面从严治党战略，保障党的路线方针政策和党中央决策部署贯彻落实，增强各级党组织和党员干部拒腐防变能力，保持党的先进性和纯洁性，保持党同人民群众的血肉联系，实质是关乎党心民心的重要工作。

加强党的领导，关键在于党的路线方针政策和重大决策部署得到有效贯彻落实。开展内部巡视巡察工作，是工商银行加强党的建设、推进全面从严治党的重要抓手。党的领导能否在工商银行得到坚持和加强，党中央关于金融工作的重大决策部署能否在工商银行得到有效贯彻落实，是对我们巡视巡察工作成效的直接检验。要把坚持和加强党对金融工作的全面领导贯穿全行巡视巡察工作全过程，加强对贯彻落实党的路线方针政策和党中央关于金融工作重大决策部署情况的监督检查，从政治上查找偏差、推动整改，确保“两个维护”在工商银行落实落地。

中管金融企业巡视工作现场会指出，党中央大政方针的贯彻落实要通过各级党组织履职尽责来实现，服务实体经济、防控金融风险、深化金融改革三大任务要靠全国金融系统各级党组织来共同落实。对工商银行来说，开展巡视，首先要搞清楚被巡视单位的职能责任是什么。只有把职能责任履行好了，党中央决策部署和总行党委工作要求在这个单位才能得到落实，党的领导才能得到体现。如果巡视发现，被巡视单位履行职能责任不到位，在贯彻落实党中央决策部署上出了问题，就是党的领导没落实。对这些问题，要坚持从政治上去认识和把握，分析判断其本质和危害，从业务看政治，从问题看责任，督促被巡视单位提高政治站位，按照党中央要求和总行党委安排，把自身肩负的职责落实到位，进而推动党的领导落到实处。

第二，着眼于围绕中心、服务大局，自觉跟进、服务、保障“国之大者”。习近平总书记强调，巡视要围绕中心、服务大局。赵乐际同志指出，巡视是管党治党、国家治理的重要手段。这是从管党治党的政治高度

和国家治理的全局高度，赋予巡视制度新的价值内涵。对工商银行来说，巡视是管党治党、公司治理的一个重要手段。这就要求巡视工作聚焦“国之大者”，准确把握每一个阶段党中央的中心工作和重点任务，更加自觉地在党和国家大局中谋划、思考、推进巡视工作，把准政治监督着力点、关键点。今年是“十四五”开局之年，党中央对把握新发展阶段、贯彻新发展理念、构建新发展格局、推动高质量发展作出明确部署，这是现阶段“国之大者”的集中体现。对金融企业来说，如何落实新要求、如何谋划布局自身发展是需要认真考虑的问题，我们的巡视巡察工作也要盯住这些情况来看。“十四五”规划明确了金融业改革发展方向，总行党委在认真学习领会十九届五中全会精神的基础上，对标国家“十四五”规划，立足全行发展实际，制定了新规划。

全行巡视巡察工作要把握金融领域“国之大者”，自觉、主动跟进监督，围绕贯彻落实十九届五中全会精神和“十四五”规划，结合新时代金融工作规律和特点，聚焦全行新规划实施中的重点问题，深入查找服务实体经济、防控金融风险、深化金融改革等方面存在的短板不足。关注贯彻新发展理念、服务新发展格局情况，检查被巡视单位服务实体经济成效好不好，在发展普惠金融、绿色金融、科创金融以及支持制造业、民营企业、小微企业、涉农领域等方面，是否发挥大行作用；是否违规向过剩产能行业、高污染和高耗能企业、房地产行业提供融资支持；是否存在贷款统计虚假、结构失衡或者投向不精准问题；是否通过收取财务顾问费、存贷挂钩等方式变相加重企业融资负担。关注总行党委重大战略和重要工作部署落实情况，检查被巡视单位在数字化转型、GBC 工作、“增存、增收、提质、提位”等方面，有没有结合实际贯彻到位，在推动改革创新、补齐自身短板、打造竞争优势方面是否履职尽责。通过巡视督促被巡视单位准确把握新要求，真抓实干，动真碰硬解决问题，在全行高质量发展大局中找准定位、担当作为，把巡视监督效果体现在推动增强新时代金融工作实效上。

要更加注重开展内部巡视对防控金融风险的引领保障作用。党的十八大以来，以习近平同志为核心的党中央把防控金融风险、保障金融安全摆在十分突出的重要位置。习近平总书记强调，金融安全是国家安全的重要组成部分，要增强金融服务实体经济能力，守住不发生系统性金融风险的底线。当前，全球经济不稳定、不确定因素显著增加，我国经济运行和金融业发展仍面临较大压力和挑战。我们的巡视巡察工作，要对照党中央决策部署和总行党委有关工作要求，监督检查被巡视单位防范化解重大金融风险情况，看是否强化源头管控，完善应急处置机制；是否针对不同业务领域特点，严密防范化解外部冲击风险、流动性风险、信用风险、境外业务风险等，督促被巡视单位强化防范化解金融风险的意识和责任，保障金融稳定发展。要想办法防患于未然、及早排雷，确保不发生系统性风险。需要强调的是，习近平总书记高度重视防范和整治“影子公司”“影子股东”问题。赵乐际同志也要求结合巡视巡察对相关问题予以重视。我们的巡视工作也要高度重视“影子公司”“影子股东”等问题，及时发现并推动查处有关问题，坚决防范金融风险和廉洁风险。

第三，着眼于落实以人民为中心的发展思想，发挥巡视密切联系群众纽带作用。习近平总书记强调，人民就是江山，江山就是人民，巡视要坚持以人民为中心的价值取向。做好巡视工作，必须始终坚持人民立场，践行群众路线，到基层广泛调研，与干部员工深入谈话，面对面了解情况、听取意见建议，做到人民群众痛恨什么、反对什么，就重点巡视什么、纠正什么。赵乐际同志指出，中央单位内部巡视既要推动解决单位内部干部职工反映较多的问题，更要推动解决人民群众对本单位工作反映强烈的问题。巡视是重要政治工作，实质是民心工作，对上要做到“两个维护”，对下要真正解决群众“急难愁盼”问题。全行业务范围广，既要服务国家重大发展战略、重大工程建设，也要服务中小微企业和个体工商户，还要服务广大人民群众。全行巡视巡察工作，要主动深入一线、深入群众，拓宽群众反映问题渠道。要关注改进金融服务情况，加强对贯彻落实普惠金融政策、金融消费权益保护、巩固拓展脱贫攻坚成果与乡村振兴有效衔接等情况的监督检查，看被巡视单位是否深入践行党的根本宗旨，努力提升金融服务的适应性、竞争力和普惠性；聚焦监管部门处罚、社会舆论关注、客户反映强烈和有责投诉反复出现的问题，督促被巡视单位持续提高客户的满意度，切实推动金融服务与社会需求和人民对美好生活的向往有机融合，让国家、企业、群众受益，不断满足人民群众日益增长的金融需求，探索具有工商银行特色的金融服务之路。要关注侵害员工利益问题，着力发现和推动解决员工身边的腐败问题和不正之风，聚焦干部贪污侵占、虚报冒领、截留挪用、优亲厚友等行为，真刀真枪解决干部员工最关心最直接最现实的利益问题，增强干部员工的获得感、归属感。

二、坚持问题导向，高质量推进全行巡视巡察工作

习近平总书记强调，发现问题是巡视监督的首要职责、基本职责。赵乐际同志指出，巡视工作方针必须牢牢把握、长期坚持，发现问题、形成震慑这个生命线不能丢，推动改革、促进发展这个目标不能变。发现问题是巡视工作安身立命之本，要牢固树立有重大问题应当发现而没有发现是失职、发现问题没有如实报告是渎职的观念。中管金融企业巡视工作现场会强调，发现什么

样的问题，就形成什么样的震慑，发现的问题越准，震慑作用就会越大、越持久。如果发现的都是鸡毛蒜皮、隔靴搔痒的问题，巡视就会变成走过场，还不如不巡。高质量推进巡视工作要抓住主要矛盾和矛盾的主要方面，把被巡视党组织现阶段最突出的问题反映出来，精准发力，精准“画像”。具体要把握以下几点。

第一，聚焦金融行业重点领域和关键环节开展监督，准确把握全面从严治党阶段性特征。习近平总书记强调，金融是最需要监管的领域。这是由金融的特点和金融工作的价值取向所决定的。习近平总书记在十九届中央纪委三次、四次、五次全会上连续三年提出了加大金融领域反腐力度、深化金融领域反腐败工作的重要要求。从近年来查处的违纪违法案件看，金融领域腐败问题依然易发，不收敛、不收手现象依然突出，反腐败斗争形势依然严峻复杂。全行各级党委要自觉把开展巡视巡察作为落实全面从严治党主体责任的重要任务和实际行动，深刻认识惩治金融领域腐败的重要性，坚决破除金融“特殊论”，层层传导管党治党责任压力，把“严”的主基调长期坚持下去。

中管金融企业巡视工作现场会指出，从中央巡视情况看，压力传导还不到位，特别是二级及以下单位“一把手”还有不收敛、不收手的情况。从我行巡视情况看，信贷管理、集中采购、新兴业务等重点领域违规问题突出，执纪问责存在不同程度“宽松软”，违反中央八项规定精神行为和“四风”问题仍时有发生，个别“一把手”和副职还有不收敛、不收手的情况。要注意把握这一阶段性特征，通过巡视巡察推动全面从严治党向下延伸、向基层延伸。要注意区分主要问题和次要问题、共性问题和个性问题、存量问题和增量问题，深入了解不同单位腐败风险情况，精准发挥政治监督作用。

要围绕银行业务，针对不同业务特点，紧盯信贷审批发放、投融资审批、资产管理、不良资产处置、金融租赁等重点领域和关键环节查找问题。同时，要围绕非银行业务，紧盯选人用人、大额采购、财务管理、信息科技等部门和岗位查找问题。对巡视巡察发现的问题，一定要坚持举一反三，思考这些问题会不会再发生，制度上有哪些缺失。要把巡视巡察纳入“三不”一体推进工作格局，加强以案促改、以案促治，坚持以问题推动查补漏洞、以案件促进整改整治、以典型人和事开展警示教育，推动完善制度、堵塞漏洞，严防廉洁风险隐患。

第二，聚焦权力和责任，加强对“一把手”和领导班子的监督。习近平总书记在中央政治局第十三次集体学习时深刻指出，从这些年我们化解金融风险、治理金融乱象、查处金融大案来看，很多金融风险是人为因素造成的，要管住金融机构、金融监管部门主要负责人和高中级管理人员，加强对他们的教育监督管理，加大金融领域反腐败力度。赵乐际同志在中央纪委国家监委机关党史学习教育党课报告上讲到，从十九大以来查处的中管干部看，立案时或违纪违法时任“一把手”的占79.5%，“一把手”岗位是腐败和不正之风的重灾区。《中共中央关于加强对“一把手”和领导班子监督的意见》专门对巡视巡察紧盯“一把手”、及时发现问题等提出了要求。这也是中央纪委五次全会部署的重点任务。派驻纪检监察组结合工商银行实际，在今年初会同总行党委印发了《加强对“一把手”和领导班子“三项监督”的意见》，近期又制定了贯彻落实《中共中央关于加强对“一把手”和领导班子监督的意见》的具体措施。

推进高质量巡视全覆盖，要认真贯彻落实有关文件要求，进一步突出“一把手”这个“关键少数”，推动破解“一把手”监督难题。巡前通报、个别谈话、深入了解、巡视报告等各环节工作，都要突出“一把手”这个重点。要紧盯权力和责任，将坚持民主集中制、“三重一大”决策制度执行、班子成员履行“一岗双责”、加强同级和对下级领导班子监督等情况作为巡视重要内容，既督促“一把手”和领导班子带头做到对党忠诚、担当履职尽责、正确行使权力，又推动他们落实管党治党责任、层层传导压力，切实增强监督实效。要以有力有效的监督措施，确保全行各级“一把手”和领导班子成员，在思想上政治上行动上始终同以习近平同志为核心的党中央保持高度一致，坚决贯彻党的路线方针政策和党中央重大决策部署，依规依法履职用权。这是监督的“牛鼻子”，把它扭住了，就能形成监督“关键少数”抓监督的良性循环。

第三，创新方式方法，提升巡视监督质效。习近平总书记强调，既要扎实推进全覆盖，又要突出阶段重点，不要平均用力；对权力较大、风险较多的地方和领域，有重大问题反映的，可以随时安排巡视，打破轮次限制，更加机动灵活，巡视过后还可以杀“回马枪”，增强巡视震慑力和实效性。赵乐际同志指出，今年是推进巡视全覆盖的关键一年，要扎实做好今年工作，高质量推进巡视全覆盖。中管金融企业巡视工作现场会强调，从日常了解的情况看，中管金融企业在推进高质量全覆盖方面还存在一些问题，有的单位提出巡视对象范围不好把握，特别是要不要对职能部门开展巡视；有的单位探索开展专项巡视，但存在“专项不专”现象等。

就工商银行来看，党的十九大以来我们认真落实中央巡视工作部署，主动适应新时代新形势新要求，总行巡视覆盖率达到82%，分行巡察覆盖率达到94%。同时，对照高质量推进巡视巡察全覆盖要求，我们仍有一定差距。如个别分行巡察全覆盖存在“赶进度”情况，以致巡察质量难以得到保证。针对存在的问题，要进一步探索创新，稳中求进做好全行巡视巡察工作。

一方面，要认真落实“可根据工作需要开展巡视巡察”要求。在综合考虑本行组织架构、下属单位数量、现有监督手段效果等因素基础上，实事求是统筹谋划巡视巡察工作，不能单单追求巡了多少家，关键是看效果，切忌搞形式主义。对职能部门是否开展巡察，要结合实际灵活把握，对权力集中、风险较大的可开展，但不能为了覆盖而覆盖，把所有职能部门都作为全覆盖对象。中管金融企业巡视工作现场会强调，有的中管金融企业存在子公司一家独大的现象，资产规模和利润占集团的比例高。有的中管金融企业境外机构“天高皇帝远”，各种风险尤为突出，如何加强监管是一个重大课题。我行要结合实际，认真研究加强对各类子公司的巡视巡察监督，将境外机构纳入内部巡视范围，拟订加强境外巡视巡察工作办法，探索通过巡审结合等方式加强监督。另一方面，要灵活运用各种方式开展巡视巡察。穿插使用常规、专项、机动巡视巡察和“回头看”等形式，打好“组合拳”；用好提级、交叉、延伸等方式，破解熟人社会监督难题；规范开展专项巡视巡察，突出“专”的特点，推动解决突出共性问题，防止巡视巡察监督泛化、简单化，不能用巡视巡察替代其他部门监督。要进一步完善“交叉巡察在前，总行巡视在后”工作模式，持续优化以巡视带动巡察、以巡察助力巡视的工作格局。

三、坚持系统观念，着力发挥巡视综合监督作用

习近平总书记强调，推动巡视与纪检监察监督统筹衔接，与其他监督协同配合，更好发挥巡视综合监督作用和联系群众纽带功能，推动形成系统集成、协同高效的中国特色监督体系。赵乐际同志指出，要进一步用好巡视这个综合监督平台，贯通各类监督，形成监督合力。我们要结合《关于加强巡视巡察上下联动的实施意见》，进一步深入思考如何实现各类监督系统集成、协同高效，形成具有工商银行特色的金融企业监督体系。

第一，在纵向上，要注重发挥巡视巡察系统作用和组织优势。中管金融企业巡视工作现场会指出，上下联动不是简单的巡视任务组织实施的联动，根本目的是加强党中央对巡视巡察工作的集中统一领导，层层压实巡视工作主体责任，推动巡视巡察质量整体提升；关键是推动巡视工作方针和政治巡视要求全面贯彻、层层落实。我们既要确保党中央部署要求落实落地，又要给分行结合巡察工作实际搞好联动提供空间，全面调动系统资源，充分发挥各级优势，建立完善工作机制，以上促下、上借下力、下借上势，做到有序运转、一体推进巡视巡察工作高质量发展。《关于加强巡视巡察上下联动的意见》要求，上级巡视机构承担对下级巡察工作的督促指导职责。党委巡视办、巡视组要完善指导督导机制，通过跟组督导、蹲点调研、政策答疑、工作交流、专项检查等形式，强化对全行巡察工作的分类指导督导，督促分行党委把巡察工作责任落到实处。这其中，主体责任是“牛鼻子”，一定要压实分行党委的主体责任和党委书记的第一责任人责任，具体体现在对巡察工作的规划、听取巡察情况汇报、点人点事点问题、督促巡视整改、加强巡察机构队伍建设等方面。从某种程度上讲，对巡察工作重视与否、能不能用好巡察这个重要抓手，反映了党委书记的政治能力和政治水平。

第二，在横向上，要注重加强巡视监督与其他监督的贯通融合。赵乐际同志强调，推进贯通融合不是相互代替，而是要整合监督力量和资源，相互借势借力，发挥综合效应，减少重复监督，防止形式主义。中管金融企业巡视工作现场会强调，贯通融合不是简单建个机制就能完成的事情，而要从思想上、责任上、机制上、组织上全方位贯通，才可能形成监督合力。我们要从更高的政治站位推进贯通融合，在总行党委领导下，统筹做好协作配合，充分利用各种监督成果，形成监督合力。要让各监督责任主体切实感受到贯通融合对自身工作的促进作用，进一步提升贯通融合的积极性、主动性，促进各类监督良性互动。

要强化与派驻纪检监察机构的工作协同。赵乐际同志强调，纪检监察组协助党组（党委）做好本单位本系统巡视工作，是党中央对派驻机构的明确要求，也是纪检监察组负责同志作为党组（党委）成员、巡视工作领导小组成员应该担负的责任。党委巡视办、巡视组与派驻组协同开展巡视，可以将巡视监督“前哨”作用和派驻组“派”的权威、“驻”的优势有机结合起来，既有利于提高巡视监督质量，也有利于做深做实派驻监督。巡视巡察机构要主动与纪检监察机构加强沟通，抓紧建立完善协作机制，促进贯通融合，在巡视巡察整改和成果运用方面形成监督合力，确保巡视巡察监督取得实实在在的成效。中管金融企业巡视工作现场会指出，相比中央国家机关，中管金融企业更有条件将各类监督理顺形成体系，这也是加强管党治党和深化金融企业改革的必然要求。我们要进一步推进巡视监督与其他监督贯通融合，打通断点堵点，避免重复监督、无效监督，推进贯通融合机制化、常态化。

第三，在成果运用上，要注重推动巡视整改与完善治理相结合。习近平总书记明确要求推动巡视监督、整改、治理有机贯通，做深做实“后半篇文章”。中管金融企业巡视工作现场会指出，监督是企业治理体系的重要组成部分。要将巡视监督与部门治理、行业治理、单位治理贯通起来，坚持系统施治、标本兼治，推进治理体系和治理能力现代化建设。要发挥以巡促治作用。认真梳理巡视发现的共性问题，移交相关职能部门，督促抓好条线整改。对一些触及领导体制和工作机制的深层次问题，要加强研判分析，推动破解沉疴积弊；对巡视

发现的系统性问题，推动总行党委开展专项整治，举一反三、标本兼治，营造良好政治生态。要探索建立完善整改机制。中央纪委五次全会明确要求探索建立整改促进机制、评估机制。赵乐际同志强调，结合制定巡视整改落实和成果运用的意见，探索建立整改促进机制、评估机制，做到有什么问题就整改什么问题，该谁整改就由谁整改。中央巡视办正在研究制定加强巡视巡察整改和成果运用的意见，我们要认真落实意见，积极借鉴同业巡视整改工作中好的做法，并结合实际加强探索，努力产生更多好的经验。

四、坚持依规依纪依法，加强巡视工作规范化建设

习近平总书记强调，要规范巡视权力运行，把依规依纪依法要求贯穿巡视工作全过程。赵乐际同志指出，实现巡视工作高质量发展，关键是实事求是、精准科学，做到依规依纪依法。中管金融企业巡视工作现场会要求，中管金融企业开展内部巡视，要把实事求是、依规依纪依法要求贯穿始终，为实现巡视工作高质量发展提供重要保障。

第一，抓好制度建设。巡视规范化建设不是简单的规范操作，实际上是一个把握规律、优化流程、强化管理、提升质效的过程。要完善巡视制度体系，进一步健全工作规则、规范工作流程，将实践中好的做法固化为制度机制，使巡视工作更加科学、更加严密、更加有效。要牢固树立制度意识、法治思维，严格按照党章党规党纪办事，严格按照巡视授权和工作方案开展监督。严守职责边界，坚决执行“两不”要求，确保巡视权力在正确轨道上运行。要精准把握政策，巡视对问题的定性，必须以党中央的决策部署、法律法规特别是金融政策法规规定为依据，不能擅自抬高标准、自定标准。中管金融企业巡视工作现场会强调，巡视工作要讲政治，也要讲政策，政治是方向，政策是依据，要从政治的高度发现问题，对照政策规定准确分析、定性问题。我们要严格落实巡视报告问题底稿制度，确保巡视报告中反映的问题，都有问题底稿作支撑，没有依据的，不能作为问题指出来，这关系到干部的政治生命，也会影响总行党委的判断。

第二，抓好信息化建设。习近平总书记强调，加强巡视工作信息化建设，以信息化促进规范化。近期，赵乐际同志在山东考察时强调，要总结推广信息化建设做法经验。这就要求我们积极推进信息技术与巡视巡察工作有效融合，以信息化作为技术支撑，提升巡视监督质量和效率。今年年初，中央巡视工作领导小组印发了巡视巡察信息化建设指导意见。我们要按照指导意见要求和中央巡视办具体部署，进一步完善巡视巡察系统建设，注重利用互联网、大数据助力巡视监督，打造“智慧巡视”新模式。

第三，抓好队伍建设。习近平总书记强调，要加强巡视队伍政治建设，严格内部监督管理。赵乐际同志指出，要重视纪律作风建设，重点防范以巡谋私、以巡谋利。中管金融企业巡视工作现场会指出，巡视干部被“围猎”诱惑大、风险高，巡视干部如果出了问题，比其他干部出问题的影响要更坏。这要求我们既要严把“入口关”，还要严格监督管理，更要强化政治引领，从严要求，确保做到政治过硬、专业过硬、作风过硬。同时，要将巡视岗位作为发现、培养、锻炼干部的重要平台，为全行储备一批高素质干部人才。

要强化政治建设，把学习贯彻习近平总书记“七一”重要讲话精神作为当前和今后一个时期的重大政治任务和头等大事，作为党史学习教育的核心内容，深刻领会和把握讲话的重大意义、丰富内涵、核心要义、实践要求，引领巡视干部始终牢记伟大梦想，全力响应伟大号召，弘扬伟大建党精神，坚定践行“九个必须”，不断提高政治判断力、政治领悟力、政治执行力，以饱满的斗争精神、过硬的斗争本领，坚决同各种形式的腐败作斗争。要强化纪律作风建设。党委巡视办、巡视组是一支有觉悟、守纪律的队伍，也是党内监督的“纪律部队”，要自觉接受最严格的约束和监督。要严格执行中央八项规定精神，带头反对形式主义、官僚主义，坚决做到打铁自身硬。组办成员要共同开展组织生活，不断提升组办一体协同发展的凝聚力和战斗力。要认真落实巡视办主要负责人向行长日报告制度、专家层级干部向组织部季报告制度；完善党委巡视办公室和巡视组专职组长、副组长管理办法，巡视办和巡视组长、副组长向分管行领导实行周报告，不断强化组办领导干部履职尽责。要认真落实巡视组作风纪律情况后评估制度，督促巡视干部保持谦虚谨慎、“三严三实”，依规依纪依法开展巡视工作，以更加严格的机制，铁的纪律和优良作风，营造良好政治生态。

同志们，我们已经踏上了向第二个百年奋斗目标出发的新征程。按照一届任期内巡视全覆盖的要求，中央即将对工商银行开展新一轮巡视，还将对我们内部巡视工作进行专项检查。迎接和配合中央巡视的工作任务重、责任大，党委巡视办要牵头协助总行党委推动上一轮中央巡视指出问题整改，指导相关部门对标整改要求逐项查漏补缺，同时还要加快推动全行巡视巡察工作补短板、强弱项，确保经得起新一轮中央巡视检查，为在新的征程上推动全面从严治党、从严治行向纵深发展作出新的贡献。

在全面从严治党座谈会上的讲话

王　林

（2021 年 8 月 6 日）

总行新一届党委成立以来，高度重视全面从严治党工作，提出“党建引领、从严治理”工作思路。陈书记以身作则抓党建，认真履行第一责任人责任，全力支持派驻纪检监察组和各级纪检机构履行监督职责，多次到派驻纪检监察组看望慰问，经常深入基层开展调查研究。这次座谈会就是在陈书记的提议下召开的，目的就是和大家一起，进一步深入学习领会习近平总书记“七一”重要讲话精神，就如何更好贯彻落实十九届中央纪委五次全会部署，以及全行年中工作会议重点任务，促进“两个责任”同向发力、层层落实，推动全面从严治党向纵深发展，总结经验做法、查找问题不足、研究思路对策。

刚才，陈书记以《深化纪检监察体制改革 推动“两个责任”层层落实》为主题，围绕学习贯彻习近平总书记“七一”重要讲话精神，充分发挥全面从严治党引领保障作用，充分发挥纪检监察监督保障执行、促进完善发展作用，作了讲话。讲话对大家的工作给予了充分肯定，对深入学习贯彻习近平总书记“七一”重要讲话精神作了再动员再部署，从促进“两个责任”同向发力、层层落实，一体推进“三不”、深化金融反腐，不断纠“四风”树新风，认真准备迎接中央新一轮巡视等方面，提出了具体要求，对全行纵深推进全面从严治党具有很强的指导意义。大家会后要组织本机构党委班子认真学习领会，结合工作实际，抓好贯彻落实。这里，我就贯彻落实陈书记讲话要求，抓好下半年全面从严治党工作，特别是纪检监察工作，再强调几点。

一、继承和发扬党的自我革命优良传统，充分发挥全面从严治党引领保障作用

全行各级党组织和党员干部要结合党史学习教育，学深悟透习近平总书记“七一”重要讲话精神，继承和发扬党的自我革命优良传统，牢记打铁必须自身硬的道理，增强全面从严治党永远在路上的政治自觉，以党的自我革命推动伟大的社会革命。要践行伟大建党精神，传承红色金融基因，始终保持勇于担当、善于作为的优良作风，以永不懈怠的精神状态、一往无前的奋斗姿态，奋进新征程、建功新时代。要坚决服从党中央集中统一领导，把工商银行的改革发展自觉放在党和国家大局中，放在落实立足新发展阶段、贯彻新发展理念、构建新发展格局、推动高质量发展要求中谋划布局，自觉担负起“两个维护”的职责使命。要贯彻总体国家安全观，统筹发展和安全，防控金融风险，立志做百年老店，当银行中的“马拉松选手”和“常青树”。要坚持全面从严治党首先从政治上看，一刻不停推进党风廉政建设和反腐败斗争。党风廉政建设是企业发展的重要保障，也是软实力、竞争力。全行各级纪检机构要深刻体悟纪检监察机关在党的百年奋斗历程中积累的宝贵经验，协助各级党委坚持不懈抓纪律抓作风，引导干部员工增强廉洁自律意识、自觉抵制不正之风，积极运用“三比三看三提高”工作方法，以良好精神风貌干事创业、争创一流，以高质量的纪检监察工作助推全行高质量发展。

二、聚焦“十四五”开好局起好步强化政治监督，全面发挥好监督保障执行、促进完善发展作用

今年是实施“十四五”规划的第一年，各项工作都要围绕开好局、起好步来展开。全行各级纪检机构要把监督融入贯彻落实“十四五”规划全过程，既强化对权力运行的监督，又强化对责任落实的监督，既发挥好监督保障执行作用，又发挥好促进完善发展作用，把正风肃纪反腐与深化改革、完善制度、促进治理有机贯通起来。要准确把握不同阶段、不同领域、不同层级的党风廉政建设和反腐败斗争特点，因时因地因势开展政治监督。正如赵乐际同志指出的，越到基层，政治监督越要具体、实在。当前，要结合单位实际，围绕现代化建设大局，聚焦党中央重大决策部署，加强监督检查，推动各级党组织把落实“十四五”规划任务与全行新战略规划实施衔接起来，落实“48 字”工作思路，立足“大、全、稳、新、优、强”发展方位，推进“扬长、补短、固本、强基”布局，助力“十四五”规划确定的重大任务、重大项目落地见效。要紧盯在贯彻新发展理念中存在的作风、腐败、责任问题，加强监督，促进整改，坚决纠治形式主义、官僚主义及不作为乱作为等现象，对经营管理中弄虚作假，搞“包装式”落

实等问题严肃查处，及时纠正权力观、业绩观、事业观等方面存在的偏差。要健全贯彻党中央重大决策部署及行党委重要工作安排督查问责机制，以问责倒逼责任落实；不能简单以经济处罚代替党纪行规处分，防止出现不敢不愿问责，以及问责层级过低、问责对象不准的现象。近期，国内新冠肺炎疫情又呈多点散发态势，派驻纪检监察组已就进一步加强疫情防控监督工作专门印发通知。全行各级纪检机构要率先垂范，强化监督执纪问责，力戒形式主义、官僚主义，督促疫情防控工作落实到位，保障机构和人员安全。

三、坚持“三不”一体推进方针方略，力争取得更多的制度性成果和更大的治理成效

“三不”一体推进既是反腐败斗争的基本方针，也是新时代全面从严治党的重要方略。要把“三不”一体推进的方针方略落实到全面从严治党及纪检监察各方面工作中，通过强化“不敢”，形成震慑、摸清底数、掌握规律，有针对性对问题加以纠治；通过实化“不能”，健全制度、堵塞漏洞，完善监督体系，着力强化对权力运行的制约和监督；通过深化“不想”，立破并举、扶正祛邪，实现“不敢”“不能”的升华，不断放大“三不”一体推进的治理成效。

从这两年金融反腐实践看，派驻改革以来，我们不断加大查办腐败案件力度，全行累计留置×人，其中，2019年留置×人、2020年留置×人、2021年到目前已留置×人，反腐败高压态势初步形成。与此同时，2020年上半年，全行主动投案的人数是×人，2020年下半年是×人；但今年上半年，全行尚没有主动投案的。这从侧面提醒我们，“不敢”的震慑作用还需进一步提升。必须长期坚持严的主基调，在中央纪委国家监委“室组地”办案模式基础上，积极探索“室组内地”联合办案机制，持续加大腐败案件查处力度，保持查处震慑这一手始终不软、不松，确保底线常在、后墙不倒。要精准把握政策策略，做好思想政治工作，对主动交代问题、真心悔错认错的，给出路、给政策。要做深做实“后半篇文章”，贯彻落实好行党委和派驻纪检监察组即将联合印发的以案促改工作办法，压实各方责任，不断提高以案促改、促治的自觉和质量。从纠治“四风”情况看，当前，违反中央八项规定精神问题在个别机构、个别领导干部身上仍然非常严重，这一点在张有赋案上可以看得十分清楚，顶风违纪、不收敛不收手，腐败问题和作风问题交织。纠“四风”要抓具体，有针对性，具体了就深入了。各级纪检机构要坚持问题导向，具体分析、具体解决，对享乐主义、奢靡之风露头就打、反复敲打，对形式主义、官僚主义毫不妥协、深化治理，让新风正气不断充盈。要以近期印发的《七起漠视和侵害群众利益典型问题通报》为鉴，以群众期盼、群众反映为重点，结合“我为群众办实事”实践活动，持续治理漠视和侵害员工和客户利益问题。

四、进一步深化纪检监察体制改革，推动“两个责任”同向发力、层层落实

近期，中央纪委国家监委已初步确定将工商银行纳入第二批垂管单位深化纪检监察改革试点。试点的重音在深化，重在延伸拓展、细化实化。各级党委、纪委要把自己摆进去，增强深化改革的“主人翁”意识和协作意识，充分发挥派驻改革和“双垂直”优势，一手促进主体责任层层落实，一手促进监督专责层层落实，推动“两个责任”层层贯通、形成合力，以深化改革推动责任履行、作风转变、效能提升。

在强化基层监督方面，各单位要结合自身实际，在整体大框架不变的前提下因地制宜，进一步理顺工作机制、整合监督力量，发挥好纪律监督和巡察平台作用，把基层监督做实。要针对基层监督力量薄弱的问题，进一步优化基层纪检机构设置，充实纪检干部力量，不断提升干部履职能力。在强化“一把手”监督方面，各级纪检机构要结合贯彻落实《中共中央关于加强对“一把手”和领导班子监督的意见》和行党委“三项监督”意见要求，加强对同级班子成员和下级党组织、“一把手”履行主体责任情况的监督。对纪检机构来说，报告是对同级班子最强有力的监督，经常向上级纪检机构报告工作，上下贯通，就能真正树立起权威。同时，纪委开展监督，不是把监督对象变成对手，而是既监督、又支持其做好工作。要通过有力有效的监督，推动“一把手”和领导班子对标党中央及行党委要求，纠正偏差；通过旗帜鲜明的支持，为其坚决贯彻落实党中央决策部署及行党委工作安排的行动，撑腰鼓劲、增加底气。要加强纪律、监察、派驻、巡视监督的统筹衔接，在信息互通、资源共享、成果转化运用上完善联动机制，使监督体系更好融入公司治理体系，释放更大治理效能。

五、自觉接受最严格的约束和监督，与时俱进、守正创新做好纪检监察工作

十九届中央纪委五次全会强调，纪检监察机关要从严加强自我监督，自觉接受最严格的约束和监督。派驻纪检监察组在监督行党委的同时，也要主动接受行党委的监督；各级纪委要主动接受同级党委的领导和监督，接受派驻纪检监察组的业务指导和监督检查，着力解决不作为、乱作为问题，建设政治素质高、忠诚干净担当、专业化能力强、敢于善于斗争的纪检监察铁军，树立可亲可信可敬的良好形象。近日，派驻纪检监察组印发了《一级机构纪委书记正面履职规范与负面约束清单(2021年版)》，今后会根据实际情况每年进行更新。各位纪委书记要逐条对照检视，不断改进工作，忠实高效履职。各级纪检机构要坚持“改革强监督、两责同发

力、反腐促整改、一体防风险”的工作思路，协助和督促各级党委深入推动全面从严治党、党风廉政建设和反腐败斗争向纵深发展，高质量完成今年的各项工作任务。

最后，再强调一下，全行即将迎来中央新一轮巡视，这是对行党委和各级党组织履行“两个责任”的一次全面“政治体检”。巡视既以上看下，重点看行党委有没有履行好主体责任，派驻纪检监察组有没有履行好监督责任；也以下看上，通过下沉调研等方式，看各单位有没有把责任层层落实到位。全行各级党组织要高度重视、认真准备、查漏补缺。各级纪委要协助党委抓好巡视巡察，特别是中央及行党委巡视整改工作，坚持更高标准、更严要求，认真检视和推动全面从严治党、服务实体经济、改革发展各项工作，以崭新的精神风貌，迎接中央新一轮巡视。

在党委2021年第三批次巡视工作动员会上的讲话

王　林

（2021年11月4日）

刚才，陈四清同志在讲话中带领我们贯通学习领会习近平总书记关于金融工作、巡视工作一系列重要论述，就如何紧密结合工商银行实际，从政治上理解把握巡视工作进行了深刻阐述，对今年第三批次巡视进行了动员。这里，我就贯彻落实本次会议精神提三点要求。

一要强化理论武装，准确把握政治巡视定位。巡视组肩负着“两个维护”的重大政治责任，必须始终把加强政治学习和理论武装摆在首要位置。要深入学习贯彻习近平新时代中国特色社会主义思想，特别是习近平总书记关于金融工作、巡视工作的重要论述，认真落实党中央决策部署，从加强党对金融工作的领导、推进金融领域全面从严治党、深化金融领域反腐败斗争的政治高度发现问题、查找偏差，督促被巡视党组织切实提高政治判断力、政治领悟力、政治执行力，不断增强“四个意识”、坚定“四个自信”，以实际行动做到“两个维护”。

二要坚持系统观念，加强巡视与其他监督的贯通融合，增强监督合力。巡视是党内监督的战略性制度安排，是综合监督的重要平台。要加强巡视与纪检监察和组织、审计等相关部门的协作配合，统筹用好已有监督成果，防止多头监督、重复监督。党委巡视办要切实履行好统筹协调、指导督导、服务保障职能，跟踪了解各组工作进展情况，协调解决工作中遇到的困难和问题，确保工作顺利开展。派驻纪检监察组要全力支持配合巡视工作，巡前认真通报被巡视党组织履行职能责任、全面从严治党情况，以及日常监督发现的突出问题和有关线索反映；巡中及时会商研究重要情况，加强监督手段支持；巡后及时处置巡视移交问题线索，强化整改日常监督，切实把制度优势转化为治理效能。

三要加强巡视组自身建设，严明纪律作风，始终做到忠诚干净担当。巡视干部要带头贯彻落实中央八项规定精神、行党委作风建设和巡视工作纪律等要求，在工作作风和遵守纪律方面率先示范，维护行党委巡视组的良好形象。要坚持依规依纪依法开展巡视，严明工作程序，严格保密纪律，严守职责边界，不干预被巡视单位的正常工作，不履行执纪审查的职责。要坚持求真务实，深入基层，贴近员工，充分发挥巡视监督的全面从严治党利剑作用和密切联系群众纽带作用。要严格遵守疫情防控规定，落实“工防结合”要求，确保有序、平安、圆满完成本批次巡视任务。

在运行管理分管行长座谈会上的讲话

郑国雨

（2021 年 11 月 16 日）

今天的座谈会是总行相关机构职能优化调整后，运行管理条线举办的第一次全行性会议，主要目的是了解各分行运行管理工作推进情况，研究运行管理如何进一步服务好全行改革发展，以便大家更准确地把握运行管理工作的目标任务，确保今年工作圆满收官，并与明年工作做好衔接。今天的会议开得紧凑，富有成效，7 家分行发言都很有代表性。结合大家的发言，我讲几点意见。

一、全行运行管理工作卓有成效

今年以来，面对艰巨的工作任务和复杂的疫情形势，各级运行管理部门按照“48 字”工作思路，强化党建引领，有效实施年度工作计划。认真落实总行党委决策部署，全力推进运行管理与渠道建设职能整合，充分发挥新职能、新机制、新队伍的综合优势，各项重点工作取得丰硕成果。

（一）加强统筹管理，网点竞争力提升工作扎实推进。总行全面做好统筹协调、宣传交流、资源政策保障、评价体系建设、业务模式研究等工作；北京、内蒙古、广东等分行结合实际，在数字化转型、管理体制改革、经营赋能等方面采取创新举措，各项工作有序推进，网点竞争力提升迈出坚实一步。截至 10 月末，全行网日均储蓄存款 7.5 亿元，较年初增长 8.3%；网日均对公存款 7.8 亿元，较年初增长 3.6%；网均金融资产 5 万元以上个人客户 3 041 户，较年初增长 5.4%；网均金融资产 1 万元以上对公客户 237 户，较年初增长 9.7%，网点价值创造能力持续增强。

（二）赋能重点战略，网点管理效能有效提升。扎实做好网点布局优化，在京津冀、长三角等重点区域优化调整网点 281 家，实现县域新投入网点 65 家。强化网点资源共享与生态建设，1.55 万家工行驿站持续扩增敬老适老服务供给、开展关爱主题活动，累计服务社会公众 1 700 余万人次。北京、广东等分行与当地政务部门对接合作，为网点长远发展带来源头活水。着力培养高素质队伍，持续提升运营主管与客服经理综合履职能力，4 万余名客服经理维护金融资产 9 150 亿元，为网点营销服务注入新动能。

（三）注重提质增效，运营服务支持水平大幅提升。着力推进国际一流金融后台建设，完成全行支付结算等标准业务上收，成功试点账户外汇等复杂业务总行集约运营，以技术赋能精简 54% 的人工处理量，释放后台 1 684 人；构建“2 + 2 + 2”多节点备份机制，成功应对疫情、汛情等一系列考验。境内跨境收款和 6 家分行特色跨境汇款业务纳入统一平台运营，运营质效大幅提升。有序实施现金数字化转型，北京等 7 家分行成功试点网点现金运营新模式，上海等 3 家现金中心成功试点金库智能化场景，推动现金由“人管”向“机控”转变。切实推进金融服务下沉乡村，浙江、贵州等分行按照总行部署全力推动普惠金融服务点建设等工作。智能改造有效为运营赋能，今年以来人工智能处理业务量达 1.9 亿笔，有效提升服务效率。

（四）坚持渠道协同，线上线下流程统筹取得实效。线上便捷受理、集约高效处理、服务快捷交付的一体化运营服务模式在 30 余类场景全面推广，重点场景替代率超 90%，服务客户新增持有产品 1 370 万个、小额不动户唤醒增存 180 亿元。对公流程生态化建设取得阶段性进展，行业首创的“函证 e 信”、业内领先设计的“OFD 云回单”得到财政部、银保监会高度评价。完善“供应链 1 + 1”异地开户、对公外汇账户便捷开户等五大特色服务模式，打造单位账户领域可比同业竞争优势。本外币合一账户体系试点地区、网点数量居全行业第一，获人民银行充分认可。自助与外拓场景建设不断强化，组合服务流程和无介质办理模式有效提升客户体验；便携式智能柜员机由拉杆箱变成背包式，全力支持外拓服务营销。

（五）强化风险管理，持续夯实经营发展根基。“融安 e 账”核算管理新体系建设实现核心场景群流程管控升级，第三季度 3.85 万亿元业务资金纳入刚性控制，收回非正常垫款 11.8 亿元。“融安 e 核”运营风险智能管控体系建设取得实质性进展，风险识别率稳定在 16% 较好水平且闭环完成率达 96%，累计识别管控 4.5 万高风险账户。重点领域风险管理不断强化，全行可控风险暴露水平保持万分之 0.88 历史低位，企业账户涉诈同业占比降至 4.4%，持续保持四行最低水平。圆满完成人民银行综合执法检查相关板块的牵头组织协调、问题闭环治理。业务连续性运作体系有效运转，确保特殊时期集团业务安全平稳运营。

二、充分发挥职能优化调整后运行管理对全行经营发展的支持保障作用

今年7月实施相关机构职能优化调整后，总行运行管理部增加网点统筹管理、线上线下一体化流程统筹管理职能，承接网点竞争力牵头工作。这次职能优化调整，是总行党委推动全行高质量发展、顺应线上线下一体化趋势、适应数字化转型、提升市场竞争力的重大举措，核心是深入贯彻落实“以客户为中心”理念，通过资源整合优化、流程融合协同、网点管理统筹、运营转型升级，更好地为客户提供随时、随地、随心的金融服务，赋予“您身边的银行、可信赖的银行”新的内涵。

全行运行管理条线要深刻把握全行高质量发展提出的新要求，优化职能定位，在提升网点竞争力上“花心思”，在推动线上线下渠道协同上“想办法”，在为基层减负赋能上“下功夫”，在创新客户服务方式上“做文章”，以更高的站位、更扎实的作风谋划和落实工作。要立足服务基层、服务客户，加强网点统筹管理，当好网点“总店长”和“店小二”，为网点遮风挡雨。推进网点数字化转型、精细化管理，推动客户服务体验升级，切实将网点打造成能“打胜仗”的作战单元。要立足服务前台、服务经营，做好网点业务模式设计、营销策略实施和业务拓展，支持全行战略重点落地。推动线上线下协同发展、双向赋能，打通断点堵点，做好从“最先一公里”流程设计到“最后一公里”落地执行各项工作。要立足服务全行、服务集团，深化运营改革，充分运用新技术、新理念、新手段，强化运营基础支撑，提高全行业务运营质量、效率、安全水平，提升集团智慧运营能力。

三、突出抓好当前几项重点工作

（一）全面推动网点竞争力提升。网点竞争力提升是全行基础性工作之一。当前网点管理链条长、岗位缺乏吸引力、市场竞争力弱化等问题相互交织，网点经营管理模式与市场需求和转型发展不相适应的问题日益凸显。全行要将思想和行动统一到总行党委决策部署上来，强化系统思维，突出责任担当。针对网点面临的“做什么”“谁来做”“怎么做”等问题，以网点业务管理模式优化调整为切入点，以机构职能优化和网点定位重构为着力点，以资源集中统筹、合理匹配为落脚点，对网点经营模式实施系统性重构。各分行要结合自身特点，强化“机构统一管理、业务统一支持、市场统一经营”的集群化作战能力；在重点区域打造经营管理一体化的特色支行，充分向网点赋权、赋能、减负，加快形成适应网点经营新模式的业务授权、资源配置、流程优化、考核激励、综合保障等配套机制，激发各级机构发展潜能和经营活力。要在网点业务模式和定位上下功夫。针对个贷、普惠、理财、信用卡等重点业务，要结合当地市场和资源禀赋情况，分类考虑网点落地业务类型，研究采取集中、分散、派驻，或与大、中、小网点结合等方式，通过营销策略分层分类、业务集约化组织、营销服务模式设计等措施，力争在机制体制上突破、业务流程上创新，提高网点经营效能。要把网点生态化建设与运营做实做好。积极探索客户“引进来、走出去”的特色场景，做好相应的资源配置、平台支撑。总行要加快制订《“工行驿站+”服务生态建设与运营方案》，分行要发挥基层首创精神，做好方案落地的组织推动与实施，提升网点获客引流与场景变现能力。要持续完善网点竞争力提升配套保障机制。组织推动方面，各分行要切实承担主体责任，针对重点任务制定时间表和路线图，利用好网点竞争力领导小组工作机制，坚持政出一孔、利出一孔。网点人员方面，要确保各项激励措施真正落到网点，畅通员工晋升通道，加强人才培养，打开网点负责人职业天花板，让一线员工在网点更舒心、更安心，有幸福感、有获得感。网点减负方面，要建立长效机制，统筹解决网点痛点难点问题。要同步推进网点竞争力提升评价和考核，加强辅导和过程管理，加强网点跟踪监测，做好各分行网点整体和单个网点的业绩评价，突出结果导向，用实实在在的业绩说话。

（二）加快构建乡村振兴业务运营支持体系。今年以来，运行管理条线按照总行党委关于城乡联动战略的总体安排，重点围绕服务点建设、乡村金融服务新模式等开展大量调研，完成乡村振兴金融服务触达体系顶层规划，制订印发金融服务乡村振兴运营支持方案。目前，正在推动农村普惠金融服务点管理办法制定、运营机制建设、“兴农通”APP研发等工作，并在黑龙江、山东等分行推进服务点先行先试。后续，各分行的重点工作是推动整体规划的落地实施。要提高站位、统一思想，保持战略清醒和定力。工商银行擅长城市金融服务，相对而言，我们对农村市场还不太熟悉。要增强服务乡村振兴的责任感、紧迫感，对标同业、锚定方向，加强市场调研。要坚持城乡联动、以城带乡，在渠道建设、业务推广上形成一套成熟的“工行打法”，助力打造具有工行特色的乡村金融服务竞争优势。要加快推动服务点样板店建设。服务点作为乡村振兴服务触达体系的前沿阵地，浙江等8家试点分行年内要挂牌首批服务点样板店，加快形成可复制、易落地、见效快的经营模板；其他分行要前瞻性做好谋划和部署工作，为明年全行服务点的建设和推广做好充分准备。要明确部门职责、发挥合力，打好服务乡村振兴“组合拳”。各级运行管理部作为农村普惠金融服务点和“工银使者”队伍建设的牵头部门，要会同前台部门加快推进并强化风险防控；个人金融、银行卡、结算与现金管理、公司金

融、机构金融等相关业务部门要负责做好适农化产品改造、市场拓展、产品组合营销等工作；乡村振兴办、公司金融等部门要尽快完成服务点合作方总对总谈判以及协议签订，加快推进服务点建设落地。

（三）不断强化重点领域运营风险管理。近年来，外部风险形势错综复杂，向内传导路径更加隐蔽，对银行风险管理、案件防控工作提出更大挑战。我们要坚持“风控强基”工作思路，采取更主动、更有力的措施，为全行业务安全运营和高质量发展保驾护航。要加强关键时点风险管理。年末是业绩冲刺和各项工作收官的关键时期，也是风险易发高发期，各分行要保持清醒认识，加强重点领域、关键环节、重要人员的运营风险管理和案件防范，强化安全生产意识，全力保障岁末年初运营安全。要全面强化关键环节风险管控。做好客户身份识别和准入管理，严防源头性风险；密切关注网点柜面和智能业务、柜台内外履职、异常业务表现等案件隐患，强化风险易发环节的规范管理；严格落实金库、自动柜员机现金营运和人员履职要求，持续强化现金收付、全额清分及反假货币管理等基础性工作。要充分发挥二道防线作用。了解监管政策、行政处罚、案件舆情等情况，加强风险前瞻研判、分析评估和检查排查，及时提示、推动和协同一道防线部门加强风险治理，实现风险闭环管理。要持续做好防控电信网络诈骗相关工作。国家高度重视打击治理电信网络诈骗等违法犯罪行为，后续将进一步加大行业监管力度，对“两卡”问题突出的金融机构实施挂牌整治，并严肃查处银行内部违法违规人员。总行近期传达了全国“断卡”行动推进会精神，目前仍有个别分行涉案账户数量当地同业排名靠前，存在管理措施与风险形势不匹配、关键环节防控执行不到位的问题。各分行要充分认识防控电信网络诈骗工作的重要性、复杂性和持久性，常态化做好企业账户治理，因地制宜强化和调整管控措施，严防涉案账户反弹。近期，全国出现多起利用数字人民币钱包进行诈骗的案例。各分行要高度警惕，加强数字人民币钱包开立、存续管理等重点环节风险管理，强化涉案账户和数字人民币钱包的风险双向防控，对排查发现的风险钱包实施从严管控。要全面加强运行风险监控中心建设。各分行要充分认识运行风险监控中心在防控内外部风险、规范基层机构业务运营等方面发挥的重要作用，坚持风控中心建设只能强化不能弱化的目标不动摇，持续加强风控人员队伍培养和配置，提升运营风险监控的独立性、专业性和权威性。

（四）着力提升客户投诉治理水平。近日，陈四清董事长在全行客户投诉治理工作座谈会上指出，“工商银行作为国有大行，客户投诉情况直接反映群众对工行金融服务的感受和评价，解决群众难题、维护客户权益，是工商银行践行金融为民宗旨的重要检验”。全行上下必须进一步提高政治站位，秉承建设人民满意银行的初心，积极回应社会关切和员工期盼，提升客户体验、赢得客户支持。要深入开展客户投诉治理专项行动。总行将在全行开展一次运行管理领域客户投诉治理专项工作，聚焦网点员工服务态度、自助设备运行、纪念币预约兑换三类问题，分别开展“宾至如归”“自助如意”“称心如愿”三项行动。专项行动从本周开始，分为动员部署、专项攻坚、总结考评和巩固提升四个阶段，持续到明年底。各分行要确保三类客户投诉逐阶段压降10%，保持四行领先水平。要建立健全客户投诉治理体制机制。各分行要落实投诉治理“一把手责任制”，于11月底前成立由分行“一把手”牵头的运行管理领域投诉治理专班，将任务目标层层分解，按周进行专题研究部署。要强化系统观念，从制度流程、系统运维、产品设计、分工配合和员工履职能力建设等方面，着力构建客户投诉治理的长效机制，助力全行业务高质量发展。

（五）加强疫情防控与业务连续性管理。工商银行作为国有大行，服务着近1 000万对公客户和7亿个人客户，保证业务稳定运营责任重大。各分行要高度重视业务连续性管理工作，补齐资源短板，提升应急处置能力，积极做好突发事件应对准备。要根据总行业务连续性管理基本制度和业务连续性计划，建立完善本行业务连续性日常管理和应急处置组织架构，形成跨部门、跨专业应急处置协同机制。要提升总分行集约化后台中心的应急能力。加强营业网点业务运营服务保障，充分预估突发事件带来的不利因素，从人员、场地、系统等多维度完善应急保障措施。第四季度要稳妥实施集约运营中心场地灾难备份演练和集约运营平台系统灾备切换演练，确保极端情况下业务应急快速启动，保障网点业务运营和客户服务不中断。要高度关注近期部分地区电力供应情况，评估其可能对业务连续性造成的影响，做好业务应急管理。要全力做好疫情防控工作。各分行必须密切关注疫情形势变化，压实“四方责任”，落细落实防控措施。冬奥会举办地及周边地区分行，要严格按照属地疫情防控管理要求，完善应急预案，确保冬奥会期间全行业务运营安全和客户服务高效。

（六）做好年终决算工作。年终决算是全面真实反映工商银行全年经营成果和财务情况的综合性工作，承担着承上启下的关键性作用。各分行要高度重视、加强领导、精心安排，重点做好组织管理、参数检查设置、测试验证、资金清算、账务核对、清理清查、业务集中、远程授权、增值税及决算日相关工作，确保年终决算各项任务圆满完成。

四、全力完成今年各项工作任务

（一）深入推进网点优化调整。各分行要锚定年初计划，加快做好网点优化调整的组织实施及验收报批等相关工作。要确保全面完成各项任务目标。这里特别提示一下，河北、浙江、湖北、湖南等分行，要加强对县域新投入网点项目的监测督导；山东、北京、青岛、苏州等分行，要与当地监管机构做好沟通，全力推动储蓄所、分理处升格工作。要加大重点区域网点投放力度。持续推动网点硬件升级改造和服务形象优化，提前做好网点布局规划和项目储备，为明年工作顺利开展打好基础。

（二）深入推进“两工程一队伍”建设。要持续深化运营服务模式改革。年内要继续推进网点业务线上化迁移，加快借记卡全品种线上换卡等场景试点推广，积极推进部分分行特色社保卡全程网办、实现跨省通办，完成留学汇款场景线上化改造并开展对客试点。要加强自助渠道管理，紧盯低效ATM和效能待提升自助终端两项指标，提升现有设备运营效能。要加强便携智能柜员机轻型发卡新模式应用，推广好PAD新版“工银e服务”APP，提升网点营销服务水平。要加快推进网点运营服务模式研发进度，力争年底前“数字化引导、协同化运营、轻型化组织、陪伴式服务”模式在部分场景试点。要持续强化现金业务数字化转型。年内7家试点分行要在已布设TCR设备的98个网点充分实施应用，创新网点现金内部管理模式。要选择合适金库开展金库智能化建设场景深度应用，逐步实现所辖网点、投产场景和运营时段全覆盖。要持续加强网点队伍建设。以总行设立“客服经理关爱日”为契机，落实员工关爱措施，不断激发队伍活力。要按时按需推进运营主管、客服经理线上线下培训。要深入挖掘一线典型代表，年底推荐优秀员工参评工银成就奖，做好先进事迹榜样推广，增强团队荣誉感。

（三）深入推进国际一流集约运营后台建设。要再接再厉做好复杂业务上收。年内广西等4家分行要做好业务对接和上收切换，确保全年18家分行上收任务顺利完成，其余分行要按照总行账户开立、外汇汇款和远程授权统一受理审核标准提前开展业务规范化准备，为明年业务平稳上收打好基础。要同步做好分行人员有序转岗。根据业务上收进度，优先将业务处理中心转岗人员充实到风险监控中心等专业性要求高的岗位，促进全行人力资源效能提升。要加强集约运营业务管理。选优配强分行集约运营业务管理人员，保障辖内网点业务规范运营、风险可控以及分行客户需求的高效对接。

（四）深入推进本外币单位账户体系建设。要做好账户服务顶层设计。年底前加快推动对公无纸化电子签约开户、账户信息线上查询等特色账户服务，逐步构建标准化服务模式为核心、场景化开户模式创新的账户服务生态体系。要纵深推进企业银行账户服务质效提升。各分行要按照总行《优化企业账户服务　防控账户风险工作方案》，年内实现“两控两优”，全面推广简易开户服务，建立小微企业银行账户分类分级管理体系。

（五）深入推进“融安e账”核算管理体系建设。要稳妥推广实施其他应收款坏账准备系统化计提。河北、山东等10家首批推广行，要于年底完成坏账计提，其他分行要加强业务与财务、运管专业的横向交流，充分评估对经营绩效的影响，提前做好推广准备工作，进一步完善我行资产管理。要抓实非正常垫款和超期挂账清理治理。加快债权清收追索，最大限度增收挽损；坚决杜绝利用内部账户藏污纳垢、美化指标的行为，坚决杜绝违规垫款、随意垫款，守好我行自己的“钱袋子”。要加快推进分行特色业务改造升级。确保年内达成账务直驱率70%、日均余额账龄管控率50%的目标。

五、前瞻谋划明年运行管理工作

2022年是全行新规划实施的关键之年，也是相关机构职能优化调整后运行管理转型发展的关键时期。要运用好“三比三看三提高”工作方法，按照“扬长、补短、固本、强基”四大布局，提前谋划好明年重点工作。网点竞争力提升方面，要主动适应市场变化，在网点规划管理、数字化转型、业务模式和定位设计上明确方向性、原则性要求；要加强网点业务组织、营销任务落地、资源支持、系统工具创新、考核评价等工作。支持乡村振兴方面，要全面推进农村普惠金融服务点和“工银使者”队伍建设，探索前台业务与运营模式的结合，全面落实城乡联动战略。要持续推动线上线下一体化、工行驿站品牌打造、集约运营改革等重点工作的谋划实施。

要发挥运行管理在网点竞争力提升、客户服务、资源优化、风险控制等方面的重要作用，需统筹好以下几组关系：一是统筹好专业发展和全行战略的关系。运行管理是全行各项业务发展的基础，支撑着全行各项产品和服务的价值实现。智慧运营体系建设是移动互联时代支撑智慧银行战略有效落地、助力互联网金融加速发展的破题之举。全行运行管理条线要通过科学的资源配置、协作的生产系统、顺畅的业务流程、严密的过程控制，对外服务好客户，对内服务好前台，构筑我行业务运营核心竞争优势。二是统筹好顶层设计和基层探索的关系。总行在进行顶层设计时，要明确方向性、原则性要求，同时给分行、网点探索留下足够的空间，充分发挥基层的主观能动性。三是统筹好线上和线下的关系。线下网点和线上平台是我行两大经营主阵地。要统筹线上线下全流程建设，加强渠道间客户信息共享，满足客户“一点接入、全程响应”的跨渠道一致体验要求。四是统筹好金融和泛金融的关系。随着金融服务加速线上化、多样化，网点金融与泛金融融合是大趋势。要通过跨界合作、生态场景建设，持续提升网点获客引流和价值创造能力，避免网点空心化，将网点打造为兼具传统功能和本地生态的重要阵地。

全行运行管理条线要认真学习贯彻党的十九届六中全会精神，深入开展党史学习教育，站在服务全行改革发展的高度，在传承中创新、在创新中发展，继续发扬求真务实、善打硬仗的工作作风，以奋发有为、锐意进取的精神面貌，推动运行管理在新起点上实现新突破，为建设世界一流现代金融企业作出更大贡献。

在全行个人金融板块旺季营销工作会议上的讲话

郑国雨

（2021 年 11 月 24 日）

刚才，廖行长全面总结了前三季度全行个金业务发展情况，对旺季营销工作进行了总体部署，强调了实施第一个人金融银行战略的重要意义和工作重点。全行要认真学习领会本次会议精神，进一步做实全量客户基础、做大全量金融资产、做强全量价值贡献，实现客户价值与银行价值的统一，全面推动个金业务高质量发展。岁末年初是全年个金业务发展的关键时期，旺季营销更是全行个金板块全年工作的头等大事。全行要进一步统一思想、聚焦重点、明确方向，统筹开展好旺季营销工作，确保年底收好官、明年第一季度开好局。

下面，我就贯彻落实本次会议精神、做好旺季营销工作，再提几点要求：

第一，行动要快。从今天开始，各行要立即行动起来，确保 12 月 1 日全行正式启动旺季营销活动。一是方案要到位。总行方案是基于对全市场判断所作的规定动作，各行可结合区域特点，设计自选动作。规定动作和自选动作构成各行旺季营销方案。二是部署要到位。各行要通过组织启动会、动员会等方式，对营销活动进行全面部署，对营销方案进行详细传导，确保所有机构、所有人员清晰掌握任务目标和工作要求，熟悉营销方案和工作重点，确保各项政策、资源、工具、产品准备到位。各行“一把手”要亲自过问、亲自参与、亲自部署旺季营销活动。三是投入要到位。各行原则上应按照不低于第一季度个金板块营业贡献 1% 的比例，配置旺季专项营销费用，特别要保障五大重点客群和五大客户有礼活动的资源配置。各行要在总行旺季 PK 竞赛活动的框架下，组织开展各种形式的竞赛活动，并通过加大人力资源的投入，做好对基层网点及销售人员的营销激励，扎实推动活动开展。四是宣传要到位。各行要在旺季营销活动启动后，同步开展营销宣传，提高宣传的密度和精准度，并与各项特色活动结合起来，将营销活动信息及时触达客户，营造旺季声势。五是管理要到位。各行要有过程管理方案，抓实过程管理，切实做到营销有目标、行动有方案、过程有监测、问题有反馈、业绩有统计、需求有响应。

第二，聚焦要准。第一季度是个金业务的旺季，具有资金旺、消费旺、投资旺的特点。全行就要围绕这三大特点做文章。总行为此设计了十大活动和四个方面 11 个细项指标，引导全行聚焦重点、集中资源，全力拼抢市场。各行可以根据区域市场特点有所选择，但依然强调要精准聚焦、瞄准重点，不要分散力量、分散资源。

第三，打法要实。第一季度是个金业务旺季，也是所有银行的营销旺季。狭路相逢勇者胜！一要激发全体干部员工的积极性。各行负责人要身先士卒、亲自营销，通过各种方式引导所在机构和员工全身心投入到旺季营销活动中来，在全行掀起营销活动的热潮。二要把握好市场的脉动和活动的节奏。总行根据岁末年初市场特点，把营销活动划分为三个阶段：元旦前的重点是收官，要确保收官红；元旦到元宵的重点是争揽源头资金，是旺季营销真正的攻坚战；元宵之后是巩固阵地，拼抢第二次分配的资金，是阵地战，也是蚕食战。各行要根据区域市场特点，认真研究，体现“整体抓进攻、阶段有重点”的打法。三要应用好 GBC 联动机制。GBC 联动是工行的优势。要在开门红期间强化营销，啃下一批硬骨头，营销一批优质客户，特别是“三个一”客户和机构类客户。要持续提升 G 端和 B 端的渗透率，通过专属服务、专属产品和专属权益，提高 C 端留存率。目前代发资金在 C 端的留存率不足 10%，还有较大提升空间。刚才廖行长强调了库容管理问题。目前我行每天可以提供详细的资金流入与流出分析，各行要结合自身特点认真研究。我们每到周末就可能出现存款严重下降的现象，特别是大量资金通过支付到了各类商户。所以要加强对商户的争夺，形成资金循环的闭环。大家对此要有充分认识。四要发挥线上化数字化优势。线上化触达也是我们工行的优势。总行要力争使线上渠道能够触达绝大多数客户。各行要利用好线上化触达优势，做好线上线下渠道的协同，落实好理财经理、客户经理的跟进服务，尽可能使我行服务提质扩面。五要体现出“以客户为中心”的经营理念。要从“卖方思维”转变为“买方思维”，做大MAU和AUM，以综合服务构建客户服务新生态，为客户创造价值，把服务对象真正变为我们的利益共同体。如果还是只卖单一产品，还是只会做高息存款，我们队伍的战斗力是会丧失的，最终不会打仗。这一点要特别提醒。

第四，业绩要红。总行已经下达了旺季营销的任务目标，这是指导性目标，是必达目标。业绩红不红，还是要看三个方面：一是竞争力要提升。如果市场份额上升，说明我们在进步；如果市场份额下降，说明我们在退步。市场竞争力提升是对所有机构的要求。特别是目前市场竞争力比较弱的机构，要比同业进步速度更快。截至目前，我们还有几家分行今年的储蓄存款没有“浮出水面”。11月11日，总行已经召开部分分行重点业务督导会，分析了原因，制定了措施，相关分行要落实好。二是均衡性要提升。全量客户与MAU、存款与AUM、存款的量与价、营业收入与中收、资产与负债、房贷与非房贷等指标要协同发展。三是发展质量要提升。首先，存款成本要控制在合理水平。今年的NIM很稳定，主要就是通过压降高息存款控制住了成本。但明年这个比较优势很小了，要想控制住存款成本，主要是靠优化存款结构。其次，中间业务收入要保持较快增长。目前中间业务收入属于持平状况，必须通过大财富业务的发展，增加中间业务收入来源。必须明显改善信用卡资产质量，尽快实现信用卡业务恢复性增长。再次，要把消费者权益保护落到实处。近期行党委多次就客户投诉治理工作进行研究部署，总行在优化产品、流程、制度、系统及完善小额赔付授权等方面作了安排，相关文件将尽快下发，请大家抓好落实。

同志们，为期四个月的旺季营销工作即将开始！对全行个金业务来说，“开门红”是最重要的。抓紧、抓实、抓好岁末年初旺季营销工作，不仅关系到明年个金业务各项指标发展，还关系到第一个人金融银行战略落地成效。各行要强化旺季思维、迅速进入旺季状态、明确旺季打法、实现旺季业绩。预祝各行在旺季营销工作中取得新成绩！

在全行退役优待证工作部署动员会上的讲话

郑国雨

（2021年12月8日）

刚才，三家分行交流分享了优秀经验。其他四家试点分行在创新推动等方面也做了大量卓有成效的工作，值得肯定，对大家的努力付出表示衷心感谢！刚才，熊燕高监就相关工作提出了明确要求，进行了具体部署，请全行抓好贯彻落实。

本月，我行将与退役军人事务部签署优待证总对总合作协议，这意味着，优待证将正式开始发放，退役军人市场将重新洗牌，这项工作的紧迫感和艰巨性丝毫不亚于2018年的机构改革。因此，全行要立即行动，把握转瞬即逝的市场机遇，围绕“做大市场、做优品牌、做强产品”的目标，全力以赴将争揽发卡合作资格作为当前的首要任务，确保100%入围省级合作银行资格，各行优待证发放全省市场占比同业第一。辖内各级机构要比照省级机构制定目标。

围绕实现上述目标，我重点强调四点要求。

一、高站位重视优待证拓展，坚决落实总行战略部署

做好退役军人服务工作事关强国兴军大业，事关改革发展大局，事关社会和谐稳定，责任崇高使命光荣。党的十八大以来，在以习近平同志为核心的党中央坚强领导下，退役军人服务工作革故鼎新，砥砺前行。从组建退役军人事务部，到颁布《退役军人保障法》；从出台退役军人安置优待政策，到促进退役军人就业创业；从为烈属和退役军人等家庭悬挂光荣牌，到即将推出的优待证，退役军人服务保障体系加快推进，政策制度不断健全，“让军人成为全社会尊崇的职业”深入人心，退役军人服务工作迈入新的发展阶段。在这一进程中，工商银行作为具有红色基因和长期拥军优属传统的国有大型商业银行，为退役事务部门顶层设计、系统平台建设和退役军人优抚服务等方面作出了积极贡献。

优待证作为即将面向全国超×万名退役军人、其他优抚对象发行的身份识别和享受优待服务的最重要介质，具有同业排他性和存量争揽的一次性（后续每年新增仅约×万名），每年通过优待证发放的各类优抚资金预计超过×亿元且将逐年增加，含金量高，长期源头资金的基础性作用将十分明显。同时，今年是“十四五”规划的开局之年，也是我行新规划的起步之年，第一个人金融银行战略持续深化，GBC联动扎实推进，优待证作为以G端争揽撬动C端获客的重要项目，是

近几年除社保卡以外极为稀缺的大规模拓展客户的政策机遇，对第一个人金融银行战略的重要性不言而喻，也是检验GBC联动成效的试金石。前期，总行花了很大力气拿到了先发资格，各行务必提高站位，认识到此项工作的重要性，认清责任所在，坚定做好相关工作，进一步打造退役服务领域工行样板，持续弘扬我行拥军优属的光荣传统，展现大行担当。

二、发挥整体优势，坚决打赢营销攻坚战

一直以来，我行在军队和军人服务上，具有领先优势，“随军行”已成为市场口碑良好的拥军服务品牌。军队服务的优势正在退役服务等领域发挥作用。前期退役服务改革中，我行对公账户争揽已取得较好成果。这一次在退役优待证项目上，又成功入围优待证首批合作银行资格，为全行抢抓机遇奠定了先发优势。而大家知道，退役军人服务领域竞争激烈，我行在C端不占优势。所以，在我行已经获得入围资格的情况下，要着重做好两件事：一是各省分行及下辖机构要首先确保自身进入本地区的入围名单。二是在我行无论客户基础、渠道基础和业务基础都不占优势的县及以下地区，要全力以赴竞争发卡市场份额，找准着力点，扬长补短，发挥整体优势，打赢营销攻坚战。要实施“一把手工程”，高层级营销。作为退役服务领域的“后来人”和“追赶者”，营销已经没有“容易仗”可打。各级行“一把手”要亲自挂帅、营销、部署、协调和推动，亲自上门进行高层营销，把资格拿下来，坚决落实退役服务领域专项营销攻坚任务。要画好实施图，系统性推动。各行要全面梳理合作现状，掌握改革信息，分析竞争态势，结合总行营销服务方案，制订适合自身实际的营销方案，明确目标任务，落实责任分工，排出时间表、理清路线图，编制营销清单，有组织、有计划地系统性推动营销。要签好责任书，层层抓落实。必须强化考核、传导压力，对营销任务逐层分解、逐级落实、逐项督导，抓细化、抓具体、抓实在。确保每一项工作、每一天的进度，都有人去盯、去促、去干。总之，要发挥合力，高度重视，打赢攻坚战，把入围资格拿到手。

三、强化部门协同联动，确保“优待服务”落到实处

刚才，几家分行都特别提到了“优先、优质、优惠、优享”服务，退役军人服务最终要落到“优待”方面。全行要坚定人民立场，以人民认同、人民信任、人民支持、人民跟随为衡量标准，坚决贯彻以客户为中心的发展理念，用专业服务吸引客户，用优质体验打动客户，把党和政府对退役军人的关怀、关心，通过我们优质高效的服务落到实处。总行机构部要按照刚才熊高监的布置牵头做好整体对接营销，确保部署到位、方案到位、营销到位，保障资格的获得、发卡份额和后续各类优抚资金的争揽。个金部要发挥C端牵头作用，以优待证为服务载体，围绕持卡对象“花钱、赚钱、借钱、管钱”等需求，着眼为民、惠民、利民和安民，突出“优先、优质、优惠、优享”，协同机构部做好优待证一揽子营销服务方案设计，谋划做好各类优抚资金承接，实现全链条资金封闭运行，做优做强退役服务场景。要加快产品服务供给侧升级，充分发挥“随军行”拥军服务品牌优势，加紧推出社会关注较高的荣誉激励、保险等专属产品服务，加大专属存款等资源类产品的市场投放力度，帮助提升退役军人的获得感、幸福感。银行卡部要做好优待证制发卡各环节相关工作，同时围绕优待证发放场景配发信用卡，为持有信用卡的客户提供开卡赠礼、刷卡满减等权益，联动我行合作商户，在餐饮、住宿、交通、文旅等方面为持卡对象提供更多实实在在的优惠优先权益。普惠部要结合乡村振兴战略，切实做好城乡退役军人融资服务，结合地方财政、退役军人事务等部门的支持政策，助力退役军人创业就业。运管部要统筹网点资源，明确服务标准和要求，为到店退役军人提供优先优质服务。

四、发挥考评导向作用，全力调动全行营销积极性

全行要为营销攻坚提供支持保障。一是要有投入。加强人力、财务和科技等资源的投入。二是要有考核。各行要根据自身情况，将优待证争揽结果与相关机构、条线、人员的考核挂钩，和年度考核挂钩。三是要有激励。按照“谁付出、谁受益”的原则，加大对成绩突出机构、团队和个人的奖励，全力调动全行参与优待证发放、参与入围资格竞争的积极性。

同志们！开局就是决战，起步就是冲刺。各行要牢牢把握本次优待证发放契机，时不我待，攻坚克难，全面争资格、揽份额、广发卡，为后续进一步竞争退役领域市场更多份额，打造全国退役服务系统首选合作银行，努力开创工商银行退役军人服务的新局面而努力奋斗！

客户至上　服务实体
全力打造公司客户服务新格局

——在中国工商银行2021年公司结现投行工作会议上的讲话

王景武

（2021年1月21日）

这次会议的主要任务是，以习近平新时代中国特色社会主义思想为指导，全面贯彻党的十九届五中全会、中央经济工作会议及中央农村工作会议精神，认真落实全行2021年工作会议部署，总结2020年公司客户金融服务情况，分析当前形势，安排2021年重点工作。下面我讲三个方面意见。

一、2020年的成绩来之不易

过去的一年，是新中国历史上极不平凡的一年。面对世纪疫情和百年变局、严峻挑战和激烈竞争并存的复杂局面，全行公司、结现、投行、专融条线及工银租赁、工银投资紧紧围绕党中央、国务院决策部署，认真落实金融监管要求，按照党委“48字”工作思路，牢固树立“比”的意识，把“国之大者”作为工作的立足点，战疫情、惠实体、勇创新，完成营销体系改革方案，主要经营指标创历史最好水平，交出了一份让总行党委满意、体现高质量发展的“年度答卷”。

一是板块贡献持续提升，客户基础日益巩固。贡献方面，实现公司贷款利息收入3 927亿元、增加187亿元；公司客户营业贡献2 208亿元、增加192亿元，增幅9.5%，为集团利润增长提供了有力支撑。坚持“结构优化与合规经营”并重，公司板块中收稳居四行第一，其中公司重点6项中收完成137.2亿元，再创历史新高；结现牵头8项中收完成103.1亿元，增幅9%；投行牵头7项中收完成115.4亿元，四行占比超50%。客户方面，公司客户总数达780万户、净增52万户，其中有贷户净增5万户、增幅48%；新开对公结算账户168万户，新开账户存款年日均余额4 096亿元；日均金融资产1万元以上公司客户净增37万户、任务完成率148%；深度合作现金管理客户净增11万户，现金管理同业领先优势持续巩固。年内与多家大型企业签署战略合作协议，成功营销一批具有市场影响力的重大项目。

二是公司存款增势强劲，余额增量同业第一。面对异常激烈的同业竞争，全行上下主动对标同业，通过强化闭环管理、深挖资金源头、创新负债产品等有力措施，扎实开展“秋实行动”，本币公司存款创历史最好成绩。余额首次突破5万亿元、四行第一，净增7 529亿元，超过去3年增量之和，公司存款增量六年来首次位居四行第一，年度计划完成率502%。实现考核口径公司存款日均余额5.2万亿元、净增5 190亿元，年度任务完成率259%。其中，通过激活潜在及长期不动户74万户，贡献日均存款1 359亿元。公司存款平均付息率继续保持同业及各业务条线最低水平。外币公司存款日均增量47亿美元，计划完成率235%。

三是公司信贷布局优化，结构收益质量齐优。整体上，公司贷款累计投放5.4万亿元、净增11 742亿元，增量首次突破万亿元大关，年度计划完成率294%，一般法人公司贷款余额、增量均居四行第一，有效储备达2.1万亿元。累计向疫情防控重点企业发放优惠利率专项贷款335亿元，其中全国性名单企业发放194亿元、四行第一。同业首家与国资委、湖北省签署支持复工复产战略合作协议，通过“春润行动”投放复工复产支持融资2.7万亿元，展现大行担当。结构上，五大重点区域公司贷款余额6.6万亿元、全行占比70%，净增8 776亿元、全行占比79%。深入开展“制造业金融服务提升年”行动，全行制造业贷款余额1.65万亿元、净增2 192亿元，中长期制造业贷款净增1 729亿元，余额增量稳居四行第一，超额完成监管任务。出台支持民营企业“八融”举措，民企贷款余额2.18万亿元，较年初净增2 405亿元，年度任务完成率172%。完成“10+100”科创中心及特色支行专营机构布局，新市场贷款净增1 616亿元，先进制造业、幸福产业、物联互联三大新引擎板块公司贷款净增1 624亿元、年度计划完成率271%，信贷结构调整实现新突破。涉农贷款余额2.28万亿元、净增2 740亿元，增量超前四年之和，有力支持了脱贫攻坚。价格上，完成公司贷款LPR定价转换进度目标，新发放公司贷款收益率4.24%、四行第一，较四行平均高12个基点。质量上，落实信贷资产质量“123”攻坚战要求，公司信贷资产质量稳中向好，不良率、剪刀差、潜风余额“三降”，剪刀差连续八个季度为负。

四是全量融资服务深化，满足客户多元需求。集团公司板块全口径投融资余额 11.6 万亿元、净增 9 822 亿元，增幅 9%，为近三年最高。主承销非金融企业债券6 445亿元、历史最高，市场第一，全年无公开市场违约，承销质量保持市场最优。投行业务方面，优质资产推荐成果丰硕，全年尽调项目 1 500 余个，其中推荐审批近 1 000 个，完成投资 595 个，为行内投资部门推荐大量优质项目。完成境内外并购交易 347 笔，新增投放金额 1 270 亿元，跨境并购数量位列全球金融机构首位。运作非标代理投资项目 330 个，投资 1 322 亿元，有效满足客户降杠杆、资本金出资、资本市场投资、融资结构优化等方面金融需求。以投行手段化解风险资产 122 亿元，受偿率 99%。创新推出国内首家银行级电子函证平台“函证 e 信”，实现了对 14 个函证事项的数据集中处理与自动反馈，获得财政部、监管机构的高度认可，由银行业协会在全行业推广实施。跨境服务方面，坚持前瞻布局，扎实推进，牵头铁矿、铜矿、铝土矿等一批重大海外融资项目。全面助力打造“境内外汇业务首选银行”，年内推进总行级公司客户大型跨境联动事项共计 356 项，业务金额约合 1 584 亿美元，保持在海外资源、电力、基建、装备、资产融资、跨境并购、国际银团等业务板块的专业竞争力。提升境外市场前端引领能力，以海外财务顾问为突破口，抓住一批资源、基建、电力项目，从融资向顾问转型，在同业中建立领先优势。持续强化风险防控和业务管理，稳妥处理部分不发达国家债务调整需求，全力推进不良贷款清收处置工作。境外投行方面，统筹管理和协同联动水平显著提升，圆满完成 2018—2020 年“投行国际化发展推进方案”，IPO、境外发债等多个产品线确立市场领先地位。

五是行司联动日益密切，营销成果亮点频频。工银租赁方面，全力克服疫情和国际市场波动影响，以高层营销为契机，深耕航空航运特色金融服务，加快产品创新与业务拓展，强化内部管理，打造智能平台，海工不良资产处置取得积极成果，整体经营呈现较好发展态势。年末租赁资产余额 3 441 亿元，较年初增加 144 亿元；拨备减值前利润 63 亿元，净利润与去年基本持平，资产规模、经营利润等主要经营指标继续稳居行业首位。工银投资方面，债转股累计落地 3 011 亿元，较年初增加 391 亿元；累计推动 165 户企业深化合作，带动分行公司存款增加 302 亿元，公司贷款增加 675 亿元；年内带动分行中间业务收入增加 6.2 亿元；累计化解处置集团风险资产 334 亿元、多增 94 亿元；完成业内首单央企本部债转股业务，设立业内首只疫情防控专项基金。工银投资总资产、净资产、总收入、投资收益、累计表内投资、净增投资连续三年蝉联同业第一。

六是党建业务深度融合，履职能力得到提升。坚持党的全面领导，牢牢把握党建这个统领和队伍这个根本。党建方面，坚持把党的政治建设放在首位，以习近平新时代中国特色社会主义思想武装头脑，深入学习党的十九届四中、五中全会精神，巩固“不忘初心、牢记使命”主题教育成果。持之以恒改进工作作风，持续开展警示教育与廉洁从业教育。开展“产业注力 云洽扶贫”金融扶贫银政企联合党建活动，在古田革命根据地举办“民营企业高管金融研修班”。队伍方面，修订《公司客户经理管理办法》，完善公司信贷客户经理及产品经理专业人才长效培养机制，提升专融条线信贷资质持证上岗率。突出分类培养，加快公司信贷客户经理管户系统建设，推动建立分行级公司信贷客户经理核心骨干人才库。疫情背景下，推动知识分享线上化，在工银大学开设线上培训专区，方便基层员工参训。印发投行、科创及债券融资案例集，加强业务模式推广。

2020 年全行公司客户服务获得了市场的高度认可和广泛赞誉，荣获最佳公司银行、亚太区最佳国际现金管理银行、投行业务天玑奖等诸多奖项。事非经过不知难。这些成绩的取得来之不易，是总行党委正确领导的结果，是各分支机构艰苦努力、相关部门联动协作的结果，是公司板块全体干部员工砥砺奋进的结果。在此，我代表总行党委对大家表示衷心的感谢！

二、2021 年形势和任务

明大势方能谋全局。当前疫情变化和外部环境仍然存在诸多不确定性。全行公司板块要立足世情国情行情，以宽广视野和全新思维，把握新的变化趋势。

从国际看，世界百年未有之大变局加速演化，当前和今后一个时期，仍是我国发展的重要战略机遇期。一方面，不稳定性不确定性明显增强，新冠肺炎疫情对国际格局产生深刻影响，一些国家保护主义、单边主义盛行，全球产业链供应链受到冲击，地缘政治风险上升。疫情导致国际贸易投资大幅萎缩，全球经济复苏不稳定不平衡。另一方面，和平发展的确定性加速积累，新一轮科技革命、产业变革深入发展，RCEP 的签署、中欧投资协定谈判的完成，给全球发展注入了信心，全球经济将在低增长、低利率、低投资中酝酿新力量、新趋势和新秩序。

从国内看，2021 年是“十四五”开局之年，我国将开启全面建设社会主义现代化国家新征程，全行公司板块业务发展面临广阔机遇。宏观政策上，继续实施积极的财政政策和稳健的货币政策，保持连续性、稳定性、可持续性，政策操作上更加精准有效，不急转弯。产业发展上，碳达峰、碳中和目标引领下，产业结构加速升级，战略科技力量突出强化，新型工业化、信息化、城镇化、农业现代化快速推进，国企改革三年行动深入开展，民营经济发展环境更好，金融改革开放步伐加速，持续释放出强劲发展动能。

从自身看，目前公司板块主要经营指标均位居四行首位，客户基础好，队伍士气高，2020 年创出历史最好成绩。但在肯定成绩的同时，也要清醒地认识到，对照高质量发展要求，全行公司客户服务工作还存在一定的差距和不足，部分业务同业领先优势不稳固。比如公司贷款竞争力区域间不平衡，公司存款增长稳定性不强，对公结算业务同业竞争态势严峻，监管趋严背景下中收合规增长出现瓶颈，疫情影响下跨境业务承压，债转股及租赁资产风险管理难度加大等。对此，公司板块要从战略谋划、竞争策略、系统推动、联动协同、产品设计、创新赋能、资源配置、信息分析、风险防控、服务效率等方面进行深层次分析、研究和提升，要更加坚定落实总行党委“48 字”工作思路，用“三比三看三提高”工作方法激发斗志，按照“大、全、稳、新、优、强”发展方位保持战略定力，以落实总行党委战略实现发展上的突破。

我们要居安思危，也要知危图安，结合自身经营实际，化挑战为机遇，变压力为动力。根据全行工作会议精神，结合对新一年经营形势的判断，今年公司板块工作的总体要求是：以习近平新时代中国特色社会主义思想为指导，立足新发展阶段，贯彻新发展理念，服务新发展格局，推动高质量发展，深入落实党委“48 字”工作思路，稳中求进、防范风险、支持重点、担当落实，坚持以国之大者与客户需求为中心，以营销体系改革落地实施为抓手，优化信贷布局，加快经营转型，巩固提升公司板块市场竞争力、价值创造力、风险控制力，迈好新三年规划的第一步。

2021 年要确保实现以下经营目标：公司业务方面，要巩固主要指标同业第一地位并扩大领先优势。力争实现公司客户总量增长 8%；公司贷款净增 7 600 亿元、四行第一，余额突破 10 万亿元，重点要在结构布局优化上下功夫，民营企业贷款净增 2 500 亿元，境内一般现汇贷款净增 30 亿美元；公司 6 项重点中间业务收入 135 亿元；公司存款新增 4 000 亿元，日均保持平稳较快增长，境内外汇公司存款新增 50 亿美元、力争同业第一；主动做好潜在风险防范和逾期贷款化解工作。结现业务方面，确保新开对公结算账户 160 万户，力争 180 万户，日均金融资产 1 万元以上客户净增 30 万户、新开户公司存款日均增量 3 500 亿元；实现结现中间业务收入 113 亿元；新规法人理财日均规模达到 3 750 亿元。投行业务方面，实现中间业务收入 123 亿元，实现非标代理债权、股权融资 800 亿元，境内外并购投融资 800 亿元，融资再安排 600 亿元，ABS 投资 100 亿元，投行手段化解不良资产 80 亿元。专项融资方面，争取新审批承贷金额和产品线余额保持合适体量，全辖营业贡献和本部净利润保持适度水平，全力争取不良贷款清收处置尽快取得成效。

上述目标既是全行经营发展的客观需要，也是巩固提升公司板块市场竞争力的内在要求。各行要按照总行党委要求，坚定发展信心，科学分解目标，层层落实到位，确保圆满完成各项任务。

三、2021 年重点工作安排

公司板块要在严峻复杂形势中争取主动，进一步提高政治站位，坚定不移贯彻新发展理念，坚持稳中求进工作总基调，坚持系统观念，以营销体系改革为抓手，以公司客户需求解决为导向，围绕服务实体、全量客户、对公基础、科技赋能、队伍建设、资产质量重点领域，抓好六项重点工作，巩固提升市场竞争力、板块贡献度和客户满意度。

（一）提升服务实体经济质效。要对标十九届五中全会、中央经济工作会议和中央农村工作会议重大部署，贯彻新发展理念，把握新发展机遇，聚焦本源精准发力，以新布局、新突破、新作为全面提升服务实体经济质效。

一是公司信贷投放要实现新布局。要善于从大趋势中找大市场，立足新发展阶段，将公司信贷布局同实体经济、消费趋势、科技创新更加紧密结合起来，提高信贷供给的精准性、有效性和直达性。要突出抓好新制造业、新服务业、新基础产业三大行业板块与高技术企业客群“三新一高”公司信贷新布局。新制造业板块要聚焦供给侧结构性改革，力争实现贷款净增 1 500 亿元，其中中长期贷款净增 1 000 亿元，重点支持传统制造业转型升级与新兴制造业。新服务业板块要聚焦消费提质扩容，力争实现贷款净增 1 000 亿元，重点支持医疗、教育、养老、文化、体育、旅游等行业以及商贸物流、供应链运营、信息服务与互联网龙头企业。新基础产业板块要聚焦新型城镇化及基础设施补短板，力争实现贷款净增 4 000 亿元，重点支持交通、能源、大型炼化、城市更新、隐性债务置换等领域金融服务需求。三者共同构成推动全行公司信贷业务高质量发展的“主引擎”。高技术企业客群主要是以科创企业为代表的潜力客户，代表未来产业进步方向。做好科技企业金融服务，是落实国家政策，实现与同业差异化竞争，在科创赛道构筑公司板块长板和新优势的内在要求，是未来公司金融业务换挡升级的“新动力”。

二是重点领域服务要实现新突破。总量上，要对标同业，保持公司贷款总量、增量同业领先，加大绿色信贷投放力度。节奏上，要把握好公司贷款投放的时度效，加大资源保障，扎实做好公司金融“春天行动”旺季营销工作。价格上，持续探索基于客户贡献的综合定价模式，优化“名单制 + 分级分类授权 + 快速会审机制”的公司贷款 LPR 定价授权体系。要实现科创企业金融服务新突破。将服务科技创新摆在更加突出位置，全力打造工行科创金融品牌，实施科创企业成长营“梧桐计划”，共建银企生态圈“工创计划”，共建科创企业智库“融智计划”；探索完善科创金融服务体制机制，做实“10 + 100”特色机构；聚焦国家级高新技术企业、战略性新兴产业两大客群，加大“121科技专项贷款”投放力度；迭代完善科创企业专属评级和授信模型，探索科创服务尽职免责与容错机制。要实现制造业金融服务新突破。围绕产业基础再造工程和质量提升计划，开展“制造业金融服务深化年”行动，这是全行连续第3年开展制造业专项服务行动，目的就是要巩固同业领先优势。要继续加大资源倾斜、创新金融产品、优化业务流程，增加中长期信贷投放。要实现民营企业金融服务新突破。落实支持民企“八融”举措，开展“民营企业合作伙伴服务提升工程”，树牢我行民营企业金融服务“头雁”大行的形象，助力民营经济发展。要实现绿色金融服务新突破。着眼碳达峰、碳中和目标，前瞻推动绿色投融资布局，持续做好长江大保护、黄河流域生态保护等金融服务，巩固绿色信贷、绿色债券市场领先地位。要实现重点区域金融服务新突破。落实重点区域竞争力提升战略，将京津冀、长三角、粤港澳、中部及成渝区域作为公司金融竞争发展的主战场，加大资源倾斜，兼顾支持好其他区域优质客户、优质项目融资需求，推动形成优势互补高质量发展的区域增长布局。要实现城乡联动金融服务新突破。围绕新型城镇化、农业现代化、农村基础设施补短板、农村环境整治等重点领域，以农业龙头企业为抓手，提升乡村振兴金融服务质效，做好脱贫攻坚与乡村振兴有效衔接。

三是全量融资服务要实现新提升。发挥集团综合化经营优势，持续打造金融服务“立交桥”，为实体经济发展提供更多渠道的金融活水。债券融资方面，坚定“债券精品大行”定位，持续提高优质客户承销服务能力与市场占比，实现重点区域、重点客户、重点品种覆盖率有效提升，加强债券存续期管理，确保我行承销份额市场最大、承销质量市场最好、承销结构市场最优。资产流转方面，加大行内银团筹组力度，持续完善银团撮合交易平台功能，提升银团贷款智能管理水平；探索建立全球银团撮合交易平台，拓展跨境银团贷款，深化同业合作，持续提升银团贷款市场竞争力；继续做好“工融”系列金融资产服务产品推广应用，加大理财直接融资工具、信贷资产流转业务推进力度，促进信贷资产交易提质上量。租赁融资方面，要坚定打造世界一流租赁公司的发展目标不动摇，深化行司联动，实现租赁业务与信贷产品融合互补，进一步优化航空业务布局，稳健发展航运等海洋经济业务，紧扣国家和集团战略导向，加大境内综合租赁业务发展，协同集团战略落实。严守风险底线，坚持合规经营，在加快海工风险资产出清的同时，严格准入管理，防范新增风险，稳步提升资产质量。工银投资方面，要抓住总行增资时机，联动分行加大对战略客户营销力度，通过债转股+国企混改等方式，满足客户多元需求。要加大与央企总对总对接，加强与地方政府合作，设立产业基金，提升重点战略客户营销服务水平。要增强募资能力，完善行内外募资渠道。要在总行统筹下，助力集团化解处置风险资产。要对接科创中心、科创板，推动纯股权投资业务稳妥起步，提高直接融资比重。

（二）完善全量客户服务。客户是银行的核心资源，工商银行公司板块业务发展的底气在于我们有780万公司客户的庞大客群。当前公司客户行为模式正在发生深刻变化，需要我们重新审视和回答“如何服务好公司客户”这个重要问题。

一要优化客户服务机制。为更好帮助前台及基层松绑、减负、赋能，总行2020年印发了《关于完善营销体系　提升营销质效的意见》，初步构建起营销体系改革框架，今年要抓实抓细抓落地，务求早日见效。要分批推进实施，按照首批八家试点分行、战略区域分行、全行推广“三批次”稳步推进改革方案落地实施。要完善实施细则，研究制定分层营销管理办法、智慧营销系统建设规划、派驻首席客户经理办法。要加快配套落地，深入调查研究，力争在资源配置、定价授权、政策优化、营销支持、债券投资等重点领域加快落地配套实施细则。

二要深化全量客户服务。对“头部”客户，要树牢战略客户同业占比底线思维，实施以客户为中心的全产品服务，拓展央企客群合作覆盖面，提升市场份额和客户满意度，巩固央企服务主力银行地位；探索京外总行级客户服务模式创新。对“中部”客户，要深入实施中型企业拓展三年规划，依托产业链视图系统，抓好链式营销，持续加大拓展力度，推动日均金融资产1万元以上公司客户数量和占比稳步提升。对“底部”客户，要下沉服务重心，着力提供线上化、标准化金融服务，加快平台、链条及场景获客，实现拓客由线下向线上、由行内向行外的两个延伸，提高塔基客户、长尾客户业务渗透率。

三要完善商投一体服务。商投一体、投贷联动将是公司金融发展的显著特征和趋势。经济转型期是投行业务大创新、大发展的机遇期，关键看我们有没有能力抓住。要完善产品体系，发挥投资银行“互补性”和“差异化”优势，拓展“并购+”产品体系，进一步创新推广“并购+并购债（ABS、REITs）”产品组合模式。要挖掘表外融资需求，创新非标业务模式，重点加强类永续债、权益用途非标债权、“资本金融资+项目贷款”等新模式的营销推广。要加快主动管理型ABS业务发展，加快投行业务“非标转标”进程。要深入推进融资再安排业务，缓释大户流动性风险。要提高“一顾两证三融”等金融顾问咨询产品客户覆盖率，用好创新型服务提升收入贡献。要深耕优质市场，加大上市（拟上市）公司、政府平台、持牌类同业和国有企业四类重点客群营销力度，抢抓国企混改、产业整合、资本市场和资管退出领域业务机遇，在客户营销、募资配资、项目撮合等领域持续发力，持续为行内投资部门推荐更多优质资产。要拓展国际业务，启动投行第二个国际化发展规划，构建新平台，打通新路径，开发新产品，拓展新客户，建设新团队。

四要提升跨境金融服务。聚焦服务构建新发展格局及共建“一带一路”，落实境内外汇业务首选银行战略部署，加强境外市场前端引领，争做最专业的结构化融资银行、“一带一路”投融资首选银行和高质量发展的跨境融资领先银行。资源板块要积极支持我国引进天然气、铁、铜、钴、镍、锌等战略性资源，支持境内“三桶油”和一流矿企进行产业链供应链上下游投资。电力板块要加强营销储备技术路线成熟、成本优势明显、具有大规模商用前景的清洁燃煤电站、燃气电站、水电站及抽水蓄能电站等新能源项目。基建领域要把握主流港口、枢纽机场、收费公路、矿区货运铁路等经济可行的项目合作机会，支持中资基建企业完善海外产业链布局。装备领域要支持优质传统行业“走出去”，关注电信和信息技术、新能源汽车、生物医药等潜在融资需求。资产融资要关注国内“三大四中”航空公司新飞机交付融资计划及存量贷款置换需求，跟进核心航运企业大型 LNG 运输船舶项目和海上风电船舶项目。跨境并购要紧抓新能源、新基建、战略资源等投资主线，重点跟踪央企主导的重大跨境并购融资。银团融资要精准营销央企和地方国企海外大型国际银团融资，提升国际银团牵头能力。积极推进人民币跨境融资，尝试推动境外政府对华出口外贸账户采用人民币收款，在央企海外 EPC 工程承包合同和油气等大宗商品交易中采用“人民币结算 + 人民币融资”闭环模式。

五要挖掘客户服务贡献。继续落实好减费让利要求，通过加强对客户的综合金融服务，提升公司板块对全行的贡献度。要优策略，坚持利率、费率两手抓，优化中间业务定价策略，进一步完善形成科学可持续的收费策略，建立合理灵活的收费机制，避免营销简单化和减免随意化，防止中间业务收入跑冒滴漏，建立中收储备机制，探索优化中收科目。要促转型，坚持把创新作为投行业务的灵魂，改变类信贷的利差收益模式，努力形成“财顾收入 + 投资收益 + 管理费分成”的新型盈利结构，做实基础类投行，做强品牌类投行，融资与融智并举、融资与投资互促，形成股权、债权、并购业务多点开花的发展格局，不断拓展业务延伸发展的边界和空间。要抓产品，紧紧扭住一批增长空间大、带动效应强的重点产品，将银团贷款作为公司中收增收扩源突破口，快速推动银团安排收入增长；进一步提高品牌类投行收入占比，稳步推动常年财务顾问、投融资顾问等基础类投行的标准化转型。要重合规，树立中收合规管理理念，严格执行费用减免的相关规定，但也要平衡好业务发展与合规经营，既不能“因噎废食”，更不能“矫枉过正”，对于程序合规、定价合理、服务规范的收费项目，也要做到应收尽收。

（三）夯实存款结现基础。要从立行之本的高度，抓好公司存款、对公结算等基础服务竞争力提升工作。

一要巩固公司存款市场竞争力。公司存款增长取得历史最好成绩，但是领先优势并不十分稳固。做好公司存款工作，既要从“长”计议、前瞻做好谋篇布局，也要从“短”着手、务实做好按图施工、科学管理增存的目标节奏进度。要坚持高标定位，公司存款业务是公司金融业务市场竞争力的重要体现，是 GBC 资金闭环管理成效的重要检验。要高度重视公司存款工作对旺季各项存款增长的带动作用，助力全行一般性存款增量保持同业第一。要分层做好辖内重点客户营销走访，深入了解总分行级客户、公司存款大户、市场上富余资金流向趋势。要夯实任务、层层分解、抓实抓深，全力以赴加大公司存款揽存增存。同业占比落后的分行，1 月末要缩小与领先同业差距，2 月末要实现赶超，3 月末要确保完成旺季营销任务。要加大资源投入，各行要在人、财、物多方面对公司存款旺季营销工作提供保障，各一级（直属）分行要将二级分行公司存款任务完成情况与行长旺季营销考核、绩效挂钩，在旺季营销奖励方案中加大对公司存款的奖励权重，安排专项费用对任务完成排名靠前的二级分行进行奖励。要加强闭环管理，要做好年初财政、军队资金承接。全行公司条线要梳理本级政府年度重点项目建设清单，对于社会投资项目，要做好基本户的开立，承接项目资本金；对于符合我行信贷政策、现金流充沛的项目，要安排跟进；对于政府投资项目，要联合机构部做好投资款的承接。要做好信贷资金的封闭管理，目前，全行公司贷款受托支付留存率 59%，流向行外共计 1 389 亿元，各行要认真分析，全力提升留存率和承接率。要深入分析当地主要竞争对手，找准对方存款重点客户进行资金挖转，实现精准营销。要加强裸贷治理和网点分包管理，消灭裸贷客户，确保包内客户公司存款正增长。要在城建、交通、房地产等重点行业 GBC 场景建设方面取得有效突破，提高行业存贷比和资金内部循环率。要加快开展客户“织网补网”工程，提升代发工资覆盖率，助力第一个人金融银行战略实施。要用好创新产品，总行近期又增配 240 亿元结构性存款额度，目前大额存单、结构性存款额度相对充足，要发挥主动负债带动效应，做好优质客户维护，撬动更多存款。

二要提升基础结现业务竞争力。账户是一切金融服务的落脚点，也是长期保持同业竞争优势的基础，要牢牢守住并扩大现金管理业务同业领跑优势。要注重综合施策，围绕优质客户拓展、稳存增存、中收提升等核心工作持续发力；既要突出综合投融资服务的抓手作用，增强对企业基本账户拓展的竞争力；又要发挥结算对客户商流、资金流、信息流的贯通作用，促进投融资业务的健康发展。要加大客户拓展，各行要坚持平台拓户、产品拓户工作思路不动摇，用好线上平台及拳头产品，强化源头获客、批量获客，加大营销资源配置，大力开展拓户营销竞赛活动，原则上全行要配套不低于10亿元的对公拓户营销费用。要提升服务质效，抓住现金管理“六大产品线”，充分发挥全球现金管理、小微金融服务、工银聚“三大平台”优势，加强头部客户全球现金管理业务拓展，持续提升网点对公服务能力。

（四）深化金融科技赋能。当前跨界竞争日益激烈，银行零售业务已经遭遇颠覆式变局。金融科技的重大突破和加快应用正加速重构公司客户服务模式，对这个问题，谁不研究、谁不投入、谁不主动拥抱互联网，谁就会率先沦为通道甚至被淘汰。我们要未雨绸缪，加快科技赋能，形成数字化、智能化服务新优势。

一要主动布局金融生态圈。秉承“用户即客户”的理念，探索科技能力输出，通过工行API开放平台与公司客户系统、第三方供应链平台、大数据公司、ERP系统服务商等进行数据连接，聚合各行各业生态场景。依托我行大数据服务能力和场景赋能优势，直接将支付清算、现金管理和线上融资等产品和服务植入到场景中，更高效快捷地触达客户，形成金融服务生态闭环，打造数字化时代公司金融护城河。

二要推动业务数字化转型。坚持以客户为中心，加快建设全新“公司客户智享营销管理系统”，进一步完善“1＋N”一体化营销系统及链式营销系统。在获客端，以嵌入交易场景的开放式银行服务为切入点，依托真实的客户信息和交易数据，运用多维立体的大数据技术实现批量精准获客。在准入端，改变单纯依赖财务信息和抵质押物的传统准入模式，依托客户“交易＋行为”模型，实现“额度精准推送”，拓宽融资服务边界。在风控端，通过内外部大数据之间的交叉验证，有效破解传统融资中“防假”“反假”等风险管理难题。

三要加快金融科技的应用。加快金融科技对传统公司板块业务模式的改造优化。持续推动大数据、人工智能、区块链、物联网、分布式等新技术在对公业务领域的应用，实现产业链信息上链、贸易信息存证和智能合约功能。加大企业手机银行推广力度，为重点客群、源头市场、核心项目的拓展提供更有力支持。研究智能化辅助生成尽调报告。

（五）加强资产质量管理。加强全面风险防控是前中后台共同的责任。要坚持前瞻主动防范风险不动摇，把控好新增入口、存量管控和不良处置“三道闸口”，打赢信贷资产质量“123”攻坚战。

要严管入口，落实经营主责任人制度，聚焦表内表外“两张表”和境内境外“两条线”，贯穿集团统一风险偏好，做到主动防、智能控、全面管。谨慎选择目标国家和市场，从营销环节加强风险防控，把好“第一道关”，加强跨境业务反洗钱涉敏等关键领域风险管理。要关注部分地区新兴产业盲目投资和重复建设问题，从严把握“高耗能、高排放”项目准入。要守住闸口，加强对大户风险的监测和评价，关注受疫情影响较大的行业、企业经营情况，加强分析研判，提前制定风险防控预案。要关注民营企业、制造业等公司信贷增长较快领域风险防控。要强化债券承销风险预警与应急处置，密切跟踪受疫情影响的发行人信用风险状况。要畅通出口，加快专融存量不良资产清收处置，重点推动中信保理赔、境外诉讼、重组展期、现金清收等处置工作；要加快租赁海工资产出清。推广复制“预重整＋司法重整”、庭外重组、庭内和解等成功案例经验，充分发挥投行重组手段缓释化解风险资产的作用。

（六）提升队伍履职能力。全行公司板块正处在加快经营转型的重要关口，必须坚持党管人才原则，注重以党建凝心聚力，以更高标准、更严要求加强党建工作，最大限度激发条线队伍创新创造活力，把党建优势和人才优势转化为公司客户服务优势。

一要坚持党建引领。要增强理论修养，以习近平新时代中国特色社会主义思想武装头脑，深入学习党的十九届五中全会精神，发挥青年理论学习小组作用，巩固深化“不忘初心、牢记使命”主题教育成果。要提升政治能力，把旗帜鲜明讲政治全面融入各项工作中，善于从政治上谋划部署工作、从业务上提高落实能力，增强“四个意识”，坚定“四个自信”，做到“两个维护”。要坚持从严治党，紧紧抓住作风建设不放松，持之以恒落实中央八项规定精神，做好“两明案”后半篇文章，严于律己，清正廉洁，构建“亲清”新型客户关系。要加强员工关怀。大家身处全行公司客户营销和服务的第一线，要慎终如始做好疫情防控工作，探索疫情背景下公司客户营销服务新模式，加大条线员工关怀。

二要加强队伍建设。围绕“建机制、强能力、提士气、借外力”四位一体，提升队伍履职能力。要建机制，完善公司信贷客户经理长效培养机制，启动总行级核心人才队伍重新遴选和聘任工作，确保核心人才队伍结构合理、素质过硬、能力突出，建立公司信贷客户经理履职能力档案。加强梯队建设，建立畅通的人员流动机制，加大公司见习信贷客户经理的储备和培养，加强重点板块柔性团队建设。要强能力，持续提升分析研判、战略谋划、系统推动、协同联动、综合营销、合作共赢、风险防控、拒腐防变八项能力；高度重视境内外公司板块人才队伍建设和培养，提升行内专业资质持证率，加快专业化投行队伍建设。要提士气，研究举办全行公司客户经理技能大赛，提升岗位吸引力，激发全行公司客户经理队伍“积极向上、争先创优”的正能量。要借外力，探索组建外部咨询服务专家库，与政府部门、行业主管协会、权威科研机构、国际顶尖咨询机构等建立长效合作机制，为业务决策提供参考。

同志们！新阶段标注发展方位，新征程描绘愿景蓝图，新使命激荡奋斗精神。面对错综复杂的形势，艰巨繁重的任务，大家要落实总行党委决策部署，坚持客户至上、联动突破，努力开创服务新发展格局、推动高质量发展的新局面，以优异的成绩庆祝建党100周年！

加强全面风险管理　提升信贷资产质量 以高质量风控助力高质量发展

——在2021年信贷与全面风险管理工作会议上的讲话

王景武

（2021年4月8日）

今天我们召开2021年信贷与全面风险管理工作会议，主要任务是贯彻落实2021年全行工作会议精神，总结成绩，分析形势，部署今年全行信贷管理、授信审批、风险管理条线重点工作，推动投融资业务高质量发展。下面，我讲三方面意见。

一、2020年全行信贷与全面风险管理工作取得显著成效

2020年，面对世纪疫情和百年变局交织、严峻挑战和重大困难并存的复杂局面，全行信管、审批和风险条线坚决贯彻落实党中央、国务院决策部署，围绕“六稳”“六保”，按照行党委“48字”工作思路，不断提升服务实体经济质效，全力夯实信贷资产质量，有序推进授信审批新规实施，持续优化全面风险管理体系，有效管控各类风险，实现了投融资业务稳健有序发展。

一是贯彻落实党中央、国务院要求，统筹疫情防控与业务发展，服务实体经济质效持续提升。投放总量方面，2020年，集团贷款余额增加1.86万亿元，同比多增0.52万亿元，新投放贷款超过4万亿元，同比多投放0.76万亿元，均创历史新高，切实发挥了服务实体经济的主力军作用。重点领域方面，制造业贷款余额1.84万亿元，较年初增加2 229亿元，增速13.7%，中长期贷款占比大幅提高；普惠贷款余额7 452亿元，较年初增加2 737亿元，增速58%，主要指标全面达到监管要求；绿色贷款余额1.85万亿元，较年初增加2 202亿元，稳居同业第一；金融精准扶贫贷款余额2 007亿元，较年初增加347亿元，超额完成全年计划。疫情应对方面，落实延期还本付息等纾困救助政策，为10万余市场主体减负，覆盖贷款1.5万亿元；高效响应防疫抗疫企业贷款需求，及时出台系列支持政策，建立授信审批“战疫”绿色通道，累计向疫情防控重点企业发放优惠利率贷款335亿元，居同业首位。

二是全面贯彻落实行党委重点发展战略，信贷资产结构持续优化。积极助力第一个人金融银行战略。加强零售二道防线建设，规范信用卡线下业务风控模式，加大不良处置支持力度，与一道防线一起将个人贷款不良率控制在0.56%，推动个贷资产质量稳步提质进位。大力支持境内外汇业务首选银行战略。完善贸易融资产品体系，做好授权配套政策支持，加强对外贸外资企业融资服务。截至2020年末，境内分行外汇一般性贷款余额526亿美元，较年初增加95亿美元，余额和增量均为四行第一。深入贯彻重点区域竞争力提升战略。研究印发长三角、粤港澳、成渝、深圳等区域信贷政策，有效支持重点区域业务发展。全年五大重点区域贷款增加1.5万亿元，同比多增4 530亿元，增量占比78%，系统内贡献度持续提高。

三是创新推进信贷风控体系和授信审批体制改革，资产质量进一步夯实。风控模式上，建立“三道口、七彩池”智能信贷风控体系。全年准入监控阻拦风险贷款1 468亿元，重点移出池净移出1 445亿元，潜风融资下降15.17%。处置不良贷款2 175亿元，同比多处置288亿元，常规处置占比较去年同期提高8个百分点。新技术在信用风险监控、反欺诈等领域应用不断深化。信用风险监控核心平台“融安e防”获2020年全国银行业“十佳智能风控创新奖”。审批机制上，强化责任落实和有效制衡。有序推进授信审批新规实施，目前已在境内一级（直属）分行和“5+1”分行全部落地运行。进一步健全“真实性”审查机制，有效提升审查审批人员防假反假水平。加强授信审批“关键少数”任期管理，进一步完善审批条线管理人员的约束机制。资产质量上，总体保持稳中可控态势。截至2020年末，集团不良贷款余额2 940亿元，不良率1.58%，圆满完成管控目标，逾期贷款率大幅下降，年度剪刀差近年来首次转负。境外信贷运营稳健，不良率0.63%，与年初基本持平。信贷资产质量“123”攻坚战成效明显，2家督导行和6家帮扶行实现资产质量提质进位；10个重点客户风险化解处置取得实质进展。

四是持续深化全面风险管理理念，三道防线合力进一步形成。全面风险管理方面，构建起管住人、管住钱、管好防线、管好底线“四管齐下”的全面风险管理体系。进一步压实六方责任，加强三道防线建设，发挥前中后台合力，形成风险管理联防联控机制。强化关键人员管理，继续推进派驻信贷风险官。各类风险防控方面，将短期与中长期风险管理策略相结合，提高跨境、跨业、跨界风控水平；严格市场风险限额管理，实施中性交易策略，推动前台稳健开展投资交易业务；审慎评估新冠肺炎疫情和地缘政治影响，严控高风险国别敞口，控制好集团整体国别风险水平；落实子公司风险与数据治理，加强数据穿透和管理穿透，抓好境外重点机构整改。

同志们，2020 年取得的各项成绩好于预期，来之不易，这是在行党委正确领导下，全行信贷管理、授信审批和风险管理条线的全体干部员工尽职担当、拼搏进取的结果。在此，我代表行党委、管理层向大家表示衷心感谢！

二、2021 年信贷与全面风险管理面临的形势和任务

当前，世界政治经济形势正在发生深刻复杂变化，全行要以更高的站位、更大的格局、更宽的视野，准确认识政治经济大势和经营管理形势，有效把握机遇、应对挑战。

从外部看，国际方面，世界百年未有之大变局加速演化，和平与发展仍是时代主题，新一轮科技革命、产业变革深入发展。新冠肺炎疫情在全球范围尚未得到有效控制，世界经济遭受阶段性冲击，地缘政治风险上升，国际竞争形势错综复杂；全球产业链供应链受非经济因素冲击，区域化、本地化特征更趋明显。国内方面，十九届五中全会和“十四五”规划明确了创新、产业、消费、投资等领域的政策导向，新发展格局进一步加速形成，宏观政策保持连续性、稳定性和可持续性，为商业银行稳健发展提供了较好的外部环境。但我们也要清醒认识到，我国经济恢复基础尚不牢固，发展不平衡不充分问题还较为突出，关键领域技术短板仍然明显，中小微企业和个体工商户生产经营困难较多，房地产市场风险尚未有效化解；资管新规、房地产贷款集中度管理等重要监管政策陆续出台落地，商业银行绩效考核评价体系变化，必将深刻影响同业竞争策略和市场竞争格局。

从自身看，虽然经过努力，我行的投融资业务整体运行稳健，各类风险总体可控，但在当前复杂形势下，信贷与全面风险管理还面临着不少困难和问题，主要表现在：

一是有效贯彻落实国家重大战略部署的能力有待进一步提升，对新发展阶段新金融要求的适应性仍需持续增强。二是以高质量风控助力高质量发展还有不少难题需要破解，全行资产质量较可比同业不占优势。三是全面风险管理体系落地需要深入推进。风险管理理念和文化传导还不够到位，三道防线风险管理协同性有待进一步强化。四是部分领域风险管控压力上升。部分分行、信用卡、专项融资、金融租赁业务资产质量持续承压。风险大户化解处置困难仍然较多。非标回表、延期还本付息贷款增加资产质量管控难度。五是风险资产经营意识和能力仍需提高。个别分行对规模化出表形成“路径依赖”，过度依靠核销资源投入，“精耕细作”的经营意识较为薄弱。六是“从严治贷”需深入推进。部分境内机构信贷业务违规违纪问题有所增加，信贷领域案防压力仍然较大。境外机构质量和合规管理压力并存。

2021 年是“十四五”开局之年，也是我行新三年规划起步之年，做好今年的信贷与全面风险管理工作，开好局、起好步，对夯实全行经营发展基础意义重大。全年信贷与全面风险管理的总体要求是：以习近平新时代中国特色社会主义思想为指导，立足新发展阶段，贯彻新发展理念，服务新发展格局，推动高质量发展；按照行党委“48 字”工作思路，落实全行工作会议决策部署；坚持系统观念，统筹发展与安全；强化责任落实，完善全面风险管理体系；推进放权赋能，以高质量风控助力高质量发展。

2021 年信贷与全面风险管理工作主要目标是：保持集团各类风险（“9 + X”）总体可控，授信审批新规高质量运行。不良贷款余额控制在 × × 亿元以内，不良率控制在 × × % 以内。处置不良贷款不低于 × × 亿元，账销案存资产收回 × × 亿元以上。存量移位再贷 × × 万亿元以上，重点移出客户池净移出 × × 亿元以上。绿色贷款增量不低于 × × 亿元。商业性房地产、“两高”或过剩行业、批发贸易等重点行业投融资实现限额（移位）管理目标。

三、2021 年重点工作安排

今年信贷与全面风险管理的任务很重，全行信管、审批、风险条线要提高站位，围绕金融工作“三大任务”，从全行经营发展的大局出发，落实好陈董事长关于“松绑、减负、赋能”的要求，平衡好风险防控与业务发展的关系。要按照“放权赋能、压实责任、强化管理”的总体思路，把握政策导向，做好分析研判，加强战略谋划，强化组织推动，在守住风险底线的前提下，发挥好与一道防线的协同联动效应，围绕服务实体经济、全面风险管理、资产质量进位、前瞻风险把控、强化基层赋能、党建业务融合等重点领域，抓好六个方面工作。

（一）提升服务实体经济效能。

一是加大重点领域支持力度。要突出支持制造业高

质量发展。落实“制造强国”战略，聚焦战略性新兴产业、先进制造业及传统制造业转型升级，加大制造业特别是高技术制造业中长期贷款投放，提高制造业贷款占比。要巩固绿色金融优势。着眼碳达峰、碳中和目标，大力支持绿色产业发展，巩固提升我行在绿色交通、清洁能源、生态环境综合整治等重点领域投融资优势，提高绿色贷款、清洁能源产业贷款余额占比。对“高耗能、高排放”项目，要从严把握新增融资，有序压缩存量融资。要大力支持普惠金融。持续落实好监管部门贷款延期还本付息政策，着力实现“增量、扩面、优化结构”，提高首贷户和信用贷款比重，确保普惠贷款增速进位。要积极拓展消费金融。把握消费扩容提质态势，坚持按揭贷款主体地位不动摇，推动个人消费与经营贷款高质量发展。

二是贯彻落实重点发展战略。要加快推动第一个人金融银行战略全面落地。加大个贷与信用卡不良处置支持力度，持续推动个贷“七彩池”智能监测体系建设，为零售业务高质量发展保驾护航。要深入贯彻境内外汇业务首选银行战略。持续优化跨境融资领域和外贸外资重点企业的配套信贷政策，做好稳外贸、稳外资金融服务。要落实重点区域竞争力提升战略。进一步完善区域信贷政策，加大重点区域信贷供给，强化授权、准入、产品创新支持力度。要纵深推进城乡联动发展战略。以重点县域投融资业务发展为切入点，依托优质客户，支持县域产业发展、城镇基础设施建设和公共服务完善，带动城乡融合发展及乡村振兴。

三是提升金融支持创新发展能力。要深刻认识创新在我国现代化建设全局中的核心地位，落实强化国家战略科技力量部署，把服务科技创新摆在突出位置，持续完善科创金融产品、政策和风控体系。产品创新方面，要创新运用知识产权融资、投贷联动、科创基金等多种方式，提升对科创企业金融需求的适应性和服务水平。政策创新方面，要加大科创中心授权支持力度，进一步创新适应科创企业特点的信贷运行机制。风控创新方面，要加强大数据、区块链、人工智能等技术在评级、授信、风险评估等方面的应用，提高智能风险防控水平。

四是增强高质量金融供给。要立足“大、全、稳、新、优、强”发展方位和高质量发展目标，把握好全年信贷投量、投向和结构调整方向。业务规模上，要巩固市场占比优势，保持工行品牌影响力，今年信贷存量和增量要继续保持四行第一。投融资结构上，要突出优化区域、品种、客户、行业等四大核心结构。区域上，突出支持五大战略区域、重点城市行和重点县域。境外要适度提高亚太机构占比，保持欧美机构总量基本稳定。品种上，继续助推个人贷款业务高质量发展。大力发展个人住房贷款、个人消费贷款及信用卡融资。客户上，重点支持小微企业、科创企业、民营企业，提升上市公司、大型央企和行业龙头等头部市场竞争力。行业上，做好先进制造业、新型城镇化、新型基础设施及现代服务业投融资布局，大力发展绿色金融。

（二）强化全面风险管理。

一是深入推进全面风险管理落地实施。要深化全面风险管理理念。按照“未雨绸缪、见微知著、亡羊补牢、举一反三”的风险管理要求，深入传导“依法合规、稳健经营、诚信严谨、专业协作、人人尽职”的风险管理文化。要加强三道防线联防联控。落实好三道防线建设方案，形成风控合力。第一道防线要增强风控意识，加强风控力量，承担起风险管理的直接责任；第二道防线要提升风险管理能力，加强独立制衡与前瞻管控，也要增强发展意识，强化与一道防线的协同联动。各机构风险官要充分发挥统筹管理职能；第三道防线风险要强化监督意识。要压实风险管理责任，完善全面风险管理“六方”责任体系，落实好全面风险管理职责50条，加固风险管理薄弱环节，做到风险管理人人有责，人人尽职。要加强境内分行全面风险管理队伍建设。尚未设立风险管理部的15家分行，要在本行信贷与投资管理部加挂风险管理部牌子，统筹全面风险管理，配备团队、配齐人员。其他分行也要强化风险管理部的作用。要加强全面风险管理评价。推动全面风险管理在分支机构落地。

二是强化市场风险管理。集团层面要做好市场风险限额统筹管控和新产品风险评估，确保各机构、产品、业务发展与风控能力相匹配。完善金融市场业务报告机制，做好重点产品损益监控及市场跟踪，定期排查化解风险。各投资交易部门、机构要严格执行市场风险限额，为市场波动预留空间。风险管理部门要推动提升集团市场风险管理能力，加强重点业务、产品、风险因素的监测、分析、报告与管理，推进落实全产品、全流程的产品控制工作要求。

三是加强国别风险防控。总行要加强国别风险前瞻性分析和重点国家监测，审慎核定、调整国别风险限额，重点支持中国企业“走出去”与“一带一路”项目建设。各机构要落实好国别风险管理要求，承担好国别风险管理的主体责任，强化对所在国、主要业务区域的国别风险分析，严格执行国别风险限额。

四是深化综合化子公司并表管理。总行要进一步推进完善子公司全面风险管理体系，强化子公司风险管理有效性评估。完善子公司投融资风险排查机制，及时提示报告行业、监管动态与市场风险事件。各子公司要落实总行并表管理统一要求，推进全面风险管理落地，切实承担起下属机构的并表管理主体责任，及时整改薄弱环节。

（三）推动资产质量提质进位。

一是持续打好“123”攻坚战。总行调整明确了今年“123”攻坚战督导帮扶机构和客户（项目）名单，继续由行领导牵头挂帅督导、总行部门实施帮扶。总行将进一步加强现场帮扶力度，提高督导帮扶工作成效。各被督导机构要常态化开展对标，检视自身业务运行的短板和弱项，找准今年攻坚工作发力点，力争完成提质进位目标。其中，工银租赁要加快海工类待租资产处置，做好航空板块风险防控与化解；专项融资部要合理调整境外经营策略，抓好存量风险处置；银行卡业务部要制定好资产质量管控时间表和路线图，尽快实现资产质量提质进位。

二是加强“三道口、七彩池”智能信贷风险管控。近期，总行印发了《关于加强“三道口、七彩池”智能信贷风险管控的通知》。各行要按照总行规定的重点工作，明确工作职责，严格抓好落实。要把住入口关。优化信贷业务规划与布局，完善新客户准入机制，认真履行好尽职调查职责，强化审查审批“关键阀”作用，发挥好作业监督放款前最后环节的风险把关职责。要守牢闸口关。完善“七彩池”分类标准，细化客户管控措施。加强“七彩池”的结构分析和应用，及时完善信贷策略和管理要求。要规范出口关。严守依法合规处置底线，落实风险资产经营主责任人机制，强化风险资产处置各环节的责任落实。系统推进不良贷款复盘反思，加强风险案例的警示教育，形成管理闭环。

三是高质量运行授信审批新规。要强化专职委员专职化建设，选拔信贷专家充实队伍。抓好专职委员履职管理，加强市场调研和内外部培训，提升决策能力。要压实全流程责任，有效落实经营主责任人和审查主责任人制度，完善审议审批人员工作机制，切实发挥授信审批各环节风险阻拦作用。要加强新规运行后评估和跟踪督导，完善配套制度，推进精细化管理，推进新规在境内分行高质量高标准运行，积极探索境外机构及综合化子公司新规实施。调研论证境外审批中心建设，提升境外信贷业务风险把关水平。要规范“真实性”审查机制运行，不断提升防假反假能力。

四是以市场化理念加大风险资产经营处置力度。要强化经营意识，将风险资产视作可带来收益的资源，以市场化方式运作经营，切实提升常规清收占比、批量转让受偿率和账销案存资产利润反哺能力。要拓宽处置渠道，深化与资产管理公司、外部专业投资者、产业整合或运营方的沟通协作，通过“线上＋线下”结合方式，加大风险资产价值挖掘及营销推介力度。要优化处置策略，综合运用依法诉讼清收、盘活重整、并购重组、批量及单户转让等多种方式，最大限度节约核销资源。特别是在大户不良资产处置方面，要积极采用债务重组、兼并收购、市场化债转股等手段，多举措化解风险，提高经营意识，降低资源耗用。

（四）前瞻性把控重点领域风险。

一是把控好重点行业信用风险。要稳妥参与地方政府隐性债务化解。各行要科学把握服务新型城镇化和防范风险的关系，严守政策红线，按照商业化、市场化原则，合规参与存量地方政府隐性债务风险化解。要强化房地产分类管理。优化房地产贷款区域投放，继续对风险较高的商业性房地产投融资实行限额管理。强化房地产集团客户风险管控，对“三条红线”超出阈值的集团客户，要审慎核定投融资风险限额。要加强个人经营贷款、消费贷款资金管理，防范资金违规流入房地产领域。要持续关注疫情敏感性行业风险。对人工景区、养老、酒店、百货、超市等相关行业和长期持有型物业经营领域客户，要谨慎准入，对于存量客户，要做好经营性现金流跟踪监控。要防范产能过剩风险。有效把控集成电路、新能源汽车等新兴行业盲目建设投资风险，前瞻评估绿色转型对煤电、钢铁等领域系统性风险影响，加快劣势客户退出。

二是抓好大户风险和潜在风险管理。大户管理方面，要做实三道防线共同参与的大户联防联控会诊，对本行融资总量靠前的信贷大户，要全面掌握客户真实经营情况和同业融资变化，一户一策制定投融资策略及风险管控措施。要坚持分散原则，加强对我行融资同业占比“三个一”大户的研究分析，提升法人大户投融资适度性，切实防范大额损失。移位管理方面，要突出抓好重点移出客户的前瞻性退出。根据年初确定的移位计划，加强分析研判，把握有利时机，适时退出。潜在风险管理方面，要做到应纳尽纳，根据客户风险暴露程度，做好色池分类并实施分层管理；对浅紫色池客户要积极推动风险化解，做好与清收处置的统筹协调。

三是做好非标回表及延本延息贷款的风险管控。要有序推进非标资产规范回表。严格按照相关制度要求，落实协议签署等基础准备工作，规范回表操作，回表后按照表内信贷业务做好存续期管理。要加强延本延息贷款资产质量管控。持续做好延本延息贷款的风险监测和排查，定期对辖内延本延息客户生产经营、同业动态等情况进行跟踪分析，增强实质性风险评估判断，按照分类施策的原则做好预案，确保风险有序释放。

四是加强境外合规管理与资产质量管控。境外机构整体要保持安全稳健的经营策略，深刻认识当前海外经营和监管环境复杂性，提升重点治理和应急管理能力。要树立正确的业绩观和发展观，不懈怠，更不能冒进。要强化合规管理，加强属地监管形势研判，坚决落实监管合规要求。完善信贷业务的合规运营、合规履职和合规处置，确保不发生重大违规事件。要深入推进实施“三道口、七彩池”智能风控体系，做实做细境外信贷资产质量管理，持续抓好重点机构整改工作，提高信贷风险管控前瞻性和主动性。

（五）强化基层赋能。

一是加强条线履职能力建设。要增强形势分析研判能力。深入研究国内外形势及国家宏观政策最新动向，把握政策导向，找准工作方向。要增强战略谋划能力。

各行要因地制宜地做好区域投融资规划，特别要关注信贷投放增速与GDP增速的适配性，防控好结构错配和“超速”发展可能引发的区域性、结构性风险。要提升系统推动能力。总行要发挥好统领作用，加强条线指导管理，做好条线专业支持、政策沟通、队伍建设等工作，持续提升全行信管、审批、风险条线的履职能力。要提升协同联动能力。牢固树立“总行服务基层、中后台服务前台、全行服务客户”理念，坚持以客户为中心，打破“部门墙”“机构壁”，强化三道防线各部门信息共享和战略协同，进一步提升市场响应效率。

二是优化授权管理。按照“有收有放、收放结合”的原则，在做好放权赋能的同时，压实属地管理责任。加大重点领域授权支持，提高京津冀、长三角、粤港澳、成渝、深圳先行示范区、雄安新区等重点区域和普惠、个贷、银行卡等重点业务的授权。完善授信审批新规授权配套，结合新规后审批人队伍变化，对总分行授权结构进行优化调整。规范人格化授权管理，稳健推动人格化授权在具备条件机构的落地实施，从“机构”和“人”两个维度进行综合评价，完善准入和退出约束机制。

三是完善制度和系统配套支持。要优化授信审批机制。对客户实施分层分类差异化管理，简化优质客户、特定业务风险限额核定流程。研究推进评审平行作业机制，实现评审联动，信息共享，打通内循环，提升协同效能。加强审查审批时效管理，建立重大、紧急业务授信审批绿色通道，深入推进阳光审贷和限时服务。要完善押品风控体系。持续推进新一代押品管理服务平台系统建设，开展全行押品评估准入资质考试与认证，确保相关人员尽快“持证上岗”。要增强系统易用性、友好性。加快推动信贷信息系统建设和功能优化，探索自动化信息采集，疏通现有系统控制模式，推进智能门户建设，充分利用信贷移动终端（e信贷）和大数据挖掘分析平台（e分析），提升信贷作业和管理效率。

四是深化金融科技赋能。要优化内部评级应用。针对重点区域、重点行业和重点客户，加强风险计量手段和系统支持，建设场景定制化评级模型，升级智能反欺诈技术，为优选客户、计量风险提供工具支持。要加快推进“智慧审批”建设。推动财务审查分析模型、重大舆情监控模型采购落地，尽快投产应用授信审批条线管理信息化平台。要提升智能化风控水平。加强“融安e防”系统建设，重点推进卫星数据贷后监控、智能作业监督、物联网监测等新技术项目的投产应用，强化对分行监控工作支持，加强分行核心监控人才培养。

（六）深入推进党建与业务深度融合。

一是坚持党建引领。要加强政治理论学习。用习近平新时代中国特色社会主义思想武装头脑，增强“四个意识”，坚定“四个自信”，做到“两个维护”，做好“三个表率”。要提升拒腐防变能力。深刻汲取“两明案”的警示教训，持之以恒落实中央八项规定精神，在思想上、政治上、行动上严以律己，坚持崇廉拒腐、清白做人、干净做事。要锤炼真抓实干的工作作风。强化宗旨意识、服务意识，杜绝形式主义、官僚主义，特别是总行、省行要密切联系基层、加强市场调研、主动换位思考，想基层所想、急基层所急、解基层所困。

二是落实从严治贷。要强化合规案防管理。主动适应“强监管、严问责、重处罚”的监管常态，跟踪监管关注要点，对容易引发监管处罚的问题，及时组织开展排查，消除风险隐患。全面推进内控合规履职控险新机制，按照“网格化、智能化”抓好员工异常行为排查，及时发现、有效处置异常行为。要加大督导检查力度。聚焦合规和操作风险管控难度较大的重点事项和关键环节，开展专项检查、飞行检查。深入推进全流程履职监督，对违规行为严肃追责。要健全闭环管理机制。对内外部检查发现问题，要规范整改流程，压实主体责任，确保及时、有效完成整改，杜绝同一问题屡查屡犯。

三是强化队伍建设。要加强“关键少数”管理。落实“专家治贷”要求，持续完善信贷风险官派驻机制，对部分风险管控压力较大的机构继续选派信贷风险官。细化信贷关键岗位任职要求，加强关键人员任前审核、任中监督和履职评价。要强化“专业治贷”。严格信贷资质管理，充实优化信贷与风险管理人才队伍，重点补充不良处置、责任评议认定、押品评估专业人才。要激发队伍活力。不断完善信贷与风险管理专业人才选拔、培养、考核和使用的长效机制，加大干部交流和培训力度，充分调动各层面、各年龄段员工的积极性和创造性。

四是压实风险责任。完善责任评议、认定、追究和处罚的闭环管理机制。要完善组织架构和人员配备。各行要根据总行新的责任评议认定办法制订细则，完善本行评议认定组织架构，配备相应人员，按照“问严、问精、问准”原则，认真做好不良资产责任评议认定工作。要建立信息共享机制。对于责任评议发现的典型问题，要在前中后台加强信息共享，三道防线共同汲取教训，做到“亡羊补牢、举一反三”。要加强警示教育。各行要建立负面案例“警示榜”，深入剖析风险成因，树立代价意识，强化警示效果。要压实管理责任。层层压实各级领导班子风险管理主体责任和“一把手”第一责任，对出现重大区域性风险的机构要追究分行领导班子及“一把手”的责任，切实提升关键岗位人员的风险防范意识，有效传导稳健审慎的风险文化。

同志们，2021年全行信贷与全面风险管理工作任务艰巨繁重，我们要认真贯彻落实好全行工作会议部署，有效应对外部环境深刻变化，紧紧抓住新时期经济社会发展的历史机遇，迎难而上、扎实工作、勇于创新、敢于担当，圆满完成全年各项任务目标，为全行服务新发展格局、推动高质量发展作出新的更大贡献，以优异成绩迎接建党100周年！

在2021年总行反洗钱领导小组会议上的讲话

王景武

（2021年4月21日）

这次会议的主要任务是，总结2020年反洗钱工作，分析当前形势，部署2021年重点工作。下面，我讲三点意见。

一、2020年反洗钱工作取得明显成效

过去一年，面对突如其来的严重疫情、复杂多变的外部环境和趋紧从严的监管要求，全行沉着应对、迎难而上、合力攻坚，以“强意识、健体系、固基础、优机制、防风险、壮队伍”为着力点，深入实施反洗钱治理能力提升工程，取得突破性进展和阶段性成果，得到监管部门和执法机关的肯定和表扬。概括起来，主要体现在以下六个方面。

（一）反洗钱组织架构更加健全。内控部承接集团涉敏牵头管理职能，强化对全行反洗钱和涉敏统筹管理与组织指导；在个金部、银行卡部、科技部完成反洗钱专业团队组建，集团“1+6+N”反洗钱领导小组架构不断优化。

（二）洗钱风险评估体系全面重构。结合最新监管要求和同业最佳实践，构建了机构、产品、客户三位一体的评估体系，创新评估方法论，推进全机构、全流程、全生命周期洗钱风险管理，获得监管部门充分认可。

（三）涉敏风险管理体系日臻完善。对内，通过建立专班机制、完善制度架构、构建评估体系、优化系统功能，集团涉敏风险监督与提示能力不断增强；对外，向有权机关建言献策，妥善应对风险事件，得到监管部门及客户肯定。全年成功拦截跨境交易651笔，退回7 144笔，涉敏风险得到有效防控。

（四）反洗钱智能化水平稳步提升。反洗钱系统功能持续优化，工银BRAINS品牌效应显现，在银行业科技大赛中屡创佳绩；可疑报告质效不断提升，全年报警量同比下降11.85%，可疑率提高2.82%，立案破案数同比上升62.59%，受到国家有关部委表扬。

（五）重点业务风险防控成效明显。加强KYC专项治理，聚焦重点领域强化风险管控，客户信息质量、问题账户控制率大幅提升；前移风险防控关口，服务协助业务决策，24个业务系统已与客户洗钱风险分类系统对接，全年累计查询反洗钱数据1 375万次，拦截交易1 494笔，涉及金额1 725亿元。

（六）境外反洗钱长效机制逐步形成。兼顾集团一体化与属地差异化管理，优化“四分”管理模式，将反洗钱履职纳入对境外机构考核范围，推动境外机构在一道防线设立KYC专兼职团队，反洗钱工作基础进一步夯实；指导重点机构整改提升，取得积极进展。

总体来看，2020年各部门、各机构在反洗钱方面做了大量固本强基、积厚成势的工作，在有效应对严峻复杂形势的实践中经受住了风险考验，在服务和保障全行稳健发展的进程中体现了专业价值，在与监管部门和同业的互动中树立了大行形象。借此机会，我代表行党委、管理层向大家的辛勤付出表示衷心的感谢！

二、准确把握当前反洗钱监管形势变化

在金融行动特别工作组（FATF）第四轮互评估驱动下，全球反洗钱监管持续保持高压态势，修规立法步伐加快，执法力度不断加大，义务机构面临的反洗钱监管压力与日俱增。在全球疫情反复、宏观经济下行的大环境下，反洗钱在维护国家安全和金融稳定方面的战略作用日益凸显，其重要性、复杂性、敏感性持续提高。

（一）监管标准愈加严格。美国出台《2020年反洗钱法案》等政策法律，突出强调反洗钱对国家战略、国家安全的支持作用。后续美国相关政府部门将从受益所有人信息报告、反洗钱违规处罚等方面制定实施细则，加大监管强度和力度。我行集团层面和在美机构将面临更大的监管压力。国内反洗钱监管逐步与国际对标接轨。人民银行将修订《反洗钱法》及专项管理办法，扩展反洗钱处罚事由，明确客户尽职调查和全生命周期管理要求；《刑法修正案（十一）》删除洗钱罪“明知”和“协助”条件，将“自洗钱”行为纳入刑事犯罪打击范围；最高人民检察院、人民银行联合发布洗钱犯罪典型案例，从不同层面展现了国家对洗钱犯罪从严惩治的决心。

（二）制裁形势日益严峻。在后疫情时代，全球经济金融环境不确定因素增加，国际制裁成为大国间政经博弈的重要手段。相关国家对我国开展针对性执法，对部分机构和个人日常经营活动产生显著影响。我国陆续出台《不可靠实体清单规定》《出口管制法》《阻断外

国法律与措施不当域外适用办法》等法律规定，对金融机构涉敏业务管理和风险事件应急处置提出了更高要求。

（三）执法力度持续加码。境内外监管部门对反洗钱保持严厉处罚态势。境外方面，2020 年国际反洗钱执法行动 130 余次，处罚金额约 21 亿美元，涉及 20 多个国家和地区，问责事由聚焦客户尽职调查、交易监控、高风险客户管控等基础领域。境内方面，人民银行风险评估和执法检查“双支柱”监管机制基本建立，2020 年对金融机构反洗钱处罚金额达 5.6 亿元，同比增长 160%，机构和个人单笔最高罚金分别为 6 985 万元、28.8 万元，均创新高；双罚比例高达 98%，广泛覆盖机构负责人，一、二道防线部门负责人和一线员工；民生、光大、中信等银行总部罚单频现，呈现出处罚金额、问责层级“双提高”态势；个别人民银行中心支行在对金融机构进行处罚时，还出现了突破罚则限定的情况。可以预见，未来反洗钱处罚力度将继续加大。2020 年我行境内分行反洗钱罚款共 1 716.5 万元，同比增长 262%；处罚责任人 59 名，同比增长 219%；处罚涉及个金、结现、公司、网金、运管、信管、授信审批、私行、银行卡 9 个条线，罚款金额之高、处罚人数之多、涉及条线之广均为历年之最。

面对新形势、新变化、新要求，作为负责任的国际化大行，工商银行要在反洗钱工作中作表率、树标杆。各部门、各机构要勇于担当、协同联动，做好客户身份识别、可疑交易监控、涉敏风险管理、反洗钱培训等核心工作。要统筹加强“四大板块”管理，构建完善与国际地位和影响力相匹配、与集团规模和业务发展相适应的洗钱风险防控体系，提升反洗钱整体治理能力与成效，为全行经营发展提供有力的合规保障和服务支撑，更好维护国家安全和金融稳定。

三、关于今年的几项重点工作

本次会议研究确定了 2021 年全行反洗钱工作 8 大类 27 项任务。这些内容已广泛征求各部门意见，有的已经启动实施，我不再作全面部署，重点强调以下六个方面工作。

（一）纵深推进 KYC 专项治理。KYC 是历年监管执法和处罚重点。在 2020 年我行境内分行反洗钱处罚问题中，KYC 问题占比 76%。内控部要尽快牵头启动 KYC 治理 2.0 工程，投产应用 KYC 监督模块，定期通报治理进度，明确反洗钱客户认定标准，强化客户全生命周期洗钱风险管理。各业务部门要树立主角意识，对 KYC 治理任务清单化管理、项目化推进、精细化落实，切实担负起“条”上的治理责任。总行能够统一解决的问题不要推给基层，确保提高治理质量和效率。各分行要在不断提高客户信息质量的基础上，突出抓好高风险领域的治理管控，确保“非实名”“证照注吊销”管控率达到 100%，“疑似伪现金交易”“频繁开立 II、III 类账户”等关键指标整改率达到 90% 以上。

这里我想强调一下一道防线反洗钱工作。各客户和产品部门要切实履行好洗钱风险防控主体责任，特别是单位客户洗钱风险管理涉及多个部门，虽然有的部门对此项工作有明确的认识，但在具体落实上出现了犹豫、滞后甚至推诿的情况。结现部要充分发挥单位客户反洗钱专业小组牵头作用，负责做好单位客户 KYC 制度、流程、系统建设，统筹推进受益所有人识别工作，尽快基于单位客户及关联自然人建立政治公众人物（PEPS）与制裁名单筛查机制；公司部负责一般法人公司客户（含有贷户和无贷户）洗钱风险管理，机构部负责机构客户洗钱风险管理，普惠部负责小微有贷客户洗钱风险管理，银行卡部负责特约商户洗钱风险管理，结现部负责上述以外的单位客户洗钱风险管理；国际部负责外币单位结算账户展业调查，以及跨境业务、外资代理行等洗钱风险管理；运管部负责柜面单位客户身份信息资料的采集、录入、核验、留存和账户管控；网金部负责结合客户洗钱风险等级对其线上交易采取限额控制等措施。总之，各部门要按照“谁的客户谁负责，谁的业务谁负责，谁履职谁免责”原则，做实做细反洗钱规定动作，形成“不为不做找理由，只为做好想办法”的工作氛围，尽快补齐短板、堵塞漏洞、消除隐患。

（二）全面落实客户风险评估管控。准确识别和有效管控客户洗钱风险是践行“风险为本”监管理念的重要举措，备受监管关注和重视，也是当前反洗钱检查处罚重点之一。内控部要做好客户洗钱风险分类新制度、新系统操作培训，建立非现场抽检机制，持续优化系统功能，推动分类新规从“纸面”到“地面”的落地。各业务部门要明确本条线高风险客户管控策略，优化业务流程，改造业务系统，完善操作规程，按期完成分类结果在本条线的对接应用，并实现管控结果的自动返传。客户主管部门要指导本条线在分类系统中设置岗位角色，做好业务审核，提高业务参与度。各分行要认真落实新版客户洗钱风险评估制度要求，突出抓好高风险客户的持续评估及差异化管控，确保各项评估任务按时完成、各项高风险管控措施落实到位。

（三）持续夯实涉敏风险管理基础。涉敏风险是最大的合规风险。涉敏风险管理在任何时候都不能麻痹大意，在任何环节都不能掉以轻心。内控部要牵头完善集团涉敏业务管理架构，建立“一规多法多指引”涉敏制度体系，完善名单筛查机制，优化涉敏风险管理系统，重塑涉敏风险事件处理流程；围绕“立足大局、坚守底线、专业过硬、意识敏锐”，打造跨机构、跨部门、跨专业的涉敏专家队伍，提升集团涉敏业务管理能力，研究涉敏报警信息全行集中处理方案。各业务部门要提高涉敏风险防控意识，强化涉敏业务流程控制，将涉敏调查、甄别、审批、回溯筛查和风险评估等纳入各自业务体系；落实涉敏风险防控工作专班决议和涉敏风险管理评估问题整改要求。

（四）持续深化境外机构反洗钱管理。境外机构反洗钱工作基础还不够扎实，要坚持“当下改”与“长久立”相结合，从“被动救火”向“主动防火”转变。要推进KYC标准化建设。各部门要深度参与、积极配合，将相关要求纳入本条线业务管理与流程；各境外机构要按照总行安排，做好与属地监管和总行标准的对标分析与落地实施，优化完善本机构KYC制度和流程，做好洗钱风险源头把控。要提高KYC工作质量。目前境外机构KYC工作还不同程度存在识别不全面、验证不充分、分类方法不健全、数据质量不准确等问题。各境外机构要建立KYC质量监督机制，加强客户准入、存续和退出全生命周期管控，持续夯实KYC管理基础。总行相关部门要加强督导。

（五）高质量完成监管发现问题整改。2019年总行首次接受人民银行反洗钱现场评估，内控部根据反洗钱监管评估及分类评级意见，在与各部门充分沟通的基础上形成了《反洗钱监管执法发现问题整改方案》。各部门要对整改任务拉单列表、挂图作战、倒排时间，保质保量完成整改交付物；要统筹做好针对性整改与拓展整治，兼顾整改广度与深度，打好标本兼治的“组合拳”。内控部要跟踪整改进度、验证整改成效，兼顾整改速度与精度，握好考核问责“指挥棒”。对监管部门关注的跨境汇款交易记录保存问题，国际部、个金部、运管部要通力合作，对分段式存储于不同业务系统的跨境汇款信息进行有效整合，确保满足反洗钱监控及数据提取要求。此类整改工作要尽快完成，不允许再发生因数据质量问题影响监管执法进度的情况，这也是监管执法配合工作的首要任务和基本前提。据悉，今年人民银行拟对总行开展综合执法检查，反洗钱是检查内容之一。相比之前的反洗钱评估，此次检查要求更高、力度更大、影响更深。大家要高度重视，结合近期人民银行印发的《关于做好反洗钱执法检查后续整改工作的通知》要求，提前开展风险摸排和自查自纠，争取在监管进场前完成自查问题整改，最大限度减少监管处罚，维护集团合规声誉。

（六）大力加强反洗钱队伍建设。人才队伍是做好反洗钱工作的关键，需要从调增量和优存量两个维度加劲发力。内控部要持续开展“学、训、讲、考、赛”系列活动，实施反洗钱人才“星火”“星光”计划，培养打造“精、专、深”工匠型反洗钱队伍；针对监管指出的“总行反洗钱中心人员严重不足，与集团规模不相适应，且明显少于国内可比同业”问题，人力部要积极会同内控部研究解决。结现部、国际部、运管部、网金部要于6月底前完成反洗钱团队组建，按标准配备反洗钱专职人员，做到工作有人抓、问题有人管、责任有人担。各级分行要合理测算反洗钱中心人员缺口，有针对性地调配和补充；要结合实际在个金等重点业务条线成立反洗钱专业团队，确保团队人员数量和资质满足反洗钱工作需要；要建立覆盖全员的反洗钱培训体系，重点加强客服经理、客户经理等一线人员培训，力争每位员工拥有与其岗位相适应的反洗钱工作能力。

同志们，反洗钱形势严峻、责任重大、任务艰巨，希望大家知责于心、担责于身、履责于行，按照计划安排和任务分工，一个问题一个问题跟进解决，一个节点一个节点有序推进，一项目标一项目标扎实落地，确保全年各项任务圆满完成，推进集团反洗钱工作再上新台阶。

强化意识　压实责任　守住底线
为全行高质量发展提供坚实安全保障

——在全行安全保卫重点工作专题视频会议上的讲话

王景武

（2021年4月28日）

刚才安全保卫部通报了前期全行开展枪支弹药等危管物品排查管控情况，分析了几起风险事件问题成因，对下一步整改问责提出了明确要求。相关意见，我完全赞同。

这次视频会议的主要任务是，贯彻落实全行分行行长座谈会暨党建工作会议精神，结合当前安全形势任务，对下一阶段工作进行安排部署。下面，我讲三点意见。

一、强化安全意识，以思想自觉行动自觉抓实安全工作

安全是发展的前提。习近平总书记强调，没有安全和稳定，一切都无从谈起。党的十九届五中全会明确提出，要把安全发展贯穿国家发展各领域和全过程。维护

金融安全，守住不发生系统性风险底线，是金融机构必须坚决完成的政治任务。工商银行作为国有大行，始终坚持把风险管理作为生命线。刚刚召开的全行分行行长座谈会提出，要统筹好发展和安全，以防微杜渐的清醒、如履薄冰的谨慎，做好全面风险管理工作。

安全保卫工作是全面风险管理体系的重要组成部分，既要预防火灾等内部事故，还要防范抢劫、盗窃等外部风险。检视前期枪支弹药等危管品排查发现问题，其背后成因值得深思。为什么总行部署两次排查，有的机构能够及时传达，有的机构却慢半拍？为什么有的机构能够彻底排查，有的机构等到上级复查才发现问题？为什么第一次排查结论是零，第二次排查却发现问题？这些既是工作作风问题，更反映出思想认识存在偏差，对安全的认识不准不够不透。安全保卫工作是动态过程，昨天平安无事，不代表今天可以高枕无忧。这也是在全行已实现守押社会化的背景下，我们仍然强调要“旧事新做”，部署彻查枪支弹药风险的原因。事实证明，这是完全必要的。当前和未来一个时期，经营发展对安全的要求将越来越高，安全保卫工作的担子会越来越重，重要性只会提升，不可能削弱。对此，全行必须清醒认识，准确把握，高度重视和抓好安全保卫工作。

二、强化责任落实，以机制推动保障安全生产

安全生产无小事。习近平总书记强调，要强化企业主体责任落实，牢牢守住安全生产底线。《安全生产法（修正草案）》明确“生产经营单位的主要负责人是本单位安全生产第一责任人，对本单位的安全生产全面负责。其他负责人对职责范围内的安全生产工作负责”。工商银行必须争当国内银行业安全生产的标杆。多年来，行党委高度重视安全生产，各级机构层层压实责任，强化管控，全行连续多年未发生重大事故，安全生产总体态势良好。但仍要看到，对于重大火灾、建筑倒塌等安全事故发生场所和作业场景，银行日常经营活动中都可能涉及。诸如违规作业、监督失范、管理松懈等可能诱发事故的问题隐患，也未杜绝。特别是一些老办公楼、人员密集场所更面临着较大风险。对此，必须头脑清醒，坚持底线思维，从最坏处准备，向最好处努力，坚决守住安全底线。

关于今年安全生产工作，总行已经印发具体方案，各级机构要抓好细化落实。这里，重点强调相关安全责任落实问题。

一是各级机构主要负责人要扛起主责，对事关安全生产的重大事项，亲自研究、亲自部署、亲自推动，亲自督办，在安全生产投入上给予足够保障。切忌新官不理旧账，问题久拖不决，形成“破窗效应”，诱发系统性风险。要坚持重大风险“一票否决”，决不允许以牺牲安全为代价追求发展。

二是分管负责人要担起主管责任，协助主要负责人抓实抓细本单位安全生产工作的组织实施，保证各项工作有序推进。其他负责人要坚持管业务必须管安全，对分管业务领域的安全风险做到心中有数，确保相关工作有部署有督促。

三是安保部门要担起牵头责任，抓好上级和本级机构安全生产委员会工作部署的分解细化、组织实施和监督落实。要抓实消防安全的专业监督管理，推动科技、渠道、运管、行政等部门强化条线监管，切实做到统筹组织、分工负责、各尽其责、齐抓共管。

三、把握工作重点，以扎实举措守住安全底线

今年是建党100周年，是我国现代化建设进程中具有特殊重要性的一年，也是全行实施新三年规划、开启发展新征程的关键一年。以高质量的安保工作支持全行高质量发展，是安保专业条线推进全年工作的出发点。为此，必须聚焦主业，把握关键，守住底线，保障安全。结合当前形势，要抓好以下重点工作。

一是强化消防安全，严防火灾事故。要增强法治观念。预防火灾，保护人身、财产安全，维护公共安全，是我行必须履行的法定责任。消防安全职责落实不到位，不仅是失职，还可能违法，甚至会被追究刑责。各级机构主要负责人必须高度重视，切忌心存侥幸。要强化预防为主。近年来我行虽未发生重大火灾事故，但所面临的消防安全形势不容乐观。据统计，今年以来国内发生的亡人火灾事故，16.7%属于电气火灾。银行营业、办公场所涉及各类电器设备使用，随时可能因线路老化、设备故障引发火灾。可以说，事故隐患就在身边。必须心存敬畏，把各项消防措施抓紧抓实，把防火巡查检查落实到位，确保火灾隐患得到及时排除。同时要重视抓好员工消防安全教育培训。高层办公建筑和人员密集场所必须落实员工疏散逃生演练，确保遭遇重大突发火情时，员工能平安顺利脱险。

二是强化安全防护，防范抢盗风险。要筑牢设施防线。各分行要认真汲取总行通报的撬盗自助银行风险事件教训，全面细致开展自助设备报警设备问题隐患排查整治。总行要举一反三，拿出系统举措，提高全行安防建设与管理精细化水平。要加强风险监测。抓好抢劫、盗窃、破坏等外部侵害风险指标监测分析，研判趋势特征，完善防控措施，增强防范主动性。要保证应急效能。重点抓时效、控事态和降影响。现场处置要按照“六个第一”原则，尽快控制事态，减少影响。上级机构要靠前指挥，抓住关键窗口期，加强内外协调，全力化解风险，控制舆情。

三是强化重点保障，维护安全环境。再过两个月，就将迎来建党100周年，现在已经进入最关键时期。如果发生重大案件事故，后果不可估量。为此，各级机构

务必增强责任感和紧迫感，迅速启动实施安全保障工作方案。总部本部、在京机构和北京周边地区机构要高标准严要求，采取更为严格有力的措施，全力以赴确保一方平安。二级分行及以上机构要制订工作方案，把防止发生重大案件事故作为核心重点，把可能导致重大损失或引发重大影响的机构作为重点单位，明确事项，列出清单，实行挂图督办。

安保专业条线高质量落实行党委工作要求，必须坚持党建引领，抓好队伍建设，打造忠诚、干净、担当的安保铁军。要深入开展党史学习教育，切实学党史、悟思想、办实事、开新局。要严格落实全面从严治党从严治行要求，严守纪律规矩，加强廉洁教育，强化作风锤炼。要从讲政治的高度，强化执行意识，保证铁的制度、铁的纪律得到铁的执行。

同志们，当前及今后一个阶段安全保卫工作任务重、要求高，全行安保专业条线要牢记使命，振奋精神，勇担重任，以实际行动护航全行高质量发展，以优异成绩迎接建党100周年！

在总行派驻信贷风险官座谈会上的讲话

王景武

（2021 年 5 月 12 日）

今天，总行组织召开派驻信贷风险官座谈会，听取七位信贷风险官的履职情况汇报，交流信贷风险管理的经验思路，共同研究如何进一步做好信贷风险官派驻工作。下面，结合当前形势和行党委战略部署，我主要提两个方面意见。

一、派驻工作成效显著，值得充分肯定

去年，按照行党委统一部署，对六家资产质量管控压力突出的分行派驻了信贷风险官，目的就是要适应新时期风控要求，加强风险垂直管理，“以点带面”提升重点机构的整体风险治理能力。

我高兴地看到，虽然各家分行面临的风险管控形势不同，但每位信贷风险官都能严格落实行党委关于风险管理工作的各项部署和要求，克服困难、发挥专长，迅速融入工作，打开局面。山东、河南、云南3家分行第一季度末不良率、不良额较年初双降。天津、河北分行资产质量保持稳定。大连、宁波分行尽管不良率仍较高，贷款劣变压力较大，但是两位信贷风险官的精神面貌都很好，到任后迅速摸清风险底数，制订资产质量攻坚方案，牵头重点机构、重点客户风险化解工作，为分行中长期脱困打下了良好基础。你们的工作成绩充分说明行党委派驻信贷风险官的决策是正确的、有效的。

二、工作要求

（一）认真贯彻落实行党委战略部署。在前期召开的境内分行行长座谈会暨党建工作会议上，行党委对全行经营发展的战略规划和重点工作作出全面部署。陈董事长再次强调要加强全面风险管理体系建设。廖行长要求要坚持风控强基，保持“稳”的质态。4 月初召开的全行信贷与全面风险管理工作会议对相关工作也做了具体部署。大家要按照行党委“48 字”工作思路，用好“三比三看三提高”工作方法，立足“大、全、稳、新、优、强”发展方位，全力抓好工作落实。

（二）加强履职能力建设。要统筹发展和安全，做到放得开、控得住，必须压实各层级风险责任，提升各层级履职能力，确保权力和责任匹配、权力和能力匹配。各位信贷风险官要把加强本行信贷、审批、风险 3 个条线的履职能力建设作为今年的一件大事来抓。各分行都要因地制宜做好本行的三年投融资发展规划，把控好信贷投放和结构调整方向。总行要加大对分行的指导力度，系统开展分行投融资规划适应性评价，做好差异化的政策配套和服务保障，切实赋能分行业务发展。各位信贷风险官要积极争取本行班子支持，做好相关条线队伍建设，尤其要注重培养好各级行信贷人员，为有效贯彻行党委各项战略部署奠定信贷人才基础。

（三）深入推进全面风险管理体系落地实施。要落实好陈董事长对于全面风险管理“抓住全面覆盖这个基础”的要求，加强本行“9 + X”各类风险统筹管理。各分行要绷紧风险管控这根弦，既要牢固树立全面风险管理意识，也要实事求是，抓住重点，着力抓好本行信用风险管理、操作风险管理、案防管理、反洗钱管理等工作。

（四）持续打好“123”攻坚战，推动资产质量提质进位。今年，天津、河北、山东、河南、大连、宁波六家分行仍在“123”攻坚战督导帮扶机构名单当中，这说明其资产质量下行态势还未完全扭转，资产质量管控任务还很重。六家分行信贷风险官要在资产质量攻坚

上花大力气、下真功夫，深化“三道口、七彩池”智能信贷风控体系应用，尽快改变资产质量管控的被动局面。云南分行要努力保持住资产质量稳中向好的态势，汲取去年案件多发的教训，压实案防主体责任，有效防控案件风险。

（五）有效发挥授信审批“关键阀”作用。七家分行授信审批新规执行总体到位，但个别分行在专职委员和审批人聘任方面还需进一步加强。后续各分行要严格按照总行要求，把新规的核心含义理解好，抓实抓细关键环节，确保新规高质量高标准运行。要边运行边总结，及时向总行提出意见建议，以便总行完善相关配套制度，推动全行真正发挥好授信审批实质风险把控的“关键阀”作用。

（六）加强党风廉政建设，强化合规案防管理。信贷业务既是高风险领域，也是高危领域。各位信贷风险官要筑牢自身的思想道德防线，切实履行好“一岗双责”，把全面从严治党、从严治行、从严治贷要求真正落到实处。要把合规案防工作放在更加突出的位置，加强合规管理的前瞻性和主动性。在信贷投放上坚决不踩政策红线和监管底线。银保监会将对河南、云南两家分行进行风险管理及内控有效性检查。两家分行要高度重视，做好向监管部门沟通汇报，充分展现我行在风险管理工作方面的主动措施和积极效果。

接下来，总行将总结前期信贷风险官派驻工作经验，进一步完善信贷风险官派驻机制，扩大信贷风险官派驻范围。各位信贷风险官要相互借鉴、加强交流，将总行的要求和分行实际结合好，将总行的风险文化和战略意图传导好、落实好；要保持履职的独立性，提升审批的专业性，加强风险预判的前瞻性，勇于探索，敢于创新，在信贷风险官的工作岗位上再接再厉，发挥好专业才能、履行好岗位职责，力争取得更优异的成绩。

在2021年全行宣传思想文化　教育培训　团青工作暨机关党建会上的讲话

王景武

（2021年6月1日）

这次会议的主要任务是，深入学习贯彻习近平新时代中国特色社会主义思想，落实2021年工作会议、境内分行行长座谈会暨党建工作会部署，总结2020年全行宣传思想文化、教育培训、团青工作暨机关党建工作成效，分析当前形势，部署2021年重点任务。下面，我讲三点意见。

一、2020年各项工作取得显著成效

过去一年，全行各级宣传思想文化、教育培训、团青工作暨机关党建部门坚决贯彻落实党中央决策部署，按照中央和国家机关工委、行党委要求，面对疫情带来的严峻考验，主动求变、开拓进取，圆满完成了各项既定任务，积极助力全行转型发展。

（一）机关党建工作水平进一步提高。政治机关意识牢固树立，把党的政治建设摆在首位，扎实推进政治机关意识教育和模范机关创建，认真开展“灯下黑”问题专项整治、总行巡视“回头看”，机关党员干部自觉落实“两个维护”，在统筹推进疫情防控、金融保障和经营发展各项工作中发挥了示范表率作用。基层组织建设提质增效，树立大抓基层的鲜明导向，实施基层党组织建设质量提升三年行动计划，全面推进党支部标准化规范化建设，探索建立创先争优、帮扶慰问等长效机制，积极破解机关党建和业务工作“两张皮”问题，党员干部干事创业的主观能动性不断提高，基层党组织战斗堡垒作用不断加强。正风肃纪成果持续巩固，坚决查处违反中央八项规定精神问题，大力整治不良风气，解决形式主义、官僚主义突出问题，持续提升工作效能，为基层减负赋能；强化对党员干部的日常监督，综合运用“四种形态”，常态化、精准化开展警示教育，一体化推进不敢腐、不能腐、不想腐，机关政治生态持续净化。体制机制建设持续加强，制定直属机关党委、总分行机关基层党组织全面从严治党主体责任清单，加强专兼职党务干部队伍建设，完善机关党建述职评议考核制度，齐抓共管的工作合力逐步形成，机关党建明责、履责、督责、考责体系更加健全完善。

（二）宣传思想文化的牵引力进一步增强。强化党的创新理论武装，以学习贯彻习近平新时代中国特色社会主义思想为主线，以党的十九届四中、五中全会精神学习宣传为重点，服务行党委和各一级机构党委共开展中心组学习750余次、宣讲近600场，采取集中研讨、专题轮训、线上课堂等多种方式，推动理论学习走深走实，进一步筑牢广大干部员工的思想根基。抓牢意识形

态工作主动权，制定我行宣传思想和意识形态工作两个细则，逐步健全协同联动工作机制，强化专项调研和检查指导，推动各级党委将意识形态责任制落实到位、一贯到底。推进思想政治工作和精神文明创建，深化“抗击疫情、脱贫攻坚、复工复产”等主题宣传，推出了榜样直播间、干部教育读本、工小文绘本及“感动工行”评选活动，营造了强信心、暖人心、聚民心的好氛围。推动企业文化融入经营发展，以社会主义核心价值观为统领，围绕我行经营发展战略，持续拓展企业文化内涵，组织做好阐释宣导，巩固全员战略共识和文化自信；围绕全行经营管理实践，制作“两明案”等系列警示片、廉洁文化宣传片，建设廉洁文化基地，助力“两个从严”纵深推进；开展“创新工行”评选、工银全球荟、文化荟等全行性活动，文化实践广度和深度持续拓展。

（三）教育培训的规模和质量进一步提升。提升党校办学水平，完善党校体系，全行已设有一级机构党校38家、总行党性教育基地8家；加快名师名课和线上党校建设，办学基础持续夯实；采取“线上＋线下”方式，重点实施了领导干部进修班、二级分行负责人培训班、中青年干部培训班等，统筹推动全行各级党校培训。年内共举办面授培训94期，线上培训40万人次，充分发挥了理论学习和党性教育主阵地作用。增强教育培训工作有效性，聚焦战略传导，打造了“第一个人金融银行”“境内外汇业务首选银行”“重点区域竞争力提升”等配套培训项目，助力经营战略深植；聚焦能力提升，在做好员工岗位履职培训基础上，根据各类人才成长规律，实施了“90后”年轻干部“领航”、个人客户经理“厉兵行动”、国际化人才等培训，系统化、持续化的培养机制逐步完善；聚焦客户服务，面向政、企、学等客户群实施了“培训＋”项目，与工信部合作举办“促进大中小企业融通发展”培训，与四川、贵州省政府合作举办地方金融干部专题培训，优化“民营企业高管金融培训项目”，积极助力业务发展，服务社会民生；聚焦创新引领，完善专业资质认证体系，深化大纲、教材、题库“三个一”建设，推出了新一代学习平台、直播课堂及优秀微课案例，增强培训效能。全年全行共举办线上线下各类培训3.1万期、589万人次，为统筹推进疫情防控和经营发展提供了智力支持。其间，长杭两院、香港培训中心、北京校区的智慧化运营取得新进展，各单位广泛开展了课程众创、直播、送教等活动，为进一步提高全行培训工作质量提供了有益借鉴。

（四）共青团作为党的助手和生力军作用进一步发挥。强化政治引领，采取读书会、研讨班、征文演讲等形式，强化青年理论武装和理想信念，动员广大青年员工坚定不移听党话、跟党走。服务中心工作，联合专业部门开展了“青年先锋队”“工银普惠行”等岗位建功活动，引导青年成为各专业条线的突击队和生力军。助力青年发展，举办了“五四座谈会”“集体云婚礼”“大行菁英”活动及“青年岗位明星”“青年文明号”评选表彰，开展“爱目行动”“爱心助学”“美丽中国·青春工行在行动”等公益项目，持续增强全行青年凝聚力和团组织战斗力。各单位广泛开展了青春献言、营销竞赛等活动，切实服务青年需求，展示青年时代风采。

过去一年，各项工作取得较好成效，这是行党委坚强领导、各机构各专业通力协作的结果，也是每位同志辛勤工作、努力奋斗的成果。在这里，我代表行党委向大家表示诚挚的慰问和衷心的感谢！

二、深入把握新形势新任务新要求

2021年是中国共产党成立100周年、“十四五”开局之年，也是我行新三年规划起步之年。我们要适应新形势新任务，对标党中央部署、行党委安排，以及业界先进做法，推动各项工作再上新台阶。

（一）提高政治站位，落实好党中央新精神、新部署。近年来，全国宣传思想工作会议、干部教育培训工作会议、中央和国家机关党的建设工作会议、共青团十八届五中全会等相继召开，为我们各项工作提供了遵循；特别是今年，适逢建党100周年，党中央作出在全党开展党史学习教育这一重大决策，是贯穿全年的重大政治任务。全行要将思想和行动切实统一到党中央决策部署上来，扎实开展党史学习教育，做到学史明理、学史增信、学史崇德、学史力行。

（二）把握发展方位，服务好全行改革发展大局。党的十九届五中全会描绘了我国未来发展宏伟蓝图，也为新时期金融工作指明了方向。陈董事长在2021年工作会议上强调，要全面对标党中央、国务院决策部署，落实“48字”工作思路，按照“大、全、稳、新、优、强”发展方位，实施“扬长、补短、固本、强基”布局。这要求机关党建、宣传思想文化、教育培训和共青团工作要立足世情、国情、党情和行情，在更广范围、用更大力度，唱响时代旋律、鼓舞员工士气、深挖人才潜能，为服务新发展格局、推动高质量发展提供更有力支持。

（三）找准工作定位，创新推进各项措施落地见效。当前，党的建设环境、条件和任务发生较大变化，党员队伍结构和特点发生较大变化，现代信息技术发展也迫切要求传统工作的渠道、场景和手段升级优化。这些变化既为我们搭建了广阔的舞台，又对我们提出了更高的工作标准，要求我们在把握本质、遵循规律的基础上，准确识变、科学应变、主动求变，创新理念、思路、机制和手段，持续增强工作时代性、针对性和有效性。

做好当前和今后一个时期各项工作的总体思路是：

以习近平新时代中国特色社会主义思想为指导，贯彻落实2021年全行工作会议、境内分行行长座谈会暨党建工作会议精神，突出政治统领、服务大局、成就员工，在全行扎实开展党史学习教育和建党100周年系列宣传活动，统筹推进宣传思想文化、教育培训和共青团工作，持续深化政治机关意识教育、“灯下黑”问题专项整治、党支部标准化规范化建设等重点任务，推动机关党建高质量发展，为全行转型发展提供坚强保证。

三、2021年重点工作任务

关于年度工作安排，前期已经印发了工作要点，希望大家认真落实。下面，我再强调一下今年的重点任务。

（一）扎实开展党史学习教育。当前，全党正在深入开展党史学习教育，这是党的政治生活中的一件大事。为落实好这项重要政治任务，行党委制订印发了我行实施方案及工作安排，对全行开展党史学习教育进行了具体部署。为进一步做好相关工作，这里我再提几点要求：一是全面贯彻党中央精神，落实总行部署。要会同相关部门，精心组织策划专题学习、专题培训、专题宣讲及“我为群众办实事”实践活动等各项工作，认真落实巡回指导工作的各项要求，不走过场、不留死角，确保落到实处。二是结合实际作出工行特色、本地特色。当前，我们在全行组织开展了“红色金融文化实践”“文明先‘锋’在行动”“向党说句心里话”微征集等活动，掀起了党史学习教育的热潮。各单位也要结合辖内实际，创新打造一批富有金融特色、工行特色的实践活动，积极指导党员干部学党史、悟思想、办实事、开新局，推动学习教育在全行走深走实。三是切实加强宣传引导，努力讲好工行故事。要广泛采取专刊专栏、直播课堂、视频展播及故事会、快闪等多种形式，开展全方位、立体式的宣传教育，深入阐释党中央精神和有关工作部署；要及时总结提炼我行党史学习教育的进展成效和特色做法，通过行内外各类媒体平台，推出一系列富有感染力、具备传播力的宣传报道，进一步提升工商银行的社会影响力和品牌美誉度。

机关各级党组织、党员干部要结合实际，高质量高标准开展党史学习教育，自觉在“我为群众办实事”等方面走在前、作表率，让基层、员工、群众有更多获得感、更高满意度。

（二）抓实抓好全行宣传思想文化工作。一是推动意识形态工作落细落实。准确把握党中央有关要求，增强政治敏锐性和鉴别力，主动谋划推进大庆之年的意识形态工作，加强正面引导和阵地管理，守好意识形态“责任田”。二是坚持不懈用创新理论武装凝心铸魂。要全面贯彻新时代党的建设总要求，以学习宣传贯彻习近平新时代中国特色社会主义思想为主线，采取集中宣讲、中心组学习、党校培训、在线自学等方式，持续强化全行干部员工理论武装，推动党的创新理论转化为全员奋进的思想武器和最大共识。今年，要重点抓好党的十九届五中全会精神学习，确保学懂弄通做实。三是精心组织建党100周年主题宣教活动。把握建党100周年这一重要节点，紧扣党中央精神及总行部署，坚持热在基层、热在群众，深入推进思想政治工作和精神文明建设，积极选树先进典型和身边榜样，组织“永远跟党走”“与榜样同行”等主题宣传教育活动，进一步激发爱党爱国情怀，凝聚全员砥砺奋进力量。四是着力推动企业文化深植落地。要以社会主义核心价值观为统领，紧扣行党委“48字”工作思路，丰富发展我行企业文化内涵，不断增强时代感、生命力和感召力；结合全行发展战略，做好阐释传导，持续打造“红色金融文化”“工银全球荟”“文化工行·中国书架”等一批接地气、聚人气的文化实践活动，促进集团文化融合，增强全员文化自信，推动企业文化软实力转化为经营发展硬支撑。

（三）持续提高全行党校和教育培训工作质效。一是积极提高党校办学水平。坚持“党校姓党”，严格落实党中央对干部教育培训工作要求，依托各级党校，着力办好领导干部进修班、中青年干部培训班、二级分行党委书记纪委书记“两个强化”培训、“90后”领航示范培训等重点班次，统筹实施网点负责人、基层党务工作者、基层党支部书记、党员发展对象等各类培训，确保分层次、有重点、全覆盖；同时，继续完善党校培训体系，健全党校校委会管理机制，创新教学方式方法，培育高水平的党校课程和师资力量，加强共建共享和对外合作，进一步夯实办学基础，提升党校培训的时代性和实效性。二是切实增强教育培训工作质效。要聚焦新时期全行战略部署和人才培养框架，统筹考虑“战略、业务、员工、客户”等各类培训需求，打造横向覆盖专业板块、纵向贯穿员工成长周期的培训体系；在做好员工履职培训基础上，精准实施一批有水平、有特色的培训项目。今年，要围绕“第一个人金融银行”“境内外汇业务首选银行”“重点区域竞争力提升”“城乡联动发展”等重点战略和“绿色金融”“普惠金融”“金融科技”“信贷经营”等关键领域，持续完善综合化培训支持方案，助力战略落地和经营发展。三是加快培训渠道建设，进一步提升长杭两院、香港培训中心、北京校区专业能力，加强对分行学校的标准化管理、分类化评价和特色化建设，形成分工合理、各有特色的培训基地布局；同时，加快建设智能高效的线上学习平台，满足员工日益多元化、碎片化学习需求，打造集团内外、线上线下的协同育人格局。四是持续提高培训专业水平，进一步优化专业资格认证机制，深化考试大纲、教材、题库“三个一”建设，形成员工履职发展的强大引擎；聚焦重点业务需求，开发一批针对性、实战性强的课程、案例、课件等学习产品，培育高素质师资队伍，不断提升培训工作质量。五是推动优质培训资源向基层倾斜，重点抓好全行网点负责人轮训，通过跨区域学习、交流研讨等方式，进一步提升实战能力；根据基层实际需求，为一线员工配发纸质教材，深化“全员阅读”活动，开展微课、案例全员共创等，切实为基层赋能。

（四）创新做好共青团和青年工作。各级团组织要按照党管青年原则，认真履行引领凝聚青年、组织动员青年、联系服务青年等职责。一是强化思想政治引领。深入调研全行青年思想动态，创新推进“青年大学习”行动，通过宣讲授课、主题团日、网络宣传等形式，切实强化青年理论武装。二是打造团青工作品牌。聚焦重点业务领域，广泛组织业务练兵、营销竞赛、外语大赛等活动，动员青年立足岗位建功新时代；要组织好“五四座谈会”“集体婚礼”“团聚星辰”等特色活动，积极推进“爱目行动”“爱心助学”“环境保护”等公益项目，切实增强青年员工的归属感和凝聚力。三是抓好制度机制建设。健全“大行菁英”“青年岗位明星”“青年文明号”评选激励机制，加强制度、线上宣传平台和队伍先进性建设，进一步提高团组织联系和服务青年群众的能力。

（五）推动机关党建高质量发展。今年是机关党建质量提升年，要求系统做到的，机关首先要做到；要求普通党员做到的，领导干部首先要带头做到。重点把握好四个方面。一是政治建设和思想建设的高质量要着重体现在当好“三个表率”的行动和效果上。召开贯彻落实习近平总书记“7·9”重要讲话精神两周年座谈会，将模范机关创建与破解难题、改进作风、推动工作结合起来，常态化开展调研、督导、检查，不断提高党员干部的政治判断力、政治领悟力、政治执行力，当好“三个表率”，确保党中央各项决策部署得到不折不扣贯彻落实。二是党的组织建设的高质量要着重体现在基层党组织组织力提升上。以质量提升三年行动计划收官年为契机，积极创建“四强”党支部，开展典型案例征集活动，推动标准化规范化建设成果深化、固化、优化，实现基层党组织全面进步、全面过硬。要组织创建党员先锋岗、争当服务群众标兵、党员承诺践诺等活动，选树一批先进典型，讲好党员故事，凝聚起推动经营转型发展的强大力量。三是党的作风建设、纪律建设的高质量要着重体现在政治生态良好上。定政策要注重“含金量”、促改革要注重“盘活力”、抓落实要注重“质效性”，推动机关各级党组织落实好首问负责制、限时办结制等制度，加强部门合作及信息共享，提升服务效率和能力。要强化政治监督，看好自己的门、管好自己的人，精准运用监督执纪“四种形态”，深入开展警示教育，健全廉洁风险防控机制，持之以恒正风肃纪。四是党的制度建设的高质量要着重体现在制度落地见效上。要认真学习贯彻党中央决策部署，中央和国家机关工委、行党委、直属机关党委等各层面的制度要求，把落实制度规定与服务保障党中央重大决策部署、推动业务发展、管好干部员工结合起来，融入日常抓、深入具体抓、破解难题抓，不断在提高制度执行质量上下功夫。

同志们，做好新时期各项工作，使命光荣，责任重大。让我们在习近平新时代中国特色社会主义思想指引下，围绕全行新三年发展规划，以奋发有为的精神面貌和锐意进取的实干精神，扎实推进各项工作，为全行高质量发展作出更大贡献，以优异成绩庆祝建党100周年！

在建党100周年庆祝活动期间安全稳定专题工作会议上的讲话

王景武

（2021年6月22日）

这次会议的主要任务是，认真贯彻习近平总书记对安全生产的重要指示批示精神，落实党中央、国务院决策部署，扎实做好建党100周年庆祝活动期间安全稳定工作。

6月13日，湖北省十堰市张湾区发生一起燃气爆炸事故，造成重大人员伤亡。事故发生后，习近平总书记强调：近期，全国多地发生生产安全事故、校园安全事故，各地区和有关部门要举一反三、压实责任，增强政治敏锐性，全面排查各类安全隐患，防范重大突发事件发生，切实保障人民群众生命和财产安全，维护社会大局稳定，为建党100周年营造良好氛围。

总行党委高度重视建党100周年庆祝活动期间的安全稳定工作。陈董事长专门提出工作要求，廖行长作出具体部署。4月，总行召开全行安全保卫重点工作专题视频会议，要求全行各级机构以高度的政治自觉，强化责任落实，把握关键重点，迅速启动实施迎“七一”重要时期安全保障工作，确保重要时期全行平稳运营。目前，多数机构已按要求启动实施相关安保方案。下面，我再强调三点要求。

一、自觉提高政治站位，营造安全环境

做好建党100周年庆祝活动期间的安全稳定工作，是当前的重大政治任务，容不得出半点差错。工商银行是国有金融企业的领头羊、排头兵，总行大楼位于长安街沿线，是重大活动的必经之地，我们的地位重要、位置重要，责任十分重大。各机构必须坚持底线思维，强化责任担当，以更加务实作风、更加有力措施，抓好各项工作的贯彻落实。

今年以来，全行安全形势总体稳定，未发生伤人亡人安全生产责任事故，但也存在一些隐忧。上半年，全行案件及风险事件有所上升，外部欺诈事件不减，进京上访问题时有发生，局部火情时有暴露，个别员工因为违反治安法律法规被公安机关行政处罚。面对上述情况，各级机构必须清醒地认识到，安全稳定工作没有终点，永远在路上。越是到敏感时期、关键时刻，越要绷紧不发生安全风险事件这根弦，不忽视任何一个安全漏洞，不放过任何一个不稳定因素。

二、压实主体责任，守牢安全底线

第二季度以来，安保、运管、渠道、科技、信访和人力等专业已按照国家有关部门要求，部署开展风险隐患排查治理。近期，有关部门又对相关工作进行了重点部署。各级机构要认真贯彻落实党中央、国务院决策部署，按照属地最新要求，进一步完善工作方案和工作措施，抓紧开展隐患排查和模拟演练，着力找差距、补短板、堵漏洞，确保安全。

各级机构主要负责人是维护安全稳定的第一责任人，要主动担责、主动加压，督促辖内各机构切实履行好内部安全管控职责。班子成员要按照职责分工，指导分管条线严格落实总行和属地有关安全工作的安排部署，细化各项安全措施。总行各部门、各利润中心要压实内部安全管理责任，确保将责任落实到“最后一公里”。对于职责交叉的领域，要有大局意识，主动向前延伸一步，形成“交叉互检”，宁可重复，不能落空。对因责任落实不到位而发生重大事故和风险事件的，总行将从严问责。

三、分解细化管控措施，化解安全隐患

（一）全力做好安全生产工作。各级机构要坚持人民至上、生命至上，逐级压实安全生产责任，加强隐患排查，落实源头管控，切实做到守土有责、守土负责、守土尽责。“七一”前夕，要组织开展一次全面安全检查，巩固前期枪支弹药等危险管制物品排查成效，排查营业网点、自助银行、业务库等重点场所及生产机房、发电机房等重要部位的安全隐患，集中排除燃气管线老化、连接部位松动脱落、消防设施设备失效、侵占消防通（车）道等突出安全问题。近期，国家防总、应急管理部先后发布汛情提示，受持续强降雨影响，全国部分地区进入汛期。我行有关机构要时刻关注当地汛情、雨情和水情变化，及时发布预警信息，指导辖内做好各项防范准备工作。要精准调配和提前预置防汛物资，接到汛情雨情预警，迅速启动预案，组织受灾网点采取措施妥善防范应对风险。

（二）全力做好内部管控工作。各级机构要严格执行办公场所访客管理、制高点控制等内部管理措施。被属地公安机关确定为治安、反恐重点单位的，要配齐配足反恐防暴器具，组织相关预案演练，确保妥善应对和处置。要加强法制和安全教育，督促员工自觉遵守法律法规和我行各项安全管理要求，杜绝打架斗殴、赌博色情、聚众闹事、酒驾醉驾等各类刑事治安事件。要引导员工妥善使用自媒体工具，不在网络上发表不当言论，切实做到讲政治、守规矩、知敬畏。要加强公务用车管理，周末和法定节假日期间，除保留应急车辆外，严格执行公车封存制度，严防交通安全事故。总行各部门、各利润中心和在京各机构要对重点人群、极端行为倾向人员逐一做好重点管控，及时排查化解不稳定因素，坚决防止在重要时期发生内部安全事件。北京分行在落实上述工作要求的基础上，要对长安街沿线的营业办公机构和客流量大的营业网点开展更加细致的安全隐患排查，确保各项安全管控措施落实到位，万无一失。

（三）全力做好信访维稳工作。各级机构要坚持稳定压倒一切，杜绝大规模集体访、越级访特别是进京上访，确保信访稳定。认真落实属地主体责任，主动作为，全力化解信访矛盾，决不能因信访领域的问题影响国家政治安全和社会稳定大局，决不能在信访领域出现影响庆祝活动的问题。各级机构要加强与属地驻京机构及信访部门的沟通对接，积极配合国家有关部门依法规范文明有序开展在京滞留人员集中劝返，全力消除风险隐患。

（四）全力做好信息系统稳定运行工作。要把信息安全和系统稳定运行作为安全稳定工作的重中之重，坚决防止重大生产事件和安全事件。总行金融科技部、网络金融部、数据中心及各级机构的科技部门要做好检查维护，细化应急场景和处置步骤，提高应急处置能力，发现问题及时采取措施整改到位。要加强信息系统安全管理，加强邮件、病毒、各类网络攻击事件和安全动态的监控与预警，对可能发生的各类网络攻击做好充分应对准备。

（五）全力做好运营安全管理工作。各级机构要紧盯ATM管理、上门收款、现金调运、金库管理等重要

关节，规范管库与守库、押运各方的业务衔接管理，严密款箱、现金的实物交接，严格落实岗位制约和监督检查机制。要加强自助渠道运营管理，做好自助设备的运营维护和重点区域自助设备的服务管理，强化自助设备运行监测。要持续严格落实建设工程安全生产责任，明确设计、施工、监理等单位的安全管理职责，明确施工现场消防安全责任人，落实日常防火安全管理。总行及各在京机构要严格执行北京市政府重要时期暂停施工工程有关要求，坚决杜绝安全事故。

（六）全力做好舆情管控和应急值守工作。各级机构要高度关注重要时期涉及我行的负面舆情，高度重视做好声誉风险管理；重点防范和处置因风险事件、突发事件、重大服务投诉、诉讼案件、监管处罚、不当营销等引发的重大负面舆情，对风险隐患逐件跟踪清理，强化快速应对，全力控制负面影响。要严格执行重要时期领导干部带班、关键岗位24小时值班、外出报备和请示报告制度，时刻保持备战状态，确保一旦发生突发事件或重要紧急情况，能够第一时间启动响应，第一时间有效处置。特别是要严格执行重大突发事件报送制度，不得瞒报、迟报、谎报、漏报。

同志们，做好建党100周年庆祝活动期间安全稳定工作，是工商银行的重大政治责任，义不容辞、责无旁贷。各级机构要全力以赴将各项工作落实到位。会后，各机构要召开党委会认真传达学习会议精神，并结合属地、部门、条线实际，研究部署落实，确保管理责任到人、工作措施到位，排查、消除安全隐患，确保安全无事故，实现全行平稳安全运营，以优异成绩庆祝建党100周年！

凝心聚力 积极作为
全力打赢监管转办投诉治理百日攻坚

——在转诉压降百日攻坚专题推进会上的讲话

王景武

（2021年7月7日）

刚才，8家分行作了发言，有的问题分析得很透彻，措施针对性也较强，下一步关键是落实；有些建议很有价值，总行将在后续召开的协调会上研究讨论。这次会议的主要任务是围绕“客户体验痛点治理百日攻坚行动”目标，研究转诉治理举措，深入推进落地执行，争取早见压降成效。下面我讲三点意见。

一、高度重视客户投诉治理

总行党委决定开展本次攻坚行动，并设定“各级监管部门受理我行客户投诉总量四行排名不高于第三”的目标，时间之紧、任务之重，前所未有。这体现了总行党委切实解决客户关切、建设人民满意银行的决心和信心。全行要把客户投诉治理工作放到为民服务的高度，常抓不懈、持续加压，把维护好客户权益作为工商银行坚守“人民金融”的底线和行稳致远的生命线。

第一，化解投诉风险就是践行“以人民为中心”的发展思想。习近平总书记指出，“江山就是人民，人民就是江山”。党的金融事业来自于人民、根植于人民、服务于人民。投诉反映出人民最真实的心声，关系到人民最切身的利益。陈董事长指出，“客户投诉是送上门的为人民服务的机会”。投诉治理处在为民服务一线，满足人民对美好生活的追求是这项工作的出发点和落脚点。心怀“国之大者”，及时解决群众“急难愁盼”的问题，在更高水平上满足群众金融服务需求，是坚持为人民服务宗旨的应有之义。

第二，压降投诉数量就是坚持“客户至上”，是夯实客户基础的必由之路。一方面，客户的选择与坚守是银行赖以生存发展的根本。今年以来，我行已经收到12万多起投诉，这12万多起投诉背后是12万多名客户的不满和抱怨。如果对之放任漠视，处理不好，就会加速客户流失，动摇银行生存发展的根基。另一方面，客户投诉数量居高不下，反映出我们服务能力不足的深层次问题。只有平衡好实现当期经营目标与维护客户利益的关系，确保客户权益和合理诉求得到周全保护和及时满足，才能将投诉“化于无形”，提高客户满意度。

第三，深化投诉治理就是支持和保障我行高质量发展。随着消费水平提高、消费行为升级，客户对服务的敏感性持续增强。在同业竞争愈发激烈、跨界角逐明显升级、客户选择更加多元的背景下，提高客户满意度是我们做好工作、作出成绩的“动力源”，也是我们主动升级产品和服务的“助推器”。建设“第一个人金融银行”，就要保持与客户的同理心，直面问题和不足，强短板、补弱项，并将客户投诉治理转化为提升卓越服务品质的行动和成效。

二、深刻认识转诉压降工作面临的挑战

监管转办投诉治理成效关系到我行口碑和形象。去年以来，经过全行上下不懈努力，积极开展集中治理，转诉数量呈现持续下降的良好趋势，但我行转诉总量仍处于同业较高水平，治理形势不容乐观，压降任务仍然较重。需要对当前面临的挑战做全面客观分析，才能下好积极应对的“先手棋”，打好化危为机的“主动仗”。总体看，有三个“差距”需要重视。

第一，转诉治理成效与监管部门的高要求有差距。当前，监管部门越来越重视银行机构转办投诉治理，并将其作为评价银行消费者权益保护工作的重要标准。银保监会大型银行部与消保局多次指出我行监管转办投诉数量较多的问题，人民银行也按季通报金融机构投诉情况。近期，我行个别分行因转诉处理程序不合规问题，被银保监会消保局专函要求整改，亟须引起全行高度关注。

第二，产品配套服务与客户的高期待有差距。近年来，我行在产品、模式、平台、管理机制等方面持续强化创新和转型力度，战略、产品和技术与同业相比不落下风，有的方面还确立了明显的比较优势，但在配套服务等软实力方面，还存在一些不足，“一条腿长、一条腿短”的问题不同程度存在。主要表现为，产品流程复杂造成客户理解困难、产品信息披露形式单一导致传导效果不佳、产品销售适当性义务履行不当造成客户损失、对第三方合作机构缺乏有效管控引发客户不满等等，这些短板迫切需要补齐。

第三，投诉管理水平对标作风建设的高标准还有差距。在深入推进客户投诉尤其是转诉治理的大背景下，各分行对客户投诉管理工作重视程度较以往均有提升，但是仍有个别分行存在工作作风不实、联系实际不紧、自身建设不足等问题，严重制约了转诉治理成效。例如，有的机构对投诉工作抓而不实，把重视停在口头上、表态上，资源投入不足、机制建设滞后、工作质效低下，导致有的工作仍停留在初级应对阶段；又如，有的机构机械执行上级要求，方法不当、措施不力，政策缺乏针对性，治理效果不明显；再如，个别基层人员业务能力不过关、投诉首办不尽责、协作沟通不顺畅，贻误投诉处理最佳时机，导致重复、升级投诉频发。

三、全力推进转诉压降百日攻坚工作

百日攻坚行动已经启动，要达成目标，需要举全行之力下狠功、出实招、谋突破。下一步，全行要提高站位、系统治理、守正创新，务必做到五个“必须”。

（一）必须提升认识高度，严格落实“消保一把手责任制”。各分行要增强紧迫感和责任感，全力以赴抓好攻坚，以敢为人先的创新精神，谋划攻坚阶段超常规治理的有效举措，努力把“任务书”变成优异的“成绩单”。

各级行领导干部要始终坚持人民立场，把“以人民为中心”作为一切工作的出发点，把管好客户投诉，作为作风建设、为民服务、整治群众身边不正之风的重点，将党史学习教育成果转化为解决客户投诉实际问题的强大动力和有效举措。各级行领导干部要落实三个“责任”，各分行“一把手”要切实落实投诉管理第一责任，消保工作的分管行领导要落实督办责任，被投诉的相关业务条线要落实整改主体责任。各级行领导干部要以“严”的主基调，抓好投诉管理工作监督落实，强化责任追究，推动辖内各部门、各分支机构切实承担起客户投诉管理主体责任，保证各项工作落地执行、有序推进。

（二）必须加快治理速度，全力压降监管转办投诉。监管转办投诉压降是百日攻坚治理的核心。全行要巩固去年第四季度压降攻坚成果，抓住重点、夯实基础、提高成效。

今年以来，总行在监管转办投诉治理方面出台了多项有力政策，经过实际运行，起到了比较好的效果，各分行要继续贯彻落实好各项措施。在转诉处理方面，要实行监管转办投诉名单制管理，通过提级处理、联合督办、专案审议等措施，确保矛盾纠纷得到妥善解决。在转诉引流方面，要持续加大引流力度，用好用足引流政策，投入资源、增配人员，优先妥善处理引流投诉，实现受理与处理的高效有序衔接，确保监管转办投诉快速压降。在监管沟通方面，要进一步加大与监管部门主动沟通汇报力度，争取监管部门更多理解和支持。

（三）必须拓宽治理维度，合力推进投诉问题协同整治。客户投诉管理是一项全行性、系统性工作，需要各条线和各级分支机构坚持系统观念，齐抓共管。

要把握关键点，深化根源治理。各分行要继续围绕“投诉治理35条”工作要求，高效落实总行各项治理措施，深入推进信用卡协商还款、汽车专项分期、个人住房贷款等重点问题的根源破解，系统抓好营销行为、配套服务、诉求解决等关键节点问题，从根本上提升服务质量。

要畅通主渠道，合力化解投诉纠纷。各分行要严格执行“先横后纵”工单分派流转要求，进一步畅通投诉处理流程，对因制度、系统、流程等方面引发的投诉，相关业务部门要提前介入、深度参与，及时提供解决方案，杜绝简单“二传手”，将责任“呼叫转移”，从而引发更多投诉风险问题。

（四）必须厚植治理深度，着力构建优质诉求解决体验。各分行既要打好短期攻坚战，确保监管转办投诉治理百日攻坚见实见效，又要打好投诉管理长期持久战，持续深耕投诉治理能力建设，打造更加精细化、标

准化的投诉治理体系。

各分行要持续增强投诉风险监测预警能力，常态化实施投诉问题逐笔监测、重点督办、定期分析的管理路径，及时排查投诉风险隐患，防控系统性、区域性投诉风险问题。要快速提升客户投诉处置应对水平，主动对标监管及总行制度，强化程序规范，提升一次投诉解决率。要建立完善投诉处理回访机制，对重点投诉开展客户回访，了解投诉处理满意度，对投诉处理质量形成有效监督。要善用补偿手段，通过灵活运用网点小金额快速补偿、“95588”在线补偿等高效率、梯次化的补偿机制，降低投诉处理时间、人力成本，努力把投诉风险化解在当时当地。

（五）必须加大管理力度，切实发挥监督执纪问责作用。监管转办投诉压降要见成效，狠抓制度执行和责任落实是关键，在重视制度顶层设计的同时，要将管理重心向末端执行操作上适当倾斜。

在问责方面，各分行要认真执行责任认定机制，按月对监管转办投诉逐笔倒查，对业务办理和投诉处理过程中的不履职行为零容忍，发现一起问责一起。要实施覆盖各级机构的约谈机制，总行各条线要定期约谈重点分行相关负责人，各分行行领导也要约谈内设部门和下级行负责人，对治理效果较差的部门和机构要重点督办。

在通报方面，要抓好典型，建立投诉管理红黑榜。总分行投诉牵头管理部门与相关部门要勇于揭短亮丑，敢于动真碰硬，加大对负面典型案例的通报，特别是对投诉问题治理不力的机构及责任人要实名通报；同时也要激励宣传一些管理措施实、推动落地好的分支机构，激发各分支机构客户投诉管理工作的积极性、主动性。各分行要定期通报全辖投诉情况，及时晒出分支机构“成绩单”，形成“比学赶超”新局面。

同志们，今年是中国共产党成立100周年，是“十四五”规划的开局之年，也是全行新三年规划的起步之年，做好客户投诉管理工作意义重大。会后，各参会同志要将此次会议精神向本单位“一把手”和党委汇报。各条线、各分行要抓好责任落实，推进转诉压降百日攻坚取得理想成效，推动全行消费者权益保护工作再上新台阶，以优异成绩庆祝党的百年华诞！

在部分分行投融资规划会议上的讲话

王景武

（2021 年 10 月 27 日）

今天，总行组织召开专题会议，听取上海、江苏、河南、广东、贵州等5家分行关于投融资业务发展规划编制工作情况的汇报。

为有效实施新规划，今年以来，全行按照党委“48字”工作思路，积极推进投融资规划相关工作，取得了较好成效。刚才汇报的5家分行下了大力气、花了真功夫，扎实开展市场和同业调研，深刻进行复盘反思和问题剖析，前瞻研判内外部机遇和挑战，明确提出投融资总量、质量、结构和同业竞争等目标。总行信贷与投资管理部和各相关部门深度参与分行规划编制过程，与分行一起反复研究、论证完善，做了大量工作。总体来看，5家分行投融资规划与“十四五”规划、所在区域发展规划和全行新规划有效衔接，服务国家大局、把握市场大势、立足自身实际，具有较强的前瞻性、科学性和可行性，值得充分肯定。下面，针对如何完善投融资规划并有效推动规划落地，我再讲五方面意见。

一、坚守服务实体经济本源

经济决定金融，商业银行投融资业务发展要顺应、匹配不同经济发展阶段的特征和需求。从中长期来看，合理的投融资业务结构应与国民经济产业结构高度契合。当前，我行信贷结构中，基础设施、基础产业类贷款占比较高，新经济类贷款占比偏低，投融资业务结构与国民经济产业结构的匹配程度还有待进一步提升。部分分行没有完全摆脱路径依赖和发展惯性，对先进制造业、战略性新兴产业、现代服务业等领域，仍存在一定程度上的“不敢贷、不愿贷”情况。特别是制造业、工商业等我行传统优势领域，近年来市场竞争优势有所弱化。

因此，各分行编制投融资规划时，要提高政治站位，深入贯彻党中央、国务院各项决策部署，认真落实国家重大战略和产业政策。要切实转变发展观念，深刻把握新一轮科技革命和产业变革趋势，着力加大对制造业、科创、战略性新兴产业、民营、普惠、“三农”等重点领域和薄弱环节的支持力度。

二、注重运用战略思维

编制规划的核心目的是明确一家机构投融资业务中

长期发展战略，这要求不能在既有发展路径上回答“当前能做什么”，而是要站在社会经济发展大局上谋划“未来应该做什么”。目前战略思维在投融资规划编制中运用得还不充分，部分机构跨周期投融资布局和风险管理意识有待进一步提升，信贷投放往往盲目跟着市场走，在进退时机上“踏错节奏”“隐性风险不想退、显性风险退不出”等问题仍然存在。

因此，各分行编制投融资规划要坚持观大势、谋大事，敢于进入转型发展、结构调整的深水区。要深入研究经济周期、产业周期和企业生命周期的演变规律，在制定重点行业、重点客户的进退策略上下功夫，特别是要在前瞻性退出上下功夫，努力使风险应对走在市场曲线前面，切实做到“风险管理创造价值”。

三、着力推进投融资业务结构优化调整

各分行在规划中都提出了投融资总量争先的目标，这体现了各分行在同业竞争中敢于比拼、敢于争先的进取精神。但也要充分认识到，投融资业务发展不仅要追求规模和增量领先，更要统筹好业务发展与风险防控，追求业务结构更优、资产质量更稳、综合竞争力更强。

投融资业务面临的最大风险是结构风险。科学合理的结构布局是信用风险“主动防”最有效的措施，反之如果出现结构布局策略失误，将造成巨大的风险和损失。因此各分行在后续修订完善投融资规划时，要立足新发展阶段、贯彻新发展理念、服务新发展格局，谋划结构优化调整，前瞻性推动高质量发展；要力争通过5到10年时间，推动全行投融资业务结构和布局得到优化，下好风险防控“先手棋”。

四、坚持立足区域经济发展和机构经营实际

各分行要立足于统筹落实好国家政策和服务区域经济发展，既着眼长远、服务大局，准确把握产业未来发展方向，也立足实际、脚踏实地，确保规划“接地气”“能落实”。要密切关注地方政府及相关职能部门的新规划、新动态、新举措，深入分析所在区域的经济发展趋势、金融生态环境和同业竞争态势。特别是要逐一研判重点产业中短期走势和长期发展前景，梳理头部客户和劣势客户名单，进而制定清晰的进退策略和目标。投融资业务总体增速要与区域经济增速相匹配，业务结构布局要与区域产业结构调整方向相匹配，严格防控因投融资业务“超速”发展和结构错配可能引发的风险。

五、切实抓好规划落地执行

在投融资规划编制过程中，各分行领导班子、前中后台进行共同研究、反复论证，有利于进一步统一战略思想、明确发力方向。但是把规划真正做“实”，关键在于抓好落地执行。要强化规划的权威性、严肃性和约束性，防止规划“一发了之”。一些分行的投融资业务转型和结构调整，将面临一定的阵痛期，分行领导班子要保持战略定力，坚定不移按照规划方向推进。

抓好规划落地实施需要总分行同向发力、共同努力。总行层面，要完善投融资规划长效工作机制，保障分行规划有效执行。信管部要研究差异化区域信贷政策和授权配套；前台部门要充分结合分行规划，加强营销指导和配套支持；信审部要将规划应用到项目审查审批中；资负部在配置新增信贷规模时，应充分考虑分行投融资业务发展和结构调整需要。分行层面，要有效传导核心策略，在业务营销、审查审批、定价和规模配置、经营考核等关键环节完善激励和约束机制，确保规划有效实施。要至少每半年对规划执行情况进行一次监测评估，既防止业务实际与规划“两张皮”，也结合重大形势变化，因势利导，及时调整规划目标和方向。

最后，希望总行各部门、各分行以编制实施投融资规划为契机，进一步加强上下联动、协同配合，有效推进全行投融资业务高质量发展。

提高政治站位　压实主体责任
不断深化子公司全面风险管理体系建设

——在2021年综合化子公司风险管理专题会上的讲话

王景武

（2021年11月3日）

总行党委高度重视综合化子公司风险管控工作。今天召开这次会议，主要任务就是贯彻落实总行党委工作要求，坚持未雨绸缪、见微知著、亡羊补牢、举一反三，以“管住人、管住钱、管好防线、管好底线”为

重点，以“主动防、智能控、全面管”为路径，推进子公司全面风险管理体系建设不断深化，部署子公司重点领域风险管理工作。

刚才，各子公司围绕本机构全面风险管理工作推进落实情况和主要风险状况作了较为全面的汇报，总行各参会部门也聚焦主题提出了很好的意见建议。下面，结合大家的发言，我讲两方面的意见。

一、综合化子公司全面风险管理工作取得新进展

今年以来，总行陆续修订了全面风险管理系列政策制度，进一步明确了以“六方责任”为核心的全面风险管理职责，初步构建了集团全面风险管理评价体系。

各子公司在落实集团风险管理要求、推动全面风险管理体系落地、强化“9+X”风险管理等方面，也取得了新进展。一是均制定了相关指引、规定、实施细则及旨在强化各领域风险管理的制度办法；以全面风险管理图解等方式，明确了本机构全面风险管理重点。二是均配备了副总裁级风险官，保持其工作独立性，推动其逐步深化履职；已初步形成针对重点领域风险排查分析的常态化机制。三是均明确了一道防线部门的风险管理岗位，指定了风险管理负责人，落实风险管理直接责任的意识进一步增强。

二、对子公司和总行相关部门的工作要求

对子公司下一步风险管理工作，我着重强调几点要求：

第一，提高政治站位，明确业务定位，压实主体责任。今年是“十四五”开局之年，各子公司要立足新发展阶段，贯彻新发展理念，服务新发展格局，推动高质量发展，强化党建引领，服务好国家战略。要明确业务定位，聚焦主业，落实好集团发展战略，保持与全行风险管理体系、风险偏好的一致性，发挥好业务协同和服务互补作用。

各子公司代表了工商银行在相关业务领域的地位和形象，其风险如果管不好，有可能向集团传染；要按照总行党委“48字”工作思路，压实主体责任，确保业务发展以风险可控作为前提和基础。

第二，高质量做好中央巡视配合和各类问题整改工作。要提高政治站位，全力配合中央巡视工作。对近年来各类巡视反馈问题、检查发现问题、审计指出问题、监管部门通报问题，要制订整改方案、整改任务清单和工作台账，逐一抓好整改落实。要全面优化相关制度、流程、系统，着力解决深层次问题。对少数“长期挂账”的问题，要尽快整改到位，避免久拖不决。

第三，强化制度执行，落实全面风险管理要求。各子公司在健全制度管理体系、完善各项政策制度的同时，要狠抓制度执行。要在推动制度易于理解、易于执行上下功夫，能使员工记牢关键点，真正“入脑”“入心”。要有效落实“六方责任”，强化全面风险管理履职，对风险点早识别、早发现、早处置。要强化“比”的意识，主动对标国际一流金融机构、主要可比同业、集团内兄弟单位的最佳实践，不断提升全面风险管理能力。

第四，做好重点领域风险防控工作。一要持续做好房地产领域及部分地方政府融资平台风险的管控，适度控制行业与区域投融资集中度，稳妥推进相关风险处置。二要着力提升标准化投资管理能力，优化投资配置策略，完善集体审议机制，夯实风险限额管控基础，强化应急管理。三要充分识别新产品风险，做实新产品全生命周期风险管理。四要强化股权资产估值管理，采取适当的估值方法和会计核算方式，准确计量金融工具市值变化对盈利和风险两方面的影响，避免盈利大起大落。五要重视代销产品在销售环节可能存在的合规风险、声誉风险，做好风险管控和客户适当性管理；主动排查销售渠道存在的风险点和薄弱环节，做好新兴业务风险管控。

第五，提前谋划年度收官和明年工作。要抓好第四季度工作，确保年度任务圆满收官。要加强对境内外风险形势、行业发展趋势的研判，前瞻把握风险走向，提前研究部署明年工作。

此外，总行各相关部门要继续做好对子公司的支持和指导。风险管理部要继续加强对子公司全面风险、市场风险、国别风险管理的支持和指导，持续做好子公司整体风险的监测分析；信贷与投资管理部要强化子公司全口径信用风险穿透管理，支持子公司做好重点行业、重点区域的风险管控和化解处置；授信审批部要继续推动和指导子公司分步实施授信审批新规；资产负债管理部要加强对子公司资本、流动性、利率与汇率风险的管理和支持；财务会计部要加强对子公司经营状况监测分析，进一步研究相关股权投资估值方法，优化对子公司的考核指标设置；内控合规部要继续指导子公司落实集团合规管理要求，坚守合规经营底线；资产管理部要与工银理财协同做好存量业务处置，按照监管要求完成过渡期整改；战略管理与投资者关系部要加强对子公司的股权管理，推动子公司完善公司治理。

今年是全行新规划起步之年，总行相关部门与子公司要共同配合，保持定力，不断深化全面风险管理体系建设，筑牢风险防线。会后，各位参会的子公司分管副总要向本公司“一把手”和班子汇报本次会议精神，推动公司抓好会议精神的传达贯彻。

在防控电信网络新型违法犯罪工作小组会议上的讲话

王景武

（2021 年 11 月 11 日）

刚才，安全保卫部代表防控电信网络新型违法犯罪工作小组传达了全国“断卡”行动推进会精神，总结了今年前三季度全行电信网络诈骗防控工作开展情况，个人金融业务部、运行管理部、网络金融部、工银数字货币公司筹备组作了专题发言，其他与会部门作了书面汇报。

总体来看，全行按照总行党委“48 字”工作思路，扎实推进电信网络诈骗防控工作，取得了一定成效。同时，部分专业条线和机构的工作仍然存在短板和不足。大家要切实把思想和行动统一到全国“断卡”行动推进会精神上来，统一到本次工作小组会议要求上来，找准问题，深挖根源，强化治理，深入做好电信网络诈骗防控工作。下面，我再讲几点意见。

一、充分认识深入做好电信网络诈骗防控工作的必要性和重要性

以习近平同志为核心的党中央高度重视打击治理电信网络诈骗犯罪工作。今年 4 月，习近平总书记对打击治理电信网络诈骗犯罪工作作出重要指示。前不久召开的全国“断卡”行动推进会指出，去年 10 月全国“断卡”行动开展以来，各地各部门高位推动，密切协作，坚持摧网络、打团伙、断通道，侦查打击、行业治理和重点整治同步推进，有效挤压了“两卡”犯罪生存空间，有效遏制了电信网络诈骗案件快速上升势头。在看到上述成绩的同时，也要清醒地认识到，当前电信网络诈骗防控形势依然严峻复杂，大量银行卡被用于诈骗活动的被动局面没有从根本上得到扭转。

从全国情况看，今年 6－8 月电信网络诈骗案件数量连续三个月实现同比下降，但 1－8 月，全国电信网络诈骗立案××万起，造成损失××亿元，同比分别上升××% 和××%。国务院打击治理电信网络新型违法犯罪工作部际联席会议办公室共下发涉案“两卡”线索××万条，同比上升××%。随着“断卡”行动的深入开展，电信网络诈骗犯罪的渠道和载体也呈现出由借记卡向信用卡转移、由新开卡向存量卡转移、由传统平台向数字人民币等虚拟平台转移的新变化。这些新变化，给下一阶段的防控工作带来了新挑战。

从法律制度看，最高人民法院、最高人民检察院、公安部联合发布《关于办理电信网络诈骗等刑事案件适用法律若干问题的意见（二）》，进一步明确“帮助信息网络犯罪活动罪”的认定范围及适用法律依据。《反电信网络诈骗法（草案）》正在面向全社会公开征求意见，旨在从法律上进一步强化商业银行在账户管理方面的责任。今年以来，人民银行不断强化电信网络诈骗账户治理工作督导，多次召开会议部署相关工作；针对反诈模型应用、人脸识别技术推广等重点工作，建立按周报告和例会机制，跟踪进展，严抓落实。此外，人民银行还将打击治理电信网络新型违法犯罪和跨境网络赌博纳入今年综合执法检查。上述举措彰显了有关部门打击电信网络诈骗犯罪的坚强决心。

从我行实际看，截至 9 月末，我行对公电信网络诈骗涉案账户数量压降效果显著，但个人涉案账户压降仍面临较大压力。尤其是今年 6 月以来，个人涉案账户反弹式增长态势明显，6－9 月连续 4 个月涉案账户数量同业排名第一，累计总量同业排名第二。这一严峻形势要求我们必须以更大的决心、更强的力度、更实的举措推进整改。

涉案账户占比长期居高不下，与我行稳健经营的大行形象严重不符。特别是部分部门和机构在全局意识、组织部署、责任落实等方面，与总行党委的工作要求相比存在一定差距。安保部作为牵头部门，要做好统筹协调工作；各部门要进一步压实主体责任，提高重视程度，加大整改力度，堵上漏洞，不拖后腿。

二、深刻分析我行存在的问题，进一步增强深入做好电信网络诈骗防控工作的紧迫感

（一）账户管理“基础不牢”。把好“账户关”是做好防控的基础。目前我行新开账户和存量账户存在关键环节风险把控不严的问题。新开账户风险识别缺乏有效手段。个人涉案账户中，10% 以上为新开户当月即涉案，20%～30% 为新开户 2 月内即涉案。存量账户被复用的比例也在升高。公安部门通报指出，查询、止付、冻结过的银行卡，复用率达 50%。我行存在部分存量休眠账户、闲置账户被重新启用后用于实施犯罪的问

题。上述问题说明我行账户分级分类风险管控工作还需加强。

（二）事中监控“手段薄弱”。目前，我行对涉案账户管理多集中于事后监控，主要围绕涉案账户异常特征开展监测、核查和管控，但对于疑似交易进行事中干预、阻断等较少，缺乏主动监控手段和限制措施。此外，针对电信网络诈骗向信用卡、数字人民币等渠道和载体转移的新变化，我行在风险防控方面缺乏经验，风险防控职责划分不够明确，存在一定的盲点与断点。

（三）分行压降“督导不足”。部分分行涉案账户数量大且上升趋势明显，同业排名始终居高不下。对于涉案账户数量高、同业排名高的分行，不能简单依靠召开督导会议、听取汇报等手段。总行各相关部门要强化结果导向，拿出切实有效的应对措施，推动分行对症下药解决问题。

（四）惩戒措施“力度不够”。对外，落实监管要求的惩戒措施不到位。近期人民银行综合执法专项检查发现，我行部分机构未落实对电信网络诈骗涉案主体实施“双五年”惩戒的要求，在人民银行推送的×××××个受惩戒单位和个人中，有×××个主体未执行5年内不得新开账户、5年内暂停非柜面业务管控的强制要求。对内，我行尚未建立针对电信网络诈骗防控的内部责任追究体系。在行内涉案账户开户倒查工作中，倒查追责和责任认定不够细致，刀刃向内的力度不够。

（五）综合治理“机制不顺”。防控电信网络新型违法犯罪工作小组成立以来，在安保部的牵头统筹下，各成员部门各负其责，密切配合，全行在专业治理、联动治理、综合治理等方面取得了一定进展。但与同业相比，我行在电信网络诈骗防控流程机制建设、诈骗案件快速响应和落实人民银行、国家反诈中心工作要求等方面，仍有差距。例如，建行组建了多部门联合治理团队，以集中办公的方式整合专业资源，提升部门协同治理效能；农行强化智能风控，收紧线上交易渠道，压降效果显著；中行成立了专职团队，专门负责电信网络诈骗防控工作。安保部要积极借鉴同业的典型经验，就我行电信网络诈骗防控流程机制的优化完善提出意见建议。

三、坚定信心，强化责任，坚决助力打赢电信网络诈骗防控攻坚战

当前，“断卡”行动已进入关键时期和攻坚阶段，打击治理难度越来越大。全行要主动作为，全力以赴，以排除万难的勇气和破釜沉舟的决心开展工作。这里，我着重强调几点要求：

（一）立足防控大局，提高政治站位，增强“凝聚力”。全行务必要把防控电信网络诈骗作为一项政治任务，增强大局观念，树立担当意识，强化目标导向，有效压降涉案账户数量。各部门要对照监管要求主动梳理、查找自身存在问题，着力补齐工作短板。监管要求采取惩戒管控措施的，一定要落实到位、不留死角。此外，针对电信网络诈骗犯罪的新形势新变化，要积极研究，主动担当，努力破除机构壁和部门墙，形成防控合力。

（二）聚焦关键环节，加强重点整治，提升“战斗力”。针对个人涉案账户数量较高的问题，个金部要持续开展存量风险账户的清理工作，加强开户风险管控，提升客户身份识别的质量和效率。网金部要继续强化线上交易的管控，通过交易限额硬控制、风控模型柔性控制等管控措施，确保涉案账户压降工作取得实效。个金部、网金部要指导分行落实好账户分级分类管理要求，加强开户、电子银行注册、安全介质发放等重要业务环节的客户身份识别，并根据客户身份识别程度、账户风险状况、客户需求合理设置交易限额。

（三）着眼责任落实，开展督导问责，形成“震慑力”。要扎实推进电信网络诈骗防控工作，有效落实各级行“一把手”管理责任，各专业条线、业务部门主体责任，牵头部门督导责任。要完善区域监测和督导机制。安保部负责每月从国家反诈中心收取我行涉案账户数据。运管部、个金部要基于涉案账户数据，分别制订实施工作方案，按月通报，强化约谈督导；新增涉案账户持续同业第一、压降不力的分行，应要求其分管领导作专题汇报。内控部要会同个金部、运管部建立行内全链条责任追究制度，围绕账户新开、限额设置、风险监控等环节，做好涉案账户倒查追责和责任认定工作。

（四）探索智能管控，强化科技支撑，激发“创新力”。当前，公安反诈监测拦截模型在我行推广应用是重中之重。个金部要继续完善相关模型的研发部署。运管部、网金部、内控部、银行卡部等部门要对本专业涉赌涉诈类模型实行清单式动态管理，结合欺诈特征持续优化，加大资源投入，提升对风险账户监测预警能力。法律部要结合当前《反电信网络诈骗法（草案）》要求，及时关注立法动向，为业务防控提供专业指导；要保障网络查控系统的高效运作，进一步提升查控效率。

（五）加大工作力度，扭转被动局面，提高“执行力”。岁末年初是电信网络诈骗的高发期，也是各项业务收官的关键阶段。各部门必须采取有力措施，坚决做好电信网络诈骗防控工作，力争在涉案账户压降上取得更大成效。安保部近期要向全行通报当前电信网络诈骗防控工作开展情况，压实各分支机构主体责任。各业务部门要在此次会议后向部门“一把手”、分管行领导作专题汇报，并召开专题会议向条线传达“断卡”行动推进会精神，部署涉案账户压降工作。需要强调的是，个金部要集中资源及时解决当前涉案账户居高不下的问题，力争实现年初“保二争三”的压降目标。运管部要进一步完善工作措施，确保现有压降成果不反弹。

同志们，防控电信网络新型违法犯罪是工商银行义不容辞的责任，事关工商银行稳健发展，事关人民群众财产安全和社会和谐稳定。大家要齐心协力、攻坚克难，坚决扛起守护人民群众财产安全的政治责任，在助力打赢电信网络诈骗攻坚战上体现工行担当、贡献工行力量。

在中国工商银行运行管理和安全保卫工作会议上的讲话

张文武

（2021 年 1 月 27 日）

这次会议的主要任务是，贯彻落实全行工作会议精神，全面总结 2020 年运行管理和安全保卫工作，研究部署 2021 年工作任务。下面，我讲几点意见。

一、2020 年运行管理和安全保卫为全行发展作出重要贡献

（一）强化风险管理，安全运营得到有效保障。抗疫防汛取得“双胜利”。面对疫情，各级机构认真落实四方责任，运行管理和安全保卫条线从严从紧落实防疫举措，做好营业及办公场所消杀和安全管理，监督押运保安公司落实防疫举措，搭建全球跨境支付和单位结算账户“绿色通道”，推广线上线下一体化运营服务产品，全力维护员工安全和客户安全，有力支持抗击疫情、经营发展和金融服务工作。面对特大汛情，安全保卫条线加强汛情监测和报警监控中心巡查，组织排查加固和抢险救灾。运行管理组织集约化中心和营业网点全面落实运营防汛措施。战斗在防汛一线的同志们不畏险阻，用实际行动确保全行安全度汛。

业务运营风险得到有效管控。运营风险智能管控体系实现账户开立、变更、使用等全生命周期运营风险的精准监控和量化管理，甄别、核实、评定一体化监控流程提高了风险管理的独立性、有效性，模型预警量减少 30%，风险识别率提升两倍达到 21%。“挂账、账龄、销账、对账”四位一体的内部账务核算管理体系建设不断深化，1670 科目场景全面推广应用，手工核算规模降幅和场景驱动率均达 80%，2360 科目和分行特色业务改造启动实施；“非必要不垫款、谁垫款谁核销”的闭环管理机制较好落实，1670 科目日常经营性垫款余额降幅 36%。单位账户、分行特色、反洗钱等重点领域风险管理不断强化，完成 40 余次专项分析、检查排查和风险提示，向分行发送 32 次管理建议书；针对账户准入不严格、内部账务核算不规范等问题，实施预警提示、排查整改和流程优化；成功试点智能语音银企对账新模式，网点对账提示工作负荷下降 35%。

各类安全风险得到有效化解。针对安全生产特殊形势与要求，深入开展隐患排查整治，扎实推进消防安全专项整治，消除事故隐患 7 540 余处，规范消防车道和疏散通道 4 800 余处，全年无重大安全责任事故发生，安全生产环境持续稳定。针对外部案件及欺诈风险明显增加态势，筑牢设施防线，强化安全防护，加大报警监控中心巡查值守力度，成功防范处置抢劫撬盗等外部侵害事件 17 起。各专业条线加强事前风险防控，外部欺诈损失事件占比控制在 2% 以内。针对防范打击电信网络新型违法犯罪的严峻形势，坚决贯彻落实国家及监管要求，涉案账户排查整治工作取得突出成果，涉案账户数量及新开户涉案逐月下降，对公涉案账户同业占比由 42.8% 降至 7.5%，个人涉案账户同业占比由 21.2% 降至 17.8%。

（二）加强改革创新，资源配置实现持续优化。集约运营后台开创崭新局面。集约运营体系开启从省行向总行的跨越升级，佛山、成都两大集约运营中心克服疫情影响完成全行信息录入和 20 家分行支付结算业务集中，紧急承接工银秘鲁等机构关键业务后台运营、支持全球业务连续运作，成功上收工银澳门汇款、票据业务；应用机器学习技术精简 40% 远程授权业务量和 50% 凭证信息录入量，业务处理效率提升 80%，分行释放近 1 000 人，转岗至客户营销、内部管理、网点一线等岗位，“技术替代人工”成效明显。信息化现金物流体系在 16 家现金营运中心成功试点，实现物流信息互联互通、实物风险系统管控、运营效能明显提升；南京、成都、天津、保定等分行率先建成行业领先的智能金库，实现现金运营模式向无人化作业、自动化处理、智能化管理转变；外币预约取现全行推广，大额人民币预约取现、实物自提柜成功试点，大幅提升客户服务体验。

数字人民币研发试点迈出坚实步伐。抢抓国家数字人民币战略机遇，建立起业务运营、市场推广、科技研发协同推进、高效联动的工作机制。数字人民币的支付

结算、会计核算、资金调缴、钱包管理体系完整构建。试点扩大阶段，深圳、成都、苏州和雄安等试点分行在智慧民生、商事赋能、数字政务、跨境支付等多领域形成数字人民币应用场景1.7万余个；开立个人钱包40余万个、对公钱包2.5万个、数字人民币受理商户1.3万个；先后与招商、浦发等20家商业银行同业以及国家电网、京东等60余家重点企业签署合作协议，为加快构建开放、共赢的数字人民币生态体系奠定了坚实基础。

智能科技创安取得明显成效。融安e信对接行内34个业务系统和60个业务环节，预警潜在风险96万余次。新增监管处罚分析、集中采购风控等功能，完成15余万人次异常行为风险排查。协助监管开发风险分析平台，成功接入湖北省政务服务平台，智能控制和共享赋能进一步凸显。报警监控平台累计处置抢盗、破坏、扰序等刑事治安事件5 700余起，支持内控、渠道、运管、科技等专业非现场排查264万余次，响应解决客户远程对讲求助85.7万余次，科技创安和综合应用效能持续深化。

（三）注重质量效率，运营服务水平大幅提升。运营服务模式彰显同业优势。线上便捷受理、集约高效处理、服务快捷交付的运营服务模式深入应用，借记卡换卡、信息证明等27类场景全面推广，业务替代率达80%，订单总量超1 100万笔，为客户提供“一点接入、全网响应、全程感知”的全新服务体验。对公业务生态流程建设为业界提供了工行方案，全流程数字化的“函证e信”产品在16家会计师事务所应用，业内首创“供应链1+1”线上申请异地开户模式，率先推出基于我国自研文档存储标准（OFD）的银行电子回单。运营主管业务等级首期评定工作圆满完成，“磐石”项目深入推进，客服经理队伍效能提升年活动圆满落幕，全行8.6万客服经理实现通岗履职、维护客户800余万，维护客户金融资产超8 000亿元，外汇持证率大幅提升54个百分点，网点运营队伍有力支持第一个人金融银行、境内外汇业务首选银行战略实施。

集团运营支持水平持续提高。全球支付清算市场竞争力不断提升，个人一站式、全线上跨境汇款全面推广应用，欧元清算纳入集团清算平台统一运营管理，新加坡分行、工银亚洲全球首批成功申设人民币跨境支付系统（CIPS）境外直参行。金融市场后台运营平台（GMO）全面推广，有力支撑全行8万亿元金融资产高质量运营；理财标债资产回表完成核算方案制订和系统功能改造，资管产品代销运营管理平台支持1.1万亿元规模代销理财产品的高效管理。参数管理效能充分发挥，圆满完成年终决算参数管理、账务核查、损益结转等工作，有力支持全行产品创新和业务平稳运行。境外业务运营管理体系日益完善，统一的境外业务运行管理规定正式印发，境外机构运营风险信息共享机制有效建立，柜员权限、指纹认证等系统推广至41家机构。业务连续性管理有序开展，组织30余次科技与业务联动的跨专业、跨部门应急演练，全行业务应急决策指挥和执行保障水平大幅提升。

一年来，全行运行管理和安全保卫工作坚持党建引领、服务大局，深化改革创新和基础管理，三年发展规划圆满收官。智慧运营体系成功构建，人工智能技术应用取得丰硕成果，安全运营能力经受住重大考验，全行运营质量效率和安全水平迈上新台阶，重点战略支撑更加坚实有力。这些成绩来之不易，是各级行党委高度重视和各部门通力协作的结果，也是全行运行管理、安全保卫条线奋力拼搏、攻坚克难的成果。在此，我谨代表总行党委向全行运行管理和安全保卫条线的全体干部员工表示衷心感谢和亲切问候！

在看到成绩的同时，也要清醒地认识到，对照高质量发展要求，我们的工作依然存在差距。一是风险管理方面，部分行风险防控意识需进一步强化，防范外部欺诈行为的手段还不够先进，涉案账户治理措施不细不实，新开户涉案仍未根本杜绝。二是效率提升方面，科技赋能依然任重道远，业务处理直通化、自动化水平有待提高，线上线下运营模式覆盖场景仍需拓展，协同管理机制有待深入实施。三是改革创新方面，部分领域适应高质量发展的创新能力有待提高，部分行贯彻新发展理念的创新意识仍然不够，集约运营体系改革系统性、整体协调性有待进一步加强，需妥善处理好安全与效率的关系。四是资源配置方面，网点运营主管、客服经理两支队伍建设仍有优化空间，有效激励不足、结构性缺人等问题依然突出。

二、新的形势要求全行运行管理和安全保卫有更大作为

治事必需通观全局，不可执一而论。我们要深入贯彻党中央决策部署，落实总行党委要求，坚持稳中求进，树立底线意识，站在全局高度深入思考谋划和抓好今年工作。

（一）要有效应对复杂形势带来的新挑战。当今世界正经历百年未有之大变局，我国正处于实现中华民族伟大复兴关键时期，经济全球化遭遇逆流、地缘政治挑战加剧，以国内大循环为主体，国内国际双循环相互促进的新发展格局加快形成。要紧紧围绕“两个大局”，看准方向、把握大势，不断完善金融基础设施建设，改革传统业务模式，探寻发展新路，优化资源配置。要紧跟人民币国际化策略，发挥境内外一体运营优势，推进集团CIPS网络拓展、支持自主跨境支付体系建设。疫情造成的不确定性对集约运营、网点运营、客户服务连续不中断带来挑战，防控疫情要做好长期规划，同时对自然灾害、突发事件也不能掉

以轻心。电信网络新型违法犯罪形势严峻，工商银行作为国有大行既有维护金融安全的责任，也有防范声誉风险的要求，需要我们坚守不发生系统性风险底线，抓实抓好全行业务安全运营。

（二）要准确把握全行战略提出的新要求。高质量发展是新发展阶段的根本要求，运行管理和安全保卫涉及全行经营安全，需要我们扬长补短、固本强基为高质量发展添动力、提质效。第一个人金融银行、境内外汇业务首选银行战略对线上线下一体化运营流程优化、本外币账户合一和网点人员履职能力提升等方面提出更高要求，普惠金融服务下沉、网点对公服务能力提升对网点运营资源配备带来更大挑战，需要进一步提升网点岗位吸引力、持续为基层减负赋能。全行重点区域战略落地和GBC重点场景建设、跨境联动业务发展，需要总行集约运营中心充分发挥区位优势和专业能力，拓展服务范围、创新服务模式、提供运营支撑。

（三）要深刻认识数字经济带来的新机遇。我们要在科技赋能、技术应用、数字转型等方面采取更多举措，在集约运营、流程建设、风险防控等领域实现智能模型和RPA机器人处理量再翻一番，释放更大生产力。数字人民币是新一轮支付领域重大变革，需要各专业条线在业务发展规划中做好充分准备，在场景建设、研发试点、市场推广等环节下好先手棋，确保我行领先优势。

全行2021年工作会议对加紧构建智慧运营体系、强化安全保卫，支持全行高质量发展，作出了部署。全行运行管理和安全保卫条线要深入贯彻落实全行工作会议精神，切实将党委“48字”工作思路转化为推动高质量发展的“指挥棒”和“引路灯”。

2021年，运行管理工作的总体思路是：坚持智慧运营的总方向，以高质量发展为主题，以服务客户、服务发展、服务全局为目标，以数字化、智能化、集约化为手段，全力构建境内境外联动、线上线下一体、本币外币合一、资源协作共享、运作精简高效、风险管控有力的现代化运营管理模式，为建设世界一流现代金融企业提供有力支撑。安全保卫工作的总体思路是：以营造安全环境、护航经营发展为目标，以严防事故、防范案件为重点，以科技赋能、管理增效为手段，持续筑牢安全防范基础，提升安全管理能力，为全行高质量发展提供坚实保障。

三、坚持固本强基，保障全行业务高质量运行

（一）全面强化业务运营风险管理。要按照完善机制、提升手段、强化管理的总体思路，把好业务运营风险管控关口，确保全行实现无案件、无重大风险事件的目标。

一要纵深推进运营风险智能管控体系建设。要继续优化智能风控系统和对公业务智能模型建设，科学量化对公客户运营风险等级，不断提升风险识别能力；加快推进个人业务模型智能化建设，尽快实现新旧体系切换；构建网点运营风险统一视图，提高风险管理的主动性和针对性。要强化智能风控体系组织管理，严格规范风险监控全流程履职操作，建立部门高效协作机制，发挥智能风控管理效能；做强运行风险监控中心，充实专业人才力量，推动风控中心向风险揭示、主动管理和价值创造中心转型升级。

二要全面实现重点科目内部账务核算的流程控制和严格管理。要按照清存量、控增量的总要求，坚持非必要不垫款的基本原则，严格内部账务挂账系统审批控制和垫款源头管控。严格落实重点科目内部账户管理要求，存在信用、操作、流动性等风险隐患的非正常垫款一律不能通过1670科目核算。代发工资、代理非税收缴等业务要减少内部户过渡，确需使用的要实行资金封闭管理。ETC垫款、银行卡跨行清算业务要抓紧推进销账模式改造，掌握准确账龄，强化超期业务管理。手工核算垫款要全面纳入系统审批控制，强化垫款源头管控。要落实垫款闭环管理，特别是表内外不良资产处置挂账、代销类中收垫款长期挂账等要加快清收，年底账龄超过一年的1670科目日常经营性垫款要全面计提坏账准备，坚决不允许“一挂了之”。要加快2360科目和分行特色业务的场景驱动与销账改造，各专业部门要对口指导分行在年内完成特色业务的改造和投产。要强化重点科目挂账的监测通报，各行、各部门要重视通报揭示的问题，及时完成整改，形成“通报—改进—提升”的良性循环。

三要持续强化业务运营过程控制。要完善网点业务运营风险管理机制，明确业务准入标准、运营管理规范、监督检查要求和部门机构职责，确保风险管理三道防线职责在网点有效落地。要加快智能督导平台建设和智能语音银企对账推广应用，全面提升督导和对账质效。要深入实施运营主管能力培养“磐石”项目，持续完善岗位激励机制，提升运营主管业务能力和履职积极性，切实强化事中风险控制。要严格落实单位结算账户准入审批和存续期管理、“伪现金”交易、清算涉敏甄别等要求，提升洗钱风险管理能力。

（二）坚决守住安全风险防控底线。要把安全运营摆在首位，以防风险、保安全、护稳定、助发展为目标，深刻认识做好安全生产、防控案件风险和强化重点保障的重要性，全力防范化解重大安全风险。

一要抓实安全生产。各级安全生产委员会要加强统筹协调、整体推进，及时研究解决重大问题和重要事项。安保、渠道、运管和科技等部门要各司其职、各负其责，强化专业领域监督管理。各级机构要建立健全安全生产“职责清单”和年度“工作清单”，层层压实责任。要组织开展安全生产重大危险源标准化辨识，精准识别重大风险，深入细致抓好事故隐患排查整治，切实

防范化解重大火灾、建筑倒塌、运营中断等安全事故风险。

二要严防案件风险。要清醒认识当前外部案件多发、陈案暴露居多的复杂形势，针对性采取措施，防范化解案发风险。要准确掌握银保监会和总行有关涉刑案件管理制度，加强监管沟通，防止执行偏差。要强化实体场所安全防护，提升应急演练实效，加强报警中心巡查值守，防范抢劫、盗窃等外部侵害风险。要警惕小企业融资、个人按揭等信贷风险延期暴露，一道防线部门针对排查扫雷，二道防线部门加强分析预警，严防风险事件转化为案件。要防范新产品欺诈风险，加强投前评估和投后评价，针对核心构成要素进行破坏性试验，切实扎紧一道防线。要抓好境外机构安全管理，总行加强“一行一策”指导和专业支持，各境外机构要落实好员工疫情防护和安全保护，提升对邮件欺诈、入室盗窃等风险的防范能力，加大敏感时期防恐防暴工作力度。

三要强化专项治理。要坚持存量风险账户“全清理”、新开企业账户“零涉案”的目标不动摇，持续推进账户涉赌涉诈风险排查治理工作。要坚持个人账户风险常态化核查管控，进一步加强个人客户身份识别力度，确保新增个人涉案账户同业占比持续下降。各级行负责人要定期召集会议，加强组织推动，及时研究解决存在问题。安全保卫条线要做好牵头组织、协调推动和对外沟通，加快投产电信诈骗智能监测分析平台，强化涉案账户动态监测、穿透分析、延伸排查等技术支持。相关专业条线要真正做到了解客户，确保企业信息、经营信息真实，保障账户质量。要通过账户使用监测、信息动态复核、风险治理管控，抓紧抓实重点地区、重点机构、重点领域的账户管控，探索建立新型犯罪资金风险识别管控机制，从被动协助查控向主动识别管控转变。各行、各部门要认真检视专项治理工作中存在的不足，举一反三开展问题整改，创新工作手段和工作方式，提升精准管控和治理能力。

四要落实重点保障。各级机构要以高度的政治责任感，从严从细从实抓好“两会”“七一”建党100周年、国庆等重要时期安全保障工作。特别是总行本部、在京机构等重点地区机构，三大科技中心、集约运营中心、远程银行中心等事关持续运营和客户服务的重要中枢，更要筑牢责任意识，采取重点措施，确保万无一失。

五要推进争先创优。今年公安部、银保监会将启动新一轮银行业金融机构安全评估。工商银行作为国有大行，必须争创标杆，展现大行风范。各级机构要以公安部、银保监会开展元旦春节安全大检查为开端，全面自查自纠，打好评估基础。以上一轮安全评估问题整改“回头看”为抓手，尽快补齐短板，消除失分项，今年必须打好翻身仗。

（三）持续抓好疫情常态化管理。近期，境外疫情反弹明显，境内多地新增新冠肺炎本土确诊病例，疫情形势依然严峻复杂，要将疫情防控作为检验各级机构应对危机能力的重要标准。各级运行管理和安全保卫部门要认真落实总行党委的统一部署，树立底线意识，慎终如始做好常态化疫情防控工作，逐级压实防控责任、狠抓防控措施落地，确保万无一失。各类集约化中心和营业网点要在强化场地、人员防控管理的基础上，针对各类情况健全完善应急管理机制，做好应急演练，确保疫情特殊时期，突发状况妥善应对、应急服务及时响应，实现业务连续性的应对常态化管理，为全行金融服务提供连续有力的运营支持保障。

四、坚持改革创新，支撑全行业务高质量发展

（一）全力打造国际一流集约运营后台。今年是集约运营体系改革的关键之年，既要全面启动业务大行和复杂业务的集中上收，也要有序推进中心各项职能落地和管理机制建设，确保全行集约运营体系高效运行。一要平稳有序推进业务集中。上半年完成全行支付结算业务上收，下半年完成湖南、重庆等18家分行账户、外汇等复杂业务上收，稳步推进工银亚洲、新加坡等亚太业务集约运营。二要全力推动中心职能落地。要积极响应前台部门需求、支持分行生态场景建设，提供专业运营支撑。要按照统一标准，运用智能技术，实施集约流程规范设计与优化，实现服务质效提升和人力资源替代。三要全面加强集约运营精益管理。要建立健全管理机制，对业务受理、专业处理、外包服务、技术应用等实施全流程管控，保障业务安全高效运营。要完善服务机制、丰富服务内容，满足业务大行、重要客户、区域特色业务定制化需求。

全行上下要高度重视，充分认识到这项改革不是简单物理层次的“由分到总”，而是涉及智能技术深度应用、线上线下业务联动、基础底层深刻变化的内涵式变革，改革实施难度大、复杂程度高、业务范围广、特殊需求多，对全行运营条线、科技条线、业务条线都是巨大挑战，对各行业务运营模式也会产生重大影响，要做好充分的沟通准备和周全考虑。全行上下要密切协作，各业务部门要配合做好流程梳理、标准规范、业务上收等工作；人力、财会和科技等部门要全程参与、主动介入，做好人员优化、资源配套和系统研发；各分行要组建专门团队负责好总行集约业务对接，梳理评估分行特殊需求，加强重点客户服务和运营质效管理，并有序推进人员转岗和中心转型，推动人力资源优化配置。

（二）稳步推进数字人民币研发试点。数字人民币研发是党中央、国务院部署的重大战略任务，全行要高度重视，加大资源投入，在起步阶段提前布局、抢占先机，做好获客活客，确保市场领先和高质量发展。总行相关部门要密切配合，继续完善数字人民币业务运营体

系；要加强前瞻性研究，应用5G、物联网、区块链、大数据等技术创新数字人民币支付工具、支付方式和支付场景；要推进数字人民币与全行账户、产品、功能的融合应用，打造服务全市场、覆盖全领域、开放共享的数字人民币综合金融服务。各试点行要结合全行GBC工作，做好数字人民币业务试点规划，加强与政府、机构、重点企业、银行同业、支付机构的数字人民币业务合作。要在财政、社保、医保等重大改革领域中主动提供数字人民币方案，重点抓住冬奥会、大运会等重大赛事以及自贸区建设等机遇，创新打造数字人民币业务模式。要组织存量个人和对公客户、商户开立我行数字人民币钱包，实现新增客户数字人民币钱包和银行结算账户一站式开立，确保数字人民币系统功能、个人和对公用户数量、交易量等关键指标同业领先。非试点行要加强数字人民币业务学习和培训，提前开展场景建设规划，储备客户和市场资源，为业务上线后争取先发优势奠定坚实基础。

（三）加快推进现金业务数字化转型。要基于网点现金业务量下降但传统现金运营模式管理成本刚性、流程烦琐、手段落后的实际，研究重构网点现金运营服务模式，优化资源配置、加大新型资源投入，通过改造网点钱箱管理架构、建立自动化现金处理流程和实施设备间现金共享调剂，实现网点本外币现金服务效能和风险硬控能力双提升、现金库存和调运成本双压降，加快现金业务“机器换人”进程，释放客服经理服务营销潜能。要加大物联网、定位技术应用，强化科技化、智能化管理，在网点和金库间现金调拨实现全流程信息化的基础上，年内扩展至人民银行现金调拨、代理同业现金、上门收送款等业务场景，构建起智能化仓储、标准化封装、流水化分拣、自动化记账的现金实物数字化运营体系，全面实现实物流、信息流和资金流的“三流合一”。

（四）纵深推进“融安e信”共享赋能和价值创造。要巩固深化与国家发展改革委等单位的信息共享，积极拓展同业交流合作，丰富扩充风险信息库。要加强行内推广应用，融入全行智能风险监控平台建设，进一步深挖和强化不良贷款压降等行内多领域、多环节和多场景应用，推进与“融安e”系列风控系统共享赋能。要持续优化升级融安e信功能，增强定制服务，提升产品竞争力和生命力。要配合银保监会做好睿思风险分析平台建设，深化对外赋能。要加强产品管理，做优客户服务，积极有序拓展同业市场，努力创造更大价值贡献。

五、坚持质效并举，支持集团服务高质量供给

（一）持续深化业务流程体系创新。要积极为“后疫情时代”发展布局，打造体验卓越、运作高效、行业领先的运营模式。一要在全行统一部署下，深化线上线下业务运营流程建设，打通行内各平台、各系统、各渠道的边界，充分发挥线上线下优势，助推全行渠道服务协同与相互赋能。要切实做好业务场景项目式推广、流程标准清单式管理，年内重点实施借记卡批量开卡、社保卡办理等场景建设，推进网点高频业务无介质服务改造，全面提升客户服务体验。要加快推动运营流程统一管理机制落地和平台建设，提升流程协同管理和系统支持能力。各分行要做好特色场景流程改造，加强新模式应用的运营组织、监测管理、宣传推广，打造我行线上线下综合金融服务品牌。二要大力推进对公流程生态化建设，在账户服务、资信证明、账务信息等领域搭建横向互通、纵向穿透的金融生态流程网络，助力G端、B端业务协同联动发展。要构建小微企业标准化、集团客户定制化、重点机构客户个性化的账户服务模式，扩大“工银账户通”服务影响力。要全面实现43类单位资信证明业务的电子化、线上化处理，不断扩大“函证e信”领先优势。要支持企业网银、银企互联等渠道全面应用OFD电子回单，完成与主流财务软件系统的无缝对接，实现回单信息线上化流转，打造工行独具特色的“云回单”品牌。三要深入推进本外币单位银行账户体系建设。今年人民银行将开展试点。要确保第一季度实现本外币合一账户支持柜面、电子银行渠道外汇产品服务，年内有序推动试点工作落地实施。各分行、各部门要将试点工作作为支持境内外汇业务首选银行战略切入点，积极营销客户，丰富产品供给，抢占市场先机。

（二）持续提升网点运营服务效能。要在客服经理队伍较好支持第一个人金融银行、境内外汇业务首选银行战略落地的基础上，继续打好“会做”“想做”“做好”组合拳，为网点竞争力提升提供人才队伍保障。围绕“会做”，以提升实战能力为目标，科学设计复杂业务办理、客户维护技巧、产品营销话术等课程，通过精准培训打造精通本外币业务与服务营销的客服经理通才。围绕“想做”，要运用绩效奖励、积分倾斜、职级提升等激励措施，变“要我做”为“我要做”。围绕“做好”，要强化系统平台建设，全面共享业务运营和营销系统数据，实现客服经理履职过程数字化记录、营销业绩可视化展现和网点人员智能化调度。

（三）不断夯实集团经营发展运营基础支撑。一要努力构建国际领先支付清算银行。全行要深化对公跨境支付运营体系建设，推进实现分行特色业务标准化运营升级。要按照人民银行总体规划，继续推动人民币跨境支付系统（CIPS）网络拓展，具备条件的境外机构要积极申设CIPS境外直参行，支持跨境人民币业务创新发展和市场拓展。境内外机构要密切关注国内国际形势变化，关注金融市场发展和金融基础设施建设的变化，及时完善跨境支付清算业务应对策略，提升极端场景应

对能力。要着眼金融市场交易全球化布局，加快运营、风控、管理和产品板块的数据建模和成果运用，构建更高水平的金融市场后台运营服务体系。二要继续提升境外运营管理水平。要按照统一管理、一行一策的原则强化境外制度执行、检查、完善和提升。要构建涵盖境外业务运行人员、系统、数据、场景的全景视图，建立境外业务运行质量、安全、效率评估体系。要持续开展境外业务流程优化，提升智能化、数字化运营能力。要推进境外运营风险监控体系建设，覆盖运营重点领域，实现运营风险信息共享、动态监测、精准识别、及时处置和持续跟踪。三要持续提升参数服务效能。要充分认识参数对全行业务正常开展和系统稳定运行的基础核心作用，深入推进业务参数源头管控，使用通用的参数模式对偏离阈值进行预警设计，强化参数操作风险关键环节的过程控制与分析评估，见微知著、防微杜渐，确保全年参数安全平稳运行。要加快实施参数维护配置流程改造，进一步提升参数维护质效。四要全面提升全行业务连续运作能力。各部门、各行要建立业务连续性长效管理机制，动态完善应急制度和风险控制策略，聚焦重点业务开展应急演练，具备应对突发风险事件的快速处置能力。总行集约运营中心要建立完备的应急预案，配备好应急资源，确保关键业务连续运作；境外机构要建立重点业务应急机制，提升境外业务连续运营保障能力。

（四）不断挖掘提升安全管理效能。一要深化报警监控联网平台综合应用。开展“报警监控中心规范年”活动，建立量化管理评价体系，规范管理，强化监督，提升质效。完成报警监控平台智能运维管理系统全面应用，推进总、省级平台研发，打造智能监测、动态监督、量化评价的管理闭环。推广视频分析等智能安防应用，增强营业场所、金库等场所人员异常辨别和风险预警能力。深入推进报警监控联网平台视频资源通用化和综合化应用，积极响应支持内控、运管、科技和人力等专业应用，探讨推进互联共享，发挥更大功效。二要探讨押运外包运营优化。要研究实施押运外包运营优化改革，以押运线路智能规划为着力点，通过提升运营集约化能力，促进资源效益最大化。要密切关注押运市场变化，加强上下联动，把握有利时机，探索破解市场垄断僵局。

六、坚持党建引领，锻造素质过硬的人才队伍

全行运行管理和安全保卫条线要坚持以政治建设为统领加强党建工作，增强“四个意识”、坚定“四个自信”、做到“两个维护”。要深入学习贯彻党的十九届五中全会精神，落实总行党委决策部署，贯彻新发展理念，服务新发展格局，推动高质量发展。要深刻认识专业人才队伍对改革发展的支撑作用，完善人才引进、培养、使用机制，持续锻造规模适度、素质过硬、结构优良、梯队合理的人才队伍，厚植人才发展基石。各级行要加强领导班子中懂运营、善管理的干部配备，加快引进掌握前沿技术并具有核算、流程、风险、支付等背景的核心人才，加大网点运营专才与服务通才培养，为改革发展注入持久动力。

要强化廉洁从业。运行管理和安全保卫条线作为资源使用的重要发起部门，要持续推进党风廉政建设和反腐败斗争，一体推进不敢腐、不想腐、不能腐。在资源配备和设备购置方面要有方向性研判、前瞻性考虑、机制性设计，符合业务发展大势、顺应科技应用趋势、跟踪机具创新态势，真正把好业务需求关，保持领先优势，营造清正廉洁的新风正气。

同志们，2021 年是全行新三年规划实施的开局之年，任务更加艰巨，各级行运行管理和安全保卫部门要以求真务实的工作作风、昂扬向上的精神风貌，锐意进取、奋力前行，确保今年工作谋好篇、开好局、起好步，为建设世界一流现代金融企业作出更大贡献，以优异成绩庆祝建党 100 周年！

在支行网点疫情防控工作专题会议上的讲话

张文武

（2021 年 1 月 28 日）

当前，疫情防控形势仍然复杂严峻，主要呈现三个特点：一是我国多地接连发生局部聚集性疫情，情况不容忽视；二是春节临近，人员流动和交易接触更趋频繁，疫情传播风险有所加大；三是正值全行旺季营销的关键时期，如果疫情控制不好，对旺季营销影响较大。目前，我行在河北石家庄的网点仍处于全面停业状态，黑龙江、吉林网点停业的比例也在 10% 左右。特别是如果网点员工出现确诊，网点将受到停业影响。对于这些情况，全行要引起高度警惕，不能掉以轻心。下面，我讲四方面的意见。

一、压实主体责任，强化联防联控

全行要从讲政治的高度，提高对疫情防控形势变化的敏感度与落实疫情防控要求的执行力。各机构、各部门主要负责人，首先是疫情防控的主体责任人。在当前疫情防控形势下，不能心存侥幸、盲目乐观，更不能麻痹大意、敷衍塞责。要按照“逐级负责、精准到人、全员覆盖”原则，强化联防联控，坚决防止责任悬空、管控缺失。各在京机构特别是人员多、办公区密集的机构，要有效落实疫情防控主体责任，履行好“四方责任”。既要加强员工防护管理和行为监测，备足防疫物资，做好办公区、公共活动区、食堂、电梯等区域的消毒、通风，也要树立底线思维，完善应急预案，有效保障各项业务的连续性，并动态优化调整服务策略。多家在京机构人员达数百人甚至千人，大开间的办公形式造成人员密集，一旦出事，后果不堪设想。各分行要时刻关注属地卫生防疫部门、监管部门以及总行的疫情防控政策，统筹做好网点疫情防控的组织指导、物资调配、监测督导、应急指挥、业务衔接与内宣外联等各项工作，努力把疫情影响降到最低。要切实加强对一线网点和员工疫情防控工作的具体指导，对疫情防控的方方面面都做到心中有数、应急有法、处置得当。特别是要守土有责、靠前指挥，决不能把工作要求“一讲了之”，把总行文件“一转了之”。要对照《常态化疫情防控期间网点安全营业指南》要求，就网点防疫措施落实情况进行自查自纠，查摆问题、堵塞漏洞。各支行网点要严守规范、重在执行，把总分行关于疫情防控的各项要求不折不扣地落实好、毫不松懈地执行好，切实保障客户、员工的生命安全和身体健康。

二、织密织牢网点疫情防控网

一要强化人员行为管理与健康监测。要严格执行员工因公、因私异地出行的申请审批和行程报备等规定，严禁员工参加聚集性活动。要督促居家办公人员严格遵守社区防疫规定，杜绝随意外出。重点区域内各机构要每日定时监测辖属员工、第三方人员的健康状况，加强对其密切接触人员、同住人员健康状况和活动轨迹的了解。要坚持必要情况下的核酸检测准入要求，继续实行员工健康异常统计上报机制，确保员工无忧上岗、安全办公。

二要做好春节假期安排和防疫管理。各机构、各部门要严格落实党中央、国务院关于“提倡春节假期非必要不流动”的要求，结合总行部署和属地疫情防控安排，制定员工留居过节的具体措施，及早对员工假期动向进行摸排统计，做好驻地过节的员工及第三方人员服务保障。要组织员工有序做好核酸检测，确保“应检尽检”。要积极协调当地政府相关部门，优先为符合条件的基层营业网点员工、一线营销服务人员等重点群体接种新冠疫苗。要通过多种渠道，与员工、尤其是集中隔离员工进行思想交流，开展压力疏导，加强人文关怀，播洒组织温暖。

三要强化对到店客户的疫情防控提示和管理。工商银行作为服务人民群众最直接的窗口单位之一，做好金融服务是分内之事，抓好疫情防控更是应担之责，在疫情防控的安全单上，客户、员工一个都不能少。近期，媒体对各地疫情防控工作情况进行了重点监督，我行也出现了个别分行因疫情防控不力被媒体曝光的情况。这要引起大家的高度重视。常态化下的疫情防控绝非一时之举和一日之功，既要主动担当、更要常抓不怠，病毒威胁一日不除、疫情防控一日不辍。要在做好自身疫情防控工作的同时，强化对到店客户的疫情防控提示和管理，有效凝聚防控合力。

三、多措并举保障客户服务连续性

截至今天，全行受疫情影响临时停业的网点共有240家，主要分布在河北、黑龙江、吉林、北京等地区，辽宁、深圳、陕西、广西、上海也分别有一至两家网点停业。如果疫情进一步扩大，势必对我行当期的业务发展和日常经营造成影响。上周，总行已经专题研究了疫情期间保障客户服务连续性的措施，相关《指导意见》将于今天下发全行。各分行在做好贯彻落实的同时，要认真分析特殊条件下网点经营与运营的特点，结合属地实际，积极调整部分临时停业网点的客户服务模式。要做好分行特色业务的衔接安排与分类施策，有的放矢应对市场变化与客户需求，以疫情防控的稳健表现，确保工行服务的永不掉线。

一要统筹安排网点营业和人员排班。要根据属地防控要求，统筹制订网点营业方案，妥善做好临时停业网点的内部申请与外部报备工作。要合理安排重点区域人员到岗比例和工作计划，完善网点员工备员机制，努力做到备案无空白、备岗无断点、备员无交叉。要做好疫情期间运行管理人员的安排，保障远程授权、集中运营等业务的连续性。全行各服务渠道，要以充分的准备和缜密的应对，满足防疫企业、民生保障类企业的金融需求，彰显大行担当。

二要做好其他渠道的服务承接。疫情期间要引导并鼓励客户通过自助设备、线上及远程渠道办理业务。各分行要加强ATM管理，密切关注辖内ATM现金供应与设备运行情况，确保各类自助设备能够正常对外提供服务。目前，手机银行、网上银行均支持余额查询、明细查询、转账汇款、信用卡还款、修改卡密码、借记卡换卡等大部分网点和智能机具高频交易，远程银行中心也具备“人工＋自助＋智能”的“7×24小时”服务能力。对于受疫情影响无法前往网点且未开通手机银行、网上银行的客户，应引导其通过电话渠道办理银行卡挂失、信用卡额度调整等紧急业务。同时，“云网点”及

“中国工商银行客户服务”“中国工商银行电子银行”微信公众号等多种线上服务平台，也支持在线薪酬、账户查询、生活缴费等多项日常金融服务。客户经理还可以通过云工作室、码上赢等方式开展营销服务。

三要坚持问题导向，努力化危为机。各分行要积极践行上级行服务基层、全行服务客户的理念，聚焦客户需求与员工关切，及时梳理网点业务与服务受疫情影响的主要表现，为常态化疫情防控下主要业务场景的跨渠道服务做好充分准备。对相关问题，分行能解决的要及时解决，需要总行源头解决的要及时上报沟通。要加强总分行联动、各专业部门合作和线上线下渠道协同，化被动为主动，保障业务运营与营销服务顺畅进行。要加大对我行非接触服务模式的推广与宣传，使其成为客户服务的一个亮点。

四、积极做好疫情防控相关工作的统筹协调

一要做好客户沟通与业务引导。网点停业要提前通过多个渠道对外公示公告，提示并引导客户到其他营业网点或线上渠道办理。要提供营业网点信息和线上渠道访问路径，并妥善做好机构、公司、私人银行等重点客户的提示沟通。要及时做好远程银行知识库更新与维护，统一对外解答口径，便于解决客户最紧急、最关心的金融服务问题。

二要加强宣传的精准性和针对性。既要大处着眼，广泛宣传我行支持实体经济的举措；又要小处着手，广泛推荐我行适配客户金融服务需求的产品、渠道、模式与入口。对于疫情中高风险地区客户服务的特殊支持措施、疫情期间或春节假期的高频业务场景，要加强专题宣传，让客户充分感受“疫情网点有停歇，工行服务不打烊”的责任担当。

三要强化舆情监测与投诉处理。疫情防控无小事，做好疫情防控不只是客户、员工的关切，更是全社会关注的焦点，我们要站在对人民负责、为工行守土的高度，毫不懈怠地做好疫情防控工作。一方面，要时刻保持高度责任心，强化防微杜渐的意识，增强防患于未然的本领，及时有效地解决好客户的金融服务诉求，杜绝“一墨染全纸”的舆情事件发生；另一方面，要强化内功，用疫情防控与客户服务的出色表现，自觉接受媒体与公众的监督检验，实现考验面前不褪色、服务人民作表率。

科技驱动　价值创造
强化全行高质量发展的金融科技力量

——在2021年金融科技工作会议上的讲话

张文武

（2021年2月25日）

今天我们召开金融科技工作会议，主要任务是深入贯彻落实全行工作会议精神，总结回顾2020年工作成果，分析研判形势，全面部署2021年金融科技发展工作任务。本次会议单独安排、专题部署，充分体现了总行党委对金融科技发展的高度重视。下面，我讲三点意见。

一、2020年金融科技工作再创佳绩

2020年是新中国历史上极不平凡的一年。全行金融科技条线积极克服疫情影响，应对供应链风险，顺应数字化转型趋势，奋发有为，推动全行安全生产运行跃上新台阶、金融科技创新彰显新优势、科技赋能业务创造新价值、体制机制改革取得新进展，在变局中加速赋能全行经营发展和改革创新。

（一）我们经受住了前所未有的考验，全行安全生产运营继续保持较高水平。2020年，金融科技条线会同各部门、各分行，圆满完成安全生产运行保障任务。全行日均交易量6.01亿笔，日峰值交易量7.609亿笔，分别同比增长5.6%和6%，四级生产事件较去年下降1起，全行信息系统安全稳定态势持续向好。

面对突如其来的新冠肺炎疫情，金融科技条线以担当强化应急保障。各级金融科技机构始终将保障员工身体健康放在首位，全体干部员工主动作为，及时制定全集团极端场景安全生产应急预案，分类开展境外机构业务连续性保障，高质量完成全行应急保障任务。面对技术变革带来的运维挑战，金融科技条线以改革谋求长远稳定。生产运维转型有序推进，并取得阶段性成效，逐步形成与自主可控转型、分布式等新技术路线相适应的运维支撑能力，业务运营保障水平持续提升。面对日益严峻的网络安全形势，金融科技条线用实战提升防御能力。在国家级网络安全比赛“网鼎杯”中荣获金融行业第一，承建金融业网络安全态势感知平台并得到人民

银行高度认可，网络安全能力继续领跑同业。面对持续攀升的交易量，金融科技条线把超前作为科技基础设施建设的责任和目标。全行新一代云平台全面推广、性能容量提升4倍、规模保持同业领先，全行所有互联网应用向用户开放IPv6服务、规模部署行业第一，全行机房智能化管理水平稳步提升，为全行业务快速发展提供坚实的“基石”。

（二）我们把握住了自主可控转型大势，在新一代技术路线树立领跑优势。在国家坚定不移推进金融业关键信息基础设施自主可控转型的大背景下，我行在主机下移平台这一银行业“卡脖子”技术攻关工程中取得关键突破，建成具有标志性意义的平台借记卡系统，实现核心系统中最关键、账户数据量最大的借记卡账户下移主机。我行在同业首家建成体系最完备、完全自主可控的分布式技术平台，适合分布式架构转型的150余个关键应用系统实现“应转尽转”，分布式技术体系获得银行科技发展奖一等奖。我行新技术平台技术能力、支撑能力、服务能力不断增强，大数据服务云平台首家开展全栈国产化改造，区块链平台首批通过工信部5项可信区块链技术测评，专利新增及累计授权数量实现同业双领先。

（三）我们圆满完成了ECOS工程收官，依托第五代核心银行系统深度赋能业务转型发展。经过全行5年的集中攻关，ECOS工程圆满收官，各项目标任务全面达成，在传承前四代核心银行系统积累的优势基础上，进一步打造了灵活创新、智能应用、开放融合三大新能力。全行95%基础产品已经实现积木拼接式创新。累计完成36个重点产品和业务管理领域的业务架构整合构建，发布可复用、可拼接的服务2万多个，仅去年灵活创新1 000余款产品，有效应对市场竞争。大数据及智能化应用全面赋能业务转型。“智慧大脑”可为亿级客户提供个性化智能服务方案，反洗钱智能模型将涉诈、涉恐防控准确率分别提升50%和100%，人脸识别辅助客户身份认证每年减少授权7 000余万笔。开放银行建设取得阶段性成果。API和金融生态云开放能力和合作方数量同业领先。其中，支付生态建设取得积极成效，e支付月活客户达到4 000万，e企付交易量翻倍、他行支付占比超过40%。

以ECOS为基础，金融科技条线聚焦全行重点战略持续加大资源保障力度，创新研发工作取得积极成效。围绕第一个人金融银行创新极智服务，打造AI投、数字信用卡等智慧产品，创新推出全员营销服务模式，在四川成都发放业界第一笔全线上个人按揭贷款。围绕境内外汇业务首选银行，强化外汇产品创新与业务运营支撑，同业首家实现与人民银行湾区贸易金融区块链、香港金管局贸易融资区块链平台直联对接，并试点首笔业务，实现出口信用证风险提示、催收等智能化处理。围绕重点区域竞争力提升战略，打造拳头金融服务，建立科技对口支持机制，创新北京经开区智慧政务平台、上海税务贷、四川天府通数字货币支付等新型服务。聚焦协同互通助力打造GBC闭环生态，在智慧政务方面与北京、宁夏、雄安政府深度合作，打造工银e政务门户。推动e－ICBC战略落地，全面升级个人手机银行6.0，推出企业手机银行3.0，推进线上线下一体化建设，有序推动非接触服务模式应用推广。提升公司金融服务能力，为“走出去”企业提供全球集中支付服务，及时响应新组建大型央企科技服务需求，深度融入头部企业数字化转型进程。创新普惠金融新业态，建成5大类、109项普惠金融API开放服务，推出“云闪贷”“电e贷”等创新产品。助力大资管向综合金融服务商转型，业界首家启动并完成全部存量新规理财产品移行工作，首家上线银行间外汇市场程序化交易，提升职业年金系统定制化水平。强化全面风险管理，推动风险数据共享服务平台建设，搭建新一代押品管理服务平台，打造企业级反欺诈防控平台“融安e盾”产品。国际化和综合化信息系统建设有序推进，顺利完成工银印尼平台版核心银行系统迁移本地部署，推动港澳机构数字化转型，支持工银租赁、工银瑞信建设大数据平台。

各分行积极推广ECOS工程创新成果，江苏、山东、浙江、河北、河南等分行组织有序，取得良好应用成效。积极开展特色业务创新，涌现出青岛海尔卡奥斯平台供应链、深圳企业微管家、湖北智慧政法等一大批新产品新服务，北京、上海、广东分行成功申报监管沙盒项目试点，为全行创新提供了宝贵经验。

（四）我们深化实施了一系列改革，全行科技创新活力进一步激活释放。一是落实国家数据要素改革和网络安全有关政策要求，挂牌成立数据智能中心、信息安全运营中心，进一步完善组织布局。二是着力加强金融科技人才队伍建设，开展金融科技骨干、核心人才评选和精准激励，完成科技专业“工银成就奖”评选表彰，激发广大科技员工的创造性。三是全行推广山东、江苏、深圳、广东等分行金融科技转型先进经验，引导各分行因地制宜加快科技队伍转型。四是在新华社等权威媒体刊发48篇专业文章，在行报发表42篇专题报道，北京、上海、重庆、福建等分行在服贸会、数字中国建设峰会等活动中展示我行科技创新成果，取得了良好社会反响，振奋了队伍士气。

同志们，过去的一年里，全行金融科技条线干部员工砥砺前行、开拓创新，出色地完成了各项工作任务，交出了一份科技与业务融合共进的成绩单。我行在银保监会信息科技监管评级中位于全行业第一，7项科技成果获得人民银行科技发展奖，6个项目入选人民银行监管沙盒试点项目、入选数量同业第一，荣获《银行家》最佳金融创新奖。在此，我代表总行党委，向全行金融科技条线员工，向所有为金融科技工作作出贡献的各部门、各分行、各子公司表示衷心的感谢！

二、金融科技发展环境面临深刻复杂变化

我们必须清醒地看到，当前和今后一个时期，我行金融科技发展处于重要战略机遇期，但机遇和挑战都有新的变化，总体上机遇大于挑战。

从宏观层面看，科技创新成为我国构建新发展格局、推动高质量发展的关键力量。科技自立自强成为国家发展的战略支撑。“十四五”规划将科技自立自强作为畅通国内大循环、增进民生福祉、加快建设现代化经济体系、解决核心技术“卡脖子”问题的关键。中央经济工作会议将“强化国家战略科技力量”和“增强产业链供应链自主可控能力”作为今年经济工作的重点任务。发展金融科技是我行弘扬金融报国理念、助力建设科技强国的担当体现。新一轮科技革命深刻重构国际竞争格局。人工智能、区块链、5G 等新技术的创新与应用已经成为未来全球银行业竞争的制高点，发展金融科技是我行建设世界一流现代金融企业的动能源泉，更是助力高质量“走出去”和“引进来”、促进国内国际双循环的必由之路。全社会数字化、智能化升级加快。国家大力发展数字经济，提升公共服务、社会治理等数字化智能化水平，对金融的数字化供给能力、生态化链接能力提出更高要求。金融科技在银行的定位正在从“内部服务”向“外部链接、构建生态”转型，是我行融入数字中国建设大局、分享数字经济发展红利的重要依托。

从行业对标看，开放格局下同业竞争进一步加剧。“无科技、不金融”日渐成为行业共识。各行纷纷将金融科技作为重大发展战略，大手笔投入、跨越式发展。我行金融科技综合实力在银行同业处于“第一集团”，但部分细分领域存在短板。主要可比同业近年来在互联网政务、普惠金融等领域加速生态布局，一些中小银行在产品客户体验、互联网化运营、人工智能应用等领域具有比较优势。行业竞争格局正在发生深刻变化。互联网公司依托科技实力、体制机制、资本运作优势，构建起“金融+非金融”跨界完整生态。随着国家关于网络小额贷款、平台经济反垄断等监管政策陆续出台，行业竞争格局发生变化，如何抓住有利的政策舆论窗口期，重夺客户资源，打造差异化竞争优势，是我行面临的新课题。

从自身发展看，全行进入高质量发展新阶段，发展金融科技是全面赋能经营转型的重要举措。总行党委提出第一个人金融银行、境内外汇业务首选银行、重点区域竞争力提升、城乡联动发展等重大战略，对金融科技提出新的要求和期待。科技与业务关系向“科技驱动、价值创造”转型，科技对业务的创新驱动向“颠覆式”演变、服务赋能向“创新与生态内外并重”升级，金融科技成为我行推出新产品、创造新模式、培育新生态、创造新价值的重要切入点和发力点。

同时，我们也要直面工作中存在的挑战和问题，主要体现在：针对复杂多变的金融科技创新趋势的追踪与研判能力有待加强，快速响应与灵活布局能力仍需持续提升；自主可控和技术架构转型叠加，使我行生产运维面临近十年最大挑战，安全生产压力持续增加，配套的管理模式还存在适应性不足等问题；业务科技融合的数字化、智能化转型还不够深入、原创性不足，跨产品线整合欠缺，线上线下联动创新、相互赋能不够，市场叫得响的爆款产品不多；金融科技体制机制创新亟待突破，科技公司改革、人才激励培养等制约金融科技创新发展的关键问题需要加快解决。

面对新形势、新挑战，我们必须善于借势、用势、造势，在危机中育先机、于变局中开新局，精准对接国家发展战略，完善新形势下的举行创新体系，全行上下齐抓共管、同向同行，在新一轮发展浪潮中把握机遇，推动科技创新成果不断涌现，并转化为现实生产力，打造未来发展新优势。

三、2021 年总体要求和重点工作

2021 年是“十四五”开局之年，也是我行新三年规划起步之年，做好全年工作意义重大。今年金融科技工作的总体要求是：以总行党委“48 字”工作思路为指引，立足全行经营发展，突破科技创新难点、突出业务创新重点、凸显机制创新亮点，率先开启“数字化重构”新航程，高水平建设科技强行，锻造国内领先的科技创新与价值创造能力，为全行高质量发展增强金融科技力量。

（一）统筹发展和安全，打好安全生产“保卫战”。党的十九届五中全会提出“统筹发展和安全，建设更高水平的平安中国”。维护金融安全是关系我国经济社会发展全局的根本性大事。监管部门以及总行党委高度重视业务连续性和科技风险管理工作，金融科技条线要立足集团视角，把握底线思维，坚持不懈地提升全行信息系统的“安全性”，全力做好建党 100 周年等重要节点的安全生产保障，力争全年不发生重大生产事件和重大信息安全事件，实现信息系统可用率达到 99.99%，筑牢全行网络信息安全屏障。

对内确保全集团信息系统平稳运行。要完善顶层设计，围绕云计算规模化应用、主机下移转型、分布式架构体系等工作需要，形成面向运维的下一代架构提升计划。要强化生产管控能力，重点是做到“早预防、早识别、早处置”。要前移防控关口，持续推动重要业务场景链路架构提升，完善新一代全功能云平台的生产运维，提升分布式体系框架的运维支撑能力，预防信息系统运行风险、提高系统自愈能力。要强化实时监控，实施故障定位监控功能建设，提升故障定位效率和根因定位能力，完善资金账务一致性对账体系建设，努力提升重点事件监控发现率。要做好应急保障，持续提升应急

预案的可用性，完善科技与业务联动应急场景，加强演练突发性、机动性要求，完善主机下平台应急策略，实现应急保障能力再提升。各分行要认真执行重要时期生产保障工作要求，持续落实各项改进措施，统筹安排重大变更计划，配合总行全力确保信息系统稳定运行，确保全行的业务连续性。各子公司也要结合监管要求与公司实际，按照集团业务连续性管理有关要求，不断提高应急响应能力，保证各类系统安全运行。

对外提升全集团信息安全防御能力。按照公安部“实战引领、体系化建设、问题导向”的思路，推动防御体系向实战化、智慧化转型升级。在管理方面，要紧抓落实国家有关信息保护、数据安全等要求，组织各分行强化数据安全防护；推进全行级攻防靶场建设，全面提升安全团队攻防能力，保持同业领先、赶超业界先进。在运营方面，要依托全行信息安全运营中心，建设新一代安全态势感知智慧平台，会同相关业务部门建立业务安全策略基线，形成更加完善的安全运营指标体系和标准化安全应急响应流程与预案，提升主动监控和处置能力。在技术方面，要加强安全技术前瞻性研究应用，加快完成总分行服务器入侵防护等技术措施的推广部署，强化全集团网络安全实战能力。各单位要根据总行统一组织安排，积极做好安全加固措施部署、风险排查等信息安全演练准备工作，全集团一盘棋，织密筑牢集团安全防护网。

（二）坚持科技自立自强，打好科技创新“攻坚战”。坚持把科技创新摆在更加突出的位置，努力提升原始创新能力。落实强化国家战略科技力量部署，充分发挥我行作为银行业科技创新领军企业作用，借助投贷联动、科创基金等多种科创金融服务能力，发挥集团合力，带头打好银行业“卡脖子”技术攻坚战，提升技术供应链安全稳定水平，永葆我行科技的“先进性”，夯实全行高质量发展战略支撑。

一是强化科技基础设施建设。要夯实云计算、分布式两大技术基础平台支撑能力，力争入云节点规模达到11万，容器入云规模达到6.2万，超序时进度完成三年规划任务。要提升分布式技术体系的自主可控水平，全面支撑主机下移各业务场景需求，保持行业领先优势。要加快推动新数据中心规划和建设，以打造“多中心多活”数据中心新布局为目标，对基建、使用、运营进行统筹规划和设计，为承接高并发业务下的信息系统稳定运行、海量数字资产处理、重点客户托管服务打下基础，同时加快推进嘉定园区、外高桥园区的扩容建设及机房升级改造，开展绿色节能机房等领域的新技术研究应用，既立足长远，又着眼当前，满足业务快速发展的需要。要不断夯实网络基础设施，提升网络服务供给能力，满足新一代云平台应用部署需求；引入高性能局域网前沿技术，支持GPU集群建设，提升对人工智能、大数据等平台算力支持。要提升境内网点及境外机构网络智能流量调度水平，助力智慧网点建设，提升国际专线使用效率。

二是推进信息基础设施自主可控转型并取得标志性成果。“自主可控转型”是一项关系到金融安全与信息领域核心技术发展的重大工程，全行上下要高度重视，按照总行党委的统一部署，稳妥有序开展信息系统基础设施安全可靠转型工作，确保转型进度同业领先。要统筹平稳推进“下主机”，持续加强配套的开放平台基础支撑能力和运维保障能力建设。要稳步推进“自主可控转型”，做好国产芯片服务器、国产交易型分布式数据库等软件硬件产品解决方案研究及落实工作，达到人民银行2021年信创类产品采购金额占比要求，并保持同业相对领先位置。要有序推进“国密改造”，分批完成个人定期、信用卡、网上银行等业务相关功能的国密改造。金融科技部要做好统筹，平衡好自主可控转型与业务创新工作，通过加强与外部厂商合作、补充研发资源等方式，尽力保障全行各业务条线的重点需求研发。各业务部门也要提高站位，对转型工作予以充分理解支持和高度重视，积极推动相关业务系统自主可控转型试点、国密发卡等工作。

三是深化前沿技术研究应用。面向世界金融科技前沿，面向业务转型发展需要，打造我行在新技术领域的领先实力。要强化前沿技术的跟踪和引进，发挥金融科技研究院及创新实验室的作用，积极跟踪引进人工智能、量子计算等前沿技术，加强外部行业合作及联合创新，深化与重要院所高校、基础学科研究中心、国家实验室等国家战略科技力量的产学研用联合创新，探索组建创新联合体，并加快技术创新成果转化。要巩固我行在重点技术领域的领先优势，加强人工智能算法算力提升、区块链关键技术突破、5G音视频应用拓展，并推动实现场景规模化应用，提升新技术平台企业级服务能力和行业领跑能力。要积极释放数据要素新动能，紧抓国家数据要素市场建设机遇，夯实数据基础、统一数据标准、完善企业级数据应用管理平台，对内打造高效共享的企业级数据服务体系，对外加快“数据+场景”生态建设，努力做实、做活、做强数据资产。要扎实推进技术标准和知识产权两项基础性工作，积极参与分布式、人工智能、信创等新兴技术领域的国家标准、行业标准、团体标准建设，加强新技术领域的专利挖掘，确保专利公开和授权数量同业领先，提升在技术领域的行业影响力和话语权。

各分行要更加开放主动地研究应用新技术，密切跟踪业界、全行创新技术动态，在区域内寻找新技术的优质落地场景，与总行联动开展创新工作。要利用总行大数据服务云和人工智能机器学习平台，开展重点领域及分行特色产品的数据挖掘和分析，促进本行客户营销、产品创新、业务运营、经营管理等工作提质增效。要高度关注当地政府数字化转型进展，切实承担起属地对接服务的主体责任，与当地大数据管理机构加强合作，加快对接政务大数据平台，抢占合作先机和场景先例。要按照总行统一安排，积极开展专利挖掘，进一步提高我行专利储备。

（三）坚持科技驱动创新，打好业务创新“突围战”。创新是引领发展的第一动力。要坚持创新在我行发展全局中的核心地位不动摇。提升科技赋能业务的“实用性”，从以金融科技促进转型到更加突出金融科技在银行中的基因渗透，在同业率先启动数字化重构，从重点战略、优势领域、管理支撑三个维度深化科技赋能，聚焦经营主战场，做深做实精品柔性团队，推进“十百千精品工程”落地，业务科技融合打造一系列有影响力的行业精品生态，培育市场和客户新增长极。

一是赋能重点战略，夺取关键市场新突破。围绕第一个人金融银行战略，以生态化链接为抓手，加快将生态用户转化为我行客户，以数字化升级为主线，加速产品一站式组合拓展，以智慧化运营为目标，推进营销与管理升级。围绕境内外汇业务首选银行战略，推进智慧贸易金融生态建设，助力完善外汇业务运营体系，完善“工银全球付”系列产品。围绕重点区域竞争力战略，充分发挥软件开发中心各研发部和工银科技对口服务作用，深化金融科技监管、数字城市建设等领域创新。围绕城乡联动发展战略，构建“线下代办点＋流动服务站＋线上服务网”相结合、线上线下联动的多层次立体化服务格局，形成以金融服务为核心、“三农”服务紧密融合的综合服务体系，推动金融服务下沉。

二是巩固核心优势，构建转型发展新业态。推进e－ICBC升级，深化线上线下一体化服务体系建设，打造业界领先的线上金融服务平台。强化GBC协同联动，升级军队账户和资金监管系统，升级农村三资管理平台。做强公司金融长板，构建智慧产业金融生态，加快数字供应链融资产品及模式创新。发力普惠金融创新，创新推出“工银惠融”，提升经营快贷、e抵快贷拳头产品竞争力。筑牢综合金融服务领先优势，推动大资管、金融市场、养老金等领域经营管理智能化跃升。

三是提升管理效能，夯实业务发展支撑体系。强化全面风险管理，推进风险数据共享服务体系建设。聚焦供应链融资打造“链”式授信体系，推进融安e盾2.0建设。构建适应数字化经营的业务运营体系，推动远程授权等业务全行集中上收，持续推动现金实物领域信息化改造。持续完善财务、人力、办公、教育、内控等行内管理平台，升级内部管理模式、提升管理效能。

特别要深入推进实施“十百千精品工程”，将生态作为我行实现获客活客黏客大循环、社会资金行内大循环、数据融合创新大循环的龙头，打造“10＋”生态，“100＋”场景，“1000＋”案例，紧抓财政、社保、军队、“三农”等国家重点领域改革有利契机，深耕政务互联网、产业互联网、平台经济、县域经济、数字供应链等热点领域，做大、做强、做优我行金融生态，培育新增长极。接下来，总行各牵头部门要按照工程规划，制定实施计划表、路线图，抓好任务落地，确保实施效果。总行金融科技部门要统筹做好科技资源规划和保障，把好钢用在刀刃上，将市场、客户、基层的反馈作为科技战斗力、贡献度、成长性的检验标准。各一级分行、二级分行要根据总行的统一部署，做好精品生态、平台、产品的推广和应用。

（四）深挖改革红利，打好机制创新“持久战”。坚持以改革创新为根本动力，对标市场最高标准、最好水平，以“变”的闯劲、“实”的干劲打好改革持久战，营造全行懂、全行做的“大科技”创新氛围，凸显机制创新亮点，向改革要动力，向精细化、差异化管理要红利，实现变道领先。

一是以组织布局优化为着力点，畅通科技创新内循环。业务研发中心要稳步推进转型，在积极做好业务架构、需求整合、客户体验等工作的基础上，持续优化版本测试流程，逐步提升业务运营支持、数据分析等面向前台的服务能力。工银科技要加快改革突破，在重点地区设立工银科技子公司，积极推进成立合资子公司，高水平编制三年发展规划，持续提升价值输出能力，优化收入结构，提高市场影响力。各分行要顺应科技外向型发展趋势，重新定位分行科技人员，积极从生产运维向创新研发和营销支持转型。要按照总行统一部署，结合本行发展需要和资源禀赋特点，强化对外市场合作过程中的营销服务支持，构建科技人员和业务人员紧密融合的营销服务团队，提升客群化分析能力、精准化营销能力、数字化运营能力；要加快区域特色创新和场景建设，密切跟踪前沿新技术并寻找辖内优质落地场景；要积极打造适应未来发展需要的分行金融科技队伍，做好转型经验总结提炼，争做全行示范表率。

二是推动研发机制变革，提高研发效能。以客户为中心，加强科技供给侧结构性改革与业务需求侧管理有机结合，提升对市场和客户需求的响应速度。要从源头上加强需求整合，从客户出发严格需求准入管理，打破部门墙，确保系统唯一性，避免重复开发、无效开发，将有限的研发资源投向高价值领域、更好地用于满足客户需要。要推动IT研发运营的自动化、智能化升级，深度推进研发运营一体化转型，结合业界标准和我行实际建立工行企业标准，完成工具链主体改造，体系性提升软件交付的效率和质量。要实现敏捷快速研发模式常态化运作，充分发挥业务科技融合的研发团队优势，有效支持重点业务领域创新研发。要建立客户体验常态化循环提升机制，做好多渠道体验问题统筹研究，探索形成体验问题快速迭代优化机制。要倾听客户和基层声音、对标同业竞品，打造用户体验精品。要加大低效产品退出力度，细化低效产品退出的评价标准和管理规定，常态化做好产品和功能退出评估和实施工作，坚持应退尽退，对于保留的低效产品设置观察期限期激活，观察期过后仍无明显改观的及时予以退出，减少研发资源占用。

三是积极营造“大科技”创新氛围，畅通全行创新大循环。要注重选拔“懂科技善创新”的管理干部，优先选择创新氛围浓厚、科技基础较好的机构，推动熟悉科技、善于创新的干部进入班子或提拔为专家层级干部，自上而下地将科技基因渗透到经营管理中。要培育“懂业务通技术”的复合型人才，强化业务中高级人员的科技知识培训，探索建立常态化的科技和业务部门干部交叉任职机制，选择数家示范分行推广“人力部门招聘—科技部门锻炼—业务部门使用”的人才发展机制，提升业务人员的科技创新思维，助力破解经营发展之题。

四是实施创新攻关“揭榜挂帅”，激发创新活力。按照“选贤举能、唯求实效”的原则，研究制定创新攻关“揭榜挂帅”工作指引，以核心平台、核心技术为创新攻关对象，以客户数、交易量、产品活跃度等市场指标为衡量标准，针对重点项目进行张榜，择优成立业务与科技深度融合的挂帅团队，充分激发全行专业人才作为创新主体的活力，激励有能力的领军人物主动担当、勇挑重任、攻坚克难。今年重点要围绕十百千精品工程和重大科技攻关任务进行揭榜挂帅，集中优势资源开展创新攻关，让技术含量高、市场成效好的核心平台脱颖而出。

五是实施金融科技人才兴业工程，增强改革新动能。壮大科技人才队伍，持续推进“梧桐” “工匠”“英才”三项人才计划，稳步提升总行及分行本部新招聘人员中IT相关专业背景人员占比。加大科技人才培养，推进“千人工程”“万人工程”落实，抓好金融科技条线优秀年轻干部队伍建设；探索通过合作课题研究、联合技术攻关等“实战化培训”，培养具有竞争力的青年科技人才后备军；升级金融科技大赛，以赛代训，培养应用型、技能型人才。注重选用优秀科技人才，用好金融科技条线荣获工银卓越奖章、大行工匠、工银成就奖的获奖人员，确保人尽其才、才尽其用；持续完善人才选拔使用机制，让有真才实学、思维活跃的人才脱颖而出，让优秀人才在重要岗位上加快成长。持续优化队伍结构，健全以创新能力、质量、实效、贡献为导向的科技人才评价体系，推动能上能下，加大各级科技和业务部门之间干部交流力度。研究建立新型激励举措，加大对金融科技骨干人才的激励倾斜力度；研究设计金融科技专项奖励基金机制，对在知识产权、重大技术突破、重点创新项目等方面作出突出贡献的个人给予专项激励。深化金融科技成果宣传，积极参加金融科技重要会展及论坛，围绕金融科技热点发出工行好声音，持续扩大我行影响力。

六是加强科技采购合规管理和廉洁自律。科技条线专业性强，采购量大，科技部门容易成为被“围猎”的对象，必须深刻汲取“林晓轩案”教训，持续开展警示教育，做实以案促改，一体推进“不敢腐、不能腐、不想腐”。要坚持合规采购，正确处理提升采购效率与防控风险的关系，进一步落实科技采购工作牵头部门责任，杜绝“制度空转”，不断完善科技采购配套制度流程和内部监督机制，有效推进科技采购管理工作专业化管理。要深化科技采购项目的公开透明性，持续加大科技采购公开性力度，严控单一来源采购数量。要强化供应商管理，审慎推荐供应商，把控好科技集中采购工作“入口”，防控核心风险。

同志们，艰难方显勇毅，磨砺始得玉成。站在新的历史起点，全行上下要坚定信心、革故鼎新，以“总分结合、条线联合、业技融合”的强大作战体系，以“逢山开路、遇水架桥”的勇气和魄力，扬长、补短、强基、固本，完成好今年十分艰巨而富有挑战的工作目标，推动新三年规划开好局、起好步，为全行高质量发展注入更强大的金融科技力量。

在线上线下金融服务工作会议上的讲话

张文武

（2021年3月25日）

今天，我们合并召开网络金融和渠道管理工作会议，暨线上线下金融服务工作会议，主要任务是统一思想、深化认识，进一步强化“以客户为中心”的理念，统筹推进以线上平台、线下网点、远程银行为核心的线上线下渠道融合发展，全面部署2021年工作重点。下面，我讲三点意见。

一、2020年线上线下金融服务工作取得良好成效

（一）坚持客户发展量质并举，市场竞争力实现新

突破。线上客户发展保持同业领先。个人手机银行客户规模、月活水平全面领跑移动金融市场，客户数达4.16亿户，月活破亿达1.1亿户，与可比同业的优势进一步扩大。法人网上银行、手机银行年动户分别达621.5万户、306万户，同业“双第一”。线上客户覆盖率再创新高，手机银行客户覆盖率、对公网络金融客户覆盖率、线上业务量占比同比均持续提升。网点继续发挥客户经营主渠道作用。全年网点新增个人账户占全行增量的88.3%，新增对公结算账户168.3万户；其中智能渠道新增个人账户1 712万户。网点新增信用卡、电子银行客户及开通信使分别占全行增量的50.2%、43%和75%。远程银行成为客户维护的新渠道。维护个人与对公客户1 240万，其中个人客户同比翻了3番。客户满意度居同业前茅。客户满意度、忠诚度分别达86.4%、82.6%，远程银行人工接听率92.8%。

（二）坚持服务全行发展理念，赋能重点战略取得新成果。赋能第一个人金融银行战略。创新推出个人手机银行6.0、法人手机银行3.0等版本。加大县域网点资源投入，县域网点覆盖率较年初提升1.1个百分点。赋能境内外汇业务首选银行战略。推出手机银行跨境金融专区，打造外汇特色网点近300家，依托工银亚洲、澳门手机银行实现跨境移动支付突破。赋能重点区域竞争力提升战略。在重点区域优化网点423家，全行占比67.7%。完成1 611家网点装修改造，重点区域占比超59%。手机银行“美好家园版”已在1 509家县域支行上线。

（三）坚持渠道联动智慧协同，线上线下一体化建设取得新进展。加快渠道打通。创新推出云网点、云工作室、新一代“工小智”，实现网点、客户经理、手机银行和远程银行的打通。加快非接触服务推广。实现资信证明等27类业务“线上便捷受理、集约高效处理、服务快捷交付”，主要场景替代率超过80%。网点无介质服务已覆盖近140项高频交易，智能渠道办理无介质登录216万笔，同比增长49%。推动柜面业务线上化，通过“手机银行自助+远程银行审核”联动办理密码重置、借记卡解除挂失交易量月环比增长率近70%。加快渠道数字化转型。在16家分行试点智慧银行网点，与“智慧大脑”对接，丰富到店客户智能营销服务场景，完成知识服务等一批平台功能投产。

（四）坚持场景生态合作共建，GBC联动发展开创新局面。重点场景扩面增效、多点开花。全行共建成有效互联网场景5 287个，各类特色网点2 500家。其中，2020年新增场景2 350个，教育、交通、司法场景新增占比超95%，实现全面推广。政务、医疗、军队场景加速拓展，取得新的突破。巩固全量客户基础，联动拓户效应初显。带动GB端新增客户1万余户。其中，互联网平台场景通过API、聚富通、数字人民币业务新增合作方6 239个，银校通新增合作学校5 319所，司法拍卖新增合作法院160个。C端获客较年初新增850余万户，其中，银校通新增28.8万户，融e行、融e联全年签发医保电子凭证669万张、电子社保卡153.8万张。提升资金闭环管理水平，为全行稳存增存作出贡献。银校通年缴费资金超200亿元，对公存款余额235亿元。司法拍卖年保证金存款7.5亿元、拍卖成交资金17.8亿元，对公存款余额240亿元。同时，依托聚富通、商医云、工银大学·星火学堂等产品和服务，我们在政务、军队、医疗、教育等国家重点领域改革服务中贡献了工行力量。

（五）坚持提质增效价值创造，经营贡献实现新提升。网金中间业务收入保持增长，达194.64亿元，增量同业第一；中收四行占比、集团贡献占比、同比增幅分别达25.7%、12.2%、15.1%。渠道赋能增效作用明显提升，网均各项存款及储蓄存款均保持四行第一，低效网点数量和占比分别较年初下降712家和4.5个百分点。远程银行价值贡献持续提升，实现信用卡分期收入38亿元，营销经营快贷提款全行占比达65%，完成个贷及信用卡催收超1 300万户，通过风险监测为客户避损13.3亿元。

（六）坚持服务经济社会发展，疫情防控与金融保障取得新成效。全力做好疫情防控。坚决贯彻落实国家五部委金融支持“30条”措施、全行疫情防控“20条”意见，全方位做好网点常态化疫情防控，全力保障线上服务有力运行。助力消费提振经济。积极参与武汉、北京消费券活动，带动消费额约4.7亿元。深入践行电商扶贫。融e购消费扶贫交易额达45.58亿元、同比增长6.6倍。在空白县、贫困县新投入36家网点，贫困县网点覆盖率较年初提升2个百分点。

一年来，全行网络金融和渠道管理干部员工迎难而上、砥砺奋进，出色地完成了各项任务，取得了来之不易的成绩。网金业务荣获《环球金融》“最具创新力银行”等20项大奖。渠道业务荣获中国电子商会“2020年度十佳呼叫中心卓越客户体验奖”等9项大奖。在此，我代表行党委，向全行网络金融和渠道管理干部员工表示衷心感谢和诚挚问候！

二、新形势下线上线下金融服务面临的机遇与挑战

在世纪疫情和百年变局交织的复杂形势下，要做好线上线下金融服务工作，必须以更高站位、更广视野和创新思维，科学研判局势，把握新机遇、直面新挑战。

从宏观形势看，我国经济社会发展进入新时期。立足新发展阶段、贯彻新发展理念、服务新发展格局、推动高质量发展，需要建立与之相适应的金融体系。对标“十四五”规划，我行编制了新一轮三年发展规划。我们要围绕“十四五”经济社会发展重点任务和全行新三年规划，深入贯彻创新、协调、绿色、开放、共享的

新发展理念，高度重视金融科技创新、区域协调发展、渠道联动协同和开放生态合作，在加快推进“一网通办”“跨省通办”中服务好数字政府建设，在推进数字产业化、产业数字化中做大做强数字经济，在统筹区域协调发展、城乡联动发展中推进数字社会建设，在更好服务经济高质量发展的基础上，丰富数字化金融生态，提高线上线下金融服务效率，以高质量的数字化金融供给助推全行高质量发展。

从监管环境看，强化反垄断、严监管和隐私保护成为监管主题。一系列监管政策密集出台，整顿互联网存款、网络小贷，规范支付机构经营，严肃金融创新业态的持牌经营，有力推动了互联网金融回归本源，市场竞争格局总体朝着有利于主流金融机构的方向发展。与此同时，《民法典》的出台以及监管环境的变化，都对商业银行风险管理提出更高要求。我们面临客户隐私保护、数据合规使用、网络信息安全等一系列新课题。我们既要强化机遇意识，也要注意规范发展，严格落实监管要求，增强管理质效。

从同业竞争看，我行市场竞争力亟须加强。对标金融同业，平台竞争日趋激烈。我行平台、产品多而不精问题比较突出，操作流畅性、功能便捷性、服务精细度都需要强化，客户体验需进一步提升。手机银行总体领先，但部分业务，如线上普惠金融对标同业优势平台仍有差距。三方支付交易额仍然落后，推绑卡、促交易、提费率是当务之急。对标客户需求，我行金融供给仍不充分。面向小微、县域、长尾等客群精准服务能力有待提升。GBC 联动的综合服务能力有待加强，业务成效还不突出，僵尸场景客观存在。与股份制银行、互联网金融相比，网点核心优势正在弱化。与可比同业相比，转型滞后，急需用新认知、新定位、新手段重构网点。网点减负赋能压力仍然较重，亟须从充实营销人员、优化业务流程等方面进行赋能支持。

从全行战略看，线上线下渠道赋能作用亟须强化。对标全行战略落地，我们的平台支撑和渠道承载能力有待增强，业务流程断点多、服务标准不统一、客户体验不佳问题依然存在，网点业务量下降与网点员工工作压力增大之间的矛盾日益突出。特别是在赋能第一个人金融银行战略、境内外汇业务首选银行战略方面，我们的互联网思维、线上化手段运用还远远不够，科技创新作用仍有待发挥。在重点区域竞争力提升战略方面，网点转型亟待深化，重点区域网点覆盖及优化有待提升，网点统筹管理亟须加强。在城乡联动发展战略方面，传统路径依赖还比较严重，需要积极发挥线上渠道作用，创新线下渠道模式，延伸服务触点。

三、2021 年总体要求和工作重点

根据全行工作会议精神，结合当前最新形势，全行网络金融和渠道管理工作总体要求是：贯彻落实行党委“48 字”工作思路，把握“大、全、稳、新、优、强”发展方位，深入运用“三比三看三提高”工作方法，以新三年规划为指引，坚持客户导向、基层导向、结果导向、问题导向，以 e－ICBC 进程升级、网点竞争力提升、线上线下一体化为重点，服务全行重点战略，赋能全行数字化转型，打造功能最强、客户最多、体验最优、口碑最好的平台与服务，全面推动线上线下金融服务工作高质量发展。下面我着重强调五方面工作：

（一）明确重点任务，全面达成全年经营发展目标。客户发展和服务提升方面。个人手机银行月活突破 1.2 亿户、领先同业第二名 1 000 万户、四行占比再提升，进一步做大交易规模，提升金融价值贡献。法人网银、手机银行月均动户 400 万户、150 万户，大幅提升普惠金融支持力度。全行百万户均客户抱怨率压降 10%，个人价值客户留存率提升 1 个百分点，远程银行人工电话及文字接听率均不低于 92%、继续保持同业先进水平。渠道转型方面。深入推动线上线下一体化建设，打通断点、堵点，进一步丰富重点业务联动服务场景。完成网点布局优化 600 家，新建 150 家县域网点，网点装修改造 1 500 家，压降低效网点 300 家，网点群落化运营 300 家，打造特色场景网点 550 家。价值贡献方面。三方支付交易额力争超越可比同业，尤其是信用卡占比要提升，实现网络金融收入 218.83 亿元。乡村振兴交易额达到 22 亿元。远程银行中心实现信用卡分期收入 53 亿元。

我们必须把本专业的经营目标放在服务全行高质量发展的大局中再认识、再深化。一方面，要更加注重价值贡献。我们的客户目标不能简单追求“体量”的壮大，更要强调“体质”的强健，实现客户活跃度向管理资产的转化，提升客户金融价值贡献。另一方面，要用好“三比三看三提高”工作方法。时刻保持危机感和紧迫感，不唯任务、唯市场，在同业竞争中实现晋位争先。

（二）推进 e－ICBC 进程升级，全面打造线上金融第一品牌。全力推进智慧平台发展、场景生态合作、支付体系建设、构建智慧运维模式，全面推动组织在线、员工在线、服务在线、产品在线，树立 e－ICBC“第一线上金融”品牌形象。

一是推动智慧平台发展。强化“移动优先”的发展理念，以手机银行等自有平台为核心，以外部合作平台为延展，形成布局合理、主次分明、互动循环、融合发展的在线金融新格局。要全力打造“第一个人手机银行”。近期陈董事长作出了大力发展个人手机银行的重要批示，强调“要有明显效果和措施”。我们要抓好落实，切实巩固扩大客户规模、交易规模、品牌影响力的全面领先优势。要坚持移动优先，推动所有业务、所有创新、所有权益、所有产品优先部署在手机银行，支持全行更多运用线上手段拓展市场、竞争客户。要坚持

打造精品，今年总行将推出手机银行 7.0 版、普惠版、县域版和老年版 2.0 等重大版本创新。各行要结合总行新版本新产品的推出，加大对县域客群、年轻客群、高端客群、小微普惠客群的服务渗透，让手机银行成为基层维系客户、产品销售的日常经营工具，切实提高客户规模和交易规模。要构建法人网上银行与法人手机银行“一体两翼”对公平台体系。将法人网银、手机银行建设成为服务全行大中型集团和中小微客群的重要平台。要强化重点版本和核心功能的升级建设。总行今年将重点建设法人手机银行普惠专区和个人手机银行普惠专版，面向小微企业和企业主、个体工商户，打造一站式综合普惠金融服务平台，实现线上普惠金融贷款余额增量超 3 000 亿元。要建立“走出去 + 引进来”开放服务生态，夯实“交易 + 运营 + 风控”核心能力。各行要通过“标准版 + 特色版”提升重点客群专属服务能力，结合代发工资、外汇等高频、特色功能，加强使用辅导和主题营销，确保活跃程度牢固树立同业“双第一”。要推动融 e 购、融 e 联平台合规转型发展。融 e 购要实现电商业务合规经营。融 e 联要强化企业场景号等特色服务能力。要深化境外网络金融业务创新发展。聚焦重点地区和机构，强化境外个人手机银行辐射粤港澳大湾区的服务能力。要加快开放平台建设推广。进一步强化 API、工行云、聚富通等推广，做好外部平台服务入口运营。在平台建设中，要注意内外有别，行内为主、行外为辅，加强线上线下协同发展。

二是打造智慧金融场景新生态。围绕全行 GBC 工作方案，以金融价值贡献为目标，对成熟领域要尽快向金融服务功能转化，对重点潜力领域要加速市场突破，重点推广交通、教育、司法领域，重点突破政务、医疗、军队、平台经济领域，重点孵化乡村和同业领域。要推进智慧政务合作。围绕“一网通办”“跨省通办”，推动我行线上金融与政务办理互为嵌入、双向打通。各分行都要高度重视、主动沟通、积极对接，在市级层面都要有突破。司法拍卖合作法院全年要达到 350 家、交易额突破 70 亿元。全力打造“军 e 采”特色品牌。要深化智慧惠农服务。总行加快推进与农业农村部、乡村振兴局等中央部委及大型物流企业的总对总合作，分行要加强与县乡政府、供销社、农资销售企业等区域合作，形成“数字乡村综合服务平台 + 智慧农业云 + 融 e 购乡村振兴 + 手机银行县域版”联动组合拳，在县域市场通过线上化、轻资产方式实现获客 500 万户。要升级智慧产业合作。聚焦电子商务、交通物流、餐饮娱乐、信息通讯等产业，各分行要加强与世界 500 强、央企民企总部及产业互联网平台对接，实现上下游供应链资金的体内循环，所有分行在这个领域都要有所作为，确保全年交易金额突破 200 亿元。要深耕智慧生活领域。医疗领域，要把握好我行作为医疗器械行业唯一标识的建设推广单位这一核心资质，以三甲医院为突破点，力争商医云合作医院突破百家。交通领域，要推进无感支付、乘车码服务输出，服务客户出行超 1 亿人次。教育领域，要将教培云、银校通、三融平台等金融服务，嵌入“教育部门—学校与培训机构—学生与家长”GBC 联动场景，实现缴费学校超 2 万所、对公存款余额 300 亿元。要赋能智慧同业发展。以中小银行、农信社等为目标，探索合作新模式。

三是统筹推进支付体系建设。个人支付要坚持自有支付和三方支付互为补充。自有支付方面，打造以工银 e 支付为核心的支付结算产品和收单服务体系，实现小额做特色做便捷，大额保领先保安全。小额支付领域，要持续推进 e 支付功能、限额、风控、运营全方位升级改造，大力拓展收单市场，发力民生、交通、医疗等重点场景，提升消费、缴费交易占比。大额支付领域，要在风险可控、监管合规下，建立灵活的支付限额策略，巩固拓展汽车、财政税务、专项预付等大额支付收单市场份额。要实现工银 e 支付月动卡数突破 4 800 万、同比增长 20%，年交易额突破 50 万亿元。三方支付方面，要持续开展微信、支付宝绑卡优惠，加大对京东、美团等第二梯队支付机构前瞻性投入，提升信用卡绑卡和消费比例；要更加积极参与条码互联互通建设，打破收单壁垒。对公支付要坚持基础建设和场景拓展互为依托。要强化对公支付基础，夯实 B2B、代收代付等基础产品通道，推进网联等跨行支付、移动支付建设。要加大产业支付场景拓展，通过聚富通等场景金融服务，争揽财政、社保等国家重点改革领域资金，以及中石油、海尔等供应链龙头企业资金在工行体内循环，引导上下游单位加入我行产业支付生态圈。跨境支付要坚持境外本地支付和跨境移动支付互为支撑。境外本地支付方面，要巩固工银澳门业务优势，加快推动中国香港、泰国、新加坡等机构与本地央行及支付机构合作，聚焦旅游、教育等领域发展聚合支付收单。跨境移动支付方面，支持港澳、新马泰、加拿大等机构与银联等清算机构合作，实现境外手机银行跨境扫码支付。同时，我们要把握数字人民币作为新一代国家金融基础设施的核心定位，抢占数字人民币支付市场竞争高地。特别是北京、上海、深圳等试点地区分行要抓住试点窗口期，围绕数字政务、财政支付等联动场景，深化 G 端合作；围绕交通出行、民生消费等重点领域，抢占 B 端收单市场；以政府消费红包、民生建设、冬奥会、大运会等为契机，加大 C 端营销推广，确保核心指标同业领先。

四是构建智慧运维新模式。当前，全行高度重视场景生态建设，但场景运营能力却十分薄弱，业务成效没有达到预期。全行要加快推动网络金融用户运维体系的建设实施。网金部要发挥线上用户运维统筹与平台促活主体作用，牵头推进网络金融用户运维体系和基础设施建设，联动各部门推进用户运维流量生态建设。各产品和客户部门要承担产品供给、市场拓展与价值转化主体职责，加快推进支付、融资、投资等产品的在线化、智能化重构，强化主管产品和主管客群的精准营销。各分行要充分落实属地运营主体责任，做好互联网合作项目运营、属地用户常态化促活和产品精准营销。各项工作的核心，都要落脚到客户规模、资产负债规模等实实在在的经营业绩上来，持续提升市场竞争力和价值创造力。

（三）深化网点转型，全面推进网点竞争力提升。网点是全行最前沿的营销阵地和最宝贵的核心资源，当前网点转型发展处于关键时期，全行要毫不动摇、坚定不移地把网点做优做强，把网点打造成为工商银行最坚强的“战斗堡垒”。

一是明确网点转型方向和发展定位。网点强，则全行强，网点活，则全盘活。近期，陈董事长、廖行长就提升网点竞争力工作作出重要指示，全行要在做好传承的基础上，积极顺应客户金融需求和同业竞争态势变化，切实增强网点变革创新的紧迫感、责任感、使命感。要坚定网点变革方向，坚持客户导向、基层导向、问题导向和结果导向，加快推动网点从交易处理型向营销服务管理型转变，把经营业绩作为衡量网点竞争力提升的最重要指标，真正让员工有感、客户满意度提升。要根据网点分类、人员、资源配置、产品适宜度等情况，加载适合网点的新功能，提升网点综合经营的承载力，不断丰富网点对公对私、本币外币、存款贷款等一体化经营能力。要充分发挥网点线上线下、金融与非金融、人工服务与机器服务“连接器”的作用，把网点建设成为本地服务的枢纽。要适应共享经济的趋势，加大GBC联动、跨界合作力度，把更多的政务、民生、普惠等场景引进来。同时，网点人员要走出去，不能只在网点等客上门，通过变“坐商”为“行商”，把金融能力嵌入到周边社区、商圈等，使网点成为场景生态建设的承载体。要充分发挥县域网点在城乡联动中的作用，通过人员外拓、渠道与服务下沉等方式，使网点成为城乡联动的“桥头堡”。要在网点创新发展中树立数字化转型共识，从组织形态、管理机制、经营方式等方面系统推动网点数字化改造，使网点成为全行数字化转型的前沿阵地。

二是继续推进网点布局优化。要加大重点区域网点投入，适度压缩人口净流出、资源匮乏等区域网点总量，推动新型智能设备在重点分行和县域市场率先推广，用新模式、新业态在重点和空白县域新投入网点150家，完成县域网点装修400家，积极探索新渠道载体下沉乡镇。要加速优化网点业态，针对现有的450家分理处、储蓄所加大升格或迁撤力度，明年实现这类网点“清零”。要树立规划设计是灵魂的理念，着眼一线需要精心谋划网点优化建设方案，引入“外脑”获取专业化赋能，提升建设装修品质。要科学配置网点建设装修资源，加大老旧网点装修力度，通过网点环境微改造做好网点动线治理和功能提升。要在市场布局中重视多渠道协同作战，运用“网点+手机银行”“远程座席+自助设备”等模式，力争以更高效率、更紧密的协作，实现对本地市场的立体化、多渠道覆盖。

三是强化网点队伍建设。要抓好网点负责人统筹管理，总行制定了《网点负责人管理办法》，各行要做好落地实施，通过管好关键少数提升网点竞争力。要持续加快推进网点运营改革，深化岗位优化与劳动组合，加大智能技术、设备在网点中运用，释放更多人员充实到一线营销队伍中。要加强网点人力资源倾斜，以增强网点营销服务“战斗力”为目标，优化网点人员结构，对标同业持续提升网点综合营销服务人员占比。要研究建立网点员工“引得来、留得住、用得好”的体制机制，通过优化职务层级、改善工资收入、拓宽职业通道等方式，提升网点岗位吸引力。要加强对网点员工特别是网点负责人的培训，提高覆盖比例，创新培训方式，把业务指导落到实处。

四是解决网点突出问题。前期总行面向1万多家分支机构开展调研，收集了很多突出问题。要坚持基层导向和问题导向，建立问题台账，解决服务流程断点多、线上线下体验不一致、网点排班不合理等问题，从总分行层面发力，做好业务、流程等顶层设计和制度优化。从调研结果看，约57%的基层员工认为会议多、挤占营销时间，约46%、43%的员工认为各类检查、报表填报的负担仍然过重，对于这类一线诉求强烈、容易反弹的老问题，各行要高度重视，确保真正长效减负。对于一线急需后方加强赋能支持的问题，总分行各部门要服从并服务于一线“战斗”需要，从资源投入、协同营销、服务响应等方面提供远程“炮火”精准支持。要解决网点信息系统分散、断点多等问题，打通各类系统、构建统一视图，消除“数据烟囱”和“信息孤岛”。数字化不是“无人”服务，而是有温度的人工服务与高效率AI服务的无缝无感协同。要通过建立完善全渠道视图、平台化赋能等体系，实现对网点的集约化、智能化、可视化管理。要构建网点现金智慧运营服务新模式，应用新型设备减轻网点现金工作负荷，释放客服经理潜能，减少员工压力、提高幸福感。要优化网点考核、资源配置等体系，完善网点效益还原分配管理，精简指标数量。要丰富“工行驿站”服务内涵，开展各类主题公益活动，同时注重把握商业逻辑，提升价值贡献。要丰富完善网点智能营销、服务、管理等场景，建立从研究储备、探索试点到复制推广的完整链条，在综合网点推广35个标准化智慧场景。同时，升级“云网点”2.0，丰富功能，改善体验，加快推广。

五是抓好方案谋划和落地执行。总行已明确网点竞争力提升工作由渠道部总体牵头，运管、人力、财会、个金、公司、风险、教育、深改办等部门共同参与，正在抓紧制订网点竞争力提升方案。总分行要建立由行领导挂帅的网点竞争力提升工作领导小组，总行各部门要把职责摆进去，为基层着想，放下部门利益，自上而下消除“政策天花板”“系统墙”“制度壁垒”。总行将设立“网点实验室”，将现实的网点搬到实验中去，通过透彻研究网点，为网点转型和问题解决提供支撑。渠道专业要成为网点的“代言人”，为网点“遮风挡雨”，下沉工作重心，首先当好“店长和店小二”。要鼓励和引导一批分行先行先试，尽快形成一批行之有效的实践模式，尤其是要选择一批二级分行开展多路径综合试点，着重探索如何因地制宜优化网点管理层级，如何从全量客群经营、渠道协同作战、资源考核配套、公共服务提供、监督检查整合等方面抓好统筹管理，面向辖区提升对公对私、线上线下一体化综合作战能力。

（四）坚持以客户为中心，全面深化线上线下一体化发展。线上线下渠道是客户“第一触点”，是工商银行的核心平台。我们要坚持以客户为中心，高度重视客户“第一触点”的建设和优化，加快推进线上线下一体化服务体系向纵深发展，实现“一点接入、全渠道响应”。

一是打通渠道断点、流程堵点。进一步推进手机银行、物理网点、远程客服、客户经理之间功能联通、服务协同。要大力推广手机银行云网点、云工作室，为网点、客户经理营销、维客赋能。要推动重点产品和营销活动在云网点、云工作室的常态化发布与运营，加强对新功能、新方法的梳理总结和推广培训，让网点员工、广大客户充分了解、积极使用。要深化手机银行与远程银行业务打通，扩大“手机银行自助＋远程银行审核”联动应用范围。要持续深化线上线下一体化运营服务，推动网点存量业务线上化迁移，加大“线上下单、线下邮寄”O2O模式改造推广。要加快网点无介质服务建设和推广，在安全合规下通过手机银行扫码代替银行卡办理等方式，实现柜面和智能渠道无介质改造。

二是强化线上线下场景融合赋能。一方面，要推动线上特色场景向网点延伸。这既是我们区别与互联网企业的发展优势，也是我行网点转型发展的重要方式。要充分发挥网点拓展本地市场、承接线上场景、引流推荐黏客等作用，推动银政、普惠等业务在网点、手机银行等渠道的统一部署，挖掘全行特色网点建设经验，提炼可复制的模式做好推广。另一方面，要加强网点对线上金融服务的营销推荐，把手机银行推广作为重中之重，优化业绩归属和考核激励，激发网点使用手机银行活客维客的积极性。要加强手机银行7.0版、县域版等新版本、新产品上线后，在网点的联动宣传和首用辅导，将工行服务迅速推向市场。要推动第三方支付、工银e支付、电商促销等优惠活动在线下网点的营销和宣传，引导绑卡签约及交易，提升个人客户综合贡献。

三是完善远程银行协同服务体系。要充分发挥远程银行连通线上线下、服务个人对公的中枢优势，丰富完善“智能＋人工”协同服务体系，将之建设成为面向全集团开展共享服务、集约经营、价值创造的重要平台。要深化价值化转型，运用数字化、线上线下一体化等新模式，完善个人和对公客群集约维护模式，不断扩大客群规模、丰富业务场景，让其成为客户信赖的在线金融“管家”和赋能条块发展的重要合作伙伴。要深化数字化转型，继续丰富智能营销服务、智能运营管理等应用场景，加快利用智能技术替代基础人工服务，把更多人员投放到高价值业务领域。要加速工小智的全渠道协同部署，丰富完善智能外呼、资产诊断等160项跨渠道联动场景，促进工小智、人工客服与手机银行、网点等渠道的深度协同。

（五）坚持党建引领，全面巩固经营发展基础。我们要深入贯彻落实党的十九届五中全会精神，坚持“以人民为中心”的发展思想，推动经营质效提升。

一是坚持客户至上，提升服务品质。要运用好客户回声平台，强化市场洞察与内情体验，进一步提升线上线下客户服务水平。要关注特殊客群服务，综合运用科学选址、硬件改造、流程优化等方式，优化完善服务体系，履行好社会责任。要继续完善条块齐抓共管的大服务联动机制，聚焦关键旅程推动流程再造，聚焦痛点做好源头治理，进一步强化对客户投诉问题、监管转办案件等的整改。要持续提升远程银行服务品质，做好建党100周年等重要时期的服务保障。

二是坚持守正创新，强化合规经营。对内，要完善风险防控机制，强化制度传导和落实。对外，要紧盯外部合作、重点业务等关键方面，加强洗钱风险管控、客户信息保护、合作机构管理、涉赌涉诈交易管控。要强化廉洁自律。坚决执行廉洁从业规定，从严管理预算支出，加强营销费用合规管理，特别是在U盾采购、网点装修、场景建设、三方支付、电商促销等关键方面，严格履行采购程序，强化廉洁风险管理。

三是坚持以人为本，激发经营活力。要加强员工关爱。总分行要充分用好员工心声平台，畅通基层员工与上级行的沟通渠道，广泛听取员工的声音，做到直面问题、解决问题、及时回应，不断提升员工满意度。要牢固树立“人才是第一资源”的理念，着眼全行数字化转型发展需要，打造复合型人才队伍。

同志们，2021年是全行新三年规划的起步之年，我们要紧扣高质量发展这个主题，切实将党中央决策部署贯彻落实到网络金融和渠道管理各方面工作中去，按照行党委工作要求，推动全行线上线下金融服务高质量发展，助力新三年发展规划开好局、起好步！

在全行品牌建设与舆论宣传工作座谈会上的讲话

张文武

（2021 年 6 月 2 日）

品牌建设和舆论宣传工作，是全行一项战略性、基础性工作，也是总行党委高度重视的一项工作。刚才，几位同志作了很好的发言，提了很好的建议，请总行办公室会后梳理研究。今天，我主要谈三个方面的想法。

一、品牌建设和舆论宣传工作开展情况和面临形势

（一）我行品牌建设和舆论宣传工作成效显著。近年来，我行品牌建设和舆论宣传影响力领先市场，传播影响力、新闻报道总量、权威媒体正面报道、微信等新媒体影响力，均领先同业。其中，ICBC 品牌连续五年获评“全球最具价值银行品牌”；舆情管理工作连续两年在银保监会考核中名列同业第一；在《中国银行保险报》等市场评价排名中，我行网络正面传播力每月都排名第一。总体而言，我行舆论引导工作主动有效，声誉风险平稳可控。

（二）充分认识品牌建设和舆论宣传工作面临的新形势。

一方面，党中央对宣传工作提出了新的更高要求。我们党历来重视宣传工作。党的十八大以来，以习近平同志为核心的党中央，面对世界百年未有之大变局，把宣传工作摆在重要位置加以谋划和推进。习近平总书记多次对重视和做好宣传工作作出重要指示批示。今年 5 月 31 日，中共中央政治局专门就加强我国国际传播能力建设进行了集体学习。习近平总书记强调，要深刻认识新形势下加强和改进国际传播工作的重要性和必要性，下大力气加强国际传播能力建设，形成同我国综合国力和国际地位相匹配的国际话语权，为我国改革发展稳定营造有利的外部舆论环境，为推动构建人类命运共同体作出积极贡献。我行作为国有大行，要认真贯彻落实习近平总书记重要指示批示精神和党中央决策部署，不断加强和改进宣传工作，努力占领舆论主阵地、弘扬正能量，为党的金融事业发展营造有利的舆论环境。

另一方面，品牌建设和舆论宣传工作压力增大。从自身看，我们受关注度很高。工行是全球第一大行，是国际国内看待中国经济金融状况的一个重要窗口。在国内，我们是线上线下业务承载力最大的银行机构，业务量大意味着风险点相对较多，带来的舆情压力也比较大。在国际上，随着我行国际化发展稳步推进，国际政治经济因素对我们的影响增大，个别国家或者非政府组织可能把我们作为舆论战的攻击点，造成复杂的舆情事件。此外，作为大型上市银行，我们的利益相关者很多，各方面对我们承担社会责任的期望也很高。

从外部环境看，传播环境发生了很大变化。随着互联网传播的快速发展，传播渠道从传统媒介向新兴网络平台转移，谁能用好互联网媒介，谁就能以更低的成本、更精准的方式将产品和服务送达客户。现在微信、微博、抖音及大 V 的影响力，包括一些名人朋友圈的影响力都比较大。我们要主动适应传播环境的变化，不断改进宣传工作，更好地运用互联网思维做好品牌建设和舆论宣传工作。

（三）清醒认识当前品牌建设和舆论宣传工作中存在的不足。

第一，潜在的声誉风险隐患仍比较多。当前，涉及银行机构的负面舆情高发，给经营管理带来很大风险。今年前 5 个月，全网监测我行敏感信息每月超过3 000 条。虽然我行舆情管理相对领先，但是管控压力仍然很大。任何一条舆情处理不好，都有可能快速传播，形成舆论压力。同时，前 5 个月，总行各部门报告了 100 多件声誉风险隐患，涉及人员管理、信息安全等各个方面。境外机构、控股机构的声誉风险隐患也有所增加。这些声誉风险隐患，需要我们高度警觉，增强敏感性，树牢底线思维，决不能掉以轻心。

第二，品牌建设和市场推广的专业性系统性有待提高。目前，我行的业务品牌化仍处于起步阶段。虽然全行有各类产品近 7 000 个，但品牌叫得响、在市场上很有冲击力的还不够多，进行品牌化命名和市场推广的不足 130 个，品牌化率仅为 1.8%。有些产品由于缺乏有效的运营和推广，长期几乎没有业务量。同时，业务发展中倾听基层和客户的声音不够，经营管理存在一定的断点。

第三，品牌建设和舆论宣传主体意识存在一定偏差。主要表现是品牌建设和舆论宣传与业务营销还存在一些脱节，“做”和“说”没有有效地同步推进。职能

分工上，品牌建设和舆论宣传工作的主体主要应该是业务部门，办公室等品牌建设和舆论宣传职能部门更多应该承担牵头人和支持者角色。实际工作中，办公室的服务能力、宣传意识、专业性很强，迫切需要业务部门多提供素材；业务部门也急需把业务推广出去，但培育品牌方面经验不足、方法不多。解决这些问题，需要各方建立更好的沟通互补机制。

第四，业务经营和舆情源头管控的衔接还不够。舆情的表象是舆论宣传问题，但本质是经营管理问题。出现负面舆情之后，做应急处理、正面发声等工作是必要的，就好像感冒发烧时退烧是必要的，但是一定要从根源上解决问题。近年来，我们发生的舆情事件，大多数是由产品设计、业务管理、客户投诉等方面的问题引发的。对此，要高度重视，压实声誉风险管理责任，从源头上管控舆情，防范声誉风险。

二、在更高层次上谋划和推动品牌建设和舆论宣传工作

（一）进一步提高品牌建设和舆论宣传的认识与站位。

一是高度重视，更加主动地做好宣传。一方面，要保持高站位，始终对标党和国家事业的需要，对标工行高质量发展的需要，统筹谋划，高标准推动。另一方面，要增强主动性。酒香也怕巷子深，切忌以“宇宙行”自居。好的业务要积极宣传，主动发声，将影响力转化为竞争力。

今年，要力争在人民日报、新华社、中央广播电视总台等中央媒体报道数量增长 20% 以上，推出一批质量高、影响大的重磅报道。要进一步提高广告的运用水平。央视广告是我行单项投入最大的一个渠道，其覆盖能力、公信度非其他广告渠道所能及，希望总行业务部门加强拳头产品广告的开发，积极用好央视广告资源。

二是增强品牌意识，更好地融入业务闭环。当前，金融业品牌竞争总体尚处于竞争的“蓝海”阶段。我行很多产品和服务领先市场，作为业务部门，要学会做和说“齐步走”，综合运用行内外渠道，让信息精准触达客户，实现经营和口碑“双提升”；品牌牵头管理部门要加强宣传策划和服务支持，加快形成客户和市场导向的品牌生态，走出一条具有工行特色和市场竞争力的新路子。

三是进一步聚焦靶向，做好精品。宣传点有很多，但关键信息要高度聚焦，真正聚焦服务客户，聚焦核心业务、核心平台，把好的产品和服务做成精品和名牌。品牌建设和舆论宣传工作要更主动、更好地融入经营管理中，更好地服务拳头产品的打造。

（二）持续提升品牌建设和舆论宣传专业化水平。

第一，做好集团统筹联动。具体来讲是“三个坚持”：要坚持全行一盘棋。总行要进一步加强统筹谋划，实现全行宣传资源配置最优化，宣传效果最大化。要坚持协同出合力。各机构要跟紧总行，做好联动，形成全行“大合唱”的声势。要坚持自身有特色。各部门、各机构要结合自身实际，在落实总行宣传大方向的基础上，做好特色化、差异化宣传，确保在本专业、本地的宣传领先市场。

第二，进一步明确牵头部门和业务部门的职责。总行办公室作为全行品牌建设和舆论宣传工作的抓总和牵头部门，要承担好制度建设、总体策划和督促推动职能，对集团形象、全行主题宣传、重要战略宣传要主抓，每年还要抓好部分拳头品牌的打造。在具体项目上，则是业务部门为主体，办公室指导支持。为更好地落实各方主体责任、凝聚合力，未来一段时间，要探索实施年度重点宣传项目名单制管理，由办公室牵头。各部门对具有战略意义且需重点宣传的项目，要提前向办公室报备，明确人、财、物等重点保障需求，由办公室评估后统筹保障。各分支机构也要参考总行，做好牵头部门和业务部门的分工协作。

第三，形式和渠道要多元。分众化、精准化传播是一个大趋势，要根据客户的需求和接受特点开展宣传。对于同一作品，要统筹运用传统媒体和新媒体，充分调动集团各类宣传资源，努力实现一次制作、多元分发，不断提升集约化、精准化传播水平。要持续完善全媒体矩阵。其中，总行官方微信作为工行的“新闻联播”，要高效高质地将总行党委重要决策及全行重大新闻传播到行内外。我行牵头的“银行业保险业小编联盟”受到银保监会和同业的高度认可。要进一步拓展“朋友圈”，确保我行在公关领域的行业引领地位。

第四，宣传内容要鲜活。鲜活是宣传亲和力、感染力和生命力的源泉。近年总行拍摄的一些宣传片就来自于基层一线真实发生的故事，取得了很好的效果。我们每天都在服务客户，素材是取之不尽、用之不竭的，要善于从基层、从群众中挖掘案例。同时，做宣传要做“小说家”“戏剧家”，重走心、接地气，让客户更容易理解产品、接受服务，与公众拉近距离、产生共鸣。

（三）扎实抓好当前几项重点宣传工作。

一是扎实做好党建宣传。要把全行工作与党中央决策部署精准对标，重点宣传我行通过高质量党建引领高质量发展，打造国有企业党建标杆的举措和成效。要注意党建宣传的精准性，对内充分利用行报、行刊、网讯等内部平台，推出系列宣传；对外着重借助主流媒体，深度挖掘报道党员干部先进典型事迹。要确保我行党建宣传既准确专业，又生动鲜活。今年是建党 100 周年，希望全行进一步加大力度，把党建宣传推向新的高度。

二是大力开展服务国家战略和实体经济宣传。突出宣传我行在服务国家战略实施，支持科技创新、绿色发展、制造业高质量发展，服务民生消费，服务乡村振兴

和民营小微等方面的新举措、新亮点、新成效。继续推进“工行温度”宣传，让“人民满意银行”的形象更加深入人心。

三是深入推进我行重点战略宣传。充分发挥品牌建设和舆论宣传作用，“个人金融”方面，要“促深耕”。以“第一个人金融银行战略”品牌体系发布为基础，打造优势突出、气质鲜明的个金业务品牌矩阵。“外汇业务”方面，要“储势能”。目前，外汇业务战略的品牌架构研发已基本完成，要择机举办发布会，打出一批叫得响、口碑好的外汇业务品牌。“重点区域”方面，要“绘全景”。目前，总行已凝练出我行服务区域发展战略品牌的“四梁八柱”，下一步，要结合品牌发布安排，着力增强话语权，提升美誉度。“城乡联动推进乡村振兴”方面，要“显担当”。以金融助力乡村振兴品牌为统领，加大对我行服务“三农”、促进城乡生产要素双向流动、深化县域普惠金融服务等方面的宣传。深入推动“童行人”“健康快车光明行”“童心港湾”等公益品牌项目，提升集团级公益品牌影响力。

四是持续抓好重要事件和时点的宣传。精准对标建设科技强国、实现碳达峰、碳中和等重要部署，谋划好科技优势、生态银行、绿色金融等主题宣传。对于今年进博会、北京环球影城开业、杭州亚运会等我行参与较多的事件，要加大创新力度，提前策划、精心组织宣传活动。同时，通过品牌联名、品牌植入等形式，提高在央视等权威媒体的曝光率。

五是持续深化国际传播。围绕服务国家战略、服务集团发展、服务当地经济社会发展，推出一系列既符合国际传播规律又具有工行特色的宣传报道。

三、进一步压实声誉风险管理责任

当前，银行负面舆情往往与公众关心的话题高度重合，很容易被“引爆”成为社会热点，演变成为群体性诉求，对经营管理带来重大风险。各部门、各机构务必要高度重视，按照监管要求和总行制度规定，守土尽责，主动担当，牢牢把握声誉风险管理的主动权。这里我着重强调四点。

一是高度重视声誉风险防控。在“七一”前后的敏感时期，各部门、各机构要高度关注舆情，从讲政治、保稳定、树形象的高度，扎实做好各项工作。对相关敏感事项、敏感政策、系统安全情况、新业务等，要慎之又慎，确保舆情平稳，避免重大声誉风险事件发生。

二是切实维护我行品牌形象。近年来同业出现的一些声誉风险事件，后续影响很大，甚至让社会质疑“银行是否还是存放资金最安全的地方”。工行一直以“穿越周期的稳健”著称，以“稳”为核心特点。“稳”的背后是信誉，是可信赖。工行的金字招牌，是一代又一代工行人接续奋斗的结晶，我们要越擦越亮，不能抹黑。

三是深入落实声誉风险管理的关键性制度措施。要压实声誉风险管理主体责任。严格落实属地责任制，属地既包括专业领域，也包括地域，专业和分支机构要双线负责。哪个专业、哪个机构出了舆情，这个专业、这个机构要负主体责任。要压实“一把手”责任。声誉风险背后体现的是专业和机构的管理水平。舆情风险相对内部发现的风险而言，影响更大，更难处理。如果一件事已经在社会公众中造成负面影响且没有引起重视，一定程度上反映出这个专业或机构的管理者在大局观念、掌控主要矛盾方面是有欠缺的。要加大声誉风险问责力度。去年 12 月，总行印发了《声誉风险事件责任评议及认定管理办法》。下一步，要持续加大问责力度，对于造成一定影响的声誉风险事件，将对相关责任人约谈、通报、诫勉谈话，乃至处分等。

四是强化声誉风险源头治理。声誉风险是次生风险，要防范好，必须深刻洞察、真正解决舆情背后的经营管理问题。近年来，全行持续开展声誉风险隐患排查，取得了良好成效，但仍有一些部门和机构对此项工作不够重视。对此，总行进行了点名通报。希望大家认真落实相关要求，做好声誉风险排查。尤其是对于舆情高发和集中的业务领域，要专项整治。另外，要严格落实网络信息发布管理责任。对于微信、微博、网讯等内外信息发布平台，要按照“谁管理、谁负责”原则落实管理责任，尤其要高度重视意识形态建设各项要求的落实。

同志们，今天就品牌建设和舆论宣传工作与大家做了一些沟通和交流，希望大家在工作中引起重视，紧紧围绕党中央决策部署和总行党委工作安排，更加主动作为，把业务和宣传更好地融合，为全行实现高质量发展、树立世界一流现代金融企业形象不断注入正能量，作出新的更大贡献！

在保障“七一”期间业务连续性与安全生产专题会议上的讲话

张文武

（2021 年 6 月 18 日）

今年是中国共产党成立 100 周年，为迎接党的百年华诞，党中央、国务院多次召开会议部署“七一”期间安全稳定工作。习近平总书记强调，近期全国多地发生生产安全事故、校园安全事件，各地区和有关部门要举一反三、压实责任，增强政治敏锐性，全面排查各类安全隐患，防范重大突发事件发生，切实保障人民群众生命和财产安全，维护社会大局稳定，为建党 100 周年营造良好氛围。前不久，人民银行和银保监会就做好信息系统安全保障作出专项安排；北京市公安局专门召开会议，对首都金融单位安全维稳工作进行部署，对银行内部安全管理、信访维稳、信息安全和应急处置等工作提出具体要求；总行党委也对加强安全生产提出明确要求。

工商银行作为国有大行，为近 7 亿个人客户和 890 多万对公客户提供服务，生产运行安全事关金融稳定，保证重要时期系统安全运转、业务稳定运营是必须履行的责任。今天召开这次会议，主要任务就是对全行保障“七一”期间业务连续性与安全生产工作进行全面部署。下面，我讲五点意见。

一、全力做好信息系统安全生产

信息系统作为全行业务运行基础，对于业务连续运作至关重要。目前，全行已正式启动信息系统一级保障机制。各机构要按照信息系统一级保障要求，全面强化防范管理、监测预警和应急处置等各项工作措施，确保全行信息系统安全稳定运行。一是认真组织开展风险隐患排查。要结合版本投产和重大变更等近期变化情况，对重要业务系统、机房供配电空调等基础设施、系统网络设备、安全设备的健康检查和性能容量情况进行再评估。要做好对机房等重要场所及危险化学品、燃油等重大危险源的管理，重点加强对电气老化、违规用火用电等火灾隐患的排查。各机构要以高度的责任心和严谨务实的态度，把可能存在的风险隐患考虑得再全面一些、应对措施制定得再周密一些。二是加强技术变更管控。要严格做好生产变更管理，在重要时期活动结束前停止计划性生产变更。对于本周末的版本投产，要加强风险管控，避免出现重大问题。三是强化系统运行监控。要确保各类监控系统正常运作，及时监测生产运行情况并处理各类告警信息。要严格执行突发事件报告制度，对于发现的重大异常情况，在第一时间开展应急处置，并及时报告总行。四是做好网络安全保障。数据中心要做好统筹管理，重点加强网络攻击事件的监控，加强内外部安全形势的分析研判，做好防范网络攻击应对准备。五是充分做好交易量高峰应对准备。要有针对性做好近期交易量高峰保障，高度关注“6·18”电商促销、信用卡集中还款日、重大业务营销以及季末各项业务办理，务必做好面向客户、涉及账务、大额资金、支付转账等类型交易的保障。六是做好突发事件快速应急响应。各机构要强化人员值班安排，对面向客户的重要系统、关键基础设施、网络突发事件应急预案进行再夯实。一旦发生突发事件，金融科技部门和相关业务部门要按照应急预案规范及时进行处置，保障业务连续性。七是高度关注首都安全生产保障工作。北京分行要特别关注建党 100 周年系列庆祝活动相关重点区域内网点、ATM 等设备的保障，提前做好巡检，配置充足的备机、备件及维保人员。

二、切实保障重要业务平稳运行

各机构要加强应急关键资源建设，切实提高业务连续性保障能力，确保“七一”期间重要业务的安全平稳运行。一是确保后台中心业务连续运作。总行集约运营中心要结合“2+2+2”多节点三级备份应急预案，从人员、场地、系统等多维度开展安全生产检查，确保极端情况下同城备份场地、异地中心业务接管等应急机制高效响应、快速处置；远程银行中心要保障电话和线上等渠道服务稳定，确保客户咨询服务等接听率平稳；现金营运中心要做好 ATM 管理、上门收款、现金调运、金库管理等工作，严格管库与守库、押运各方的业务衔接管理，严密款箱、现金等实物交接。二是落实营业网点业务连续性服务保障要求。各分行要组织辖内网点全面掌握《全行营业网点业务应急预案》，建立业务应急处置机制，保障网点业务运营和客户服务不中断。三是做好重要场所应急安排。各分行要组织营业网点、金库等重要场所做好防汛、防火、防震工作，根据当地汛情和天气变化，及时与属地监管部门沟通，合理调整营业时间，保证开门营业安全。要加强网点厅堂管理，落实防水防滑等措施，保证客户和员工安全。因自然灾害等原因暂时停业的网点，要及时告知客户，提示客户通过网银、手机银行等渠道办理业务。四是强化子公司重要业务运行保障。各子公司要对照集团业务连续性管理要求，加强业务和科技协同，确保基金、保险、理财等重要业务平稳运行。

三、扎实做好线上线下客户服务

各机构要牢固树立以客户为中心的服务理念，统筹配置服务资源，全方位加强客户服务管理，持续提升服务品质。一是全面做好客户服务。要结合总行近期印发的“客户体验痛点治理百日攻坚行动”和“我为群众办实事服务提升十大行动”两个方案，有效提升窗口服务人员服务规范度，进一步强化网点厅堂服务管理。要主动做好客户的服务沟通与情绪疏导，妥善解决客户诉求，坚决杜绝因服务不当和解释不到位导致客户投诉或负面舆情的情况发生。二是加强运营组织保障。营业网点要加强业务峰谷值预判，提前做好员工排班和组织调度。日常客户排队时间偏长的网点，要通过渠道分流、线上预约引导、区域协同疏导等措施，最大限度满足客户服务需求。要加强自助设备的巡检、监测与运维管理，及时进行清机加钞和故障排查，确保其供给能力和服务效率。拟装修停业网点要提前公告，科学引导客户至临近营业网点或线上渠道办理业务。三是妥善解决客户需求。要本着合法、合情、合理的原则，加强特殊人群和特殊需求的服务管理。要做好老年、行动不便等特殊客户群体的日常金融服务，提供便利设施，在服务中加强对自助使用智能设备、移动客户端、手机银行等功能的指导和帮助，彰显温暖工行的品牌形象。

四、着力消除客户投诉和声誉风险隐患

今年前5个月，全网监测我行月均敏感舆情信息达3 000条，近期客户投诉数量也有所上升。各机构要高度重视客户投诉和舆情的前置管理，力争将问题解决在现场，把隐患消除于萌芽。一是加强重大敏感舆情协调处置。各级机构“一把手”要切实担负起客户投诉与舆情管理的主体责任，提升全员舆情防控意识和处置能力。要充分发挥各级服务工作委员会、投诉工作联席会等机制作用，推动重大客户投诉和敏感舆情的妥善处理。二是强化隐患排查和源头治理。要坚持做好声誉风险隐患常态化排查，对舆情高发业务领域和关键环节，采取前置性管理措施，强化主动管理。全行正在开展“七一”期间舆情隐患排查和督导工作，各机构要按要求落实好每日舆情零报告制度，及时妥善应对负面舆情信息，杜绝声誉风险事件。三是高度关注客户投诉新动向。要高度重视监管转办投诉，对重复投诉、升级投诉制定精准策略，提高处置质量。要重视客户星级调整、基金到期兑付、电信诈骗、延本延息、版本投产等问题，提前作出预判，及时采取措施，避免客户投诉升级。四是规范员工网络言行。严禁在互联网发布与国家大政方针相违背的言论，尤其要禁止员工在境外自媒体发表不当言论，共同维护和谐的网络环境。要加强对外新闻发言管理，严格管理各类微博、微信公众号，严肃党建主题宣传，切忌利用党建主题宣传营销推广我行业务。

五、常态化抓好疫情防控

当前，境外疫情仍呈扩散蔓延态势，国内多地出现零星散发病例，个别地区发生聚集性疫情。各机构要深刻认识疫情防控的长期性、复杂性和不确定性，坚决克服麻痹大意思想和厌战畏难情绪，把“严”的主基调长期保持下去，抓实抓细疫情防控各项工作。一是密切关注疫情动态。要及时了解疫情信息，重点关注疫情中高风险地区动态，做好应对工作。要落实好员工健康监测、行动轨迹排查、核酸检测、重点人员隔离、发热2小时速报等疫情常态化防控要求，严守不发生聚集性疫情的底线。二是正确认识并积极接种新冠疫苗。各机构要充分认识接种疫苗的必要性，积极服从属地政府的疫苗接种安排，扎实有效推进员工疫苗接种工作，做到“应接尽接”。敏感地区所在机构要加快疫苗接种进度，严格按规定要求完成疫苗接种。三是科学加强防疫安全管理。要严格办公场所出入管理，做好室内通风和环境消毒，审慎举办聚集性活动。疫情中高风险地区所在机构要严格落实测温扫码、进出人员戴口罩等强化管理措施，严控疫情扩散风险。

需要特别强调的是，对上述保障业务连续性和安全生产的各项重要举措，总行归口管理部门要做好跟踪管理，确保落到实处。

同志们，做好“七一”期间业务连续性与安全生产保障工作，责任重大、任务艰巨。各机构要坚决贯彻落实党中央、国务院决策部署，认真落实总行党委工作要求，采取有力措施，确保全行业务连续运营和安全稳定，以优异成绩庆祝建党100周年！

在相关机构职能优化调整动员会议上的讲话

张文武

（2021 年 7 月 20 日）

今天我们召开会议，宣布行党委关于优化调整运行管理部、网络金融部、渠道管理部机构职能的决定。为契合数字化转型需要，改进客户体验，充分发挥物理网点和线上平台两大经营主渠道作用，整合优化业务流程和客户运营两大职能领域，推动线上线下相互协同、双向导流、一体化发展，经行党委通盘考虑、慎重研究，并由董事会审议通过，决定如下。

一、调整方案

（一）明确由运行管理部负责线下网点的统筹管理。承接渠道管理部的网点布局优化、装修标准设计、网点运营支持、网点服务管理、自助智能机具功能及业务流程建设等职能。网点竞争力提升专项工作，转由运行管理部牵头负责。

（二）明确将网络金融部定位为渠道平台部门。负责统筹线上渠道平台管理和客户线上运营，承接渠道管理部全渠道规划协同、服务管理和客户体验监测职能。根据部门定位，产品职能移交客户产品部门，其中 e 支付职能移交银行卡业务部、三方绑卡职能移交个人金融业务部。

（三）上述职能调整后，渠道管理部不再保留。

（四）调整相关部门下辖中心设置。渠道管理部下辖的远程银行中心整体移交网络金融部。网络金融部下辖的运营支持中心与远程银行中心整合；用户发展中心与创新研发中心整合优化，成立平台金融发展中心。融 e 联开发职能移交软件开发中心，并加快融 e 购合规整改。

（五）重新确定相关部门的处室设置和编制职数。调整后，运行管理部本部下设 13 个处室，网络金融部下设 9 个处室。部门人员编制、正副处长职数、资深及高级经理职数总量保持不变，运行管理部和网络金融部根据职能和处室调整情况相应承接渠道管理部编制职数。

职能调整后，干部员工原则上按“人随业务走”安排岗位。前期，三个相关部门已会同人力资源部制订了比较详细的方案，充分考虑了大家工作和成长发展需要，确保平稳调整到位。

二、机构职能优化调整的主要考虑

这次机构职能优化调整，目标始终明确，坚决把更好地服务客户作为研究制订方案的出发点和立足点，对“客户至上”进行了生动诠释。这次机构职能优化调整，遵循优化协同高效的原则，加强流程统筹、服务统筹、运营统筹、渠道统筹，减少机构数量、简化中间层次、减少职责分散交叉，让职能配置更科学、部门联动更顺畅，形成科学规范、自上而下的高效组织体系，从而更好为客户提供触手可及、无处不在的金融服务，打造新时代“您身边的银行、可信赖的银行”。

行党委在研究方案时，对近年来相关部门的工作都给予了充分肯定。运行管理部主动革新理念、加快创新发展，夯实风控基础，在智慧运营、网点岗位整合、流程优化等方面取得了一系列显著成效。网络金融部锐意创新、积极进取，e－ICBC 战略持续迭代升级，手机银行功能不断丰富，客户规模持续壮大，平台金融服务能力加快提升，“第一线上金融”品牌形象巩固树立。行党委特别对渠道管理部成立 7 年来的工作成绩给予了高度评价。7 年来，渠道管理部坚决贯彻行党委决策部署，服务全行发展大局，积极应对经营生态变化与客户行为变迁，主动作为、顺势而为，接续实施网点竞争力提升“七大工程”、深化网点转型“五大工程”、网点竞争力提升专项工作，推动网点总量布局不断优化、运营能力和价值创造能力持续提升、智能化服务加速升级、客户体验与口碑形象显著改进，管理效能与价值贡献显著增强，不断擦亮网点这块工商银行的“金字招牌”，为全行经营发展作出了重要贡献，在我行历史上留下了重要印记。

这些成绩的取得，是行党委正确领导的结果，也是全行所有渠道建设者们辛勤付出、努力拼搏的结果！在此，我谨代表行党委，向运行管理部、网络金融部、渠道管理部及奋战在全行各个渠道条线上的全体干部员工表示衷心的感谢！

同志们，今年是“十四五”开局之年，全行站在了推动高质量发展的新起点，渠道转型创新也即将翻开新的篇章。要清醒地认识到，我行当前的渠道转型创新，与风起云涌的数字化变革趋势相比、与客户对极致服务体验的追求相比、与日趋激烈的同业竞争形势相比，还存在诸多不适应、不契合的地方。例如，线下网点管理多头、经营功能不足、“战斗单元”尚未真正形成；线上渠道入口和功能分散，客户线上运营职能割裂，没有真正实现“一点接入、全渠道响应”；线上线下、柜内柜外流程存在断点堵点，跨渠道无缝衔接、标准一致的客户体验体系尚未建立；渠道平台与客户产品部门职责定位不够明晰，服务业务、赋能经营的导向落实得还不够充分，等等。

这次机构职能优化调整，既是直面当前问题的解决方案，又是顺应未来趋势的前瞻布局。总的目标是进一步做强线下网点和线上平台两大经营主阵地，整合优化业务运行和客户运营两大职能，推动线上线下渠道协同发展、双向赋能、一体化发展，深化“您身边的银行，可信赖的银行”建设，不断提升金融服务的适应性、竞争力、普惠性，助力打造世界一流现代金融企业。

具体而言，有如下几个重点：线上方面，做强网络金融部职能，以“线上优先”为导向，进一步加强手机银行等线上平台建设，优先在线上部署金融产品，推动业务线上化、移动化转型。线下方面，明确由运行管理部统管网点，推动解决长期困扰网点柜内柜外流程不统一、多头治理等问题。线上线下联动方面，由运行管理部统筹全流程建设和业务运行，打通相关断点堵点。由网络金融部统筹线上渠道平台管理和客户线上运营，加强服务统筹管理和监测，持续推动改善客户体验。更重要的是，要顺应客户行为变化趋势，以客户为中心，绘制好线上线下一体化客户服务同心圆。第一个同心圆，以个人手机银行 APP 为第一触点，发挥线上主阵地作用；第二个同心圆，发挥远程银行中心线上线下共享连接的作用，提供远程集约综合化服务；第三个同心圆，发挥线下网点本地服务核心枢纽作用，拓展服务边界，突出专业化特色化服务。做强客户线上运营，通过远程银行中心与网络金融部运营支持中心的整合，打造智慧集约的客户线上运营中台。做强平台、场景金融业务，通过网络金融部用户发展中心与创新研发中心的整合，加快开放银行、场景金融和平台金融的建设步伐，耕种好科技与业务深度融合的“试验田”。加快远程银行转型，通过远程银行与线上线下渠道的打通与协同，推动远程银行从服务支持型向服务价值型转型。

这次机构职能优化调整，另一个关键是要理顺与前台部门的关系。一是网络金融部之前承担的产品职能、三方支付中收等职能，统一移交给相关业务部门，进一步理顺内部机制，促进 B 端和 C 端联动，推动 C 端支付工具统筹发展，为客户提供更便捷的支付产品，搭建支付体系。二是运行管理部、网络金融部要明确自身定位，找准在全行战略布局中的位置，做业务部门的服务者、赋能者。要在守住风险底线的同时，强化客户思维、业务思维与经营意识，积极运用数字化手段、推动智能化转型，为专业条线、经营机构，搭好台、服好务、助好力。

三、推进机构职能优化调整的工作要求

完成组织架构重建、实现机构职能调整，只是解决了“面”上的问题，真正要发生“化学反应”，还有大量工作要做。今天的会议不仅是动员会，也是落实推进会。借此机会，我再讲三点意见。

第一，提高政治站位，统一思想认识。大家要切实提高政治站位，把这次机构职能优化调整放在全行发展全局的高度上来把握，深刻认识其重要意义，以平和的眼光看待变化、以主动的姿态适应变化、以积极的行动支持变化。行党委在这次机构职能优化调整中，始终坚持以人为本，充分考虑广大员工的利益和诉求。一是运行管理部和网络金融部按比例承接原渠道管理部相关干部及员工编制，还原加总后总量不变、一个不减，尽量为大家创造好的发展条件，绝不因改革影响大家发展。二是中心员工身份不变，总行身份依然是总行身份，实行“老人老办法”。三是办公地点后续如有调整，也一定从员工的角度出发进行充分考虑。此外，在调整过程中，行党委对于原渠道管理部每一位正式员工、在外交流和外派的员工以及从基层到总行交流借调的员工，都按照“人人有归属、个个有去向”原则，要求人力资源部逐一研究、妥善安排，请大家放心。运行管理部和网络金融部主要负责人要加强对新调入干部员工的关心关爱，关注员工心声，指定专人、公开联系方式，负责回复大家关心关切的问题，畅通沟通渠道。运行管理部和网络金融部班子成员和处室主要负责人，要把做好队伍思想工作贯穿始终，密切关注队伍思想动态，多听听大家想法，解决好员工实际问题。同时，要发挥模范带头作用，引领大家提振精气神、凝聚正能量、强化执行力，确保职能整合到位、职责落实到位，各项工作落地落实落细。运行管理部和网络金融部的干部员工要保持开放包容的心态，欢迎新员工的加入。团队之间要加快融合，同心聚力、相向而行，尽快将改革红利释放出来。

第二，平稳推进衔接，尽快理顺关系。这次调整，对部室间的职能设置、权责关系进行了优化和重新划分，涉及流程、制度、人员等方方面面的工作。运行管理部和网络金融部主要负责人要发挥牵头作用，对照目标、明确职责，尽快理顺关系，尽快度过磨合期，实现职能整合、工作配合、感情融合。要梳理好组织管理、报告路径、业务运营等关系，实现部门内、部门间、总分行职能、流程和业务环节的有效衔接。要尽快完成业务、人员、资产、档案、系统等划转和交接，确保不留盲区、不留死角。以上工作原则上要在 8 月底前完成。办公室、金融科技部等部门，要从办公设施配备、设备物品运输和业务系统调整等方面密切配合。这次“四中心变两中心”的职能整合设置了过渡期，网络金融

部与人力资源部要成立专门小组，对“两中心”的职能架构认真研究、科学设计，体现出当前和未来经营发展需要，确保在过渡期内完成整合。

第三，强化机制建设，加快创新发展。机制问题带有根本性、全局性和长远性。形成一套分工明确、协调配合、充满活力的工作运行机制是事业发展的保障。这次调整后，各相关部门要根据实际情况，抓紧健全完善内部各项工作运行机制，确保责任明晰、分工明确、相互配合，激发工作活力和战斗力。特别是要抓好组织建设，不论是班子成员还是普通干部员工，都要注意沟通协调、团结协作、密切配合，做到心往一块想、劲往一处使，切实形成干事创业的合力和内生动力。同时，各相关部门要以这次调整为契机，围绕如何深化线上线下协同、促进业务创新发展，积极谋划思路，明确工作方向，找准工作重点，推动各项工作迈上新台阶，力争实现此次改革的最优效果。

站在新起点上，希望大家将思想和行动切实统一到行党委战略部署上来，以高度的责任感和使命感，携手并肩、凝心聚力、扎实工作，为全行改革发展和经营转型作出新的更大贡献！

在全行疫情防控专题会议上的讲话

张文武

（2021 年 12 月 30 日）

随着元旦春节“两节”到来和后续北京冬奥会、冬残奥会举办、全国“两会”召开，疫情防控持续面临较大压力。12 月 27 日，行党委第 65 次会议专题听取了总行疫情防控专班的工作汇报，并就下阶段疫情防控工作作了部署安排。为贯彻落实好党委会精神和陈四清书记指示要求，切实做好重要时期的疫情防控工作，我讲几点意见。

一是始终绷紧疫情防控这根弦。常态化疫情防控已经持续一年多的时间，很多地市已经有较长时间没有出现本土病例，但近期多地散发的疫情再次警示我们，疫情防控的考验还远没有到结束的时候。“常态化”绝不等于“正常化”，“低风险”更不等于“零风险”，任何麻痹思想、厌战情绪、侥幸心理、松劲心态，都可能带来严重后果。我们必须时刻保持警惕之心，树牢底线思维，慎终如始，保持戒备，尤其是各机构疫情防控体系要处于随时激活状态，强化值班值守，紧跟疫情形势变化，加强全局分析、动态研判，及时优化防控策略措施，进一步增强疫情防控工作的前瞻性、主动性和针对性。

二是扎实做好人员管理。“两节”将至，人员流动量明显增加。特别是北京冬奥会、冬残奥会举办，预计将有超过 4 万人短时间集中来京。如此大规模的人员流动，疫情防控必须高度重视。要严格人员管理。做好科学引导，尽可能减少跨区域流动。严格按照管理权限提前履行相应的审批手续，做到“谁申请、谁负责”“谁审批、谁负责”。限制处于中高风险地区和陆地边境口岸城市的员工流动，其他地区的员工原则上不得前往这些地区。对“两节”期间因为疫情不能离开属地的员工，合理安排休假，维护员工权益。要做好安全提示。提醒外出员工加强自我管理，强化个人防控，提前了解出发地、目的地最新防疫政策，遵守当地防疫规定。外出员工一旦发现自身存在关联风险，要立刻报告并进行核酸检测；返岗前要按属地要求，采取有效手段确认健康安全状况。要遵守属地规定。尤其是对与本土病例有时空交集、境外归国、中高风险地区返回等人员，要严格落实好属地管理政策，遵守隔离和健康监测等要求。要抓好第三方人员管理。督促第三方公司严格落实人员管控主体责任，比照行内员工标准实施第三方人员疫情防控，真正做到“人数清、信息明、管得严、控得住”，确保不发生疫情感染链传播事件。

三是严格落实网点防疫要求。根据常态化疫情防控期间网点安全营业指南，统筹做好日常防疫、员工健康、客户服务、应急处突及监督督导等工作，用扎实的行动切实保障员工和客户的安全。要做好现场分区管控和场地消杀，落实好“测温、验码、采信息”要求，确保到店客户可溯源，避免网点内人员聚集。要做好应急预案，建立人员跨网点弹性调配机制，确保网点人员、防疫物资、电力设备、运营物资等充分保障。要做好信息发布，根据疫情变化，遵照属地要求调整营业时间，并及时公示。统筹好线上渠道、远程渠道等非接触服务，确保与客户联络沟通和金融服务不间断。

四是强化集中运营类中心业务连续性管理。要建立科学灵活的排班管理机制，实现不同班组间的有效隔离、不交叉见面，保证极端情况下业务连续运作。总行清算中心和集约运营中心要认真落实多节点三级备份管理机制，加强同城备份场地、异地互备中心热备管理，确保应急机制能够高效响应、快速处置，做好中心间随时切换准备。远程银行中心要在做好常态化疫情防控和日常服务运营管理基础上，结合业务和人员实际，做好应急工作准备，有效保障远程服务与业务运营平稳连续。现金营运中心要做好 ATM 运维、上门收款、现金调运、金库管理等业务衔接，完善极端情况下跨区域调运预案，保障现金营运平稳连续。

五是保障信息系统安全生产。各中心要组织力量，查漏补缺，进一步完善应对方案。同时，要加强内部管理，实现研发、测试、运行一体化应对及本行员工和外包人员一体化管理，确保版本正常投产和运行安全。要加强应急管理。数据中心要立足“两地三中心”，制订应急方案，准备好场地、通讯、设备、系统等必要资源和条件，细化多班轮换、重点岗位备份、AB 角隔离、机动队伍等措施。重点做好生产区域防护，强化信息系统应急处置、场所隔离和人员管控等准备，确保不同园区能够做到随时切换，以防万一。要加强系统保障。数据中心要强化上端监控，加大对疫情地区分行的支持和指导。各分行要按照既定预案进一步做好信息系统连续性运作保障，做实风险排查，采取必要措施消除潜在影响。要加强网络监控。强化对涉及外部网络连接系统的监测，重点梳理和完善“防攻击”和“防篡改”应急预案，强化分类施策，指导重点机构做好应对网络攻击的准备，坚决避免重大网络安全事件发生。

六是建立联防联控工作机制。对所在城市有我行多家机构，或多家机构共用办公场所等情况，要强化整体防控，完善联防联控机制。除北京外，由所在地分行牵头，以人员安全和场所安全为目标任务，严格落实属地和总行疫情防控工作要求，加强工作会商和措施协同，做实网格化管理。要严格落实安全责任制。共用办公场所的机构要成立疫情防控协调小组，实行“楼长负责制”，明确牵头机构和牵头责任人；独立办公的机构要明确责任人履行主体责任、第一责任，确保疫情防控工作扎实有效开展。楼长名单要向总行防疫专班报备。

七是完善常态化防疫下的客户服务。要牢固树立以客户为中心的理念，在“两节”、冬奥会和“两会”等关键时期，落实好疫情防控措施，以更高标准和更严要求做好金融服务。要加强线上线下一体化运营。引导客户使用“云网点”“中国工商银行客户服务”微信公众号等平台，更好满足疫情下客户日益频繁的“非接触”金融服务需求。善于化危为机，将疫情防控转化为我行“云工行”推广应用的有利窗口和契机。要突出重点。北京、河北分行等冬奥赛区所在机构，要指导基层网点加强冬奥服务网点团队建设，提升综合化服务能力。冬奥服务网点要对标高标准，通过开设绿色窗口、实行特事特办等方式，为客户提供最便捷的服务，展现我行品牌形象。要强化保障。科学合理备付现金库存，强化自助设备运行监测，坚持做好现金消杀和收支两条线管理，确保重要时期柜面、自助渠道及医院、民生领域现金供给充足和使用安全。加强对自助设备的巡查和维护力度，保障设备正常运行。

八是坚持做好疫苗接种工作。接种疫苗仍然是最有效的防控手段之一。实践证明，疫苗接种可以显著降低重症发生率，尤其是加强针，能够进一步提升病毒防控效果。目前我行的疫苗全程接种率已经超过 90%，下一步要重点推进加强针的接种。尤其是在口岸城市、京津冀地区和一些大城市机构，要加快推进，推动符合接种条件的“应接尽接”。总行将继续按周统计接种情况，各机构要做好组织推动。

同志们，做好“两节”、冬奥会和“两会”期间疫情防控工作，对我们是一次重大考验。我们要坚定信心，昂扬斗志，严格按照行党委部署安排，扎实有效推进各项措施落地，巩固来之不易的防疫局面，为经营发展创造更好条件，以优异成绩迎接党的二十大胜利召开！

扬帆起航正当时　不忘初心再出发　全面打造资产管理、私人银行、工银理财、工银国际高质量发展新格局

——在 2021 年资产管理、私人银行、工银理财、工银国际工作会议上的讲话

徐守本

（2021 年 2 月 9 日）

今天会议的主要任务是，全面落实全行工作会议精神，总结 2020 年资产管理、私人银行、工银理财、工

银国际工作成绩，研判新形势新变化，部署2021年工作任务，在服务新发展格局过程中实现高质量发展。下面，我讲四点意见。

一、关于2020年工作成绩

过去一年，面对疫情冲击、政策调整、行业转型、市场波动等复杂局面，资产管理、私人银行、工银理财、工银国际坚持党建引领，全面贯彻党中央决策部署，落实总行党委战略安排，统筹推进疫情防控、金融保障和经营管理，取得了好于预期的经营成果。

（一）经营业绩总体平稳。规模方面，非保本理财规模2.7万亿元，四行占比超过33%，其中工银理财新规产品规模突破1万亿元大关，同比增长约80%，非保本理财和新规产品规模均居市场第一。资管业务全年新增投资约9 700亿元，其中工银理财新增投资7 200亿元、年末投资规模11 704亿元，积极为疫情防控和“六稳”“六保”提供金融支持保障。客户方面，在销售部门大力支持下，为2 561万个人客户、72万法人客户、10.2万私银客户提供优质理财服务，为客户创造收益1 077亿元。私银客户总量增量均位居四行第一，超高净值客户数创历史新高达到2万户。收入方面，资管业务迎来三年来的触底反弹，实现中收130.59亿元，四行占比提升1.46个百分点至35.23%，稳居市场第一，其中工银理财实现中收40.38亿元，稳居行业第一；私银业务实现中收23.5亿元，客户综合价值贡献80亿元，同比增长超40%；工银国际实现营业净收入35.4亿港元、净利润18.8亿港元，ROE、ROA和成本收入比均保持同业较好水平。总体看，我们坚持稳中求进总基调，运用“三比三看三提高”工作方法，在疫情防控、金融保障、经营发展的大战大考中展现新担当，有效稳住了规模、客户、收入和市场地位。

（二）改革转型稳中有进。资管业务按照监管要求制订整改计划，依法合规推进存量理财整改回表，全年压降非保本存量资产约7 400亿元，完成非标资产回表285亿元，完成债券回表1 400亿元；推进存量理财净值化和新规化改造，净值化改造规模超7 100亿元；六端发力推动受托私银处置，受托以来压降产品规模超4 100亿元，去年4月提前实现息差转正目标。私银业务推动从利润中心向直属机构、从产品部门向客户营销服务部门、从产品自主供给向多渠道全市场产品遴选“三大转型”；加快推动综合化客户服务，17家分行落地61单家族信托综合顾问业务，累计受托资产规模超10亿元。工银理财顺应监管导向推动产品转型和结构优化，非现金管理类、混合类、中长期限产品占比稳步提升，开放式产品规模突破千亿元大关，1～2年期产品规模同比增长近6倍。工银国际推动业务部门组织架构改革和业务发展转型，投资银行业务稳居市场第一梯队，股权投资业务优势明显提升，全年股票经纪业务稳居港交所B类券商行列，成功推出债券保证金融资业务。总体看，我们坚持目标导向、问题导向、结果导向，在政策过渡期、市场调整期、机构转型期、疫情防控期叠加背景下，圆满完成一系列重大改革，以改革转型激活经营发展新活力。

（三）风控措施成效显著。资管业务落实“9＋X”全面风险管理要求，成立专门的风险监测与处置团队，持续强化风险穿透监测；压实分行责任，经主动化解和回表处置后，实现非标风险余额和不良率“双降”，继续保持存量资产整体风险可控。私银业务构建全面风险治理体系，提升合规销售、消费者权益保护和反洗钱工作水平，持续加强遴选业务风险管理。工银理财推进风险管理平台系统功能建设，建立健全内控合规长效提升机制和合规经理工作机制，代客与自营投资保持零风险暴露，在总行全面风险管理职责评价中获A＋最高评价。工银国际重点项目加强风险管控并取得重大进展，资产不良额保持稳定，贷款不良率保持为零，全年无重大风险、合规、信息安全等事件发生。总体看，我们坚持“主动防、智能控、全面管”，进一步严格管控风险，在加强全面风险管控中实现治理效能新提升。

（四）重点战略成果丰硕。积极落实第一个人金融银行战略，个人理财客户同比增长近140万户、增幅5.8%，私银客户按同业可比口径单边提升6.4万户、增幅15.5%；个人新规理财产品突破8 500亿元，私银新规理财产品突破2 400亿元。积极服务境内外汇业务首选银行战略，资管业务成立跨境资管团队，推动工银资管（全球）规模增长至1 460亿港元，成功发行国债指数ETF并在新加坡交易所正式挂牌上市；私银业务提升外汇产品营销水平，私银客户外汇资产覆盖率达到33.7%，超额完成全年任务目标；工银理财外币及跨境人民币产品市场占比保持第一，发行同业首只开放式美元理财产品；工银国际与新加坡分行联动完成了VTTI跨境并购顾问业务。积极支持重点区域竞争力提升战略，资管业务明确区域理财“深耕母行、创设资产、第三方外拓”三大新的职能定位；私银业务落地“一行一策”，全年新增2家时点达标客户五千户行和6家时点达标客户千户行；工银理财精准匹配实体需求，通过不错配新规产品投资项目规模近1 200亿元，支持重点战略区域发展；工银国际聚焦京津冀、长三角、粤港澳三大区域，重点推进投贷联动、投投联动、境内境外联动。此外，积极推进现代金融模式布局，推动集团大资管业务规模达到约23万亿元，持续巩固市场领先地位。总体看，我们坚持扎实推进全行重点战略落地实施，持续提升服务实体经济和客户的适应性和竞争力。

（五）党建工作扎实有效。坚持以党的政治建设为统领，深入学习贯彻习近平新时代中国特色社会主义思想和党的十九届五中全会精神，认真开展强化政治机关意识教育，将党的建设与资管转型、私银改革、工银理财和工银国际公司治理有机融合，充分发挥党组织把方向、管大局、保落实作用。坚持深化全面从严治党，深入推进中央和总行党委两级巡视整改，认真做好巡视“回头看”和“灯下黑”专项检查和整改，严肃查处违规违纪违法行为，进一步完善党风廉政建设长效机制。坚持加强党组织和干部队伍建设，夯实党建根基，推动党支部标准化规范化建设，加快青年人才培养，持续完善争先创优激励机制。坚持落实疫情防控“四方责任”，充分发挥党组织战斗堡垒作用和党员先锋模范作用，扎实做好防疫工作，守住不发生聚集性感染的底线。总体看，我们深入推进全面从严治党从严治行，旗帜鲜明讲政治，以高质量党建引领高质量发展。

同志们！去年的成绩来之不易。这是总行党委坚强领导的结果，是各个部门、各级分行、各子公司共同努力的结果，是全体干部员工奋力拼搏、攻坚克难的结果。我谨代表总行向大家表示衷心的感谢！同时，我们也要清醒地认识到，党风廉政建设与合规基础管理仍需整体加强，存量理财整改回表时间紧任务重，存量风险处置压力较大，私银客户集团综合价值贡献有待进一步挖掘，工银理财投研风控核心竞争力还需持续提升，工银国际传统投行业务发展质效和市场排名还需持续巩固、保荐人同业竞争力还需进一步增强。我们要高度重视，按照总行党委要求，在新的一年迎难而上、精准发力、推动解决。

二、关于当前经营形势变化

2021年是中国共产党成立100周年，是“十四五”规划开局之年，是全行新三年规划的起步之年，也是资产管理业务以转型发展竞技“新赛场”、开创“新天地”的关键之年。做好今年的工作挑战不小，但机遇更大。我们必须坚持用全面、辩证、长远的眼光分析当前形势，正确处理好三方面辩证关系。

（一）要准确研判宏观经济金融环境的机遇与挑战，正确处理防风险与稳发展之间的辩证关系。世界经济形势仍然复杂严峻，疫情冲击导致的各类衍生风险不容忽视；我国经济恢复基础尚不牢固，部分地区债务风险、企业违约风险压力较大。但是，我国发展仍然处于重要战略机遇期，宏观政策保持连续性、稳定性、可持续性，为我们创造了稳定的大环境和新的发展空间。应当看到，新发展格局带来新机遇。我国产业发展升级的势头强劲，“十四五”期间在新型基础设施、新型城镇化、交通水利、公共卫生、生态环保、战略性新兴产业等方面涌现出许多新的投资机会。应当看到，深化金融改革带来新机遇。资本市场改革稳步推进，“十四五”期间将增强资本市场枢纽功能，全面实行股票发行注册制，提高直接融资比重；债券市场改革持续深化，债券市场法制逐步完善；养老金融改革加快推进，工银理财获得发行养老理财试点机会。资管、交易、投行业务政策利好明显。应当看到，高水平对外开放带来新机遇。近年来一行两会集中宣布50多条开放措施，“十四五”期间将实施更大范围、更宽领域、更深层次对外开放，为跨境资管投行业务发展提供了较好的市场机遇。总之，必须平衡好防风险与稳发展之间的关系，主动把握构建新发展格局和“十四五”时期新机遇，紧跟形势，抢占市场，推动业务高质量发展。

（二）要加快适应监管政策导向和同业竞争变化趋势，正确处理抓转型与扩优势之间的辩证关系。资产管理业务领域，理财行业面临新规产品与存量业务“一升一降”的结构性调整，存量业务按照“双1/4原则”压降是明确的监管导向，同业竞争焦点已转向新规产品。可比同业新规产品资源投入力度不断加大，农银理财对我行差距已经缩小至1 200亿元，招银理财、建信理财也在争先赶超，新规产品巩固领先地位压力依然明显。私人银行业务领域，持牌专营机构监管持续加强，同业机构持续提升财富管理战略高度，适应监管导向和客户需求提升核心竞争力和品牌影响力迫在眉睫。工银国际业务领域，香港持牌机构不断增多，混业经营和跨界竞争成为常态，交易型投行业务和以交易为目的的投资业务成为竞争焦点。但是，抓转型与扩优势相辅相成，大资管板块市场体量大、客户需求足、发展潜力高，要通过推进转型毫不动摇地扩大同业领先优势，将市场优势作为检验转型成效的试金石。应当看到，存量整改回表是推动我行经营转型的重要举措，对于落实资管新规、打破刚性兑付、规范行业发展具有重大意义。要坚持“依法合规、风控严密、稳妥有序、责任压实”工作原则，统一思想，步调一致，把整改计划落实到位，树立理财行业转型升级的新标杆。应当看到，居民财富增长、消费升级和第三支柱养老发展，为新规产品发展提供了广阔市场空间。我行投研、风控、科技、创新等核心竞争力明显，客户、渠道与品牌优势突出。要顺应监管导向、把握发展机遇、聚焦客户需求，深入推进产品、投资、风控、科技等方面的转型发展，持续巩固并扩大同业竞争优势。应当看到，高净值人群财富聚集效应显著，投融资综合化服务需求旺盛，为扩大客户规模、优化客户结构带来新的发展空间，要在适应客群需求的合规赛道上加快改革创新，建立长效机制。应当看到，香港中资投行进入快速发展通道，要适应客户需求、制度环境和技术进步变迁，打造具有工银国际特色的竞争优势。总之，必须坚持抓转型和扩优势同向发力，不断带动投研风控和服务客户能力的提升，牢牢守住与工商银行市场地位相适应的领先优势，努力在日趋激烈的竞争中取得更大市场份额。

（三）要牢牢把握全面从严治党从严治行“严”的主基调，正确处理“惩、治、防”之间的辩证关系。从中央要求看，十九届五中全会指出“把严的主基调长期坚持下去”“坚持无禁区、全覆盖、零容忍”。十九届中央纪委五次全会强调“要做好金融反腐和处置金融风险统筹衔接，强化金融领域监管和内部治理”。从总行党委部署看，“48字”工作思路中把“党建引领、从严治理”摆在首位，全行工作会议强调“将全面从严治党从严治行引向深入”，全面从严治党暨纪检监察工作会议要求“做到态度不能变、决心不能减、尺度不能松”。从自身形势看，徐卫东等案及我行影子银行与交叉金融风险监管处罚，充分说明我们在合作机构管理和委外业务等方面还存在薄弱环节，在带好队伍、管好员工上还面临考验，在合规管理、风险防控、正风肃纪、从严治理上仍然任重道远。应当看到，只有坚定“惩”的态度，坚持深化全面从严治党从严治行，强化金融反腐和处置金融风险统筹衔接，坚决查处各种风险背后的腐败问题，紧盯投融资审批、资产处置、委外等第三方合作、选人用人等腐败易发多发领域和环节，坚持反复抓、抓反复，才能确保事业发展基业长青。应当看到，只有保持“治”的强度，坚持将党的领导全面融入公司治理和“三道防线”，加强合作机构管理、投资交易、合规销售等制度建设，强化重大事项报告、异常行为排查、关键岗位轮岗等制度执行，促进内部治理与外部监督贯通联动，才能防止“灯下黑”、巩固“长久立”、做到“治未病”。应当看到，只有加大“防”的力度，用好“四种形态”，扎实开展好徐卫东案等身边的违纪违法案件警示教育，一体推进中央和总行党委巡视整改，才能综合发挥惩治震慑、惩戒挽救、教育警醒的功效。总之，必须始终坚持“严”的主基调，正确把握“惩、治、防”的辩证统一关系，一体推进“三不”机制建设，坚决将党中央决策部署不折不扣地落到实处、干出实效。

三、关于2021年总体要求

总体思路：坚持以习近平新时代中国特色社会主义思想为指导，坚决贯彻党的十九届五中全会和中央经济工作会议精神，全面落实全行工作会议部署要求，立足新发展阶段，贯彻新发展理念，服务新发展格局，坚持“48字”工作思路和“大、全、稳、新、优、强”发展方位，实施“扬长、补短、固本、强基”布局，扬长上重点巩固投资和募资优势，补短上重点加强制度建设和内控案防，固本上重点夯实科技赋能和专业能力，强基上重点强化全面风险管理和从业人员操守教育，运用“三比三看三提高”的工作方法，全面打造资产管理、私人银行、工银理财、工银国际高质量发展的新格局。

（一）加强党建引领，提升全面从严治理的政治执行力。要深入学习宣传贯彻党的十九届五中全会精神和中央经济工作会议精神，从讲政治的高度做好全年中心工作，不断提高把握新发展阶段、贯彻新发展理念、构建新发展格局的政治能力，切实担起推动业务高质量发展的政治责任。要认真学习贯彻十九届中央纪委五次全会、中央和国家机关警示教育会和我行刚刚召开的全面从严治党暨纪检监察工作视频会议精神，坚持“严”的主基调，持续深化全面从严治党从严治行和党风廉政建设，深刻汲取身边人身边事教训，加强员工廉洁从业和职业操守教育，真正做到“管住人、看住钱、扎牢制度防火墙”。要将工银理财和工银国际党的建设与公司治理相结合，加强内部制衡和风控平衡，提升公司治理和经营管理的科学性、稳健性和有效性。要坚持问题导向，标本兼治推动中央和总行党委两级巡视以及巡视“回头看”整改工作，确保所有问题整改到位、见到成效，做好迎接中央巡视的准备。要持续推进党支部标准化规范化建设，根据总行党委统一要求组织好庆祝建党100周年相关活动，在推动经营转型、防范化解风险、做好疫情防控等重大任务中发挥党组织的战斗堡垒作用和党员干部的先锋模范作用。要围绕提高干部员工“七种能力”，加强思想淬炼、政治历练、实践锻炼、专业训练，最大限度调动干部队伍的积极性、主动性和创造性，打造忠诚干净担当的高素质专业化干部队伍，夯实服务新发展格局、推动高质量发展的人才保障。

（二）聚焦服务本源，提升服务新发展格局的市场竞争力。要持续发挥募资获客优势，聚焦全量客户持续提升综合金融服务质量。要坚持服务人民美好生活的根本追求，以客户需求为中心整合服务资源，积极为个人、私银、法人、养老金客户提供高质量金融服务与优质产品供给，持续提升金融服务消费挖潜和消费升级的能力和客户服务体验。要坚持“合适的产品卖给合适的客户”，做好新规产品合规销售，加强投资者权益保护。各分行要围绕辖内客户需求特点，做好产品销售和客户服务，持续巩固竞技“新赛场”、开创“新天地”过程中的竞争优势。要持续发挥投资专业优势，提升金融资源适应实体产业发展契合度。要把握内需潜力释放机遇，主动对接“十四五”时期重点区域、重大工程、重大项目，拓展投资空间、优化投资结构，聚焦拉动有效投资、提升消费内需、修复产业链供应链等方面集中优势资源精准发力，做好新制造业、新服务业、新基础产业与高技术企业投融资布局，将金融服务贯通生产、分配、流通、消费各环节，提升服务国民经济循环水平。要持续发挥投研创新优势，探索推动直接融资市场业务供给与创新。要围绕直接融资体系与资本市场兴起、居民财富增长与结构变化等新机遇，密切关注行业政策导向，紧密围绕客户需求，在合规基础上研究深化产品服务创新，加强满足客户多样化、综合化需求的金融供给力度，提升对实体经济的融资服务功能和资源优化配置作用。

（三）深化改革转型，提升经营转型发展的价值创造力。资管部要明确职能改革转型方向。管理职能上，要重点加强对全行资产管理业务的统筹管理，重塑全面覆盖银行理财、保险、基金等各条线，统筹总行相关部门、境内外分支机构、综合化子公司的集团资产管理业务管理框架；要依托 e－ICBC 战略升级，以 AVA 系统为基础，研究在资管新规下推动全行资产管理业务统计、产品、销售、投研、风控“五统一”的新思路。经营职能上，要转为存量整改回表和存续期管理的专项工作，重点考核与存量整改回表专项任务相匹配的任务指标。私银部要协同总行相关部门和综合化子公司，优化集团内产品供给，加强集团外产品遴选，做精做强家族信托综合顾问业务，搭建私银客户综合价值评价体系。要加强私银云网点建设，构建以“数字＋场景”为核心的数字化综合服务生态，深度挖掘客户差异化需求，实现个性化、智能化专属服务。工银理财要深化管理机制创新，进一步优化资源配置、完善考核激励、抓好队伍建设、强化内部协作，既要全面适应理财产品新规化、净值化转型要求，持续推进经营理念和经营模式转型，抓好合规风控，确保行稳致远，也要全面适应资管行业人才科技及驱动特征，不断提升市场化和公司化经营程度，持续推进机制赋能、科技赋能。重点围绕智能投研、智能风控、智能营销、智能运营四个核心领域，高标准做好科技创新规划，研究打造新一代智能资管系统，探索 AI 智能投顾，通过数字化智能化转型赋能，抢占新一轮竞争的制高点。工银国际要主动融入集团发展大局，加强产品供给，动态优化业务布局，推动系统完善优化及应用推广，做好服务互补，持续增强投行业务的整体服务能力，努力为稳定市场大局和集团增收多作贡献。

（四）强化集团协同，提升实施重点任务的战略穿透力。要加强产品供给和客户服务，支持推动第一个人金融银行战略全面落地。要持续丰富新规产品体系，提升产品与服务竞争力，加强新规产品供给，加快推进存量产品新规化改造，有效发挥资管业务稳客拓客效能。今年资管存量产品预计将有 9 000 亿元左右的规模压降，要做好存量产品压降释放资金的承接安排，保持对理财客户服务的连续性，推动实现个人金融资产稳定与增长。要协同做好新规产品旺季营销、客户服务和客户提升、投资者教育和舆情管理，夯实客户基础。要突出重点产品和重点客群，积极服务境内外汇业务首选银行战略取得新突破。要建立有重点、分梯队、多层次的全球资产管理业务体系，统筹推动各资管类综合化子公司加快跨境资管产品布局，满足客户 GBC 端外汇业务及跨境投融资需求。要加强对私银客户的全球化资产配置、外汇产品配置、跨境消费等境内外一体化金融与非金融服务供给，努力提升客户体验。要加快构建工银理财“4＋1”核心外汇产品体系，打造成为集团境内外汇与跨境理财的产品中心。要坚持工银资管（全球）“一平台、四中心”定位，持续打造特色产品，努力在资产规模、投研能力、产品布局、营销网络、合规经营等方面保持领先水平，打造集团境外资产管理业务旗舰。要加快推动合资理财公司筹建，融入全行跨境资管业务的整体布局。要加强工银国际与集团跨境投融资需求的对接，努力打造股权投资特色产品，协同境外机构合作推广资管产品。上海、广东、海南、深圳、广州等分行要把握上海国际金融中心、粤港澳大湾区、海南自贸港等金融开放机遇，协同总行推动跨境业务发展。要聚焦重点区域和重点分行，持续巩固重点区域竞争力提升战略实施成效。要将产品投资布局与区域禀赋、客户需求、市场变化精准匹配，提升金融资源与区域发展契合度。各分行要当好区域竞争“领头雁”，特别是京津冀、长三角、粤港澳大湾区、中部地区、成渝地区的相关分行，要紧抓区域经济和属地客户新特点新变化，促进金融服务与实体经济新动能的深度融合发展，提升市场竞争力，辐射带动区域外机构高质量发展。要围绕提升金融供给适应性、普惠性和竞争力，研究推动城乡联动发展战略开局破题。四个机构都要研究制订支持城乡联动发展战略的落实方案，工银理财和工银国际要研究增加适应城乡联动发展特点的产品供给，各重点城市行、县域支行要结合当地实际和自身特点，做好辖内及城乡联动区域的资管产品市场布局，探索为城乡区域提供普惠型资管产品和投融资服务，为服务乡村振兴贡献智慧力量。

（五）严守风控底线，提升合规稳健发展的风险控制力。要加强制度建设和制度执行，强化全面风险管理。去年总行相继出台了《全面风险管理规定》和包括市场风险、信用风险、操作风险等在内的各类风险管理办法及相应的风险事件责任评议与认定管理办法，今年初又印发了《进一步加强全面风险管理三道防线建设方案》，持续加强全面风险管理要求。四个机构和各分行要严格抓好上述全面风险管理制度的执行落实，结合自身业务风险防控重点领域和关键环节，持续完善各自业务条线的全面风险管理体系和制度体系建设，夯实“三道防线”，真正做到“主动防、智能控、全面管”，确保各类风险总体可控。要树牢依法合规经营理念，强化基础合规管理。要依托总行“价值创造年”主题活动，深入推进合规文化建设，严格落实监管和总行对于合规经营的有关要求，在产品设计、业务营销、客户服务、消费者权益保护等工作中守住合规底线。要高度重视内外部检查相关问题的整改落实，避免同一问题屡查屡犯，切实提高依法合规经营水平。要持续提升内控案防水平，强化关键人员管理。要重点加强交易人员行为管控，严格落实关键敏感岗位管理要求，强化员工异常行为网格化、智能化排查，努力做到“管住人、管住钱、管好防线、管好底线”，确保实现全年内控案防无事故。

四、关于2021年工作重点

（一）资产管理业务。总体要求：要围绕“抓转型”和“扩优势”两条工作主线，稳妥推进存量整改回表和存续期管理，强化全行资产管理业务统筹管理职能，落实全行重点战略，夯实资产管理业务风险管理和合规基础，竞技“新赛场”、开创“新天地”，真正把资产管理过渡期转化为业务成长期，成为我行经营转型的重要动力引擎。主要目标：持续巩固中国第一资产管理集团、银行理财第一大行、新规产品市场第一地位；中间业务收入确保完成部门T2目标、力争完成T3目标，确保四行占比不下降、力争实现正增长；力争将非标不良率、债券违约率控制在合理范围内，确保整改全部损失控制在计划内；确保全年内控案防无事故。

一是加强集团统筹管理，推动资管业务高质高效发展。要加强集团资产管理业务顶层制度设计，明确资产管理业务发展的规模边界、管理半径和政策指引，推进集团资产管理业务的经营策略一体化、客户服务一体化、风险防范一体化。要依托资产管理业务推进委员会平台，统筹打造特色明显、各有侧重、适当交叉、互为补充的多元化产品体系和投资结构，全力打造中国最大、全球领先的资产管理集团。要加强母行与工银理财在渠道销售、产品布局、项目推荐、风险管控、系统运营、考核评价、区域理财以及境外发展等“八大协同”，发挥“1+1>2”的协同效应。要统筹做好我行销售的资管产品风险评估，完善集团资管产品的投资者保护机制。要统筹全集团理财资产创设与项目推荐组织，推动建立“总行—分行—子公司资产推荐平台”和“全量非标项目”储备库。要统筹推动集团25家已具备资管授权的境外机构差异化发展外汇理财与跨境资管业务，推动集团境内各分行、综合化子公司、49家境外机构做好销售联动、资产组织、客户推荐和投研风控。

二是加强业务合规管理，推动存量理财平稳有序整改。资管部要坚持依法合规，严格按照整改计划和“双1/4原则”推进存量整改。要前置评估估值波动、损益影响、产品影响、交易排序，合理择时分批推进市场化转让，统筹回表资产规模。要加强个案资产和回表资产的存续期管理。要做好存量资产风险监测，制定风险处置预案，逐笔逐户督导分行清收，确保整体损失控制在计划范围内。要继续六端发力稳妥推动受托私银处置，加快预期收益型产品处置进度，年底全面完成私银存量理财整改。要按照新规改造、客户适应、平稳移行“三步走”，加快推进存量新规化改造。理财业务整改工作领导小组成员部门要全力支持配合，综合考量整改回表对客户、基层行经营、总行账务以及市场影响。各分行要根据总行统一部署，严格按照相关制度、授权、流程推进存量资产回表，回表后非标资产将按照“谁推荐、谁负责”的原则，计入各分行账务并纳入考核。要压实风险防范化解责任，对拟回表资产持续做好风险管理工作，加强回表前后的风险监测排查，加快推动重大风险项目处置化解。

三是加强全面风险管控，推动资管治理效能持续提升。要持续完善资管业务“9+X”全面风险管理机制，推进金融资产服务类表外业务制度建设和风险管理工作，对全量底层资产穿透监测，高效推动风险排查、识别、预警、评估、报告及缓释的全流程管控。要构建覆盖全集团资产管理业务的统一授权体系，加强对境内分行、综合化子公司、境外分行和附属机构资管业务授权管理。要强化基础合规管理，构建“检查—整改—提升”的管理闭环，扎实推进内外部检查问题整改，守住合规风险底线。要加强合作机构管理，全面排查委外业务，摸清风险底数，做到建档立卡、穿透管理，严防输入性、交叉性和集中度风险。

（二）私人银行业务。总体要求：要完善私人银行业务长效发展机制，加快服务升级，提高客群综合贡献，稳固市场领先地位，推进实现客户首选、科技赋能、专业一流，努力建设口碑最好、体量最大、发展最稳、风控最严的全面领先第一私人银行。主要目标：力争年末时点达标客户突破11万户，管理资产总量突破2万亿元；同业可比口径客户数超20万户，管理资产超2.4万亿元；同业可比口径客户及资产总量和增量双第一；力争私银口径中收及客户综合贡献均较去年增长20%。

一是围绕客户重点需求，建立分层分类的长效发展机制。要完善客户信息画像，构建基于客户痛点动态识别的服务价值链及服务平台，重点增强专业黏客及批量获客能力。要明晰客户分层，联动个金部持续优化客户提级输送机制，实施私银客户“急升缓降”服务。要深化客群分类，实施“一群一策”垂直精细化经营，创新公私联动场景，加快推动GBC工作落地。

二是打造专业队伍铁军，推进私银客户服务体系优化升级。要加强投资顾问资产配置能力建设，完善全流程、全周期交互服务模式，提升客户信任度。要抓实财富顾问管户责任，优化考核评价，强化队伍贡献度。要建立分级管理及培养机制，完善“1+N”客户服务模式，强化资产配置方案设计执行。

三是全面深化融入集团，实现私银客户综合贡献最大化。要构建公私、私私互动新模式，推进由“单一产品营销”向“金融解决方案推荐”转变。要协同综合化子公司加强基保理产品和外汇产品配置，全面承接客户到期资金、外拓行外资金。要协同工银瑞信做大家族信托业务规模，打造成为大客户服务利器，全面发挥超高、极高净值客户价值。要协同相关业务条线丰富营销场景，为客户提供投融资、境内外一体的综合化服务。

四是加强私银品牌建设，提升知名度、美誉度、影响力。要整合宣传资源，积极宣扬私银正面形象，在标准化非金融服务的基础上，打造具有工行特色的服务亮点，提高客户尊享感和体验感。要打造基于“客户圈层”的企业家良性互动平台，重点关注行业协会商会，探索推进跨界对接，升级客户论坛效应，塑造具有社会影响力的私银文化品牌形象。

五是加快智慧风控建设，完善贯穿前中后台的闭环管理机制。要运用科技手段做好事前风险把控及评估，建立全市场风险预警机制，提高抵御市场过度波动和处理复杂风险事件的能力。要加强遴选产品底层穿透、产品合规销售和售后服务管理。要持续落实好条线员工网格化管理，谨防声誉风险和操作风险。

（三）工银理财。总体要求：要坚持党建引领，紧密围绕服务新发展格局、推动高质量发展、服务集团重点战略这条主线，坚持抓机会与防风险并举、提升自身核心能力和强化集团协同并举，以“做大规模、做全产品、做稳风控、做新服务、做优回报、做强基础”为指导方针，持之以恒统筹推进业务发展和风险防控。主要目标：全力以赴完成集团下达的全年经营管理目标任务，加快转型发展，持续巩固市场第一地位，稳步提升集团价值贡献和综合贡献，努力推动新规理财产品峰值规模达到1.8万亿元，日均规模达到1.4万亿元，力争实现税后管理费净收入4.75亿元，实现净利润4.5亿元。

一是强化投研和风控“两项核心能力”，不断提升专业化发展水平。要夯实研究基础，完善研究体系。持续加强债券策略研究，着力提升权益研究，积极强化基金研究，加强内外部研究资源的优势互补，提升研究的深度、广度和高度。要加强投研联动，提升投资能力。完善投资部门的专业化分工与合作机制，贯彻好“投资引导研究、研究驱动投资”理念，打造“勤勉、专业、规范、互信、协作、高效”的投研文化，不断提升大类资产配置能力和组合管理能力，全力做优客户投资回报。要强化合规风控理念，加强风险管理。进一步明确和压实风险管理主体责任，树立底线思维，做好资产标的精选和组合分散化管理，加强风险预算及纪律约束，强化投研托底、风控加固的核心能力基础。

二是强化产品和销售“两个核心抓手”，不断提升服务客户需求能力。要以“做稳现金、做大固收、做强混合、突破创新”为主线，统筹好市场时机和发行节奏，稳步推进存量产品改造和承接，加快打造特色明星产品线，聚焦ESG、资本市场改革、养老等重点领域加强创新，加快形成符合新规要求、满足集团需求、保持同业领先的产品布局。要不断丰富策略、提升服务、夯实基础、精细管理，强化产品战略执行力和产品全生命周期管理，增强理财产品获客、活客、黏客的能力。要积极推动集团渠道部门和分行加快打造与理财产品净值化转型相适应的营销模式，加强渠道培训，提升各渠道客户经理对净值化理财产品风险收益特征的理解，推动营销理念及方式方法转型，全面加强投资者教育，加大开放式、混合类净值型产品销售力度。同时，充分做好产品销售适当性评估和风险提示，尽最大可能降低由于销售环节风险披露不充分导致客户预期差，避免引发投诉和声誉风险。

三是坚持自我提升和集团协同“两条发展道路”，不断提升赋能集团战略能力。要围绕综合化、国际化发展方向，坚持深化自我转型革新，加快系统数字化升级和科技赋能，以成立合资公司为契机加快引进国际先进资管机构经验，持续推进三方代销、自主资产创设和自营投资能力建设，不断增强经营发展后劲。要发挥理财子公司专业优势和公司化运作优势，依托集团“创设标的”的投行能力，不断提升自身“精选标的”的资产优选能力，强化“配置标的”的投资组合管理能力，围绕集团GBC工作部署、普惠金融、绿色金融、服务战略性新兴产业等方面，加强与集团协同和一体化发展。要强化投资端协同，压实投资风险防控主体责任。分行要充分发挥行内尽调、审查审批、推荐投资的职能作用，围绕服务集团重点战略、服务客户和支持实体经济发展等方向，加大资产的挖掘推荐力度。同时要严格遵循集团统一风险偏好，强化资产端的整体风险协同，在理财投资向净值化转型、逐步打破刚性兑付的同时，各分行要从资产推荐端加快思想转变，无论是非标还是信用债，资产推荐方的责权利都要对等，坚决杜绝因追求局部利益、短期利益而导致风险在集团内部转移和蔓延的情况。各分行要切实落实好“谁推荐，谁负责”的第一道防线责任，履行好日常监测管理、投后管理的主体责任，压实出现风险事件、造成声誉风险分行的主体责任。

（四）工银国际。总体要求：要坚持稳中求进总基调，坚定“建设亚洲一流投行”发展目标，发挥集团“特种兵、驱逐舰”的专业功能性，推动经营业绩、核心竞争力、管理机制迈向新阶段、再上新台阶。主要目标：继续稳固股债承销第一梯队市场地位及港交所B类券商行列，积极打造新经济领域股权投资品牌影响力，推动资产业务向GP业务转型，确保完成总行下达的全年任务目标。

一是进一步增强全链条投行服务能力。投资银行业务要深化集团整体营销，聚焦重点领域、重点行业和重点客户，进一步提高在保荐、并购顾问、并购融资方面的业务能力。投资业务要持续推进“总量控制、结构优化”，不断优化在新经济、房地产和传统行业领域的投资布局，确保资产结构规模和利润贡献稳定。销售交易业务要加强以投资者需求为核心的证券综合服务能力，打造具有工银国际特色的投研服务和股债销售业务，继续巩固在港交所B类券商排名，稳步拓展配资、做市交易的品种范围，为一二级市场业务互动奠定投资者基础。资产管理业务要着力打造包括人民币/美元的股权投资基金和中国香港及美国资本市场证券投资基金的特色产品体系，深化主动管理基金业务布局，加强与同业机构的GP业务合作，提升募投管退能力，补齐全链条投行业务线短板。市场研究要打造亚洲一流投行研究团队，不断提升市场和政策影响力。

二是进一步提升风险合规管理的精细化水平。要始终与总行风险管理框架保持统一，压实风险管控“三道防线”和“六方”责任，将总行风险策略细化落实到各业务条线和板块，把好新增准入、存量化解、不良处置三道关口。要持续推进融通资本转型、太平基金净值修复和退出等重点工作，推动风险防控从1.0到2.0升级，坚决防止重大风险发生。要抓好前中后台存量项目风险联防联控机制建设，进一步压降历史遗留不良资产项目。要提升合规管理精细化水平，严格落实监管及集团要求，建立常态化整改、沟通机制，确保无重大合规事件发生。

三是进一步提升员工队伍的核心竞争力。要始终将员工安全健康放在首位，紧抓员工疫情防控工作不放松。要在确保队伍建设的连续性和稳定性基础上，强化核心专业知识培养和核心人才岗位管理，进一步发挥集团外派及市场化团队互补作用，提升人力资源的投入产出效率。

同志们！征途漫漫，唯有奋斗。资产管理、私人银行、工银理财、工银国际要坚决贯彻党中央决策部署，落实总行党委战略安排，不忘初心，牢记使命，乘风破浪、扬帆远航，争做为民服务“孺子牛”、创新发展“拓荒牛”、艰苦奋斗“老黄牛”，努力开创服务新发展格局、推动高质量发展的新局面，为建设世界一流现代金融企业作出新的更大贡献，以优异成绩庆祝建党100周年！

奋勇争先　打造标杆
全力推动普惠金融业务高质量发展

——在中国工商银行2021年普惠金融工作会议上的讲话

徐守本

（2021年3月5日）

这次会议的主要任务是贯彻全行2021年工作会议精神，总结2020年普惠金融工作，分析当前形势，部署2021年普惠金融重点任务。下面，我讲三方面意见。

一、关于2020年工作成绩

2020年，全行普惠金融条线认真贯彻党中央、国务院决策部署，落实行党委“48字”工作思路，将大行担当融入自身经营，统筹推进疫情防控与金融保障工作，普惠金融发展实现近年最好局面，交出了一份优异答卷。

（一）普惠贷款再创新高，服务实体展现新担当。“增量”方面，截至2020年末，银保监口径普惠贷款余额7 452亿元、净增2 737亿元，增幅58%，四行第二，超额完成政府工作报告提出的“大型商业银行普惠型小微企业贷款增速要高于40%”要求。人民银行降准口径普惠贷款连续第二年达到降准二档标准。浙江、广东、江苏分行普惠贷款增量对全行贡献最大；深圳、青岛、天津、福建、新疆、重庆和广西7家分行普惠贷款增速四行第一；黑龙江、新疆、河南分行任务完成率最高。“扩面”方面，银保监口径普惠有贷户60.6万户，较年初新增18.4万户，增幅43%，四行第一。全年累计为近3.7万户小微企业提供“首贷”服务，普惠金融服务覆盖面进一步扩大。“提质”方面，聚焦小微企业融资难点、痛点，首贷、续贷、信用贷款、制造业贷款等重点结构性指标均达到监管要求，贷款投向更加符合实体经济需要。

（二）精准发力薄弱环节，金融扶贫取得新成效。2020年，普惠金融条线充分发挥金融扶贫工作牵头管理作用，持续强化政策传导，加大信贷资源倾斜，完善“总行+分行”两级信贷扶贫产品架构，打造“融资—生产—撮合—销售”的全链条扶贫服务模式，助力打赢脱贫攻坚战。截至2020年末，全行金融精准扶贫贷款余额2 007亿元，较年初增加336亿元，持续高质量完成监管任务目标。在2020年度全行金融精准扶贫工作效果评估中，四川、云南、河南和北京等4家分行获评“优秀”；福建、内蒙古、新疆、贵州、河北、重庆、甘肃、上海、浙江、广东和江苏等11家分行获评“较好”。总行普惠部金融扶贫工作牵头处室荣获“全国脱贫攻坚先进集体”称号。

（三）发展结构不断优化，业务创新形成新格局。区域发展方面，15家领先发展行、11家重点推进行分别贡献了全行79%、16%的普惠贷款增量；12家特色发展行普惠贷款增速达到35%，创历史新高。重点产品方面，持续完善“经营快贷、网贷通、数字供应链”三大产品线。截至2020年末，线上产品融资余额5 055亿元，占比68%；增量2 693亿元，占比98%，初步探索出一条依靠金融科技驱动的“数字普惠”之路。数字供应链融资增幅超200%，其中深圳、北京、湖南、上海、浙江等分行增量贡献最为突出。

（四）持续提升风控水平，风险管理通过新考验。坚持以“主动防、智能控、全面管”为路径，精准描绘客户风险画像，提升数字化、批量化风控能力。推行“非现场+现场”的总分行联防联控，有效提升风控效率与精度。截至2020年末，全行普惠贷款不良额81亿元，较年初下降39亿元，其中山东、吉林、湖南分行不良额下降较多；全行普惠贷款不良率1.09%、逾期率1.12%，分别较年初下降1.46个和1.54个百分点。线上融资业务不良率0.29%，资产质量同业领先。

（五）推进“工银普惠行”，综合服务开创新局面。依托“工银普惠行”系列活动，推进普惠金融内部机制完善与外部生态共建，不断提升普惠金融综合服务能力。对内，出台网点普惠金融服务效能提升方案，推动标准化融资产品营销下沉，提升普惠金融便利性，赋能网点转型发展。对外，深入推进“千名专家进小微”“万家小微成长计划”等活动，为小微客户量身定制综合金融服务方案；面向全球发布“环球撮合荟”跨境撮合平台，吸引来自40多个国家和地区的近2万家企业入驻；举办第三届进博会“一带一路”沿线贸易洽谈会等多场高品质跨境撮合活动，达成跨境合作意向近百亿元。

（六）党建业务深度融合，人员队伍激发新活力。一是坚持党的全面领导。以党的政治建设为统领，深入学习贯彻习近平新时代中国特色社会主义思想，增强“四个意识”、坚定“四个自信”、做到“两个维护”，不断提高运用党的创新理论最新成果武装头脑、指导实践、推动工作的能力。二是坚持全面从严治党。严守党的政治纪律和政治规矩，持之以恒改进工作作风。巩固深化“不忘初心、牢记使命”主题教育成果，增强忧患意识，坚持问题导向，树牢底线思维，以作风攻坚促业务攻坚，持续开展廉洁从业警示教育活动。三是加强专业队伍建设。完善争先创优激励机制，连续三年开展“普惠青年先锋活动”，成功举办第二届“普惠金融客户经理大赛”，极大提升队伍凝聚力、向心力，发现、储备一批优秀青年骨干和专业人才；大力推动网点普惠专员队伍建设。

上述成绩的取得，得益于不折不扣落实党中央、国务院决策部署。2020年，为应对疫情影响和外部冲击，国家对普惠金融发展提出了一系列要求。全行普惠金融条线快速响应、迎难而上，在疫情防控与金融保障的大战大考中展现了大行担当。我们第一时间成立疫情防控保障支持团队，聚焦湖北地区和疫情防控重点企业，高效做好普惠金融服务；率先推出“抗疫贷”“开工贷”“用工贷”“租金贷”等信用类普惠贷款产品和支持小微企业纾困发展12条举措，精准助力复工复产。实践证明，我们正是在有效落实党中央、国务院决策部署，全面助力“六稳”“六保”和积极服务实体经济的过程中，实现了近年来普惠金融业务的最好发展。

得益于以能力提升支撑责任担当。2020年普惠金融条线准确识变、科学应变、主动求变，在全面落实“五专”机制的同时，坚持“创新、分类、联动、综合”的发展策略，围绕“批量化获客、数据化决策、智能化运营”，加快产品、流程、管理工具的创新与应用，强化线上线下联动服务，显著增强普惠金融供给能力；围绕全行重点战略，持续发挥普惠金融业务获客、黏客作用，联合个金、公司、银行卡、结现、私银、国际等条线共同发展，在“不可不为”的责任中发掘“大有可为”的机遇，实现普惠金融业务向“融资、融智、融商”综合服务新阶段的跃升。

得益于牢牢守住风控与合规经营底线。风险防控是金融工作的永恒主题。风险管理水平的高低，将最终决定商业银行普惠金融业务是否能走得远、走得好。近年来，我们把服务实体经济作为防范金融风险的根本举措，把金融科技和线上线下协同作为推进风险管理闭环的有效途径，把专业化经营和专家治贷作为改进风险管理的重要手段，普惠贷款资产质量显著改善。我们通过“人工核实+系统校验”、提高客户划型和身份标识的准确性、加强贷款资金用途合规性管理、定期开展专项检查等方式，确保小微企业减费让利、支持实体等政策落实到位，普惠金融发展基础更为坚实。

同志们，2020年普惠金融业务增量、扩面、提质齐头并进，金融扶贫取得新成效，业务创新形成新格局，风险管理通过新考验，综合服务开创新局面，这些成绩来之不易，是行党委正确领导的结果，是全行普惠条线艰苦奋斗的结果，也是相关专业条线大力协作的结果。在这里，我代表行党委和管理层向大家表示热烈祝贺和衷心感谢！

二、关于当前形势

（一）面临诸多外部挑战。从经济环境看，当前疫情形势和国际环境都存在诸多不确定性，我国经济恢复基础尚不牢固，小微企业经营发展面临的各类风险不容忽视。从监管要求看，近年来监管部门对普惠业务考评指标更加全面，合规要求更加严格。2021年，在确保小微企业稳定高效的增量信贷供给基础上，进一步要求加大小微企业首贷、续贷、信用贷款投放力度，特别是小微企业“首贷户”新增数量要较2020年有明显提升；要求重点加大对科技创新和产业链供应链小微企业的支持；要求做实“敢贷愿贷”机制体制、提升“能贷会贷”专业能力。从同业竞争看，可比同业不断加大普惠贷款供给和资源投入力度，对于优质客户和市场的争夺将更加激烈。

（二）自身存在差距不足。从区域看，多家分行普惠贷款余额、增量四行排名第三、第四，个别分行普惠贷款市场份额连续多年下滑。从产品看，业务增长对抵押类产品的依赖程度较高，信用类贷款获客和风控能力有待提升。数字供应链融资业务的运营管理机制有待完善，粗放型经营的弊端未从根本上消除，重点区域、重点产业发展还需加速，重点分行的引领作用还不明显，部分分行的发展紧迫感和业务推动力度还有待进一步增强。从客户看，尽管2020年普惠贷款有贷户数增幅四行第一，但客户总量较可比同业仍有较大差距。普惠贷款客户中法人客户占比较低，个人、法人客户需进一步均衡发展。

（三）机遇与挑战并存。从市场空间看，2020年末全国金融机构普惠型小微贷款余额15万亿元，仅占人民币各项贷款余额的8.7%，与小微企业在国民经济中的价值贡献相比，仍有较大提升空间。从政策支持看，国家对普惠贷款给予了定向降准和小微企业贷款利息增值税减免等优惠政策，2021年还将着重深化信用信息共享机制建设。从自身发展看，我行已初步找到一条“数字普惠”的新发展道路，经营管理能力持续提升，客户基础不断拓展，业务实现快速增长，资产质量保持较优，全行上下发展信心明显增强。推动普惠金融业务加速赶超，有模式、有基础、有保障。

三、关于2021年重点工作

总体思路：以习近平新时代中国特色社会主义思想为指导，全面贯彻党的十九大和十九届二中、三中、四中、五中全会以及中央经济工作会议精神，立足新发展阶段、贯彻新发展理念、服务新发展格局，坚持行党委“48字”工作思路，奋勇争先、把握重点、防范风险、提升效能，以普惠金融业务高质量发展助力全行高质量发展。

总体目标：全行人民银行降准口径普惠贷款和银保监口径普惠贷款均确保增加3 600亿元、力争增加3 800亿元；普惠型涉农贷款增加180亿元；数字供应链融资全口径增量不低于800亿元。银保监口径普惠贷款户数实现较大幅度增长，其中法人客户占比显著提升、“首贷户”数量明显增加。

总体要求：实现普惠金融发展快、结构优、风控好、能力强，巩固拓展脱贫攻坚成果同乡村振兴有效衔接，持之以恒抓好党建工作和队伍建设，打造“普惠金融综合服务标杆银行”。“发展快”是指各分行要运用好“三比三看三提高”工作方法，不唯任务、只唯市场，力争普惠贷款增速四行第一。“结构优”是指要不断优化产品、区域、客户布局，着力提升重点结构性监管指标表现。“风控好”是指要提升风控能力、抓实合规经营，资产质量保持较优水平。“能力强”是指实施“普惠金融服务能力提升工程”，完善普惠金融综合服务体系，提供有力度且有温度的普惠金融服务；主动对接全行重点战略，赋能全行经营转型。

同志们，我们一定要充分认识到普惠金融业务在新发展阶段的重要意义，不断将思想和行动统一到党中央对经济金融工作的决策部署上来，统一到全行经营转型的要求上来，以高度的责任感、使命感推动普惠金融业务发展。

大力发展普惠金融，是工商银行应有的责任担当。党的十九届五中全会指出，要增强金融普惠性。这要求我们进一步增强使命感，强化大行责任担当，把新发展理念贯穿普惠金融工作全过程，助力解决发展不平衡不充分问题。要坚持把创新作为引领发展的第一动力，提供高质量、负责任、安全便利的普惠金融服务，让所有市场主体更加平等、便捷地获得、享有金融服务，让金融更好地服务经济社会协调发展。

大力发展普惠金融，也是工商银行坚定不移的战略选择。新发展格局下，金融供给侧结构性改革将不断深化，经济社会发展将更加均衡，商业银行传统市场空间将持续承压。我们需要加速拓展客户，提高对新发展阶段的适应性，通过“引入活水”“厚积薄发”，夯实业务之本。通过发挥普惠业务获客、活客作用，增强账户等基础业务的竞争力；通过完善更加适应实体经济和客户需求的一体化、综合化普惠金融服务，带动各项业务共同发展，深化共生共荣的新型银企关系。

为实现以上目标，我们一定要不忘初心、坚定信心、下沉重心，通过增强专业能力，提高竞争力，全力推动普惠金融业务高质量发展。普惠金融业务点多、面广、差异大、复杂度高，实现高质量发展要落实好资源配置、绩效评价、风险评估、尽职免责等政策，做实“敢贷愿贷”体制机制；要在强化专家治贷基础上，加强金融科技应用，完善与实体经济需求相契合的数字普惠产品、运营机制、风控体系和服务平台，强化“能贷会贷”专业能力，形成更具效率和竞争力的普惠金融服务供给。

具体措施上，要重点把握好几下几点。

（一）坚定不移紧抓发展节奏，实现“发展快”。2021年各分行普惠贷款增速都要力争实现四行第一。一年之计在于春，为开好局、起好步，总行组织开展了“工银普惠行”旺季营销活动。在大家的共同努力下，截至2月末，银保监口径普惠贷款较年初增加755亿元，同比多增719亿元，指标完成情况好于往年。但仍存在三个突出问题：一是从可比同业看，竞争压力巨大。1－2月，我行普惠贷款增量四行排名第二，增速仅列四行第三。二是从区域发展看，行际间分化明显。浙江、广东、江苏和深圳等4家分行，对全行增量贡献较大，同业占比也明显提升。但大多数分行旺季营销任务完成率落后于序时进度，部分分行同业占比有所下降，甚至出现个别分行仍是负增长的情况。三是从规模保障看，普惠贷款专项规模使用不足。1－2 月，总行分配了 888 亿元普惠专项规模，实际仅使用 755 亿元。

当下，大家一定要高度重视上述问题，发扬能承压、敢比拼、不服输的精神，紧盯普惠贷款增速指标，加快投放，力争 3 月末普惠贷款增速实现四行第一。关于规模保障的问题，务必要和相关部门充分沟通，确保推动到位，必要时要向分行主要负责人专题汇报。保障普惠贷款专项规模，是监管部门的要求，容不得半点含糊。如果因为贷款规模保障不到位影响投放，引发客户投诉和监管及舆论关注，是大局问题、原则问题。

全年，要高标准定位、加强营销储备、紧抓发展节奏，确保完成各项任务指标。营销推动上，要抓深抓细过程管理，特别要抓住重点二级分行和线上业务关键节点，精准掌握贷款储备与投放情况，有的放矢、精准帮扶，避免贷款增量大起大落，坚决杜绝季末冲量。获客服务上，各分行要在总行线上批量获客和集约化运营基础上，做好区域市场规划与场景拓展，积极对接信用信息共享建设工作，搭建基于区域资源禀赋的数字化获客渠道；要依托融 e 联、e 办公等工具，将远程人工客服与机器智能客服相结合，做好有关环节的落地支持。资源配置上，2021 年总行将继续保持普惠金融各项激励保障政策力度不减，各分行要将有关政策不折不扣传导至辖属机构，统筹做好资源保障工作。

（二）优化区域、产品、客户布局，实现“结构优”。区域结构方面，2021 年，在原有“分类发展”的格局上，将更加强调各区域“接续发展”和各分行“进位发展”。领先发展行要继续发挥“头雁”作用，承担全行重要发展任务，争做本地市场领跑者。重点推进行要在夯实基础、优化结构、提高质量的前提下提升系统内贡献，积极实现同业进位。特色发展行要抓住辖内重点区域和优势产业，夯实信贷基础、优化增长结构，努力提升市场地位。重点城市行要全力推进普惠业务争先进位，实现重点带动；重点县域支行要结合当地特色产业，实现县域普惠金融服务的快速突破。2021 年银保监会要求大型银行一级分行向辖内相对落后地区倾斜小微信贷投放，压实帮扶当地小微企业的发展责任。对此，各分行要高度重视、积极落实。

产品结构方面，围绕实体经济需求，强化创新驱动，持续完善数字化产品体系，构建场景化融资服务新模式，不断提升产品竞争力与便利性，确保重点结构性指标达到监管要求。一是经营快贷获客要更广。将经营快贷作为加强首贷户、信用贷款服务的核心产品，加快与优质平台对接，加速多维数据融合应用。加大税务贷、结算贷等总行场景投放力度，围绕政府采购、园区、专业市场、医疗、种养殖等细分领域，加快分行特色场景拓展，着力提高客户渗透率和提款率。二是网贷通体验要更好。继续发挥好 e 抵快贷“压舱石”作用，加快在线签约、在线抵押登记等功能落地。优化普通网贷通业务流程，覆盖持有商业用房、工业用房等非普通住宅押品的客户。三是数字供应链融资业务竞争力要更强。围绕民生改善、战略性新兴产业、先进制造业、现代农业等重点产业及领域，与龙头企业共同推进产融结合发展模式，为产业链上下游企业技术革新、产品升级和市场拓展提供整体资金支持方案，提升链式服务能力。产品创新上，持续完善标准化产品体系及通用系统功能，打造场景化金融综合服务方案。科技支持上，充分调动总分行科技研发力量，打造供应链金融综合服务平台，加强数字供应链金融基础设施建设及对外输出能力，实现不同场景下的引流获客。打造供应链金融集中运营管理平台，优化运营管理模式，提升运营管理水平。营销推动上，推动核心企业批量化准入和业务规模化经营，建立总分行联动营销机制。充分发挥五大重点区域分行的引领作用，以辖内大型央企国企、行业龙头企业、优质上市公司、三甲医院、大型医药企业、我行信用评级高授信充足的客户、优质第三方平台等为营销突破点，早布局、多拓链。资源保障上，通过强化考核导向、保障资金规模、组建专门队伍，不断提升业务落地推广能力。四是线下产品一体化发展要提速。加快对线下产品的智能化、数字化改造，推广随借随还贷款模式，提升业务操作和管理线上化程度，与小额化的纯线上产品形成互补。加强购建贷、经营型物业贷等产品推广，推动单户授信 1 000 万元以上小微企业贷款和中长期贷款增长。着力通过深化银政担合作、加快区域产品创新等方式，拓宽“首贷户”服务渠道和模式。

客户结构方面，一要持续加大客户拓展力度，夯实客户基础，聚焦抵质押资产客群、产业链上下游客群、银政合作客群、产业园区客群、专业市场客群、新农村建设客群等优质客群，形成个人、法人客户“双轮驱动”发展态势。二要强化客户接续。用好差异化融资产品，服务不同成长阶段小微客户，构建承接型服务模式。推动形成小额分散的“草坪客户”、资产 200 万～1 000万元的“灌木客户”和资产 1 000 万～3 000 万元的“乔木客户”共生的伞形客户结构，筑牢小微客户基础。三要积极响应监管要求，加强科技创新、绿色发展领域小微企业金融服务。针对科技型小微企业高风险、高成长性的特点，要积极联动科技主管部门、高新技术园区、科研院所、专业协会、融资担保公司等机构，建立有效的风险评估和补偿机制，有针对性优化金融产品和服务模式。

（三）提升数字风控与合规管理水平，实现“风控好”。要坚持“风控强基”思路，深化金融科技应用，完善以“数据驱动、智能预警、动态管理、持续运营”为特征的数字化全流程融资风险管理体系，提升线上线下协同风控效能，加强普惠贷款“三道口”“七彩池”风险管控。入口端，要把控好新增贷款质量。全面整合行内外信息数据，构建以客户为中心的客户画像和统一风险视图，实现信贷资源高效、精准投放。根据客户真实需求合理设置贷款期限，避免客户被动“短贷长用”、民间搭桥等风险。加强对隐性关联、借壳套贷等风险的识别能力，严禁虚构小微企业贷款用途“套利”。闸口端，要加强存量贷款管理。持续优化信用风险监测体系和风控模型，实现风险事件的动态监测和实时预警，严控新增逾期及劣变。要重点关注延期还本付息贷款和抗疫贷款，继续落实好阶段性延期还本付息政策，防止政策变化过程中因衔接不到位而产生风险，对政策到期后仍有融资需求且符合我行业务条件的客户，要按照市场化原则做好承接。已存在实质风险或纳入潜在风险客户管理的，要提前分类做好处置预案。出口端，要加大不良贷款处置力度。2021 年全行普惠不良贷款清收处置计划约 60 亿元。各分行要有效利用资源，合理运用现金清收、核销、批量转让、资产证券化、重组等多种清收处置手段，积极参与银登中心资产转让试点工作，切实提高清收处置质效。对长账龄不良贷款，要争取应处置尽处置。

要进一步抓实合规经营。当前，监管部门高度关注变相增加小微企业综合融资成本、贷款资金违规流入房地产领域等问题，对这些合规问题的检查、处罚仍将保持高压态势。总行已在收费系统对小微企业免收费项目进行刚性控制，并将加强对转嫁成本、借贷搭售、存贷挂钩、以贷转存等违规行为的监测治理。各分行要高度重视贷款资金用途的合规性管理，切实承担起用途管理的“属地责任”，种好各自的“责任田”，严禁贷款资金违规流入房地产、股市等禁止性领域。总行将定期对贷款用途疑似问题进行预警，下发分行进行核实。各分行要认真核查，严禁“走过场”。对于存在违规问题的，要坚决进行整改。要落实好受托支付、融资用途检查等环节的管理要求，对融资企业成立时间短、抵押物持有时间短、企业无正常经营的客户，严格审核借款人的融资需求，采用有效手段控制贷款资金流入禁止领域。在当前“严监管”的态势下，合规经营是普惠业务发展的底线、红线，各分行一定要下决心对存量违规问题彻底自查整改，坚决杜绝新问题发生。

（四）提升普惠金融综合服务水平，实现“能力强”。实施普惠金融综合服务能力提升工程，完善“融资、融智、融商”服务体系，打造“普惠金融综合服务标杆银行”，推动小微信贷从外延式增长模式向更具价值创造能力和市场竞争能力的发展模式转变。

一要推动“全行办普惠，普惠为全行”。要强化集中运营，加快构建与“数字普惠”特点相适应的智能化经营管理体系及平台，进一步提升普惠金融经营管理和业务处理水平。要强化网点赋能，推动经营快贷、e 抵快贷等标准化融资产品的营销向网点下沉，形成“千军万马做普惠”态势；有序推进普惠金融三类网点建设，完善业务考核、监测通报、营销分润等配套机制，充分发挥“旗舰网点”引领示范效应，着力提升“标杆网点”信贷营销能力，不断提高“普及网点”引流获客水平。要强化全局协同，既突出融资服务的抓手作用，助力各项金融业务拓展，又发挥其他金融业务对客户流、资金流、信息流的贯通作用，促进融资业务健康发展。通过以公促私、私私互动，助力全行重点战略及 GBC 工作落地实施。

二要持续开展“工银普惠行”系列活动。坚持“开门办普惠”，深化与政府机构、行业协会、核心企业合作，加强信息资源整合与共享，构建合作共赢的普惠金融新生态。深入开展“千名专家进小微”“万家小微成长计划”等活动，扩大普惠金融服务触达面，为小微客户提供信贷、咨询等全面金融服务。同时，依托各项活动，加快推进营销下沉、引流获客等工作落地，推动自身业务机制完善和能力提升。

三要全力做好跨境撮合服务。总行将持续推进“环球撮合荟”平台升级优化和推广应用，并结合重大国际展会举办一系列跨境撮合活动。各分行要依托平台与服务，做好营销推介、提高小微客户渗透率，实现平台入驻企业数、产品需求发布数、特色撮合活动数、合作意向达成数、金融服务落地数显著增长，进一步提升“环球撮合荟”品牌影响力。15 家“跨境撮合示范行”要结合区域内重大国际合作事项、跨境经贸活动、外资外贸客群，切实发挥好全行跨境撮合服务的示范和引领作用。

（五）助力巩固拓展脱贫攻坚成果同乡村振兴有效衔接，实现“服务佳”。习近平总书记在全国脱贫攻坚总结表彰大会上庄严宣告，我国脱贫攻坚战取得了全面胜利。下一步，要坚决贯彻党中央、国务院关于巩固拓展脱贫攻坚成果同乡村振兴有效衔接的总体部署，扎实推动城乡联动发展战略有效落实。中央要求脱贫攻坚过渡期内相关政策制度保持稳定，后续还要开展巩固脱贫成果后评估。银保监会将聚焦 832 个已脱贫县和乡村振兴重点帮扶县的贷款提出相关考核要求；人民银行也将持续监测已脱贫地区和已脱贫人口的贷款发放情况。相关分行要延续原有体制机制，确保帮扶力度不减，高质量完成监管相关指标任务。要强化对脱贫地区、特别是易地扶贫搬迁地区产业培育的金融支持，让搬迁的群众“搬得出、稳得住、能致富”。要结合最新要求，做好扶贫贷款的标识认定、核实与管理以及自动化数据统计和报送工作。

要探索具有工行特色的农村普惠金融服务新模式。一是持续丰富涉农小微信贷产品。探索应用“两权”抵押、集体经营性建设用地使用权抵押等新型担保方式，引入产业基金、农业担保、农业保险等增信方式，加大对家庭农场、种养大户、农民合作社、小微农业企业等主体的金融支持力度。围绕大宗农产品及经济作物种植、畜牧及水产养殖、农产品加工等细分行业，加快区域涉农小微信贷产品创新，打造农业农村普惠金融特色场景。加强与农业龙头企业合作，积极通过数字供应链金融赋能农业产业链发展。二是积极参与信用乡村建设，加强农村大数据应用。抓住地方政府加快农村信用体系建设的契机，积极参与地方政府信用户、信用村、信用乡镇评定与创建。依托农村大数据，为农村中干事创业的优秀青年、信用农户，做好小额信用贷款服务。

（六）持续抓好党建工作和队伍建设，实现“支撑实”。要以党建凝心聚力、激发活力，为普惠金融业务高质量发展提供强大动力。

一要以高质量党建引领高质量发展。要持续加强党的政治建设，深入学习贯彻习近平新时代中国特色社会主义思想，不折不扣贯彻落实党中央决策部署，扛起服务新发展格局的政治责任。要不断强化党建与业务的融合，把旗帜鲜明讲政治融入日常工作，不断将中国共产党领导和我国社会主义制度的政治优势，转化为普惠金融业务的发展优势。要始终坚持全面从严治党从严治行，紧抓党风廉政建设，持之以恒落实中央八项规定精神，驰而不息纠治“四风”，全面加强廉洁从业和职业操守教育。

二要以高素质专业队伍保障高质量发展。打造规模适配、专业敬业的“普惠铁军”，夯实业务高质量发展的人才基础。分行层面，要着力强化一、二级分行普惠部（小微中心）营销管理、产品创新和风险管理专业人员配备，提高区域市场规划、复杂业务处理、数据集成验证能力。支行层面，要加强小微信贷客户经理队伍建设，加快补齐人员缺口，合理设置管户上限和人均管户数。业务量较大的支行要作为普惠金融特色支行，推动普惠金融“专门做”“专业做”。网点层面，要加快推进普惠营销专员队伍和外拓团队建设。同时，要进一步完善考评激励、培训交流等机制，畅通职业发展通道，为干部员工干事创业提供更广阔空间。

同志们，2021 年是“十四五”开局之年，也是全行新三年规划起步之年，普惠金融业务也将迎来新的发展时期。希望大家真抓实干、拼搏奋斗，全力推动普惠金融业务高质量发展，以优异成绩庆祝建党 100 周年！

在公司板块岁末年初旺季业务营销工作推动会上的讲话

徐守本

（2021 年 12 月 9 日）

在全行上下深入学习贯彻党的十九届六中全会精神，全力奋进新时代、迈向新征程的重要时刻，我们召开公司板块岁末年初旺季业务营销工作推动会，主要任务是，贯彻六中全会精神，总结今年以来工作情况，分析当前经营形势，研究部署岁末年初重点工作，确保各项任务圆满收官，并谋划好明年工作。下面，我讲三个方面意见。

一、前 11 个月经营发展情况

今年以来，全行公司板块认真贯彻党中央、国务院决策部署，按照行党委“48 字”工作思路，坚持党建引领，奋斗进取，持续深化“扬长、补短、固本、强基”四大布局，着力抓好“增存、增收、提质、提位”，主要指标已基本完成全年计划，有望交出一份高质量答卷。

一是公司金融取得新突破。贡献方面，截至 11 月末，全行人民币公司贷款利息收入达 3 872 亿元，较上年同期增长 9.5%；公司条线 6 项重点中收达 127.2 亿元，占全行中收总量的 10.8%，较年初提高 2.6 个百分点，为集团利润增长提供了有力支撑。客户方面，全行公司客户总数达 871 万户，净增 90 万户、增幅 12%，四行第一；其中有贷户净增 7.3 万户，为 2020 年全年增量的 141%。贷款方面，启动三新一高公司信贷新布局，本币公司贷款余额在全球商业银行中率先突破 10 万亿元，净增 1.18 万亿元，已超 2020 年全年增量。着重加大制造业、战略性新兴产业、绿色发展等重点领域公司贷款投放，上述领域贷款规模均保持同业领先。全行公司贷款不良额、不良率保持“双降”，剪刀差已连续 13 个季度为负。存款方面，在 2020 年高基数情况下，截至 11 月末，公司存款（含本外币财务公司活期存款等）日均余额 5.88 万亿元，较上年净增 6 350 亿元，为历史同期最高；本币时点余额 5.23 万亿元，净增 1 393 亿元，付息率继续保持同业及行内各条线最低。债券方面，坚定实施“债券精品大行”策略，全行主承销非金融企业债务融资工具5 017亿元，四行第一；其中AAA级承销额占比92%，绿色债券482亿元，同比增长12.2倍。实现市场首批能源保供债、碳中和债、乡村振兴债等创新产品承销“全覆盖”，债券承销总量、结构、品种及质量保持市场领先。

二是普惠金融迈上新台阶。普惠贷款高速增长，上半年银保监口径普惠贷款突破万亿元。截至11月末，普惠贷款净增3 383亿元，增量四行占比提升4.5个百分点；增速47%，阶段性完成“增速超过30%”的监管要求，第二和第三季度增速均位居四行第一。客户基础不断夯实，普惠有贷户较年初增加18.3万户，增幅31%，位居四行第一。资产质量稳步向好，不良率较年初下降0.34个百分点，逾期率下降0.25个百分点。投放结构持续优化，信用贷款占比提升1.8个百分点，新增首贷户4.8万户，产品适配性明显增强。区域布局更加均衡，五大重点区域普惠贷款增量合计2 720亿元，同比多增619亿元，12家特色发展行同比多增32亿元。综合贡献逐渐显现，“工银普惠行”品牌知名度持续提升，获客、活客、黏客作用进一步发挥。

三是乡村振兴迎来新开局。全力推进城乡联动发展战略落地、落实、落细。主要考核指标超额完成。截至11月末，全行涉农贷款余额2.6万亿元，净增3 840亿元，增速17%，继续保持我行在可比同业的领先地位；普惠型涉农贷款余额2 331亿元，较年初增加809亿元，增速53%，较各项贷款平均增速高41.7个百分点；国家级乡村振兴重点帮扶县贷款余额1 003亿元，增速14%，较各项贷款平均增速高2.8个百分点。运行体制机制日臻完善。在总行及一级分行均成立金融服务乡村振兴领导小组和乡村振兴办公室，初步形成乡村振兴金融服务基础制度体系；与农业农村部、国家乡村振兴局签署三方战略合作协议，发布工商银行全力支持乡村振兴行动方案；结合国家共同富裕示范区、生态文明试验区建设，打造浙江、贵州等乡村金融“示范样板”。乡村金融服务提质增效。推出工银“兴农通”乡村金融服务统一品牌，依托GBC联动持续扩大乡村振兴业务外部合作联盟，加快农村普惠金融服务点、工银“兴农通”APP线上线下协同的新型乡村金融触达体系建设，推动金融服务下沉；创新推出“工银兴农贷”等涉农金融服务，打造具有工行特色的“融资、融商、融智”三融服务体系。

四是结现业务迈出新步伐。聚焦账户拓展、中收增收、合规经营三个重点，逐步简化开户流程，扩大电子营业执照应用范围，快速迭代并推广异地见证开户。同时，狠抓电信网络诈骗风险防控。截至11月末，全行新开对公结算账户176万户，较上年同期多开27万户，同比增长18%；其中，新开基本账户134万户，占比达76%，新开账户及新开基本账户数量均四行领先且优势持续扩大。日均金融资产1万元以上公司客户增至345万户，较上年末净增36万户。结现牵头的8项中收完成101.98亿元，可比口径稳居四行第一。

五是投行业务取得新进展。以抓收入、拓服务为重点，深入推进商投互动和行司联动，夯实项目储备，取得了稳中有进的经营成果。截至11月末，全行投行条线实现收入102.2亿元，四行占比43%，四行第一优势继续稳固。并购贷款新增融资累计发放额超1 200亿元，同比增长超20%；非标代理投资累计投放超400亿元。通过投行手段化解我行存量风险资产约30亿元，与工银投资合作的债转股项目数量同比增长超80%、融资余额同比增长13%，联动质效进一步提升。

总的看，今年面临的困难和挑战超过预想，取得的成绩好于预期，难能可贵。这些成绩是行党委正确领导的结果，是公司板块全体干部员工砥砺奋进的结果，是各分支机构艰苦努力、各专业条线联动协作的结果。在此，我谨代表行党委向大家表示衷心的感谢！

二、当前面临的机遇和挑战

在肯定成绩的同时，我们也要清醒地认识到，当前疫情变化和外部环境仍然存在诸多不确定性，公司板块业务发展“稳”和“进”中还有隐忧的一面，我们仍面临着许多发展不平衡不充分的问题。大家要居安思危、知危图安、前瞻布局。

从外部来看，新冠肺炎疫情对国际格局产生深刻影响，世界百年未有之大变局加速演化，不稳定性不确定性明显增强。当前，我国经济出现新的下行压力，要在高基数上继续保持平稳运行面临很多挑战。地方政府隐性债务监管趋严，个别大型企业风险暴露。如何更好地与实体经济融合互动、如何更有效地防控化解风险、如何更主动地加快经营转型，都对公司板块业务发展提出了更高要求。与此同时，当前和今后一个时期，仍是我国发展的重要战略机遇期。积极的财政政策和稳健的货币政策继续实施，产业结构加速升级，新型工业化、信息化、城镇化、农业现代化快速推进，绿色经济、数字经济、科技创新、乡村振兴等持续释放出强劲发展动能，这将为公司板块业务发展带来新的市场机遇。

从自身来看，公司客户金融服务领域仍存在诸多发展不平衡不充分的问题。客户方面，虽然公司客户总量同业第一，但对公结算账户数量、日均金融资产5万~5 000万元的中部客户落后可比同业。贷款方面，下半年以来全行公司贷款增速放缓，优质项目同业竞争激烈，收益率走低；普惠金融、乡村振兴面临同业强有力的竞争，如何把信贷资源准确、高质量地配置到制造业、科技创新、绿色发展、普惠、乡村振兴等实体经济重点领域和薄弱环节，需要下更大功夫。投行方面，近年来，受资管新规和理财新规影响，表外非标业务总体呈收紧态势，投行可持续发展的新旧动能转化还需要一个过程。

三、坚定信心，迎难而上，全力做好岁末年初重点工作

大道至简，实干为要。公司板块要在严峻复杂、竞争激烈的形势下争取主动，坚持稳中求进工作总基调，进一步增强紧迫感、危机感、使命感，坚定信心、增强定力，迎难而上、抢抓机遇，全力打赢岁末年初四场战役。

（一）聚力“提位”，打一场奋勇争先的关键战。今年以来，公司板块各项工作推进总体顺利，但个别指标面临同业激烈竞争，部分领域发展存在短板。要强化位次意识。各分行要坚持问题导向、目标导向、结果导向，围绕公司贷款、中收增收、乡村振兴、普惠金融、客户拓展等重点领域，盯住主要对手，开展争先进位。增量四行第一的分行要扩大领先优势，四行第二的分行要迎头赶上、寸土必争，争取消灭增量三四名的情况。在圆满完成年末各项任务的基础上，全力以赴将全年任务指标收好口，全力以赴抓好开年工作，实现“开门红”。要强化组织推动。各分行要高度重视旺季营销对全年业务发展的重要作用，成立由分管行长任组长的公司板块旺季营销工作领导小组，因地制宜制订本行旺季营销行动方案；尽快组织召开推动会、动员会，明确营销整体目标，制订阶段计划，强化过程管理，密切客户走访，加大宣传推动，持续监测评价，力求取得实效。各分行要尽快将本行旺季营销行动方案报送总行。

（二）聚力“提质”，打一场蓄力加力的主动战。一要推动公司金融业务提质。深入开展旺季营销“春天行动”，统筹好岁末年初的公司信贷增量、节奏与结构，确保实现增量上有序衔接、节奏上抢先抓早、结构上布局优化，实现年内厚储备、年后快投放，持续扩大公司贷款余额、增量同业领先优势。要抓好年末信贷投放。各分行要做到“守土有责”，强化战略区域、战略客户、战略行业重点客户同业占比不下降的“底线思维”，岁末保持投放力度不松劲，确保增量四行第一。高质量完成制造业、战略性新兴产业、绿色发展及民企等领域信贷投放的监管任务。要夯实优质项目储备。围绕国家战略布局和“十四五”规划重点领域，加强新制造、新服务、新基础及高技术客群三新一高领域新项目拓展与已批未放储备项目的二次营销，及时清理无效储备，提升项目储备的可靠性、有效性，确保项目贷款储备量覆盖未来两个季度所需投放量。对即将放款的储备项目，要安排好提款时间和信贷规模，提前做好开年投放准备工作。要抢抓年初业务机遇。按照“优投优贷”要求，明年第一季度实现优质储备项目“应贷尽贷”，力争使公司贷款增量完成全年计划的50%，为实现全年目标奠定坚实基础，巩固同业领先地位。牢牢把握清洁能源、铁路骨干网络、轨道交通、大型炼化、城市更新等领域优质项目业务机遇，强化制造业、战略性新兴产业、绿色发展及民企优质项目的信贷投放；特别是落实好行党委关于服务制造业高质量发展的部署要求，开展好“制造业金融服务提质工程”，确保制造业贷款增速高于全行各项贷款增速。坚持量价协调发展，加大全年公司信贷形势研判分析，加强同业动态对标，前瞻制定和调整投放及定价策略。

二要推动普惠金融业务提质。年内确保完成普惠贷款和客户增长任务目标。明年第一季度，各分行要实现普惠贷款市场份额持续提升。总行已明确各分行第一季度普惠贷款增长目标，会后将下发，请各分行做好逐级分解与传导。要强化比拼意识。通过开展分组PK比拼、优化旺季营销评价，紧盯系统内贡献、同业增速和增量比较等指标，营造比学赶超、力争上游的营销氛围。要用好重点产品。深挖“e抵快贷”市场潜力，尽早实现上量；加快经营快贷白名单客户资源转化，积极开展“税务贷”“国担快贷”等场景拓户；发挥中企云链、金网络等第三方平台的营销合力，抢抓春节前后建安项目供应链融资需求旺盛业务机遇；加强银政通、固定资产购建贷等线下产品推广。要紧抓重点客群。加大制造业、“专精特新”、科技型小微企业的金融支持力度，积极推进与政府部门和政府性融资担保公司合作，批量拓展小微客户。加快普惠标准化贷款产品向网点下沉，扩大客户营销覆盖面。

三要推动乡村金融服务提质。抢抓早春资金需求旺季，奠定同业领先优势。要聚焦重点领域。围绕三大主粮生产、“菜篮子”工程、高标准农田建设、乡村道路交通、仓储保鲜冷链物流、新型农业经营主体等农业农村现代化重点领域，加快涉农信贷投放。加强“两权”抵押贷款营销，深化“信贷直通车”活动。持续巩固脱贫攻坚成果，加大对脱贫县、重点帮扶县支持力度，确保重点帮扶县贷款增速高于各项贷款平均增速。要紧盯优质客群。聚焦农业产业化龙头企业清单，创新产品和服务模式，提升综合金融服务同业占比。加强对农业产业链上下游客户的拓展，实现全链条营销、全产品服务和全闭环管理。要抓好农户贷款。关注年末农民工返乡后的年货筹办、创业、购房等需求，做好农户信用贷款、农户住房抵押贷款等融资产品对接。抢抓开年春耕备耕特别是家庭农场、种养殖大户等购买开年农资、扩大农业生产规模的资金需求。要丰富惠农服务。有序开展农村普惠金融服务点的规划、选址和建设工作，加快产品服务的适农化改造，推动工银“兴农通”APP功能优化、体验提升和试点推广，深入推广乡村振兴主题卡。

四要推动结算现金管理提质。要强化账户拓展。把握年末、明年第一和第二季度节假日及冬奥会前后等重要节点，加大新设企业账户争揽力度。从现在起到明年5月末，全行要力争实现新开对公结算账户85万户，存量正常账户净增40万户，新开账户存款日均余额2 000亿元，结现专业中收50亿元。要加快数字化转

型。开展基于大数据技术的集约化经营，探索线上线下一体化协同营销模式，构建“客户分层、团队分责、服务分类”的矩阵式服务体系，提升服务大中小微客户的能力、水平和效率。加强场景和生态建设，打造“大结算体量、全客户服务、稳风险防控、新数字经营、优场景生态、强产品队伍”的第一结算金融银行。要抓好重点产品与服务。做精“e缴费”“e企付”等产品功能，做优对公数字人民币钱包的产品融合，做强对公产品的市场宣传和推广，提升结算交易活跃度和产品渗透率。以结算互联为依托，提供现金管理、全球现金管理、工银聚组合等服务方案，满足企业境内外资金一体化、供应链金融管理要求，助力央企司库管理转型升级，提供全球、跨银行现金管理服务。

五要推动投资银行业务提质。要深化商投互动效果。紧盯信贷投放重点区域和重点行业，加大高层对投行产品的“一揽子”推介力度，深入挖掘一批优质的投行项目资源，推动投行服务向增收潜力较大的城市行、支行下沉。要提升行司联动质效。发挥集团优势，整合集团投行资源，加强与子公司合作，推动重要客户共同营销、重大项目共同运作，携手做大对公中收。要做好重点产品推广。狠抓能够产生投放、带来流量、提高收益、落实入账的投行产品。特别是并购贷款、融资再安排、非标债权、金融顾问咨询等业务，要加大营销力度、加快审批投放、加速中收入账。针对部分国企客户年末存在压降资产负债率需求的情况，要综合运用权益类投行产品积极对接。要夯实顾问咨询基础。充分运用“政企慧”投顾系列和“智誉函安”融系列两大支柱产品体系，抓住全行营销竞赛的有利契机，全力提升客户覆盖率，夯实收入基础。

（三）聚力“增存”，打一场攻城略地的阵地战。存款是立行之本、兴行之源，是信贷业务可持续发展的基础。要狠抓短期攻坚与长期固本，全力守好公司存款主阵地。要完善闭环管理。以“重点目标客户资金承接率”为抓手，深化GBC联动，抓好信贷投放资金、债券承销资金、机构拨款资金承接，拓展公司存款来源。加强裸贷治理和网点分包管理，持续提高行业存贷比、资金内部循环率。要盯住大额资金。抓好年末节点，对大额公司存款流转实行逐户营销、逐笔跟踪、逐日监测，实现对资金流向精准描绘、对资金漏损点精准捕捉、对资金承接大户精准画像，强化上下游客户资金支付链条的追踪分析。要抓好织网补网。着眼全量，加快完善公司客户服务营销体系方案，坚持平台拓户、产品拓户，源头获客、批量获客，壮大中型企业数量；聚焦重点，稳步推进服务下沉，深入拓展央企、地方国企、上市公司、跨国公司等四类优质客群。要用好创新产品。为配合旺季营销活动开展，总行将适当加大主动负债产品配置额度，各分行要发挥好主动负债产品的竞新引存与战略支持作用，把好钢用在刀刃上。

（四）聚力“增收”，打一场价值创造的收官战。要坚持利率和费率两手抓、两手硬，在继续落实好减费让利要求基础上，通过加强对客户的综合金融服务，提升公司板块对全行的贡献度。非息收入方面，要优化中间业务定价策略，进一步完善形成科学可持续的收费策略，建立合理灵活的收费机制，避免营销简单化和减免随意化，防止中收跑冒滴漏。公司、结现、投行条线要在收入总量稳步提升的基础上持续优化产品结构，确保完成全年任务目标。要高度重视公司板块中收结构优化工作，树立“一切皆可银团”的理念，进一步挖掘银团增收潜能，通过开展“银团提质年”活动，跨越式提高银团收入占比，实现可持续发展。要夯实重点中收项目储备，为明年“开门红”奠定基础。同时，要重合规，树立中收合规管理理念，严格执行费用减免的相关规定。要平衡好业务发展与合规经营，既不能“因噎废食”，更不能“矫枉过正”，对于程序合规、定价合理、服务规范的收费项目，也要做到应收尽收。利息收入方面，要加强市场利率走势研判，做好信贷资源统筹管理和收息质量精细化管理，增强定价市场竞争力，推动全年利息收入实现历史性突破。

最后，特别强调一下，在岁末年初旺季营销开展过程中，要注重以党建凝心聚力，细化组织推动，提升工作成效。要强化党建引领。深入学习贯彻党的十九届六中全会精神，用习近平新时代中国特色社会主义思想武装头脑。充分发挥基层党组织的战斗堡垒和党员先锋模范作用。与全行公司客户经理大赛相结合，开展旺季营销“大比武”，对重点任务实行揭榜挂帅，注重在营销一线锻炼队伍、考察干部，把党建优势和人才优势转化为公司客户服务优势。持之以恒落实中央八项规定精神，打造“亲清”新型银企关系。要强化资源保障。各分行要根据旺季营销目标，结合本行实际和区域竞争情况，统筹安排旺季营销支持费用，制定旺季营销阶段性奖惩政策，并结合工作进度及时兑现。合理配置财务费用和人力资源，保障旺季营销活动顺利开展，确保投入资源高效运用，提升旺季营销行动质效。要强化评价激励。总行将把旺季营销期间指标完成情况作为分行条线评价调节项，对表现突出的干部员工，授予“工银成就”个人奖。各分行要参照总行要求，制订本行评价激励方案，充分调动各级机构的积极性。要强化风险防控。树立正确的业绩观和风险观，坚守行业自律与风险底线，坚持合规经营，以高质量风控确保旺季营销工作顺利开展。前瞻性做好风险防控工作，认真把好“一道防线”，在客户选择、客户营销环节强化风险控制。按照收费与服务相匹配原则，加强收入合规管理，坚决落实减费让利及小微企业收费减免政策要求。严格遵守监管机构、我行关于主动负债产品管理制度要求，做好产品性质和潜在风险的揭示。持续做好对公客户反洗钱及防范电信网络诈骗工作。慎终如始做好冬春季疫情防控工作。

同志们，众力并则万钧举，人心齐则泰山移。大家要坚持以奔跑的姿态前行，以决战的状态实干，扎扎实实抓好公司板块各项重点工作，不辱使命收好官，不负时光开好局，为明年实现更高质量发展奠定扎实基础，迈好新规划的第一步！

在总行外汇合规管理领导小组2021年第一次会议上的讲话

张伟武

（2021年4月22日）

刚才，国际部汇报了2020年外管考核情况，各部门都做了很好的发言。下面，我讲三点意见，既是对大家发言的一个总结，也是对今年主要工作的一个部署。

一、全行外汇合规管理工作总体成效良好

2020年，全行深入贯彻党中央、国务院决策部署，全面落实外汇局关于服务实体经济、深化外汇管理改革、防范化解重大风险的工作要求，按照行党委“48字”工作思路，加快实施境内外汇业务首选银行战略，全行外汇合规管理工作平稳开展，体制机制持续完善，管理基础日益夯实，服务贸易投资便利化取得了较好成效。

（一）合规评价总体良好。在境内外形势错综复杂、全行外汇业务快速增长的情况下，总行在年度外管考核中获得B+评价，全行外管处罚同比下降超50%。北京、上海、广东、江苏、河南等26家分行获得A类评价，A类分行个数同比增长18%。河北、山西、厦门等9家分行考核评级较上年度上升。在19家领先和重点发展行中，15家分行获得A类评价，占比近八成，为境内外汇业务首选银行建设打下了良好基础。

（二）体制机制持续完善。一是统筹合规与发展的管理机制持续完善。集团“1个领导小组+2个板块+6个专业小组+34个成员部门”的统筹管理架构持续深化，总行部门外汇合规管理联系人机制有序运行。各分行也比照总行不断推进机制建设，优化组织架构，明确管理职责。二是外管考核机制持续完善。财会部、人力部推动总行外汇合规管控考核体系及横向激励约束和纵向评价体系进一步优化。三是制度流程持续完善。受监管部门委托，我行牵头编写《货物贸易和国际贸易融资展业规范》，推动工行实践成为行业标准。总行印发《外汇管理政策应知应会基础知识》《外管考核和处罚案例汇编》。各部门加大行内政策传导力度，持续完善本条线内控制度和业务流程。

（三）管理基础日益夯实。一是持续推进人才队伍建设。人力部增设外汇专业序列。企业文化部推进配套专业资格考试，全行12万名员工通过考试。超25万人次参加外汇业务培训，近4万名员工参加外汇业务技能大赛。运管部积极组织客服经理参加外汇业务准入资质考试，持证率达88%。二是加强重点领域风险管控。总行建立了齐抓共管、专业分工、分层管理的联防联控管理机制，内控部、个金部、银行卡部、网金部等部门加强地下钱庄和跨境赌博、非法按金交易、金融从业人员参与非法金融活动的管控。市场部、管信部等部门对大连、湖南、天津等分行开展外汇业务非现场检查，内审局开展外汇业务审计。三是强化对外汇合规管理工作的科技赋能。科技部支持投产外汇业务非现场检查系统，强化事后异常监测功能。打造智慧外管报送新模式，建立外管数据统一标准，加强信息共享，国际收支间接申报数据差错率首次降至万分之一以下的良好水平。管信部积极支持完善外管数据质量治理机制。运管部、个金部、结现部等部门持续提高境内外币现钞存取、非居民个人人民币收付款数据质量。

（四）服务贸易投资便利化取得较好成效。一是积极争取先行先试创新试点。全行积极把握贸易新业态发展机遇，争取贸易外汇收支便利化试点，加强服务实体经济工作举措，加快跨境服务创新。二是着力提升便利化服务水平。广泛发挥“单一窗口”、企业网银等线上外汇业务服务优势。科技部、国际部、单证中心积极推进与外汇局的合作。我行成为加入外汇局跨境金融区块链平台的首家认证节点，有效提升贸易真实性审核能力。三是积极开展跨境贸易投资便利化政策宣传。推动全行强化合规理念，树立“越合规越自主”“越诚信越便利”的意识。四是做好防疫抗疫特殊时期金融服务。全行认真落实外汇绿色通道政策，全力保障特殊时期客户外汇业务需求。

上述努力也有力支持了境内外汇业务首选银行战略落地实施。今年第一季度，外汇业务竞争力、经营质态、客户基础、合规风控能力等多项关键指标取得较好

成绩，其中外汇存贷款多项核心指标取得四行第一，外汇交易、国际业务中收、国际结算量（国际收支口径）等指标四行占比也大幅提升。这些成绩的取得与全行持续加强外汇合规管理、夯实外汇业务发展基础是密不可分的。在此，对大家付出的努力和取得的成绩表示衷心感谢和热烈祝贺！

二、存在的问题和面临的形势

在肯定成绩的同时，也要清醒看到我行外汇合规管理当前存在的问题和不足。从内部看，主要是如何统筹好业务发展与合规经营的关系，确保境内外汇业务首选银行战略行稳致远。从外部看，主要是如何平衡好促便利与防风险之间的关系，主动适应监管形势与监管思路的转变。

（一）存在的内部问题。

一是合规管理基础依然薄弱。人员方面，外汇从业人员数量、能力尚不能跟上境内外汇业务首选银行战略推进的需要，还缺乏既懂业务又懂合规政策的复合型人才。制度方面，全行尚未完全将外汇合规管理要求嵌入到各条线、各机构的制度、产品、系统中。系统管控方面，部分条线业务系统合规刚控、异常监测等功能尚需加强，外管数据报送的自动化、智能化水平亟待提升。

二是主体责任仍需加强。国际部和个金部仍需提升对公、对私两大板块的统筹能力。市场部、运管部、银行卡部和网金部也要进一步发挥小组牵头作用。在外汇管理改革不断深化的背景下，各部门都要提高对外管政策变化的敏感度，增强学习的主动性，加大条线指导力度。目前有些分行还没能做到统筹谋划业务发展与合规经营，监管沟通、能力提升、业务自查等工作还要进一步抓实抓细。外汇合规，不是某些部门的合规，也不只是国际部的合规，是全行所有涉外业务的合规。外汇局年度外管考核与总分行一体化现场检查涉及总行 34 个部门、38 家境内分行。因此，各部门、各分行要强化主体责任，做到全员合规。

三是外汇政策创新试点竞争力还落后于可比同业。近年来，外汇局大力推动跨境贸易投资自由化便利化，先后出台多项创新试点政策。经常项目外汇管理方面，外汇局从 2019 年启动贸易外汇收支便利化试点工作，目前试点范围已扩展至 22 个地区。我行仅有 11 家分行获试点资格，落后于同业。重点区域方面，外汇局加快推进在上海国际金融中心、粤港澳大湾区和海南自由贸易港等区域外汇管理体制改革。我行在这些地区和同业的差距还比较大。各分行要加大力度，力争拿到当地业务创新试点机会。

四是整改长效机制亟待建立。从去年外管考核结果看，我行在全流程展业审查能力方面仍有不足，对风险因素识别和控制仍需强化。个别反复出现的老问题，更反映出我们相关整改措施不到位，治标未治本，没有真正追根溯源、持续跟踪督导。

（二）面临的外部形势。

一是“严监管、强监管”成为新常态。一方面，外汇局以“零容忍”态度加大处罚力度。严厉打击地下钱庄、跨境赌博等外汇领域违法违规活动，防范跨境资本异常流动风险，公开通报违规案例，综合运用机构、责任人“双罚”手段，甚至追究民事、刑事责任。另一方面，加强了外管考核结果的运用。对于机构的外管考核，纳入人民银行宏观审慎考核及银保监会对银行监管整改评估，情节严重者将吊销外汇经营许可证。

二是统筹“促便利”与“防风险”成为新要求。一方面，强调提升服务意识与服务能力。外汇局深化“放管服”改革，要求商业银行转变合规理念和管理方式，创新管理工具，把握好便利化与合规经营的平衡点。另一方面，要求持续提升合规展业和精准识别能力。在真实性审核方面，外汇局要求商业银行变被动依赖为主动担当、变单证形式为交易实质、变现场审单为事前尽调、变清单列举为逻辑研判，同时要加强高风险交易治理和重点领域监测分析，切实防范跨境资金异常流动风险。

三、下一步工作要求

2021 年是“十四五”开局之年，是全行新三年规划起步之年，也是实施境内外汇业务首选银行战略的关键之年。做好全年外汇合规管理工作，意义重大。我们要认真贯彻全行工作会议精神和行党委关于外汇合规管理工作的要求，落实行党委“48 字”工作思路，运用“三比三看三提高”工作方法，把握“大、全、稳、新、优、强”发展方位，服务新发展格局，推动外汇业务高质量发展。重点做好以下工作。

（一）持续树牢合规意识。要从三个方面提高对外汇合规管理工作的认识。一是认识到合规就是政治担当。外汇合规不仅直接关乎我们自身稳健经营，更可能牵动国家金融安全稳定。我们要树牢总体国家安全观，始终绷紧外汇合规这根弦，自觉做好外汇合规管理工作，有效防范合规风险，筑牢金融安全防线，发挥国有大行的表率作用。二是认识到合规就是生产力。合规是发展的基础，合规是“1”，业务是“0”，没有合规，业务发展就没有根基和保障。要正确认识促便利与防风险之间的辩证关系，将“越合规越自主”“越诚信越便利”的理念根植于企业文化中。三是认识到合规就是竞争力。外汇合规管理能力是争取政策创新试点的前提，也是把握贸易投资便利化改革机遇、实现“弯道超车”的基础。要对改革方向和政策导向做到心中有数，积极主动为客户提供本外币一体化解决方案，在市场竞争中树立领先优势。

（二）不断深化机制建设。一是加强顶层推动。总分行要定期召开境内外汇业务首选银行战略推动会与外汇合规管理领导小组工作会，对全行外汇业务发展与合规管理进行统筹规划，充分发挥各部门、各机构管控合力。二是压实主体责任。各部门、各机构要全面对标外汇局各项工作要求，做好外管考核指标责任分解，推动落地执行。三是强化外管考核挂钩机制。总行要继续强化外管考核与总行部门定量考核、战略落实专项考核“双挂钩”机制，加大奖优罚劣力度。各分行也要比照总行要求建立相应机制。四是探索试点多层级、跨专业的外汇专家柔性团队机制。总行外汇合规管理领导小组牵头部门及外汇业务主要前、中、后台部门，要在全行遴选一批外汇业务核心人才，建立多层级、跨专业的柔性团队，针对一线员工办理外汇业务中遇到的问题，给予快速响应和具体指导，从机制上解决“不敢干”“不会干”的问题，提升客户服务能力。各分行在实践中如有好的经验做法，要及时报送总行，总行将对其进行总结推广。

（三）继续夯实外汇合规管理基础。一是夯实人才队伍基础。要加大全员、兼职、专职三个梯次外汇队伍建设力度，加大外汇人才培养使用与晋升发展力度，强化各层级外汇管理政策培训。要构建多层级的激励体系，切实提高专业人才成就感、荣誉感，最大限度激发人才活力。内控部可考虑在合规标兵评选中单独给予外汇合规标兵名额。要举办“外汇合规技能大赛”，发现培养一批常年战斗在一线的外汇合规标兵和业务能手。二是持续加强制度内化。各相关部门要全面梳理修订完善本条线规章制度，及时内化外汇监管规定，定期开展制度适应性评估，更新细化操作规程。三是强化系统建设。各部门要主动完善系统功能，强化事前外汇合规展业、事中风险控制、事后核查的全生命周期管理。个金部要会同相关部门持续完善银行境外取现数据报送、结售汇额度管控等系统功能。国际部、科技部要会同相关部门加强贸易金融领域创新赋能，加快境内外汇业务首选银行智慧管理项目建设步伐，为战略落地提供坚实系统支撑。科技部要加大资源投入，做好外汇业务相关系统研发，确保功能如期实现、系统运行稳定。四是切实提高外管数据质量。外管数据是对外经济家底的“测量仪”，跨境资本流动风险的“血压计”。各部门要充分认识数据质量对国家宏观决策的重要意义，主动履行第一道风险防线的主体责任，按照“谁的业务、谁的客户”“谁发起、谁受益”原则强化条线数据报送责任，推进监管规则内化，做好报送数据核对。国际部要牵头组织做好直接申报问题整改和自查，落实“月通报、年考核”机制。

（四）加强日常沟通与重点防控。一是加强监管日常沟通。各部门要加强与外汇局的沟通汇报，形成“尊重监管、主动沟通”的氛围和文化，主动配合、协助外汇局工作。分行要主动、定期向属地外汇局请示汇报，及时了解最新政策动向，准确把握监管意图，积极争取创新试点，避免出了问题和漏洞时才亡羊补牢。二是加强处罚风险管控。各部门、各机构要研究制定外汇业务“降处罚”具体工作措施，明确职责和处罚风险管控重点任务清单，落实责任。国际部要及时将外管处罚信息、处罚风险提示等情况通报全行，做好传导和预警。三是关注重点领域外汇合规风险。个金部要继续牵头加强个人分拆结售汇、个人境外提钞等业务风险监测。国际部要继续牵头加强离岸转手买卖、特殊监管区域、大额及超长期限延收延付、预收预付等业务风险监测。内控部要牵头落实跨境业务反洗钱有关要求，提升异常交易的系统精准识别能力，严防地下钱庄、跨境赌博等违法犯罪活动。四是做好外汇业务合规检查。外汇局最快将于明年再进场对我行开展总分行一体化检查。全行要高度重视，提前谋划，主动将外汇业务合规检查纳入本条线业务检查计划，提高第一道风险防线履职实效。

（五）持续提升便利化服务水平。对公业务方面，要着力支持客户降成本、促发展。要继续做好便利化试点组织推动工作，明确监管政策，做好客户储备，加强便利化政策宣传引导，推动优化线上渠道便利化功能，不断提升客户体验与获得感。要继续服务好贸易新业态，推进跨境金融区块链服务平台建设。相关分行要积极支持参与自贸试验区、海南自由贸易港、粤港澳大湾区等外汇业务创新改革先行先试，参与本外币一体化资金池业务等试点，推动首单业务、首笔业务在我行落地。要积极配合外汇市场自律机制做好“风险中性”宣传引导工作，不断输出风险防范能力，帮助更多中小企业通过衍生品工具做好汇率风险管理。个人业务方面，要不断强化惠民生、增便利。个人外汇业务便利化是民生工程，也是外汇局业务检查和考核重点。外汇局要求各行提高政治敏锐性，切实防范舆情风险。全行要高度重视。个金部要牵头做好个人经常项目外汇业务便利化政策落地，注意规范网点客服人员的对客话术，定期更新《营业网点个人外汇服务指南》和《营业网点个人外汇常见问题服务话术》，并将相关内容纳入个人外汇业务准入资质考试，帮助一线员工尽快掌握个人外汇业务服务场景、客户常见问题及答复话术。要会同网金部、银行卡部、渠道部等部门，全面梳理自助渠道提示语，避免因简单拒绝客户导致出现投诉。

同志们，2021年是“十四五”起步之年，是我行新三年规划开局之年，也是实施境内外汇业务首选银行战略的首个完整年度。全行要紧跟宏观审慎和微观合规“两位一体”监管思路，提高站位，强化本领，主动作为，发挥合力，为战略纵深传导和推进筑牢根基。

在境外机构廉洁从业专题会议上的讲话

张伟武

（2021 年 8 月 4 日）

今天，我们组织召开境外机构廉洁从业专题会议，正式启动境外机构第二次廉洁从业系列培训。本次会议的主要任务是，全面贯彻党的十九届五中全会和十九届中央纪委五次全会精神，认真落实总行党委关于境外党建、廉洁从业及巡视整改工作要求，总结工作，分析形势，部署下一阶段重点任务，深入推动境外机构全面从严治党从严治行。下面，我讲三个方面的意见。

一、充分肯定境外党建和廉洁从业工作成绩

总行新一届党委成立以来，提出“党建引领、从严治理”工作思路，旗帜鲜明坚持和加强党的全面领导，推进境外机构党建和廉洁从业工作取得积极成效。

（一）坚持党建引领。实行“双重领导、双线报告”机制，指导境外机构扎实开展“不忘初心、牢记使命”主题教育和党史学习教育，健全组织建设，因地制宜、灵活有效开展组织生活，引导广大党员干部增强“四个意识”、坚定“四个自信”、做到“两个维护”。

（二）完善制度约束。健全制度体系，制定印发《境外机构廉洁从业监督办法（试行）》《2021 年度境外机构廉洁专员履职清单》等制度，在国际化发展新规划和《境外机构管理规定》中对廉洁从业作出明确规定。境外机构结合所在国家和地区法律法规和总行要求，制定员工禁止行为、出差管理、公务招待等内部规章，进一步强化廉洁风险防控。

（三）强化监督举措。建立境外机构廉洁专员队伍，在 49 个国家和地区的 57 家境外机构设立 49 名廉洁专员和 52 名联络员，实现境外机构监督全覆盖。廉洁专员根据履职清单采取参加班子会议、主动约谈等多种方式，不断强化日常监督和廉洁风险防控作用，将反腐败工作触角延伸至全集团。部分欧美地区机构建立了内部举报人制度，员工可以通过特定的途径举报涉嫌或已知违反行为准则、公司政策或法律的行为。

（四）培育廉洁文化。积极践行“工于至诚、行以致远”的企业文化，着力培育“公开透明、公私分明、自律律他、廉勤并重”的廉洁文化。对新任管理层开展任前谈话，对境外机构开展多种形式的廉洁教育，树立和培养廉洁经营文化理念。

二、切实增强境外党建和廉洁从业工作的责任感和紧迫感

当前，世界百年未有之大变局加速演变，新冠肺炎疫情大流行影响深远，国际格局深刻调整，国际环境更趋复杂。要胸怀“两个大局”，把握机遇、直面挑战，通过构建高质量党建和廉洁风险防控体系，坚定不移推进国际化高质量发展。

（一）境外党建和廉洁从业工作存在薄弱环节。

一是全面从严治党“两个责任”落实不够到位。受政治环境、价值观念、文化和风俗习惯等因素影响，相对于境内机构，我行部分境外机构组织基础薄弱、制度规范不够健全，对境外金融反腐形势严峻性的认识和政治敏锐性相对不足，在坚持党要管党、落实全面从严治党主体责任上与总行党委的要求还有差距；对境外机构“一把手”的约束有待加强，个别境外机构班子成员数量配备不足，有的代表处只有 1 名班子成员，落实全面从严治党的监督责任还需进一步加强。

二是制度执行效力有待强化。近年来，我行在内外部审计、巡视、非现场检查等工作中，仍然发现境外机构存在制度执行不到位的问题。例如，贷前把关不严、贷后管理不规范、个人信用贷款不符合准入条件、金融市场参数管理不规范、授信不及时、债券投资信用风险管控有待提升，以及合规反洗钱、风险管理、IT、因私护照管理、贯彻落实中央八项规定精神、生活作风等方面的问题。有的甚至受到监管处罚，有的机构主要负责人还被问责，受到行政记过处分。上述问题的产生，反映出境外机构在严格执行制度方面，依然存在有令不行、有章不循、有禁不止，甚至打折扣、搞变通、做选择的情况。

三是员工队伍管理和监督仍需进一步加强。外派员工在境外面临的诱惑比境内多，而且接受的监督相对境内薄弱。“八小时”外是腐败的“滋生区”和“重灾区”，员工在这一时间段比较容易出现问题，需要境外机构班子成员予以重点关注。根据调研了解到的情况，一些机构对外派员工和本地员工的管理实行“双重标

准”，对外派员工的管理较为严格；对本地员工，则过多强调当地劳工环境复杂严苛、劳工诉讼风险较大等客观原因，一些廉洁风险防控制度约束力不强。

（二）充分认识做好境外党建和廉洁从业工作的重要意义。要有效应对复杂的外部环境与挑战，就必须以政治建设为统领，全面强化境外党建和廉洁从业工作，将境外机构建设成为服务国家重大战略的战斗堡垒。

第一，这是立足党的百年历史新起点，全面落实党中央管党治党系列部署的必然要求。党中央召开党史学习教育动员大会，习近平总书记站在历史和时代的高度，深刻阐述了开展党史学习教育的重大意义，系统回答了“为什么学、学什么、怎么学”等重要问题，宣示了新时代共产党人不忘初心、牢记使命的坚定决心，展现了再接再厉把中国特色社会主义事业推向前进的奋进姿态，为我们加强和改进党的建设进一步明确了目标任务和前进方向。习近平总书记在庆祝中国共产党成立100周年大会上强调，新的征程上，我们要牢记打铁必须自身硬的道理，要增强全面从严治党永远在路上的政治自觉，以党的政治建设为统领，继续推进新时代党的建设新的伟大工程，不断严密党的组织体系，着力建设德才兼备的高素质干部队伍，坚定不移推进党风廉政建设和反腐败斗争，坚决清除一切损害党的先进性和纯洁性的因素，清除一切侵蚀党的健康肌体的病毒，确保党不变质、不变色、不变味，确保党在新时代坚持和发展中国特色社会主义的历史进程中始终成为坚强领导核心。作为中管金融企业，我们必须全面准确把握党中央的战略部署，把握党的历史经验，把握党建工作规律，奋力开创党建高质量发展新局面。

第二，这是立足“两个大局”，全力服务国家重大战略的必然要求。党中央统筹中华民族伟大复兴战略全局和世界百年未有之大变局，对“十四五”规划期间和未来更长时期经济社会发展作出重大战略部署，这些都和金融工作紧密相关。作为金融“国家队”，我们必须心怀“国之大者”，把国家所需和工行所能结合起来，自觉服从大局、有效服务大局，将服务新发展格局、建设更高水平开放型经济新体制、推动“一带一路”高质量发展、促进全球经济治理体系改革等作为国际化发展的出发点和立足点。

第三，这是立足全行发展方位和愿景，以一流党建引领和保障一流金融企业建设的必然要求。对标国家“十四五”规划，我们制定了全行新战略规划和国际化发展新规划，按照“建设具有全球竞争力的世界一流现代金融企业”愿景，推动外汇首选银行战略实施，促进国际化高质量发展。建设世界一流现代金融企业，根本上要靠坚持党的领导、加强党的建设。全行要以高质量党建引领高质量发展，找准发力点，把党建成效转化为治企兴企成果。

（三）深刻认识当前境外党建和廉洁从业工作的复杂性。受国情行情、地缘政治、监管形势、科技发展等多方面因素影响，境外党建和廉洁从业工作面临较大挑战。一是腐败仍是全球性顽疾。由于各国政治经济体制、社会发展程度和历史文化传统的不同，导致廉洁风险点种类各异，需要因地制宜做好防范。部分西方发达国家以“清廉国家”“民主国家”自居，但腐败现象依旧普遍存在，特别是政治献金、游说交易、“旋转门”等制度性腐败现象根深蒂固、流弊至今。拉美、非洲、东南亚的一些西式民主输入国家，在实行“民主化”后，腐败现象不仅没有得到有效遏制，反而陷入新的困境。二是地缘政治挑战加剧。世界多极化加速发展，新兴市场国家和发展中国家群体性崛起，国际力量对比正发生历史性变化。我行境外机构能否既服务好国家重大战略，又有效应对地缘政治风险，是一项很大的考验。三是全球持续呈现“强监管、严监管”趋势。中资银行在不断提升全球影响力的同时，也面临越来越严格的合规审查。合规监管呈现多元化和复杂化局面，对中资银行境外机构廉洁从业管理提出更高要求。四是疫情常态化带来的挑战依然较大。加强境外党建工作对做好境外常态化疫情防控意义重大。外派员工长期身处境外，在思想上容易产生波动，无论在保持员工队伍稳定，还是在保障业务持续性运营方面，都面临极大挑战，迫切需要提升境外党建工作质量，充分发挥境外机构党组织战斗堡垒作用和党员先锋模范作用。与此同时，疫情期间许多国家和地区采取了防疫封锁、居家办公等措施，无法进行境外机构现场调研、现场述职，对总行政策制度传导、开展监督管理工作产生了一定影响。如何进一步提高境外党建工作质量，筑牢境外廉洁风险防控体系，将反腐倡廉要求与业务经营、疫情防控有机结合，成为摆在我们面前的重大课题。

三、高标准推进境外党建和廉洁从业工作走向深入

今年是全行党的建设“质量提升年”，总行也将迎来中央新一轮巡视。全行要严格落实党建工作会议、全面从严治党暨纪检监察工作会议、境外合规风险管理专题会议的精神，有效做好境外党建和廉洁风险防控工作。各境外机构要以落实全面从严治党和党风廉政建设责任为抓手，以制约和监督权力运行为核心，遵守境外廉洁从业相关管理制度要求，持续健全党风廉政建设工作机制。总行相关部门要强化对境外机构的指导和支持，严格落实中央和总行党委关于深化巡视整改的要求，聚焦薄弱环节，注重强化提升，确保在新的形势背景下能经得起中央新一轮巡视的检查。

（一）要增强学习本领，学懂弄通做实党的创新理论。坚持理论学习是我们党的优良传统。习近平总书记强调，“中国共产党人依靠学习走到今天，也必然要依靠学习走向未来”“学习本领是领导干部必须具备的第

一位本领”。大家不能因为身处境外就放松对自己的要求，学习的步伐永远不能停下。只有主动加快知识更新，以学增智、以学修身、以学促行，才能应对好百年变局和世纪疫情，担当新使命、创造新业绩。一是坚持用习近平新时代中国特色社会主义思想武装头脑、指导实践、推动工作，深刻领会习近平总书记重要讲话精神，不折不扣贯彻落实党中央决策部署。二是把学习贯彻习近平总书记“七一”重要讲话精神作为当前和今后一个时期的一项重大政治任务，认真开展党史学习教育，加强党史、新中国史、改革开放史、社会主义发展史的学习，从党的百年奋斗光辉历程中汲取智慧和力量，弘扬光荣传统、赓续红色血脉，把伟大建党精神继承下去、发扬光大，切实做到学史明理、学史增信、学史崇德、学史力行。三是按照驻地使领馆和总行党委要求，以安全稳妥的方式，扎实开展“三会一课”、组织生活会等组织生活，认真学习中央文件和相关通报、会议精神，厚植爱国主义情怀，为维护国家利益和国有资产安全，为全行国际化战略行稳致远提供坚强有力保障。四是牢牢把握金融领域全面从严治党新特征，全面学习贯彻党的十九大和十九届二中、三中、四中、五中全会精神，认真落实十九届中央纪委五次全会各项部署，统筹推进金融服务效能提升与金融风险防范化解，坚定不移深化金融反腐，一体推进“三不”机制建设，抓好境外廉洁风险防控，营造风清气正的良好政治生态。

（二）强化主体责任落实，推动全面从严治党向境外延伸压实。各境外机构要认真贯彻落实党中央决策部署，从加强党的领导、服务国家高水平对外开放和推动共建“一带一路”高质量发展的高度，认真研究本机构面临的形势任务和存在问题，切实规范和加强党建工作，落实好全面从严治党从严治行要求。境外机构党建工作受驻地使领馆党委和总行党委双重领导，要遵循因地制宜、内外有别、务实高效、安全稳妥的原则，及时做好重大问题的请示报告。各境外机构主要负责人要在抓业务拓展的同时，进一步抓好党建工作，按照要求做好到离任述职和年度述职；要从讲政治的高度深入防范化解金融风险，切实履行好分管领域和人员的党风廉政建设主体责任，不断加强对干部员工的管理和监督，对廉洁方面存在苗头性、倾向性问题的人员及时提醒，及早解决，将问题解决在萌芽状态。各境外机构要区分不同国家和地区，分类施策，真正将党建引领落实落地，突出凝聚人心、稳定队伍、防范风险、维护安全、保证监督、促进发展，切实履行好全面从严治党主体责任和监督责任。

（三）全面对标对表，全力服务新发展格局和高质量发展。把全面从严治党从严治行落到实处，加强廉洁从业建设，目的是为了我们的国际化事业能有更健康、更可持续的发展，为全力服务新发展格局和高质量发展提供坚强保障。境外机构的贡献不仅体现为经营质态的提升，也体现为与集团的战略协同、客户协同和业务协同，更体现在服务国家战略的实际行动。境外机构要坚持国际化方向不动摇，持续对标对表，在贯彻落实党中央决策部署中找到业务发展的立足点和出发点。一是全力服务新发展格局。要持之以恒推进外汇业务首选银行战略实施，打通境内境外两个市场，构建“一点接入、全球响应”的全球服务体系。以与商务部签署战略合作协议为契机，扩大“春融行动”融资支持规模，打造工行助力稳定产业链供应链、服务新发展格局的特色品牌。二是全面服务高水平对外开放。要持续完善全球重点金融产品体系，不断丰富跨境服务场景，积极推动粤港澳大湾区、全国主要自贸区的金融创新，全力支持资本市场双向开放，为构建我国优良营商环境提供有力的金融支撑。充分发挥BRBR机制作用，将其打造成为“一带一路”金融交流合作平台，创新服务高质量共建“一带一路”。三是贯彻人类命运共同体理念，秉承“负责任银行”原则，加强绿色金融建设，贯彻ESG理念，进一步履行社会责任，展现国有大行的责任担当和良好形象。

（四）增强政治判断力、政治领悟力、政治执行力，维护中资银行国际化声誉。一是不断增强政治责任感、政治敏锐性和政治鉴别力，在重大原则问题上坚决不能含糊，坚决不能动摇，在思想上行动上始终同党中央保持高度一致。二是加强对“走出去”业务和客户敏感信息的保护，防止泄密事件出现。三是加强国际传播能力建设，构建对外话语体系，讲好中国故事和工行故事，传播好中国声音和工行声音。

（五）扎紧制度笼子，强化制度执行。一是总行相关职能部门要对廉洁风险防范的薄弱环节及时查漏补缺，坚持因地制宜、分类施策，建立健全适合境外机构的制度体系和保障机制。各境外机构要梳理自行制定的规章制度，为强化廉洁银行建设提供更加完备的执行依据和更加清晰明确的指导标准。二是严格执行民主集中制，按照民主、科学、高效的原则，建立完善外派领导班子议事和决策机制，严格规范决策程序。对“三重一大”事项，在外派领导班子内进行集体讨论酝酿，达成一致意见后，再按照当地监管和公司治理要求履行必要程序，形成最终决定。三是发挥监督合力，加强内控、巡视、审计、专业检查的协同协作，加大对制度执行情况的监督检查，共享检查成果，同步推动问题整改落实。四是对违规违纪行为，加大惩处力度，及时通报典型案例，增强制度的执行效力。对违反党的政治纪律、涉外工作纪律、安全保密纪律或出现严重腐败案件的，要依法依规追究当事人和相关领导人员责任。

（六）强化重点廉洁风险点的防控和监督。一是结合总行要求及属地反腐败法律法规，加强对全体员工、尤其是前台员工的反腐倡廉教育，培育廉洁的企业文化，树立依法合规开展业务的意识。要避免为了经营业绩或者因定式思维而将国内的惯常做法简单套用于境外，无视境外文化、监管要求、司法环境的差异，导致触碰属地法律及监管红线，引发重大处罚及声誉风险。二是着力防范信贷、资产管理、金融市场交易、投资银行、第三方合作、同业业务、不良资产处置、集中采购、人员招聘等重点领域的廉洁风险，尤其是当地华人背景企业融资、民营企业全球并购、内保外贷等投融资环节的廉洁风险，大额损失背后的廉洁风险，各类创新类业务的廉洁风险以及“一带一路”相关金融活动的廉洁风险。三是严格遵守办公用房、公务用车、客户营销、公务接待等有关规定，确保各项经费开支合规合法合纪；要紧盯管人、管事、管财、管物等重点岗位人员，加大定期交流或轮岗力度。四是将廉洁风险防控目标落实于合规风控任务中。要做好疫情特殊形势下的属地监管沟通，警惕与疫情相关的合规风险、与腐败相关的洗钱风险，关注业务处理方式变化加剧的欺诈风险以及业务运营风险。

（七）加强干部管理，有效实现权力制衡。一是在干部选拔方面，坚持正确选人用人导向，把党性坚定、政治过硬、专业精通、作风优良的高素质干部选拔到境外机构。要选优配强“一把手”，在考察专业素质、市场拓展能力外，更要注重干部的政治素质和自律意识，优先选拔经受过党内严肃政治生活淬炼的干部。二是在班子配备方面，按照有效制衡的风险治理原则，不论机构规模大小，配齐配强最基本数量的班子成员。要严格按照前中后台职责分工，科学合理安排班子成员分工与权责，避免“一把手”权力过于集中。要认真梳理各境外机构班子成员配备和职责分工情况，及时发现和纠正不符合权力制衡原则、权力过大等问题，并抓好整改落实工作。三是在岗位轮换方面，要严格执行境外机构干部任职期限管理，对于清廉指数相对较低国家和地区，在轮岗交流频率、任职时限方面，可采取差异性安排，从体制机制上降低干部被围猎的风险。

（八）加强人文关怀，关注员工“八小时”外的行为动态。一是深入研究派驻地员工管理的相关制度办法，因地制宜加强对本地雇员廉洁从业的引导和管理。二是积极宣传弘扬廉洁文化，推动公私分明、亲清分开、尚俭戒奢等理念在境外机构的落实，引领风清气正的社会风尚，构建良好的银企关系。三是各境外机构负责人要加强对分管条线人员的管理，加强对外派干部员工“八小时”外的监督，多看、多听、多了解，及时掌握干部员工的思想、工作和生活动态。四是以绩效考核反馈、调研检查、视频会议等多种方式，积极传达组织的关心爱护，维护员工身心健康。在给予鼓励肯定的同时，指出缺点不足，及时纠正苗头性、倾向性问题，防患于未然。

（九）严以修身律己，构筑不想腐的行动自觉和监督机制。一是筑牢思想防线。习近平总书记在十九届中央纪委五次全会上强调，各级领导干部特别是主要负责同志必须切实担负起管党治党政治责任，始终保持“赶考”的清醒，保持对“腐蚀”“围猎”的警觉。面对复杂多变的国际形势和地缘政治影响，外派员工特别是外派党员干部要筑牢思想防线，慎独慎微慎始慎终，做政治信念坚定、遵规守纪的明白人，不断强化纪律意识、规矩意识，自觉遵守党的纪律特别是政治纪律。二是保持良好作风。各境外机构班子成员要始终自警自省自律，严格贯彻落实中央八项规定精神及其实施细则，高标准、严要求，始终保持良好的工作作风，带头管好自己以及配偶、子女和身边工作人员，严格家风家教，廉洁修身，廉洁齐家，坚决杜绝以境外情况特殊为借口，搞例外、做变通、要特权。三是发挥廉洁专员监督作用。各境外机构班子成员，特别是“一把手”要大力支持廉洁专员履职，支持监督部门查办违纪违规问题，为其监督履职工作创造条件。“一把手”及其他班子成员也要自觉主动接受监督，习惯在监督下开展各项工作。廉洁专员的设置要合理，要保证有专门的精力和时间履职，聚焦关键人和重点领域开展针对性强的监督工作。

（十）面对全球疫情，继续做好特殊时期管理。一是在疫情防控方面，境外机构要克服疲惫厌战心理，采取扎实有效的防控措施，坚决防止聚集性疫情发生，全力做好感染员工救治，积极联系争取当地疫苗资源；要把以人为本理念贯穿经营管理全过程，把总行对境外员工的关心关爱落实到位，因地制宜做好员工健康管理，完善本机构公共卫生体系建设。二是在防疫物资采购方面，随着境内外疫情形势变化，境外机构防疫物资可能存在暂时性短缺等情况，在采购过程中，需要注意财务方面的合规性，做好相关环节的风险防控管理。三是在业务持续性保障方面，对疫情严重区域的机构，既要做好远程办公、开通 VPN 权限等工作的支持，又要严控操作风险，杜绝特殊形势下的特殊措施为商业腐败提供便利；对重要岗位要建立物理备份并提前做好测试；对于部分人员较少的机构，要考虑极端情况下无法正常运营的情况，制定业务持续性预案，提前制定备份和支持计划，确保关键人员、关键业务廉洁风险防控环节操作的合法合规。

（十一）深化集成整改、一体整改，持续巩固中央巡视整改成效。一是总行相关部门要继续高度重视、举一反三做好境外机构发现问题的巡视整改工作，按照5张清单要求，把中央巡视反馈问题、主题教育检视问题、国家审计署审计问题、银保监会监管通报问题和人民银行检查反馈问题上下一体贯通整改，对于上次巡视反馈问题和新发现的问题都做到有跟踪、有结论，实现巡视整改的再巩固、再提高。二是国际业务部要按照总行统一部署，在中央新一轮巡视进驻前，按照境外机构巡视整改专题会议要求，根据工作清单逐月跟踪推动境外巡视整改工作取得实效；要推动总行相关部门加快落实非现场检查计划，督促境外机构及时做好整改。三是持续提升国际化领导力。全行要以《境外机构管理规定》、以新战略规划落地实施为抓手，用好“牵头统筹、条线主抓”的管理机制，切实落实“职责清晰、分工明确、相互协同、一点接入、全球响应”的管理目标，增强国际化经营风险管控能力。

接下来，希望大家认真学习、用心体会，切实将培训成果转化为实际行动和管用举措，把廉洁风险管理的理念融入领导班子干部的日常工作，持续将全面从严治党从严治行引向深入，在工作中不断取得新成绩。

在总行外汇合规管理领导小组2021年第二次专题工作会上的讲话

张伟武

（2021年8月24日）

刚才，六个牵头部门分别汇报了本专业存在的外汇局通报问题、整改情况及下一步工作计划。总体看，各部门都高度重视外汇局通报问题，从制度和系统层面加强管理，采取有效整改措施，涉及的8个问题均已整改完毕。下面，我再提几点要求。

一、以迎接中央新一轮巡视为契机，全面加强外汇合规管理工作

总行外汇合规管理领导小组结合巡视整改工作要求，安排这次专题会议，是非常及时和必要的。全行年中工作会议指出，要协同做好巡视、审计、监管整改，做到立行立改、即知即改、全面整改。全面从严治党座谈会强调，要抓好系统集成整改，把中央巡视反馈问题与主题教育检视问题、国家审计指出问题、监管部门通报问题的整改结合起来。各部门要严格落实上述要求，以迎接中央新一轮巡视为契机，全面加强外汇合规管理工作。

一是认真做好巡视准备工作。按照中央巡视工作统一部署，及时、高效答复检查问询，准确、完整提供相关材料，及时、主动与中央巡视组做好沟通汇报。

二是建立整改长效机制。今天各部门汇报的问题，大多是上一轮总分行一体化检查中被处罚的问题。出现这些问题，既给全行造成了一定损失，相关责任人还要受到处理。各部门要以监管处罚为切入点，查找漏洞、完善机制，抓好实质性整改。要透过违规问题和风险表象发现内控薄弱环节，透过分支机构违规问题发现总行管理的疏漏之处，避免屡查屡犯，确保存量问题整改到位，新增问题得到有效遏制。

二、不断完善合规管理架构，压实外汇合规管理责任

2019年以来，总行建立了“1个领导小组+2个板块+6个专业小组+33个成员部门”的外汇合规管理领导体系，通过定期召开外汇合规管理领导小组会议，持续加强外汇合规管理的顶层设计。下一步，要构建和深化横向到边、纵向到底的外汇合规管理架构，压实外汇合规管理责任。总行外汇合规管理领导小组各成员部门要注意做好以下工作：

一是主动加强监管沟通汇报。要加强与外汇局的沟通汇报，形成“尊重监管、主动沟通”的习惯，主动配合外汇局工作。最近，个金部、金融市场部在这方面比较主动，做得比较好，得到了外汇局相关部门、领导的肯定。下一步，各主要外汇业务部门要结合本条线存在的问题和薄弱环节，主动去外汇局对口司局沟通汇报，密切跟踪外汇管理规定调整情况，准确把握监管意图，积极争取创新试点资格和良好的外管合规评价结果。对于相关沟通汇报工作，国际部要全面做好配合。

二是做好外汇管理外部规定的制度内化。外汇局最新发布的《现行有效外汇管理主要法规目录》涉及191项外汇法规。各部门要加强学习，对照外汇监管规定做好制度内化，将外汇合规管理要求嵌入到各条线、各机构的制度、产品、系统中，持续做好配套工作。

三是加强条线指导。一方面，要针对外汇新业务、新产品、新政策比较多的实际，加强对基层行的培训指导。要把培训指导与客户服务结合起来，与消费者权益保护结合起来。对客户从不同渠道提出的外汇业务办理方面问题，要指导前台一线服务到位、解释到位，避免引发舆情或消费者投诉。另一方面，要将外汇业务合规检查纳入本专业、本条线的业务检查计划，帮助分行及时发现外汇业务和外管合规方面存在的问题，有针对性地做好整改。

四是牢固树立外汇合规管理就是生产力、竞争力的观念。提升外汇合规管理能力，减少监管处罚，既可以

避免声誉风险，也是为集团创造价值、作出贡献。只有熟悉掌握创新试点政策，才能为客户在海关特殊监管区域和跨境创新领域提供有价值的解决方案，提升我行市场竞争力。

三、坚持问题导向，不断提高外汇合规风险防控能力

一是加强外管处罚风险管控。今年上半年，全行外管处罚金额为146.58万元，同比下降13.32%。对此，大家决不能掉以轻心。国际部要牵头总结处罚原因，督导相关条线、机构汲取教训、举一反三，加强信息共享，认真做好整改；要牵头完善外管合规报告制度，在出现重大外管处罚情况下，组织相关部门、机构及时报告、做好预案。

二是针对上年度外管合规考核结果做好整改。上年度外管合规考核中，我行获得B+评级。去年尽管我们做了大量工作，外管合规处罚金额也在下降，但根据外汇局现行考核管理办法规定，四行评级中只能有一个A。我行之所以获得B+评级，一方面是由于随着外汇业务快速发展和业务量增多，业务差错笔数也相应有所增加；另一方面是由于外汇合规管理基础能力建设尚存在一定差距，突出反映为"直接申报数据质量"等部分指标扣分较多。9月末前，外汇局将对商业银行开展新一轮考核评估。各部门要对照上年度考核结果做好整改，力争今年考核取得好成绩。国际部要强化外管考核与总行部门定量考核、人力部战略落实专项考核"双挂钩"机制，对指标得分满分或排名达到同业第一的，给予责任部门加分奖励；对指标得分低于同业平均水平或排名未达到同业第一的，扣减对应主体考核得分。

三是切实防范声誉风险。近期，外汇局就商业银行个人外汇服务工作进行了检查。7月、8月正值留学生出国换汇高峰期，个别城市出现了服务舆情事件。相关业务条线要加大对重点城市外汇业务网点的指导力度。个金部要高度重视，规范网点服务人员答复口径，持续提升网点服务质量。出现负面舆情时，相关分行要第一时间向总行报告。要通过总分行协同联动，切实避免负面舆情发酵放大。

目前，我行正在接受人民银行和银保监会的多项监管检查。外汇局也计划在2022年或2023年对我行开展新一轮的总分行一体化检查。各相关部门、机构要积极适应新形势下外汇监管思路转变，充分认识外汇监管"零容忍、强监管、严问责、重处罚"的趋势，全面把握外汇业务高质量发展的新要求，扎实做好外汇合规管理工作，为境内外汇业务首选银行战略行稳致远筑牢根基。

在国际化联席会议2021年第四次会议暨境外机构经营分析及疫情防控工作会议上的讲话

张伟武

（2021年12月9日）

今天，我们组织召开国际化联席会议2021年第四次会议暨境外机构经营分析及疫情防控工作会议。本次会议的主要任务是，传达学习党的十九届六中全会精神，研究岁末年初境外机构经营管理、风险防控、疫情防控等重点工作。刚才，13家境外机构主要负责人作了工作汇报，总行参会部门回应了相关诉求建议并提出了管理要求，大家讲得都很好。总体来看，各境外机构认真贯彻党中央决策部署，落实总行党委"48字"工作思路，加强党建引领，业务发展亮点纷呈，经营质态稳步提升。境外机构广大干部员工，虽然因疫情影响回国较少，但始终心系祖国、心系总行，展现了良好的工作作风和精神风貌。

今年是建党100周年、"十四五"开局之年，也是我行新规划起步之年，我行国际化发展站在了新的起点，面临着新的机遇和挑战。各境外机构要围绕深入学习贯彻十九届六中全会精神，一方面统筹好岁末年初各项工作，确保全年圆满收官和明年良好开局，另一方面着眼长远、夯实基础、久久为功，不断提高服务新发展格局的能力和水平，开创国际化高质量发展新局面。下面，我讲四个方面的意见。

一、深入学习贯彻十九届六中全会精神，推动党中央决策部署不折不扣地落实

十九届六中全会是在我们党百年华诞的重要时刻，在"两个一百年"奋斗目标历史交汇关键节点上召开的一次十分重要的会议。全会审议通过的《中共中央关于党的百年奋斗重大成就和历史经验的决议》，全面总结了党的百年奋斗重大成就和历史经验，同党的前两个历史决议既一脉相承又与时俱进，必将对推动全党统一思想、统一意志、统一行动，在新时代更好坚持和发展中国特色社会主义、实现中华民族伟大复兴，产生重大而深远的影响。各境外机构要把学习贯彻全会精神作为当前和今后一个时期的重大政治任务，从党的百年奋斗历史中不断汲取智慧和力量，推进国际化发展不断迈上新台阶。

一是深刻认识总结党的百年奋斗重大成就和历史经验、作出新的历史《决议》的重大意义。一个民族、一个政党能否永远成功的密码，在于对成功经验的认知和对历史规律的把握。对历史的认识越深刻，对规律的把握就越成熟，对未来的把握就越主动。我们党历来高度注重总结历史经验。早在延安时期，毛泽东同志就指出："如果不把党的历史搞清楚，不把党在历史上所走的路搞清楚，便不能把事情办得更好。"进入改革开放新时期，邓小平同志说："历史上成功的经验是宝贵财富，错误的经验、失败的经验也是宝贵财富。这样来制定方针政策，就能统一全党思想，达到新的团结。这样的基础是最可靠的。"《决议》全面总结党走过的光辉历程，党团结带领人民取得的辉煌成就，党推进革命、建设、改革的宝贵经验，充分体现了党不忘初心、牢记使命的意志和决心，既是全党所盼、全民所盼，也是更好地坚定历史自信，担当历史使命，掌握历史主动，向第二个百年奋斗目标砥砺奋进的必然要求。

二是牢牢把握"两个确立"的决定性意义和实践要求。《决议》开创性提出"两个确立"，反映了全党全军全国各族人民共同心愿，对新时代党和国家事业发展，对推进中华民族伟大复兴历史进程具有决定性意义。"两个确立"是我们党的十八大以来最重要的政治成果、最深刻的历史经验、最郑重的历史结论。我们要深刻理解"两个确立"的决定性意义，坚定把"两个确立"转化为坚决做到"两个维护"的思想自觉、政治自觉、行动自觉，把"两个确立"落实到贯彻党中央决策部署的行动上，落实到履职尽责、做好本职工作的实效上。

三是深入领会《决议》中所总结的我们党彪炳史册的百年成就。《决议》深入研究党领导人民进行革命、建设、改革的百年历程，全面总结党从胜利走向胜利的伟大历史进程、为国家和民族建立的伟大历史功绩，深刻总结党的各个历史时期所具有的鲜明特征、实现的奋斗目标、办成的历史大事。100 年来，党领导人民浴血奋战、百折不挠，创造了新民主主义革命的伟大成就；自力更生、发奋图强，创造了社会主义革命和建设的伟大成就；解放思想、锐意进取，创造了改革开放和社会主义现代化建设的伟大成就；自信自强、守正创新，创造了新时代中国特色社会主义的伟大成就。《决议》还从 13 个方面系统概括了党的十八大以来党和国家事业取得的历史性成就、发生的历史性变革，并重点概括了其中的原创性的理念和思想。对党的百年奋斗重大成就，我们要深入领会、准确把握。

四是学深悟透党领导人民进行伟大奋斗形成的"十个坚持"历史经验。"十个坚持"概括了党的百年奋斗的历史经验，深刻揭示了党始终立于不败之地的力量源泉，深刻指明了党永葆先进性和纯洁性、始终走在时代前列的根本途径，深刻回答了"过去我们为什么能够成功、未来我们怎样才能继续成功"的重大命题，既是历史实践经验，也是未来思想原则。具体到工商银行工作实际，"十个坚持"的宝贵历史经验有着十分重要的现实指导意义，需要我们传承好、发扬好，认真领会、学以致用、长期坚持。

五是坚决响应党中央接续赶考的伟大号召。党每一次对历史经验的系统总结，都发生在重要历史时刻和重大历史关头，都使我们党在新的历史条件下实现了新的团结统一，推动了新的伟大实践，取得了新的伟大胜利。当前经济全球化遭遇波折，新冠肺炎疫情全球流行影响深远。作为党员干部，外部形势愈是复杂严峻，愈要坚定"咬定青山不放松"的信念，愈要保持"行百里者半九十"的清醒，在新的赶考路上全力"备考"、认真"答题"，推动习近平总书记重要讲话、重要批示精神和党中央决策部署在工商银行不折不扣落地见效。实践已经证明，只要我们坚定不移向党中央看齐，团结凝聚成"一块坚硬的钢铁"，步调一致向前进，我们就能够无惧惊涛骇浪，战胜一切艰难险阻。

二、坚持稳中求进工作总基调，统筹做好岁末年初各项工作

近期，党中央对做好经济金融工作作出重要部署，总行党委对做好全行岁末年初重点工作提出具体要求。距离年末收官已不到一个月，我们要认真落实党中央决策部署和总行党委工作要求，扎实做好经营管理、风险防控、疫情防控、业务运营等工作，努力完成好全年目标任务，并谋划好明年工作，为明年开好局营造有利局面。总行国际业务部要会同财务会计部加强统筹，认真抓好年终经营收口和明年任务分解工作，指导境外机构平衡好拨备提取及利润预测，在防范好经营风险的同时，以大局为重，努力完成全年任务目标，争取为集团多作贡献。各境外机构要增强阵地意识，落实阵地责任，确保各项运营平稳有序；要平衡好价值创造、市场地位、风险管控、资本约束，重点关注资产质量，尤其是重点大户风险化解，及时监控潜风融资和延本延息贷款演化趋势；要密切关注货币政策周期转向和市场动态，前瞻性制定风险防范预案，避免出现非预期波动。

三、积极谋划新发展路径，在服务国家新发展格局中展现新作为

境外机构要胸怀"两个大局"，心怀"国之大者"，

对标第二个百年奋斗目标、国家重大战略和“十四五”规划，高水平实施好新规划。

一是全力支持制造强国战略。“十四五”规划要求，深入实施制造强国战略，增强制造业竞争优势。近期，陈董事长先后主持召开两场服务制造业高质量发展座谈会。境外机构要落实好总行党委关于服务制造业高质量发展的部署要求，进一步提高政治站位、强化政治担当，坚守金融服务实体经济本源，切实把服务制造业发展摆在更加突出的位置。要为制造业企业“走出去”提供全方位服务，助力头部企业优化全球布局、提升全球竞争力；要聚焦核心企业的全球产业链、供应链需求，积极满足客户及其境外上下游企业的各类跨境融资场景需求。要加强对跨国集团总部的营销，积极发挥金融服务的桥梁作用，推动、引进和稳定境外尤其是发达经济体更多高技术、高质量的直接投资。二是创新服务稳外资稳外贸。当前，全球政治经济不稳定不确定因素增多，外贸外资企业面临多重挑战。我们要提升外汇服务能力，帮助客户进一步提高竞争力。要更加精准推进“春融行动”，尤其是聚焦科技自立自强，为“专精特新”企业等重点客群稳链固链提供金融支持。三是聚焦服务新业态新模式。要进一步落实国家促进贸易投资便利化的战略部署，加强跨境电商、海外仓、中欧班列等新业态新模式的服务，发挥好海关“单一窗口”、网银单证、网银国际贸易融资等平台和产品的优势，将数字化解决方案作为我行获客的新优势。四是积极适应新经贸规则变化。要抓住 RCEP 实施契机，拓展国际合作，加强对贸易服务、投资领域新规则的解读。五是更好地服务三大展会。要将进博会、服贸会、广交会三大展会打造为嵌入我行特色金融服务、获客活客黏客的重要平台。六是全力支持金融市场双向开放。要提前布局，发挥自贸区（港）、粤港澳大湾区的桥头堡作用，积极推动相关业务的先行先试和创新示范，研究用好证券市场、债券市场、财富管理等领域的互联互通政策。七是稳慎助推人民币国际化。要丰富跨境人民币全流程使用场景，做好央企、国企等重点客户和重点产品推广；加快落实空白市场人民币清算行申设工作，推进离岸人民币投资产品推广。八是积极服务共建“一带一路”高质量发展。要深入学习贯彻习近平总书记在第三次“一带一路”建设座谈会上的重要讲话精神，坚持共商共建共享原则，保持战略定力，抓住战略机遇，提升综合竞争力，切实防范廉洁与合规风险，确保绿色、协调、可持续发展。九是稳步推进业务绿色低碳转型。我国已宣布碳达峰、碳中和的目标，“十四五”规划也对绿色发展作出专篇部署。各境外机构要准确理解、深入落实《中共中央　国务院关于完整准确全面贯彻新发展理念做好碳达峰、碳中和工作的意见》等文件精神，认真执行总行绿色金融相关实施方案和信贷政策。

四、慎终如始做好常态化疫情防控，前瞻研判后疫情时代生产、生活方式变化对业务的影响

近期全球疫情形势严峻，奥密克戎新型变异毒株引发全球关注。各境外机构要密切关注奥密克戎新型变异毒株可能带来的疫情反弹，继续压实主体责任和“四方责任”，按照《境外机构疫情防控措施自查清单》持续开展对标自查，坚决堵住防控漏洞，动态更新应急预案，确保运营和办公连续性。要做好居家办公的业务档案管理，加强操作风险的评估和防控。要根据属地情况，灵活采取激励措施，提高员工疫苗接种意愿，持续提升疫苗特别是加强针的接种率。要切实做好员工关心关爱和团队建设工作，主动了解员工思想动态，确保员工身心健康。特殊时期要增强对外派人员轮换的预测管理，提前摸排外派员工到任、续任、新增选派及到岗情况。总行相关部门要进一步研究常态化疫情防控过程中形成的新生产、生活方式对境外机构工作模式的影响。特别是针对疫情期间采取的一些临时性措施，是否需要常态化、机制化，要科学谋划、统筹考虑。要加快完善相关管理制度，增强对高端人才的吸引力。要把握好线上化趋势，提高业务处理效率，加快境外机构金融科技场景应用，做好优秀案例、创新做法的总结和推广。要研究推进常态化疫情防控模式下项目贷后管理、档案管理、远程检查等机制建设。要持续推进 VPN 访问业务系统的风险管控工作。

此外，今年国际化联席会议持续研究了境外机构系统延伸、产品管理、报表自动化和数据治理等基础性工作，这些工作需要投入较大的人力、科技和财务资源，短期看可能并不体现成效，长期看却是实现可持续发展的重要保障。各境外机构要本着对工商银行国际化事业负责的态度，落实好相关工作，配足资源、完善机制、补齐短板；总行相关部门也要执行“牵头统筹、条线主抓”的一体化管理机制，推动解决好境外机构痛点、难点问题和相关诉求，进一步夯实可持续发展基础，实现我行国际化高质量发展。

总行党委对境外机构的同志们非常牵挂，对境外机构的发展也保持很高的期待。借此机会，我谨代表总行党委，向境外一线全体干部员工和随任亲属表示衷心的感谢和诚挚的慰问！希望大家立足新发展阶段、贯彻新发展理念、服务新发展格局、推动高质量发展，为全行建设世界一流现代金融企业作出更大贡献！

深化统筹合作　有效防范风险
积极探索集团贵金属业务转型发展思路

——在集团统筹联动发展贵金属业务第三次联席会议上的讲话

王百荣

（2021 年 7 月 8 日）

为加强集团贵金属业务联动发展和统一管理，我们在去年 9 月、12 月分别召开了联席会议。会后，各参会部门高度重视、扎实推进，会议布置的各项任务都完成得很好。刚才金融市场部、贵金属业务部、工银标准、风险管理部、信贷与投资管理部分别就联动工作推进情况及下一步联动思路作了发言，我都赞同。下面，我主要从三个方面谈下意见。

一、正确认识贵金属业务面临的形势变化

今年以来，贵金属业务面临的内外部经营环境发生了明显变化，我行与同业普遍启动了代客贵金属业务调整。目前，国际国内贵金属市场价格的大幅波动仍在持续，异常波动时有出现，参会部门要始终保持高度关注，敏锐把握形势变化，及时有效应对。

（一）从内部看，随着我行代客贵金属业务调整工作有序推进，业务结构及经营重点正在发生变化，经营压力正在显现，投诉、声誉和法律风险管理压力仍将持续一段时间。

去年，贵金属市场风险明显增大，为顺应市场形势变化、推动代客业务健康发展，我行启动了代客贵金属业务调整工作。今年以来，金融市场部、贵金属业务部为此做了大量工作。3 月，金融市场部确定了总体思路，进一步细化调整方案、制订应急预案，4 月 20 日在门户网站发布了通告，5 月 23 日顺利完成客户准入门槛提升项目投产，更新了客户文档，提升了客户准入门槛，并按计划稳步推进后续各项业务调整措施，市场反应较为平稳；5 月，贵金属业务部根据有关要求，针对代理上金所个人客户与法人客户延期交收业务，也分别制订了详尽的业务调整方案和应急预案。

随着业务调整工作的不断推进，我行代客贵金属业务产品线将发生较大的变化。今后，金融市场部将主要围绕贵金属产业链客户，提供贵金属价格风险管理的套期保值服务，履行好服务实体经济职能；贵金属业务部将持续做好代理上金所其他交易服务，拓展品牌金和积存金等实物贵金属相关业务。两个部门的代客业务交易量与中间业务收入会有明显下降，经营压力必将增大，同时业务调整措施带来的投诉、声誉和法律风险管理压力也将持续。两个部门对当前形势变化要有理性客观的认识，对业务调整面临的困难和压力要有充分的思想准备，要和总行相关部室、分行业务条线做好沟通和协调，既要正确认识业务调整的必然趋势和重要意义，保障各项工作按计划有序进行，避免次生风险事件的发生；更要积极寻找、深入研究新的业务机会，来弥补业务调整工作对经营效益产生的不利影响。

（二）从外部看，国际国内贵金属市场持续波动，不确定性因素依然存在，必须时刻警惕“黑天鹅”事件的再次发生，各部门协力提升贵金属业务风险应对能力。

随着今年全球范围内疫苗的加快接种，疫情导致的市场悲观情绪逐渐消退，但贵金属市场的大幅波动却仍然持续，甚至出现过“黑天鹅”事件。例如，今年初，美国股市部分散户通过社交网络抱团买入个别股票，并且通过衍生工具加大杠杆，形成“逼空”态势，导致这些股票价格剧烈波动，并在 1 月 28 日将逼空战场从股票市场引至国际白银市场，导致白银需求激增、价格飙升，仅三个交易日便上涨 15%，并一度刷新八年高位。当时联动秘书处第一时间牵头贵金属业务部和工银标准形成了专项汇报，各部门均作出了成功的风险应对，并取得了一定的交易收益。

就目前的国际局势而言，仍有两方面值得关注。一是要警惕美联储货币政策超预期转向可能带来的影响，一旦美联储向市场传达出超预期缩减量化宽松政策的信号，贵金属价格将面临较大的下行压力，各部门要高度关注美联储政策动态，前瞻性做好政策变动影响分析，审慎控制业务敞口，应对市场波动挑战。二是要关注部分地区疫情再次暴发对贵金属市场价格的冲击。今年 4 月下旬开始，印度疫情几近失控，日增病例超过 30 万，而近期英国疫情也再次暴发，新增病例再创新高。要高度重视对国际贵金属市场的影响，提前作出预判，做好相应预案，时刻保持清醒的头脑。同时要进一步建立并深化应急交易方面的合作，增强风险应对能力。

二、前期确定的工作任务落实进展顺利

集团统筹联动发展贵金属业务联席会议机制建立以来，各部门准确把握会议精神、协力落实各项工作任务，在联动发展、风险管理、业务整改等方面均取得了较好进展。

（一）业务联动发展继续推进。一是交易业务的联动合作持续加深。金融市场部与工银标准贵金属交易合作规模大幅增加，工银标准也正在对标国际先进同业，升级交易系统，稳步提升报价能力；金融市场部与贵金属业务部的委托交易合作机制取得明显进展，委托开展上期所交易的系统开发已经完成，并已将该业务纳入全行市场风险管理体系，做好了业务开展的各项准备。二是融资业务的统筹联动继续推进。贵金属业务部与工银标准保持积极沟通，共同提升贵金属租赁业务的价格竞争力，为产业链客户提供优质服务；工银标准和信贷与投资管理部已对境外预付款融资、商品回购等创新业务模式进行了深入讨论，确定现行制度办法能够满足工银标准的信贷政策诉求，工银标准正在着手与公司金融业务部、各境内分行制订具体落地方案。三是工银标准清算仓储业务营销取得突破性进展。为服务好工银标准重要清算仓储客户，金融市场部多次组织总行相关部门与客户进行现场沟通，会同资产托管部提出的业务合作方案已获得客户认可；为推动上金所指定工银标准伦敦金库作为其境外交割库，贵金属业务部与客户进行了现场沟通，会同工银标准研究落实交易所的各项要求，交易所已经认可工银标准为首选合作对象，贵金属业务清算仓储业务联动营销取得积极突破。四是部门间流动性支持机制正在逐步建立。为新增积存金业务的应急平盘渠道，贵金属业务部与金融市场部密切配合，已制订利用境外伦敦金开展应急平盘的工作方案，并成功完成交易测试；金融市场部与工银标准也在加深相互流动性支持合作，金融市场部在客盘交易量突然增加时能够及时告知工银标准，助力其及时管理全球流动性，工银标准则在研究国内长假期间为金融市场部提供应急平盘支持的可行方案。

（二）风险管理联动进一步加深。一是信用风险管理机制持续完善。贵金属租赁业务方面，贵金属业务部、信贷与投资管理部继续密切合作，今年已将境内贵金属租赁业务纳入法人潜在风险融资管控范围，落实“总分联动，双线管理”的租赁信用风险管理机制。贵金属业务部也已按计划完成租赁风险监控模型部署。保证金管理方面，贵金属业务部继续以刚性控制维持高标准保证金比例，金融市场部召开重点分行电话会，督导分行做好企业客户尽职调查、加强活跃对公客户交易监测和存续期保证金管理工作。二是市场风险联防联控机制成效显著。风险管理部持续推动各部门信息共享，完善风险预警制度，监控全球贵金属市场动态，会同贵金属业务部编写了套利业务风险报告，并与金融市场部密切配合，根据市场变化和业务实际及时调整市场风险限额；工银标准及时与各部门分享市场观点，并与金融市场部建立了常态化交流机制。

（三）代客贵金属业务调整工作有序推进。一是完成法律文本修订，调整产品风险级别，着力完善投资者适当性管理。金融市场部按计划完成了账户贵金属客户文档修订，将账户贵金属业务产品风险等级和适配客户风险等级调整至最高级，5 月 23 日客户准入门槛提升项目顺利投产；贵金属业务部对代理个人客户黄金和白银 TD 业务的协议文本进行了全面修订，并于 2020 年底组织全部存量个人客户进行了换签，同时制定了代理上金所业务投资者适当性管理操作规程，优化产品风险等级划分。二是明确后续行动计划，持续完善整改方案，保障整改工作稳妥实施。金融市场部、贵金属业务部从各自的专业角度出发，认真梳理、谨慎制订了业务整改方案与应急预案，积极与相关部门紧密合作，以较强的方案执行力、较高的风险防控意识，确保了整改工作的按时推进，并有效避免了次生风险事件的发生。

三、下一阶段的工作重点

2021 年注定是具有特殊意义的一年。在庆祝中国共产党成立 100 周年大会上，习近平总书记庄严宣告：“经过全党全国各族人民持续奋斗，我们实现了第一个百年奋斗目标，在中华大地上全面建成了小康社会，历史性地解决了绝对贫困问题，正在意气风发向着全面建成社会主义现代化强国的第二个百年奋斗目标迈进。”希望同志们提高政治站位，准确把握当前的市场形势变化，正确看待业务发展过程中必要的调整与变化，本着“客户至上”的原则保持客户服务水平和质量不下降。下一阶段，要进一步做好集团层面的业务联动与风险防控工作，稳妥推进代客贵金属业务调整，推动业务发展适应新的形势。

（一）进一步加强集团业务联动与风险防控。第一，继续扩大交易业务合作规模。一是以工银标准电子平台改造升级为契机，继续深化贵金属交易合作。工银标准要按照合规要求尽快推进贵金属报价引擎采购招标项目，提升贵金属交易报价水平与系统稳定性。金融市场部要全力配合工银标准深入分析各品种、各时段的报价水平，协助其提升报价竞争力。二是推动委托交易尽快开展、应急平盘方案尽快落地，提升贵金属交易合作水平。贵金属业务部、金融市场部要继续保持密切沟通，在前期上期所委托交易功能改造完成，控制风险的基础上，尽快做大交易规模，同时尽快做好利用伦敦金进行积存金应急平盘各项准备，确保该模式在出现紧急情况时能够立即启用。

第二，持续加强融资业务联动。一是着力加强在贵

金属租赁、上金所国际板掉期交易方面的联动合作。贵金属业务部、工银标准要加大联动营销力度，加强对境内外联动合作场景的研究。贵金属业务部要优化报价和交易流程，不断拓展业务品种，加强与产业链客户的沟通联系，扩大客户规模，积极组织客户营销活动，增强引客活客黏客效果。工银标准要提供充分支持，着力提升价格竞争力，保障实货供应，助力业务进一步做大做强。二是尽快完成境外创新融资模式的联动方案，推动落地实施。对于“商品预付款融资＋流动资金贷款”“商品回购＋应收账款保理”等创新融资模式，工银标准要认真研究梳理前期总行各部门提出的意见，起草业务联动方案并着手推动实施，后续信贷与投资管理部也要持续跟进该项业务的信用风险监测与管理。

第三，推动清算仓储业务尽快取得突破。总体上应坚持以大型重要客户为突破口，深挖客户需求，以点带面复制成功经验，提高工银标准清算仓储的品牌知名度。前期金融市场部、贵金属业务部在清算仓储业务营销上，都付出了很大努力，为工银标准提供了有力支持。工银标准要珍惜联动营销成果，切实履行牵头责任，尽快落实客户需求，商总行相关部门加快协议商谈等流程，同时继续充分利用自身作为唯一一家中资背景清算行的先天优势，抓住时机全力营销，努力做大清算仓储业务规模。

第四，加强对市场走势及业务前景的研究。一是继续做好信息互通，在贵金属市场异动时开展集团层面研究。各部门要共同参与，充分利用各自在研究领域的比较优势，对市场变化作出前瞻性分析与预判，对可能影响作出全局性应对与处置。特别是在突发事件出现后，前台业务部门要深入剖析事件发生的主要原因，分析事件发展的不同走向对我行业务的影响，并对交易策略进行必要调整；风险管理部门也要提前制订应急预案，加强对业务风险指标占用情况的监测与分析，根据业务需要灵活调整风险指标限额，加强风险提示。二是积极探索业务发展新方向，汲取境内外同业经验挖掘新的业务增长点。金融市场部、贵金属业务部、工银标准要从集团和自身的角度出发，加大研究力度，寻找新的业务机会、拓展新的业务领域、创建新的业务模式，与境内外同业积极开展交流，开阔视野，借鉴经验，努力开辟新的业务增长点。特别是金融市场部与贵金属业务部，要在代客业务调整持续推进情况下，以发展境内外贵金属对企业、同业客户做市业务为重点。贵金属业务部也要深入研究在风险可控的前提下，适当拓展贵金属自营业务，对冲代客贵金属业务调整对业务收入增长的不利影响。

第五，基于形势变化持续优化风险管理策略。一是跟进监管新资本规制要求，加紧推进市场风险资本占用计量调整。风险管理部要持续关注监管新资本规则的制定进程，全面分析对我行现行贵金属市场风险资本计量的影响，积极主动与监管部门保持沟通，商有关部门尽快完成行内系统改造，贵金属业务部、金融市场部要予以密切配合，确保新资本规则实施后我行市场风险资本占用计量规则能够平稳切换。二是结合我行业务调整情况，定期开展贵金属业务风险评估。风险管理部要及时根据市场环境和我行业务规模变化，加强对贵金属业务市场风险限额指标的动态监控与适时调整，提升限额管理水平，在风险控制方面提供支持，相关进展都要在每季度风险管理报告中予以体现。三是继续做好前期联席会议布置的风险管理工作。贵金属业务部要推进其他租赁风险监控模型尽快完成部署，并联动信贷与投资管理部继续开展分行督导，提高不良租赁处置速度与质量，压降潜在风险客户数量；工银标准、贵金属业务部要继续做好贵金属库安全管理，从严把控实货业务风险；金融市场部、贵金属业务部、工银标准也要结合当前业务特点，持续强化客户保证金管理，避免潜在风险事件发生。

（二）继续稳妥推进代客贵金属业务调整工作。第一，统筹安排，有序推进业务调整措施平稳落地。一是按照前期上报方案扎实推进账户贵金属后续调整工作。金融市场部要继续着手进行账户贵金属业务无持仓客户销户等调整措施的准备工作，务必要确认好系统功能开发中的细节，测试场景要尽可能考虑周全，把握好法律与合规底线，重要措施实施前要充分征求意见并及时汇报。二是督导分行提升账户贵金属客户自主平仓销户工作质效。金融市场部要会同个人金融业务部按月统计账户贵金属客户自主平仓销户情况，并向全行通报各行压降工作的推动情况，必要时可在收入下划方面对压降工作完成较好的分行予以倾斜，多措并举切实提高压降效果。三是尽快完善代理业务调整方案，着手推进各项措施。贵金属业务部要加快业务调整措施的准备进度，推进各项调整措施的实施，总体上要优先采取市场化手段压降客户和业务规模，对外部引流合作方可采取“到期终止，不再续签”的稳妥方案，尽可能降低各项措施对客户体验的影响，必要时要加强与上海黄金交易所的沟通，尽可能在业务调整时间进度安排上争取一定空间，做到稳妥有序。

第二，高度重视，全力做好投诉、舆情和法律风险应对。一是全力做好客户解释，提升应答话术的可读性与时效性。金融市场部、贵金属业务部要在各项措施实施前准备完备的应答话术，尽可能涵盖各种可能场景和客户可能提出的疑难问题，特别是在重要措施实施前，要安排至少一次对客服代表的现场培训，并指导分行按照统一口径做好客户解释说明。二是继续加强分行指导，持续推进客户投诉的及时处理。金融市场部、贵金属业务部要保持对分行投诉处理工作的专业指导，特别是要重视监管转办和信访投诉，合理灵活运用小额赔付等多元化调解机制，着力化解客户纠纷，不断压降重复投诉数量。三是高度关注媒体动态，切实做好舆论引导工作。金融市场部、贵金属业务部要加强对媒体报道和网络舆情的监控，提前预备引导文章，在必要时及时与媒体沟通，做好舆论引导与正面宣传，将负面影响控制在最小范围，共同保障贵金属业务调整工作平稳有序推进实施。

风劲潮涌，自当扬帆破浪，任重道远，更需策马加鞭。我们要以此次联席会议为契机，统一思想，坚定信心，集各部门之力，思“破题”之策，寻“解题”之法，行“答题”之道，尽全力避免风险事件，推动业务调整顺利完成，为集团贵金属业务的长远发展提供坚实保障。

在部分重点境外机构经营分析工作会议暨国际化联席会议2021年第1次会议上的讲话

官学清

（2021年1月20日）

刚才，10家重点境外机构主要负责人回顾了2020年主要工作成果、抗疫工作亮点和主要财务指标变化的主客观因素，理性分析了2021年境外机构面临的重大机遇和严峻挑战，对照分析了可比中资同业的优势、劣势，按照2021年全行工作会议精神，提出了针对性强的工作措施和积极向上的目标，展现了境外机构的良好工作状态和精神面貌。总行各相关部门对境外机构有关情况及诉求予以初步回应，并提出相应管理要求。这些建议和意见我都赞同。下面我谈几点意见，希望境外机构和总行相关部门抓好落实。

第一，疫情防控中攻坚克难，境外机构稳健运营、成效良好。2020年，全球新冠肺炎疫情带来前所未有的严重冲击。绝大部分国家经济环境恶化，国际贸易频繁中断，全球经济出现明显萎缩。金融市场急剧波动，部分国家出现汇率大幅贬损，金融市场出现极端场景、利率水平处于低位。一些境外机构驻在国及地区，遭受疫情多轮冲击、多次封城封区，有的员工超过10个月居家办公、在线办公。面对如此复杂严峻的形势和极大挑战，在总行坚强领导下，各境外机构没有退缩、顶住压力、坚守阵地，奉献作为，坚决贯彻落实总行2020年工作会议、年中工作会议、境外工作相关会议精神和抗疫防疫相关部署，攻坚克难，顽强拼搏，统筹做好抗疫防疫和经营发展工作。业务连续性管理、生产经营、风险管理、员工队伍建设等方面工作取得新的成效，基本保持了境外经营平稳发展。取得的成绩实属不易，值得大家珍惜！总行行领导特别是陈董事长一直以来对境外机构的发展、抗疫、风控、队伍建设十分关心，对国际化战略坚定不移。陈董事长在2021年工作会议上，充分肯定了境外机构取得的工作成效。

第二，把握新时期新机遇、迎接新挑战，继续坚定国际化战略信心。虽然外部环境日趋复杂，全球经济复苏承压，抗疫防疫任务仍然沉重艰巨，但总行推进国际化高质量发展的决心坚定不移。当前，我们正面临“百年未有之大变局”，构建新发展格局、共建“一带一路”、资本市场对外开放、人民币国际化、区域全面经济伙伴关系协定（RCEP）签署、中欧投资协定（CAI）谈判成功等机遇为我行国际化发展创造了新空间。因此，各境外机构和总行相关部门要坚决贯彻总行“48字”工作思路，全力推进“国际视野、全球经营”落地，拨开阶段性境外机构财务表现的迷雾，保持战略定力，坚定发展信心，坚持稳中求进总基调，充分发挥境内外汇业务首选银行战略实施与境外机构网络协同共振优势，形成与服务新发展格局、推动高质量发展相适配的境外机构经营质态。

第三，深入贯彻落实全行工作会议精神，全面提升境外机构市场竞争力和价值贡献度。各境外机构要认真学习传达领会、贯彻落实全行2021年工作会议精神，立足新发展阶段，贯彻新发展理念，服务新发展格局，推动高质量发展，稳中求进、防范风险、支持重点、狠抓担当落实，推动国际化经营高质量发展。要对标当地中资同业、外资金融机构先进同业、大型银行，按照“三比三看三提高”工作方法，紧紧围绕存款增量、中间业务收入、不良贷款率、NIM、ROE、ROA、拨备前利润、净利润等核心指标全面争先进位，完成全年经营目标，提升对集团的价值贡献。要顺应当前国际环境和竞争形势的变化，实施“做强亚太、做优欧洲、做稳美洲、做好中东、做深非洲”策略，结合“一行一策”和市场分类动态管理、优化资源配置，提升国际化发展投入产出效率和综合价值贡献。

第四，主动服务集团战略，积极服务新发展格局。各机构要依托我行境内外网络优势，加强境内外联动机制，主动对接第一个人金融银行、境内外汇业务首选银行、重点区域竞争力提升、城乡联动发展等重点战略，进一步发挥好对集团战略的全球支撑作用和协同效应，有效协助集团提升重点客户全球金融服务能力、市场竞争力和价值创造力，助力我行成为竞争优势突出、国际化水平领先的银行。一是双向促进外贸外资客户拓展，协助“春融行动”客群拓展、项目突破，推动境内外汇业务首选银行战略有效突破。希望境外机构在服务这一战略中创造更多佳绩、创新更多典型案例。二是协同推进第一个人金融银行战略，差异化推进境外个人金融业务发展，助力个人客群全球化服务。三是发挥境外机构的网络优势、全球金融服务优势和全球重点产品营销优势，为重点区域提供本外币一体化、境内外一体化的金融服务。

第五，围绕经营转型，推动重点境外机构高质量发展。从外部环境看，境外机构2021年面临的外部形势仍然严峻复杂，疫情引发的风险暴露具有滞后性。从内部管理看，部分境外机构盈利模式需进一步优化，资产负债期限结构需调整，资产质量对净利润的影响依然存在，各类风险防范需更具前瞻性、精准性、有效性。在此情况下，各境外机构要按照全行工作会议部署，充分结合自身管理能力、风险管控能力、风险识别边界，有效管控资产增长幅度，优化资产负债布局，聚焦提升各项存款业务、金融市场业务、中间业务市场竞争力，有效推动转型发展。境外机构领导班子，特别是主要负责人要认真研究、优化经营模式和业务结构、客户结构、盈利结构，提高客户服务能力、同业竞争力和市场地位，进一步找准措施手段，扬优势、补短板、抓重点、强执行，实现金融服务能力、同业竞争力和市场地位的显著提高。工银亚洲作为境外机构的旗舰店，一定要做好同业对标，紧盯中资同业竞争的优势方和追赶方，找准自身差异定位，有针对性地评估并优化自身经营策略、风险偏好、管理基础。要以永不言败的精气神，奋发有为，显著收窄拨备前利润负增长幅度、力争实现正增长，确保净利润正增长，做大做强做优。要继续推进资产负债结构、收入结构、盈利结构的优化调整，不断培育新动能、抓住新机遇，为全行市场竞争和盈利贡献展现旗舰作用和形象。工银澳门要紧跟粤港澳大湾区发展，真正做大做强，优化转型发展推动方案，用好分行牌照资源，有效服务粤港澳大湾区、葡语系国家，增加对集团贡献度，努力实现与工银亚洲“双旗舰”定位匹配的价值。中东机构、悉尼分行、新加坡分行要提升金融服务能力和市场竞争力，排查发展较快业务的存量风险，继续提升同业地位，实现拨备前和净利润有效增长，重回健康发展轨道。纽约分行要加强研判外部形势新变化对经营带来的影响，一手抓监管整改，一手抓经营管理，持续完善监管合规整改，重振信心，细化措施，迅速扭转不利经营局面。要有效排查信贷风险，增强经营管理质态的稳定性和稳健性。工银欧洲要抓住中欧投资协定谈判成功契机，发挥区域机构间协同效应，顶住压力，克服困难，提振信心，力争摆脱利润和财务贡献长期逐年下滑的被动态势，特别关注、处理好所辖机构经营业绩、质态表现分化问题。工银阿根廷要研究优化恶性通货膨胀下的资产负债策略、金融市场策略、财务目标策略、资本保值增值策略，稳定资产质量基本盘，有效管控市场风险，降低通胀对经营的影响。高度重视人民币清算行开业，主动对接阿根廷央行，细化工作措施，攻坚克难，限期完成清算行投产运作，增强可持续发展与价值贡献能力。工银加拿大、工银莫斯科要进一步夯实风控合规基础，主动作为，寻找新的收入增长点，减少净利润下降的压力。工银亚洲、工银澳门、工银土耳其、工银标准、工银泰国、工银阿根廷、工银国际等机构要及时提出压缩三级子公司的具体途径，进一步强化对二、三级子公司的公司治理、风险管理方面的穿透管理。

第六，落实从严治理要求，在疫情防控下危中寻机。2021年各境外机构要进一步压实主体责任，抓好疫情防控，在危机中抓住先机。一是凝心聚力，锤炼外派员工队伍的精气神，提升本地员工队伍的竞争力、创造力。进一步加强和完善公司治理，有效发挥执行董事、股权董事、独立董事作用，增强公司治理有效性。在班子建设中，班长当好表率，打造清正廉洁、奋发有为、团结协作、攻坚克难的优秀境外机构班子。境外机构负责人、中层干部及所有外派员工要端正世界观、价值观、人生观和业绩观、风险观、发展观，举一反三，针对相关风险环节全面推进廉洁银行建设。要进一步引导、管理和监督本地员工，强化打造廉洁银行的行动自觉。二是继续抓好疫情防控工作，细化措施，关心关爱员工，有效控制员工感染率，坚决防止出现聚集性感染。三是高度警惕境外机构风险，做好应急预案。要结合近期下发的《境外机构管理规定》，继续加强合规风控管理，牢牢守住不发生重大监管违规或遭受大额监管罚款、税务罚款的底线。在总行相关部门的指导下，严防出现重大信用风险、流动性风险、市场风险、操作风险等各类事件。特别要抓紧清收、追收已核销的账销案存资产，尽量挽回损失；紧盯高潜在风险贷款，主动采取多种手段化解存量贷款风险；在新的信贷融资中严把准入关，合理使用总行授权，有效识别信用风险。在金融市场业务中要有效把握今年市场波动中的机遇和风险，前瞻性识别重大市场风险，尤其是市场估值类产品风险。要特别关注属地监管、当地同业新动态、新实践，主动加强向总行的情况汇报、问题反映和诉求沟通，在疫情期间出访不便的情况下加强与总行各部门的双向多渠道交流。今天参会机构要认真总结2020年主要工作，并作出2021年工作要点安排，及时向总行报送正式书面报告。

在此，对总行相关部门提几点要求：一是总行相关部门，特别是国际业务部、财务会计部、资产负债管理部、信贷与投资管理部要共同诊断分析工银亚洲、纽约分行、工银阿根廷、工银欧洲等机构的经营历史原因、现实困难、未来发展的战略定位及相关的资源配置策略；要有效分析中东机构、新加坡分行的市场空间、当前质态表现以及新的战略定位安排。二是要认真研究境外机构提出的主要诉求，及时回应并细化解决方案和措施。三是要充分体现境外机构区域市场的差异化特征，采取一行一策的策略性安排。

全球疫情发生以来，境外机构的同事们认真负责、专业担当，对境外机构经营发展作出了重大贡献。各机构要进一步落实员工关心关爱措施，开展心理辅导，保障外派员工、随任家属、本地员工的身体健康和心理健康。2021 年，境外重点机构要坚决顶住压力，奋勇争先，全面提升市场竞争能力。临近春节之际，再次感谢境外机构同事们过去一年的付出、奉献和贡献！提前祝大家春节快乐，家庭幸福！

深化境内外汇业务首选银行战略实施
扎实推进境外机构高质量发展
全面服务新发展格局和高水平对外开放

——在 2021 年全行国际化工作会议上的讲话

官学清

（2021 年 3 月 3 日）

这次会议的主要任务是，全面贯彻十九届五中全会和中央经济工作会议精神，认真落实全行 2021 年工作会议部署，总结 2020 年国际化发展情况，分析当前形势，安排 2021 年重点工作。下面，我讲三个方面的意见。

一、2020 年成绩来之不易

过去一年，是极不平凡的一年。面对全球新冠肺炎疫情冲击和百年未有之大变局，全行坚决贯彻国家重大决策部署，落实总行各项战略要求，坚持总行党委“48 字”工作思路，运用“三比三看三提高”工作方法，负重前行、迎难而上，全力以赴推进“境内外汇业务首选银行”战略起航，千方百计推动境外经营“稳中有进”，创新高效服务国家高水平对外开放大局，稳妥有力应对复杂外部挑战，交出了一份来之不易的成绩单。

（一）境内外汇业务首选银行战略开局良好。一是战略氛围全面形成。制定印发《关于打造“境内外汇业务首选银行”的意见》及 8 个专业配套方案。总行层面建立战略实施推进工作小组，全面落实条线主抓责任，机制优化、资源配置、考核问责、产品创新、流程改进、人员培训、风控合规等方面取得初步战略成果。各一级分行闻令而动，制订战略落地实施方案，聚焦重点，找准主攻方向和薄弱环节。全行基本形成了“梯次发展、重点突破”的战略有效实施局面。二是多项核心指标实现同业增量第一。截至 2020 年末，境内外汇存款余额 1 463 亿美元，较年初增长 25%，与领先同业差距收窄 100 亿美元，增量四行排名第一。外汇存款日均增长 106 亿美元，完成全年任务的 176%；境内外汇贷款余额 526 亿美元，较年初增长 22%，余额和增量四行第一，领先第二名优势扩大 76 亿美元。其中，国际贸易融资余额较年初增长 19%，余额和增量四行第一；外汇存贷利差 0.92%，较建行和农行分别高 1 个基点和 68 个基点，保持三行最优；外汇业务中收实现 114.55 亿元，四行排名第一。三是基础产品市场占比全面提升。对公外汇活跃客户达 22.7 万户，较上年增长 11.3%，对私外汇产品渗透率较上年提高 0.28 个百分点；按照代客跨境收支口径，境内国际结算量首次突破万亿美元，同比增长 28%；跨境人民币结算量突破 4 万亿大关，同比增长 62%；结售汇发生额 6 345 亿美元，同比增长 17%，其中代客结售汇业务量 4 533 亿美元，同比增长 9%；代客外汇买卖业务量 1 946 亿美元，同比增长 163%。四是境内分行加速争先进位。北京、四川、重庆“存贷汇兑”基础指标三项以上排名第一。

（二）统筹推进境外疫情防控和经营管理。一是境外严疫防取得良好成效。面对疫情全球肆虐的艰难局面，境外机构敢于担当作为、坚决落实主体责任，未发生聚集性感染事件，抗疫取得阶段性积极成果。我们以实际行动践行人类命运共同体理念，跨境采买防疫物资近 1 200 万件驰援境内，向境外 38 个国家和地区捐赠物资 230 万件。二是境外经营基本保持稳健。境外机构负重前行、奋发向上，克服多数员工居家办公、全球市场动荡等诸多挑战，千方百计保运营、稳经营、防风险。截至2020年末，境外机构总资产4 890.1亿美元，同比增幅4.9%；拨备前利润41.8亿美元，同比下降3.4%；不良贷款率0.63%。尽管利润有所下滑，但经营整体保持平稳，符合全球疫情严重冲击下的合理预期。三是全球产品线基本构建，服务能力持续优化。全年推进总行级公司客户跨境联动事项356项，金额1 584亿美元；强化境外零售业务精细化分类管理，率先在湾区首创推出跨境理财服务；境外机构代客金融市场业务产品平均开办率超60%，代理直投和债券通交易项下人民币跨境结算量1.89万亿元，同比增长166%；全球现金管理客户达到8 787户，较年初增加814户；海外资源、电力、基建、装备、国际银团等专业融资领域继续保持市场竞争力；IPO、境外发债等多个投行产品线确立市场领先地位；境外资管托管规模继续保持中资同业领先；境外网络金融产品建设有序推进；成功推出"环球撮合荟"跨境撮合平台。四是内外联动服务集团发展取得新成效。工银亚洲、工银澳门、新加坡分行、东京分行、中东机构、悉尼分行、工银欧洲、工银阿根廷等积极克服疫情影响，全力对接境内分行，以"春融行动"、服务进博会、营销境外机构投资者、稳慎推进人民币国际化、开展防疫"以捐促贸"等为抓手，在落实集团战略中提升价值贡献。五是集团国际化领导力不断提升。拟订国际化新三年发展规划，突出境外机构服务新发展格局，全面融入集团发展战略。修订《境外机构管理规定》，明确"牵头统筹、条线主抓"的管理原则，强化对境外机构的管理、服务和支持。持续完善国际化联席会议机制，全年解决境外发展诉求164项。FOVA系统首次成功在境外本地部署，境外区域化集约化管理稳步推进。国际化人才队伍和外语人才库建设日益完善。六是全球网络布局进一步完善。奥克兰分行顺利开业、巴拿马分行获批成立，境外网络拓展至49个国家和地区的426家分支机构。

（三）服务稳外贸稳外资取得重要成果。一是实施"春融行动"，全力支持稳外贸稳外资。在同业中率先与商务部签署《"稳外贸稳外资"合作协议》。截至2020年末，已向名单内重点外贸外资企业和境外上下游企业累计发放本外币融资超过8 100亿元，为复工复产、进出口恢复增长、全球稳链固链作出积极贡献。二是做大跨境人民币业务和国内信用证福费廷业务，稳步提升市场竞争力。研发推出多项离岸市场人民币投资理财产品，打通人民币在境外使用的"最后一公里"。在亚洲、非洲、南美等重点区域成功落地多笔示范性大宗商品跨境人民币业务。抢抓自贸区创新机遇，推进跨境业务中心建设。与27家银行签署国内信用证福费廷业务总对总合作协议，带动业务规模超千亿元。三是围绕贸易投资便利化及新业态强化线上服务能力。截至2020年末，办理"单一窗口"跨境结算业务超60亿美元，居同业第一。作为首批试点行直联跨境金融区块链平台，办理业务近80亿美元。全年办理跨境电商结算量超1 100亿元，增幅75.6%。依托集约化单证业务处理平台，构建包含"数贸e链通"等43种产品化服务，实现十余家集团企业、外贸综合服务平台等的深度对接，单证业务处理响应时长缩短超30%。

（四）服务国家高水平对外开放和共建"一带一路"呈现新进展。一是全方位服务进博会等三大展会平台。成功举办中欧企业家大会等三场进博会配套活动，推动150家中欧企业发布《中欧企业家支持中欧贸易投资合作的倡议》。二是推进创造性服务共建"一带一路"。累计支持"一带一路"项目超过400个，承贷金额超过1 000亿美元。依托"一带一路"沿线21个国家的124家分支机构，积极服务"走出去"和东道国经济社会发展。"一带一路"银行间常态化合作机制（BRBR）扩展至61个国家和地区的112家金融机构。三是外资金融机构和主权类业务合作取得新突破。获任卢森堡央行等6家境外主权客户的CIBM、CIFXM代理及托管银行，新增代理境外主权客户位列中资同业第一。获任波兰主权熊猫债牵头主承和簿记管理人。四是积极参与国际金融治理。成功举办金融合作论坛、全球系统重要性金融机构会议。积极参与金砖工商理事会、国际金融协会等多边机制。五是主动服务国家外交大局。认真履行中德经顾委等机制中方主席单位职责。成功举行驻华使节2020新春招待会，外交部领导及49个国家百余名驻华使节出席。

（五）合规管理和风险管控能力进一步增强。一是境外各类风险应对有力。面对复杂形势，树牢底线思维，坚持办好自己的事情。提升纽约分行监管整改质效。实施"9＋X"全面风险管控，稳妥管控境外业务连续性、信用、流动性、市场、操作等各类风险。稳步推进合规管理长效机制建设，加强科技和信息安全风险管控。全年境外未发生重大风险事件和重大监管违规事件。二是境内外汇业务合规管理持续完善。加强外管合规顶层设计，优化国际收支申报管理模式，提升外管数据报送质量，加快外汇非现场检查系统推广应用。26家分行取得属地外汇局外管考核A类评级，9家分行评级提升。三是境内外汇信用风险控制进一步加强。做好交易背景真实性审核和客户资金动态监测，严防虚假交易和重复融资交易。截至2020年末，境内外汇贷款不良率3.55%，较年初下降0.24个百分点；国际贸易融资不良率0.21%，与年初基本持平。四是国际业务反洗钱管理不断强化。稳妥完成集团涉敏业务管理职能交接，强化一道防线反洗钱涉敏履职。

以上这些成绩，是在新冠肺炎疫情全球蔓延、跨境人员往来大幅减少的严峻局面下取得的，是在金融市场剧烈波动、利差汇差显著收窄、全球贸易投资不断萎缩的不利情况下取得的，是在地缘政治不确定性上升、全球化遭遇逆流的复杂环境下取得的，殊为不易。

取得上述成绩，是深入学习贯彻习近平新时代中国特色社会主义思想和十九届四中、五中全会精神，坚决贯彻国家决策部署的结果，是坚持“国际视野、全球经营”思路的结果。主要得益于总行班子和管理层的正确领导、境内外监管的有效监督，归功于境外机构、境内分行各部门的通力合作、主动担当、有效突破。在此谨向大家表示衷心的感谢和诚挚的慰问！

二、2021 年面临的新挑战和新任务

站在“两个一百年”奋斗目标的历史交汇点上，机遇与挑战并存。从国际看，世界百年未有之大变局加速演化。全球经济格局变化，新技术发展加速重构国际产业分工格局，区域全面经济伙伴关系协定（RCEP）、中欧投资协定为全球经济注入正能量。但新冠肺炎疫情全球流行仍在持续，产业链供应链受到冲击，地缘政治和债务风险上升，不稳定性不确定性因素明显增多。从国内看，我国将加快构建以国内大循环为主体、国内国际双循环相互促进的新发展格局，推进产业转型升级发展，建设更高水平开放型经济新体制，国际化发展面临新机遇。从自身看，我行国际化战略推进已将近三十年，取得了可喜成绩。进入新发展阶段，对标国际一流及中资领先同业，我行的境内外汇业务发展能力、境外机构网络布局与自我发展能力、集团总部国际化管理能力等方面仍存在一定差距。

尤其需要指出的是，受疫情冲击和复杂国际环境的影响，当前境外机构面临较大的阶段性经营发展压力。但与可比同业相比，境外机构的整体经营表现还是不错的。近期，总行要求：“疫情是有不确定性，国际化的步伐不能停下来，要根据新情况，抓好既定的工作，向全球经营的方向迈进”“做好长短中期考量，坚持国际化方向不动摇”。我们要全面领会、认真落实，进一步坚定国际化高质量发展信心、决心，坚持“国际视野、全球经营”，牢牢把握发展方位，推进差异化策略，提高境外经营质效，补充完善网络布局，抓好国际化战略实施。

2021 年是“十四五”开局之年，是我行实施新三年规划起步之年，也是打造境内外汇业务首选银行战略关键之年。要进一步增强大局意识，勇担历史使命，主动融入新发展格局，为畅通国内国际市场贡献工行力量。

根据全行工作会议的要求和部署，结合对新一年经营形势的判断，2021 年全行国际业务和国际化工作的总体要求是：以习近平新时代中国特色社会主义思想为指导，以服务新发展格局为己任，以推动高质量发展为主线，坚持以“48 字”工作思路为统领，坚持稳中求进、防范风险、支持重点、狠抓担当落实，深化境内外汇业务首选银行战略实施，扎实推进境外机构国际化高质量发展，全面提升全球化经营管理、金融服务、产品供给、价值创造、风控合规等能力，为服务新发展格局和高水平对外开放作出更大贡献。

2021 年要确保实现以下经营目标：深化境内外汇业务首选银行战略实施方面，境内外汇存款余额新增保持同业第一，在质效可控的前提下不断扩大外汇贷款领先优势；领先和重点发展行年内实现“存贷汇兑”四项外汇业务核心指标两项以上四行第一；国际业务中间业务收入实现 52 亿元；跨境人民币四行占比提升 2 个百分点以上；力争外管考核评价稳中有升、实现 A 类评价，代客涉外收付款处罚率不高于 2020 年。推动境外机构国际化高质量发展方面，以实施新三年发展规划为纲领，以落实《境外机构管理规定》为抓手，进一步优化全球网络布局，推动境外机构提质增效转型发展，全面提升全球客户服务能力，提高境外经营价值贡献，增强集团国际化领导力。确保境外机构经营质态明显好于 2020 年，拨备前利润、净利润、不良贷款率、存款竞争力等经营指标实现同比明显改善。

三、2021 年重点工作

全行要以政治建设为引领，增强“四个意识”、坚定“四个自信”、做到“两个维护”，深入学习贯彻十九届五中全会和中央经济工作会议精神，全面对标对表全行年度工作会议部署，强化“比”的思想、激发“拼”的精神、提高“进”的本领，突出市场导向、客户导向和问题导向，抓好四方面重点工作。

（一）聚焦首选、突出重点，全力抓好境内外汇业务首选银行战略关键之年新突破

一是在强化保障中抓好战术实施。要加快战略纵深传导。各行国际业务部门要充分发挥战略推进秘书处职能，全面提升统筹部署和条线协同能力，逐级分解任务目标，层层压实经营发展责任。今年起，考核将更加聚焦外汇中收、跨境人民币、外汇存款、国际结算和结售汇等核心指标。要强化资源投入。各部门各分行要聚焦基层痛点堵点难点，在授权管理、信贷政策、产品创新、资金规模和定价等方面，增强资源配置的优先性、主动性和有效性。总行将动态调整四级梯队分类，优化竞争力评价体系，做到资源精准滴灌。要持续夯实基础。通过分层培训、考试和资质认定，强化“全员、从业、专职”三个梯次外汇培训。要选优配齐外汇人员，确保人员数量与外汇业务发展水平相匹配。要抓好网点服务能力提升，实现外汇业务网点全量挂牌，进一步完善网点外汇业务评价激励，激发基层外汇业务活力。

二是在重点突破中加快争先进位。重点机构要率先突破。抢抓先行先试政策机遇，积极服务国家重大区域战略和主要自贸区的金融创新，为构建优良营商环境提供有力的金融支撑。领先和重点发展行尤其是粤港澳大湾区、长三角机构要明确赶超路径，切实发挥领头羊作

用。实施“百强支行、千强网点”计划，省会城市行和资源富集的二级分行要加快培育外汇业务旗舰分支机构。重点客群要联动突破。要提升大客户综合营销服务能力，以共建“一带一路”、贸易投资便利化、资本市场开放等服务场景为抓手，聚焦突破境内核心企业及其全球产业链上下游企业、大型跨国企业、外资金融机构及主权机构、个人外汇四大类客群。重点产品要争创“首选”。以工银外汇品牌发布为契机，升级全行外汇产品服务体系。在巩固存贷款、贸易金融、金融市场等基础外汇产品市场份额的同时，通过组合营销，带动外汇现金管理、投行、资管、托管、专融等发展，打造跨境双向人民币资金池等现金管理业务优势，推进大湾区跨境理财产品创新，提升投行业务内外联动服务能力，发挥全球结构化融资对境内外汇业务的撬动作用。各行要结合自身特点、客户需求和竞争形势，选择一些重点产品率先实现赶超，建立细分市场的领先优势。重点项目要专班推进。加强“1+N”一体化金融服务与跨境营销柔性团队建设，在条件成熟的区域要探索实施影子考核。通过组建跨部门跨机构专班，统筹推进监管沟通、营销协同、产品设计、系统开发等工作，力争年内外汇业务关键资质等重大项目取得实质性突破。

三是在协同联动中打造竞争优势。要加强本外币经营协同。推进“同营销、同部署、同考核、同管理”，增强全行本外币一体化经营管理能力。要强化专业条线协同。创新推出一批客户口碑好、市场竞争力强的特色产品，不断向价值链高端攀升，全面提升客户全球综合服务能力。要深化境内外机构协同。以“春融行动”、跨境人民币、跨境撮合为切入，在服务畅通跨境经贸往来中打响工行外汇品牌。要强化线上线下协同。以数字工行赋能外汇业务创新发展与合规经营，打造外汇业务线上线下一体化新模式，在场景建设、试点研发、市场推广等环节下好先手棋。要加强全行战略协同。扩大与第一个人金融银行战略、重点区域竞争力提升战略、城乡联动发展战略的共振效应，力争先在中概股回归、H股全流通、“走出去”公私联动营销等服务场景取得GBC联动突破。

四是在强基固本中筑牢发展基础。要强化机制建设。有效发挥外汇合规管理领导小组机制作用，总行将按季召开工作会，持续推动外汇“1+2+6+N”统筹机制落地，强化外汇风险合规的考核、激励、问责。要细化标准化操作规程，定期开展制度适应性评估，查找差异、及时更新。要加强监管沟通。各境内分行要主动、定期向属地外汇局请示汇报，做好新时期跨境资金流动形势研判和最新政策动向分析，积极争取外管合规良好评价。要关注重点领域外汇合规风险。加大对个人分拆结售汇、个人境外提钞、离岸转手买卖、特殊监管区域、大额及超长期限延收（付）、预收（付）等业务的风险监测，关注外汇结构化产品的交叉性风险，在审慎合规原则下与支付机构开展跨境业务合作，严防地下钱庄、跨境赌博、非法按金交易等违法犯罪活动。要严控信用和操作风险。加强外汇贷款及跨境融资等业务的风险审查，严把第一还款来源和资金用途等关键环节。在大力发展国内信用证福费廷业务的同时，做好对交易背景真实性的审核和相关风险防范。持续提升集约化、自动化处理水平，加快实施“境内外汇业务首选银行智慧管理项目”，促进外汇业务展业与合规管理实现“智控”，实现操作风险集中控制，提升外管数据报送质量和大数据分析能力。要强化一道防线反洗钱涉敏管控体系。坚持短期整改与中长期管理提升相结合，全面落实人民银行反洗钱评估整改要求。各境内分行要切实履行本行国际业务反洗钱涉敏管理主体责任，加强反洗钱专岗人员培训和能力提升。

第一季度，既是重点战略跨年度推进的“接续期”，又是新年度各项经营指标的“开局期”。各行要高度重视，切实增强紧迫感和责任感，早组织、早落实、早见效，确保存贷款、中收、拓户等各项指标稳步提升，奋力夺取外汇业务首选银行战略关键之年“开门红”。

（二）抓准时机、均衡发展，显著提升服务稳外贸稳外资的金融服务能力和市场竞争力

一是下大力气抓好国际结算业务增收扩源。重点产品要增收。境内分行要在严格规范服务收费的基础上，稳步提升跨境汇款、信用证、托收等基础国际业务产品中收市场份额，重点抓好福费廷、风险参贷、对外担保、跨境资产转让等重点产品的增收，确保按月按季有序完成中收计划。对于进度明显落后的分行，总行将加强通报，开展专项督导。重点机构要扩源。落实资源富集优先原则，结合外汇业务四梯队分类，领先和重点发展行尤其是大湾区、长三角机构要强化同业对标意识，力争国际结算中收市场占比第一，各相关部门要做好配套政策支持。

二是多措并举推动进出口业务均衡发展。要抓好重点外贸外资客户营销拓展。进一步升级“春融行动”方案，在加强对重点外贸外资及全球产业链企业联动拓展的同时，进一步扩展至境内外贸易高质量发展、助力商贸流通、深化“一带一路”合作和自贸区（港）建设等更多领域。各行要充分发挥重点客户配套支持政策，做大客户增量，以融资带动客户各项外汇业务覆盖率和渗透率的提高。要着力提升中小出口客群获客能力。坚持“抓大不放小”的全量客户思维，在巩固进口客群基础上，通过优化业务审批流程、扩大信保支持、加快线上化建设等举措，提高中小出口客户获客能力，提升出口业务占比，争抢外汇存贷款、结算和结售汇等基础业务份额。要强化线上化和个性化服务。各行要顺应“零接触”服务趋势，大力提升网银单证业务的客户覆盖率。要依托单证集约化专业服务能力，以银

企互联、标准化 API 接口、区块链技术为支撑，为集团型企业、外综服平台型企业、供应链企业等提供个性化服务。

三是抓准时机助力稳慎推进人民币国际化。要全面实现境内分行市场排名提升。跨境人民币业务结算量四行排名第三、第四的分行要确保实现进位。要实现重点领域突破。继续聚焦央企国企等核心客户、大宗商品和对外承包工程等领域、亚非等区域，开展全链条跨境人民币计价、结算和融资闭环应用。要紧抓资本市场开放政策机遇。进一步提高经常和直投项下业务市场份额，提升跨境人民币资金池覆盖率与交易活跃度。加强主权类和外资金融机构、券商基金投资 CIBM 市场业务营销，跟进债券通（南向）监管政策。要推进自贸区金融特色化发展。充分发挥自贸区（港）连接国内国际双循环的特殊纽带作用，积极开展跨境融资、跨境资产转让等业务创新，做好要素市场、交易所等机构客户业务拓展。上海分行要深入推进跨境业务中心建设，海南分行要积极跟进自贸港建设。加快完善全行 FT 总分架构。要提升离岸市场服务能力。研发推广离岸人民币投资理财产品，在更多场景实现人民币资金的留存与使用。尽早实现阿根廷清算行开业，积极争取印度尼西亚、巴基斯坦清算行资格。继续积极推动人民币跨境支付系统（CIPS）网络拓展。境外机构要深化同业合作，带动更多本地银行开展人民币汇款、兑换、结算等业务，为推动离岸人民币市场发挥积极作用。

（三）创新赋能、联通内外，助力更高水平对外开放

一是积极服务贸易投资便利化和新业态。要强化科技赋能。紧跟贸易投资便利化趋势，积极对接政府平台，以“单一窗口”、跨境金融区块链、网银汇款、国际贸易融资线上化和电证福费廷平台等为依托，创新推广应用。加快银企互联场景创新，探索围绕核心企业全球供应链构建贸易金融生态模式。要全力争夺新业态市场份额。加强与支付机构、跨境电商等新业态客户对接合作，在强化合规基础上，做好跨境 e 电通平台拓户，深圳、上海、浙江等分行要积极打造可推广应用的跨境电商服务新模式。

二是提升国际合作金融服务质效。要打造服务三大展会特色品牌。各机构要充分认识到做好进博会、服贸会和广交会金融服务的重要意义，增强工作主动性和自觉性，做好全球招商、嘉宾邀请、跨境撮合、成果设计等各项工作，将三大展会打造为嵌入我行特色金融服务、获客活客黏客的重要平台。上海分行、北京分行、广东分行要发挥主办行作用。要着力提升参与全球金融治理的深度和广度。境外机构要立足当地经营优势，配合总行履行好中德、中西、中巴等双边机制中方主席单位职责，积极参与金砖等多边机制，在推动双多边经贸务实合作中贡献工行力量。

三是持续拓展外资金融机构及开发性政策性金融机构合作潜力。要强化外资代理行客户分层营销和管理。进一步完善总分行分工协作和信息共享机制，加强精细化管理与分类营销。各部门、各机构要制定年度发展目标，主动对接客户发掘合作机会。以科技赋能提升代理行客户尽调及风控能力，加速向境外推广延伸贡献计量和客户画像系统功能。要提升重点产品营销质效。持续推进与外资金融机构在资金清算、本外币存款、金融市场、跨境投资、国际结算与贸易融资等各领域互利合作，在项目银团、贷款、债券等领域打造绿色金融合作亮点，有条件的境外机构应努力提升我行海外债券承销发行角色层级。要发挥内外合力提升综合代理业务水平。加强共建“一带一路”重大项目“总对总”营销，深化与国开行、口行等机构合作。

（四）保持定力、服务大局，推进境外机构高质量发展

一是进一步加强境外机构治理水平，推进廉洁银行建设。境外机构要坚决贯彻落实总行党委“48 字”工作思路，结合当地社会环境特点，切实发挥好组织作用。境外机构特别是主要负责人要进一步提高站位，充分依托集团优势，适应境外相关工作现实环境。要抓好境外机构队伍建设。打造政治可靠、敢于担当、团结协作、清正廉洁、群众认可的优秀境外机构班子，不断增强政治判断力、政治领悟力和政治执行力。强化思想淬炼、政治历练、实践锻炼、专业训练，提高外派干部队伍的“七种能力”。推进本地员工队伍建设，充分发挥本地管理层、中层及核心员工作用，层层压实其经营发展、市场营销、风控合规等责任。做好员工关心关爱，强化跨文化管理。进一步改进和完善领导艺术、领导方法和管理方式。要全面加强廉洁银行建设。深入落实共建“一带一路”廉洁建设要求，将境外机构腐败治理作为“两个维护”的重要内容，压实境外机构主体责任。欧美地区机构不能因为当地廉洁指数较高而忽视廉洁风险有效性管控，要进一步结合当地法律法规和总行的安排部署优化廉洁风险管控措施。境外机构特别是“一带一路”沿线国家的境外机构，要深入了解当地法律、监管制度和同业最佳实践，将反腐防腐与当地反商业贿赂、反舞弊、反欺诈、反洗钱等工作有效结合。建立覆盖境外机构全员的廉洁风险防控机制和文化。充分发挥廉洁专员和联络员作用，班子成员特别是主要负责人要自觉主动接受廉洁专员的监督，支持配合廉洁专员履行监督责任。境外机构要建立健全“三重一大”审议机制，紧盯投融资、集中采购、第三方合作机构选聘、金融市场交易、资产管理业务、股权投资业务、投资银行业务、干部选拔任用、不良资产处置等关键领域，及时排查风险隐患。有效监督核心关键岗位人员廉洁风险，防范本地员工舞弊、腐败和内外勾结等风险。聚焦公务接待、市场营销、商务出差等重点活动，严格

执行改进作风有关规定。要不断强化教育引导，筑牢拒腐防变思想道德防线，认真吸取教训、举一反三。要持续完善境外机构经营管理。以落实《境外机构管理规定》为抓手，加快构建和完善与高质量发展相适应的管理能力。国际业务部要发挥好牵头统筹职责，做实重大事项会商、决策和督导机制。通过台账机制切实跟踪解决境外机构重要诉求，服务基层。各部门要切实履行条线主抓责任，形成经营管理合力，特殊时期要探索灵活采取多种方式，充分发挥内控、内审、纪检以及派驻董监事履职等力量，加大监督、检查、管控力度，及早发现境外机构潜藏的苗头性、趋势性、战略性问题，积极支持境外机构业务可持续发展。

二是对标对表服务新发展格局。要全方位服务国家战略。把握 RCEP、中欧投资协定等机遇，优化全球网络布局。综合权衡国际关系、业务机会、风险合规等因素，持续推进境外机构区域整合，提升在关键市场的业务渗透率和金融服务水平。要有效把握国内国际双循环带来的联动新机遇。境外机构要聚焦服务新发展格局，加强与重点区域境内分行的联动，在服务“走出去”和“引进来”客户过程中找准自身定位，丰富本地化内涵，不断提升自身金融服务能力和可持续发展能力。要积极反哺集团重点发展战略。各境外机构要主动融入“境内外汇业务首选银行”“第一个人金融银行”等集团重点战略，加大对重点区域竞争力提升的全球金融服务支撑，协助集团有效提升全球客户服务能力、市场竞争能力和价值创造能力，真正实现“一点接入、全球响应”。

三是创造性服务共建“一带一路”高质量发展。要有力填补文莱、匈牙利等沿线空白市场，推动沿线境外机构加快经营转型。要打造“商行 + 投行”的全球金融服务能力。遵循国际惯例和债务可持续性原则，服务“走出去”重大项目、支持东道国经济社会发展。境外机构要与公司部、专融部和中东欧金融公司做好对接，抓住一批有影响力的资源、基建、电力项目，推进基础设施互联互通。要把握深化产业链供应链和国际产能合作机会。境外机构要积极发挥主流中资银行作用，为促进 RCEP 落地、互联互通、产业园区建设、基础设施建设提供投融资、结算担保、跨境人民币、现金管理、汇率利率风险管理、财务顾问、代理行建设等综合服务，有效提升共建“一带一路”金融服务能力。要做深做实 BRBR 机制。将机制拓员嵌入日常营销，积极与外资代理行开展互利合作。

四是“一行一策”提升境外机构经营质态。要实施“做强亚太、做优欧洲、做稳美洲、做好中东、做深非洲”策略。要深挖亚太市场增长潜力。工银亚洲要推动一体化经营，适时启动区域一体化工作，继续发挥旗舰作用。澳门机构要充分发挥牌照优势，明确打造“双旗舰”机构的实施路径。新加坡分行、工银泰国、悉尼分行要结合自身优势和定位，提升金融服务能力和市场竞争能力，持续提升同业地位和影响力。要优化欧洲机构经营管理。工银欧洲要强化统筹管理能力，拓展高附加值业务，增强区域经营合力，保持盈利水平稳中有进。英国机构要提升联动效能，工银标准继续实施脱困振兴，落实好持续盈利目标。法兰克福分行要做强欧元清算、公司投行、金融市场和金融机构业务。工银奥地利要发挥好中东欧区域平台作用。工银土耳其要提高人均、网均产出效率，做好全面风险防控。要推动美洲机构稳健发展。美国机构要强化管理提升和经营转型，有效推进监管整改，保持合规整改长效性。工银阿根廷要巩固当地主流银行地位，有效管控高通胀下的汇率风险，加快智慧银行建设。巴拿马分行要以稳健合规为前提，做好与拉美机构的协同联动发展。要深化中东机构区域管理效能。巩固中资同业领先优势，做好本地经营和中国元素业务双轮驱动。要不断加强与南非标准银行集团战略合作。发掘更多非洲市场机遇，助力人民币扩大跨境使用。各境外机构要运用“三比三看三提高”工作方法，前瞻预测和研判疫情常态化情况下的新业态、新模式、新产业机遇，提前做好相关布局、精准施策、差异管理。要适应后疫情时期新业态发展趋势，积极运用新方法、新手段做好特殊时期的客户关系管理。要特别关注属地监管、当地同业新动态、新实践，密切跟进高层出访活动、重大合作项目带来的机遇。要充分结合自身管理能力、风险管控能力、风险识别边界，不断优化资产负债布局，聚焦存款、金融市场和中间业务市场竞争力，提升资本回报意识，进一步找准措施手段，扬优势、补短板、抓重点、强执行，不断提高客户服务能力、同业竞争力和市场地位，有效推动自身转型发展。

五是做好复杂形势下的境外风控合规管理。2021年，境外疫情形势仍存在不确定性，风险管控压力依然很大，境外机构要切实承担风险管理的主体责任，强化境外重点风险管控力度。要持续做好常态化疫情防控。各境外机构要慎终如始抓好疫情防控工作，特别要防范麻痹思想，坚决杜绝聚集性感染，有效守护好员工和家属的身体健康和生命安全。要积极与当地使领馆协调沟通争取资源支持，在自愿的原则上加快境外员工疫苗接种工作。要严防疫情次生风险。各境外机构要防范和有效处置因疫情衍生的信用风险，严控新增贷款质量，加强不良资产风险处置过程中的廉洁风险管理。要加强市场风险管理，高度关注金融市场波动对商品、新兴市场货币及衍生品估值的影响。要加强流动性风险管理，防范各主要经济体经济金融政策的突然转向和金融市场突然变化对机构的经营和客户的经营态势造成的重大冲击。要防范受疫情影响导致客户关系管理不到位，造成境外机构战略性客户、优质客户流失或错失重大项目机遇等次生风险。要根据疫情时期的办公特点，建立健全有效的集体决策、前中后台相互制约等机制，防范长期居家办公可能带来的集体决策机制执行不规范的风险，以及各类操作风险和案件风险，强化信息安全保护意识，监测排查并及时处置个别员工的异常行为。要持续推进境外合规管理长效机制建设。强化对境外合规风险的系统性和前瞻性管理，境外机构要做好疫情特殊形势下的属地监管沟通，有效提升监管沟通效果，聚焦反洗钱涉敏等监管关切重点，提升整改有效性，牢牢守住不发生重大监管违规或巨额罚款的底线。要做好外部发展形势研判和应对，前瞻研判对我行可能产生的重大影响，持续优化资产负债布局、业务策略和客户结构。强化“9＋X”风险管控，完善境外突发事件应急机制，对重大风险或突发状况要强化专题研究、集中会商、综合施策。境外机构特别是主要负责人要提升对地震、海啸、风灾、洪灾、火灾等自然灾害，以及地缘政治冲突、游行示威、暴力冲击等突发事件的应变处置能力。认真落实财政部有关聚焦主业、压缩层级的要求，相关境外机构要严格按照要求做好整改，强化并表管理和穿透管理。要继续提高外事管理工作能力。严格落实各项涉外规章制度要求，提升维护国家安全的意识和能力。

道阻且长，行则将至。踏上2021年新征程，我们肩负的任务更加复杂繁重。大家一定要把思想进一步统一到总行战略部署上来，勠力同心、奋发有为，确保今年工作开好局、起好步，为建设具有全球竞争力的世界一流现代金融企业贡献更多力量。

在全行离退休人员服务工作会议上的讲话

官学清

（2021年4月20日）

这次会议的主要任务是，坚持以习近平新时代中国特色社会主义思想为指导，深入学习贯彻党的十九大和十九届二中、三中、四中、五中全会精神，认真贯彻落实全国老干部局长会议和年初全行工作会议部署要求，总结去年离退休人员服务工作，研究部署今年任务，推动新时代离退休人员服务工作高质量发展。下面，我讲四点意见。

一、2020年离退休人员服务工作取得明显成效

过去的一年，是党和国家发展史上极不平凡的一年，也是离退休人员服务工作展现新担当新作为新气象的一年。在以习近平同志为核心的党中央坚强领导下，在行党委的关心支持下，各级行离退休人员工作部门认真贯彻党中央决策部署，落实全国、全行离退休干部“双先”表彰大会精神，突出重点、抓住关键，推动离退休人员服务工作取得新的成效。

（一）突出以上率下，为全行离退休人员服务工作提供坚强保障。行党委高度重视离退休人员服务工作，春节、重阳节前夕特意发出慰问信，向全行老同志表示问候和祝福。去年5月，专门召开离退休人员“双先”表彰大会，对全行离退休人员先进集体和先进个人进行了表彰。去年底召开的党委（扩大）会议上，又专题听取了离退休人员服务工作的汇报。行党委班子成员十分关心老同志，经常过问有关老同志的工作，重要节日带头走访慰问老同志，出席老同志迎新春座谈会等重要活动，主动与老同志交流情况、沟通思想、听取意见和建议。特别是在抗击新冠肺炎疫情期间，陈董事长多次就保障好广大老同志的健康安全作出指示和批示。这些都为我们做好离退休人员服务工作提供了根本保障，注入了强大动力。

（二）突出政治引领，持续加强离退休人员“三项建设”。以离退休人员党支部为主阵地，运用微信群、公众号、“网上课堂”等新媒体、新渠道，采取支部学习、座谈交流等方式，积极引导广大老同志深刻把握习近平新时代中国特色社会主义思想的科学内涵、核心要义和实践要求，不断增强“四个意识”、坚定“四个自信”、做到“两个维护”。先后4次组织全行老同志收看学习全国离退休干部网上专题报告会，帮助引导老同志更加全面准确深入领会党中央各项决策部署精神。在全行老同志中开展“我看脱贫攻坚新成就”调研系列活动，组织引导广大老同志通过座谈、征文以及诗书画影等多种形式讴歌伟大时代、畅谈伟大成就、点赞伟大奇迹，盛赞以习近平同志为核心的党中央带领全党全国各族人民组织实施脱贫攻坚战取得的决定性胜利。

（三）突出使命担当，组织引导广大老同志为打赢疫情防控阻击战加油鼓劲、献智出力。面对新冠肺炎疫情，全行各级离退休人员工作部门快速反应、主动担当，在全力做好为老同志取药送药、购买发放防疫物品等服务工作，努力把疫情对老同志的影响降到最低的同时，汇聚自身力量、发挥职责作用服务疫情防控大局。许多老同志积

极参与值班值守、巡查排查、宣传引导、志愿服务等工作，为联防联控贡献力量；更多的老同志通过捐款捐物、网络发声、诗书画影、建言献策等方式，为疫情防控、复工复产等作出贡献。抗击疫情期间，全行离退休人员党员累计捐款825万元，用实际行动践行了共产党员的初心使命和为党分忧、为国出力的政治觉悟。

（四）突出精准服务，努力为老同志办实事做好事解难事。坚持从老同志实际出发，坚持分类管理、因地制宜、因人施策，着力做到思想引领精准、待遇落实精准、服务保障精准。特别是对离休干部，切实加大关心照顾力度，努力提供更多亲情化个性化的服务。春节、重阳节等重要节日前夕，组织开展多种形式的走访慰问活动，为老同志送去行党委的关心和温暖。利用纪念抗战胜利75周年和抗美援朝出国作战70周年为符合条件的老同志颁发纪念章等时机，逐一上门看望慰问老战士、老干部、老党员，提升他们的荣誉感、归属感、幸福感。针对疫情防控形势，通过信息化手段，积极开辟线上活动阵地，让老同志足不出户就能参加学习、参与互动、体验贴心服务。

（五）突出创新驱动，推进离退休人员服务工作不断提质增效。围绕推进离退休人员服务工作创新发展课题，组织全行离退休人员工作部门深入开展调查研究，形成了一批有价值的调研成果，为创新开展新形势下的离退休人员服务工作提供了有益参考。着力建好用好“工行离退休之家”微信公众号、全系统管理人员和主题活动微信群，努力打造离退休人员服务工作政策宣传、经验展示、交流借鉴的新渠道新平台。组织离退休工作人员深入学习贯彻习近平总书记关于老干部工作的重要论述和重要指示精神，推动离退休人员工作队伍思想境界、素质能力与精神状态进一步提升。

总结近年来特别是过去一年的实践，我们深刻认识到，做好新时代离退休人员服务工作，一是必须始终坚持以习近平新时代中国特色社会主义思想为指导，以政治建设为统领，把讲政治的要求贯彻体现到离退休人员服务工作全过程各方面，保持正确的政治方向、工作导向、价值取向，不断提高“两个维护”的意识、能力和实效。二是必须始终心怀“国之大者”，推动离退休人员服务工作同党和国家工作大局和中心任务主动对接、深度融入，同频共振、同步前行，彰显使命担当。三是必须始终紧跟时代步伐，顺应老同志对美好生活的新期待，推动离退休人员服务工作在传承中发展、在创新中创优，充分发挥离退休人员服务工作制度优势，实现服务更优、质量更高、效果更好。四是必须始终坚持以建设模范部门、打造过硬队伍为支撑保障，组织引导离退休工作人员以敬爱致恭的真心真情、专业过硬的能力素质和严实深细的工作作风服务好老同志，让党中央放心，让行党委放心，让广大老同志满意。

二、从我们党百年辉煌历程中深刻感悟老同志的历史功绩和离退休人员服务工作的政治责任

今年是我们党百年华诞。在100年波澜壮阔的历史进程中，我们党团结带领全党全国各族人民，战胜了一个个难以想象的困难和挑战，使具有70多年历史的新中国建设取得举世瞩目的成就，使中国这个世界上最大的发展中国家在短短40多年里消除绝对贫困并跃升为世界第二大经济体，创造了人类社会发展史上惊天动地的发展奇迹，迎来了实现中华民族伟大复兴的光明前景。回顾百年历程，广大老同志在建立和捍卫新中国的艰苦斗争中，在建设和发展新中国的伟大征程上，在创建和推动工商银行改革发展的宏大进程中，作出了不可磨灭的历史贡献。抚今追昔，我们深切感到，没有广大老同志的浴血奋战、艰苦奋斗、敬业奉献、改革创新，就没有建党开天辟地、新中国成立改天换地、改革开放翻天覆地的伟大成就。党和国家以及工商银行的一切成就，都凝结着老同志的开拓和奉献，饱含着老同志的创造和积累，浸透着老同志的心血和汗水。我们任何时候都要牢记，尊重老同志，就是尊重党的光荣历史；爱护老同志，就是爱护党和国家以及工商银行的宝贵财富；重视老同志，就是重视我们党的执政基础和执政资源；做好离退休人员服务工作，就是在做尊重历史、维护历史的工作。我们要从政治和历史的高度来尊敬老同志、重视离退休人员服务工作，始终保持敬重之心、倾注关爱之情、多做务实之事。

同时要认识到，广大老同志受党的教育多年，既创造和成就了党的光辉历史和宏伟事业，也培育和承载了党内优秀政治文化和优良传统作风。比如，理想信念坚定，对党忠诚老实，理论联系实际，密切联系群众，批评与自我批评，注重实事求是，坚守党性原则，等等。这些都是广大老同志给我们留下的“传家宝”。我们敬重老同志，就是要充分认同、自觉传承他们的优良传统作风和崇高精神风范，这对于我们党、我们工商银行承前启后、继往开来，不断开创世界一流现代金融企业建设的新局面，具有重大而深远的意义。

习近平总书记指出，“我们各级干部都是组织上和老同志们培养起来的，所有人都难逃一老”。在今年初召开的全国老干部局长会议上，中央组织部分管日常工作的副部长姜信治同志指出，党的事业、党的历史是一代一代接续奋斗和创造出来的，党的干部也是一代一代培养和成长起来的。随着新老干部员工的不断交替，一批批新的老同志从工作岗位上退下来，老同志的今天，就是在职干部员工的明天。我们像对待自己的亲人老人一样对待老同志，让他们在政治上受尊重、生活上受关照、精神上受抚慰、价值上受肯定，也是一种对广大在职干部员工特别是年轻干部员

工的特殊激励和教育引导，让他们看到组织上对为党为行、贡献奉献的人，不仅不会忘记，而且会礼敬善待，从而激励他们为党的事业、为工商银行的改革发展奋斗奉献、担当作为。

三、充分认识和准确把握新时代新阶段对离退休人员服务工作的新要求

在省部级主要领导干部学习贯彻党的十九届五中全会精神专题研讨班上，习近平总书记着眼开启全面建设社会主义现代化国家新征程，科学分析了进入新发展阶段的理论依据、历史依据、现实依据，系统阐述了深入贯彻新发展理念的新要求，深刻阐明了加快构建新发展格局的主攻方向，为我们学习贯彻全会精神、做好各项工作提供了根本遵循。“十四五”时期是应对人口老龄化的重要窗口期。到“十四五”末，我国60岁以上老年人预计接近3亿人。随着新中国第一波出生高峰人群的退休，退休人数将大幅增加。我们要深刻认识到，离退休人员服务工作也进入了一个新的发展阶段。

首先，全面加强离退休人员党建工作的任务越来越重。坚持党的全面领导和党中央集中统一领导，必须加强和改进党的建设，完善上下贯通、执行有力的严密组织体系。习近平总书记强调，老干部工作是中国共产党的建设特色。这一重要论述，深刻揭示了抓好离退休人员党建工作在党的建设特别是组织体系建设中的特殊重要意义。目前，全行有离退休人员党员9.81万名，占全行党员总数的1/3；有离退休人员党组织2 655个，占全行基层党组织总数的1/8。未来几年，离退休人员党员人数还将持续增加，需要我们积极探索离退休人员党组织和党员有效组织方式、学习方式、活动方式，不断增强离退休人员党组织的政治功能和组织力。

其次，发挥老同志优势和作用的空间越来越大。今年是我国“十四五”规划的开局之年，也是工商银行新一轮三年发展规划的起步之年，把蓝图变为现实，需要全行干部员工的共同努力，也离不开广大老同志的支持参与。我们的老同志中聚集了各方面优秀人才，有的担任过重要领导职务，有的善于经营管理，有的精通专业知识，是一个值得充分挖掘和利用好的人才资源宝库。这就需要我们积极创造条件、搭建平台，组织引导他们继续发挥作用，为助推我行建设世界一流现代金融企业作出新贡献。

另外，一些影响和制约新时代离退休人员服务工作高质量发展的重点难点问题亟待研究破解。比如，随着离休干部整体进入后“双高期”，退休人员人数快速增长，如何以信息化建设为牵引，更好地带动精准化、规范化建设，更加精准地服务好老同志；随着养老服务体系的日益完善，涉老服务社会资源更加丰富，如何用好这些资源，更好满足老同志对美好生活的需要；随着离退休人员党建工作要求越来越高，如何探索更加有效的方法路径，提高抓党建的能力和水平，等等。这些都需要我们坚持问题导向，强化求解思维，在破解难题中不断提高离退休人员服务工作质量和效果。

四、扎实做好2021年离退休人员服务工作

今年离退休人员服务工作总的要求是，以习近平新时代中国特色社会主义思想为指导，全面贯彻党的十九大和十九届二中、三中、四中、五中全会精神，深入学习贯彻习近平总书记关于老干部工作的重要指示精神，增强“四个意识”、坚定“四个自信”、做到“两个维护”，围绕把握新发展阶段、贯彻新发展理念、服务新发展格局、推动高质量发展，全面贯彻新时代党的建设总要求和新时代党的组织路线，认真贯彻落实行党委“48字”工作思路，用好“三比三看三提高”工作方法，扎实推进离退休人员服务工作信息化精准化规范化建设，统筹抓好离退休人员党的建设、服务管理、发挥作用等各项工作，以优异成绩庆祝建党100周年。

（一）持续深化习近平新时代中国特色社会主义思想学习教育，全面加强离退休人员党的建设。坚持既要“造形”，更要“铸魂”，把学习贯彻习近平新时代中国特色社会主义思想作为离退休人员服务工作的首要政治任务，立足老同志特点，结合常态化疫情防控实际，进一步完善专题辅导、支部学习等制度，充分运用信息化手段建立网上学习机制，组织引导广大老同志重点学好《习近平谈治国理政》第三卷，与学习第一卷、第二卷贯通起来，与学习党的十九届五中全会精神贯通起来，切实做到政治坚定、思想常新、理想永存，在政治上思想上行动上始终与以习近平同志为核心的党中央保持高度一致。要着眼完善上下贯通、执行有力的组织体系，全面推进离退休人员党组织标准化规范化建设，充分发挥离退休人员先进党支部的示范引领作用，积极创新离退休人员党组织的设置和工作方式，探索充实离退休人员党支部党务工作力量的有效做法，切实加大对离退休人员党支部书记、委员的培训力度，注意做好流动离退休人员党员的服务管理工作，确保老同志离岗不离党、流动不流失、退休不褪色。要善于运用信息化手段加强离退休人员党建工作，努力形成适应时代、运转顺畅、务实高效的党建新模式。要落实好中组部要求，结合我行实际，加强新时代离退休干部党的建设工作，推动离退休人员党建工作迈上新台阶。

（二）围绕庆祝建党100周年、开启全面建设社会主义现代化国家新征程，组织引导老同志更好发挥自身优势和作用。今年2月，习近平总书记在给上海市新四军历史研究会百岁老战士们回信中指出，全党即将开展党史学习教育，希望老同志们结合自身革命经历多讲中国共产党的故事、党的光荣传统和优良作风。习近平总

书记的这一重要回信，为我们组织引导老同志积极参加党史学习教育指明了方向。全行要深入准确把握有关部署和要求，组织引导老同志积极参加党史学习教育，做党史学习教育的参与者、践行者、引领者，不忘初心学好党史，身体力行讲好党史，知行合一用好党史，发挥好老同志在党史学习教育中的独特优势和作用，为广大干部员工引领方向，传承好党的光荣传统和优良作风，传承好工商银行的优秀文化和红色基因。今年“七一”，党中央将对党龄达到50周年、一贯表现良好的健在党员开展“光荣在党50年”纪念章颁发工作。全行要高度重视，认真做好组织颁发等工作，确保每名符合条件的离退休人员党员及时获颁纪念章。要结合“七一”前夕走访慰问老党员、老干部，采取线上、线下多种方式，在全行离退休人员中开展丰富多彩的庆祝活动，营造浓厚的庆祝氛围；要不断深化“增添正能量·共筑中国梦”活动，组织引导老同志讲好中国共产党故事，讲好中国故事和工行故事，传播好中国声音和工行声音；要按照中组部统一部署，组织广大老同志通过座谈讨论、主题征文、书画摄影等方式，大力开展“我看建党100周年新成就”专题调研等活动；总行将利用“工行离退休之家”微信公众号，举办庆祝建党100周年全行离退休人员书画摄影作品展，各行要切实做好宣传发动工作，营造共庆百年华诞、共创历史伟业的浓厚氛围。去年11月，习近平总书记对关心下一代工作作出重要指示，强调广大“五老”是党和国家的宝贵财富，是加强青少年思想政治工作的重要力量；各级党委和政府要支持更多老同志参加关心下一代工作，使广大“五老”在关心下一代的广阔舞台上老有所为、发光发热，为培养社会主义建设者和接班人作出新的更大贡献。全行要认真贯彻落实习近平总书记重要指示精神，组织动员更多的老同志投身关心下一代工作，为培养和促进青年员工健康成长作出新的贡献。同时，要围绕“十四五”时期经济社会发展主要目标和2035年远景目标，在深化金融改革、助力工行发展、加强基层治理和参与疫情防控等方面，组织引导老同志自觉自愿、量力而行、献智出力。

（三）全面提升离退休人员服务工作质量和水平，让党委放心、老同志满意。截至去年底，全行有离休干部2 377人，平均年龄超过90岁。我们要珍惜服务这些老同志的机会，以“等不起”“慢不得”“坐不住”的责任感紧迫感，竭尽所能为他们提供亲情化个性化多样化服务，用心用情把他们关心照顾好，让他们安享幸福晚年。要针对退休人员越来越多的实际，不断在服务理念、工作机制和方法手段的改进创新上下功夫。统筹利用政府公共服务、购买服务、志愿服务等方式，主动对接养老、医疗、文教等资源，健全单位、社会、家庭相结合的服务管理工作机制，努力形成多层次、多元化的服务管理体系。要进一步加大对老同志的人文关心力度，通过健全党内关怀机制、拓宽帮扶资金渠道等办法，切实做好困难老同志的帮扶工作，让他们难时有人帮、病时有人管。特别是对于身患重病、失能、失独、空巢、独居、家庭负担重、生活困难的老同志，要给予更多的关心照顾。要根据常态化疫情防控形势，持续加强正向宣传，落实落细关心关爱举措，引导老同志做好疫情防控。要坚持从本地和本行的实际出发，按照“实用节约，共建共享”的原则，扎实推进离退休人员活动中心、老年大学等学习活动阵地建设，为老同志实现文化养老创造更好条件。

（四）着力抓好信息化精准化规范化建设，进一步推进新时代离退休人员服务工作高质量发展。信息化建设要注重以用为本，坚持正确的政治方向，不断拓展优质服务内容。积极向老同志推介使用中组部老干部局“离退休干部工作”和“工行离退休之家”微信公众号，进一步提高老同志的关注度和使用率。同时要运用多种手段，协助离退休人员提升数字化、线上化社会的适应能力及相关技术使用能力。要充分利用我行技术优势，加强与有关部门的统筹协调，通过打通数据关节、丰富管理功能、完善离退休人员信息库，促进离退休人员服务管理信息系统建设，努力把信息系统打造成为提供信息的渠道、捕捉需求的抓手、智能分析的平台，不断提高对老同志个性化多样化需求的响应速度、服务准度。在积极探索开展线上工作方式方法的同时，要注重做好上门走访、当面沟通等线下工作，让离退休人员服务管理工作既有“速度”又有“温度”。精准化建设要坚持因地制宜、因人制宜、因事制宜，精准谋划、精准施策、精准落实，增强服务的针对性和实效性。比如，当前一些离退休人员党组织的活动内容和形式还比较单一，一些居住分散、异地养老的老同志参加组织生活不方便，一些刚退下来年龄相对较轻的老同志由于各种原因不能正常参加政治学习，等等。要解决好这些问题，需要我们牢固树立精准理念，按照新时代党的建设总要求，探索创新符合老同志实际特点的方式方法，不断提高离退休人员党组织的凝聚力、组织力，提升党建工作的精准化水平。规范化建设要注重整章建制，用制度巩固经验、用制度规范工作、用制度优化服务。出台制度办法要坚持从实际出发，充分考虑老同志的切身利益，深入调研、稳慎操作。要做好涉及老同志的信访工作，特别是对老同志的相关政策待遇，要不折不扣地落实到人、落实到位。

（五）认真开展离退休人员工作“双先”评选表彰，切实加强离退休人员工作部门自身建设。今年中央组织部将会同人力资源和社会保障部，对全国老干部工作先进集体和先进个人进行表彰。全行要同步做好全国和全行离退休人员工作先进集体和先进个人的推荐、评选和宣传工作，激励全系统离退休工作人员学习先进、争当先进，营造见贤思齐的良好氛围。要以此为契机，进一步加强离退休人员工作部门自身建设特别是政治建设，强化政治机关意识，增进敬重老同志的政治情感，增强服务老同志的政治自觉，提高引导老同志的政治能力。要组织离退休工作人员认真开展党史学习教育，真正做到学史明理、学史增信、学史崇德、学史力行，自觉从大力发扬红色传统、传承红色基因、赓续共产党人精神血脉的高度，重视并做好离退休人员服务工作。要坚持把开展“我为老同志办实事”实践活动，作为党史学习教育的重要内容，用心用情用力为老同志排忧解难，以实际行动和具体成效检验学习教育的成效。要坚持在服务老同志中学习老同志，通过多与老同志接触，与他们拉家常、谈过往，多了解他们的光荣历史、突出贡献、感人事迹，从而提高自身的党性修养、思想品格、格局境界。

最后，强调一下加强对离退休人员服务工作的组织领导问题。各级机构党委特别是主要负责人、分管领导要从讲政治的高度，深刻认识离退休人员服务工作的特殊重要意义，切实把离退休人员服务工作摆在重要位置，加强统一领导，加强工作指导。党委主要负责同志要关心和支持离退休人员服务工作，注重听取工作汇报，带头联系走访离退休人员。分管领导要切实负起责任，帮助离退休人员工作部门协调解决好工作人员紧张、服务力量不足和员工职业成长等问题。离退休人员工作领导小组要充分发挥统筹协调、组织谋划、指导监督作用。离退休人员服务工作部门要认真履职、主动作为，加强与相关部门的沟通协调，以整体合力推动工作的高质量发展。

同志们，新时代离退休人员服务工作责任重大、使命光荣、大有可为。让我们振奋精神，用心用情，真抓实干，以更高的站位、更实的作风、更好的服务，不断提升离退休人员服务工作质量和水平，以优异成绩庆祝建党100周年！

有效防控风险　高效服务发展

——在2021年集中采购工作视频座谈会上的讲话

官学清

（2021年10月14日）

刚才，总行集中采购部通报了全行集中采购工作当前存在的主要问题，4家机构围绕加强集中采购管理作了交流发言。派驻纪检监察组对集中采购领域的廉洁风险进行了有效监督，通报了相关典型案件，提出了针对性和前瞻性很强的工作指引。总行党委高度重视集中采购工作，今年专题听取总行集中采购管理委员会工作汇报，对集中采购风险管控提出明确的工作要求。全行要从制度流程完善、实质风险把控、供应商管理等方面，进行深刻警醒和反思，切实贯彻落实好总行党委工作要求。下面，我讲两方面意见。

一、增强忧患意识和责任意识，有效应对集中采购风险和挑战

近年来，全行集中采购工作取得一系列成效，有效防控了主要风险，大力促进了集团战略实施，有力支撑了金融科技发展、市场营销与金融服务。但是，集中采购工作依然面临诸多新挑战。必须正视这些挑战，增强忧患意识，强化责任担当，采取针对性的措施，紧盯实质风险防控，促进集中采购工作高质量发展。

（一）采购标的多元化对集中采购风险管理提出新要求。当前，全行正立足“大、全、稳、新、优、强”发展方位，加快改革创新、推动业务转型，深化科技赋能，加快绿色金融、普惠金融发展，着力实施城乡联动等战略重点。这些都内生了各类新型采购需求，集中采购项目标的物从设备、机具、工程、建筑物、一般服务，不断扩充延伸到信息服务、云计算、数据资产、第三方合作、外包资源等多个领域，采购标的物品目新、类型多、技术标准含量高；新业态新模式推动采供关系深度调整，新兴领域的集中采购廉洁风险隐蔽性、复杂性上升。集中采购是风险控制的重要环节。要进一步加强专业知识和技能的积累、更新，以更高的标准审查业务需求，以更扎实的作风提高实施效率，以更严格的手段防控集中采购实质风险。

（二）机构多样化带来集中采购新挑战。工商银行全球经营、业务种类也较为全面，涉及银行、资产管理、金融租赁、公募基金、金融科技、保险等多个领域。部分机构既有实体子公司，又有特殊目的载体（SPV），投资方式既有独资，又有合资。目前境外机构已经覆盖49个国家和地区，各机构地域文化差异大、管理层级多、面临的监管政策多元。践行“大采购”理念、推进集团采购合规管控统一化非常具有现实针对性。

（三）部分机构集中采购管理问题与集中采购廉洁风险隐患依然存在。通过巡视、监督检查和专业检查发现，部分机构甚至个别一级分行本部对集中采购风险隐患及带来后果的严重性认识不足、敏感性不高、警觉性不强。个别机构分管负责人“一岗双责”未完全落实，存在以授权转移责任、以信任代替监督的现象；对重大事项的把控、监督检查发现问题的整改成效不明显。重点城市行、二级分行集中采购风险防控能力亟待进一步增强。部分一二级分行、境内综合化子公司、境外机构、总行直属机构、利润中心集中采购项目存在应集采未集采、超授权采购、对项目供应商把控不严、逆流程操作等违规问题，有的甚至存在廉洁风险隐患。张有赋案件就是典型的例子。近期总行党委巡视及派驻纪检监察组专项监督检查发现集中采购相关违规违纪问题××个，主要涉及部分一级分行本部、二级分行及个别综合化子公司。截至目前，已经处理责任人××人次。对上述问题，必须进一步警钟长鸣，严格管理、严肃执纪、严厉查处，举一反三、深化整改，巩固整改成果。

二、有效防控风险，推动集中采购工作高质量发展

（一）强化各机构集中采购主体责任落实。各机构要贯彻落实好总行党委“48 字”工作思路，强化党建引领，将集中采购作为全面从严治党从严治行的一项重点工作来部署和推动。各级机构分管负责人要切实履行好“一岗双责”，抓好集中采购的合规、廉洁、操作、法律等风险防控。总行集中采购部要对过去几年重点城市行和二级分行评审权下发的政策进行评估和分析。对在集中采购领域出现重大风险的二级分行，总行要追究一级分行分管负责人、项目主管部门及集中采购条线的管理责任。各一级分行要严格执行总行集中采购制度，加强对辖内二级分行集中采购管理，根据辖内机构集中采购管理能力、队伍配备、制度执行情况等进行差异化授权管控。对管理不善、制度执行不到位的二级分行，要及时上收集中采购评审权。各利润中心和总行直属机构要实施特色化授权控制，在总行授权范围内，做好自身集中采购项目实施。各境内综合化子公司要在总行制度的框架内，进一步完善自身集中采购制度并严格执行，不能例外。要做好所管辖各级分、子公司集中采购业务指导和风险管控，不留“盲区”和“死角”。各境外机构要进一步优化集中采购决策管理职能，按照决策、执行职能相互分离原则，结合本地监管要求，对集中采购工作建章立制。境外机构的外派人员要切实负责好集中采购管理工作，重点防范集中采购廉洁风险。

（二）深化巡视发现问题整改。要坚持问题导向，持续深化中央巡视和总行党委巡视发现问题整改。各级机构要对前期巡视和专项监督检查指出的问题进行再梳理、再研究，确保各项问题全面整改到位。要从严控制各机构单一来源项目，严格审查把关，做到透明公开，确保合法合规合理。各一级分行要进一步引入外部专家参与决策和评审，充分发挥其独立性和专业性优势。各境内分行要举一反三，引以为鉴，全面排查风险隐患，防微杜渐，着力加强长效机制建设，力求实效，防止问题再次发生。对问题较多、整改不力的机构，总行集中采购部要对有关负责人进行约谈。各境内综合化子公司要按照专题督导会要求，加速推进整改，并对相关责任人严肃问责。要根据总行即将下发的《关于进一步加强境内综合化子公司集中采购管理　严防集中采购风险的通知》，进一步规范管理行为，堵塞风险漏洞。各境外机构要加快建立健全符合总行管理理念和所在地法规要求的集中采购制度，紧盯境外机构营业办公用房租购、第三方服务采购等重点领域的廉洁风险防控。

（三）完善集中采购制度体系。要做到集团全覆盖。境内综合化子公司和境外机构要进一步优化总行统一采购项目、统一入围供应商等管理，有序推进集中采购集团化。要做到采购项目全覆盖。积极采取有效措施，将具备条件的各类财务费用开支全部纳入集中采购管理。要进一步加强境内综合化子公司集中采购管理；实施境外机构集中采购管理办法；加快小额采购、办公用品和宣传营销品采购管理制度办法制订工作。因应对地震、洪灾、疫情和安全隐患处置等发生的应急采购，要制定相关的制度。

（四）优化集中采购体制机制。要借鉴信贷审批制度改革等相关改革经验，进一步加强项目主管部门、采购管理部门和监督部门“三道防线”建设，重点推动落实项目主管部门“一道防线”主体责任。项目主管部门承担供应商推荐、需求设计、测评测试、评分标准设计、采购后续管理等关键环节职责，要充分开展市场调研，严格项目需求中的星号条款设置；要规范立项和预算管理，严格供应商筛选推荐，严谨编制项目需求，严格技术测试测评，确保公平公正。

（五）强化集中采购审查职能。集中采购管理部门作为“二道防线”，要对项目加大审查力度、丰富审查维度，守住底线，紧盯实质风险，严格把关。要充分用好数字化手段，推进集中采购数字化改造，对“大采购”实施全流程监测分析，实现项目全生命周期的系统化管控。从供应商入库、推荐供应商、项目需求书编制到项目审查审批、专家评审、委托招标、入围供应商选定，再到签署合同、物权或服务交割、资金支付、后评价，要统一纳入数字化管理流程，实施风险数字化模型监测预警。各级机构集管会要切实发挥好决策职能，提高决策把关水平，积极引入和共享外部专家，提升决策的科学性。要进一步强化集管会主任委员履职担当的意识和能力。要将集中采购审查环节全部嵌入流程，压实集中采购审核把关责任。集中采购重大项目和重要管理事项要向本机构党委及主要负责人、相关负责人

报告。

（六）紧盯集中采购实质风险。各级机构要把集中采购廉洁风险防控放在突出位置，坚持标本兼治、惩防并举，一体推进不敢腐、不能腐、不想腐。同时，要推行“三零三严”公开承诺，即采购人对供应商要做到零接触、零推荐和问题供应商零容忍；对集中采购管理要做到严格供应商准入、严格项目审查审议和严格条线管理。要加强重大资源投入的必要性、合理性分析，确保集中采购的商品、服务满足业务发展需要，有助于提升集中采购质效，有益于增强服务实体经济、防控金融风险能力。项目主管部门、各级分支机构、境内综合化子公司和集中采购条线要针对实质风险点进行分类研究，提出风险管控措施。要对以下项目进行重点关注：不动产类（基建）采购；金融科技类采购（主机、分布式设备、网络设备、服务器、机房装修改造、外部研发资源、ATM 维护）以及预算金额较大的创新类采购、累计采购金额较大的高频采购、单一来源采购；个人金融业务部、私人银行部、网络金融部和银行卡业务部促销类采购；外部数据类采购；第三方合作类采购；装修类采购（网点、营业用房、技术用房和办公用房装修）；运行管理类采购；贵金属类采购（加工和物流）；子公司多元化采购；宣传品、办公用品、工装、物业和维修采购等。

（七）加强新型业务集中采购管理。对外部数据、业务促销、贵金属、科技开发外包资源服务、自主可控等新型集中采购业务，集中采购部门要与项目主管部门一道优化评分与采购方式，深入开展市场调研、需求统筹、后续评价，确保新型业务采购高质优价，符合业务发展需求，节约采购成本。要邀请内控合规部全程参与重大新型采购，加强监督管理，防范廉洁风险。项目主管部门要主动作为，积极推动集团采购需求统筹，加强集中采购计划管理。对标的相同、供应商相同的项目，要进行整合。

（八）严肃整治集中采购违规问题。要建立问题整改台账，持续跟踪、检视评估整改落实情况。要对历年集中采购领域发生的风险事件复盘反思，深刻汲取教训，做实以案促改、以案促治。要研究实施将“双录”作为对问题责任人终身追责的依据。各级机构要“重拳出击”，严肃整治集中采购违规违纪问题，加大问责力度，对有关责任人依规严肃问责。要严厉打击明知故犯等恶意违规行为，提高违规违纪成本。发现相关问题的线索，要及时按规定报告或向纪检监察机构移交。对围标、串标供应商及与供应商串通损坏工商银行利益的招标代理机构，要严厉打击，拉入黑名单，严重的要向司法机关报案。

各机构务必要增强忧患意识，敬畏风险，严守风险底线、不触碰制度红线，有效应对当前集中采购工作面临的挑战。集中采购条线要认真落实总行党委决策部署，勇担当、善作为，坚持问题导向，坚持标本兼治、惩防并举，进一步提升实质风险防控能力，以高质量、高效率、高效能的采购服务支持新规划落地实施，助推全行高质量发展。

风劲潮涌　奋楫笃行
奋力夺取高质量发展新胜利

——在 2021 年机构托管养老金业务工作会议上的讲话

熊　燕

（2021 年 2 月 5 日）

本次会议的主要任务是，深入贯彻党的十九届五中全会、中央经济工作会议精神，全面落实全行 2021 年工作会议要求，总结机构、托管、养老金业务 2020 年工作，分析经营形势，部署 2021 年重点任务。下面，我讲三点意见。

一、2020 年的经营成绩殊为不易

过去的一年，是形势异常严峻、局面异常复杂、挑战异常艰巨的一年。全行机构、托管、养老金条线在总行党委的坚强领导下，在全体干部员工的奋勇拼搏下，同心同向、勇闯难关，重点指标超额完成，客户基础不断夯实，市场优势持续扩大，向全行提交了一份好于预期、好于同业的成绩单。

面对复杂多变的发展局面，我们跑出了增长“加速度”。主要体现在以下三个方面。经营贡献逆势提升。机构条线营业贡献再次突破 1 000 亿元，在全行占比 15%，排名全行第三；托管条线营业贡献达 141 亿元，在各利润中心排名第二，在大资管板块中占比 52%；养老金条线营业贡献增长近 10%，增幅全行领先。客户基础有效夯实。机构及同业客户增长 3.1 万

户，总量突破50万户；公募基金客户市场覆盖率达84%；企业年金新增拓户实现一级分行全覆盖，二级分行覆盖率首次突破50%。市场规模实现跨越。机构存款和同业存款余额四行占比分别达到36%、35%，比上年分别提升0.05个和5.03个百分点；托管规模增加2.4万亿元，总规模达19.6万亿元，四行占比35%，市场第一的地位得到进一步巩固；企业年金受托规模增长65%，账管业务存量规模是第二名的3.3倍，新增规模大幅领先同业。

面对前所未有的严峻考验，我们打赢了存款"保卫战"。受社保费用减免、职业年金投资扩容等政策影响，机构存款在2020年面临史无前例的稳存增存挑战，在年末更是面临几千亿元的负增长压力。总行党委对我们寄予了厚望。机构条线不畏困难、多措并举，敢啃"硬骨头"、勇开"顶风船"，最终取得了时点增量正增长、日均增量四行第一的不易成绩。尤其是在全年行内多次下调FTP的条件下，机构存款付息率在一般性存款中增长最少，同业存款为各项存款中付息率唯一下降品种，量价协调发展成效进一步凸显。

特别要指出的是，北京、广东、浙江、江苏、四川、上海、山东等分行，营业贡献领跑全行，市场占比领先同业，为全行机构业务发展作出了突出贡献。深圳、河南、湖南、苏州、宁波、宁夏等分行，在年末奋勇争先、表现突出，充分展现了讲政治、讲站位、讲担当的优良作风。北京托管分部的规模、收入实现"双增长"，位列全行第一，上海、广州、深圳三家分部托管规模接近2万亿元，河北、湖北分部自营收入增幅超50%，为全行托管业绩提升作出了突出贡献。广东、四川、山东、广州、北京、河北、浙江、重庆、贵州、陕西等分行实现了养老金业务规模、效益、结构的协调发展，山西、上海、新疆、福建、广西、内蒙古、云南、湖南、海南、吉林等分行运营服务质效高，数字化推广效果好，团队建设成效显著，在此一并提出表扬。

回首2020年，困难挑战加剧，成绩殊为不易。这是在克服新冠肺炎疫情、外部市场波动、同业竞争加剧等多重挑战下取得的，是在市场规模大幅领先同业的高起点上实现的，成绩分量重、成色足。主要体现在以下几方面。

一是服务国家改革大局，进一步夯实了客户基础。"第一政务合作银行"地位更加稳固。全行代理各级财政支付超6万亿元，同比增加1万亿元，稳居同业首位；地方非税电子化系统累计上线21家一级分行，业务量市场第一；"工银e政务"综合服务平台年内落地3万家预算单位；28家分行与当地省级政府签订智慧政务合作协议，领先可比同业。社保改革营销提前锁定胜局。独家参与"养老保险全国统筹信息系统"项目合作及相关配套服务，养老保险省级统筹账户市场占比77%，"工银e社保"实现全国省区服务全覆盖。金融领域改革服务多点开花。与头部金融机构合作更加密切，银行、保险客户全年投资我行资本补充工具近千亿元，占全部额度的82%；业内率先实现银行间市场集中清算代理五项业务的全覆盖；联合上期所首批推出标准仓单质押融资产品。托管业务助力资本市场建设。全年营运组合数超2.2万个，指令处理量达到1 144万笔，同比增长17%；证券结算量68万笔，同比增长14%；资金清算笔数846万笔，同比增长19%。养老体系改革服务领先同业。积极参与养老保障体系改革，服务覆盖全国33个职业年金统筹区、约8万家企业客户和超过2 000万户个人客户；受托年金全年投资回报超300亿元，业绩领先同业；抢抓"长寿时代"下个人养老财富管理新机遇，加快第三支柱顶层设计与谋划布局。

二是助推总行战略落地，贡献了条线中坚力量。前瞻布局全行GBC工作。制订全行GBC工作方案，优选资金源头性强、客户辐射性广的37个场景全面推广。研发投产"客户资金闭环管理系统"，搭建源头客户、重点领域资金流向分析框架。推动各分行成立"一把手"任组长的工作领导小组，全年召开多场GBC工作区域推动会，覆盖22家分行。分场景组建GBC工作团队，对重点分行、重点项目进行现场支持。年末全行37个场景已全部落地，各重点场景核心业务指标平均完成率达121%；GBC协同累计带动B端新增9万户公司客户，C端新增1 873万户个人客户。助力打造"第一个人金融银行"。全年机构客户代发工资金额1.6万亿元，较年初增加2 200亿元，增幅17%；覆盖个人客户4 206万户，较年初增加375万户，增幅10%；机构客户代发工资为我行带来个人金融资产增加2 603亿元，储蓄存款增加2 540亿元。全年签发实体社保卡1 452万张，电子社保卡461万张，预算单位公务卡42万张，军魂卡9.8万张，武警公务卡1.7万张。向1 877万养老金个人客户提供综合化金融服务。高效推进"境内外汇业务首选银行"建设。外币同业存款时点增量128亿美元，四行占比45%，增量跃居四行第一；成为亚投行唯一中资主承销商，实现野村证券、友邦保险等外资金融机构基本账户落户我行；成功营销22家农商行选择我行接入人民币跨境支付系统；成功托管规模最大的中国政府债券ETF基金。持续支持重点区域竞争力提升。落实长三角区域协同机制，结合区域特色，加强顶层设计，初步探索授信融资、支付结算、信息数据等"七个一体化"协同方案；广泛开展跨境金融、投融资等同业合作，创新推动粤港澳大湾区发展；激发京津冀区域经营活力，扩大区域内同业活期存款差异化授权范围，与雄安新区管委会独家开展"智慧社保"系统合作。

三是坚持科技驱动赋能，拓展了重点潜力领域。"三农"领域成效凸显。服务国家乡村振兴战略，在同业中首发“农村三资监管平台”，合作覆盖全国27个省区、154个地市、500个区县级农业农村局，累计拓展农村股份经济合作社账户超过8 500户。医保领域抢占高地。首批与国家医保局签订合作协议，首家上线医保电子凭证；在已启动医保移动支付清算资格招标的13个地区中，中标10个，位居第一；借助医保清算合作，成功拓展医疗机构超3 000家，药店商户超3.1万家。教育医疗后来居上。创新推出新一代“智慧校园”“智慧医疗开放平台”，以场景深度嵌入的信息化合作模式增强合作黏性，教育、医疗市场占比分别从四行第二、第三提升至四行第一、第二；抢抓教培市场强监管契机，合作教委达487家，纳入监管的培训机构达5 904家，成功切入万亿级教育培训市场，市场覆盖居同业首位。军民融合再获突破。中标并上线某部队副食品区域集中筹措项目，成为唯一一家银行背景的系统平台开发和运营管理服务商。养老领域构建体系。建立我行养老金融“核心业务系统+三大客户生态圈系统”体系，运营服务自动化自助化覆盖率超过80%，处理时效提升87%；启动“工银养老愿”智慧养老系统建设，构建全方位、全生命周期养老金融服务平台。

四是发挥大行责任担当，助力了关键战役胜利。全方位支持战疫最前线。作为中央财政防疫资金拨付的唯一银行渠道，高效完成各级财政抗疫资金拨付；迅速投产“应急物资管理系统”“校园防疫登记管理系统”，金融助力提升疫情防控水平；全力保障疫情期间社保待遇发放，做到“支付不延迟、待遇不减损、业务不中断、服务不断档”；独家为火神山医院等单位提供对公金融服务，并率先联动保险机构向部队医护、保障人员赠送专属人身保险，覆盖医疗机构超过500家，赠险保单超过20万张。全力维护市场稳定运行。向中证登、中债登等金融基础设施客户提供快速安全的结算服务和系统保障，在疫情最吃紧的第一季度，代理中国结算资金6.4万亿元，为中债登协助客户兑付近4 500亿元；春节后首个交易日，高质量完成1 041只公募基金的估值核算和信息披露工作，疫情期间全天候保障全球托管正常营运。在抗击疫情的过程中，湖北分行发扬了顽强的拼搏精神，支持战疫防疫、努力复工复产，向全行递交了一份优秀的答卷；北京、上海分行克服自身困难，疫情期间承接湖北地区全部年金业务运营，危急时刻显担当。打造金融扶贫新标杆。升级金融扶贫项目，新增4家同业客户合作主体，增加玉米、豆粕等重点项目保障覆盖范围，落地“银行+政府机构+保险+期货+农户”的金融扶贫新模式；引入同业客户扶贫捐赠资金945万元，超过过去两年引资之和两倍；全年开展支持生产、促进就业、爱心餐桌、儿童帮扶等多项特色扶贫活动，营造“人人参与、人人有责”的扶贫工作氛围。

五是践行党建引领业务，筑牢了风险防控底线。机构、托管、养老金条线持续增强“四个意识”、坚定“四个自信”、做到“两个维护”，当好“三个表率”，实现以党建促业务、以业务强党建的良性循环；严格落实总行党委全面从严治党从严治行要求，持续加强党风廉政建设，广大干部员工精神面貌更加昂扬，工作作风更加扎实。各条线认真学习贯彻习近平总书记重要讲话精神、党的十九届五中全会精神，特别是顺应疫情防控常态化形势，以“线上+线下”的方式，总分行联动开展支部书记讲党课专题活动，与客户开展“多地连线”系列联学联建活动，引起金融领域广大党员的强烈反响。坚持风险防线守稳筑牢。做到“主动防”，在同业业务、反洗钱、代理对公保险、代理资金支付、军队信息保密、年金业务等领域，开展检查自查，完善业务流程，严防风险事件；持续审慎审议托管高风险业务，近年来在私募基金行业多家机构失联、P2P机构从高峰5 000余家逐步清零的过程中，我行未与任何一家风险机构开展托管合作，保持了业务零风险纪录；养老金业务以疫情为大考，全面检视业务发展，全年通过完善制度，形成包含4个层级22项制度、覆盖前中后台的立体化制度体系，为业务保驾护航。优化“智能控”，投产全新版本同业客户统一视图，新增大数据分析、客户画像两大功能，风控质效进一步提升。强化“全面管”，加强集团合作机构“表内+表外”“白名单+黑名单”统一管理，完成2 600家同业客户综合评价、246家标准化业务准入、204家标准化限额核定；推动工银租赁、工银投资、工银安盛等子公司的同业合作机构，纳入集团统一的准入、退出名单。坚持业务经营稳健发展。创新定点分行服务机制，在业务指导、产品推广和资源分配上对分行给予针对性支持，重点分行竞争力有效提升；首次统筹12个行业板块制定《同业业务营销管理指导意见》，实现了对各个行业综合评价规则的统一规范。

同志们，过去的一年，机构、托管、养老金条线取得的不易成绩，是全面贯彻党中央、国务院决策部署的结果，是坚决落实总行党委战略要求的结果，是全行各条线倾力相助的结果，是机构、托管、养老金条线全体员工团结奋斗的结果！在此，受总行党委的委托，向大家致以衷心的感谢和热烈的祝贺！

二、2021年的新机遇新挑战

2021年，是中国共产党成立100周年，是“十四五”开局之年，也是全行新三年规划的起步之年。开局决定全局，起步决定后势，扎实做好全年工作，意义十分重大。尽管目前国际国内形势依然复杂，但在当前和今后一个时期，我国发展仍然处于重要战略机遇期。党的十九届五中全会描绘了我国未来的宏伟蓝图，作出了应对变局、开辟新局的重大决策；中央经济工作会议全面分析了内外部形势，明确了2021年的宏观政策目标和重点任务。特别是“十四五”规划建议中强调的扩大内需、推进乡村振兴、加快国防和军队现代化、保障民生、建设数字中国、建设健康中国、建立现代财税金融体制等一系列重点工作，为我们的经营发展创造了良好契机。

在全行工作会议上，总行党委围绕党的十九届五中全会和中央经济工作会议精神，强调要立足新发展阶段，贯彻新发展理念，服务新发展格局，推动高质量发展。同时，重点提出，机构条线要进一步巩固自身优势，发挥带动作用，强化业务联动，促进集团整体发展质效的提升；托管条线要巩固传统优势，拓展创新业务、增值业务；养老金条线要把握第三支柱即将发力的机遇，统筹好集团各方资源，努力抢得先机、实现领跑。

对标国家战略、按照总行党委部署，2021 年机构、托管、养老金条线将在以下领域迎来难得的发展机遇。一是“城乡联动发展战略”为机构业务补短板、强弱项吹响了“冲锋号”。今年，总行党委立足重点城市行和县域行经营策略，专门提出“城乡联动发展战略”。县域市场将是我们未来的主攻方向。机构条线要抓住这次重要机遇，补足县乡领域市场覆盖率不高的短板，抓紧抢占市场。二是“提升服务国民经济循环水平”对财政、军队、社保、医教养合作提出了“高标准”。全行工作会议提出，要把握扩大内需这个战略基点，服务供给侧结构性改革、助力需求侧管理。未来国家将持续增加财政支出，加快军队改革、加强民生保障、发展银发经济，相关社会资金总量将进一步扩容、客户资源将进一步丰富、合作领域将进一步拓宽。我们要坚持“客户至上、服务实体”的工作思路，以创新服务助力国民经济循环。三是“推动新兴业务高质量发展”为托管业务、第三支柱业务、金融基础设施合作划定了“路线图”。全行工作会议提出，要顺应直接融资占比提高、居民财富迁移的趋势，推动新兴类业务高质量发展。资本市场领域将成为全行转型发展的重要着力点。要充分发挥托管和养老金在资管板块的桥梁纽带作用，推动全行客户和资金由“传统生态圈”向“资本市场生态圈”转变。要借力金融基础设施的核心中介作用，深化与资本市场各机构的深度合作。

与此同时，我们也应当清晰地认识到，新格局引发新需求，新机遇也伴生新挑战。在机构金融业务方面，主要是发展不均衡问题。市场竞争力靠前的分行集中在几家大行，2020 年机构存款增量四行排名第一的分行数，同比少了三家。一些分行在个别业务优势明显，但在某些细分领域，尤其是新兴领域还存在很大的提升空间。从客户结构上看，我们的“毛细血管”机构客户还抓得不牢，全国区县财政及预算单位市场占比只有 20%。这些都是我们反复提及的问题，也是这几年一直想解决的问题。前期虽然做了一些工作，但局面至今没有得到根本扭转，全行一定要高度重视，瞄准靶点，精准出策。在托管业务方面，我们的托管规模虽然是市场第一，但在构建新发展格局过程中，双向开放的程度将更高，各类新设托管机构正在蓬勃兴起，我们面临的市场竞争将更加激烈，对集团协同能力提出了更大的考验。在养老金业务方面，我们的职业年金市场占比高，取得了较好成绩，但企业年金在对央企和金融同业的客户覆盖率还有待提升，协同营销能效还有待加强。此外，各条线还要高度关注风险环境的变化。近期，全球疫情暴发抑制世界经济增长、国内 A 股市场进入震荡区间、个别金融机构风险暴露、资管产品净值波动加剧、信用债违约、私募行业亏损事件频发，各类外部风险不容忽视。作为国有大行，要提升风险应对的主动性和前瞻性，让风险管理走在市场曲线之前，并严密防范外部风险输入，做风险防控的“风向标”，做市场安全的“稳定器”。

三、2021 年重点工作

为全面贯彻党的十九届五中全会和中央经济工作会议精神，高效落实总行党委工作部署，机构、托管、养老金业务要紧紧围绕服务新发展格局，推动高质量发展。高质量发展要体现在发展的稳定性上，保持速度和规模的市场同比优势；要体现在发展的均衡性上，在客户结构、领域、城乡、区域间实现协调发展；要体现在发展的可持续性上，强化创新驱动、服务提升、板块协同，打造卓越的市场口碑和品牌影响力。

在高质量发展的要求和基础上，2021 年机构、托管、养老金工作的总体要求是：按照总行党委“48 字”工作思路，运用“三比三看三提高”工作方法，坚持“以客户为中心”的经营理念，促循环、扬优势、挖潜能、强管理、控风险，打造全面领跑同业、具有一流市场竞争力的经营发展新质态。机构一般性存款、托管规模、养老金业务规模要实现增量市场第一，各条线要全面完成全年各项考核指标。2021 年，要重点做好以下五方面工作。

（一）强基固本，推动 GBC 工作提质增效。全行工作会议提出，要将做好 GBC 工作，作为增强市场竞争力的关键一招。去年 9 月全行 GBC 工作会议也明确提出，GBC 工作是一项重要的基础性工作，对全行转型发展意义重大。去年全行取得了好于预期的成绩，但是在收入增长、资产质量等方面，对照高质量发展要求，还存在差距和不足。分析深层次原因，归根结底还是客户基础存在问题。为此，总行党委对 GBC 工作给予了很高期望，要求我们在前期工作的基础上，继续开展客户“织网补网”工程，构建大中小协调、活跃度高、黏性强的客户体系，下大气力夯实客户基础。

一是进一步提高站位。要认识到，GBC 工作是一项全行性工作。从我行现有客户结构分析，G 端和 B 端具有比较优势。我行的军队、财政、社保业务市场占比较高，各大央企、龙头行业客户市场占比也均领先同业。在社会资金大循环、大流转的趋势下，这些都是重要的资金源头，也是我们的独有优势。但源头资金的承接比例、闭环运行效果并不突出。比如，源头资金的回行率不高，重点企业代发工资的留存率也较低。究其原因，就是因为我行 G、B 两端客户覆盖率存在上大下小、逐级递减问题，C 端客户存在总量较多、质量较低的问题，底层客户、下游客户基础不牢固，导致源头资金接不住，也导致没有实现总行党委提出的“资金闭环运行”目标。在这样的背景下，总行党委提出做好 GBC 工作，就是要扬长补短，将顶端优势传导到末端下游，确保“资金流”“生态圈”的每个关键节点上都有工行的客户，推动活水源源不断、周而复始。把这项工作做好了，全行各条线都将受益。因此，GBC 工作不是单个部门、单个条线的事情，而是需要“全行一盘棋”，各个部门、所有条线通力协作，认清角色定位、共同出谋划策、齐心协同拓户。只有把基础打牢，我们的存款、中收等指标才能提上去，我们的成本才能降下来。要认识到，GBC 工作是一项长期性工作。这是一项复杂的系统性工程，涉及的业务场景多、客户类型多、服务需求多，从前期的需求发掘、政策解读、场景设计、平台研发、市场推广，到后期的联动拓户、资金沉淀、取得收益，这个过程绝不是一蹴而就的，需要全行上下精耕细作、久久为功，要有打持久战、攻坚战的思想准备。从前期调研情况看，有些分行依然存在短期行为，对长期才能见效的 GBC 重点项目资源投入不足，导致错失重要合作资格、贻误关键机遇，这样的教训是深刻的。GBC 工作功在当下、利在长期，总行各部门、各分行对此要进行再认识、再思考，根植于思想内、落实到行动中。在资源投入上，要从“一点投入，全盘受益”的角度，合理衡量投入产出比；在竞争长期性、战略性项目方面，要设立专项额度，用好长期费用摊销和总行的相关政策。在考核评价上，今年总行已在分行经营考核评价体系中增设“资金回行率”指标，并继续对场景覆盖率、客户拓展率等过程性指标进行跟踪评价，各分行要对此作出长期性的计划安排。特别是在营销体系方面，要针对重点场景建立常态化的营销服务机制，围绕“资金流”“生态圈”进行整体服务，通过打通 GBC 三端，实现营销服务的新突破。

二是扎实推进工作落地。要抢抓政策机遇。构建新发展格局，将为 GBC 相关场景带来更多的政策红利和发展机遇。从前期推广情况看，相对于稍纵即逝的政策窗口期，有些分行场景推进速度还不尽如人意，场景覆盖率较低、平台上线率不高的问题依然存在。机不可失，时不再来。今年，各分行要将财政支付、“三农”、教培、医保医疗等场景作为工作的重中之重，抓紧时间窗口期，快马加鞭、开疆拓土。总行要把方向、谋大局、定政策，推动与重点客户的协议签署及战略合作，以点带面促进业务合作落地；各分行要根据总行改革营销的统一部署，竞争关键资格、争揽关键客户、营销关键平台，旺季营销期间就要见到实效。要提升产品服务能力。从前期情况看，虽然 G 端核心平台已批量落地，但部分场景在对 B 端、C 端的产品配套和服务跟进方面仍有不足，存在准入门槛较高、针对性不强、服务手续烦琐、客户体验不佳等问题，直接影响了下游拓户效果，必须下大力气加以解决。总行各场景牵头部门要深入研究，分析客户痛点和服务难点，创新产品、明确要求、优化服务。各分行要关注客户体验和意见反馈，决不能因为产品问题和服务原因丢失客户。要加快信息互通。我行的科技先进、系统发达，但在互联互通上还存在一定问题。各部门专业系统复杂程度较高、信息融合实现难度较大，目前 GBC 数据互联互通仍未达到预期效果。前期，我们已搭建起 GBC 客户资金闭环管理系统，对于少数场景已经完成系统对接，实现了全流程、多维度的数据统计分析，但其他场景的对接进度仍需加快，各场景牵头部门要全力配合机构部，确保第一季度完成主要场景的系统信息对接工作。各分行要推广好、使用好 GBC 资金闭环管理系统功能，实现下游客户精准拓户、资金定向承接、业务智能管理、业绩全面评价。

（二）问题导向，持续加固长板优势。

一是促进银政合作下沉发展。随着国家建立现代财税金融体制，不断强化预算约束和绩效管理，提升财政资源配置效率和资金使用效率，财政资金沉淀将减少，流转会加快，尤其是下沉基层的趋势将更加显著。面对新形势，检视我们自身，我行在区县级预算单位是短板，整体覆盖率约 20%，所以今年政府业务的重点是抓好基层拓户。要发挥好代理业务优势竞争基层财政合作资格。要充分发挥好我行代理财政支付、代理非税收缴等系统稳定、服务优良、渠道广泛的优势，积极争揽区县级财政客户，提升源头业务市场占比。要用好线上化服务来拓展基层预算单位。要把握财政支付电子化改革向市县加速推广契机，发挥科技平台优势，积极推广“工银 e 政务”平台，全力开展基层预算单位营销拓户。要借助资金流向提升基层下沉资金承接。要抓住地方债发行扩容机遇，围绕债券资金流向和项目核心账户，上下游联动配合促进债券资金体内闭环流转。

二是做实社保改革核心账户。近年来，社会保障领域，尤其是养老保险全国统筹和养老金投资运作两方面的改革新政频出，将对市场格局产生深远影响。目前主要同业重点聚焦养老保险中央级、省级统筹账户和统筹资金，正在不断加大社保领域营销攻坚力度。下一步，要认真做好养老保险全国统筹改革配套金融服务。养老保险全国统筹改革是当前社保领域最重要的改革。经过前期大力营销，人社部已选择我行作为“养老保险全国统筹信息系统”独家合作银行。总行机构部要配合人社部做好部本级信息系统建设和配套金融服务，参与全国统筹改革顶层设计，全力竞争养老保险全国统筹中央级账户。各分行要按照总行整体部署，做好地方系统改造招投标、资源投入和信息化建设工作，并以此为抓手，进一步密切与当地人社、财政部门的合作关系，全力竞争统筹资金摆放和后续各项社保改革合作资格。要全面做好省级统筹改革营销收官工作。要在前期成功营销竞争省级统筹账户的基础上，分类施策，扩大战果。独家开立统筹户的分行，要加强营销，避免他行新开账户，加快实现省内资金归集；与他行共同开立账户的分行，要力争资金摆放规模最大化；统筹户未中标的分行，不要轻言放弃，要多想办法，通过总分联动、高层营销、全国统筹改革配套地方系统资源投入、信息化改造合作等手段，引导客户采用多银行模式，在我行新开省级统筹账户；尚未启动省级统筹改革的分行，要全力以赴，力争拿下统筹新开户。要不断抢抓其他险种统筹改革营销先机。“十四五”规划建议提出，要推动基本医疗保险、失业保险、工伤保险省级统筹。总行机构部要密切加强与人社部、财政部的沟通，提前布局，积极参与改革顶层设计，指导分行做好营销对接。各分行要密切关注当地改革进程，提前走访当地财政、社保和医保部门，制订服务方案，全力竞争各险种省级统筹账户。

三是全力打赢军队改革营销“大决战”。面对市场重新洗牌，全行要上下一心，坚决捍卫我行军队业务绝对领先优势。总行机构部要会同相关部门，聚焦体制机制配套、服务能力提升等，加强顶层设计和统筹规划。各分行要进入营销备战状态，重点围绕关键单位、关键岗位、关键人物开展集中营销，争取关键账户一个不落。要高度重视基层单位的服务工作，提高政治站位，全力保障改革期间军队客户的各项金融服务需求，确保对基层单位的服务“决心不变、力度不减、尺度不松”。

四是提升同业联动协同能效。在金融改革全面深化、金融与实体衔接更为紧密的大趋势下，机构条线要进一步加强牵头统筹，完善部门联动和总分联动，积极增加结算性低成本同业和保险资金沉淀，保持同业最优量价结构优势；总行要加大内外部定价调整的前瞻性和灵活性，助力稳定证券、托管、基金等核心客户和核心存款，巩固核心客户“基本盘”；要加大对重点分行的赋能授权，深化差异化定价，合理运用创新产品，提高对重点客户需求响应速度和重点区域竞争力。

五是继续做大托管业务规模。面对市场竞争激烈、托管费率下行的形势，托管条线要持续深化托管“全行办”思路，突出业务“重点办”和“集中办”，对内加强条线联动，对外加强协同营销；要加快提升托管规模，提高市场份额。在公募基金托管上，要抓住多层次资本市场发展机遇，重点营销实力强、品牌好、规模大的基金公司。在保险托管上，要继续坚持“抓大不放小”的营销策略，制订有针对性的托管服务方案，实现区域保险客户托管全覆盖。在银行理财托管上，要明确他行理财客户营销重点，加强对发行规模大的客户营销力度，重点挖掘无托管资格的他行理财子公司合作潜力。在养老金托管上，要加强与外部受托机构的合作，推进职业年金托管二次营销、持续营销，同时探索国有股划转、高新人才年金、第三支柱等新业务领域，扩大业务规模。在券商资管及信托计划托管上，要抓住产品转型契机，重点营销集合类、公募类券商资产托管业务及信托标准化投资产品、净值型信托产品。在安心账户托管上，要围绕 GBC 工作方案，拓展与政府、军队、科教、司法等优质客户合作，因地制宜设计业务服务方案，形成区域资金托管服务特色。

六是筑牢养老金业务头部地位。养老金管理是养老金融的发展根基，更是养老金融的重要组成部分。由于养老金长期累积的特点，始终保持养老金管理业务的头部地位十分重要。各分行要在年金业务上，坚持“首争受托”的发展思路和“以服务促营销”的工作策略，夯实市场头部地位。在营销上，要聚焦机遇、突出重点、做大规模。企业年金方面，要以“做深头部，做强中部，做宽底部”为主线，全力拓宽业务覆盖面。对于“头部”央企客户，要构建一体化营销体系，对今年新启动和同业合同到期的央企客户要逐户跟进，一户一策，加大攻坚力度；对于“中部”地方重点客户，要抢抓机关事业单位编外人员、海南自贸岛高端人才自动加入机制等政策机遇，跟进地方商业银行、农信社、轨道交通、烟草、酒类等建立年金制度较为密集的行业，做强中部客户群体；对于“底部”中小企业客户，要通过考核评价、营销激励、劳动竞赛等方式调动基层行积极性，全面做大如意养老集合计划，二级分行新增拓户覆盖率要实现 100%，基础较好的地区要推动向支行普及。职业年金方面，当前的竞争重点已转向运营服务，要通过优质的服务做好职业年金的二次营销，争取更大资金规模。要做好西藏职业年金营销，确保全行职业年金工作完美收官。在服务上，要优化理念、精准对焦、提高效能。要以效率、效益、满意度为导向，用好金融科技手段，提高运营服务数字化、智能化水平，推动运营质效迈上新台阶。对客户回访频次要保证，服务沟通要有效，需求反馈要及时，客户体验要提高，要以服务的好口碑打造优质品牌，夯实头部地位。特别是对到期的存量客户，要确保全部续签，并争取更多业务资格。

（三）拓界创新，深挖潜力区域、潜力领域。

一是抢抓乡村振兴机遇。“十四五”期间，国家将重点推进以县城为重要载体的城镇化建设，建立健全农村金融服务体系。“城乡联动发展战略”也要求我们加快在县域乡村落子布局。前期，我们已经通过“农村三资管理平台”拓客户、抓资金，合作覆盖率同业领先。我们要乘着国家战略、全行战略的东风，把县域乡村客户基础做大做强，弥补短板。要加快加强平台推广。各分行要以“农村三资管理平台”为抓手，深度参与“数字乡村”建设，重点营销综合金融贡献大、数字化改革需求急的客户。要高效推动潜在客户向签约客户、上线客户、金融合作客户的推进转化。年内各分行要实现平台在50%的县域地区落地。对于发改委名单内的120个县城新型城镇化建设示范地区，要实现平台的全覆盖。要打出工行服务乡村品牌。总行要完善“农村三资管理平台”，在丰富前期核心功能的基础上，加载全行机构、普惠、结现、个金、网金等涉农服务，整合打造一站式全功能服务平台，确保客户痛点问题得到解决，探索工行服务乡村特色路径。

二是强化医保医疗全面合作。今年是“三医联动”改革落地的关键一年，全行要高度重视医保电子凭证和支付清算合作资格竞争工作，以此来广泛连接各级医保部门、医院药店和参保人，为拓户提质打下坚实基础，也为竞争医保省级统筹合作、医药耗材招采账户等创造有利条件。要全力营销医保清算合作资格。尚未启动招投标的18家分行，要结合实际，提前布局。其中，北京、天津、河北、山西、内蒙古、辽宁、上海、江苏、江西、湖南、广东、四川等12家分行，省级医保局账户或省级医保基金账户开立我行，具有较好的客户基础，要确保拿下清算资格；黑龙江、广西、陕西、新疆、宁夏、西藏等未开立医保账户的分行，要加强高层走访，全力竞争，力争中标。要加速推进下游医院药店和参保人客户拓户。已中标清算资格的10家分行，要通过医保清算合作，大力营销辖内医院、药店在我行开立结算实体账户或安心账户。各分行要紧盯标杆、复制推广，不断将医保支付清算合作优势转化为BC端的拓户成果。要加快推广“智慧医疗开放平台”建设。总行要加快平台建设和升级迭代，统筹全行组织推广工作，在场景建设中通过平台获取客户、资金、信息完整链条。各分行要实施清单制分层分类精准营销，充分发挥我行“医疗＋金融服务超市”平台优势，按客户需求综合输出“互联网＋”医疗服务、运营管理方案，构建银医深度绑定的合作新生态，将平台链接效应转化为获客揽存成果。

三是实现第三支柱赛道领跑。目前我们在第一支柱基本养老保险上，已经确立了绝对优势。在第二支柱年金业务上，职业年金拿到了“全满贯”，企业年金实现了资格“全覆盖”。第三支柱个人养老保险作为三支柱养老保障体系的最后和最关键一环，潜在客户超亿户，产品体系涵盖储蓄、理财、基金、保险，是拓展C端高净值客户的重要抓手，是全行“第一个人金融银行”建设的重要支撑。全行要充分认识第三支柱业务的重要性和紧迫性，做好各项准备工作，确保在开闸后迅速抢占市场，确立优势地位。要加快顶层设计。目前总行正在加快推进与人社部和银保监会两个制度体系的衔接和落地，要提前做好系统开发、产品研发、制度建设等工作。要加强统筹联动。机构、公司、个金等条线以及工银理财、工银瑞信、工银安盛等子公司，要与养老金条线密切配合，整合我行在牌照、渠道、产品、服务和客户资源等方面优势，共同做好业务全面准备。要抢先营销布局。各分行要相应做好全面准备，要打有准备之仗，做好辖内业务培训，强化第三支柱业务宣传，切实提高全行重视程度。要做好现有客户资源优势的转化，向机关事业单位及企业职工集中推广我行第三支柱服务，提升批量获客效能。要结合属地市场特点制订工作推进方案，开展专项竞赛、强化考核激励，确保第三支柱业务快速推进。

四是持续发力教育科研领域。“十四五”规划建议提出建成教育强国、强化国家战略科技力量，为机构金融业务培育新增长点带来有力的政策支撑。全行要充分认识到教育科研领域蕴含着丰富的C端客群资源，这对打造“第一个人金融银行”具有十分重要的意义，关乎我行个人客户的可持续发展。要集中力量，将教育科研领域打造成为我行与同业开展差异化竞争的新优势。对高等教育，总行要抓“龙头”，重点做好与教育部的全面战略合作签约，打破他行垄断，为全行营销推动奠定战略基础。各分行要深挖“产教融合”“财政绩效提升”等新合作点，加大C端拓户力度。对培训机构，总行要继续丰富“教培资金监管平台”产品内涵，提升客户体验，在北京、成都、合肥等重点教育高地打造“标杆工程”，辐射带动全国上量。各分行要继续推进主管部门营销覆盖，重点依托平台，实现培训机构批量化纳入，抢占民办教育市场制高点。对科研领域，目前总行正在为科技主管部门、科研单位、科创企业开发“科研资金监管平台”。各分行要抢抓科技厅、发改委、财政厅等G端源头，以资金监管合作为切入，带动科研专项资金存入及科创企业融资发展。

五是抢攻同业合作新兴市场。随着多层次资本市场的逐步完善，市场将涌现出新的金融机构、新的业务机遇和新的合作模式。因此，要时刻紧盯监管政策、市场环境的新动向，在营销拓户、合作创新上做到先人一招、快人一步。新主体营销要打好“闪电战”。要抢抓城商行、农商行重组、新设外资机构及理财子公司的机遇，先于他行营销客户，争揽关键账户、资产托管、债券承销、金融科技和资金资产类业务。新市场拓展要用好“组合拳”。要在做好存量业务运营服务的基础上，进一步开拓跨境托管市场。要积极拓展银行理财外包市场，密切关注公募基金外包政策进展，大力提升外包业务规模。要加快推广绩效评估、风险监测、交易便利等托管增值服务，争取更大市场份额。要加快“智慧托管银行”建设，打造智慧数据中台、管理平台、客服平台及投资服务平台，提升托管服务核心竞争力。要抢抓H股全流通、代理债券通、绿色金融等业务机会，探索数字人民币业务合作，为金融同业提供数字人民币钱包存管服务。要加强对金融基础设施客户的服务，在安全性建设、优化结算清算体系、加大流动性支持、服务注册制改革方面深化合作，促进互联互通和资金畅通循环。新模式落地要建好“生态圈”。要针对同业客户，打造“工银通”同业机构资产配置服务平台，搭建“一个账户通行、多种资产配置”的金融产品超市，逐步实现在线交易、引流撮合、产品展示、信息交流四大功能，服务同业客户资产配置、资金融通、清算托管、市场交易、风险控制、跨境金融、非标项目、信息资讯及服务实体等九大需求场景。

（四）练好内功，全面提升经营管理水平。

一是推进党建业务“双促进”，新格局激发新作为。全行机构、托管、养老金条线要贯彻新时代党的建设总要求，以习近平新时代中国特色社会主义思想为指引，坚持新发展理念，以高质量党建推动业务高质量发展。要紧跟国家经济金融大形势，着眼全行经营发展大格局，把握新时期条线发展大方向，对外提升客户服务的综合性、专业性，对内增强统筹联动的高效性、创造性，强化担当抓好落实，实现党建促业务、业务强党建的良性循环。

二是推进人才队伍“双优化”，新时代锻造新风貌。要优化营销服务队伍建设，各级行应根据客户资源分布情况，加强与相关部门的会商，充实客户经理人员配备。重点加强支行网点营销力量，解决“最后一公里”落地问题，充分发挥网点的阵地作用。要联动发挥客户经理、产品经理、网点负责人三方整体力量，维系客户关键人员、密切客户关系。要落实客户经理后备人才库制度，加大对综合化人才的吸纳力度，做好各年龄段的梯队建设，保证队伍成长的连续性。要优化人才培养机制，结合后疫情时代的特点，通过云端案例教学、网上知识竞赛、线上联学联建等新形式，扩大培训覆盖面，提升全员专业水平。注重培训“宽度”与“深度”的均衡，将跨部门跨产品的综合培训与关键领域的深化培训有机结合。要加大人才队伍跨层级、跨机构、跨岗位的实践交流锻炼，进一步打造一支懂业务、懂客户、懂营销的“铁军”。

（五）坚守底线，全面筑牢风控合规屏障。新发展格局下，国家将统筹发展和安全两件大事，持续加大影子银行整治、风险机构重组等，积极防范外部风险冲击。要坚守合规理念，筑牢风险屏障，确保全年业务零案件、零风险、零违规。

一是优化风控体系。严守客户部门第一道防线，提升在金融双向开放环境下的风险识别、预警和控制能力，及时更新风控手段，建立全流程、跨领域、智能化的风控体系。同时，要将依法合规经营作为发展底线和核心竞争力，落实到经营管理全过程。加强合规警示教育，保持案件防范高压态势。重点对客户信息保密、反洗钱、代理业务、同业业务等领域开展专项检查，查找风险隐患，完善制度流程，防控操作风险。针对疫情管控隔离等措施，要提前预判规划，防范因业务操作人员不足而产生的各类运营风险。

二是提升风控质效。机构条线要适应全球金融严监管和集团境内外机构一体化管理趋势，扩大纳入集团统一名单准入退出和系统硬控的子公司范围，严格准入退出。托管条线要全面履行交易监督职责，提升风控工作的独立性和专业性。要积极应对全球市场波动，严控外部风险输入。人社部今年对年金基金运营的监管重点为“促合规”，养老金条线要提前做好各方面准备迎接资格大考，尽快开展自查并补足短板，确保我行在资格延续评审中获得最好成绩。

三是拓宽风控视角。要密切跟进监管对金融机构重组、质押融资、债券违约等重大风险的防控处置动态，及时制定预案，坚决防止“病从口入”。重点关注金融控股公司和互联网金融监管新规，快速适应新政策引发的新变化。要发挥我行的金融科技优势，增强对乡村金融机构和中小金融机构的金融供给，加强反洗钱、融安e信、客户营销管理系统等产品的输出。

新年伊始，各分行要紧锣密鼓地把工作抓紧抓实，大力推动“旺季营销”工作高效开展，做到开好局、起好步。近期，董事长就抓好存款高质量发展作出批示要求：一是符合监管要求；二是量价协调，控制成本；三是稳定；四是GBC联动；五是打好客户基础。执委会也多次召开会议，并作出具体部署。目前我们的“开门红”效果良好，机构存款顶住了特殊政策影响的压力，实现同比少降563亿元；托管规模即将跨越20万亿元大关，中收同比增长46%；养老金业务实现新增受托规模近100亿元、新增年金个人账户10万户。下一步，各分行要运用好“三比三看三提高”工作方法，对标对表，主动出击，高效推进，确保各项工作取得更好成绩，坚决打赢旺季营销攻坚战。此外，各条线要关注疫情形势变化，压实“四方责任”，做到经营发展和疫情防控“两手都要抓、两手都要赢”。

同志们，新时代风劲潮涌，新征程道阻且长。我们一定要把握“长风破浪会有时”的战略主动，保持“咬定青山不放松”的坚强定力，以更加昂扬的精神面貌，更加拼搏的工作作风，为全行开创高质量发展新局面多作贡献，以优异的成绩迎接建党100周年！

在全行机构金融业务推动会上的讲话

熊　燕

（2021 年 5 月 11 日）

刚才，总行机构部对全行机构金融业务前四个月经营情况进行了通报，6 家重点分行也结合自身情况进行了发言，对问题分析得很透彻，提出的下一步工作举措也很翔实。下面，我对做好近期工作提五点要求。

一、要清醒认识当前机构金融业务发展面临的挑战

近期召开的境内分行行长座谈会指出，对标高质量发展要求，全行经营发展还存在一些问题。这些问题在机构金融业务上也有所体现。由于从去年开始，市场源头资金减少、资金政策性划拨频繁，导致今年机构存款比往期“下探”更深，机构金融业务发展面临规模、成本、贡献等方面的多重挑战。比如，按照历史规律，机构存款在第一季度末应该“浮出水面”、实现正增长，但截至 5 月 10 日，时点增量为 -514 亿元，同比下降1 907亿元；日均增量为 -4 201 亿元，同比下降2 604 亿元。全年实现正增长的压力非常大。又如，今年以来，全行一般性机构存款成本呈整体上升态势。由于近期政策经费划拨都是活期存款，造成付息率在短期内承压。再如，机构金融业务的营业贡献已经连续四个月同比下降，而且降幅仍在持续扩大。这些问题需要引起高度重视。当前，我们正在打一场异常艰难的“保卫战”。全行机构条线的光荣传统不能丢，“精气神”不能松。要通过打赢这场战役，坚决捍卫我们的市场地位！

二、要确保机构金融业务市场优势不降、竞争力不变

机构金融业务是“扬长、补短、固本、强基”布局中“扬长”部分的重要板块。面对今年的严峻形势、激烈竞争，我们该如何做到“扬长扬优”？该如何确保客户不丢、优势不降、竞争力不变？这要求我们保持高度的危机意识，坚持问题导向，不仅跟自己比，更要跟市场比，不惜一切守住机构金融业务的市场优势。要深入贯彻行党委“48 字”工作思路，认真落实陈董事长关于高质量发展存款的五点批示要求，用好“三比三看三提高”工作方法，从规模、日均、结构、成本等方面抓好增存提位工作。

一是在规模上，要全力稳存增存、提升市场占比。到半年末，机构存款、同业存款增量必须重回四行第一，这是硬要求。目前四行排名第一的分行，要实现占比提升；排名第二的分行，要力争进位；排名后两位的分行，尤其是今年排名下滑明显的分行，务必在半年末实现排名进位。截至 5 月 10 日，机构存款、同业存款时点负增长的分行分别有 12 家、16 家，任务非常艰巨。总行要围绕重点板块、重点分行和重点客户，做好资源配套、政策配套，全力支持机构存款、同业存款增量重回第一。目前机构存款、同业存款负增长的分行还有很多，总分行必须要有解决方案，拿出具体措施，确保完成任务。

二是在日均上，要做到日有所进、快速提升。今年全行机构存款、同业存款日均增量“下探”幅度前所未有，我们面临巨大压力。总行将推出日均存款增长激励管理相关举措，引导分行增强稳存增存积极性。各分行要深刻认识到，只有抓好日均，机构金融业务的营业贡献才能有效提升；只有把每一天都当成月末、季末来抓，存款偏离度才不会出问题。这里，我再强调一下偏离度管理问题。第一季度机构存款偏离度管理过程比较艰难。虽然我们最终达到了监管要求，但季末波动较大，仍有 15 家分行机构存款偏离度超过 4%。对特种、社保、财政等重点客户，要做到“勤请款、早到账、多沉淀”，拉长资金周期、平滑波动曲线，为实现存款增长目标赢得空间。

三是在结构上，要巩固优势、开辟新阵地。在特种、社保等传统领域，全行上下必须拿出“守土有责、寸土必争”的决心，坚决保证存款市场占比不下降。对于各类源头资金，各分行要重点抓好财政来款的沟通协调、大笔专项经费的留存和同业资金的竞争挖转，确保“应抓尽抓、应留尽留”。此外，要积极打造新增长极。近期，总行结合国家战略导向和数据分析结果，梳理出两大“千亿”领域（财政、社保）和十大“百亿”领域（政法、海关、退役、医保、“三农”、教育、医疗、工会、住建、科研），并印发了营销指导意见。总行机构部要加强跟踪指导，各分行要加快挖掘十大“百亿”领域潜力，将其打造成我们开疆拓土的桥头堡，为业务可持续发展注入新活力。到半年末，特种板块要确保存款市场占比不下降，大政府板块、同业板块

要确保存款增量市场第一。

四是在成本上，要实现量价协调发展。各分行要深刻认识到，不能单就规模来抓存款。我们抓存款的最终目的，是为全行提供稳定、优质的资金来源，为全行作更大贡献。这需要"规模"和"价格"统筹协调，缺一不可。各分行特别是付息率上升过快的5家分行，要认真分析原因，制定有针对性的成本管控措施，遏制付息率快速上升趋势。一方面，要加强成本精细化管理。要结合市场变化、客户贡献，对存款分层分类、精准定价，积极探索基于客户整体贡献的综合化定价机制。另一方面，要用好主动负债工具。大额存单、结构性存款等产品不是常规营销工具，而是留住关键客户、挖掘潜力客户的重要手段，要把其用在"刀刃"上，避免利率盲目上浮和粗放式管理。

三、要紧抓关键机遇期，加快GBC工作落地

目前，全行经营发展面临的一些挑战，归根结底是客户基础问题。我们的客户结构与市场变化、理想目标还存在一定差距。解决客户基础问题的关键一招，就是做好GBC工作。经前期总分行大量努力，全行对GBC工作的重视程度明显提升。但客观上讲，当前GBC工作落地慢、见效少，以及联而不动、协而不同的问题依然突出。所以，下一步目标是要有突破、有效果。

总行机构部要牵好头，一是在"GBC客户资金闭环管理系统"上加快扩充各类场景，给分行提供系统支持。二是尽快解决考核的全面性、适用性问题，发挥好考核"指挥棒"作用，有效激发各条线、各分行的能动性。三是打造交流借鉴平台，为分行提供案例分享、经验交流、信息交互的畅通渠道。

各分行要不等不靠、提质增效，重点抓好三项工作。一是树典型、树标杆。要拿出争上游、当先进的奋斗姿态，打造标杆项目和典型案例，为全行作表率，输出可推广复制的经验和样板。二是见成效、见突破。要结合当地政策和实际情况，精选、优选部分重点场景，集中发力，快速落地。第二季度每家分行至少要有一到两个场景实现突破、见到效果。三是有保障、有配套。要用好、用活"GBC客户资金闭环管理系统"，使其成为获客的有力武器。同时，要结合自身实际，建立集场景搭建、客户覆盖、产品渗透于一体的综合化评价体系。对于一些条件成熟的分行，可以先行先试，让创新机制尽快落地见效。要坚持把GBC工作作为"一把手"工程，在全行形成"整体战"的思维和打法，真正做大贡献和效益。

四、要全面提升服务，坚决打赢军改营销决战

未来特种业务发展，服务是核心。从总部机关，到基层连队，我们都要做好全方位服务。各分行要牢记"军队服务无小事"，各层级"一把手"要亲自挂帅。我重点强调两项工作。

一是全力推进集中收付改革营销。前期总行机构部已经下发了营销通知，编写了服务方案，与多家重点分行召开了视频推进会，并对一些重点区域实地走访营销。各分行要高度重视，集全行之力做好客户营销，及时沟通最新情况。要以战之必胜的信念，全力拿下八大收付中心基本账户和各分支机构账户。

二是全力争揽各层级零余额账户。各分行要深刻认识到，每一个零余额账户都相当于特种资金的一个末端节点，每个节点都影响账户市场占比，都关乎部队的资金摆布。我们要拿到最多的节点，守住阵地。各分行要高度重视零余额账户营销工作，加强对各基层部队的服务。不要认为单位小、级别低、没有钱，就等一等、缓一缓，要做到按户摸排走访，了解客户的真正需求和痛点。特别是边远地区，更要做好服务工作。在这方面，新疆、西藏分行做得非常好。做好基层服务，一方面是国有大行支持国防建设的政治责任，另一方面，军委高度重视边远地区的为军服务，这在银行考核中是一个重要的加分项。

为军服务是工商银行的优良传统，特种业务是机构金融的绝对优势。这是我们的光荣使命，也是我们的职责担当。我们要把"红色基因"传承好、发扬好，从"讲政治"的高度做好为军服务。为配套军改要求、加强支持保障，总行正在制定相关的考核还原政策，对服务质量和账户占比，都会有相应的考核激励。目前，考核方案已经初步确定。各分行要切实提升各属地单位的服务水平，打下好基础、树立好形象、赢得好口碑。

五、要提振"精气神"，实现机构金融业务高质量发展

对于快速变化的形势和经营中面临的挑战，我们要保持定力、坚定信心，不能把问题都归结给市场、归结给政策，要多从主观上和自身上找原因。全行机构条线要增强紧迫感、发挥能动性，主动应对挑战、主动解决问题。一是提振"精气神"。机构条线是一支过硬的队伍，是一支作风优良、能打胜仗的"铁军"。越是在困难的时候，越要保持奋发有为的姿态、勇争第一的锐气，迎难而上，化危为机。二是坚持问题导向。从总行到分行，都要刀刃向内，敢于剖析检视问题。对机构金融业务发展面临的挑战，一定要拿出切实的解决方案，画好路线图、排好时间表，不能喊空话、喊假话。三是支持基层行多创新。各基层行是营销攻坚的最前沿，经验丰富、方法灵活。要加大对基层行创新的支持力度，多倾听基层行的声音，提供资源保障。总分行要定期总结创新经验，树立一批样板和标杆，多分享、多交流，在全行形成"多点开花、齐头并进"的良好氛围。

此外，全行机构条线要有效应对当前复杂经营环境，持续强化全面风险管理。要配合好银保监会风险管理及内控有效性检查，并以此为契机进一步提升风险管理水平。要密切关注国际汇率利率波动、国内债券市场违约、部分金融机构风险暴露等市场风险，高度重视业务合规风险、信息安全风险和各类操作性风险，坚持“管住人、管住钱、管好防线、管好底线”，守牢第一道防线，确保机构金融业务合规经营、稳健发展。

同志们，形势越严峻，挑战越大，我们越要拿出“亮剑”精神，坚定信心、真抓实干，全面落实全行2021年工作会议和境内分行行长座谈会精神，以机构金融业务高质量发展促进全行高质量发展，以优异成绩庆祝建党100周年！

勇于担当　加强协同
努力推动企业年金营销工作实现新跨越

——在企业年金营销工作推动视频会上的讲话

熊　燕

（2021年10月22日）

今天我们召开企业年金营销工作推动视频会，主要目的是总结经验，分析形势，进一步统一思想，明确今后一个时期业务发展方向和营销工作思路，推动全行按照“48字”工作思路，运用“三比三看三提高”工作方法，实现企业年金各项业务资格齐头并进，不断巩固我行国内第一企业年金管理机构的地位。刚才，6家分行进行了很好的发言。下面，我再和大家做个交流。

一、企业年金业务近年来取得的成绩

从2005年开始，我行取得了受托、账管、托管、投管等4项企业年金业务资格。16年来，我行始终保持国有大行的政治担当和高水平专业能力，注重精耕细作，不断做大规模、做优服务、做强品牌，确立了企业年金业务特有的服务优势和领先的市场地位。

根据人社部最新披露的2021年第二季度数据，受托方面，全行企业年金受托规模1 916亿元，市场占比11%，排名第三；银行同业占比43%，排名第一。账管方面，管理个人账户1 161万个，市场占比41%，排名第一，领先第二名29个百分点。托管方面，企业年金托管规模8 256亿元，市场占比34%，排名第一，领先第二名15个百分点。投管方面，工银瑞信管理企业年金1 783亿元，市场占比8%，排名第四；基金同业占比21%，排名第一。从全口径看，受托、托管、投管业务全行整体市场规模1.2万亿元，市场占比49%。目前来看，我行是全市场最大的企业年金管理机构。

一是客户基础雄厚。截至2021年9月末，全行拥有54万G端客户、850万B端客户、7亿C端客户。这些客户是企业年金业务发展的重要基础和重要保障。

二是先发优势明显。2004年，我行率先在银行业内成立总行层面负责养老金业务的一级部室，起步时主要开展企业年金管理服务，近两年新增了职业年金管理服务。2005年，我行最早一批获得账管、托管资格；2007年，获得受托、投管资格，仅比平安、太平、中信、华宝4家机构晚两年。

三是营销合力凝聚。全行各相关业务条线和子公司精诚团结合作，总分行、前中后台联动配合，积极构建了互促共进、互补共融的营销机制，并以客户为中心整合产品、优化服务，形成一揽子综合服务方案，赢得了领先的市场份额。

四是品牌信誉卓越。我行依托全牌照优势，在企业年金业务上积累了丰富经验，打造了专业素质过硬的营销服务团队，搭建了完善的客户服务体系，并凭借优异的管理业绩，树立了优质的服务品牌。2008年至今，我行受托资产的累计收益率达159%，超过市场平均水平63个百分点。

五是科技实力领先。我行年金业务依靠全行强大的科技实力，坚持自主研发并持续升级完善企业年金相关系统，在为客户提供银行级信息安全保障的同时，也满足了其个性化的业务需求。

十六年来，我行企业年金业务从无到有、从小到大、从弱到强，在业务发展、机制建设、品牌打造等方面取得了非常好的成绩，为全行改革发展作出了积极贡献。这是全面贯彻党中央决策部署、坚决落实总行党委战略要求的结果，是全行各条线倾力支持的结果，也是企业年金各业务领域全体同志奋力拼搏、辛勤付出的结果。借此机会，我谨代表管理层，向大家表示衷心的感谢！

二、目前面临的机遇与挑战

第七次全国人口普查结果显示，我国 60 岁以上人口达2.64 亿，占总人口的18.7%。“十四五”规划指出，实施积极应对人口老龄化国家战略。在此背景下，加快健全社会保障体系已成各方共识。我国养老体系包括第一支柱、第二支柱和第三支柱，其中企业年金是第二支柱。目前，我国第一支柱基本养老保险的覆盖面较广，但支付压力较大。因此，国家从2004 年开始大力发展作为补充养老的企业年金和职业年金。职业年金具有强制性，目前已全部覆盖4 000 多万机关事业单位职工。在全行共同努力下，我行实现了 33 个统筹区受托业务全覆盖和同业份额第一，确立了职业年金市场的领先地位。与职业年金相比，企业年金不具有强制性。目前参加企业年金的职工仅占城镇职工的6%，覆盖面非常有限，规模仅2.3 万亿元。中央对发展企业年金提出了更高要求，也围绕机关事业单位编外人员、中小企业、民营企业参加企业年金，以及海南自由贸易港企业年金自动加入机制等进行了很多试点。按照中央要求，2050 年企业年金要覆盖60% 以上职工。据此测算，未来将覆盖的人群和规模都有非常大的增长空间，存在较大机遇。但目前我行在企业年金市场上的短板仍然明显，主要体现在以下几个方面。

一是受托市场落后多。获得受托资格晚于竞争对手对我行造成了一定影响。目前，我行受托规模市场排名第三，落后于国寿养老和平安养老，前者受托规模是我行的2.6 倍，后者受托规模是我行的1.9 倍。今年上半年，我行受托规模增量市场占比排名第四，落后于国寿养老、平安养老和泰康养老。

二是头部客户占比低。我行年金业务与公司客户结构优势不匹配。国资委监管的96 家央企中，我行仅获得了5 家的受托资格，受托规模 167 亿元，占比5%。这与我行法人客户市场的领先地位明显不符。我行在同业客户整体服务上是全覆盖的，市场占比非常高，但在地方企业年金市场具有重要影响力的农信系统上，仅受托云南、四川、广西、湖南、重庆等9 家农信社，而国寿养老则受托19 家农信社，是我行的2 倍多。

三是优势领域受冲击。今年上半年，我行的账管增量客户数市场占比仅28%，与存量占比（41%）存在较大差距；托管个别存量客户出现流失；投管新增客户数也落后同业较多。传统优势较为明显的账管、托管、投管业务面临较大挑战，受到一定冲击。

四是重点区域待深挖。京津冀、长三角、珠三角、成渝地区是企业年金业务市场潜力最大的区域。除成渝地区外，我行其他地区的业务发展与预期相比还有一定差距，区域业务发展呈不平衡态势。例如，虽然北京、天津、河北、上海、江苏、浙江、广东、深圳8 家分行的受托市场增长可观，但仍有非常大的可挖掘空间，我行在当地市场的占比优势较小。

五是市场占比显差距。在受托市场上，天津、黑龙江、深圳、吉林、大连、辽宁、青岛、厦门、安徽等9 家分行市场占比不足1%。

造成上述情况，有区域资源禀赋差异和部分历史因素等客观方面的原因，但我们更要从主观方面加强分析和思考，如思想认识是否到位，攻坚克难的韧性、跟进落实的积极性、资源投入是否充足以及条线协同是否通畅，“部门墙”“机构壁”是否存在等。下一步，全行要正视现实，坚持问题导向，以崭新的精神面貌投入到后续营销工作中。

三、坚定不移地做大做强企业年金业务

目前，我国养老保险第一支柱发展面临较大压力。虽然国家在支持第二支柱、第三支柱发展方面出台了很多政策，但由于第三支柱还有很长的培育期，因此第二支柱发展成为当务之急，投入力度将持续增大，年金业务市场空间巨大。在这个关键窗口期，全行要提高主观能动性，把握机遇，迎难而上，坚决捍卫我行企业年金业务的领先地位。领先地位要体现在市场的占比上，保持速度和规模的市场同比优势；要体现在业务的均衡上，在客户结构、年金资格、区域间实现协调发展；要体现在发展的可持续上，强化条线协同、服务提升、精细管理，打造卓越的市场口碑和品牌影响力。关于下一步工作，我提几点要求。

（一）要统一思想，把握机遇，深入领会企业年金业务对推动全行转型发展的重要意义。

首先，工商银行作为国有大行，履行政治责任是第一位的，贯彻落实国家养老领域重点改革部署是我行责无旁贷的职责和使命。全行要提高站位，牢牢把握年金业务发展机遇，在服务国家养老体系建设中打好头阵、作好表率。

其次，发展年金业务是我行转型发展的必然要求。目前，全行正在实施“扬长、补短、固本、强基”四大布局，围绕把握潜力业务板块、打造新的利润增长点等方面，加大工作力度。年金业务是资产管理条线的重要组成部分，资本占用少，业务收入稳定，受经济周期波动影响小，可促进多板块融合发展。虽然现在年金业务中收中占比较小，但发展潜力很大，对我行转型发展将会有很大贡献。同时，年金业务是我行的优势业务，我行在牌照、科技、服务、人才、科研、渠道等方面的综合实力，为业务做大做强提供了坚实基础。多年以来，我行积极参与国家社会保障改革，在各相关领域都取得了明显优势，也为企业年金发展创造了良好条件。例如，在第一支柱方面，社保存款、各级社保账户、机关养老保险账户都是市场第一，在中央级、22 个省级调剂金户和24 个养老保险省级统筹账户中处于市场绝对领先地位。同时，作为人社部独家合作银行，我行为

基本养老全国统筹提供系统支撑。再如，国家正紧锣密鼓推进的第三支柱，我行从政策制定、系统研发到理财子公司产品试点，都是领先同业。近期，总行正围绕新规划中“建立养老金融生态圈”的总体目标，由养老金部牵头开展全行养老金融的顶层设计，深入挖掘养老金融业务价值。因此，将养老金业务，尤其是企业年金业务打造成为我行经营转型的亮点，既有必要，也很可行。全行要统一思想、立足长远、把握大势，充分认识企业年金业务的重要性，通过做大做强企业年金业务，为全行转型发展贡献更大力量。

（二）要坚定信心，以市场为导向，全力做大企业年金受托规模。

我行年金业务资格中，受托是最薄弱的，但也是最基础、最关键的，能够协调资源，有选择账管、托管和投管的主动权。因此要着力补齐受托业务短板，以市场进位为目标，不断缩小与可比同业的差距，实现与工行地位相匹配的受托业务规模。同时，年金业务不仅是各级行养老金部的业务，也是全行的业务，希望各条线相互配合，协同联动，共同将年金业务做大做强。

要以“做深头部，做强中部，做宽底部”为主线，推动重点区域分行打造成做大规模的头雁，市场占比低的分行尽快提升位次，其他分行全力拓宽业务覆盖面。

对于“头部”大型客户，总行和各一级分行要落实主体责任。要拉单列表，充分利用我行与大型客户的全面合作关系、整体金融服务情况，一户一策，加大攻坚力度。对已经建立年金的客户，要密切关注合同到期情况，明确挖转策略；对尚未建立年金的客户，或新建、重组的大型客户，要第一时间对接跟进，研究可行的切入点。对“头部”客户的第一次拜访要分行出面，由养老金部、公司部共同配合，总行、分行共同推进。这方面，国家管网集团营销是一个非常成功的案例。得益于密切的银企合作关系、各条线的联动协作，我行取得受托人、账户管理人、投资管理人全满贯佳绩。下一步，对国资委监管的央企，总行养老金部、公司部要会同相关分行深入分析，逐户制订方案，力争三年内每年规模占比提高3 个百分点以上。对于“中部”中型客户，各一级分行要落实主体责任，省会城市行和重点二级分行是主战场。要充分利用总行的重点联系行制度，主动对接总行；总行相关部门也要主动对接重点联系行，制订联动方案，明确各项工作的责任人和时间表。要梳理好、运用好“三个一批”客户名单，做实做细客户发掘、精准营销和跟踪服务的全流程管理。对于“底部”小型客户，各二级分行要落实主体责任。要通过考核评价、营销激励、劳动竞赛等方式调动基层行积极性。各一级分行要提供营销、培训、技术等方面的支持，全面做大受托业务。

京津冀、长三角、珠三角、成渝地区等重点区域的分行，要深入分析本区域企业年金业务的特点，夯实分层营销的名单和责任人，加强督导帮扶，尽快实现二级分行新增拓户的全覆盖。基础较好的分行，要推动年金业务向支行普及。市场占比低的分行，一方面，要尽快锁定辖区内的目标客户，压实责任，尽早突破，提升市场位次；另一方面，要制定本行的年金受托发展规划和具体措施，尽快使年金受托走上快速发展的道路。其他分行要结合本地年金受托发展情况，有针对性地研究措施，为实现全行受托目标作出更大贡献。

近日，我行 4 项年金业务资格都获得了人社部的延续。受托方面华宝信托资格被取消，投管方面平安养老、太平养老分别有 1 年和 2 年的限制，市场格局可能会重新划分。希望总行相关部门、相关分行抓住这一机遇，梳理挖转客户名单，全力营销跟进，进一步提高我行市场占比。

（三）要强化协同，实现年金业务与全行其他业务的相得益彰。

一方面，要以集团优势和战略助推企业年金发展。在新规划中，养老金是大力发展的重要潜力板块。在目前激烈的市场竞争中，我行企业年金业务要上新台阶，必须依靠全集团的力量，依靠我行在公司金融、机构金融上的传统优势，依靠我行战略重点推进过程中的市场机会，依靠年金业务与融资授信等其他业务的协同。各级行公司、机构、养老金、托管、结现等部门和相关子公司，都要提高站位、勇于担当，跳出自身视角，通过联席会议制度等方式，站在全行高度和客户角度，思考、谋划年金业务发展，构建一体化营销体系。要树立全行一盘棋的理念，坚持集团利益最大化原则，统筹好对客户的各项业务。全行企业年金业务牵头部门要主动向前一步，与客户管理部门共享信息，整合资源，形成业务发展合力。总行养老金部要牵头完成体制机制的顶层设计，及时解决各级行业务协同中遇到的各种问题，统筹做好营销资源、业务支持、人才培训等方面的配套，真正把年金业务做成转型发展的潜力板块。要加大协同效果的宣传，形成全行协同营销的氛围。在企业年金牌照协同方面，要明确源头，首争受托，充分发挥全牌照优势，取长补短，共同发力，确保受托、账管、托管、投管等业务都与大行地位相匹配。要确保优势资格的市场地位，特别是对到期的存量客户，确保全部续签，并争取更多业务资格。

另一方面，要将年金业务主动融入全行战略布局，为第一个人金融银行、外汇业务首选银行、重点区域竞争力提升、城乡联动发展等战略重点赋能。企业年金是GBC 联动的重要场景之一，覆盖政府、企业、个人三端客户群体，是一项活客、黏客很强的业务，所涉及的法人和个人客户都是我行重点营销的优质客户。如我行账管的个人客户，基本都是国有大型企业的职工，收入稳定，消费能力强，是个人客户和个人业务渗透的重点，是有丰富资源的场景。另外，目前年金市场投资规模3.8万亿元，是金融市场长期性、权益性项目的重要资金来源，可对接我行客户的各类融资需求。前期总行养老金部和公司部做了一些尝试，效果很好。下一步，总行要加紧研究养老产业金融与养老服务金融、养老金金融的连通问题，充分发挥联动价值，围绕年金画好同心圆，实现集团利益最大化。

（四）要行稳致远，持续夯实企业年金高质量发展的保障基础。

与其他业务不同，企业年金是一项专业性很强的业务。如在前期国家管网集团营销过程中，总行养老金部凭借专业性赢得了客户信任，击败了众多的银行、保险等竞争对手。各分行要打造懂业务、懂客户的专业队伍，根据业务规模、发展潜力配足配强专业人才。要完善专业的培训机制，加强人才队伍跨层级、跨机构、跨岗位的实践交流锻炼，不断扩大培训覆盖面。前期，总行养老金部通过以工代训、专业培训等方式，取得了很好的效果。虽然我行有强大的客户基础，但年金事关养老钱，客户非常谨慎，最终赢得客户的还是要依靠专业能力、服务方案。因此，构建各层级的专业团队和分层营销体系，是年金业务高质量发展的保障。总行正在编制相关规划，分行也要不等不靠，建设好专业人才队伍，主动联动总行相关部门，共同把这项工作做好。

要充分发挥考核的指挥棒作用，建立联动考核机制，提高各部门协同营销年金业务的积极性。要依托公司、机构等部门与客户日常接触较多的优势，找准营销敲门砖，提高营销成效。

要坚持以服务促营销，以效率、效益、满意度为导向，用好金融科技手段，不断提高运营服务数字化、智能化水平，进一步推动运营质效迈上新台阶。对企业年金客户的回访频次、质量要保证，服务沟通要有效，需求反馈要及时，客户体验要提高。要以服务的好口碑打造优质品牌，夯实市场领先地位。客户对创新、数字化和高科技的要求持续提升，有的大型客户非常关注年金客户端、个人是否能随时查询年金、企业是否能随时看到收益和掌握年金运行情况等。有的大型客户还关注如何通过养老金业务牵头联动相关部门，多做金融产品和服务的创新。因此，服务是最核心的竞争力。总行养老金部要牵好头，各分行要及时了解客户的痛点和需求，持续做好服务工作。

最后，我再强调一下内控案防工作。企业年金是参与职工的养老钱，具有社会关注度高、影响涉及面广、规模扩张快、参与合作机构多、业务流程复杂的特点，有着与传统银行业务不同的风险表现。目前，国家人社部对年金运营的监管重点已向“促合规”转变。作为国有大行，我们要始终坚持稳健规范经营，严守第一道防线，树牢红线意识和底线思维。要及时响应年金客户，尤其是个人年金客户的业务诉求，将声誉风险隐患消除在萌芽状态。要保持对业务快速发展背后逻辑的敏感性，管住人，关注看似合理但不规范的行为，防范操作风险。要重点防范和排查年金业务与同业机构、客户、外聘机构往来中可能出现的不当行为，防范道德风险。近期疫情有所反复，各分行要做好疫情防控，提前预判规划，防范因业务操作不当而产生的各类运营风险。

企业年金业务前景广阔，大有可为，但市场竞争如逆水行舟，不进则退。希望大家认清形势，继续发扬敢打敢拼、奋发有为的精神，始终保持爬坡过坎、攻坚克难的勇气，努力做好企业年金营销工作，为全行经营转型和改革发展作出新的更大贡献。

在全行退役优待证工作部署动员会上的讲话

熊　燕

（2021年12月8日）

刚才，河北、吉林和云南三家分行针对优待证试点工作进行了很好的发言。在退役军人服务领域，很多分行都开展了卓有成效的工作，形成了很多可借鉴的经验和做法。稍后，郑国雨副行长将就优待证工作进行总体部署。这里，我重点围绕进一步抢抓政策机遇、深化GBC联动、推动与退役军人事务系统的全面合作，谈几点意见。

一、全力把握新的政策机遇，抢占新的业务高地

工商银行是具有红色基因和拥军优属光荣传统的国有大型商业银行，是军队金融服务的主办银行。长期以来，我行在军队和现役军人服务领域的优势明显，但在退役军人服务领域上基本是空白。2018年国家实施机

构改革，组建退役军人事务部，为我行将军队和现役军人服务优势延伸到退役军人服务领域提供了政策机遇。经过不懈努力，我行抓住机遇，抢先同业成功拿到了退役部顶点账户，深度参与了退役部退役军人服务体系信息化系统的顶层设计，奠定了“总对总”合作的基础。全行各级机构加强与退役军人事务系统的对接，先后与×多家退役厅（局）及下属机构签订合作协议，建立业务往来，新增机构账户超过×户，打开了合作局面。

此次退役部正式向退役军人、其他优抚对象发放优待证，退役军人服务市场将重新洗牌。对我行来说，这是一次新的政策机遇。全行上下务必要把握好这次机遇，抢占新的业务高地。

二、把握源头优势，助力第一个人金融银行战略深化

退役军人事务部自成立以来，一直在筹划推出全国统一的退役军人身份标识。2020年国家正式颁布《退役军人保障法》，以法律形式明确了优待证的法定地位。总行高度重视退役军人服务领域改革，密切关注相关改革进展。优待证工作启动后，行领导第一时间拜访对接有关部门，开展高层营销，抢先同业介入，取得先发优势。

总行机构、个金和科技等部门密切联动，贴身营销，全程参与了优待证载体选型、标准制定、卡面设计、方案制订等顶层设计工作，提供工行方案，展现工行优势，获得了退役部的高度认可。

今年优待证试点阶段，总行联动7个试点地区所在分行，因地制宜开展营销，取得积极成效；其中，云南分行制发了全国首张试点优待证。经过试点，退役部决定选择工商银行等银行作为首批合作银行。获得首批合作银行资格这个源头优势和先发优势来之不易，全行要倍加珍惜。要抢先营销，抓住优待证全国推广窗口期，全力争取我行优待证发卡数量和市场份额，助力第一个人金融银行战略深化。

三、坚持GBC联动，发挥整体合力，把与退役军人事务系统的合作推向深入

当前，优待证试点阶段已结束。据了解，本月退役部将向全社会宣布启动优待证制发。在此，针对退役军人服务领域的营销联动，我再强调几点工作要求。

一是高度重视优待证制发工作。党中央高度重视退役军人工作。优待证虽然只是一张小卡片，但它集中体现了党中央和全社会对退役军人的关心关怀。工商银行具有深厚的红色基因，始终把服务军队、服务官兵作为职责所在。作为服务军队和现役军人的主办银行，我们也一定要争取成为服务退役军人的主办银行。全行要传承红色基因，强化政治意识和大局观念，全力以赴做好优待证营销和退役军人领域服务，不断巩固提升我行在军队和现役军人服务领域的竞争优势和领先地位。

二是再接再厉，抓紧对接营销各省退役厅（局），确保入围省级名单。据了解，各省退役厅（局）将遴选不少于2家银行在省内开展合作。因此，我们的营销工作刚刚完成了一半，后续的重点是抓好与各省退役厅（局）的对接营销。全行机构条线要继续牵好头，密切关注各省退役厅（局）遴选合作银行动向，联动个金、银行卡、运管等条线做好上门营销，确保100%入围各省的合作名单。各条线要紧密协作，务必要打赢这场攻坚战。

三是深化GBC联动，推动与退役军人事务系统的全面合作。退役军人服务是典型的GBC场景，涉及G端退役军人事务部门、B端各类合作机构和C端近×万退役军人、其他优抚对象。要发挥我行综合优势，以智慧优抚平台和优待证为切入点，实现退役军人与现役军人个人金融服务的无缝衔接。要将现役军人服务领域优先优惠权益延续至退役军人服务领域，向退役军人提供创业贷、消费贷、住房贷、信用卡、理财等产品和服务，做好军人的全周期服务。要切实做好退役军人服务领域GBC场景建设，实现“煲汤式”营销，推动资金承接和织网补网工作，为全行高质量发展作出更大贡献。

提高全面风险管控能力和水平 推动资产托管业务高质量发展

——在加强资产托管业务全面风险管控专题会上的讲话

熊　燕

（2021年12月24日）

今天，我们召开加强资产托管业务全面风险管控专题会，主要目的是落实总行党委近期对全行风险管控的要求，筑牢资产托管业务风险底线，提高履职与服务水平，推动业务高质量发展。

刚才，6家分行和总行风险管理部都作了很好的发言。6家分行在托管业务风险防控方面，有很多值得全行借鉴的做法，同时提出了相应的诉求。总行风险管理部也针对托管业务风险管理提出了五个方面的建议。会后，希望总行资产托管部推广先进经验，研究落实好6家分行和总行风险管理部的诉求建议。下面，我再谈几点意见。

一、资产托管业务风险管理工作取得积极成效

今年以来，在总行党委的正确领导下，托管条线扎实推进托管业务“全行办、重点办、集中办”战略，始终将风险防范作为首要任务，在经营发展和风险管理上取得积极成效。截至目前，全行托管业务规模近22万亿元，继续保持行业首位；预计全年实现托管业务总收入170亿元，托管手续费收入85亿元，基本完成任务目标，同比增幅超20%；托管存款日均余额7 500亿元，对全行稳存增存起到重要作用。

上述成绩的取得，离不开风险管理工作的有力保障。今年以来，托管条线多措并举，有序推进风险管理各项工作，特别是在营运相对集中和服务联动上，花了大量功夫。一是健全风控体系。总行印发《资产托管业务全面风险管理办法》，针对20项托管产品制定营运手册，基本建立“全面覆盖、分类控制”的工作规则，初步形成“总分行联动、各条线协同”的风险防控工作体系。二是强化风控理念。总行通过召开资产托管业务风险防控工作会议，开展风险管理专题培训，基本保证每周一训，在培训新产品新业务知识的同时，通过对产品、流程、操作风险的把控，推动托管条线提升风险意识，守住风险底线。三是优化风控系统。持续升级智慧托管营运平台，设计新一代全面风险管理系统，投产债权类资产风控系统，通过科技赋能，实现风险控制的系统化、自动化和全覆盖。四是建设风控队伍。近年来总分行不断加大投入，充实风控岗位人员，组建了规模近50人的专职风险管理队伍，建立了线上、线下培训体系，团队素质不断提升。五是完善灾备体系。为应对疫情、突发自然灾害，总行资产托管部成立应急管理专班，与今天参会的6家分行开展了异地承接应急演练，完善了灾备体系，提高了连续营运能力，取得了很好效果。

总行和今天参会的6家分行是托管业务经营发展的主力军。从经营数据来看，6家分行的托管营运规模占全行的93%，托管组合数占全行的82%。大家在风险防控上下了很大力气，为托管业务高质量发展贡献了重要力量，打下了坚实基础，成绩值得肯定。在此，我谨代表管理层，向大家表示感谢！

二、资产托管业务风险管理工作面临新的挑战

近期，托管业务在运作过程中发生了个别风险事件，监管机构在检查中也指出了我行托管业务存在的一些问题。中收业务不只有操作风险，背后还潜藏着市场风险和信用风险。监管提出的问题值得深思，需要我们审视新形势、研究新问题、分析新挑战。

从宏观政策看，党的十九大把防范化解重大风险作为三大攻坚战之一，而防范化解重大金融风险更是重中之重；资管新规明确了大资管行业的全托管、强托管政策和监管要求；近期银保监会拟订托管业务监督管理办法，对托管业务风险防控提出了更高要求。严防外部风险借助新兴业务渗透到托管机构内部，为托管业务的监管提出了新的课题。近两年国内外形势复杂，在构建以国内大循环为主体、国内国际双循环相互促进的新发展格局过程中，资本市场的发展与对外开放是坚定不移的目标。为保障发展大局，监管部门出台了很多新的监管政策，将风险管控提高到了更为重要的位置。托管机构作为金融基础设施，要提升履职能力、风险识别防控能力，做到履职尽责。这不仅关系到维护国家金融安全，也关系到监管政策的落地实施。为此，我们需要高度重视，胸怀“国之大者”，确保托管业务合规运行，为防范化解重大金融风险、维护金融安全作出贡献。

从金融市场看，托管业务风险管理是金融市场运行的基石。以托管资金清算为例，一笔托管业务清算，关联资本市场内三倍金额的资金交收。一旦托管清算失败，将导致整个资金链条中断。因此，我们应当充分认识到，托管业务平稳营运对金融市场安全运行至关重要。同时，托管业务风险管理也是金融市场创新和对外开放的关键，金融产品的创新、境内资金走出去、境外资金引进来，都需要托管业务做好自身风险防范与运作支持，以保障金融市场活力、金融资产安全。

从全行整体看，托管业务涉及客户、账户、存款、清算等多项基础业务，与多个业务条线都有着较强的关联性，是串联大资管生态圈的重要节点，也是各类资管业务落地的凝聚点。托管业务的风险管控水平直接影响到全行大资管生态圈的安全运行。作为国有大行，我行受到监管机构、客户、同业的广泛关注。托管业务如发生风险，将给我行声誉形象造成严重损害，甚至形成财务风险。

从业务自身看，托管业务风险管理还有待加强。在风险管理意识上，托管条线尚未完全树立全面风险管理理念，仍存在“托管业务低风险”的旧观念，风险管理主体责任有待进一步强化。在制度流程上，需要将全流程的风险点梳理清晰，建立全行统一的托管业务风险管理体系，通过制度、流程、系统等方式加以规范和管理。在团队建设上，托管业务专业性强，部分分行资产托管部门或是没有设置风险管理专业岗位，或是人员培训不足，专业素质和风控水平跟不上业务发展的需要，各道防线的风控水平有待提高。

三、扎实做好下一阶段托管业务风险管理工作

全行新规划对托管业务作出了“建设国际一流托管银行”的战略部署。落实好这一战略部署，托管条线风险管理工作要坚持高标准定位、高质量推进；专业导向上要树立行业标杆，业务管理上要打造合规模范，基础管理上要高质量成体系，机制建设上要高效率可实施。为此，我们要不断提高认识、强化责任、锤炼能力、优化机制，把风险管理各项工作做深做细。

（一）提高政治站位，树立大局观念。防控金融风险是金融工作“三大任务”之一。刚刚结束的中央经济工作会议再次强调，要正确认识和把握防范化解重大风险。作为国有大行，我们必须进一步提高政治站位，不断增强政治判断力、政治领悟力、政治执行力，既要服务大局，发挥托管机制防范金融风险的作用；又要勇于担当，扎实做好托管业务自身的风险防范。在具体工作中，我们要坚决贯彻总行党委“48 字”工作思路，运用“三比三看三提高”工作方法，坚持“风控强基”工作思路，主动适应托管业务风险的新特点、新变化，建立健全托管业务风险治理模式，推动托管业务稳健发展。

（二）强化全面风险管理，坚守风险底线。要强化风险管理意识，全面认识托管业务面临的操作风险、声誉风险、合规风险、信用风险、市场风险，时刻绷紧风险防控这根弦。要主动融入全行全面风险管理体系，健全托管业务风险防控体系。总行资产托管部要压实主体责任，守好托管风控的第一道防线。各条线、各级行要不断增强风险管理的主动性和协同性，强化信息共享与系统支持，做好托管业务风险的识别、计量、评估、监测、报告。

（三）完善风险管理机制，健全风险管理系统。要坚持管住人、管住钱、管好防线、管好底线“四管齐下”，持续构建风险管理长效机制。总行资产托管部一方面要做好风险管理的顶层设计，建立统一的制度办法、操作流程、岗位职责、风控指标，形成完备的考核评价体系和责任认定、问题整改机制；另一方面要积极做好监管沟通，建立定期汇报机制，把握监管导向，确保各项法规政策落实到位。各分行要严格遵守制度办法，执行操作流程，规范业务流程，设置风险岗位，配备必要的专职风控人员；将风险管理的制度、规则、要求传导到基层行，形成齐抓共管、履责控险、严实高效的风控工作新格局。在系统建设上，要加快建设新一代托管业务全面风险管理系统，借助科技手段，通过模型实时监控风险；要发挥集团内控合规管理平台、反洗钱监控平台、违约风险智能识别系统等系统平台的作用，形成各部门密切配合的合力，提高托管条线风控工作质效。

（四）坚持问题导向，抓好重点领域风险防控。针对近期托管业务风险特点和趋势，一要有效防控合规风险，加强客户与业务准入管理，把好关，从源头阻断风险；要开展全过程风险监测，关注客户、产品、项目运转情况，守好门，防范外部风险渗透。二要有效防控操作风险，健全风险管理规章制度，完善营运手册，提高风控人员专业素质，提升业务处理系统直通率。三要研究并逐步建立相对集中的营运体系，在总行和重点分部之间建立互为灾备机制，保障业务连续营运。四要做实各类产品、客户的洗钱风险等级评估，实施高风险管控策略，用好KYC、涉敏名单筛查等反洗钱工具，提高反洗钱监测、分析、处理能力。

同志们，2021 年已进入收官阶段，在座的 6 家分行在全行资产托管业务中发挥着重要作用，要确保完成全年任务，并在做好风险管控的基础上，不唯指标，多作贡献，积极推动托管业务高质量发展，以优异成绩迎接党的二十大胜利召开！

在全行储蓄存款工作推动会上的讲话

宋建华

（2021 年 1 月 13 日）

2020 年，在总行党委的坚强领导下，在全行上下的共同努力下，个金业务经营取得较好成绩，储蓄存款圆满完成总行党委确定的任务计划。2021 年，全行要围绕全面打造“第一个人金融银行”战略，认真落实陈董事长对高质量发展存款的指示要求，以实现增量“双第一”为核心目标，按照符合监管要求、量价协调、控制成本、抓好 GBC 联动、打好客户基础等部署，全面推动储蓄存款走上高质量发展道路。为抢抓时机实现旺季营销开门红，新年伊始我们召开这次专题会议，主要任务就是统一思想，坚定信心，坚决打赢储蓄存款

旺季营销攻坚战和高质量发展持久战。下面，我讲五点意见。

一、个金业务实现圆满收官，储蓄存款增量再创历史新高

2020 年，全行个金条线克服新冠肺炎疫情影响，顶住市场压力，取得了比较圆满的经营业绩。一是个人贷款和按揭贷款增量继续保持同业“双第一”。财会口径中收自 2016 年以来首次实现同业第一。二是零售板块营业贡献在全行的占比达到了 48.86%，近四年提升了 10 个百分点。三是个贷资产质量经受住了经济下行和疫情冲击，持续保持优良稳定。四是全量个人客户较年初净增 3 024 万户，大幅领先同业，实现了四行第一，金融资产 5 万元以上的客户净增超过 200 万户，创近 3 年的新高。

在这里重点说一说储蓄存款及金融资产。储蓄存款余额突破 11 万亿元，达到 11.31 万亿元。2018 年到 2020 年每年增量迈上 1 万亿元台阶。储蓄存款增长创历史新高，在一般性存款增量中占比超过 6 成，储蓄存款压舱石的作用进一步凸显。个人客户金融资产加速扩容，规模近 16 万亿元，新增 1.42 万亿元，同比多增 3 707亿元。同时，四项主动负债（保本理财、结构性存款、创新产品、大额存单）压降超万亿元，在储蓄存款余额中占比较年初下降 12.46 个百分点，储蓄存款结构不断优化。储蓄存款规模赶超农行速度加快，全年储蓄存款追赶农行 2 565 亿元，余额差距由最高14 054 亿元缩小至 7 082 亿元，为打造第一个人金融银行作出应有贡献。在此，对全行干部员工的辛勤付出表示感谢。

同时我们也要清醒地认识到，全行储蓄存款发展中仍然有许多不足，突出表现在我行增长速度不如建行。虽然有竞争策略和产品投放节奏上存在差异的客观因素，但是也有部分行面对产品资源约束，出现了思想上的滑坡，没有正确理解压降付息、控制大额存单规模和储蓄存款发展的关系，没有坚定地把存款竞争力作为最核心的目标和任务等原因。

二、深刻领会储蓄存款战略意义，坚定重夺第一储蓄银行的信心

储蓄业务是工商银行的本源业务，储蓄存款是第一个人金融银行战略的核心指标，也是同业竞争的标志性指标。2021 年，全行要继续高标定位，根据增量“双第一”的目标，奋勇拼搏，砥砺前行，加快缩小与可比同业差距。这既是总行党委的要求，也是全行的使命担当，在任何时候都不能动摇。

（一）全面把握好当前储蓄存款发展重大机遇。从当前及未来一个时期内外部经济形势来看，商业银行的个人负债业务尤其是储蓄存款依然处于关键的发展机遇期。从宏观经济看，中国经济疫后复苏、消费加速修复，预计 2021 年社会消费品零售总额、城镇居民可支配收入将好于去年，居民可供储蓄和投资的资金更加充沛。从货币政策看，中央经济工作会议明确继续实施积极的财政政策和稳健的货币政策，强调政策操作上要更加精准有效，不急转弯，把握好政策时效。预计今年 M2 和社融增速会与去年保持相当水平，全社会资金面较为宽裕，储蓄存款的市场增量来源仍然是广阔的。从资金流向看，社会资金向商业银行特别是大行回流的趋势更为明显。加大互联网金融平台治理、出台网络小贷新规、规范通过互联网开展个人存款业务等监管政策的实施，将促进市场揽储行为的进一步规范。同时，资管新规过渡期将于今年年底到期，传统理财必须实现新规转型，大量稳健、保守型的个人客户资金将加速回归表内。综合以上因素，总体而言社会资金呈现出回流银行、回流大行、回流表内的大趋势，这就要求我们必须顺势而为、有所作为，抢抓发展机遇期，加大争揽和稳存力度，推动储蓄存款加速发展。

（二）全力发挥储蓄业务在集团发展中的基石作用。总行党委提出，全力提升储蓄存款市场竞争力，全面打造第一个人金融银行。这是在深入分析我行经营发展实际、深刻洞察社会资金流转规律的基础上，面向未来提出的重大决策部署，既是对个人金融专业提出的更高要求，更是赋予的更大使命。近年来储蓄存款在全行一般性存款中的占比持续提升，2019 年、2020 年增量在一般性存款增量中的占比分别达到 68.28%、60.08%，日均增量占比分别为 62.44%、63.23%，储蓄存款已经成为全行最主要的负债来源，对全行存款增长起到了决定性的作用。储蓄存款也是金融资产的核心，是各类金融资产的源头，尤其在当前资管新政持续推进，客户回归、资金回流、资产回表的大趋势下，储蓄业务至关重要，不仅承接了部分资管新政推进后表外回流资金，更是全行发展中间业务的重要基础，是基金、保险、理财销售的资金来源。同时，储蓄存款创造较高的营业贡献，即使 2020 年我行活期创新产品仍处于压降过程中，全行储蓄存款营业贡献也达到 1 194 亿元，同比多增 96.87 亿元，在零售板块营业贡献占比达到 44.91%。从各行情况来看，个金专业尤其是储蓄存款业务对各行利润增长也起到了支撑性作用。因此，储蓄业务在全行的经营发展中都处于至关重要的核心地位，在工商银行建设国际一流的现代金融企业的征程上必须承担更重的责任、发挥更大的作用。

（三）坚定不移走储蓄业务高质量发展道路。面对新时代的新要求，我们必须要研究新规律、探索新路径、打开新局面，就储蓄存款而言就是要加快推进高质量发展和智慧化转型。一方面，要承认我行储蓄业务对外仍然是追赶者，对内则依然是短板和弱项，要向我行机构金融、公司金融这样的长板、优势及代表性业务看

齐。这个基本定位也就决定了我们还是需要阶段性的付出一定成本，以弥补我行在源头资金方面的不足，适时、适度采取一定的积极主动竞争策略和战术，强力拉升市场竞争力，才有可能实现“弯道超车”。全行要进一步统一思想认识，对于需要补短板的储蓄存款业务，现阶段仍需要全行加大投入、给予扶持。2020 年第二季度开始，总行在付息管控上作出了一些策略选择，放缓了优势产品的投放量，但这是一种阶段性的平衡措施，这并不意味着总行争夺第一储蓄存款银行的战略决心有丝毫动摇。我们在整体产品策略上，将不会弱于同业。希望各部门进一步看清基本面，向储蓄存款业务倾斜产品资源，在利率政策上要适度支撑储蓄存款增长的节奏，特别是旺季产品定价策略要充分考虑这些因素。另一方面，全行必须加快练好内功、下好苦功、做好细功，尽快摆脱原有的简单、单纯依赖高成本产品进行外延式、粗放式的储蓄存款增长模式，加快向以注重客户基础、拓展资金源头和强化量价协调的内涵式发展模式转型，提高产品资源精细管理，提升基础存款、日均存款、低成本存款经营能力，进一步强化以效益为导向的差异化考核导向和激励机制建设，进一步强化集团 GBC 三端联动和融合，补短板、强弱项，加快建设集团对公对私、表内表外、境内境外、存贷联动的资金闭环格局。

三、固本强基，持续提升储蓄存款市场竞争能力

储蓄存款是零售业务经营的结果性指标，是各项“获客吸金”营销行动效果的最终体现。各行要全方位推进源头资金争揽和全量客户维护，做好各类资金管理和产品创新，聚焦重点区域业务突破，不断提升储蓄存款市场竞争力。

（一）抓好源头资金。源头客户及源头资金是储蓄存款竞争力提升的重中之重。只要把源头资金抓起来，就可以从根本上超越竞争对手。这部分业务多年来都是我行的短板，集中体现在常年除夕前 10 天我行储蓄存款增量被同业拉开巨大差距。

一是代发客户和资金。2020 年，全行代发工资总额达到 × × 万亿元，较同期多增 × × 亿元，增幅 × ×%。2021 年要继续加快代发规模提升，争取年代发资金达到 × × 万亿元，这是综合考虑历史代发规律和去年疫情影响提出的高标准要求。各行在春节前后要摸清单位资金安排和时间节奏，确保开年前 2 个月代发资金入账超 × × 亿元，第一季度代发资金要达到 × × 亿元。代发业务考核上，总行已将代发资金指标纳入境内分行绩效考评体系及个金、公司、机构、结现等部室考核评价体系，各行要比照总行落实代发业务考核评价。代发业务经营上，全行要加快客群化经营，聚焦我行信贷融资政策支持行业和重点机关事业单位，加快代发客户和资金双增长。

另外，我在这里强调一下 GBC 联动。前期，总行下发了 GBC 工作方案，确定了 37 个场景。各行要对照其中资金流向 C 端的重点场景，“按图索骥、对号落实”，逐一细化形成可落地、可执行的具体项目，跨专业建立柔性团队，强化重点项目直营能力。各行要明确 GBC 联动项目的评价标准，算好综合账，着重提升代发渗透指标在项目评价中权重，压实公私联动源头资金的营销职责，探索建立行内资金承接转化指标，确立 GBC“三端账户”、GB 到 C“两大资金流”全流程、一体化监测评价体系，避免出现 GBC 放任自流的状况。代发工资是 GBC 联动的核心指标，是第一个人金融银行战略在全行公司和机构条线落地的重要体现。

二是社保客户和资金。2020 年全行开展了社保养老代发攻坚战，全年社保卡内存款新增 × × 亿元，同比多增 × × 亿元，增幅高达 × ×%。近期各项惠及民生的政策频出。各行要久久为功推进社保代发类资金的争揽。坚定做好社保卡养老代发拓展。加强与各级人社部门沟通营销，做好“有卡有金”“有卡无金”“有金无卡”和准养老代发四类客户的识别、营销、拓展和养老代发资金承接，将市场份额再提升一个台阶。坚定推进惠民惠农资金代发拓展。去年 12 月，财政部印发了《关于进一步加强惠民惠农财政补贴资金“一卡通”管理的指导意见》。目前，全国 24 个省启动跨部门惠民惠农资金入社保卡，这是我行一次换道超车争揽源头资金的绝佳良机。各行要主动对接地方政府部门，参与各省统一补贴资金发放平台建设，确保从 G 端源头切入，资金在 GBC 三端闭环流动。各行分管行长要直接向“一把手”汇报，了解并尽快参与到当地惠民资金发放平台建设中，紧抓扩大存款源头的有利时机。

三是商户客户和资金。2020 年，中央出台了系列优惠政策，积极支持地摊经济、小店经济发展，全行也克服疫情影响，大力拓展商户市场，商户客群储蓄存款净增 × × 亿元。每年第一季度是商户资金的旺季，全行要确保 3 月末商户客户储蓄存款净增 × × 亿元。各行要快速掀起营销高潮，个金、银行卡专业迅速行动起来，周密部署商户外拓营销工作。不仅要着力抓大型、连锁类商户，也要部署网点开展网格化外拓营销，发挥 e 支付收款产品优势，快速拓户或引导商户自助注册。培育深耕商友客群，以批发类客户为主体、商品交易市场为阵地，辐射深耕零售及服务、网商、创业者等子客群，研究分析网红直播带货等新型经济。同时，也要充分发挥业务优势，依托 e 支付等产品，把握支付交易通道、资金流转路径。优化提升融资服务水平，加大资产质押贷款、房屋抵押消费与经营组合贷款、融 e 借等营销力度。商户资金是沉淀在个人借记卡上的周转性经营资金，市场规模巨大。2021 年，全行要进一步细化营销任务，将营销触角延伸至依托个人账户进行资金归集的

工商企业，持续加大商户市场扩展力度。

（二）强化资金管理。储蓄存款是资金流动的沉淀，全行要加强资金流向监测，围绕增存做好资金节流和承接。

一是规范资金通道管理。各行要继续对辖内金融机构定期开展跨行账户鉴权及资金扣划监测，规范管理我行资金无序外流通道。具体实施中对“资金外流”应有全面认识，不仅是做好柜面渠道大额提现、转账客户的挽留，也要对客户在电子银行渠道发起的转账汇款、资金归集等业务，加强识别引导与产品推介。个金部和网金部要尽快制订资金归集功能推动方案，各行也要积极组织功能推广，把这个通道打造成揽储吸金的有力抓手。除此之外，还存在大量的第三方平台和应用，通过形形色色的通道接入客户的账户，造成了账户资金蓄水池的“漏损”，这些通道也要及时监测、坚决关闸。个金部要按季监测这些资金外流通道，发现不合规的一律关停。

二是提升房贷客户存款贡献。深耕房贷客户负债业务，以存续期还款账户资金留存、房产交易及贷款资金监管为抓手，争揽和留存低成本资金。我行存量房贷客户近××万户，每月还本付息收回资金近××亿元，重点是分析客户还款资金来源，定位他行转入还款客户，并开展针对性争揽营销，提升客户存续期负债业务贡献。同时，要以房管家资金监管账户产品为核心，挖潜住房贷款全流程资金。2020 年房管家账户累计完成资金监管××亿元，这些都是低成本活期资金。当前房管家 2.0 版、贷款资金监管功能均已投产，各行要积极试点推广房管家账户新功能，力争旺季见到成效。

三是承接理财转型回流资金。2021 年是资管新规过渡期的最后一年，商业银行必须完成传统理财产品结构调整。同时，银保监会正在征求理财销售管理办法意见，规范理财子公司代销机构范围。全行要把握机遇，从两个方向做好资金部署。一方面，掌握传统产品转型计划，做到资金全承接。2021 年全行提前到期终止的传统理财产品规模近 6 000 亿元，对于风险承受能力较高的客户，推荐新规理财产品承接；对于稳健、保守型客户，要利用表内产品做好客户资金配置。另一方面，把握代销机构规范契机，做好外部资金引流。未来互联网及 P2P 平台将不得继续销售理财产品，这部分资金将会重回银行体系。各行要提升市场敏感度，提前布局和研究，做好外部资金引流，做大金融资产，扩展储蓄存款“蓄水池”。

（三）做好全量客户维护。2021 年，全行要继续做好全量客户维护，加大旺季期间客户维护力度，全力推动客户金融资产总量再上新台阶。

一是构建新型客户维护服务体系。总行将以金融资产为核心，加快推出全新的客户星级标准，构建客户星级为基础的差异化权益配置体系。全行零售相关部门要在产品设计、优惠策略、渠道建设、权益配置中强化应用，发挥星级对个人客户结构优化的引导作用。

二是持续推进全量客户分层维护工作。旺季期间，要发挥客户经理服务团队、网点阵地和远程银行中心作用，通过多种形式开展客户新春慰问，提升管户客户熟识度。借助智慧大脑，为客户制订“千人千面”的服务方案，推动客户结构优化和资产提级。另外，各行要全力推广全员营销平台，依托强大的员工资源，发挥员工和客户经理双重角色，通过全行员工不断提高产品触达能力和覆盖范围。

三是积极开展积分回馈活动。总行已经启动“财富同行　好礼相伴”积分回馈活动，配置专项营销费用，比照可比同业加大积分奖励，其中金融资产提级回馈奖励价值 50～300 元的积分。各行要周密部署营销活动，发挥营销资源四两拨千斤的作用。

（四）强化产品创新和营销。随着监管政策变化，要强化金融科技赋能，在“存款＋”模式和营销服务手段上加强创新。

一是丰富“存款＋”产品创新。不再简单在利率上做文章，更要在产品期限、服务、权益上下功夫。2020 年我行首推大额存单＋转让服务，各行把握产品首发窗口期，积极销售中短期产品，不仅满足客户急需用款的需求，也优化了我行大额存单结构分布。另外与客户生活场景结合的工囍存单、紧扣红色金融的主题存单都受到了市场欢迎，这些特色存单主打的是情怀和情感因素，而不是利率价格因素。2021 年，要继续坚持“存款＋”内涵式创新思路，围绕客群行为特点开展产品创新，发挥存款产品与支付结算、日常缴费、贷款还款等资金场景的融合作用，争揽低成本资金。总行将于 1 月下旬启动以“工迎新春”为主题的牛年贺岁纪念币预约发行，这是人民银行普制币市场化改革的新尝试。在可比同业中，我行独家发行。总行还将配套牛年贺岁纪念借记卡。各行要把握契机，与增存揽储工作结合，发挥存款＋纪念币组合优势，努力实现获客吸金。各行也要拓宽思路，打出营销组合拳，善于利用多种资源推动储蓄存款增长。

二是创新营销服务手段。在强化存款产品创新的同时，全行营销人员也要学会分析客户资金需求特点和心理因素，创新营销服务手段，实现产品与需求的精准匹配。各行要继续加强营销思路传导，按照“资金背后是客户，客户背后是需求”业务逻辑，结合实际深入研究客群需求，解决客户资金流转和配置中具体需求，从而找到争揽、沉淀、节流客户资金的有利机会。同时，要善于利用“田忌赛马”的思维营销产品，发挥我行产品的优势，善于营销与包装，从而赢得客户与资金。充分利用我行发行中短期可转让大额存单的优势，去应对“提前支取按活期计息”长期限产品的竞争，满足客户急需用款的需求点。

三是加大科技赋能力度。深化对金融科技的认识，坚持数字化经营，推进经营智慧化转型，提高客户体验。更加便捷，把负债业务经营能力延伸至线上，提升客户体验，建立线上线下吸金双重机制。比如e钱包经过两三年的发展，客户接近××户，Ⅱ类户下的储蓄存款超过××亿元，各行要进一步研究e钱包吸金功能，将其发展为拓客增存的新利器。更加精准，利用金融科技与大数据，将优势产品真正投向双新客户、吸引他行主账户资金，专属产品切实投向重点客群。更加贴心，利用科技赋能实现更加全面的服务，支持更多“存款+”创新模式，让客户真正感受到贴心和放心。更加智慧，旺季开始，总行在智慧大脑部署了存款争霸赛六大行动方案，运用数字化经营方式积极探索旺季营销新模式。客户经理要把智慧大脑平台运用能力转化为战斗力与生产力，管理人员也要掌握行动效果、开展督导，切实推动储蓄存款增长。

（五）推进重点区域存款发展。在对标市场最强对手时，全行要坚持“优势更优、补足短板”的区域发展策略，确保直辖市分行、直属分行、省会城市行储蓄存款增量占比高于余额占比，同业排名保二争一；重点二级分行存量排名争先进位；同时要着重推进县域支行和“两极行”发展。

一是加快推动县域支行发展。各行要认真分析、持续提升县域支行贡献度，尽力遏制300家重点县域支行贡献度下降趋势，确保重点县域支行增速显著高于县域平均水平。要加快新业务推广，加速新版乡村福农卡的推广应用，扩大县域手机银行美好家园版的覆盖率，加大“幸福存款、幸福理财”产品宣传推动力度，加快探索工银e钱包服务“三农”新模式。要聚焦新源头资金，抓住惠民惠农财政补贴资金强化管理的机遇，积极争取我行代发机会。各行机构部和个金部要积极推广“工农e家”平台，高度重视征地补偿项目营销。要优化县域市场拓展渠道，坚持推进县域网点优化迁建与改造，注重提升县城核心区域网点经营质效；探索与县域供销站点等第三方机构门店的合作。相关部门要研究借鉴同业经验，寻找我行深入乡镇的模式。要加大对县域的资源投入。资源要优先向300家重点县支行倾斜，确保县域资源投入高于储蓄存款贡献占比。总的来看，全行仍需要持续探索县域经营的新路径，尽快形成一条有效拓展县域市场的新模式。

二是尽快实现“两极行”发展突破。一些二级分行，包括省会城市行，可以说是“储蓄资源极为丰富、同业差距极为显著”的“两极行”。佛山、温州、苏州、无锡、长沙、临沂等分行2020年9月末储蓄存款余额与同业第一的差距均超过500亿元。针对“两极行”的状况，深改办、个金部、财会部、资负部和信管部要打破框架，力争在考核评价、资源配置、产品创新等方面制定具有突破性的制度框架，激发“两极行”发展活力。各行也要针对辖内“两极行”，积极行动起来，靶向定位、精准施策，激活“两极行”发展的内在动力。

四、强化效益管理，强力推进储蓄存款量价协调

近年来，我们储蓄存款市场竞争力不断提升，但是付息成本出现了一些阶段性变化。2018年、2019年我行增量“双第一”，付息率增幅小于农行、建行。2020年，受活创产品影响，第一季度付息率增幅高于同业，第二到第四季度我行付息维持稳定，同业均上涨，建行、农行上涨6个基点和4个基点。三年总体看，我行付息率上涨28个基点，建行上涨34个基点，付息差距收缩了6个基点。2021年，我们不仅要实现增量“双第一”，也要把握创新产品清零的有利时机，有效降低付息水平，实现储蓄存款的高质量发展。

（一）强化以效益为导向考核机制。当前，我们要尽快改变简单、过度依赖优势产品的发展路径，重点解决好“存量转化”问题。一方面，总行将在个金板块市场竞争力综合评价中加大储蓄存款差异化考核比例，提高活期存款和中短期定期存款增量权重，对长期限、高上浮定期存款增量进行打折考核。全行要通过差异化考核更加科学、全面地评价储蓄存款发展，在做大储蓄存款总量的前提下，对期限短、付息低的存款给予更好的评价，体现规模与成本并重考核的思路。各行也要在专业评价中贯彻差异化考核思路，并在旺季和全年营销资源配置方面有所体现。另一方面，全行要着重推进网点和客户经理考核升级，全面纳入客户存款贡献评价，引导全行客户经理量价并举开展营销工作。客户经理是全行增存揽储的重要力量，要尽快改变过去粗放抓储蓄模式，紧绷效益这根弦，树立降成本理念，为储蓄存款高质量发展提供核心和基础动力。要优化考核办法，解决基层行“不重视付息率”的问题，将客户贡献分解到客户维和客户经理管户包内。要借鉴个贷客户经理按揭贷款营销量价并重考核的思路，推动储蓄存款发展保持增量同业第一、付息同业前两位的良好发展格局。各行也要将客户存款贡献纳入客户经理考核，占比不低于总行标准，形成“成本管理越好、绩效工资越高”的考核传导机制，重点分行要先行先试，从体制机制上推进量价协同发展。

（二）提升普通存款产品营销能力。作为储蓄存款追赶者，总行会坚持适度产品投放策略，但各行务必尽快转变营销方式，特别是提升普通存款产品主动营销的意识。首先从优势产品宣传上，应该分类、分阶段采用不同的宣传策略。比如普通短期限大额存单可全年面向全量客户宣传，对于3年期大额存单等最具优势的产品资源，由于额度稀缺，平时阶段不宜面向全量客户宣传，应只对目标客户（新客户、新资金）进行定向宣

传，避免简单存量转化，一旦出现我行客户被挖转时，客户经理再向客户宣传挽留。各行要研究网点产品宣传的方法，全力提高优势资源吸引新资金水平，降低存量转化比例。其次是建立体系化营销方案，通过对比分析、树立典型等方式，引导网点和客户经理加强普通存款产品营销，找到改变简单、粗放营销的具体路径。我提一个具体要求，除了营销活期资金外，各行在营销过程中，要首推1年期定期存款产品，利用“提前支取按活期计息”自律规范，引导客户合理配置资金期限。1年期及以下产品利率即使上浮50%，仍然有至少1%的点差，各行要加大对1年期及以下产品营销的奖励力度，推动员工营销行为的改变。总行优势产品资源的配置也要与短期限存款增长挂钩，推动储蓄存款结构持续优化。

（三）提升负债产品精细化管理水平。2020年，全行在存款利率精细管理上已经进行了定期存款自动约转挂牌利率这样的探索。2021年，要继续在精细管理上想办法、找突破。

一是优势产品实现精准投放。持续优化优势产品投放方式，设计并加大“双新”产品额度投放力度。总行会根据存款贡献、同业竞争、付息排名、市场价格等因素分配优势产品额度，各行也要依此管好、用好额度，避免辖内采取简单抢抓模式，倒逼基层出现“不抢白不抢、不卖白不卖”的想法。

二是规范普通存款分层定价。各行要利用好普通定期存款授权，做好分层定价管理，统筹好分地区和分客群差异化定价，坚决杜绝“一浮到顶”现象。2021年，全行利率管理中将增加长期限新发生比例要素，各行要提前传导、加强部署。

三是发挥利率审批作用。各行要用好利率审批与额度管理系统，结合客户综合贡献、存款贡献等综合情况，把优势价格定向投放给重点客户。

总之，全行要平衡好市场拓展与定价管理的关系，认清储蓄存款作为追赶者基本定位，采取合适的定价策略，不断夯实利率管理基础，腾出空间提升产品竞争力，抢抓新客户和新资金，推动储蓄存款高质量发展。

五、全力以赴确保打赢旺季储蓄存款攻坚战

（一）全力争取旺季增量同业第一。从储蓄存款历史增长规律看，旺季增存是全年储蓄存款工作的关键和基础，特别是除夕前十天，是源头性、批量性资金入账最为集中的阶段，实质比拼的就是各家银行源头资金。这个时段一直是我行的弱项，近三年我行占比逐年递增，但仍有差距。2020年除夕前，我行储蓄存款增量尽管大幅缩小了与农行的差距，但是与建行仍有较大差距。全行必须从改善客户结构入手，抓住客户增长和资金回笼的旺季，改变“我行在下游零散挖转同业上游批量源头资金”的不利局面。

因此，在年末储蓄存款收官之后，全行必须快速转换频道，尽快转向防回撤，并从被动防回撤向主动争存款转变，尽快实现存款扭负为正。2020年年末，全行最后10天储蓄存款增加了××亿元，最后5天增加××亿元，为2020年一般性存款增量超2万亿元作出重要贡献，但也给2021年开年储蓄存款增长造成了较大压力。但从前8天的资金流向情况来看，全行防流失意识很强，各行都在全力稳定客户资金。截至8日，虽然储蓄存款下降了××亿元，但金融资产仅下降××亿元，理财增长××亿元，保险流出××亿元，三方存管流出××亿元；在年前代发集中提前入账的情况下，开年8天时间代发仍流入××亿元，8日当天入账××亿元。从当前情况看，1月7日左右储蓄存款回调已基本到位，之后消费流出、理财起息、股市回暖和爆款基金发行分流的部分资金都是客户资产配置的正常现象。大家要客观认识储蓄存款开年负增的现象。从历史上来看，春节同在2月的2018年，虽然我们开年回调幅度也较大，在2月8日才完全浮出水平，但当年在全行的共同努力下，全行仍取得增量“双第一”的佳绩。所以，我们有信心，只要全行坚持“每天增长一点点”毅力，抓牢源头资金这个“牛鼻子”，必定会打赢这场攻坚战。

全行要发挥GBC联动效用，盘清、部署代发客户的代发安排和进度；了解春节返乡客户需求，有的放矢地加强客户维护和资金留存；同时，在客户服务方式上和增值服务上作出创新，更好地留存和争揽旺季资金。总行希望，各行都要做好旺季储蓄存款增量的跟踪，监测与可比同业的变化情况，力争每年关键时点增量同业占比提高3～5个百分点，今年2月10日要确保实现××亿元、力争实现××亿元的目标。春节前的资金大多都是低成本资金，是活期存款，是待节后进行理财规划的资金，也是我们能够争取更多优势产品的前提。做得好的分行，及时总结经验，持之以恒地做下去；差距扩大分行，要用“三比三看三提升”工作方法，对标同业、兄弟分行，寻找症结，把基础工作做扎实，这样储蓄存款增长才能水到渠成。

（二）加大优势产品资源投入。第一季度要切实加大优势产品资源投入，利用各类负债产品将市场充沛资金稳定在我行。资负部、资管部及工银理财等子公司，要提高产品资源倾斜力度，确保大额存单、定期存款、结构性存款、短期限和低风险级别理财产品的发行情况不弱于可比同业，为获客吸金提供产品支持。在个人大额存单等产品发行上也要根据市场资金规律安排节奏，资负部在额度管理上要有弹性，根据同业发行及竞争情况，允许旺季阶段性“鼓肚子”，后期通过结构优化控制在计划额度内。前段时间，通过市场调研、走访同业，了解到可比同业银行三年期大额存单供给比较充足。对此，资负部、财会部和个金部正在商量对策，研

究加大优势资源的投放力度，确保同业竞争中产品不落下风。但是，我在这里也要再次强调，必须坚决杜绝通过简单抢抓方式分配大额存单，杜绝将大额存单作为普惠产品简单化推销，前期到网点调研就看到大家在广而告之地卖大额存单，这方面大家还是要多研究、多动脑筋。同时，各行要优先使用本行授权范围内的普通定期存款额度，加大旺季期间储蓄定期的投放，要把总行发行优势产品作为资金撬动的抓手，提高吸引新客户和新资金的比例。

（三）加大旺季营销和人力费用投入。在攻克旺季源头资金优势不足难题的同时，也需要我们在储蓄存款增长的另一端发力，依托全行强大的营销能力争揽资金。因此，各行务必强化第一季度资源保障，为营销效能发挥提供坚实后盾。我在旺季营销工作推动会议上也做过提示，这里再次强调，营销费用投入要坚持两个“不低于”原则，即不低于1%比例标准配置旺季专项营销费用、不低于2019—2020年旺季营销费用规模。人力费用要明确奖励标准，按照“谁营销、谁受益”原则及时兑付给基层网点、销售人员和联动部门。各行可以尝试对公司、机构部门设立专项的代发工资激励制度，建立贡献与奖励匹配机制，加大争揽源头客户经理的奖励力度，充分调动积极性，切实把GBC联动落实到人、落实到户，发挥工商银行的对公优势，有效扩大源头性客户和资金，在旺季营销同业竞争中取得主动。

另外，第一季度也是消费的旺季，我在这里再强调一下信用卡消费业务突破提升的问题，主要讲三点意见：

（一）要深刻理解消费对信用卡业务发展的重要意义，集零售条线之全力做大消费额。党的十九届五中全会明确提出，要增强消费对经济发展的基础性作用。当前我国经济稳步复苏，中国成为全球消费复苏最快的国家，众多消费新业态涌现，为居民消费创造了新的市场潜力。同时，金融回归本源、支付回归金融的趋势正在不断形成，未来信用卡消费业务将大有可为。从业务本质上看，信用卡作为信用消费工具，表面功能是支付，背后是透支，但本源是消费。从业务链条上看，消费是信用卡业务的关键一环，对信用卡业务发展具有重要的基础性意义。消费更是分期的基础、中收的来源、活客的证明。信用卡消费不仅是信用卡中收的直接来源，也为消费分期提供了前提和场景，是撬动业务发展和效益增长的杠杆和支点。2020年消费带来的账单分期超过××亿元，消费回佣收入和账单分期收入已占全量信用卡中收的35%。与同业相比，2019年我行信用卡消费额虽曾超越建行、短暂跃居四行第一，但2020年陷入增长乏力状态，与建行比，在规模、结构、收益上都是弱项，做大做优信用卡消费已成为提升市场竞争力的迫切需要。

（二）要高标准实施消费业务两年赶超计划。消费额是衡量一家银行信用卡业务发展水平的核心指标。总行对信用卡业务非常重视，2020年以来给予了大量支持，破除了一系列阻碍信用卡业务发展的体制机制障碍。2020年我行消费额被建行赶超，失去同业第一的位置。全行必须痛定思痛，凝心聚力，潜心经营，力争用两年时间实现消费额的赶超，重新夺回第一信用卡银行的位置。

一是实施消费额赶超“两步走”策略。要实施先增量、后总量的赶超策略，分两步实现消费额这一根本性衡量指标对同业的赶超。2021年全行要确保完成新增消费××亿元的目标，全年消费额达到××亿元；2022年与建行至少持平，力争超越。从2023年开始进一步形成优势并拉开与建行的差距，牢牢占据同业第一的市场位置。

二是推进以客户运营为着力点的消费提升工程。信用卡业务正在加快由“跑马圈地”规模式发展向存量经营高质量发展的转型。如何经营好我行1亿多的信用卡客户，“让每一位工行持卡人更加频繁快乐地用卡”，是我们需要回答好的重大课题，也是打造第一信用卡银行战略的核心任务。从同业情况看，2020年我行1.07亿信用卡客户中消费客户仅3 545万户，而同期建行1.05亿信用卡客户中消费客户超过5 000万户，虽然建行户均消费额与我行持平，但我行总消费额却低于建行。其根本原因就在于他们聚力于客户持续运营，因而形成了活跃客户比我们更多、客户消费参与度比我们更高的良性发展格局。因此，我们要把目光和精力聚焦到客户运营上来，通过深度运营客户，加快提高客户活跃度和消费率，实现消费额的快速提升。也只有通过客户运营，才能从根本上促进消费额的提升、实现对同业的赶超。

三是以系统思维来推进客户运营。客户运营是一项系统工作，需要运用系统思维，需要从消费的痛点、堵点、漏点等统筹入手，需要从促销、积分、权益、额度、服务等环节综合施策，需要从渠道、制度、流程、平台等方面进行系统优化，需要获客、活客、黏客等工作多点发力；需要总分行、GBC、前中后台等全方位协调联动。总的想法是，精准分层、深度运营、系统施策、重点突破。精准分层，就是以客户为中心，综合运用大数据、人工智能等技术，以消费作为客户细分的主要基准，对客群进行识别、画像和分层，聚类形成头部消费客群、低授信消费客群、积分敏感类消费客群、权益服务关注类消费客群、低消费长尾和睡眠客群等五大类客群。深度运营，就是针对这五大类消费客群，以数字化、智能化、生态化等新技术、新思维，紧随客户消费行为发展趋势和消费业态创新升级，组合运用促销、权益、积分、授信、服务等不同策略，对客户进行持续、差异化运营。系统施策，就是要坚持总分行联动、线上和线下双轮驱动。在促销上，要坚持总分行联动，总对总和属地化同开展，刷卡消费和绑卡消费同时促销。在渠道上，要坚持远程银行渠道和物理网点双轮驱动，对长尾客户要充分发挥远程银行渠道的营销服务效能；对高消费额客户，要充分发挥基层网点客户经理、客服经理等的营销维护职能。重点突破，就是要坚持重点论和两点论，实施重点突破、以点带面，一年一个台阶。要坚持短期、中期、长期接续推进，着力当期，着眼未来，既要有立即见效的举措，也要有长期的规划。

（三）扎实推动计划的落地执行。要以当前正在开展的“工迎新春”旺季营销为突破口，全力抢抓旺季市场机遇，赶早、赶快推动消费提升重点工作的落地落实。第一季度全行总体消费额务必突破××亿元，打一个漂亮的翻身仗，开一个亮丽的好彩头，根本扭转消费额下降的不利局面，为消费赶超打下坚实基础。

一是确保属地化促销有声势、有效果。总的要求是各行第一季度要按照全年费用的30%进行促销，确保早行动、早见效。依托GBC联动，总行将推出以中石化、中石油加油站为主体的全国统一加油促销活动，在微信、支付宝等平台的线上促销也将于本周推出。总行将对第一季度促销费用投入大、促销效果好的分行，配套跟投一块总行费用进行重点支持。对总部在当地的全国性项目，可以采取分行投入一块、总行投入一块的联动模式，开展总分行联合促销，形成总分行促销合力。各行要用足、用好总行促销政策，尽快完成项目选取、费用审批、集中采购等工作，确保春节前一批促销项目投入市场。要紧紧围绕“爱购新春”主题开展促销活动，以客户的选择为依据，重点与辖内高消费流量的优质商户开展促销合作。要聚焦“商超、百货、餐饮、教育、文娱”五大刚需消费，做深做透高频消费场景。要打破促销的路径依赖，严禁与交易量不高的我行收单商户合作，实现促销资源效用最大化。各行要高度重视在促销商户的宣传露出，包括商户门店的宣传展架、促销台卡、收银员口播等，落实专人，使促销信息充分有效地触达到目标客户。对第一季度促销费用投入达不到进度要求、且消费额增长乏力的分行，总行将采取减少后续促销费用、约谈分管行长、扣罚中收等管理手段。

二是全力推动绑卡消费。绑卡消费越来越成为客户的常态消费行为，未来谁的绑卡客户多、谁的绑卡消费高将成为信用卡消费业务发展的制高点。从收益角度看，绑信用卡消费收入是绑借记卡的4倍。因此，全行上下要进一步统一思想认识，牢固树立“绑卡优先绑信用卡”的理念。第一季度全行要确保实现新增信用卡绑卡量××万张、月活绑卡量达到××万张的目标。总行银行卡部已将5 000万绑卡目标客户清单分解到各分行、各支行，并提供了相应营销话术。各行要尽快利用柜面业务系统、智能柜员机、叫号机等识别提醒手段，推进“一键绑卡”清单式营销，确保对到店客户“一个不漏”绑卡。要以数字卡发卡为契机，一站式完成“办卡、启用、绑卡”动作，做到启卡客户100%绑卡。总行将加大对绑卡消费的中收奖励力度。

三是强化支行、网点对五大消费客群的阵地运营。总行梳理了五大消费客群数据清单，制定了分客群运营策略，从本周开始将陆续发到各行。今年要通过客户运营，将我行消费客群规模由3 500万至少扩大到4 000万，第一季度要确保增加100万以上。各行要指导和推动辖内各基层网点加强对这些目标客群的阵地营销。总行将制定网点对新客的“营销五部曲”规范动作。各基层网点要利用新客户到店办卡或领卡契机，推进“获客—启卡—绑卡—首刷—分期”闭环营销，最大限度将新客户转化为活跃客户。进行消费客群清单制外呼营销，促进客户消费。各行要配套专项激励，匹配与客群特征相适用的爱购促销及积分权益，依托网点及远程维护团队建立常态化促进客户消费工作机制。总行运用已经投产的客户看板系统，利用远程银行渠道进行线上运营，与基层网点阵地形成立体化客户运营体系。

四是持续开展消费痛点的改进优化。总行正在开展绑卡消费体验工作，按照边体验、边改进的方式，组织对消费痛点进行持续梳理和迭代改进。各级行要高度重视辖内客户消费体验痛点挖掘，综合利用到店客户调研、投诉数据分析、消费场景实地体验等方法，逐一解决消费用卡流程、业务链条中存在的不顺畅、不便捷等问题，进一步改进和优化客户消费用卡体验，提高用卡消费的便捷性和畅通性。

五是加强对各二级分行消费工作的组织推动。消费额作为一项重要指标，纳入董事会经营目标，也是专业条线评价的重要主指标。今年总行关于消费工作的考核导向，首先是做大消费额，在此基础上以收益率为标准加大跨行和绑卡消费额考核力度，提高消费回佣中收。各分行要把消费工作作为辖内各级行长、零售分管行长的一件主要工作来抓，像重视储蓄工作一样重视消费工作。要加强组织推动和管理督导，总行银行卡部正在按周通报消费业务红黑榜，对约谈后进展不力的分行，我会对零售分管行长进行专门约谈。尤其北京、上海、广东、福建、山东、江苏、浙江、四川、河北、河南、深圳等消费大行要发挥好领头羊作用，进一步加大工作力度，确保第一季度消费业务在当地同业排名有一个明显改观。总行正在抓紧开发消费业绩管理系统，实现绑卡、消费、回佣等业绩指标在基层“看得见”“摸得着”。系统投产前，各行要发挥主观能动性，为基层行抓消费工作提供考核数据。要加强消费业务落地到支行和网点的业务培训，让基层人员“会做”消费业务。

总之，各行要高度重视储蓄存款和信用卡消费工作，把实现赶超同业、重夺第一储蓄存款和信用卡银行作为重中之重，动员全行力量，打一场艰苦卓绝的攻坚战！希望各一级分行、直属分行干部员工，迎难而上，对标同业、多措并举、抓好落地执行，确保实现零售业务旺季开门红！

坚持高质量发展
推动第一个人金融银行战略全面深化

——在2021年全行个人金融业务工作会议上的讲话

宋建华

（2021年5月12日）

刚才，廖行长深刻分析了第一个人金融银行战略的重大意义，全面阐述了个人金融业务高质量发展的标准和要求，对构筑客户生态系统、提升业务发展优势、加强科技赋能转型、完善体制机制保障等方面提出了明确要求。各分行要深入学习领会，做好贯彻落实。下面，结合境内分行行长座谈会精神，以及廖行长的讲话要求，我再讲四个方面的意见。

一、拼搏奋进，战略推进和经营发展取得了良好成效

去年以来，面对世纪疫情和百年变局交织的复杂局面，全行个金板块认真贯彻行党委决策部署，在危机中育先机，于变局中开新局，实现了战略推进、经营发展和疫情防控的良好统筹。

（一）战略推进取得良好开局。总行逐步完成战略实施的顶层设计，有效发挥总分行两级零售推进委员会的作用，战略传导、落地、评估、考核和宣传机制不断完善。成功发布第一个人金融银行战略品牌体系，零售品牌价值连续三年蝉联全球第一，战略的引领力和向心力不断增强，口碑效应持续显现。尤其是今年以来，陈董事长、廖行长多次召开专题会议，研究战略深化思路。总行印发《关于深化全面打造第一个人金融银行战略的意见》，并围绕信用卡业务、代发业务、GBC联动、长尾客户维护等关键问题，出台一系列行动方案，形成“1+X”的框架体系，为全行战略深化厘清了方向，提供了动能。

（二）经营发展实现巩固提升。全行坚持高质量发展的主题，加快推进经营转型。2020年，个金业务的市场地位、效益贡献、风险控制和客户基础得到有效提升，呈现了四个特点。

一是强化“比”的意识，市场竞争力稳步提升。截至2020年末，储蓄存款余额突破11万亿元关口，较年初新增1.2万亿元，比主要竞争对手多增2 565亿元。个人金融资产余额达到16万亿元，新增1.4万亿元，可比口径存量稳居四行首位。个人贷款年末余额6.28万亿元，较年初增加7 160亿元，其中按揭贷款余额5.65万亿元，较年初增加5 511亿元，实现增量同业“双第一”。个金板块实现中收894亿元，在个金传统口径中收继续保持同业首位的基础上，最严格的不含三方口径中收首次实现同业第一。

二是练好“算”的本领，板块效益持续增长。全年个金板块实现营业贡献2 660亿元，占全行营业贡献的48.86%，同比提升2.47个百分点。其中，个金专业实现营业贡献2 536亿元，占全行的46.58%。全年储蓄存款付息率1.81%。个人贷款收益率4.66%，同比提高7个基点，比全行平均水平高26个基点，为全行NIM水平的稳定发挥了支撑作用。

三是落实“严”的要求，经营质态不断优化。截至2020年末，个人贷款不良率0.42%，实现同业进位。其中按揭贷款不良率0.29%，处于同业领先水平。银行卡专业不良率1.93%，近三年首次实现不良额不良率“双降”。强化内控案防和反洗钱管理，加强高风险账户控制。抓好消费者权益保护源头治理，全年个金类月均投诉量较治理前下降50%，信用卡类月均投诉量较同期同口径下降57%。

四是树立“优”的意识，客户基础更加坚实。客户总量达到6.8亿户，较年初净增3 024万户，增量同业第一。其中金融资产5万元以上客户达到4 557万户，净增258万户，增量创近3年新高。重点客群经营齐头并进，以GBC联动为抓手，全行代发客户突破1亿户，对全行储蓄存款的增量贡献突破50%；社保客户新增发卡1 452万张，占全社会发卡量的45%；信用卡客户达到1.07亿户，继续保持同业第一。收单交易额3.07万亿元，“第一收单银行”地位不断巩固。私人银行同业口径客户18.2万户，较年初增加2.4万户，实现总量和增量的四行“双第一”。

旺季以来，面对白热化的同业竞争，全行围绕“获客吸金”目标顶压前行，推动旺季实现良好经营成效。

一是核心指标达到预期。人民币储蓄存款在严守偏离度底线的前提下，新增6 368亿元，占全行增量的98.8%。余额达到11.94万亿元，在全行一般性存款的占比8年来首次突破50%。个人外汇储蓄存款新增

7.07亿美元，排名同业第一。个人贷款新增2 303亿元，领先主要竞争对手815亿元，余额差距从去年末的1 256亿元缩小至441亿元。其中按揭贷款新增1 562亿元，保持同业第一。

二是效益贡献占比过半。第一季度个金板块实现营业贡献725亿元，在全行占比53.4%，同比增加206亿元，是全行总增量的3.57倍。其中个金专业营业贡献719亿元，在全行占比52.96%。个金板块中收177亿元，同比多增17.5亿元，占全行增量近七成。其中，个金专业实现分润前不含三方口径中收117.8亿元，同比增加11.2亿元。

三是经营质态稳中向好。个贷不良率0.38%，较年初下降4个基点，与对标同业的差距逐步缩窄。储蓄存款付息率环比下降1个基点，与对标同业的走势出现交汇。

四是客户结构持续优化。个人客户总量达到6.87亿户，较年初净增646万户。其中，金融资产5万元以上客户4 718万户，较年初净增161万户。同业口径私银客户19万户，金融资产2.2万亿元，均保持同业领先地位。借记卡净增发卡量1 116万张，连续27个月四行排名第一。

要单独强调的是，信用卡业务在经历了去年的调整布局后，第一季度逐步呈现复苏迹象。客户规模加速提升，较年初新增128万户，增量是去年同期的9.8倍。绑卡消费额同比增长85%，商户总量突破600万户，收单额同比增幅28.3%。信用卡不良贷款保持“双降”，不良率降至1.82%。“费改息”口径中间业务收入36.2亿元，剔除违约金等不可比因素影响后，同比实际增长6.9%。

在抓好战略推进和业务发展的同时，面对突如其来的疫情，全行个金板块坚持人民至上、生命至上，以实际行动体现了大行担当和民本情怀，并积极适应疫情防控常态化的要求，加快线上化、数字化探索，推进了服务模式的转型升级。

去年和今年旺季取得的良好成效，得益于行党委的正确领导，有赖于各级分支机构的拼搏奋进，离不开各条线的通力协作，充分体现了全行共同推进第一个人金融银行战略的协同成效，也为今年战略持续深化打下了良好基础。

二、深入研判，认清业务发展面临的机遇和挑战

刚才廖行长在讲话中，特别强调了抓个金业务一定要坚持系统思维，把握大势。面对当前复杂的经营环境，我们尤其要提高前瞻意识。

（一）密切关注经营环境的新变化。从宏观环境看，4月30日召开的中央政治局会议再次强调，要以城乡居民收入的普遍增长支撑内需的持续扩大。我们既要把握当前经济稳定恢复、流动性合理充裕、消费持续增长带来的发展窗口，更要着眼中国经济长期向好，特别是新发展格局加快构建、市场潜力持续释放、居民财富不断增长、城镇化深入推进，给个金业务带来的战略机遇。

从监管环境看，互联网金融平台的持续规范、资管新规过渡期的结束、居民风险意识的持续增强，都将推动社会资金向银行体系，尤其是向主流银行的持续回流。商业银行对社会资金的吸纳能力，对大众财富的管理水平，将成为下一轮比拼的关键。需要我们提前预判，抢先布局。

从市场环境看，无论是国有大行，还是股份制银行，都把个金业务作为竞争制胜的关键子、先手棋，业务竞争已经进入空前白热化阶段。当前个金业务的经营模式，正处在代际变革的前沿。除了全行上下的决心和努力，还必须用好金融科技这个利器，打好体制机制改革这场持久战，以产品、服务和管理的创新，拓展服务半径，提升服务效能，降低服务成本，跑赢赛道，取得先机。这更多是对总行顶层设计能力的考验。

（二）高度重视经营管理的深层次问题。随着战略向纵深推进，一些经营管理中的深层次问题也在逐步显现。在境内分行行长座谈会上，陈董事长、廖行长都进行了深刻剖析。具体到个金业务，还要重点关注以下几个方面：

一是市场竞争压力加大。今年第一季度储蓄存款面临激烈的竞争，我们的增量落至同业第三，这是三年来的第一次。其中既有同业加大投放、活期创新产品到期、源头资金不足等客观因素的影响，也有自身高质量发展能力不足的原因。需要做好复盘研究，提高精细化管理水平，提升量价协调发展能力。

二是客户基础需要巩固。全行6.87亿户个人客户中，金融资产在1万元以下的还有5.9亿户。中高端客户每年单边降级的比例还比较高。需要我们持续完善并应用智慧化的客户维护体系，做好客户的分层营销、分类服务，提高个人客户的活跃度和忠诚度。

三是经营转型尚需破局。尤其是信用卡和私人银行业务，要回归本源，久久为功，推动经营转型落地见效。信用卡业务要巩固来之不易的复苏势头，围绕夯实客户基础、消费基础、效益基础和风控基础，持之以恒抓好推动。私人银行“跑马圈地”的发展模式已经难以持续，面对年初以来客户和金融资产增长不利的局面，必须围绕差异化服务能力提升，做好高净值客户的精细化经营。

三、坚持高质量发展，持续抓好战略的深化落地

2021年是第一个人金融银行战略的深化之年。战略的实施，外部有市场，内部有资源，战略有指引，上

下有共识。我们一定要贯彻落实行党委“48字”工作思路，运用“三比三看三提高”工作方法，立足“大、全、稳、新、优、强”发展方位，实施“扬长、补短、固本、强基”布局，按照全行2021年工作会议和境内分行行长座谈会精神，满怀信心，保持定力，激发活力，创新思路，全面推进战略深化落地。

一要聚焦核心目标。围绕“增存、增收、提质、提效”，迎难而上，大力攻坚，对外加快同业追赶，对内努力提升价值创造，保持良好的经营质态。二要夯实客户基础。围绕高质量发展，补齐源头客户的短板，做好优质客户维护和长尾客户激活，不断优化客户体验。三要加快转型创新。加强科技赋能，推进业务线上化、开放化、直营化和智慧化转型，打造新的竞争优势。四要理顺体制机制。不断理顺私私互动、公私联动、前后台联动的关系，推动战略行稳致远。具体抓好以下几方面的工作：

（一）持续提升核心竞争力。

一是坚持推进储蓄存款高质量发展。要坚决贯彻落实陈董事长关于高质量发展存款的五点批示要求。抓源头，要将依托GBC联动拓展代发、社保、商户等源头客户和资金，作为竞争力提升的关键。抓客户，要充分发挥新一代维护体系的引导作用，精准配置优势产品和营销资源，推动新拓客户储蓄存款持续提升。抓资金，要深刻把握资金流动规律，围绕“修渠补漏”做好回流资金承接，管好资金无序外流，形成有效的资金挽留机制。要把储蓄存款的增长建立在金融资产的增长之上，运用各类金融资产把客户的资金留住，避免持续出现储蓄存款和金融资产倒挂的现象。要做大金融资产蓄水池，实现金融资产全年新增1万亿元，巩固扩大同业领先优势。抓效益，要加强量价协调意识向基层的传导，解决“一浮到顶”和“存量转化”问题。要充分认识到当前活创产品即将清零、同业高付息产品投放策略调整等有利因素，树立追赶信心，坚持走储蓄存款高质量发展道路，处理好竞争力和效益贡献之间的关系，把付息水平管控好。全年实现日均存款增长8 500亿元，持续缩小与主要对标同业的差距，确保付息水平与对标同业差距不扩大。

二是打好个人贷款组合拳。要坚持按揭贷款核心地位，在落实监管要求的前提下，优先保障重点地区、重点合作机构、重点项目规模投放，全年实现个人住房贷款新增5 000亿元，完成按揭证券化1 500亿元以上。要加大定价在规模分配中的权重，努力实现发放利率保二争一。要探索消费经营贷款创新，优化完善个人金融资产质押贷款、个人房屋抵押消费与经营组合贷款的系统、功能及业务流程，全年组合贷和质押贷实现净增500亿元。要拓展信用卡资产业务市场，持续推进直客式转型，主抓四大产品做强分期付款，全年实现分期付款交易额5 400亿元。

三是推进中间业务转型创新。要顺应信用卡“费改息”政策变化，继续巩固个金中收市场地位，为全行多作贡献。要重点解决代销业务、投资理财类客户“总量不大、结构不优”的问题，推进客户扩面提质，尤其是拓展新客、生客、年轻客户，实现投资理财客户的“代际接续”。基金中收是工商银行的传统强项，但也面临客户年龄结构偏大、经营导向与“为客户创造价值”仍有差距、专业能力优势面临第三方公司快速追赶、腰部力量不足等隐忧。要适应当前基金市场竞争环境的变化，迅速拿出方案，推进整体营销模式的转型，加强总部投研能力对分行的赋能，引导一线营销向长期价值投资转变，巩固市场领先优势。要加快培育江苏分行、山东分行、四川分行、湖北分行等第二梯队。要把握后疫情时代客户对于保障型产品和长期限产品的需求，以及老龄化背景下养老规划的广阔市场，加快期交保险转型路径的探索，形成可复制可推广的营销模式。要加快支付结算业务创新，围绕数字民生服务，为客户日常缴费提供更加便利的金融服务，做个人客户账户管理的主办行。要加快特色借记卡、个性化卡号业务发展，提升客户活跃度和贡献度。

四是不断稳固信用卡复苏发展态势。要实现信用卡客户数全年净增700万户，并围绕消费和商户两大收入来源，持续提升信用卡中收贡献。消费业务方面，要认识到，消费是信用卡业务的核心，是活客的证明、中收的来源、做大资产业务的前提。要实施分客群运营策略，综合运用大数据、人工智能等技术，对客户进行画像分层。要构建覆盖刚需、持续有效、精准投放的促销活动体系。各分行要进一步加大信用卡促销力度，全年实现信用卡消费额2.88万亿元，绑卡量新增1 500万张。商户业务方面，要大力发展“三高”行业及集团大商户，积极拓展商超、旅游零售、餐饮、酒店、教培等优质行业，加大中小微和个人商户营销力度，拓展大型独立电商及平台类商户，全年实现收单交易额3.3万亿元。

（二）客户经营扩容提质。在客户拓展上，要抓好重点客群营销，通过多渠道拓客，全年实现全量客户净增3 000万户，保持客户净增同业领先。代发客户方面，要依据前期下发的指导意见，建立拓、维、管一体化的机制，将代发工资的增长情况作为衡量GBC联动情况的核心指标，细化联动场景，明确目标、责任人和攻关时间，确保全年代发资金突破5万亿元。社保客户方面，要加快“1316工作方案”落地，确保全年社保卡新增1 100万张。商友客户方面，要重点按照五大子客群分类开展分层营销。由个金部和银行卡部牵头，通过优势产品组合满足支付结算、融资、投资理财等客群核心需求，加大资金沉淀，全年实现商友客群规模扩大300万户。线上拓客方面，依托工银e钱包加强与外部场景对接，坚持获客和吸金并重，力争实现电子账户新增开户 1 000 万户，资金流量超 3 000 亿元。

在存量客户维护上，要用好新的客服体系，在做好舆情监测应对的基础上，确保客服体系顺利切换，并整合全行服务资源，以品牌化的运作方式，打造中高端客户维护的利器。要抓好长尾客户激活，双向延伸拓维体系，集中资源开展重点客群、潜力客群、新客户激活提级。全年实现金融资产 5 万元以上客户净增 300 万户，长尾客户单边提级 2 500 万户。

在客户体验上，要落实好陈董事长“把客户满意度和市场美誉度，作为检验工作成效的重要标准”的指示要求，强化极智体验项目的推广应用，建立定期通报制度，逐步将评估结果作为评判各机构、各产品客户口碑和满意度的重要依据。个金部要深入思考，通过各条线业务的旅程和触点评估，真正发现问题、解决问题，做到让客户好评，让基层有感。要加强消费者权益保护，落实消保“一把手”工程，完善源头性客户投诉治理机制，开展“投诉治理深化年”活动，实现监管转办投诉数量同业排名进位。

在信用卡客户拓展上，要锁定优质目标客群，持续优化客户结构。信用卡目标客户要由以线上新客户为主转变为聚焦行内、行外优质客群。行内目标客户定位为私行、中高资产等优质客群，以及经风险筛查后的个人按揭、代发工资、车主和中低资产等客群；行外目标客户锁定六大板块、可证实收入和年轻高学历客户。要加强线下获客。要深化私私联动，提升 1.6 万家网点的信用卡获客效能，发挥移动受理便捷优势，加快 1.45 亿无卡预审批客户拓展。要深化 GBC 联动，优化六大板块专属的产品、权益、授信策略及审批流程，持续升级公务卡、医护、教师、军魂等行业客群专属产品和权益。各级银行卡部要积极联动公司部、机构部开展上门批量营销。要加强线上获客。要积极拓展头部互联网合作平台，扩大和延伸“合伙人”获客场景，探索通过工银 e 钱包将数字信用卡功能嵌入合作方线上平台和各地政务 APP。

在私银客户维护上，要对标先进同业，坚持客户资产两手抓，推动“一群一策”落地实施，构建向上驱动、批量引流、可持续增长的客户拓展新体系，以及基于综合化资产配置方案的产品营销新机制。要创新全视图客户服务模式，完善客户画像，建立分层分类的客户服务体系、统一开放的产品服务体系、标准化的非金融服务体系、智能化的线上服务体系及多元创新的价值贡献体系。要加强条线专业能力建设，研究构建以资产配置能力为核心的专业竞争力体系。全年实现私人银行时点达标客户突破 11 万户，资产突破 2 万亿元，同业口径客户超 20 万户，资产超 2.4 万亿元，私银口径中间业务收入和私人银行客户综合贡献较去年增长 20%。

（三）做好金融科技赋能。

一是加快线上化转型。要在合规和风险可控的前提下，利用生物识别、大数据等先进技术，推动产品、流程、风控、服务的线上化改造。要发挥好手机银行线上服务主渠道作用，不断升级线上功能，优化布局，提升客户体验。

二是打造开放化生态。要探索把银行业务嵌入到旅游、读书、餐饮、娱乐、养老等与民生密切相关的优质互联网平台，推动工银 e 钱包日均接口调用量达到 400 万笔。要进一步加强与各类政务平台、企业平台的系统直连，年末实现个贷抵押联网核验率超过 90%。

三是推动直营化落地。要顺应互联网时代个金业务特点，借助网络化、智能化技术，推动管理方式从传统的行政推动和层层传导，向直营客户、直销产品、直达基层转变。

四是提升智慧化水平。要按照加快建立集团统一智能营销平台的要求，基于“智慧大脑”平台，运用人工智能手段，通过毫秒级运算生成千人千面的服务方案，打造数字化营销新模式。要实现智慧大脑对手机银行等各类渠道的统筹，打造立体化的营销服务网络。

（四）强化板块协同联动。

私私互动方面，个金部要围绕产品、客户、考核和系统四个维度，发挥好牵头作用。各相关部门要主动对接，不断提高联动水平。产品层面加强交叉渗透。个金板块各部门要密切配合，运用智慧大脑等工具，加强基础产品、投资理财产品、融资类产品在重点客群的渗透力度。客户层面做好联动维护。客户部门间要加强协同，做好私银降级客户挽留和潜力客户资产提升，将金融资产 600 万元以下潜力客户的提级情况纳入个金专业考核当中。考核层面推动一体化评价。要将个金核心指标的市场竞争力提升作为板块共同的目标和任务，持续优化各条线的联动评价工作机制。系统层面加快互联互通。要以客户为中心，推进个人客户信息数据、管理系统、服务方案和账户体系间的互通共享，为打造协同联动、互为支撑的经营格局提供支持保障。

公私联动方面，构建“以公带私、以私促公”的良性内循环。要以代发业务为重点，推动 GBC 各类场景的项目化落地，充分利用业务合作、信贷支持、资源投入等机会，加强代发机会争揽，促进代发业务规模增长和代发客户贡献提升，2021 年实现机构板块代发 1.75 万亿元，公司板块代发 3.25 万亿元。要发挥 C 端的反哺作用，推动代理缴费、代理销售、第三方存管、按揭贷款等业务的 C 端资金向 B 端、G 端回笼，完善集团内部大循环。要通过商户收单、聚合支付、公务卡等丰富对公服务的“武器库”，提升竞争力。

行司联动方面，要坚定实施大资管发展策略，优先做好工银安盛、工银瑞信、工银理财的产品销售工作，支持子公司加快业务拓展，推进经营转型，提升市场地位。要充分利用子公司的专业能力，对内完善总行投研赋能，加强一线专业培训，共同推进第二梯队建设；对外以客户为中心做好维护工作，丰富专属产品，形成“客户经理＋专业顾问”的协同作战模式，更好满足客户的投资理财需求。

全员营销方面，年初以来，全行围绕基础产品的服务触达深入开展全员营销。截至4月末，参与人员占比43%，达成交易29.5万笔，金额13.4亿元，取得了阶段性成效。但距离“分行全渗透、人员全覆盖、营销出业绩”的目标还有很大差距。全员营销是行党委对构建线上营销新模式的重要战略部署，全行要进一步凝聚思想共识。个金部要将推进情况通报至分行“一把手”。各分行行领导要亲自挂帅，建立多部门协调联动机制，加大考核力度，完善激励体系，确保6月底前实现人员全覆盖、产品营销业绩达标。

（五）做好全面风险管控。

一是加强个贷信用风险管理。深化“三道口、七彩池”智能信贷风险管控在个贷风险管理中的应用，实现个金口径个人贷款不良率稳中向好，力争控制在0.36%左右。要将持续提升信用卡资产质量，作为信用卡业务发展的前提，全年单边劣变不超过200亿元，力争不超过150亿元，逐步实现资产质量的自我平衡。

二是完善全面风险管理机制。坚持“主动防、智能控、全面管”，严守合规底线，重点做好洗钱高风险客户和高风险产品的管控。要严防操作风险，加强客户经理合规行为管理，做好检查监督和整改提升。要联合打击电信网络违法犯罪，压降涉案账户数量。

四、攻坚克难，推动银行卡业务加快突破

我想结合信用卡“费改息”政策调整，围绕银行卡业务下一阶段的一些关键问题，再谈几点想法。

今年2月5日，财政部、国资委、银保监会、证监会联合发布《关于严格执行企业会计准则，切实加强企业2020年年报工作的通知》，明确银行从事信用卡分期付款业务“不得将其按实际利率法计算的利息收入计入‘手续费及佣金收入’科目或在利润表中的‘手续费及佣金收入’项目列示”。这对信用卡业务是一个重大的政策变化。一方面会导致信用卡中间业务收入的大幅下降，甚至会引发各家银行对信用卡业务重要性、必要性认识上的偏差。另一方面，也将推动我们更好地正本清源，促使分期付款业务回归到信贷本源，更加重视风险、重视效益，推动信用卡业务夯实基础、深化转型。

全行信用卡专业要积极顺应政策变化，在“打造第一信用卡银行”目标引领下，加快经营发展、推动战略转型，重新找准信用卡业务的经营定位和发展方向。

一是在服务新发展格局中找准定位。信用卡天然连接C端和B端，依托支付服务以及融资服务可满足个人客户、小微企业等不同群体的金融需求。在国家扩大内需、构建新发展格局的背景下，信用卡是我行服务实体、支持消费、普惠民生的重要载体。特别是在国家加大平台企业反垄断的形势下，消费信贷需求进一步向商业银行回流，信用卡的市场主导地位和服务人民美好生活的“正规军”作用进一步凸显。要从战略角度审视这一历史机遇和责任使命，依托信用卡和融e借业务，把握好承接居民消费信贷需求回流的战略契机。

二是在“第一个人金融银行”战略体系中找准定位。一方面，信用卡业务具有“支付入口、授信敲门”的特性，是个金业务获客、活客、黏客的重要产品，特别是依托常态、便利的循环授信服务，可以打造维护个人客户的利器。另一方面，商户收单业务具有基础账户、支付入口的重要作用，不仅可为大零售客户分层经营提供底层数据，还通过“以汇引存”成为我行存款可持续增长的“蓄水池”和“涵养林”，有效促进资金在我行的闭环流动。做大做强做优信用卡业务、实现“第一信用卡银行”目标，是第一个人金融银行战略的重要组成部分。

三是在全行经营发展中找准定位。目前超过免息期的信用卡透支年化利率为18.25%，账单分期的年化利率超过12%，透支取现和现金分期等现金类业务年化利率均超过10%，是商业银行利率最高的个人信贷产品。同业2020年信用卡资产业务的实际收益率达8.17%，充分说明信用卡业务创收空间大。特别是在当前LPR下调、全行资产业务收益率持续下降的形势下，信用卡业务迎来了利率市场化全面放开的政策契机。要通过自主化、差异化的定价管理，提升资产端收益水平，使信用卡成为全行重要的利润增长点。

四是在全行中间业务收入挖潜中找准定位。按照“费改息”规则测算，信用卡专业2020年创造的中间业务收入（含信用卡和第三方收入，不含证券化收入）达145.7亿元，规模上仅次于个金、网金条线，依然是全行重要的中间业务收入来源。同时，信用卡产品线丰富、业务链条长、定价策略灵活，在年费、付费权益收入、结算类业务收入、消费收单回佣收入以及非金融服务等方面，存在较大的挖潜空间，仍然是全行最具有中收增长潜力的业务条线之一。

五是在全行构建消费金融新生态中找准定位。数字经济时代围绕场景和客户构建金融生态成为大势所趋。信用卡依托“支付入口、平台经营、融资变现”的业务特性，已成为全行搭建消费金融生态、实现数字化转型的重要抓手。目前我行信用卡业务已初步搭建起“以支付为入口、以e生活APP为平台、以爱购促销为纽带、以融资业务实现流量变现”的消费金融生态圈，构建了智慧加油、智慧停车、智慧校园、智慧景区、智慧食堂、智慧医疗等众多线上线下场景。未来要在全行e－ICBC战略升级、建设生态金融过程中发挥更突出的

作用。

同志们，第一个人金融银行战略已经进入全面深化的新时期。全行要认真贯彻落实全行2021年工作会议和境内分行行长座谈会精神，统一思想认识和行动步伐，继续鼓足干劲，保持战略定力，围绕战略深化落地，抓好各项工作，确保各项目标的顺利达成。

在2021年全行个金业务年中工作会议上的讲话

宋建华

（2021年8月26日）

本次会议的主要任务是，贯彻落实全行年中工作会议精神，进一步统一思想、厘清思路，抓好第一个人金融银行战略落地深化，推动个人金融业务高质量发展，确保顺利完成全年各项经营任务。下面，我讲三点意见。

一、两年来第一个人金融银行战略结出累累硕果

总行党委提出第一个人金融银行战略以来，全行坚持“48字”工作思路，运用“三比三看三提高”工作方法，立足“大、全、稳、新、优、强”发展方位，着力推动战略实施，个金业务发展不断迈出新步伐、取得新进展，成绩值得充分肯定。

（一）聚焦增存增收，行内贡献达到新高度。

第一，成为全行重要的资金来源。从总量看，6月末人民币储蓄存款余额12.15万亿元，占全行一般性存款的50.27%，占比八年来首次突破50%，两年来累计提升3.41个百分点；从增量看，6月末储蓄存款贡献了全行92%的日均存款增量。个人客户金融资产达到16.6万亿元，其中私人银行客户金融资产2.26万亿元，两者均保持四行领先。

第二，成为全行重要的效益支柱。从总量看，上半年零售板块营业贡献1 467亿元，占全行的54.24%，占比两年累计提升6.99个百分点；从增量看，营业贡献同比增加252亿元，增幅20.76%，高于全行平均增幅11.3个百分点。

（二）聚焦提质提位，业务发展取得新突破。

第一，经营质态向好。强化量价协调，在上半年可比同业储蓄存款付息率普遍上升的背景下，6月末我行储蓄存款账面付息率1.81%，与年初持平，四行排名实现进位；特别是从包括结构性存款、保本理财等产品的实质付息率看，我行还逆势下降4个基点。强化风险管控，个人贷款不良率0.35%，两年累计下降16个基点；信用卡不良率1.84%，两年累计下降59个基点，单边劣变额开始出现下降趋势。强化资本约束，个人贷款以全行15.6%的经济资本占用，支撑了37.1%的贷款份额，经济资本占用率为全行平均水平的43%，资本节约的优势不断呈现。

第二，市场位次提升。一是个人贷款实现关键突破。两年来我们紧追不舍，累计比主要竞争对手多增2 027亿元，实现余额同业第一，时隔六年重回“第一个人贷款银行”地位，这是具有里程碑意义的一个成果。信用卡贷款上半年也出现向好势头，贷款增量领先可比同业。二是储蓄存款保持赶超势头。两年来与主要竞争对手日均余额的差距收窄3 408亿元。三是中间业务收入实现稳中有进。传统口径个金中收保持同业领先，最严格的核心口径个金中收去年首次实现同业第一。信用卡中间业务收入尽管面对经营转型压力，但上半年与领先同业的差距也开始环比缩小。

（三）聚焦增客强基，客户生态呈现新面貌。

第一，客户发展量质并举。坚持全量客户战略，6月末个人客户总量达到6.92亿户，两年累计增加6 554万户。客户结构不断优化，月日均金融资产5万元、20万元以上个人客户分别达到4 734万户、1 690万户，两年累计增加459万户、339万户，两类客户占比持续提升。可比口径私人银行客户达到19.78万户，两年累计增加2.74万户，扩大了同业领先优势。信用卡客户达到1.09亿户，两年累计增加854万户，继续保持同业领先。

第二，客户活跃度、满意度稳步提升。个人手机银行客户数、月活跃客户数继续保持同业第一。长尾客户加快激活，上半年单边提级同比提升7.45%。推广极智体验新模式，开展“客户体验痛点治理和服务提升专项行动”“监管转办投诉治理百日攻坚专项工作”，集中力量解决影响客户体验的瓶颈问题，提升客户满意度。

（四）聚焦转型突破，创新经营收获新成果。

第一，数字化赋能创新取得新成效。把握个金业务

发展和科技创新规律，加快推动业务智慧化转型。线上服务模式和场景日益丰富，“工银 e 钱包”开放银行生态建设实现行业引领，智慧大脑与智能终端、客服经理手持 PAD、工银 e 生活、工小智等渠道实现了互联直通，精准营销能力不断提升。

第二，体制机制优化取得明显进展。私私互动、GBC 联动、行司联动不断深化。代发业务拓展明显提速，上半年代发额同比增加 3 477 亿元，全员营销实现全覆盖。工银安盛期交保费和新业务价值创历史同期新高。财务、人力、产品、科技等资源支持力度不断加大，为战略推进创造了有利条件。同时，组建工作专班，围绕重大课题开展多部门、总分行联合攻关。

两年来的发展成效，充分证明了总行党委的高瞻远瞩，体现了全行上下攻坚克难的工作作风，为我们进一步深化战略树立了信心、积累了经验。

二、以新作为新路径新思维引领个金业务高质量发展

（一）展现新作为，以更大格局践行责任担当。个金板块要着眼第二个百年奋斗目标，提高政治站位，坚持以人民为中心的发展思想，坚守人民金融底色，发挥个金业务直接服务人民大众的独特优势，融入经济社会发展大局，支持实体经济，推动消费提质扩容，助力促进共同富裕，展现国有大行的责任担当。要以更宽的视野、更大的格局，更好融入全行战略布局，努力优化经营质态，提升效益贡献，在推动全行经营转型和高质量发展中承担更大责任、扮演更重要角色。

（二）探索新路径，走内涵式、统筹平衡的发展道路。个金板块必须着眼高质量发展，加快推动经营模式转变。要对照高质量发展的“八个标尺”，增强发展的整体性、协调性，实现价值创造、市场地位、风险管控和资本约束的平衡。具体来说，既要抓好储蓄存款，又要抓好个人金融资产；既要扩大存贷款规模，又要做好付息率和收益率管控；既要提高银行自身效益，又要满足客户资产保值增值需求。这些目标是内在统一的，要统筹平衡好。

尤其是对于储蓄存款，要改变简单依赖高成本产品投入和技术性冲刺的做法，通过打通资金循环、加强“库容”管理，提升量价协调发展能力。对于融资业务，不能简单依靠价格优惠来争揽客户，要加强智能化数据模型应用，提升客户选择能力。对于资产质量，要改变简单依赖核销资源来压降不良贷款的做法，向不良资产和表外风险资产清收处置要效益，提高全流程风险管控能力。

（三）开拓新思维，聚焦客户生态体系建设。个金业务要实现高质量发展，关键在夯实客户基础。近年来，全行客户服务能力稳步提升。但总体来看，我们还是更习惯于从银行端出发，盯着指标、产品和业务来开展客户工作。要真正实现经营模式转型，我们必须习惯于眼睛向外，将目光聚焦在客户的特点和需求上，将视角扩大到各项经营要素上。要通过构建客户生态体系，以智慧大脑来统驭产品、渠道、服务、风控、效益等各项经营要素，把以客户为中心的理念贯穿研发、服务、管理等各个环节。要打通系统数据，统筹行内资源，整合各类渠道，为客户提供更加精准适配的产品、服务和风控解决方案。要打造客户有感、全员有责、服务有方的服务体系，实现生态各方和谐共生、价值共创，把客户口碑做好、规模做大、结构做优、基础做实，实现经营目标，提升经营效益。

概括来说，推进个金业务高质量发展，要抓住三个关键词：一是格局，要有更大的格局，更大的担当，为全行作出更大的贡献；二是平衡，不能只是单打一，要学会均衡发展；三是生态，要让生态去统驭零售经营的各项经营要素。

希望个金板块能够深刻领会上述三个关键词，加快转变观念、推动转型发展。要有效推动战略深化和业务转型，增强战略定力，强化作风建设。要进一步回归本源，准确把握业务发展规律，沉着应对各种环境变化和风险挑战。要以抓铁有痕、踏石留印的劲头，一以贯之抓好战略的落地执行。各分行要进一步增强紧迫感，发挥主观能动性，避免依赖心理，争当战略落地的“排头兵”、转型突破的“尖刀连”，不断提升战略的引领力、向心力。

三、凝聚新动力，抓好战略纵深推进和当前重点工作

下半年，个金板块要按照高质量发展要求，坚持问题导向、结果导向，围绕经营指标、客户基础、转型创新和体制机制四个层次，推进战略落地深化。年末要确保储蓄存款时点、日均增量进一步提升，个人贷款在符合监管要求的前提下巩固领先地位，可比口径个金中收保持同业第一，个人不良贷款实现“双降”，零售板块营业贡献稳定在 50% 以上，其中银行卡专业营业利润要扭负为正。全量个人客户净增 3 000 万户；可比口径私人银行客户净增 2 万户，管理资产净增 2 000 亿元，客户和资产增量实现四行“双第一”；资产 5 万元以上中高端客户净增 300 万户，长尾客户单边提级 2 500 万户；信用卡活跃客户净增数扭负为正，绑卡客户数净增 1 000 万户，消费额达到 2. 88 万亿元。尤其是，要全面打赢银行卡专业信贷资产质量“123”攻坚战，科学使用核销资源，将银行卡专业不良率控制在 1. 85% 以内，全年账销案存资产清收达到 20 亿元。具体要抓好以下几方面工作：

（一）全面推进个人金融服务生态体系建设。要从个人客户“花钱、赚钱、借钱、管钱”等需求出发，推动产品服务供给侧升级，通过为客户创造价值来提升

银行自身价值，构建客户、银行、合作伙伴等各方和谐共生、互利共赢的个人金融服务生态体系。

第一，围绕客户“花钱”需求，做客户支付首选银行。支付业务是客户活跃的象征，是基础中收的来源。面对跨界分流和同业竞争，我们要坚持扩大服务范围、提升客户体验组合发力，重构服务生态，吸引客户回流回归。一是强化工银e支付、e缴费支付服务品牌建设，不断扩大应用场景，为广大客户提供更加便捷、安全、实惠的支付服务。二是推动第三方支付交易促活，不断扩大绑卡客户规模，提升客户交易活跃度，加强资金流入、流出的支付链闭环管理，更好沉淀流转资金，增加中间业务收入。近期，总行对三方支付、工银e支付的管理职能进行了调整，各分行个金部和银行卡部要尽快做好职能交接和整合，厘清工作思路，将三方支付、工银e支付与个人客户的营销及产品创新有机结合起来，加快推进全行支付结算服务生态的改造升级。

第二，围绕客户“赚钱”需求，做客户财富首选银行。随着居民财富的不断增加，提升财富管理能力、做大金融资产，对个金业务的重要性不言而喻。金融资产是客户托付给银行管理的个人财富，代表了客户对银行的信任。把金融资产蓄水池做大，既能为储蓄存款提供源头活水，又可以通过资金形态的转换，创造更多的中间业务收入。

要正确处理好储蓄存款与其他金融资产的关系。一方面，要认清我们作为国有大行的定位，以稳定持续的信贷投入，更好地服务实体经济、履行社会责任。储蓄存款作为信贷资金的重要来源和个金业务市场地位的体现，必须像重视粮食安全一样坚定不移抓好。另一方面，不能唯存款论存款，对客户投资理财需求漠视不理，造成客户及资金流失。尤其是部分分行通过做小金融资产的方式来冲储蓄存款，造成储蓄存款和金融资产的“倒挂”。这种简单粗暴的经营方式，既不可取，更不可持续。相关分行要制定专项举措，尽快扭转“倒挂”局面。全行一定要坚持储蓄存款和金融资产协同发展，在坚持储蓄存款主体地位的前提下，持续做大客户金融资产。要以客户需求为出发点，对客户进行细分管理。对于低风险偏好的客户，重点做好储蓄存款营销；对于追求高收益的客户，做好资产的组合配置，以专业服务留住客户、留住资金。第三季度以来，全行要以“金融资产天天向上”活动为抓手，重点扩资产、增客户。

要加快推进代销业务转型突破。尽管代销业务尤其基金业务是我们的传统优势，但也存在客户基础不牢、区域结构不优的问题，尤其是近年来面临互联网金融机构和头部股份制银行的激烈冲击。全行必须加快转型，用三年左右时间，重夺基金代销第一大行的地位。在产品供给上，要持续丰富产品品类，创新工银财富基金指数，为客户提供更加丰富的选择。在服务模式上，要全面提升投资研究和客户分析能力，依托数字化能力和专家力量，为客户提供智能化的资产配置服务。在价格策略上，要考虑对销售手续费进行打折，通过让利于民做大客户基础。配套上述改革，要推进基金销售激励模式向存量考核转型，推动全行为客户做好长期投资、价值投资。要打造基金管理人、销售机构和投资人共同参与的财富管理生态社区，强化总部专家团队支撑。目前，总行已初步制订转型方案，拟于第三季度推出。

第三，围绕客户“借钱”需求，做客户贷款首选银行。当前全行个贷业务领先优势还很薄弱，同业竞争仍处于胶着状态。各分行要把握居民消费升级需求，在支持消费持续稳定恢复的同时，巩固扩大个贷业务领先优势。要坚决贯彻“房住不炒”要求，在严格落实房地产贷款集中度管理要求的前提下，满足人民群众对美好生活的追求。要围绕居民住房租赁、养老等消费融资服务需求，用好个人房产抵押消费与经营组合贷款等优势产品，培养持续增长的新动能。目前个贷业务已经具备全流程线上化条件，要进一步扩大全流程线上化推广应用范围。要着眼扩大借款场景、便利客户使用，将服务触点融入客户线上、线下的消费、生活或生产经营场景，根据客户需求主动提示，畅通融资服务办理流程，提高服务的可得性。同时，加强数据模型应用，推动客户信用信息共享，前移风险屏障，提升预判能力，实现业务高质量发展。

第四，围绕客户“管钱”需求，做客户首选账户银行。随着技术进步和客户金融消费习惯变化，客户越发重视账户的安全性和便捷性。要加快打造账户管理类产品服务，帮助客户及时、准确了解资金使用情况，合理规划资金收支安排，推动客户在花钱、赚钱、借钱时，优先将我行作为交易主账户。要提供更加丰富的账户查询展示服务，将账户服务的范围，从个人扩展到家庭，从Ⅰ类账户扩展到Ⅱ、Ⅲ类账户，从本行账户扩展到他行账户，从金融账户延展到非金融账户。要提供更智能的账户分析服务，将服务内容从简单的汇总展示扩展到智能的数据分析，力争年内拿出阶段性成果。要提供更安全的账户使用保障服务，从事后追踪升级扩展到事前预警拦截，持续提升账户管理服务水平。要梳理新开户流程，围绕线上、线下申请和启用环节，推动客户一站式完成办理借贷记卡、开通手机银行、三方绑卡、风险评测、支付缴费、办理工银信使等必备业务。要研究制订相应工作方案，力争年内见到成效。总之，要将账户服务打造成为吸引客户体验我行创新服务的重要切入点，争取更多的客户资金流入机会。

实现个人金融服务生态的高效运转，还要做好内部管理和资源投入。一是加快推动系统打通。个金板块作为一个整体，要坚持以客户为中心，强化开放协同意识，真正实现各专业数据和系统信息的共享共用。第三季度末要拿出系统打通的具体方案。二是强化智慧支撑。打造“智慧大脑”零售金融中枢系统，持续提升策略统筹、海量计算、精准触达、智能建模和高效反馈能力。三是加强队伍建设。进一步充实营销队伍力量，提升专业能力。

（二）加快信用卡业务经营模式转型升级。

第一，坚决打赢资产质量攻坚战。陈董事长高度重视并挂帅督导银行卡部信贷资产质量“123”攻坚战，近期主持召开专题会议听取汇报、开展督导。根据会议精神，总行已制订详细方案，各分行要迎难而上、高标定位、抓好落实，坚决落实总行党委的决策部署和工作要求。一是提高认识，明确目标。要高度重视向不良资产和已核销资产要效益，将表内外风险资产清收创效作为当前信用卡资产质量攻坚战的首要任务，全面完成核销资源锁定上限、账销案存清收、年末不良率管控等三项核心任务。总行将向各分行下达资产质量攻坚战指标，原则上各分行不良率要控制在6月末水平。二是加强组织，落实责任。总行层面将资产质量攻坚指标作为必选项纳入对分行副职的考核评价；分行层面，各分行行长要亲自督导，成立资产质量攻坚战领导小组；各分行银行卡部主要负责人负责具体执行推进。要动员好发卡机构、合作机构、外包机构等各方力量，推动完成攻坚指标。三是挂帅清收，确保成效。要建立针对大额不良客户的领导挂帅清收机制，其中一级分行行长挂帅清收欠款300万元以上的大户，一级分行分管行长和二级分行行长年底前各完成5户大额清收任务，二级分行分管行长年底前完成10户大额清收任务。四是配强人员，提高战力。各分行要加快组建专业化法律清收人才队伍，将拥有风险资产处置实干经验、司法诉讼经验、相关资质的专业人员充实到银行卡条线贷后管理队伍，确保岗位设置到位、人员配备到位、措施执行到位。

第二，做活客户、做大消费。全行年中工作会议指出，信用卡业务在“费改息”后仍然是中收的重要来源，要在做活客户、做大消费上持续发力，实现收入恢复性增长。今年以来，我行信用卡消费额增速放缓，前7个月消费额1.5万亿元，同比增幅0.7%，明显慢于同期社会消费品零售总额增速，需要高度关注。一是提高对消费业务的认识。信用卡消费是活客的证明、资产业务的基础、中收的来源，对于信用卡业务具有基础性作用。要回归消费定位，集中力量提高消费市场份额，占领客户消费出口，使我行信用卡成为客户消费的首选信用卡。要实现对个人客户的全链条渗透，使个人客户的挣钱、存钱、花钱均由我行金融产品承接，形成个人客户资产的闭环管理。二是强化管户客户跟踪营销。管户客户经理要落实“管户包”责任，对无信用卡客户主动营销办卡绑卡，对未绑信用卡客户主动促成客户绑卡并作为首选卡使用，对已绑信用卡客户加大促活力度，使客户愿意用、优先用我行信用卡消费。三是深化客户五级分类及分层运营。今年5月，总行启动双标卡“预警”客群消费返现、睡眠户激活等活动。三个多月来，“预警”客户较年初减少101万户，高贡献及贡献客户增加91万户，活动报名的睡眠客户消费额增长14%，效果非常明显。下一步，全行要重点对“预警”“睡眠”“流失”三类客户开展精准触达和促销，实现精细化筛选、差异化激活。四是总分联动开展直达C端的促销。前期，总行已转变面向B端促销的策略，开展直达C端的促销。各分行也要加大资源投入，结合本地特色消费场景和商户，同步做好属地化促销，提高客户活跃度，促进消费额提升。

第三，加快转型、做大贷款。一是正确认识分期付款业务。“费改息”新政后，分期付款业务受到较大影响，但是消费信贷市场仍在，客户需求仍在，分期付款业务仍是信用卡专业创收的重要产品。从今年1－7月的数据来看，部分分行分期余额负增长。对此，要坚决防止思想上出现动摇，特别是各位分管行长要努力推动行内资源投入部门达成共识，保持对信用卡业务在人力、财务等资源上的投入力度，坚定信心，迅速扭转分期业务下降势头，加快赶超同业步伐。二是正确认识间客式汽车专项分期业务。间客式汽车专项分期仍然是分期付款业务的重要组成部分，要通过转型升级和模式创新，使之焕发新的生机、产生新的动能、成为新的增长点。一方面，要稳字当头，避免经营管理简单化，对于已出现风险苗头的合作机构，要妥善安排、稳定供给，推动总规模逐步压降，确保“软着陆”；另一方面，要加快向“准直客式”业务模式升级，在妥善化解潜在风险基础上，以“总对总贴息”模式替代现有产品方案，增加中间业务收入贡献，减少渠道返佣支出，并通过“阳光收费”解决好客户投诉痛点，打造同业竞争“新利器”。三是做好几项重点工作。要推进分期贴息合作，增创中收。优质汽车厂商属地分行要落实责任，加快推动总对总汽车分期贴息合作。各分行要优选辖内3C、家居家电等行业商户，开展本地分期贴息合作，同时还可引导客户通过e生活平台分期商城办理分期，做大贴息收入。要提高定价管理水平，提升收益。总行将全面提高36期以上分期产品定价下限，各分行要增强定价能力，做大高收益产品规模。要坚定直客业务发展方向，扩大规模。汽车分期方面，要加强清单式营销，提升优质4S店渗透率。家装分期方面，要加快对当地龙头家装企业、优质按揭贷款客户的营销，在确保资金用途可控的前提下，与当地优质开发商探索开展精装修分期贴息合作。

（三）围绕金融资产核心，推动私人银行经营模式转型。今年上半年，私银客户和金融资产虽然保持稳定增长，但增量四行排名分别为第二、第四，面临较大的同业竞争压力。下一步，要全面推进私人银行经营模式转型升级，加快打造业务发展新动能，尽快扭转不利局面，实现高质量发展目标。

第一，着力做大金融资产规模。私人银行条线要把“个人金融资产规模”作为衡量自身业绩的核心指标，确保年内实现可比口径私银客户和金融资产增量四行“双第一”的目标。为此，总行将进一步加大金融资产考核力度，并加大资源投入，逐步推进私银专属产品体系建设，多渠道加强优质产品供应，不断提升我行权益回馈的吸引力。各分行要抓住下半年同业存量产品集中到期的窗口期，全力抓好新规理财、公募基金、遴选产品等多元化配置，做好客户到期资金承接，积极争揽增量资金。要深化私公联动，梯次推动“企业家加油站”建设，加快发展家族信托，全力扩大私银客户金融资产规模。

第二，加快构建私银发展新模式。私银业务正处在爬坡过坎、滚石上山的转型关键期。为加快转型，总行已初步制订私人银行业务高质量发展行动方案。此方案立足私银业务经营的本质规律，明确了中长期发展目标，强调要加快打造特色鲜明的私银服务新体系，全面升级财富服务、企业服务、家业服务、品牌服务、智能服务等五项内容，实现从自身经营视角向客户服务视角转变，从自有产品销售向终身陪伴服务转变。各分行要切实抓好落地推动，做优做精客户服务，促进业务增收增效，逐级推进财富顾问队伍建设，加快构建符合高质量发展要求的客户经营新模式、业务发展新机制、品牌口碑新形象，打造与集团地位相匹配的第一私人银行品牌。

（四）加快推动工银安盛转型发展。工银安盛要围绕全行年中工作会议关于推动综合化高质量发展的要求，聚焦主业，在做大效益的同时，争做行业“排头兵”，不断提升市场竞争力和业务影响力。要围绕客户全方位金融服务需求，加强行司联动，自觉融入集团大局，为全行服务新发展格局、实现高质量发展作出更大贡献。

近期，工银安盛印发了《工银安盛提升市场竞争力计划》，对业务规划、机构拓展、资源投入、对行培训、产品迭代、干部优化、考核激励、自主渠道发展、合规经营、加强党建等工作进行了部署。工银安盛要自我加压，逐项推动落实。要主动应对工资费用奖励政策调整，加大资源投入，加强追踪督导，强化培训赋能，做好对集团的服务支持。

同时，各分行也要不断强化主责意识。代理工银安盛保险销售，不是要不要做的问题，而是如何做好的问题。一要认真贯彻落实总行相关考核政策，以考核为抓手，推动行司协作再上新台阶。二要主动联合工银安盛，强化三大工程落地，共同做好业务督导、培训赋能、主题营销、荣誉体系等专项工作。目前来看，工银安盛的业务发展潜力还很大。各分行要从提升网点破零率出发，主动运用工银安盛培训力量，通过网点晨夕会等形式，积极开展专项辅导和技能培训。三要确保年内期交保费超越主要可比同业。这也是按照“三比三看三提高”工作方法，检验行司协作成绩的重要维度和目标，请大家高度重视。

（五）全面加强合规经营与风险管理。个金板块要从讲政治的高度防范金融风险，切实落实好一道防线的主体责任。当前，内外部风险仍处于高发态势，监管合规要求日益严格，监管处罚日益严厉，消费者权益保护意识不断增强。我们要始终绷紧合规经营和风险管理这根弦，知敬畏、守戒惧，坚决不碰监管红线和风险高压线。具体要抓好几项工作：

第一，抓好各类风险的常态化排查。要聚焦虚假按揭、贷款资金管理、账户管理、外汇、反洗钱、适当性销售、第三方合作、代收付、客户信息安全、服务收费等重点领域，做好信用风险、操作风险、市场风险、合规风险、声誉风险防控，以及各类交叉性、输入性风险的定期排查。发现问题要及时采取有效措施，避免出现恶性案件和重大风险事件。

第二，抓好各类问题的立行立改。对于中央巡视反馈问题、国家审计指出问题、监管部门通报问题以及行内发现的问题，要高度重视，建立清单制度，逐条研究，切实抓好整改。要深化标本兼治，有针对性完善系统流程和管理举措，强化制度建设。

第三，抓好合规管理。要切实加强账户管理，压降电信诈骗涉案账户，迅速扭转当前涉案账户反弹的不利局面。要严把开户关，通过线上渠道限额管控、人脸识别等交易增信手段以及可疑账户监控核实、存量账户清理等措施，降低账户涉案风险。

第四，抓好消费者权益保护。要结合“我为群众办实事”实践活动，认真开展“监管转办投诉治理百日攻坚专项工作”，着力压降监管转办投诉，准确定位问题源头，举一反三开展根源治理，建立有责投诉问责机制，避免因操作违规、服务不当、处理不及时或不作为等导致有责投诉和升级投诉。

船到中流浪更急，人到半山路更陡。全行个金板块要认真学习贯彻习近平总书记“七一”重要讲话精神，深入开展党史学习教育，传承伟大建党精神，持续深化第一个人金融银行战略，确保顺利完成全年各项经营任务，不断为稳步探索创新发展之路、推动高质量发展作出新的更大贡献！

在全行个人金融板块旺季营销工作会议上的讲话

宋建华

（2021 年 11 月 24 日）

刚才，廖行长对今年的旺季营销工作进行了全面部署。下面，我就坚决打赢银行卡专业资产质量攻坚战和开展私银业务“高层营销高端”活动这两项重点工作，再作几点提示。

一、全面打响银行卡专业质量攻坚决战

9 月以来，全行坚决贯彻落实陈董事长关于银行卡专业资产质量攻坚的指示要求，经过两个多月的密集部署和强化落实，质量攻坚总体呈现良好态势，主要体现在：一是逾期早催全面加强。9 月以来劣变额逐月减少，截至 11 月 15 日，银行卡专业累计劣变 176.06 亿元，同比下降 39.14%。二是不良清收显著增加。9 月以来日均清收回款不断提升，10 月不良额净增 7 亿元，为近三年最少。三是表外清收大幅增长。截至 11 月 15 日，累计清收表外资产 48.11 亿元，同比增长 105%。

虽然资产质量总体趋势向好，但部分分行差距明显，尤其是河南、湖南、重庆、深圳、辽宁、四川等六家分行，不良额、不良率、表内清收、表外清收等主要指标全面承压，离目标任务差距较大。广东、贵州、福建、河北、广西等五家分行，全部使用完证券化资源后，不良额较 6 月末仍然增加最多。明年银行卡专业的核销资源分配将充分考虑各行今年的质量攻坚贡献，根据贡献大小进行调节。

在攻坚决战的最后一个多月中，全行要着重做好以下几项工作。

（一）咬定目标不放松，坚决打赢攻坚战。一是摸清底数。倒排时间、加快进度，确保劣变额、清收额、不良额净增继续向好。二是强化执行。坚持委外催收、司法清收、欠款扣收、交叉违约、领导挂帅清收五大举措齐头并进；抓好委外清收和司法清收两大重点。三是保障资源。根据决战阶段需要，各行和委外催收机构都要加大投入，确保人财物资源及时、足额配备到位，同时相关考核激励要跟上。

（二）举全行之力开展逾期资产清收工作。各行要从即日起至年底，全力组织开展上门催收及司法清收行动。一是对于逾期 60 天以上且通过电话无法联系或明确拒绝还款的客户，应组织行内员工至少实地上门催收 1 次，并配套律师函催收等手段一追到底，督促客户归还欠款。二是在委外清收上，将我行回款目标传导落实至外包催收机构，督促其倾斜资源、增加人员，与我行同向发力，提高催收效果。三是加快推动司法判决的执行落地，分行分管行长、卡部负责人要进一步加强与法院的沟通协调，对已立案的应力争在年内获得判决结果并执行完毕，于年底前回款。

（三）一级分行领导必须靠前指挥，坚决向精细组织和过程管理要战绩。一是各一级分行行长和分管行长要亲自指挥攻坚决战，分管行长要承担主攻责任，精细管理攻坚过程和成效。二是在委外和司法清收基础上，还要下苦功补齐交叉违约和领导挂帅清收两个短板，这是衡量分管行长对攻坚决战是否担当作为的主要体现。三是要落实“下管一级、下督两级”的网格化督导。总行要督导到一级分行和二级分行，一级分行要督导到二级分行和重点支行，每日盯住攻坚进展，督导辖内清收不力的机构限期取得突破。

打赢资产质量攻坚战的同时，要把握旺季契机，做大业务规模。一是做大分期业务规模。分期付款业务是社会有需求、增长最直接、营收有支撑的业务品种。各行要保持对存量分期项目的资源投入，推动持续产出；包括总对总贴息项目，直客式家装分期业务和商户分期业务等等。对分期付款，不能因为现在不算中收就不做。应当看到，分期付款仍是信用卡营业收入的重要来源。二是做大融 e 借贷款规模。各行要对接当地公积金、社保、税务等部门，加快推广融 e 借实时授信业务，为可证实收入客群提供融资服务。

另外，旺季营销的重点是抓“旺”的业务，岁末年初是名副其实的消费旺季。各行要落实好相关重点工作部署，做大消费额。

二、开展好私银业务“高层营销高端”集中拜访活动

（一）企业家客群公私联动营销工作有起色，但总体进展不快，工作不平衡，成效不明显。今年 8 月初，总行印发了《企业家客群公私联动营销活动方案》，开启专项工作，取得初步成果。其中，河北、浙江、江苏等分行系

统谋划、积极创新，取得一定成效。但也要看到，全行在四个月时间里才拜访一万多户企业、发展九百多名私银客户。这说明全面开花、持续升温的态势尚未形成，GBC 联动、以公带私的效能没有体现。有的分行没有启动联合营销，有的分行外出拜访不多，多数分行拓户数很少。公私联动还是停留在口头上，联动营销还是迈着“八字步”、按部就班地进行，没有紧锣密鼓地动起来。私银业务“高层营销高端”活动亟待强化。

（二）高度重视，将“高层营销高端”活动作为私银业务转型发展的突破口。旺季资金富集，是营销私银业务的黄金时期。公私联动是批量快速拓展私银客户的重要路径，“高层营销高端”是发挥公私联动拓户成效的核心举措。我行发展私银业务，相比同业特别是股份制银行最突出的优势，就是庞大的企业家客群。同时，私银专业通过高品质服务维护好企业高管，也有助于密切银企关系、推进法人业务合作，是服务实体经济的具体举措。各行要更加重视“高层营销高端”活动，把它作为旺季营销的一项重点内容，全力推进、务求实效。

（三）高标定位，切实抓好“高层营销高端”活动的几个关键环节。旺季期间，全行要拜访 5 万户以上优质企业，从拜访企业中发展 1 万户资产 600 万元（含）以上私人银行客户，实现 1 000 亿元个人金融资产增长。特别说明一下，这两个目标不是面向全量私银客户，而是锁定拜访名单中客户与资产的提升目标；另外拜访活动要同步扩大企业代发、信用卡覆盖面，提升企业账户开立和对公存款等业务。要着力做好以下几个关键环节。

一是锁定拜访名单。要结合总行下发的企业名单，重点把辖内尚未开展私银业务合作但私银业务潜力大且对公业务合作密切的企业作为拜访对象，也包括部分虽然达标但提升空间大的私银客户，大致有 5 万多户企业、涉及 13 万户股东或高管。名单一旦确立就要固定，在旺季期间“按图索骥”逐户拜访，力争用 12 月和 1 月这两个月实现拜访全覆盖，2 月和 3 月主要是拾遗补阙、完善提高。我们有 × × 个分支行，超过 × × 分支行班子成员，一个人一个月拜访 × 户，2 个月就可完成 13 万户股东或高管拜访，所以不要畏难，关键要看认识有没有到位、有没有主动性。

二是周密组织拜访。要认真对待每一次拜访，访前精心准备、访中热情营销、访后持续跟进、定期总结回顾。要实行领导挂帅拜访，由各级行行长、个人和对公业务分管行长挂帅，私银、对公两部门负责人为营销主将。要带着服务方案去拜访，为企业量身定制、一户一策制订综合化营销方案。要带着任务去拜访，明确私银业务营销责任人，具体跟进拜访后的营销拓展、私银签约和资产提升。

三是强化好过程管理。要一级抓一级，详细了解下级行拜访具体开展情况，心中有数、督导有方。各级管理行要及时监测通报指导，表扬先进、推广有效做法，同时要鞭策后进、督导帮扶拜访不力分行，在全行营造紧锣密鼓拜访、比学赶超营销的良好局面。

第七部分

大事记

责任编辑：许银杰

1月

1月1日

总行党委发表新年贺词。

1月4日

陈四清董事长参加国务院常务会议。

党委书记陈四清主持召开第1次党委（扩大）会议，传达学习贯彻中央农村工作会议精神，传达国务院第117次、第118次、第119次、第120次常务会议精神，听取2020年全行经营情况汇报，听取关于工商银行首届“大行菁英”评选活动情况的汇报，听取关于工商银行2020年意识形态工作情况报告的汇报，审议《关于加强新时代全行党员教育管理的意见》，听取关于工商银行智能档案管理系统建设规划的汇报，研究有关干部事项。党委副书记杨国中，党委委员王林、廖林、王景武、张文武、徐守本出席。王百荣高级业务总监、官学清董事会秘书、熊燕高级业务总监、宋建华高级业务总监列席。

王林组长主持召开中央巡视整改工作推进会。

张文武副行长通过“晨会直通车”向网点员工致以新年祝福。

1月5日

党委书记、董事长陈四清，党委副书记、监事长杨国中出席新任职一级分行行长助理集体谈话会。

杨国中监事长、王景武副行长、张文武副行长出席疫情防控工作专班碰头会。

廖林副行长主持召开授信审批专职委员和审查处长座谈会。

1月6日

张文武副行长出席西城区关于部署驻区中央企业、金融机构疫情防控工作会议。

1月7日

党委副书记、监事长杨国中主持召开总行党委2020年度民主生活会征求意见座谈会。

1月9日

王景武副行长出席中国银河资产管理公司揭牌开业仪式。

1月11日

党委书记、董事长陈四清参加省部级主要领导干部学习贯彻党的十九届五中全会精神专题研讨班开班式。

陈四清董事长主持召开第1次执委会会议，分析2020年经营情况，研究2021年工作思路，听取2020年GBC工作推进情况汇报，研究下一阶段工作举措。杨国中监事长、王林组长列席。廖林副行长、王景武副行长、张文武副行长、徐守本副行长，王百荣高级业务总监、官学清董事会秘书、熊燕高级业务总监、宋建华高级业务总监出席。

1月12日

党委书记陈四清主持召开第2次党委（扩大）会议，传达中央单位规范领导干部配偶、子女及其配偶经商办企业行为工作动员部署会精神，审议《中国工商银行规范领导干部配偶、子女及其配偶经商办企业行为工作实施方案》，研究2021年工作会议材料，听取关于总行疫情防控专班近期工作情况的汇报，审议拟向《求是》杂志社推荐文章《以金融力量服务新发展格局》。党委副书记杨国中，党委委员王林、廖林、王景武、张文武、徐守本出席。王百荣高级业务总监、官学清董事会秘书、熊燕高级业务总监、宋建华高级业务总监列席。

1月13日

党委书记、董事长陈四清主持召开总行应对新型冠状病毒感染肺炎疫情工作领导小组第十三次会议，总结分析近期疫情防控工作情况，研究部署持续做好冬春季疫情防控工作措施。党委副书记、监事长杨国中，派驻纪检监察组组长、党委委员王林，党委委员、副行长王景武、张文武、徐守本，王百荣高级业务总监、官学清董事会秘书、熊燕高级业务总监、宋建华高级业务总监出席。

廖林副行长主持召开全行外部审计过渡交接工作启动大会。

1月15日

党委书记、董事长陈四清出席首届工银卓越奖章颁奖活动并讲话，党委副书记、监事长杨国中宣读表彰决定，派驻纪检监察组组长、党委委员王林，党委委员、副行长廖林、王景武、张文武、徐守本出席并颁奖，王百荣高级业务总监、官学清董事会秘书、熊燕高级业务总监、宋建华高级业务总监出席。

王景武副行长主持召开专题会议，研究推动全行GBC工作，熊燕高级业务总监、宋建华高级业务总监出席。

1月15日–1月16日

中国工商银行2021年工作会议在北京召开。陈四清董事长出席并讲话，杨国中监事长主持，王林组长、廖林副行长、王景武副行长、张文武副行长、徐守本副行长、王百荣高级业务总监、官学清董事会秘书、熊燕高级业务总监、宋建华高级业务总监出席。

1月16日

总行召开领导班子考核评价、选人用人“一报告两评议”、2020年度党组织书记抓基层党建工作述职评议会议。党委书记陈四清出席会议并讲话，党委副书记杨国中主持，党委委员王林、廖林、王景武、张文武、徐守本，王百荣高级业务总监、官学清董事会秘书、熊燕高级业务总监、宋建华高级业务总监参加。

1 月 18 日

党委书记陈四清主持召开第 3 次党委（扩大）会议，传达学习贯彻习近平总书记在省部级主要领导干部学习贯彻党的十九届五中全会精神专题研讨班开班式上的重要讲话精神，听取关于第一个人金融银行战略执行情况的汇报，听取关于境内外汇业务首选银行战略执行情况的汇报，听取关于重点区域竞争力提升战略执行情况的汇报，听取关于拟向党中央报告工商银行深入学习贯彻中央经济工作会议精神有关情况的汇报，听取关于拟向党中央报送《中国工商银行党委关于 2020 年工作情况和 2021 年工作思路的报告》的汇报，听取关于向中央和国家机关工委推荐 2021 年全国五一巾帼标兵岗候选集体、全国五一巾帼标兵候选人和 2021 年全国巾帼文明岗候选集体、全国巾帼建功标兵候选人的汇报，听取关于向全国妇联推荐 2021 年全国巾帼文明岗候选集体和全国巾帼建功先进集体候选集体的汇报。党委副书记杨国中，党委委员王林、廖林、王景武、张文武、徐守本出席。王百荣高级业务总监、官学清董事会秘书、熊燕高级业务总监、宋建华高级业务总监列席。

张文武副行长主持召开疫情期间保障客户服务连续性专题会议。

1 月 19 日

受陈四清董事长委托，廖林副行长主持召开第 2 次执委会会议，听取关于 2021 年工作会议重点任务责任分解情况的汇报，听取关于 2020 年第三季度监管通报问题整改情况及落实监管专题约谈要求的汇报，听取关于 2020 年监管处罚情况的汇报，听取关于《商业银行绩效评价办法》修订情况及工商银行工作措施的汇报，听取关于房地产贷款集中度管理情况及工作措施的汇报。杨国中监事长、王林组长列席。王景武副行长、张文武副行长、徐守本副行长、王百荣高级业务总监、官学清董事会秘书、熊燕高级业务总监、宋建华高级业务总监出席。

1 月 20 日

陈四清董事长参加国务院常务会议。

廖林副行长、宋建华高级业务总监出席专题会议，研究“战略性资源配置”政策等工作。

1 月 21 日

党委书记、董事长陈四清，党委副书记、监事长杨国中出席公开遴选一级（直属）分行副职集体谈话会。

王景武副行长出席 2021 年公司结现投行工作会议并讲话。

张文武副行长会见北京市地方金融监督管理局局长霍学文一行。

1 月 21 日 –1 月 24 日

王林组长参加十九届中央纪委五次全会。

1 月 22 日

党委书记陈四清参加十九届中央纪委五次全会。

1 月 25 日

党委书记陈四清主持召开第 4 次党委（扩大）会议，传达学习贯彻十九届中央纪委五次全会精神，传达中共中央办公厅《关于 2020 年中央政治局贯彻执行中央八项规定情况的报告》《关于持续解决形式主义问题深化拓展基层减负工作情况的报告》，审议《中国工商银行庆祝中国共产党成立 100 周年活动方案》，听取关于 2020 年度经营情况的汇报，审议关于 2021 年经营计划的议案，审议 2021 年度行业（绿色）信贷政策，审议关于 2021 年度固定资产投资预算的议案，审议关于聘任顾斌先生为中国工商银行股份有限公司内部审计局局长的议案，审议关于提名陈怡芳女士为中国工商银行股份有限公司非执行董事候选人的议案，审议关于申请核增专家 B 类职数的议案，研究有关干部事项。党委副书记杨国中，党委委员王林、廖林、王景武、张文武、徐守本出席。王百荣高级业务总监、官学清董事会秘书、熊燕高级业务总监、宋建华高级业务总监列席。

陈四清董事长应邀以视频方式出席世界经济论坛“达沃斯议程”对话会。

1 月 26 日

总行党委巡视工作领导小组召开会议，传达学习赵乐际同志在交通运输部调研座谈会上的讲话精神，听取总行本部巡视整改“回头看”和专项检查情况汇报。党委书记、董事长、巡视工作领导小组组长陈四清出席并讲话，党委副书记、监事长、巡视工作领导小组副组长杨国中，派驻纪检监察组组长、党委委员、巡视工作领导小组副组长王林出席会议。

受陈四清董事长委托，廖林副行长主持召开第 3 次执委会会议，听取关于年初以来旺季营销工作进展情况的汇报，听取关于 2020 年全行客户投诉管理情况的汇报，听取关于账销案存资产及清收情况的汇报。杨国中监事长列席。王景武副行长、张文武副行长、徐守本副行长、王百荣高级业务总监、官学清董事会秘书、熊燕高级业务总监、宋建华高级业务总监出席。

杨国中监事长、王景武副行长、张文武副行长出席疫情防控工作专班碰头会。

王林组长参加中央纪委国家监委机关规范领导干部配偶、子女及其配偶经商办企业行为工作动员部署会。

1 月 27 日

党委书记、董事长陈四清拜访工业和信息化部党组书记、部长肖亚庆，双方就贯彻落实党的十九届五中全会精神、推动制造业高质量发展等进行交流，并签署战略合作协议。党委委员、副行长王景武出席。

张文武副行长出席全行运行管理与安全保卫工作会议并讲话。

工银任免〔2021〕45 号决定：解聘徐晓岚同志中国工商银行票据营业部总经理职务，另有任用。

工银任免〔2021〕46 号决定：聘任李宝权同志为

中国工商银行私人银行部总经理。

工银任免〔2021〕47号决定：聘任徐晓岚同志中国工商银行贵金属业务部总经理。解聘李宝权同志中国工商银行贵金属业务部总经理职务，另有任用。

1月28日

工商银行召开干部会议。中组部有关干部局负责同志宣读中央关于中国工商银行干部任免的决定：廖林同志任中国工商银行党委副书记。

陈四清董事长、党委副书记廖林、王景武副行长、张文武副行长、徐守本副行长、熊燕高级业务总监、宋建华高级业务总监出席深化第一个人金融银行战略实施专题会议。

杨国中监事长、张文武副行长出席支行网点疫情防控工作专题会议。

1月29日

陈四清董事长主持召开董事会会议，审议通过《关于2021年度固定资产投资预算的议案》等4项议案，听取《关于2020年度经营情况的汇报》。廖林董事出席会议，杨国中监事长、王景武副行长、徐守本副行长列席，官学清董事会秘书参加。董事会会议前，陈四清董事长主持召开董事会战略委员会会议。

张文武副行长拜会北京银保监局局长李明肖。

工银任免〔2021〕56号决定：聘任蔡谦同志为中国工商银行青岛市分行行长。

1月30日

王林组长参加中央纪委国家监委派驻中管金融单位纪检监察组2020年度述职交流会议。

2月

2月1日

党委副书记廖林、杨国中监事长、王景武副行长、王百荣高级业务总监、官学清董事会秘书、熊燕高级业务总监、宋建华高级业务总监出席监事会2020年度履职访谈。

2月2日

党委书记、董事长陈四清，党委副书记、监事长杨国中出席中央第33督导组沟通会。

党委书记陈四清主持召开第5次党委（扩大）会议，传达《中央政治局常委会2021年工作要点》，听取关于拟向党中央报送《中国工商银行党委关于2020年落实全面从严治党主体责任情况的报告》的汇报，研究2021年全面从严治党暨纪检监察工作视频会议材料，听取关于中国工商银行2020年全面从严治党、党风廉政建设和反腐败情况的通报，听取关于总行本部巡视整改“回头看”工作情况的汇报，审议《中国工商银行国家安全人民防线建设工作规定》，审议关于建议给予蒋云志、高鸿升同志党纪处分的通报，审议2020年度民主生活会班子对照检查材料，听取关于中央第33督导组对工商银行民主生活会督导反馈情况的汇报，研究有关干部事项。党委副书记廖林、杨国中，党委委员王林、王景武、张文武、徐守本出席。王百荣高级业务总监、官学清董事会秘书、熊燕高级业务总监、宋建华高级业务总监列席。

受陈四清董事长委托，党委副书记廖林主持召开第4次执委会会议，审议《信用风险管理委员会章程（2021年版）》，审议《2020年信贷资产质量“123”攻坚战情况及2021年“123”攻坚战计划措施》，审议授信审批新规实施运行情况及下一步工作措施，安排部署有关工作。王林组长列席。王景武副行长、张文武副行长、徐守本副行长、王百荣高级业务总监、官学清董事会秘书、熊燕高级业务总监、宋建华高级业务总监出席。

2月3日

党委书记、董事长陈四清出席全行劳模工匠事迹报告会并讲话，党委副书记廖林出席，党委副书记、监事长杨国中主持，派驻纪检监察组组长、党委委员王林，党委委员、副行长王景武、张文武、徐守本，王百荣高级业务总监、官学清董事会秘书、熊燕高级业务总监、宋建华高级业务总监出席。

张文武副行长会见人民银行数字货币研究所所长穆长春一行，双方就数字人民币项目建设相关情况进行交流。

2月4日

党委书记、董事长陈四清接受中央电视台财经频道专访。

党委副书记廖林、王景武副行长出席战略性新兴产业业务推动专题会议，听取战略性新兴产业推动工作汇报，研究部署下一步重点工作。

党委副书记廖林参加人民银行加强存款管理电视电话会议。

王景武副行长主持召开福建、广东、深圳、广州分行旺季营销视频督导会。

徐守本副行长主持召开陕西、湖南、湖北分行旺季营销视频督导会。

2月5日

党委书记陈四清，党委副书记廖林、杨国中，党委委员王林、王景武、张文武、徐守本出席总行党委2020年度民主生活会。

张文武副行长主持召开河北、辽宁、黑龙江分行旺季营销视频督导会。

2月7日

总行召开2021年全面从严治党暨纪检监察工作会议。党委书记、董事长陈四清出席并讲话，党委副书记廖林出席，党委副书记、监事长杨国中宣读“工银成就奖（纪检业务）”表彰通报，派驻纪检监察组组长、党委委员王林主持并作工作报告。党委委员、副行长王景武、张文武、徐守本，王百荣高级业务总监、官学清董事会秘书、熊燕高级业务总监、宋建华高级业务总监出席。

受陈四清董事长委托，党委副书记廖林主持召开第5次执委会会议，听取旺季营销1月工作进展情况的汇报，部署下一步工作举措。王景武副行长、张文武副行长、徐守本副行长、王百荣高级业务总监、官学清董事会秘书、熊燕高级业务总监、宋建华高级业务总监出席。

2月8日

总行党委发表致离退休老同志春节慰问信。

党委副书记廖林主持召开分行竞争力监测及战略性资源配置专题会议。

杨国中监事长陪同全国总工会、人民银行、银保监会、证监会和中国金融工会有关领导赴北京分行开展“两节”送温暖慰问活动。

根据中共中央组织部组任字〔2021〕39号文件通知，廖林同志任中国工商银行党委副书记。

2月9日

总行党委发表致全行员工新春慰问信。

党委书记陈四清主持召开第6次党委（扩大）会议，传达学习贯彻习近平总书记在中央政治局第二十七次集体学习时的重要讲话精神，传达国务院第121次、第122次、第123次、第124次、第125次常务会议精神，审议《中国工商银行党委2021年工作要点》，听取关于修订总行级五一奖评选管理办法有关情况的汇报，审议2021年度央视广告投放项目的方案，审议《中国工商银行股份有限公司2021年度银行账簿利率风险管理策略》，研究有关干部事项。党委副书记廖林、杨国中，党委委员王林、王景武、张文武、徐守本出席。王百荣高级业务总监、官学清董事会秘书、熊燕高级业务总监、宋建华高级业务总监列席。

受陈四清董事长委托，党委副书记廖林、官学清董事会秘书出席境外机构员工及家属新春慰问座谈会。

张文武副行长主持召开总行及在京机构春节“两会”安全工作专题部署会议。

徐守本副行长出席2021年资产管理、私人银行、工银理财、工银国际工作会议并讲话。

2月10日

党委书记、董事长陈四清参加2021年中央春节团拜会。

党委书记、董事长陈四清，派驻纪检监察组组长、党委委员王林看望慰问派驻纪检监察组和总行党委巡视办干部员工。

王景武副行长主持召开支持制造业高质量发展专题会议。

2月12日

张文武副行长看望慰问网点员工并调研数字人民币试点情况。

2月18日

党委副书记廖林、王景武副行长、张文武副行长、徐守本副行长、王百荣高级业务总监、官学清董事会秘书、熊燕高级业务总监、宋建华高级业务总监出席执委会成员碰头会。

2月19日

党委副书记廖林、王景武副行长、张文武副行长出席资金承接推动GBC联动专题会。

张文武副行长主持召开线上线下一体化服务体系建设推进会议。

2月20日

党委书记、董事长陈四清参加党史学习教育动员大会。

党委副书记廖林、张文武副行长出席网点竞争力提升专题会议。

2月22日

受党委书记陈四清委托，党委副书记杨国中主持召开第7次党委（扩大）会议，审议《关于聘任廖林先生为中国工商银行股份有限公司行长的议案》，审议《关于选举廖林先生为中国工商银行股份有限公司副董事长的议案》，审议《关于廖林先生在中国工商银行股份有限公司董事会相关专门委员会任职的议案》。党委副书记廖林，党委委员王林、王景武、张文武、徐守本出席。王百荣高级业务总监、官学清董事会秘书、熊燕高级业务总监、宋建华高级业务总监列席。

党委副书记廖林出席北京市金融工作座谈会。

王景武副行长、徐守本副行长出席金融支持乡村振兴专题推动会，听取相关工作汇报，研究部署下一步重点工作。

2月23日

派驻纪检监察组组长、党委委员、党委巡视工作领导小组副组长王林出席总行党委2021年第一批次巡视工作动员部署会并作动员讲话。

2月24日

党委副书记廖林、王景武副行长、张文武副行长、徐守本副行长、王百荣高级业务总监、官学清董事会秘书、熊燕高级业务总监、宋建华高级业务总监出席总行风险管理委员会2021年第一次会议。

王林组长出席中央纪委国家监委信息中心调研座谈会。

2月25日

党委书记、董事长陈四清参加全国脱贫攻坚总结表彰大会。

陈四清董事长主持召开董事会会议，审议通过

《关于聘任廖林先生为中国工商银行股份有限公司行长的议案》《关于选举廖林先生为中国工商银行股份有限公司副董事长的议案》《关于廖林先生在中国工商银行股份有限公司董事会相关专门委员会任职的议案》3项议案。廖林董事出席会议，杨国中监事长、王景武副行长、徐守本副行长列席，官学清董事会秘书参加。

王林组长出席2021年第一期监督工作联席会议并讲话。

张文武副行长出席2021年金融科技工作会议并讲话。

2月26日

党委书记陈四清主持召开第8次党委（扩大）会议，传达学习贯彻习近平总书记在党史学习教育动员大会上的重要讲话精神，传达学习贯彻习近平总书记在中央全面深化改革委员会第十八次会议上的重要讲话精神，听取关于中央和国家机关党的工作暨纪检工作会议有关情况的汇报，听取关于推荐参评全国“两优一先”候选基层党组织及个人有关情况的汇报，审议《2021年度通用外部研发资源例行化项目工作方案》，传达《中共中央办公厅 国务院办公厅关于修改完善香港特别行政区选举制度的通报》，研究有关干部事项。党委副书记廖林、杨国中，党委委员王林、王景武、张文武、徐守本出席。王百荣高级业务总监、官学清董事会秘书、熊燕高级业务总监、宋建华高级业务总监列席。

党委副书记廖林、官学清董事会秘书会见锦州银行董事长魏学坤。

党委副书记廖林出席2021年代发业务推动会并讲话，宋建华高级业务总监主持会议。

徐守本副行长主持召开数字供应链发展战略专题会议。

2月27日－4月29日

王林组长参加中央党校第70期省部级干部进修班。

3月

3月1日

党委书记陈四清主持召开第9次党委（扩大）会议，传达学习贯彻习近平总书记在全国脱贫攻坚总结表彰大会上的重要讲话，传达学习贯彻2月26日中央政治局会议精神，听取关于2021年向境内外机构增资、并购股权投资和申设机构注资计划的汇报，听取董事会工作汇报，听取关于监事会2020年工作情况及2021年工作安排的汇报，听取关于推荐工商银行2021年全国五一劳动奖候选集体和个人情况的汇报。党委副书记廖林，党委委员王景武、张文武出席。王百荣高级业务总监、官学清董事会秘书、熊燕高级业务总监、宋建华高级业务总监列席。

党委副书记廖林出席不良贷款转让试点首批业务竞价现场会并作主题发言。

王景武副行长会见华润集团副总经理、总会计师李福利一行，双方就“十四五”时期全面巩固和加强银企战略合作进行交流。

张文武副行长出席全行信访工作会议并讲话。

3月1日－3月2日

徐守本副行长出席广东省与跨国企业合作发展座谈会暨“十四五”战略合作框架协议签约仪式。

3月2日

受陈四清董事长委托，党委副书记廖林主持召开第6次执委会会议，听取关于2月经营情况及旺季营销工作情况的汇报，审议《e－ICBC进程升级实施方案》。王景武副行长、张文武副行长、王百荣高级业务总监、官学清董事会秘书、熊燕高级业务总监、宋建华高级业务总监出席。

党委副书记廖林会见北京市地方金融监督管理局局长霍学文。

3月3日

党委书记陈四清主持召开第10次党委（扩大）会议，审议《大连分行副行长李秉章不良贷款管理责任认定处理建议》，审议《对原总行机关员工卢伟违纪问题的处分意见》，研究行领导、高管分工，研究有关干部事项。党委副书记廖林，党委委员王景武、张文武、徐守本出席。王百荣高级业务总监、官学清董事会秘书、熊燕高级业务总监、宋建华高级业务总监列席。

党委副书记廖林主持召开2020年度审计结果及2021年度审计过渡交接工作汇报会，张文武副行长出席会议。

党委副书记廖林、熊燕高级业务总监、宋建华高级业务总监赴北京分行调研。

根据中共中央组织部组任字〔2021〕80号文件通知，杨国中同志不再担任中国工商银行党委副书记职务。

3月3日－3月11日

王景武副行长参加第十三届全国人民代表大会第四次会议。

3月4日

党委书记陈四清参加办公室2020年度民主生活会。

党委副书记廖林主持召开境外合规风险专题会议，官学清董事会秘书出席。

党委副书记廖林、官学清董事会秘书与标银集团首席执行官西姆·沙巴拉拉（Sim Tshabalala）、首席财务官阿诺·丹柯（Arno Daehnke）等举行视频沟通会。

张文武副行长、官学清董事会秘书出席疫情防控工作专班会议。

工银任免〔2021〕110号决定：聘任吴迎春同志为

中国工商银行辽宁省分行行长。解聘鞠延强同志中国工商银行辽宁省分行行长职务。

3月5日

总行党委发表致全行女员工慰问信。

陈四清董事长、党委副书记廖林、徐守本副行长会见天津市副市长康义一行，双方围绕深化银政合作、金融支持天津经济社会发展、助力企业转型等进行交流。

党委副书记廖林主持召开城乡联动推进乡村振兴专题会议。

徐守本副行长出席2021年普惠金融工作会议并讲话。

3月8日

党委书记陈四清主持召开第11次党委（扩大）会议，传达学习贯彻习近平总书记在中央党校（国家行政学院）中青年干部培训班开班式上的重要讲话精神，审议《中国工商银行党史学习教育实施方案》，审议工商银行落实《关于国有金融机构聚焦主业、压缩层级等相关事项的通知》自查报告和整改方案，审议关于《普惠金融业务2021年度经营计划》的议案，审议关于《2020年度风险管理报告》的议案，审议关于《2020年度风险及资本充足评估报告》的议案，审议关于《2020年度风险偏好执行和评估报告》的议案，审议关于《2020年集团并表管理情况与2021年工作计划》的议案，听取关于2020年度信息科技风险管理情况的汇报，审议关于发行合格二级资本工具的议案，听取关于《中国工商银行股份有限公司股东大会对董事会授权方案》2020年度执行情况的汇报，听取关于《中国工商银行股份有限公司董事会对行长授权方案》2020年度执行情况的汇报，听取关于2020年工商银行主要股东年度评估的汇报，研究有关干部事项。党委副书记廖林，党委委员张文武、徐守本出席。王百荣高级业务总监、官学清董事会秘书、熊燕高级业务总监、宋建华高级业务总监列席。

3月9日

陈四清董事长出席2021年内部审计工作会议并讲话，张文武副行长主持会议。

陈四清董事长、党委副书记廖林、徐守本副行长会见四川省人民政府副省长李云泽一行，双方就进一步深化金融合作，共同推动成渝地区双城经济圈建设进行交流。

受陈四清董事长委托，党委副书记廖林主持召开第7次执委会会议，听取关于重点科目非正常垫款情况的汇报，审议《数据中心建设规划及新园区选址实施方案》，听取旺季营销对口督导重点分行情况报告。张文武副行长、徐守本副行长、王百荣高级业务总监、官学清董事会秘书、熊燕高级业务总监、宋建华高级业务总监出席。

3月10日

中国工商银行召开党史学习教育动员大会。党委书记、董事长陈四清出席会议并讲话，党委副书记廖林主持会议，党委委员、副行长张文武、徐守本，王百荣高级业务总监、官学清董事会秘书、熊燕高级业务总监、宋建华高级业务总监参加。

党委副书记廖林、宋建华高级业务总监出席代发业务专题汇报会。

3月11日

张文武副行长出席西城区驻区中央企业疫苗接种工作会议。

3月12日

王景武副行长赴授信审批部宣布干部调整事项。经总行党委研究决定：李新彬同志任授信审批部总经理，杨志忠同志不再担任授信审批部总经理职务。

王景武副行长赴安全保卫部宣布干部调整事项。经总行党委研究决定：郝彬同志任总行安全保卫部总经理。

3月15日

陈四清董事长参加国务院常务会议。

党委书记陈四清主持召开第12次党委（扩大）会议，传达学习贯彻全国“两会”精神，审议《中国工商银行2021—2023年发展战略规划》，审议《关于2020年度财务决算方案的议案》，审议《关于2020年度利润分配方案的议案》，审议《关于2020年度报告及摘要的议案》，审议《关于2020年资本充足率报告的议案》，审议《关于〈中国工商银行2020社会责任（ESG）报告〉的议案》，听取关于《中国工商银行股份有限公司2020年度关联交易专项报告》的汇报，听取《关于2020年关联方确认情况的汇报》，审议拟向党中央报送的《中国工商银行党委关于传达学习习近平总书记在省部级主要领导干部学习贯彻党的十九届五中全会精神专题研讨班开班式上的重要讲话精神有关情况的报告》，听取《关于“七一勋章”初步建议人选提名和全国“两优一先”推荐情况的汇报》，听取关于向外交部报送全国“两优一先”候选推荐对象的汇报，研究有关干部事项。党委副书记廖林，党委委员王景武、张文武、徐守本出席。王百荣高级业务总监、官学清董事会秘书、熊燕高级业务总监、宋建华高级业务总监列席。

党委书记陈四清主持召开第13次党委会议，研究有关干部事项。党委副书记廖林，党委委员王景武、张文武、徐守本出席。

党委书记、董事长陈四清拜访科学技术部党组书记、部长王志刚，双方就贯彻落实党的十九届五中全会、中央经济工作会议和全国“两会”精神，促进科技、产业和金融良性循环等进行交流，并签署战略合作协议。党委委员、副行长徐守本出席。

党委副书记廖林视频宣布山西分行干部调整事项。经总行党委研究决定：杨志忠同志任山西分行行长、党委书记，陆钦同志不再担任山西分行行长、党委书记职务。

党委副书记廖林、官学清董事会秘书会见东亚银行联席行政总裁李民斌一行，双方就对接发展战略、深化合作等进行交流。

张文武副行长出席 2021 年总行保密委员会暨密码工作领导小组工作会议并讲话。

张文武副行长赴渠道管理部宣布干部调整事项。经总行党委研究决定：梅超同志任渠道管理部总经理，郝彬同志不再担任渠道管理部总经理职务。任职文件将在履行完相关程序后正式印发。

3 月 16 日

陈四清董事长、廖林行长、熊燕高级业务总监出席工银托管规模突破 20 万亿元发布会。

党委书记、董事长陈四清会见中信银行党委书记、行长方合英一行，双方就学习贯彻全国“两会”精神，深化业务合作，共同服务构建新发展格局、推动高质量发展进行交流。熊燕高级业务总监出席。

廖林行长主持召开第 8 次执委会会议，审议《关于加强投融资业务合作机构管理指导意见》，听取关于战略性资源配置情况及对分行竞争力监测的汇报，审议《账户贵金属业务调整方案》，听取关于投融资“三个一”情况及“三个一”客户代发工资情况的汇报，安排部署有关工作。王景武副行长、张文武副行长、王百荣高级业务总监、官学清董事会秘书、熊燕高级业务总监、宋建华高级业务总监出席。

王景武副行长参加第 15 届亚太银行监管高层视频会议。

根据国务院国人字〔2021〕45 号文件通知，经履行相关法律规定程序，廖林同志任中国工商银行副董事长、行长。

工银党任免〔2021〕46 号决定：任命博来同志为中国工商银行青海省分行党委书记。免去张卫东同志中国工商银行青海省分行党委书记职务。

工银任免〔2021〕121 号决定：聘任刘亚干同志为财务会计部总经理。

工银任免〔2021〕122 号决定：聘任顾斌同志为内部审计局局长。

3 月 16 日 –3 月 17 日

徐守本副行长赴山东青岛出差。其间，参加工银租赁 32.5 万吨矿砂船项目交船仪式并致辞，赴青岛分行调研，与青岛市市长赵豪志、常务副市长薛庆国就深化银政合作关系进行交流，出席青岛分行与青岛市海洋发展局战略合作协议签约仪式，并走访海信集团。

3 月 17 日

党委书记、董事长陈四清拜访商务部党组书记、部长王文涛，双方就贯彻落实党的十九届五中全会和全国“两会”精神，协同推动商务高质量发展、服务高水平对外开放等进行交流，并签署战略合作协议。党委副书记、行长廖林，官学清董事会秘书出席。

廖林行长出席 2021 年财会资负工作会议并讲话。

张文武副行长、官学清董事会秘书出席疫情防控工作专班会议。

3 月 18 日

陈四清董事长、廖林行长、徐守本副行长会见华为董事长梁华一行。

廖林行长、官学清董事会秘书赴董事会办公室、战略管理与投资者关系部调研。

张文武副行长出席深化线上线下运营流程建设汇报会。

3 月 20 日

陈四清董事长受邀出席“中国发展高层论坛”2021 年会，围绕金融业开放与风险防控发表演讲。

3 月 22 日

党委书记陈四清主持召开第 14 次党委（扩大）会议，宣布干部任职事项。根据工作需要，经中组部研究决定，张伟武同志任工商银行副行长、党委委员。党委副书记廖林，党委委员王景武、张文武、徐守本、张伟武出席。王百荣高级业务总监、官学清董事会秘书、熊燕高级业务总监、宋建华高级业务总监列席。

党委书记陈四清主持召开第 15 次党委（扩大）会议，传达学习贯彻习近平总书记在中央财经委员会第九次会议上的重要讲话精神，传达国务院第 126 次、第 127 次常务会议精神，审议拟向党中央报送的《中国工商银行党委关于 2020 年贯彻落实习近平总书记重要指示批示精神“回头看”情况的报告》，审议《关于工银墨西哥向总行定向发行 3 000 万美元 AT1 债券的议案》，审议《关于〈中国工商银行股份有限公司 2021 年度流动性风险管理策略〉的议案》，审议《关于〈中国工商银行股份有限公司 2020 年度银行账簿利率风险管理报告〉的议案》，听取《关于美国区域风险管理框架和偏好年审情况的议案及各类风险等情况的汇报》，听取《关于美国区域 2020 年四季度监管检查和整改情况的汇报》，听取《关于纽约分行内部审计 2020 年工作情况的汇报》，听取《关于 2020 年度内部审计工作的汇报》，审议《关于 2021 年内部审计项目计划的议案》，审议《关于〈中国工商银行股份有限公司 2020 年度内部控制评价报告〉的议案》，听取《关于 2020 年度内部控制审计结果的汇报》，听取《关于 2020 年度外部审计工作总结的汇报》，审议《关于召集 2020 年度股东年会的议案》。党委副书记廖林，党委委员王景武、张文武、徐守本、张伟武出席。王百荣高级业务总监、官学清董事会秘书、熊燕高级业务总监、宋建华高级业务总监列席。

党委书记陈四清主持召开党史学习教育领导小组会议，党委副书记廖林，党委委员王景武、张文武、徐守本、张伟武出席。王百荣高级业务总监、官学清董事会秘书、熊燕高级业务总监、宋建华高级业务总监列席。

3 月 23 日

陈四清董事长出席中国现代金融学会 2021 年学术年会并讲话，廖林行长主持会议，张文武副行长出席。

党委书记、董事长陈四清拜访中投公司党委书记、董事长彭纯，双方就贯彻落实党的十九届五中全会和全国“两会”精神，进一步深化全面合作，共同服务构建新发展格局、推动高质量发展进行交流。党委副书记、行长廖林，官学清董事会秘书出席。

王景武副行长参加中央和国家机关工委党建工作调研。

3 月 24 日

陈四清董事长参加国务院常务会议。

廖林行长主持召开第 9 次执委会会议，审议《城乡联动发展战略总体实施方案》，听取关于全行机构金融业务、交易业务“扬长扬优”工作的汇报，听取关于全行“真实性”审查机制运行情况及公司信贷业务尽职调查“真实性”落实情况的汇报，听取关于理财整改进展的汇报。王景武副行长、张文武副行长、徐守本副行长、王百荣高级业务总监、官学清董事会秘书、熊燕高级业务总监、宋建华高级业务总监出席。

廖林行长出席内控合规重点工作推进会并讲话，王景武副行长主持会议。

根据国务院国人字〔2021〕77 号文件通知，杨国中同志不再担任中国工商银行监事、监事长职务。

3 月 25 日

廖林副董事长主持召开董事会社会权益与消费者保护委员会会议，官学清董事会秘书参加。

张文武副行长出席全行线上线下金融服务工作会议并讲话。

徐守本副行长会见华侨城集团总会计师姚威一行。

党委委员张伟武拜访人民银行国际司司长朱隽。

党委委员张伟武拜访银保监会国际部主任廖媛媛。

3 月 26 日

陈四清董事长主持召开董事会会议，审议通过《关于 2020 年度报告及摘要的议案》等议案，听取《关于董事会 2021 年工作要点的汇报》等汇报。廖林副董事长出席，王景武副行长、张文武副行长、徐守本副行长列席，官学清董事会秘书参加。董事会会议前，陈四清董事长主持召开战略委员会会议，廖林副董事长主持召开社会责任与消费者权益保护委员会会议。

工商银行在北京通过全球电话会议方式，举办 2020 年度业绩新闻发布会。廖林行长、王景武副行长、张文武副行长、徐守本副行长、宋建华高级业务总监出席发布会并回答提问。

工商银行在北京举办 2020 年度业绩说明会。廖林行长、王景武副行长、张文武副行长、徐守本副行长、官学清董事会秘书出席。

3 月 27 日

张文武副行长出席工银科技（北京）有限公司成立暨战略合作协议签约仪式。

3 月 29 日

党委书记陈四清主持召开第 16 次党委（扩大）会议，传达学习贯彻《中共中央　国务院关于实现巩固拓展脱贫攻坚成果同乡村振兴有效衔接的意见》，二次审议《工商银行金融科技发展规划（2021—2023 年）》，二次审议《e－ICBC 进程升级实施方案》，审议中国工商银行脱贫攻坚表彰获奖名单，审议拟向人民银行报送中央金融单位定点扶贫先进集体、先进个人的名单，审议拟向中央和国家机关工委推荐参评“两优一先”候选基层党组织及个人名单，审议拟向中央和国家机关工委推荐报送中央和国家机关青年学习标兵候选人名单，听取关于 2020 年机关党建工作情况和 2021 年重点工作安排的汇报，审议对总行公司金融业务部员工孙睿昕违纪问题的处分意见，研究有关干部事项。党委副书记廖林，党委委员王景武、张文武、徐守本、张伟武出席。王百荣高级业务总监、官学清董事会秘书、熊燕高级业务总监、宋建华高级业务总监列席。

3 月 30 日

廖林行长主持召开第 10 次执委会会议，听取关于全行公司金融业务、结算与现金管理业务“扬长扬优”工作的汇报，审议《关于加快代发业务高质量发展的指导意见》，审议《关于做好资金承接目标客户营销工作的意见》，二次审议《数据中心建设规划及新园区选址实施方案》。王景武副行长、张文武副行长、徐守本副行长、党委委员张伟武、王百荣高级业务总监、官学清董事会秘书、熊燕高级业务总监、宋建华高级业务总监出席。

徐守本副行长走访营销中国卫星网络通信集团公司筹备组。

3 月 31 日

党委书记、董事长陈四清拜访财政部党组书记、部长刘昆，双方就贯彻落实党的十九届五中全会和全国“两会”精神，共同服务构建新发展格局、推动高质量发展进行交流。党委副书记、行长廖林，董事会秘书官学清出席。

廖林行长、张文武副行长拜访北京市副市长、城市副中心管委会主任隋振江，双方就深化“十四五”期间银政合作，支持北京市及城市副中心经济社会高质量发展等进行交流。

王景武副行长受邀出席北京国际大数据交易所成立发布会，并作为北京国际数据交易联盟成员代表发言。

徐守本副行长赴四川出席国投雅砻江卡拉水电站银团贷款协议签约仪式，并与国投集团总会计师李汝革进行会谈。

4月

4月1日–4月2日

陈四清董事长、廖林行长、徐守本副行长赴湖南出差。其间，拜会湖南省委书记、省人大常委会主任许达哲，省委副书记、省长毛伟明，出席与省政府战略合作协议签约仪式，走访三一集团，并调研分行。

4月6日

党委书记陈四清主持召开第17次党委（扩大）会议，传达学习贯彻3月30日中央政治局会议精神，听取关于2021年第一季度经营情况的汇报，审议《中国工商银行2021—2023年国际化发展战略规划》，审议《中国工商银行2021—2023年集团数据治理与智能应用规划》，听取关于《破解“两张皮”问题　推动总分行机关党建和业务工作深度融合20条措施》相关情况的汇报，听取关于2020年总行机关青年员工思想动态分析情况的汇报，研究行领导、高管分工。党委副书记廖林，党委委员王景武、张文武、徐守本、张伟武出席。王百荣高级业务总监、官学清董事会秘书、宋建华高级业务总监列席。

陈四清董事长、廖林行长、徐守本副行长会见湖北省人民政府副省长宁咏，双方就进一步深化金融合作，共同推动中部地区高质量发展进行交流。

4月7日

陈四清董事长参加国务院常务会议。

党委书记、董事长陈四清赴人力资源部（党委组织部）宣布干部调整事项。经总行党委研究并报中组部审批同意，张小东同志任人力资源部总经理、党委组织部部长。

廖林行长主持召开第11次执委会会议，听取关于第一季度全行存款偏离度管理情况的汇报，听取关于第一季度集团资产质量管理情况的汇报，听取关于境内分行“一表三图”数字化穿透管理信息服务的汇报。张文武副行长、徐守本副行长、党委委员张伟武，王百荣高级业务总监、官学清董事会秘书、宋建华高级业务总监出席。

4月8日

廖林行长、王景武副行长出席2021年信贷与全面风险管理工作会议并讲话。

党委副书记、行长廖林赴办公室（党委办公室）宣布干部调整事项。经总行党委研究决定：宋翰乙同志任办公室主任、党委办公室主任；张小东同志不再担任办公室主任、党委办公室主任职务。

廖林行长会见中国银行业协会专职副会长潘光伟一行。

党委委员、副行长王景武赴企业文化部（教育部、党委宣传部、团委）宣布干部调整事项。经总行党委研究决定：霍江同志任企业文化部（教育部）总经理、党委宣传部部长；宋翰乙同志不再担任企业文化部（教育部）总经理、党委宣传部部长职务。

4月9日

党委书记、董事长陈四清拜访北京市委副书记、市长陈吉宁，双方就贯彻落实党的十九届五中全会和全国“两会”精神，助力北京经济社会高质量发展等进行交流，并签署全面战略合作协议。党委副书记、行长廖林，党委委员、副行长徐守本，熊燕高级业务总监出席。

张文武副行长赴河北保定分行调研网点转型与竞争力提升工作。

4月10日

张文武副行长参加共和国部长义务植树活动。

4月12日

陈四清董事长、廖林行长、张文武副行长、徐守本副行长、党委委员张伟武、王百荣高级业务总监、官学清董事会秘书、熊燕高级业务总监、宋建华高级业务总监参加银保监会2020年度监管通报会。

张文武副行长参加2021年度大型银行监管强化标准通报会。

4月13日

党委书记陈四清主持召开第18次党委（扩大）会议，审议《境内综合化子公司管理规定》，审议《境内控股机构公司治理指引》，听取关于2020年总行信贷与代理投资审查委员会工作情况的汇报，审议关于消费者权益保护2020年工作情况与2021年工作计划的议案，审议关于调整深圳工商银行大厦项目投资总额的议案，听取关于2020年疫情防控物资捐赠执行情况的汇报，审议关于聘任张伟武先生为中国工商银行股份有限公司副行长的议案，审议《中国工商银行领导干部配偶、子女及其配偶经商办企业禁业范围》，审议关于建议给予李红同志党纪政务处分、贺明同志党纪处分的通报，研究有关干部事项。党委副书记廖林，党委委员王景武、张文武、徐守本、张伟武出席。王百荣高级业务总监、官学清董事会秘书、熊燕高级业务总监、宋建华高级业务总监列席。

党委书记陈四清主持党史学习教育领导小组会议暨党委中心组学习，党委副书记廖林，党委委员王景武、张文武、徐守本、张伟武出席。王百荣高级业务总监、官学清董事会秘书、熊燕高级业务总监、宋建华高级业务总监列席。

廖林行长、党委委员张伟武出席“一带一路”银行间常态化合作机制绿色金融研讨会。

王景武副行长会见华融资产管理公司副总裁王文杰一行。

4 月 14 日

陈四清董事长参加国务院常务会议。

廖林行长主持召开第 12 次执委会会议、第一季度经营分析会暨第 2 次资产负债管理委员会会议，传达学习贯彻国务院金融稳定发展委员会第五十次会议精神，听取相关部门、天津和辽宁分行关于第一季度经营情况的汇报，研究下一步工作举措。张文武副行长、徐守本副行长、党委委员张伟武、王百荣高级业务总监、官学清董事会秘书、熊燕高级业务总监、宋建华高级业务总监出席。

4 月 14 日 –4 月 17 日

王景武副行长赴山东出差。其间，在党建工作联系点山东分行、威海分行召开调研座谈会，会见山东省委副书记杨东奇，山东省副省长、烟台市委书记傅明先，并走访客户。

4 月 15 日

陈四清董事长、张文武副行长会见毕马威亚太区及中国主席陶匡淳一行。

廖林行长走访中国能源建设集团，与董事长宋海良就加强“十四五”时期双方战略合作、构建更为紧密的银企合作关系等进行交流。徐守本副行长出席。

党委委员张伟武拜访人民银行金融市场司司长邹澜，并参加人民银行债券通“南向通”座谈会。

4 月 16 日

徐守本副行长会见航天科技集团副总经理张建恒一行，并出席工银投资与航天科技集团航天投资基金合作协议签约仪式。

4 月 16 日 –4 月 17 日

张文武副行长赴山东出席 2021 亚信金融峰会并发表主题演讲。

4 月 19 日

党委书记陈四清主持召开第 19 次党委（扩大）会议，传达学习贯彻《中共中央关于加强对“一把手”和领导班子监督的意见》，传达学习贯彻中共中央办公厅《关于中央企业在完善公司治理中加强党的领导的意见》，传达学习贯彻《国务院金融稳定发展委员会防范化解重大金融风险问责办法》，审议拟向中办督查室报送的《关于工商银行贯彻新发展理念情况的报告》，审议拟推荐中央和国家机关青年五四奖章候选集体、青年五四奖章候选人以及 2019—2020 年度中央和国家机关五四红旗团委（团支部）候选集体、优秀共青团员和优秀共青团干部候选人名单，审议《中国工商银行 2021—2023 年风险管理规划》，审议《中国工商银行 2021—2023 年内部审计发展规划》，审议《2020 年度集团合规风险管理报告》，审议《中国工商银行股份有限公司 2020 年度资本充足率管理报告》，审议关于延长发行无固定期限资本债券授权有效期的议案，听取关于 2020 年度董事会架构相关情况的汇报，研究有关干部事项。党委副书记廖林，党委委员王景武、张文武、徐守本、张伟武出席。王百荣高级业务总监、官学清董事会秘书、宋建华高级业务总监列席。

王景武副行长主持召开 2021 年案件防范工作领导小组会议。

4 月 20 日

受廖林行长委托，王景武副行长主持召开第 13 次执委会会议，研究互联网商城整改与平台融合发展工作，研究执行委员会成员对口督导重点业务工作，研究调整信贷资产质量“123”攻坚战行领导挂帅督导分行和机构。张文武副行长、徐守本副行长、党委委员张伟武、王百荣高级业务总监、官学清董事会秘书、熊燕高级业务总监、宋建华高级业务总监出席。

党委委员张伟武拜访商务部欧洲司司长翟谦。

4 月 20 日 –4 月 21 日

廖林行长赴海南出差。其间，出席博鳌亚洲论坛 2021 年年会，拜会海南省委副书记、省长冯飞，并调研分行。

4 月 21 日

王景武副行长出席 2021 年总行反洗钱领导小组会议并讲话。

张文武副行长主持召开数字货币工作推进会。

4 月 21 日 –4 月 22 日

张文武副行长赴上海数据中心调研，了解全行信息系统生产运行、自主可控转型工作以及数据中心规划建设情况，实地察看数据中心嘉定园区生产区域和在建工程。

4 月 22 日

党委委员张伟武出席总行外汇合规管理领导小组 2021 年第一次会议并讲话。

党委委员张伟武会见国家外汇管理局经常项目管理司司长刘斌。

4 月 22 日 –4 月 23 日

廖林行长赴福建分行调研，在分行本部、福清支行主持召开座谈会。张文武副行长出席福清支行座谈会。

王景武副行长赴湖北出差。其间，会见湖北省副省长宁咏，出席武汉科创企业金融服务中心成立仪式，走访长江沿岸铁路集团、葛洲坝集团，调研分行，并主持召开授信审批工作座谈会。

4 月 23 日

党委书记陈四清主持召开第 20 次党委（扩大）会议，研究全行分行行长座谈会暨党建工作会议材料，听取关于 2021 年第一季度经营情况的汇报，审议关于 2021 年第一季度报告的议案，听取关于 2020 年集团反洗钱工作情况的汇报，审议《2020 年案防工作报告》，审议《中国工商银行股份有限公司互联网商城平台整改方案》。党委副书记廖林，党委委员王景武、张文武、徐守本、张伟武出席。官学清董事会秘书、熊燕高级业务总监、宋建华高级业务总监列席。

党委副书记、行长廖林视频宣布青海分行干部调整事项。经总行党委研究决定：博来同志任青海分行行长、党委书记，张卫东同志不再担任青海分行行长、党委书记职务。

4 月 24 日

张文武副行长出席福建省与大型国有银行等金融机构座谈会暨战略合作协议签约仪式，并代表工商银行签署协议。

4 月 25 日

党委委员张伟武拜访人民银行宏观审慎管理局局长李斌。

4 月 26 日

党委书记陈四清主持召开第 21 次党委会议，研究有关干部事项。党委副书记廖林，党委委员王景武、张文武、徐守本、张伟武出席。

4 月 26 日 –4 月 27 日

总行召开分行行长座谈会暨全行党建工作会议，党委书记、董事长陈四清，党委副书记、行长廖林出席会议并讲话。党委委员、副行长王景武、张文武、徐守本，党委委员张伟武，王百荣高级业务总监、官学清董事会秘书、熊燕高级业务总监、宋建华高级业务总监出席。

4 月 27 日

陈四清董事长参加国务院常务会议。

4 月 27 日 –4 月 28 日

张文武副行长赴重庆参加人民银行金融扶贫工作座谈会。

4 月 28 日

廖林行长、徐守本副行长会见鞍钢集团总经理戴志浩一行。

王林组长参加 2021 年全国巡视工作会议暨十九届中央第七轮巡视动员部署会。

王景武副行长出席全行安全保卫重点工作专题会议并讲话。

4 月 29 日

陈四清董事长主持召开董事会会议，审议通过《关于〈中国工商银行 2021—2023 年发展战略规划〉的议案》等议案，听取《关于 2021 年第一季度经营情况的汇报》等汇报。廖林副董事长出席会议，王景武副行长、张文武副行长、徐守本副行长列席，官学清董事会秘书参加。董事会会议前，陈四清董事长主持召开战略委员会会议，廖林副董事长主持召开社会责任与消费者权益保护委员会会议。

总行举办中欧企业联盟成立大会。陈四清董事长、商务部国际贸易谈判代表兼副部长俞建华出席并致辞，廖林行长、张文武副行长、徐守本副行长、党委委员张伟武出席。

王景武副行长、熊燕高级业务总监出席总行机关青年理论学习成果汇报会。

党委委员张伟武拜访外交部部长助理、亚洲司司长吴江浩。

4 月 30 日

党委书记、董事长陈四清，党委副书记、行长廖林出席离退休行级领导“我看建党 100 周年新成就”座谈会并讲话，官学清董事会秘书主持会议。

党委书记、董事长陈四清会见人力资源和社会保障部党组成员、副部长游钧一行，双方就共同开展养老保险全国统筹信息化建设合作等进行交流，并签署合作框架协议。党委副书记、行长廖林，熊燕高级业务总监出席。

党委副书记、行长廖林，宋建华高级业务总监赴银行卡业务部（牡丹卡中心）宣布干部调整事项。经总行党委研究决定：王都富同志不再担任牡丹卡中心党委书记、总裁，银行卡业务部总经理职务。陈明同志任牡丹卡中心党委副书记，主持全面工作。

党委副书记、行长廖林，高级业务总监宋建华赴个人金融业务部宣布干部调整事项。经总行党委研究决定：曾琪同志任个人金融业务部总经理，宋建华同志不再兼任个人金融业务部总经理职务。

张文武副行长、党委委员张伟武出席疫情防控工作专班碰头会。

徐守本副行长会见融创中国董事会主席孙宏斌一行。

5 月

5 月 6 日

陈四清董事长参加国务院常务会议。

党委书记陈四清主持召开第 22 次党委（扩大）会议，传达学习贯彻 4 月 30 日中央政治局会议精神，传达学习贯彻习近平总书记在中央政治局第二十九次集体学习时的重要讲话精神，传达学习贯彻国务院第 128 次至第 133 次常务会议精神，传达学习贯彻国务院第四次廉政工作会议精神，传达学习贯彻《国务院办公厅关于服务“六稳”“六保”进一步做好“放管服”改革有关工作的意见》，传达全国巡视工作会议暨十九届中央第七轮巡视动员部署会精神，审议《关于启动城乡联动发展战略 推进乡村振兴的指导意见》，研究有关干部事项。党委副书记廖林，党委委员王林、王景武、张文武、徐守本、张伟武出席。王百荣高级业务总监、官学清董事会秘书、熊燕高级业务总监列席。

陈四清董事长会见中国南水北调集团有限公司董事

长蒋旭光一行，双方就全面深化银企合作进行交流，并见证双方签署战略合作协议。廖林行长、徐守本副行长出席。

5 月 7 日

廖林行长主持召开执委会成员碰头会，王景武副行长、张文武副行长、徐守本副行长、王百荣高级业务总监、官学清董事会秘书、熊燕高级业务总监出席。

党委委员张伟武主持召开境外机构疫情防控专题会议。

5 月 8 日

党委书记、董事长陈四清，党委副书记、行长廖林，党委委员、副行长王景武出席“百年初心路 奋进工行情”全行五四青年座谈会。

党委副书记、行长廖林走访中国农业发展银行，与党委书记、董事长钱文挥就共同服务乡村振兴，深化同业合作等进行交流。党委委员、副行长张文武，熊燕高级业务总监出席。

党委副书记、行长廖林视频宣布厦门分行干部调整事项。经总行党委研究决定：陶飚同志任厦门分行行长、党委书记，董继松同志不再担任厦门分行行长、党委书记职务。

党委副书记、行长廖林视频宣布宁波分行干部调整事项。经总行党委研究决定：杨海涛同志任宁波分行行长、党委书记，陶飚同志不再担任宁波分行行长、党委书记职务。

派驻纪检监察组组长、党委委员、党校副校长王林出席二级分行党委书记、纪委书记“两个强化”专题培训班开班仪式，并开展主题宣讲。

徐守本副行长出席中国中化控股有限责任公司成立大会。

5 月 10 日

党委书记陈四清主持召开第 23 次党委（扩大）会议，听取关于 2020 年度总行机关部室党组织党建工作考核评价有关情况的汇报，听取关于 2020 年度总行财审会、集管会工作情况的汇报，审议关于启动工商银行增持标银集团股份的议案，审议关于工银亚洲参与富融银行新一轮增资的议案，审议 2020 年度党组织书记抓基层党建工作述职评议考核、总行直管机构领导班子和领导干部年度考核和相关干部任期考核结果，听取关于集团 2021 年度工资总额分配方案的汇报，研究有关干部事项。党委副书记廖林，党委委员王林、王景武、张文武、徐守本、张伟武出席。王百荣高级业务总监、官学清董事会秘书、熊燕高级业务总监、宋建华高级业务总监列席。

陈四清董事长、廖林行长、王林组长、王景武副行长、张文武副行长、徐守本副行长、党委委员张伟武、王百荣高级业务总监、官学清董事会秘书、熊燕高级业务总监、宋建华高级业务总监参加银保监会风险管理及内控有效性检查进场会谈。

党委委员、副行长徐守本视频宣布票据营业部干部调整事项。经总行党委研究决定：董继松同志任票据营业部总经理、党委书记。

党委委员张伟武拜访国家外汇管理局中央外汇业务中心主任李红燕。

5 月 11 日

党委书记陈四清主持总行党委理论学习中心组社会主义革命和建设时期历史专题学习，党委副书记廖林，党委委员王景武、张文武、张伟武出席。王百荣高级业务总监、官学清董事会秘书、熊燕高级业务总监、宋建华高级业务总监列席。

廖林行长主持召开第 14 次执委会会议，听取关于债券通“南向通”工作进展情况的汇报，听取关于落实《政府工作报告》重点任务责任分工的汇报，听取关于深化线上线下一体化服务体系建设推进情况和后续工作安排的汇报，二次审议《关键岗位人员岗位轮换和强制休假管理办法》。王景武副行长、张文武副行长、党委委员张伟武、王百荣高级业务总监、官学清董事会秘书、熊燕高级业务总监、宋建华高级业务总监出席。

党委委员、副行长王景武出席总行机关部室党组织书记任职谈话会议。

工银任免〔2021〕208 号决定：解聘钱斌同志网络金融部总经理职务。

5 月 11 日 –5 月 20 日

徐守本副行长赴上海参加中央企业提高创新能力专题研讨班。

5 月 12 日

陈四清董事长参加国务院常务会议。

总行党委巡视工作领导小组召开会议，听取 2021 年第一批次巡视情况汇报。党委书记、董事长、巡视工作领导小组组长陈四清，党委副书记、行长、巡视工作领导小组副组长廖林，派驻纪检监察组组长、党委委员、巡视工作领导小组副组长王林出席会议。

廖林行长、宋建华高级业务总监出席 2021 年全行个人金融业务工作会议并讲话。

王景武副行长出席总行派驻信贷风险官座谈会并讲话。

党委委员张伟武会见汇丰银行（中国）有限公司行长兼行政总裁王云峰一行。

5 月 13 日

党委书记、董事长陈四清走访中国农业银行，与党委书记、董事长谷澍就深化同业合作、服务乡村振兴、支持构建新发展格局等进行交流。党委副书记、行长廖林，王景武副行长、张文武副行长，熊燕高级业务总监出席。

廖林行长、熊燕高级业务总监出席总行资产负债管理委员会2021年第三次会议。

党委委员张伟武赴河北分行开展信贷资产质量“123”攻坚战督导调研，在分行本部召开座谈会，并走访河钢集团。

工银任免〔2021〕230号决定：史立军同志交流任机构金融业务部总经理。

5月14日

陈四清董事长、廖林行长、张文武副行长参加中办督查室调研访谈。

党委书记、董事长陈四清拜访国家乡村振兴局党组书记、局长王正谱，双方就深入落实党中央全面推进乡村振兴战略部署，更好发挥金融助力乡村振兴作用进行交流。党委委员、副行长王景武，熊燕高级业务总监出席。

廖林行长、党委委员张伟武视频会见卢森堡财政部长格拉美亚，双方就绿色金融、金融科技、工商银行欧洲机构发展等话题进行交流。

5月17日

党委书记陈四清主持召开第24次党委（扩大）会议，传达学习贯彻习近平总书记在推进南水北调后续工程高质量发展座谈会上的重要讲话精神，传达学习贯彻《中共中央 国务院关于新时代加强和改进思想政治工作的意见》，传达学习中共中央办公厅《关于加强巡视巡察上下联动的意见》，审议《关于加强巡视巡察上下联动的实施意见》《一级（直属）分行党委巡视巡察工作考核评价办法（试行）》，审议《中国工商银行巡视巡察质量提升活动方案》，听取关于行党委2021年第一批次巡视工作情况的汇报，审议《总行管理干部试用期管理实施办法》，传达学习中组部“加强干部选拔任用监督暨选人用人巡视检查问题整改推进会”精神。党委副书记廖林，党委委员王林、张文武、张伟武出席。王百荣高级业务总监、熊燕高级业务总监、宋建华高级业务总监列席。

5月17日－5月18日

党委委员张伟武赴深圳出差。其间，出席跨境人民币业务研讨会，走访招商局集团，并调研分行。

5月18日

陈四清董事长、廖林行长、王林组长、王景武副行长、张文武副行长、王百荣高级业务总监、熊燕高级业务总监、宋建华高级业务总监出席“北京市总体规划和副中心发展规划”专题讲座。

廖林行长主持召开第15次执委会会议，审议《2021年度基本授权方案》，审议《网点竞争力提升行动方案（2021—2023）》及《网点竞争力提升实施方案（2021）》，审议《关于提升客户拓展维护能力 推进织网补网工作的指导意见》。王林组长列席。王景武副行长、张文武副行长、王百荣高级业务总监、熊燕高级业务总监、宋建华高级业务总监出席。

张文武副行长主持召开疫情防控工作专班碰头会。

5月19日

陈四清董事长参加国务院常务会议。

张文武副行长拜访人民银行货币金银局局长罗锐。

党委委员张伟武赴专项融资部（营业部）宣布干部调整事项。经总行党委研究决定：李强同志到专项融资部（营业部）主持全面工作，待银保监会核准任职资格后再正式履职；刘建昌同志不再担任专项融资部（营业部）总经理职务。

党委委员张伟武视频会见腾讯公司总裁刘炽平。

5月19日－5月21日

陈四清董事长、廖林行长、熊燕高级业务总监赴广西出差。其间，拜会自治区党委书记、人大常委会主任鹿心社，自治区党委副书记、政府主席蓝天立，出席与自治区政府“十四五”全面深化合作协议签约仪式，调研分行，并赴红军长征湘江战役纪念园开展党史学习教育现场学习。

5月20日－5月21日

张文武副行长赴山西出差。其间，出席第十二届中国中部投资贸易博览会，在金融论坛上发表主题演讲，会见山西省副省长王一新，并调研分行。

5月21日

党委书记、董事长陈四清发表致全行基层网点干部员工的慰问信。

5月22日

徐守本副行长出席2021年长沙投资环境北京推介会。

5月24日

党委书记陈四清主持召开第25次党委（扩大）会议，传达学习贯彻习近平总书记在中央全面深化改革委员会第十九次会议上的重要讲话精神，传达学习贯彻习近平总书记在听取十九届中央第六轮巡视和2020年中央巡视工作领导小组重点工作情况汇报时的重要讲话，传达学习中共中央办公厅《关于当前意识形态领域形势的通报》，听取关于成立金融服务乡村振兴工作领导小组的汇报，审议《关于成立乡村振兴办公室的议案》，听取关于改革完善境内分行主要负责人绩效工资核定和干部评价调整机制的汇报，研究有关干部事项。党委副书记廖林，党委委员王林、王景武、张文武、徐守本、张伟武出席。王百荣高级业务总监、熊燕高级业务总监、宋建华高级业务总监列席。

5月25日

廖林行长主持召开第16次执委会会议，安排部署近期重点工作，研究全行战略重点工作推进情况，听取关于乡村振兴办筹备情况的汇报。王林组长列席。王景武副行长、张文武副行长、徐守本副行长、党委委员张伟武、熊燕高级业务总监、宋建华高级业务总监出席。

廖林行长、党委委员张伟武拜访国家发展改革委副主任宁吉喆。

党委委员、副行长张文武赴网络金融部宣布干部调整事项。经总行党委研究决定：梅超同志兼任网络金融部总经理，任职文件将在履行完相关程序后正式印发。

工银党任免〔2021〕71 号决定：任命陈明同志为中国工商银行牡丹卡中心党委书记。

5 月 26 日

陈四清董事长参加国务院常务会议。

廖林行长、王景武副行长、徐守本副行长会见河南省副省长戴柏华一行。

廖林行长、徐守本副行长拜访中国卫星网络集团总经理杨保华。

党委委员张伟武出席外汇业务技能大赛总决赛并致辞。

5 月 27 日

总行召开巡视巡察工作暨党委 2021 年第二批次巡视工作动员会议。党委书记、董事长、巡视工作领导小组组长陈四清出席会议并讲话，党委副书记、行长、巡视工作领导小组副组长廖林宣布 2021 年第二批次巡视的组长授权任职及任务分工，派驻纪检监察组组长、党委委员、巡视工作领导小组副组长王林主持会议。

张文武副行长主持召开客户服务工作专题会议。

徐守本副行长主持召开重点分行公司客户债券承销业务座谈会。

党委委员张伟武出席总行国际业务部与商务部欧洲司联学联建主题党日活动。

5 月 28 日

廖林行长、宋建华高级业务总监出席“工银 e 钱包”品牌发布会。

张文武副行长会见美团副总裁彭千。

徐守本副行长拜访国家能源集团总会计师蔡安辉。

5 月 31 日

廖林行长主持召开第 17 次执委会会议，审议《城乡联动发展战略落地执行工作方案》，听取关于工商银行绿色金融工作推进情况的汇报，听取关于工商银行服务制造业情况的汇报，听取关于工商银行合资理财公司工作情况的汇报。王景武副行长、张文武副行长、徐守本副行长、党委委员张伟武、王百荣高级业务总监、官学清董事会秘书、熊燕高级业务总监、宋建华高级业务总监出席。

党委委员张伟武主持召开境外机构疫情防控专题会议。

工银党任免〔2021〕73 号决定：任命田耕同志为中国工商银行河北省分行党委书记。

工银任免〔2021〕256 号决定：聘任田耕同志为中国工商银行河北省分行行长。

6 月

6 月 1 日

党委书记陈四清主持召开第 26 次党委（扩大）会议，传达学习贯彻习近平总书记在中央政治局会议上关于第一季度经济形势的重要讲话，传达学习贯彻习近平总书记在中国科学院第二十次院士大会、中国工程院第十五次院士大会、中国科协第十次全国代表大会上的重要讲话，二次审议《关于工银亚洲参与富融银行新一轮增资的议案》，听取《关于境外项目工作应对专班工作情况的汇报》，传达学习中央企业党的建设工作座谈会会议精神，研究有关干部事项。党委副书记廖林，党委委员王林、王景武、张文武、徐守本、张伟武出席。王百荣高级业务总监、官学清董事会秘书、熊燕高级业务总监、宋建华高级业务总监列席。

陈四清董事长会见人民银行副行长刘国强。

市场利率定价自律机制工作会议在工商银行召开，人民银行副行长刘国强出席并讲话，廖林行长当选新一届利率自律机制主任委员。

王景武副行长出席 2021 年全行宣传思想文化、教育培训、团青工作暨机关党建会并讲话。

6 月 2 日

陈四清董事长、廖林行长会见人民银行副行长、国家外汇管理局局长潘功胜一行，双方围绕进一步落实相关金融政策，更好地服务实体经济和对外开放进行交流。王景武副行长、党委委员张伟武、王百荣高级业务总监参加会见。

张文武副行长出席全行品牌建设与舆论宣传工作座谈会并讲话。

6 月 3 日

党委书记陈四清主持召开党史学习教育领导小组第三次会议暨党委中心组学习，党委副书记廖林，党委委员张文武、徐守本、张伟武出席，王百荣高级业务总监、官学清董事会秘书、熊燕高级业务总监、宋建华高级业务总监列席。

张伟武副行长视频会见巴克莱家族集团主席艾丹·巴克莱。

根据国务院国人字〔2021〕85 号文件通知，经履行相关法律规定程序，张伟武同志任中国工商银行副行长。

工银任免〔2021〕264 号决定：聘任杨志忠同志为中国工商银行山西省分行行长。解聘陆钦同志中国工商银行山西省分行行长职务。

6 月 4 日

陈四清董事长、张文武副行长赴河北出差。其间，会见河北省委常委、副省长、雄安新区党工委书记、管委会主任张国华，召开服务京津冀协同发展座谈会，并赴雄安容城支行调研慰问。

廖林行长、徐守本副行长会见辽宁省副省长姜有为一行。

廖林行长、徐守本副行长、熊燕高级业务总监、宋建华高级业务总监出席总行资产负债管理委员会 2021 年第四次会议。

6 月 7 日

党委书记陈四清主持召开第 27 次党委（扩大）会议，传达学习贯彻 5 月 31 日中央政治局会议精神，传达学习贯彻习近平总书记在中央政治局第三十次集体学习时的重要讲话精神，传达人民银行、银保监会有关会议精神，审议《客户体验痛点治理百日攻坚行动方案》《“我为群众办实事服务提升十大行动”实施方案》，审议关于工银亚洲拟向总行定向发行 10 亿美元 AT1 债券的议案，审议《关于加强廉洁风险防控工作的意见》，审议《关于优化完善境内分行负责人薪酬管理体系并建立干部评价调整机制的议案》，审议《关于进一步加强转任干部管理的意见》，研究有关干部事项。党委副书记廖林，党委委员王林、王景武、张文武、徐守本、张伟武出席。王百荣高级业务总监、官学清董事会秘书、熊燕高级业务总监、宋建华高级业务总监列席。

党委委员、副行长王景武出席党史学习教育巡回指导部署推进会并讲话。

6 月 8 日

党委书记、董事长陈四清会见国家电网有限公司党组书记、董事长辛保安，双方就深化战略合作、共同推动碳达峰、碳中和目标落实等进行交流。党委副书记、行长廖林，党委委员、副行长徐守本出席。

廖林行长主持召开第 18 次执委会会议，听取关于全力推动普惠金融高质量发展的汇报，听取关于今年以来信贷投向情况的汇报，听取关于工商银行落实房地产调控监管政策情况的汇报，听取关于投诉及转诉压降工作情况的汇报。王景武副行长、张文武副行长、徐守本副行长、张伟武副行长、王百荣高级业务总监、官学清董事会秘书、熊燕高级业务总监、宋建华高级业务总监出席。

党委副书记、行长廖林，王百荣高级业务总监赴资产管理部宣布干部调整事项。经总行党委研究决定：李勇同志任资产管理部总经理；顾建纲同志任拟成立的高盛工银理财公司董事长，兼任工银理财党委委员，不再担任资产管理部总经理职务。

党委副书记、行长廖林，熊燕高级业务总监赴资产托管部宣布干部调整事项。经总行党委研究决定：刘彤同志任资产托管部总经理；李勇同志到资产管理部任职，不再担任资产托管部总经理职务。

党委委员、副行长王景武为分管、代管部门党员干部讲授党史学习教育专题党课。

6 月 9 日

陈四清董事长参加国务院常务会议。

廖林行长、熊燕高级业务总监会见信达资产管理公司总裁张卫东一行。

廖林行长、宋建华高级业务总监出席第一个人金融银行战略推进专班汇报会。

徐守本副行长出席全行普惠金融业务推动会并讲话。

6 月 9 日 –6 月 10 日

张文武副行长赴湖南出差。其间，听取湖南分行工作汇报，赴支行网点调研慰问，并开展党史学习教育现场学习。

6 月 10 日

总行机关举办“光荣在党 50 年”纪念章颁发仪式。党委副书记、行长廖林，党委委员、副行长王景武，官学清董事会秘书出席并为老领导、老同志颁发纪念章。

王林组长赴青岛分行调研，督导信贷资产质量“123”攻坚战。

张伟武副行长主持召开部分境外机构经营分析专题会议。

6 月 10 日 –6 月 11 日

陈四清董事长、王林组长、徐守本副行长赴上海出差。其间，出席第十三届陆家嘴论坛，拜会上海市委副书记、市长龚正，出席与市政府战略合作协议签约仪式，赴上海自贸区临港新片区调研，赴中共一大会址开展党史学习教育现场学习，并召开在沪机构座谈会。

张伟武副行长赴浙江出差。其间，参加银保监会、浙江省政府举办的“聚焦碳达峰、碳中和目标，加快发展绿色金融”推进会，发表主题演讲，并调研分行。

6 月 11 日

党委书记陈四清主持召开第 28 次党委会议，研究干部推荐事项。党委副书记廖林，党委委员王林、张文武、徐守本、张伟武出席。

张文武副行长赴江苏、上海出差。其间，参加苏州市金融业高质量发展会议，为工商银行苏州科创企业金融服务中心揭牌，并调研软件开发中心在沪机构。

6 月 15 日

党委书记陈四清主持召开第 29 次党委（扩大）会议，传达学习贯彻国务院第 134 次至第 138 次常务会议精神，传达学习贯彻国务院金融稳定发展委员会第五十一次会议精神，审议《关于为京能集团办理债转股业务的议案》，听取关于美国区域 2021 年第一季度风险管理情况的汇报，听取关于美国区域 2021 年第一季度监管检查和整改情况的汇报，审议《关于中国工商银行从业人员行为守则及其细则的议案》，听取关于境外项目工作应对专班工作情况的汇报，研究有关干部事项。

党委副书记廖林，党委委员王林、王景武、张文武、徐守本、张伟武出席。王百荣高级业务总监、官学清董事会秘书、宋建华高级业务总监列席。

中管金融企业党史学习教育指导组第2指导组组长王兆星一行来工商银行开展指导工作，党委书记陈四清主持会议，党委副书记廖林，党委委员王林、王景武、张文武、徐守本、张伟武，王百荣高级业务总监、官学清董事会秘书、宋建华高级业务总监参加。

6月16日

廖林行长主持召开第19次执委会会议，审议《全面风险管理评价办法》，听取关于“融安e盾”智能风控体系与应用情况的汇报，听取关于“管好防线、管好底线、管住人”有关情况的汇报，听取关于中央巡视整改及审计监管通报问题整改落实情况的汇报。王景武副行长、张文武副行长、徐守本副行长、张伟武副行长、王百荣高级业务总监、官学清董事会秘书、宋建华高级业务总监出席。

党委委员、副行长王景武出席总行机关青年员工“迎七一 庆华诞”座谈会。

6月17日

党委书记、董事长陈四清就工商银行党史学习教育开展成效接受中央电视台专访，相关内容在中央电视台《新闻联播》“奋斗百年路 启航新征程——学党史 悟思想 办实事 开新局”栏目播出。

陈四清董事长拜访国家审计署审计长侯凯、副审计长秦博勇。

廖林行长、王景武副行长拜访中宣部副部长蒋建国、对外推广局局长吴旭。

党委委员、副行长徐守本为公司金融业务部党员代表讲授党史学习教育专题党课，并参加分管部门主题党日活动。

6月18日

陈四清董事长参加国务院常务会议。

总行党委中心组赴北京香山革命纪念馆开展党史学习教育现场学习。党委书记、董事长陈四清带领参加学习的领导干部重温入党誓词，并参观《为新中国奠基——中共中央在香山》主题展览。党委副书记、行长廖林，派驻纪检监察组组长、党委委员王林，党委委员、副行长王景武、张文武、徐守本、张伟武出席，王百荣高级业务总监、官学清董事会秘书、熊燕高级业务总监、宋建华高级业务总监列席。

党委副书记、行长廖林为分管、协管、代管部门党员干部讲授党史学习教育专题党课。

张文武副行长出席保障“七一”期间业务连续性与安全生产专题会并讲话。

6月21日

工商银行召开干部会议。中组部有关干部局负责同志宣读了中央关于中国工商银行干部任免的决定：黄良波同志任中国工商银行党委副书记。

陈四清董事长参加国务院西部地区开发领导小组会议。

受陈四清董事长委托，廖林副董事长主持召开董事会会议，审议通过《关于成立乡村振兴办公室的议案》等3项议案，听取《关于美国区域2021年第一季度风险管理情况的汇报》等2项汇报。王景武副行长、张文武副行长、徐守本副行长、张伟武副行长列席，官学清董事会秘书参加。董事会会议前，受陈四清董事长委托，廖林副董事长主持召开战略委员会会议。

中国工商银行股份有限公司2020年度股东年会召开。廖林副董事长、行长主持会议，王景武副行长、张文武副行长、徐守本副行长、张伟武副行长列席，官学清董事会秘书出席。

王景武副行长会见大连市副市长方铁林一行。

张文武副行长主持召开疫情防控工作专班碰头会。

6月22日

陈四清董事长参加国务院常务会议。

总行召开脱贫攻坚表彰暨服务乡村振兴推进会。党委书记、董事长陈四清，国家乡村振兴局党组书记、局长王正谱出席并讲话。党委副书记、行长廖林，派驻纪检监察组组长、党委委员王林，党委委员、副行长王景武、张文武、徐守本、张伟武，王百荣高级业务总监、官学清董事会秘书、熊燕高级业务总监、宋建华高级业务总监出席。

王景武副行长出席建党100周年庆祝活动期间安全稳定专题会议并讲话。

徐守本副行长会见中国电信集团总会计师朱敏一行。

6月23日

党委书记陈四清主持召开第30次党委（扩大）会议，传达学习贯彻习近平总书记在参观“‘不忘初心、牢记使命’中国共产党历史展览”时的重要讲话精神，传达学习贯彻习近平总书记在青海考察时的重要讲话精神，传达《国务院金融稳定发展委员会办公室关于认真做好当前金融工作的通知》，听取关于中央巡视反馈问题、主题教育检视问题、监管检查通报问题一体整改情况的汇报，审议全行优秀共产党员、优秀党务工作者、先进基层党组织表彰对象名单，审议《关于工银理财参与设立养老保险专营机构的议案》，审议关于给予湖南分行高级专家张龙清行政警告处分的建议，研究行领导、高管分工。党委副书记廖林、黄良波，党委委员王林、王景武、张文武、徐守本、张伟武出席。王百荣高级业务总监、官学清董事会秘书、熊燕高级业务总监、宋建华高级业务总监列席。

廖林行长主持召开第20次执委会会议，审议《扬长：四大优势业务白皮书》《补短与协同：四大战略重点白皮书》，听取关于RWA与资本管理有关情况的汇报，听取关于上半年主要经营指标安排情况的汇报。王景武副行长、张文武副行长、徐守本副行长、王百荣高级业务总监、官学清董事会秘书、熊燕高级业务总监、宋建华高级业务总监出席。

6月24日

廖林行长主持召开全行八项重点工作推进情况汇报会。

派驻纪检监察组组长、党委委员王林为纪检监察干部讲授党史学习教育专题党课。

王景武副行长参加中央和国家机关“两优一先”表彰大会。

张伟武副行长主持召开境外机构巡视整改专题会议。

根据中共中央组织部组任字〔2021〕257号文件通知，黄良波同志任中国工商银行党委副书记。

6月25日

党委书记、董事长陈四清，派驻纪检监察组组长、党委委员王林参加中管金融企业巡视工作现场会。

总行召开庆祝中国共产党成立100周年座谈会暨“两优一先”表彰大会。党委书记、董事长陈四清，党委副书记、行长廖林出席会议并讲话，党委副书记黄良波主持会议。派驻纪检监察组组长、党委委员王林，党委委员、副行长王景武、张文武、徐守本、张伟武，王百荣高级业务总监、官学清董事会秘书、熊燕高级业务总监、宋建华高级业务总监参加。

廖林行长、王景武副行长出席定点帮扶工作专题会议。

党委副书记黄良波、熊燕高级业务总监赴养老金业务部宣布干部调整事项。经总行党委研究决定：韩强同志任养老金业务部总经理；刘彤同志到资产托管部任职，不再担任养老金业务部总经理职务。

党委委员、副行长王景武赴风险管理部宣布干部调整事项。经总行党委研究决定：李宏凯同志任风险管理部总经理，刘瑞霞同志由于年龄原因退休不再担任风险管理部总经理职务。

党委委员、副行长张伟武为分管部门党员干部讲授党史学习教育专题党课。

6月28日

党委书记陈四清主持召开第31次党委（扩大）会议，传达学习贯彻习近平总书记在中共中央政治局第三十一次集体学习时的重要讲话精神，传达中管金融企业巡视工作现场会精神，听取关于总行机关2021年度发展党员工作情况的汇报，研究有关干部事项。党委副书记廖林、黄良波，党委委员王林、王景武、张文武、徐守本、张伟武出席。王百荣高级业务总监、官学清董事会秘书、熊燕高级业务总监、宋建华高级业务总监列席。

总行机关举办中国工商银行机关党的建设成果展启动仪式。党委书记、董事长陈四清出席并讲话。党委副书记、行长廖林，党委副书记黄良波，派驻纪检监察组组长、党委委员王林，党委委员、副行长王景武、张文武、徐守本、张伟武，王百荣高级业务总监、官学清董事会秘书、熊燕高级业务总监、宋建华高级业务总监出席。

总行举办本部员工入行30周年纪念仪式。党委书记、董事长陈四清出席并讲话。党委副书记、行长廖林，党委副书记黄良波，派驻纪检监察组组长、党委委员王林，党委委员、副行长王景武、张文武、徐守本、张伟武，王百荣高级业务总监、官学清董事会秘书、熊燕高级业务总监、宋建华高级业务总监出席。

廖林行长、王景武副行长参加人民银行综合执法检查组进场会谈。

6月28日–7月1日

党委书记陈四清参加中共中央庆祝中国共产党成立100周年系列活动。

6月29日

党委副书记黄良波出席总行机关2021年新党员入党宣誓活动并讲话。

党委副书记黄良波看望慰问原总行党委副书记、副行长田瑞璋，并为其颁发、佩戴“光荣在党50年”纪念章。

王景武副行长主持召开隐性债务风险化解专题会议。

张文武副行长主持召开重庆分行、天津分行信贷资产质量“123”攻坚战督导专题会议。

7月

7月1日

党委书记陈四清主持召开第32次党委（扩大）会议，学习贯彻习近平总书记在庆祝中国共产党成立100周年大会及“七一勋章”颁授仪式上的重要讲话精神。党委副书记廖林、黄良波，党委委员王林、王景武、张文武、徐守本、张伟武出席。王百荣高级业务总监、官学清董事会秘书、熊燕高级业务总监、宋建华高级业务总监列席。

张文武副行长主持召开对标同业加快个人手机银行提升专题会议。

张伟武副行长拜访国家外汇管理局经常项目管理司司长刘斌。

7月2日

党委书记陈四清，党委副书记廖林、黄良波会见工商银行受表彰的全国优秀共产党员李鹏和全国先进基层党组织代表张翠红。

党委书记、董事长陈四清赴人力资源部人力资源事务服务站、办公室行报编辑团队、普惠金融事业部看望慰问干部员工。

7月5日

党委书记陈四清主持召开第33次党委（扩大）会议，听取关于全行第二届职工代表大会第一次会议有关情况的汇报，审议《关于提名黄良波先生为中国工商银行股份有限公司股东代表监事候选人的议案》，审议《关于选举中国工商银行股份有限公司监事长的议案》，审议《关于提名王景武先生为中国工商银行股份有限公司执行董事候选人的议案》，审议《关于召集2021年第一次临时股东大会的议案》，研究有关干部事项。党委副书记廖林、黄良波，党委委员王林、王景武、徐守本、张伟武出席。王百荣高级业务总监、官学清董事会秘书、熊燕高级业务总监、宋建华高级业务总监列席。

党委书记、董事长陈四清赴个人金融业务部看望慰问干部员工，宋建华高级业务总监陪同。

7月5日–7月18日

张文武副行长参加“提升中央企业创新能力，构建新发展格局”专题研讨班。

7月6日

党委书记陈四清主持党委中心组习近平总书记“七一”重要讲话精神专题学习研讨，党委副书记廖林、黄良波，党委委员王林、王景武、徐守本、张伟武出席。王百荣高级业务总监、官学清董事会秘书、熊燕高级业务总监、宋建华高级业务总监列席。

党委书记陈四清主持召开第34次党委（扩大）会议，审议《运行管理部、渠道管理部和网络金融部职能优化方案》。党委副书记廖林、黄良波，党委委员王林、王景武、张文武、徐守本、张伟武出席。王百荣高级业务总监、官学清董事会秘书、熊燕高级业务总监、宋建华高级业务总监列席。

廖林行长主持召开第21次执委会会议，听取关于2021年上半年经营情况的汇报，听取关于投资银行、私人银行、资产管理重点收入情况的汇报，听取关于《运行管理部、渠道管理部和网络金融部职能优化方案》的汇报，审议《中国工商银行和标准银行集团关于推进全面战略合作与战略协同伙伴关系的三年行动纲要（2021—2023）》。王景武副行长、徐守本副行长、张伟武副行长、王百荣高级业务总监、官学清董事会秘书、熊燕高级业务总监、宋建华高级业务总监出席。

7月6日–7月7日

徐守本副行长赴河南出差。其间，赴河南分行调研，督导信贷资产质量“123”攻坚战，并走访河南投资集团。

7月7日

陈四清董事长参加国务院常务会议。

党委副书记、行长廖林赴财务会计部调研并出席习近平总书记“七一”重要讲话精神学习座谈。

王景武副行长出席转诉压降百日攻坚专题推进会并讲话。

7月8日

党委书记、董事长陈四清，党委副书记黄良波赴企业文化部（教育部、党委宣传部、团委）看望慰问干部员工。

陈四清董事长会见银保监会银行检查局副局长沈海波。

王景武副行长会见中国人保集团副总裁李祝用一行。

张伟武副行长主持召开境外机构疫情防控专题会议。

7月8日–7月9日

廖林行长、官学清董事会秘书赴辽宁出差。其间，在辽宁分行本部召开座谈会，看望慰问网点一线员工，并参加人民银行召开的锦州银行相关工作专题会议。

7月9日

总行召开部分专业条线及分行负责人座谈会。党委书记、董事长陈四清出席，党委副书记黄良波主持会议。

党委书记、董事长陈四清，派驻纪检监察组组长、党委委员王林会见派驻纪检监察组受表彰的全行“两优一先”代表。

王景武副行长、熊燕高级业务总监出席托管业务风险防控专题会议。

徐守本副行长参加人民银行金融支持西藏高质量发展座谈会。

张伟武副行长主持召开专题会议，督导专项融资部、河北分行信贷资产质量“123”攻坚战。

7月10日

徐守本副行长出席首届中国养老产业投资与发展论坛并致辞。

7月10日–7月12日

徐守本副行长赴贵州参加2021年生态文明贵阳国际论坛绿色金融主题论坛并致辞。

7月12日

党委书记陈四清主持召开第35次党委（扩大）会议，传达学习贯彻习近平总书记在中央全面深化改革委员会第二十次会议上的重要讲话精神，传达学习贯彻国务院第139次至第141次常务会议精神，传达学习贯彻国务院金融稳定发展委员会第五十三次会议精神，审议《关于2021年度高级管理人员业绩考核方案的议案》，审议《关于2022年集团用工计划的议案》，审议《公开遴选境外机构信贷条线副职实施方案》，审议《专家层级干部履职管理办法（试行）》，研究有关干部事项。党委副书记廖林、黄良波，党委委员王林、王景武、张文武、张伟武出席。王百荣高级业务总监、官学清董事会秘书、熊燕高级业务总监、宋建华高级业务总监列席。

陈四清董事长、廖林行长、党委副书记黄良波、王林组长、王景武副行长、张伟武副行长、王百荣高级业务总监、官学清董事会秘书、熊燕高级业务总监、宋建华高级业务总监参加财政部调研座谈。

7 月 13 日

陈四清董事长、廖林行长、党委副书记黄良波、王林组长、王景武副行长、张文武副行长、徐守本副行长、张伟武副行长参加中组部调研座谈。

陈四清董事长、官学清董事会秘书出席世福资本 2021 年度董事会会议。

廖林行长主持召开第 22 次执委会会议，听取关于全行 GBC 工作上半年进展情况的汇报，听取关于固定资产管理审计情况的汇报，部署构建体系化、生态化相关工作。王景武副行长、徐守本副行长、张伟武副行长、王百荣高级业务总监、熊燕高级业务总监、宋建华高级业务总监出席。

廖林行长、官学清董事会秘书会见厦门国际银行董事长王晓健一行。

7 月 14 日

陈四清董事长参加国务院常务会议。

受廖林行长委托，王景武副行长、王百荣高级业务总监组织召开总行理财业务整改工作领导小组第三次会议，审议通过《2021 年下半年理财存量资产整改压降方案》。

7 月 14 日 –7 月 15 日

廖林行长赴山东分行调研，在分行本部召开座谈会。

7 月 15 日

党委书记陈四清主持召开第 36 次党委（扩大）会议，听取关于中央和国家机关工委贯彻落实习近平总书记中央和国家机关党的建设工作会议重要讲话精神交流座谈会有关情况的汇报，审议《中国工商银行股份有限公司信息披露制度（2021 年版）》，研究有关干部事项。党委副书记廖林、黄良波，党委委员王林、王景武、张文武、徐守本出席。官学清董事会秘书、熊燕高级业务总监、宋建华高级业务总监列席。

7 月 15 日 –7 月 30 日

陈四清董事长参加中组部提高政治能力专题培训班。

7 月 15 日 –7 月 16 日

徐守本副行长赴湖北出差。其间，参加“全国碳市场上线交易启动仪式湖北分会场暨首届 30 · 60 国际会议”，签署支持全国碳市场发展战略合作协议，并见证签署共同设立武汉碳达峰基金框架协议。

张伟武副行长赴山东出差。其间，参加第二届跨国公司领导人青岛峰会开幕式、商务部闭门会、跨国公司恳谈会及主题晚宴交流会并发表演讲，与青岛市委常委、副市长薛庆国共同出席青岛分行与青岛市商务局战略合作协议签约仪式，并会见重点客户。

7 月 19 日

廖林行长、徐守本副行长出席金融服务乡村振兴工作推进委员会 2021 年第一次会议。

王景武副行长、张文武副行长、宋建华高级业务总监出席监管转办投诉压降专题协调会议。

7 月 20 日

廖林行长主持召开第 23 次执委会会议，听取关于参加金融机构审计整改工作专题推进会有关情况的汇报，听取关于支持服务有关部门资金收付改革情况的汇报，分析上半年经营情况，研究下半年重点工作。王林组长列席。王景武副行长、张文武副行长、徐守本副行长、王百荣高级业务总监、熊燕高级业务总监、宋建华高级业务总监出席。

廖林行长会见江苏国信集团董事长谢正义一行。

张文武副行长出席相关机构职能优化调整动员会并讲话。

徐守本副行长走访中央国家机关政府采购中心，与采购中心主任何长江就深化普惠金融、交易结算等多项银政战略合作进行交流，见证工商银行与采购中心签署战略合作协议。

7 月 20 日 –7 月 21 日

张伟武副行长赴四川出差。其间，参加迪拜世博会中国参展路演（四川站）暨官方合作伙伴授牌仪式并发言，赴四川分行开展党建联系点调研，宣讲习近平总书记“七一”重要讲话精神，并走访成都春熙路步行街支行。

7 月 20 日 –7 月 22 日

张文武副行长赴山东出差。其间，出席“区块链密码创新与应用产业联盟”成立仪式暨区块链主旨论坛并致辞，赴山东分行调研，召开网点竞争力座谈会。

7 月 21 日

廖林行长参加国务院常务会议。

党委副书记、副董事长、行长廖林，官学清董事会秘书赴董事会办公室宣布干部调整事项。经总行党委研究决定：张锋同志任董事会办公室主任；乔晋声同志不再担任董事会办公室主任职务。

党委副书记黄良波、王林组长会见中央和国家机关纪检监察工委副书记吴佳松一行。

党委副书记黄良波、董事会秘书官学清视频宣布工银国际干部调整事项。经总行研究决定：提名乔晋声同志任工银国际控股有限公司董事长、执行董事。

党委副书记黄良波会见中办值班室主任李健一行。

7 月 22 日

廖林行长参加银保监会“学党史、悟思想、办实事、开新局”主题新闻发布会，介绍工商银行服务实体经济、支持乡村振兴、服务民生保障、支援河南抗汛救灾的相关情况，并就普惠金融服务和绿色金融发展等回答记者提问。

受陈四清董事长委托，廖林行长主持召开支持河南分行防汛工作电话会议，听取河南分行汛情防控相关情况，研究部署防汛救灾工作措施和总行支持举措。王景武副行长、张文武副行长出席。

党委副书记黄良波会见山东临沂市委常委、组织部部长赵纪钢一行。

王林组长出席2021年第二期监督工作联席会议并讲话。

王景武副行长主持召开绿色金融改革创新试验区联席会暨总行绿色金融委员会第三次会议。

张文武副行长主持召开营业网点重大突发事件应对工作专题会议。

徐守本副行长主持召开全国碳交易市场启动后工商银行业务机会及客户营销方案专题会议。

张伟武副行长视频参加伦敦金融城举办的亚太地区金融机构绿色金融对话活动。

7月23日

廖林行长、张文武副行长会见陕西省委常委、常务副省长梁桂一行，双方就进一步深化银政合作、助力陕西省高质量发展进行交流。

王景武副行长参加银保监会2021年上半年风险防控工作专题会议。

徐守本副行长视频参加银保监会支持黄河流域生态保护和高质量发展工作专题会议。

张伟武副行长视频会见伦敦证券交易所集团首席执行官大卫·施为默。

7月24日

党委书记陈四清主持召开第37次党委会议，审议《关于对河南省极端强降雨灾害进行捐赠的议案》。党委副书记廖林、黄良波，党委委员王林、王景武、张文武、徐守本、张伟武出席。

7月26日

廖林行长主持召开第24次执委会会议，审议《负债质量管理办法》，听取关于数字人民币工作进展及2021年下半年试点推广工作方案的汇报，听取关于智慧大脑支撑全量客户经营情况的汇报，听取关于工商银行上市公司营销拓展及风险情况的汇报。王景武副行长、张文武副行长、徐守本副行长、张伟武副行长、王百荣高级业务总监、官学清董事会秘书、熊燕高级业务总监、宋建华高级业务总监出席。

派驻纪检监察组组长、党委委员王林为内审系统全体干部员工讲授学习贯彻习近平总书记“七一”重要讲话精神专题党课。

王林组长出席“认真学习领会习近平总书记‘七一’重要讲话精神 做好新形势下巡视监督工作”座谈交流会并讲话。

7月27日

廖林行长主持召开资本平衡管理策略专题会议。

王景武副行长主持召开授信审批新规运行情况座谈会。

7月27日－7月29日

张文武副行长赴重庆出差。其间，赴重庆分行调研，督导信贷资产质量“123”攻坚战，并走访长安汽车全球研发中心。

张文武副行长主持召开疫情防控工作专班碰头会。

7月28日

廖林行长参加国务院常务会议。

廖林行长、王景武副行长出席全行资金承接工作推动会并讲话。

王林组长会见中纪委调研室主任张灵聪一行。

王景武副行长主持召开信贷资产质量“123”攻坚战推进会议。

党委委员、副行长徐守本拜访中央农办副主任、农业农村部党组副书记、副部长刘焕鑫，并参加普惠金融事业部与农业农村部计划财务司联合党建活动。

7月29日

廖林副董事长主持召开2021年第一次临时股东大会，审议通过《关于选举黄良波先生为中国工商银行股份有限公司股东代表监事的议案》和《关于选举王景武先生为中国工商银行股份有限公司执行董事的议案》。候任监事长黄良波、王景武副行长、张文武副行长、徐守本副行长、张伟武副行长列席，官学清董事会秘书出席。

王景武副行长主持召开全面风险管理专题会议。

张文武副行长出席西城区推进驻区中央企业和金融机构疫情排查工作会议。

7月30日

廖林行长、王景武副行长、徐守本副行长出席北京市国有企业营销服务情况专题会议。

黄良波监事长主持召开疫情防控工作专班碰头会，张文武副行长、张伟武副行长出席。

根据国务院国人字〔2021〕172号文件通知，经履行相关法律规定程序，黄良波同志任中国工商银行监事长。

8月

8月2日

党委书记陈四清主持召开第38次党委（扩大）会议，传达学习贯彻7月30日中央政治局会议精神，传达学习贯彻习近平总书记在西藏考察时的重要讲话精神，研究2021年年中工作会议材料，审议拟向中组部、人社部报送“全国先进老干部工作者”人选，研究有关干部事项。党委副书记廖林、黄良波，党委委员王林、王景武、张文武、徐守本、张伟武出席。王百荣高级业务总监、官学清董事会秘书、熊燕高级业务总监、宋建华高级业务总监列席。

8月3日

廖林行长主持召开第25次执委会会议，审议《个人客户服务能力提升工作方案》《个人金融业务数字化转型工作方案》，听取关于产品退出工作情况的汇报。王景武副行长、张文武副行长、徐守本副行长、张伟武副行长、王百荣高级业务总监、官学清董事会秘书、熊燕高级业务总监、宋建华高级业务总监出席。

8月4日

党委书记陈四清主持召开第39次党委（扩大）会议暨行党委与派驻纪检监察组沟通会商专题会议，听取关于中国工商银行2021年上半年全面从严治党、党风廉政建设和反腐败情况的通报，听取关于行党委2021年上半年落实全面从严治党主体责任情况的汇报，审议《运用典型违纪违法案件做好以案促改工作办法（试行）》，审议《管理人员违规插手干预重大事项记录办法》，听取疫情防控工作专班工作情况汇报，研究有关干部事项。党委副书记廖林、黄良波，党委委员王林、王景武、张文武、徐守本、张伟武出席。王百荣高级业务总监、官学清董事会秘书、宋建华高级业务总监列席。

王景武副行长主持召开人民银行综合执法检查协调会。

张文武副行长主持召开专题会议，研究推进聚富通平台建设工作。

张伟武副行长出席境外机构廉洁从业专题会议并讲话。

8月5日

中国工商银行2021年年中工作会议在北京召开。陈四清董事长讲话，廖林行长作工作报告，黄良波监事长主持会议。王林组长、王景武副行长、张文武副行长、徐守本副行长、张伟武副行长、王百荣高级业务总监、官学清董事会秘书、熊燕高级业务总监、宋建华高级业务总监出席。

王景武副行长、官学清董事会秘书出席专题会议，研究银行业协会“陀螺”评价体系。

8月6日

总行党委会同派驻纪检监察组召开全面从严治党座谈会。党委书记、董事长陈四清出席并讲话，派驻纪检监察组组长、党委委员王林主持会议。

王景武副行长主持召开德勤2021年中期审阅汇报会。

徐守本副行长走访新华社中国经济信息社，会见董事长徐玉长，并考察经济信息运营中心。

张伟武副行长主持召开境内外汇业务首选银行战略推动会。

8月9日

党委书记陈四清主持召开第40次党委（扩大）会议，传达学习贯彻习近平总书记等中央领导同志关于疫情防控工作的重要指示批示精神，听取关于对银保监会2020年度监管通报问题整改情况的汇报，审议《负债质量管理办法》，审议关于建议给予张有赋党纪政务处分的通报，审议关于建议给予周伟同志党纪处分的通报，研究有关干部事项。党委副书记廖林、黄良波，党委委员王林、王景武、张文武、徐守本、张伟武出席。王百荣高级业务总监、官学清董事会秘书、熊燕高级业务总监、宋建华高级业务总监列席。

党委书记陈四清主持党委中心组思想政治工作和意识形态工作专题学习，党委副书记廖林、黄良波，党委委员王林、王景武、徐守本、张伟武出席。王百荣高级业务总监、官学清董事会秘书、熊燕高级业务总监、宋建华高级业务总监列席。

黄良波监事长主持召开后勤体制改革工作专题会议。

王林组长主持召开专题会议，督导大连分行信贷资产质量“123”攻坚战。

8月10日

廖林行长主持召开第26次执委会会议，听取关于加快发展养老金融的汇报，听取关于全行公司客户经理队伍建设情况的汇报，审议《天津、河南和四川分行客户服务团队相关职能整改备选方案》。张文武副行长、徐守本副行长、张伟武副行长、王百荣高级业务总监、官学清董事会秘书、熊燕高级业务总监、宋建华高级业务总监出席。

徐守本副行长视频出席第四届“甘肃祁连山论坛”并致辞。

8月11日

党委委员、副行长徐守本赴结算与现金管理部宣布干部调整事项。经总行党委研究决定：陈昭旭同志任结算与现金管理部总经理。

党委委员、副行长张伟武以普通党员身份，参加所在的国际业务部第一党支部第一党小组党史学习教育专题组织生活会。

8月12日

黄良波监事长主持召开疫情防控工作专班碰头会。

王林组长视频出席内审分局局长座谈会。

张伟武副行长赴海关总署拜访国家口岸管理办公室主任黄冠胜，双方就进一步深化“单一窗口”业务合作进行会谈。

8月13日

廖林行长、黄良波监事长会见北京市政府副秘书长张劲松一行，双方就支持北京市经济社会发展，深化工商银行与北京市政府合作进行交流。

王林组长视频听取各一级机构纪委上半年工作情况汇报和下一步工作思路，并逐一进行点评。

张伟武副行长主持召开境外机构疫情防控专题会议。

8月16日

陈四清董事长参加国务院常务会议。

党委书记陈四清主持召开第41次党委（扩大）会议，传达学习习近平总书记等中央领导同志关于当前疫情防控工作的重要指示批示精神，部署工商银行贯彻落实举措，听取关于2021年上半年经营情况的汇报，审议《关于2021半年度报告及摘要的议案》，审议《2021年中期风险管理报告》，审议《全面风险管理规定（2021年版）》，审议《中国工商银行绿色金融实施情况报告》，审议《2021年中期集团银行账簿利率风险管理报告》，审议《关于"工行优2"和境外美元优先股股息分配的议案》，审议《关于行使境外欧元优先股赎回权的议案》，审议《关于调整董事会部分专门委员会委员的议案》，审议《关于召集2021年第二次临时股东大会的议案》，审议《关于对网络金融部许金铭违纪问题的处分意见》，研究有关干部事项。党委副书记廖林、黄良波，党委委员王林、王景武、张文武、徐守本、张伟武出席。王百荣高级业务总监、官学清董事会秘书、熊燕高级业务总监、宋建华高级业务总监列席。

王林组长视频听取各一级机构纪委上半年工作情况汇报和下一步工作思路，并逐一进行点评。

8月17日

总行党委巡视工作领导小组召开会议，听取2021年第二批次巡视情况汇报和总行部门巡视"回头看"整改情况汇报，审议下一阶段巡视工作安排和有关巡视制度。党委书记、董事长、巡视工作领导小组组长陈四清，党委副书记、行长、巡视工作领导小组副组长廖林，党委副书记、监事长、巡视工作领导小组副组长黄良波，派驻纪检监察组组长、党委委员、巡视工作领导小组副组长王林出席。

廖林行长主持召开第27次执委会会议，审议关于《年中工作会议重点任务清单》责任分工情况的报告，审议关于工商银行资本集约化管理情况的报告，听取关于上半年全行战略重点工作进展情况的汇报。张文武副行长、徐守本副行长、张伟武副行长、王百荣高级业务总监、官学清董事会秘书、熊燕高级业务总监、宋建华高级业务总监出席。

徐守本副行长主持召开服务乡村振兴第二次专题会议。

8月18日

党委副书记、监事长黄良波为分管协管部门和机构讲授学习贯彻"七一"重要讲话精神专题党课。

8月18日－8月19日

王林组长赴广东分行调研，督导党中央和总行党委关于服务实体经济、支持乡村振兴决策部署落实情况。

8月19日

总行召开贯彻落实习近平总书记"7·9"重要讲话精神交流座谈会。党委书记、董事长陈四清出席并讲话，党委副书记、监事长、直属机关党委书记黄良波主持会议。

党委副书记、监事长黄良波参加所在的监事会办公室党支部第一党小组党史学习教育专题组织生活会。

8月20日

陈四清董事长主持召开专题会议，督导银行卡业务部信贷资产质量"123"攻坚战，宋建华高级业务总监出席。

张文武副行长会见中工国际股份有限公司总经理王宇航。

张文武副行长赴业务研发中心调研并为业务研发中心党校揭牌。

8月23日

陈四清董事长参加国务院振兴东北地区等老工业基地领导小组会议。

陈四清董事长参加人民银行金融机构货币信贷形势分析座谈会。

派驻纪检监察组组长、党委委员王林参加所在的派驻纪检监察组党支部第六党小组党史学习教育专题组织生活会。

王景武副行长参加人民银行气候风险压力测试座谈会。

徐守本副行长参加金融支持巩固拓展脱贫攻坚成果全面推进乡村振兴电视电话会议。

8月24日

中国工商银行举办学习贯彻习近平总书记"七一"重要讲话精神专题宣讲报告会。党史学习教育中央宣讲团成员、中央党史和文献研究院院长曲青山以"新时代中国共产党人的政治宣言"为题作专题宣讲报告。党委书记、董事长陈四清主持会议并讲话，党委副书记、行长廖林，党委副书记、监事长黄良波，派驻纪检监察组组长、党委委员王林，党委委员、副行长张文武、徐守本、张伟武，官学清董事会秘书、熊燕高级业务总监、宋建华高级业务总监参加。

党委书记陈四清主持召开第42次党委（扩大）会议，传达学习贯彻习近平总书记在中央财经委员会第十次会议上的重要讲话精神，听取关于美国区域2021年第二季度各类风险管理情况的汇报，听取关于美国区域2021年第二季度监管检查和整改情况的汇报，审议《关于申请对外捐赠临时授权额度的议案》，审议《关于提名董阳先生为中国工商银行股份有限公司非执行董事候选人的议案》，审议《关于2020年度高级管理人员薪酬清算方案的议案》，审议《关于2020年度董事薪酬清算方案的议案》，审议《关于2020年度监事薪酬清算方案的议案》，审议《关于给予六名总行管理干部行政处分的建议》，听取关于行党委2021年第二批次巡视工作情况的汇报，研究有关干部事项。党委副书记廖林、黄良波，党委委员王林、王景武、张文武、徐守本、张伟武出席。王百荣高级业务总监、官学清董事会秘书、熊燕高级业务总监、宋建华高级业务总监列席。

张伟武副行长主持召开总行外汇合规管理领导小组2021年第二次专题工作会议。

8月25日

陈四清董事长参加国务院常务会议。

陈四清董事长、廖林行长、黄良波监事长、王林组长、王景武副行长、张文武副行长、徐守本副行长、张伟武副行长、王百荣高级业务总监、官学清董事会秘书、熊燕高级业务总监、宋建华高级业务总监参加银保监会2021年半年度监管会谈。

陈四清董事长、廖林行长、徐守本副行长会见辽宁省副省长张立林一行，双方就进一步深化银政合作、助力辽宁省金融改革化险进行交流。

廖林行长主持召开第28次执委会会议，听取关于2021年前7月全行营业收入及非息收入等情况的汇报。张文武副行长、徐守本副行长、张伟武副行长、王百荣高级业务总监、官学清董事会秘书、熊燕高级业务总监、宋建华高级业务总监出席。

8月26日

党委书记、董事长陈四清参加所在的办公室第一党支部秘书二处党小组党史学习教育专题组织生活会。

党委副书记、行长廖林参加所在的资产负债管理部党支部第二党小组党史学习教育专题组织生活会。

廖林副董事长主持召开董事会专门委员会会议，官学清董事会秘书参加。

黄良波监事长主持召开《2021—2023年全行领导班子建设规划》征求意见座谈会。

党委委员、副行长张文武参加所在的金融科技部第一党支部业务研发一处党小组党史学习教育专题组织生活会。

党委委员、副行长徐守本参加所在的普惠金融事业部党支部营销推动处党小组党史学习教育专题组织生活会。

党委委员、副行长张伟武视频宣布工银欧洲机构干部调整事项。经总行研究决定：陈飞同志不再担任工银欧洲董事长、卢森堡分行总经理职务，李莉同志兼任卢森堡分行总经理。

8月27日

陈四清董事长主持召开董事会会议，审议通过《关于2021半年度报告及摘要的议案》等议案，听取《关于2021年上半年经营情况的汇报》等汇报。廖林副董事长出席，黄良波监事长、王景武副行长、张文武副行长、徐守本副行长、张伟武副行长列席，官学清董事会秘书参加。

工商银行举办2021年中期业绩新闻发布会。廖林行长、王景武副行长、张文武副行长、徐守本副行长、张伟武副行长出席发布会并回答记者提问。

工商银行举办2021年中期业绩说明会。廖林行长、张文武副行长、徐守本副行长，官学清董事会秘书、宋建华高级业务总监出席会议并与投资者分析师进行交流。

黄良波监事长主持召开监事会会议。

8月30日

党委书记陈四清主持召开第43次党委（扩大）会议，传达学习贯彻习近平总书记在河北承德考察时的重要讲话精神，传达学习贯彻国务院第142次至第146次常务会议精神，传达学习国务院领导同志关于减费让利工作的批示精神，听取工商银行贯彻落实情况的汇报，审议工商银行增持标银集团股份交易方案，听取关于工商银行自主可控转型工程有关情况的汇报，研究有关干部事项。党委副书记廖林、黄良波，党委委员王林、王景武、张文武、徐守本、张伟武出席。王百荣高级业务总监、官学清董事会秘书、熊燕高级业务总监、宋建华高级业务总监列席。

党委委员、副行长王景武参加所在的信贷与投资管理部第一党支部综合管理处党小组党史学习教育专题组织生活会。

8月31日

党委书记陈四清主持召开第44次党委（扩大）会议，宣布干部任职事项。根据工作需要，经中组部研究决定，郑国雨同志任工商银行执行董事、副行长、党委委员。党委副书记廖林、黄良波，党委委员王林、郑国雨、王景武、张文武、徐守本、张伟武出席。王百荣高级业务总监、官学清董事会秘书、熊燕高级业务总监、宋建华高级业务总监列席。

陈四清董事长、官学清董事会秘书会见淡马锡中国区总裁吴亦兵一行。

廖林行长主持召开第29次执委会会议，审议《关于加快个人手机银行提升的方案》，听取关于上半年贷款投向情况的汇报，听取关于工商银行境外机构业务经营及境内国际业务中收情况的汇报。王景武副行长、张文武副行长、徐守本副行长、张伟武副行长、王百荣高级业务总监、熊燕高级业务总监、宋建华高级业务总监出席。

受陈四清董事长委托，张伟武副行长视频出席金砖国家工商理事会中方理事会2021年第一次会议及理事会年度会议。

9 月

9 月 1 日

廖林行长参加国务院常务会议。

廖林行长拜访国民养老保险股份有限公司筹备组，与公司筹备组负责人叶海生、黄涛就开展全面合作进行交流。

王林组长听取党委工作部门贯彻落实《中共中央关于加强对“一把手”和领导班子监督的意见》的汇报。

王景武副行长参加人民银行气候风险压力测试启动会。

张伟武副行长主持召开服务第四届进博会筹备工作会议。

9 月 1 日 –9 月 5 日

陈四清董事长参加省部级干部强化国家战略科技力量专题研讨班。

9 月 2 日

廖林行长出席 2021 年全行案防工作会议并讲话，王景武副行长主持会议。

廖林行长、张伟武副行长与美国机构负责人进行任职谈话。

张文武副行长参加银保监会 2020 年度信息科技监管评级通报会。

徐守本副行长走访中国移动集团，与副总经理赵大春就深化银企战略伙伴关系、加强全面业务合作进行交流。

张伟武副行长参加 2021 国际服务贸易交易会全球服务贸易峰会暨开幕式。

9 月 3 日

廖林行长、党委委员郑国雨、王景武副行长、张文武副行长、徐守本副行长、张伟武副行长、王百荣高级业务总监、官学清董事会秘书、熊燕高级业务总监出席执委会成员碰头会。

9 月 3 日 –9 月 18 日

廖林行长、张伟武副行长参加中央党校提高政治能力专题培训班。

9 月 4 日

张文武副行长参加 2021 中国国际金融年度论坛、服务贸易合作成果发布会等国际服务贸易交易会系列活动。

9 月 6 日

党委书记陈四清主持召开第 45 次党委（扩大）会议，传达学习贯彻习近平总书记在中央党校（国家行政学院）中青年干部培训班开班式上的重要讲话精神，传达学习贯彻 8 月 31 日中央政治局会议精神，进一步学习贯彻《中国共产党巡视工作条例》和《被巡视党组织配合中央巡视工作规定》，听取关于工商银行服务乡村振兴情况的汇报，审议《关于工银巴西向总行分期发行 8 000 万美元 AT1 债券的议案》，研究有关干部事项。党委副书记廖林、黄良波，党委委员王林、郑国雨、王景武、张文武、徐守本、张伟武出席。王百荣高级业务总监、官学清董事会秘书、熊燕高级业务总监、宋建华高级业务总监列席。

9 月 7 日

党委书记、董事长陈四清，派驻纪检监察组组长、党委委员王林出席巡视准备情况汇报会。

王景武副行长主持召开境外授信审批中心建设方案协调会。

徐守本副行长会见新希望集团董事、新希望六和董事长刘畅，双方就深化农业领域的综合化业务合作进行交流。

徐守本副行长、熊燕高级业务总监、宋建华高级业务总监出席 GBC 工作推动会。

9 月 7 日 –9 月 9 日

黄良波监事长赴四川出差。其间，赴工商银行定点帮扶县四川省凉山彝族自治州金阳调研，考察工商银行支持建设的现代畜牧产业园区和高寒湿地大棚蔬菜基地，以及工商银行设立的助农取款点，走访慰问脱贫群众，并看望金阳支行全体干部员工，慰问各级行驻金阳帮扶干部。

9 月 8 日

陈四清董事长参加国务院常务会议。

党委书记、董事长陈四清发表致全行专兼职教育培训工作者的慰问信。

王景武副行长主持召开综合化子公司操作风险管理专题会议。

张文武副行长出席中国农业发展银行新一代信贷管理系统建设启动会。

9 月 8 日 –9 月 10 日

徐守本副行长赴浙江出差。其间，赴浙江分行、浙江台州分行开展党建工作联系点调研，宣讲习近平总书记“七一”重要讲话精神，围绕“我为群众办实事”实践活动听取意见建议，并赴网络融资中心和交易银行中心调研，慰问干部员工。

9 月 9 日

张文武副行长赴北京分行调研网点竞争力提升工作。

9 月 9 日 –9 月 11 日

党委委员郑国雨赴广西出差。其间，参加第 18 届中国—东盟博览会、商务与投资峰会开幕大会，在第 13 届中国东盟金融合作与发展领袖论坛发表主题演讲，并赴广西分行调研，看望慰问网点一线员工。

9 月 10 日

王景武副行长会见中国国际发展知识中心主任赵昌文一行。

张文武副行长主持召开中国农业发展银行新一代信贷系统建设项目工作组第一次会议。

9 月 13 日

党委书记陈四清主持召开第 46 次党委（扩大）会议，进一步学习党章、党内法规中关于加强党的领导、全面从严治党、巡视工作的重要规定，进一步学习习近平总书记在全国国有企业党的建设工作会议上的重要讲话精神，研究《中国工商银行党委关于中央巡视反馈意见整改落实情况的专题汇报》《中国工商银行党委巡视工作情况专题汇报》《中国工商银行党委选人用人情况专题汇报》《中国工商银行党委关于“不忘初心、牢记使命”主题教育检视问题整改整治情况的报告》《中国工商银行党委关于审计署审计和银保监会监管通报问题整改情况的报告》《中国工商银行党委关于人民银行检查反馈问题整改情况的报告》《中国工商银行党委落实全面从严治党主体责任情况专项报告》《中国工商银行党委落实意识形态工作责任制情况报告》，研究行领导、高管分工和有关干部事项。党委副书记廖林、黄良波，党委委员王林、郑国雨、王景武、张文武、徐守本、张伟武出席。王百荣高级业务总监、官学清董事会秘书、熊燕高级业务总监、宋建华高级业务总监列席。

9 月 14 日

王景武副行长主持召开专题会议，督导辽宁分行信贷资产质量“123”攻坚战。

9 月 14 日 –9 月 15 日

王林组长赴河南出差。其间，赴党建工作联系点河南分行开展调研，了解平顶山分行调研基层党建工作情况，并参加河南分行党委“张有赋案”以案促改专题民主生活会。

9 月 15 日

陈四清董事长参加国务院常务会议。

党委副书记、监事长黄良波主持召开意识形态工作座谈会。

王景武副行长会见农业发展银行副行长孙兰生一行。

徐守本副行长走访航天科技集团，与总会计师方世力就加强银企战略合作、共同推进航天强国建设进行交流。

9 月 16 日

王景武副行长主持召开专题会议，督导宁波分行信贷资产质量“123”攻坚战。

张文武副行长主持召开整治重大信息虚假问题专题会议。

人民银行金融消费权益保护局余文建局长一行来工商银行，就普惠金融促进共同富裕及绿色普惠金融情况开展专题调研，徐守本副行长主持调研会议。

9 月 16 日 –9 月 17 日

徐守本副行长赴山东出差。其间，参加山东省创新创业共同体首届“揭榜挂帅”启动活动，并与山东省副省长凌文为工商银行山东分行科创企业金融服务中心揭牌。

9 月 17 日

党委副书记、监事长黄良波视频宣布天津分行干部调整事项。经总行党委研究决定：储成龙同志任天津分行行长、党委书记，蒋伟同志不再担任天津分行行长、党委书记职务。

王林组长主持召开境内综合化子公司贯彻落实《加强对“一把手”和领导班子监督的意见》座谈会。

王景武副行长视频出席 2021 东北亚经济论坛并发表主旨演讲。

王景武副行长拜访银保监会银行检查局局长凌敢。

9 月 18 日

党委书记陈四清主持召开第 47 次党委（扩大）会议，传达学习贯彻习近平总书记在陕西榆林考察时的重要讲话精神，进一步学习习近平总书记在全国金融工作会议、在省部级主要领导干部坚持底线思维着力防范化解重大风险专题研讨班开班式、在中央财经委员会第十次会议上的重要讲话精神，研究《中国工商银行党委工作汇报》《中国工商银行基本情况》，听取关于成立配合中央巡视工作领导小组和联络组的汇报，审议《中国工商银行股份有限公司章程（2021 年版）》《关于提名郑国雨先生为中国工商银行股份有限公司执行董事候选人的议案》《关于聘任郑国雨先生为中国工商银行股份有限公司副行长的议案》《关于聘任王景武先生兼任中国工商银行股份有限公司首席风险官的议案》《关于给予时任上海分行副行长周春明行政撤职处分的建议》《关于对金融市场部毕福平违纪问题的处分意见》，研究有关干部事项。党委副书记廖林、黄良波，党委委员王林、郑国雨、王景武、张文武、徐守本、张伟武出席。王百荣高级业务总监、官学清董事会秘书、熊燕高级业务总监、宋建华高级业务总监列席。

9 月 22 日

陈四清董事长参加国务院常务会议。

廖林行长主持召开第 30 次执委会会议，部署第三季度经营收口工作，审议《关于申请增加中长期固定利率存款总量限额的报告》，听取推动提升工商银行绩效评价的分析报告。党委委员郑国雨、王景武副行长、张文武副行长、徐守本副行长、张伟武副行长、王百荣高级业务总监、官学清董事会秘书、熊燕高级业务总监、宋建华高级业务总监出席。

党委副书记、监事长黄良波，党委委员、副行长张伟武赴国际业务部宣布干部调整事项。经总行党委研究决定：宋扬同志任国际业务部总经理，张伟武同志不再兼任国际业务部总经理职务。

党委副书记、监事长黄良波视频宣布杭州金融研修学院干部调整事项。经总行党委研究决定：蒋伟同志任杭州金融研修学院院长、党委书记；陈华蓉同志不再担任杭州金融研修学院院长、党委书记职务。

黄良波监事长参加外交部境外机构党建工作调研座谈会。

张文武副行长拜访中国电子信息产业集团副总经理陈锡明。

9 月 23 日

党委书记陈四清主持召开第 48 次党委（扩大）会议暨深化全面从严治党专题会议，听取关于落实习近平总书记等中央领导同志对工商银行重要指示批示情况的汇报，进一步学习《中国共产党廉洁自律准则》《中国共产党问责条例》，进一步学习习近平总书记关于全面从严治党的重要论述，传达学习深化垂管单位纪检监察体制改革有关精神，党委成员、高管结合分管工作发言，研究有关干部事项。党委副书记廖林、黄良波，党委委员王林、郑国雨、王景武、张文武、徐守本、张伟武出席。王百荣高级业务总监、官学清董事会秘书、熊燕高级业务总监、宋建华高级业务总监列席。

廖林行长、徐守本副行长出席国家铁路集团有限公司银企座谈会暨战略合作协议签约仪式。

党委副书记、监事长黄良波视频宣布宁夏分行干部调整事项。经总行党委研究决定：张志勇同志任宁夏分行行长、党委书记，王跃民同志不再担任宁夏分行行长、党委书记职务。

党委副书记、监事长黄良波视频宣布黑龙江分行干部调整事项。经总行党委研究决定：张屾同志任黑龙江分行行长、党委书记，张晓辛同志不再担任黑龙江分行行长、党委书记职务。

派驻纪检监察组组长、党委委员王林对近期任职的一级机构纪委书记开展集体谈话。

徐守本副行长会见中粮集团有限公司总会计师粟健一行。

张伟武副行长拜访中国证券登记结算有限责任公司总经理孔庆文，双方就服务资本市场高质量发展、服务中国结算创新发展进行交流。

9 月 24 日

陈四清董事长出席人民银行债券通“南向通”启动仪式并致辞。

陈四清董事长主持召开董事会会议，审议通过《关于提名郑国雨先生为中国工商银行股份有限公司执行董事候选人的议案》《关于聘任王景武先生兼任中国工商银行股份有限公司首席风险官的议案》等议案，听取关于《中国工商银行股份有限公司章程（2021 年版）》的汇报。廖林副董事长、王景武执行董事出席，黄良波监事长、张文武副行长、徐守本副行长、张伟武副行长列席，官学清董事会秘书参加。董事会会议前，陈四清董事长主持召开了战略委员会会议。廖林副董事长出席提名委员会会议。

根据国务院国人字〔2021〕212 号文件通知，郑国雨同志任中国工商银行副行长。

9 月 24 日 –9 月 25 日

徐守本副行长赴上海出席中国电气装备集团有限公司成立大会。

9 月 24 日 –9 月 27 日

张伟武副行长赴湖南出差。其间，出席中国民营企业 500 强峰会并致辞，参加第二届中国—非洲经贸博览会开幕式，出席中非金融合作对话会并致辞，调研分行。

9 月 25 日

王景武副行长出席 2021 中国金融学会绿色金融专业委员会年会并致辞。

9 月 26 日

党委副书记、行长廖林视频调研党建工作联系点广东分行、佛山分行，与一级分行、二级分行、一级支行和网点党组织负责人进行座谈，了解各机构党建工作和经营发展情况。

党委副书记、监事长、直属机关党委书记黄良波主持召开 2021 年第 5 次总行直属机关党委全委会，熊燕高级业务总监出席。

党委副书记、监事长黄良波视频宣布内审西安分局干部调整事项。经总行党委研究决定：王跃民同志任内审西安分局局长。

王景武副行长出席可持续发展论坛 2021 并作主题发言。

9 月 26 日 –9 月 28 日

党委书记陈四清参加中央人才工作会议。

9 月 27 日

张文武副行长走访京东方科技集团，与集团高级副总裁荆林峰、副总裁徐晓光进行交流。

9 月 28 日

廖林行长主持召开第 31 次执委会会议，听取关于集团股权投资情况的汇报，审议《关于增加战略性信贷资源配置服务国家乡村振兴战略和重点帮扶地区发展的报告》《金融服务乡村振兴运营支持方案》《工银“兴农通”APP 建设方案》。郑国雨副行长、王景武副行长、张文武副行长、徐守本副行长、张伟武副行长、王百荣高级业务总监、熊燕高级业务总监、宋建华高级业务总监出席。

廖林行长、张伟武副行长出席工商银行与标准银行集团战略合作会，官学清董事会秘书主持会议。

党委副书记、监事长黄良波赴企业文化部（教育部、党委宣传部、团委）宣布干部调整事项。经总行党委研究决定：陈华蓉同志任企业文化部（教育部）副总经理、党委宣传部副部长（总行总经理级）。

郑国雨副行长主持召开网点竞争力提升领导小组第一次会议。

党委委员、副行长张文武为分管部门和机构党员干部讲授专题党课。

9 月 29 日

陈四清董事长参加人民银行、银保监会房地产金融工作座谈会。

党委书记陈四清主持召开第 49 次党委（扩大）会议，传达学习贯彻习近平总书记在中央人才工作会议上的重要讲话精神，传达学习贯彻习近平总书记在中央民族工作会议上的重要讲话，传达学习贯彻十九届中央第八轮巡视工作动员部署会精神，传达人民银行、银保监会房地产金融工作座谈会会议精神，审议《关于启动工银投资入股中国华融财务投资的议案》，听取关于工商银行整治重大信息虚假问题专项行动开展情况的汇报，审议《关于建议同意与美联储签署书面协议并授权有权人签署的议案》《张有赋案、徐卫东案整改方案》《关于给予两名总行管理干部行政处分的建议》《2021—2023 年全行领导班子建设规划》，听取关于工商银行中管干部在高校、科研院所兼职情况的汇报，研究有关干部事项。党委副书记廖林、黄良波，党委委员王林、郑国雨、王景武、张文武、徐守本、张伟武出席。王百荣高级业务总监、官学清董事会秘书、熊燕高级业务总监、宋建华高级业务总监列席。

郑国雨副行长主持召开“客户体验痛点治理百日攻坚”行动专题推进会议，宋建华高级业务总监出席。

党委委员、副行长张文武视频调研党建工作联系点深圳分行、高新园南区支行，了解党建工作和经营发展情况。

徐守本副行长出席中国能建国际建设集团有限公司成立大会暨揭牌仪式。

9 月 30 日

党委书记陈四清主持召开第 50 次党委会议，研究拟提交中央第十五巡视组的《中国工商银行党委工作汇报》。党委副书记廖林、黄良波，党委委员王林、郑国雨、王景武、张文武、徐守本、张伟武出席。王百荣高级业务总监、官学清董事会秘书、熊燕高级业务总监、宋建华高级业务总监列席。

中国工商银行第二届职工代表大会第一次会议在北京召开。党委书记陈四清出席并讲话，党委副书记廖林、黄良波分别作全行上半年经营管理工作情况、二届一次职代会代表提案征集情况报告。党委委员王林、郑国雨、王景武、张文武、徐守本、张伟武，王百荣高级业务总监、官学清董事会秘书、熊燕高级业务总监、宋建华高级业务总监出席。

陈四清董事长出席国际化经营管理情况汇报会并讲话，对境外同事表示慰问，张伟武副行长出席。

10 月

10 月 5 日

党委书记陈四清主持召开第 51 次党委会议，再次研究拟提交中央第十五巡视组《中国工商银行党委工作汇报》。党委副书记廖林、黄良波，党委委员王林、郑国雨、王景武、张文武、徐守本、张伟武出席。王百荣高级业务总监、官学清董事会秘书、熊燕高级业务总监、宋建华高级业务总监列席。

10 月 8 日

陈四清董事长参加国务院常务会议。

10 月 9 日

陈四清董事长参加纪念辛亥革命 110 周年大会。

陈四清董事长参加国家能源委员会会议。

廖林行长主持召开执委会成员碰头会，王林组长列席，郑国雨副行长、王景武副行长、张文武副行长、徐守本副行长、张伟武副行长、王百荣高级业务总监、官学清董事会秘书、熊燕高级业务总监、宋建华高级业务总监出席。

徐守本副行长主持召开能源电力保供金融服务专题会议。

10 月 10 日

党委副书记、行长廖林，党委委员、副行长张文武向中央第十五巡视组介绍工商银行基本情况。

10 月 10 日 –10 月 24 日

黄良波监事长、郑国雨副行长参加中央党校提高政治能力专题培训班。

10 月 11 日

党委书记、董事长陈四清，党委副书记、行长廖林参加中央第十五巡视组与工商银行党政主要负责人见面沟通会。

党委书记、董事长陈四清，党委副书记、行长廖林，党委副书记、监事长黄良波，派驻纪检监察组组长、党委委员王林，党委委员、副行长郑国雨、王景武、张文武、徐守本、张伟武，王百荣高级业务总监、官学清董事会秘书、熊燕高级业务总监、宋建华高级业务总监参加中央第十五巡视组巡视中国工商银行股份有限公司党委工作动员会议。

党委书记、董事长陈四清发表致全行离退休老同志重阳节的慰问信。

10 月 12 日

党委书记陈四清主持召开第 52 次党委（扩大）会议，传达学习贯彻习近平总书记在纪念辛亥革命 110 周年大会上的重要讲话，传达学习《中共中央　国务院关于完整准确全面贯彻新发展理念做好碳达峰、碳中和工作的意见》，传达学习贯彻赵乐际和杨晓渡同志在十九届中央第八轮巡视工作动员部署会上的讲话，传达学习《中共中央组织部关于领导干部及时报告个人有关事项的通知》，审议工商银行2021年全国金融五一劳动奖状、奖章和金融先锋号推荐名单，审议工商银行2016—2020年全国普法工作先进单位、先进个人推荐名单。党委副书记廖林，党委委员王林、王景武、张文武、徐守本、张伟武出席。王百荣高级业务总监、官学清董事会秘书、熊燕高级业务总监、宋建华高级业务总监列席。

党委书记陈四清主持党委理论学习中心组学习，围绕习近平总书记在中央党校（国家行政学院）中青年干部培训班开班式上重要讲话开展专题学习。党委副书记廖林，党委委员王林、王景武、张文武、徐守本、张伟武出席。王百荣高级业务总监、官学清董事会秘书、熊燕高级业务总监、宋建华高级业务总监列席。

廖林行长主持召开第32次执委会、三季度经营分析会暨第8次资产负债管理委员会会议，传达学习有关会议精神和监管要求，安排绿色金融、服务能源供应保障等工作，分析前三季度经营情况，研究下一阶段工作举措，审议《金融支持巩固拓展脱贫攻坚成果、全面推进乡村振兴的实施意见》。王林组长列席。王景武副行长、张文武副行长、徐守本副行长、张伟武副行长、王百荣高级业务总监、官学清董事会秘书、熊燕高级业务总监、宋建华高级业务总监出席。

10月13日

王林组长主持召开部分分行纪委书记调研座谈会。

徐守本副行长主持召开小微企业及个体工商户支付手续费减费让利工作专题会议。

10月14日

张伟武副行长会见跨境银行间支付清算有限责任公司总裁许再越。

10月14日－10月15日

廖林行长赴云南出差。其间，看望慰问一线员工，主持召开党建和网点竞争力调研座谈会，出席《生物多样性公约》第十五次缔约方大会生态文明论坛并致辞。

10月15日

王景武副行长参加人民银行我国系统重要性银行监管工作座谈会。

张文武副行长参加银保监会整治重大信息虚假问题监管会谈。

张伟武副行长会见瑞穗银行常务董事、东亚区总裁兼瑞穗银行（中国）董事长菅原正幸。

10月16日

张文武副行长参加第14期中国科技会堂论坛。

10月18日

陈四清董事长参加中德经济顾问委员会座谈会。

王林组长主持召开部分分行纪委书记调研座谈会。

张文武副行长主持召开德勤2021年第三季度商定程序汇报会。

10月19日

党委书记陈四清主持召开第53次党委（扩大）会议，传达学习贯彻习近平总书记在中央政治局第三十三次集体学习时的重要讲话，传达学习贯彻国务院第147次至第151次常务会议精神，听取关于服务第四届进博会相关工作的汇报，审议《关于修订〈中国工商银行外部审计师年度履职情况评价方案〉的议案》《关于发行合格二级资本工具的议案》，听取关于2022年董事会及股东大会会议计划的汇报，审议《关于建议给予周春明同志党纪处分的通报》。党委副书记廖林，党委委员王林、张文武、徐守本、张伟武出席。王百荣高级业务总监、官学清董事会秘书、熊燕高级业务总监、宋建华高级业务总监列席。

廖林行长主持召开第33次执委会会议，审议《中国工商银行碳达峰、碳中和工作方案》《深化数字化转型工作方案》，听取2021年上半年板块分部业绩与同业对比分析报告。张文武副行长、徐守本副行长、张伟武副行长、王百荣高级业务总监、官学清董事会秘书、熊燕高级业务总监出席。

党委委员、副行长张伟武视频宣布美国机构干部调整事项。经总行党委研究决定：张剑宇同志任美国机构区域管理委员会主席，纽约分行总经理，工银美国董事长、非执行董事，工银金融董事长、非执行董事；肖玉强同志调往工银国际任职，不再担任相关职务。

10月19日－10月21日

王林组长参加中央纪委国家监委培训。

10月20日

陈四清董事长参加国务院常务会议。

陈四清董事长出席2021金融街论坛年会开幕式。

廖林行长出席2021金融街论坛年会“金融创新助力制造强国”平行论坛并致辞，徐守本副行长主持。

张文武副行长出席2021金融街论坛年会成方金融科技论坛并发表演讲。

10月21日

党委书记陈四清，党委副书记廖林，党委委员王林、张文武、徐守本、张伟武参加中央第十五巡视组听取中国工商银行股份有限公司党委汇报会，王百荣高级业务总监、官学清董事会秘书、熊燕高级业务总监、宋建华高级业务总监列席。

陈四清董事长、廖林行长出席2021金融街论坛年会全球系统重要性金融机构会议。

10月22日

党委书记陈四清，党委副书记廖林，党委委员王林、张文武、徐守本、张伟武参加中央组织部第十五选人用人专项检查组听取中国工商银行股份有限公司党委汇报会。

王林组长拜访中央纪委国家监委驻中国农业银行纪检监察组组长汤军。

10 月 25 日

党委书记陈四清主持召开第 54 次党委（扩大）会议，传达学习贯彻习近平总书记在中央政治局第三十四次集体学习时的重要讲话精神，传达学习贯彻中央第十五巡视组听取中国工商银行股份有限公司党委汇报会精神，研究有关干部事项。党委副书记廖林、黄良波，党委委员王林、郑国雨、王景武、张文武、徐守本、张伟武出席。王百荣高级业务总监、官学清董事会秘书、熊燕高级业务总监、宋建华高级业务总监列席。

党委书记、董事长陈四清，党委副书记、行长廖林，党委委员、副行长徐守本拜访国家能源局党组书记、局长章建华并签署战略合作协议。

10 月 26 日

陈四清董事长主持召开服务制造业高质量发展座谈会。廖林行长、王林组长、徐守本副行长出席。

廖林行长主持召开第 34 次执委会会议，听取关于落实“保电力供应”支持工作的汇报，审议《关于私人银行业务高质量发展的实施意见》，听取关于“揭榜挂帅”敏捷响应团队工作进展情况的汇报。王林组长列席。郑国雨副行长、王景武副行长、张文武副行长、徐守本副行长、张伟武副行长、王百荣高级业务总监、官学清董事会秘书、熊燕高级业务总监、宋建华高级业务总监出席。

廖林行长、王景武副行长拜访银保监会副主席曹宇。

张文武副行长赴工银科技调研。

10 月 27 日

陈四清董事长参加国务院常务会议。

党委书记陈四清主持召开第 55 次党委（扩大）会议，听取关于 2021 年前三季度经营情况的汇报，审议《关于 2021 年第三季度报告的议案》，审议《金融工具公允价值计量管理基本规定（2021 年版）》，审议《关于境外欧元优先股和“工行优 1”的议案》，听取关于美国区域流动性风险相关议案以及第三季度各类风险管理情况的汇报，听取关于美国区域 2021 年第三季度监管检查和整改情况的汇报，审议《声誉风险管理办法（2021 年版）》，听取关于《中国工商银行股份有限公司章程（2021 年版）》修改事项的汇报，审议《李超、易重彬严重违纪违法案整改方案》。党委副书记廖林、黄良波，党委委员王林、郑国雨、王景武、张文武、徐守本、张伟武出席。王百荣高级业务总监、官学清董事会秘书、熊燕高级业务总监、宋建华高级业务总监列席。

廖林行长、徐守本副行长、熊燕高级业务总监出席客户服务营销体系座谈会。

王景武副行长主持召开部分分行投融资规划工作推进专题会议。

张文武副行长拜访国家信息中心副主任周民。

10 月 28 日

郑国雨副行长、宋建华高级业务总监出席零售金融业务推进委员会会议。

王景武副行长、徐守本副行长出席房地产业务平稳发展与风险防控专题会议。

张伟武副行长拜访外交部欧亚司司长刘彬。

10 月 29 日

党委书记陈四清主持党委理论学习中心组学习，围绕习近平总书记关于全面从严治党的重要论述，开展加强境外机构廉洁与合规管理专题学习。党委副书记廖林、黄良波，党委委员王林、郑国雨、王景武、张文武、徐守本、张伟武出席。王百荣高级业务总监、官学清董事会秘书、熊燕高级业务总监、宋建华高级业务总监列席。

陈四清董事长主持召开董事会会议，审议通过《关于 2021 年第三季度报告的议案》等议案，听取《关于 2021 年前三季度经营情况的汇报》等汇报。廖林副董事长、王景武执行董事等董事会成员出席，黄良波监事长、郑国雨副行长、张文武副行长、徐守本副行长、张伟武副行长及监事会成员列席，官学清董事会秘书参加。董事会会议前，陈四清董事长主持召开战略委员会会议，廖林副董事长参加，王景武执行董事列席，官学清董事会秘书参加。

陈四清董事长主持召开独立董事座谈会，官学清董事会秘书参加。

黄良波监事长主持召开监事会会议。

11 月

11 月 1 日

王林组长主持召开部分分行纪委书记调研座谈会。

11 月 2 日

陈四清董事长参加国务院常务会议。

党委书记陈四清主持召开第 56 次党委（扩大）会议，专题学习《中共中央　国务院关于加快构建新发展格局的意见》，听取近期疫情防控工作情况汇报，部署进一步加强疫情防控的工作措施，审议《关于 2022 年度外部研发资源例行化项目的议案》，审议工商银行《贯彻落实〈关于加强中央和国家机关部门机关纪委建设的意见〉工作方案》。党委副书记廖林、黄良波，党委委员王林、郑国雨、王景武、张文武、徐守本、张伟武出席。王百荣高级业务总监、官学清董事会秘书、熊燕高级业务总监、宋建华高级业务总监列席。

廖林行长主持召开第35次执委会会议，传达近期有关会议精神，部署岁末年初重点工作，听取关于2021年上半年监管通报问题整改情况及落实监管专题会谈要求的汇报，听取关于工商银行支持工业、制造业情况的汇报。王林组长列席。郑国雨副行长、王景武副行长、张文武副行长、徐守本副行长、张伟武副行长、王百荣高级业务总监、官学清董事会秘书、熊燕高级业务总监、宋建华高级业务总监出席。

11月3日

陈四清董事长主持召开客户投诉治理工作座谈会。廖林行长、郑国雨副行长、王景武副行长、宋建华高级业务总监出席。

党委书记、董事长陈四清，党委副书记、行长廖林，党委委员、副行长徐守本拜访国家电力投资集团公司党组书记、董事长钱智民，并签署《全面战略合作协议》及能源保供、绿色发展、产业链合作3份专项协议。

王景武副行长主持召开综合化子公司全面风险管理专题会议。

张文武副行长出席第十六届21世纪亚洲金融年会主论坛并发表演讲。

11月4日

总行党委召开2021年第三批次巡视工作动员会议。党委书记、董事长、党委巡视工作领导小组组长陈四清出席会议并讲话，派驻纪检监察组组长、党委委员、巡视工作领导小组副组长王林主持。

廖林行长、王林组长、王景武副行长出席总行专职审议委员（审批人）座谈会。

郑国雨副行长主持召开乡村振兴运营支持及“兴农通”APP推广协调会。

王景武副行长赴北京分行调研制造业金融服务工作，并走访北京集电控股有限公司。

张文武副行长主持召开“揭榜挂帅”科技与数据板块项目汇报专题会议。

11月4日–11月6日

张伟武副行长赴上海出差。其间，出席第四届中国国际进口博览会开幕式、虹桥国际经济论坛绿色金融助力可持续发展分论坛、中欧企业家大会等系列活动，走访企业客户与相关金融基础设施机构。

11月5日

陈四清董事长、熊燕高级业务总监拜访全国中小企业股份转让系统有限责任公司董事长、北京证券交易所董事长徐明，并签署战略合作协议。

11月7日–11月11日

党委书记陈四清、党委副书记廖林参加党的十九届六中全会。

11月8日

王景武副行长、徐守本副行长出席战略性新兴产业重点行业投融资策略分析会议。

张文武副行长、徐守本副行长出席“揭榜挂帅”对公板块项目专题汇报会议。

11月9日

党委副书记、监事长、直属机关党委书记黄良波出席总行机关部室党组织书记任职谈话会议，与新任部室党组织书记集体谈话。

郑国雨副行长、张文武副行长、宋建华高级业务总监出席“揭榜挂帅”个金板块项目专题汇报会议。

11月10日

党委副书记、监事长黄良波出席全行青年学习习近平总书记“七一”重要讲话精神座谈会。

王林组长主持召开部分分行纪委书记座谈会。

11月11日

王景武副行长主持召开防控电信网络新型违法犯罪工作小组会议。

徐守本副行长走访中煤能源集团。

11月12日

党委书记陈四清主持召开第57次党委会议，传达学习贯彻党的十九届六中全会精神。党委副书记廖林、黄良波，党委委员王林、郑国雨、王景武、张文武、徐守本、张伟武出席。

郑国雨副行长主持召开专题会议，研究客户线上运营体系总体方案。

11月15日

党委书记陈四清主持召开第58次党委（扩大）会议，进一步传达学习研讨党的十九届六中全会精神，审议《中国工商银行碳达峰、碳中和工作方案》，审议《关于工银投资财务投资入股中国华融的议案》，审议工商银行2019—2020年度中央和国家机关青年文明号推选名单。党委副书记廖林、黄良波，党委委员郑国雨、王景武、张文武、徐守本、张伟武出席。王百荣高级业务总监、官学清董事会秘书、熊燕高级业务总监、宋建华高级业务总监列席。

王林组长参加中央纪委国家监委深化纪检监察体制改革座谈会。

郑国雨副行长主持召开数字人民币业务专题会议。

11月16日

陈四清董事长参加世界经济论坛李克强总理线上视频对话会。

廖林行长主持召开第36次执委会会议，传达学习贯彻党的十九届六中全会精神，落实行党委部署安排，听取关于全行基础性工程督查情况的汇报，听取关于明确工商银行欧盟中间母公司事项应对方案有关情况的汇报，审议《服务“一带一路”高质量发展行动方案》。郑国雨副行长、王景武副行长、张文武副行长、张伟武副行长，王百荣高级业务总监、官学清董事会秘书、熊燕高级业务总监、宋建华高级业务总监出席。

廖林行长参加银保监会 2021 年第三季度监管会谈。

王林组长主持召开深化派驻改革征求意见座谈会。

郑国雨副行长出席全行运行管理分管行长座谈会。

11 月 17 日

陈四清董事长参加国务院常务会议。

廖林行长主持召开专题会议，研究优化完善考核评价体系有关工作。

郑国雨副行长视频出席全行个人金融业务中高级管理人员培训班。

王景武副行长、张文武副行长出席科技赋能风险防控专题会议。

张文武副行长参加人民银行 2020 年度金融科技发展奖评审领导小组会议。

徐守本副行长主持召开数字普惠 2.0 发展规划专题汇报会。

11 月 18 日

陈四清董事长参加经济形势专家和企业家座谈会。

郑国雨副行长出席中国银联董事会薪酬与考核委员会 2021 年第 2 次会议。

王景武副行长、王百荣高级业务总监赴工银理财调研。

张文武副行长参加北京国家会计学院会计诚信与高质量发展论坛。

11 月 19 日

陈四清董事长再次主持召开服务制造业高质量发展座谈会，进一步研究落实制造强国战略、提升全行制造业金融服务水平的工作思路和举措。廖林行长、徐守本副行长出席。

党委书记陈四清参加办公室党总支党员大会，学习研讨党的十九届六中全会精神。

廖林行长、王景武副行长、官学清董事会秘书出席支援锦州银行领导小组第 6 次会议。

党委副书记廖林参加资产负债管理部党支部会议，学习研讨党的十九届六中全会精神。

张文武副行长主持召开专题会议，听取金融科技实验室建设工作汇报。

11 月 23 日

党委书记陈四清主持召开第 59 次党委（扩大）会议，传达学习贯彻 11 月 18 日中央政治局会议精神，传达学习贯彻《中共中央　国务院关于深入打好污染防治攻坚战的意见》，传达学习中央关于党的二十大代表选举工作的重要通知精神，传达中组部二十大代表选举工作部署暨培训会议要求，研究工商银行贯彻落实举措，传达学习贯彻李克强总理在研究分析当前经济形势和部署下一步经济工作时的讲话，审议工商银行《学习宣传贯彻党的十九届六中全会精神的方案》，审议《关于调整部分董事会专门委员会委员的议案》。党委副书记廖林、黄良波，党委委员郑国雨、王景武、张文武、徐守本、张伟武出席。王百荣高级业务总监、官学清董事会秘书、熊燕高级业务总监、宋建华高级业务总监列席。

廖林行长主持召开第 37 次执委会会议，传达学习贯彻国务院常务会议有关精神，听取关于全面风险管理体系推进优化情况的汇报，听取关于人民银行综合执法检查情况的汇报，听取关于深入推进客户投诉治理工作的汇报。郑国雨副行长、王景武副行长、张文武副行长、徐守本副行长、张伟武副行长、王百荣高级业务总监、熊燕高级业务总监、宋建华高级业务总监出席。

张伟武副行长视频出席中新（重庆）战略性互联互通示范项目金融峰会。

根据中共中央组织部组任字〔2021〕507 号文件通知，王林同志不再担任中国工商银行党委委员职务。

11 月 24 日

陈四清董事长参加国务院常务会议。

党委书记陈四清主持党委理论学习中心组学习，围绕党的十九届六中全会精神开展专题学习研讨。党委副书记廖林、黄良波，党委委员郑国雨、王景武、张文武、徐守本、张伟武出席。王百荣高级业务总监、官学清董事会秘书、熊燕高级业务总监、宋建华高级业务总监列席。

廖林行长、郑国雨副行长、宋建华高级业务总监出席全行个人金融板块旺季营销工作会议。

廖林行长、熊燕高级业务总监会见华融资产总裁梁强。

黄良波监事长参加银保监会“大型银行内设培训机构”专题会议。

郑国雨副行长、宋建华高级业务总监视频会见中国银联总裁蔡剑波。

王景武副行长主持召开“三个一”法人大户融资策略及风险防控专题会议。

徐守本副行长主持召开服务中央企业司库管理体系建设工作专题会议。

11 月 25 日

受陈四清董事长委托，廖林副董事长主持召开董事会会议，审议通过《关于调整部分董事会专门委员会委员的议案》等议案。王景武执行董事等董事会成员出席。黄良波监事长、郑国雨副行长、张文武副行长、徐守本副行长、张伟武副行长列席，官学清董事会秘书参加。董事会会议前，受陈四清董事长委托，廖林副董事长主持召开战略委员会会议，王景武执行董事列席，官学清董事会秘书参加。

廖林副董事长主持召开 2021 年第二次临时股东大会，审议通过《关于选举郑国雨先生为中国工商银行股份有限公司执行董事的议案》《关于选举董阳先生为中国工商银行股份有限公司非执行董事的议案》《关于选举张杰先生为中国工商银行股份有限公司外部监事的议案》等7项议案。候任执行董事郑国雨、王景武执行董事出席。黄良波监事长、张文武副行长、徐守本副行长、张伟武副行长列席。官学清董事会秘书参加。

张伟武副行长拜访外交部副部长邓励。

11月26日

总行召开2021年机关党建工作座谈会。党委书记、董事长陈四清出席并讲话，党委副书记、监事长、直属机关党委书记黄良波主持会议。

郑国雨副行长主持召开个人客户权益体系建设专题会议。

党委委员王景武参加信贷与投资管理部党支部主题党日活动，学习研讨党的十九届六中全会精神。

徐守本副行长出席中广核风电公司增资引战签约仪式。

张伟武副行长拜访中国建筑集团副总经理周勇。

11月29日

党委书记陈四清主持召开第60次党委（扩大）会议，传达学习贯彻习近平总书记在中央全面深化改革委员会第二十二次会议上的重要讲话精神，听取今年以来重点深改项目推进情况汇报，审议《关于与东亚银行签署补充协议延长工银美国期权有效期的议案》《关于给予三名总行管理干部行政处分的建议》《关于建议给予张少华同志党纪政务处分的通报》，研究行领导、高管分工和有关干部事项。党委副书记廖林、黄良波，党委委员郑国雨、王景武、张文武、徐守本、张伟武出席。王百荣高级业务总监、官学清董事会秘书、熊燕高级业务总监、宋建华高级业务总监列席。

11月30日

陈四清董事长、廖林行长、黄良波监事长、官学清董事会秘书、熊燕高级业务总监会见中投公司董事长彭纯、副总经理沈如军一行，并见证工商银行与中投公司系统直管企业签署全面战略合作协议。

廖林行长主持召开第38次执委会会议，落实党委会要求，审议年末经营收口工作与旺季营销安排，听取关于工商银行个人与法人客户发展情况的报告，审议《关于升级打造企业级微信服务号有关情况的报告》。郑国雨副行长、王景武副行长、张文武副行长、张伟武副行长，王百荣高级业务总监、官学清董事会秘书、熊燕高级业务总监、宋建华高级业务总监出席。

党委委员郑国雨参加个人金融业务部党总支支委会议，学习研讨党的十九届六中全会精神。

张文武副行长拜访北京市医保局局长马继业。

徐守本副行长赴河北雄安新区调研，拜会河北省委常委、雄安新区党工委书记张国华，实地考察雄安新区重点项目建设情况，并出席雄安容东智慧体验中心开放暨非首都功能疏解产业交流会。

张伟武副行长拜访西班牙驻华大使拉法尔·德斯卡亚·马萨雷多。

12月

12月1日

陈四清董事长参加国务院常务会议。

总行举办党的十九届六中全会精神宣讲报告会。党委书记陈四清主持学习并讲话，党委副书记廖林、黄良波，党委委员郑国雨、王景武、张文武、徐守本、张伟武出席，官学清董事会秘书、熊燕高级业务总监、宋建华高级业务总监列席。

党委委员张文武参加金融科技部第一党支部支委（扩大）会议，学习研讨党的十九届六中全会精神。

张伟武副行长拜访海关总署党委委员、国家口岸管理办公室主任黄冠胜。

党委委员张伟武参加国际业务部第一党支部第一党小组会议，学习研讨党的十九届六中全会精神。

12月2日

党委书记、董事长陈四清主持召开总行赴基层任职干部座谈会，为第十二批赴基层任职干部送行，并听取干部代表对行党委及全行经营发展工作的意见建议。

郑国雨副行长拜访银保监会大行部副主任田俊丽。

徐守本副行长主持召开专题会议，听取2021年粤港澳大湾区联席会议筹备工作汇报。

张伟武副行长视频出席亚洲金融高峰论坛暨亚洲金融智库2021年会并发表演讲。

12月3日

总行召开全面从严治党从严治行警示教育大会。党委书记陈四清出席并讲话，党委副书记廖林、黄良波，党委委员郑国雨、王景武、张文武、徐守本、张伟武出席，官学清董事会秘书、熊燕高级业务总监、宋建华高级业务总监列席。

郑国雨副行长会见泰康人寿副总裁薛继豪。

徐守本副行长主持召开金融支持“专精特新”中小企业专题会议。

12月6日

党委书记陈四清主持召开第61次党委（扩大）会议，专题听取工商银行全面风险管理情况汇报，部署进一步加强风险防控的工作举措，审议《关于向美联储提交书面协议整改方案的议案》，研究有关干部事项。党委副书记廖林、黄良波，党委委员郑国雨、王景武、张文武、徐守本、张伟武出席。王百荣高级业务总监、官学清董事会秘书、熊燕高级业务总监、宋建华高级业务总监列席。

廖林行长、徐守本副行长出席中国物流集团有限公司成立大会。

黄良波监事长参加中央和国家机关警示教育会。

12 月 7 日

廖林行长主持召开第 39 次执委会会议，听取关于系统重要性银行（G－SIBs 与 D－SIBs）监管规则对工商银行影响分析的汇报，听取关于深化运营风险智能管控体系建设情况的汇报，听取关于风险资产经营管理及拨备资源使用情况的报告。郑国雨副行长、王景武副行长、张文武副行长、徐守本副行长、张伟武副行长、王百荣高级业务总监、官学清董事会秘书、熊燕高级业务总监、宋建华高级业务总监出席。

郑国雨副行长主持召开专题会议，听取“工银聚富通”业务情况汇报。

王景武副行长主持召开“两高”行业风险防控专题会议。

12 月 7 日－12 月 10 日

陈四清董事长、廖林行长参加中央经济工作会议。

12 月 8 日

郑国雨副行长、熊燕高级业务总监出席全行退役优待证工作部署动员会。

张文武副行长主持召开全行数据服务体系建设专题会议。

徐守本副行长、张伟武副行长视频出席粤港澳大湾区 2021 年联席会议。

徐守本副行长拜会银保监会消保局局长郭武平。

12 月 9 日

黄良波监事长主持召开第二届“工银卓越奖章”现场评审会。

徐守本副行长出席公司板块岁末年初旺季业务营销工作推动会。

张伟武副行长主持召开国际化联席会议 2021 年第四次会议暨境外机构经营分析及疫情防控工作会议。

12 月 10 日

张文武副行长主持召开科技赋能“云工行”建设专题会议。

徐守本副行长走访中国电建集团，与集团总会计师杨良就共同深化全球战略合作关系、共同践行国家重大战略、共同推动集团新时期高质量发展等进行交流。

张伟武副行长拜访中国华电集团副总经理李旭红。

12 月 11 日

王景武副行长视频出席 2021 中国金融学会学术年会。

张文武副行长出席 2021 年“工行杯”全国大学生金融科技创新大赛总决赛并致辞。

12 月 13 日

党委书记陈四清主持召开第 62 次党委（扩大）会议，传达学习贯彻中央经济工作会议与文件精神，传达学习贯彻 12 月 6 日中央政治局会议精神，审议《中国工商银行出席党的二十大代表选举工作方案》和《中国工商银行党代表会议代表选举工作实施方案》。党委副书记廖林、黄良波，党委委员郑国雨、王景武、张文武、徐守本、张伟武出席。王百荣高级业务总监、官学清董事会秘书、熊燕高级业务总监、宋建华高级业务总监列席。

经行党委研究，并报请中国金融工会全国委员会同意，黄良波同志任中国工商银行工会工作委员会主任，杨国中同志不再担任中国工商银行工会工作委员会主任职务。

12 月 14 日

廖林行长主持召开第 40 次执委会会议，听取关于经济周期对商业银行信贷经营影响分析及建议的汇报，听取关于 2021 年前三季度工商银行与可比同业绩效评价测算情况的汇报，听取关于工银村镇银行经营管理情况的汇报。郑国雨副行长、王景武副行长、张文武副行长、徐守本副行长、张伟武副行长、王百荣高级业务总监、官学清董事会秘书、熊燕高级业务总监、宋建华高级业务总监出席。

廖林行长拜访退役军人事务部副部长钱锋，并出席退役军人、其他优抚对象优待证申领启动仪式。

12 月 15 日

陈四清董事长参加国务院常务会议。

党委书记陈四清主持召开第 63 次党委（扩大）会议，审议《关于给予三名总行管理干部行政处分的建议》《投资银行部王磊违纪问题处分意见》《关于建议给予李长命同志党纪处分的通报》，听取中央第十五巡视组巡视工商银行期间派驻纪检监察组办理人员处分情况的通报。党委副书记廖林、黄良波，党委委员郑国雨、王景武、张文武、徐守本、张伟武出席。王百荣高级业务总监、官学清董事会秘书、熊燕高级业务总监、宋建华高级业务总监列席。

廖林行长出席 2021 年度决算工作会议。

郑国雨副行长主持召开网点竞争力提升领导小组第二次会议。

12 月 16 日

廖林行长参加人民银行金融机构货币信贷形势分析座谈会。

郑国雨副行长主持召开个人金融专业行司协同座谈会。

王景武副行长、官学清董事会秘书、熊燕高级业务总监出席中部地区分行第二次视频联席会议。

张文武副行长拜访中国人民银行征信管理局局长万存知。

12 月 17 日

总行召开出席党的二十大代表选举工作部署暨培训会议。党委书记陈四清作动员部署讲话，党委副书记廖林出席，党委副书记黄良波主持会议，党委委员张文武、张伟武出席，高级业务总监王百荣、熊燕、宋建华列席。

党委书记、董事长陈四清，党委委员、副行长张文武、徐守本、张伟武拜访海关总署党委书记、署长倪岳峰，并与海关总署国家口岸管理办公室签署战略合作协议。

郑国雨副行长、熊燕高级业务总监、宋建华高级业务总监出席养老金融专题工作会议。

郑国雨副行长拜访银保监会消保局局长郭武平。

王景武副行长拜访银保监会大行部副主任田俊丽。

12 月 20 日

党委书记陈四清主持召开党委务虚会，围绕学习贯彻党的十九届六中全会和中央经济工作会议精神，研究谋划全行 2022 年和未来一个时期的工作。党委副书记廖林、黄良波，党委委员郑国雨、王景武、张文武、徐守本、张伟武出席。王百荣高级业务总监、官学清董事会秘书、熊燕高级业务总监、宋建华高级业务总监列席。

陈四清董事长出席中国银行间市场交易商协会第四届会员代表大会第一次会议暨第四届理事会第一次会议并致辞。徐守本副行长出席。

张伟武副行长参加专项融资部“心系‘金阳’守护‘儿童’”捐赠活动。

工银任免〔2021〕745 号决定：聘任张屾同志为中国工商银行黑龙江省分行行长；解聘张晓辛同志中国工商银行黑龙江省分行行长职务，另有任用。

12 月 21 日

陈四清董事长参加国务院常务会议。

廖林行长主持召开第 41 次执委会会议，落实行党委要求，部署收官开门有关工作，听取关于融 e 购合规整改进展和业务转型策略的汇报，听取关于推进服务碳市场金融业务布局意见的汇报。郑国雨副行长、王景武副行长、徐守本副行长、张伟武副行长、王百荣高级业务总监、官学清董事会秘书、熊燕高级业务总监、宋建华高级业务总监出席。

黄良波监事长参加中华全国总工会与工商银行共建“户外劳动者服务站点 · 工行驿站”授牌仪式。

12 月 21 日 – 12 月 24 日

张文武副行长赴四川、湖北出差。其间，在四川开展定点帮扶工作调研，在湖北开展数字化转型工作调研，出席“工银光明行”集团公益品牌发布仪式并致辞。

12 月 22 日

黄良波监事长主持召开“工银卓越奖章”研究会。

工银任免〔2021〕748 号决定：聘任张志勇同志为中国工商银行宁夏回族自治区分行行长；解聘王跃民同志中国工商银行宁夏回族自治区分行行长职务，另有任用。

工银任免〔2021〕749 号决定：聘任储成龙同志为中国工商银行天津市分行行长；解聘蒋伟同志中国工商银行天津市分行行长职务，另有任用。

12 月 23 日

陈四清董事长参加国务院常务会议。

党委副书记、监事长黄良波出席总行党史学习教育推进会。

党委副书记、监事长、直属机关党委书记黄良波出席总行机关工会第五届会员代表大会第一次会议。

徐守本副行长出席部分分行投行业务“春天行动”专项营销座谈会。

张伟武副行长会见外交部非洲司司长吴鹏。

12 月 23 日 – 12 月 24 日

郑国雨副行长赴江西、上海出差。其间，出席中国稀土集团有限公司成立大会以及中国船舶集团有限公司总部迁驻上海大会，并在江西赣州开展网点竞争力提升专题调研。

12 月 24 日

陈四清董事长参加北京市金融工作座谈会。

党委书记、董事长陈四清视频调研党建工作联系点江苏分行、扬州分行，向基层党员宣讲党的十九届六中全会和中央经济工作会议精神，并与党员干部代表进行座谈，深入了解党建工作和经营发展情况。

张伟武副行长拜访国家外汇管理局中央外汇业务中心主任李红燕。

12 月 24 日 – 12 月 26 日

徐守本副行长参加中央农村工作会议。

12 月 27 日

党委书记陈四清主持召开第 65 次党委（扩大）会议，传达学习贯彻中央农村工作会议精神，进一步学习《中华人民共和国监察法实施条例》，审议拟向党中央报送的工商银行 2021 年意识形态工作情况报告，听取中央和国家机关工委警示教育大会有关情况的汇报，听取全行疫情防控工作情况汇报，部署进一步加强疫情防控的工作措施，审议工商银行金融五一巾帼奖项候选集体和个人名单，审议第二届“工银卓越奖章”拟表彰集体和个人名单。党委副书记廖林、黄良波，党委委员郑国雨、王景武、张文武、徐守本、张伟武出席。王百荣高级业务总监、官学清董事会秘书、熊燕高级业务总监、宋建华高级业务总监列席。

廖林行长、郑国雨副行长、张文武副行长出席双声系统上线发布会。

廖林行长、张伟武副行长会见我国驻西班牙大使吴海涛。

12 月 28 日

廖林行长主持召开第 42 次执委会会议，听取关于 ECOS 与 DCMM 外部评价情况的汇报，听取关于全面推进工商银行数字化转型工作思路的汇报，审议《2021 年全集团网络安全管理情况报告》。郑国雨副行长、王景武副行长、张文武副行长、徐守本副行长、张伟武副行长、王百荣高级业务总监、官学清董事会秘书、熊燕高级业务总监、宋建华高级业务总监出席。

王景武副行长拜访银保监会大行部副主任田俊丽。

徐守本副行长出席全国政府性融资担保数字化平台上线启动会暨工商银行“国担快贷”银担直连发布会。

12 月 29 日

陈四清董事长参加国务院常务会议。

党委书记、董事长陈四清，党委副书记、行长廖林，党委委员、副行长徐守本会见安徽省委常委、副省长张红文一行，双方就进一步深化银政合作，助力安徽经济社会高质量发展进行交流。

郑国雨副行长主持召开工银租赁信贷资产质量“123”攻坚战督导会。

王景武副行长视频参加云南省省属国企深化改革推介会。

张文武副行长主持召开德勤 2021 年度审计进度及预审发现沟通会。

12 月 30 日

党委书记、董事长陈四清出席境外及艰苦地区干部座谈会，向境外及艰苦地区干部表达关心问候，并听取干部代表对行党委及全行经营发展工作的意见建议。

黄良波监事长、张文武副行长出席全行疫情防控专题会议。

党委副书记、监事长、直属机关党委书记黄良波主持召开总行直属机关党委全委会。

郑国雨副行长、宋建华高级业务总监出席个人客户权益体系建设专题会议。

王景武副行长主持召开资本监管新规实施准备工作专题会议。

12 月 31 日

陈四清董事长、廖林行长、黄良波监事长、郑国雨副行长、王景武副行长、张文武副行长、徐守本副行长、张伟武副行长赴北京分行进行年终决算慰问。

陈四清董事长、廖林行长、黄良波监事长、郑国雨副行长、王景武副行长、张文武副行长、徐守本副行长、张伟武副行长、王百荣高级业务总监、官学清董事会秘书、熊燕高级业务总监、宋建华高级业务总监视频慰问部分年终决算基层网点，随后慰问总行本部年终决算干部员工。

第八部分

附录

责任编辑：刘　文

2021年中国工商银行党委成员、董事、监事及高管人员名录

党委

党委书记：陈四清
党委副书记：廖林、黄良波
党委委员：郑国雨、王景武、张文武、徐守本、张伟武

董事

董事长、执行董事：陈四清
副董事长、执行董事：廖林
执行董事：郑国雨、王景武
非执行董事：卢永真、郑福清、冯卫东、曹利群、陈怡芳、董阳
独立非执行董事：梁定邦、杨绍信、沈思、努特·韦林克、胡祖六

监事

监事长：黄良波
股东代表监事：张炜
外部监事：沈炳熙、张杰
职工代表监事：黄力、吴翔江

高级管理人员

行长：廖林
副行长：郑国雨、王景武、张文武、徐守本、张伟武
高级业务总监：王百荣
董事会秘书：官学清
高级业务总监：熊燕、宋建华

总行机构名录

首席

首席技术官：吕仲涛
首席经济学家：周月秋

派驻纪检监察组：

副组长：韩奇、苏万龙、王晓波、樊玉明、赵洪亮

办公室

主任：宋翰乙
副主任：邢新华、史绍伟、卞俊峰、王连成、杨赫

董事会办公室

主任：张锋
副主任：金晖

监事会办公室

主任：张炜
副主任：梅迎春、郭敏

公司金融业务部

总经理：田枫林
副总经理：梅霜、戴莲、顾西贝、卫峥、李娜

个人金融业务部

总经理：曾琪
副总经理：华静、刘玮、徐建斌、张航宇、辛峰、王永生、金华

机构金融业务部

总经理：史立军
副总经理：郭琳、田庆松、张月、夏冬

普惠金融事业部（乡村振兴办公室）

总经理：田哲
副总经理：周杨、金小山、李纵、谢刚

结算与现金管理部

总经理：陈昭旭
副总经理：王鉉、司春晓

网络金融部

总经理：梅超
副总经理：陈静娴、徐晓群、彭兆芝、韩旭升、杨雷、马铁军、温津伟、赵磊

信贷与投资管理部

总经理：李志刚
副总经理：季景玉、宁洁、周冀平、祝有溪

授信审批部

总经理：李新彬
副总经理：张泽祥、任海燕、马楠、杨万利

风险管理部

总经理：李宏凯
副总经理：武宗选、刘国通

内部审计局

局长：顾斌

副局长：原擒龙、王丰

内控合规部

总经理：吴翔江
副总经理：杨涛、李哲、罗丽军、叶凯、廉何

法律事务部（消费者权益保护办公室）

总经理：刘湘玲
副总经理：邵光华、张国蓉、余保福

财务会计部

总经理：刘亚干
副总经理：王刚、许志胜、周强、孟冬梅、杜后扬、王美茜

人力资源部

总经理：张小东
副总经理：苗帅、贾炜、陈炅、杨亮

资产负债管理部

总经理：周玮
副总经理：赵传新、郑福鹏、邓洪、周爱民

战略管理与投资者关系部

总经理：官学清（兼任）
副总经理：钱忠华、吴敏敏

国际业务部

总经理：宋扬
副总经理：汪蔚菁、李红燕、王鲲、杨雨

金融科技部

总经理：马雁
副总经理：孔兵、王雍、陈满才、张安龙、陈铁钢、黄玉

运行管理部

总经理：毛群
副总经理：高军、刘伟、彭华、张立新、戴辛晨、王光生、谢一、姜烨

管理信息部

总经理：苏宗国
副总经理：王嵩、龙春玲、金阳

企业文化部（教育部）

总经理：霍江
副总经理：陈华蓉、陈立忠、孙伯龙

团委

团委书记：孙伯龙

直属机关党委

常务副书记：张兴东
副书记：郑延东、刘陶

现代金融研究院（深改办）

院长：周月秋
副院长：殷红、王祺、陈新跃

党委巡视办

主任：高志新
副主任：林曦

安全保卫部

总经理：郝彬
副总经理：郭春野、施维

离退休人员管理部

总经理：孙洪霞
副总经理：杨元泽

工会工作委员会

副主任：熊少军、王艳艳

金融市场部

总经理：朱长法
副总经理：胡亚冰、赵弘宇、王屯、许瑢、贾蔚、张桦

资产管理部

总经理：李勇
副总经理：王旭、张都兴、董劭然

资产托管部

总经理：刘彤
副总经理：何亚平、张伟、蒋松云、金磊

投资银行部

总经理：田枫林
副总经理：许蒙、李钢、程斌宏

专项融资部（营业部）

总经理：李强
副总经理：沈敏、李涛、赵富军

养老金业务部

总经理：韩强
副总经理：晏秋生、吕艾国

总行直属机构名录

牡丹卡中心

党委书记、总裁：陈明
党委委员、执行副总裁：石海龙、李秀媛、吕文宁、周万山、沈卫裕、罗榕
党委委员、纪委书记：吴宋
地址：北京市西城区金融大街5号–甲5号，新盛大厦A座
邮编：100032

私人银行部

党委书记、总经理：李宝权
党委委员、副总经理：郑琇煦、殷仲洁
党委委员、纪委书记：王强
地址：上海市浦东新区银城路8号
邮编：200120

贵金属业务部

党委书记、总经理：徐晓岚
党委委员、副总经理：仇奕、李雪松
党委委员、纪委书记：陈一颖
地址：上海市浦东新区银城路8号
邮编：200120

票据营业部

党委书记、总经理：董继松
党委委员、副总经理：刘斌
党委委员、纪委书记：王永琪
地址：上海市浦东新区银城路8号
邮编：200120

长春金融研修学院

党委书记、院长：刘德奇
党委委员、副院长：赵中彪、苏东来
党委委员、纪委书记：陈爱武
地址：长春市二道区公平路448号
邮编：130033

杭州金融研修学院

党委书记、院长：蒋伟
党委委员、副院长：黄大武
党委委员、纪委书记：张济华
地址：杭州市西湖区留下街道屏峰888号
邮编：310023

软件开发中心

党委书记、总经理：杨龙如
党委委员、副总经理：罗毅、简志雄、王雍、王旭光（兼）、高鸿升、张旻
党委委员、纪委书记、副总经理：张艳
地址：珠海市唐家湾软件园路2号
邮编：519080

业务研发中心

党委书记、总经理：毛卫东
党委委员、副总经理：王晓静、敦宏程、张健、黄玉
派驻纪检组长、党委委员：汪斌
地址：北京市海淀区西三旗建材东路16号
邮编：100096

数据中心（上海）

党委书记、总经理：刘方洲
党委委员、副总经理：丁旭东、王长江、王旭光（兼）、徐志扬、张新晖
派驻纪检组长、党委委员：葛翠凤
地址：上海市杨高北路2005号（台南西路80号）
邮编：200131

国际结算单证中心

总经理：李红燕
副总经理：荆仁、夏霖
地址：北京市东城区朝阳门内大街188号鸿安商务大厦二层
邮编：100010

总行远程银行中心

总经理：陈静娴
副总经理：彭兆芝、韩旭升、马铁军
地址：北京市西城区德胜门外大街77号德胜国际中心D座
邮编：100088

远程银行中心（石家庄）

总经理：马铁军
副总经理：徐志强

地址：石家庄市桥西区时光街 88 号
邮编：050081

远程银行中心（合肥）

总经理：曾建平
副总经理：戴敏
地址：合肥市东流路 999 号新城国际大厦 B 座 14 楼
邮编：230031

远程银行中心（广州）

总经理：张敬华
副总经理：陈强
地址：广州市天河区科韵路 32－34 号 2 楼
邮编：510665

各一级分行、直属分行名录

北京分行

党委书记、行长：黄力
党委副书记、副行长：王都富、张展
党委委员、副行长：王建红、应维云、曲琰、鲍晓晨、江波
党委委员、纪委书记：赵树厂
党委委员：郭俊
地址：北京西城区复兴门南大街 2 号（天银大厦 B 座）
邮编：100031

天津分行

党委书记、行长：储成龙
党委副书记、副行长：刘建昌
党委委员、副行长：王建军、张渠、杨居庄
党委委员、纪委书记：宋立新
地址：天津市河西区围堤道 123 号
邮编：300074

河北分行

党委书记、行长：田耕
党委委员、副行长：李明海、王琦、张凯、张志斌
党委委员、纪委书记：刘泽华
地址：石家庄市中山西路 188 号中华商务 B 座
邮政编码：050051

山西分行

党委书记、行长：杨志忠
党委委员、副行长：邹建文、甄燕
党委委员、纪委书记：胡亚辉
党委委员：王晓勇、赵阳
地址：太原市迎泽大街 145 号
邮编：030001

内蒙古分行

党委书记、行长：李峰
党委委员、副行长：曲向泽、纪彦彬、吴小强
党委委员、纪委书记：林进
党委委员：吴海龙
地址：呼和浩特市新城区东二环路 10 号
邮编：010060

辽宁分行

党委书记、行长：吴迎春
党委委员、副行长：刘静波、徐言峰、常江、周波
党委委员、纪委书记：王全
地址：沈阳市和平区南京北街 88 号
邮编：110001

吉林分行

党委书记、行长：岳万国
党委委员、副行长：白颖、孙占国、窦洪涛、史举、韩基广
党委委员、纪委书记：曲云军
地址：长春市南关区人民大街 9559 号
邮编：130022

黑龙江分行

党委书记、行长：张屾
党委委员、副行长：姚春和、魏连彬、王玉刚、乔峰、郝松岩
党委委员、纪委书记：陈坚
地址：哈尔滨市道里区中央大街 218 号
邮编：150010

上海分行

党委书记、行长：付捷
党委委员、副行长：朱晓怡、张颖、潘强、王顺
党委委员、纪委书记：任建军
副行长：张晓琪
地址：上海市浦东新区银城路 8 号
邮编：200120

江苏分行

党委书记、行长：谢泰峰
党委委员、副行长：吴代强、姜乔、邱亚光、张海滨、吴昊

党委委员、纪委书记：苏建旭
党委委员：杨庆生
地址：南京市中山南路 408 号
邮编：210006

浙江分行

党委书记、行长：戴春林
党委委员、副行长：张松财、邵锦华、阮云波、包伶捷、王志敏
党委委员、纪委书记：杨彤
地址：杭州市上城区剧院路 66 号
邮政编码：310016

安徽分行

党委书记、行长：胡伟谊
党委委员、副行长：陈田武、王睿、刘华、陈文
党委委员、纪委书记：金伟东
党委委员：黄震宇
地址：安徽省合肥市芜湖路 189 号
邮编：230001

福建分行

党委书记、行长：俞龙
党委委员、副行长：陈建愉、周灿森、张程、王玲、王昌盛、崔航宇
党委委员、纪委书记：何松
地址：福建省福州市鼓楼区古田路 108 号
邮编：350005

江西分行

党委书记、行长：牛喜军
党委委员、副行长：姜成茂、何虎
党委委员、纪委书记：贝玉双
党委委员：黄时跃、徐惟
地址：南昌市红谷滩区丰和中大道 888 号
邮编：330038

山东分行

党委书记、行长：赵桂德
党委委员、副行长：刘爱峰、郑允弢、张冠军、陈兵、张晓瑞
党委委员、纪委书记：吴进
党委委员：金滨
地址：济南市经四路 310 号
邮编：250001

河南分行

党委书记、行长：邹平
党委委员、副行长：姚虎、王晓东、夏宗福、刘超
党委委员、纪委书记：刘小全
党委委员：黄焱
地址：郑州市经三路 99 号
邮编：450011

湖北分行

党委书记、行长：郭伟
党委委员、副行长：邱世杰、夏志青、周刚、华静、李夺
党委委员、纪委书记：宋克修
地址：武汉市武昌区中北路 31 号
邮编：430071

湖南分行

党委书记、行长：张慎
党委委员、副行长：聂建国、张昕煜、秦谭平、黄堃、匡维玮、张虹
党委委员、纪委书记：邹克胜
地址：长沙市芙蓉中路一段 619 号
邮编：410011

广东分行

党委书记、行长：韩松
党委副书记、副行长：苏国庆
党委委员、副行长：周骏、刘刚、周杰、胡贤文、李勇
党委委员、纪委书记：刘岩方
党委委员：童志军
地址：广东省广州市沿江西路 123 号
邮编：510120

深圳分行

党委书记、行长：董建军
党委委员、副行长：骆伟华、何翔、杨帆、孙炜
党委委员、纪委书记：王增科
地址：深圳市罗湖区深南东路 5055 金融中心大厦北座
邮编：518015

海南分行

党委书记、行长：胡晔
党委委员、副行长：黄文晖、李峰、李鹏、符辉
党委委员、纪委书记：谢中
地址：海南省海口市美兰区和平南路 54 号
邮编：570203

广西分行

党委书记、行长：王学勇

党委委员、副行长：杨世亮、余昌涛、何韶军、龙云
党委委员、纪委书记：严发忠
地址：南宁市教育路15－1号
邮编：530022

重庆分行

党委书记、行长：陈汀
党委委员、副行长：贺明、韩忠东、曹茜、王耿、赵勇
党委委员、纪委书记：张城
地址：重庆市南岸区泰昌路61号
邮编：400061

四川分行

党委书记、行长：陆钦
党委委员、副行长：陈丹、周玥、张江山、李思林、王鹏
党委委员、纪委书记：熊红英
党委委员：刘勇
地址：成都市总府路35号
邮编：610016

云南分行

党委书记、行长：平凡
党委委员、副行长：姚胜琦、曾劭群、刘健雄、陈晓
党委委员、纪委书记：李双平
地址：昆明市五华区青年路395号邦克大厦
邮编：650021

贵州分行

党委书记、行长：张卫东
党委委员、副行长：谢嘉、蒋云志、何骏、刘卫果
党委委员、纪委书记：唐斌
地址：贵阳市中华北路200号
邮编：550001

陕西分行

党委书记、行长：麻旭恒
党委委员、副行长：王引平、陶能虹、李莉、王建安
党委委员、纪委书记：周民志
地址：西安市东新街395号
邮编：710004

甘肃分行

党委书记、行长：宋关昶
党委委员、副行长：晏贵宾、袁桃、冯刚、吕红晓
党委委员、纪委书记：王旭
党委委员：鲁滔
地址：甘肃省兰州市城关区庆阳路408号
邮编：730030

青海分行

党委书记、行长：博来
党委委员、副行长：李香玲、陈春霞、张禹、陈斌、韩占永
党委委员、纪委书记：王振宇
地址：西宁市胜利路2号
邮编：810001

宁夏分行

党委书记、行长：张志勇
党委副书记、副行长：涂晓光
党委委员、副行长：栗宁安、郝宗民、沈学勤、李锋
党委委员、纪委书记：李洪涛
地址：宁夏回族自治区银川市金凤区中海路67号
邮编：750002

新疆分行

党委书记、行长：张家琦
党委委员、副行长：文德明、王睿、唐红武、王薇
党委委员、纪委书记：张维梁
地址：新疆乌鲁木齐市人民路231号
邮编：830002

西藏分行

党委书记、行长：毕晓宏
党委副书记、副行长：格桑曲珍
党委委员、副行长：余志伟、刘军
党委委员、纪委书记：王长东
地址：西藏自治区拉萨市城关区金珠中路31号
邮编：850000

大连分行

党委书记、行长：刘向明
党委委员、副行长：高亚林、李秉章、王刚剑、张棋、张野
党委委员、纪委书记：赵洋

青岛分行

党委书记、行长：蔡谦
党委委员、副行长：赵晓滨、孙伟、李霞、李昆、鲁瑞

党委委员、纪委书记：邵冬霞
地址：青岛市市南区山东路 25 号
邮编：266071

宁波分行

党委书记、行长：杨海涛
党委委员、副行长：潘海英、徐艳、郑冲、周波、杜盈
党委委员、纪委书记：王进峰
地址：宁波市中山西路 218 号
邮编：315010

厦门分行

党委书记、行长：陶飚
党委委员、副行长：陈大文、梁信泳
党委委员、纪委书记：陈振锋
党委委员：詹维娟
地址：厦门市湖滨北路 17 号工商银行大厦
邮编：361012

苏州分行

党委书记、行长：邱亚光
党委委员、副行长：杨晓东、杨磊、赵霆、汪洋
党委委员、纪委书记：郭向军
地址：苏州工业园区旺墩路 122 号
邮编：215028

各内审分局名录

直属分局

局长：黄庆惠
副局长：李新明、何黎萍、杨学宁
地址：北京市西城区车公庄大街丙 3－3 号
邮编：100045

天津分局

局长：孙建勇
副局长：兰莉、张静、罗勇、赵义民、张杰
地址：天津市河西区围堤道 123 号天津金融大厦 26－27 层
邮编：300074

沈阳分局

局长：鞠延强
副局长：宋宁
地址：沈阳市和平区和平北大街 180 号
邮编：110001

上海分局

局长：朱春华
副局长：刘刚、李金浩
地址：上海市浦东新区银城路 8 号 47 层
邮编：200120

南京分局

局长：应俊惠
副局长：时辉、蔡万周
地址：南京市建邺区兴隆大街 172－5 号
邮编：210019

武汉分局

局长：李永平
副局长：施光军
地址：武汉市武昌区中北路 31 号 18－19 层
邮编：430071

广州分局

局长：黄再红
地址：广州市海珠区昌岗东路五巷 23 号
邮编：510260

成都分局

局长：张延挺
副局长：罗毅、刘永斌、史晓媛
地址：成都市锦江区总府路 35 号总府大厦
邮编：610017

昆明分局

局长：合杰
副局长：杨勇革
地址：昆明市青年路 395 号邦克大厦
邮编：650011

西安分局

局长：王跃民
副局长：苏南宏
地址：西安市雁塔区高新路 1 号金融大厦 15 楼
邮编：710075

各省会城市分行名录

石家庄分行

党委书记、行长：张志斌
地址：石家庄市平安南大街 113 号

邮编：050021

太原分行

党委书记、行长：王晓勇
地址：太原市新建路 86 号
邮编：030002

呼和浩特分行

党委书记、行长：纪彦彬
地址：呼和浩特市回民区锡林北路 105 号
邮编：010030

沈阳分行

党委书记、行长：常江
地址：沈阳市沈河区友好街 9 号
邮编：110013

长春分行

党委书记、行长：孙占国
地址：长春市朝阳区同志街 136 号
邮编：130000

哈尔滨分行

党委书记、行长：魏连彬
地址：哈尔滨市道里区河洛街 7 号
邮编：150076

南京分行

党委书记、行长：杨庆生
地址：南京市江东中路 379 号金融城 7 号楼
邮编：210019

杭州分行

党委书记、行长：包伶捷
地址：杭州市拱墅区庆春路 90 号
邮政编码：310003

合肥分行

党委书记、行长：苑卫东
地址：安徽省合肥市潜山路 320 号新华国际广场 A 座
邮编：230031

福州分行

党委书记、行长：周灿森
地址：福州市八一七中路 600 号
邮编：350004

南昌分行

党委书记、行长：姜成茂
地址：南昌市红谷滩区丰和中大道 888 号
邮编：330038

济南分行

党委书记、行长：张冠军
地址：济南市历下区黑虎泉西路 57 号
邮编：250011

郑州分行

党委书记：史卫红
行长：张涛
地址：郑州市金水路 219 号（金水路与英协路交叉口东南角）
邮编：450008

武汉分行

党委书记、行长：邱世杰
地址：武汉市武昌区中南路 2 号
邮编：430071

长沙分行

党委书记、行长：黄堃
地址：长沙市五一大道 465 号
邮编：410005

广州分行

党委书记、行长：周骏
地址：广州市大沙头路 29 号
邮编：510100

南宁分行

党委书记、行长：龙云
地址：南宁市民族大道 38－2 号
邮编：530022

成都分行

党委书记、行长：李思林
地址：成都市藩库街 9 号
邮编：610016

昆明分行

党委书记、行长：曾劭群
地址：昆明市五华区五一路 164 号
邮编：650021

贵阳分行

党委书记、行长：何骏
地址：贵阳市省府路 1 号
邮编：550001

西安分行

党委书记、行长：杨永生
地址：西安市东木头市 9 号
邮编：710002

兰州分行

党委书记、行长：冯刚
地址：甘肃省兰州市城关区静宁路 358 号
邮编：730030

乌鲁木齐分行

党委书记、行长：吴文达
地址：新疆乌鲁木齐市新民路 2 号
邮编：830002

各二级分行机构名录

北京分行

分行营业部

党委书记、总经理：汪旭升
地址：西城区复兴门南大街 2 号天银大厦 B 座
邮编：100031

东城支行

党委书记、行长：王耕欣
地址：东城区东四十条 24 号
邮编：100007

王府井支行

党委书记、行长：刘笑东
地址：东城区金宝街 18 号 A
邮编：100008

和平里支行

党委书记、行长：任颉
地址：东城区安定门东大街 28 号雍和大厦 A 座
邮编：10007

长安支行

党委书记、行长：史旭
地址：西城区宣内大街乙 6 号
邮编：100031

新街口支行

党委书记、行长：李彤
地址：西城区西直门内大街 143 号
邮编：100035

南礼士路支行

党委书记、行长：石玉军
地址：西城区月坛南街 1 号院 5 号楼
邮编：100045

金融街支行

党委书记、行长：李鸿斌
地址：西城区太平桥大街丰汇园 11 号
邮编：100032

地安门支行

党委书记、行长：张建东
地址：西城区德胜门外大街 77 号 D 座
邮编：100088

崇文支行

党委书记、行长：肖斌
地址：东城区永外大街 86 号
邮编：100075

宣武支行

党委书记、行长：任小克
地址：西城区菜口大街 1 号
邮编：100052

广安门支行

党委书记、行长：贯鹏华
地址：西城区广外南滨河路 3 号
邮编：100055

珠口支行

党委书记、行长：闫彬
地址：东城区珠口东大街 15 号
邮编：100050

朝阳支行

党委书记、行长：夏栋杰
地址：朝阳区朝外大街 1 号
邮编：100020

九龙山支行

党委书记、行长：祁卫士
地址：朝阳区广渠路甲 40 号
邮编：100022

亚运村支行

党委书记、行长：张德辉
地址：朝阳区慧忠北里 407 号
邮编：100012

望京支行

党委书记、行长：姚毅
地址：朝阳区酒仙桥路甲 10 号
邮编：100015

商务中心区支行

党委书记、行长：张军
地址：朝阳区建国路 108 号
邮编：100022

海淀支行

党委书记、行长：王强
地址：海淀区中关村东路 100 号
邮编：100190

海淀西区支行

党委书记、行长：尹承德
地址：海淀区北四环西路 65 号
邮编：100080

中关村支行

党委书记、行长：潘端升
地址：海淀区上地信息路 2 号
邮编：100085

翠微路支行

党委副书记、副行长：詹绚伟（主持工作）
地址：海淀区阜成路 79 号
邮编：100142

西客站支行

党委书记、行长：李湛
地址：海淀区莲花池东路 39 号
邮编：100036

丰台支行

党委书记、行长：王智先
地址：丰台区文体路 19 号
邮编：100071

方庄支行

党委书记、行长：苏一平
地址：丰台区蒲芳路 5 号
邮编：100022

经济技术开发区支行

党委书记、行长：方园
地址：经济技术开发区荣昌东街甲 5 号
邮编：100176

石景山支行

党委书记、行长：郭英淳
地址：石景山区政达路 2 号
邮编：100040

门头沟支行

党委书记、行长：石建欣
地址：门头沟区新桥大街 16 号
邮编：102300

房山支行

党委书记、行长：范文
地址：房山区良乡西潞北大街 32 号
邮编：102488

通州分行

党委书记、行长：王炜
地址：通州区新华西街 47 号
邮编：101100

大兴支行

党委副书记、副行长：肖学军（主持工作）
地址：大兴区兴政街 24 号
邮编：102600

顺义支行

党委书记、行长：周宏峰
地址：顺义区仓上街 1 号
邮编：101300

昌平支行

党委书记、行长：安北
地址：昌平区鼓楼西街 35 号
邮编：102200

怀柔支行

党委书记、行长：张威
地址：怀柔区商业街23号
邮编：101400

密云支行

党委书记、行长：金辉
地址：密云区鼓楼南大街7号
邮编：101500

平谷支行

党委书记、行长：马刚
地址：平谷区府前西街14号
邮编：101200

延庆支行

党委书记、行长：陈哲
地址：延庆区东街28号
邮编：102100

天津分行

分行营业部

党委书记、总经理：李林原
地址：天津市和平区赤峰道12号
邮编：300041

和平支行

党委书记、行长：沈慧丽
地址：天津市和平区和平路254号
邮编：300022

新华支行

党委书记、行长：张志福
地址：天津市和平区西康路33号
邮编：300050

河东支行

党委书记、行长：姚霞
地址：天津市河东区十一经路河东金融大厦
邮编：300171

河西支行

党委书记、行长：董易
地址：天津市河西区围堤道123号
邮编：300074

广厦支行

党委书记、行长：马晨
地址：天津市河西区大沽南路880号增加1号
邮编：300220

河北支行

党委书记、行长：运东东
地址：天津市河北区滨海道69号
邮编：300010

南开支行

党委书记、行长：梁俊杰
地址：天津市南开区黄河道12号
邮编：300101

红桥支行

党委书记、行长：黄飞
地址：天津市红桥区大丰路6号红桥金融大厦
邮编：300121

新技术产业园区支行

党委书记、行长：刘鹏
地址：天津市南开区红旗路208号增2号乐谷商业中心3楼
邮编：300113

国信支行

党委书记、行长：刘磊
地址：天津市南开区红旗南路208号增1乐谷商务大厦A座7楼
邮编：300113

自贸区分行

党委书记、行长：石晓宁
地址：天津市滨海新区（中心商务区）新华路莱市街1号
邮编：300450

保税区分行

党委书记、行长：秦志远
地址：天津港保税区天保大道176号
邮编：300461

开发区分行

党委书记、行长：戴江
地址：天津市滨海新区开发区广场东路20号滨海金融街东区E5AB座

邮编：300457

大港支行

党委书记、行长：张震宇
地址：天津市滨海新区大港迎宾街 79 号
邮编：300270

东丽支行

党委书记、行长：王志咏
地址：天津市东丽区福山路 24 号
邮编：300300

西青支行

党委书记、行长：张健
地址：天津市西青区杨柳青镇新华道 77 号
邮编：300380

津南支行

党委书记、行长：邢军
地址：天津市津南区咸水沽镇体育场路 35 号
邮编：300350

北辰支行

党委书记、行长：张志芳
地址：天津市北辰区京津路 346 号
邮编：300400

津西支行

党委书记、行长：孙博
地址：天津市西青开发区津港公路龙府花园 4 号楼
邮编：300385

静海支行

党委书记、行长：宁玉华
地址：天津市静海区胜利大街 21 号
邮编：301600

宝坻支行

党委书记、行长：杨建伟
地址：天津市宝坻区南关大街 2 号
邮编：301800

蓟州支行

党委委员、副行长：王寅
地址：天津市蓟州区兴华大街 1 号
邮编：301900

宁河支行

党总支书记、行长：曹雷
地址：天津市宁河区芦台镇商业道 59 号
邮编：301500

武清支行

党委书记、行长：华国强
地址：天津市武清开发区福源道俊安金融中心底商
邮编：301700

红旗路支行

党委书记、行长：曹宇斌
地址：天津市南开区榕苑路 2 号海益国际 2 号楼 4 层
邮编：300384

北站支行

党委书记、行长：戴素梅
地址：天津市河北区中山路 22 号
邮编：300142

新村支行

党委书记、行长：赵玉柱
地址：天津市红桥区咸阳北路与丁字沽一号路交口康平楼底商
邮编：300131

唐家口支行

党委书记、行长：卢永波
地址：天津市河东区泰兴南路 12 号增 12 号
邮编：300162

空港经济区支行

党委书记、行长：钟岩
地址：天津空港经济区西四道汇津广场 1－4 号楼 S23
邮编：300308

河北分行

邯郸分行

党委书记、行长：赵洪瑕
地址：邯郸市人民东路 248 号
邮编：056100

邢台分行

党委书记、行长：刘金路
地址：邢台市郭守敬北路 285 号
邮编：054059

衡水分行

党委书记、行长：刘刚
地址：衡水市人民西路 321 号
邮编：053000

沧州分行

党委书记、行长：林延生
地址：沧州市清池大道 13 号
邮编：061000

保定分行

党委书记、行长：朱守臻
地址：保定市东风中路 1902 号
邮编：071051

廊坊分行

党委书记、行长：杨力民
地址：廊坊市和平路 78 号
邮编：065000

唐山分行

党委书记、行长：韩晓坤
地址：唐山市新华东道 102 号
邮编：063000

秦皇岛分行

党委书记、行长：轩维满
地址：秦皇岛市建设大街 136 号
邮编：066000

承德分行

党委书记、行长：隋辰雨
地址：承德市西大街 26 号
邮编：067000

张家口分行

党委书记、行长：马颖
地址：张家口市解放大街 20 号
邮编：075000

雄安分行

党委书记：王琦
行长：丛小东
地址：保定市容城县奥威路 64 号
邮编：071700

山西分行

大同分行

党委书记、行长：赵阳
地址：大同市新建西路 44 号
邮编：037006

阳泉分行

党委书记、行长：郭守诚
地址：阳泉市德胜东街 13 号
邮编：045000

长治分行

党委书记、行长：宋德缙
地址：长治市太行东街 167 号
邮编：046011

晋城分行

党委书记、行长：白飞虎
地址：晋城市凤台西街 55 号
邮编：048026

朔州分行

党委书记、行长：李俊亮
地址：朔州市振华西街 50 号
邮编：036000

忻州分行

党委书记、行长：裴小业
地址：忻州市长征西街 27 号
邮编：034000

吕梁分行

党委书记、行长：张卓
地址：吕梁市离石区永宁东路 29 号
邮编：033000

晋中分行

党委书记、行长：张彤
地址：晋中市榆次区迎宾路 28 号
邮编：030600

临汾分行

党委书记、行长：史玥
地址：临汾市尧都区鼓楼北街 44 号
邮编：041000

运城分行

党委书记、行长：贾文彬
地址：运城市红旗东街 242 号
邮编：044000

内蒙古分行

包头分行

党委书记、行长：王建华
地址：包头市昆都仑区钢铁大街 46 号
邮编：014100

鄂尔多斯分行

党委书记、行长：于永志
地址：鄂尔多斯市伊金霍洛旗阿勒腾席热镇文明路北纵八路西兴泰鄂尔多斯中心商务广场 B 区 T4 楼
邮编：017200

巴彦淖尔分行

党委书记、行长：岳志强
地址：巴彦淖尔市临河区胜利路 51 号
邮编：015000

乌海分行

党委书记、行长：冯磊
地址：乌海市海勃湾区人民北路 77 号
邮政编码：016000

阿拉善盟分行

党委书记、行长：杜立军
地址：阿拉善盟巴彦浩特镇额鲁特东路 05 号
邮编：750306

乌兰察布分行

党委书记、行长：赵子龙
地址：乌兰察布市集宁区桥东五马路 6 号
邮编：012000

锡林郭勒盟分行

党委书记、行长：张国良
地址：锡林浩特市察哈尔街 23 号
邮编：026000

赤峰分行

党委书记、行长：魏锡波
地址：赤峰市红山区钢铁街 100 号
邮编：024000

通辽分行

党委书记、行长：孙国军
地址：通辽市科尔沁区永清大街 352 号
邮编：028000

兴安盟分行

党委书记、行长：施瑞平
地址：乌兰浩特市兴安北大路 90 号
邮编：137400

呼伦贝尔分行

党委书记、行长：李易楠
地址：呼伦贝尔市海拉尔区伊敏大街 40 号
邮编：021008

满洲里分行

党委书记、行长：刘春雷
地址：满洲里市三道街 4 号
邮编：021400

辽宁分行

鞍山分行

党委书记、行长：姜民
地址：鞍山市铁东区二一九路 32 号
邮编：114002

抚顺分行

党委书记、行长：李凤军
地址：抚顺市新抚区中央大街东七路 4 号
邮编：113008

本溪分行

党委书记、行长：梁文波
地址：本溪市平山区曙光路 3 号
邮编：117000

丹东分行

党委书记、行长：王军
地址：丹东市元宝区锦山大街 113 号
邮编：118000

锦州分行

党委书记、行长：张弢
地址：锦州市凌河区解放路五段 24 甲
邮编：121000

营口分行

党委书记、行长：马震
地址：营口市金牛山大街西 4 号
邮编：115000

阜新分行

党委书记、行长：程海鹏
地址：阜新市细河区解放大街 8 号
邮编：123000

辽阳分行

党委书记、行长：张铁平
地址：辽阳市白塔区中华大街 157 号
邮编：111000

铁岭分行

党委书记、行长：何彬
地址：铁岭市银州区银州路 27 号
邮编：112000

朝阳分行

党委书记、行长：李军
地址：朝阳市双塔区朝阳大街四段 3 号
邮编：122000

盘锦分行

党委书记、行长：王卓力
地址：盘锦市兴隆台区市府大街 9 号
邮编：124010

葫芦岛分行

党委书记、行长：周强
地址：葫芦岛市龙港区龙湾大街 38 号
邮编：125000

吉林分行

吉林市分行

党委书记、行长：曲志勇
地址：吉林市船营区松江中路 9 号
邮编：132000

四平分行

党委书记、行长：袁学彬
地址：四平市铁西区英雄大街 258 号
邮编：136000

辽源分行

党委书记、行长：刘鑫
地址：辽源市龙山区人民大街 518 号
邮编：136200

通化分行

党委书记、行长：李响
地址：通化市东昌区滨江西路 3801 号
邮编：134000

白山分行

党委书记、行长：胡跃斌
地址：白山市通江路 2 号
邮编：134300

白城分行

党委书记、行长：刘红军
地址：白城市洮北区中兴东大路 10 号
邮编：137000

松原分行

党委书记、行长：王娜
地址：松原市宁江区长宁南街 2101 号
邮编：138000

延边分行

党委书记、行长：马海林
地址：延吉市长白山西路 1732 号
邮编：133001

黑龙江分行

齐齐哈尔分行
党委书记、行长：杜文刚
地址：齐齐哈尔市龙沙区龙华路 89 号
邮编：161005

牡丹江分行

党委书记、行长：黄光伟
地址：牡丹江市东安区太平路 271 号
邮编：157006

佳木斯分行

党委书记、行长：梁爱民
地址：佳木斯市前进区保卫路 311 号
邮编：154002

大庆分行

党委书记、行长：贾凤涛

地址：大庆市萨尔图区东风路 37 号
邮编：163001

鹤岗分行

党委书记、行长：任鸿发
地址：鹤岗市工农区东解放路 69 号
邮编：154101

鸡西分行

党委书记、行长：李向锋
地址：鸡西市鸡冠区红旗路 25 号
邮编：158100

双鸭山分行

党委书记、行长：田喜梅
地址：双鸭山市尖山区新兴大街 187 号
邮编：155100

伊春分行

党委书记、行长：赵旭光
地址：伊春市伊春区新兴中大街 14 号
邮编：153000

七台河分行

党委书记：韩宇
地址：七台河市桃山区大同街 58 号
邮编：154600

绥化分行

党委书记、行长：罗广剑
地址：绥化市北林区中兴西路 72 号
邮编：152052

黑河分行

党委书记、行长：徐艳波
地址：黑河市通江路 27 号
邮编：164399

大兴安岭分行

党委书记：靳弢
地址：大兴安岭地区加格达奇区人民路 30 号
邮编：165000

哈尔滨自贸区分行

党委书记、行长：陈海涛
地址：哈尔滨市松北区世茂大道 78 号
邮编：150028

上海分行

分行营业部

党委书记、总经理：徐光华
地址：上海市黄浦区中山东一路 24 号
邮编：200002

分行第二营业部

党委书记、总经理：钱海静
地址：上海市浦东新区即墨路 88 号
邮编：200120

外滩支行

党委书记、行长：周优泽
地址：上海市黄浦区中山东二路 11 号
邮编：200002

浦东分行

党委书记、行长：糜良
地址：上海市浦东新区浦东南路 2024 - 2034 号
邮编：200127

静安支行

党委书记、行长：陈磊
地址：上海市静安区康定路 699 号
邮编：200040

徐汇支行

党委书记、行长：王育松
地址：上海市徐汇区辛耕路 133 号 3 - 6 层
邮编：200030

虹口支行

党委书记、行长：王本弘
地址：上海市虹口区东大名路 578 号
邮编：200080

闸北支行

党委书记、行长：朱樑
地址：上海市静安区广中西路 571 号、581 号、587 号、591 号、611 号、615 号
邮编：200072

卢湾支行

党委书记、行长：余璟
地址：上海市黄浦区淮海中路 98 号
邮编：200021

黄浦支行

党委书记、行长：王卫政
地址：上海市黄浦区四川中路346号
邮编：200021

杨浦支行

党委书记、行长：赵云锋
地址：上海市杨浦区淞沪路383号1－2层、8－11层
邮编：200433

普陀支行

党委书记、行长：徐晖
地址：上海市普陀区大渡河路388弄5号1层、2层、20层、21层
邮编：200062

长宁支行

党委书记、行长：郑唐浩
地址：上海市长宁区延安西路895号
邮编：200050

宝山支行

党委书记、行长：陈军
地址：上海市宝山区淞滨路318号
邮编：200940

闵行支行

党委书记、行长：夏建国
地址：上海市闵行区都市路4855号2号楼202室、1502室、1602室
邮编：201199

金山支行

党委书记、行长：查春光
地址：上海市金山区石化卫零路558号
邮编：200540

漕河泾开发区支行

党委书记、行长：汪恒
地址：上海市宜山路900号
邮编：200233

虹桥开发区支行

党委书记、行长：吴晓春
地址：上海市长宁区娄山关路83号
邮编：200336

浦东开发区支行

党委书记、行长：沈小刚
地址：上海市浦东新区金桥路1391号1－7层
邮编：200129

嘉定支行

党委书记、行长：曹枫
地址：上海市嘉定区德富路1288号
邮编：100050

南汇支行

党委书记、行长：虞雯蓉
地址：上海市浦东新区惠南镇城南路258号
邮编：201399

奉贤支行

党委书记、行长：沈晓泉
地址：上海市奉贤区南桥镇南奉公路7809号
邮编：201499

松江支行

党委书记：陆宁
地址：上海市松江区中山二路218－228号1层（平高大厦）、216号2－4层（平高大厦）
邮编：201600

长三角一体化示范区支行

党委书记、行长：叶明雯
地址：上海市青浦区城中东路485号
邮编：201700

崇明支行

党委书记：周凯琦
地址：上海市崇明区城桥镇南门路158号
邮编：202150

自贸试验区新片区分行

党委委员、副行长：欧阳菁
地址：上海市浦东新区临港新城新元南路555号
邮编：201306

张江科技支行

党委书记：林之乔
地址：上海市浦东新区祥科路268号
邮编：201203

世博支行

党委书记、行长：叶青

地址：上海市浦东新区国展路839号华电大厦1层101室、21层
邮编：200126

自贸试验区分行

党委书记、行长：陆真真
地址：上海市浦东新区马吉路28号
邮编：200131

虹桥商务区支行

党委书记、行长：马嘉
地址：上海市闵行区申虹路666弄9号101室、102室
邮编：201106

江苏分行

无锡分行

党委书记、行长：汪超
地址：无锡市五爱路30号
邮编：214031

常州分行

党委书记、行长：张华军
地址：常州市延陵中路680号
邮编：213003

南通分行

党委书记、行长：张健
地址：南通市姚港路8号
邮编：226000

镇江分行

党委书记、行长：李杰
地址：镇江市解放路308号
邮编：212001

泰州分行

党委书记：陈杰
地址：泰州市青年北路188号
邮编：225300

扬州分行

党委书记：苏伟
地址：扬州市扬子江中路756号
邮编：225009

徐州分行

党委书记、行长：邱华方
地址：徐州市大同街31号
邮编：221000

盐城分行

党委书记、行长：周良坤
地址：盐城市世纪大道5号金融城1号楼
邮编：224005

淮安分行

党委书记、行长：黄保成
地址：淮安市淮海西路81号
邮编：223001

连云港分行

党委书记：钱学锋
地址：连云港市海连中路118号
邮编：222000

宿迁分行

党委书记：汤国栋
地址：宿迁市洪泽湖路810号
邮编：223800

浙江分行

温州分行

党委书记：章晓仑
地址：温州市鹿城区香源路99号
邮政编码：325003

嘉兴分行

党委书记、行长：蒋顺根
地址：嘉兴市禾兴南路419号
邮政编码：314001

湖州分行

党委书记、行长：李幼平
地址：湖州市苕溪西路258号
邮政编码：313000

绍兴分行

党委书记、行长：张仕乾
地址：绍兴市越城区胜利东路180号
邮政编码：312000

金华分行

党委书记、行长：吕忠
地址：金华市八一北街595号

邮政编码：321000

衢州分行

党委书记、行长：陆益民
地址：衢州市上街66号
邮政编码：324000

台州分行

党委书记、行长：沈维嘉
地址：台州市市府大道609号
邮政编码：318000

丽水分行

党委书记、行长：王琳
地址：丽水市莲都区丽阳路555号
邮政编码：323000

舟山分行

党委书记、行长：张志平
地址：舟山市定海区临城街道定沈路628号
邮政编码：316000

义乌分行

党委书记、行长：楼雪君
地址：义乌市篁园路128号
邮编：322000

萧山分行

党委书记：陈迪
地址：杭州市萧山区城河街54号
邮编：311200

安徽分行

淮北分行

党委书记、行长：樊勇
地址：安徽省淮北市相山区人民中路192号
邮编：235000

宿州分行

党委书记、行长：谢广
地址：安徽省宿州市淮海中路58号
邮编：234000

蚌埠分行

党委书记、行长：顾昕
地址：安徽省蚌埠市中兴街95号
邮编：233000

阜阳分行

党委书记、行长：王振乾
地址：安徽省阜阳市清河东路568号
邮编：236032

淮南分行

党委书记、行长：陈庆
地址：安徽省淮南市田家庵区国庆中路287号
邮编：232007

滁州分行

党委书记、行长：方伟
地址：安徽省滁州市南谯区龙蟠大道186号
邮编：239000

六安分行

党委书记、行长：张弓
地址：安徽省六安市解放南路79号
邮编：237000

马鞍山分行

党委书记、行长：王飞
地址：安徽省马鞍山市太白大道3455号
邮编：243000

芜湖分行

党委书记、行长：徐广诚
地址：安徽省芜湖市文化路38号
邮编：241000

宣城分行

党委书记、行长：宋磊
地址：安徽省宣城市鳌峰西路76号
邮编：242000

铜陵分行

党委书记、行长：刘泰
地址：安徽省铜陵市长江东路2号
邮编：244000

池州分行

党委书记、行长：许民
地址：安徽省池州市九华山大道98号
邮编：247000

安庆分行

党委书记、行长：谢冬梅

地址：安徽省安庆市孝肃路230号
邮政编码：246004

黄山分行

党委书记、行长：石砚
地址：安徽省黄山市屯溪区黄山东路57号
邮编：245000

亳州分行

党委书记、行长：刘飞
地址：安徽省亳州市谯城区魏武大道983号
邮编：236800

福建分行

泉州分行

党委书记、行长：郑一鹏
地址：泉州市丰泽街610号
邮编：362000

漳州分行

党委书记、行长：许志钦
地址：漳州市元光南路3号工行大楼
邮编：363000

三明分行

党委书记、行长：张建良
地址：三明市三元区和仁新村一幢
邮编：365000

南平分行

党委副书记、副行长：洪熙阳
地址：南平市延平区东山路2号
邮编：353000

莆田分行

党委书记、行长：沈菲
地址：莆田市城厢区荔城大道968号
邮编：351100

龙岩分行

党委书记、行长：庄文聪
地址：龙岩市新罗区九一南路47号
邮编：364000

宁德分行

党委书记、行长：吴家春
地址：福建省宁德市东侨经济开发区南湖滨路2号（龙威·经茂广场）2幢1层至8层
邮编：352100

晋江分行

党委书记：郑一鹏
地址：青阳街道崇德路273号
邮编：362200

福建自贸试验区平潭片区分行

党委书记、行长：郑宇
地址：平潭县潭城镇海坛中路73号
邮编：350400

福建自贸试验区福州片区分行

党委书记、行长：钟玲明
地址：福州市马尾区君竹路24号
邮编：350015

江西分行

赣州分行

党委书记、行长：陈世勇
地址：赣州市文清路39号
邮编：341000

宜春分行

党委书记、行长：黄新根
地址：宜春市袁州区秀江中路219号
邮编：336000

吉安分行

党委书记、行长：刘成
地址：吉安市井冈山大道103号
邮编：343000

上饶分行

党委书记、行长：鄢毅
地址：上饶市滨江西路25号
邮编：334000

抚州分行

党委书记、行长：陈红根
地址：抚州市赣东大道439号
邮编：344000

九江分行

党委书记、行长：罗德平
地址：九江市滨江路99号

邮编：332000

景德镇分行

党委书记、行长：黄龙波
地址：景德镇市瓷都大道 1106 号
邮编：333000

萍乡分行

党委书记、行长：孙会元
地址：萍乡市建设西路 76 号
邮编：337000

新余分行

党委书记、行长：时文文
地址：新余市仙来东大道 269 号
邮编：338000

鹰潭分行

党委书记、行长：李强
地址：鹰潭市环城西路 1 号
邮编：335000

山东分行

淄博分行

党委副书记、副行长：吴箫
地址：淄博市张店金晶大道 158 号
邮编：255000

枣庄分行

党委书记、行长：李沧海
地址：枣庄市光明大道 2399 号
邮编：277102

东营分行

党委书记、行长：张东海
地址：东营市南一路 278 号
邮编：257091

烟台分行

党委书记、行长：滕云静
地址：烟台市芝罘区海港路 1 号
邮编：264000

潍坊分行

党委书记、行长：乔宏宇
地址：潍坊市奎文区胜利东街 5099 号
邮编：261031

济宁分行

党委书记、行长：鞠立坤
地址：济宁市红星东路 115 号
邮编：272017

泰安分行

党委书记、行长：马庆东
地址：泰安市财源大街 135 号
邮编：271000

威海分行

党委书记、行长：鞠雷
地址：威海市文化西路 188 号
邮编：264209

日照分行

党委书记、行长：张明军
地址：日照市黄海一路 43 号
邮编：276826

莱芜分行

党委书记、行长：汪冰
地址：莱芜市鲁中东大街 1 号
邮编：271100

临沂分行

党委书记、行长：丛德有
地址：临沂市兰山区平安路 135 号
邮编：276000

德州分行

党委书记、行长：汤凯
地址：德州市天衢中路 1561 号
邮编：253016

聊城分行

党委书记、行长：陈维东
地址：聊城市昌润南路 7 号
邮编：252000

滨州分行

党委书记、行长：韩亚鹏
地址：滨州市滨城区渤海十八路 568 号
邮编：256600

菏泽分行

党委书记、行长：吕洪海

地址：菏泽市人民路 1366 号
邮编：274000

河南分行

洛阳分行

党委书记、行长：潘勇
地址：洛阳市中州中路 230 号
邮编：471000

开封分行

党委书记、行长：崔胜利
地址：开封市丁角街 88 号
邮编：475000

新乡分行

党委书记、行长：张丽静
地址：新乡市和平大道 88 号
邮编：453003

焦作分行

党委书记：徐春柯
地址：焦作市焦东中路 23 号
邮编：454002

平顶山分行

党委书记、行长：曹卫东
地址：平顶山市矿工中路南 37 号
邮编：467000

安阳分行

党委书记、行长：穆谢伟
地址：安阳市文峰大道西段 73 号
邮编：455000

鹤壁分行

党委书记、行长：张庆新
地址：鹤壁市兴鹤大街 79 号
邮编：458030

濮阳分行

党委书记、行长：姚辉元
地址：濮阳市建设路 16 号
邮编：457000

许昌分行

党委书记、行长：王振
地址：许昌市七一路 42 号
邮编：461000

漯河分行

党委书记、行长：王永峰
地址：漯河市黄河路 692 号
邮编：462000

三门峡分行

党委书记、行长：杨梦华
地址：三门峡市崤山路中段 42 号
邮编：472000

南阳分行

党委书记、行长：党向阳
地址：南阳市工业路 124 号
邮编：473000

驻马店分行

党委书记、行长：陈卫东
地址：驻马店市解放路东段
邮编：463000

商丘分行

党委书记、行长：吴秀红
地址：商丘市文化东路 569 号
邮编：476000

周口分行

党委书记、行长：刘超
地址：周口市工农路 20 号
邮编：466000

信阳分行

党委书记：吴昊
地址：信阳市四一路 41 号
邮编：464000

济源分行

党委书记、行长：朱艳蓉
地址：济源市宣化东街 131 号
邮编：454650

湖北分行

三峡分行

党委书记、行长：刘杨
地址：宜昌市夷陵大道特 169 号
邮编：443000

襄阳分行

党委书记、行长：徐云峰
地址：襄阳市前进路 69 号
邮编：441003

荆州分行

党委书记、行长：张斌
地址：荆州市沙市区北京中路 352 号
邮编：434000

孝感分行

党委委员、副行长：陈祥麟
地址：孝感市园林二路 47 号
邮编：432000

十堰分行

党委书记、行长：何志宝
地址：十堰市公园路 7 号
邮编：442000

荆门分行

党委书记、行长：柳景明
地址：荆门市象山一路 1 号
邮编：448000

黄冈分行

党委书记、行长：伍先跃
地址：黄冈市新港二路 1 号
邮编：438000

黄石分行

党委书记、行长：秦森
地址：黄石市南京路 18 号
邮编：435000

咸宁分行

党委书记、行长：楚晓琳
地址：咸宁市淦河大道 66 号
邮编：437100

随州分行

党委书记、行长：姜浩
地址：随州市烈山大道 493 号
邮编：441300

恩施分行

党委书记、行长：张文锋
地址：恩施市施州大道 30 号
邮编：445000

鄂州分行

党委书记、行长：杨开泰
地址：鄂州市凤凰路 50 号
邮编：436000

湖南分行

株洲分行

党委书记、行长：喻毅彦
地址：株洲市天台路 35 号
邮编：412007

湘潭分行

党委书记、行长：朱炎生
地址：湘潭市韶山中路 1 号
邮编：411100

衡阳分行

党委书记、行长：杨林
地址：衡阳市解放路 1 号
邮编：421001

邵阳分行

党委书记、行长：周壮山
地址：邵阳市红旗路 389 号
邮编：422000

岳阳分行

党委书记、行长：刘超
地址：岳阳市南湖大道 335 号
邮编：414000

益阳分行

党委书记、行长：王健
地址：益阳市益宾路 9 号
邮编：413000

常德分行

党委书记、行长：侯军
地址：常德市人民路 1888 号
邮编：415000

永州分行

党委书记、行长：杜凌翼
地址：永州市湘江东路 483 号

邮编：425100

郴州分行

党委书记、行长：胡敏
地址：郴州市北湖路 27 号
邮编：423000

娄底分行

党委书记、行长：何峰
地址：娄底市乐坪大道东 270 号
邮编：417000

怀化分行

党委书记、行长：周昌立
地址：怀化市迎丰中路 247 号
邮编：418000

湘西分行

党委书记、行长：王军宪
地址：吉首市人民北路 79 号
邮编：416000

张家界分行

党委书记、行长：曾俊
地址：张家界市回龙路 29 号
邮编：427000

广东分行

中山分行

党委书记、行长：曾广洺
地址：广东省中山市石岐悦来南路 7 号
邮编：528400

惠州分行

党委书记、行长：陈景新
地址：广东省惠州市文明 1 路 3 号
邮编：516003

东莞分行

党委书记、行长：熊焘
地址：广东省东莞市莞太路胜和路段 18 号
邮编：523009

汕头分行

党委书记、行长：韩德龙
地址：广东省汕头市迎宾路 1 号工行大楼
邮编：515041

江门分行

党委书记、行长：刘勇
地址：广东省江门市港口路 93 号
邮编：529030

河源分行

党委书记、行长：金稳涛
地址：广东省河源市沿江路 13 号
邮编：517000

揭阳分行

党委书记、行长：蔡志成
地址：广东省揭阳市黄岐山大道中段
邮编：522031

清远分行

党委书记、行长：林添喜
地址：广东省清远市桥北一路 1 号
邮编：511500

佛山分行

党委书记、行长：童志军
地址：广东省佛山市汾江中路 130 号
邮编：528000

汕尾分行

党委书记、行长：江光明
地址：广东省汕尾市四马路中段
邮编：516600

珠海分行

党委书记、行长：李勇
地址：珠海市吉大景山路 19 号工商银行大厦
邮编：519015

湛江分行

党委书记、行长：刘大会
地址：广东省湛江市康顺路 29 号
邮编：524043

梅州分行

党委书记、行长：肖文泽
地址：广东省梅州市嘉应东路 18 号
邮编：514021

肇庆分行

党委书记、行长：吴卫权

地址：广东省肇庆市端州三路 34 号
邮编：526040

潮州分行

党委书记、行长：林俊中
地址：广东省潮州市潮州大道中段
邮编：521000

云浮分行

党委书记、行长：李小聪
地址：广东省云浮市建设北路 3 号
邮编：527300

茂名分行

党委书记、行长：余松友
地址：广东省茂名市人民南路 36 号
邮编：525000

韶关分行

党委书记、行长：夏国杰
地址：广东省韶关市建国路 2 号
邮编：512000

阳江分行

党委书记、行长：严石
地址：广东省阳江市新江北路 488 号
邮编：529500

横琴分行

党委书记、行长：李勇
地址：珠海市横琴新区十字门中央商务区横琴金融产业服务基地 1 号楼
邮编：519031

深圳分行

前海分行

党委书记、行长：张小荣
地址：深圳市前海深港合作区前湾一路 63 号前海企业公馆 10 栋
邮编：518101

分行营业部

党委书记、总经理：李玉霜
地址：深圳市罗湖区深南东路金融中心北座 1－2 楼
邮编：518015

罗湖支行

党总支书记、行长：胡青
地址：深圳市罗湖区人民南路 3005 号深房广场 B 座
邮编：518005

红围支行

党总支书记、行长：柳佳希
地址：深圳市罗湖区深南东路地王商务中心附楼首层
邮编：518023

深东支行

党总支书记、行长：潘为民
地址：深圳市罗湖区深南东路 2017 号华乐大厦1－2 层
邮编：518002

东门支行

党总支书记、行长：陶巍
地址：深圳市罗湖区文锦中路 1012 号锦绣大厦 1－2层
邮编：518003

上步支行

党总支书记、行长：李振兴
地址：深圳市福田区红荔路四川大厦北附楼
邮编：518031

华强支行

党总支书记、行长：黄惠山
地址：深圳市福田区深南中路 2074 号电子大厦
邮编：518031

福田支行

党总支书记、行长：袁泰伦
地址：深圳市福田区滨河路联合广场 A 座首层
邮编：518026

深圳湾支行

党总支书记、行长：陈韦铭
地址：深圳市福田区深南大道 6008 号特区报业大厦一楼、九楼
邮编：518009

喜年支行

党总支书记、行长：马小亮

地址：深圳市福田区深南大道6021号喜年中心裙楼3楼
邮编：518040

南山支行

党总支书记、行长：张立超
地址：深圳市南山区南新路2064号
邮编：518052

蛇口支行

党总支书记、行长：李忠志
地址：深圳市南山区蛇口招商路173号
邮编：518067

盐田支行

党总支书记、行长：童仁俊
地址：深圳市盐田区沙头角镇金融路99号
邮编：518081

宝安支行

党总支书记、行长：皮勇革
地址：深圳市宝安区新城建安一路56号
邮编：518101

新沙支行

党总支书记、行长：黄振文
地址：深圳市宝安区沙井街道办中心路时代中心一、二楼
邮编：518104

龙华支行

党总支书记、行长：刘铁军
地址：深圳市龙华区龙华街道人民路4086号工行大楼
邮编：518109

布吉支行

党总支书记、行长：潘劲松
地址：深圳市龙岗区南湾街道平吉大道66号康利城1号楼19层
邮编：518112

龙岗支行

党总支书记、行长：杨多平
地址：深圳市龙岗区中心城新亚洲花园10区商业街商铺1－4层
邮编：518172

星河支行

党总支书记、行长：蔡悬峰
地址：深圳市福田区福华三路与民田路交汇处星河国际花园裙楼L1－023A号、L2－016号、L2－017号
邮编：518048

高新园支行

党总支书记、行长：林维国
地址：深圳市南山区高新科技园南区高新一道中科研发园三号楼塔楼首层
邮编：518057

光明支行

党总支书记、行长：崔勇
地址：深圳市光明区华夏路怡景园7栋裙楼一层
邮编：518107

福永支行

党总支书记、行长：崔磊
地址：深圳市宝安区福永镇福永大道349号首层
邮编：518103

横岗支行

党总支书记、行长：杨兴定
地址：深圳市龙岗区横岗街道东城中心花园裙楼132、132A、133
邮编：518115

观澜支行

党总支书记：王哲
行长：武涛
地址：深圳市宝安区观澜中航格澜阳光花园B4、B5栋二楼
邮编：518110

坪山支行

党总支书记、行长：李德伟
地址：深圳市坪山区坪山大道潮商广场A座1－3楼
邮编：518118

华为支行

党总支书记、行长：王迪
地址：深圳市龙岗区坂田街道有所为大厦103、104、215、315
邮编：518129

高新园南区支行

党总支书记、行长：欧新宏
地址：深圳市软件产业基地第 4 栋 B 座裙楼 3 层 302 号、303 号
邮编：518057

海南分行

三亚分行

党委书记、行长：陈祝华
地址：海南省三亚市吉阳区解放路 743 号
邮编：572000

洋浦分行

党委书记、行长：蔡于雄
地址：海南省洋浦经济开发区工商银行大厦
邮编：578101

儋州分行

党委书记、行长：韩航元
地址：儋州市人民中路 319 号
邮编：571700

广西分行

柳州分行

党委书记、行长：文华
地址：柳州市广雅路 19 号
邮编：545001

桂林分行

党委书记、行长：汪春
地址：桂林市中山中路 16 号
邮编：541002

梧州分行

党委书记、行长：张阳春
地址：梧州市大学路 25 号
邮编：543002

北海分行

党委书记、行长：刘敏
地址：北海市四川路 63 号
邮编：536000

防城港分行

党委书记、行长：尹建美
地址：防城港市港口区友谊路 11 号
邮编：538001

钦州分行

党委书记、行长：覃员
地址：钦州市向阳街 8 号
邮编：535000

贵港分行

党委书记、行长：高涛
地址：贵港市港北区民生路 655 号
邮编：537100

玉林分行

党委书记、行长：丁昌锋
地址：玉林市一环东路 158 号
邮编：537000

百色分行

党委副书记、副行长：毛杰（主持工作）
地址：百色市中山二路 1 号
邮编：533000

河池分行

党委书记、行长：林敏强
地址：河池市新建路 74 号
邮编：547000

来宾分行

党委书记、行长：林盛超
地址：来宾市新兴路 140 号
邮编：546100

崇左分行

党委书记、行长：黄勤
地址：崇左市城南区独山路 6 号
邮编：532200

贺州分行

党委书记、行长：雷锋成
地址：贺州市建设东路 2 号
邮编：542800

重庆分行

两江分行

党委书记：张建伦
行长：赵敏

地址：重庆市渝北区青枫北路 6 号 1－10
邮编：401121

万州分行

党委书记、行长：刘永洪
地址：重庆市万州区白岩路 81 号
邮编：404000

涪陵分行

党委书记、行长：钟珣
地址：重庆市涪陵区兴华中路 2 号
邮编：408099

黔江分行

副行长、党委委员：张翼
地址：重庆市黔江区新华大道西段 1128 号
邮编：409099

高科技支行

党委书记、行长：王瑛玮
地址：重庆市渝州路 54 号
邮编：400039

渝中支行

党委书记、行长：袁毅
地址：重庆市渝中区民族路 177 号
邮编：400010

江北支行

党委书记、行长：赖涛
地址：重庆市江北区永平门街 14 号 25－1、26－1
邮编：401147

沙坪坝支行

党委书记、行长：孙宓
地址：重庆市沙坪坝区小龙坎新街 78 号
邮编：400030

九龙坡支行

党委书记、行长：方蕾
地址：重庆市九龙坡区杨家坪正街 13 号
邮编：400050

南岸支行

党委书记、行长：刘英丽
地址：重庆市南岸区江南大道 9 号
邮编：400060

大渡口支行

党委书记、行长：高兵
地址：重庆市大渡口区钢花路 350 号
邮编：400084

北碚支行

党委书记、行长：张克强
地址：重庆市北碚区康宁路 60 号
邮编：400700

巴南支行

党委书记、行长：文革兵
地址：重庆市巴南区龙洲湾龙海大道 3 号
邮编：401320

渝北支行

党委书记、行长：唐莉
地址：重庆市渝北区仙桃街道桂馥大道 1 号华辰财富广场 C 座 12－15 楼
邮编：401120

永川支行

党委书记、行长：李东
地址：重庆市永川区人民南路 66 号
邮编：402160

江津支行

党委书记、行长：龚兵
地址：重庆市江津区几江大同路 322 号
邮编：402260

合川支行

党委书记、行长：陶庆年
地址：重庆市合川区苏家街 3 号
邮编：401520

长寿支行

党委书记、行长：刘海霞
地址：重庆市长寿区桃源大道 6 号
地址：401220

南坪支行

党委书记、行长：刘同宇
地址：重庆市南岸区南坪西路 5 号
邮编：400060

两路口支行

党委书记、行长：蒋勇

地址：重庆市渝中区重庆村 55 号附 1 号
邮编：400014

自由贸易试验区分行

党委书记、行长：田川
地址：重庆市南岸区泰昌路 61 号附 2 号 2－1、附 2 号 2－2、附 2 号 2－3、附 3 号、附 4 号
邮编：400061

四川分行

德阳分行

党委书记、行长：周伯林
地址：德阳市旌阳区凯江路 33 号
邮编：618000

绵阳分行

党委书记、行长：彭浪
地址：绵阳市涪城区警钟街 10 号
邮编：621000

广元分行

党委书记、行长：刘翔
地址：广元市利州区利州东路 667 号
邮编：628017

遂宁分行

党委书记、行长：李俊民
地址：遂宁市船山区遂州北路 159 号
邮编：629000

南充分行

党委书记、行长：刘天勇
地址：南充市顺庆区丝绸路 86 号
邮编：637000

广安分行

党委书记、行长：杨勇军
地址：广安市城南新区金安大道二段 1 号
邮编：638000

达州分行

党委书记、行长：耿忠
地址：达州市达川区西环路 538 号
邮编：635000

巴中分行

党委书记、行长：王涛
地址：巴中市巴州区江北大道 56 号
邮编：636600

资阳分行

党委书记、行长：王生
地址：资阳市雁江区西门桥 24 号
邮编：641300

内江分行

党委书记、行长：傅智刚
地址：内江市中区中央路 48－52 号
邮编：641000

自贡分行

党委书记、行长：孙涛
地址：自贡市自流井区尚义灏二支路 1 号
邮编：643000

泸州分行

党委书记、行长：王文超
地址：泸州市江阳区迎晖路 77 号
邮编：646000

宜宾分行

党委书记、行长：尧蜜
地址：宜宾市南岸商贸路 101 号
邮编：644002

眉山分行

党委书记、行长：贾林恒
地址：眉山市东坡区三苏路 81 号
邮编：620010

乐山分行

党委书记、行长：刘海
地址：乐山市中区紫云后街 10 号
邮编：614000

雅安分行

党委书记、行长：杜丹
地址：雅安市雨城区东大街 17 号
邮编：625000

凉山分行

党委书记、行长：韩建设
地址：四川省凉山彝族自治州西昌市航天大道三段 28 号
邮编：615000

攀枝花分行

党委书记、行长：王彬
地址：攀枝花市攀枝花大道东段 492 号
邮编：617000

甘孜直属支行

党总支书记、行长：王晓江
地址：四川省甘孜藏族自治州康定市沿河西路 42 号
邮编：626000

阿坝直属支行

党总支书记、行长：黄俊
地址：四川省阿坝藏区羌族自治州马尔康市达萨街 169 号
邮编：624000

贵州分行

贵安分行

党委书记、行长：林蔚
地址：贵安新区湖潮乡行政中心金融服务区 1 号楼（3 号至 4 号门面 1－2 层）
邮编：550001

遵义分行

党委书记、行长：殷泓渊
地址：遵义市红花岗区新华路 8 号
邮编：563000

六盘水分行

党委书记、行长：陈侃
地址：六盘水市钟山区凉都大道 59 号
邮编：553001

安顺分行

党委书记、行长：杜英杰
地址：安顺市西秀区建设路 12 号
邮编：561000

毕节分行

党委书记、行长：张艳
地址：毕节市七星关区麻园大道
邮编：551700

铜仁分行

党委书记、行长：李健
地址：铜仁市共青路 37 号
邮编：554300

凯里分行

党委书记、行长：向立高
地址：凯里市北京西路 15 号
邮编：556000

都匀分行

党委书记、行长：李华辉
地址：都匀市斗篷山路 100 号
邮编：558000

兴义分行

党委书记、行长：龙梅
地址：兴义市瑞金北路 7 号
邮编：562400

云南分行

曲靖分行

党委书记、行长：李永德
地址：曲靖市麒麟东路 6 号
邮编：655000

红河分行

党委书记、行长：张忠
地址：红河州蒙自市天马路 41 号
邮编：661199

玉溪分行

党委书记、行长：张晶岚
地址：玉溪市玉兴路 21 号
邮编：653100

大理分行

党委书记、行长：段斌丽
地址：大理州大理市下关人民街 30 号
邮编：671000

保山分行

党委书记、行长：杨磊
地址：保山市隆阳区保岫东路 37 号
邮编：678000

昭通分行

党委书记、行长：王军
地址：昭通市昭阳区海楼路 169 号

邮编：657000

楚雄分行

党委书记、行长：李涛
地址：楚雄州楚雄市北浦路175号
邮编：675000

丽江分行

党委书记、行长：蒋威力
地址：丽江市古城区香格里大道1071号
邮编：674100

西双版纳分行

党委书记、行长：杨雍容
地址：西双版纳州景洪市宣慰大道112号
邮编：666100

文山分行

党委书记、行长：李辉
地址：文山州文山市普阳西路66号
邮编：663099

临沧分行

党委书记、行长：李锡钦
地址：临沧市临翔区南塘街144号
邮编：677099

德宏分行

党委书记、行长：杨汉禹
地址：德宏州芒市胞波路30号
邮编：678400

怒江分行

党委书记、行长：段继琼
地址：怒江州泸水市六库镇新城区沧江路48号
邮编：673199

普洱分行

党委书记、行长：刘凯
地址：普洱市思茅区人民西路90号
邮编：665000

迪庆分行

党委书记、行长：郑元
地址：迪庆州香格里拉市长征大道28号
邮编：674499

陕西分行

铜川分行

党委书记、行长：秦文涛
地址：铜川市新区华原东道7号
邮编：7270316

宝鸡分行

党委书记、行长：张军
地址：宝鸡市经二路157号
邮编：721000

咸阳分行

党委书记、行长：杜斌
地址：咸阳市人民中路37号
邮编：712000

渭南分行

党委书记、行长：章琦
地址：渭南市前进路中段87号
邮编：714000

商洛分行

党委书记、行长：张近秋
地址：商洛市迎宾路一号
邮编：726000

汉中分行

党委书记、行长：张仲国
地址：汉中市汉台区人民路106号
邮编：723000

安康分行

党委书记、行长：赵菲
地址：安康市汉滨区解放路16号
邮编：725000

延安分行

党委书记、行长：丁维
地址：延安市师范路441号
邮编：716000

榆林分行

党委书记、行长：张宏亮
地址：榆林市长城路西32号

邮编：719000

陕西自贸区西安沣东分行

党委书记、行长：张瑞华
地址：西安市未央区西咸路 501 号启航时代广场 A 座
邮编：710086

甘肃分行

天水分行

党委书记、行长：韩文生
地址：甘肃省天水市秦州区建设路 331 号
邮编：741000

白银分行

党委书记、行长：刘敏
地址：甘肃省白银市白银区人民路 81 号
邮编：730900

金昌分行

党委书记、行长：谢慧斌
地址：甘肃省金昌市金川区新华路 18 号
邮编：737100

嘉峪关分行

党委书记：李剑锋
地址：甘肃省嘉峪关市新华中路 476 号
邮编：735100

酒泉分行

党委书记、行长：张永庆
地址：甘肃省酒泉市肃州区广场西路 2 号
邮编：735000

张掖分行

党委书记、行长：赵炳文
地址：甘肃省张掖市甘州区县府街 99 号
邮编：734000

武威分行

党委书记、行长：孙晓明
地址：甘肃省武威市凉州区西大街 9 号
邮编：733000

定西分行

党委书记、行长：陈谦
地址：甘肃省定西市安定区安定路 18A 号
邮编：743000

平凉分行

党委书记、行长：陈闯
地址：甘肃省平凉市崆峒区西大街 75 号
邮编：744000

庆阳分行

党委书记、行长：赵臻
地址：甘肃省庆阳市西峰区西大街 23 号
邮编：745000

陇南分行

党委书记、行长：李郁文
地址：甘肃省陇南市武都区盘旋西路 02 号
邮编：746000

临夏分行

党委书记、行长：王毅
地址：甘肃省临夏市团结路 50 号
邮编：731100

甘南分行

党委书记、行长：吕宏杰
地址：甘肃省甘南州合作市东三路 18 号
邮编：747000

东风场区分行

党委书记、行长：张翠红
地址：甘肃省酒泉市肃州区转十号基地
邮编：746000

兰州新区支行

党总支书记、行长：王效泽
地址：甘肃省兰州市兰州新区环湖东路 1385 号
邮编：730084

新疆分行

伊犁哈萨克自治州分行

党委书记、行长：冶生中
地址：新疆伊宁市斯大林东路 12 号
邮编：835000

塔城分行

党委书记、行长：穆玉刚
地址：新疆塔城市新华街 153 号
邮编：834700

阿勒泰分行

党委书记、行长：赵宝
地址：新疆阿勒泰市金山路 4 号
邮编：836500

克拉玛依石油分行

党委书记、行长：刘新胜
地址：新疆克拉玛依市天山路 38 号
邮编：834000

博尔塔拉蒙古自治州分行

党委书记、行长：韩卫东
地址：新疆博乐市青得里大街 148 号
邮编：833400

昌吉回族自治州分行

党委书记、行长：尹斌
地址：新疆昌吉市文化西路 3 号
邮编：831100

哈密分行

党委书记、行长：宋晓迪
地址：新疆哈密市中山北路 18 号
邮编：839000

吐鲁番分行

党委书记、行长：郭庆山
地址：新疆吐鲁番市绿洲中路 390 号
邮编：838000

巴音郭楞蒙古自治州分行

党委书记、行长：王新
地址：新疆库尔勒市石化大道工行大厦 30 号
邮编：841000

新疆第七支行

党委书记、行长：张砾
地址：新疆乌鲁木齐 21 信箱 456 分箱（新疆马兰）
邮编：841700

阿克苏分行

党委书记、行长：徐振杰
地址：新疆阿克苏市北大街 24 号
邮编：843000

喀什分行

党委书记、行长：程晓胜
地址：新疆喀什市人民东路 1 号
邮编：844000

和田分行

党委书记、行长：李杰
地址：新疆和田市乌鲁木齐南路 2 号
邮编：848000

石河子分行

党委书记、行长：刘康康
地址：新疆石河子市 23 小区北四路 240 号
邮编：832000

克孜勒苏柯尔克孜自治州分行

党委书记、行长：吴文莲
地址：新疆克州阿图什市松他克路北路 22 号
邮编：845350

西藏分行

林芝分行

党委副书记、副行长：吴锦（主持工作）
地址：西藏自治区林芝市巴宜区巴吉西路 1 号
邮编：860000

昌都分行

党委副书记、副行长：张振青（主持工作）
地址：西藏自治区昌都市卡若区昌都西路 385 号
邮编：854000

山南分行

党委书记、行长：欧阳俊
地址：西藏自治区山南市乃东区湖北大道 22 号
邮编：856000

那曲分行

党委书记、行长：尼玛泽仁
地址：西藏自治区那曲市色尼区高原西路 2 号
邮编：852000

日喀则分行

党委副书记、行长：苑中辉
地址：日喀则市桑珠孜区山东路 106 号（市政府对面）
邮编：857000

阿里分行

党委副书记、行长：葛洋

地址：西藏自治区阿里地区噶尔县文化路 27 号
邮编：859000

境内控股及独资子公司名录

工银瑞信基金管理有限公司

董事长：赵桂才
总经理：高翀
督察长：朱碧艳
地址：北京市西城区金融大街 5 号新盛大厦 A 座 6 –9 层
邮编：100033

工银金融租赁有限公司

董事长：张正华
总裁：张保
地址（天津）：天津经济技术开发区第二大街 62 号泰达 MSD – B1 座 20 层
邮编：300457
地址（北京）：北京市西城区月坛南街 1 号院 5 号楼 19 层
邮编：100045

工银安盛人寿保险有限公司

董事长：马健
监事长：张伟峰
总裁：吴茜
地址：上海市浦东新区陆家嘴环路 166 号未来资产大厦 19 楼
邮编：200120

工银金融资产投资有限公司

总裁：冯军伏
地址（南京）：南京市浦滨路 211 号江北新区扬子科创中心一期 B 幢 19 –20 层
邮编：210000
地址（北京）：北京市西城区金融大街 4 号金益大厦 5 层
邮编：100033

工银科技

董事长：李六旬
总经理：李六旬
地址：中国（河北）自由贸易试验区雄安片区容城县雄安市民服务中心企业办公区 C 栋第 1 层 111 单元
邮编：071799

工银理财

董事长：王海璐
监事长：许海
地址：北京市西城区金融大街 6 号金嘉大厦 B 座
邮编：100034

重庆璧山工银村镇银行

董事长：宋伟
行长：宋伟
地址：重庆市璧山区仙山路 8 号
邮编：402760

浙江平湖工银村镇银行

董事长：蒋顺根
行长：张晓峰
监事长：陈林辉
地址：平湖市城南西路 258 号
邮编：314200

境外机构名录

香港分行

Industrial and Commercial Bank of China Limited, Hong Kong Branch
地址：33/F, ICBC Tower, 3 Garden Road, Central, Hong Kong SAR, China
邮箱：icbchk@ icbcasia. com
电话： +852 –25881188
传真： +852 –25881160
SWIFT：ICBKHKHH

中国工商银行（亚洲）有限公司

Industrial and Commercial Bank of China (Asia) Limited
地址：33/F, ICBC Tower, 3 Garden Road, Central, Hong Kong SAR, China
邮箱：enquiry@ icbcasia. com
电话： +852 –35108888
传真： +852 –28051166
SWIFT：UBHKHKHH

工银国际控股有限公司

ICBC International Holdings Limited
地址：37/F, ICBC Tower, 3 Garden Road, Central, Hong Kong SAR, China
邮箱：info@ icbci. com. hk

电话：+852－26833888
传真：+852－26833900
SWIFT：ICILHKH1

中国工商银行（澳门）股份有限公司

Industrial and Commercial Bank of China (Macau) Limited
地址：18th Floor，ICBC Tower，Macau Landmark，555 Avenida da Amizade，Macau SAR，China
邮箱：icbc@ mc. icbc. com. cn
电话：+853－28555222
传真：+853－28338064
SWIFT：ICBKMOMX

澳门分行

Industrial and Commercial Bank of China Limited，Macau Branch
地址：Alm. Dr. Carlos d' Assumpcao，No. 393－437，9 Andar，Edf. Dynasty Plaza，Macau SAR，China
邮箱：icbc@ mc. icbc. com. cn
电话：+853－28555222
传真：+853－28338064
SWIFT：ICBKMOMM

东京分行

Industrial and Commercial Bank of China Limited，Tokyo Branch
地址：5－1 Marunouchi 1－Chome，Chiyoda－Ku Tokyo，100－6512，Japan
邮箱：icbctokyo@ icbc. co. jp
电话：+813－52232088
传真：+813－52198525
SWIFT：ICBKJPJT

首尔分行

Industrial and Commercial Bank of China Limited，Seoul Branch
地址：16th Floor，Taepyeongno Bldg.，#73 Sejong－daero，Jung－gu，Seoul 100－767，Korea
邮箱：icbcseoul@ kr. icbc. com. cn
电话：+82－237886670
传真：+82－27553748
SWIFT：ICBKKRSE

釜山分行

Industrial and Commercial Bank of China Limited，Busan Branch
地址：1st Floor，ABL Life Bldg.，# 640 Jungang－daero，Busanjin－gu，Busan 47353，Korea
邮箱：busanadmin@ kr. icbc. com. cn
电话：+82－514638868
传真：+82－514636880
SWIFT：ICBKKRSE

中国工商银行股份有限公司蒙古代表处

Industrial and Commercial Bank of China Limited，Mongolia Representative Office
地址：Suite 1108，11th floor，Shangri－la Office，Shangri－la Centre，19A Olympic Street，Sukhbaatar District－1，Ulaanbaatar，Mongolia
邮箱：mgdbcgw@ dccsh. icbc. com. cn
电话：+976－77108822，+976－77106677
传真：+976－77108866

新加坡分行

Industrial and Commercial Bank of China Limited，Singapore Branch
地址：6 Raffles Quay #12－01，Singapore 048580
邮箱：icbcsg@ sg. icbc. com. cn
电话：+65－65381066
传真：+65－65381370
SWIFT：ICBKSGSG

中国工商银行（印度尼西亚）有限公司

PT. Bank ICBC Indonesia
地址：The City Tower 32nd Floor，Jl. M. H. Thamrin No. 81，Jakarta Pusat 10310，Indonesia
邮箱：cs@ ina. icbc. com. cn
电话：+62－2123556000
传真：+62－2131996016
SWIFT：ICBKIDJA

中国工商银行马来西亚有限公司

Industrial and Commercial Bank of China (Malaysia) Berhad
地址：Level 10，Menara Maxis，Kuala Lumpur City Centre，50088 Kuala Lumpur，Malaysia
邮箱：icbcmalaysia@ my. icbc. com. cn
电话：+603－23013399
传真：+603－23013388
SWIFT：ICBKMYKL

马尼拉分行

Industrial and Commercial Bank of China Limited，Manila Branch

地址：24F, The Curve, 32nd Street Corner, 3rd Ave, BGC, Taguig City, Manila 1634, Philippines
邮箱：info@ ph. icbc. com. cn
电话：+63-282803300
传真：+63-284032023
SWIFT：ICBKPHMM

中国工商银行（泰国）股份有限公司

Industrial and Commercial Bank of China (Thai) Public Company Limited
地址：622 Emporium Tower 11th-13th Fl., Sukhumvit Road, Khlong Ton, Khlong Toei, Bangkok, Thailand
电话：+66-26295588
传真：+66-26639888
SWIFT：ICBKTHBK

河内分行

Industrial and Commercial Bank of China Limited, Hanoi Branch
地址：3rd Floor Daeha Business Center, No. 360, Kim Ma Str., Ba Dinh Dist., Hanoi, Vietnam
邮箱：admin@ vn. icbc. com. cn
电话：+84-2462698888
传真：+84-2462699800
SWIFT：ICBKVNVN

中国工商银行股份有限公司胡志明市代表处

Industrial and Commercial Bank of China Limited, Ho Chi Minh City Representative Office
地址：12th floor Deutsches Haus building, 33 Le Duan Street, District 1, Ho Chi Minh City, Vietnam
邮箱：hcmadmin@ vn. icbc. com. cn
电话：+84-28-35208991

万象分行

Industrial and Commercial Bank of China Limited, Vientiane Branch
地址：Asean Road, Home No. 358, Unit12, Sibounheuang Village, Chanthabouly District, Vientiane Capital, Lao PDR
邮箱：icbcvte@ la. icbc. com. cn
电话：+856-21258888
传真：+856-21258897
SWIFT：ICBKLALA

金边分行

Industrial and Commercial Bank of China Limited, Phnom Penh Branch
地址：17th Floor, Exchange Square, No. 19-20, Street 106, Phnom Penh, Cambodia
邮箱：icbckh@ kh. icbc. com. cn
电话：+855-23955880
传真：+855-23965268
SWIFT：ICBKKHPP

仰光分行

Industrial and Commercial Bank of China Limited, Yangon Branch
地址：ICBC Center, Crystal Tower, Kyun Taw Road, Kamayut Township, Yangon, Myanmar
电话：+95-019339258
传真：+95-019339278
SWIFT：ICBKMMMY

中国工商银行（阿拉木图）股份公司

Industrial and Commercial Bank of China (Almaty) Joint Stock Company
地址：150/230, Abai/Turgut Ozal Street, Almaty, Kazakhstan. 050046
邮箱：office@ kz. icbc. com. cn
电话：+7-7272377085
SWIFT：ICBKKZKX

卡拉奇分行

Industrial and Commercial Bank of China Limited Karachi Branch
地址：15th & 16th Floor, Ocean Tower, G-3, Block-9, Scheme #5, Main Clifton Road, Karachi, Pakistan. P. C：75600
邮箱：service@ pk. icbc. com. cn
电话：+92-2135208988
传真：+92-2135208930
SWIFT：ICBKPKKA

孟买分行

Industrial and Commercial Bank of China Limited, Mumbai Branch
地址：801, 8th Floor, A Wing, One BKC, C-66, G Block, Bandra Kurla Complex, Bandra East, Mumbai-400051, India
邮箱：icbcmumbai@ india. icbc. com. cn
电话：+91-2271110300
传真：+91-2271110353
SWIFT：ICBKINBB

迪拜国际金融中心分行

Industrial and Commercial Bank of China Limited, Dubai (DIFC) Branch

地址：Floor 5&6, Gate Village Building 1, Dubai International Financial Center, Dubai, United Arab Emirates P. O. Box: 506856

邮箱：dboffice@ dxb. icbc. com. cn

电话：+971－47031111

传真：+971－47031199

SWIFT：ICBKAEAD

阿布扎比分行

Industrial and Commercial Bank of China Limited, Abu Dhabi Branch

地址：Addax Tower Offices 5207, 5208 and 5209, Al Reem Island, Abu Dhabi, United Arab Emirates P. O. Box 62108

邮箱：dboffice@ dxb. icbc. com. cn

电话：+971－24998600

传真：+971－24998622

SWIFT：ICBKAEAA

多哈分行

Industrial and Commercial Bank of China Limited, Doha (QFC) Branch

地址：Level 20, Burj Doha, Al Corniche Street, West Bay, Doha, Qatar P. O. BOX: 11217

邮箱：ICBCDOHA@ doh. icbc. com. cn

电话：+974－44072758

传真：+974－44072751

SWIFT：ICBKQAQA

利雅得分行

Industrial and Commercial Bank of China Limited, Riyadh Branch

地址：Level 4&8, A1 Faisaliah Tower Building No: 7277－King Fahad Road Al Olaya, Zip Code: 12212, Additional No.: 3333, Unit No.: 95, Kingdom of Saudi Arabia

邮箱：service@ sa. icbc. com. cn

电话：+966－112899800

传真：+966－112899879

SWIFT：ICBKSARI

科威特分行

Industrial and Commercial Bank of China Limited, Kuwait Branch

地址：Building 2A (Al－Tijaria Tower), Floor 7&8, Al－Soor Street, Al－Morqab, Block3, Kuwait City, Kuwait

邮箱：info@ kw. icbc. com. cn

电话：+965－22281777

传真：+965－22281799

SWIFT：ICBKKWKW

悉尼分行

Industrial and Commercial Bank of China Limited, Sydney Branch

地址：Level 42, Tower 1, International Towers, 100 Barangaroo Avenue, Sydney NSW 2000 Australia

邮箱：info@ icbc. com. au

电话：+612－94755588

传真：+612－82885878

SWIFT：ICBKAU2S

中国工商银行新西兰有限公司

Industrial and Commercial Bank of China (New Zealand) Limited

地址：Level 11, 188 Quay Street, Auckland 1010, New Zealand

邮箱：info@ nz. icbc. com. cn

电话：+64－93747288

传真：+64－93747287

SWIFT：ICBKNZ2A

奥克兰分行

Industrial and Commercial Bank of China Limited, Auckland Branch

地址：Level 11, 188 Quay Street, Auckland 1010, New Zealand

邮箱：info@ nz. icbc. com. cn

电话：+64－93747288

传真：+64－93747287

SWIFT：ICBKNZ22

法兰克福分行

Industrial and Commercial Bank of China Limited, Frankfurt Branch

地址：Bockenheimer Anlage 15, 60322 Frankfurt am Main, Germany

邮箱：icbc@ icbc－ffm. de

电话：+49－6950604700

传真：+49－6950604708

SWIFT：ICBKDEFF

卢森堡分行

Industrial and Commercial Bank of China Limited, Luxembourg Branch

地址：32, Boulevard Royal, L－2449 Luxembourg, B. P. 278 L－2012 Luxembourg

邮箱：office@ eu. icbc. com. cn

电话：＋352－2686661

传真：＋352－26866666

SWIFT：ICBKLULL

中国工商银行（欧洲）有限公司

Industrial and Commercial Bank of China (Europe) S. A.

地址：32, Boulevard Royal, L－2449 Luxembourg, B. P. 278 L－2012 Luxembourg

邮箱：office@ eu. icbc. com. cn

电话：＋352－2686661

传真：＋352－26866666

SWIFT：ICBKLULU

中国工商银行（欧洲）有限公司巴黎分行

Industrial and Commercial Bank of China (Europe) S. A. Paris Branch

地　址：73 Boulevard Haussmann, 75008, Paris, France

邮箱：administration@ fr. icbc. com. cn

电话：＋33－140065858

传真：＋33－140065899

SWIFT：ICBKFRPP

中国工商银行（欧洲）有限公司阿姆斯特丹分行

Industrial and Commercial Bank of China (Europe) S. A. Amsterdam Branch

地址：Johannes Vermeerstraat 7－9, 1071 DK, Amsterdam, the Netherlands

邮箱：office@ nl. icbc. com. cn

电话：＋31－205706666

传真：＋31－205706603

SWIFT：ICBKNL2A

中国工商银行（欧洲）有限公司布鲁塞尔分行

Industrial and Commercial Bank of China (Europe) S. A. Brussels Branch

地址：81, Avenue Louise, 1050 Brussels, Belgium

邮箱：info@ be. icbc. com. cn

电话：＋32－2－5398888

传真：＋32－2－5398870

SWIFT：ICBKBEBB

中国工商银行（欧洲）有限公司米兰分行

Industrial and Commercial Bank of China (Europe) S. A. Milan Branch

地址：Via Tommaso Grossi 2, 20121, Milano, Italy

邮箱：hradmin@ it. icbc. com. cn

电话：＋39－0200668899

传真：＋39－0200668888

SWIFT：ICBKITMM

中国工商银行（欧洲）有限公司马德里分行

Industrial and Commercial Bank of China (Europe) S. A. Sucursal en España

地　址：Paseo de Recoletos, 12, 28001, Madrid, España

邮箱：gad. dpt@ es. icbc. com. cn

电话：＋34－912168837

传真：＋34－912168866

SWIFT：ICBKESMM

中国工商银行（欧洲）有限公司华沙分行

Industrial and Commercial Bank of China (Europe) S. A. Poland Branch

地址：Plac Trzech Krżyy 18, 00－499, Warszawa, Poland

邮箱：info@ pl. icbc. com. cn

电话：＋48－222788066

传真：＋48－222788090

SWIFT：ICBKPLPW

中国工商银行（欧洲）有限公司希腊代表处

Industrial and Commercial Bank of China (Europe) S. A. Greece Representative Office

地址：Amerikis 13, Athens 106 72 Greece

邮箱：GAD@ gr. icbc. com. cn

电话：＋30－2166868888

传真：＋30－2166868889

中国工商银行（伦敦）有限公司

ICBC (London) PLC

地　址：81 King William Street, London EC4N 7BG, UK

邮箱：admin@ icbclondon. com

电话：＋44－2073978888

传真：＋44－2073978899

SWIFT：ICBKGB2L

伦敦分行

Industrial and Commercial Bank of China Limited, London Branch

地 址：81 King William Street, London EC4N 7BG, UK

邮箱：admin@icbclondon.com

电话：+44－2073978888

传真：+44－2073978890

SWIFT：ICBKGB3L

工银标准银行公众有限公司

ICBC Standard Bank PLC

地址：20 Gresham Street, London, United Kingdom, EC2V 7JE

邮箱：londonmarketing@icbcstandard.com

电话：+44－2031455000

传真：+44－2031895000

SWIFT：SBLLGB2L

中国工商银行（莫斯科）股份公司

Bank ICBC (joint stock company)

地址：Building 29, Serebryanicheskaya embankment, Moscow, Russia Federation 109028

邮箱：info@ms.icbc.com.cn

电话：+7－4952873099

传真：+7－4952873098

SWIFT：ICBKRUMM

中国工商银行（土耳其）股份有限公司

ICBC Turkey Bank Anonim Şirketi

地 址：Maslak Mah. Dereboyu, 2 Caddesi No：13 34398 Sariyer, iSTANBUL

邮箱：gongwen@tr.icbc.com.cn

电话：+90－2123355011

SWIFT：ICBKTRIS

布拉格分行

Industrial and Commercial Bank of China Limited, Prague Branch, odšt ě pný z ά vod

地址：12F City Empiria, Na Strži 1702/65, 14000 Prague 4 – Nusle, Czech Republic

邮箱：info@cz.icbc.com.cn

电话：+420－237762888

传真：+420－237762899

SWIFT：ICBKCZPP

苏黎世分行

Industrial and Commercial Bank of China Limited, Beijing, Zurich Branch

地址：Nüschelerstrasse 1, CH－8001, Zurich, Switzerland

邮箱：service@ch.icbc.com.cn

电话：+41－58－9095588

传真：+41－58－9095577

SWIFT：ICBKCHZZ

中国工商银行奥地利有限公司

ICBC Austria Bank GmbH

地址：Kolingasse 4, 1090 Vienna, Austria

邮箱：generaldept@at.icbc.com.cn

电话：+43－1－9395588

传真：+43－1－9395588－6800

SWIFT：ICBKATWW

纽约分行

Industrial and Commercial Bank of China Limited, New York Branch

地址：725 Fifth Avenue, 20th Floor, New York, NY 10022, USA

邮箱：info－nyb@us.icbc.com.cn

电话：+1－2128387799

传真：+1－2125752517

SWIFT：ICBKUS33

中国工商银行（美国）

Industrial and Commercial Bank of China (USA) NA

地址：1185 Avenue of the Americas, 16th Floor, New York, NY 10036

邮箱：info@us.icbc.com.cn

电话：+1－2122388208

传真：+1－2122193211

SWIFT：ICBKUS3N

工银金融服务有限责任公司

Industrial and Commercial Bank of China Financial Services LLC

地址：1633 Broadway, 28th Floor, New York, NY, 10019, USA

邮箱：info@icbkfs.com

电话：+1－2129937300

传真：+1－2129937349

SWIFT：ICBKUS3F

中国工商银行（加拿大）有限公司

Industrial and Commercial Bank of China (Canada)

地 址：Unit 3710, Bay Adelaide Centre, 333 Bay

Street, Toronto, Ontario, M5H 2R2, Canada
邮箱：info@ icbk. ca
电话：+1 -4163665588
传真：+1 -4166072000
SWIFT：ICBKCAT2

中国工商银行（墨西哥）有限公司

Industrial and Commercial Bank of China Mexico S. A.
地址：Paseo de la Reforma 250, Piso 18, Col. Juarez, C. P. 06600, Del. Cuauhtemoc, Ciudad de Mexico
邮箱：info@ icbc. com. mx
电话：+52 -5541253388
SWIFT：ICBKMXMM

中国工商银行（巴西）有限公司

Industrial and Commercial Bank of China (Brasil) S. A.
地址：Av. Brigadeiro Faria Lima, 3477 - Block B - 6 andar - SAO PAULO/SP - Brasil
邮箱：bxgw@ br. icbc. com. cn
电话：+55 -1123956600
SWIFT：ICBKBRSP

中国工商银行（秘鲁）有限公司

ICBC PERU BANK
地址：Calle Las Orquideas 585, Oficina 501, San Isidro, Lima, Peru
邮箱：consultas@ pe. icbc. com. cn
电话：+51 -16316800
传真：+51 -16316802
SWIFT：ICBKPEPL

中国工商银行（阿根廷）股份有限公司

Industrial and Commercial Bank of China (Argentina) S. A. U.
地址：Blvd. Cecilia Grierson 355, (C1107 CPG) Buenos Aires, Argentina
邮箱：gongwen@ ar. icbc. com. cn
电话：+54 -1148203784
传真：+54 -1148201901
SWIFT：ICBKARBA

工银投资（阿根廷）共同投资基金管理股份有限公司

ICBC Investments Argentina S. A. U. Sociedad Gerente de Fondos Comunes de Inversión
地 址：Blvd. Cecilia Grierson 355, Piso 14, (C1107CPG) CABA, Argentina
邮箱：alpha. sales@ icbc. com. ar
电话：+54 -1143949432

Inversora Diagonal 股份有限公司

Inversora Diagonal S. A. U.
地址：Florida 99, (C1105CPG) CABA, Argentina
电话：+54 -1148202200

巴拿马分行

Industrial and Commercial Bank of China Limited, Panama Branch
地址：MMG Tower | 20th Floor | Ave. Paseo del Mar | Costa del Este Panama City, Republic of Panama
邮箱：info@ icbc. com. mx
电话：+507 -3205901
SWIFT：ICBKPAPA

中国工商银行股份有限公司非洲代表处

Industrial and Commercial Bank of China Limited, African Representative Office
地址 1：47 Price Drive, Constantia, Cape Town, South Africa, 7806
地址 2：T11, 2nd Floor East, 30 Baker Street, Rosebank, Johannesburg, Gauteng, South Africa, 2196
邮箱：icbcafrica@ afr. icbc. com. cn
电话：+27 -608845323

中国工商银行员工情况表

2021 年 12 月 31 日

序号	机构名称	合同制人员合计	性别结构		年龄结构								学历结构				
			男	女	平均年龄	25 岁及以下	26 ~ 30 岁	31 ~ 35 岁	36 ~ 40 岁	41 ~ 45 岁	46 ~ 50 岁	50 岁以上	博士研究生	硕士研究生	大学本科	大专	专科以下
1	合计	410 766	208 859	201 907	41.83	35 974	48 432	63 108	43 223	34 849	59 663	125 517	560	37 146	248 389	94 629	30 042
2	总行本部	3 831	2 184	1 647	37.51	108	676	846	1 033	619	257	292	278	2 573	960	17	3
3	北京分行	18 732	8 685	10 047	38.58	1 387	3 313	3 370	3 778	1 769	1 724	3 391	29	3 779	11 955	2 402	567
4	天津分行	7 817	3 885	3 932	42.06	982	749	854	889	729	1 021	2 593	3	726	4 479	1 653	956
5	河北分行	18 759	10 582	8 177	44.72	1 634	1 531	1 728	1 183	1 598	3 625	7 460	3	853	10 093	5 380	2 430
6	山西分行	12 802	6 681	6 121	45.13	506	784	1 626	1 129	1 489	2 285	4 983	1	888	5 624	4 552	1 737
7	内蒙古分行	10 490	5 430	5 060	44.79	882	877	890	628	861	2 006	4 346	3	438	5 965	2 818	1 266
8	辽宁分行	15 180	7 916	7 264	45.63	696	1 237	1 264	1 213	1 784	2 593	6 393		816	8 885	4 704	775
9	吉林分行	10 489	5 116	5 373	44.41	509	733	1 253	814	1 755	1 998	3 427	2	455	6 451	2 434	1 147
10	黑龙江分行	12 637	7 095	5 542	46.03	665	1 051	977	589	1 207	2 671	5 477	4	381	6 576	3 916	1 760
11	上海分行	13 618	5 288	8 330	38.3	1 110	2 464	3 071	1 864	1 199	1 396	2 514	28	1 899	9 164	1 832	695
12	江苏分行	19 088	10 145	8 943	40.92	2 556	2 078	3 493	1 707	884	1 978	6 392	8	1 537	11 965	4 072	1 506
13	浙江分行	20 353	8 622	11 731	38.03	2 712	2 813	3 752	3 730	1 739	2 281	3 326	12	1 472	15 370	2 797	702
14	安徽分行	12 105	7 178	4 927	43.46	992	1 445	1 712	579	882	1 733	4 762	5	866	6 781	3 418	1 035
15	福建分行	10 825	5 395	5 430	42.71	893	943	1 526	1 264	1 115	1 672	3 412	6	428	7 475	2 121	795
16	江西分行	9 600	5 043	4 557	44.18	628	955	1 061	635	1 074	1 623	3 624		419	5 107	3 005	1 069
17	山东分行	19 500	10 830	8 670	43.41	1 516	1 659	2 747	1 990	1 686	3 181	6 721	10	1 514	11 633	5 101	1 242
18	河南分行	18 050	10 378	7 672	44.19	1 272	1 986	2 070	664	1 278	4 033	6 747	5	775	10 160	4 893	2 217
19	湖北分行	15 773	8 241	7 532	45.13	933	1 420	1 960	668	1 038	2 751	7 003	9	1 183	8 405	4 351	1 825
20	湖南分行	12 234	6 454	5 780	44.65	1 077	968	1 101	1 015	966	1 930	5 177	1	634	6 638	4 033	928
21	广东分行	19 219	10 388	8 831	40	1 908	1 987	3 593	2 857	1 986	3 043	3 845	18	809	12 493	4 682	1 217
22	海南分行	2 693	1 551	1 142	42.94	305	261	299	110	372	382	964	3	164	1 734	617	175

续表

序号	机构名称	合同制人员合计	性别结构		年龄结构								学历结构				
			男	女	平均年龄	25岁及以下	26～30岁	31～35岁	36～40岁	41～45岁	46～50岁	50岁以上	博士研究生	硕士研究生	大学本科	大专	专科以下
23	广西分行	8 987	4 314	4 673	42.9	673	881	1 410	906	791	1 237	3 089	1	223	5 683	2 205	875
24	重庆分行	6 789	3 560	3 229	40.65	621	1 106	1 276	618	241	843	2 084	5	892	3 649	1 721	522
25	四川分行	16 106	7 956	8 150	41.68	1 153	1 493	3 410	1 875	1 088	2 451	4 636	14	1 482	9 651	4 332	627
26	云南分行	7 879	4 013	3 866	42.74	856	932	1 047	503	480	1 015	3 046	1	270	5 015	2 117	476
27	贵州分行	7 100	3 952	3 148	39.05	1 000	1 477	1 280	365	283	600	2 095	4	420	4 710	1 547	419
28	陕西分行	11 108	6 050	5 058	44.98	802	1 061	1 070	582	743	2 051	4 799	7	831	5 621	3 781	868
29	甘肃分行	6 613	3 786	2 827	45.31	528	747	394	345	489	947	3 163		195	4 199	1 839	380
30	青海分行	2 156	930	1 226	36.72	397	488	373	97	140	246	415	1	71	1 707	353	24
31	宁夏分行	2 642	1 339	1 303	41.24	255	424	436	185	115	382	845		124	1 647	714	157
32	新疆分行	7 630	3 454	4 176	41.36	806	1 219	1 078	430	634	895	2 568	5	364	4 940	1 900	421
33	西藏分行	359	219	140	32.31	108	82	62	31	29	34	13	3	26	318	11	1
34	深圳分行	5 850	2 660	3 190	36.3	719	1 256	1 030	1 181	473	549	642	5	1 105	4 054	528	158
35	大连分行	3 594	1 405	2 189	42.36	200	218	772	443	253	800	908	2	373	2 349	776	94
36	青岛分行	3 257	1 622	1 635	39.93	373	414	673	426	189	313	869		441	2 065	545	206
37	宁波分行	4 050	1 607	2 443	38.8	381	455	993	673	392	487	669	1	253	3 042	558	196
38	厦门分行	2 340	1 034	1 306	39.75	251	337	436	246	171	406	493	3	231	1 738	234	134
39	广州分行	10 000	4 201	5 799	37.24	1 031	1 367	2 170	2 275	1 077	1 190	890	11	877	7 185	1 664	263
40	苏州分行	4 530	2 012	2 518	37.67	477	573	1 405	617	280	396	782	3	467	3 335	570	155
41	总行银行卡业务部（牡丹卡中心）	810	314	496	35.6	40	148	251	207	83	49	32	12	349	438	9	2
42	总行贵金属业务部	107	68	39	37.55	6	13	28	26	16	12	6	2	63	42		
43	总行票据营业部	305	127	178	40.02	3	43	75	49	38	43	54	3	109	182	10	1
44	总行私人银行部	140	83	57	36.45	6	36	31	28	18	9	12	7	94	37	2	

续表

序号	机构名称	合同制人员合计	性别结构		年龄结构								学历结构				
			男	女	平均年龄	25岁及以下	26～30岁	31～35岁	36～40岁	41～45岁	46～50岁	50岁以上	博士研究生	硕士研究生	大学本科	大专	专科以下
45	长春金融研修学院	61	34	27	39.1	1	14	13	11	8	1	13	1	31	28	1	
46	杭州金融研修学院	74	38	36	40.01	3	13	20	10	2	6	20	2	35	37		
47	业务研发中心	1 320	652	668	32.82	160	415	347	234	79	47	38	7	745	564	3	1
48	数据中心	1 225	755	470	32.53	204	378	269	201	90	47	36	4	587	618	13	3
49	软件开发中心	6 110	3 776	2 334	32.25	1 014	1 724	1 416	1 347	402	113	94	20	2 776	3 298	14	2
50	内部审计局直属分局	55	36	19	43.05		1	14	9	8	13	10	1	30	24		
51	内部审计局天津分局	48	34	14	46.58		2	10	5	2	6	23	1	13	34		
52	内部审计局沈阳分局	45	29	16	45.31		1	5	10	6	7	16		14	31		
53	内部审计局上海分局	48	28	20	44.31		2	7	6	12	6	15		15	33		
54	内部审计局南京分局	47	33	14	44.74		2	9	6	8	4	18		13	33	1	
55	内部审计局武汉分局	44	25	19	43.64		5	5	9	4	8	13		17	27		
56	内部审计局广州分局	43	27	16	45.56		2	5	7	4	9	16	2	9	32		
57	内部审计局成都分局	49	29	20	44.37		1	10	9	6	7	16	1	19	28	1	
58	内部审计局昆明分局	48	26	22	44.06		2	12	5	6	9	14		12	36		
59	内部审计局西安分局	46	34	12	43.93		2	16	4	3	5	16	1	16	29		
60	网络融资中心	175	81	94	28.36	45	88	32	4	2	1	3	1	123	50		1
61	国际结算单证中心	649	115	534	32.91	43	181	258	107	28	24	8		336	312	1	
62	远程银行中心	3 491	979	2 512	33.58	308	658	1 543	674	83	125	100	1	199	2 975	311	5
63	网络金融部用户发展中心																
64	网络金融部运营支持中心	211	85	126	33.33	3	57	89	49	7	4	2		63	145	3	
65	网络金融部创新研发中心	181	100	81	30.56	27	70	54	23	6	1			96	85		
66	集约运营中心(佛山)	323	75	248	33.6	91	69	46	34	20	39	24		74	205	41	3
67	集约运营中心(成都)	326	75	251	35.09	118	45	35	12	10	43	63		54	245	26	1

中国工商银行系统机构设置情况表

2021 年 12 月 31 日

序号	机构名称	合计	总行	一级分行	直属分行	省会城市行	二级分行	一级支行			基层营业网点				总行利润中心、直属机构及其分支
								合计	县支行	城区支行	合计	二级支行	分理处	储蓄所	
1	合计	16 036	1	32	4	23	436	2 973	1 370	1 603	12 535	12 438	72	25	32
2	总行本部	1	1												
3	总行部门类利润中心	6													6
4	北京分行	560		1			37				522	507	6	9	
5	天津分行	338		1			23	7	2	5	307	307			
6	河北分行	796		1		1	11	182	98	84	601	601			
7	山西分行	457		1		1	10	131	64	67	314	314			
8	内蒙古分行	361		1		1	12	105	52	53	242	242			
9	辽宁分行	592		1		1	12	119	29	90	459	459			
10	吉林分行	375		1		1	8	78	29	49	287	287			
11	黑龙江分行	509		1		1	13	153	58	95	341	338	2	1	
12	上海分行	477		1			34				442	442			
13	江苏分行	890		1		1	11	119	39	80	758	745	10	3	
14	浙江分行	801		1		1	11	108	50	58	680	662	18		
15	安徽分行	539		1		1	15	137	42	95	385	385			
16	福建分行	449		1		1	10	91	58	33	346	346			
17	江西分行	415		1		1	11	126	82	44	276	275	1		
18	山东分行	894		1		1	15	162	74	88	715	693	19	3	
19	河南分行	708		1		1	18	179	83	96	509	509			
20	湖北分行	674		1		1	13	118	54	64	541	541			
21	湖南分行	537		1		1	13	144	71	73	378	378			
22	广东分行	967		1			20	187	55	132	759	759			
23	海南分行	123		1			4	15	9	6	103	103			
24	广西分行	433		1		1	13	107	53	54	311	311			
25	重庆分行	314		1			21	21	21		271	271			
26	四川分行	743		1		1	18	131	95	36	592	588	4		
27	云南分行	359		1		1	15	74	42	32	268	268			
28	贵州分行	276		1		1	9	76	53	23	189	189			

续表

序号	机构名称	合计	总行	一级分行	直属分行	省会城市行	二级分行	一级支行			基层营业网点				总行利润中心、直属机构及其分支
								合计	县支行	城区支行	合计	二级支行	分理处	储蓄所	
29	陕西分行	465		1		1	10	113	48	65	340	340			
30	甘肃分行	284		1		1	14	56	40	16	212	212			
31	青海分行	80		1			1	12	6	6	66	66			
32	宁夏分行	100		1				18	6	12	81	80	1		
33	新疆分行	253		1		1	15	62	42	20	174	174			
34	西藏分行	10		1			6	3		3					
35	深圳分行	141		1			1	27		27	112	112			
36	大连分行	163			1			17	4	13	145	145			
37	青岛分行	125			1		1	18	3	15	105	97	1	7	
38	宁波分行	169			1		4	16	3	13	148	147	1		
39	厦门分行	69			1		1	17		17	50	50			
40	广州分行	357				1	2	35	3	32	319	318		1	
41	苏州分行	200					4	9	2	7	187	177	9	1	
42	长春金融研修学院	1													1
43	杭州金融研修学院	1													1
44	总行银行卡业务部（牡丹卡中心）	5													5
45	软件开发中心	1													1
46	数据中心（北京）	1													1
47	数据中心（上海）	1													1
48	远程银行中心	1													1
49	国际结算单证中心	1													1
51	总行票据营业部	9													9
52	总行私人银行部	1													1
53	总行贵金属业务部	1													1
54	平台金融发展中心	1													1
55	集约运营中心（佛山）	1													1
56	集约运营中心（成都）	1													1

注：本表不包括境内控股公司和境外机构。

2021 年总行级重点城市行综合竞争能力评价结果

2021 年综合竞争能力评价结果（直属行、省会城市行）

排名	一级分行	城市行	2021 年度
1	山东	济南	A +
2	江苏	南京	A −
3	湖北	武汉	A −
4	安徽	合肥	A −
5	江苏	苏州	B +
6	内蒙古	呼和浩特	B +
7	广东	广州	B +
8	青岛	青岛	B +
9	贵州	贵阳	B −
10	大连	大连	B −
11	辽宁	沈阳	B −
12	厦门	厦门	B −
13	四川	成都	B −
14	浙江	杭州	B −
15	陕西	西安	C +
16	河南	郑州	C +
17	广西	南宁	C +
18	福建	福州	C +
19	山西	太原	C +
20	新疆	乌鲁木齐	C −
21	江西	南昌	C −
22	云南	昆明	C −
23	湖南	长沙	C −
24	河北	石家庄	C −
25	黑龙江	哈尔滨	C −
26	甘肃	兰州	C −
27	吉林	长春	C −
28	宁波	宁波	D −

2021 年综合竞争能力评价结果（重点二级分行）

排名	一级分行	城市行	2021 年度
1	河北	保定	A +
2	广东	惠州	A –
3	广东	江门	A –
4	四川	绵阳	A –
5	广东	中山	B +
6	广东	东莞	B +
7	山东	济宁	B +
8	湖南	岳阳	B +
9	江苏	常州	B –
10	山东	东营	B –
11	陕西	咸阳	B –
12	浙江	台州	C +
13	江苏	徐州	C +
14	山东	烟台	C +
15	浙江	金华	C +
16	浙江	嘉兴	C +
17	江苏	南通	C +
18	广东	佛山	C +
19	安徽	芜湖	C +
20	湖北	襄阳	C +
21	广东	珠海	C –
22	浙江	绍兴	C –
23	福建	泉州	C –
24	四川	南充	C –
25	江西	赣州	C –
26	湖北	荆州	C –
27	浙江	温州	C –
28	江苏	扬州	C –
29	江苏	镇江	C –
30	安徽	阜阳	C –
31	海南	三亚	C –
32	山东	临沂	C –

续表

排名	一级分行	城市行	2021 年度
33	广西	柳州	D +
34	河南	洛阳	D +
35	贵州	遵义	D +
36	河北	唐山	D +
37	湖北	三峡	D +
38	陕西	宝鸡	D +
39	四川	德阳	D -
40	河南	南阳	D -
41	吉林	吉林市	D -
42	河北	张家口	D -
43	山东	潍坊	D -
44	福建	漳州	D -
45	广东	湛江	D -
46	山东	淄博	D -
47	河南	平顶山	D -
48	江苏	无锡	D -
49	河北	廊坊	D -
50	辽宁	鞍山	E +
51	江西	九江	E +
52	广西	桂林	E +

2021 年国际评级及获得的主要奖项

国际评级情况

名称	穆迪（Moody's）	标普（S&P）
长期外币存款评级	A1	A
短期外币存款评级	P - 1	A - 1
评级展望	稳定	稳定
基础信用评估（BCA）	baa1	—
个体信用状况（SACP）	—	bbb +

境内奖项

奖项中文	颁奖机构/媒体
金融科技发展奖特等奖——智慧银行生态建设工程（ECOS）	中国人民银行
金融科技发展奖二等奖——人工智能生态体系建设项目	
金融科技发展奖二等奖——金融市场量化交易体系建设项目	
金融科技发展奖二等奖——零售金融数字化创新项目	
金融科技发展奖三等奖——基于音视频等新技术的非接触服务体系项目	
金融网络安全态势感知平台年度特殊贡献单位	
“3·15”教育宣传周优秀组织单位	银保监会
专精特新中小企业专属服务提供单位	中华人民共和国工业和信息化部
第十一届“中华慈善奖”	中华人民共和国民政部
第十三届“中国青年志愿者优秀项目奖”——“爱心助学‘工’益有你”	共青团中央、中国青年志愿者协会
中国人民银行支付清算系统用户委员会2021年度十佳参与机构	中国人民银行清算中心
第三届消费者保护委员会最佳副主任单位	中国银行业协会
客服中心与远程银行智能服务机器人大赛语音类机器人第一名	
客服中心与远程银行智能服务机器人大赛文本类机器人第二名	
全国数据管理能力成熟度（DCMM）——最高等级5级认证	中国电子信息行业联合会
对外开放贡献奖	中国外汇交易中心暨全国银行间同业拆借中心
银行间本币市场核心交易商	
银行间本币市场优秀货币市场交易商	
优秀衍生品市场交易商	
优秀债券市场交易商	
直接交易优秀做市商	
年度银行间本币市场优秀托管行	
最佳人民币外汇ESP做市机构	
最佳人民币外汇即期做市机构	
最佳人民币外汇远掉期做市机构	
最佳人民币外汇做市机构	
最佳外币拆借报价行	
最佳外币拆借会员	
最佳外币对做市机构	
最佳外币回购会员	
市场创新奖	
交易机制创新奖X-Swap	
最佳技术服务支持机构	
CFETSFX专栏最佳创作团队	
储蓄国债（电子式）优秀承办机构	中央国债登记结算有限责任公司
地方债柜台业务优秀承销机构	
柜台流通式债券业务优秀承办机构	

续表

奖项中文	颁奖机构/媒体
银行类优秀承销机构奖	中央国债登记结算有限责任公司
优秀 ABS 发起机构	
优秀金融债发行人	
优秀自营机构奖	
优秀做市结算奖——国债	
年度优秀托管人	
全球通业务优秀结算代理机构	
结算 100 强——优秀自营商	
年度优秀清算会员	银行间市场清算所股份有限公司
年度外汇自营清算优秀奖	
年度优秀结算成员	
最佳定价交易会员	上海黄金交易所
最佳租借业务参与机构	
年度金融类优秀会员一等奖	
年度优秀存管银行奖	
疫情期间市场稳定特殊贡献会员	
国际业务特别贡献会员	
最佳询价交易机构	
最佳询价交易做市商	
最佳业务创新贡献机构	
最佳竞价交易代理会员	
最佳竞价交易会员	
最佳竞价交易自营会员	
最佳竞价流动性提供会员	
年度优秀会员单位	上海票据交易所
年度优秀银行类交易商	
年度优秀承兑机构	
年度优秀贴现机构	
年度优秀托管结算机构	
年度优秀票据支付服务机构	
年度优秀创新产品推广机构	
地方政府债券优秀承销商	上海证券交易所
优秀利率债承销机构奖	深圳证券交易所
年度理财直接融资工具创新示范机构	银行业理财登记托管中心有限公司
2021 年联动运营奖	中国银联
风险防控优秀实践奖	
银行间市场优秀做市商	国家开发银行
市场拓展奖（柜台）	

续表

奖项中文	颁奖机构/媒体
金融债承销做市团“绿色低碳先锋奖”	国家开发银行
境外市场推动奖	
债券通优秀做市商	债券通有限公司
中国百强企业奖	中国上市公司百强高峰论坛
年度杰出机构奖	中国资产证券化论坛
信贷资产证券化年度杰出交易奖——工元至诚 2020 年第七期不良资产支持证券	
信贷资产证券化年度十佳交易奖——工元至诚 2020 年第四期不良资产支持证券	
信贷资产证券化年度优秀交易奖——工元宜居 2020 年第一期个人住房抵押贷款资产支持证券	
移动金融客户端应用企业标准“领跑者”	中国互联网协会
银行数字化转型星耀项目优秀成果——移动银行类（手机银行 6.0）	中国计算机用户协会金融互联网分会
年度银行数字化转型星耀项目	
年度上市公司董办最佳实践案例	中国上市公司协会
年度金融科技与数字化转型创新成果	中国通信学会
互联网协议第六版本（IPv6）规模部署和应用优秀案例	中国网络社会组织联合会
年度十大“金融高价值优秀案例”	中国信息通信研究院
容器平台性能评估最高级别“卓越级”认证	
大数据“星河”行业大数据应用标杆案例	中国信息通信研究院、中国通信标准化协会大数据技术标准推进委员会
第 18 届中国标准化论坛论文特等奖	中国标准化协会
优秀实践案例	北京上市公司协会
最佳中长期债券承销商	万得资讯
最佳信贷 ABS 承销商	
最佳信用类债券承销商——卓越银行奖	
最佳银行间债务融资工具承销商	
最佳债券承销商	
最佳金融债承销商——卓越银行奖	
服贸会服务示范案例——“全球服务实践案例”奖项	服贸会执委会
亚洲最佳商业银行	《21 世纪经济报道》
2021 最佳金融创新奖	《银行家》（中国）
2021 十佳金融科技创新奖	
2021 中国金融创新奖“十佳投资银行创新奖”	
2021 中国金融创新奖“十佳智能风控创新奖”	
十佳财富管理创新奖	
年度杰出责任企业	《南方周末》
年度杰出责任报告	

续表

奖项中文	颁奖机构/媒体
中国上市公司投资者关系最佳董事会奖	《证券时报》
年度杰出银行财务顾问天玑奖	
年度高质量发展银行天玑奖	
年度养老金融服务银行天玑奖	
年度科技创新银行天玑奖	
年度责任企业	《中国新闻周刊》
“金圆桌奖”最佳董事会	《董事会》
高度推荐私人银行	《财富管理》
最佳私人银行 CRM 系统	
最佳平台服务银行奖	《财资中国》
最佳场景解决方案奖	
最佳现金管理银行奖	
最佳交易银行奖	
2021 金融业渠道创新突出贡献奖	《金融电子化》
2021 金融业新技术应用创新突出贡献奖	
2021 科技赋能金融业务发展突出贡献奖	
值得托付财富管理银行	《经济观察报》
值得托付养老金融	
年度卓越普惠金融银行	
2021 卓越竞争力私人银行	《中国经营报》
年度最佳基金托管银行英华奖	《中国基金报》
2021 年中国金融机构金牌·金龙奖——“年度最佳服务‘专精特新’企业银行”奖项	《金融时报》
中国金融年度影响力新媒体	《中国银行保险报》
金鼎奖——2021 年度私人银行奖	《每日经济新闻》
最佳零售银行大奖	《零售银行》
2021 手机银行最佳实践案例 TOP30	零壹财经、零壹智库
2020—2021 年中资投资并购金哨奖——最佳金融服务机构	晨哨集团
“2021 易观之星年度评选”之 2021 年度卓越数字应用奖项	易观智库
2021 中国金融数字科技创新大赛——综合智能平台奖金奖（手机银行 6.0）	CFCA、中国电子银行网
中国数字金融金榜奖——最佳个人手机银行奖	
中国数字金融金榜奖——最佳数字银行奖	
年度 ESG 品牌影响力企业	中国网财经
年度最佳 RMBS 奖——工元乐居 2021 年第二期个人住房抵押贷款资产支持证券	中国金融前沿论坛
年度最佳信用卡用户体验奖	金融数字化发展联盟
中小投资者关系互动奖	全景网
我最喜爱的绿色应用——融 e 购	软件绿色联盟

续表

奖项中文	颁奖机构/媒体
年度可持续发展奖	新浪财经
五年之约・杰出贡献培育机构奖	新浪银行理财师大赛组委会
卓越理财师培育奖	
金融保险产品与服务类银奖	第十二届虎啸奖组委会
华信奖“年度优秀手机银行APP”	第二届银行业数字化创新（中国）峰会2021组委会
最佳产业链金融服务银行	2021未来交易银行峰会组委会

境外奖项

奖项中文	颁奖机构/媒体
全球新兴市场最佳银行	《环球金融》
亚太地区最佳银行	
中国最佳银行	
中国最佳公司银行	
中国最佳公司数字银行	
中国最佳资金和现金管理银行	
中国最佳零售数字银行	
最佳贵金属供应商	
最佳“一带一路”银行	
中国最佳银行	《财资》
中国最佳债券承销商	
最佳保险托管机构	
最佳项目融资银行（非洲）	
最佳项目融资银行（中国）	
最佳境内托管机构	
最佳供应链金融服务商	
编辑部三星推荐——最佳企业家服务	
亚洲G3债券最佳投资机构	
最佳电信交易项目——南非Telkom无线网络项目	
最佳社会基础设施交易项目——埃及新首都中央商务区项目	
最佳手机银行项目——ICBC移动银行6.0	
最佳新债券——华为中期票据	
最佳疫情防控债——湖北九州通疫情防控债	
最佳疫情防控债——新开发银行疫情防控熊猫债	
最佳证券化交易——德宝天元资产支持证券	
最佳机场交易项目——香港国际机场第三跑道项目	
最佳交通运输交易项目——孟加拉达卡高架高速路项目	

续表

奖项中文	颁奖机构/媒体
最佳可再生能源项目——澳大利亚 Murra Warra 风电项目	《财资》
最佳绿色交易项目——越南富安 257MW 光伏电站项目	
最佳绿色债（政策性银行类）——国家开发银行应对气候变化专题绿色金融债券	
中国最佳银行	《金融亚洲》
最佳支付服务银行奖	《亚洲货币》
年度最佳绿色金融交易奖	
最佳国有私人银行奖	
最佳交易银行——国际现金管理业务	
贸易金融调研——中国市场领袖第二名（亚太区）	
现金管理调研——市场领袖第二名（国内银行）	
人民币国际化调研——在岸 RMB 产品服务——第一名（中国）	
人民币国际化调研——在岸 RMB 产品综合服务——第二名（中国）	
亚太地区最佳人民币清算银行	《亚洲银行家》
亚太地区最佳现金管理银行	
中国最佳现金管理银行	
最佳大型托管银行	
中国最佳聚合支付产品——中国工商银行“工银 e 缴费”	
中国最佳企业支付产品——工银 e 企付	
中国最佳商户服务——海尔智家金融台项目	
中国最佳手机银行技术应用——中国工商银行“工行手机银行 6.0”	
中国最佳数据管理项目——中国工商银行客户贡献精准计量项目	
中国最佳物联网项目——中国工商银行基于端边云架构的物联网创新项目	
最佳综合电子商务和融资平台项目/应用	
最佳企业级风险合规管理应用	
最佳云应用	
无障碍交易奖——最佳支付产品	
亚洲最佳私人银行客户关系管理奖	《银行家》
依兰奖——最佳安全支付卡奖	国际制卡商协会
年度商户管理杰出贡献奖	JCB 国际信用卡公司
年度 Visa 商户业务稳健发展奖	Visa
年度 Visa 线上业务开创精神奖	
美国运通最佳市场宣传奖	美国运通
最佳能力建设奖	绿色“一带一路”投资原则
杰出绿色和可持续债券发行机构（全球商业银行）——最大规模整体碳中和主题绿色债	香港品质保证局
2021 亚太客户中心协会联盟（CC－APAC）铂金奖	亚太客户中心协会联盟（CC－APAC）
全球最佳多边交易奖	《国际项目融资》杂志（PFI）
2021 全球绿色金融奖	国际金融论坛

排名情况

排名机构	排名	排名依据
《福布斯》	全球企业 2000 强排名第 1 位	按公司销售收入、利润、资产、市值四项指标综合排名
《银行家》	全球银行 1000 强排名第 1 位	按银行一级资本排名
《财富》	世界 500 强排名第 20 位	按公司营业收入排名
Brand Finance	全球银行品牌 500 强排名第 1 位	按银行品牌价值排名

2021 年重要评比或评奖活动结果

全国五一劳动奖状（1 个）

河北保定分行

全国五一劳动奖章（1 名）

李　斌　北京新街口支行大客户团队负责人

全国工人先锋号（5 个）

总行推荐（2 个）：
苏州昆山分行经济技术开发区支行
湖南长沙分行芙蓉支行
各地方总工会推荐（3 个）：
北京分行宣武支行菜市口支行
内蒙古包头分行包钢支行
湖北武汉机场河支行

全国五一巾帼标兵（1 名，同时授予全国金融五一劳动奖章）

朱子铖　河南平顶山分行公司金融客户中心对公客户经理

全国巾帼文明岗（6 个）

总行资产托管部营运三处
内蒙古分行网络金融部
上海分行黄浦南京东路支行
江苏淮安分行营业部营业室
福建福州分行华林支行
湖南长沙分行银河支行

全国巾帼建功标兵（1 名）

倪　娜　天津分行大沽路支行行长

全国巾帼建功先进集体（1 个）

四川巴中分行通江支行

全国金融五一劳动奖状（9 个）

总行推荐（4 个）：
北京分行南礼士路支行
河北雄安分行
江苏常州分行
四川成都分行
各省金融工会推荐（5 个）：
辽宁沈阳分行
贵州贵阳分行
云南昆明分行南屏支行
青海西宁分行中心广场支行
新疆巴音郭楞蒙古自治州分行

全国金融五一劳动奖章（57 名）

总行推荐（44 名）：
禾　青（女）　北京分行王府井支行新东安网点客服经理
邓真夫　北京分行海淀西区支行行长助理
丛小东　河北分行行长助理兼雄安分行行长

张玉刚　河北衡水分行行助兼深州支行行长
文建伟　山西太原分行副行长兼大营盘支行行长
李　甡　山西吕梁分行柳林支行行长
张　丽（女）　内蒙古呼和浩特分行大北街支行行长
周丽红（女）　内蒙古通辽分行霍林郭勒支行客户经理
王卓力　辽宁盘锦分行行长
刘志军　吉林省吉林市分行高新支行行长
严雅雯（女）　上海分行金融市场部交易经理（三级）
王蓓华（女）　上海分行黄浦支行个人金融业务部经理
苏　伟　江苏扬州分行行长
郑秀丽（女）　浙江温州分行永嘉上塘支行行长
随　峰　安徽亳州分行利辛支行行长
洪熙阳　福建南平分行党委副书记
游　江（女）　江西抚州分行营业部业务运营经理
宋雅利（女）　山东济宁分行兖州支行行长
李欣瑶（女）　山东德州分行对公客户经理（二级）
李凤枝（女）　河南新乡分行延津支行副行长
陈利娟（女）　河南安阳分行营业部经理（二级）
汪　俊　湖北随州分行营业部网点负责人
陈　芳（女）　湖北咸宁分行个人金融业务部总经理
李朝晖　湖南分行运行管理部经理（三级）
杨文娣（女）　湖南常德分行三岔路支行行长
蔡德霞（女）　广西分行金融科技部项目开发组副组长经理（二级）
刘　茜（女）　重庆两江分行个人金融业务部客户经理
邓博文　四川成都分行大邑支行副行长
杨桂兰（女）　四川德阳分行个人金融业务部客户经理
周瑞梅（女）　云南昆明分行圆通支行客户经理
张廷俊　贵州安顺分行平坝支行行长
马凯燕（女、回族）　青海格尔木分行昆仑路支行网点行长
时文武　宁夏分行电子政务团队负责人
郑　雷　深圳分行个贷管理中心副总经理（主持工作）
吴豫隆　广州分行南方支行国际业务部经理
汤穗玲（女）　广州绿色金融改革创新试验区花都分行副行长
刘承岩　软件开发中心高级专家
魏智毅　数据中心生产调度办公室总经理
张世瑛　业务研发中心大数据应用部副总经理
张　赛（女）　远程银行中心（石家庄）办公室副主任
刘亚欧　长春金融研修学院学习资源研发部副总经理
王娇莺（女）　工银租赁法律事务部部门负责人
杜　洋　工银瑞信研究部副总监、基金经理
刘祖望　卡拉奇分行营业部主管兼运管部主管

各省金融工会推荐（13 名）：

刘汉勋　山西朔州分行振华支行行长
姜国军（蒙古族）　内蒙古分行人力资源部总经理、党委组织部部长
张华军　江苏常州分行党委书记、行长
姜　丹（女）　浙江台州分行黄岩永宁支行网点负责人
宁　莉（女）　安徽宣城分行广德支行大堂经理
丁晓伟　河南许昌分行营业部客户经理
由金凤（女、土家族）　湖北恩施分行临江支行客服经理
李　安　湖南长沙分行司门口支行行长
梁　爽　重庆分行渝北支行公司金融业务一部经理
郭晓燕（女）　陕西铜川分行长虹路支行客服经理
李峰勇　甘肃分行信贷与投资管理部信贷经理
伊　军　大连分行西岗支行个人信贷业务部执行经理

曾素敏（女）　　广州分行花都城区支行行长

全国金融先锋号（8个）

总行推荐（2个）：
甘肃东风场区分行营业室
广州分行署前路支行
各省金融工会推荐（6个）：
内蒙古呼伦贝尔分行河东支行
吉林长春分行驻第一汽车集团公司支行个人客户营销部
上海分行南京西路支行
江西分行驻上饶市横峰县新篁办事处崇山村工作队
广西玉林分行城北支行
西藏分行营业部

总行级五一劳动奖状（13个）

北京分行南礼士路支行
河北雄安分行
黑龙江大兴安岭分行漠河支行
上海分行闸北支行
江苏常州分行
浙江湖州分行
湖北自贸试验区武汉片区分行
湖南长沙分行司门口支行
广东惠州分行惠阳支行
四川成都分行
总行人力资源部
业务研发中心业务研发二部
工银瑞信基金管理有限公司

总行级五一劳动奖章（51个）

禾　青　北京分行王府井支行新东安网点客服经理
邓真夫　北京分行海淀西区支行营业室网点负责人
丛小东　河北保定分行行长
张玉刚　河北衡水分行行助兼深州支行行长
文建伟　山西太原分行大营盘支行行长
李　牲　山西吕梁分行柳林支行行长
张　丽　内蒙古呼和浩特分行大北街支行行长
周丽红　内蒙古通辽分行霍林郭勒支行客户经理
程海鹏　辽宁阜新分行行长
王卓力　辽宁盘锦分行行长
孙占国　吉林省分行副行长兼长春分行行长
刘志军　吉林省吉林市分行高新支行行长
严雅雯　上海分行金融市场部同业业务科兼交易科科长
王蓓华　上海分行黄浦支行个人金融业务部经理
苏　伟　江苏扬州分行行长
周良坤　江苏盐城分行行长
郑秀丽　浙江温州分行永嘉上塘支行行长
随　峰　安徽亳州分行利辛支行行长
翁静瑜　福建泉州分行资深经理
洪熙阳　福建分行大客户服务中心副总经理（主持工作）
游　江　江西抚州分行营业部业务运营经理
宋雅利　山东济宁分行兖州支行行长
李欣瑶　山东德州分行对公客户经理（二级）
李凤枝　河南新乡分行延津支行副行长
陈利娟　河南安阳分行营业部经理（二级）
汪　俊　湖北随州分行营业部经理
陈　芳　湖北咸宁分行个人金融业务部总经理
李朝晖　湖南分行运行管理部经理（三级）
杨文娣　湖南常德分行三岔路支行行长
蔡德霞　广西分行金融科技部项目开发组副组长经理（二级）
刘　茜　重庆两江分行个人金融业务部客户经理
邓博文　四川成都分行高新支行营业室主任
杨桂兰　四川德阳分行个人金融业务部客户经理
周瑞梅　云南昆明分行圆通支行客户经理
张廷俊　贵州安顺分行平坝支行行长
马凯燕　青海格尔木分行昆仑路支行网点行长
时文武　宁夏分行银川西城支行行助（交流）、电子政务团队负责人、分行金融科技部总经理助理
郑　雷　深圳分行个贷管理中心副总经理（主持工作）
吴豫隆　广州分行南方支行国际业务部经理
汤穗玲　广州绿色金融改革创新试验区花都分行副行长
谢　刚　总行办公室物业管理处处长
刘承岩　软件开发中心总经理助理
魏智毅　数据中心生产调度办公室总经理
张世瑛　业务研发中心大数据应用部副总经理
张　赛　远程银行中心（石家庄）办公室副主任
刘亚欧　长春金融研修学院学习资源研发部副总经理
王娇莺　工银租赁法律事务部部门负责人
杜　洋　工银瑞信研究部副总监、基金经理
金斌梁　工银标准联席总经理、金融市场业务部负责人
刘祖望　卡拉奇分行营业部主管兼运管部主管
刘　喆　内蒙古分行普惠金融事业部经理（获得全行普惠客户经理线上技能大赛第一名，授予总行级五一劳动奖章）

工银先锋号（13个）

内蒙古兴安盟分行扎赉特旗支行

吉林长春分行驻第一汽车集团公司支行个人客户营销部
贵州贵阳分行南明支行营业室
甘肃东风场区分行营业室
青海分行西宁中心广场支行营业室
新疆乌鲁木齐分行明德路支行营业室
深圳分行华强支行营业部
厦门分行软件园支行
广州分行署前路支行
苏州分行相城支行营业部
总行内控合规部综合管理处
软件开发中心上海开发二部
工银瑞信基金管理有限公司研究部